上海建设年鉴

（2011）

中共上海市城乡建设和交通工作委员会
上海市城乡建设和交通委员会　编

文匯出版社

2010 年上海市卫星影像图（1—220000）拼接

斜土路
瑞金南路
鲁班路
蒙自路
局门路
斜土路
中山南一路
中山南二路
龙华东路
1号门出入口
江
世博大道
博成路
上钢路
后滩路
塘子泾路
长清北路
世博馆路
8号门出入口
7号门出入口
雪野二路
耀华路
长清路
济阳路
图例
世博围栏区范围
世博规划红线范围
世博管控区范围

世博园区地区（航空遥感）

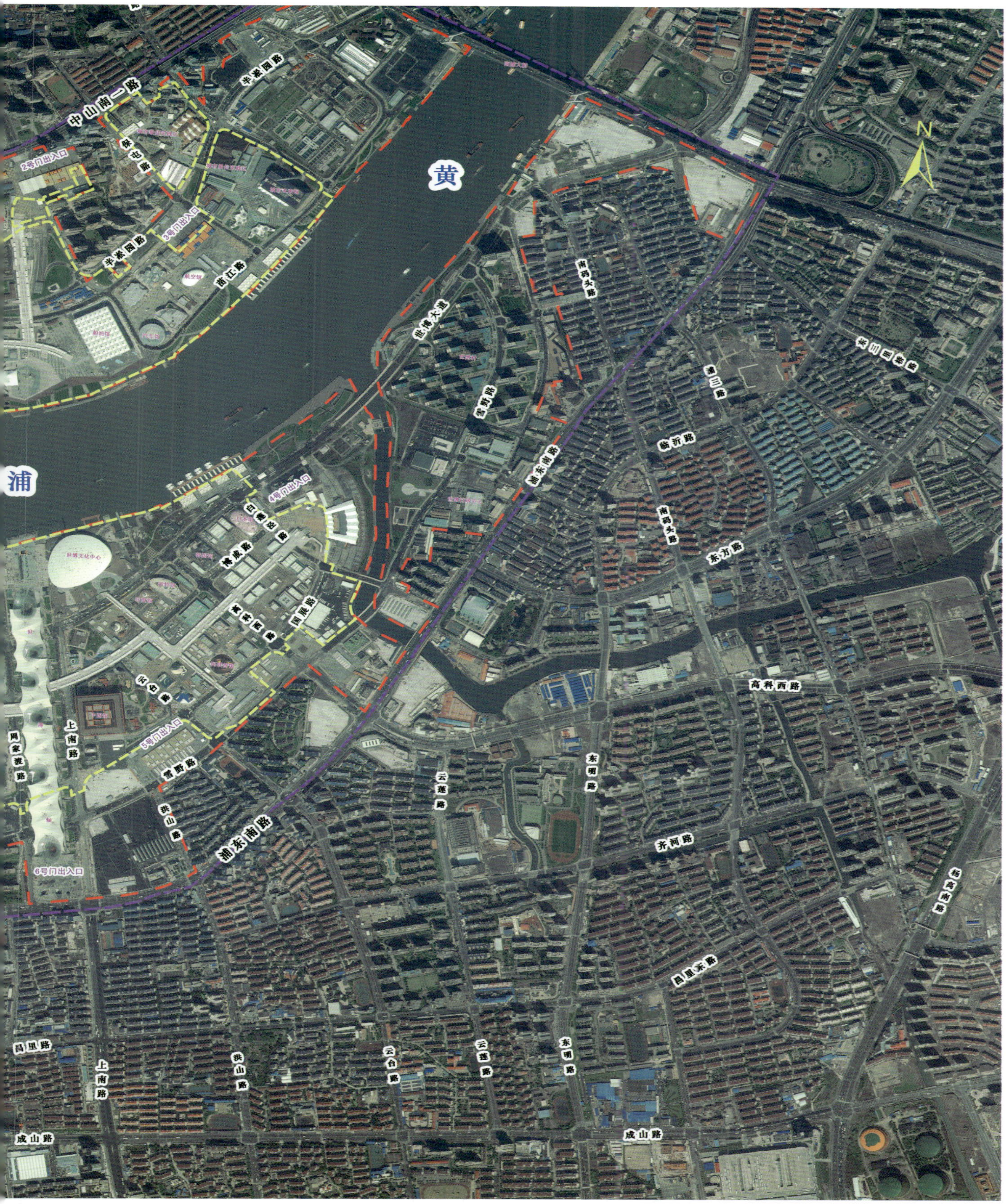

中山南一路
半淞园路
2号门出入口
3号门出入口
黄
浦
世博大道
南码头路
浦三路
临沂路
雪野路
浦东南路
4号门出入口
东方路
高科西路
5号门出入口
6号门出入口
上南路
周家渡路
洪山路
云莲路
东明路
齐河路
昌里东路
昌里路
云台路
成山路

建筑特写

1. 世博园区浦西管理中心
2. 世界贸易中心协会会馆
3. 国际信息发展网馆
4. 国际红十字与红新月馆
5. 联合国联合馆
6. 世界气象馆
7. 世博园区浦西轮渡码头

1. 城市未来馆
2. 城市足迹馆
3. 国家电网馆
4. 世博文化中心
5. 上汽集团－通用汽车馆
6. 中国航空馆

1. 中国船舶馆
2. 中国铁路馆
3. 信息通信馆
4. 天下一家
5. 世博会博物馆
6. 万科馆
7. 远大馆

1	4
2	5
3	6

1. 成都活水公园案例馆
2. 日本产业馆
3. 西安案例馆
4. 德国汉堡之家案例馆
5. 宁波腾头案例馆
6. 法国阿尔萨斯案例馆

1	4
2	5
3	6

1. 西班牙马德里案例馆
2. 沪上生态家
3. 温哥华案例馆
4. 丹麦欧登塞市案例馆
5. 法国罗阿大区案例馆
6. 沙特阿拉伯王国帐篷之城米纳案例馆

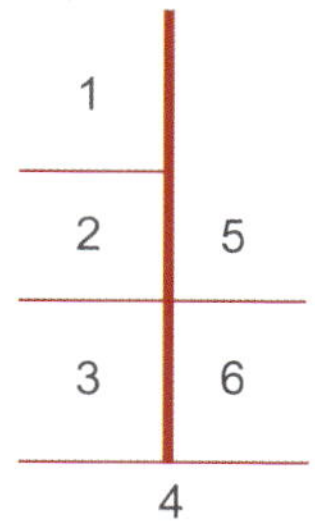

1. 突尼斯馆
2. 南非馆
3. 非洲广场
4. 非洲馆全景
5. 埃及馆
6. 斯洛文尼亚馆

1	6
2	7
3	8
4	9
5	

1. 安徽馆
2. 北京馆
3. 浙江馆
4. 广东馆
5. 陕西馆
6. 上海馆
7. 西藏馆
8. 江西馆
9. 四川馆

四平路站
SIPING ROAD STATION

钻石
www.jiehun.com.cn

南京东路
East Nanjing Road
天潼路

1. 轨道交通 2 号线东延伸工程川沙停车场
2. 轨道交通 2 号线东延伸工程浦东国际机场站
3. 轨道交通 2 号线东延伸工程高架站远东大道站
4. 轨道交通 2 号线东延伸工程换乘 7 号线的龙阳路站
5. 轨道交通 2 号线东延伸工程川沙站售票大厅
6. 轨道交通 2 号线东延伸工程 4 节、8 节车辆换乘站广兰路站站台
7. 轨道交通 2 号线东延伸工程与磁悬浮为邻的海天三路站站台
8. 轨道交通 2 号线东延伸工程张江高科站 3 号口

广兰路
Guanglan Road

出口
EXIT
换乘 7 号线
INTERCHANGE LINE 7

售票处
TICKETS

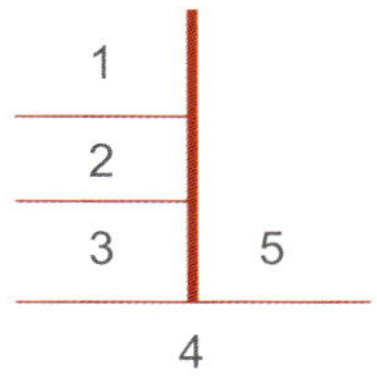

1. 轨道交通 7 号线北延伸工程高架站罗南新村站站台
2. 轨道交通 7 号线北延伸工程顾村公园站 3 号出入口
3. 轨道交通 7 号线北延伸工程潘广路站站台
4. 轨道交通 7 号线北延伸工程高架站美兰湖站
5. 轨道交通 7 号线北延伸工程刘行站站台胡

1 | 2
3

1. 四平路、大连路下立交工程由北向南出入口
2. 四平路、大连路下立交工程由南向北出入口
3. 打浦路隧道复线浦西入口处

1	4
2	5
3	

1. 铁路上海站北广场综合交通枢纽工程上海长途汽车客运总站
2. 铁路上海站北广场综合交通枢纽工程轨道交通 3、4 号线上海站北区公交枢纽
3. 铁路上海站北广场综合交通枢纽工程上海火车站北区中心广场
4. 铁路上海站北广场综合交通枢纽工程上海长途汽车客运总站地下一层售票大厅
5. 铁路上海站北广场综合交通枢纽工程上海火车站北区社会车辆停车库出入口

1. 虹桥综合交通枢纽北翟高架路
2. 虹桥综合交通枢纽崧泽高架
3. 虹桥综合交通枢纽嘉闵高架 –G50 立交

1. 上海东海大桥 100 兆瓦海上风电示范项目——正在安装海上 3 兆瓦风力发电机组
2. 上海东海大桥 100 兆瓦海上风电示范项目——陆上变电站控制中心
3. 上海东海大桥 100 兆瓦海上风电示范项目——34 台 3 兆瓦风力发电机组群
4. 上海东海大桥 100 兆瓦海上风电示范项目——35kV 南风换流站阀体机组
5. 上海东海大桥 100 兆瓦海上风电示范项目——位于东海大桥东侧 1 公里处海域的海上风电场

600018
上港集团

1 | 2
3

1. 外滩综合改造工程——外滩过境交通外滩隧道
2. 外滩综合改造工程——外滩过境交通外滩隧道延安东路入口
3. 外滩综合改造工程——外滩滨江休闲旅游区域

1. 十六铺码头改建工程——集观光、游览、休闲为一体的水上旅游码头
2. 小陆家嘴区域地面骨干道路建成
3. 十六铺码头改建工程竣工的外滩亲水观景平台

1
2
3

1. 西干线改造工程中央控制室
2. 上海吴泾热电老厂改造工程
3. 沪常高速公路上海段通车

《上海建设年鉴（2011）》
编辑委员会

编 写 说 明

一、《上海建设年鉴》是中共上海市城乡建设和交通工作委员会、上海市城乡建设和交通委员会组织编写，上海市、区县两级建设交通系统各局、直属单位及相关部门协作参与，以记录上一年度上海城乡建设、城市管理、交通运输及相关行业、企业发生的重大事件及重要情况为主要内容，对外公开发行的大型资料性、工具性年刊。

二、本年鉴编写保持上部年鉴的体例和风格。全书由综合、主体和附录三部分组成。综合部分设市情概貌、特载。市情概貌介绍上海的基本情况资料；特载刊载上海年度政府工作报告、统计公报及其他重要内容。主体部分基本按城乡建设、城市管理、交通运输及综合管理等相关内容，分门别类予以排列、记载。附录部分设当年市建设交通委大事记、相关法律法规政策目录选载、相关资料及数据统计。

三、本年鉴主体部分由栏目、分目和条目三个结构层次组成。全书设19个栏目，每一栏目依内容需要，设若干分目。栏目之首设"综述"，分目之首设"概况"，条目以事件设，一事一条。条目为本年鉴之主要记载形式。同时辅以图片、表格及相关资料。

四、本年鉴编写坚持对历史负责、对后人负责和客观记载、不作评价的原则，对年度发生的重大事件，尽可能予以如实、公正地记载，避免不确定因素和不确切数据。

五、本年鉴为非卖品。由于诸多原因，本年鉴编写周期较长，其中部分内容转引自有关资料、文献、书刊。原作者如未收到稿酬，可直接与《上海建设年鉴》编辑部联系。

六、本年鉴编写过程中得到上海市、区县各级领导和上海建设交通系统各局、直属单位，以及广大热心人士的大力帮助，在此一并表示感谢。

目　录

市情、概貌

特载

一、城乡规划、国土资源

二、重大工程

三、市政建设

四、绿化市容

五、环境保护

六、水务管理

七、房屋管理

八、城市交通

九、港口航运

十、铁路运输

十一、民用航空

十二、邮政事业

十三、海洋海事

十四、国际航运中心建设

十五、建筑建材业管理

十六、城市综合管理

十七、科研工作

十八、区县建设

十九、政策法规

附 录

(一) 地域
(二) 行政区划
(三) 人口
(四) 水文
(五) 气候

(一)地域

上海市，简称沪，别名申，地处东经120°51′~122°12′，北纬30°40′~31°53′，位于太平洋西岸，亚洲大陆东沿，中国南北海岸中心点，长江和钱塘江入海汇合处。北界长江，东濒东海，南临杭州湾，西接江苏和浙江两省，是长江三角洲冲积平原的一部分，平均海拔4米左右。陆地地势总趋势是由东向西低微倾斜。以西部淀山湖一带的淀泖洼地为最低，海拔2米~3米；在泗泾、亭林、金卫一线以东的黄浦江两岸地区，为碟缘高地，海拔4米左右；浦东钦公塘以东地区为滨海平原，海拔4米~5米。西部有天马山、薛山、凤凰山等残丘，天马山为上海陆上最高点，海拔98.2米。海域上有大金山、小金山、浮山、佘山等岩岛，大金山海拔103.4米，为上海境内最高点。全市总面积6340.5平方公里，东西最大距离约100公里，南北最大距离约120公里。陆海岸线长约172公里。在北面的长江入海处，有崇明岛、长兴岛、横沙岛等岛屿。崇明岛为中国第三大岛，由长江挟带下来的泥沙冲积而成。

（二）行政区划

今上海地区，吴淞江以南，公元751年（唐天宝十载）析嘉兴东境、海盐北境、昆山南境之地置华亭县；1277年（元至元十四年）升华亭县为华亭府，第二年改为松江府；至清代，松江府辖有华亭、娄、上海、青浦、金山、奉贤、南汇7个县和川沙抚民厅。吴淞江以北，1218年1月7日（南宋嘉定十年十二月初九日）设嘉定县，后又析出宝山县。长江口的沙洲，907年左右（五代初）置崇明镇，1277年升为崇明州，1369年（明洪武二年）改为崇明县。

上海城市，源于吴淞江下游的渔村，1267年（南宋咸淳三年）前成镇，镇因黄浦江西的上海浦而得名。1291年（元至元二十八年）析华亭县东北、黄浦江东西两岸的高昌、长人、北亭、海隅、新江5个乡，并于1292年正式设立上海县，为松江府属县。1927年7月设上海特别市，1930年5月改称上海市。1949年5月27日，上海解放。全市划为黄浦、老闸、新成、静安、江宁、普陀、邑庙、蓬莱等20个市区和新市、江湾、吴淞、大场等10个郊区。1958年1月，上海、嘉定、宝山3个县从江苏省划归上海市；10月，建浦东县；11月，川沙、青浦、南汇、松江、奉贤、金山和崇明7个县从江苏省划归上海市。1960年1月，设立闵行区和吴淞区。1961年1月，撤销浦东县。1961年3月，浙江省嵊泗列岛划归上海市。1962年5月，上海市嵊泗列岛划归浙江省。1964年5月，撤销闵行区、吴淞区。至1964年5月，上海市辖有黄浦、南市、卢湾、徐汇、长宁、静安、普陀、闸北、虹口、杨浦10个市区，以及上海、嘉定、宝山、川沙、奉贤、南汇、松江、金山、青浦、崇明10个郊县。1980年10月，设立吴淞区。1981年2月，设立闵行区。1988年1月，撤销宝山县和吴淞区，设立宝山区。1992年9月，撤销上海县和原闵行区，设立闵行区。1992年10月，以川沙县全境、原上海县三林乡和黄浦、南市、杨浦3个区的浦东部分，设立浦东新区；撤销嘉定县，设立嘉定区。1997年4月，撤销金山县，设立金山区。1998年2月，撤销松江县，设立松江区。1999年9月，撤销青浦县，设立青浦区。2000年6月，原黄浦区和南市区撤并，设立新的黄浦区。2001年1月，撤销南汇县，设立南汇区；撤销奉贤县，设立奉贤区。2005年5月，宝山区管辖的长兴乡、横沙乡划归崇明县管辖。2009年4月，撤销南汇区，其行政区域划入浦东新区。至2010年底，上海市辖有浦东新区、徐汇、长宁、普陀、闸北、虹口、杨浦、黄浦、卢湾、静安、宝山、闵行、嘉定、金山、松江、青浦、奉贤17个区，崇明1个县；共辖有街道99个、镇109个、乡2个；居委会3747个（比上年增加86个）、村委会1692个（比上年减少12个）。

（三）人口

至2010年底，上海市户籍人口为1412.32万人，比上年增长11.62万人；其中男性703.57万人，女性708.75万人，性别比为99.27 ∶ 100。非农业人口1254.95万人，占总人口的88.9%，比上年增加18.75万人。上海常住人口为2302.66万人，其中外来人口897.95万人。全市户籍数为519.27万户，平均每户人口2.7人。户籍人口出生数10.02万人，出生率7.13‰；死亡人数10.87万人，死亡率7.73‰。人口自然增长率为–0.60‰。年内全市迁出4.97万人，迁入17.22万人，机械增长12.25万人，机械增长率8.71‰。全市户籍人口密度每平方公里2227人，常住人口密度每平方公里3632人。户籍人口期望寿命

82.13岁，其中男性79.82岁，女性84.44岁。

（四）水文

上海市地处长江入海口、太湖流域东缘。境内河道（湖泊）面积500多平方公里，河面率9%～10%；全市河道长度2万余公里，河网密度平均每平方公里3公里～4公里。境内江、河、湖、塘相间，水网交织，主要水域和河道有长江口，黄浦江及其支流吴淞江（苏州河）、蕰藻浜、川杨河、淀浦河、大治河、斜塘、圆泄泾、大泖港、太浦河、拦路港、金汇港和油墩港等。其中黄浦江干流全长80余公里，河宽300米～700米，其上游在松江区米市渡处承接太湖、阳澄淀泖地区和杭嘉湖平原来水，贯穿上海至吴淞口汇入长江口；吴淞江发源于太湖瓜泾口，在市区外白渡桥附近汇入黄浦江，全长约125公里，其中上海境内约54公里，俗称苏州河，为黄浦江主要支流。上海的湖泊集中在与苏、浙交界的西部洼地，最大的湖泊为淀山湖，总面积为60余平方公里。

2010年，上海市年降水量为1310毫米（徐家汇站，以下同），比常年偏多12%左右，其中汛期（6~9月）降水量为700毫米，比常年偏多14%左右。降水量的年内月分配不均匀，其中4月、8月、10月和12月降水量与常年基本接近；2月、3月、7月、9月降水量偏多，平均比常年增加70%左右；1月、5月、6月、11月降水量偏小，平均比常年减少40%左右。6月17日入梅，7月17日出梅，梅雨期全市平均雨量约为275毫米，比常年偏多10%左右。全市出现较大范围或强度的暴雨4次。其中7月3~4日，全市普降大到暴雨，雨区中心在闵行、奉贤和松江一带；雨量最大是闵行的大治河西闸站，2天雨量202.5毫米；奉贤邬桥站和松江米市渡站2天雨量150毫米左右。8月26日，全市普降中到大雨局部暴雨，雨量最大是浦东新区的世博园区站，为80.0毫米。8月30日，局部暴雨，雨量集中在奉贤和浦东新区的南汇一带，奉贤中港站日雨量144.0毫米，浦东新区的大团和惠南地区雨量达到暴雨程度。9月1日，出现局部大到暴雨，中心城区雨量50毫米～100毫米，最大的徐家汇站雨量为127.6毫米。

年内，上游太湖流域来水量比常年增长37%左右，长江来水量比常年增长12%左右。长江口高桥站年平均高潮位3.38米，比多年平均高潮位高0.04米；杭州湾芦潮港站3.65米，比多年平均高潮位高0.13米。

市内主要河流的水质污染仍以有机污染为主。根据上海市水文总站监测，水质的有机污染指标大部分在Ⅱ类～劣Ⅴ类之间。其中长江口、黄浦江上游及崇明岛水质较好，一般为Ⅱ类～Ⅳ类水；内河河网水质较差，一般为Ⅳ类～劣Ⅴ类水。

（五）气候

2010年，上海地区气温显著偏高，降水总量略偏多，日照时数略偏少。冬季气温偏高，降水偏多，日照时数略偏少；春季气温与常年持平，降水略偏多，日照时数略偏少；夏季气温显著偏高（其中8月气温创历史同期最高纪录），降水略偏少，梅雨期间降水偏多，日照时数略偏少，台风影响小；秋季气温显著偏高，降水略偏多，日照时数略偏少。

全市年平均气温（全市11个气象观测站平均）为16.9℃，比常年平均偏高1.1℃，比上年下降0.3℃。在地区分布上，中心城区气温最高，年平均气温17.4℃，郊区年平均气温16.8℃（其中浦东新区南汇、奉贤、青浦及崇明地区较低）；与常年相比，青浦、奉贤、浦东新区南汇和崇明地区偏高0.7℃～1.0℃，其他地区偏高1.1℃～1.4℃。在年内分布上，与常年平均相比，4月气温较常年同期偏低1.5℃，6月气温与常年同期持平，其他各月气温均比常年同期偏高，其中8月气温偏高3.2℃，为历史同期最高。全市极端最低气温：–7.5℃（青浦地区）；极端最高气温：40.5℃（浦东地区）。日最高气温≥35℃的高温日数：中心城区30天，比常年多21天；郊区11天～27天，南部沿海地区及崇明地区少，松江、闵行、嘉定和宝山地区多。日最高气温≥37℃的炎热日数：中心城区13天，比常年多11天；闵行和嘉定地区皆为10天，南汇地区为4天，其他地区为7天～8天。

全市平均年降水量（全市11个气象观测站平均）1213毫米，较常年平均偏多5%。各区县年降水量933毫米～1334毫米，中心城区和闵行、浦东地区降水量较多，都在1300毫米以上，崇明和青浦地区降水量较少，都在1050毫米以下。与常年平均相比，中心城区、浦东、嘉定和闵行地区降水量偏多10%～17%，金山、奉贤和松江地区偏多4%～8%，宝山地区与常年持平，青浦和崇明地区分别偏少9%和15%。全年平均降水日数134天，比常年平均偏多1天，其中日降水量≥25毫米的大雨以上日数12天，日降水量≥50毫米的暴雨日数3天。地区分布上，闵行和浦东新区南汇地区暴雨日数分别有6天和5天，青浦暴雨日数1天，崇明没有出现暴雨，其他地区暴雨日数有2天～4天。降水量在年内分配上，与常年同期平均值相比，11月降水量偏少75%，1月和6月降水量分别偏少31%和45%，4月、5月和8月降水量偏少4%～24%，2月降水量偏多61%，3月降水量偏多96%，7月降水量偏多37%，9月、10月和12月降水量偏多18%～27%。汛期（6~9月）全市平均降水量为598毫米，与常年同期持平，比上年偏少15%。

全市年日照时数（全市11个气象观测站平均）1812小时，比常年平均偏少112小时。各区县年日照时数为1320小时～2071小时，金山地区最多，中心城区最少。与常年相比，奉贤偏多165小时，金山偏多131小时，闵行偏多97小时，其他地区偏少37小时～558小时，中心城区最为偏少。1月和3月日照时数接近常年平均，8月、9月和12月日照时数比常年略偏多，其他各月均比常年略偏少。

政府工作报告

——2011年1月16日在上海市第十三届人民代表大会第四次会议上

上海市市长 韩正

各位代表：

现在，我代表上海市人民政府，向大会作政府工作报告，请予审议，并请各位政协委员和其他列席人员提出意见。

一、2010年工作回顾

去年是中国2010年上海世博会的举办之年，也是实施“十一五”规划的最后一年。面对复杂多变的国内外经济环境，全市人民在党中央、国务院和中共上海市委的坚强领导下，高举中国特色社会主义伟大旗帜，以邓小平理论和“三个代表”重要思想为指导，深入贯彻落实科学发展观，坚决执行中央方针政策，按照“五个确保”的要求，努力做好各项工作，胜利完成市十三届人大三次会议和“十一五”规划确定的目标任务。

确保办好上海世博会，是全市去年的头等大事。本届世博会是第一次在发展中国家举办的注册类世博会，吸引了包括190个国家、56个国际组织在内的246个官方参展者，参观者突破7300万人次，是世博会历史上参与度最广泛的一次盛会，也是新中国成立以来我国举办的规模最大、持续时间最长的国际活动。在党中央、国务院的坚强领导下，在国际社会的积极帮助、共同参与下，依靠全国各地区各部门各单位和全国各族人民的大力支持、共同努力，上海世博会围绕“城市，让生活更美好”的主题，秉承和弘扬理解、沟通、欢聚、合作的世博理念，充分展示城市文明成果、交流城市发展经验、传播先进城市理念、探讨城乡互动发展，以一届成功、精彩、难忘的世博会胜利载入世博会史册。上海世博会是荟萃人类文明成果的一次盛会，园区内各个场馆建筑创意丰富，各类展示、演艺、论坛精彩纷呈，城市最佳实践区和网上世博会两大创新影响深远，各国各民族的传统文化赢得广泛尊重和欢迎，追求平等、和谐的人类共同愿望得到普遍赞同。上海世博会的成功举办，实现了中华民族的百年世博梦想，向世界展示了中华民族五千年灿烂文明，展示了新中国60年特别是改革开放30多年的辉煌成就，展示了我国各族人民为实现全面建设小康社会目标而团结奋斗的精神风貌，增进了我国人民同各国各地区人民的相互了解和友谊，提升了我国国际地位和影响力，增强了全国各族人民的民族自豪感、自信心、凝聚力。

申办筹备世博，充满诸多艰辛；确保成功办博，面对更多挑战。我们按照胡锦涛总书记提出的“六个确保”要求，全面落实科学办博、勤俭办博、廉洁办博、安全办博的指导方针，坚持举全国之力、集世界智慧，全力以赴做好各方面工作。我们把以人为本、服务为先作为重要原则，坚持相信群众、依靠群众、服务群众，力求使办好世博会与更好地服务群众紧密结合。我们把实事求是、直面问题作为根本方法，主动找差距、找问题、找隐患，定措施、定责任、定期限，不断改进各项工作。我们把科技引领、管理创新作为强大支撑，积极吸收运用最新科技成果和世界城市管理经验，努力提升城市管理水平。我们把全市动员、全民参与作为基本方式，凝聚各方力量，广泛发动志愿者，形成全社会参与世博、奉献世博的强大合力。世博会184天期间，园区运营平稳有序，各项服务措施不断完善；城市运行秩序井然，道路交通畅通，市容市貌整洁，环境质量优良，窗口服务热情，旅游接待周到，保障供应稳定，食品安全可控，世博知识产权保护有力；安保工作严密细致，平安世博目标全面实现；外事工作扎实周密，内宾接待认真细致；舆论宣传和社会动员积极有效，媒体信息引导和服务功能充分发挥，经受住了极端天气、单日103万超大客流等严峻考验，赢得了国内外参观者和社会各界的普遍赞誉。

世博理念引领城市发展，世博精神提升城市精神。通过上海世博会的集中展示与实践运用，绿色、环保、低碳等引领未来发展的新理念得到更加广泛的认同，新一代移动通讯、生态节能材料、新能源汽车等一大批最新科技成果进一步从示范走向生活，科学、合理、有效的城市运行管理措施逐步转化为规范化、制度化的长效管理机制，全面开阔了人们的视野，深刻启迪了人们的心智。特别是全体办博人员大力培育和弘扬为国争光的爱国精神、全心为民的服务精神、团结协作的团队精神、严谨科学的实干精神、追求卓越的创新精神、爱岗敬业的奉献精神，这不仅为世博会成功举办提供强大精神支撑，而且为上海可持续发展留下宝贵精神财富，激励我们在科学发展道路上开拓奋进。上海世博会虽然闭幕，但上海世博会精神永不落幕！

过去的一年，面对办好世博会、加快自身转型发展、加强城市管理等重大考验，全市人民齐心协力、砥砺前行，经济社会发展取得新的成绩。

*（一）加快推进经济发展方式转变，保持经济平稳较快发展，经济运行质量和效益明显提高。*全市生产总值预计比上年增长10%左右，地方财政收入比上年增长13.1%。社会消费品零售总额增长17.5%，全社会固定资产投资总额与上年基本持平，外贸出口1808亿美元，创历史新高。高度重视物价特别是主副食品价格问题，扩大蔬菜生产，积极组织货源，降低流通成本，努力保障市场供应和促进价格基本稳定，居民消费价格指数比上年上涨3.1%。深入贯彻落

实国务院2009年19号文件，“四个中心”建设继续加快，现代服务业和先进制造业发展取得新成效。股指期货、融资融券、贷款转让市场、境外机构投资境内银行间市场等金融创新实现突破，跨境贸易人民币结算试点进一步扩大。浦东机场综合保税区一期实现封关运作，洋山保税港区水水中转集拼正式开展。虹桥商务区和外高桥国际贸易示范区加快建设，新型国际贸易试点启动实施。改善服务业政策环境，中介与专业服务、生产性服务、文化创意、商贸、旅游会展等服务业快速发展。上海迪士尼项目正式签约。启动第二批、第三批高新技术产业化重大项目，制定实施智能电网、物联网、云计算等专项行动方案，推动大型客机总装、航电等重点项目落地，一批产业园区成为国家级示范基地，新能源和新能源汽车、生物医药、软件和信息服务等战略性新兴产业发展取得阶段性新成果，工业企业利润、高技术产业产值增幅快于工业总产值增幅。加快实施国家科技重大专项任务，启动实施国家技术创新工程试点，全面完成世博科技行动计划。设立上海市创业投资引导基金，一批产业技术创新战略联盟和技术创新服务平台相继成立，一批创新成果加快产业化，研发费用150%加计扣除等政策得到有效落实，全社会研究与试验发展经费支出相当于全市生产总值的比例达到2.8%以上，专利申请量和授权量比上年分别增长7.7%和39%。颁布实施人才发展中长期规划纲要。构建了人才居住证、居住证转户籍、直接落户相衔接的人才引进政策体系。加大节能减排工作力度，强化责任和措施，制定并实施合同能源管理、差别电价等政策，调整淘汰900多个落后产能项目，单位生产总值综合能耗进一步下降。主要污染物减排提前并超额完成“十一五”目标，环保投入相当于全市生产总值的比例继续保持在3%左右，主要水体环境质量稳中有升，环境空气质量优良率达到92.1%，绿化覆盖率达到38.15%。

（二）把保障和改善民生放在重中之重位置，统筹解决民生问题，人民生活继续改善。更加注重促进经济发展与民生改善相结合，努力使全市人民共享改革发展成果。城市和农村居民家庭人均可支配收入分别达到31838元和13746元，分别比上年增长10.4%和11.5%。多渠道扩大和促进就业，全市新增就业岗位63万个，城镇登记失业率为4.2%，就业形势平稳。完善社会保障制度，试行企业人才柔性延迟申领养老金，将城镇自由职业者、个体工商户基本医保并入城镇职工基本医保。增加了各类养老金，提高了最低工资、失业保险金、城乡居民最低生活保障等标准和公益性岗位从业人员收入。完善支援外地建设退休回沪定居人员的生活和医疗帮困政策，建立了企业退休人员因病或非因工死亡增发一次性救济费的制度。加强为老服务，新增养老床位1万张，社区居家养老服务对象达到25.2万人。成功创建全国残疾人工作示范城市。保障性住房新开工建设超过1200万平方米。廉租住房新增受益家庭0.9万户，累计受益家庭达到7.5万户。经济适用住房申请供应完成徐汇、闵行两区试点，在中心城区和有条件的郊区全面推开。颁布实施《本市发展公共租赁住房的实施意见》。动迁安置房新开工建设806万平方米，拆除二级旧里以下房屋54.6万平方米，受益居民1.81万户。制定实施《关于进一步加强本市房地产市场调控加快推进住房保障工作的若干意见》。青草沙水源地原水工程基本建成。

（三）加快社会事业发展，积极推进社会管理创新，社会保持和谐稳定。适应人们需求新变化，尽力为全市人民提供更好的基本公共服务。教育中长期改革和发展规划纲要颁布实施，国家教育综合改革试验区建设全面启动。在郊区新建和改扩建了54所中小学校，组织中心城区优质学校到大型居住社区开展对口办学。实现义务教育阶段47万来沪从业人员子女全部在公办学校或政府委托的民办小学免费就读。以减轻过重的课业负担为重点，推进基础教育课程和教学改革。新增了50所幼儿园。中高职教育贯通培养模式试点顺利开展。启动"085工程"和新一轮"985工程"，高等教育内涵建设进一步深化。医药卫生体制改革有序推进，实施了一批国家公共卫生服务项目，在全国率先建立统一的住院医师规范化培训制度。健康城市建设取得新进展。新建45个社区公共运动场，成功举办市第十四届运动会，上海体育健儿在第四届全国体育大会和第十六届亚运会上取得优异成绩。广播电视制播分离进展顺利，区县经营性文化事业单位转企改制全面启动。优生促进工程有力推进。妇女儿童事业稳步发展。广泛开展军民"三同"活动，进一步密切军政军民关系。民族、宗教工作继续加强。推进社会管理创新，初步形成街镇综合治理大平台和基层大调解工作体系，全面畅通信访渠道，网上信访、初信初访办理、疑难信访协调化解等制度进一步完善，信访核查终结办法基本建立。积极维护劳动者合法权益，劳动争议调解仲裁体系建设扎实推进。开展了第六次人口普查。基本建成实有人口信息共享和应用平台。完成一批平安建设实事项目，加强"城中村"等治安复杂场所整治，社会大局保持稳定。

（四）围绕确保世博会成功举办，大力加强城市建设和管理，枢纽型、功能性、网络化基础设施体系基本建成。立足应对长时间大客流的考验，市区联手，以区为主，重心下沉，动员全市人民共同参与，全面加强城市管理。运用交通综合信息平台等新技术设备，加强一体化交通组织和管理，公共交通尤其是轨道交通运能显著提升。广泛开展市容环境整治，加强乱设摊、乱张贴、跨门营业等顽症治理，出台流动广告设置、秸秆焚烧管理等一系列政府规章和临时性通告。创新城市管理方法，实施环境维护夜间作业、白天保洁和施工工地分类管理等。轨道交通加快建设，运营线路总长达到452.6公里。市域快速路网基本建成。龙耀路越江工程、闵浦二桥、外滩地区综合交通改造工程、铁路上海站北广场综合交通枢纽等建成投入使用。川气东送工程贯通并向上海供气。虹桥综合交通枢纽基本建成，虹桥国际机场扩建工程投入运营，上海空港旅客、货邮吞吐量分别达到7170万人次、370万吨，浦东国际机场货邮吞吐量排名世界第三。沪宁城际铁路、沪杭客运专线建成通车。外高桥港区六期工程竣工，上海港集装箱吞吐量达到2907万标准箱，跃居世界第一位。

（五）加大统筹城乡发展力度，推动基础设施、社会事业等建设重心向郊区转移，郊区农村改革发展取得新进展。以推动郊区新城规划建设为重点，改善郊区农村生产生活环境，促进农民增收。完成嘉定、奉贤南桥、青浦、金山新城规划修编调整，郊区重点新城基础设施和社会事业建设全面加速。崇明生态岛建设纲要发布实施。完善强农惠农政策，推进设施农业和标准化养殖场建设，全年建成设施粮田7533公顷、设施菜田1890公顷、标准化畜禽和水产养殖场123家。加强粮食、蔬菜等农副产品生产和供应。加强郊区农村基础设施和环境建设，完成114个村庄改造、3248户低收入农户危旧房改造、4万户农村生活污水处理设施改造。"5+3+1"郊区三级医院建设全面推进，郊区540所村卫生室和145家社区卫生服务中心实现新型农村合作医疗实时报销，对乡村医生实行公共卫生服务补助。实施新型农村社会养老保险制度试点。促进非农就业，农村新增非农就业岗位12万个。启动农村集体建设用地流转试点，新一轮农民宅基地置换试点稳妥推进。

（六）坚持以制度创新推动发展转型，充分发挥浦东综合配套改革试点的带动作用，改革开放不断深化。支持浦东新区制度创新率先突破，实施设立中银消费金融公司、创设单机单船融资租赁项目公司、期货保税交割、允许境内自然人投资设立中外合资和中外合作经营企业等改革创新，完善城乡统筹发展的体制机制，城乡发展差距继续缩小。实施国有企业开放性、市场化重组，市属经营性国有资产证券化率从上年的25.4%提高到30.5%。国资行业布局继续收缩，一批缺少主业的企业清理退出，主业突出的企业发展壮大。国有企业法人治理结构进一步完善，规范董事会试点、监事会团队化管理等工作稳步推进。促进民间投资和中小企业发展，建立中小企业服务中心、中小企业集合票据发行、改制上市等工作取得新突破，非公有制经济增加值占全市生产总值的比重约49%。推进贸易便利化与口岸区域合作，上海关区进出口商品总额达到6847亿美元。大力发展总部经济，外商直接投资实到金额超过110亿美元，新增45家跨国公司地区总部、22家投资性公司和15家研发中心。对外投资快速增长，企业人民币境外投资取得突破。深入推动长三角地区一体化发展，产业园区、旅游、医保等专题合作取得明显成效。积极参与长江"黄金水道"建设，进一步加强了与中西部地区和东北地区等老工业基地的合作交流。全面完成对口支援都江堰市灾后恢复重建工作，启动对口支援新疆喀什、青海果洛工作，扎实做好其他对口地区帮扶工作。外事、侨务和对台工作取得新成绩。沪港、沪澳、沪台经贸合作进一步加强。

（七）按照"两高一少"目标，加强政府自身建设，政府服务与管理得到进一步改善。深入推进行政审批制度改革，建立审批目录管理制度，开展了市级和区县审批事项清理工作，初步建成市级网上行政审批管理和服务平台，在"中国上海"门户网站上开通了网上政务大厅，对50%的新设立内资企业实施并联审批，审批时间明显缩短，6万多件审批事项实施了告知承诺。扩大政府信息公开，主动听取公众对教育中长期改革和发展规划等公共政策的意见建议，向市人代会报送100家部门预算，首次向社会公开2010年预算、2009年决算和执行情况以及贷款道路建设车辆通行费、国有土地使用权出让金的使用情况，公开职业教育发展资金等19项财政专项资金、社保基金等4项社会公共资金的管理办法和分配使用情况，公开对口支援都江堰市灾后恢复重建、玉树救灾资金物资等6项审计结果，以及市级预算执行等审计整改报告。开展行政事业性收费清理，取消和停征107项收费。规范罚没收入收缴管理。按照国务院统一部署，全面清理规范地方政府融资平台。加强了市级行政事业单位国有资产管理。市级和8个区县的预算单位实现了电子集市采购。建立了全市因公出国（境）综合管理信息系统。基本完成市级政府部门与所属企业脱钩。严格执法程序，明确执法人员行为标准，强化执法培训，行政执法得到进一步规范。廉政工作继续加强，公务员队伍建设扎实推进。

各位代表，去年的成绩来之不易，办博的经验与上海世博会精神极其珍贵。这是党中央、国务院和中共上海市委正确领导的结果，是全市人民团结一致、奋力拼搏的结果。为办好上海世博会，胡锦涛总书记等党和国家领导人多次亲临上海、指导工作；上海世博会组委会、执委会科学决策、统筹协调；中央和国家机关各单位关心帮助、密切配合；全国各省区市积极参与、鼎力支持；人民解放军指战员、武警部队官兵和公安民警吃苦耐劳、连续作战；200多万志愿者关爱体贴、热忱服务；全市人民顾全大局、真诚奉献；广大世博会参观者热情参与、文明礼貌。正是方方面面的真诚、智慧和汗水，共同铸就了上海世博会的成功、精彩、难忘。在此，我谨代表上海市人民政府，向工作和生活在上海、在各自岗位上辛勤劳动的全市人民，向广大世博会的建设者、工作者、志愿者、参展者、参观者，向人民解放军指战员、武警部队官兵和公安民警，向一贯支持政府工作的人大代表和政协委员，向各民主党派、工商联和社会各界人士，向关心和支持上海发展的香港、澳门特别行政区同胞、台湾同胞、海外侨胞和国际友人，表示最崇高的敬意和最诚挚的感谢！

我们清醒地看到，上海发展存在不少风险挑战，我们的工作中还有诸多问题。经济社会发展的资源环境约束越来越紧，商务成本持续攀升，经济社会发展转型的压力不断加大。创新创业活力不足，创新人才的数量和结构还不能满足转型发展要求，人才的培养和使用机制需要创新完善。关系群众切身利益的住房、教育、医疗、社会保障、为老服务等领域还存在不少亟待解决的问题，城乡发展不平衡依然突出，部分群众生活仍然比较困难。城市安全管理存在不少薄弱环节。政府自身改革建设的任务依然繁重，政府职能仍要加快转变，依法行政能力有待提高，一些政府工作人员的能力、素质、作风还不适应形势发展的要求，形式主义、官僚主义和贪污腐败现象在一些领域依然存在。

去年发生的“11·15”特别重大火灾事故，给人民群众生命财产带来严重伤害和巨大损失，我们深感痛心和内疚。事故发生后，党中央、国务院高度重视，市委、市政府立即成立了“11·15”火灾事故善后处置领导小组。统筹全市资源，全力以赴抢救伤员；抽调精干力量，尽最大努力妥善细致地做好受灾群众的安抚和安置工作；依法依规、认真负责地研究落实各项善后处置方案。同时，全面部署安全生产大检查，全力配合国务院调查组查清事实。虽然国务院调查组的调查处理结果尚未公布，但这起事故已经反映出建筑市场存在的混乱现象，暴露出建设工程安全管理存在的制度性缺失，说明我们政府工作还有诸多不到位、不落实，对此我们负有不可推卸的责任。在注重经济社会发展的同时，我们对可能影响城市运行安全和生产安全的重大问题认识不足、准备不够、措施不实，对已经暴露的问题没能紧抓不放、彻底解决；安全生产责任制没有有效落实，全过程安全监管不到位，企业违法操作、违章作业现象时有发生，一些制度形同虚设；对突发公共事件的应急预案和预防手段缺失或没有效果，全民安全知识普及和演练等方面不同程度存在问题；老建筑改造项目准入、监管、建设等方面存在制度漏洞，施工监理制度不合理，安全生产标准修订滞后；部分建设项目在招投标、总包、分包、施工、监理等环节存在区域分割等问题，缺乏监督制约。这些问题虽然集中在城市建设施工管理和安全监管方面，但也不同程度出现在政府工作其他方面，说明我们在作风建设、从严治政上需要加倍努力。我们一定要痛定思痛，深刻汲取教训，以对人民群众高度负责的态度，认真负责细致地做好事故善后处置工作，依法依规严肃追究责任，全面加强城市运行和生产安全管理，从严治政，更加奋发努力、勤勉负责地做好各项工作。

二、2011 年主要任务

2011 年是实施“十二五”规划的第一年，也是改革创新的突破年。当前，世界经济正在逐渐复苏，但影响全球经济的不确定性因素很多。我国经济保持平稳较快发展的势头，但也面临一些突出矛盾和问题。上海正处于加快转型发展的关键时期，既要增强机遇意识，善于把握机遇，又要增强忧患意识，勇于开拓进取，努力开创科学发展的新局面。

做好2011年政府工作，要全面贯彻落实党的十七大、十七届历次全会和中央经济工作会议精神，以邓小平理论和“三个代表”重要思想为指导，深入贯彻落实科学发展观，按照九届市委十三次、十四次全会的部署，坚持科学发展、推进“四个率先”，把创新驱动、转型发展贯穿落实到经济社会发展各方面和各环节，着力推进改革创新，着力加快结构调整，着力改善民生和加强社会建设，着力加强和改进城市管理，着力强化城市运行安全和生产安全保障，着力保持物价总水平基本稳定，实现“十二五”经济社会发展开好局、起好步。

综合各方面因素，今年全市经济社会发展的主要预期目标是：全市生产总值增长8%左右，地方财政收入与经济保持同步增长，城镇登记失业率控制在4.5%以内，居民消费价格指数与国家价格调控目标保持衔接，全社会研究与试验发展经费支出相当于全市生产总值的比例达到3%左右，单位生产总值综合能耗、单位生产总值二氧化碳排放量进一步下降，主要污染物排放量削减率完成国家下达目标，环保投入相当于全市生产总值的比例保持在3%左右，城市和农村居民家庭人均可支配收入与经济保持同步增长。

2011年要着力做好以下几方面工作：

（一）积极推进“四个中心”建设，加快产业结构优化调整

促进经济转型，必须加快服务业发展、加快制造业升级、加快淘汰落后产能。依托“四个中心”建设，大力发展现代服务业。积极配合国家金融管理部门，推进金融中心市场化、国际化建设，进一步发挥金融对经济社会发展的支持促进作用。继续扩大金融市场规模，大力吸引境外成熟优秀企业发债上市，加强股权托管交易中心建设，研究筹建保险交易所。以跨境贸易人民币结算试点扩大为契机，拓展人民币跨境业务，支持推动跨境交易所交易基金、项目收益债券、石油期货、铅期货等新产品上市。推动金融税收、信用、监管等法律法规体系建设，集聚总部型金融机构、功能性金融机构、股权投资机构等金融资源，加快陆家嘴—外滩金融集聚区建设。推进国际航运中心建设，加快推进启运港退税、报检报关“一单两报”等创新试点，加快发展航运经纪、船舶交易、航运金融、航运保险、航运仲裁、现代物流等航运服务业。推动“三港三区”、北外滩等航运服务集聚区建设，争取综合试验区先行先试政策有进一步突破。推进国际贸易中心建设，提高市场开放程度和贸易便利化水平，推进内外贸结合、货物贸易与服务贸易结合、实体贸易与网上贸易结合的市场体系建设。推进服务业综合改革试点，落实营业税差额征收政策，认真抓好国家层面支持服务经济发展的税制改革试点，力争取得新的更大突破。做大做强会计、审计、法律、咨询、认证、检测、评估等专业服务业、中介服务业以及高技术服务业。大力发展生活性服务业。积极发展旅游会展业，打造世界著名旅游城市。

继续推进高新技术产业化，加快培育和发展战略性新兴产业。积极对接国家战略规划，有舍有取，编制战略性新兴产业发展指导目录，研究制定产业技术路线图，抓紧实施一批专项工程，启动建设商用飞机发动机装试基地、民机航电产业基地等一批项目，加快推进12英寸集成电路芯片等一批项目建设，密切跟踪上海数据港云计算服务平台等一批新兴产业领域项目，加快培育一批行业龙头企业。启动运作新材料等创业投资基金。完善电动汽车、光伏建筑一体化等扩大应用的支持措施。

加快制造业改造升级。促进电子信息制造业转型升级，推动自主品牌汽车发展，大力发展高技术船舶、海洋工程作业船等船舶

产业，支持钢铁、石化产业等优化调整。鼓励企业加大技术改造力度，推动工业向园区集中，推进重点产业项目落地。加快淘汰高污染、高能耗、高危险、低效益的落后产能。

进一步优化布局结构。着眼于提高城市环境质量、提升综合服务功能，抓紧做好世博园区后续利用规划开发，统一规划、统筹协调，积极推进世博园周边区域规划开发和建设，有序推进黄浦江两岸综合开发。加快虹桥商务区开发建设，推动大型会展项目尽快落地。大力推进迪士尼项目启动建设，加强周边区域整体联动规划。继续推动现代服务业集聚区、生产性服务业功能区优化发展。着眼于提升制造业能级、增强郊区经济实力，加强产业集群建设和产业链完善，加快推动临港装备、民用航空、上海化工区、国际汽车城、长兴船舶及海洋工程装备等产业基地建设。

（二）促进科技体制改革和人才优先发展，努力提高自主创新能力

加强统筹协调，创新科技管理体制机制。深化财政科技投入管理制度改革，统筹政府资金，改革投入机制与评估办法，提高各类资金使用效率。探索开展国有创业投资机构运作模式和评价体系改革。以张江高新区管理体制改革为突破口，推动创新政策、资源等全覆盖，带动提升全市各类高科技园区和开发区能级，争创国家自主创新示范区。加快推进杨浦国家创新型试点城区和紫竹科学园区建设。充分调动区县科技创新与产业化的积极性，完善市区创新联动机制，启动实施区县“创新热点”计划。

注重建设服务平台和营造创新环境。全面落实国家技术创新工程试点任务，进一步强化财税金融政策支持，加快培育一批创新创业型企业，新建一批产业技术创新战略联盟。启动建设科技金融信息平台，大力发展风险投资、股权投资以及知识产权质押融资，支持一批科技型中小企业上市，做好张江高新区企业进入代办股份转让系统工作，鼓励商业银行发展科技专营服务机构，促进科技与金融更紧密结合。大力发展科技服务业。加强行业共性技术的研发与标准、检测等公益性服务，建立健全产业应用技术体系。深化科技国际合作。加强知识产权保护，积极开展打击侵犯知识产权和制售假冒伪劣商品专项行动。深入实施标准化发展战略。

聚焦国家战略，抓好国家重大专项组织实施工作，积极推动相关专项任务落地，促进阶段性成果转化。加强前瞻布局，在新能源、新一代信息技术、生物医药等领域，启动一批重大科技攻关项目，力争突破一批核心关键技术。开展世博成果集成示范，促进节能环保、智能电网、半导体照明等科技成果的规模化应用，建设电动汽车国际示范城市。推进生物样本库、国家蛋白质科学设施、国家肝癌科学中心等大科学工程和研发基地建设。加强基础科学和前沿技术研究。

创新驱动、转型发展，根本要靠人才。牢固树立人才是第一资源的观念，全面落实人才发展中长期规划纲要，构筑更加科学合理、自由宽松的人才制度环境，加快建设国际人才高地。要诚心实意尊重知识、尊重人才、尊重创造，切实做到爱才、识才、育才、用才，求贤若渴寻找、发现和集聚人才，特别要扶持创业人才和培养使用青年人才，营造创新宽容的文化氛围，用科学精神、人文关怀和创新文化滋养、培育、激励创新创业人才，最大限度地激发人才的创新创造活力。坚持高端引领、整体开发，推进海外高层次人才引进、创新型高科技领军人才培养和首席技师培养三个“千人计划”，实现各类人才队伍协调发展。依托大型企业集团，建立高技能人才培养基地。完善引进人才居住证以及居住证转办常住户口相关政策，进一步解决好人才关注的居住、医疗和子女教育等问题。推进浦东国际人才创新试验区建设，

力争在人才管理体制、出入境便利政策等方面取得突破。

(三)远近结合、统筹兼顾,切实保障和改善民生

始终站在群众立场,回应群众关切,不断化解民生难题,努力让困难群众生活更有保障,让老年群体生活得到更多关怀,让青年人生活有更好憧憬,让全市人民生活普遍改善。物价牵动千家万户,要进一步加大对物价的调控力度,切实保持物价总水平基本稳定。严格落实"菜篮子"、"米袋子"行政首长负责制,稳定和提高蔬菜等农副产品自给能力,加强粮食购销衔接与供应保障,推动农商联手、产销对接,多渠道降低流通费用,加快建立主副食品价格稳定基金,保障农副产品市场供应和价格基本稳定。充分考虑群众切身感受和社会承受能力,加强对公共产品和公共服务价格的监控。建立社会救助和保障标准与物价上涨挂钩的联动机制,及时向困难群众发放临时价格补贴,保障困难群众基本生活不受影响。

把促进充分就业作为经济社会发展的优先目标,实施更加积极的就业政策,新增就业岗位50万个以上。坚持鼓励创业带动就业,创新小额贷款运作模式,完善房租补贴政策,帮助1万人成功创业。多渠道开发就业岗位,积极发展家庭服务业。发挥职业培训促进和稳定就业的积极作用,根据不同人群特点实施分类培训,鼓励和引导更多来沪从业人员参加上岗前定向培训和在职技能提升培训。加强公共就业服务体系建设,完善对高校毕业生的综合服务,将来沪从业人员全面纳入服务范围,帮助就业困难人员特别是零就业家庭成员实现就业。

坚持广覆盖、保基本、多层次、可持续的方针,按照与国家制度框架相衔接的原则,推进社会保障制度整合,逐步为全市人民提供更加公平的基本社会保障。完善城镇企业职工基本养老金计发办法,调整小城镇社会保险和来沪从业人员综合保险制度,全面实施新型农村社会养老保险制度。综合考虑物价等因素,统筹提高各类养老金和最低工资、失业保险金、城乡居民最低生活保障等标准。建立家庭支出型贫困预警和综合帮扶机制。积极发展社区为老服务,新增养老床位5000张,新建老年人日间服务中心20家、社区老年人助餐服务点40个,为26万名老年人提供社区居家养老服务。加强对孤儿和困境儿童的生活保障与关爱。继续弘扬尊重、关心和帮助残疾人的良好风尚,提高残疾人社会保障和公共服务水平。大力推动慈善事业健康发展。

全面推进廉租住房、经济适用住房、公共租赁住房和动迁安置房"四位一体"的住房保障体系建设,让更多的住房困难群众住有所居,逐步改善居住条件。新开工建设和筹措保障性住房1500万平方米、22万套(间),供应1150万平方米、17万套(间)左右。继续扩大廉租住房受益面,增加实物配租数量,实现廉租对象应保尽保。全面推进中心城区和部分郊区经济适用住房申请供应工作,进一步放宽申请准入标准。多渠道筹措公共租赁住房,建立健全公共租赁住房建设、管理运营机制,在有条件的区开展供应试点。加大动迁安置房供应力度。拆除中心城区二级旧里以下房屋80万平方米,启动郊区城镇棚户简屋改造。坚持以居住为主、以市民消费为主、以普通商品住房为主,加强房地产市场调控,按照国家部署做好房产税改革试点各项准备工作,抑制投资性需求,促进房地产市场平稳健康发展。

(四)顺应人民群众期盼,大力发展社会事业

着眼于促进人的全面发展和社会公平正义,更加注重基础性和功能性社会事业协调发展。坚持育人为本,突出"为了每一个学

生的终身发展”这一核心理念，全面落实教育中长期改革和发展规划纲要。加大财政教育投入，提高全市财政教育支出占财政一般预算支出的比例。新增40所幼儿园。注重教育公平，加大教育转移支付力度，将公办小学、初中的生均公用经费基本标准分别从1400元、1600元提高到1600元、1800元，推进义务教育优质均衡发展。深化基础教育课程和教学改革，探索建立科学的教育质量评价体系，实施学生健康促进工程，着力培养学生探索未知、勇于创新的兴趣和素养，促进孩子们健康成长、全面发展。深化部市合作，以加强学科专业建设、提高人才培养质量为重点，推进高水平大学建设。大力支持地方高校内涵发展、办出特色。扩大中职校免费教育范围，建设一批职业教育精品特色专业和课程，提高来沪从业人员子女报考中职校的比例。继续推动老年教育发展。扩大教育开放，加快国外高水平大学引进步伐。

坚持把基本医疗卫生制度作为公共产品向全体市民提供，突出保基本、强基层、建机制，积极稳妥推进医药卫生体制改革，一季度推出改革方案。继续实施国家及本市的基本公共卫生服务项目和重大公共卫生服务项目。深入推进健康城市建设。立足于群众就医用药安全、实惠、方便，在公立基层医疗卫生机构全面实施基本药物制度，完善药品集中采购配送机制，降低药品价格。建立健全补偿机制，完善绩效考核制度，做实社区卫生服务机构收支两条线管理。开展家庭医生服务模式试点，引导合理就医，为市民提供更好的健康管理服务。推进公立医院改革，加大政府投入，加强、优化医保监管和卫生监督，切实维护公立医院的公益性。推进医疗资源纵向整合试点。增加供给不足的医疗资源，满足市民对老年护理、康复、精神卫生等服务的需求。落实促进中医药事业发展政策，完善中医药服务网络。深化住院医师规范化培训改革。鼓励和引导社会资本参与医疗卫生事业发展。大力发展现代医疗服务业，加快浦东上海国际医学园区和新虹桥国际医学中心建设。

贯彻落实《全民健身条例》，加快公共体育设施建设，完善体育公共服务体系，大力开展全民健身活动，增强市民体质。推进国家级体育训练基地建设。全力办好第十四届国际泳联世界锦标赛。加快发展体育产业。深入推进优生促进工程和人口早期启蒙工程，完善计划生育奖励和补助政策，加强流动人口计生服务和管理。切实贯彻男女平等基本国策和儿童优先原则，提高妇女儿童发展水平。

（五）牢固树立群众观点，加强和创新社会管理

坚持相信群众、依靠群众、服务群众，把握新形势下群众工作新特点，推动社会建设和管理创新。加强社区建设，推动财力保障下沉和服务重心下移，进一步完善条块协同机制，促进基层管理力量整合联动。加强社区事务受理服务中心标准化建设。推进居委会自治家园建设，完善听证会、协调会、评议会等民主管理制度，加强住宅物业管理和业委会建设，支持群众自我管理、自我教育、自我服务。推进村委会建设，基本完成村务公开和民主管理“难点村”治理工作。提高实有人口信息管理系统运行效率，探索建立户籍人口居住地服务和管理制度。

正确反映和兼顾不同方面群众的利益，着力预防和化解社会矛盾。大力推行重大事项社会稳定风险分析和评估制度，使各项决策更加符合群众根本利益。贯彻落实劳动法规，加强劳动关系三方协调机制建设，推进企业和行业工资集体协商，完善劳动关系预警和应急处理机制，着力维护劳动者合法权益。完善人民调解制度，加强物业管理、环境污染、医患纠纷等领域行业性、专业性调解组织建设，积极构建街镇综治工作中心的

联动机制，进一步扩大法律援助覆盖面，为群众维护权益提供更加便利的服务。推进区县“信访大厅”建设，完善初信初访办理、第三方参与信访、信访事项终结等制度，更好地发挥信访了解民意、服务群众的作用。深入推进平安建设，完善网上网下一体的治安防控网络，积极防范和依法打击违法犯罪活动，切实保障人民群众生命财产安全。

鼓励社会各方参与社会建设和管理。探索社会组织登记管理改革，推进行业协会等直接登记管理。完善政府购买服务机制，着力培育以服务民生为重点的社会组织。支持工会、共青团、妇联等发挥骨干作用，积极探索社会组织枢纽式服务管理模式。推进社会工作者队伍和专业机构建设，深化和拓展服务领域。大力弘扬志愿精神，完善志愿者服务制度。进一步加强民族、宗教工作。深入开展国防教育，加强国防动员和后备力量建设。扎实开展双拥共建，巩固和发展军政军民团结。

（六）加快建立健全常态长效管理机制，大力提升城市现代化管理水平

顺应人民群众对世博后城市管理的新期盼，坚持以人为本、安全为先、管理为重，围绕安全、整洁、有序、高效、法治的要求，进一步加强和改进城市管理。切实增强责任意识和法制意识，始终把人民群众安全放在首位，在人民群众广泛参与下，研究制定加强城市运行安全和生产安全保障的综合措施，全面加强安全管理制度建设，细化落实政府监管责任，严防重特大事故发生。强化安全生产监管，加强全员、全过程、全方位安全管理，落实企业法定代表人安全生产第一责任人制度，建立经常性、制度化的各类安全隐患排查治理机制。全面整顿和规范建筑市场，切实加强施工现场质量安全管理。强化轨道交通、越江工程等重要设施安全管理。加大危险化学品企业布局调整力度。完善食品安全监管体制，建立食品安全风险主动发现和预警机制，健全食品安全溯源体系，加强食品药品全过程监管。强化能源安全保障体系建设。加强灾害性天气的监测预警。普及公共安全和应急防护知识。增强社区综合防灾减灾能力。提升城市安全设施装备水平。深化应急预案和应急体制、机制、法制建设，加强实战演练，切实提高预防和处置突发事件的能力。

巩固和放大世博效应，推动城市管理重心进一步下沉，加快建立健全城市管理长效机制。加大顽症治理力度，实施文明施工管理办法，规范户外广告和流动广告管理，提高道路保洁质量标准。落实公交优先发展的政策和措施，完善交通综合信息平台，优化地面公交线网，加强地面公交与轨道交通的衔接，促进出租汽车行业健康持续发展。健全城市管理维护投入机制，完善城市维护标准、规范和定额体系，增加市区两级城市维护资金投入。深化城市网格化管理。进一步推进政企分离、管养分开，促进服务市场竞争，扩大政府购买服务规模。深化规划编制工作，强化规划管理和执法。加强地下空间规划、建设、利用和管理。拓宽公众参与城市管理的途径，形成全民参与、社会监督的有效机制。

继续完善现代化基础设施体系。推进洋山深水港区四期工程前期工作，基本完成黄浦江上游航道整治工程。加快完善虹桥综合交通枢纽配套设施，提升综合服务功能。推进浦东国际机场第四、第五跑道建设前期工作。完成京沪高速铁路上海段建设，建成铁路金山支线改造工程，启动沪通铁路建设和沪乍铁路前期工作。加快轨道交通基本网络建设，推进11号线北段、12号线、13号线等项目建设，深化5号线南延伸、8号线三期、9号线三期、10号线二期、17号线等项目前期工作。推进S26东段、S6、崇启越江通道建设。建成军工路越江隧道，加快长江西路、

虹梅南路－金海路等越江工程建设。

（七）大力推进“智慧城市”建设，全面提高城市信息化水平

建设现代化国际大都市，必须率先构建“智慧城市”，始终在城市信息化方面走在前列。把信息基础设施作为城市最重要的基础设施，规划建设现代网络和信息通信基础设施。加快建设城市光纤宽带网，实现百兆宽带接入能力覆盖300万户家庭。继续优化完善第三代移动通信网络，基本实现全市域覆盖。加快推进“三网融合”，鼓励三网业务相互进入，支持融合型业务发展，新建覆盖100万有线电视用户的下一代广播电视网络系统。加快建设新亚太海底光缆系统，海光缆国际通信容量继续保持全国50%以上。强化信息基础设施统筹规划和集约建设。

大力提升城市信息化应用水平。积极运用新兴网络和信息技术，推进城市管理和公共服务信息化，着力提升城市智能化水平。实施电子商务行动，大力推进第三方电子支付发展。积极推进航运信息共享、物流服务等平台建设。实施数字城管行动，加快推进城市交通智能化、城市网格化管理、智能电网等信息化工程。实施数字惠民行动，加快推进以居民健康档案和电子病历应用为核心的数字健康工程、以教育信息化公共服务平台建设为重点的数字教育工程、以社区管理和民生服务信息化为重点的数字社区工程建设。推进信息化与工业化深度融合，加快企业信息化建设，积极运用信息技术推进传统产业转型升级。

积极推进信息产业发展。聚焦市场前景好、产业带动强的领域，强化关键技术研发和应用，大力推进物联网、新型显示、网络和通信、集成电路、汽车电子产业发展。启动实施“云海计划”，积极推进云计算在教育、健康、政务等领域应用示范。积极发展信息服务业，推动数字出版、电子阅读等形成产业规模优势。

（八）继续加强节能减排和环境保护，不断改善城市生态环境

始终把建设生态宜居环境作为紧迫而重要的任务，深入实践世博会绿色、环保、低碳理念，大力推进节能降耗，加强资源节约和综合利用。积极推进工业、建筑、交通、居民生活等重点领域和重点用能单位的节能改造和管理，加快节能地方标准建设，新建高标准节能建筑60万平方米，对新建居住建筑全面执行65%的节能标准，加快推进清洁能源汽车的应用。大力推进国家重大天然气项目配套工程，建成上海临港燃气电厂，推进闵行燃机电厂工程和东海大桥海上风电二期工程等项目前期工作。健全节能市场机制和激励约束机制，加大合同能源管理，全面贯彻实施前置性能评制度，探索节能减排市场交易试点。鼓励和引导节水、节材，倡导绿色低碳的生产方式、消费模式和生活习惯，积极开展多层面、多领域的循环经济试点。

加强污染减排和防治，推进环境保护和生态建设。强化污染减排目标管理，增加氮氧化物和氨氮总量控制指标。全面完成第四轮环保三年行动计划。加快建设白龙港污水厂扩建二期工程、白龙港片区南线输送干线完善工程、郊区污水厂网及截污纳管等重点项目，启动燃煤电厂脱硝工作。加快推进宝山南大和金山卫化工集中区等重点地区环境综合整治。深入推进本市太湖流域水环境综合治理。切实加强对建筑施工噪声和工地、道路、堆场扬尘以及机动车鸣号、秸秆焚烧等污染源的监管和防治。加快推进中心城增绿、郊区新城建林和外环生态专项等工程，完成绿地建设1000公顷，其中公共绿地500公顷。有序推进青草沙原水通水切换工作，让1000万上海市民喝上优质长江水，加强黄浦江上游等饮用水源保护，完成1000万平方米以上二次供水设施改造。按照减量化、

资源化、无害化要求，启动生活垃圾分类投放、收集、运输、处置试点，加快老港固体废弃物综合利用基地建设，推进浦东、金山、松江、奉贤等区生活垃圾处理设施建设。

（九）以加快郊区新城建设为重点，促进城乡一体发展

加快建设重心向郊区转移，大力推进郊区新城建设。规划引领，产业发展与新城建设互动融合，基础设施和社会事业同步建设，统筹推进郊区工业园区、产业基地和大型居住社区与新城建设。加快提升嘉定、松江新城综合功能，加快推进青浦、奉贤南桥、浦东南汇新城建设，加快推进金山、崇明新城和新市镇优化发展。积极推动基础设施、重大功能性项目向新城倾斜，继续推进“5+3+1”郊区三级医院和一批优质学校建设，完善大型居住社区市政公建配套。积极推进小城镇发展改革试点。结合地域特点，加快推进新市镇建设和老集镇改造。

进一步加大对“三农”的扶持力度，扎实推进社会主义新农村建设。坚持工业反哺农业、城市支持农村和多予少取放活的方针，提高农村发展水平和农民生活水平。优先安排与农民生产生活相关的基础设施和环境建设。把水利作为农村基础设施建设重点，加大投入力度，加强农田水利建设、河流治理和农村集中供水工程建设。继续推进自然村落保护、改造和整治，完成100个村庄改造、4万户农村生活污水处理设施改造。优化郊区农村教育、医疗资源配置，加强农村公共服务建设。加快发展高效生态农业，继续提高农业科技水平，加强农业设施建设，新建高水平粮田667公顷、标准化畜禽养殖场20家、标准化水产养殖场1000公顷，创建一批蔬菜标准园。进一步完善强农惠农政策，拓宽农民增收渠道。大力促进非农就业，新增非农就业岗位10万个。加大金融支持力度，积极发展农民专业合作社、家庭农场，挖掘农业内部增收潜力。大力发展农业旅游业，延长农业产业链。推进农村集体经济组织产权制度改革，增加农民财产性收入。

继续深化农村改革。全面完成农村土地延包后续完善工作。建成以乡镇为单位的土地承包经营权流转管理服务中心。按照节约用地、保障农民权益的要求，有序推进农村集体建设用地有偿使用和流转，稳妥推进城乡建设用地增减挂钩和农民宅基地置换试点，积极推进和规范农村土地综合整治。进一步完善生态补偿机制，对主要农产品生产区县实行奖励补助制度。

（十）加大开放创新力度，加快建设国际文化大都市

文化深深熔铸在民族的血脉之中，是城市生存发展和振兴繁荣的本质性力量。加快推进“四个率先”、加快建设“四个中心”，必须抢占文化发展制高点，不断提升城市文化软实力。坚持先进文化的前进方向，高扬时代发展的主旋律，充分发挥文化引领社会、教育人民、推动发展的重要作用。顺应发展社会主义市场经济对文化建设的新要求，满足人民群众不断增长的精神文化需求，一手抓发展公益性文化事业，一手抓发展经营性文化产业。坚持公益性、基本性、均等性、便利性，以政府为主导，以公共财政为支撑，以公益性文化事业单位为骨干，完善公共文化服务体系。积极发展公益性文化事业，提高公共文化服务质量和水平。以加强社区文化建设、改善农村公共文化设施网络和服务水平为重点，继续推进惠民文化工程建设。广泛开展群众性文化活动，提高公共文化活动的群众参与度。结合世博场馆后续利用和郊区新城建设，规划建设一批重大公共文化设施。加强地方志编纂。在城市更新中充分尊重、珍视城市历史文化，加强历史文化风貌区、优秀历史建筑及非物质文化遗产保护，传承历史文脉，挖掘长期积淀的文化内涵，

丰富城市文化精神。

解放和发展文化生产力，聚焦重点领域和关键环节，推进文化体制改革和创新。根据创新体制、转换机制、面向市场、增强活力的原则，加快推进经营性文化单位转企改制，培育合格的文化市场主体。完善政策措施，支持非公有制资本进入政策允许的文化产业领域。积极推动有条件的文化企业集团重组上市，加快培育一批具有国际影响力的文化骨干企业，切实增强文化产业的整体实力和国际竞争力。鼓励开发丰富多样的文化产品和服务，拓展新的文化业态，促进人民群众文化需求规模扩大、层次提升。积极促进文化与创意、科技、金融、贸易相结合，加快推进“创意城市”建设，努力使文化产业成为支柱性产业。充分运用数字、网络等高新技术，大力发展新媒体、动漫等新兴文化产业，积极推动传统文化产业转型升级。加强对文化创意产业基地的统筹规划，推进国家数字出版、国家网络视听等重点基地建设。加快建设文化产权交易平台，拓展文化产品流通和文化服务市场，加快集聚各类文化要素，增强资源配置功能。

把文化人才建设作为文化发展的关键举措，加大政府投入力度，创新文化人才培养、引进和使用机制，加快培育一批创新能力强、人才集聚度高、在国内外享有较高知名度的优秀文化团队。按照弘扬主旋律、提倡多样化的要求，鼓励创作更多思想深刻、艺术精湛、群众喜闻乐见的优秀文艺作品。

（十一）聚焦重点抓突破，深入推进经济体制改革

继续高举浦东开发开放旗帜，大力推进浦东综合配套改革试点。实行开发主导和管理重心下沉，建立扁平高效的新型区域管理体制。完善政府购买公共服务机制，创新公共服务供给模式和社会管理模式。聚焦“四个中心”核心功能区、战略性新兴产业主导区建设，推动金融、航运、贸易、科技等重大改革举措在浦东先行先试，探索形成符合国际惯例、有效促进功能建设和产业发展的制度环境。加大统筹城乡发展力度，实施村庄改造计划和农民增收计划，推进教育、医疗基本公共服务区级统筹和管理体制并轨。

深入推进国资国企改革。改造国有资本流动平台，完善运行机制，发挥国有股权管理功能，促进国有资产有进有退、有序流动。深化国资国企开放性、市场化重组，鼓励和支持本市国有企业与中央企业、外地企业、民营企业、外资企业之间的兼并重组。加快推动一批企业集团整体上市，提高经营性国有资产证券化率。推动国有企业优势资源向主业集中，支持主业做强做大，提高市场竞争力。完善国有企业法人治理结构，规范董事会建设，建立健全企业领导人员的激励约束机制。建立健全国有资本经营预算制度。

全面促进非公有制经济加快发展。放宽市场准入，鼓励和引导民间资本进入法律法规未明确禁止准入的行业和领域。加大支持力度，继续解决制约民营经济发展的资金融通、自主创新、人才引进、项目审批等突出问题。大力扶持中小企业发展，着力推进公共服务平台建设，完善中小企业上市、小额贷款、集合债券、融资担保等融资服务体系，加强“专精特新”中小企业培育。

加快现代市场体系建设，进一步发展资本、技术、人才、产权等要素市场。继续加强市场监管，深入整顿和规范市场秩序，强化产品质量管理，依法严厉打击商业贿赂、虚假广告等行为，努力让人民群众买得放心、吃得安心、用得舒心。加快建设社会诚信体系，探索建立涵盖多领域的信用信息共享和联动机制，扩大信用产品、信用服务应用。

（十二）坚持开放型经济发展方向，提升对内对外开放水平

进一步扩大全方位开放，深入推动“引

进来”与“走出去”相结合。加快转变外贸发展方式，优化市场结构和贸易结构，深入拓展新兴市场，扩大具有自主知识产权、自主品牌、高附加值的产品出口。进一步增强口岸服务功能，发挥外高桥、洋山保税港区的优势，增加先进设备、关键零部件和国内短缺资源进口，成为我国进口商品的重要集散地。推动加工贸易转型升级，大力发展口岸贸易、服务贸易和新型国际贸易。着力优化利用外资结构，营造良好投资环境，引导外资投向现代服务业和战略性新兴产业，加快集聚外资企业地区总部、研发中心、营运中心、结算中心、数据中心等功能性机构，更加注重引进国外先进技术、管理理念和高端人才。创新利用外资方式，鼓励外资参与资本市场、股权投资、风险投资和并购重组。鼓励有条件的企业实施跨国并购，开展对外工程承包，大力承接离岸服务外包，加快培育一批本土跨国公司和知名品牌。健全对外投资合作的政策促进体系、服务保障体系、风险防范体系和应急处置体系。继续扩大与港澳地区的经贸往来与合作。把握两岸经济合作框架协议实施的机遇，加强沪台经贸、文化等领域的交流合作。进一步做好侨务工作，积极支持海外侨胞、港澳台同胞参与上海经济社会发展。继续发挥外事工作在本市对外开放中的积极作用。

加强国内区域合作，更好地服务全国。深入贯彻《长江三角洲地区区域规划》，推进长三角一体化发展。推动长江黄金水道共建和长江沿岸城市多领域合作。坚决落实中央《关于深入实施西部大开发战略的若干意见》，主动参与中部地区崛起和东北地区等老工业基地振兴，积极开展与环渤海和珠三角等地区的合作，鼓励有条件的产业园区输出品牌、管理和技术。完善支持内资企业投资的政策体系和服务网络，服务好各地来沪企业。深化与各省区市的合作交流。加强对口支援工作，对新疆、西藏、云南、青海和三峡库区有关的对口支援地区，加大帮扶力度。

三、关于《上海市国民经济和社会发展第十二个五年规划纲要（草案）》的说明

市委、市政府对制定“十二五”规划工作高度重视，早在2009年上半年就部署前期研究工作，在2010年开展了全市“十二五”规划大讨论，并先后多次广泛征求各方面意见，努力使规划的编制过程成为凝聚人心、形成共识、探索思路、解决难题的过程。九届市委十三次全会审议通过了《中共上海市委关于制定上海市国民经济和社会发展第十二个五年规划的建议》，市政府据此制定了《上海市国民经济和社会发展第十二个五年规划纲要（草案）》，提请本次大会审议批准后，颁布实施。下面，我就两个问题作简要说明。

（一）关于“十二五”规划的总体考虑

“十一五”时期是上海发展极不寻常、极不平凡的五年。经过五年奋斗，上海圆满完成国家交给的办好世博会的光荣任务，实现经济社会又好又快发展，“四个中心”框架基本形成，城市的国际竞争力和影响力明显提升，“十一五”规划的目标任务全面完成。“十二五”时期，是上海加快推进“四个率先”、加快建设“四个中心”的重要时期，是深化改革开放、加快转变经济发展方式的关键时期。《纲要（草案）》根据市委《建议》，立足“十一五”发展基础，把握“十二五”发展形势，提出“十二五”发展的指导思想、基本要求和目标任务。

上海“十二五”发展的指导思想是，高举中国特色社会主义伟大旗帜，以邓小平理论和“三个代表”重要思想为指导，深入贯彻落实科学发展观，积极适应国内外形势新

变化，顺应人民群众过上更好生活新期待，按照中央提出的以科学发展为主题、以加快转变经济发展方式为主线的要求，紧紧围绕建设“四个中心”和社会主义现代化国际大都市的总体目标，坚持科学发展、推进“四个率先”，以深化改革扩大开放为强大动力，以保障和改善民生为根本目的，充分发挥浦东新区先行先试的带动作用和上海世博会的后续效应，创新驱动、转型发展，努力争当推动科学发展、促进社会和谐的排头兵。坚持科学发展、实现“四个率先”，是中央对上海的明确要求和殷切期望，也是上海义不容辞的责任和义务。创新驱动、转型发展，是上海在更高起点上推动科学发展的必由之路。在“十二五”规划编制中，我们力求把创新贯穿于经济社会发展的全过程和各环节，努力贯彻六个基本要求，这就是必须深入推进改革开放，必须加快产业结构战略性调整，必须更加注重以人为本的社会建设和管理，必须着力推动城乡一体化发展，必须加快推进资源节约和环境保护，必须全面落实依法治国基本方略。

“十二五”时期上海经济社会发展的奋斗目标是，“四个中心”和社会主义现代化国际大都市建设取得决定性进展，转变经济发展方式取得率先突破，人民生活水平和质量得到明显提高。《纲要（草案）》提出了七个方面的主要目标和35项具体指标。一是经济发展质量和效益明显改善，全市生产总值年均增长8%左右，第三产业增加值占全市生产总值比重达到65%左右。二是城市创新活力大幅提升，全社会研究与试验发展经费支出相当于全市生产总值比例达到3.3%左右，战略性新兴产业增加值比2010年翻一番。三是城市服务功能全面增强，“四个中心”核心功能初步形成，城市信息化整体水平迈入国际先进行列，城市文化更加繁荣、更具魅力。四是城乡居民生活质量和水平明显提高，各类保障性住房新增供应100万套左右，财政性教育投入占地方财政支出的比重达到15%。五是生态环境不断优化，能源资源利用效率不断提高，单位生产总值综合能耗、单位生产总值二氧化碳排放量和主要污染物排放总量进一步下降。六是改革开放取得新的突破，市场配置资源能力进一步增强，开放型经济和城市国际化程度达到新水平。七是社会主义民主法制更加健全，社会管理制度加快完善，诚信体系建设取得新突破，努力使上海成为最安全的大都市之一和法治环境最好的地区之一。提出上述目标的主要考虑是，体现国家对上海发展的战略定位和要求，体现为全市人民创造更加美好的城市生活这一根本目的，体现创新驱动、转型发展的时代要求，更加重视优化经济结构和提高质量效益，更加重视科技进步与自主创新，更加重视提升城市服务功能，更加重视保障和改善民生，更加重视生态环境建设。

（二）“十二五”时期的主要任务

《纲要（草案）》围绕创新驱动、转型发展，提出了13项主要任务。这里，从经济建设、社会建设、改革开放三个方面作简要说明。

科学发展是解决所有问题的关键。上海经过二十年的经济高速增长，以投资拉动为主的经济增长模式已难以为继，转变经济发展方式刻不容缓。“十二五”时期，要牢牢把握重要战略机遇期，把提高经济发展质量和效益作为经济工作的中心任务，咬住“四个中心”建设的国家战略目标，加快结构调整、强化自主创新、推进节能减排，不断增强城市的国际竞争力。《纲要（草案）》从七个方面对经济建设进行了部署。一是迈向“四个中心”。以提高全球资源配置能力为着力点，全力推进国际金融、航运和贸易中心建设，全面提升经济中心城市的国际地位，为2020年基本建成“四个中心”奠定坚实基础。二是构建服务经济时代的产业体系。

把结构调整作为转型发展的主攻方向，加快发展服务业，培育发展战略性新兴产业，大力提升制造业能级，加快推进农业现代化，不断提高产业核心竞争力。三是建设充满活力的创新型城市。充分发挥上海科技教育资源和人才集中的优势，以科技创新引领未来发展，完善城市创新体系，增强科技创新能力。四是构筑城乡协调的发展格局。优化市域空间布局，加快发展重心向郊区转移，以郊区新城建设为重点，推进新型城市化和新农村建设。五是创建面向未来的智慧城市。突出信息化领先发展，加快数字化、网络化、智能化的城市基础设施建设，推动信息化在政务、商务、生活等领域的渗透和运用，促进产业智能发展。六是建设管理一流的现代都市。坚持以人为本、安全为先、管理为重，把世博经验转化为城市管理长效机制，努力形成安全、整洁、有序、高效、法治的城市现代化管理格局。七是营造生态宜居的绿色家园。积极应对气候变化，着力推进节能减排，推动绿色低碳发展，加快建设资源节约型、环境友好型城市。

改善民生是推进转型发展的出发点和落脚点。要立足国情、市情，坚持尽力而为、量力而行，突出保基本、重均衡、可持续，聚焦住房、医疗、教育、社会保障等群众关切，不断提高基本公共服务能力，使发展成果更加均衡地惠及最广大人民群众。要把加强和创新社会管理摆在更加重要的位置，牢固树立群众观点，完善公众参与机制，创新政府管理方式，进一步夯实基层基础，维护社会公平正义、和谐稳定。《纲要（草案）》从三个方面对社会建设进行了部署。一是创造安居乐业的人民生活。着力完善保障民生的制度安排，实施更加积极的就业政策，努力构建和谐劳动关系，合理调整收入分配，推进社会保障制度整合衔接，积极应对人口老龄化，加快形成“四位一体”的住房保障体系。坚持以改革促发展，提升教育、卫生服务质量。二是促进和谐有序的社会管理。大力加强社区建设，发展基层民主，积极培育社会组织，激发社会活力。加强人口综合服务和管理，注重矛盾源头预防，畅通民意表达和回应渠道，促进矛盾纠纷规范化、制度化解决。三是塑造时尚魅力的国际文化大都市。坚持社会主义先进文化前进方向，深化文化体制机制改革，提高文化原创能力，加强公共文化服务，提升文化产业的竞争力和辐射力，推动商旅文体联动发展，着力推动文化大发展大繁荣。

改革开放是推进转型发展的强大动力。上海过去二十年大发展，靠改革开放；下一步要实现发展转型，更要靠改革开放。要坚持社会主义市场经济的改革方向，着力于加快市场化、国际化进程，聚焦重点领域和关键环节，以更大的决心和勇气深化改革、扩大开放，努力当好全国改革开放的排头兵。《纲要（草案）》从三个方面对改革开放进行了部署。一是建设创新开放的新浦东。高举浦东开发开放的旗帜，按照“三个着力”的要求，更好地发挥浦东在改革开放中的先行先试作用、在推进“四个率先”中的示范带动作用和在建设“四个中心”中的核心功能作用。二是争当改革攻坚的排头兵。深入推进行政体制改革，促进多种所有制经济共同发展，营造有利于服务经济发展的制度环境，推进社会领域体制机制改革，率先形成有利于科学发展的体制机制。三是形成海纳百川的开放格局。推动长三角一体化发展，促进区域合作互利共赢，扎实开展对口支援工作，在更大范围、更广领域、更高层次上参与全球竞争合作，提升城市国际化水平。

四、全面加强政府自身建设

做好今年和未来五年经济社会发展工作，必须以创新精神加强政府自身建设。紧紧围绕建设服务政府、责任政府、法治政府和廉洁政府，践行执政为民，坚持从严治政，突出转变职能，注重创新管理，着力提高服务能力，加快把上海建设成为全国行政效率最高、行政透明度最高、行政收费最少的行政区之一。

（一）转变职能、创新制度，不断提高行政效率

政府行政效率的高低，事关群众生产生活和企业经营发展，直接影响城市国际竞争力。加快政府职能转变，力求在加强服务中改进管理，减少对微观经济运行的干预。综合运用规划、产业政策和财税、价格等手段，改善经济调节和市场监管。更加注重加强社会管理和公共服务，建立健全均衡发展、广泛覆盖、便民高效的公共服务体系，着力提供优质的公共产品和服务。加快事业单位分类改革，继续实施事业单位绩效工资改革。

深化行政审批制度改革，大幅提高审批效率。推动行政审批事项全部上网、全程上网，实现所有市级部门审批业务系统、区县审批平台与市级网上审批管理和服务平台互联互通。继续优化审批流程，推进审批标准化建设，全面实施建设工程、企业设立并联审批，进一步扩大告知承诺实施范围，压缩审批时限。继续下放审批事项，对与企业和市民密切相关的事项，尽可能由区县和街镇办理，提高审批办理的便利程度。完成区县审批事项清理，以及国务院第五批取消和下放审批事项的对应清理。改革监管方式，强化批后监管。

坚持管理重心下移，加快完善“两级政府、三级管理”体制。合理划分市、区县、街镇管理权限，推动区县、街镇集中精力加强社会管理和公共服务。对跨区域、跨系统、网络化特征明显的项目，加强市级统筹协调；对区域性、单体性项目，尽可能下放到区县，加强区县管理力量。全面实施市与区县财税管理体制改革，加大税收属地征管力度，优化调整地方税收市区分享比例，调动区县创新驱动、转型发展的积极性。完善财政转移支付机制，促进区县协调发展。

深化电子政务建设，以信息技术的广泛运用提高管理效率。强化政府门户网站的办事服务功能，加快推进电子政务云、跨部门信息系统建设和应用集成，促进部门之间信息资源整合共享，推动形成社会管理、公共服务事项“网上一口受理、在线协同办理”的工作格局，方便企业、群众在线申办各项事务。从规范文件、简报入手，大力推行无纸化办公。建立电子监察、网络投诉、行风政风测评平台和电子政务绩效评估体系，制定出台电子政务管理办法、规范标准，健全安全保障体系。总结推广世博筹办举办经验，完善部门间、部门与区县间协调配合机制，充分发挥牵头部门的总负责作用，落实配合部门责任，形成推进合力，使政府服务更加高效便民。

（二）贴近需求、扩大公开，不断提高行政透明度

坚持不懈推动行政权力在阳光下运行，把政府信息公开作为基本制度，最大力度推进政务公开透明，让人民群众充分知情、理解、参与、监督。加大主动公开力度，全面严格执行国务院各部门有关公开的规定，力争做到全国领先。重点推进市民最为关心的财政性资金公开。除法律、法规有特别规定外，今年起所有市级部门预算报市人代会审议，所有市政府部门预算向社会公开。健全定期公告制度，规范细化公开内容，今年财政专项资金公开从19项增加到30项。进一步扩大公开地方政府债券、排污费收入、城市基础设施配套费、公用事业附加等政府非税收入的收支安排等情况。

大力深化审计公开。进一步加大对重点部门、重点领域，以及涉及民生、环境保护等重点资金、重点项目的审计力度，扩大审

计结果公开。今年向社会公开部门预算和专项资金的审计结果、整改结果，公开世博会运营资金决算审计结果和世博会建设项目跟踪审计结果。完善审计整改联动机制，强化审计整改合力，提高审计整改质量和效果。

扩大民生与公共服务类信息公开，让群众看得懂、用得上。继续定期公告社保基金、彩票公益金、住房公积金、房屋维修基金的收支、管理情况。推进行政审批、行政事业性收费和国资监管信息公开，稳步推进涉及重大公共利益的行政处罚信息公开。依法推进市政府各部门所属事业单位、与群众密切相关的各类公共企事业单位的信息公开。积极推动政府信息公开向基层延伸，方便企业、群众获取所需信息。

（三）规范制度、完善体制，严格控制行政事业性收费

严格规范行政事业性收费，坚决减轻企业和社会负担。着力完善收费标准形成机制，按照成本补偿及非营利的原则核定收费标准，切实解决标准偏高、项目偏细、计费方式不够合理等问题。制定行政事业性收费管理规定，建立常态清理机制，清理调整不适应发展形势要求的收费事项。严格控制新增收费，对政府职责范围内的公共管理和服务，不得设立收费事项，所需经费由同级财政预算保障。

加快完善公共财政体系。按照科学完整、有机衔接、公开透明的要求，建立健全由公共财政预算、国有资本经营预算、政府性基金预算、社会保险基金预算组成的政府预算体系。优化财政支出结构和方式，保障公共行政、公共管理、公共服务的财政经费，加快构建促进转型发展的财税体制，建立财政支出绩效评价管理制度。加强税收征管，优化纳税服务，为经济社会发展提供财力保障。

（四）规范执法、严格程序，深入推进依法行政

依法行政是现代政治文明的重要标志，政府的所有行为都要于法有据、程序正当。坚持规范、公正、文明执法，增强政府执行力和公信力。在加大执法力度、加强执法监督的同时，着力完善行政执法程序，规范流程，依法细化、量化自由裁量权。完善执法告知制度，编制《行政相对人权益告知手册》，切实维护行政相对人合法权益。坚持服务为重、教育为先，积极探索柔性执法，更多地采用行政指导、行政合同、行政奖励和劝告、宣传等方式，引导行政相对人自觉守法。深化行政执法体制改革，整合执法资源，探索开发区、商务区、旅游区等特定区域综合执法，建立联动执法机制。严格执法人员资格制度，狠抓执法纪律，全面提高执法人员素质。

加强政府立法，为规范执法提供法律依据。做好世博后城市长效管理立法，把世博会期间行之有效的临时性规章和措施转化为长效制度。更加注重城市安全监管、社会管理、基本公共服务和规范政府共同行为的立法。完善规章草案的公开征询、立法听证等制度，探索政府规章后评估，推行规范性文件有效期制度。

推进决策科学化、民主化、法治化。健全重大行政决策规则，把公众参与、专家论证、风险评估、合法性审查和集体讨论决定作为重大决策的必经程序。重大决策的听证、论证，必须注重相关利益方的广泛参与，保证群众意见的充分表达，努力让广大群众理解支持。加强重大决策跟踪反馈和责任追究，促进决策执行和质量提高。

（五）加强管理、强化监督，切实做到从严治政

政府工作绩效如何，关键在人。坚持严字当头，大力加强对公务员的严格教育和管理，严明责任，严肃纪律，坚决克服好人主义，

着力提高公务员队伍的责任心、执行力。注重公务员思想和能力培养，扩大选调交流范围，加大从基层和企事业单位选拔公务员的力度，强化实践锻炼，提高公务员服务基层、服务群众、服务企业的意识和能力。

政府的一切权力来自人民，必须为人民负责，受人民监督。所有政府部门都要自觉接受多种形式和途径的监督，不断改进工作。强化对各项重大决策、重点工作的行政监察，把“制度加科技”的预防腐败机制广泛运用到行政审批、行政执法、资源交易、资金监管等领域，提高政府内部监督实效。认真开展乡镇财政性资金管理、土地规划管理、建筑市场管理等专项治理。加强行政复议，探索建立行政复议委员会，依法纠正不当和违法行政行为。自觉接受市人大及其常委会的监督，主动接受市政协的民主监督，认真听取民主党派、工商联、无党派人士和各人民团体的意见。高度重视司法监督、舆论监督和社会公众监督。

从严治政离不开严格的考核和严肃的问责。完善政府绩效评估制度，将绩效评估与行政问责、改进管理、提高效能相结合，引导各级干部做出经得起实践、人民、历史检验的实绩。严格落实《关于实行党政领导干部问责的暂行规定》，加强行政问责，规范问责程序，督促和约束政府工作人员恪尽职守、勤奋尽责。

全体政府工作人员特别是各级领导干部，要紧密联系群众，真实了解群众所思、所盼、所忧，切实尊重群众意愿，想问题、作决策、做工作都要从群众利益出发，认真解决群众反映的问题，坚决纠正损害群众利益的行为，办好顺民意、解民忧、惠民生的实事。要敢于负责，直面问题，正视不足，务实勤勉，公正廉洁，全心全意为人民服务，做人民满意的公务员。

各位代表，未来发展任重道远。我们要紧密团结在以胡锦涛同志为总书记的党中央周围，高举中国特色社会主义伟大旗帜，以邓小平理论和“三个代表”重要思想为指导，深入贯彻落实科学发展观，在中共上海市委的领导下，勇于面对挑战，善于改革创新，把上海“四个率先”、“四个中心”和社会主义现代化国际大都市建设不断推向前进，以优异成绩迎接中国共产党成立90周年！

2010 年上海市国民经济和社会发展统计公报

上海市统计局 国家统计局上海调查总队

2011 年 3 月 3 日

2010 年是上海世博会的举办年，也是实施“十一五”规划的最后一年。面对复杂多变的国内外经济环境，全市人民在党中央、国务院和市委、市政府的坚强领导下，深入贯彻落实科学发展观，坚决执行中央应对金融危机的一揽子计划，按照“五个确保”的要求，全力以赴办好世博会，扎实推进各项工作，国民经济保持平稳较快发展，各项社会事业全面发展，人民生活继续改善，完成了全年经济社会发展预期目标和任务。

一、综合

全年实现上海市生产总值（GDP）16872.42 亿元，按可比价格计算，比上年增长 9.9%（见图 1）。其中，第一产业增加值 114.15 亿元，下降 6.6%；第二产业增加值 7139.96 亿元，增长 16.8%；第三产业增加值 9618.31 亿元，增长 5%。“十一五”时期上海市生产总值达到 69054.99 亿元，按可比价格计算，年均增长 11.1%。

图 1“十一五”时期上海市生产总值与增长速度

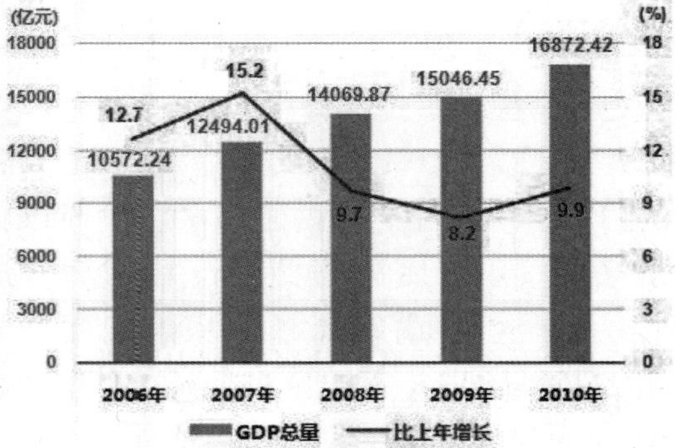

在全市生产总值中，公有制经济增加值 8537.87 亿元，比上年增长 8.3%；非公有制经济增加值 8334.55 亿元，增长 11.7%，占全市生产总值的比重由上年的 48.4% 提高到 49.4%。其中，私营及个体经济增加值 4060.29 亿元，增长 10.3%，占全市生产总值的比重达到 24.1%。

全年经工商登记新设立的各类市场主体 18.45 万户，比上年增长 9.4%。其中，企业 12.52 万户，增长 16.4%；个体工商户 5.81 万户，下降 3.2%。在新设立企业中，内资企业（不含私营企业）4155 户，增长 5%；外商投资企业 6457 户，增长 27.1%；私营企业 11.46 万户，增长 16.3%。

全年地方财政收入 2873.58 亿元，比上年增长 13.1%。其中，增值税 388.62 亿元，增长 4.3%；营业税 933.91 亿元，增长 11.2%；个人所得税 261.2 亿元，增长 13.3%；企业所得税 606.05 亿元，增长 25.8%。全年地方财政支出 3302.89 亿元，比上年增长 10.5%。其中，一般公共服务支出 226.02 亿元，增长 14.5%；公共安全支出 187.25 亿元，增长 14.6%；社会保障和就业支出 362.56 亿元，增长 8.6%；医疗卫生支出 160.07 亿元，增长 20.5%；城乡社区事务支出 475.47 亿元，下降 14.6%。“十一五”时期地方财政收入达到 11499.2 亿元，年均增长 14.9%。

全年完成全社会固定资产投资总额 5317.67 亿元，比上年增长 0.8%（见图 2）。其中，城市基础设施投资 1497.46 亿元，下降29.1%。从产业投向看，第一产业投资16.4亿元，比上年增长43.8%，占全社会固定资产投资总额的比重为0.3%；第二产业投资1435.37亿元，增长0.6%，所占比重为27%；第三产业投资3865.9亿元，增长0.8%，所占比重为72.7%。从投资主体看，国有经济投资2234.12亿元，比上年下降14.7%，占全社会固定资产投资总额的比重为42%；集体经济投资183.07亿元，增长38.4%，所占比重为3.4%；股份制经济投资1200.26亿元，增长2.2%，所占比重为22.6%；外商及港澳台投资686.95亿元，增长11.2%，所占比重为12.9%。"十一五"时期全社会固定资产投资总额达到23804.15亿元，年均增长10%。

图2 "十一五"时期全社会固定资产投资总额与增长速度

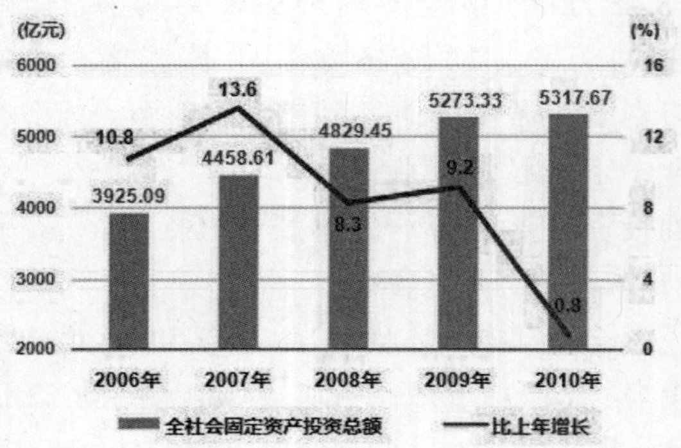

全年居民消费价格指数为103.1（见表1）。其中，食品类价格指数107.7；烟酒及用品类价格指数101.1；家庭设备用品及维修服务类价格指数101.1。

表1 居民消费价格指数

指 标	指数（上年=100）
居民消费价格指数	103.1
食 品	107.7
烟酒及用品	101.1
衣 着	98.6
家庭设备用品及维修服务	101.1
医疗保健和个人用品	103.7
交通和通信	97.4
娱乐教育文化用品及服务	100.9
居 住	103.5

全年工业品出厂价格指数为102.3；原材料、燃料、动力购进价格指数为111.2。

全年新建住宅销售价格指数为107.6。在新建住宅销售价格指数中，商品住宅价格指数为108。其中，普通商品住宅价格指数为109。全年住宅租赁价格指数为104.9。

二、农业

全年完成农业总产值287.03亿元，比上年下降5.1%。其中，种植业产值155.27亿元，下降4.7%；畜牧业产值62.9亿元，下降2.8%；渔业产值52.62亿元，下降8%。

全年粮食种植面积17.92万公顷；粮食产量118.4万吨，比上年下降2.7%。郊区奶牛良种率达到100%，生猪良种率超过95%，水稻、蔬菜良种覆盖率均超过96%。主要农副产品产量（见表2）。

表2 主要农副产品产量

产品名称	单位	产量	比上年增长（%）
粮食	万吨	118.40	-2.7
蔬菜	万吨	398.08	1.0
生猪出栏	万头	265.98	-1.4
牛奶	万吨	24.71	16.3
家禽出栏	万羽	4083.76	-0.3
鲜蛋	万吨	6.28	1.7
水产品	万吨	28.97	-14.4

至年末，全市有2095个产品获得农产品认证。其中，无公害农产品1809个，绿色食品99个，有机农产品187个。

至年末，农机总动力达到104.15万千瓦。全市建成设施粮田8.65万公顷。其中，年内建成0.75万公顷。设施菜田1.15万公顷。其中，年内建成0.13万公顷。标准化畜禽养殖场120家。其中，年内建成60家。标准化水产养殖面积0.18万公顷。其中，年内建成0.11万公顷。年内新认定15家国家级和50家市级农业产业化重点龙头企业。全年农业组织化水平达到62.5%。拥有各类农民专业合作社2577家，农业产业化龙头企业402家。

三、工业和建筑业

全年实现工业增加值6456.78亿元，比上年增长17.5%（见图3）。其中，规模以上工业增加值6225.98亿元，增长18.4%。在规模以上工业增加值中，轻工业增加值1866.21亿元，增长15.9%；重工业增加值4359.77亿元，增长19.5%。全年工业总产值31038.57亿元，比上年增长22.9%。其中，规模以上工业总产值30003.57亿元，增长23.1%。“十一五”时期全市工业总产值达到124305.48亿元，年均增长12.6%。

图3 “十一五”时期工业增加值与增长速度

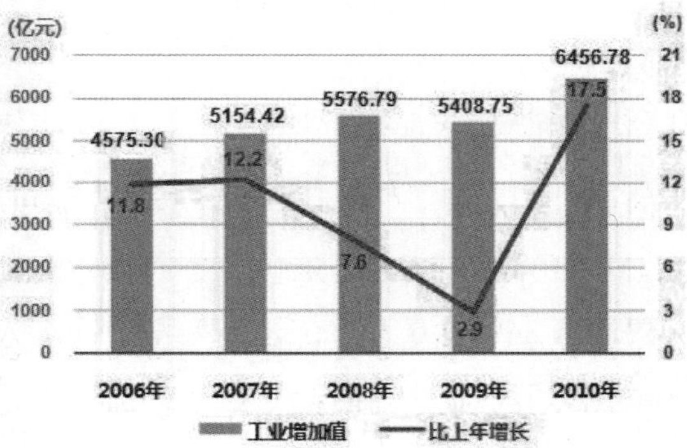

全年电子信息产品制造业、汽车制造业、石油化工及精细化工制造业、精品钢材制造业、成套设备制造业、生物医药制造业等六个重点发展工业行业完成工业总产值19863.27亿元，比上年增长26.6%，占全市规模以上工业总产值的比重达到66.2%（见图4）。

图4 六个重点发展工业行业占工业总产值的比重

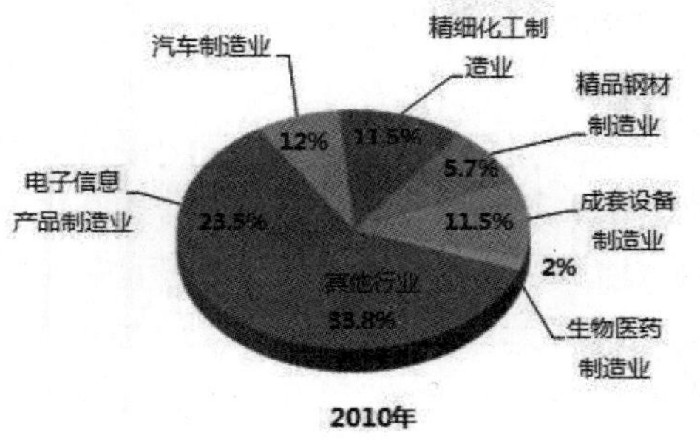

全年高技术产业完成工业总产值6958.01亿元，比上年增长33.7%，增幅高出全市规模以上工业总产值10.6个百分点，占全市规模以上工业的比重为23.2%。微型电子计算机、汽车等主要工业产品产量增长较快（见表3）。

表3 主要工业产品产量

产品名称	单位	产量	比上年增长(%)
微型电子计算机	万部	9388.44	20.1
成品钢材	万吨	2475.95	10.6
汽车	万辆	169.89	35.9
#轿车	万辆	159.77	30.5
家用电冰箱	万台	218.55	17.3
电力电缆	万公里	119.11	65.8
发电量	亿千瓦小时	876.19	14.2
乙烯	万吨	226.72	25.7
化学药品原药	万吨	2.80	6.0

全年规模以上工业企业实现利润总额2216.55亿元，比上年增长56.7%；实现税金总额1373.98亿元，增长24.5%。其中，国有控股工业企业实现利润1082.54亿元，增长67.5%；实现税金1003.99亿元，增长31.9%，占全市工业税金总额的比重为73.1%。全市工业企业亏损面为18.3%。全年工业企业经济效益综合指数为263.91，比上年提高39.5个点。

全年建筑业总产值4298.12亿元，比上年增长12.2%；房屋建筑施工面积22092.72万平方米，增长15.9%；竣工面积6025.95万平方米，增长5.4%。建筑企业按总产值计算的全员劳动生产率达到人均34.61万元，比上年提高10.8%。

四、批发和零售业

全年批发和零售业实现增加值2512.89亿元，比上年增长13.1%。

全年实现商品销售总额37383.25亿元，比上年增长24.2%。其中，批发销售额

32184.13 亿元，增长 25.8%。

全年实现社会消费品零售总额 6036.86 亿元，比上年增长 17.5%。其中，吃的商品零售额 1819.88 亿元，增长 12.9%；穿的商品零售额 682.12 亿元，增长 18.3%；用的商品零售额 3179 亿元，增长 19.4%。分行业看，批发零售贸易业实现零售额 5357.95 亿元，比上年增长 17.5%；住宿餐饮业实现零售额 678.91 亿元，增长 16.9%。消费惠民政策成效显现。全年受理汽车以旧换新 1.36 万辆，实现新车销售额 20.4 亿元；家电下乡和以旧换新商品销售 407.76 万台，实现销售额 152.93 亿元。

至年末，全市连锁商业网点达到 12987 家。其中，连锁超市门店 2610 家，便利店 4532 家。全年连锁商业销售额 2085.28 亿元，比上年增长 12.7%。

五、交通、邮电和旅游

全年实现交通运输、仓储和邮政业增加值 746.41 亿元，比上年增长 11.1%。

全年各种运输方式完成货物运输总量 81023.85 万吨，比上年增长 5.3%。旅客发送总量 13431.72 万人次，比上年增长 20.6%（见表 4）。

表4 货物运输量与旅客发送量

指 标	单位	绝对值	比上年增长(%)
货物运输量	万吨	81023.85	5.3
铁路	万吨	958.54	1.8
水运	万吨	38803.00	2.2
公路	万吨	40890.00	8.3
机场	万吨	372.31	24.8
旅客发送量	万人次	13431.72	20.6
铁路	万人次	6094.69	18.1
港口	万人次	89.60	−0.2
公路	万人次	3634.00	21.3
机场	万人次	3613.43	25.0

全年上海港口货物吞吐量达到 6.53 亿吨，比上年增长 10.4%。全年港口集装箱吞吐量 2906.9 万国际标准箱，比上年增长 16.3%。上海浦东、虹桥两大国际机场全年共起降航班 55.11 万架次，比上年增长 15.5%；进出港旅客达到 7170.09 万人次，增长 25.8%。其中，国内航线进出港旅客 5098.78 万人次，增长 24.7%；国际航线进出港旅客 1509.55 万人次，增长 29%；地区航线进出港旅客 561.76 万人次，增长 27.8%。

年内轨道交通 10 号线、2 号线延伸段、11 号线支线段建成运营。至年末，全市轨道交通线路达到 12 条，运营线路长度达到 452.57 公里（见图 5）。全年新增公交专用道 48.3 公里，新辟公交线路 127 条，建成 6 个“P+R”公共换乘停车点。全年公交运营车辆 1.74 万辆，运营出租车 5 万辆。全年市内公共交通客运量 59.25 亿人次，比上年增长 13.4%。其中，轨道交通客运量 18.84 亿人次，增长 42.9%；公共汽电车客运量 28.08 亿人次，增长 3.8%。全年享受公交优惠换乘人数达到 84975 万人次，老年人免费乘车人数达到 18558 万人次。

图 5 “十一五”时期轨道交通运营线路长度

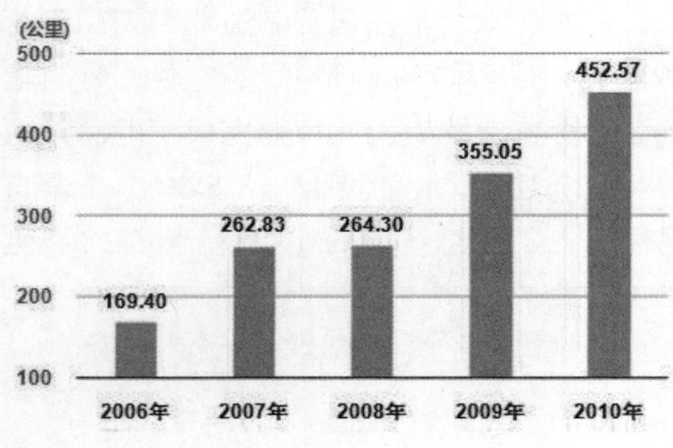

至年末，全市拥有各类民用车辆 308.3 万辆，比上年增长 7.9%。其中，汽车 169.56 万辆，增长 13.1%。在汽车拥有量中，私人汽车 102.93 万辆，比上年增长 17.2%。

全年完成邮政电信业务总量 1031.23 亿

元，比上年增长17.8%。其中，邮政业务总量64.27亿元，下降6.3%；电信业务总量966.96亿元，增长19.8%。至年末，全市固定电话用户935.9万户。其中，住宅电话574.5万户。移动电话用户2361.6万户。其中，3G用户197.3万户。

全年实现旅游产业增加值1360.8亿元，比上年增长30.1%。

至年末，全市已有星级宾馆298家，旅行社1037家，A级旅游景区（点）61家，红色旅游基地30个（见表5）。

表5 旅游设施情况

指 标	单位	绝对值
星级宾馆	**家**	**298**
#五星级	家	44
四星级	家	64
旅行社	**家**	**1037**
#经营出境旅游业务的旅行社	家	42
A级旅游景点	家	61
#5A级景点	家	3
4A级景点	家	28
红色旅游基地	**个**	**30**
#全国红色旅游基地	个	8
工业旅游示范点	**个**	**53**
农业旅游示范点	**个**	**18**
旅游咨询服务中心	**个**	**45**
旅游集散中心站点	**个**	**6**

全年接待国际旅游入境人数851.12万人次，比上年增长35.3%（见图6）。其中，入境外国人665.63万人次，增长35.9%；港、澳、台同胞185.49万人次，增长33.3%。在国际旅游入境人数中，过夜旅游人数733.72万人次，比上年增长37.6%。全年接待国内旅游者21463.16万人次，比上年增长73.6%。其中，外省市来沪旅游者11254.66万人次，增长32.7%。全年国际旅游外汇收入64.05亿美元，比上年增长33.5%；国内旅游收入2522.94亿元，增长31.8%。

图6 “十一五”时期国际旅游入境人数

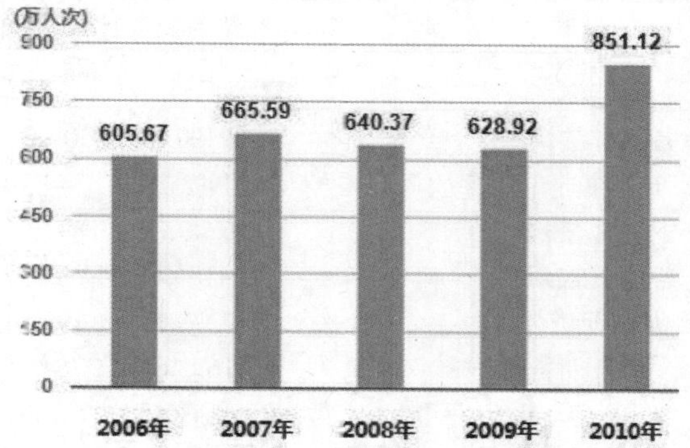

中国2010年上海世博会是第一次在发展中国家举办的注册类世博会，吸引了包括190个国家、56个国际组织在内的246个官方参展者，参观人数达到7308万人次（见表6）。

表6 上海世博会举办情况

指 标	单位	绝对值
参展国家和国际组织	个	246
参观人数	万人次	7308
#境外参观者	万人次	425
累计志愿者	万名	200
网上世博参观人次	万人次	8234
文化演出	万场	2.29

六、金融和保险

全年实现金融业增加值1931.73亿元，比上年增长4.9%。

全年新增各类金融单位116家。其中，银行业7家，保险业13家，证券业40家。至年末，全市有各类金融单位910家。其中，银行业140家，证券业138家，保险业320家。至年末，在沪经营性外资金融单位数达到173家。其中，年内新增3家。

至年末，全市中外资金融机构本外币各项存款余额52190.04亿元，比上年增长17%；贷款余额34154.17亿元，增长15.1%（见表7）。全年金融机构现金收入33877.47亿元，现金支出34941.88亿元，现金净投放

表7　中外资金融机构本外币存贷款

指　标	绝对值（亿元）	比年初增减额(亿元)
各项存款余额	52190.04	7607.68
#企事业单位存款	24991.39	3344.40
储蓄存款	16249.29	1891.41
各项贷款余额	34154.17	4492.99
#短期贷款	9278.11	795.18
中长期贷款	21693.69	3764.15
#中资商业银行人民币个人消费贷款	4841.45	591.80
#住房按揭贷款	4399.90	484.91
汽车消费贷款	134.29	43.42

1064.41 亿元。

全年通过上海证券市场筹资 7584.14 亿元，比上年增长 55.9%。其中，发行新股筹资 1891.51 亿元，增长 51.2%；再次发行（增发、配股和权证行权）和可转债转股筹资 3640.62 亿元，增长 70.1%；发行债券 2053 亿元，增长 39.2%。至年末，上海证券市场上市证券数 1500 只。其中，股票 938 只，比上年增加 24 只。全年上海证券交易所各类有价证券成交金额 39.84 万亿元，比上年下降 9.8%。其中，股票成交金额 30.4 万亿元，下降 12.2%。上海期货交易所各品种总成交金额 123.48 万亿元，比上年增长 67.4%。中国金融期货交易所总成交金额 41.07 万亿元。全国银行间货币和债券市场成交金额 179.82 万亿元，比上年增长 30.7%。上海黄金交易所总成交金额 2.02 万亿元，比上年增长 83.3%。全年通过上海钻石交易所海关报关的钻石进出口和所内交易合计 28.61 亿美元，比上年增长 88.1%。年内沪深 300 股指期货平稳推出、贷款转让市场启动运行、股权托管交易机构挂牌成立，融资融券、期货保税交割业务试点、信用风险缓释工具、单机单船融资租赁、境外机构投资境内银行间市场等创新业务相继推出。

全年原保险保费收入 883.86 亿元，比上年增长 32.9%。其中，财产险保险费收入 197.18 亿元，增长 24.1%；人身险保险费收入 686.68 亿元，增长 35.7%。在全年原保险保费收入中，中资保险公司保险保费收入 725.26 亿元，比上年增长 31.4%；外资保险公司保险保费收入 158.6 亿元，增长 40.5%。全年支付各类保险赔款及给付 194.54 亿元，比上年增长 10.1%。其中，财产险 84.26 亿元，增长 7.3%；人身险 110.28 亿元，增长 12.3%。

七、对外经济

全年上海关区进出口总额 6846.45 亿美元，比上年增长 32.8%。其中，进口总额 2613.05 亿美元，增长 37.3%；出口总额 4233.4 亿美元，增长 30.2%。

全年上海市进出口总额 3688.69 亿美元，比上年增长 32.8%（见图 7）。其中，进口总额 1880.85 亿美元，增长 38.5%；出口总额 1807.84 亿美元，增长 27.4%。全年外商及港澳台投资企业出口 1259.74 亿美元，增长 29.7%；私营企业完成出口 228.05 亿美元，增长 31%；国有企业出口 307.67 亿美元，增长 16.3%；集体企业出口 12.26 亿美元，增长 29.3%。

图 7 “十一五”时期上海市进出口总额与增长速度

在上海市出口总额中，高新技术产品出口 841.11 亿美元，比上年增长 32.2%，机电产品出口 1311.14 亿美元，增长 27.8%；一般贸易出口 632.74 亿美元，增长 29.5%，加

工贸易出口1003.74亿美元，增长23.2%。全年对亚洲市场出口725.92亿美元，比上年增长26.5%；对欧洲出口450.72亿美元，增长21.6%（见表8）。

表8 上海市出口市场结构

指 标	绝对值（亿元）	比上年增长（%）
上海市出口总额	**1807.84**	**27.4**
#亚 洲	725.92	26.5
#日 本	196.46	22.1
中国香港	134.09	22.1
欧 洲	450.72	21.6
北美洲	437.83	27.4
#美 国	409.91	27.7
拉丁美洲	94.47	61.1
大洋洲	57.91	45.1

全年批准外商直接投资合同项目3906项，比上年增长26.4%；吸收外资合同金额153.07亿美元，增长15.1%；实际到位金额111.21亿美元，增长5.5%。全年第三产业吸收外商直接投资实际到位金额88.31亿美元，增长16%，占全市实际利用外资的比重达到79.4%。全年批准总投资在1000万美元以上的外商直接投资项目203项，合同金额125.65亿美元。至年末，在上海投资的国家和地区已达149个。年内新增跨国公司地区总部45家、投资性公司22家、外资研发中心15家。至年末，在上海落户的跨国公司地区总部达到305家，投资性公司213家，外资研发中心319家。

全年新批对外投资项目179项，投资总额24.2亿美元。签订对外承包工程和劳务合作合同7532项；实际完成营业额75.42亿美元，增长2.7%；派出劳务人员1.59万人次，增长13.4%。至年末，上海对外承包工程和劳务合作涉及的国家和地区已达179个。

八、浦东改革开放

全年浦东新区实现增加值4707.52亿元，比上年增长12.4%（见表9）。

表9 浦东新区主要经济指标

指 标	位	绝对值	比上年增长（%）
增加值	亿元	4707.52	12.4
#第三产业增加值	亿元	2639.47	10.3
工业总产值	亿元	8488.02	21.1
商品销售总额	亿元	7594.61	26.9
社会消费品零售总额	亿元	1036.88	20.6
出口总额	亿美元	738.79	28.2
外商直接投资合同金额	亿美元	56.25	1.7
外商直接投资实际到位金额	亿美元	38.56	−1.3

至年末，已有285家外资金融机构和150家跨国公司地区总部入驻浦东。全年综合保税区完成集装箱吞吐量2509.5万国际标准箱，比上年增长17.3%。张江高科技园区电子信息产品制造业实现产值257.89亿元，比上年增长80.5%。生物医药制造业实现产值129.9亿元，比上年增长21.4%。知识产权授权12764件，比上年增长58.6%。金桥出口加工区实现工业总产业产值2095.3亿元，比上年增长28.4%。临港产业区成套设备制造业实现总产值68.61亿元，比上年增长17.4%。

九、城市基础设施和房地产

全年完成城市基础设施建设投资1497.46亿元，比上年下降29.1%，占全社会固定资产投资总额的比重为28.2%。其中，交通运输邮电通信投资866.2亿元，市政建设投资396.18亿元，公用事业投资86.58亿元（见表10）。全面完成世博会计划建设项目，市域快速路网基本建成。龙耀路隧道、闵浦二桥、外滩地区综合交通改造工程、铁路上海站北广场综合交通枢纽等建成投入使用。

年内沪宁城际铁路、沪杭客运专线建成通车。全市高速公路网通车里程达到775公里。

表10 城市基础设施建设投资

指 标	绝对值（亿元）	比上年增长（%）
城市基础设施建设投资	1497.46	–29.1
电力建设	148.50	–41.4
交通运输	754.66	–22.9
邮电通信	111.54	–9.1
公用事业	86.58	–36.3
市政建设	396.18	–36.4

全市自来水日供水能力达到1121万立方米，比上年增长2.3%。全年全市用电量1295.87亿千瓦小时，比上年增长12.4%。至年末，全市家庭人工煤气用户132.9万户；家庭液化气用户316.4万户；家庭天然气用户达到405.9万户（见表11）。

表11 公用事业

指 标	单位	绝对值	比上年增长（%）
自来水日供水能力	万立方米	1121.00	2.3
自来水售水总量	亿立方米	24.44	1.6
#生活用水	亿立方米	18.64	1.0
工业用水	亿立方米	5.80	3.7
用电量	亿千瓦小时	1295.87	12.4
#城市居民生活用电	亿千瓦小时	157.00	10.5
煤气销售总量	亿立方米	12.90	–9.2
液化气销售总量	万吨	40.00	–0.2
天然气销售总量	亿立方米	42.70	36.4

全年完成房地产开发投资1980.68亿元，比上年增长35.3%；商品房施工面积11295.03万平方米，增长13.4%；竣工面积1941.25万平方米，下降7.8%；销售面积2055.53万平方米，下降39%。其中，商品住宅销售面积1685.35万平方米，下降42.4%。全年商品房销售额2959.94亿元，比上年下降31.6%。其中，商品住宅销售额2395.35亿元，下降33.8%。全年存量房成交过户面积1966.86万平方米，比上年下降30%。

十、城市信息化

全年实现信息产业增加值1646.49亿元，比上年增长21%。其中，信息服务业增加值903.52亿元，增长15.2%。

至年末，通过CMM/CMMI3级以上国际认证的企业达到117家。其中，5级18家。189家企业获得计算机信息系统资质认证。其中，1级12家。信息服务业上市企业达到27家，经营收入超亿元软件企业150家。全市用于信息化建设的固定资产投资317.91亿元，占全社会固定资产投资总额的比重为6%。

至年末，集约化信息管线累计敷设5821沟公里，比上年末增加467沟公里；3G宏基站4300个，增加1500个；国际互联网出口带宽达300Gbps，增加100Gbps；WLAN无线热点7400个，增加2300个；宽带接入用户达499.2万户，其中家庭宽带用户达440万户；数字电视用户达227万户，增加143万户；IPTV用户达130万户，增加29万户。

全年完成电子商务交易额4095.1亿元，比上年增长23.5%。口岸税费电子支付系统入网企业累计达到4410家，全年电子单证传输量达到13250万张，实现电子支付金额1566亿元，比上年增长49.4%。社会公共服务领域信息化建设不断深化（见表12）。

表12 社会公共服务领域信息化

指 标	单位	绝对值	比上年增长（%）
"市民信箱"累计注册用户	万人	399.00	增加14万人
全年"付费通"业务平台交易量	万笔	7483.10	增长60.9%
全年"付费通"业务平台交易额	亿元	62.40	增长34.2%
全年交通卡销售额	亿元	25.90	增长1.2倍
银行卡累计发卡量	万张	11427.54	增加1417.61万张
全年银行卡交易额	亿元	11306.30	增长18.8%

至年末，数字证书累计发放217.86万张。社会信用体系持续完善。至年末，个人信用联合征信系统覆盖1138.2万人的信用信息，比上年末增加28.6万人；个人信用产品提供量达到1460.9万份，增加21.1万份。

十一、教育和科学技术

至年末，全市共有普通高等学校（含独立学院）66所；普通中等学校856所；普通小学766所；特殊教育学校29所。普通高校在校生和毕业生数持续扩大，中等学校在校生和毕业生数继续下降（见表13）。至年末，全市共有54家机构培养研究生。全年研究生教育共招生3.86万人，在学研究生11.17万人，毕业生2.82万人。全市九年义务教育入学率保持在99.9%以上。年内新增50所幼儿园。全年47万来沪务工人员随迁子女全部在公办学校或政府委托民办小学就读。

表13　各级各类学校学生情况

类 别	在校学生数(万人)	比上年增长(%)	毕业学生数(万人)	比上年增长(%)
普通高等学校	51.57	0.6	13.37	5.4
普通中等学校	75.20	−2.4	21.16	−6.0
普通中学	59.44	−1.5	16.13	−5.3
高 中	16.89	−4.9	6.24	−11.4
初 中	42.55	−0.1	9.89	−1.0
中等专业学校	10.91	−5.1	3.34	−1.5
职业学校	3.77	−8.9	1.38	−20.2
技工学校	1.08	1.9	0.31	−13.9
普通小学	70.16	4.5	12.44	9.5
特殊教育学校	0.50	平	0.09	平

至年末，全市共有20所民办普通高校，在校学生9.4万人；109所民办普通中学，在校学生7.87万人；184所民办小学，在校学生16.42万人。全市共有独立设置的成人高校17所，成人中等专业学校26所，职业技术培训机构787所，老年教育机构277所。

全年用于研究与试验发展（R & D）经费支出477亿元，相当于全市生产总值的比例为2.83%（见图8）。

图3　“十一五”时期R&D支出及其相当于生产总值的比例

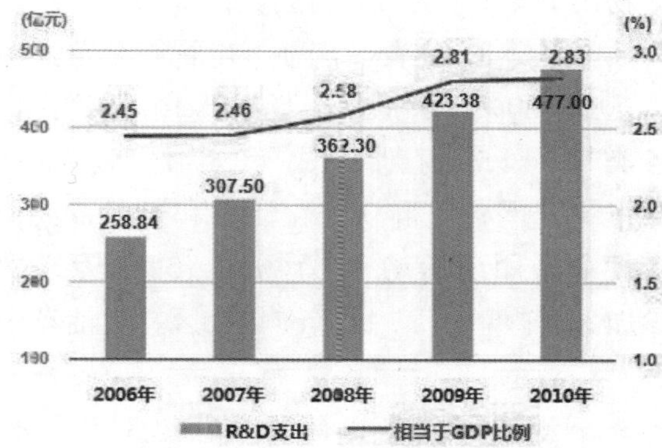

全年共取得重要科技成果2318项。其中，属于国际领先的有188项，达到国际先进水平的有698项。在已颁布的2010年度国家科学技术奖励获奖人员和项目中，上海共有58项（人）获奖，占获奖总数的16.3%。全年受理专利申请量7.12万件，比上年增长14.4%。其中，发明专利2.62万件，增长18.9%。全年专利授权量4.82万件，增长38.1%。其中，发明专利6867件，增长14.5%。至年末，全市共有42家国家级企业技术中心和分中心；323家市级企业技术中心。全年新认定高新技术企业629家。至年末，全市共认定高新技术企业总数3129家。高技术成果产业化加快推进。全年新认定高新技术成果转化项目634项。其中，电子信息、生物医药、新材料等重点领域的项目占84.1%。拥有自主知识产权的项目占100%。至年末，全市共认定高新技术成果转化项目7215项。其中，71.6%的项目已实现产业转化。年内启动实施高新技术产业化两批53个重大项目，22个产业技术创新战略联盟和12个技术创新服务平台相继成立。全年共签订各类技术交易合同2.62万项，比上年下降3.4%；合同金额525.45亿元，增长7.3%。

十二、文化、卫生和体育

至年末，全市有市、区（县）级文化馆、群众艺术馆27个，艺术表演团体112个，市、区（县）级公共图书馆28个，档案馆50个，博物馆114个。全市共有公共广播节目21套，公共电视节目25套。广播、电视综合覆盖率均达到100%。全年共出版报纸16.14亿份，各类期刊1.77亿册，图书2.87亿册。全年共组织开展各类群众文化活动和各级各类群众性业余团队活动47万场次，3919万人次参加。年内新增37家标准化社区文化活动中心。

至年末，全市共有卫生机构3270所，卫生技术人员13.54万人（见表14）。在全国率先建立统一的住院医师规范化培训制度，年内1830名住院医师接受培训。郊区540家村卫生室和145家社区卫生服务中心实现新型农村合作医疗实时报销。

表14 卫生机构情况

指标	单位	绝对值	比上年增长(%)
卫生机构数	**所**	**3270**	**8.5**
#医院	所	306	3.4
门诊部	所	429	14.1
社区卫生服务中心	所	296	4.2
疾病预防控制中心	所	21	平
卫生监督所	所	19	-5.0
卫生技术人员数	**万人**	**13.54**	**3.4**
#执业医生	万人	5.13	0.4
#医院执业医生	万人	3.17	0.6
注册护士	万人	5.59	6.9

年内成功地举办了27项38次国际重大体育赛事和24项45次国内重要体育赛事。在广州亚运会上，上海代表团共获得53枚金牌。在第四届全国体育大会上，上海代表团获57个一等奖、116个二等奖、133个三等奖和体育道德风尚奖。年内新建55处社区公共运动场。

十三、就业、人民生活和社会保障

全年新增就业岗位63.15万个（见图9）。其中，农村富余劳动力实现非农就业12.18万个。全年新安置就业困难人员1.88万人，新消除零就业家庭1092户，帮助成功创业1.24万人。全年共完成职业培训41.13万人，对11.46万名农民工开展职业技能培训。至年末，全市城镇登记失业人员27.73万人，城镇登记失业率为4.2%。

图9 “十一五”时期新增就业岗位

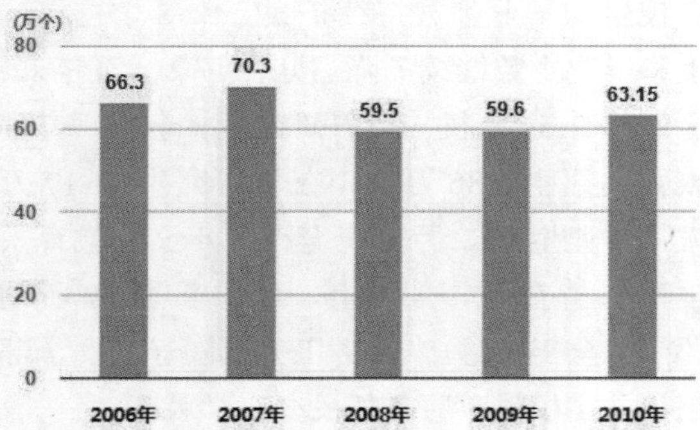

据抽样调查，城市居民家庭人均年可支配收入31838元，比上年增长10.4%；农村居民家庭人均年可支配收入13746元，增长11.5%。全年城市居民人均消费支出23200元，比上年增长10.5%。其中，服务性消费支出6955元，增长4.5%。农村居民人均生活消费支出10225元，比上年增长4.3%。其中，服务性消费支出2951元，增长1.9%。

据抽样调查，至年末，平均每百户城市居民家庭耐用消费品拥有量：家用轿车17辆，家用空调200台，移动电话230部，家用电脑129台。平均每百户农村居民家庭耐用消费品拥有量：彩电198台，洗衣机95台，热水淋浴器96台，移动电话194部，家用空调147台，家用电脑60台。

至年末，全市居民储蓄存款余额16249.29亿元，当年新增1891.41亿元。其中，定期储蓄存款余额10853.11亿元，新增1119.84亿元；活期储蓄存款余额5396.19亿元，新增771.57亿元。

全年拆除住宅建筑面积389.9万平方米，动迁居民3.84万户；完成旧住房综合改造1055万平方米。全年新开工和筹措各类保障性住房1300万平方米。至年末，廉租住房受益家庭达到7.5万户。其中，年内新增0.9万户；经济适用住房购房家庭达到0.19万户。至年末，城镇居民人均住房建筑面积34.6平方米；折合人均住房居住面积17.5平方米（见图10）。居民住宅成套率达到95.8%。

图10 "十一五"时期城镇居民人均住房居住面积

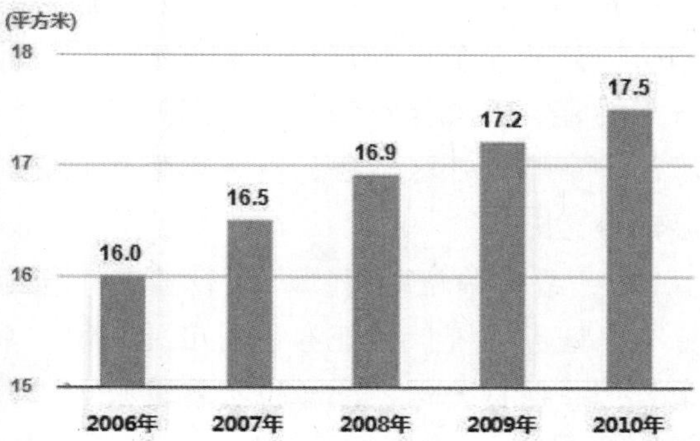

至年末，全市共有894.89万人（包括离退休人员）参加城镇基本养老保险，556.2万人参加失业保险，657.3万人参加生育保险，556.12万人参加工伤保险。至年末，小城镇社会保险参保人数达到154.58万人。其中，被征用土地农民参保人数96.72万人。外来从业人员综合保险参保人数达到404.84万人。继续增加各类退休人员养老金、统筹调整提高各类保障标准。年内"城保"、"镇保"和"农保"月平均养老金分别提高170元、70元和35元；城镇最低生活保障标准提高到每人每月450元，农村最低生活保障标准提高到每人每年3600元。

至年末，全市共有999.74万人（包括小城镇社会保险参保人员和离退休人员）参加城镇职工基本医疗保险。至年末，居民医保参保人数（含普通高等院校学生）达到259.17万人。

至年末，全市共有养老机构625家，床位97841张。其中，年内新增养老床位10843张。在全市养老机构中，由社会出资开办的332家，床位52185张。至年末，全市共有老年人日间服务中心303家，为9000名老人提供日间照料服务。其中，年内新建老年人日间服务中心20家。至年末，全市共有社区老年人助餐服务点404个。其中，年内新设立社区老年人助餐服务点65个。

全年各级财政支出城镇居民最低生活保障金13.27亿元，农村居民最低生活保障金1.27亿元，农村五保供养资金支出0.27亿元，粮油帮困资金支出0.57亿元，医疗救助金支出2.38亿元。

十四、环境保护和安全生产

全年用于环境保护的资金投入507.54亿元，相当于全市生产总值的比例达到3.01%。全年环境空气质量优良率达到92.1%，比上年提高0.6个百分点。全年建成6.8平方公里扬尘污染控制区和8平方公里无燃煤区。全年区域月降尘平均值为7吨/平方公里。污水处理能力达到684.05万立方米/日。中心城区二氧化硫年日平均值为0.029毫克/立方米，比上年下降17%；二氧化氮年日平均值为0.05毫克/立方米，下降6%；可吸入颗粒平均浓度为0.079毫克/立方米，下降2.4%。全年处置生活垃圾732万吨，生活垃圾无害化处理率达到84.9%，比上年提高2.6个百分点。工业危险废物和医疗废物无害化处理率达到100%。

全年新建绿地1223公顷。其中，公共绿地766公顷。至年末，城市建成区绿化覆盖率达到38.15%。全年新建公益林884公顷，经济林465公顷。森林覆盖率达到12.58%。年内相继完成辰山植物园、卢湾南园滨江绿地、宝山炮台湾湿地公园二期等建设。

全年共发生道路交通、工矿商贸、火灾、铁路交通、农业机械生产安全事故8191起，造成死亡1409人，比上年下降4.7%。其中，工矿商贸生产安全事故276起，造成死亡290人，下降21.2%；道路交通事故2176起，造成死亡1011人，比上年下降3%；直接财产损失958.3万元，下降21.2%；火灾事故5725起，造成死亡101人，比上年增长62.9%；铁路交通事故10起，造成死亡6人，与上年持平；农业机械事故4起，造成死亡1人，与上年持平。全年亿元GDP生产安全事故死亡率为0.083。

上海市统计局

国家统计局上海调查总队

二O一一年三月三日

说明：

1、本公报数为初步统计数。

2、本公报上海市生产总值、各产业增加值和总产值绝对数按当年价格计算，增长速度按可比价格计算。

3、信息产业包括信息产品的制造、销售和信息服务等活动。旅游产业增加值指来自境外、市外旅游者及本地居民在上海市内的旅游消费支出所形成的增加值。按消费性质可分为：旅行社服务业、旅游宾馆业、旅游运输业、邮电通讯业、旅游商业、餐饮业、城市交通业、文化娱乐业、金融业和其他服务业。信息产业、旅游产业的增加值是依据若干行业的有关资料进行跨行业核算的，不能将其与全市生产总值中其它行业的增加值进行简单加总，否则会造成重复计算。

4、地方财政支出包括一般公共服务、国防、公共安全、教育、科学技术、文化体育与传媒、社会保障和就业、医疗卫生、环境保护、城乡社区事务、农林水事务、交通运输等支出。

5、金融单位统计中，银行业统计至市分行；证券业统计至证券公司市分公司、基金公司、期货公司、证券投资咨询公司、资信评级机构、证券市场机构和登记结算机构；保险业统计至保险集团、保险公司市分公司、专业保险运营中心和保险中介机构。此外，金融单位统计包括各金融监管部门。

6、按照国务院第六次全国人口普查领导小组办公室规定，本市人口数据将在上海第六次全国人口普查公报中正式公布。

上海市建设交通“十一五”和2010年工作总结 “十二五”发展思路和2011年工作要点

一、“十一五”和2010年工作总结

“十一五”是上海建设交通发展历程中极不平凡、极其重要的五年。五年来，上海建设交通系统肩负服务保障世博和推进科学发展的繁重任务。在住房城乡建设部、交通运输部等上级部门的指导帮助下，在市委、市政府的坚强领导下，在各区县、各部门、各单位的支持配合下，上海建设交通各行业广大干部职工振奋精神、开拓进取，全力推进重大基础设施建设，全面加强城市管理，圆满完成了“十一五”规划确定的目标任务。

（一）现代化城市基础设施体系基本建成。全面加快以“三港三网”为重点的重大工程建设，枢纽型、功能性、网络化城市基础设施体系基本建成。“十一五”城市基础设施投资累计超过8000亿元，占同期全市固定资产投资的三分之一，其中重大工程完成354项、投资5500亿元。以国际航运中心建设为龙头，交通基础设施建设取得重大突破。洋山港一、二、三期和外高桥六期建成投用，上海港码头泊位超过1100个。上海航空枢纽加快发展，建成4座航站楼、5条跑道。沪宁城际铁路、沪杭客运专线建成通车，形成“3主3辅”共6个客运站格局，铁路客运能力比“十五”期末增加两倍。市域快速路网基本建成，全市高速公路里程达776公里，比“十五”期末增加200余公里；市域道路（含公路）总里程达到1.6万公里。黄浦江越江桥隧设施新增10处，中心城区形成“4桥12隧”的格局，越江通行能力增加约一倍。轨道交通（含磁浮线）形成12条线、运营线路总长452.6公里的基本网络，在世界大城市中名列前茅；全市供水管道长度约3万公里，燃气管线长度约2.2万公里。

（二）现代化城市管理水平明显提升。不断完善“发现及时、处置快速、解决有效、监管有力”的城市网格化管理工作机制，网格化管理已覆盖18个区县，基本实现中心城区及郊区核心区全覆盖。截至2010年底，全市网格化管理累计立案382万件，结案379万件，结案率达到99%。调整完善城市管理综合执法机构，形成市、区（县）、街道（乡镇）三级综合执法体系和网络。信息技术广泛应用于城市管理领域，城市交通信息集中采集发布系统建成投用。整合城建领域热线资源，建立了统一的“12319”城建服务热线。积极加强城市运行维护管理，初步建立城市维护项目储备库，研究制定了市级城市维护项目管理暂行办法，进一步明确了城市维护资金保障机制。特别是抓住举办世博会契机，全面开展迎世博600天行动和184天世博运行服务保障，广泛组织发动，加大投入力度，完善法制建设，着力治理顽症，城市面貌焕然一新，城市运行更加有序，为全面提升城市管理水平奠定了基础。

（三）城乡建设交通行业保持健康持续发展。深入贯彻国务院（2009）19号文件精神，有关先行先试政策基本落地，航运金融、航运保险、航运经纪和船舶交易等现代航运服务业发展进一步加快。上海航运交易所发布的上海出口集装箱运价指数，已成为全球集装箱运价掉期合约的结算标准。“十一五”期末，上海港货物年吞吐量超过6.5亿吨，比“十五”期末增长近50%，连续五年位居世界第一。上海空港旅客年吞吐量超过7000

万人次，比“十五”期末增长约70%。市政公用行业多元投资结构基本形成，服务供应能力大为提高。公交改革进一步深化，全市形成浦西、浦东、郊区相对区域经营格局。全市自来水日供应能力超过1000万立方米，天然气、煤气年销售总量分别达到31亿和14亿立方米，有力保障了城市生产和生活的用水、用气需求。全市建筑业年总产值达到3800多亿元，形成百万建筑大军和全国最为开放的建筑市场之一。“十一五”期间新增住宅约1.2亿平方米，全市各类房屋建筑面积超过8.7亿平方米，其中住宅面积超过5亿平方米。此外，上海邮政业务特别是快递服务快速发展，快递服务收入占全国快递市场份额的22%。

（四）市民群众生活环境质量显著提高。市民居住状况总体改善，“十一五”期间，完成市区二级旧里以下房屋改造340万平方米；住宅成套率达95%，市区人均居住面积超过17平方米。全市公积金个贷累计发放1600多亿元，比“十五”增长近两倍，发放户数64万户。全市交通出行更加便捷，轨道交通客流日均超过570万人次，高峰日超过750万人次；五年来，公交新辟线路400余条、优化调整800余条，郊区行政村基本实现“村村通公交”；出租汽车保持稳定发展，出租汽车保有量超过5万辆；公交出行比重提高到35%。全市公共交通卡流通量接近4400万张，日均交易量达到870万人次。城市污水处理率提高到近79%，苏州河和市区中小河道基本消除黑臭，农村河道整治成效明显，城市水环境质量大为改善。巩固国家园林城市成果，加强绿化建设和养护，城区绿化覆盖率达到38%，人均公共绿地面积达到12.8平方米。

刚刚过去的2010年，既是“十一五”最后一年，更是世博举办之年。一年来，我们紧紧围绕“五个确保”的总体要求，全力做好世博服务保障、“十一五”工作收尾以及“十二五”发展谋划，各项工作取得了新成绩。

一是世博服务保障任务圆满完成。2010年的头等大事就是办好世博会。一年来，我们举全行业之力，全力以赴做好各项办博工作。世博场馆设施按期建成。世博开园前，优质高效地完成了直接服务世博的60项建设任务，确保了世博工程建设和场馆装修布展的质量安全。市政市容环境整洁有序。全面完成迎世博600天整治任务，全面做好184天世博运行服务保障，顽症治理取得明显成效，全市市容市貌明显改观，城市管理整体水平明显提升。世博交通组织保障有力。科学制定世博交通保障方案，充分发挥交通综合信息平台的作用，大力倡导公交出行，经受了单日入园103万超大客流的考验，约90%的游客通过集约交通方式入园。此外，全力配合落实“环沪护城河”工程，铁路、民航、海事、救助、打捞等部门世博保障任务圆满完成。广泛发动行业职工参与“服务世博、奉献世博”立功竞赛活动，努力提供优质窗口服务。全行业以一流的硬件设施、整洁的市容环境、有序的交通组织、优质的窗口服务，赢得了7300万中外游客的好评，为举办一届成功、精彩、难忘的世博会做出了重要贡献。全行业45个单位、77名个人分别荣获国家级、部市级以上世博先进集体、世博先进个人称号。

二是建设交通行业发展取得新成绩。一年来，我们一手抓服务保障世博，一手抓面上工作推进。建设方面：全年重大工程完成投资超过1000亿元，中国商用飞机公司能力建设项目等15个项目开工建设，虹桥综合交通枢纽、外滩综合改造工程、东方体育中心等26个项目建成投用。崇启通道等重大工程有序推进。在建工集团、城建集团、现代设计集团、建科院等单位的共同努力下，对口支援都江堰灾后重建任务全面完成。交通方面：2010年全市对外旅客年到发量达到2.6

亿人次，其中铁路超过1.2亿人次，公路、民航分别突破7000万人次。全年城市交通年客运量达到59亿人次；公共交通特别是轨道交通运能显著提升，日最高客运量突破750万人次。2010年上海港集装箱吞吐量超过2900万标准箱，首次位居世界第一；上海空港货邮吞吐量达到370万吨，其中浦东机场货邮吞吐量保持世界前三位。管理方面：在市人大的支持下，制定颁布了一批涉及城市管理的世博临时通告，并研究制定了建筑立面整治设计导则等35个标准规范。“12319”城建服务热线全年接听市民来电约67万个，处理反馈率达到99%左右。民生方面：在城投、地产、绿地等企业的努力下，保障性住房新开工建设超过1200万平方米。全年拆除二级旧里以下房屋54.6万平方米。完成农村低收入户危旧房改造3200多户、村庄综合改造114个、“村沟宅河”整治1000余公里、农村生活污水处理设施改造4万户。全年两委信访总量同比下降20%，动拆迁七大类矛盾中五大类已基本化解。节能减排方面：新建建筑全面严格执行国家建筑节能标准，完成既有建筑节能改造100多万平方米。全年完成公交车更新2200余辆，投放各类新能源车辆近700辆。此外，我们在加快政府职能转变、推进行政审批制度改革以及充分发挥行业协会、学会作用等方面也取得了较好的成效。

*三是“十二五”发展思路基本明确。*在全面做好“十一五”工作收尾的同时，全系统认真谋划“十二五”发展。各单位深入组织开展“十二五”规划大讨论，广泛征询社会各方意见建议，积极谋划下一步发展思路，基本完成了重大基础设施建设、国际航运中心建设、综合交通、水务和海洋、绿化和市容、住宅建设和房地产市场发展、交通港航以及城市道路公路、燃气等20项综合规划及单项规划编制。其中，城市管理、城市维护、郊区村镇建设等规划为首次编制。在此基础上，我们整合形成了建设交通行业“十二五”发展规划纲要。同时，根据市委、市政府和市人大的要求，积极牵头开展了建立世博后城市管理长效机制的研究，并形成工作方案。

*四是建设交通系统党的建设全面推进。*为推动城乡建设交通事业新发展、全面完成各项任务提供了坚强的思想、政治和组织保证。一是服务世博、奉献世博，党组织战斗堡垒作用和党员先锋模范作用充分体现。建设交通系统4千多个党组织、6万多名共产党员积极投入“世博先锋行动”，12个直接参与世博园区服务的团队与世博局党委进行了对接，353个基层党组织主动联系所在街道党组织，发挥坚强堡垒作用，发扬主人翁精神，在世博筹办和举办的特殊时期作出了特殊努力，展示了建设交通系统共产党员群体的先进形象。世博期间先后有41名共产党员、27个基层党组织受到中央和市委表彰。二是调整优化结构，加大竞争交流，领导班子和干部队伍建设得到加强。对近三分之一的直属企事业单位领导班子进行了调整，使领导班子的专业、年龄、能力与承担的任务相适应。扩大干部选拔任用中的民主，在市建设交通两委机关开展了处级干部推荐选拔。坚持从基层一线和艰苦岗位培养选拔干部，从全系统选派70余名干部参与世博运营管理工作，对参加都江堰灾后重建的干部提前考察、提拔任用。制定了具有建设交通系统特点的“干部培养锻炼若干意见”和“处级副职领导岗位竞争上岗”实施意见，推出了机关和事业单位部分处级副职岗位在建设交通系统内进行竞争上岗，明确了干部交流任职、挂职锻炼的工作目标。三是落实制度保障，扩大党建覆盖，基层党建水平有新的提高。与市委组织部联合下发了《进一步加强工地党建联建工作的意见》，推动党建联建向制度化、规范化发展，全市在建重大工程项目和498个文明工地都开展了党建联建。推进基层党组织按时换届改选，加强协会党

建覆盖，深化新一轮结对帮扶。推进基层党内民主，扩大公推直选，建立完善市九次党代会代表联系基层、接待社区党员群众的活动机制。四是制定人才规划，聚焦人才服务，行业人才队伍建设取得突破。制定了《上海市城乡建设交通“十二五”人才发展规划纲要》，明确了建设交通人才工作的目标、任务和保障措施。召开归口中央在沪单位人才工作座谈会，围绕国际航运中心建设在新增4个职业资格目录列入引进户籍受理范围的基础上，梳理出31个紧缺、特殊岗位，会同市人保局制定了《国际航运中心建设紧缺、特殊人才直接落户办法》，在市人保局等有关部门的大力支持下，为国际航运紧缺特殊优秀人才的引进开辟“绿色通道”。开展市领军人才推荐工作，建立了上海“千人计划”航运类、重大工程类人才引进评审平台，推进“千人计划”的落实。五是化解突出矛盾，维护社会稳定，队伍作风建设取得成效。认真落实维稳工作领导责任制，坚持预防和处置突发事件的工作制度，及时化解和妥善处理系统、行业内的各类矛盾。继续推进动拆迁突出信访矛盾化解工作，化解、缓解了包括“森安苑”历史遗留矛盾、轨道交通建设运行矛盾等一批老大难问题。选派年轻干部驻点参与化解信访突出矛盾，使这批干部在思想上、作风上经受了锻炼。六是落实党风廉政责任制，反腐倡廉建设取得新的进展。认真执行党风廉政建设责任制，细化任务分解，围绕世博工程建设和运营服务保障，加强监督检查，确保中央和市委“廉洁办博”等重大部署的贯彻落实。组织全系统4000多名领导干部学习贯彻《党员领导干部廉洁从政若干准则》，不断提高领导干部廉洁自律的自觉性。积极运用制度加科技，深化工程建设领域突出问题专项治理，市、区两级建设管理部门共完成1.1万个建设项目的排查，查出1300余处存在问题与不足。进一步梳理、修订和完善各项管理制度，建立纠风工作长效机制，进一步发挥办信查案的惩治功能，始终保持对腐败现象的高压态势。

回顾总结过去五年来的工作，取得的成绩来之不易，积累的经验更加弥足珍贵。五年来，在筹办和服务保障世博中培育出的为国争光的爱国精神、全心为民的服务精神、团结协作的团队精神、严谨科学的实干精神、追求卓越的创新精神、爱岗敬业的奉献精神，不仅为世博会的成功举办提供了强大精神支撑，更为建设交通行业的可持续发展留下了宝贵精神财富，激励我们在今后工作中开拓奋进。

在看到成绩的同时，我们也清醒地看到，工作中还有许多不足，与市委、市政府的要求和广大人民群众的期待还有差距：由于集中力量建设城市基础设施，相对而言，存量设施的优化整合、城市运行和维护的管理有待进一步加强；由于多年持续集中力量建设中心城区，相对而言，上海郊区尤其是农村建设发展比较滞后；市政公用行业改革中积累的一些深层次问题有待破解，政府监管有待改善和强化；民生改善工作仍需进一步加强，社会市民参与城市管理的广度、深度有待进一步拓展。特别是“11.15”特大火灾事故代价极其惨重、影响极其恶劣、教训极其深刻。虽然国务院调查组的调查处理结果尚未公布，但这起事故深刻反映了建筑市场存在的混乱现象，充分暴露了工程安全管理的制度缺失。作为主管全市建筑市场的行政管理部门，对此我们负有不可推卸的责任。

二、“十二五”建设交通工作的发展思路

“十二五”时期是上海加快推进“四个率先”、加快建设“四个中心”的重要时期，是深化改革开放、加快转变经济发展方式的关键时期。未来五年，上海城乡建设交通工作发展的总体要求是：以邓小平理论和“三

个代表”重要思想为指导，深入贯彻落实科学发展观，紧紧围绕建设“四个中心”和社会主义现代化国际大都市的总体目标，充分发挥世博后续效应，按照以人为本、安全为先、管理为重的方针，推动城乡一体建设、区域统筹发展，深化体制改革、机制创新，强化科技引领、法制保障，加快城乡建设交通行业转型发展，更好地促进上海经济社会全面协调可持续发展。

发展目标是：基本形成现代化城市管理体系框架；建设完善区域衔接、城乡一体的基础设施体系；初步形成资源节约、环境友好的宜居城市框架；进一步提高市民生活质量水平。重点归纳为以下的“四、三、二、一”等四个方面：

第一，建立健全城市管理的四大长效机制。一是以突出质量安全管理、强化建筑市场整治为主要内容的工程建设管理机制。二是以整合资源、扩大市民参与为主要特征的市容环境管理机制。三是以智能交通、公交优先为主要标志的交通组织管理机制。四是以提高保障能力、确保城市运行安全为主要目标的设施维护管理机制，加强信息化建设，促进城乡公用服务均等化，显著提升上海城市现代化管理水平。

第二，抓好促进行业转型发展的三项重点工作。一是加大建筑节能工作力度，逐步提高建筑节能标准，完成既有建筑节能改造4000万平方米；大力推进住宅产业化，新建住宅全装修比例达到70%以上。二是大力推进低碳交通运输体系建设，加快发展现代物流业，交通综合能耗增幅下降2个百分点；中心城公共交通出行的比重达到50%以上，其中轨道交通占公共交通比重提高到50%以上。三是以推进垃圾减量化为突破口，加强各类资源综合利用和循环使用，供水水质达到国家新标准，人均生活垃圾处理消减率达到20%以上。

第三，建成两个200公里交通基础设施。再建成轨道交通和郊区铁路约200公里，轨道交通运营线路达到660公里左右，实现除崇明县外“区区通轨交”。再建成高速公路和快速道路约200公里，全市高速公路和快速道路总里程接近1200公里。到2015年，基本形成“45、60、90”的通行格局，即中心城市民平均通勤出行时耗45分钟，郊区新城60分钟可达中心区，长三角核心区主要城市90分钟可达上海。

第四，供应各类保障性住房约100万(套)户。新增廉租住房受益家庭7.5万户，新建供应约40万套经济适用房，多方式筹措和建设公共租赁房20余万套，完成中心城区二级旧里以下房屋改造350万平方米，建设供应约30万套动迁安置房，明显改善本市中低收入家庭住房困难。

围绕上述发展目标，“十二五”要重点推进10项主要任务。

一是服务国家战略，推进上海国际航运中心建设。坚持硬件建设和软件完善并举、落实政策与探索创新结合，继续加快航运集疏运体系和航运服务体系建设，深化国际航运发展综合试验区政策研究，建成东北亚国际集装箱枢纽港。

二是突出城市安全，加强工程建设和设施运行管理。坚持安全为先，把保障城市运行安全和市民生命财产安全放到更加突出的位置，切实加强工程建设管理和基础设施运行维护管理，努力保障城市运行安全。

三是促进区域联动，加强城乡基础设施体系建设。以新城建设为重点，实现建设重心向郊区转移，更加注重规划、注重环境、注重管理、注重民生，进一步完善城乡基础设施功能，推动城乡一体化发展；促进区域统筹协调发展，以交通为重点推动长三角区域一体化建设。

四是加强服务供应，推进市政公用事业发展。坚持以人为本，不断提高市政公用服务水平，保障城市正常供应。按照增强公益、均衡发展、提高质量的要求，加强供水、供气、公交等公用事业基础设施运行维护管理。

五是着力生态建设和管理，优化市容环境。加强生态环境基础设施建设，完善生态环境基础设施空间布局，提高综合性生态服务功能，推进城乡一体的生态环境基础设施体系建设。

六是保障居住改善，加强住宅和房地产管理。坚持以居住为主、以市民消费为主、以普通商品房为主，扩大住房保障范围，加快完善住房保障体系和房地产市场体系；大力推进旧区改造，完善机制创新，加大政策支持。坚持“拆、改、留”并举，提高旧区改造水平。

七是推进低碳发展，加强“四节一综合”管理。大力加大建筑业、住宅产业、交通运输业的节能减排力度，加强建筑节能、节水、节材、节地和资源综合利用管理，推进行业可持续发展。

八是加强科技创新，提高管理信息化水平。坚持以需求为导向，建立产学研紧密结合的技术创新体系。大力推进城乡建设交通领域信息化建设，促进管理机制和制度创新，推进形成智能化城市管理新格局。

九是加强行业文化建设，推进人才队伍发展。深入推进行业文化建设，内强素质、外树形象，着力提升窗口服务质量和行业形象；大力提高从业人员特别是务工人员综合素质，提升建设交通行业软实力。

十是深化改革创新，加快政府职能转变。以实现“两高一少”为目标，进一步转变政府职能，加强社会管理和公共服务，推进政府从投资建设型向公共服务型转变。

三、2011 年建设交通工作要点安排

2011 年是实施“十二五”规划的第一年。做好全年各项工作，对确保“十二五”开好局、起好步至关重要。根据市委、市政府的决策部署，并结合城乡建设交通工作实际，2011 年要全力做好以下九项重点工作：

（一）强化工程建设质量安全管理，进一步加强城市运行安全监管。深刻吸取“11.15”特大火灾事故的教训，全面排查安全隐患，切实加强城市运行安全监管。一是全面整顿和规范建筑市场。贯彻落实《关于进一步规范本市建筑市场加强建设工程质量安全管理的若干意见》，全年集中开展建筑市场整治和建设工程质量安全大检查。充分利用信息化手段，进一步加强政府对工程质量安全的监管。进一步规范建筑市场各方主体行为，切实落实监理责任，加强承发包以及法人代表和从业人员管理，强化建设工程安全风险源头控制和工程施工现场管理。进一步推进政企分开改革，着力解决建设工程管理和建筑市场中存在的区域封闭、内部循环、暗箱操作等问题。二是抓好重点领域安全工作。进一步发动广大市民群众和行业干部职工，全面查找和消除各类安全隐患。突出高层建筑、轨道交通、高架桥隧、地下管线、供水、供气等重点领域、重点设施，督促各责任单位严格落实各项安全防范措施，提升安全技防水平，全面加强安全运行监控。深化细化相关应急预案，完善处置体系和设施装备，提高应急演练的针对性和有效性，切实增强预防和处置突发事件的能力。三是切实落实安全管理责任。全面落实安全生产法人责任制，层层细化分解落实安全监管责任，进一步明确责任主体。加强行政监察，加大安全生产责任追究力度。强化行业干部职工的安全知识培训。

（二）充分发挥世博后续效应，加快建立世博后城市管理长效机制。巩固筹博办博期间的城市管理成果，加快建立健全城市管理长效机制。一是突出顽症治理。针对世博后的市容环境、工程建设、交通组织和市政设施等四方面易反弹的问题，突出重复掘路、

设摊管理、城市保洁、河道整治、旧住房综合改造、非法客运等重点，落实针对性措施，加强综合治理，防止城市管理难题顽症的大规模反弹。二是加强城市维护。贯彻落实《市级城市维护项目管理暂行办法》，健全城市维护管理投入机制，加大市、区（县）两级城市维护资金投入。研究制定城市维护管理的技术标准目录和定额目录，进一步完善城市维护标准、规范和定额体系。加快建立城市维护项目招投标管理平台，理顺政企、市区（县）以及建设和维护之间的界面分工，完善城市维护监督考核办法，建立符合市情、科学有效、统一协调、市区共担的城市维护项目管理体制。三是强化科技支撑。深化城市网格化管理，进一步整合管理资源、拓展应用范围、强化考核监督。积极推动数字化城市管理立法工作。完善市政、绿化专业网格化管理，加快将建设工地、掘路等纳入网格化管理范围。结合郊区新城镇建设，推进网格化管理在城市化地区的全覆盖。进一步加强网格化管理平台与12319城建服务热线以及专业管理、社会管理的联动。四是扩大社会参与。完善社会动员和市民参与机制，加强城市管理决策、措施的事前征询。完善新闻舆论监督和市民诉求的快速响应反馈机制。发挥文明创建平台功能，加强城市管理的社会监督。发挥志愿者服务队伍作用，提高日常服务和应急服务能力。

（三）以加强航运服务功能性建设为着力点，继续推进国际航运中心建设。突出航运功能提升，聚焦重大政策突破，加强部市协调配合，充分发挥先行先试政策的效用。一是建设国际航运发展综合试验区。落实启运港退税政策，推动单船单机融资租赁等创新试点，探索建立中资船舶特殊登记制度，深化综合试验区港口费收优惠、特殊监管区域“境内关外”等政策研究。举办2011上海国际航运论坛。二是积极提升航运服务功能。完善一门式通关服务，启动报检报关“一单两报”试点。发挥上海航运交易所优势，推进航运运价衍生品交易业务发展。探索建立干散货运价报备制度，研究形成上海干散货运价指数。启动国家级船员评估中心建设，争取中国船员招募中心、国家级船员服务行业协会等落沪。编制物流发展规划，完善物流服务体系；推动甩挂运输市场发展。三是进一步优化集疏运体系。继续推进洋山港四期前期、外高桥港区六期后续工程。推进杭申线等航道建设。开工建设沪通铁路，加强郊环北部越江通道等前期研究。推动江海直达船型的应用，进一步提高水水中转比例；加快发展海铁联运。推进岸基供电等港口节能减排项目实施。继续推进《调整上海地区空域结构方案》落实。此外，继续推进吴淞国际客运码头建设，促进邮轮产业发展；研究建立上海国际航运中心建设专项资金，支持航运要素市场及相关航运产业发展。

（四）加快重点区域和郊区新城设施建设，推进城乡和区域协调发展。以重大工程建设为抓手，加强项目储备和前期推进，加快重点区域和郊区新城开发建设。2011年市重大工程安排正式项目84项、投资1000亿元左右。一是完善重点地区基础设施配套。结合世博园区后续开发利用，加快园区及周边区域市政设施建设及交通组织配套。继续推进虹桥商务区及周边设施建设，基本建成京沪高速铁路上海段，抓紧推进嘉闵高架等项目前期工作。积极推进迪士尼项目及外围配套基础设施建设。继续完善大型居住社区周边市政、公建等配套。二是加快郊区新城基础设施建设。以郊区轨道交通、快速道路、越江设施等为重点，推进郊区新城基础设施建设。重点加快连接市郊的轨道交通建设，推进S26东段、S6、崇启通道建设。建成军工路越江隧道，加快长江西路、虹梅南路等越江工程建设。新开工建设18条区域对接道路，完成10条区域对接道路建设。三是推进新农村基础设施改善。以农村道路、危桥改造、河道整治、村庄改造、供水集约化、生活污水处理等基础设施和环境建设为重点，积极推进新农村建设。继续推进自然村落保护、改造和整治，完成100个村庄改造、4万户农村生活污水处理设施改造，整治“村沟宅河”300公里。四是促进长三角和对口援建区域协调发展。贯彻落实《长江三角洲地区区域规划》，继续做好高速公路、国省干道、内河航道以及ETC等对接，推进区域省际客运网、货运物流网和维修服务网等建设。加强区域交通信息化建设，完善协作联动体制。全面做好对口援建新疆的各项工作。

（五）以全面加快保障性住房建设为重点，不断改善民生。以完善住房保障体系为核心，持续改善市民居住、出行条件，妥善化解各类涉民矛盾。一是不断改善市民居住条件。全面加快保障性住房建设，确保全年新开工建设和筹措各类保障性住房1500万平方米、22万套（间），供应1150万平方米、17万套（间）左右。积极探索利用住房公积金支持保障性住房建设试点。加强廉租房、经济适用房、公共租赁房之间的衔接。坚持拆、改、留等多种方式并举，继续推进中心城区旧区改造，拆除二级旧里以下房屋80万平方米。启动郊区危棚简屋改造，加快推进郊区农村危旧房改造。严格执行房地产市场调控政策措施，保持房地产市场平稳健康发展。修订城市居住房屋租赁管理办法，规范居住房屋租赁市场行为。进一步加强物业管理和服务。二是进一步提升公共交通吸引力。继续加快以轨道交通、客运枢纽、公交专用道等为重点的交通基础设施建设。推进11号线北段、12号线、13号线等项目建设，深化5号线南延伸、8号线三期、9号线三期、10号线二期、17号线等项目前期工作。进一步优化公交线网，加强公交与轨道交通、郊区新城、大型居住区等的衔接，全年新辟、调整公交线路约200条，确保公交线路服务年内全面达标。完善交通综合信息平台建设，大力推进城市智能交通管理。三是继续提高市政公用服务水平。以青草沙水源地工程基本建成为契机，有序推进通水切换工作，让1000万上海市民喝上优质长江水；完成1000万平方米以上二次供水设施改造。完成绿地建设1000公顷，其中公共绿地500公顷。以迎接公路国检为契机，全面提高公路包括农村公路的服务水平。以确保桥隧安全运行为重点，大力提升各类城市道路的质量。稳定气源管理，做好燃气服务供应，鼓励和推广使用安全型燃气器具。继续加强春运工作组织协调，确保旅客春运安全有序畅通。四是妥善化解各类涉民矛盾。全面落实重大项目社会稳定风险分析和评估机制，加强对各类涉民矛盾分析、研判和排查，妥善化解工程建设、轨道交通运营、房屋动拆迁、机场和高架噪声等引发的涉民矛盾。

（六）以住宅产业化和垃圾减量化为突破口，着力加快建设交通行业转型发展。学习借鉴上海世博会所展示的新理念、新技术、新工艺，加快在行业的应用推广和产业转化。一是全面加强建筑节能管理。贯彻《上海市建筑节能条例》，大力推进建筑节能，新建高标准节能建筑60万平方米，对新建居住建筑全面执行65%的节能标准，并力争形成适合上海气候特点的建筑节能保温技术体系。推进预制装配式住宅发展，加大在保障性住房、大型居住社区中的试点推广力度，加快推动住宅产业化。做好燃气分布式供能及燃气空调推广工作。二是继续推进交通运输节能减排。推进机、船、车节能减排技术改造。稳步扩大新能源公交车试点。加强慢行交通系统规划建设，促进区域性公共自行车系统健康发展。不断完善高速公路不停车收费系统，新建60条ETC车道，实现高速公路全覆盖。三是推进垃圾分类处置和源头减量。加快生活垃圾处理设施建设，抓紧研究生活垃圾源头减量政策，规范餐厨垃圾管理，强化废弃食用油脂的收运和处置，推进垃圾的减量化、资源化、无害化，确保实现年人均生活垃圾处理量减量率5%的目标。在推进新理念、新技术、新工艺的应用过程中，充分发挥行业协会、学会的作用。

*（七）以整合管理资源为抓手，不断深化管理体制、机制改革。*全面总结大部制改革和世博保障管理体制的实践经验，进一步完善建设交通管理体制、机制。一是抓紧固化世博期间城市管理、交通协调的运作体制。充分发挥委的总体协调服务监督职能和局的行业管理职责，建立市政市容联席会议和交通协调保障联席会议，完善月度例会分析研判、季度例会统筹协调和半年度例会总结推进等工作机制。依托市政市容指挥中心和交通运输保障调度中心平台，建立城市管理、交通的重大节庆活动保障机制。二是理顺建设交通行业市、区（县）两级管理体制。充分发挥区（县）属地管理优势，区域性、单体性项目全面下放区（县）；同时市级层面加强对整体性、系统性和网络化特征明显项目的统一协调。按照责权一致原则，合理划分管理权限，完善条块协作机制。进一步加强乡镇建设交通管理职能，优化机构设置，加强队伍建设。三是全面推进政事、政企分开和管养分离。研究推进委属事业单位改革。培育组建大型基础设施运行管理单位，大力推进市政养护作业的专业化、市场化改革。加快地下管线综合信息数据库建设，加强地下管线综合规划建设管理。

*（八）以转变政府管理职能为目标，切实加强政府自身建设。*围绕“两高一少”目标，以政府职能转变为核心，切实加强政府自身建设。一是加强依法行政。抓紧制订行业立法规划；完善世博后城市管理的法规体系；配合市人大及有关部门，抓紧出台工程质量安全管理、建筑市场管理、监理和检测等相关法规规章。以领导干部、执法人员和机关干部为重点，加强法制培训工作；规范行政执法工作，完善行政处罚责任制、自由裁量基准制度和执法监督机制。二是加快审批制度改革。加快推进建设工程审批程序改革，全面实施建设工程并联审批，推进电子化行政审批工作，推动行政审批事项全部上网、全程上网，进一步提高网上办事水平。坚持管理重心下移，进一步向区县下放建设工程审批管理权限，推进管理方式从重审批向重过程监管和服务的转变。三是全面推进政务公开。积极推进建设交通系统内政务信息化平台联网和信息共享，全面提高工作效率。依法全面实施政务信息公开，进一步畅通社会市民、新闻媒体联系沟通渠道，主动接受社会监督。四是继续狠抓执行落实。转变作风，切实提高执行力和工作效率。加强行业法制、规划、政策等过程中检查和后评估工作，确保法规、政策、决策等落地。做好档案、统计等基础工作。加强对区县建设交通部门、行业管理机构及企业的监督、培训、考核、指导。

*（九）以纪念建党90周年为契机，全面推进党的建设。*大力开展革命传统教育，切实增强党员干部的宗旨意识，切实加强领导班子和干部队伍建设，积极发展党内民主，抓好基层党组织和党员队伍建设，推进党风廉政建设和反腐败工作取得新成效。一是深入开展创先争优活动，凝聚力量、振奋精神。围绕庆祝建党90周年纪念活动，大力开展革命传统教育和理想信念教育，切实增强党员干部的宗旨意识，进一步凝聚力量、振奋精神。认真贯彻中央和市委关于开展创先争优活动的要求，根据基层单位实际情况和党员的岗位特点，精心设计特色鲜明、务实管用的活动载体，分类提出创先争优的具体要求，注意总结运用典型经验，推广党员责任区、党员示范岗、党员承诺制等有效做法。以党政机关、服务行业和窗口单位为重点，深入开展创先争优活动集中点评推进工作，公开承诺，改进作风，服务群众。评选表彰一批先进基层党组织和优秀党员，树立典型，弘

扬先进。二是进一步加快领导班子建设和高素质的干部人才队伍建设，健全机制，树立导向。加强领导班子思想政治建设，改进理论学习，增强对发展大局的认识和把握，加强重大问题决策和重要工作部署前的调查研究。突出“培养、交流、竞争”的主题，选优配强领导班子，着力提升干部队伍素质，不断深化干部人事制度改革。按照结构优化、专业匹配、能力互补的原则调整充实各级领导班子。加大竞争性选拔干部力度，探索干部选拔任用工作的新办法、新举措。注重基层一线，搭建交流平台，建立培养基地，形成干部交流培养锻炼的工作机制。坚持党管人才原则，切实加强领导，统筹力量，把人才规划确定的总体目标细化为年度具体工作项目，抓好落实，扎实推进，着重加强对行业人才发展的指导与服务，强化航运和城市管理重点领域人才开发，在高端、特殊人才引进落户和人才发展的政策支持、资金保障等方面取得突破。三是切实加强队伍作风建设，严格考核。在制定政策和规划、推进建设和管理中坚持走群众路线，在建设交通系统的干部中牢固树立群众观点。市建设交通两委领导班子建立基层联系点制度，定期到基层一线调查研究，帮助解决实际问题。把推进党代表、人大代表联系社区工作与实行领导干部定期下访、走访、接访制度紧密结合起来，抓好重大工程项目、旧区改造重点地区信访问题处理和重大涉民矛盾化解工作，进一步增强干部处理复杂矛盾的能力。以机关和事业单位为重点，切实加强队伍作风建设，严格落实工作责任制，进一步严明纪律。加强对干部作风和效能的考核，提高基层单位、服务对象的评价权重，实施媒体曝光处理、领导批示办理、经济责任审计结果与干部考核挂钩，加大责任追究力度，严肃处理推诿扯皮、态度冷漠、责任心缺失的典型案例。四是坚持不懈地做好抓基层、打基础的工作，扩大覆盖面，增强实效性。用更加开阔的视野谋划基层党的建设，不断扩大基层党组织的覆盖面，推动不同系统、不同单位的党建优势互补、资源共享，进一步创新基层党建工作的方法和手段，提高党建工作的整体效应。总结深化基层党组织在迎博办博中的做法和经验，拓展党建联建的工作范围，探索资源整合型党建与行业文明创建融合、联动发展的工作机制，发挥党建联建在建立城市管理长效机制中的作用。积极为归口中央在沪单位党建工作提供平台、创造条件，建立市建设交通两委定期与中央在沪单位上级党委进行沟通、定期通报情况的工作机制。五是大力推进党风廉政建设和反腐败工作，完善制度保障，加强监督执行。认真贯彻新修订的《关于实行党风廉政建设责任制的规定》，加强对反腐倡廉建设的领导，努力形成建设交通领域党风廉政建设和反腐败工作合力。积极开展执法监察和效能监察，突出对建设交通行业转型发展重点工作、资金使用、选人用人工作的监督检查，为全面完成转型发展提供保障。进一步强化党风廉政教育，大力推进廉政文化创建活动，不断完善制度保障，着力规范领导干部廉洁从政行为，加强对权力运行的监督。继续深化工程建设领域突出问题的治理，积极整顿建筑市场，全面推进各局、各单位开展廉政风险排查和防控工作，不断完善惩防体系建设。加强查信办案工作，严格责任追究，不断深化治本抓源头工作，全面提高建设交通领域反腐倡廉工作水平。

一、城乡规划、国土资源

（一）综述

2010年，上海市规划系统围绕年初确定的工作目标，突出重点，狠抓落实，全面完成了年度工作计划和“十一五”规划确定的各项任务，为“十二五”开局起步奠定了扎实基础。

郊区新城和生态网络规划加快推进。在新城规划的编制上，适应构建与国际化大都市相匹配的城乡体系的总体要求，强调了“生产、生活、生态”融合的宜居城市建设目标，突出了加强长三角联动发展、加快产城融合和人口集聚的重点。嘉定、青浦、南桥三个新城的总体规划修编方案和金山新城总体规划纲要已由市规划委员会审议通过。松江新城、崇明城桥新城总体规划修编优化工作也正在积极推进。在生态规划的编制上，落实了市级土地利用总体规划确定的市域“环、廊、区、源”的城乡生态空间体系，加快形成中心城以“环、楔、廊、园”为主体，中心城周边地区以市域绿环、生态间隔带为锚固，市域范围以生态廊道、生态保育区为基底的“环形放射状”的生态网络空间体系。《上海市基本生态网络结构规划》方案基本完成，已提交市规划委员会审议通过。

详规“五个一”工作有突破。详规工作

按照年初提出的“五个一”目标稳步推进，形成了制度框架。“一份法定图则”的要求基本确定。通过优化完善控制图则，强化了公共设施、市政设施、控制线等刚性要素落地；增强控规的弹性，简化地块规划控制指标，强化土地用途的适应性。“一套制度”已基本建立。研究制定了上海市控制性详细规划管理规定、成果规范和操作规程等制度。《控制性详细规划技术准则》基本形成。“一个全要素平台”正在全力推进。加快建立一个全要素的规划信息平台，努力做到透明、公开，并与局基础、建管、土地等信息库整合。“一个管理机构”已经建立。组建了市规划编审中心，加强对编制质量的监管和技术数据的管控。“一张全覆盖网络”加快推进。推进和完善控详规划编制工作，逐步实现控制性详细规划全覆盖。

《城乡规划条例》经市人大常委会表决通过。2010年11月11日，市十三届人大常委会二十二次会议全票通过了《上海市城乡规划条例（草案）》，自2011年1月1日起正式实施。《条例》的核心是“两理顺，一加强”。“两理顺”，一是理顺了本市的规划体系。设置了总体规划、分区规划、控制性编制单元规划、详细规划四个规划层次，以及中心城与郊区区县两个规划体系。二是理顺了本市规划管理体制。进一步明确了规划决策、执行、监督三分开和编制、审批、实施三分离的工作制度。“一加强”，加强了规划工作的监督机制建设。包括人大监督、行政监督和社会监督等。

（二）城乡规划

【**概况**】2010年，市规划和国土资源管理局起草的《上海市城乡规划条例》（2011年1月1日起施行）获市人大审议通过。《上海市主要饮用水水源保护区边界划定和调整专项规划》、《苏州河滨河地区控制性详细规划（内外环间）普陀段局部调整》、《黄浦江沿岸E18地块控制性详细规划3、4号街坊局部调整》、《虹桥商务区核心区控制性详细规划（2010年）（核心区一期暨城市设计）》、《上海市南桥新城总体规划修编（2010~2020年）》等规划获市政府批准。金山新城、松江新城、崇明城桥新城总体规划修编工作有序推进。《上海市地名总体规划》完成第五轮修稿进入合稿阶段。在生态规划编制上，落实市级土地利用总体规划确定的市域“环、廊、区、源”的城乡生态空间体系，布局中心城周边地区以市域绿环、生态间隔带为锚固，市域范围以生态廊道、生态保育区为基底的环形放射状生态网络空间体系。基本确定第二批大型居住社区选址方案，规划选址23块，建设用地面积约105平方公里，其中住宅用地面积约40平方公里。修订原市规划局2005年发布的《上海市建设工程规划设计方案公示暂行规定》，增加公示的预公告、对公众反馈意见的处理时限及处理结果的公布形式等内容，强化公众在规划方案审核中的参与和监督作用。全市新建城市雕塑192座（组），其中上海世博园区76座（组），上海世博园区雕塑项目如期完成。全年，市规划管理部门共核发建设项目选址意见书1448件，核准建设用地面积8161.94公顷；核发建设用地规划许可证1832件，核准建设用地面积11134.68公顷；核发建设工程规划许可证2477件，批准建造建筑面积5574.72万平方米。

【**市政府批复《上海市主要饮用水水源保护区边界划定和调整专项规划》**】上海市规划和国土资源管理局与上海市环境保护局联合组织编制《上海市主要饮用水水源保护区边界划定和调整专项规划》，于2010年3月获市政府批复（沪府2010/0013）。规划主要内容如下：

规划依据及原则。根据相关法律法规要求，遵循“全面保护、统一规范、继承发展、现实可行”的原则，对黄浦江上游、青草沙、陈行和崇明东风西沙四个饮用水水源地划定一、二级（含准保护区）保护区边界。其中：青草沙、陈行、东风西沙水源地为封闭的水库型水源地，饮用水水源保护区分为一级、二级保护区。黄浦江上游水源地为开放的河流型水源地，在划分饮用水水源一级、二级保护区的同时，仍保留准保护区。

边界划定范围。青草沙水源地：一级保护区约79.0平方公里、二级保护区约70.5平方公里。陈行水源地：一级保护区约6.9平方公里、二级保护区约8.0平方公里。东风西沙水源地：本次仅划定二级保护区约31.3平方公里。黄浦江上游水源地：一级保护区约4.3平方公里、二级保护区约248.1平方公里、准水源保护区约916.3平方公里。

【市政府批准《黄浦江两岸轮渡布局规划》】 轮渡设施是城市公共交通的组成部分，是行人和非机动车越江的重要设施。2010年，市规划和国土资源管理局、市浦江办、市交通港口局组织编制了《黄浦江两岸轮渡布局规划》，并经市政府批准。

规划范围为黄浦江沿岸北至吴淞口，南至毛竹港，全长约82公里。规划根据两岸未来桥隧情况和地区功能布局，规划布局轮渡站40个，线路20条。保留18条线路，分别为三淞线、草临线、东嫩线、金定线、歇宁线、民丹线、泰公线、东金线、杨复线、塘董线、南陆线、三港线、陈车线、杜吴线、西闵线、郊桥轮渡线、东勤轮渡线、塘米线；新增2条线路，分别为世博线和耀龙线；取消2条线路，分别是东东线和其秦线。

【市政府批准《虹桥商务区核心区控制性详细规划（2010年）核心区一期暨城市设计）》】 从深化功能业态、建筑形态和有利实施的角度，根据市政府批准的《虹桥商务区控制性详细规划》，市规土局组织开展了核心区一期城市设计国际方案征集，在此基础上深化研究，形成《虹桥商务区核心区控制性详细规划（2010年）核心区一期，暨城市设计》。

2010年5月，《虹桥商务区核心区控制性详细规划（2010年）核心区一期，暨城市设计》经市政府批准，作为指导商务区一期（1.4平方公里）建设的规划依据。

该规划重点是适应商务区建设发展需要和土地供应方式的转变，强化空间形态、功能业态的结合，强化对公共空间和建筑单体形态控制和建设标准的确定，探索土地供应中带方案出让的操作模式。规划切实贯彻落实以人为本和可持续发展的思想，充分发挥交通枢纽和商务功能的集聚整合作用，着眼长远，面向未来，突出低碳设计和商务社区的规划理念。

【市政府批复《上海市南桥新城总体规划修编（2010~2020年）》】 市规土局会同奉贤区政府联合组织编制了《上海市南桥新城总体规划修编（2010–2020年）》，于2010年7月获市政府批复。规划主要内容如下：

规划期限。本次规划修编期限为近期至2015年，远期至2020年。

规划范围及人口。南桥新城的规划控制区域为：北至大叶公路，东至浦星公路，南至上海绕城高速，西至南沙港和沪杭公路。总面积约71平方公里，规划总人口约75万人。

城市性质和功能定位。奉贤区的政治、经济、文化中心，上海服务长三角南翼以及大浦东开发的重要门户枢纽，上海杭州湾北岸地区的综合性服务型核心城市。

空间结构和用地布局。城市空间按“北优、东进、南联、西抑”策略，统筹利用资源，合理调整、置换城市功能布局，形成“一核联四片、一环串两带”功能板块功能清晰、紧凑的城市空间结构和用地布局。一核是利用保留的中央林地形成的生态绿化核心和公共活动中心；四片是指老城、城北、城南三大综合片区和一个产业片区；一环是依托水系景观形成的环状生态绿带；两带是解放路公共服务带和金汇港生态景观带。

【积极推进全市城市雕塑规划建设】2010年全市新建包括世博园区雕塑在内的城市雕塑192座（组）。

中国2010年上海世博园区雕塑项目经过近三年的策划建设，在世博会召开前全面建设完成。2010年4月举行了中国2010年世博会园区雕塑建设竣工典礼，圆满完成了76个座（组）雕塑的建设任务。

市城雕办积极参与住建部、文化部组织开展的“新中国城市雕塑建设成就奖”评选活动。经逐级推荐、评审在660个城市建国以来建设的数万件城雕作品中评选出60个成就奖，40个成就提名奖。其中，上海7个项目荣获“新中国城市雕塑建设成就奖”成就奖，1个项目荣获“新中国城市雕塑建设成就奖提名奖”，获奖项目位列全国前三。

【地名管理工作有序开展】2010年，全市审批各类地名共691个。其中，市政道路名称261个，高架道路名称4个，桥梁名称22个，立交桥名称1个，隧道名称1个，地道名称9个，轨道交通线路名称5个，长途汽车站名称1个，功能区域名称6个，公共绿地名称4个，公共广场名称1个，湖泊名称1个，居住区、建筑物名称381个。

2010年4月，正式启动第二次全国地名普查试点工作。浦东、宝山、奉贤、金山、崇明5个区县列为试点地区。本市组建了普查试点领导小组及其办公室。市普查办会同浦东新区普查办，经过近一年紧张工作，完成所有的地名数据采集、校核、入库等工作。

2010年全市核发“一书两证”情况表

项目名称	单位	数值
核发建设项目选址意见书	件	1448
用地面积	平方米	81619381.6
核发建设用地规划许可证	件	1832
用地面积	平方米	111346843.6
核发建设工程规划许可证	件	2477
建筑面积	平方米	55747228.8

（三）土地管理

【概况】2010年，土地储备工作顺利开展。至2010年底已推进了宝山罗店、嘉定城北站等13块的土地储备工作。完成了土地储备各项审批手续办理，完成了动迁安置房285公顷和经济适用房95公顷供地工作，以及12个基地的控详规划编制和审批。

在增减挂钩方面，强调维护农民权益，在尊重农民意愿、地类平衡、资金平衡的前提下，依据“二调”和“两规合一”成果，编制试点项目区规划，推进项目建设。

在集体建设用地流转方面，根据《关于开展农村集体建设用地流转试点工作的若干意见》（沪府办[2010]3号），按照“三先三后”（先合规后流转、先确权后实施、先试点后推开）、“三统一”（统一规则、统一平台、统一监管）的要求，在5个区正式启动试点工作。至2010年底，已基本完成了试点村的土地调查确权工作，编制了试点村村庄规划，明确了集体建设用地交易和管理流程，确定了首批上市地块的流转方案。

在闲置土地处置方面，制定了《关于本市闲置土地处置若干意见》，明确了“依法合规、区分情况、分类处置”的原则，根据闲置土地的形成原因和实际情况，分别采取无偿收回、限期开工、延期开发、协议收购和调整土地使用者等方式实施分类处置，并加强市区两级联动，共同拟定处置方案，积极抓好推进工作。

在历史违法用地处置方面，制定了《关于积极稳妥地推进本市历史违法用地处置的工作方案》，奉贤、闵行等区开始试点推进。

土地“二次调查”的目的，是全面查清土地利用现状，掌握真实的土地基础数据；建立和完善土地调查、统计和登记制度，实行“一张图”管理。2010年，土地“二次调查”各项任务全面完成。

【推进土地利用总体规划编制创新】 土地利用总体规划是指导城乡建设和土地管理的纲领性文件。2008年11月国土资源部正式批复《上海市土地利用总体规划(2006—2020年）大纲》。在国土资源部的指导下，按照市委市政府的工作部署，全市土地利用总体规划修编工作积极推进并不断深化。2010年，完成了《上海市土地利用总体规划（2006—2020年）》的编制工作，着力构建保障和促进上海科学发展的规划编制和土地管理新机制。

主要成果。市级土地利用总体规划成果，包括规划文本、说明、图集、专题报告，另有各部门审查意见作为附件。专题报告包括：环境影响评价、土地利用空间发展战略、土地整理复垦开发补充耕地以及产业结构调整和空间布局优化等四项。

规划文本包括核心内容、核心图纸和附表三部分，共十章50条，全面阐述至2020年上海土地资源保护与开发利用的战略目标、空间格局、重点任务和政策导向，是实行最严格土地管理制度的基本手段，也是实现上海人口、经济、社会的全面协调可持续发展的重要保障。

市级土地利用总体规划上报批复情况。2010年7月，国务院正式批复《上海市土地利用总体规划(2006–2020年)》。规划批复后，根据上海市土地利用总体规划相关内容同步提炼完成的“三条控制线”（即建设用地控制线、工业区块用地控制线、基本农田保护控制线）进入上海市规划和国土资源管理局信息系统正式启动运行管理。

【大型居住社区土地储备工作有序开展】 第一批大型居住社区基地顺利启动，同时开展第二批大型居住社区选址。2010年2月，市政府正式批准《上海市大型居住社区第二批选址规划》，包括23个基地，合计建设用地105平方公里，可开发住宅用地面积约40平方公里，预计可建设住宅8000万平米，约120万套（含20%本地农民动迁安置房）。近期实施12个基地。5月14日，市政府组织召开大型居住区土地储备工作推进会，市、区分别签订了联合土地储备的框架协议和征地拆迁包干协议，全面启动土地储备工作。为保障各项工作有序推进，根据“以区为主、市区联手、全面锁定、先储后建、合理配比、适时投放”的原则，制定了《关于推进本市大型居住社区土地储备工作的若干意见》，并由市政府转发（沪府[2010]43号）。开辟绿色通道，加快办理规划土地审批手续和农民动迁安置房建设审批手续。截止年底，12个基地土地储备手续已全部完成，同时完成农民动迁7035户，占比49.4%，完成企业动迁442家，占比35.3%，农民动迁安置房大部分也已正式开工。

【积极探索耕地占补平衡的途径和方式】 2010年，市规土局加大工作力度、创新管理机制，采取多项有效措施，积极探索破解占补平衡难题的新途径和方式。成立机构，强化队伍建设。市局根据国土资源部对土地整理工作的部署和要求，并结合本市土地整理工作实际需要，新组建成立了上海市建设用地和土地整理事务中心，作为负责全市土地整理和土地开发事务性工作的专门机构。规范管理，推进项目实施。市局印发了《关于进一步规范土地整理复垦工作的若干要求》

（沪规土资综[2010]571号附件1），进一步明确了土地整理复垦项目立项、实施和验收等阶段相关管理要求，促进了项目规范有序开展。全年共批准项目立项413个，完成项目验收220个，全年土地整理复垦确认新增耕地面积1839公顷。科学规划，有序推进滩涂开发。为了促进滩涂资源合理有序开发，市局会同相关部门积极开展滩涂资源开发土地利用规划及近期已圈围土地整理规划、计划编制工作。6月3日，沈骏副市长召开上海市滩涂造地工作联席会议第三次会议，原则同意本市近期已圈围土地开发整理的三年工作计划，共安排土地开发整理项目8个，预计可新增耕地7.5万亩。信息管控，建立占补平衡指标库管理系统。根据《耕地占补平衡考核办法》（2006年国土资源部令第33号）和《国土资源部关于切实加强耕地占补平衡监督管理的通知》（2010年国土资发6号）相关要求，市局利用土地开发整理复垦审批和建设用地审批系统平台，设计开发了耕地占补平衡指标库信息系统，实现了占补平衡补充耕地指标“补充、备案、核实、考核、挂钩（使用）”等环节全程监管，强化了耕地占补平衡管理的基础性工作。

【深化实施土地预申请制度】 为完善供地信息披露机制，稳定市场预期，提高土地资源市场化配置效率，于2009年底下发了《关于试行上海市国有建设用地使用权出让预申请制度的通知》（沪规土资地[2009]1281号），正式启动此项工作。

2010年，共对外发布了五批预申请公告，涉及地块总计216幅，1012公顷。同时，结合预申请制度进一步整合了信息化系统，实现预申请流程的网上运作，并与原有的土地审批系统和土地交易系统基本实现有效对接。实践表明，土地出让预申请制度通过强化土地计划管理，完善供地信息披露机制，稳定市场预期，有利于进一步实现土地出让过程的公开公平公正，有利于推进行政审批流程的整合和再造，有利于对土地市场供应结构和供应节奏的控制，促进市场健康平稳发展。

【出台支持高新技术产业化土地政策】 2010年，按照市委、市政府关于加快推进高新技术产业化的总体部署，市规划国土资源局主动研究，加大创新力度，陆续出台了支持高新技术产业化发展的政策措施。2010年3月，市规划国土资源局研究制定了《关于规划土地政策支持高新技术产业化，促进经济发展方式转变和产业结构优化的若干意见》，并经市政府常务会议审议通过。在统筹安排供地计划、加大规划引导力度、灵活采取供地方式、提高行政审批效率等方面制定了一系列的支持和鼓励政策。

为落实高新技术产业化项目扶持政策，建立了由市发展改革委、市经信委、市科委、市环保局和市规划国土资源局（简称“三委两局”）组成的工作协调机制，共同制定相关标准，优化认定流程，合力支持和促进高新技术产业化发展。“三委两局”联合出台了《关于支持各区县部分高新技术产业化项目土地指标的通知》，按照“总量控制、差别安排、保障重点、区县统筹”的原则，专门下达了市统筹新增建设用地计划指标（同步由市落实耕地占补平衡方案）用于支持本市高新技术产业化项目办理用地手续。

【农村集体建设用地有偿使用试点工作启动】 加快农村集体建设用地流转，是推进“三农”工作、破除城乡二元结构、统筹城乡发展的重要举措，也是市委、市政府重点推进的工作。根据中央十七届三中全会精神，于2008年下半年启动调查研究工作，起草了《关于开展农村集体建设用地流转试点工作的若干意见》，并在2010年年初由市政府办公厅转发（沪府办发[2010]3号）。2010年2月

22日市政府召开全市流转试点工作动员会，研究部署试点工作。按照市委、市政府统一部署和韩正市长提出的“三先三后”（先合规后流转、先确权后实施、先试点后推开）、“三统一”（统一规则、统一平台、统一监管）的具体要求，在5个村全面开展相关试点工作。目前，试点村的村庄规划已上报区政府审批，拟上市流转地块进入用地手续办理程序。

【存量建设用地盘活机制初步建立】 存量建设用地的盘活和再利用，是推动经济结构转型的重要举措。为进一步支持各类保障性住房建设，也为了盘活国有企业集团的存量工业用地，2010年起草制定了《关于鼓励本市国有企业集团利用存量工业用地建设保障性住房的若干意见》，由市政府办公厅转发（沪府办[2010]64号），明确国有企业集团可以利用原来取得、现在产业结构已调整（或需调整）的工业用地，部分建设保障性住房、部分配建经营性建设项目（统称“退二进三”）。同时，为支持高新技术产业和重大产业发展，研究制定了允许企业分割转让其节余土地的政策。即企业通过出让取得的工业用地，在满足本企业需要后节余的尚未开发的土地，在不改变土地用途、满足一定条件的情况下，可以分割转让给经认定的高新技术产业化和重大产业项目。

【城乡建设用地增减挂钩试点持续推进】 为解决农村建设用地量多分散、城镇建设用地供需矛盾突出等实际问题，本市积极争取国土资源部的城乡建设用地增减挂钩政策，于2009年启动了增减挂钩试点工作。

青浦、松江、金山、嘉定等区在2009年10月以来相继开展土地整治或增减挂钩工作的前期调研和专项规划工作。市规土局为推进相关工作开展了多次工作研讨会和咨询会，明确政策口径，把握工作进度，稳妥推进试点。

（四）其他

【加强地面沉降监测与防治】 2010年，“十一五”地面沉降防治工程得到有序推进，地面沉降防治能力得到进一步提高。“十一五”期间，中心城年平均地面沉降已经由上世纪六十年代初的近100毫米，下降至小于7毫米，并进一步有所缓解，地面沉降防治工作取得了显著成效。

一是全面推进地面沉降防治工程建设。完成10座地面沉降监测站监测设施建设，正在进行2座监测站建筑建设，启动了崇明城桥镇、松江新城、临港新城监测站建设；完成46组地下水监测井、41组生命线工程监测设施建设；二是会同市水务局加强对地下水开采与回灌的监督管理，编制了《上海市2010年地下水开采与回灌方案》，明确了2010年全市地下水开采与回灌分布指标，计划开采2000万吨，回灌1800万吨，实际开采2517万吨，回灌2020万吨；三是进一步加强了地面沉降监测与防治工作，完成了年度地面沉降监测计划。2010年共完成地面沉降一等水准测量900公里，二等水准测量1700公里，地下水动态测量6880井次，地面沉降控制力度进一步加强；四是认真做好世博期间地质灾害监测与应急预警工作。根据世博安全保障要求，编制了《世博期间地面沉降测量应急工作方案》，重点组织开展了世博园及其周边地区、生命线工程的地面沉降监测，同时也开展了对上海典型建筑密集区、地面沉降漏斗区等地区的地面沉降监测；五是加强地面沉降基础研究，重点研究工程性地面沉降防治措施，减少工程性地面沉降影响；六是编制完成了《上海市地面沉降“十二五”防治规划》（上报稿）。紧密结合上海城市规划、建设和管理的需求，切实进一步提升地面沉降监测与防治水平，发挥上海地面沉降监测与防治工作在全国的示范作用，根据已上报市政府的《“十二五”时期上海地面沉降防治基本思路》，编制完成了《上海市地面沉降“十二五”防治规划》。

【加快地质资料信息服务集群化、产业化发展】2010年，根据《上海市地质资料信息服务集群化和产业化工作三年行动计划（2009.7 ~ 2012.6）》，上海市地质资料信息服务集群化、产业化工作得到顺利推进。

一是有序推进地质资料汇交共享机制建设。地质资料汇交制度覆盖市、区（县），市地质资料馆与各区（县）规土局建立了定期沟通联系机制，地质资料窗口委托汇交工作已全面落实。2010年度，累计汇交地质资料1503份，其中通过建管办汇交的工勘报告596份；推进市、区（县）城建档案馆地质资料移交，在2009年完成1988 ~ 2004年馆藏资料（共3242份）的基础上，2010年共移交工勘报告4176份，地下空间利用资料763份。进一步健全共建共享机制，与十余家勘察设计单位及建设单位建立了地质资料信息共享机制，年内收集到工勘报告270份；

二是有序推进地质信息服务城市规划试点工作。虹桥商务区地质信息服务已基本完成，部分成果得到了应用。金山区枫泾新城、嘉定安亭国际汽车城、浦江镇等三地的地质资料信息服务工作正全面展开。轨道交通沉降监测基准控制网建设正式启动；

三是积极推进地质资料数据库与地质信息服务系统建设。加强地质资料数据库建设。2010年数据库共收集工程地质钻孔59.16万个，其中，19.72万个钻孔数据已录入地质资料数据库，录入工程地质项目总数11951个。建设地质资料信息服务共享平台，并进行了地质信息系统升级。

【加快推进浅层地热能开发利用】按照《推进本市浅层地热能开发利用的实施方案》要求，2010年重点推进以下几个方面工作。

一是认真组织开展浅层地热能调查评价和监测网建设工作，完成了浅层地热能野外调查工作，累计完成83个钻孔，总进尺11616.8m，共投入3台套热响应系统进行现场试验，完成48个热响应试验孔，完成土样室内试验常规23605个（组），热物参数2070个（组），进行野外资料整理，完成了《上海市浅层地热能调查评价报告》纲要编写；二是完成了政法学院、同济大学嘉定校区、市委党校等监测场建设；三是完成了青浦新城、嘉定新城、崇明陈家镇和奉贤南桥新城等建设浅层地热能科学实验场方案编制及场地落实，并完成了奉贤南桥新城、崇明陈家镇科学实验场立项工作；四是浅层地热能信息系统（数据库）正在实施；五是完成了《上海市地源热泵系统工程技术规程》编写方案；六是完成了《上海市浅层地热能开发利用管理政策研究》课题研究，起草了《上海市浅层地热能管理暂行规定》。

【切实加强依法行政】2010年，认真开展规划和国土资源系统法规体系梳理，进一步加强整个系统法制建设，规范依法行政行为，大力开展局系统执法人员以及基层工作人员法律法规培训和法制宣传，着力提高规划国土资源管理部门行政执法水平。

2010年，《上海市城乡规划条例》经上海市人民代表大会常务委员会审议通过，自2011年1月1日起施行。全年发布规范性文件11件，制定内部工作规范21件。

根据《市政府办公厅关于做好本市规章、规范性文件清理工作的通知》（沪府办发[2010]23号），对近年来涉及本市规划和国土资源管理的政府规章和规范性文件进行了全面清理，清理政府规章21件，市政府文件39件。

（市规划和国土资源管理局供稿）

二、重大工程

（一）综述

2010年是实施“十一五”规划的收尾年。“十一五”期间上海重大工程建设围绕成功举办世博会，共投入建设资金5595.51亿元、实现开工121个项目、建成或基本建成97个项目，在上海的社会经济发展、城市建设中起到了重要支撑作用。一是重大工程建设围绕长三角综合交通体系，上海的城市基础设施建设不断完善。现代化城市交通已逐步形成立体网络，轨道交通运行里程延伸至425公里；高速公路总里程达到776公里，一批铁路项目建成投运，两大机场改造完成，有力地拓展了上海城市的辐射功能，增强了上海城市综合竞争能力，为世博会成功举办提供强有力支撑。二是重大工程建设围绕改善上海城市环境和社会事业发展，加大投入。苏州河综合整治取得了成效，白龙港、竹园等一大批污水处理厂完成了升级改造，电厂脱硫、“上大压小”等电厂工程顺利完成，在节能减排方面取得明显效果；一批教育、卫生、体育设施建成投用，为上海城市环境的改善和社会发展作出重大贡献。三是重大二程建设围绕上海城市功能布局和转变经济增长方式，促进产业结构的调整方面也取得亘大成就。汽车、精品钢铁、精细化工和信息工程等一批高科技产业项目的投产，有力地提升了上海支柱产业在国民经济中的地位,促进了整个城市的产业优化、升级、换代。（见表一）

表一 “十一五”重大工程建设项目数、投资完成一栏表

序号	项目分类	项目总数（个）	完成投资（亿元）
1	重大基础设施建设项目	173	3454.67
2	重大社会事业建设项目	87	902.40
3	重大产业建设项目	51	493.57
4	世博及其他项目	54	744.87
合计		365	5595.51

2010年重大工程建设，根据市委、市政府的部署，按照确保世博会成功举办、经济平稳增长、民生持续改善、社会和谐发展和“十一五”规划目标全面实现的要求，年初共安排正式项目84项、预备项目32项，年计划投资1023.26亿元，计划新开工项目17项、计划建成或基本建成项目26项。实际实施重大工程投资建设项目94项，新开工项目27项、建成或基本建成29项。有10位个人评为杰出人物、5个集体评为优秀创新团队、345名个人评为建设功臣、9家单位评为金杯公司、11个单位评为金杯集体，涌现出一批优秀集体、记功个人和优秀组织者，受到表彰。

一是投资枢纽型、功能性、网络化重大基础设施体系建设项目36个，占项目总数的42.9%；年计划投资450.68亿元，占年计划总投资的44.0%。二是投资以改善民生为重点的重大社会事业建设项目21个，占项目总数的25.0%；年计划投资316.93亿元，占年计划总投资的30.9%。三是投资建设产业结构优化升级项目17个，占项目总数的20.2%；年计划投资193.64亿元，占年计划总投资的18.9%。四是投资节能减排、生态环境建设项目10个，占项目总数的11.9%；年计划投资62.01亿元，占年计划总投资的6.1%。五是预备项目转正及新增项目12个，主要有中环线浦东段、迪士尼项目及外围配套、上海国际金融中心和一批国家工程研究中心项目；转入预备项目2个。（见表二、表三）

2010年，市重大工程建设年计划投资1023.26亿元，实际共完成投资1043.69亿元，保持较高的水平，占上海全社会固定资产投资总额的19.6%，为上海确保经济增长作出贡献。（见表四）

表二 项目结构与投资规模

项目类别	项目数（个）	占总数比例（%）	计划投资数（亿元）	所占比例(%)
重大基础设施	36	42.9	450.68	44.0
重大社会事业	21	25.0	316.93	31.0
重大产业	17	20.2	193.64	18.9
生态环境	10	11.9	62.01	6.1
小计	**84**		**1023.26**	
转入预备项目	2			
转正新增项目	12			
合计	**98**			

表三　2010年重大工程项目一览表

序号	项目名称
1	京沪高速铁路上海段
2	上海至南京城际轨道交通
3	上海动车段
4	上海至杭州铁路客运专线（上海段）
5	外高桥港区六期工程
6	虹桥综合交通枢纽基础设施
7	沪苏高速公路新建工程（市界-G1501公路同三段，全长约7.6公里）
8	S6高速公路（S20公路-G15公路，11.68公里）
9	崇明至启东长江过江通道（上海段，31公里）
10	大芦线航道整治一期工程（临港新城段，总里程约16.25公里）
11	赵家沟航道整治工程（赵家沟航段[黄浦江至浦东运河]和顾路航段[赵家沟至规划嫩江河]，总里程约11.86公里）
12	杭申线航道整治工程
13	黄浦江上游（分水龙王庙至大泖泾河口）航道整治工程
14	军工路越江工程
15	龙耀路越江工程
16	长江西路越江工程
17	闵浦二桥新建工程
18	外滩通道改建工程（中山南路-吴淞路海宁路，全长约3.7公里）
19	虹梅南路-金海路通道（越江段）
20	东西通道（浦东段）拓建工程（银城西路-金桥路，全长约7.9公里）
21	东长治路-长阳路（旅顺路-大连路）道路改建项目
22	迎宾三路（SN6路—外环，1.7公里）
23	友乐路（原规划SN10路）
24	林海公路
25	虹桥综合交通枢纽配套快速路（包括崧泽高架路、嘉闵高架、北翟路、联明路-漕宝路、漕宝路地面道路4个子项目）
26	铁路上海站北广场综合交通枢纽工程
27	上海西站综合改造工程（包括西站地下南北通道、国铁上海西站改扩建、西站综合交通枢纽南北广场等4个项目）
28	公交枢纽（包括富锦路综合客运交通枢纽、长江南路综合客运交通枢纽、江杨北路综合客运交通枢纽等48个子项目）
29	国家重大天然气项目配套工程（上海天然气主干管网二期）
30	上海漕泾电厂“上大压小”新建工程
31	上海吴泾热电老厂改造工程
32	上海临港燃气电厂一期工程
33	50万伏漕泾输变电工程
34	22万伏输变电工程（包括宛平、陈太、大场、申江、亭大、姚北输变电工程，青浦变电站增容改造、老2219线路增容、石港站进线工程等）
35	50万伏练塘输变电及葛沪直流综合改造
36	石洞口燃气生产和能源储备项目

序号	项目名称
37	提升市级医疗设施和服务能力建设项目（包括第六人民医院医技综合楼、瑞金普通病房综合楼、仁济医院门急诊医技综合楼、新华医院综合楼、第十人民医院、第一妇婴保健院整体迁建、第九人民医院门急诊医技综合楼等）
38	中山医院肿瘤及心血管病综合楼
39	上海应用技术学院奉贤新校区二期工程
40	上海电机学院临港校区一期项目
41	上海金融学院综合实验中心及后勤配套建设工程
42	文化广场改造工程
43	上海自然博物馆
44	上海交响乐团迁建工程
45	上海东方体育中心
46	400万平方米经济适用住房建设
47	大型居住区配套道路及公交枢纽（顾村、江桥、华新、泗泾、浦江、周康航、曹路、三林八大基地外围配套道路22条+芦恒、鲁汇、顾村3个公交枢纽）
48	区与区连接道路（金昌路、宝安公路等50条道路）
49	郊区三级医院建设项目（六院临港分院、金山医院迁建等5+3+1项目）
50	铁路金山支线改造
51	轨道交通2号线东延伸工程（张江高科站–浦东国际机场，全长29.89公里）
52	轨道交通10号线工程（主线为虹桥综合交通枢纽–新江湾城，支线为外环路站至虹梅路站，全长34.784公里）
53	轨道交通11号线（北段）工程（主线为嘉定区城北路–罗山路，支线为嘉定新城站–墨玉路站，全长67公里）
54	轨道交通11号线南段（龙阳路—临港新城）
55	轨道交通12号线（七莘路站–上川路站，全长39.5公里）
56	轨道交通13号线一期工程及世博联络线项目（华江路站–长清路，全长23公里）
57	中科院浦东科技园（包括国家蛋白质科学研究上海设施项目、中科院上海新技术基地项目、中科院上海新药创制技术保障条件建设项目、及市政配套等）
58	中科院生命科学基础研究与应用研究平台及技术保障条件建设项目
59	中科院上海佘山天文台65米射电望远镜项目
60	城市水资源开发利用（南方）国家工程研究中心
61	上海汽车工程研究院自主品牌研发中心扩建项目
62	上海汽车临港产业基地自主品牌新产品技术改造项目
63	宝钢集团浦钢搬迁工程（罗泾地块）第二步实施项目
64	中国商用飞机公司能力建设项目（总部、设计研发中心、制造中心、大飞机客服中心等）
65	ARJ–21支线飞机批生产能力建设项目（制造和客户服务部分）
66	“909”工程升级改造–12英寸集成电路芯片项目
67	上海天马4.5代AMOLED中试线项目
68	“中华”专用生产线技术改造项目
69	上海中心大厦
70	上海国际航运服务中心（含港运大厦）
71	上海宝山邮轮停靠码头
72	上海西郊国际农产品交易中心
73	苏州河环境综合整治三期工程
74	竹园污水处理厂污泥处理工程
75	白龙港污水处理厂污泥处理工程
76	白龙港污水处理厂扩建二期工程

序号	项目名称
77	白龙港片区南线输送干线完善工程（过江管及连接管、东段输送干管工程等2个项目）
78	西干线改造工程
79	青草沙水源地（包括水库及取输水泵闸、长兴岛域输水管线、长江原水过江管、严桥支线、凌桥支线、南汇支线、黄浦江上游引水系统改造等9个子项目）
80	老港生活垃圾综合处置基地一期工程
81	上海东海大桥100兆瓦海上风电示范项目
82	崇明北沿风电工程
83	迪士尼项目及外围配套基础设施
84	50万伏输变电工程（市西南工程、练塘输变电）
85	22万伏输变电工程（包括双丁、堡北、泸定改造、漕泾、三林、练塘、航吉）
86	中欧国际工商学院三期工程
87	国家肝癌科学中心
88	清洁高效煤电成套设备国家工程研究中心
89	抗体药物国家工程研究中心
90	中船长兴造船基地二期工程（第一阶段）
91	中航商用飞机发动机研发中心
92	上海国际金融中心
93	浦东机场第四、五跑道（先期启动圈围工程）
94	中环线浦东段

表四　2010年重大工程建设项目投资完成一栏表

序号	项目分类	项目总数（个）	完成投资（亿元）
1	重大基础设施建设项目	36	414.44
2	重大社会事业建设项目	20	398.46
3	重大产业建设项目	16	173.29
4	生态环境建设项目	10	47.16
5	转正新增建设项目	12	10.34
合　计		94	1043.69

2010年，重大工程计划新开工17个项目，实际有S6高速公路、黄浦江上游航道整治工程、石洞口燃气生产和能源储备项目、大型居住区配套道路及公交枢纽、中国商用飞机公司能力建设项目、迪士尼及外围配套、浦东机场第五跑道圈围工程等27个项目开工建设，重大工程形成了滚动推进的态势。（见表五）

表五　2010年重大工程开工项目一栏表

序号	项目名称	计划总投资（亿元）	开工时间（年月）
1	S6高速公路（S20公路—G15公路，11.68公里）	59.04	2010.06
2	黄浦江上游（分水龙王庙至大涨泾河口）航道整治工程	1.46	2010.06

序号	项目名称	计划总投资（亿元）	开工时间（年月）
3	虹梅南路—金海路通道（越江段）	49.84	2010.07
4	石洞口燃气生产和能源储备项目	7.15	2010.05
5	大型居住区配套道路及公交枢纽（22条道路+3个枢纽）	82.80	2010.03
6	区与区对接道路（50条道路）	280.00	2010.03
7	中科院上海佘山天文台65米射电望远镜项目	2.40	2010.03
8	中国商用飞机公司能力建设项目	116.00	2010.03
9	ARJ—21支线飞机批生产能力建设项目	14.60	2010.03
10	“909”工程升级改造—12英寸集成电路芯片项目	145.000	2010.06
11	上海天马4.5代AMOLED中试线项目	5.00	2010.07
12	白龙港污水处理厂扩建二期工程	21.43	2010.06
13	白龙港片区南线输送干线完善工程	34.59	2010.03
14	老港生活垃圾综合处置基地一期工程	15.00	2010.08
15	崇明北沿风电工程	5.32	2010.12
16	迪士尼及外围配套	423.90	2010.12
17	50万伏输变电工程（市西南、练塘）	6.51	2010.12
18	22万伏输变电工程（双丁、堡北等）	22.96	2010.12
19	中欧国际工商学院三期工程	2.48	2010.12
20	国家肝癌科学中心	4.00	2010.12
21	清洁高效煤电设备国家工程中心	1.89	2010.12
22	抗体药物国家工程研究中心	2.71	2010.12
23	中船长兴造船基地二期工程（第一阶段）	91.15	2010.12
24	中环线浦东段	132.70	2010.12
25	中航商用飞机发动机研发中心	32.30	2010.12
26	浦东机场第五跑道圈围工程	17.86	2010.12
27	上海国际金融中心	65.00	2010.12

2010 年，重大工程计划 26 个项目建成或基本建成，政府加大投资规模，依靠积极的财政政策，各部门加大推进力度，实际有上海至南京城际轨道交通（上海段）、外高桥港区六期工程、虹桥综合交通枢纽基础设施、沪苏高速公路新建工程、轨道交通 10 号线工程、上海动车段、白龙港污水处理厂污泥处理工程等 29 个项目基本建成，投入运行，确保“十一五”重大工程计划全面落实。（见表六）

表六　2010年重大工程基本建成项目一栏表

序号	项目名称	累计完成投资情况（万元）	基本建成时间（年月）
1	上海至南京城际轨道交通（上海段）	118.40	2010.06
2	上海至杭州铁路客运专线（上海段）	105.10	2010.10
3	外高桥港区六期工程	36.39	2010.12
4	虹桥综合交通枢纽基础设施	412.72	2010.03
5	沪苏高速公路新建工程（市届—G1501公路同三段，全长约7.6公里）	11.17	2010.03
6	大芦线航道整治一期工程（临港新城段，总里程约16.25公里）	34.32	2010.12

7	赵家沟航道整治工程	27.19	2010.12
8	龙耀路越江工程	33.87	2010.04
9	闵浦二桥新建工程	18.47	2010.04
10	外滩通道改建工程	37.74	2010.03
11	东长治路—长阳路道路改建项目（12号线影响范围外）	26.10	2010.04
12	友乐路（原规划SN10路）	4.02	2010.03
13	林海公路	22.79	2010.12
14	虹桥综合交通枢纽配套快速路	124.68	2010.03
15	铁路上海站北广场综合交通枢纽工程	16.53	2010.04
16	上海西站综合改造工程	17.58	2010.06
17	上海漕泾电厂“上大压小”新建工程	76.68	2010.12
18	上海吴泾热电老厂改造工程	25.56	2010.09
19	50万伏漕泾输变电工程	25.46	2010.03
20	上海应用技术学院奉贤新校区二期工程	8.02	2010.10
21	文化广场改造工程	12.52	2010.12
22	轨道交通2号线东延伸工程	82.42	2010.04
23	轨道交通10号线工程	188.44	2010.04
24	城市水资源开发利用（南方）国家工程研究中心	0.81	2010.12
25	青草沙水源地	110.25	2010.12
26	上海东海大桥10兆瓦海上风电示范项目	22.80	2010.07
27	上海动车段	44.00	2010.12
28	白龙港污水处理厂污泥处理工程	6.32	2010.12
29	西干线改造工程	5.85	2010.12

重大基础设施项目建设平稳推进。交通设施建设：外高桥港区六期工程、沪杭客运专线、沪宁城际铁路、沪苏高速公路（S26）新建工程等一批项目建成投用。杭申线、赵家沟、大芦线航道整治一期工程等一批航道整治项目取得阶段性成果。京沪高速铁路上海段、崇启通道工程等项目全面推进，S6 高速公路启动建设，全市高速公路运营里程达到 778 公里，运能进一步提升。闵浦二桥新建工程、龙耀路越江隧道工程建成投入运行，军工路越江工程、长江西路越江隧道稳步推进，虹梅南路——金海路通道工程开工建设。东长治路——长阳路道路改建工程、外滩通道改建工程、友乐路和一批区与区连接道路建成通车。迎宾三路、林海公路和一批公交枢纽建设全面推进。轨道交通 11 号线南北段、12 号线、13 号线等工程加快推进，轨道交通 2 号线东延伸工程、10 号线工程等项目世博会前建成通车，运营里程达到 425 公里。能源保障设施项目建设：崇明北沿风电工程、石洞口燃气生产和能源储备项目、50 万伏市西南工程等项目开工建设；国家重大天然气项目配套工程、上海临港燃气电厂一期工程、50 万伏练塘输变电工程、22 万伏输变电工程等项目施工取得重大进展；50 万伏漕泾输变电工程、上海漕泾电厂“上大压小”新建工程建成投入使用。生态环境保护项目建设：青草沙水源地主体工程基本建成，部分地区开始供水。白龙港片区南线输送干线完善工程、白龙港污水处理厂扩建二期工程、老港生活垃圾综合处置基地一期工程启动建设；竹园污水处理厂污泥处理工程、白龙港污水处理厂污泥处理工程取得阶段性成果，西干线改造工程实现主线通水。上海东

海大桥100兆瓦海上风电示范项目、上海吴泾热电老厂改造工程顺利完成。重大社会事业项目建设有序推进。卫生设施项目建设：国家肝癌科学中心、抗体药物国家工程研究中心前期工作全面展开，提升市级医疗设施和服务能力建设项目、5+3+1郊区三级医院建设项目项目全面推进。教育设施项目建设：上海应用技术学院奉贤校区二期工程基本完成，上海电机学院临港校区一期工程、上海金融学院综合实验中心及后勤配套建设工程加快推进。文化、体育设施项目建设：文化广场改造、上海东方体育中心基本完成，上海交响乐团迁建工程、上海自然博物馆进展顺利。保障性住房建设：400万平方米经济适用住房建设加快，同时大型居住区配套道路建设及公交枢纽建设全面推进。重大产业项目建设全面推进。高新技术项目建设：中科院浦东科技园、中科院生命科学基础研究与应用研究平台及技术保障条件建设项目全面推进，中科院上海佘山天文台65米射电望远镜项目启动建设，城市水资源开发利用（南方）国家工程研究中心基本建成。自主研发项目建设：上海汽车工程研究院自主品牌研发中心、上海汽车临港产业基地自主品牌新产品技术改造项目进展良好；中国商用飞机公司能力建设项目、国家商用飞机发动机研发中心、ARJ－21支线飞机批生产能力建设项目开工建设。先进制造业项目建设：中船长兴造船基地二期工程前期工作全面展开，清洁高效煤电成套设备国家工程研究中心、“909”工程升级改造－12英寸集成电路芯片项目、上海天马4.5代AMOLED中试线项目实施建设；宝钢浦钢搬迁工程第二步实施项目基本建成。现代服务产业项目建设：迪士尼项目及外围配套基础设施工程、上海国际金融中心启动；上海西郊国际农产品交易中心、上海中心大厦项目、上海国际航运服务中心项目、上海宝山邮轮停靠码头工程建设进展良好。

（二）重大基础设施建设

【概况】 2010年，安排重大基础设施建设项目36个，完成投资414.44亿元。枢纽、港口建设：外高桥港区六期工程顺利开港，虹桥综合交通枢纽基础设施建设10个项目全面完成，配套的快速路建成通车，实现快速集散；铁路上海站北广场综合交通枢纽、杭申线航道整治工程、赵家沟航道整治工程和大芦线航道整治一期工程基本完成，黄浦江上游航道整治工程开始实施。高速公路建设：沪苏高速公路（S26）新建工程建成通车，崇明至启东长江过江通道工程全面推进，S6高速公路启动建设，全市高速公路运营里程达到776公里。铁路项目建设：上海至杭州铁路客运专线、沪宁城际铁路建成通车、上海动车段主体建成投入使用；上海西站综合改造、铁路金山支线改造、京沪高速铁路上海段进展良好。越江设施建设：闵浦二桥新建工程、龙耀路越江隧道工程建成投入运行，军工路越江工程形成通车条件，长江西路越江隧道稳步推进，虹梅南路—金海路通道工程开工建设。骨干道路建设：外滩通道改建工程、东长治路——长阳路道路改建工程、友乐路建成通车，中环线浦东段工程前期工作有序展开，区与区连接道路全面开展，部分建成通车，东西通道拓建工程陆家嘴地区先行还路通车，改善区域交通条件。轨道交通建设：2号线东延伸工程、10号线工程等项目世博会前建成通车，有11条线投入运行，运营里程达到425公里；11号线南段工程、11号线北段二期、12号线、13号线工程加快推进，在建里程达到145公里，在建车站将达到77座。能源保障设施项目建设：国家重大天然气项目配套工程进展顺利，部分干网已通气；崇明北沿风电工程、石洞口燃气生产和能源储备项目、50万伏市西南工程等开工建设；上海临港燃气电厂一期工程、输变电工程施工取得重大进展；50万伏漕泾输变电工程、上海漕泾电厂“上大压小”新建工程建成投入使用。生态环境保护项目建设：青草沙水源地主体工程基本建成，部分地区实现切换供水。白龙港片区南线输送干线完善工程、白龙港污水处理厂扩建二期工程、老港生活垃圾综合处置基地一期工程启动建设；苏州河环境综合整治三期工程市区防汛墙改造工程完成，底泥疏浚开始实施，竹园污水处理厂污泥处理工程、西干线改造工程基本完成，污水输送和污泥处理能力进一步提升。上海东海大桥100兆瓦海上风电示范项目、上海吴泾热电老厂改造工程顺利完成，提升上海城市环境质量。

【S6高速公路工程启动建设】6月，S6高速公路工程正式启动。S6高速公路工程位于宝山和嘉定的南翔和马陆镇，从S20外环线北段起向西延伸至A5嘉金高速公路。路线走向西起嘉金高速公路—宝安公路立交，向东南转向蕴藻浜北岸，绕开轨道交通11号线马陆站之后，转向东北，分别上跨沪宜公路、沪嘉高速公路和翔浏公路后沿高压走廊南侧向东以地面道路形式接入外环线北环与西环的相交点，长度约11.478公里。高速公路设计车速100公里/小时、匝道设计车速40–60公里/小时。

【黄浦江上游（分水龙王庙至大涨泾河口）航道整治工程开工建设】6月，黄浦江上游（分水龙王庙至大涨泾河口）航道整治工程开工建设。该工程位于松江区南部，上游端为分水龙王庙，是通往江苏的苏申外港线和通往浙江的杭申线交汇口位置，下游端为黄浦江支流大涨泾河口位置，是苏申外港线、长湖申线、杭申线、平申线连接上海内河航道网的咽喉航段，全长约8.85公里。主要工程内容包括三里湾弯道整治、同三国道跨横潦泾大桥改造、相关管理及助航设施。本工程实施后，满足Ⅲ级航道通航要求。

【虹梅南路—金海路通道（越江段）开始实施】7月，虹梅南路——金海路通道（越江段）开始实施。虹梅南路——金海路通道越江段工程位于闵行区和奉贤区，北起虹梅路、永德路交叉口，沿现状虹梅南路向南延伸，先后穿越剑川路、东川路、沪闵支线、江川东路、黄浦江，终点至西闸路以南约500米，全长约5260米。工程线路与S4公路平行，越江后与奉贤区金海路相接。工程在老蒋家港以北主要为地道（穿越铁路采用顶进箱涵），老蒋家港以南主要为隧道，并采用盾构法施工穿越黄浦江，越江过西闸公路后以地面道路形式向南延伸至终点，并在西闸公路处设置地面立交。工程起点至剑川路出入口段地道为双向4车道，剑川路出入口以南地道和隧道为双向6车道，地面道路为双向4快2慢车道。

【区与区对接道路（50条道路）启动】3月，区与区对接道路（50条道路）启动。由市建设交通委会同浦东新区、闵行区、奉贤区、金山区、松江区、青浦区、嘉定区、宝山区、普陀区、闸北区、长宁区、徐汇区等各区建设交通委研究并确定了50条区与区连接道路项目，分布在浦东、闵行、奉贤、金山、松江、青浦、嘉定、宝山、普陀、闸北、长宁、徐汇等12个区。

【白龙港污水处理厂扩建二期工程开工】6月，白龙港污水处理厂扩建二期工程开工。白龙港污水处理厂污泥处理处置工程建设规模和主要建设内容：白龙港污泥处理厂近期规模为268tDS/d（按200万立方米/天，设计水质），其中污泥消化处理系统和干化处理系统按204tDS/d（按200万立方米/天，现状水质）规模配置设备；远期规模457tDS/

d（按 345 万立方米 / 天，设计水质）。主要工程内容包括污泥浓缩处理、污泥消化处理、污泥脱水输送、沼气处理利用、污泥干化处理和污水处理等系统。

【老港生活垃圾综合处置基地一期工程启动建设】 8 月，老港生活垃圾综合处置基地一期工程启动建设。本工程位于老港固体废弃物综合处置基地东侧预留地，主要内容为新建一座垃圾焚烧厂及相关配套设施，项目垃圾焚烧炉引进国外先进的往复式机械炉排炉，单台焚烧炉处理能力为 750 吨 / 天。设四台焚烧炉和两台 30 兆瓦凝汽式汽轮发电机组，为四炉两机配置。日焚烧处理生活垃圾 3000 吨，年处理能力 100 万吨。年发电量约 2.6 亿度，年上网电量约 2.0 亿度。

【迪士尼项目及外围配套工程开始建设】 12 月，迪士尼项目及外围配套工程开始建设。迪士尼项目及外围配套基础设施位于上海市浦东新区，北起规划河道、南至规划航城路、西起 A2 公路、东至唐黄路。工程分为水系项目、市政配套道路、园区内市政配套、土地储备、轨道交通和其他项目。

【中环线浦东段开始实施】 12 月，中环线浦东段开始实施。该工程位于浦东新区，北起军工路越江隧道浦东出口，沿金桥路往南，过锦绣路后东南向斜向穿越张家浜楔形绿地，接申江路向南过龙东大道后，在高科中路南侧与现状中环线相接。工程范围全长 9.5 公里。

【浦东机场第五跑道圈围工程正式开始】 12 月，浦东机场第五跑道圈围工程正式开始。

【50 万伏输变电工程（市西南、练塘）正式开工】 12 月，50 万伏输变电工程（市西南、练塘）正式开工。

【22 万伏输变电工程（双丁、堡北等）正式启动】 12 月，22 万伏输变电工程（双丁、堡北等）正式启动。堡北站位于崇明县堡镇地区，团结公路以南，堡镇港以西，陈海公路与团结公路交界处，新建四回架空进线。本期建设规模为新增 220 千伏变电容量 2×24 万千伏安，新建架空线约 1.8 千米。

【石洞口燃气生产和能源储备项目启动建设】 5 月，石洞口燃气生产和能源储备项目启动建设。项目建设地点在石煤公司界内（上海宝山区盛桥镇煤电路 1 号），位于上海市宝山区，长江口南支河段南岸，西侧为石洞口污水处理厂用地，东南为华能二电厂。项目利用石煤公司现有已规划预留的 290 米岸线和自有土地，建设总储量 18.3 万立方米的 23 座储罐和扩建一座 3 万吨级危险品码头。

【崇明北沿风电工程开工建设】 12 月，崇明北沿风电工程开工建设。本工程位于上海崇明县东北角，东起东旺沙水闸，西至北八滧港，沿“九二塘”和“九八塘”向偏西北方向顺序布置。工程装机容量 48.0 兆瓦，设计年可利用小时数为 2260 小时，年上网电量为 10850 万度，为上海电网源源不断提供绿色能源。同时，与相同发电量的火电相比，每年可为电网节约标煤约 37978 吨。相应每年可减少燃煤所造成的多种有害气体的排放，其中二氧化硫 607.7 吨，一氧化碳 8.79 吨，减轻排放温室效应性气体二氧化碳 81379.6 吨，节能减排效益显著。

【上海至南京城际轨道交通（上海段）建成通车】 6 月，上海至南京城际轨道交通（上海段）建成通车。起自上海站，经苏州、无锡、常州、镇江至南京，正线全长 300.168 公里。全线设 21 个车站，其中江苏省境内设南京、仙林、宝华、镇江、三山西、丹阳、常州、戚墅堰、洛社北、无锡、无锡新区、苏州新区、苏州、苏州工业园区、阳澄湖、昆山南、陆家浜南17个车站，上海市境内设安亭北、南翔北、上海西、上海4个车站，并引入新建的虹桥车站。全线预留10个车站。铁路等级为客运专线，速度目标值为350公里/小时。全线共有桥梁129座，169.679公里；隧道4座，3.083公里，全线桥隧比约为57%。

【**上海至杭州铁路客运专线（上海段）建成通车**】10月，上海至杭州铁路客运专线（上海段）建成通车。新建沪杭铁路客运专线上海段，自上海虹桥站引出，途径松江、枫泾，新建正线约56公里，同时在上海枢纽修建春申至上海南站联络线10.06公里，配套工程为上海虹桥动车运用所。上海段新建松江南、金山北2个站。

【**外高桥港区六期工程建成**】12月，外高桥港区六期工程建成，投入试运行。上海港外高桥港区六期工程位于长江口南港南岸的五号沟地区，距吴淞口灯桩16.5公里。港区北面与长兴岛隔江向望，西北与外五港区相邻。工程建设规模：一、码头工程。5个大船泊位，包括1个10万吨级和2个7万吨级集装箱泊位，2个5万吨级汽车滚装泊位，内侧2个长江驳泊位，设计年吞吐量210万标准箱和60万辆汽车。二、配套工程。陆域面积192万平方米，包括集装箱作业区、汽车滚装作业、口岸查验区、机修区、办公管理区等。

【**虹桥综合交通枢纽基础设施基本完成**】3月，虹桥综合交通枢纽基础设施基本完成。一、水系整治工程。上海虹桥综合交通枢纽水系整治工程范围在规划虹桥综合交通枢纽范围内，位于上海市西郊闵行区的华漕镇和长宁区的虹桥地区。工程主要内容为拓宽、新开北北横泾、南北横泾、蟠龙港、新角浦、张正浦、华漕港、许浦、周家浜、规划二号河等约19公里河道，新建两岸护岸约36公里，以及新建两岸部分绿化等，占地面积约1899亩。工程建成，提高了本地区防汛标准，改善区内水质、水环境的作用，提高人民生活质量，带动区域经济发展。二、快速集散系统工程。上海虹桥综合交通枢纽快速集散系统工程工程范围在规划虹桥综合交通枢纽范围内，位于上海市西郊闵行区的华漕镇和长宁区的虹桥地区。工程主要内容为高架道路、匝道、立交、地下道路及附属设施。工程建成，完善了虹桥综合交通枢纽内部路网，满足虹桥综合交通枢纽到发交通的快速集散需要。三、市政道路及配套工程。上海虹桥综合交通枢纽市政道路及配套工程范围在规划虹桥综合交通枢纽范围内，北至北翟路、南至沪青平高速公路、西至华翔路、东至七莘路间约10.2平方公里内的城市用地。工程建成，完善虹桥综合交通枢纽内部路网，满足虹桥综合交通枢纽开发建设需要，适应交通量增长需要。四、仙霞西路工程。上海虹桥综合交通枢纽仙霞西路工程范围在规划虹桥综合交通枢纽范围内，西起SN2路，东至SN9路，全长约3.2公里。工程建成，完善本市西部地区路网，改善区域道路交通条件，缓解虹桥综合交通枢纽快速路系统的集散压力。五、天山西路（华翔路-A20）工程。上海虹桥综合交通枢纽天山西路工程范围在规划虹桥综合交通枢纽范围内，西起华翔路，东至外环线，全长约4.5公里。工程建成，完善本市西部地区路网，改善区域道路交通条件，缓解虹桥综合交通枢纽快速路系统的集散压力。六、交通中心工程。虹桥综合交通枢纽交通中心工程项目总占地面积约31.33万平方米（不含高铁站房用地），总建筑面积暂定为80.79万平方米（含地下建筑面积45.81万平方米）。主要包括东交通广场（含地铁虹桥东站）、磁浮车站、地铁西站、西交通广场及能源中心和35千伏变电站等辅助设施。七、中央轴线公共配套地下空间工程。虹桥综合交通枢纽中央轴线公共配套地下空间工程项目位于虹桥枢纽核心区“中央轴线”西端.工程主要内容包括地下一层公共通道及配套服务用房、地下二层轨道交通区间层等。八、公共事务中心项目。虹桥综合交通枢纽公共事务中心项目初步选址在虹桥枢纽III-D20-02地块，工程主要内容包括公共管理服务中心大楼和综合信息管理系统等。九、环卫工程。虹桥综合交通枢纽环卫工程项目主要内容包括小型垃圾压缩站、水域保洁基地、环卫停车场、清洗站、市容环卫管理房、环卫道班房等环卫设施。十、景观绿化一期工程。虹桥综合交通枢纽景观绿化工程北至北翟路、南至沪青平高速公路、西至华翔路、东至七莘路，不含虹桥机场区域和闵行动迁基地。

【沪苏高速公路新建工程（市界— G1501公路同三段，全长约7.6公里）建成通车】沪苏高速公路新建工程（市界— G1501公路同三段，全长约7.6公里）建成通车。工程位于青浦区香花桥街道及白鹤镇域内，与南江公路、漕盈路、胜利路、久业路、外青松公路及G1501公路等6条主要横向道路相交。西起沪苏交界，与江苏已建苏沪高速衔接，东至G1501公路，路线总长7.813公里，其中道路长度为5.652公里，桥梁长度为2.161公里。共设置10座中小桥，2座大桥，3座横向跨线桥，2座立交桥，1座汽孔桥。在本市境内与江苏省合建主线收费站一座，新建漕盈路立交匝道收费站一座，结合主线收费站设置服务区一处。设计车速100公里/小时，主线收费站以西双向八车道规模实施，主线收费站以东双向六车道规模实施。

【大芦线航道整治一期工程（临港新城段，总里程约16.25公里）基本完成】12月，大芦线航道整治一期工程（临港新城段，总里程约16.25公里）基本完成。大芦线航道整治一期工程（临港新城段）是大芦线航道的后半段，起于大治河，途径泐马河、新开挖团芦港和五尺沟，止于芦潮港内河集装箱港区同盛大道，规划等级为Ⅲ级。主要工程内容为：航道疏浚拓宽工程、桥梁工程、护岸工程及防汛通道、停泊区及相应服务设施、港航管理及配套设施。

【赵家沟航道整治工程完成】12月，赵家沟航道整治工程完成。赵家沟位于上海市浦东新区北部，是黄浦江下游的一条重要支流，西起黄浦江，东至随塘河，沿途流经东沟、高行、南行、顾路等集镇，航道历程10.8公里，其实施范围为黄浦江~五洲大道，航道里程总计9.28公里。

【龙耀路越江工程建成通车】4月，龙耀路越江工程建成通车。龙耀路越江隧道位于徐汇区、浦东新区，西起龙耀路龙吴路交叉口，沿规划的龙耀路向东在上海水泥厂北侧过江，隧道下穿耀华玻璃厂码头在浦东登陆，至成山路长清路止。分别在浦西云锦路东、浦东济阳路西各设一对出入口匝道。

【闵浦二桥新建工程建成】4月，闵浦二桥新建工程建成。闵浦二桥新建工程为沪闵路~沪杭公路地方交通越江工程，北起闵行区沪闵路东川路以北，沿沪闵路向南跨越黄浦江后，沿奉贤区沪杭公路至西闸路以南落地，工程桥位距下游已建奉浦大桥约1.7公里。轨道交通5号线南延伸（闵奉段）工程与本工程在同一线位过江。

【外滩通道改建工程基本建成】3月，外滩通道改建工程基本建成，实现通车。上海外滩地区交通综合改造工程外滩通道改建工程主线南起中山南路老太平弄,沿中山东二路、中山东一路，从外白渡桥下方穿越苏州河，沿大名路、吴淞路到武进路，全长约3720米，地下道路长约3300米。工程设置两条匝道分别连接延安东路高架和长治路，延安东路匝道改建范围为延安东路紫金路至中山东一路，全长约485米，其地下匝道324米、高架桥134米。长治路匝道走向及范围为天潼路～长治路～东长治路旅顺路，全长745米，其中地下匝道350米。在主线隧道中，从福州路－天潼路段采用盾构法施工，盾构机外径为14.27米，圆隧道外径13.95米、内径12.75米，长度1096米；福州路以南、天潼路以北以开挖施工为主，结构型式为现浇箱形断面。金陵路至塘沽路主线地道采用双层构造布置，交通组织为上层南向北、下层北向南，其余路段平面过渡分离；新开河以南，结合十六铺地下空间开发同步建设，地下一层布置外滩通道。地下通道主线南端在中山南路东门路北、南两侧分别设进、出洞口，北端在吴淞路余杭路南侧设进、出洞口，与吴淞路地面道路顺接；延安东路匝道在延安东路四川中路以西设进、出洞口，在溪口路出地面与延安东路高架改建段及地面道路顺接；长治路匝道在长治路峨眉路以西设进、出洞口，在虹口港西侧出地面与长治路地面道路顺接。地下通道规模为：东门路至延安东路双向四车道＋紧急停车带，延安东路至天潼路双向六车道，天潼路至余杭路双向四车道，延安东路匝道双向四车道，长治路匝道双向四车道。地面道路延安东路以南设双向六车道，延安东路至苏州河设双向四车道＋两侧停车带，延安东路设双向六车道，长治路设双向六车道。附属工程包括监控、人防、绿化、标志标线、照明、管理用房等。

【东长治路－长阳路道路改建项目（12号线影响范围外）完成】4月，东长治路——长阳路道路改建项目（12号线影响范围外）完成。东长治路——长阳路（旅顺路——大连路）道路拓宽改建工程位于虹口区北外滩地区，道路拓宽改建工程全长约1.97公里。本工程主要包括道路工程、排水工程及其附属工程，架空线同步入地。

【友乐路（原规划SN10路）建成通车】3月，友乐路（原规划SN10路）建成通车。友乐路位于虹桥枢纽机场东片区，北接联虹路，经迎乐路（规划SN九路）与在建的仙霞西路沟通可抵枢纽核心区，南接迎宾一路与中心城联通，为虹桥交通枢纽东西航站楼重要的连接通道。友乐路规划为城市次干路（Ⅰ级），道路规划红线宽32米，线路全长1.664公里。工程内容包括道路工程、桥涵工程、排水工程、照明工程、交通标志标线以及道路绿化工程等。

【林海公路基本建成】12月，林海公路基本建成。林海公路从A20杨高南路至A30，桩号K1+230（斜交135º）～K27+300，路线全长26.07公里，规划红线为50米宽。林海公路设计等级为一级干线公路。工程经过浦东新区（9.45公里）、闵行（6.04公里）、奉贤（10.585公里）三个区。全线主线跨河小三跨桥梁21座，主线多跨桥梁6座，支线（上跨主线）跨线桥2座，A30互通式立交1座，大治河桥1座。

【虹桥综合交通枢纽配套快速路基本完成】3月，虹桥综合交通枢纽配套快速路基本完成，投入使用。（一）崧泽高架路。位于青浦、闵行辖区，西起G15公路，东至华翔路以东接虹桥综合交通枢纽内部高架系统；该工程分快速路系统和地面道路，快速路系统3.916公里，由G15公路立交和主线高架组成；地面道路由崧泽大道2.707公里和横向工程（蟠龙路地道）组成。主线高架设计车速80公里/小时，双向6车道，地面道路车速50公里/小时，双向6快2慢。东连虹桥枢纽内部道路，西至G15，形成进出枢纽的主进场路是枢纽连接高速公路网的主要通道，服务于长三角和市域西部地区。（二）嘉闵高架路（联明路至北翟路段）。位于青浦、闵行辖区。南起机场高速公路S32，北至外环线北环西延伸线S6，总长约35.5公里。目前实施的是联明路至北翟路段，全长9.5公里，以规划徐泾中路为界分南段工程和北段工程。该工程分快速路系统和地面道路，沿线设置4座立交，3对上下匝道。嘉闵高架路设计车速80公里/小时，双向8车道；地面道路设计车速60公里/小时，双向6快2慢。（三）北翟高架路。项目范围嘉闵高架路——A20，位于闵行、长宁辖区。该工程分快速路系统和地面道路，高架路长4.38公里，地面道路长4.93公里，沿线设置2座立交，2对上下匝道。北翟路高架设计车速80公里/小时，双向6车道；地面道路设计车速50公里/小时，双向6快2慢。（四）漕宝路（嘉闵高架——外环线）改建工程。漕宝路（嘉闵高架——外环线）改建工程，西起涞亭南路与沪松公路交叉口，向东沿现状沪松公路经嘉闵高架、沪杭铁路、规划铁路、磁悬浮、中春路、七莘路、吴宝路、新镇路至外环线，全长3.6公里。全线采用地面道路形式，规划红线50米，实施40米，双向6快2慢，横断面为[3.5米（人行道）+3.5米（非机动车道）+12米（机动车道）×2+2米（中央隔离带）=40米]。实施跨华新港、横沥港等桥梁，雨水、排水（Φ600～Φ800）等工程。同时建设嘉闵高架与漕宝路东南、东北2对定向立交匝道，两侧增设地面辅道、并在南侧辅道以南设置下穿铁路地道一座，供非机动车及行人通行。沪松路铁路桥进行老桥利用，取消非机动车道改双向6快布置。

【铁路上海站北广场综合交通枢纽工程全面完成】 4月，铁路上海站北广场综合交通枢纽工程全面完成。铁路上海站北广场综合交通枢纽工程建设范围为：北至中兴路，西至恒丰路，南至交通路，东至大统路，主要由四大板块构成。一是路局区域的改建改造。主要有铁路北站屋的扩建，迁建铁路乘务员公寓和新建铁路配套用房；站屋东侧地下人行通道的改建、站屋西侧新建地下人行通道以及车站内部分站台改造等。二是站前中心广场的建设。建设由地下层、地面层和二层平台构成的面积逾10万平方米的站前立体中心广场。地下层包括地下一层建设出租车停靠通行专用车道，并连接铁路地下出站口、南北广场、轨道交通、长途客运的行人换乘通道；地下二层建设泊车约400辆的车库、设备区；地面层包括中心广场的改建、扩建，公交换乘系统的建设；远期预留二层步行平台，实现了火车、地铁、轻轨、出租车、公交车等的“零距离”换乘。三是公交枢纽站点的建设。在铁路上海站北站屋东西两侧新建占地总面积达1.44万平方米的2个公交换乘站点，分别设立8条和2条线路的始末站，实行东进东出、西进西出，并与其他各类交通工具之间的有效衔接，以方便乘客换乘。四是周边配套路网的建设。逐步启动中兴路西段道路拓宽工程、大统路下穿中兴路北延伸立交工程、恒丰北路桥两侧辅道拓宽工程、中兴路至沪太路的普善路辟通工程等周边路网建设。

【上海西站综合改造工程完成】 6月，上海西站综合改造工程完成。铁路上海西站综合交通枢纽项目位于上海市普陀区铁路上海西站地区，规划范围东起真华路下立交，西至真南路——桃浦东路下立交，南起桃浦路，北至富平路，总用地面积37.3公顷，其中包括铁路用地9.85公顷，市政基础设施用地14.82公顷，商业开发用地12.63公顷。该项目由上海西站地下南北通道和相关工程、周边配套道路广场建设工程、公交枢纽建设工程和国铁上海西站改扩建相关工程组成。大幅优化上海西北地区客运功能，全面提升铁路上海西站地区整体城市形象，实现铁路、地铁、地区发展的互惠共赢。

【轨道交通2号线东延伸工程建成】 4月，轨道交通2号线东延伸工程建成投入试运行。轨道交通2号线东延伸段工程全线位于上海市浦东新区，由龙阳路至浦东机场，沿途经过张江高科技园区、唐镇新市镇和川沙新市镇等主要发展区。全线设12座车站，其中地下站9座（含改造的龙阳路站）、高架站2座、地面站1座（站房与磁浮机场站合建）。并设川沙停车场1座，主变电站2座，控制中心与既有2号线合用新闸路控制中心。线路正线全长30.843公里，其中地下线为21.18公里、高架线为9.663公里。

【上海漕泾电厂“上大压小”新建工程基本完成】 12月，上海漕泾电厂“上大压小”新建工程基本完成。该工程位于上海化工区围海造地扩建的6平方公里内。将建设2台百万千瓦级的超超临界高效清洁的燃煤机组。本期工程建设2×1000兆瓦超超临界燃煤发电机组，配套建设烟气脱硫装置和SCR脱硝装置，并留有扩建余地。工程配套建设一个3~5万吨级煤码头，在其内档水域建设一个运石灰石和灰渣的综合码头；在金山区山阳镇龙泉港建设一淡水取水泵房，为电厂提供工业淡水。主要建设内容为：主厂房、辅助厂房和附属厂房内的生产设施全套工程；升压配电装置工程（以出线绝缘子串为界）；循环水系统及淡水系统工程；厂区内燃料输送、贮存系统的全部工程（包括煤系统、燃油）；除灰渣、石子煤设施工程；厂区范围内生产设施构筑物、道路、上下水道、沟道及照明等全部工程；环境保护和治理工程；厂区绿化工程；厂内通讯设施及水源地通讯工程；接入系统工程，以升压配电装置出线绝缘子串为界；配套码头及引桥工程等。

【上海吴泾热电老厂改造工程基本结束】 9月，上海吴泾热电老厂改造工程基本结束。工程位于本市龙吴路5060号，名义上属于老厂改造工程，实质上是一个全新的工程，用地局限于老厂机组拆除后的场地，过渡期间还需对老厂大部分建筑及设施进行阶段性保留，还不能影响电厂供热机组的正常运行，因此改造难度极大。工程三大主机为上海电气集团公司的300兆瓦亚临界燃煤四段抽汽供热机组。锅炉为上海锅炉厂的1125吨/小时亚临界、控制循环、单炉膛、一次中间再热、四角切圆燃烧的燃煤锅炉。汽轮机为上海汽轮机厂的亚临界、一次中间再热、单轴、双缸排汽供热式汽轮机。发电机为上海电机厂的水氢氢冷却、静态励磁、额定功率300兆瓦的发电机。工程建成后，可增加发电量250兆瓦，减少1.7万吨二氧化硫排放，并为吴泾化工区提供经济稳定的热源。

【500千伏漕泾输变电工程完成投入使用】 4月，500千伏漕泾输变电工程完成，投入使用。上海漕泾500千伏输变电工程建设地址位于金山区漕泾镇北蔡村。根据国家电网公司规划，“十一五”期间将对葛沪直流工程进行增容改造，需在南桥站先期建设1500MW直流单极站，为给葛沪直流工程增容改造创造条件，同时结合南桥变短路电流控制，需对南桥变相应500千伏出线及间隔做相应的改造、调整。目前上海电网短路电流问题较为突出，尤其是南桥变500千伏短路电流已经逼近开关遮断能力，漕泾500千伏输变电工程的建设为改善电网结构、将嘉善——南桥——三林双线从南桥变脱出，形成嘉善——三林双回线路，限制南桥变短路电流创造了条件。

【轨道交通10号线工程投入运营】 4月，轨道交通10号线工程建成，投入运行。轨道交通10号线途经上海市9个行政区，连接了由虹桥高速铁路客站和虹桥机场等组成的虹桥综合交通枢纽、虹桥经济开发区、老西门地区、核心城区中央商务区、老城厢豫园地区、江湾五角场城市副中心、新江湾城大型居住区，经过虹桥路、复兴路、河南路、四平路、淞沪路等客运交通走廊和大型客流集散点。线路由主线和支线组成。主线线路走向为：虹桥高速铁路客站——虹桥机场——虹桥路——淮海西路——复兴路——河南路——武进路——四平路——江湾五角场——淞沪路——新江湾城，全长 31.045 公里，均为地下线，设地下车站 29 座。并设 1 座吴中路停车场、主变电站 2 座、控制中心 2 座。

【青草沙水源地基本建成】 12 月，青草沙水源地基本建成，开始供水。青草沙水源地原水工程包括青草沙水库及取输水泵闸工程、长江原水过江管工程、陆域输水管线及增压泵站工程三大主体项目。

【上海东海大桥 10 兆瓦海上风电示范项目投入运行】 7 月，上海东海大桥 10 兆瓦海上风电示范项目基本建成，投入运行。该工程位于浦东南汇嘴部分陆上地域及东海大桥东侧 1 公里，距南汇嘴岸线 8 ~ 13 公里海域范围的上海市海域。本项目是我国第一个海上风电示范项目，建设总容量为 102 兆瓦，主要由 34 台海上风电机组和一座陆上变电站组成。本项目建成投产后，每年预计发电量为 26762.9 万度，为上海电网源源不断提供绿色能源。同时，每年可为电网节约标煤约 85909 吨，可相应地减少燃煤所产生的二氧化硫 2148 吨，一氧化碳 19.8 吨，减轻排放温室效应性气体二氧化碳 23.74 万吨，灰渣 20628 吨，此外还可节约用水 77755 吨，减少相应的水力排灰废水和温排水等对水环境的污染。

【上海动车段基本完成】 12 月，上海动车段基本完成。上海动车段工程位于上海市北部嘉定区，南翔编组站以南、曹安路以北 1 公里处，紧邻沪杭既有线，距上海站约 13 公里，距虹桥站约 8 公里。上海动车段主要包括：动车组高级修设施、动车运用检查设施（含上海站上海西站始发动车组运用设施）、沪杭改线及相关工程。

【白龙港污水处理厂污泥处理工程基本建成】 12 月，白龙港污水处理厂污泥处理工程基本建成，投入运营。本工程位于上海市浦东新区，白龙港城市污水处理厂内已征地范围西北侧空地。工程主要内容包括污泥浓缩处理、污泥消化处理、污泥脱水输送、沼气处理利用、污泥干化处理和污水处理等系统。本工程对白龙港城市污水处理厂 120 万立方米 / 天污水一级强化升级改造工程和 80 万立方米 / 天污水处理扩建工程产生的污泥进行处理。

【西干线改造工程基本完成】 12 月，西干线改造工程基本完成。西干线改建工程建设规模和主要建设内容：敷设直径 2200 ~ 3000 污水总管 25.59 公里；改造新村路泵站 1 座；新建蕴藻浜泵站和月罗泵站以及调蓄池，敷设直径 300 ~ 1500 污水支管 15.1 公里，拆除 4 座原有泵站，处置老西干线管道 22958 米。总管规模按 40 万立方米 / 天设计，新村路泵站规模按 3.35 立方米 / 秒设计，蕴藻浜泵站规模按 4.04 立方米 / 秒设计，月罗泵站规模按 4.66 立方米 / 秒设计，调蓄池规模按 2 万立方米设计。

相关资料：

迪士尼项目及外围配套基础设施

上海迪士尼乐园（Shanghai Disneyland Park），是中国第二个，亚洲第三个，世界第六个迪士尼主题公园。迪士尼乐园向来是全球建造成本最高的主题乐园之一。上海迪士尼乐园项目是改革开放30年来引进的最大的现代服务业项目，有助于进一步提升上海竞争力影响力，加大上海对长三角经济的带动效应。

位于上海浦东新区的上海迪士尼度假区将占地3.9平方公里，并留有发展备用地供将来扩建。整个度假区将包括上海迪士尼乐园、两座主题酒店、大型零售、餐饮和娱乐中心、康乐设施，人工湖以及相关的停车场和交通枢纽。迪士尼项目及外围配套基础设施位于上海市浦东新区，北起规划河道、南至规划航城路、西起A2公路、东至唐黄路。主要工程分为水系项目、市政配套道路、园区内市政配套、土地储备、轨道交通和其他项目。

1、水系项目主要包括中心湖和围场河。

2、市政配套道路包括唐黄路（S1－周邓公路）、航程路（S2－南六公路）、南六公路（S1－S32）改建、周邓公路（申江路－南六公路）、六奉公路（周邓公路－南次入口）、秀浦路。

3、园区内市政配套包括场地平整和园区内市政道路及附属设施工程。主要建设内容包括：道路总长约为7.17公里（包括：南入口大道、西环路、南环路、北支路、北辅路、南辅路）；桥梁5座；雨、污水泵站新建工程（3座雨水泵站、1座污水泵站）；灌溉水处理系统工程；临时泵站工程。

（三）世博园区项目

【概况】 2010年，世博园区在市中心占地5.29平方公里。园区内“一轴四馆”永久性建筑，世博轴、中国馆、世博中心、主题馆、演艺中心全面竣工；42个外国自建馆陆续完成；景观、遮阳、标识等配套设施建设工程基本建成。参展规模，共有190个国家、56个国际组织参展，5月1日至10月31日期间7308万的参观人数创下了历届世博之最。

【电力设施基本竣工投运】 1月8日，电力设施基本竣工投运。《2010年上海世博会世博园区电力保障框架协议》签约仪式在上海市电力公司举行。上海世博局副局长丁浩，上海市电力公司副总经理陈方增、胥传普出席仪式。标志着世博园区电力配套工作由建设期逐步转向运营期，也标志着经过3年的建设施工，上海世博会园区电力设施基本竣工投运，覆盖整个世博园区的电力设施运营保障工作即将全面启动。

【世博轴工程正式竣工】 1月22日，世博轴工程竣工仪式在浦东世博园区举行。上海市政府副秘书长、上海世博会事务协调局局长洪浩宣布世博轴竣工。上海世博会事务协调局副局长丁浩以及上海市发改委、建交委、规划局等单位的有关负责人出席竣工仪式。世博轴工程是上海世博会最大的单体工程，由地上二层地下二层组成的立体交通枢纽，长约1045米、宽约130米，总占地面积约13万平方米，总建筑面积25.1万平方米，其中地下空间建筑面积约19万平方米，地上建筑面积约6.1万平方米。世博轴工程是上海世博会的主入口和中央人行立体交通枢纽，也是上海世博会的地标性建筑，位于世博园区上南路、园三路之间，南起耀华路，北至黄浦江滨江庆典广场，是连接世博会中国馆、主题馆、世博中心、演艺中心4大场馆及周边轨道交通线的主要人行交通枢纽。世博会期间，世博轴工程承担将承担世博园区23%的人流，预计平均日承担9.2万人次、极限高峰日承担18.5万人次的参观客流。世博轴工程同样也是世博园区中央的服务性建筑，提供园区中央人行枢纽相关的安检设施、信息导向、服务设施、特许商业设施、餐饮卫生设施、景观绿化和人员休息场所。

【上海世博会联合国联合馆移交】 1月23日，上海世博会联合国联合馆移交仪式暨移交备忘录签字仪式在世博园区举行。联合国联合馆总建筑面积3000平方米，位于上海世博会浦东园区B片区，靠近高架步道。联合国的参展主题是“一个地球，一个联合国”，将集中展示联合国及其系统机构的各国际组织在可持续发展、气候变化、城市管理等领域进行的有益尝试及成功实践。

【上海世博会城市最佳实践区布展装修全面开工】 1月25日下午，以“冲刺：共同的目标、共同的责任”为主题的上海世博会城市最佳实践区布展装修全面开工仪式在上海世博会浦西园区举行，这标志着城市最佳实践区50个展馆案例和实物建设案例布展装修工作全面展开。市最佳实践区在世博园区中有15公顷左右的展区，包括四个展示领域，分别是宜居家园、可持续的城市化、历史遗产保护和利用、建成环境的科技创新。同时以三种展示方式进行体现，包括位于城市最佳实践区北部模拟街区的实物建设案例；位于中部、由四组厂房改造成展馆的展馆展示案例；位于南部案例报告厅内，以报告、研讨、多媒体、网络、展板、活动和表演等方式展现的其他案例。与此同时，还有两个由组织者建造的项目，分别是主题馆之一的城市未来馆和新能源项目。

【中国2010年上海世博会中国馆竣工】 2月8日，中国2010年上海世博会中国馆竣工，进入全面装修布展和运营准备阶段。中国馆位于浦东国展路、博成路、云台路及南环路围合的地块内，建筑用地面积7.13公顷，总建筑面积为16万平方米。其中国家馆高69米，建筑面积约4.6万平方米；地区馆高13米，建筑面积11.4万平方米。

【上海世博会城市最佳实践区工程竣工】 2月10日下午，上海世博会城市最佳实践区工程竣工暨亮灯仪式在上海世博会浦西园区举行。

【上海世博文化中心正式竣工】 3月31日，经过两年零三个月的建设施工，作为中国2010年上海世博会“一轴四馆”永久性场馆之一，上海世博文化中心正式竣工。世博文化中心位于世博园核心区，世博轴以东；西侧与庆典广场相连，并与世博中心相呼应；北临黄浦江，与世博浦西园区隔江相望，东侧为保留的成品码头和滨江绿带，南侧沿世博大道作为主入口。整个文化中心用地面积67242.6平方米，总建筑面积近16万平方米，其中地上为单层的18000座多功能剧场及环绕主场馆的周边六层建筑，地下建筑为两层。地上及地下面积分别为108000平方米和52000平方米。建筑檐口高度达到26.5米。文化中心西南侧有人行高架桥接入。地下一层与世博轴周边间设人行通道连接。地下二层南侧设地下车道连通口。轨道交通8号线在文化中心东南侧地下通过。周边地铁、公交、高架人行步道、渡轮码头等交通配套设施一应俱全。

【上海世博会上海馆竣工】 4月11日，中国2010年上海世博会上海馆竣工。它将采用科技与艺术结合的现代视觉传播手段和大量互动参与活动，向世人展现“永远的新天地”的风采。上海馆位于中国馆内省区市馆31号区域，与新疆馆、甘肃馆和青海馆相邻。馆型以石库门造型为主要元素，进行概念化的抽象，设计风格简约明快，气质雅致温婉，外观朴素但格调现代。上海馆由外墙、等候区和内场三大空间区域组成，分别诠释更魅力、更融合、更智慧的上海。

【世博会中央企业馆试运行启动】 4月15日，在上海世博会浦西园区举办“2010年上海世博会中央企业馆试运行启动仪式”。企业馆作为世博会展馆的组成部分始于1933年美国芝加哥世博会，并逐渐成为历届世博会的亮点。本届世博会共有18个企业馆，12家中央企业承办的6个企业馆分别是：中国航天科技集团公司、中国航天科工集团公司和中国电子科技集团公司承办的“太空家园馆”；中国航空工业集团公司和中国东方航空集团公司承办的“中国航空馆”；中国船舶工业集团公司承办的“中国船舶馆”；中国石油天然气集团公司、中国石油化工集团公司和中国海洋石油总公司承办的“石油馆”；国家电网公司承办的“国家电网馆”；中国移动通信集团公司、中国电信集团公司承办的“信息通信馆”。

相关资料：

中国2010年上海世博会——中国国家馆

中国2010年上海世博会中国国家馆位于世博会园区浦东A片区、世博轴东侧，总建筑面积约16.01万平方米。主题为城市发展中的中华智慧。2007年12月18日开工建设，2010年2月8日竣工，2010年6月22日正式通电，5月1日正式投入运营。

展馆建筑外观以“东方之冠，鼎盛中华，天下粮仓，富庶百姓”的构思主题，表达中国文化的精神与气质。展馆的展示以“寻觅”为主线，带领参观者行走在“东方足迹”、“寻觅之旅”、“低碳行动”三个展区，在“寻觅”中发现并感悟城市发展中的中华智慧。展馆从当代切入，回顾中国三十多年来城市化的进程，凸显三十多年来中国城市化的规模和成就，回溯、探寻中国城市的底蕴和传统。随后，一条绵延的“智慧之旅”引导参观者走向未来，感悟立足于中华价值观和发展观的未来城市发展之路

中国馆共分为国家馆和地区馆两部分，国家馆主体造型雄浑有力，宛如华冠高耸，天下粮仓；地区馆平台基座汇聚人流，寓意社泽神州，富庶四方。国家馆和地区馆的整体布局，隐喻天地交泰、万物咸亨。国家馆居中升起、层叠出挑，采用极富中国建筑文化元素的红色“斗冠”造型，建筑面积46457平方米，高69米，由地下一层、地上六层组成；地区馆高13米，由地下一层、地上一层组成，外墙表面覆以“叠篆文字”，呈水平展开之势，形成建筑物稳定的基座，构造城市公共活动空间。

中国国家馆将作为世博会永久性的专题博物馆保留，中国地区馆则将作为举办各类展览和活动的场所。

（四）社会事业项目

【概况】2010年，调整安排重大社会事业建设项目20个，完成投资398.46亿元，项目平稳推进。卫生设施项目建设：国家肝癌科学中心、抗体药物国家工程研究中心前期工作全面展开，提升市级医疗设施和服务能力建设项目、5+3+1郊区三级医院建设项目项目全面推进。教育设施项目建设：上海应用技术学院奉贤校区二期工程基本完成，上海电机学院临港校区一期工程、上海金融学院综合实验中心及后勤配套建设工程加快推进。文化、体育设施项目建设：文化广场改造、上海东方体育中心基本完成，上海交响乐团迁建工程、上海自然博物馆进展顺利。保障性住房建设：400万平方米经济适用住房建设加快，同时大型居住区配套道路建设及公交枢纽建设开始推进。

【大型居住区配套道路及公交枢纽（22条道路＋3个枢纽）开始推进】3月，大型居住区配套道路及公交枢纽（22条道路＋3个枢纽）开始推进。大型居住区配套道路及公交枢纽项目由25个子项目组成，分布在浦东新区、闵行、宝山、嘉定、青浦、松江六个区，涉及顾村、江桥、华新、泗泾、浦江、周康航、曹路、三林八大居住社区建设基地。宝山区顾村基地3项：宝安公路、镜泊湖路、顾村公交枢纽。嘉定区江桥基地2项：华江路、爱特路。青浦区华新基地2项：新凤路、纬一路。松江区泗泾基地3项：沪松公路、古楼路、刘五公路。闵行区浦江基地5项：沈杜公路、昌林路、先新路（部分属浦东新区）、苏召路、鲁汇公交枢纽。浦东新区周康航基地5项：秀浦路、沈梅路、沈杜公路、江月路－周祝公路（部分属闵行区）、陈行公路－周邓公路（部分属闵行区）；曹路基地1项：东靖路；三林基地4项：三鲁路跨线桥－长清路、芦恒路（部分属闵行区）、上南路、芦恒公交枢纽。

【中欧国际工商学院三期工程开工建设】12月，中欧国际工商学院三期工程开工建设。本项目位于上海浦东新区，项目基地位于金科路以西、浦东新区妇幼保健院以东、华山医院浦东分院和保健中心以南、学校现校区以北地块。该项目总建筑面积为36249平方米（其中地下建筑面积为9500平方米），主要由教学中心、综合楼（一期）、行政楼、1–2号学生招待所、地下车库、连廊、东大门、休息厅以及配套设施等组成。

【国家肝癌科学中心启动】12月，国家肝癌科学中心启动。该工程位于上海市嘉定区，东至顾浦河，南至前炬路，西北至A30高速公路。工程建筑面积26382平方米，主要由科研楼、动物实验楼、行政楼及学术交流中心组成。

【抗体药物国家工程研究中心开始实施】12月，抗体药物国家工程研究中心开始实施。该工程位于上海市浦东新区，东临伽利略路，南临李冰路，西面哥白尼路，北至高科路，主要由科研楼、中试楼组成，目前均租赁上海中信国建药业有限公司厂房设施。

【文化广场改造工程基本完成】12月，文化广场改造工程基本完成。工程位于上海永嘉路36号，基地东临茂名南路、西临陕西南路、北临复兴中路、南临永嘉路。新建建筑占地面积约54，000平方米，建筑面积64，927平方米，其中地上建筑面积7，823平方米，地下建筑面积57，104平方米，剧场地下四层地上3层，总高23.6米，附属地下3层车库。工程建成，能为市民提供一个2，010座以音乐剧为主体的多功能剧场，包括500个车位的地下停车库，项目基地绿化率达到70%，不仅改善了停车问题，更为市民提供了一个文化、娱乐、休闲场所，进一步满足人民群众的文化生活需求。

【上海应用技术学院奉贤新校区二期工程建成】 10月，上海应用技术学院奉贤新校区二期工程建成，投入使用。上海应用技术学院奉贤校区位于奉贤区海湾旅游区，毗邻华东理工大学、上海师范大学。校区占地面积1400亩，规划建设总建筑面积为47万平方米。内容主要有：公共教学楼（二期）、机电与信息楼、材料与化工楼、建安楼、文科楼、工会楼、教工食堂、学生食堂（二期）、青年教师公寓、学生活动中心、学生服务中心、校行政楼、基础设施用房、学生公寓（二期）及部分总体配套等。

（五）产业设施项目

【概况】 2010年，投资建设产业结构优化升级项目16个，完成投资173.29亿元，项目有序推进。高新技术项目建设：中科院浦东科技园、中科院生命科学基础研究与应用研究平台及技术保障条件建设项目全面推进，中科院上海佘山天文台65米射电望远镜项目启动建设，城市水资源开发利用（南方）国家工程研究中心基本建成。自主研发项目建设：上海汽车工程研究院自主品牌研发中心、上海汽车临港产业基地自主品牌新产品技术改造项目进展良好；中国商用飞机公司能力建设项目、国家商用飞机发动机研发中心、ARJ－21支线飞机批生产能力建设项目开工建设，为商用飞机配套服务的浦东机场第五跑道圈围工程先期启动。先进制造业项目建设：中船长兴造船基地二期工程前期工作全面展开，清洁高效煤电成套设备国家工程研究中心、“909”工程升级改造－12英寸集成电路芯片项目、上海天马4.5代AMOLED中试线项目实施建设；宝钢浦钢搬迁工程第二步实施项目基本建成。现代服务产业项目建设：迪士尼项目及外围配套基础设施工程、上海国际金融中心启动；上海西郊国际农产品交易中心、上海中心大厦项目、上海国际航运服务中心项目、上海宝山邮轮停靠码头工程建设进展良好。

【中科院上海佘山天文台65米射电望远镜项目开工建设】 3月，中科院上海佘山天文台65米射电望远镜项目开工建设。工程位于上海市松江区佘山镇A（沈砖公路北侧、油墩港西侧）和B（官塘河北侧、七间村西侧）两地块，相距2.5公里。A地块建设VLBI中心及配套设施，B地块建设望远镜系统和观测室。A地块面积97.5亩，本项目建设内容主要包括VLBI中心，建筑面积为3600平方米；配套设施包括食堂、宿舍和动力设备房，其中食堂1050平方米、宿舍1550平方米、动力设备房800平方米；总建筑面积7000平方米。B地块建设用地30亩，建设内容主要包括望远镜系统（天线和天线基础），占地面积约3500平方米，桩深约70米；观测室，建筑面积为1050平方米。

【中国商用飞机公司能力建设项目正式开工】 3月，中国商用飞机公司能力建设项目正式开工。主要实施中国商飞设计研发中心、总装制造中心、客服中心建设工作。一、设计研发中心建设项目：该工程位于上海市浦东张江高科技园南区。大型客机研制保障条件一期建设项目建筑面积8.16万平方米。主要包括：设计研发中心（44000平方米），信息中心（3000平方米），虚拟仿真中心（3000平方米），系统综合试验室（24600平方米），机构功能试验室（3000平方米），辅助配套设施（4000平方米）。二、总装制造中心建设项目：总装制造中心浦东基地位于浦东国际机场南侧航空产业园区内，将浦东国际机场规划中的第五条跑道作为飞机试飞专用跑道；基地北起盐朝公路道路，南至下盐公路道路，东至西引河控制绿带，西至经二路道路，规划用地267万平方米。中国商飞总装制造中心浦东基地依照一次规划、分步实施的原则，按三阶段分期建设。C919大型客机研制保障条件建设项目作为总装制造中心浦东基地的一期项目。C919大型客机研制保障条件建设项目工程建筑面积为27万平方米，主要包括：C919大型客机试飞场站房、总装厂房、部装厂房、整机喷漆厂房、零件制造厂房、物流中心、技术中心、办公场所以及相应的配套设施。三、客户服务中心建设项目：该工程规划新建建筑面积63170平方米，包括新建客户支援中心36240平方米、技术交流中心26930平方米。

【ARJ－21支线飞机批生产能力建设项目正式启动】3月，ARJ－21支线飞机批生产能力建设项目正式启动。该项目建设地点主要位于上海市闸北区场中路3115号和上海市闵行区江川东路100号(近莲花南路路口)。通过此项目的建设，上海飞机制造有限公司将具备年产30架ARJ21飞机的生产能力。

【"909"工程升级改造－12英寸集成电路芯片项目开工】6月，"909"工程升级改造－12英寸集成电路芯片项目开工。该工程位于上海市浦东新区郭守敬路818号上海宏力半导体制造有限公司内（高斯路和哈雷路之间）。建设"909"工程升级改造——华力微电子建设12英寸集成电路芯片生产线项目。上海华力微电子有限公司是在上海华虹与宏力8英寸平台成功建设运营的基础上，集聚双方的力量，通过租赁并净化装修上海宏力半导体制造有限公司现有12英寸厂房，引进生产、测试等关键设备3557台（套），建设生产设施、工艺服务系统、电气系统、环保与安全设施、消防设施、服务与管理设施，建成12英寸90-65-45纳米集成电路芯片生产线，并逐步形成整合设计与制造一体的IDM业务模式。

【上海天马4.5代AMOLED中试线项目启动实施】7月，上海天马4.5代AMOLED中试线项目启动实施。本项目是在原有的净化厂房（浦东新区汇庆路889号，上海天马微电子有限公司制造车间）内添置新设备，建设国内第一条第4.5代AM-OLED中试线，形成月加工玻璃基板（730×920毫米）1000张、2.5寸OLED面板15万片的能力。

【清洁高效煤电设备国家工程中心启动建设】12月，清洁高效煤电设备国家工程中心启动建设。该工程位于江月路以南、召楼路以东、三鲁河以西、友谊河以北。工程建筑面积16986平方米，主要由综合实验中试楼、基础特性试验厂房、气动试验厂房三个主体建筑组成。

【中船长兴造船基地二期工程（第一阶段）开始实施】12月，中船长兴造船基地二期工程（第一阶段）开始实施。该项目位于上海市长兴乡跃进港东侧、规划风丰东路南侧、长江北岸。项目一次规划，分步实施，项目规划建设4座大型造船坞，形成350万载重吨、年造船能力，第一阶段一次性征地541.8公顷，建设660×132×13.6米、560×120×13.1米等2座大型船坞，配置相应大型龙门起重机，建设4座舾装码头以及其他配套设施等，新增建筑面积201717平方米，形成年产15艘/200万载重吨的生产能力。

【中航商用飞机发动机研发中心开始建设】12月，中航商用飞机发动机研发中心开始建设。该建设项目位于上海市闵行区，东至莲花南路，南至规划路，西至规划路，北至塘泗泾。工程建筑面积50万平方米，主要由总部及研发大楼、研发实验中心、适航中心、国际合作与仿真中心、客户服务中心、人才公寓区等组成。

【**上海国际金融中心开工建设**】12月，上海国际金融中心开工建设。该工程位于上海市浦东新区，竹园商贸区A-1\A-2\A-3地块，杨高南路、世纪大道路口。工程建筑面积约40万平方米（其中地上建筑面积约25万平方米、地下建筑面积约15万平方米），主要由上交所项目、中金所项目、中国结算项目组成。

【**城市水资源开发利用（南方）国家工程研究中心基本完成**】12月，城市水资源开发利用（南方）国家工程研究中心基本完成。本工程建设内容主要包括总部基地、水资源部、给水部、排水部和工程部。

（王国君）

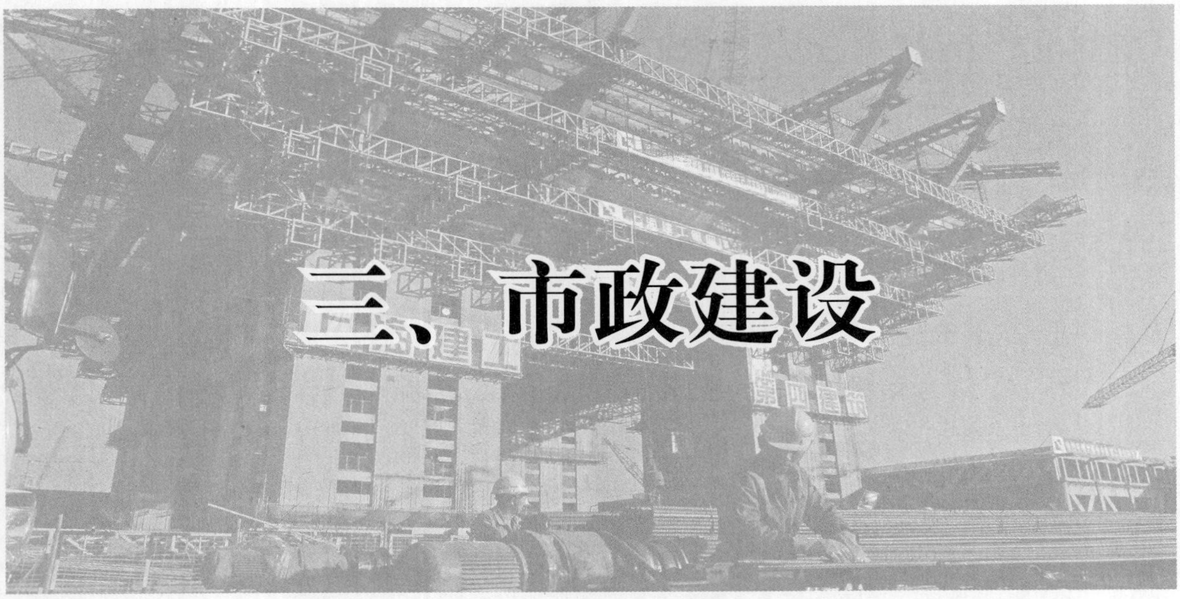

三、市政建设

（一）综述

城市道路、公路建设稳步推进。城市道路建设：2010年城市道路新改建完成投资18.71亿元；上海市市政工程管理处（以下简称“市市管处”）编制完成《上海市城市道路建设与管理“十二五”发展规划纲要》；推进虹梅南路至金海路通道、周家嘴路越江隧道、军工路快速路等项目的前期工作。公路建设：公路新改建完成投资159.9亿元；上海市公路管理处（以下简称“市公路处”）完成14项规划及区域性路网研究，上报《上海公路“十二五”规划》，基本完成《上海公路附属设施规划》；开展22个项目的设计前期，完成S26、S6等9个项目的项目前期；完成沪杭高速公路（上海段）拓宽改建、沪常高速公路（上海段）、闵浦二桥、松浦三桥、松卫公路新、改建、曹安公路拓宽改建、虹桥枢纽外围配套道路等工程建设；区区对接道路建设开工32条，基本竣工10条；实现

13条大居配套公路开工建设；开展蕰川北路、蕰川南路和浦星公路3个项目审计，完成龙吴路等5项工程的项目销项。

城市道路、公路迎世博专项整治与世博运行保障取得成效。完成市属设施整治43项，总投资9.3亿元。其中外环线内车行道整治1400万平方米，更新路名牌1.8万余套；区属设施道路整治1900万平方米，人行道整治2.6万处。完成公路设施整治3大类共11项，投资1.42亿元。其中高速公路声屏障安装48公里。市、区桥梁养护经费投入2.03亿元，其中大中修9359万元。干线公路环境整治1235公里、高速公路收费站出入口74处。完成道路架空线综合整治600余公里。“架空线综合管理系统”正式启动，为世博会的道路交通创造了良好条件。

城市道路设施服务上新台阶。市政行业各设施管理与养护单位分区域落实责任人，确保巡查到位、不留盲区。制订和完善世博期间设施运行和应急保障预案，组织开展市属设施保洁养护、应急队伍集结、区属道路破损应急处置等演练。建立应急联动网络。完成920公里区属道路和1690座城市桥梁检测与评估工作。检测道路平均RQI（路面平整度）为3.55，为优，比去年（3.47）有所提高；城市桥梁BCI（桥梁状况指数）为93分，为A级。重点对高架防撞墙、伸缩缝、龙门架及路面产生裂缝等安全隐患结构，以及高架、大桥的高空悬挂物等进行全面排查。加固高架主线、匝道、立交等设施，全市桥梁质量安全处于受控状态。增加城市快速路监控中心监控力量，与公路网管理中心、浦东新区公安子平台建立沟通，实施广域和区域交通诱导，及时处置各类突发事件。修改完善《上海市占用城市道路人行道设置设施管理规定》等规范性文件。编制完成《城市桥梁、隧道安全保护区域技术标准》等技术标准编制工作。加强对高架、桥梁以及桥梁安全保护区的巡视和执法力度。与交警等相关部门联手，加强对超限车辆专项整治。加强行政审批的统一受理，开展掘路动态管理，实现对全市中心城区掘路动态的实时监控。进一步改进完善CIMS系统的交互功能；开发养护工程计划、统计管理子系统，开发高架巡视养护管理系统。

公路设施管理水平得到提升。市公路处制订迎接2010年全国干线公路养护管理大检查方案，积极参与组织危桥抢修工作；认真制定预案，做好F1、世博184天以及国定假期间的高速公路排堵保畅以及日常防台防汛和各种突发事件应急处置工作。区县养护经费投入21.19亿元，其中农村公路补贴4.56亿元，较去年增长47.1%；高速公路投入养护经费3.96亿元，其中日常养护经费投入1.93亿元，较去年增长36.9%。崇明县、闵行、奉贤、宝山、青浦、金山、松江区和浦东新区完成农村公路管理养护体制改革方案编制工作。推进公路养护管理经费分配方式改革，市公路管养模式调整为除浦东新区外的“国省干道”由市统一安排养护管理计划及资金，形成“设施养护分级负责”的公路管养体制；开展养护经费绩效考评，建立了科学合理的养护经费分配模式。截止2010年底，全市国省道MQI为93.41，优良路率94.54%；普通公路MQI为86.74，优良路率86.42%，较往年有明显提高。市文明样板路总数达37条（段），累计615多公里。干线公路桥梁中一、二类技术状况占干线公路桥梁总数的96.78%，县级公路桥梁中一、二类技术状况占县级公路桥梁总数的93.44%。完成8条国家高速公路、8条省级高速公路命名编号调整及标志更换工程以及城市快速路、普通公路相关标志更换工程。通行费征收34.53亿元，同比上升4.6%。《软土地区高速公路拓宽路基路面关键技术》、《闵浦大桥斜拉桥建设关键技术研究》》等通过验收、《公路路面养护技术规范》颁布实施。推进长三角ETC系统建设和互通，累计开通

ETC 车道 118 条。完成道路交通信息采集与发布系统工程和公路网管理中心工程建设并实现正常运行;《上海市农村公路管理办法》、《上海市高速公路电子不停车收费管理规定》等政府规章颁布实施；完成高速公路北片区路政管理大队组建。

道路管线综合管理水平不断提高。上海市道路管线监察办公室（以下简称“市道监办”）于世博前进一步压缩掘路项目总数。严控世博期间掘路，推行非开挖等施工技术。加强工期监管。推进计划和执照联动管理。完成管线外损行政执法 21 起，执法金额 22.3 万元。编制完成《城市道路架空线入地“十二五”规划》。做好《上海市掘路管理规定》的修改出台与《上海市城市地下管线管理办法》立法起草工作。

存在的问题与不足：一是公路环境状况和窗口服务质量还有待提高，对桥梁尤其是三类桥梁的巡查力度还有待加大。二是公路养护作业中安全隐患时有发生，防范重特大事故和应对处置突发事件的能力还比较薄弱。三是公路管理创新工作方法和探索流程再造等方面缺乏应有力度。四是城市道路设施管理需要进一步完善管理方法，提升管理能力。

（二）市政工程建设

【概况】 完成《“十二五”城市道路规划》、《上海市公路行业“十二五”发展规划》编制，沪杭高速公路（上海段）拓宽改建工程建成通车，沪常高速公路（上海段）建成通车，闵浦二桥建成通车，松浦三桥建成通车，曹安路拓宽改建工程完成，虹桥枢纽外围配套部分快速道路建成通车，22 条大型居住社区外围配套道路纳入市重大工程，沪松公路（闵行段）拓宽改建建成通车，建成区域对接道路 10 条。

【完成“十二五”城市道路规划编制】 2010 年 6 月，市市管处制定了《上海市城市道路建设与管理“十二五”发展规划纲要》。规划确定道路建设基本任务为，以 2015 年中心城形成快速路 330 公里、主干路 540 公里、次干路 630 公里为建设目标；“十二五”拟建项目主要包括：越江设施 3 座、车道数 14 条；跨苏州河桥梁 6 座；新增立交 8 座；公交专用道形成基本网络；配合单行道改建、辟通支小路；建设示范人行步道。工程建设费约为 687.1 亿元。其中各级道路建设工程费用包括快速路 167.6 亿元、主干路 193.9 亿元、次干路 99.9 亿元、越江跨河通道 113.9 亿元、交通节点 43.5 亿元，以及其他道路建设 68.3 亿元。2015 年将基本建成功能级配合理的城市道路网，路网容量增加 25%，在交通需求增长 16% 条件下，平均饱和度下降 7%，道路基本能够适应交通需求。

【完成《上海市公路行业“十二五”发展规划》编制】 市公路处编制完成了《上海市公路行业“十二五”发展规划》。其主要内容为：高速公路新增 196 公里，总里程达到 972 公里，形成“二环”、“十二射”以及“一纵”、“一横”、“多联”的布局形态；普通国省干线新增 412 公里，总里程达到 1812 公里，形成“方格网”状路网布局形态；县道新增 213 公里，总里程达到 2256 公里，乡道新增 699 公里，总里程达到 7414 公里。县道全面实现三级及以上标准，全面完成农村公路危桥改造。农村公路路面高级铺装率达到 100%。

【沪杭高速公路（上海段）拓宽改建工程建成通车】 沪杭高速公路（上海段）是国家高速公路网编号 G60 沪昆高速公路起始段，

东起莘庄立交，西至浙江交界处枫泾，全长48.8公里。1998年12月建成通车。随着沪浙两地间交通流量的急剧增加，又世博会举办在即，改建拓宽沪杭高速公路上海段被列为上海世博会的重要配套基础设施项目。该工程于2008年12月25日开工。工程范围以新建收费口为界，收费口以西为高速公路段，长9.39公里。8车道，设计时速为120公里。收费站以东为高速公路入城段，长8.13公里。主线为高架道路，双向6车道，设计时速为100公里。地面辅道为双向4车道，设计时速为60公里。原来的莘庄收费口西移至嘉金高速公路东侧春申塘桥至砖新河桥间，更名为新桥收费站。该工程投资为21.7亿元。沪杭高速公路主线拓宽改建于2010年12月31日建成通车。

【沪常高速公路（上海段）建成通车】 沪常高速公路（上海段）工程于2007年9月28日开工，2010年3月13日建成通车。工程东起上海绕城高速公路，西经市境收费站淀山湖收费站，与江苏沪常高速公路相连，全长7.81公里。主线设计为双向6车道，至主线收费站以西为双向8车道，设计时速为100公里，规划红线60米，全线设置G1501和漕盈路立交。全线大桥2座，中小桥10座。市境内主线收费口与江苏合建，兼两地收费与发卡。该工程投资为11.17亿元。沪常高速公路的建成通车，有效分流了与其平行的京沪高速公路和318国道的交通流量，上海与江苏间的高速公路增加至4条。

【闵浦二桥建成通车】 闵浦二桥上层公路桥于2010年5月21日建成通车，同年11月下层轨道竣工。该工程2007年7月开工，工程北起闵行区沪闵路～东川路交叉口以北，南至奉贤区规划大同路交叉口，全场5.8公里，其中，鹤庆路至西闸路长3.23公里为公路、轨道交通共线段。上层为公路双向4车道，二级公路标准，设计车速为每小时60公里，下层为轨道交通5号线南延伸段，设计车速为每小时80公里。公路桥梁长4.2公里，主桥采用连续桁梁式独塔斜拉桥，长436米。工程总投资18.82亿元。闵浦二桥的建成通车，成为奉贤区和中心城联系的重要通道，有效地分流了地区越江交通，缓解了沪金高速公路的交通压力，为居民出行提供了方便，也对浦江两岸经济发展起到了促进作用。

【松浦三桥建成通车】 松浦三桥是黄浦江上第十座大桥，它于2010年6月30日建成通车。工程于2008年9月2日开工，地处松江区境内松卫公路，两岸分属车墩镇与叶榭镇，全长1.65公里，其中桥梁923米，道路727米。主线为二级公路，设计车速每小时80公里。主桥为四跨预应力变截面连续箱梁。引桥为简支预应力混凝土板梁桥，北侧引桥11跨，南侧引桥12跨。工程总投资2.15亿元。松浦三桥的建成通车，成为松江和金山两地的重要通道。

【曹安公路拓宽改建工程完成】 曹安公路（312国道）是上海对外交通系统规划中的一条放射性重要干道。技术等级原为4快2慢二级公路，水泥混凝土路面。随着沿线经济增长，交通流量随之猛增。2007年9月，曹安公路拓宽改建工程全线开工。工程范围西起江苏省花桥镇外青松公路交叉口，经嘉定区安亭、黄渡、封浜、江桥镇、东至万镇路（含交叉口），全长23.33公里。该工程按二级公路标准设计，车速公路段为每小时80公里，城镇段为每小时60公里。主线双向六车道，远期预留八车道，墨玉路下立交、铁路封浜下立交和24号桥一次实施双向八车道。桥梁结构荷载为公路－Ⅰ级。其中24号大桥总长542.2米，主跨为两跨简支下承式钢管拱肋系杆拱桥。项目投资为17.74亿元，于2010年12月竣工。

【虹桥枢纽外围配套部分快速道路建成通车】 虹桥枢纽外围配套道路为“一纵三横”快速路系统，即：一纵为：辅助快速路即嘉闵高架。三横为：北翟路高架、崧泽高架、漕宝路高架。嘉闵高架工程（北翟高架至联明路段）全长9.53公里，分为高架道路和地面道路。高架道路为城市快速路，双向8车道，设计车速为每小时80公里。地面道路为城市主干路，双向6快2慢，设计车速为每小时60公里。工程投资为62.8亿元，于2008年8月28日开工，2010年3月9日建成通车。崧泽高架工程西起G15沈海高速公路，东至嘉闵高架，并与虹桥枢纽内部路网连通。全长3.9公里，为城市快速路，双向六车道，设计车速为每小时80公里，工程投资为24.14亿元，于2008年4月28日开工，2010年3月15日建成通车。北翟路高架工程西起嘉闵高架，东至中环线，全长4.34公里，为城市快速路。高架道路为双向6车道，设计车速为每小时80公里，地面道路为双向6快2慢，设计车速为每小时50公里。工程投资为28.74亿元，于2008年9月28日开工，2010年3月15日建成通车。6月20日，虹桥枢纽区域内11条通往虹桥火车站的地面道路建成通车，其中包括申长路等4条南北走向和天山西路等7条东西走向的道路，全长10.26公里。

【22条大型居住社区外围配套道路纳入市重大工程】 为推进保障性住房为主的大型居住社区建设，市政府启动大型居住社区外围配套道路工程。2010年有22条新建和改扩建公路项目纳入市重大工程范畴，当年开工12项，完成投资5亿元。

【沪松公路（闵行段）拓宽改建建成通车】 沪松公路（闵行段），即嘉闵高架至外环线，全长3.7公里。为适应上海虹桥枢纽区域交通需求，于2009年5月8日开始拓宽改建。工程范围为：西起涞亭路，与嘉闵高架路相接，东至外环线。该工程按城市主干路标准设计，双向8车道，6快2慢，设计车速为每小时50公里。工程投资7.43亿元，于2010年3月16日竣工。

【建成区域对接道路10条】 50条区域对接道路被列入市政府2010年实事工程，投资约230亿。2010年开建29条区域对接道路，其中连接金山区和奉贤区的浦卫公路（金山奉贤区界至湖滨路）、连接松江区和闵行区的中谊路西延伸段（联宝路至九亭大街）、连接普陀区桃浦镇与嘉定区南翔镇的金昌路等10条区域对接道路基本建成。区域对接道路项目的实施，贯通了区域对接交通，使路网更趋合理。

（三）世博专项整治与运行保障

【概况】 全面完成城市道路设施整治任务，世博会市政设施保障工作方案，扩展城市道路交通监控联网运行范围，全面完成公路设施整治任务，投资3.89亿元资金治理高速公路噪声情况，全面落实公路网运行保障，道路架空线综合整治情况，掘路项目比上年度减少五成。

【全面完成城市道路设施整治任务】 2008年7月，市市管处按照市迎世博600天行动城市管理指挥部和市市政局的统一部署，制定了城市道路设施整治计划。具体任务为整治城市道路、桥梁隧道、规范标志标线标牌管理、治理道路噪声。2010年4月底，市市管处全面完成城市道路迎世博600天整治任务。其中市属设施整治43项，整治内容主要包括外环线内车行道整治1400万平方米，人行道整治436万平方米，拆除调整人行道设施2.2万处，更新路名牌1.8万套；逸仙高架路、南北高架路、沪闵高架路等高架涂装及路面铣刨加罩、高架照明及景观灯光工程、高架绿化、跨苏州河及跨铁路立交桥梁、人行天桥、高架主要交叉口景观整治、中环线地道排水设备改造工程等，总投资9.3亿元。越江桥隧整治为杨浦大桥引桥主桥涂装、桥面铺装整治、防噪屏增设、中央隔离墩增设等；南浦大桥原有电力系统升级及增设景观灯光；卢浦大桥景观照明改造工程。区属设施道路整治1900万平方米、人行道设施整治2.6万处，为世博会提供了良好的交通环境。

【世博会市政设施保障工作方案】 市市管处制订《世博会市政设施保障工作方案》。其主要内容为，构建“统筹协调，分级管理，条块结合，属地为主”的市政设施世博会保障联动机制；管理重点区域为市管设施：城市快速路（高架道路及中环路、虹桥枢纽高架道路、外滩通道）、跨苏州河桥梁及跨铁路立交、高架附属天桥；越江桥隧：跨越黄浦江大桥、隧道；区属设施：外环线内主要主干路、次干路，世博园区周边道路、28条世博进出场道路、重要集散地区及风貌地区等公共场所周边道路等。工作目标为，做好“三个重点”即重点区域、重点时段（世博会运行客流高峰期）、重点任务（设施保洁、日常养护维修、运行管理、路政管理、应急保障）工作的落实。主要任务为，加强市管设施的日常巡视保洁养护维修工作；加强越江桥隧设施日常养护维修管理工作；加强区属设施的养护维修管理工作；提升快速路交通监控能力，加强协同指挥；加强应急保障工作，提高应急处置能力。具体建立健全了市政设施运行和应急保障网络、市政设施巡视和封路制度、市政设施保洁及养护标准、市政设施监控系统保障、应急预案及应急物资配备等。

【扩展城市道路交通监控联网运行范围】 市市管处不断扩展城市快速路监控中心道路交通监控联网运行范围。2010年，完善了与上海市公路路网管理中心、浦东新区公安子平台交通状态、交通事件等的信息共享与交换机制。实现了城市快速路监控中心与虹桥综合交通枢纽、外滩隧道监控分中心、龙耀路打浦路隧道监控分中心交通监控系统的联网运行。上海市市政道路应急指挥室建成后，城市快速路监控中心将监控座席由原来的7个增至18个，新增了事件管理席位、外环线和虹桥综合交通枢纽监控席位，监控员由19名增至33名。通过扩充队伍、增设席位、强化职能，更好发挥了交通状态信息和事件信息区域联动发布与诱导作用，缩短了快速路交通事件牵引车到达现场时间，提高了事件处置效率，满足了世博会保障、城市道路运行管理和应急处置需求。

【全面完成公路设施整治任务】 市公路处于2008年制定了“‘迎世博’600天行动纲要”：完成路面整治1097.24公里，更换高速公路标志8252块，更换国省干线公路路名牌5725块，清理非公路标志1354块，优化绿化景观25.26公顷，治理高速公路噪声点392处，新增高速公路厕所14座，截至2009年底，市公路处组织公路行业共完成90%的任务，2010年一季度全面完成剩余任务，并修订完善了突发事件处置预案。

【投资3.89亿元资金治理高速公路噪声】 于2009年9月开工的高速公路噪声治理，涉及到S2、S4、G15、S19、S36、G50、S5、G1501等8条高速公路，建成声屏障7.23万米，隔声窗7230米，于2010年9月竣工。

【全面落实公路网运行保障】 市公路处全面

开展高速公路应急保障工作。实时采集与发布交通信息，实现与中心城快速路交通诱导的无缝衔接；实现高速公路路网跨统一诱导；随时为世博会提供交通信息；开展事故车辆牵引、路面快速修补、道口排堵保畅等专项演练；接报处置各类交通事件1139起。利用路网呼叫中心为公众提供求助、咨询、投诉等服务；利用公路网站向公众提供路径规划、路况查询、阻断信息发布等信息服务。与江苏、浙江建立信息互通机制。

【道路架空线综合整治】 市道监办对市重点区域城市道路上密如蛛网的架空线，结合市政工程、旧区改造、绿地建设，通过同步入地与专项入地相结合的方式，加强道路管线综合整治和管理工作，努力克服架空线综合整治需资金配套、变电站站址选择难、管位紧缺等困难，全面推进迎世博600天道路管线综合整治任务。道路管线综合整治具体内容为，电力架空线入地、信息通信架空线入地、整洁梳理即对不入地的架空线，拆除多余架空线、废弃钢绞线、园箍及横担、拔除弃杆、新安装挂钩等。在世博会举办前圆满完成涉及全市11个区，390余条道路，共计600余公里道路长度的架空线综合整治计划任务。其中电力架空线入地278.4公里，信息通信架空线入地352.6公里，整洁梳理249公里。2010年完成架空线综合整治450公里道路长度，其中电力架空线入地94公里，信息通信线120公里，整洁梳理236公里，为世博会提供了良好的交通环境。

【掘路项目比上年度减少五成】 市道监办在世博期间严格掘路管理，一是加强世博前期掘路控制管理。进一步压缩掘路项目总数。2010年正式列入计划项目529项，暂缓立项216项；从时间和区域上尽量避开世博会活动。二是严控世博期间的掘路。世博园周边25平方公里范围内禁止一切掘路项目施工，世博园周边45平方公里内严控掘路施工；各行政区域的掘路面积以道路面积的1%为控制标准，并且相邻道路不得同时施工，推行非开挖等施工技术。三是狠抓掘路现场管理。对世博期间中心城区施工项目加强文明施工管理，合理规划施工便道和工程车辆行驶路线，增加或改移便民利民通道，抓好工地及周边道路整洁与环境卫生，减少对市民生活的影响；加强工期监管，对在建管线工程签订明确的工期合同。四是实施长效管理。加强与市交警总队、房管局、发改委、规土局等单位的联系，推进市道监办制定掘路计划和市市管处办理掘路执照联动管理，以掌握掘路计划执行率情况。世博会期间，中心城施工日占路面积最高峰控制为4.4万平方米，约占中心城总面积的0.2%，累计掘路总量仅为8.3万平方米，为世博会的道路交通创造了良好条件。2010年掘路项目比2009年压缩五成。

（四）市政设施管理

【概况】 市政道路应急指挥室建成并投入运行，市属设施实现市政专业网格化管理，编制《上海市城市桥梁数据采集技术规程》、《上海市城市桥梁、隧道安全保护区域技术标准》，城市道路交通信息采集与发布系统工程（快速路部分）通过验收，城市道路、高架及桥梁检测评估工作顺利完成，建立城市道路三级巡查处置机制。全面做好迎接全国干线公路养护管理检查，部分区县出台农村公路管理养护体制改革方案，《上海市高速公路电子不停车收费管理规定》、《上海市收费高速公路运行管理规定》、《公路路面养护技术规范》颁布实施，修订《上海市公路创建文明样板路实施办法》，制订《上海市公路桥梁养护管理工作制度》，各方协同开展治理超限运输工作，调整高速公路命名编号，高速公路ETC不停车收费车道基本实现全覆盖，干线公路交通信息采集与发布系统工程通过验收，公路路网管理中心建成并试运行，高速公路北区路政管理大队成立，通行费征收34.53亿元，道路管线施工事故率受控，道路掘路计划管理子系统开发试运行。

【市政道路应急指挥室建成并投入运行】 2010年2月，上海市市政道路应急指挥室建成并投入运行。该指挥室位于中山西路435号，总建筑面积1480平方米，通过508平方米的监控大厅，可对整个上海市6340平方公里区域内的道路网络进行监控。上海市市政道路应急指挥室具备整合道路交通监控管理、突发公共事件应急管理、市政行业设施管理、市政专业网格化管理等多重功能，基本实现对城市道路、公路等市政设施突发事件快速响应、高效处置的应急管理以及交通信息集中发布的目标，为2010年世博会召开发挥了运行监管和行业应急保障作用。

【市属设施实现市政专业网格化管理】 市政专业网格化管理由市管城市道路与市管公路两部分组成，具体包括南北高架、延安路高架、内环高架、城市快速路跨苏州河及铁路桥梁等，共分17个责任网格，全面覆盖市属设施约1000公里。配备26名监督员、2辆巡视车。通过督办分离、体外循环的运作模式，履行监督日常养护维修工作职能，同时弥补了养护单位日常巡视工作中存在的盲点，使各设施处于精细化管理状态。2010年6月，城市道路市属设施管理实现网格化全覆盖，已建立涉及公共安全的突发应急机制，并能以网格化管理数据为依据，为行业管理提供有力支持。同年，市政专业网格化平台共立案641起，结案555起，结案率86.58%，为世博会提供了有力的设施保障。

【编制《上海市城市桥梁数据采集技术规程》】 为更好地开展上海市城市桥梁管理工作，保证上海城市桥梁具有良好的服务水平，需要编制适合上海地区城市桥梁数据采集的技术规程。根据市市政局《关于下达2006年技术标准编制计划的通知》，市市管处编制完成《上海市城市桥梁数据采集技术规程》。该《规程》主要适用于已投入运营的Ⅲ类、Ⅳ类、Ⅴ类城市桥梁以及人行天桥和地道的数据采集，对空间数据采集、静态属性数据采集、动态属性数据采集、数据存储与更新等方面提出了要求。该《规程》的制定，能更好地指导和规范数据采集作业，保证所采集的数据科学准确、标准统一，既利于数据通用、数据共享，又利于数据积累和动态、长效的管理。

【编制《上海市城市桥梁、隧道安全保护区域技术标准》】 2006年10月，市人大常委会通过的《上海市城市道路管理条例》第三十四条规定："市市管处或者区、县市政工程管理部门应当按照桥梁、隧道的安全保护要求，确定桥梁、隧道的安全保护区域。"2007年，市市政局立项，2010年，市市管处编制完成《上海市城市桥梁、隧道安全保护区域技术标准》。该标准内容包括限制作业行为分类与城市桥梁、隧道安全保护区域、安全保护的技术要求、安全保护区域内施工作业的安全监测等。该标准的编制与实施，有助于加强上海市城市桥梁、隧道安全保护区域的管理，保障城市桥梁、隧道的安全运营，充分发挥城市桥梁、隧道的使用功能。

【城市道路交通信息采集与发布系统工程（快速路部分）通过验收】 2010年6月，城市道路交通信息采集与发布系统工程（快速路部分）基本建成并陆续投入试用。同年

11月，该工程通过验收。该工程具体范围为，城市快速路网（浦西区域），由外环线、中环路、内环高架路、延安高架路、南北高架路（含北延伸段）、逸仙高架路、沪闵高架路组成；中心城地面主要路网（浦西区域），由内环与中环之间双向四车道、单向二车道以上的地面道路、中环与外环之间联接郊区干线公路的19条射线主干道及其相关交叉路口组成；交通信息服务应用平台。其中：城市快速路网（浦西区域）工程目标为交通流信息、视频图像信息采集和交通状态信息发布达到全路网覆盖，信息发布准确率达到90%以上，实现快速路网入口匝道控制功能。中心城地面主要路网（浦西区域）工程目标为交通流信息采集覆盖达到85%以上，结合车载GPS数据的采集，生成的路段交通状态信息达到全覆盖；通过在主要干道布设可变信息标志，信息发布准确率达到85%以上。交通信息服务应用平台工程目标为实现交通服务应用信息的汇聚和集中管理，具备市域内各种公益性交通信息服务能力与为世博会交通信息服务系统提供信息资源的能力，针对社会公众的交通出行，建立综合交通出行网站。城市道路交通信息采集与发布系统工程的实施，外环线及高速公路入城段实现了实时交通状态信息采集、发布全覆盖，与中心城快速路无缝衔接。

【城市道路、高架及桥梁检测评估工作顺利完成】2010年，市市管处全面开展市属高架及桥梁结构检测和区属道路桥梁检测评估工作，被检测道路和桥梁的整体状况处于良好水平。城市道路检测总体情况：1.RQI（道路舒适度指数）平均值为3.55，达到优级水平，与2009年（3.47）相比有所提高，98.39%的道路行驶质量处于合格水平以上。2.PCI（路面状况指数）平均值为90.29，达到优级水平，与2009年（88.59）相比有所提高，99.08%的道路损坏状况处于合格水平以上。3.DEF（路面结构承载能力）基本良好，89.47%的道路结构承载能力处于临界以上状态。4.AADT（年平均日交通量）总体处于中等水平，中、轻、很轻交通占74.22%。城市桥梁检测总体情况：共完成1690座城市桥梁技术状况BCI的分析评价和定级。全市城市桥梁BCI平均分为93分，A级和B级桥共1608座（占95.1%），城市桥梁平均技术状况保持A级水平。

【建立城市道路三级巡查处置机制】市市管处建立城市道路三级巡查处置机制。第一层面为市管处建立市管设施巡视督查制度。组织市管设施巡视督查工作，完善市管设施月度养护维修考核办法。第二层面为区县市政管理机构、项目公司建立城市道路、越江桥隧设施巡视检查制度。分别组织城市道路、越江桥隧设施巡视工作，完善项目公司对养护公司越江桥隧设施季度养护维修考核办法。第三层面为养护公司、养护单位建立城市道路、越江桥隧设施巡视检查制度。按照各自养护维修范畴和养护承包合同有关规定，分别组织城市道路、越江桥隧巡视工作，切实对巡视发现的病害实施养护维修处置。世博会期间，市市政行业实施城市道路三级巡查处置机制，累计出动930余人次，巡视道路6500公里，桥梁检测1690座，发现病害1480处，立案3621件，结案率达87.71%，确保了城市道路和桥隧设施安全、完好、畅通。

【全面做好迎接全国干线公路养护管理检查】2011年上海将接受交通运输部组织的全国干线公路养护管理大检查。检查项目有公路建设、养护管理、通行费征管和精神文明建设等方面内容。为此，市公路行业在2010年开展各项迎检准备工作：制订迎检方案，市、区两级公路管理部门与高速公路项目公司都成立了工作小组，明确责任、工作要求和节点目标；对照检查要求逐一梳理整改；全行业投入资金用于养护维修：区县公路投入25亿元，高速公路投入3.96亿元；“十一五”期间，全市公路投入养护资金149.6亿元。健全完善养护管理长效机制，加强以法管理，完善管理法规和技术规范；强化路政管理，治理超限运输、加大桥梁安全管理力度，清理非公路标志，严格监管占路、掘路行为；推进专业化、机械化和规模化养护作业，推广应用“四新”技术；推进信息化建设和应急处置管理，努力为公众出行提供服务。

【部分区、县出台农村公路管理养护体制改革方案】 根据市政府《关于印发上海市农村（郊区）公路管理养护体制改革实施方案的通知》精神，截止2010年，崇明、闵行、奉贤、宝山、青浦、金山、松江区和浦东新区八个区县完成了农村公路管理养护的体制改革方案编制工作，明确责任主体、管理部门、职责分工、机构设置、资金筹措和使用流程、技术规范、管理责任与考核机制等。

【《上海市高速公路电子不停车收费管理规定》颁布实施】 市建设交通委于2010年8月19日颁布了《上海市高速公路电子不停车收费管理规定》。该《规定》规范了管理部门、机构和经营单位、规划编制、车道系统的建设和运行、密钥管理、客户服务系统的建设和运行、用户章程与用户手册、销售与协议、结算和清分要求、跨省市收费结算规则、管理制度、通行费票据、车辆用户等相关事宜。《规定》于2010年10月1日起实施，《上海市高速公路电子不停车收费管理试行意见》同时废止。

【《上海市收费高速公路运行管理规定》颁布实施】 根据《中华人民共和国公路法》、《收费公路管理条例》和《上海市公路管理条例》等法律、法规，市建设交通委于2010年12月1日颁布了《上海市收费高速公路运行管理规定（试行）》（以下简称“规定”）。该“规定”共计47条，内容包含桥梁、隧道的管理、设施损坏的及时处置、通行费缴纳、通行费票据、收费道口通行保障、通行卡管理、信息服务和服务区管理、清障服务、社会监督等方面，全面规范了收费高速公路养护、收费、监控、服务、使用及相关监督管理活动。该“规定”于2011年1月1日起施行，有效期自施行之日起两年。

【《公路路面养护技术规范》颁布实施】 2010年，由市公路处主编，上海弘路建设发展有限公司、上海公路工程监理有限公司、金山区公路署等单位参编的上海市地方标准《公路路面养护技术规范》（DB 31/T 489–2010）经上海市质量技术监督局批准颁发，自2010年10月1日起实施。原市市政局局标《公路沥青路面养护技术规程》（SZ–21–2002）和《公路水泥混凝土路面养护技术规程》（SZ–30–2002）自然废止。《公路路面养护技术规范》分前言和12章、40节及1个附录，规定了公路路面的养护内容和质量标准、损坏类型与分级标准、维护保养、常见损坏维修、中大修和改建工程、再生利用等内容。该“规范”适用于市公路路面养护管理和养护工程的设计、施工、监理等各个环节。

【修订《上海市公路创建文明样板路实施办法》】 根据交通部及市有关要求，市建设交通委对原市市政局制定的《上海市公路行业创建文明样板路立功竞赛活动实施办法》作了修改，并改名为《上海市公路创建文明样板路实施办法》，于2010年7月16日颁布实施。该“办法”适用于公路技术标准三级和三级以上，除高速公路以外的国道、省道、县道和乡道。内容包括文明样板路申报、检查、验收等各个环节。

【制订《上海市公路桥梁养护管理工作制度》】根据交通部颁布的《公路桥梁养护管理工作制度》，结合市公路桥梁养护管理的实际情况，市公路处制定、市城乡建设和交通委印发《上海市公路桥梁养护管理工作制度》。原上海市市政工程管理局制订的《上海市公路桥梁养护管理暂行规定》同时废止。该"制度"适用于市国道、省道、县道、乡道、村道桥梁养护管理，明确了市桥梁养护管理实行"统一管理，分级负责"，"预防为主，安全至上"的工作方针。该"制度"从管理职责、桥梁养护工程师制度、桥梁检查与评定、桥梁养护工程管理、危桥管理、技术档案管理、路政管理、应急处置管理、监督检查等方面规范了市公路桥梁养护管理工作中的要求和标准。

【各方协同开展治理超限运输工作】2010年9月17、28日、10月22日，市公路路政总队、交警部门针对全市范围内擅自超限、超载现象严重路段如S20外环线真南路、蕰川公路、G60枫泾收费站、G15朱桥收费站、江杨北路、北青公路、叶大公路、叶新公路开展了三次大规模集中整治行动。同年，全市出动路政执法人员881人次，检查货运车辆908辆，其中超限车辆447辆，卸载超限部分货物7976.8吨，罚款111.4万元。市公路路政总队协同东方卫视、上海电台、劳动报、东方早报、新民晚报等媒体，进行广泛宣传；拟订了市公路超限监测站点建设规划；开展了桥梁超限超载动态管理系统、不停车称重系统、不停车超限检测系统建设课题研究。

【调整高速公路命名编号】上海高速公路命名编号调整和相关标志更换工作于2009年10月启动。2010年2月底，上海市完成了8条国家高速公路命名编号调整及标志更换工程。同年3月底，完成了8条省级高速公路中收费高速公路命名编号调整及标志更换工程。同年4月底，完成了不收费高速公路命名编号调整及标志更换工程以及城市快速路、普通公路相关标志更换工程。相关标志更新涵盖高速公路所有交通标志，包括指路标志，入口预告标志、入口标志、起（终）点标志、出口预告标志、出口标志、地点距离标志、服务设施标志、收费站标志等。上海775.18公里高速公路以及城市道路、普通公路命名编号的相关标志改造，共计新增、更换、改正各类标志3万余块，总投资1.56亿元。同年11月，市公路处下发《关于印发<上海公路标志养护管理规定>的通知》。

【高速公路ETC不停车收费车道基本实现全覆盖】2010年，上海市全力推进ETC系统的建设工程，至年底，上海市ETC车道总数达到118根，分布在全市高速公路网的20个主线收费站（35个主线收费断面）和82个匝道收费站（195个匝道收费断面），主线收费站基本实现全覆盖。京沪、沪渝、沪嘉高速公路已实现所有收费断面ETC车道全覆盖。年初，市有关部门要求各级党政机关、全额拨款事业单位公务车全部安装ETC设备；5月，全市高速公路网实施三年内ETC车辆通行费95折优惠；市公路处组织开展多项宣传报道，扩大ETC知名度。截至年底，上海公共交通卡公司建成了1个客户服务中心（直营网点）和17个特约服务网点（代理网点），建立了108个工商银行充值网点，共发展ETC用户10.6万户，高速公路路网日均ETC流量已超过6万辆，占高速公路整网流量的10%左右。

【干线公路交通信息采集与发布系统工程通过验收】2009年起，根据《上海市道路交通信息采集与发布实施规划》的部署，市公路处投资3.43亿元，组织实施了上海市道路交通信息采集与发布系统工程。该工程包括干线公路交通信息采集与发布系统工程即“采集二期”补报工程，实施范围为，郊区干线公路网即高速公路和国省干线公路。该工程目标为郊区干线公路网的交通状态信息准确率达到80%以上。技术手段为通过移动通信系统的手机定位数据处理后获取道路交通状态信息，对获取的手机数据进行实时处理，生成分段的道路交通状态信息和检测交通事件，并与郊区公路网其他方式获取的交通信息融合处理，形成可供应用和发布的交通信息，达到交通信息采集全覆盖。2010年9月，“采集二期”补报工程通过验收。通过“采集二期”补报工程的实施，完成了高速公路视频监控系统扩展工作，实现了除S36外各出省射线高速公路视频监控全覆盖，为保障世博，提高交通监控、信息服务水平提供了重要手段。

【公路路网管理中心建成并试运行】 2010年4月，上海市公路路网管理中心投入试运行。路网管理中心位于京沪高速公路江桥收费站北侧，总建筑面积2000平方米，总投资为2500万元。该中心系统主要包括通信网络子系统、主机及存储备份子系统、数据库子系统、GIS子系统、应用软件子系统、视频管理子系统及终端操作子系统等七大部分。路网管理中心的投入运行，为世博会及之后的日常管理提供了交通保畅、研判预警、应急指挥、区域联动、公众出行等服务 。

【高速公路北区路政管理大队成立】 2003年，高速公路路政执法实行“一路一中队”模式，路政执法人员由项目公司聘用，经费也由项目公司承担。为优化高速公路路政管理模式，2008年市公路处开展了区域性管理调研。2009年完成了区域性管理方案，提出了将整个高速公路网划分为东区、南区和北区三个片区管理想法，2009年，高速公路东区路政管理大队率先成立。2010年8月，高速公路北区路政管理大队成立。

【通行费征收34.53亿元】 2010年，全市共征收贷款道路建设车辆通行费34.53亿元，同比上升4.6%，道口通行费8.42亿元，同比上升16.78%；全路网高速公路通行费收取38.02亿元，同比增长30.6%。市贷款道路建设车辆通行费征收管理办公室开展网上缴费，全市共10.9万辆车次通过网上缴费，缴费率上升32.5%；实行银行代扣代缴；对15.3万辆欠费车辆进行催缴，追缴通行费约1.1亿元。

【道路管线施工事故率受控】 2010年，市道监办不断加大管理力度，逐步形成了法制化、规范化、标准化、条块化的城市道路安全文明施工管理模式。上海世博会期间，市道监办深入工地，加强轨道交通12号线、沪太路交通枢纽、闵浦二桥配套工程等工程现场的文明施工检查，及时发现排除不安全隐患20多个。重点督促各工地加强安全文明施工管理，做好交通疏导，最大限度减少施工扬尘和噪声扰民。2010年，道路管线事故率和市民投诉率受控，管线事故率比2009年下降7.5%，全年未收到市民投诉，市人大、政协提案量也下降了25%，为上海世博会提供了良好的外部环境。

【道路掘路计划管理子系统开发试运行】 市道监办采用动态工程信息、在开发电脑程序编制掘路计划的基础上，开发《上海市城市道路掘路管理系统》（计划管理子系统）。通过试运行，该系统基本实现网上申报掘路计划、计划征询、综合平衡、发布及查询计划等功能。系统提供了查询、筛选、分类数据和打印功能，方便各类用户使用，实现掘路管理从静态到动态、“事前、事中、事后”的全过程管理。

（五）市政科技

【《上海市中心城慢行交通规划研究》荣获市决策咨询研究成果奖】2010年6月，市市管处组织实施的《上海市中心城慢行交通规划研究》获得第七届上海市决策咨询研究成果一等奖。该课题由《上海市中心城非机动车交通规划》、《上海市中心城步行交通规划研究》两项子课题构成。《上海市中心城非机动车交通规划》课题通过道路踏勘、交通观测、意愿调查，确定了中心城十三纵、十二横非机动车廊道布局，提出了必要的工程措施及相应的实施计划。《上海市中心城步行交通规划》课题通过道路踏勘、交通观测、意愿调查，制定了市干道过街设施布局与选型标准；确定了人行横道、步行岛、街角空间、行人信号四类过街设施的设计要素和慢行导向下宁静步行系统的规划方案，包括55条休闲宁静步道、351条生活宁静步道、206处安宁过街；通过动态管理手段、交通宁静技术确保慢行通道上慢行者的优先路权，兼顾了环境保护与社会公正。这一课题成果对于中心城缓解人车矛盾、改善慢行环境富有实践价值，对于同类城市慢行系统的规划与改善具有借鉴意义。

【组织开展高架道路铺装排水降噪路面技术研究】市市管处组织开展了《高架道路铺装排水降噪路面试验研究》课题项目。在现有高架道路典型沥青路面结构研究的基础上，结合高架道路排水降噪沥青路面技术特点，形成排水降噪路面材料选择、设计与施工指导意见，提出上海地区排水降噪沥青路面铺装结构形式与排水系统形式。课题应用研究成果指导了中环线试验路工程的施工、设计，并进行了降噪效果与路用性能的跟踪测试。通过研究显示：排水降噪沥青路面与SMA路面相比有明显的降噪效果，排水降噪沥青路面可降低路面噪声1.5dB ~ 2dB（分贝），并具有雨天路面基本无积水、可视性好等优点。所铺筑的试验路各项性能均达到预期要求。

【高架道路养护维修综合技术在道路整治得以运用】市市管处会同上海市市政规划设计研究院、上海市道路工程重点实验室开展了《高架道路综合维修养护技术研究》专项研究。研究提出适合防撞墙外侧、梁体、墩柱的材料和技术，以及防撞墙伸缩缝维修的型式和技术。通过对桥面连续缝受力分析表明，桥面连续缝处开裂弯矩相对于其实际可能承担弯矩较小，因此在活载或不均匀沉降作用下连续缝处铺装结构较易开裂。连续缝处出现裂缝的轻重程度可分别采取铺设玻纤网、改建型钢伸缩缝、原结构修复和采用弹性混凝土修复等方案。提出了沥青桥面铺装层维修养护技术方案和铺装层铣刨加罩施工技术指导意见。该研究成果在“上海城市道路三年整治行动”和“迎世博600天行动计划”中得以运用，并于2010年5月通过技术验收，具有较大的经济价值和社会效益。

【重载交通沥青路面结构研究通过验收】2010年12月，上海市道路重载交通沥青路面结构研究科研项目通过验收。上海市道路重载交通沥青路面结构研究提出了不同等级城市道路标准轴载轮迹横向分布系数的推荐值及按照日等效标准轴载作用次数划分的交通等级标准，为科学合理地确定路面结构设计中的交通参数提供了依据。同时得出了对于不同路面深度适宜的气温和太阳辐射变量，建立了上海地区适应不同深度的沥青路面温度场预估模型。其次课题验证了空气湿度对沥青混合料性能具有显著的影响，建立了室内模拟湿度影响的加速试验方法，提出了改进湿度影响的具体措施。最后课题提出了城市道路重载交通不同于传统典型结构的新的结构组合设计原则，并在军工路重载道路工程中铺筑了试验路，一年的观测结果表明，各项路用性能指标良好。

【高速路基路面整治关键技术研究通过验收】《高速公路路基路面整治关键技术研究》项目由上海市嘉浏高速公路建设发展有限公司、上海市城市建设设计研究院、上海市第一市政工程公司、同济大学和上海市市政规划设计研究院共同完成，2010年5月27日通过验收，成果总体达到国内先进水平。课题组依托沈海高速嘉浏段整治工程，围绕路况检测技术、设计关键技术、旧料再生利用技术、关键工序的施工质量控制技术等方面开展研究，取得以下主要成果：1、基于落锤式弯沉仪FWD技术，提出了路面横向贯穿开裂的判断标准，以及土路基整治的判断标准；2、首次提出了一套适合高等级公路路面大修整治的设计流程、方法及原则；3、形成了一套水泥稳定沥青面层铣刨旧料应用于高等级公路底基层的施工工艺与质量控制技术。

【闵浦大桥斜拉桥建设关键技术研究通过鉴定】 2010年12月，闵浦大桥斜拉桥建设关键技术研究通过了上海市科学技术委员会鉴定，并认为，该研究成果具有创新性和实用性，设计施工总体达到国际先进水平。2009年12月31日竣工通车的闵浦大桥，创造了双层斜拉桥主跨长达708米的国际造桥业的世界纪录。该项目对大跨度双层公路斜拉桥建设关键技术进行了研究。其主要成果为：1、主跨正交异性板结合钢桁梁技术。中跨钢桁梁结构采用全焊连接方式；2、边跨桁架组合梁设计与施工技术。采用由外包混凝土型钢弦杆、钢竖腹杆、钢斜腹杆、钢斜撑杆、预应力混凝土横梁与混凝土桥面板构成的复合结构双层桁架体系；3、钢桁梁斜拉桥施工过程分析及控制。即对桥梁施工全过程进行仿真计算；大体积混凝土温度监控技术、节能型温控自动补水及循环热水混凝土养护技术；边跨施工“节段预制、现场拼装、整体提升、高空滑移”施工工艺；边跨钢桁架+外包混凝土的组合结构形式。4、运营风险分析与防范措施。分析总结出针对地震、大风、暴雨、降雪与道路结冰及雾等四大类自然灾害风险场景，制定相应风险事态下对应构件的管养策略。该研究成果成功应用于闵浦大桥的设计、施工。

【桥头跳车防治技术研究通过验收】《公路桥头跳车防治技术研究通过验收》项目由上海市市政规划设计研究院、上海市道路工程重点实验室和上海市高速公路技术学科研究发展中心共同完成，2010年10月29日通过验收。课题组针对嘉金高速公路迎世博600天整治工程，进行了桥接坡铣刨加罩与CCMG深层处理方案的试点应用，跟踪研究表明，桥接坡铣刨加罩方案较大限度地改善了平整度，消除跳车点，通过坡度预抛高显著延长了使用效果；CCMG深层处理方案对软土地基进行了有效加固，较大限度地减少了工后沉降量。申嘉湖高速（上海段）新建桥头过渡段试点应用CCMG深层处理结果表明，CCMG技术的应用可显著提高地基承载力与压缩模量，跟踪观测表明，该技术有效地确保了工后沉降控制在10cm以内。

【公路养护“四新”技术推广应用】 市公路行业结合自身实际情况，不断增强预养护理念，积极将各类“四新”技术运用于公路养护维修中。如市公路处在沪青平公路整治工程一期施工现场首次试用远程监控，通过云台实现现场全景监控，可实现现场施工安全文明施工监控、现场施工进度监控、施工工序监控与现场质量监控功能。又如浦东新区公路署在五洲大道养护工程中应用生态环保综合技术，废橡胶轮胎粒子用于沥青路面提高了行车舒适性；太阳能雨水回收、净化利用浇灌道路绿化；选择具有防尘、降噪、吸废气的道路绿化种类，营造自然生态系统等。宝山区公路署积极推广“水泥稳定碎石基层”和“防沉降窨井”技术，松江区公路署在嘉松南路拓宽改建工程中采用“共振破碎”技术，即对现有机动车道水泥混凝土加铺沥青混凝土面层，在处理工艺上采用板块碎石化后加铺沥青混凝土面层。使道路路面平整，提高道路使用寿命，保证了车辆行驶安全性与舒适性。金山区公路署实施“微表处稀浆封层”技术，即采用机械设备将适当级配的乳化沥青、粗细集料、水、填料如水泥、石灰等和添加剂按照设计配比拌和成稀浆混合料摊铺到原路面上形成薄层以恢复路面功能。通过“四新”技术的推广应用，较好地解决了公路养护维修中的顽症，从而大幅度提高了公路养护质量，对于提高上海公路行业养护科技水平起到了有效的推动作用。

（市路政局供稿）

（六）燃气管理

【概况】 2010年，全市居民燃气用户总数865.44万户，比上年增长4.47%。其中天然气用户410.04万户，比上年增长11.79%；人工煤气用户135.09万户，比上年减少16.39万户，继续呈下降态势；液化气用户320.30万户，比上年增长3.27%。全年销售天然气42.66亿立方米，比上年增长36.29%；销售人工煤气12.85亿立方米，比上年下降9.4%；销售液化气40.05万吨，与上年基本持平。全市燃气管线总长22834.07公里，其中天然气管线长度17316.80公里、人工煤气管线长度5517.27公里。至年底，全市办理燃气经营许可证的企业52家；办理燃气供气许可证的供气站点498个；办理燃气器具安装维修许可证的企业228家；办理燃气器具销售备案的企业176家，备案型号1505个；办理家用燃气泄漏报警器和燃气泄漏安全保护装置备案的企业16家，备案型号46个。年内，市物价局4次调整出租车和助动车用液化气零售中准价，7月1日起联动调整上海市非居民用户燃气销售价格。“世博燃气配套工程”完工，完成世博园区内26条道路总长度20258米及气源引入总长度3839米的排管工程、2座高中压调压站、51座中中压和中低压调压器建设。成立上海燃气世博保障中心，确保世博燃气安全保障供应。

【完成燃气管道违章占压整治工作】 “燃气管道违章占压整治”于2007年被列入上海市平安建设实事项目。至2010年底，全市整治工作基本完成，累计净减燃气管道违章占压796处；59处天然气高压管占压整治全部完成；除普陀区外17个区县实现燃气管线“零占压”；全市天然气高压管道实现“零占压”、“零增长”；初步建立起长效管理机制。

【首例盗用燃气案宣判】 3月，市北燃气销售有限公司在日常检查中，发现靳某夫妇经营的欣梦酒家有私接管道和接口，并予以拆除。7月15日，再次发现该酒家盗用煤气，便报警。经鉴定，酒家使用的灶具煤气消耗量超过每小时28立方米，累计盗用人工煤气价值8.5万余元。案发后，靳某夫妇退赔所有赃款。11月13日，上海首起盗用燃气案在杨浦法院开庭审理，法庭当庭宣判，靳某被判有期徒刑3年缓刑4年，其丈夫林某被判有期徒刑3年缓刑3年，2人各处罚金2万元。

（市燃气处供稿）

四、绿化市容

（一）综述

2010年是上海世博会举办年，也是全面实现“十一五”规划目标的收官之年。一年来，全市绿化市容系统按照市委、市政府的总体要求和工作部署，以世博运行保障工作为契机，以深入学习实践科学发展观活动为抓手，不断加强自身建设，努力提升上海城乡环境整体水平，以“整洁、有序、美观”的市容环境，为实现世博会的“成功、精彩、难忘”作出了应有的贡献。一是圆满完成世博市容保障任务，实现市容环境“整洁、有序、美观”。通过综合整治市容环境，消除“三乱”，大力整治户外广告，强化道路及公共场所保洁，确保市容环境整洁干净。采取全面巡查与重点督察相结合，世博重点保障区域基本无乱设摊、违法搭建、非法小广告等违规现象，一般区域乱设摊等违规现象总体处于可控状态，确保街面秩序规范有序。新建和改造景观灯光，全面完成世博绿化改造、花卉景观布置任务，确保城市景观美观靓丽。全面加强林业有害生物预警防控、森林防火和植物检疫工作，确保城市生态安全。制定《绿化市容保障方案》，建立应急保障联动机制，建立绿化、市容环卫、城管执法、林业等各专业应急队伍，出色完成应对百万客流等应急任务，确保应急处置及时有效。把握世博会后绿化市容的发展形势，研究“十二五”期间绿化市容的重点目标，基本完成绿化市容“十二五”规划的编制。

（二）世博保障

【概况】世博期间，市政市容环保以“整洁、有序、美观、平稳”为目标，按照“全市统筹、统一协调、市区联动、以区为主、分工负责、各司其职”的原则，建立健全科学组织、层层落实的工作机制，完善管理措施，加大整治力度，推动全市市容环境上了一个新台阶。

建立市、区、街道直至居委里委协调联动的工作方式，结合任务要求和单位实际，形成了高效的组织领导格局，进一步强化“晨查保洁质量、午查保障动态、夜查设施设备运行状况”的“三查”机制。道路保洁以“巩固核心区域、提升重点区域、拓展面上区域”为目标，推行“夜间作业、白天保洁”模式，以世博周边14个街镇、25个主要地区为核心，完善24小时道路保洁机制。生活垃圾处置有序平稳，平均每天清除量达19000吨。10个重点区域、11条花道和6条景观线路加大花卉布置力度，5月至9月全市花卉量保持在1850万盆，10月增加国庆元素花卉布置，全市花卉量达到2000万盆。全面加强景观灯光建设，共新建、改造1961栋楼宇灯光、200余处绿地景观灯光工程和黄浦江沿岸8处动态灯光。污染防治和区域联防协作取得突破，重点对世博园区300公里半径范围内的电厂、钢铁企业等进行全面综合整治。通过各方努力，世博期间市容环境整洁，道路保洁创历史最好水平，花卉布置保持良好面貌，绿化景观更加优化，环境保护有效，空气质量创历年最佳，城市景观多彩绚丽，得到各方广泛认同和赞誉。

【市容环境保障001电台开通】2010年4月1日至11月30日期间，为确保世博会运行服务和应急保障顺利进行，全市开通使用市容环境保障001电台。开台范围包括核心区域：世博园区1000米范围内（浦东新区、黄浦区、卢湾区、徐汇区及14个街镇）；重点区域：全市25个景观区域和90条段主要道路所在的区局、管委办和街镇；面上其他区域涉及到的区县及市局相关部门和直属单位。4月20日至11月30日为开台保障运行期，每天开台时间为上午7：00至晚上24:00。电台开通期间，各区县、各单位、各部门指定专人值班守台，随时与市局001指挥电台保持畅通联系，及时处理巡查发现的问题和其它突发事件。每天开台时，各区县、各单位、各部门必须准时向市局001指挥电台报开台，当天开台结束时收听到001关台通知后才能统一关台。各区县及各单位在接到市局001指挥电台整改指令后，须在市局“世博会运行服务和应急保障工作手册”规定的时间内安排应急队伍进行整改，并及时向001报告整改情况。对指挥系统的指令发生拖拉、推诿现象，严格实行追究问责制度，并通报到所在区县政府。截止10月底，001保障平台共处理事件为1102件，整改率为100%，其中世博周边核心区域督察事件均在30分钟的规定时限内得到处置，其他重点区域督察事件也在1小时内得到处置。5月1日~9月30日，共受理市民诉求46414件。其中：12319热线转来37556件，中心受理市民来电来访6762件，其他渠道转来2096件（市局信访件、三级平台转来诉求、市政风行风热线、市行风监督员转来诉求等），处理率达到100%。

世博会期间，全市绿化市容城管执法系

统分世博园区、世博园周边、全市三个层面开展工作：（1）世博园区内（包括黄浦江面），由环境实业（世博会指定环境卫生服务商）为主，各相关单位配合环境保洁、垃圾清运以及公厕服务。另外由园林集团为主，进行公园绿地养护管理。（2）世博园周边1000米区域以及90条主要道路、25个景观区域由相关的浦东新区、黄浦区、卢湾区为主，市相关部门配合。在全市范围加强市容保洁，精心绿化养护，防范有害生物，优化灯光景观，强化城管执法。

【保障机构与实体】按照上海世博会市场开发的模式，2008年12月17日，上海世博会事务协调局（以下简称世博局）与上海市城市建设投资开发总公司（以下简称城投总公司）签订《中国2010年上海世博会环境卫生项目赞助商赞助协议》和《中国2010年上海世博会环境卫生运营服务框架协议》，上海城投成为上海世博会环境服务项目赞助商，其子公司上海环境实业有限公司（以下简称环境实业）成为上海世博会指定环境卫生服务商，为世博会提供世博园区内道路、设施、水域及部分场馆的保洁服务，环卫基础设施的建设、运营和管理服务。

2009年10月29日成立上海世博园区环卫运营保障领导小组，马云安和城投总公司总经理孔庆伟担任组长，指挥世博环卫运营保障工作，包括制订和完善世博园区环卫运营的相关标准、规范、制度等；协调解决世博园区环卫运营中的重大问题和突发性事件；定期向各有关区和单位通报世博环卫运营进展情况。下设运营保障工作和协调小组等工作机构，由环境实业总经理梁超担任工作小组组长。

2009年10月，上海环境实业有限公司针对世博项目，成立上海环境实业有限公司世博分公司（以下简称世博分公司），由倪永红任总经理，在领导小组的指导下承担上海世博会园区环卫保障工作的筹备及运营工作。制定了《中国2010年世博会环境卫生运营方案》，包括陆域保洁作业方案、水域保洁作业方案、公共厕所保洁作业方案、生活垃圾收运作业方案、餐饮垃圾收运作业方案、应急方案、指挥调度方案等，并对各项工作的作业班次、人员和设备进行了安排。

【公厕分布与管理】园区内公共厕所分为基建式固定厕所、箱体组合式公厕、建造式移动厕所3种，共62座，厕位计4193个。世博局负责建设的基建式固定厕所位于园区A片区的样板组团内，共计有3座，分别为48个厕位/座。

箱体组合式公厕由世博局采用“回购式”方式建设。厕所由环境实业、上海美申环境设施设备有限公司（以下简称美申公司）、上海环境卫生工程设计院共同设计建造。总计37座厕所2948个厕位，建筑总面积为10224平方米，世博局实际支付费用为2014.128万元。该箱体式厕所为美申公司设计制造的装配式厕所，采用工厂化生产制作、现场组合拼装、使用后可拆卸进行后续利用，具有多单元组合式、国内首次按照男女厕位比例1：2.5设置，必要时可以依据实际需求对男女厕位比例进行调节，还装有红外线自动使用计数器。配以高人性化的使用功能，如自动控制冲水功能、使用求助及应答功能、多情景模式的语音播放功能，借助不同风格的背景音乐，起到调节用厕者的情绪的辅助作用等。

建造式移动厕所是世博局在2010年3月对园区设施调研调整后重新增加的厕所，由世博局在AB片区按同济大学提供的图纸建造，共计22座1101个厕位。

表4-1 各片区公厕(按保洁项目划分)厕位数量分布　　单位：个

	箱体组合式公厕	建造式移动公厕	世博局自建公厕	合计
AB片区	1144	384	144	1672
C片区	1188	384		1572
DE片区	616	333		949
合计	2948	1101	144	4193

世博运营期间箱体组合式公厕基本不需排队，客流达到60万人排队约占18%，排队5~10分钟约占76%。此时，根据客流情况调整投放应急活动公厕以缓解游客等待时间。7月中旬，在日本、韩国馆附近的公厕后放置了两座单体活动厕所，共计6个厕位，在随后的保洁作业过程中这两座应急公厕转变为常规公厕。10月起客流大幅增加，故自10月15日起，在热门场馆及客流量大的入口广场分别增设车载式活动厕所9台和拉臂式活动厕所2台，计171个厕位，至10月25日撤回。据30座箱体式组合公厕自动计数统计，5~10月的服务人次达6665万人次。

世博园区所有公共区域的厕所管理责任均归属于世博局设施和环境管理部，各个片区部的设施组作为其相关监督职能部门，主要负责日常的考核及协调。世博分公司负责实际运营、质量考核以及建筑红线范围内的设施维修，维修主要依靠美申公司驻园维修团队，运营由3家加盟单位负责。

公厕保洁人员定岗，照片工号上墙。作业服务采用“夜间集中深度全面清洁、日间干式快速跟踪保洁”作业法。即夜间集中对厕所内进行全面清洗、擦拭和消毒等，对厕所外立面视其洁净程度不定期进行擦洗清洁，整理补齐工具，检查各设施设备的完好性，最后关闭水阀和电源；日间补足各种易耗品以及再次确认设施设备的完好性，采用“刮、擦、覆、移、隔、抹、喷”等方式实施干式快速跟踪保洁。

【园区环境卫生保洁】园区环卫服务核心部分由环境实业直属企业上海东飞环境工程有限公司和上海水域发展有限公司承担外，其他部分则通过加盟形式来选择优秀的服务作业公司。世博环卫运营划分为11个标段，成立作业项目部，分别负责陆域保洁、水域保洁、生活垃圾收运处置、餐饮垃圾收运处置和公厕保洁。后期由于作业调整以及便于管理等原因将浦东4.5平方公里至5.28平方公里范围内的道路交由浦东新区环卫负责（具体各标段的加盟商见表4-2）。

其中陆域保洁区为世博园区公共区域道路（面积为97.8万平方米）、广场（面积为133万平方米）和高架步道（面积为14.2万平方米），主要采用“夜间集中清扫作业，日间巡回保洁维护”作业法。

表4-2　各标段加盟商汇总表

项目组	标段	作业内容	作业公司	委托类型
水域保洁	标段1	园区水域保洁	环境实业水域公司	直接委托
垃圾收运处置	标段2	生活垃圾收运处置	环境实业东飞公司	
	标段3	餐饮垃圾收运处置	上海浦发有限公司	加盟委托
公共厕所保洁	标段4	浦东AB片区	上海美申有限公司	
	标段5	浦东C片区	上海浦发有限公司	
	标段6	浦西DE片区	环境实业东飞公司	直接委托
陆域保洁	标段7	A片区道路、广场	浙江杭州路桥公司	加盟委托
	标段8	B片区道路、广场，园区高架步道及城市实践区	环境实业东飞公司	直接委托
	标段9	C片区道路、广场	上海宝山东晨公司	加盟委托
	标段10	D片区道路、广场	上海卢湾申杰公司	
	标段11	E片区道路、广场	上海黄浦欣望公司	

水域保洁区包括水面保洁和岸线保洁，范围为黄浦江、白莲泾及其延伸区域，总面积为26.8万平方米。水面保洁沿两岸巡回保洁，对中心水域进行适时保洁，30分钟巡回保洁1次，作业时采取限速和精细化作业，尽量避让过网船舶及避免轮渡高峰，确保作业的安全性及有效性，并确保江面可视范围内出现的漂浮物在30分钟内予以清除。5~10月共清除水域垃圾1322吨。

世博园区内为方便游客投放废弃物，在园内道路人行道及广场上放置废物箱合计2141组共计4282个。其中浦东园区926组，浦西园区722组，出入口54组，水门78组，公园311组。试运行后，针对园区内废物箱容积估算不足以及设置布局不合理等问题，世博园浦东片区内广场上增设垃圾桶1103只（其中240升垃圾桶1000只，660升垃圾桶103只），其中A片区367只，B片区331只，C片区405只。5月下旬，场馆开始陆续安装排队等候围栏，针对游客垃圾无处扔的情况，先后共安装了不锈钢折叠式垃圾投放支架3236套，6月份再次增加部分垃圾桶，在桶身上喷绘不同颜色的“环卫专用”四字，以便与馆内垃圾桶进行区分。废物箱每次清除垃圾后进行保洁并每天进行清洁。垃圾收集及废物箱保洁完成后，对箱体周围2米半径范围内场地进行保洁，块状污染物、条状污染物在发现后10分钟内清除，点状污染物在发现后15分钟内清除。

世博园区内生活垃圾收运处置包括：世博园区5.28平方公里范围内废物箱垃圾的收集，生活垃圾外运以及3.28平方公里范围内小压站的管理、气力输送系统管理以及展馆内垃圾的收集作业和餐饮垃圾的收运作业。世博园区运营期间，围栏内生活垃圾收运为24小时作业，日间由75辆小型电瓶收集车和电瓶平板车把生活垃圾收集运送至小型垃圾压缩站；夜间24点开始安排一班燃油车辆收集外运生活垃圾，围栏外生活垃圾外运则根据实际情况进行作业班次安排。从试运行至10月底生活垃圾共计清运28219吨，其中，正式运行的184天生活垃圾总量为26601吨，日均垃圾量为145吨。

餐饮垃圾收运共分为2次，第一次在每日午餐后采用电瓶平板车进行收集，作业时间为13:30 ~ 21:30；第二次在夜间采用餐饮垃圾车进行收集，作业时间为22:30 ~ 5:30。从5月至10月底，餐饮垃圾共计清运108743桶（签单量），日均垃圾桶为589桶；送入闵行餐厨厂处置的世博园区餐饮垃圾总量为7441吨，日均40.44吨（详见表4–3）。此外，4月份至10月份共清除建筑垃圾23737吨。

表4–3生活垃圾、餐厨垃圾收运量及相关客流量明细表

		生活垃圾量(吨)	餐厨垃圾量(吨)闵行餐厨垃圾处置厂数据	餐饮垃圾（桶）	入园客流量（万人）
试运行(4.19~4.30)	4月份	1618			
正式运行	5月份	3496	1040	16555	803.44
	6月份	4350	1148	18228	1309.55
	7月份	5009	1425	19105	1378.86
	8月份	4928	1342	18176	1245.83
	9月份	3980	1172	17983	1000.79
	10月份	4838	1315	18696	1569.66
	合计	28219	7441	108743	7308.13

【绿化养护】世博园区实施属地化管理的共有6个片区，分为两大部分：第一部分为永久绿化和园林景观部分，主要包括世博公园、后滩公园、白莲泾公园、宝钢大舞台、庆典广场、音乐喷泉和3座水门轮渡码头等一大批永久性绿化设施和建筑；第二部分为园区行道树、立体绿化和临时景观绿化部分，主要包括了长达24公里、涵盖18条马路的4700多棵行道树项目、宝钢大舞台墙面绿化、A3公建花墙立体绿化项目；以及对世博园区内的4.5公里的围墙绿化、10个主题绿化景点。此外，还有2万平方米的绿化改造、主要市政道路两侧摆放2000个花箱、800个灯杆挂花，700平方米单体花墙和花柱和高架步道34个景点的临时景观绿化，总量达到100多公顷。

园林集团按照上海市“绿化养护一级标准”，编制了《世博公园绿地养护标准》、《世博景观绿地养护标准》、《有害生物入侵应急预案》等规范、规程和营运手册。世博绿化养护团队根据不同植物的生长特性，制定个性化的养护对策，推行精细化的养护作业；利用生物防控、以虫治虫，做到公园和绿地面貌常态化的保鲜。

参照城市管理的网格化管理手段，整个片区共划分为20个小网格，其中以白莲泾公园、世博公园、白莲泾公园，3个公园为界划分为3个大网格，由网格保障员负责。3个大网格细分为网格16个单元小网格，由网格巡查员负责。另外由行道树组分为4个小组巡查整个园区道路的树木情况。管理干部和160名一线养护者实施24小时三班两运作，精心养护浇灌园区的近百公顷绿化，世博公园184天内要更换三次草花，一个晚上就种植了近5万盆草花，使世博园区内每天都鲜花盛开。

绿化养护单位每天派出两辆浇水车，10名工人昼夜浇水，及时清理和修复行道树树穴，加固更换行道树维护杉木桩，对行道树树穴内杂草进行清理，同时组织养护人员每天通过不同阶段的巡视，检查乔木生长情况，保证了行道树的日常养护面貌。由各区绿化部门和专业骨干企业队组成若干支突击保障队伍，完成了园区超过10公顷的临时景观绿化。2010年9月，为了迎接国庆节和中国馆日的来临，片区部对世博中心前的草坪进行改造，种植了9块草花色块（矮牵牛、孔雀草、蓝花鼠尾草、香彩雀、孔雀草、悬崖菊），对文化中心前的草坪进行菊花造景。在中国馆主要道路，上南路、周家渡路花箱内种植了400多株牡丹，并在世博中心的会议厅和宴会厅内，放置牡丹，充分展示了民族特色与喜庆气氛。

【植物检疫】由上海市林业总站（上海市林业病虫防治检疫站）（以下简称“市林业总站”）组成的“世博林业植物检疫服务团队”共7人，服务监管以世博会2号仓库和3.28核心区为工作区域，其中以新加坡馆、新西兰馆、意大利馆、法国罗阿馆、后滩公园为重点区域；履行进口植物检疫监管、林业植物检疫业务咨询窗口、植物引种审批受理、撤展进口植物销毁、世博林业检疫事务协调、林业检疫对象监测、突发检疫性有害生物防控等七项职能。入驻期间完成了园区内监管对象主体单位联系人的确认工作和世博会植物引种检疫监管联系手册建立工作；完成了意大利馆、新加坡馆、世博局等单位关于植物引进和检疫事宜的多次咨询接待任务；落实了新西兰馆、新加坡馆、法国罗阿馆、意大利馆、后滩公园的植物引种审批与入境数据的采集与整理工作并建立独立档案；完成了取样、送样和销毁证明等文本的制作，并按照既定流程分别交馆方、外检、物流、销毁点等单位。2010年5月25日，销毁首批新加坡馆撤展的1335株兰花、65株鸟巢蕨及意大利馆撤展的6个品种32株植物。2010年6月8日，伐除和销毁死亡的首批国外引进大型景观枫树215株。至世博会闭幕，完成了5次销毁任务，共计12种植物3831株，未发现检疫要求中危险性病虫害及林业检疫性有害生物。2010年11月12日，查获世博沙特馆加拿利海枣感染红棕象甲疫情，依法开展了相关扑灭处理工作。11月23日，世博撤展后新西兰馆首批撤展植物开始陆续粉碎销毁。

【城管园区机动执法服务】根据运行指挥部的要求，由市、区两级城管部门精选50名执法队员，于5月22日起分批进入世博园区，整个入园期间，共检查餐饮企业、展馆等6.71万余次，督促相对人及时整改违规处置餐厨垃圾、生活垃圾等行为3100余次，查处违法案件14起（其中：一般案件1件，处罚金额20000元，为餐饮单位乱倒餐厨垃圾；简易案件13件，处罚金额650元，均为乱设摊行为）。在会同公安、工商部门开展打击整治“三贩”的专项行动中，共查扣假冒海宝等世博会特许商品4.45万余件，劝阻游客乱扔垃圾、破坏绿化等不文明行为1.27万余次，提供指路、防暑常用药品、帮助儿童老人寻找走散亲属等人性化服务12.38万余次。

【开闭幕式市容环境保障】4月19~30日，环境实业清运建筑垃圾、布展垃圾2万余吨，园区内“垃圾山”全部被搬平；世博分公司在白莲泾公园东区、西区广场布置了4个移动式应急公厕集中点，共73个厕位并紧急调运107个240升垃圾桶应急。开幕式结束后连夜清理10余万发焰火残渣以及将黄浦江面6000多只LED光球打捞上岸。当夜，所有保洁作业人员增加12点后班次，出动约1300人次以及大小型作业车辆15辆（包括吸尘车、高压冲洗车、平板车等），将园区和所有辅助设施进行集中清洁，并对焰火影响严重的区域进行重点保洁；水域保洁共出动26艘各类作业船，188人次，共打捞5吨漂浮垃圾以及所有LED光球，保障了世博会开幕式和正式开园的环境整洁。

10月31日世博闭幕式在世博文化中心举行。11月1日凌晨2点30分园区箱体组合式公厕关闭，AB、C、DE三个公厕服务项目部除保留少量作业人员继续从事部分建造式公厕服务外，基本退出世博园区；黄浦江水域保洁全部退出世博园区；陆域保洁力量、生活垃圾和餐饮垃圾收运部分退出世博园区。

【园区外保障机制】原“迎世博600天行动”绿化市容指挥部自动转为世博会绿化市容保障指挥部，并进一步完善和细化各项保障机制和措施。为及时反映世博绿化市容保障运行状态，推进各类问题的及时解决，市政市容环保组开展了“三查三报”制度，即：每天早上6:00~9:00时的市容环境早巡查、中午市政市容环境全面巡查、晚上20:00~22:00点的晚巡查，通过强化“晨查保洁质量、午查保障动态、夜查设施设备运行状况”的“三查”机制，促进各类问题的及时发现和迅速解决；通过《本市世博城市运行体征日报》、《市政市容环境工作日报》、《市政市容环保组办公室巡视督查日志》等“三报”，进一步加强纵向和横向间的信息沟通。

【道路保洁创历史最好水平】世博会期间，市区生活垃圾做到日产日清，收集、运输、处置各个环节正常运转，平均每天清除量达到1.9万余吨；黄浦江、苏州河景观水域保洁良好。严格按照道路保洁标准，推行“夜间作业、白天保洁”的作业模式，世博园区周边1000米范围、90条主要道路和25个景观区域共629条（段）道路实行24小时保洁，世博周边区域实行24小时保洁，世博周边道路在6点前完成普扫，其他道路7点前完成普扫，做到发现道路污染在20分钟内予以清除。内环线以内其它区域延长保洁时间，保洁班次由原来的2班增至2.5班。实施道路的机械化清扫和冲洗，冲洗率达80%以上，做到路面、沟底无积灰、积沙，见本色。道路两侧废物箱增加收集频次，保证无积灰、无垃圾满溢。道路检查问题发现率控制在15%以内，优良率达到了85%以上。

【公厕服务延长开放时间】浦东、卢湾在世博周边地区和重要区域共设置应急活动厕所32组（台），共269个厕位，截止10月底服务人数达到了870万多人次。在世博园区试运行和开幕式期间，共紧急调用应急保障公厕3次，出动拖动厕所5台次、拉臂式厕所8台次、单体式厕所25台次，做到在接到指令后2小时内就位正常使用。进一步强化规范化服务，配置了无障碍设施，增设、更新公厕导向标志2918块，方便市民和游客的用厕需要。世博周边浦西区域公厕全部实行通宵开放；浦东区域公厕延长保洁时间至晚上24:00。

【水域环境面清岸洁】黄浦江、苏州河水域实行“523”阶梯式保洁监管，具体构成了五条外围水生植物拦截打捞作业线，黄浦江、苏州河上游形成2根保洁轴线，以世博园区为核心形成3层保障圈，城投总公司环境实业、金山、松江、青浦等区相互配合，高强度打捞绿萍、水葫芦等水生植物，累计出动船只1618艘次，人员4535人次，打捞绿萍9883吨，使得黄浦江景观水域免受水生植物污染。

【生活垃圾管理有序平稳】全市生活垃圾收集、运输、处置各个环节正常运转，平均每天清除量达到1.9万余吨。4月19日20时，由市绿化市容局、浦东新区环保市容局连夜调集大型渣土清运车60多辆，应急队员200多名，与环境实业和世博分公司等共同通宵作业，共清运布展垃圾262车次、5000余吨，确保了世博会4月20日首场试运行的顺利进行。4月19~29日共外运装潢垃圾1.3万余吨。为应对世博会开幕式期间黄浦江世博水域封航48小时的情况，及时调整生活垃圾物流，预先降低江桥生活垃圾焚烧厂的库容量，接纳应急新增生活垃圾。同时，调整水运垃圾船舶运力，做好陆运集装垃圾至老港填埋场的准备。

【绿化景观保障】 至世博会开幕前，全市共累计完成绿地整治2829公顷、绿地调整改造823公顷、立体绿化42公顷、行道树设施更新73703套，以及116个地铁站点绿化恢复工作，使得整个上海绿化的基础面貌得到明显提高，营造出一批绿化特色道路，如延安路、肇嘉浜路、中山南一（二）路、浦东南路、周家嘴路等，重点区域和主要道路已基本形成了季相丰富、结构合理、生物多样、特色鲜明的城市绿化新景观。

【花卉景观保障】 世博会运行期间，上海市花卉景观围绕人民广场、世博周边、外滩、陆家嘴、世纪广场、徐家汇、静安寺、五角场、机场、火车站等10个重点区域，西藏南路（斜土路——越江隧道）、陆家浜路（南浦大桥——制造局路）、瑞金南路（斜土路——中山南一路）、河南南路、中山南路（国货路——西藏南路）、中山南一路（西藏南路——瑞金南路）、中山南二路（宛平南路——瑞金南路）、济阳路（耀华路——川杨河）、上南路（耀华路——川杨河）、浦东南路（洪山路——浦建路）、耀华路（黄浦江——洪山路）11条出入世博园区主要道路和6条重要景观线路（延安路——世纪大道；南京路；淮海路；中山东一（二）路；徐家汇路——肇嘉浜路——虹桥路；衡山路——宝庆路——华山路——万航渡路——武宁路）加大花卉布置力度，并及时做好花卉更换。5~9月全市花卉量保持在1850万盆，围绕开幕开园、中秋国庆、闭幕闭园等重要节点，突出世博元素、国庆、民族元素，先后组织三次大规模绿化景观布置和更换花卉工作，累计花卉用量近7000万盆。

【园区外林业有害生物检疫防控】 在世博场馆和配套工程建设中，需要从国外引进的植物达60多种，2万余株，根据国家《植物检疫条例》规定，国外进口植物入境后应隔离试种至少2个生长周期并接受当地林业病虫防治检疫部门的监管。2008年1月4日，上海市林业局与国家林业局林业有害生物检验鉴定中心签署《上海市世博园从国外引进植物的风险评估委托合同》，负责对世博园从国外引进植物的风险评估进行优先、加急处理。2008年7月，上海市林业局与上海出入境检验检疫局共同签署了《有害生物防控合作机制备忘录》，以进一步加强上海世博会建设项目涉及国外引 种检疫与应急处理能力方面的合作，确保引 种安全。在世博会筹备和运行期间，上海林业植物检疫机构和出入境检验检疫部门在国外引进植物检疫审批、引种监管及销毁，亚洲型舞毒蛾非疫区建设，普及型国外引种试种苗木标准认证以及重大检疫性、危险性有害生物的监测预警等方面进行了工作。

2009年4月1日，国家林业局审批通过的第一批世博会专用特殊大型景观植物抵沪。上海市林业病虫防治检疫站（以下简称市林业检疫站）与上海出入境检验检疫局在外高桥开展了现场检疫检查工作，清查进口植物数量及其携带林业有害生物情况，并监督进行树体消毒。经口岸现场检疫合格后，在市林业检疫站的跟踪监管下进入指定地点隔离试种。并及时派出检疫专业技术人员赴青浦种植地与辰山种植地进行检疫监管和防治技术指导。7月21日，召开上海2009年绿化林业有害生物预警防控工作会议。11月30日起，世博专用大型景观植物的秋季引种的植物陆续入境。2010年3月28日，世博引进植物销毁除害基地正式成立。4月19日，国家林业局、国家质检总局和上海市人民政府在上海联合举行华东六省市林业植物检疫执法行动启动仪式，正式开展为期6个月的林业植物检疫执法行动。本市随即制定了《上海市“绿盾护林”植物检疫联合执法专项实施方案》，并成立了联合检疫执法行动领导小组。世博建设和运营期间，共实施现场检疫监管300余次，在检疫监管中先后7次查获蚜虫、茎枯病及天牛等有害生物，执法人员对发现问题及时提出整改意见和防治措施。下发检疫监管记录表70余份。2010年世博配套苗木检疫复查绿化工程数量较往年有了大幅度提高，共受理和检查绿化工程744家，对其中158个工程做了补检处理，查获和销毁各类感疫苗木18批次共495株，并对违法调运的7家企业依法进行了行政处罚。

【园区外景观灯维护】根据《上海市中心城重点地区景观灯光发展布局方案》、《黄浦江景观灯光设计总体方案》，全市景观灯光建设成效显著。重点展示市中心城区，尤其是世博场馆周边区域的城市最佳景观灯光风貌，景观灯光观瞻水平全面提升。全市共新建、改造1961幢楼宇（建筑）灯光，200余处绿地景观灯光工程，建成黄浦江沿岸及世博园周边地区“外滩瀑布”、“外滩幻影”、“工业速写”、“工业畅想”、“水的节奏（北外滩水景灯光）”及杨浦大桥灯光秀、南浦大桥景观灯光、卢浦大桥景观灯光等8个动态灯光项目。重点观灯区域得到拓展，外滩及世博园区周边景观灯光水平全面提升，其中黄浦江两岸景观灯光从原来的约2000米拓展到近1.5万米。观灯线路得到贯通，高架道路灯光全部新改建完成，延安高架全线、南北高架全线、内环线南半圈沿线灯光新建改建全部完成。灯光形式得到丰富，增加了天际线灯光、动态灯光、江河互动灯光等。联网联控初步实现，世博开幕前完成了黄浦江及世博园区周边景观灯光的联网联控，为开幕式成功表演奠定了基础。全市景观灯光完好率达到99%以上。此外，协助做好世博户外宣传营造良好氛围，招风旗尺寸和悬挂数量为截至2010年上海市之最。

开幕式灯光烟火表演保障。世博园区周边楼宇景观灯增设天际线灯光并可按需编辑天际线灯光变化节目，相关的4个区共有203栋楼宇的进行了天际线灯光建设。其中黄浦区47栋，卢湾区65栋，徐汇区16栋，浦东新区75栋。由上海景观灯光监控中心通过无线遥控对全部楼宇天际线灯光进行开启闭合的集中控制，实行对天际线灯光的“互联互通”操作，顺利完成表演任务。卢浦大桥、南浦大桥灯光是烟火灯光表演的重要组成部分。根据导演团队的要求，对两桥的灯光动态表演进行了编程，并进行了多次合练，确保了开幕式当天表演的精彩、成功。

【园区外城管执法保障】2010年1–10月，上海城管全系统共出动执法人员198．8万余人次，出动执法车辆57.6万余台次；巡查道路(河道)132.3万余条次，巡查单位(区域)123万余次；开展行政执法检查118万余次，教育劝阻相对人129.3万余人次，行政处罚案件8.74万余起。完成高架战役、江河战役、交通干线战役、重要区域战役、世博周边战役等“五大战役”，共拆除沿线违法建筑7.61万平方米，拆除违规设置户外广告牌1100千余块；治理黄浦江、苏州河等水域脏乱趸船241艘，整治散货类装卸码头378个（次），拆除沿岸违法建筑2.27万平方米；拆除高速公路沿线高炮广告600多个；加强世博园区周边整治，依法查处占道销售假冒海宝、小百货、食品等案件5.23万余起。

（三）绿化林业

【概况】城乡生态环境建设成效显著。全年新建各类绿地1223公顷，建成辰山植物园等一批大型公共绿地，城区绿化覆盖率提高到 38.15%，人均公共绿地面积 13 平方米。积极推进屋顶绿化、垂直绿化、悬挂绿化和阳台绿化等立体绿化建设，新建屋顶绿化面积达到 10.3 万平方米。新增公路绿化 251 公里、河道绿化 923 公里、铁路沿线绿化 46.6 公里，基本完成沪宁城际铁路绿色廊道建设，启动沪杭城际铁路绿色廊道建设。推进沿海防护林、水源涵养林、通道防护林、防污染隔离林等生态公益林和经济果林建设，当年新增生态公益林及经济果林面积 1349 公顷，森林覆盖率提高到 12.58%。

【提升绿地景观功能】加快绿化景观优化推进力度，迎世博 600 天期间，全市累计完成绿地整治 2829 公顷，为计划量的 113%；绿地调整改造 823 公顷，为计划量的 156%；行道树设施更新 73703 套，占计划量的 164%；通过道路沿线绿地的调整改造，优化布局，更新设施，应用新优植物等，营造出一批绿化特色道路和绿化景观亮点，重点区域和主要道路已基本形成了季相丰富、结构合理、生物多样、特色鲜明的城市绿化景观。全市共布置花坛花境约 30 公顷，组合容器花卉 22641 组，灯杆挂花 8411 组，垂直绿化 22578 米，花卉量 2000 万盆，主题景点 282 个，用花量 6500 多万株。

【推进老公园品质提升】进行老公园改造后，公园厕所、道路、建筑小品、标识标牌、垃圾箱、园椅园凳等各类设施得到了明显改善，功能得到完善，特色得以提升，尤其是公园场地和活动设施的改善，从较大程度上满足了市民游客需求。公园日常管养质量逐步提高，提升了公园园容园貌的质量。改造后的公园，得到了市民、游客和相关部门的广泛好评。世博期间共完成 35 座老公园改造任务。5 月 1 日 ~ 10 月 31 日，全市公园游客量约 7407 万人次，其中收费公园 796 万人次。21 座公园举办了主题活动，如滨江森林公园杜鹃花展、植物园春季花展、人民公园荷花展、共青森林公园百花展、杨浦公园图片展等公园主题活动、挖掘公园文化内涵，为市民和游客提供丰富多彩的游园活动。

【搭建森林资源数字化管理平台】结合第八次全国森林资源连续清查，全力推进本市行政区域范围内的森林资源“一类”和“二类”调查，建立、健全全市森林资源小班卡片 67 万张，引入林地权属、土地属性。、土地取得方式及养护主体等调查因子 60 多项，组织开发上海市森林资源管理系统应用平台，基本摸清了上海森林资源的家底，从涵养水源、保育土壤、固碳释氧、净化环境等 8 个方面，对上海市森林生态系统主要生态服务功能进行了定量分析和评估，从具体数字上反映上海森林资源的生态服务价值。

【严格执行病虫害测报防治和森林防火督查】修订完善绿化林业有害生物应急防控预案和森林防火应急预案，在全市范围内建立完善了 155 个绿化林业有害生物预警防控测报点和检测点，全年共收集监测数据 700 余组，5000 多个数据，分析气候资料 70 余组。抽样调查 150 余条道路，15000 余株行道树。对 20 种重点有害生物监测进行了监测，发现一种危险性有害生物，编发预警信息 24 期。组建了 9 支应急防控队伍，切实抓好了世博园区及周边地区、国家森林公园、大型生态片林、重要景观道路、重点区域的防控工作和水杉赤枯病，悬铃木白粉病等重点病虫害的防治及联防联治，较好完成了世博期间病虫害的测报防治工作和森林防火督查工作。

【组织查处破坏野生动植物资源违法活动】组织开展 10 次城市公园绿地野生鸟类资源监测；开展崇明生态岛全球 1% 物种监测 12 次；开展 10 次南汇东滩禁猎区野生鸟类资源监测；开展 5 次世博园区野生鸟类多样性专

项调查。加强节假日和世博期间应急值守，全年执行日报告制度。收集全市各监测站的监测信息日报4609份，上报国家林业局监测总站和市重大疾病防治指挥部办公室监测报告668份。2010年，全市执法检查共出动5486人次，1370车次，检查农贸市场、餐厅、大卖场、花鸟市场等2110家次；检查野生动物驯养繁殖单位135家次；查获非法运输51起；乱捕乱猎等454起；查获青蛙、蟾蜍8100公斤；各类保护野生动物8684只（条、头）；拆除各种网具832张；罚款14006元；全年查处涉及野生动物资源保护的刑事案件8起，查办行政处罚案件6起，有力的保障了上海世博会的顺利开展。

【湿地及自然保护区管理】 指导南汇东滩、崇明东滩和淀山湖等三处重要湿地和栖息地恢复优化；推动南汇东滩野生动物禁猎区、崇明东滩湿地公园和崇明东滩鸟类国家级自然保护区鸟类栖息地优化与互花米草治理项目的建设管理；实施《淀山湖区域（以大莲湖为核心）湖滨带污染控制及湿地修复示范项目》、《上海市湿地资源调查与监测评估体系研究项目》。继续推进水鸟环志和芦苇带鸟类环志工作，崇明东滩、浦东九段沙自然保护区开展水鸟环志和旗标47种4718只，芦苇带鸟类环志33种1050只。全年回收环志水鸟7种54只，其中首次回收到澳洲塔斯马尼亚岛环志的翻石鹬。

【打造林业精品示范点】 推进实施公益林基础设施建设、中幼林抚育、经济果林“双增双减”和套袋技术以及森林植被恢复费项目，着力打造一批林业建设管理的示范点。组织开展上海市林业复合经营示范点”和“上海市林业生态休闲示范点”推荐活动，初步形成了崇明港东、港西公益林，嘉定黄渡公益林，闵行浦江镇公益林、奉贤黄浦江水源涵养林，青浦练塘水源涵养林、松江泖港片林等一批公益林示范点和34家服务世博果品供应基地。推进《上海市“十二五”森林采伐限额》和《上海市“十二五”征占用林地定额》规划的编制，完成了《上海市森林防火规划》和《上海市林业“三防”体系建设规划》。组织开展了2010年全市公益林养护质量等级和工作考核，并会同有关部门研究制定生态补偿转移支付资金使用管理办法。

【古树名木保护】 加强对重点建设项目的巡查和协调。及时参与处理了部分建设时期古树名木的保护工作，如浦东济阳路0369古银杏、浦东高行0097古银杏、外滩源古树群、等古树点，下发保护意见13次。加强常态管理，完善零报告制度。前三季度共巡视古树名木和古树后续资源4814株，有异常情况的348株。积极开展示范点建设与技措项目。确定古树示范点4个，涉及5株古树。市级技措项目2个，区级技措项目20个，涉及9个区县，30余株株古树，主要有透气铺装、防腐、防雷设施安装、建围栏等。确保了生长不良古树的恢复。

【举办“2010年大熊猫上海世博行”活动】 国家林业局和上海市人民政府、四川省人民政府联合举办了“2010年大熊猫上海世博行”活动，安排10只大熊猫来沪进行为期近一年的展示。这10只大熊猫都是汶川大地震后出生，1岁半左右，6雌4雄，名字分别叫做“平平”“安安”“韵韵”“佑佑”“汉媛”“壮妹”“奥运”“闽闽”“阿灵”“武阳”。1月5日抵沪，上海动物园为熊猫“世博大使”修建了700多平方米的新家，为适应熊猫活泼好动的天性，还特地搭建了木架与彩色滑梯，让它们尽情玩耍运动。上海野生动物园在园内开辟了大熊猫饲料竹园，上海动物园还在沪郊松江佘山和浙江安吉建立了竹子供应基地。为更好地让海内外游客在参观上海世博会的同时观赏大熊猫风采，世博大熊猫

2010年1月20日正式在上海动物园展出；6月30日，转至上海野生动物园“世博大熊猫馆”继续展出，“2010年大熊猫上海世博行”系列活动同时启动。上海动物园和野生动物园对10只世博大熊猫的谱系、身体状况和饲养情况等档案进行了交接。

【上海辰山植物园试开园】 历时三年多的建设，除展览；温室（土建、安装基本完成，室内绿化施工完成90%以上）外的工程基本竣工，建设完成投资21.6亿元，于2010年4月26日向社会试开园。开园后接受了“五一”“十一”长假的考验，总体上游园次序良好、平安有序，游客量逐步上升。“十一”黄金周期间迎来了试开园以来的游客量高峰，日均游客量达万余人次，最高超过1.5万人次。开展了多项主题活动。9月18日至10月31日举办了“辰山秋韵 花都庆典”活动，活动期间共吸引游客15万余人，超过活动开展前四个多月的游客总量；10月3日在园区举行了盛大的“德中同行”竹亭落成仪式。两座竹亭将在辰山植物园内永久保留，作为游客休憩赏景的场所。日后竹亭内还将举办音乐会、科普展览等丰富多彩的活动，宣传中德文化的交汇和中德人民的友谊；以及承办和主办多个重要会议等，得到社会各界的认同。全年累计参观游客达到30多万人次，门票收入超过900万元。

【森林公园提高绿地景观质量】 在迎世博600天整治中，完成了公园建筑物整修72个项目，改善了建筑设施外观面貌，公园服务设施面貌也焕然一新；园绿化景观进行了调整，绿化改造面积2437平方米、花境种植面积1310平方米、绿化整理面积80293平方米，使公园的绿化景观面貌得到了明显的改善。在公园出入口、重点游乐区等重要场所部署了37个视频监控点，并在一些重点区域分别设置了20多个巡逻位，使公园的安全运行得到有效控制；提高绿地景观质量，累计移栽（种植）竹类5777株、乔木55株、攀绿植物500株、绿篱7平方米、灌木4670株、地被植物2519平方米、补种草坪4612平方米、地形平整66651平方米。结合世博会举办，坚持“森林文化”品牌，举办多项大型游园活动。一是举办“第九届都市森林百花展”，通过个性化的花境布置和每月推进不同主题花卉，营造绚丽多姿的春天，烘托迎世博、办世博气氛；二是举办“第十届都市森林狂欢节”，将继续结合上海旅游节，以“绿化狂欢”充分展示“城市让生活更美好”的世博主题，营造国天节日的欢乐气氛；三是举办“第六届都市森林菊花展”，在秋季通过4万盆、200多个品种菊花展示和造型，展现菊花文化艺术。通过三个品牌主题活动，吸引了72万余人次的市民前来游园活动。全年游客量147万余人次，其中团体游客量达11万余人次。

（四）市容环卫

【概况】 2010年圆满完成绿化市容世博运行保障工作。一是确保市容环境整洁、干净。世博园周边1000米区域以及90条主要道路、25个景观区域实施24小时保洁，各类废弃污染物停留时间控制在20分钟以内。延长世博园周边公厕开放时间，浦西区域实行通宵开放，浦东区域开放时间至晚上24时。建设以移动厕所和拉臂厕所为主的公厕应急系统，确保在世博会期间大客流量的用厕需求。以黄浦江世博园区水域为核心，加强保洁作业管理，确保世博会景观水域不受水生植物、漂浮废弃物的影响。二是确保城市景观美观、靓丽。全面完成世博11条主要通道花卉布置任务，全市共布置花卉花境约30公顷，累计用花量近5000万盆；道路灯杆挂花8400余组，容器摆花约2.26万组；制作主题绿化景点282个。世博运行期间景观灯光亮灯率、灯光完好率达98%以上，营造喜庆祥和的世博氛围。三是确保园区管理有序、高效。构建了区域差别化、精细化执法勤务机制，确保世博重点保障区域基本无乱设摊、违法搭建、非法小广告等违规现象，一般区域乱设摊等违规现象总体处于可控状态。根据世博会事务协调局的要求，加强对园内商家、展馆违规处置垃圾、非法兜售假冒世博会特许商品等行为的查处工作。共检查场馆1.8万个（次），检查商业餐饮店1.9个（次），督促违规参展方、商家落实整改2100次；查扣游商小贩兜售假冒海宝等世博会特许商品3.9万件；教育劝阻游商小贩2.1万人次，有力维护了园区的管理秩序和文明形象。

【市容景观建设全面提升】 市容环境三类区域建设任务基本完成，截至2010年，全市共创建“市容环境示范区域”61个、“市容环境规范区域”71个、“市容环境达标区域”200个。组织开展了“街道（镇）落实市容环境卫生责任区管理达标”活动，逐步形成了条块联动、部门联手的工作格局，全市达标街道（镇）为136个。加强全市夜景灯光建设，建成黄浦江两岸、世博11条主要通道、中心城区2条环线景观灯光。

【推进“清洁城市行动”和“百镇千村行动”】 一是健全工作标准。修改制定了《中环线内1、2、3级道路保洁质量标准和作业规范》等工作质量标准和作业规范，明确了清洁行动的具体要求。二是切实抓好脏乱整治。对长期脏乱严重的“顽症”单元进行重点整治，健全、完善了市、区县、街镇三级督查机制和快速纠错整改机制，建立了市区县联动、条块结合、条条联手共同治理的格局。三是改进保洁作业模式。突破传统作业模式，大胆创新、探索实践，提高作业服务的效率。世博期间重点区域实行24小时保洁制度。四是切实推进综合保洁管理。在中环线内推行“墙脚到墙脚”和路面、绿化、市政等公共设施的综合保洁模式，做到全覆盖的保洁管理。五是加强保洁质量监管。每半月一次对全市保洁情况进行检查通报，世博期间每天进行检查并通过市容环境保障电台进行实时呼叫和督办。两项行动主要成果为：重点区域的环境脏乱现象得到较为明显改善。中环线内的脏乱问题85%得到了有效的解决，环境污染点明显减少；中心城区基本实现了道路广场上出现纸屑、塑料袋等垃圾30分钟内清除的服务运行制度；保洁盲区得到了消除。郊区（县）有118个行政村、357个自然村进行了村庄改造，整治宅前屋后4.3万户、建设村级道路203万平方米、新改建公厕308座、垃圾箱房2880处粉刷墙面253万平方米、庭院绿化281万平方米；道路早晚各类垃圾污染状态明显好转；快速整改纠错机制得到加强，重点对151条段环境脏乱道路进行了快速整改。年末检查报告显示，全市市容环境保障总评分为92.5分，重点区域为96.8分（优秀），核心区域为93.4分（优良），面上区域为89.5分（优良）。

【难题顽症治理取得突破】 有效控制乱设摊现象，全年中心城区无序设摊控制在8000个以内，跨门营业控制在3000个以内。严厉打击违法搭建行为，逐步拆除历史存量，有效遏制增量，全年全市共拆除违法建筑403万平方米，超额完成年度工作计划。强化渣土运输治理，偷乱倒清除量较去年同期下降5.5%，中心城区建筑渣土运输车辆超载情况有所收敛，渣土洒落、扬尘污染得到有效控制。加大源头打击力度，基本消除重点区域的“五乱”违法行为。

【提高道路、广场等公共场所保洁水平】 一是提升道路保洁质量标准。以世博园区市容环卫的13项标准为核心，编制本市重点地区市容环卫标准体系。进一步完善各项作业规范，细化操作流程，增加作业频次，确保道路、广场等公共场所的保洁质量。二是完成编制道路保洁定额编制，会同市发改委、市财政局，力争纳入各区县2010年道路保洁作业经费预算，确保必要的作业经费投入。三是建设道路保洁全覆盖网络。道路普遍实施综合保洁，建立道路、绿化综合保洁模式。四是优化道路保洁作业工艺流程。提高全市道路机扫、冲洗率，全面推广“夜间作业、白天保洁”的道路保洁工作机制，实行收、拾、冲淋、磨扫、清、运、巡为主要措施的“组团式作业法”。五是加强道路洁净状况监管。建立健全市、区县市容环境质量监管体系，形成市、区县、街镇市容环境质量监测网络，加强发现、整改、反馈工作机制，提升城市保洁管理服务的整体水平。

【大力推进户外广告整治工作】 广告难点整治项目逐个突破，黄浦江两岸及越江隧桥广告全部拆除、人民日报阅报栏和新村指示牌全部调整。据统计，自迎世博户外广告整治工作启动至今，全市共拆除各类户外广告3.5万余块。其中，拆除屋顶墙面广告9000余块、地面道路广告2.4万余块、公路广告1600余块、高炮广告700余座。推进户外广告设施设置实施方案的编制工作，严格规范户外广告实施方案的编制和审批程序。完成了《关于本市户外广告设施设置阵地实施方案编制和审批工作的意见》的制定。同时积极协调，做好世博会公益宣传工作，协调落实了中心城区、位置较为显著的31个点位，发布“城市，让生活更美好”、“世界在你眼前，我们在你身边”、“上海欢迎您”3条主题内容的世博公益宣传。完成了2个机场和5条高架道路（延安、南北、内环、沪闵、逸仙）灯电杆招风旗悬挂工作，世博期间共悬挂世博宣传招风旗60000余面次，招风旗规格和悬挂数量为历年来本市之最。

【推进黄浦江沿线及世博园区周边的景观灯光建设】 全年新建、改造1961幢楼宇灯光（其中天际线楼宇灯光190幢），200余处绿地景观灯光工程，外滩8处动态灯光。外滩及世博园区周边景观灯光水平全面提升，其中黄浦江两岸景观灯光从原来的2.3公里拓展到近15公里，世博园区内外灯光交相辉映，营造出世博盛会的气氛。高架道路灯光全部改建完成，延安高架全线、南北高架全线、内环线南半圈沿线灯光新建改建全部完成。完成了黄浦江及世博园区周边景观灯光的联网联控，协调世博会开幕式导演团队与黄浦、浦东新区、卢湾、徐汇的天际线灯光及卢浦、南浦两桥灯光的建设和调试工作，圆满完成了开幕式灯光烟火表演任务。

【全面推行建筑渣土管理新机制】《上海市建筑垃圾和工程渣土处置管理规定》（市府第50号令）颁布，有效固化了世博期间渣土管理措施；严格执行渣土车辆“定车、定价、定点、定账户、定线路”的“五定”制度。一是加强工地源头管理，落实施工单位与运输专营企业责任，施工现场派驻专管员，加大对出入工地的运输车辆检查力度，全年全市渣土申报总量达到4607万吨，同比增长15.2%。二是落实运输管理，组织车辆驾驶员专项技能培训，3830名驾驶员取得了培训合格证；推进渣土运输车辆技术改造，近90%车辆通过技改检测，运输车辆车况和安全性能不断改善。三是推进信息化建设，实现了申报系统、车辆行驶装卸记录监控系统、卸点付费系统三合一；推进运输车辆GPS监控系统及设备更换；加快电子标签安装，加快卸点付费系统建设工作，提升监管效率。四是强化执法监督，落实属地化管理职责，加强区县普查、市级抽查检查制度执行力度，共计检查出土工地 13127 次，检查车辆 20907 次，会同城管、交警开展联合检查 1534 次，开展定期点评，督促违规现象的整改，城管执法部门加大对违规事件的查处力度，清除渣土偷乱倒 7.15 万吨，同比下降 8.7%。

【有序调控生活垃圾物流】 全市中心城区生活垃圾物流基本实现散运向集运的平稳过渡；及时掌握、分析全市及各区生活垃圾计划量执行情况，做好超量预警工作；及时应对、处理突发事件，落实重大活动保障，确保本市生活垃圾得到安全有序处置。全年全市生活垃圾日均处置量 18904.3 吨，较计划量下降 0.9%，较好完成了年度控制目标。

【稳步开展生活垃圾分类工作】 不断完善居住区日常生活垃圾减量及分类试点工作。选取闵行区万科朗润园和松江区檀香花苑小区开展试点，细化分拣品种，试点厨余果皮就地处置，畅通玻璃、废旧衣物、利乐包等回收处置渠道，初步实现了近 8% 的减量成效；制定全市范围开展生活垃圾减量及分类街镇试点、示范居住区创建的指导意见。巩固并推进生活垃圾分类工作，新推进居住区 517 个、企事业单位 281 家，并建立了“区级自查、市级抽查”的检查制度，规范全程分类，市级抽查合格率达 74.3%。

【开展“绿色帐户”系列活动】 深化社区、学校“专项回收日”活动，覆盖静安、黄浦、宝山、闵行、青浦、崇明等 15 个区县 86 个街镇以及 111 所学校，1~12 月无害化处置有害垃圾 6872 公斤，资源再利用饮料纸包装 794.3 吨、玻璃及易拉罐 7810 公斤、家庭电子废弃物 6378 公斤，2000 张利乐包再生椅已进入世博园区；继续推进“易纸行动”，已有 125 家企业积极行动，资源回收再利用办公废弃纸张 11 吨；完善绿色帐户网络平台建设，网上注册用户已达 3.9 万户，取得了良好的社会效益。

【基本形成生活垃圾收运、处置监管体系】 一是中转监管关口前移。建立小压站、垃圾厢房、废物箱等“五小”设施信息库，完善区级自查自纠机制，逐步建立市、区（县）、街道三级监管网络。二是做实中转设施监控工作。配合中心城区生活垃圾由散装到集运的整体安排，及时调整中转码头监管项目，落实行业协会对集运码头的现场监管；督促、指导行业协会完成生活垃圾中转码头计量监管，落实日报、月报制度，实施季度点评，确保本市生活垃圾处置安全有序。三是有力实施处置设施监管。继续落实江桥入驻式监管与老港旁站式监管，实施月度点评，落实扣分扣款制度；开展区级生活垃圾处置设施运营监管培训，对全市生活垃圾处置设施定期开展环境指标检测，基本形成市区两级生活垃圾处置监管体系。

【餐厨垃圾管理重心下移】 源头管理不断加强。依托食品卫生许可信息，对大中型餐饮单位、单位食堂进行排查摸底，全年申报单位达 9225 家，申报数较去年增加 12.4%；“绿色餐饮、源头减量”活动拓展至全市 80 余家大中型餐饮单位，并涌现出一批模范餐厅。收运规范得到强化。收运作业服务“四统一”。抓好收运处置台帐、处置联单、监管档案等制度的落实；对近 700 名收运从业人员开展岗位培训，全年共收运餐厨垃圾 22.94 万吨（其中厨余垃圾约 21.96 万吨、废弃食用油脂约 0.97 万吨），日均 629 吨，同比上升了 11%。静安、闵行、浦东、宝山等 10 个中心城区落实厨余垃圾处置方向；试行废油脂价格形成机制、品质检测办法等，促进收运、处置企业合作，收运处置签约率超过 90%；综合运用信息化远程监控、驻厂监管、合同监管等方式，加强了对废弃食用油脂处置企业的运营监控，督促企业规范处置。年内新建3家厨余垃圾处置企业，全市处置企业达到8家，处置能力超过700吨/日，崇明、浦东（原南汇地区）、金山等区县处置设施也正在积极筹建中；上海两家废弃食用油脂处置厂都已正常运营。

【加强装修垃圾及一次性塑料饭盒管理】 一是加强申报管理。把装修垃圾申报纳入建筑渣土信息化管理系统，2010年申报量为261万吨，同比增长21.4%；二是强化运输管理。对已入网车辆落实半年一次的定期检测制度，对申请入网车辆实施市、区县两级检查制度；三是拓宽处置出路。在徐汇、杨浦、闵行等区设立了装修垃圾中转码头，拓展了处置出路，在普陀、杨浦、青浦、奉贤、金山等区设立了分拣处置场，实现了资源化利用。此外一次性塑料饭盒回收处置系统继续有序运作，视觉污染得到有效控制，1–12月共回收处置一次性塑料饭盒1.56亿只，回收处置量较去年同期增长42%，再生造粒约509吨。

【推进生活垃圾减量化、资源化、无害化】

生活垃圾管理基础进一步加强。起草《上海市人民政府关于加强本市生活垃圾管理的若干意见》、《上海市人民政府办公厅关于推进本市生活垃圾分类促进源头减量的》（以下称《实施意见》）等规范性文件并在年内发布，为推进本市生活垃圾“减量化、资源化、无害化”奠定了基础。根据《实施意见》的要求对全市生活垃圾源头减量工作进行责任分解和进度安排。进一步推进生活垃圾分类收集、实施压缩、中转站控水及拆房、装修垃圾回收利用等措施，促进生活垃圾的减量、回收。全年本市生活垃圾末端处置量为18904吨/日。

【加快固体废弃物无害化处置基础设施建设】 老港再生能源利用中心一期工程、金山焚烧厂开工建设。无害化处理率提高到82%以上。老港综合填埋场已完成初步设计编制，老港内河工程及渗沥液排放管道工程项目建议书待批，老港北侧防污染隔离林已形成设计方案，奉贤、浦东焚烧厂已落实选址，抓紧开展项目前期工作；深化嘉定、松江、闵行垃圾处置设施选址论证；青浦开展技改工艺论证；松江综合处理厂基本建成，宝山神工综合处理厂建设及老港综合填埋场前期有序推进。

【强化生活垃圾专项分流管理】 杜绝“混装、混运、混处”。一是加强房屋装修垃圾收运管理。鼓励社会单位和居民减少房屋装修垃圾，实行装修垃圾袋装单独堆放和清运，强化回收利用。二是推进餐厨垃圾源头减量。倡导“绿色餐饮”，鼓励餐饮企业按标准就地消纳餐厨垃圾。提高收运服务质量，引导餐厨垃圾合理利用。三是完善大件垃圾、电子垃圾收运服务。在居住区合理设置大件垃圾堆放场所，建立大件垃圾综合利用机制，并开展节能灯、日光灯管的回收。四是促进绿化枯枝落叶回收利用，完善绿化枯枝落叶单独收集系统。五是推进小型压缩站和中转站的建设和改造，规范生活垃圾收运环节渗沥液排放。

【老港再生能源利用中心开工】 8月30日，上海老港再生能源利用中心开工仪式在上海老港固体废弃物综合利用基地举行，工程一期建设规模为日无害化处理垃圾3000吨。市委副书记、市长韩正宣布工程开工，副市长沈骏，市委副秘书长、浦东新区区委副书记、区长姜樑出席开工仪式。老港固体废弃物综合利用基地所在地为原老港填埋场所在地，规划范围由两部分组成，即基地范围与基地控制范围，用地总面积约29.5平方公里，其中基地范围为15.3平方公里，规划建设控制范围为 14.2 平方公里。工程选址于老港基地内东南角，项目占地面积约 240 亩。工程按一次规划，分期实施。一期工程建设规模为处理生活垃圾 3000 吨 / 日，部分共用设施按远期规模预留。项目烟气处理标准在达到《生活垃圾焚烧污染控制标准》的同时，将全面达到《欧盟对垃圾焚烧厂污染控制的规定》的排放标准。

【全面推进世博会 184 天水域环境保障任务】 制定《上海世博会期间水域市容监管和应急保障工作方案》，组织基层单位及各区县合理有效地安排保障力量。编制《水生植物整治 40 周工作计划》、《市区两级水生植物监控预警工作方案》，成立世博会水域市容环境保障指挥中心，通过实施“523”阶梯式水域环境卫生监管、保洁方案，全力保障世博会园区的核心水域。强化重点保障区域水域环境卫生监管效能，有效落实水域环境卫生的自查自纠机制和区县水域动态监管，落实污染整改率 100%。按照“条管协调，块管区域，关口前移，源头控制”的原则，团结行业、凝聚力量、顽强拼搏，将绿萍阻击在了世博园外。黄浦江世博会场馆区水域的水面环境达到了优良率 95% 的历史高位。

【提高重点水域环境卫生质量】 整合作业、管理、执法资源，建立水域市容环境保障信息日报评价制度，强化监管效能。注重规范，加强游览船、餐饮船、趸船等各类船舶的容貌整治，有效规范船舶卫生容器及废弃物处置，有力遏制了污染水域行为的发生。完善水域废弃物收费管理机制，推进收费价格调整工作，加强政风行风管理。进一步提升科学污染防控能力，通过落实黄浦江、苏州河支流河口 169 个拦截措施和 39 对定点打捞设施，以稳定重点水域的环境卫生质量。全年清除水域各类废弃物 10284.25 吨，绿萍 61432.7 吨，水葫芦 279634.94 吨，油污 平方米，水域市容环卫执法 481 起。

【加强区县水域环境建设和管理】 明确 50 条主要河道管理工作专项任务，帮助各区县突出抓好落实保洁责任、维护沿岸环境、开展综合管理、健全监管机制、加强基础管理等五大重点工作。完善标准，积极深化水域市容环境卫生责任区分类管理，实现沿岸水域环境卫生面貌更加整洁、有序、优美。统筹城乡，巩固和延伸亲水观景示范区域，改善市民群众的生活、休憩和工作环境。全年共创建嘉定、青浦、长宁等 10 个区共计 64 处亲水观景示范区域。

（五）城管执法

【概况】 全力以赴做好世博执法保障工作。针对世博会时间跨度长、参观人数多、重大活动多、保障任务重等实际情况，全市城管执法系统大力弘扬“特别能战斗、特别能吃苦、特别能奉献”的精神，坚持依法行政、规范履职，认真细致做好世博保障各项工作。严格落实“全天候、全覆盖、全方位”执勤模式，针对世博核心保障区、重点保障区、一般保障区的不同情况和管控要求，构建了区域差别化、精细化执法勤务机制。同时，依托城市网格化管理信息平台，构建市、区两级城管执法指挥调度网络系统，确保世博重点保障区域基本无乱设摊、违法搭建、非法小广告等违规现象，一般区域乱设摊等违规现象总体处于可控状态。2010 年 1 至 11 月，共出动执法人员 226.5 万余人次，出动执法车辆 66.3 万余台次；巡查道路（河道）151 万余条次，巡查单位（区域）142.4 万余次；开展行政执法检查 133.6 万余次，教育劝阻相对人 149 万余人次，行政处罚案件

10.3万余起。根据世博会事务协调局的要求，5月上旬组建了一支90人的园区城管执法队伍，加强对园内商家、展馆违规处置垃圾、非法兜售假冒世博会特许商品等行为的查处工作。共检查场馆1.8万个（次），检查商业餐饮店1.9个（次），督促违规参展方、商家落实整改2100次；查扣游商小贩兜售假冒海宝等世博会特许商品3.9万件；教育劝阻游商小贩2.1万人次，有力维护了园区的管理秩序和文明形象。城管执法队员在执法过程中坚持热情服务，免费为游客提供防暑降温药品、帮助走失老人和小孩寻找家属、指路等服务达到9.7万人次，受到广大参观者的好评。

【加大拆违工作力度】贯彻落实新修订的《上海市拆除违法建筑若干规定》，组织召开了全市拆违工作推进大会，建立健全区县拆违工作机构，有效整合城管、房管、规土部门三方的管理力量，充分发挥街镇的综合协调优势，提高了拆违工作实效。加大源头发现、快速查处的力度，严厉打击违法搭建行为，逐步拆除历史存量，有效遏制增量。全年共受理新违法建筑有效举报1.16万件，2小时内到场处理率为99%，拆除率为67%；全市共拆除违法建筑403万平方米，其中拆除新建违法建筑面积61万平方米，拆除历史存量违法建筑342万平方米，提前完成了年度300万平方米的拆违工作目标。

【深化综合治理无证设摊工作】 对于重点区域和主要交通干道，全面实行定人、定岗、定时、定量、定责的"五定"执法管理模式，乱设摊现象基本得到遏制，其他区域的乱设摊情况处于基本可控状态。探索推行"民意主导加行政执法"的新机制，充分挖掘中小道路、临时工地等资源，因地制宜推出一批设摊疏导点，既着力维护城市环境面貌和管理秩序，又努力促进民生改善和社会和谐。全年共查处乱设摊案件8.2万余起，设置设摊疏导点近320余个，疏导摊位1.3万余个，社会反响良好。

【行业惠民利民服务不断深化】 坚持以人为本，扎实推进"夏令热线"、"绿色护考"、"校门清"等各项便民利民服务活动，及时、有效解决群众急难愁问题4800余个。深化绿化"六进"，开展"绿化你我阳台、扮靓幸福家园"迎世博市民家庭园艺竞赛、"农民工子弟学校"增绿、"绿化知识进社区，十万盆花进家庭"等活动。完成公厕规范化建设，完善公共厕所设施设备；发放上海导厕地图，开展公厕服务人员专业技能培训，增强公共厕所服务文明规范。继续开展免费电影进公园进绿化活动，培训"电影进绿化"数字电影放影员46人，电影放映点40个，放映免费电影388场。

【拓展绿化市容志愿者服务】 进一步深化城管执法"进社区、进单位、进商家、进学校"，组建400多支共1.1万余人的城管志愿者队伍，引导志愿者和广大市民百姓共同参与城市管理工作。开展全市公园绿地"文明志愿者服务行动"，推进文明公园、文明示范公园创建。全市累计建成文明示范公园31座，90%公园已创建为文明公园。深入开展全民义务植树活动，发动社会志愿者护绿巡查。全市共24.6万人次参与直接义务植树，植树100.3万株；407家单位，6198人参与树木认建认养。

（秦磊）

（六）统计数据

上海城市公园情况一览（一）

单位：公顷、万人次

序	公园名称	星级	公园面积	全年游人量	地址
	总计		1915.22	21794.04	
一、	市属公园				
1	上海植物园		81.86	413.86	徐汇区龙吴路 1111 号
2	上海市动物园	*****	74.59	246.35	长宁区虹桥路 2381 号
3	共青森林公园	*****	124.74	156.27	杨浦区军工路 2000 号
4	古猗园	*****	10.27	147.54	嘉定区沪宜公路 218 号
5	上海滨江森林公园	*****	114.25	24.99	高桥镇凌桥高沙滩 3 号
6	上海辰山植物园		207.00	34.31	松江区佘山镇辰花路 3888 号
二、	区属公园				
	黄浦区				
1	人民公园	****	9.82	359.86	黄浦区南京西路 231 号
2	黄浦公园		2.06	765.00	黄浦区中山东一路 500 号
3	蓬莱公园	***	3.53	179.53	黄浦区南车站路 350 号
4	豫园	*****	1.90	116.11	黄浦区安仁街 218 号
5	古城公园	****	3.86	871.73	黄浦区人民路 333 号
6	广场公园	*****	23.04	397.07	黄浦区卢湾区延安中路
7	九子公园	**	0.70	27.56	黄浦区成都北路以东，南苏州河以南
	卢湾区				
1	南园公园	**	7.34	3.98	卢湾区龙华东路 800 号
2	绍兴公园	**	0.24	28.74	卢湾区绍兴路 62 号
3	淮海公园	***	2.56	72.15	卢湾区淮海中路 117 号
4	复兴公园	****	8.89	221.27	卢湾区皋兰路 2 号甲
5	丽园公园	***	1.75	27.97	卢湾区丽园路蒙自路口
	徐汇区				
1	龙华烈士陵园		18.47	133.35	徐汇区龙华西路 180 号
2	桂林公园	****	3.55	31.37	徐汇区桂林路 128 号
3	康健园	***	9.57	60.85	徐汇区桂林路 93 号
4	漕溪公园	****	3.87	89.52	徐汇区漕溪路 203 号
5	东安公园	***	1.87	47.21	徐汇区中山南二路 811 号
6	光启公园	**	1.32	18.11	徐汇区南丹路 17 号
7	襄阳公园	***	2.21	187.22	徐汇区淮海中路 1008 号
8	衡山公园		1.09	50.97	徐汇区广元路 2 号

上海城市公园情况一览（二）

单位：公顷、万人次

序	公园名称	星级	公园面积	全年游人量	地址
9	漕河泾开发区公园		4.42	3.13	徐汇区田林路 358 号
10	徐家汇公园	*****	8.65	1326.83	徐汇区衡山路 839 号
	长宁区				
1	上海市中山公园	****	20.96	347.73	长宁区长宁路 780 号
2	虹桥公园	***	1.89	108.34	长宁区遵义路 101 号
3	天原公园		0.93	25.78	长宁区水城路 735 号
4	华山儿童公园		0.27	25.71	长宁区华山路 1575 号
5	水霞公园	***	1.18	64.39	长宁区仙霞路 505 号
6	天山公园		6.89	88.18	长宁区延安西路 1731 号
7	新虹桥中心公园	****	13.00	98.71	长宁区延安西路 2238 号
8	新泾公园		2.23	159.91	长宁区天山路平塘路口
9	凯桥绿地	****	4.30	137.68	长宁区凯旋路延安路口
10	华山绿地	****	3.90	56.45	长宁区华山路春光路口
11	延虹绿地	***	2.78	39.88	长宁区虹桥古北路口
12	虹桥河滨绿地		2.46	36.79	长宁区长宁路 1898 号两侧
	静安区				
1	静安公园	*****	3.36	117.55	静安区南京西路 1649 号
2	西康公园		0.56	22.51	静安区西康路 255 号
3	雕塑公园		5.60	172.34	静安区北京西路 500 号
	普陀区				
1	普陀公园	***	1.40	45.86	普陀区光复西路 255 号
2	长风公园	****	35.50	288.99	普陀区大渡河路 189 号
3	兰溪青年公园		1.26	94.42	普陀区兰溪路 152 号
4	曹杨公园		2.26	236.41	普陀区枫桥路 50 号
5	管弄公园	**	1.33	223.20	普陀区管弄路 29 号
6	宜川公园		1.88	414.17	普陀区宜川路 99 号
7	沪太公园	***	1.47	58.75	普陀区新村路 37 号
8	甘泉公园	***	3.16	314.29	普陀区西乡路 100 号
9	真光公园		1.52	15.23	普陀区真光路 1865 号
10	梅川公园	**	1.13	19.21	普陀区武宁路 2361 号
11	海棠公园	***	1.49	13.85	普陀区武宁路 2650 号

上海城市公园情况一览（三）

单位：公顷、万人次

序	公园名称	星级	公园面积	全年游人量	地址
12	未来岛公园		2.70	3.09	普陀区真江北路 29 号
13	长寿公园	****	4.11	210.65	普陀区长寿路 260 号
14	清涧公园	***	1.96	52.45	普陀区金鼎路 658 号
15	梦清园	***	8.60	97.07	普陀区宜昌路 66 号
16	祥和公园		3.00	17.57	普陀区真光路
	闸北区				
1	闸北公园	****	13.35	321.80	闸北区平型关路 400 号
2	交通公园		1.58	40.73	闸北区新马路 262 号
3	岭南公园		3.83	193.61	闸北区汾西路 589 号
4	彭浦公园	***	2.88	165.76	闸北区场中路 2150 号
5	三泉公园	***	2.48	90.60	闸北区宝德路 1200 号
6	大宁灵石公园	***	58.46	369.97	闸北区广中西路 288 号
7	不夜城绿地公园	***	4.30	34.29	闸北区华盛路 209 号
	虹口区				
1	昆山公园		0.30	20.30	虹口区昆山花园路 13 号
2	和平公园		17.63	644.25	虹口区天宝路 891 号
3	曲阳公园	****	6.73	125.98	虹口区中山北路 880 号
4	凉城公园		1.37	72.19	虹口区车站北路 566 号
5	鲁迅公园	****	28.63	927.65	虹口区四川北路 2288 号
6	爱思儿童公园		1.90	--	虹口区海伦路 499 号
7	霍山公园		0.37	67.48	虹口区霍山路 118 号
8	丰镇公园		1.07	21.64	虹口区新市北路 1505 号
9	四川北路公园	****	4.24	140.34	虹口区四川北路 1428 号
	杨浦区				
1	杨浦公园	****	21.71	909.64	杨浦区双阳路 369 号
2	惠民公园		0.80	91.29	杨浦区惠民路 724 号
3	平凉公园		1.36	117.90	杨浦区平凉路 1738 号
4	波阳公园		0.90	89.60	杨浦区波阳路 200 号
5	复兴岛公园		4.19	11.50	杨浦区共青路 386 号
6	内江公园	***	1.44	153.70	杨浦区控江路 261 号
7	延春公园	***	1.29	128.29	杨浦区营口路 20 号

上海城市公园情况一览（四）

单位：公顷、万人次

序	公园名称	星级	公园面积	全年游人量	地址
8	松鹤公园	***	1.51	103.48	杨浦区抚顺路240号
9	工农公园		1.60	209.66	杨浦区包头路929号
10	民星公园	***	3.20	248.82	杨浦区嫩江路1111号
11	黄兴公园		39.86	268.08	杨浦区营口路699号(国顺东路369号)
12	四平科技公园	**	5.00	32.37	杨浦区四平路1777号
13	江浦公园	***	3.85	241.88	杨浦区江浦街道78街坊
	宝山区				
1	永清苑	***	2.98	191.36	宝山区双城路234号
2	临江公园	***	9.87	274.91	宝山区友谊路1号
3	友谊公园	***	4.41	131.20	宝山区密山路80号
4	烈士陵园		1.60	9.63	宝山区宝杨路25号
5	泗塘公园	***	4.50	257.79	宝山区爱晖路280号
6	罗溪公园	****	7.49	70.64	宝山区市一路150号
7	大华行知公园		5.80	153.80	宝山区华灵路1688号
8	月浦公园	***	7.01	152.43	宝山区龙镇路205号
9	淞南公园		8.00	425.47	宝山区淞良路300号
10	炮台湾湿地公园		58.83	313.98	宝山区塘后路206号
	闵行区				
1	闵行公园	***	6.06	72.20	闵行区沪闵路249号
2	莘庄公园	*****	5.88	170.61	闵行区莘庄镇莘浜路21号
3	吴泾公园	***	4.54	90.00	闵行区剑川路2号
4	红园	***	4.20	95.12	闵行区江川路354号
5	古藤园	***	0.49	4.35	闵行区临沧路148号
6	华漕公园		3.05	68.85	闵行区华美路5号
7	闵行体育公园	*****	55.00	946.01	闵行区新镇路456号
8	航华公园		5.00	60.23	闵行区航新路1号
9	闵联生态园	**	11.3	59.47	闵行区东川路3366号
10	黎安公园	**	23.9	29.38	闵行区秀文路118号
	嘉定区				
1	汇龙潭公园	***	4.84	11.69	嘉定区塔城路299号
2	秋霞圃	****	3.16	8.64	嘉定区东大街314号
3	儿童公园		4.01	33.46	嘉定区梅园路226号
4	安亭公园		6.98	27.92	嘉定区安亭镇墨玉路267号

上海城市公园情况一览（五）

单位：公顷、万人次

序	公园名称	星级	公园面积	全年游人量	地址
	浦东新区				
1	梅园公园		1.87	58.07	浦东新区乳山路180号
2	滨江大道		11.69	205.80	浦东新区滨江大道2967号
3	陆家嘴中心绿地	****	10.00	40.78	浦东新区陆家嘴东路15号
4	上南公园	***	3.93	55.20	浦东新区德州路198号
5	蔓趣公园	**	1.88	419.51	浦东新区洪山路201号
6	南浦广场		3.28	34.09	浦东新区浦东南路2277号
7	塘桥公园	***	3.98	47.51	浦东新区东方路张家浜桥
8	长青公园		2.06	29.55	浦东新区长青路11号
9	济阳公园		3.21	21.78	浦东新区耀华路600号
10	临沂公园	***	2.21	43.78	浦东新区东方路3683号
11	名人苑		5.36	56.38	浦东新区张杨路2988号
12	泾东公园		2.16	89.64	浦东新区罗山路200号
13	泾南公园		2.24	27.24	浦东新区羽山路850号
14	金桥公园	***	11.00	161.46	浦东新区台儿庄路362号
15	川沙公园	****	5.22	120.14	浦东新区川沙路5111号
16	高桥公园	***	4.32	184.29	浦东新区高桥镇通园路269号
17	世纪公园	*****	140.30	129.55	浦东新区锦绣路1001号
18	古钟园	**	3.88	70.13	南汇区惠南镇卫星西路11号
19	上海野生动物园		153.41	89.68	南汇区南六公路178号
	金山区				
1	滨海公园	****	6.00	46.74	金山区石化街道新城路16号
2	荟萃园	***	1.26	16.41	金山区石化街道大堤路208号
3	金山公园	***	2.26	53.53	金山区朱泾镇公园路96号
4	亭林公园		1.16	12.28	金山区亭林镇华亭路51号
5	古松园		0.07	1.80	金山区亭林镇复兴东路106号
6	枫溪公园		1.94	14.58	金山区枫泾镇新枫路45号
7	张堰公园	**	1.20	3.81	金山区张堰镇花园路20号
	松江区				
1	上海醉白池公园	****	5.13	23.06	松江区松江镇人民北路64号
2	上海方塔园	*****	11.57	90.43	松江区松江镇中山东路235号
3	松江区泗泾公园		5.39	98.32	松江区泗泾镇
4	思贤公园	****	10.00	56.31	松江区思贤路北侧
	青浦区				
1	上海大观园	*****	136.48	25.51	青浦区青商路701号
2	上海曲水园	****	3.08	52.61	青浦区青浦镇公园路612号

上海城市公园情况一览（六）

单位：公顷、万人次

序	公园名称	星级	公园面积	全年游人量	地址
3	上海珠溪园		3.53	12.47	青浦区朱家角镇祥凝浜路332
	奉贤区				
1	古华公园	*****	12.19	223.92	奉贤区解放中路220号
	崇明县				
1	瀛洲公园	***	4.61	24.92	崇明县城桥镇茅山路1号
2	澹园		0. 61	0 94	崇明县城桥镇北门路东首

2010年全市绿地、公园建设管理情况汇总表

区县	绿地面积（公顷）	公园（共）绿地	当年新建绿地（公顷）	行道树实有数（万株）	城市公园数（个）	公园游人量（万人次）
总计	120148.2	16053.05	1222.98	81.41	148	21794.04
黄浦区	135.94	96.82	11.83	0.89	7	2690.78
卢湾区	123.77	64.02	20.16	1.03	5	380.18
徐汇区	1230.96	487.68	28.88	4.00	11	2362.41
长宁区	1014.94	438.57	16.32	2.55	13	1435.9
静安区	101.07	45.11	4.14	1.18	3	312.4
普陀区	1141.43	518.39	30.07	5.00	16	2105.23
闸北区	601.94	223.92	9.90	2.17	7	1216.76
虹口区	405.14	152.05	2.81	2.29	9	2019.82
杨浦区	1361.04	441	6.00	3.84	14	2762.39
宝山区	6179.16	1849.17	129.72	6.26	10	1981.2
闵行区	7950.44	2053.01	70.00	11.06	10	1596.23
嘉定区	7339.46	1197.41	70.94	5.72	5	229.25
浦东新区	25796.53	5524.98	294.70	23.73	20	1909.54
金山区	8471.83	563.67	66.23	2.77	7	149.15
松江区	12519.22	710.87	202.00	1.96	5	302.44
青浦区	10136.55	1071.31	128.93	2.66	3	90.59
奉贤区	9679.64	476.59	98.58	2.62	1	223.92
崇明县	25959.14	138.48	31.79	1.68	2	25.85

上海市自然保护区及野生动植物重要栖息地一览

序号	名称	级别	主要保护对象	保护/规划面积	行政区域	建立/规划时间
一	自然保护区					
1	崇明东滩鸟类自然保护区	国家级	水鸟及潮间带湿地生态系统	24155	崇明县	1998
2	九段沙湿地自然保护区	国家级	水鸟及河口滨海湿地生态系统	42000	浦东新区	2000
3	金山三岛自然保护区	地方级	亚热带原始森林生态系统	45	金山区	1992
4	长江口中华鲟自然保护区	地方级	中华鲟等珍稀鱼类	57600	崇明县	2002
二	重要湿地					
1	崇明东滩湿地	国际	水鸟及海岸带湿地生态系统	32600	崇明县	2003
2	长江口中华鲟自然保护区	国际	中华鲟及其赖以栖息生存的自然环境	46300	崇明县	2008
3	崇明岛湿地	国家	水鸟及海岸带湿地生态系统	41188	崇明县	2000
4	金山三岛湿地	国家	水鸟及海岸带湿地生态系统	2502	金山区	2000
5	长兴和横沙岛湿地	国家	水鸟及海岸带湿地生态系统	66034	崇明县	2000

数据来源：《中国湿地保护行动计划》、《上海市陆生野生动物资源调查报告》、《上海市湿地资源调查报告》、《上海市野生动植物保护及自然保护区建设工程总体规划》等

2010年上海市生活垃圾分类收集情况

单位：个，户，吨

指　标	实有数		实现分类收集数量				有害垃圾量(吨)	玻璃(吨)	可回收物品数量(吨)				其他垃圾量(吨)	大件垃圾量(吨)
	小区数	居民户数	小区数	居民户数	单位数	垃圾收集点数			废纸	废塑料	废金属	其他		
合计	5121	4235396	4718	3053613	2382	9973	1104.469	6803.42	25495.32	15633.79	7842.07	7650.48	722192.6	133311
浦东	/	/	808	/	319	2566	105.3	285.63					124777.68	926
黄浦	250	178879	172	77812	198	370	3.3	127.14	78.63	24.16	13.19	0.24	41784	450
卢湾	239	185100	232	179600	132		11.7	133.7	2464.57	302.41			18871.82	16795
徐汇	457	321344	290	155259	80	2419	64.57	568.93	2379.71	1168.91	572.74	0.45	96.11	0
长宁	822		780		132		18	69	2449	1503	2934		236070	3212
静安	387	310000	230	150000	161	350		37.8	39.99	19.53	27.73		24700	2394
普陀	475	324208	262	289896	376	262	1.49	1056.69	2968.24	1025.40	2112.81	0	0	1044
闸北	293	267926	140	106095	247	191	92.32	22.79	2346.38	152.9	166.63	17.6	72409.13	32967
虹口	319	151393	197	34011	172	358	1.3	243.85	271.75	250	0	0	19813	2354
杨浦	565	354169	329	204853	29	385	783.15	1601.22	6415.64	2375.52	429.12	2367.18	135038.45	71020
闵行			400		65	465	4.19	6.74	21.26	13.28	6.26	0	31439.81	0
宝山	117	110506	97	71858	113	113	0.2					203.2		
嘉定	310	1500000	310	1500000		1761	6.359	2253.2	1072.8	6916.8	220.7	468		
金山	222	105303	150	90647	60		1.35	2.38	171	29.6	0.28	4581.61		
松江	216	129802	142	103356	170	454	7.92	181.35	4510.67	1629.66	1232.82	12.2	0	66
青浦	269	138691	149	65409	43	149	0	183.16	253.87	186.12	98.12	0	0	2074
奉贤	117	105514	21	16361	55	79	0.22	3.24	29.91	7.7	0.77	0	10731.62	9
崇明	63	52561	9	8456	30	51	3.1	26.6	21.9	28.8	26.9		6461	

绿化市容（林业、城管执法）主要发展指标

	单位	2009	2010
一、绿、林地总量和建设			
1、绿化覆盖面积	公顷	126519.18	130160.40
其中：建成区	公顷	38051.2	38104.68
2、城市绿地面积	公顷	116929.38	120148.20
其中：建成区			33558.00
其中：公园绿地	公顷	15406.1	16053.05
3、当年新建绿地	公顷	1095.53	1222.98
其中：公园绿地	公顷	581.86	766.76
4、本市林地面积	公顷	87267.97	99036.76
5、当年新增林地	公顷	2323	1358
其中：公益林	公顷	1184	884
经济林	公顷	867	465
6、自然保护区	个	4	4
其中：国家级	个	2	2
7、重要湿地	个	5	5
其中：国际级	个	2	2
8、野生动植物重要栖息地	个	12	12
9、城市公园	个	147	148
其中：免费开放公园	个	127	127
7、全年游人量	万人次	21671.33	21794.04
二、城市绿化			
1、人均公园(共)绿地面积	M2/人	12.8	13
2、建成区绿化覆盖率	%	38.1	38.15
3、本市林木绿化率	%	19.95	20.53
4、森林覆盖率	%	11.63	12.58
三、市容城管			
1、生活垃圾产生量	万吨	709.93	731.64
2、垃圾无害化处理率	%	82.3	84.9
3、垃圾无害化处理厂（场）	个	10	11
其中：市属	个	2	2
4、公共厕所	座	8283	8721
其中：环卫系统	座	5633	6026
5、每万人拥有公共厕所	座/万人	4.02	4.27
6、道路总面积	万平方米	15313	15879
7、专业清扫面积	万平方米	14531	15135
其中：机械清扫	万平方米	8902	9861
冲洗清扫	万平方米	8153	8927
8、城管执法队员人数	人	6400	6046
9、城管执法行政处罚案件数	件	147886	113512

2010年上海市绿化市容主要业务指标情况

	单位	2009	2010
1、新建各类绿地面积	公顷	1095.54	1222.98
其中：公园（共）绿地	公顷	581.86	766.77
2、新增林地面积	公顷	2323	1358
3、绿化种植	万株	2427.4	3926.57
4、年末行道树实有数	万株	76.11	81.41
5、全年公园游人量	万人次	21671.33	21794.04
其中：售票公园	万人次	2680.26	2688.28
6、公园动物数量	只	10448	10114
7、生活垃圾产生量	万吨	709.93	731.64
8、生活垃圾处置量	万吨	700.2	731.64
9、粪便处置量	万吨	220.51	201.01
10、道路专业清扫面积	万平方米	14530.59	15135
其中：机械清扫	万平方米	8901.92	9861
冲洗清扫	万平方米	8152.61	8927
11、投诉受理量	起	140232	93142
12、投诉处理量	起	122174	92639

2010年上海市绿化市容主要业务指标情况

	单位	2009	2010
1、新建各类绿地面积	公顷	1095.54	1222.98
其中：公园（共）绿地	公顷	581.86	766.77
2、新增林地面积	公顷	2323	1358
3、绿化种植	万株	2427.4	3926.57
4、年末行道树实有数	万株	76.11	81.41
5、全年公园游人量	万人次	21671.33	21794.04
其中：售票公园	万人次	2680.26	2688.28
6、公园动物数量	只	10448	10114
7、生活垃圾产生量	万吨	709.93	731.64
8、生活垃圾处置量	万吨	700.2	731.64
9、粪便处置量	万吨	220.51	201.01
10、道路专业清扫面积	万平方米	14530.59	15135
其中：机械清扫	万平方米	8901.92	9861
冲洗清扫	万平方米	8152.61	8927
11、投诉受理量	起	140232	93142
12、投诉处理量	起	122174	92639

当年新建各类绿地面积

单位：公顷

	总计	公园绿地	生产绿地	防护绿地	附属绿地	其他绿地
	1	2	4		6	
总计	1222.98	816.76	0.00	5	347.59	10
浦东新区	294.70	294.70		58.62		0.00
黄浦区	11.83	11.15			0.68	
静安区	20.16	14.24			5.92	
卢湾区	28.88	22.88			6.00	
徐汇区	16.32	7.30			9.02	
长宁区	4.14	3.04			1.10	
闸北区	30.07	20.00			10.07	
虹口区	9.90	3.14			6.76	
普陀区	2.81	1.51			1.30	
杨浦区	6.00	6.00				
闵行区	129.71	64.10			65.61	
宝山区	70.00	43.76			26.24	
嘉定区	70.94	45.47			25.47	
奉贤区	66.23	20.83			13.78	
金山区	202.00	202.00		31.62		
青浦区	128.93	28.88			84.05	
松江区	98.57	5.90		16.00	81.67	
崇明县	31.79	21.87		11.00	9.92	

五、环境保护

（一）综述

2010年是本市环保任务非常繁重的一年，是世博保障工作的检验年，是“十一五”污染减排的冲刺年，是“十二五”环保规划的编制年，也是第四轮环保三年行动计划的攻坚年。在市委、市政府的正确领导下，全市各方面共同努力，围绕举办2010年世博会和“调结构、促转型”大局，以污染减排和环保三年行动计划为抓手，进一步加大了环保工作推进力度，取得了较好的工作成效。

世博环境保障工作取得全面胜利，“十一五”各项环保目标如期实现，污染减排任务提前并超额完成，第四轮环保三年行动计划进展顺利。全市生态环境质量得到进一步提高。环境空气质量优良率连续两年超过90%，达到92.1%；水环境质量总体有所好转，黄浦江、苏州河总体水质有所改善；声环境质量基本稳定；辐射环境质量保持正常。

（二）世博环保工作

【概况】 2010年，本市环保系统根据市委市政府的统一部署，精心组织，周密安排，开展了一系列世博环境保障工作，成效明显，环境质量达十年最优，环境安全得到确保，低碳环保理念深入人心，环保工作得到全面交流和提升，保障了世博会“成功、精彩、难忘”，诠释了“城市，让生活更美好”的世博主题。

【世博环保工作】 组织架构上与全市世博保障工作相对接：根据市委市政府的总体工作安排，在世博前期筹备阶段和筹备运行阶段，市环保局分别成立了世博工作领导小组和环保系统保障世博运行领导小组，后者下设安保组、环境保障组、园区组、宣传舆情组、接待组5个工作组和1个办公室，有序推进相关工作；同时还成立了由国内外专家组成的世博环境顾问组，提供技术支持。工作落实上依托相关推进平台和机制：环保三年行动计划和污染减排等全市重点工作继续依托环境保护和建设协调推进委员会工作机制，“量大面广”的城市环境综合整治工作则依托迎世博600天行动计划领导小组和指挥部工作机制，此外还在长三角合作机制下开展区域污染联防联控工作。工作重点上明确具体任务和实施方案：以全力保障世博会环境质量及为城市未来可持续发展奠定基础为目标，明确了“常态长效为主、重点强化保障”的工作思路和改善全市生态环境、推进面上环境整治、强化环境空气质量保障、加强环境执法和应急保障、倡导“低碳世博”“绿色世博”理念五方面重点工作，并制定了相应工作方案予以落实。

【世博环保成效】 持续推进污染减排和环保三年行动计划，奠定坚实的环境基础：四轮环保三年行动计划的滚动实施，为世博会召开营造了良好的生态环境。主要污染物排放量持续下降，提前一年达到“十一五”总量减排目标。环境基础设施建设大力推进，2010年本市城镇污水处理率达81.9%，生活垃圾无害化处理率达84.9%，基本实现电厂脱硫全覆盖，危险废物、医疗废物得到集中安全处置。污染企业结构调整加快推进，先后实施了桃浦、吴淞、吴泾等传统工业区环境综合整治。环境综合整治成效显著，创建了682平方公里“基本无燃煤区”和728平方公里“扬尘控制区”；全面推进机动车污染控制，提前实施机动车“国Ⅳ”排放标准和成品油质量标准升级。针对性地推进面上环境综合整治，创造良好城市环境面貌：聚焦锅炉烟尘、扬尘、机动车噪声和冒黑烟、秸秆焚烧、河道黑臭等面上环境问题，环保、建设交通、公安、水务、绿化市容和农业等部门共同协作，市区联动，条块结合，加大集中整治力度，强化世博会期间管控措施，加强巡查和执法。世博期间，本市环境空气质量优良率达到98.4%，二氧化硫、氮氧化物和PM10等大气污染物浓度均创十年历史最好记录，环境面貌得到较明显改善。加强长三角区域联防联控，合力保障环境空气质量：在环境保护部指导下，依托长三角区域合作平台，江浙沪三地环保部门将保障世博会空气质量作为合作重点，共同制定并落实联防联控措施，对高架源、重点污染源、机动车冒黑烟、秸秆焚烧开展联合整治和管控，同时以区域空气质量监测信息共享为基础，实现区域空气质量预报预警及应急联动。完善环境风险防范和应急体系，维护城市环境安全：强化环境安保和应急体系建设，健全各类风险源管控方案、应急预案和工作机制，组建环保应急专业队伍。通过安全检查、风险源排查整改、全过程监管等手段措施，着力强化辐射、水源地、危废、医废、化学品等安全管控，共完成辐射管控现场检查8500余家次，出动执法人员近9400人次、检查风险源企业3744家次，确保了世博期间无重大环境安全事故发生。成功举办了由江浙沪三地环保部门共同参加的"世博环境安全保障联合演习"。市区两级环保部门实行24小时值守和备勤，妥善应对和处置各类突发环境事件。全方位开展世博园区环境监测和巡查，保障园区内环境质量和环境安全：世博筹备阶段，督促落实园区内环保要求，确保餐饮油烟气、油污水、固废、电磁辐射等防治措施落实到位。世博运行期间，建立联合巡查队伍，开展常规巡查和重点抽查40多批次，及时发现问题并督促整改。建设世博园区多要素环境质量自动监测站和流动监测车，实时监测发布环境信息。做好世博交流、舆情应对等工作，营造和谐友好的氛围：强化环保交流和合作，宣传"低碳世博"环保理念，顺利完成环境主题论坛服务工作。建立环保舆情应对机制，加强引导和宣传，有力保障了世博期间的舆情安全。广泛发动各级干部职工参与道路文明出行、地铁保畅通、园区出入口服务等安全志愿服务工作。

【低碳世博】 世博园区规划、建设、运营中的低碳措施：从世博会筹备到举办，世博园区规划、建设、运营中各项低碳措施得到了全面落实。老建筑的保护和利用占园区总建筑面积的1/5；园区内绿化覆盖率达到50%以上，80%以上场馆采用屋顶绿化、立体绿化和室内绿化；园区内太阳能光伏发电能力达到4.68兆瓦，公共交通实现"零排放"，80%以上的夜景照明光源采用LED技术，清洁能源使用比例达到50%以上；60%以上的路面由建筑垃圾和钢渣制成，园区临时建筑大量采用易于组装、拆卸的环保建材，工程建筑废弃物和垃圾100%回收，资源化利用率达到50%以上。污水全部收集处理，雨污水综合利用率达到30%，世博园区内饮用水100%达到直饮水标准。低碳技术、产品和实践的集中展示：世博会作为汇聚、展示和探索交流低碳发展成果的重要平台，国内外各参展方通过场馆设计、建设和服务管理，以及组织各类展览展示、交流研讨及相关演艺活动，纷纷从不同角度诠释环保低碳理念。在绿色、低碳技术的推广方面，世博会集中应用、展示了绿色交通、绿色能源、绿色建筑、绿色工程、绿色办公等先进技术和最佳实践，大量采用了太阳能光伏发电、江水源/地源热泵、冰蓄冷技术、半导体照明（LED）、新能源汽车、可渗透路面、雨水回用、生态护坡、秸秆综合利用、楼宇能源监测系统等环保节能技术，积极探索低碳发展方式，引领城市未来发展的方向。

【落实世博会"碳补偿"项目】 结合旧区改造建设世博会，对原有污染企业全面实施关停淘汰或通过搬迁实现技术升级改造，并通过旧居住区和码头的拆除和关闭，大幅降低了世博园区及周边地区的碳足迹；全市轨道交通里程从2007年底的270公里迅速提升到2010年的420公里，市中心地区低碳交通基础设施网络基本建成；建设并开放了辰山植物园等一批大型公共绿地，进一步优化总体绿化布局；结合世博空气质量保障计划的实施，集中开展了一批工业锅炉的节能和低碳排放改造、绿色照明工程等节能减排项目，并实施了一批重点清洁能源和可再生能源工程。在全社会层面发起了"低碳世博自愿减排行动"、"世博碳汇林"、"迎世博，绿色出行"等碳减排活动，发行了含1吨碳减排指标的世博低碳交通卡，并在上海环境能源交易所搭建了"低碳世博自愿减排交易"平台，积极鼓励企业自愿捐赠或认购减排指标，推动节能减排及可再生能源科技、产品及实践的应用和推广。

【传播实践低碳环保理念】 上海以世博会举办为契机，充分利用世博会广泛传播绿色、环保、低碳理念。编制了《低碳世博总体方案》，引导各方尽可能避免并减少世博会的碳排放；发布了《上海宣言》，倡导人与自然和谐相处的生态文明；举办“环境变化与城市责任”世博主题论坛，深入探讨全球环境问题；开辟“低碳之旅”，串联园区低碳示范点，组织热衷环保的人士参观游览；举办“穿越长三角－绿色出行看世博”、“低碳世博.椅我为荣”等特色活动，以及“天下一家”、“全球青年创新之旅”、“低碳盛典”、“育乐湾”等环保演艺活动，使参与者切身感受到低碳生活的无穷魅力。同时，在全社会层面围绕“低碳世博”组织开展宣传教育活动，开展“百万市民环保知识培训”活动，全面提高市民的环保意识。结合“绿色社区”、“绿色学校”等创建活动，倡导绿色生产、生活和消费方式，推动城市生态文明建设。“低碳世博”的示范带动效应：环保低碳理念已融入“十二五”城市发展规划的编制，并逐步付诸实施。世博低碳技术得到应用推广及转化，带动和引领了新兴低碳环保产业的发展。低碳世博的具体示范实践已先后在崇明生态岛建设生态保护和可再生能源应用示范基地、临港产业区建设低碳制造业示范基地、虹桥商务区建设低碳服务业示范基地等得到推广应用。

（三）环境管理

【概况】2010年是第四轮环保三年行动计划实施的第二年，截至2010年底，第四轮环保三年行动计划125个建设项目，累计完成48个，完成和开工的项目占建设项目总数的81.6%；135个管理型项目，累计完成54个，启动率99%。水环境治理与保护专项：基本建成青草沙水源地原水工程，已分步启动通水切换，建成源江水厂一期和松江小昆山水厂一期深度处理工程，进一步保障饮用水安全；西干线改造总管工程贯通，竹园第一污水处理厂、周浦水质净化厂完成升级改造，白龙港污水处理厂污泥处理工程建成调试；太湖流域水环境综合治理项目基本实现全面开工，其中练塘污水厂二期扩建和商塌污水厂已完工。固体废物利用与处置和噪声污染控制专项：老港再生能源利用中心开工，实现本轮启动的工作目标；医疗废物处置工程基本建成并投产；按计划完成高架道路和越江桥隧的噪声敏感点治理工作。工业污染防治专项：吴泾工业区污染源治理项目全面完成；金山卫化工集中区域环境综合整治取得良好进展，居民动迁基本完成，市政基础设施和防护林带建设、企业污染治理和产业结构调整工作进展顺利；宝山南大地区环境综合整治工作取得突破性进展，建立市区联动推进机制，落实市级支持启动资金，先行启动了有关综合整治工作。循环经济和清洁生产专项：8个循环经济试点项目基本完成试点方案任务；外高桥电厂和石洞口电厂的余热预处理脱硫石膏示范线基本完成；旧沥青回收利用工作累计完成量已超本轮总目标；361家企业开展了清洁生产审核工作。农业与农村环境保护专项：崇明病死畜禽无害化处理站项目配套工程已开工；商品有机肥和专用配方肥、新型药械和新农药品种的年度推广任务全部完成；配合世博保障秸秆禁烧，调整三夏作物结构推广绿肥，累计推广量已超本轮总目标；6个千亩农业面源污染防治示范核心基地试点示范效果良好；开展了114个村庄综合改造项目。生态保护与建设专项：世博园区生态建设项目全面完成；崇明生态环境建设有序推进，1500亩生态林建设全部完成，创建国家生态县工作通过市级考核验收；上海辰山植物园、卢湾南园滨江绿地、宝山炮台湾公园二期相继建成并对外开放，绿地林地建设工作按计划开展。政策和机制专项：完成2个政策研究项目，同时注重已出台政策的延续落实。

【环保投入】2010年，全市环保投入

507.54亿元，占同期上海市生产总值（GDP）的3.01%。其中，城市环境基础设施建设投资294.73亿元，污染源治理投资为105.96亿元，生态建设投资为12.52亿元，环境能力建设投资为4.88亿元，环保设施运转费为62.72亿元，循环经济及其他方面投资为26.73亿元；分别占全市环保投入的58.07%、20.88%、2.47%、0.96%、12.36%和5.26%。

【环评管理】2010年市环保局积极推进本市大型居住社区区域环评工作，参与区域控制性详细规划的环保审查，提出环保建议。加快区域环评审批，2010年已审批了浦江、周康航等大型居住社区的区域环评。继续稳步推进规划环评。市环保局完成了对老港固体废弃物综合利用基地规划、上海市滩涂资源开发利用与保护"十二五"规划、南桥新城总体规划修编（2010～2020）、黄浦江环卫码头布局规划、佘山国家旅游度假区总体规划等一系列规划的环保审查。加强建设项目源头控制，过程监管。根据环境保护部相关要求，完成了部分产能过剩行业和化学危险品行业等专项清查和整改；开展了工程建设领域环境保护违法违规问题的排查工作，对违法违规建设项目提出限期整改要求，并已基本完成整改工作。强化建设项目中后期管理，配备专职人员联系监测和监察部门，对多个项目作出停止试运行的行政处罚。继续执行"批项目，核总量"制度。市区两级环保部门共审批环评文件15264个，其中环评报告书484个，环评表7001个，登记表7779个。

【环境监测】2010年，本市围绕全市河道水质持续改善的目标，以第四轮环保三年行动计划各区县水环境质量评估监测和水环境综合整治重点河道效果评估监测为重点，加强地表水环境质量常规监测，参与国家近海网、长江网、太湖网的水质监测，开展苏州河生态恢复以及淀山湖和滴水湖富营养化状况的监测，并在进行生物群落学监测的基础上，开展一系列的实验生态工作。同时，开展淀山湖蓝藻"水华"监测。环境空气质量监测继续做好全市环境空气质量自动监测站的规范化运行管理以及现场质量保证和控制，做好全市环境空气质量日报、预报以及分区日报工作，密切关注环境空气中的臭氧和一氧化碳浓度变化情况，做好臭氧和一氧化碳日报、预报，并探索VOCs等光化学烟雾前体污染物的监测方法，开展灰霾监测试点工作。同时，落实《2010年上海世博会期间环境质量监测及空气污染预警体系建设实施方案》，构建具有世界先进水平的世博园区环境质量监测体系，开发世博会空气质量预报模型，提高空气质量预警能力和水平，揭示世博园区的环境质量尤其是空气质量的特征。声环境质量监测按照《上海市声环境质量监测点位优化调整方案》组织实施。污染源监测按照国家和本市的管理要求，进一步加强废水和废气污染源在线监测系统的运行管理、考核、比对、抽查工作，加快各区县在线监管平台建设以及与企业和市监控平台的联网建设。全年共获地表水、空气、噪声、生物和放射性等环境要素监测数据436.50万个，其中，自动监测数据411.76万个，水质常规监测数据13.40万个，环境空气监测数据1.76万个，噪声、生物和放射性监测数据9.58万个。对14家国控废水重点污染企业、37家一般废水污染企业、44家污水处理厂、20家国控废气重点污染企业和69家一般废气污染企业进行了监督监测，共获得重点污染源监测数据2.22万个，其中，废水监测数据1.92万个，工业炉窑、废气监测数据0.62万个。

【环境科技研究】环境科技方面，围绕环境保护"十二五"规划编制、世博会环境质量保障、污染物总量控制和第四轮环保三年行动计划等重点工作，开展了"上海市'十二五'

环境保护规划研究”、“上海市饮用水源地现状风险控制研究”、“长三角地区环境空气质量联动机制研究”、“世博会环境保护后评估研究”、“上海市‘十二五’重点化工企业VOC总量削减与示范研究”和“上海市低碳经济（碳足迹、碳流）分析与对策研究”等环保科研工作。市环科院牵头承担的“农用化学品污染控制关键技术集成及其示范应用”和“上海市饮用水水源保护区划定和相关技术研究”课题分别荣获上海市科技进步奖三等奖和上海市决策咨询研究成果奖一等奖。

【制定环境标准】 经市政府同意，市环保局和市质量技监局联合发布了修订的上海市地方污染物排放标准《生物制药行业污染物排放标准》（DB31/373 — 2010）。新标准自2010年7月1日起实施。清洁生产方面，市环保局、市经济信息化委联合发布本市2010年度重点企业清洁生产审核单位名单，三批共111家。环境保护部发布2005年以来实施清洁生产审核并通过评估验收的重点企业名单公告，本市255家重点企业在列。

【环保创建】 加强绿色创建，青浦区创建国家环境保护模范城区工作通过了环境保护部的考核验收。浦东新区合庆镇等8个乡镇被环境保护部命名为全国环境优美乡镇。浦东新区新场镇果园村等13个村被市环保局命名为上海市生态村。2010年创建市级安静居住小区16个，创建面积约252万平方米，受益群众约5.5万人。目前上海市共创建市级安静居住小区120个，创建面积约1192万平方米，受益群众30余万人。

国家生态工业示范园区创建方面，2010年8月环境保护部、商务部和科技部联合发文批准上海莘庄工业区为国家生态工业示范园区；11月上海金桥出口加工区通过国家生态工业示范园区建设验收；张江高科技园区、上海化学工业区、漕河泾新兴技术开发区和闵行经济技术开发区的建设规划也已通过国家评审，国家三部委正式批准同意开展建设工作。

【办理意见提案】 2010年，市环保局共收到人大书面意见、政协提案55件。其中，人大书面意见24件（主办8件、合办2件、会办14件），政协提案31件（主办9件、合办5件、会办17件）。现场办理接待代表、委员口头咨询21件，其中15件当场给予代表、委员答复，其余6件会后办理。所有书面意见、提案全部按时、按质完成办理任务，办理率、满意率均为100%。2010年，“两会”人大代表、政协委员重点关注的环保议题包括：让城市享受低碳生活，积极开展低碳城市建设；高污染车辆限行政策和汽车冒黑烟整治；新农村建设中重视生态建设、崇明现代化生态岛建设和青草沙围江蓄水生态评估；加大对饮用水源保护区整治项目扶持力度；加强街道社区噪声污染监控和管理；加强宝山大场地区污染整治和浦东美商生化处理厂臭气整治；加强废旧物质回收处置和工业固体废弃物综合利用规划和管理；进一步修改完善《上海市畜禽养殖管理办法》等。

【受理投诉】 2010年，全市环保系统共受理环境污染投诉16511件。其中，来信1678件/12600人次，同比（1999件）下16.1%，办结率为95.8%；来访626批/1428人次，同比（797批）下降21.5%，办结率为97.9%；来电11898件，同比（21973件）下降45.9%，办结率为98.9%；电子邮件2309件，同比（2717件）下降15.0 %，办结率为99.0 %。根据信访内容划分，反映大气污染6444件，噪声污染5234件，油烟气污染1980件，水污染1776件，电磁辐射污染193件，新建项目163件，固体废物污染151件，农药化肥污染6件，畜禽养殖污染144件，危险化学品25件，放射性污染8件，环境监测7件，政风行风29件，其他351件，分别占环境污染投诉总量的39.03%、31.7%、11.99%、10.76%、1.17%、0.99%、0.91%、0.04%、0.87%、0.15%、0.05%、0.04%、0.18% 和 2.13%。妥善处置各类突发性环境污染事故。先后成功处置了“2.21青浦月胜废品厂爆炸事故”、“5.9中石化上海高桥分公司油罐燃烧事故”、“8.4奉贤洁申公司硫酸烟雾事件”、“9.16浦东高桥三岔港储运公司石蜡燃烧事故”、“11.23中石化上海高桥分公司异味气体泄漏事件”等131起突发性环境污染事故。

【公共参与】市环保局和市学习型社会建设服务指导中心联合开展“百万市民学环保”项目，自2009年6月启动以来，通过组织发动18个区县社区学院、200余所社区学校、数千个居民教学点，对市民开展课堂面授、网络学习、知识竞赛、环保辩论赛、我为环保献一计、考察调研等系列活动，培训总人数达到约125万人，获得了市民的欢迎和热情参与。2010年“六五”世界环境日上海主题宣传活动突出2010年世界环境日中国主题“低碳减排.绿色生活”，围绕绿色世博和上海的环保工作，通过动感歌舞、时装秀、情景魔术、小品等多种艺术形式开展环境宣传。活动现场还对“世博绿色出行”获奖社区、“绿色、低碳世博”征文获奖者和“2009年中华环保世纪行好新闻”评选的获奖者进行了表彰。全市18个区县也举办了形式多样的宣传活动。为配合世博会的举办，在公众中宣传“低碳世博”、“绿色世博”的理念，市环保局、文汇报在全国范围举行“绿色、低碳世博”征文活动。市环保局、上海世博局、美国环保协会共同主办了世博绿色出行项目，全市18个区县共有124个社区参与了“世博绿色出行100+社区活动”。中华环保世纪行宣传活动2010年集中采访了上海焦化厂和吴泾化工厂贯彻实施大气污染防治法的有关情况以及上海化工区生态环境建设情况。2010年上海继续举办了“拜耳青年环境特使”的评选活动，启动了“千名青年环境友好使者行动项目”，组织上海市10所中小学、幼儿园参加国际生态学校项目，开展“绿色与世博同行，环保宣传进社区”、“绿色学校节能减排行动”、“我们未来的能源全国中小学生征文比赛”、“节能减排全民行动方案设计大赛”等活动。“上海环境”和“上海环境热线”网站加强政务信息公开、环境网络宣传，网站浏览量达3800000余人次。

【国际合作】2010年市环保局完成了实施三年的“上海环境友好型动议项目”。11个示范项目被授予“联合国环境友好型示范项目”的称号。“上海环境空气质量发布系统（AirNow-I）示范项目”经过近5年的实施，于2010年5月完成，正式对公众亮相，直接服务于上海世博会和上海市民。2010年市环保局分别组织两批学员赴意大利参加了由威尼斯国际大学组织的“低碳经济”高级培训班。2010年9月中意合作“战略环评”培训在上海举办，来自上海环保系统、科研院所、高校和企业等单位约80人参加了本次培训。2010年9月18日，结合意大利环境部的“绿色未来周”活动，市环保局和威尼斯国际大学在上海世博会意大利国家馆联合举办了“中意战略环境培训结业典礼暨城市可持续发展论坛”。在中意环保合作框架下，继续实施“上海交通空气污染监测项目”和“柴油车污染控制技术项目”。与美国贸易发展署签订《上海柴油车排放技术改造可行性研究项目》合作协议；与日本北九州环境局共同启动了“上海—北九州环保教育交流促进项目”；与美国波特兰州立大学签署了“交流合作谅解备忘录”。2010年市环保局承办了中国环境与发展国际合作委员会（简称“国合会”）圆桌会议。世博会期间，承办了“环境变化与城市责任”世博会主题论坛，协助了20多个国家和国际组织在世博园区各自国家馆或国际组织馆召开以环保为主题的各类研讨会、交流会共计50余场。其中，帮助邀请相关领域专家和官员出席会议570多人次，发言10余人次。2010年市环保局共接待了来自20多个国家的代表团，共计418人次。其中，外国政府要员代表团包括以色列环保部副部长、以色列基础设施部部长、波兰环保部副部长、德国汉堡市市长、美国前副总统戈尔和美国环保局局长等。城市环保交流的代表团包括荷兰鹿特丹市、德国汉堡市、波兰滨海省、法国罗阿大区、日本北九州市、川崎市等。

（四）环境法制和执法

【概况】 年内，制定了《上海市人民政府关于加强对秸秆露天焚烧和利用管理的通告》、《关于加强爆炸、剧毒、放射性等危险物品安全管理的通告》，发布《关于加强社会噪声管理的通知》。全年共出动执法人员38600余人次，检查企事业单位31300多户次，检查机动车33200辆，责令一批违法企业停产、关闭、搬迁，对不能稳定达标的污染企业实施了限期治理，解决了一批群众反映强烈、举报和投诉集中的难点、热点问题，有效地保障了世博会环境质量和环境安全，促进了主要污染物减排工作的顺利实施。本市环保部门对国控重点监管企业2009年度的环境行为进行了评价，实际参评企业134家。评出的15家绿色企业、2家黑色企业，予以了公布。

【环境立法工作】 为保障世博空气环境质量和环境安全，完成了《上海市人民政府关于加强对秸秆露天焚烧和利用管理的通告》、《关于加强爆炸、剧毒、放射性等危险物品安全管理的通告》的制定工作。按照市政府法制办的立法计划，《上海市噪声污染防治办法》的制定列入2010年市政府的立法调研项目。在政府规章制定前，针对市民关注的社会噪声污染问题，2010年8月会同市公安局、市城管执法局、市住房保障房屋管理局等部门，先行发布了《关于加强社会噪声管理的通知》，明确了环保、公安、城管执法、住房保障房屋管理等部门在社会噪声管理中的职责和近阶段的执法重点。

【环境执法工作】 根据国务院部际联席会议的要求，市环保局会同市发展改革委等12个有关部门联合发布了《上海市2010年继续深入开展整治违法排污企业保障群众健康环保专项行动实施方案》，明确了世博环境保障、重金属污染专项整治、巩固减排成果的执法后督察等任务。全市共出动执法人员38600余人次，检查企事业单位31300多户次，检查机动车33200辆，责令一批违法企业停产、关闭、搬迁，对不能稳定达标的污染企业实施了限期治理，解决了一批群众反映强烈、举报和投诉集中的难点、热点问题，有效地保障了世博会环境质量和环境安全，促进了主要污染物减排工作的顺利实施。根据国务院部际联席会议的要求，市环保局会同市发展改革委等12个有关部门联合发布了《上海市2010年继续深入开展整治违法排污企业保障群众健康环保专项行动实施方案》，明确了世博环境保障、重金属污染专项整治、巩固减排成果的执法后督察等任务。全市共出动执法人员38600余人次，检查企事业单位31300多户次，检查机动车33200辆，责令一批违法企业停产、关闭、搬迁，对不能稳定达标的污染企业实施了限期治理，解决了一批群众反映强烈、举报和投诉集中的难点、热点问题，有效地保障了世博会环境质量和环境安全，促进了主要污染物减排工作的顺利实施。2010 年全市环保系统共实施行政处罚 1129 件，处罚金额 3582.6 万元。

【重点企业环境行为评估】根据长三角两省一市的统一安排，本市环保部门对国控重点监管企业 2009 年度的环境行为进行了评价，实际参评企业 134 家。评出的 15 家绿色企业、2 家黑色企业，予以了公布。本次评价结果将作为环保部门环境管理和环保诚信体系的重要依据。下一步还将探索建立企业环境行为的动态更新机制，以督促企业不断提高其环境管理水平，规范企业环境行为。此外，根据《中华人民共和国清洁生产促进法》、《上海市环境保护条例》的规定，分别于“六.五”世界环境日和年底，在“上海环境”网站上公布了两批违法企业的名单。

（五）环境质量状况

【概况】2010 年，上海市水环境质量总体较 2009 年有所好转，环境空气质量总体较 2009 年有所好转，区域环境噪声达到相应功能的标准要求，上海市辐射环境质量总体情况良好。

【水环境质量】2010 年，上海市水环境质量总体较 2009 年有所好转。与 2009 年相比，黄浦江和苏州河总体水质状况有所改善，长江口总体水质状况略有下降。黄浦江：根据上海市水环境功能区划和相应的水质控制标准，黄浦江淀峰和松浦大桥 2 个断面水质控制标准为 II 类水，临江断面水质控制标准为 III 类水，南市水厂、杨浦大桥和吴淞口 3 个断面水质控制标准为 IV 类水。与 2009 年相比，2010 年黄浦江临江和南市水厂断面水质综合污染指数（计算方法详见附录）分别上升 1.1% 和 2.0%，淀峰、松浦大桥、杨浦大桥和吴淞口断面水质综合污染指数分别下降 13.5%、4.2%、1.9% 和 2.1%。黄浦江总体水质状况有所好转。近 5 年（2006 ~ 2010 年）的监测数据表明，2006 ~ 2008 年黄浦江总体水质状况基本保持稳定，2009 年起黄浦江总体水质状况有所好转。作为上海市主要出境控制断面的黄浦江杨浦大桥断面化学需氧量浓度从 2005 年的 18.32 毫克 / 升下降至 2010 年的 13.91 毫克 / 升，降幅达 24.1%。苏州河：根据上海市水环境功能区划和相应的水质控制标准，苏州河白鹤断面水质控制标准 IV 类水，黄渡、华漕、北新泾桥、武宁路桥和浙江路桥 5 个断面水质控制标准为 V 类水。与 2009 年相比，2010 年苏州河白鹤和黄渡断面水质综合污染指数分别上升 1.0% 和 1.4%，华漕、北新泾桥、武宁路桥和浙江路桥断面水质综合污染指数分别下降 10.4%、10.0%、12.7% 和 13.7%，苏州河总体水质状况有所好转。近 5 年（2006 ~ 2010 年）的监测数据表明，苏州河总体水质状况有所好转。长江口：根据上海市水环境功能区划和相应的水质控制标准，长江口水域水质控制标准为 II 类水。与 2009 年相比，2010 年长江口浏河、吴淞口、白龙港和朝阳农场断面水质综合污染指数分别上升 9.1%、1.1%、6.5% 和 9.1%，徐六泾断面水质综合污染指数下降 3.0%，竹园断面水质综合污染指数持平。长江口总体水质状况略有下降。近 5 年（2006 ~ 2010 年）的监测数据表明，长江口总体水质状况有所好转。作为国务院与上海市政府签订的“十一五”总量减排目标责任书确定的考核断面，长江口朝阳农场断面 2010 年高锰酸盐指数、化学需氧量和氨氮浓度均达到功能区标准，分别为 2.45 毫克 / 升、6.06 毫克 / 升和 0.42 毫克 / 升，比 2005 年分别下降了 10.2%、13.0% 和 27.4%。

【水环境质量考核断面】2010 年，全市水环境质量考核涉及徐汇、长宁、普陀、闸北、虹口、杨浦、宝山、闵行、浦东、嘉定、金山、松江、奉贤、青浦、崇明等15个区县的41条河道计58个断面，水质综合污染指数（选择溶解氧、高锰酸盐指数、五日生化需氧量、氨氮、总磷5项主要污染物，采用III类水标准计算得出，下同）在0.43 ~ 4.18之间，平均水质综合污染指数为2.03，总体水质与2009年基本持平。其中，中心城区考核断面水质综合污染指数在1.05 ~ 4.18之间，平均水质综合污染指数为2.32，总体水质与2009年基本持平；郊区考核断面水质综合污染指数在0.43 ~ 3.32之间，平均水质综合污染指数为1.62，总体水质较2009年有所好转。郊区河道总体水质优于中心城区。2010年，15个区县的水质综合污染指数在0.45 ~ 3.75之间，其中，普陀区最高，崇明县最低。与2009年相比，崇明县、浦东新区、青浦区、虹口区、长宁区、宝山区和金山区总体水质有所好转，杨浦区总体水质有所下降，其余7个区总体水质基本持平。15个区县中，虹口区、奉贤区和崇明县所有考核断面的水质均达到相应的水环境功能区要求，浦东新区、金山区、杨浦区、宝山区、嘉定区和松江区部分断面达到相应的水环境功能区要求，其余6个区考核断面的水质均未达到相应的水环境功能区要求。与2009年相比，浦东新区增加2个达标断面，宝山区和嘉定区各增加1个达标断面，杨浦区减少1个达标断面，其余11个区县达标断面数不变。

【环境空气质量】 2010年，上海市环境空气质量总体较2009年有所好转。上海市环境空气质量为优良的天数有336天，较2009年增加2天。优良率为92.1%，较2009年上升0.6个百分点。全年首要污染物为可吸入颗粒物的有352天，占总数的96.4%；首要污染物为二氧化氮的有9天，占总数的2.5%；首要污染物为二氧化硫的有3天，占总数的0.8%；可吸入颗粒物和二氧化氮同为首要污染物的有1天，占总数的0.3%。近5年（2006 ~ 2010年）的监测数据表明，上海市环境空气质量优良率总体呈上升趋势，已连续两年高于90%。可吸入颗粒物：2010年，上海市可吸入颗粒物年日均值为0.079毫克/立方米，达到国家环境空气质量二级标准，较2009年下降0.002毫克/立方米。近5年（2006 ~ 2010年）的监测数据表明，上海市可吸入颗粒物年日均值均达到国家环境空气质量二级标准，且总体呈下降趋势。与2005年相比，2010年上海市可吸入颗粒物年日均值下降了10.2%。二氧化硫：2010年，上海市二氧化硫年日均值为0.029毫克/立方米，达到国家环境空气质量二级标准，较2009年下降0.006毫克/立方米。近5年（2006 ~ 2010年）的监测数据表明，上海市二氧化硫年日均值均达到国家环境空气质量二级标准，且总体呈下降趋势。与2005年相比，2010年上海市二氧化硫年日均值下降了52.5%。二氧化氮：2010年，上海市二氧化氮年日均值为0.050毫克/立方米，达到国家环境空气质量二级标准，较2009年下降0.003毫克/立方米。近5年（2006 ~ 2010年）的监测数据表明，上海市二氧化氮年日均值均达到国家环境空气质量二级标准，且总体呈下降趋势。与2005年相比，2010年上海市二氧化氮年日均值下降了18.0%。酸雨和降尘：2010年，全市降水pH平均值为4.66，酸雨频率为73.9%，较2009年下降1.0个百分点。全市区域平均降尘量为7.0吨/平方公里？月，道路降尘量年均值为12.7吨/平方公里.月，与2009年相比，区域降尘量下降0.4吨/平方公里？月，道路降尘量下降8.7吨/平方公里月。近5年（2006 ~ 2010年）的监测数据表明， 2006 ~ 2008年上海市酸雨污染呈逐年上升趋势，2009年起上海市酸雨污染呈逐年下降趋势。

【声环境质量】 2010年，上海市区域环境噪声达到相应功能的标准要求，但道路交通噪声夜间时段未能达到相应功能的标准要求。区域环境噪声：2010年，上海市区域环境噪声昼间时段的平均等效声级为55.8dB（A），较2009年上升0.9dB（A）；夜间时段的平均等效声级为48.3dB（A），较2009年上升0.5dB（A）。近5年（2006～2010年）的监测数据表明，上海市区域环境噪声在55dB（A）左右，均达到相应功能的标准要求，总体保持稳定。道路交通噪声：2010年，上海市道路交通噪声昼间时段的平均等效声级为69.8dB（A），与2009年持平；夜间时段的平均等效声级为64.3dB（A），较2009年下降0.1dB（A）。主要道路交通干线昼间和夜间时段的平均车流量分别为1744辆/小时和899辆/小时，与2009年相比，昼间和夜间时段的平均车流量分别减少98辆/小时和49辆/小时。

近5年（2006～2010年）的监测数据表明，上海市道路交通噪声夜间时段均未能达到相应功能的标准要求；2006～2008年上海市道路交通噪声昼间时段未能达到相应功能的标准要求，2009年起达到相应功能的标准要求，总体呈逐年下降趋势。

【辐射环境质量】 2010年，上海市辐射环境质量总体情况良好。电离辐射：环境天然放射性水平方面，对γ辐射空气吸收剂量率、γ辐射累积剂量的监测及气溶胶、雨水沉降物、水汽、地表水、地下水、海水、土壤等样品的分析结果表明，本市大气、水体、土壤等介质中的放射性核素浓度处于正常水平，全市各监测点的γ辐射空气吸收剂量率与历年的监测结果相当。核与辐射技术应用方面，对伴生放射性矿物利用设施、医院核医学科、加速器使用场所、密封放射源使用场所及射线装置使用场所周围环境的监测结果表明，γ辐射水平均符合《电离辐射防护与辐射源安全基本标准》(GB 18871–2002)中规定的年累积剂量限值。电磁辐射：电磁辐射环境方面，对上海动物园、共青森林公园、龙华烈士陵园、世纪公园、陆家嘴中心花园、人民公园、奉贤古华园及嘉定孔庙等8个背景点的监测结果表明，工频电场强度为0.100—0.319伏特/米，工频磁感应强度为0.033—0.149微特斯拉，综合电场强度为0.15—1.00伏特/米。与历年相比，本市电磁辐射环境背景水平无明显变化。电磁辐射污染源方面，对东方明珠等6个广播发射塔、500千伏南桥变电站等4个变电站、500千伏桥行输电线等4条高压送电线、卫星地球站、浦东机场雷达站、移动通信基站、磁悬浮列车及电气化铁路周围环境电磁辐射水平进行了监测，结果表明，主要电磁辐射设施周围环境的工频电场强度、工频磁感应强度和综合电场强度均符合《500千伏超高压送变电工程电磁辐射环境影响评价技术规范》(HJ/T24–1998)的推荐限值规定和《电磁辐射防护规定》(GB8702–88)中的相关要求。

（六）环境污染防治

【概况】 年内，组成二氧化硫（SO_2）和化学需氧量（COD）减排两个监控协调小组，加强对污染减排工作的跟踪、指导，督促各有关区县、委办局和具体实施单位推进落实“十一五”和年度减排目标任务。由上海市环保局牵头，江苏省、浙江省环保厅共同参与，探索和实践区域大气污染联防联控工作机制，为今后长三角环境保护的进一步合作，打下了良好的基础。

【污染减排】 2010年是“十一五”污染减排的冲刺年。在节能减排领导小组领导下，本市环保、发展改革、统计、经济信息化、水务、电力等部门形成合力，组成了二氧化硫（SO_2）和化学需氧量（COD）减排两个监控协调小组，加强对污染减排工作的跟踪、指导，督促各有关区县、委办局和具体实施单位推进落实“十一五”和年度减排目标任务。强化工程减排、结构减排：新增二级以上污水处理能力513万立方米／日，累计建成了1412.4万千瓦机组脱硫设施。着力推进电厂“上大压小”，按期关停了178.4万千瓦小火电机组。三大体系建设成绩突出：印发了“十一五”各区县和各责任单位主要污染物总量减排考核细则，建立了污染减排责任考核体系；所有污水处理厂和脱硫电厂都按要求安装了在线监测设备，并与市环保局和环境保护部联网。加强和规范减排设施运行管理：明确了发电企业和污水处理厂的责任以及污染治理设施的运行和管理要求，指导、督促企业加强规范化管理，确保脱硫设施和污水处理设施稳定运行并发挥减排效益。落实减排奖惩政策：以世博会环境空气质量的管理需求为保障目标，上海市会同江浙两省环保部门制定了以联合监测、共同整治、应急联动为主要内容的《2010年上海世博会长三角区域环境空气质量保障联防联控措施》，确定以世博园区为核心、半径300公里的重点联防联控区域范围，通过区域部门的沟通，共同采取严格的监管措施控制污染物排放。加快减排副产品处理处置：加快建设脱硫石膏综合利用示范线，出台了《上海市脱硫石膏综合利用和安全处置实施方案》，按照“减量化、稳定化、资源化”的要求，持续推进10项污泥处理处置工程。经环境保护部核定：本市2010年COD排放量为21.98万吨，比2009年（24.34万吨）下降9.71%，比2005年（30.40万吨）下降27.71%，完成“十一五”减排目标；SO_2排放量为35.81万吨，比2009年（37.90万吨）下降5.51%，比2005年（51.30万吨）下降30.20%，完成“十一五”减排目标。

【长三角环境保护合作】 根据《长江三角洲地区环境保护合作协议（2009~2010年）》和上海世博会环境空气质量保障目标，由上海市环保局牵头，江苏省、浙江省环保厅共同参与，探索和实践区域大气污染联防联控工作机制，为今后长三角环境保护的进一步合作，打下了良好的基础。携手开展科学研究，制定联防联控措施：以世博会环境空气质量的管理需求为保障目标，上海市会同江浙两省环保部门制定了以联合监测、共同整治、应急联动为主要内容的《2010年上海世博会长三角区域环境空气质量保障联防联控措施》，确定以世博园区为核心、半径300公里的重点联防联控区域范围，通过区域部门的沟通，共同采取严格的监管措施控制污染物排放。控制重点污染源，开展环境综合整治：两省一市将高架源污染排放控制作为重点，结合“十一五”污染减排工作，全面、加速推进燃煤电厂脱硫工程建设。世博会召开前，长三角区域内联合开展了环境综合整治，对钢铁、化工、建材、船舶等行业进行了全面整治，对燃煤锅炉和炉窑继续全面清查，并全面排查了餐饮业油烟气治理设施。建立信息沟通渠道，加强机动车污染控制：世博会期间，依靠长三角联动机制，上海市环保部门在进沪的主要道口和世博园区周边的专用停车场开展了机动车“冒黑烟”检测工作，对存在冒黑烟现象的各地车辆进行分类处理，定期通报江浙两省环保部门。江浙两省环保部门积极配合，协调公安交警等相关部门开展达标整治，并及时反馈信息。创新工作举措，控制农田秸秆焚烧：江浙沪两省一市的环保、农业部门遵循疏堵结合、奖惩共济、政府引导、市场运作原则，充分采取因地制宜的措施，推进秸秆禁烧工作。各省市还充分利用环境保护部秸秆焚烧卫星遥感信息日报数据，对发现的火点及时采取有效措施。秸秆禁烧工作取得了初步成效，2010年长三角区域的火点数明显少于往年。

开展联合监测预报，建立区域共享会商平台：长三角区域联合制定发布了“世博会期间长三角区域空气质量联动监测方案”，由上海、南京、苏州、连云港、南通、杭州、宁波、嘉兴和舟山共9个城市的53个空气质量自动监测站组成长三角区域环境空气自动监测网络，建立了区域环境空气质量预报会商小组，对未来48小时的空气质量变化趋势开展技术会商。制定高污染应急预案，启动区域应急减排措施：上海市联合江浙两省制定了高污染预警和应急方案，一旦预报出现高污染日，立即启动应急方案，通过实施应急减排措施来减少污染物排放。

【水源地保护】2010年，随着青草沙水源地的建成，上海建立起了“两江并举，多源互补”的饮用水源地格局，从原来的主要由黄浦江供水发展为黄浦江、长江两江供水。12月1日，青草沙水源地正式启用，浦东、杨浦、虹口、黄浦、卢湾、静安、闸北、普陀等8个区的居民喝上了优质的长江水，受益人口近600万。2011年青草沙水源地将陆续扩大服务范围，至2012年南汇支线通水后，青草沙工程将全部建成，届时服务范围将达到13个区县，受益人口将超过1000万。2010年3月1日，《上海市饮用水水源保护条例》正式实施。新《条例》凸现了“水源保护全覆盖、风险控制保安全、污染防治重源头、生态补偿促发展”四个重要特点，保护范围从原来的黄浦江拓展到全市水源地，范围更加全面；突出了源头防治和风险控制，保护更加严格。2010年还完成了黄浦江上游、青草沙、陈行、崇明东风西沙四个重点水源地饮用水源保护区范围划分、饮用水源保护区警示标志设置、饮用水源地高风险企业关闭等工作。饮用水源生态补偿机制得到了进一步完善，水源地生态补偿区县由2009年的7个增加到9个，补偿金额大幅度增加。

【固体废物管理】2010年，以世博环境保障为重点，本市危险废物的综合利用和无害化处置能力继续提升，处理处置网络进一步完善，布局进一步优化，危险废物的非法丢弃和转移得到有效遏制。全市共有50家危险废物经营许可证单位，其中49家由市、区两级环保部门核发，1家由环境保护部核发。按照危险废物经营许可证方式来分，其中2家为危险废物收集经营许可证单位，48家为危险废物综合经营许可证单位。危险废物年处理处置能力达到45.06万吨。至2010年底，纳入本市危险废物管理备案企业共计4873家。全年危险废物（不含医疗废物）市内转移处置28.60万吨，危险废物跨省市转移6.17万吨。全年医疗废物产生量为1.96万吨，医疗废物无害化处置率达到100%。2010年，本市列入电子废物拆解、利用、处置临时名录的企业共8家。其中，3家企业取得家电“以旧换新”的定点拆解资质，2010年共接收废弃“四机一脑”（即电视机、空调、冰箱、洗衣机和电脑）近410万台，共拆解405万余台。为做好世博期间危险废物处理处置能力保障，本市积极探索建立了江、浙、沪三地危险废物监管联动机制，出台了危险废物处理处置应急保障方案，在世博期间发挥了积极作用。强化了对危险废物处理处置单位的执法监管，健全了危险废物处置单位监督监测制度，加大了超标处罚和超量监管的力度，确保了本市环境安全。

【污染源普查动态更新】2010年本市启动污染源普查动态更新工作，对全市3645个重点源开展了入户调查，其中工业源3071个、农业源474个、集中式污染治理设施100个，其主要污染物排放负荷占全市同期污染物排放总量的85%以上。污染源普查动态更新调查工作取得的成果已在本市“十二五”环保规划等重大科研课题中得到了广泛应用。

（市环保局供稿）

六、水务管理

（一）综述

2010年，市水务部门以服务世博运行保障为重点，全面落实各项保障措施，保持了水务服务运行安全、高效；水务改革、发展、稳定，以及规划、建设、管理等各项工作，均按照年度计划有序进行、有效开展，为保障世博会和全市平稳运行作出了积极贡献。上海水务基础设施建设在水利、供水和排水3个方面全年完成投资99.48亿元，其中水利46.78亿元（含滩涂造地项目10.78亿元）、供水39.11亿元、排水13.59亿元。全市供水管线总长度31181.58公里。自来水年供水量30.90亿立方米；日供水能力1131万立方米，其中中心城区日供水能力762万立方米、郊区县日供水能力369万立方米。全年售水总量24.44亿立方米。全市城镇日污水处理684.05万立方米，污水处理率81.9%，年城镇污水处理厂化学需氧量（COD）减排量51.91万吨。全年完成节水措施682项；

全市万元生产总值用水量由上年的 84 立方米下降至 75 立方米；中心城区工业用水重复利用率 82.4%，比上年提高 0.3 个百分点。地下水年开采量压缩到 0.2 万立方米以下。至年底，“第四轮环保三年行动计划”水环境治理 72 项工程总任务，累计完成 28 项，在建 32 项。竹园污水处理厂升级改造工程投入运行，白龙港污泥处理工程建成并进入调试状态，白龙港片区南线输送干线完善工程开工，白龙港污水厂扩建二期工程、竹园污泥处理工程继续推进。开展全市下水管道养护大会战，疏通管道 1.3 万公里，清淤 24.4 万立方米，养护合格率 86.5%。

（二）防汛防台

【概况】 2010 年，上海市防汛指挥部根据《上海市防汛条例》第二十九条的授权，决定调整当年汛期的起迄时期，从 5 月 1 日零时至 10 月 31 日 24 时，即提前一个月，延后一个月，与世博会展期同步。在长达 184 天的汛期中，上海市总体汛情较为平稳，汛期（5 月 1 日至 10 月 31 日）降水量 839.0 毫米，比常年值 809.5 毫米偏多不到 1 成，其中梅雨期雨量为 275.3 毫米（常年为 244.4 毫米），比常年偏多 1 成。台风影响较弱，潮位总体不高。但雷暴雨等强对流天气偏多，上海中心气象台先后已发布暴雨红色预警信号 2 次、橙色预警信号 5 次、黄色预警信号 19 次；市防汛指挥部发布防汛防台橙色预警信号 3 次、黄色预警信号 16 次、蓝色预警信号 5 次，启动Ⅱ级应急响应 3 次、Ⅲ应急响应 16 次、Ⅳ级应急响应 5 次。雷暴雨期间，雨量集中，都达到大到暴雨程度，闵行、普陀、静安、杨浦、浦东、长宁、宝山、松江、青浦、崇明等部分地区小时降雨强度超过每小时 36 毫米的一年一遇排水能力（最大 1 小时降雨量为 9 月 1 日浦东花木 80 毫米）。上海市经受了“圆规”、“狮子山”、“玛瑙”、“莫兰蒂”等 4 个台风外围影响、13 次天文大潮汛、6 次局部暴雨等的严峻考验。其中黄浦江苏州河潮位 2 次、上游米市渡潮位 36 次超过警戒线。在市委、市政府的正确领导和各级防汛机构、全市军民的共同努力下，安全度过了汛期，有效降低了灾害损失，保障了世博会的顺利进行，保障了城市正常运行和市民生产生活安全有序。

【雨水情】 降水量：2010 年上海市平均降水量为 1143.9 毫米，比多年平均值增长 7.6%，比上年减少 11.4%，属平水年。汛期的 6 月 1 日 ~9 月 30 日，全市平均降水量为 554.9 毫米，与多年平均值基本持平，比上年减少 20.5%。

梅雨：2010 年上海市于 6 月 17 日入梅，7 月 17 日出梅，梅雨期历时 31 天，其中雨日为 19 天。梅雨期间，中心城降水量为 275.3 毫米，比多年平均值增加约一成，郊区奉贤区降水量最大，达 339.9 毫米，崇明县降水量最少，为 171.8 毫米。

暴雨：2010 年上海市较大范围暴雨有四次。7 月 3~4 日，全市普降大到暴雨，降水量最大为闵行区大治河西闸站，两日降水量达到 202.5 毫米，奉贤区郏桥站和松江区米市渡站两日的降水量也都在 150 毫米左右；8 月 26 日，全市普降中到大雨局部暴雨，降水量最大为浦东新区的世博园区站为 80.0 毫米；8 月 30 日，局部暴雨，降水量集中在奉贤和浦东的南汇一带，奉贤区的中港站日降水量达到 144.0 毫米，浦东的大团和惠南地区降水量都达到暴雨程度；9 月 1 日，局部大到暴雨，中心城平均日降水量在 50~100 毫米之间，其中徐家汇站降水量最大，为 127.6 毫米。

【积极防御“圆规”台风】 为积极防御当年

第7号台风“圆规”，市防汛指挥部召开全市防御台风“圆规”紧急会议，对防台防汛工作进行全面动员部署。市政府下发紧急通知，进一步明确了防范要求，并决定9月1日全市中小学校停课一天，以确保广大中小学生安全和学校的正常运转。各区县和市防汛指挥部各成员单位都召开了紧急会议，传达部署了市防台紧急会议精神，并由有关领导带队检查，及时整改薄弱环节。本市各路防汛大军立足于防大汛、抗大灾、抢大险，加强值守，枕戈待旦，经受住了考验。在数次强降雨的考验中，各级防汛部门采取市区联手、泵管联动、网格化管理的防汛排水机制，所有防汛排水泵站开足马力，全力排水；世博园区周边防汛排水保障中心各排水突击队迅速集结，随时准备投入应急排水；各单位量放水人员迅速出动，对积水地区采取紧急强排措施，确保排水畅通；市防汛办加强统一指挥调度，实现了队伍、器材跨区域参与防汛抢险，充分发挥了抢险装备的作用，实现了“积水少、退水快”的承诺。

（三）城市供水

【概况】 2010年，上海市集约化供水工作进一步推进，年内关闭乡镇水厂9座，新建市属自来水厂1座，到2010年底，上海市共有自来水厂105座，比上年减少8座。全市自来水厂供水能力为1131万立方米/日，比上年增长3.2%。年供水总量为30.90亿立方米，比上年增长1.4%。售水总量为24.44亿立方米，比上年增长1.6%。其中一般工业用水5.80亿立方米，比上年增长3.7%；城市公共用水8.84亿立方米，比上年增长1.3%；居民生活用水9.80亿立方米，比上年增长0.7%。2010年全市最高日供水量达996万立方米。

【世博供水服务保障】 紧紧围绕“平安世博”的主线，做到组织协调有序、供水监测有力、应急处置有效。成立上海供水世博保障应急指挥中心；建立世博保障24小时值班制度，派员参加局世博保障专项值班；组建世博应急抢险综合车队和供水安全巡查队；编制下发《上海供水世博保障方案》，组织多次应急演练；对重点供水企业反恐和安全生产工作进行专项督导检查；充分发挥全市一网调度作用，加强区域间互补联动，保障服务压力。快速及时有效处置了由世博某场馆内部管道原因引起的水质不稳定问题；青浦某水厂取水口农药污染事件；陈行水库、凌桥水厂、车墩水厂外电网跳电水厂停役等多起应急突发事件，确保了世博会和夏令高峰供水期间服务供应安全平稳。

【青草沙水源地项目建设】 作为上海供水百年大计的重大民生工程——青草沙水源地原水系统，历经十五年前期研究、三年工程建设，如期建成通水，使上海原水集中供应能力由975万立方米/日增加到1694万立方米/日，广大市民喝上优质长江水的多年期盼成为现实，“两江并举、多源互补”的水源地格局基本形成，大大提升了服务上海经济社会可持续发展的能力，这在上海供水史上具有里程碑式的重大意义。年内，金海、严桥支线实现通水切换，总体运行情况良好。

【二次供水设施改造】 全市二次供水设施改造累计完成5908.5万平方米，超额完成迎世博600天行动计划10%。配合旧住房综合整治工作，对改造资金落实、居民意见统一的小区，由各区制定改造计划，跟进实施二次供水设施改造。对已完成改造验收、具备接管条件的小区，积极协调推进接管工作。

【咸潮应对】 据统计，2009年秋冬至2010年春，本市长江口共发生8次咸潮入侵，历时最长为6天14小时，最短为1天7小时，长江口陈行水库取水口氯化物浓度最高达950毫克/升。咸潮入侵期间，本市原水供应采取一张网调度等措施，全市自来水供应未受影响。

【节水型社会建设】 建成第三批20家节约用水示范小区、6家节约用水示范学校（校区）、4家节约用水示范单位、1家节水型工业园区、1家节水型农业园区、419家节水型小区、14家节水型学校（校区）和36家节水型企业，初步形成节水工作“多管齐下、条块联动”的有效工作格局。

（四）城市排水

【概况】 2010年上海市城镇污水总量为23.14亿立方米（其中工业废水量为6.98亿立方米，生活污水量为16.16亿立方米），折合日均城镇污水量为633.90万立方米，（其中中心城区439.71万立方米/日，郊区194.19万立方米/日），比上年增加0.6%。到2010年底，上海市共有城镇污水处理厂53座（其中2010年新建1座，扩建1座，规模调整1座），总处理能力为684.05万立方米/日。2010年全市城镇污水处理厂污水处理量为518.94万立方米/日，全市城镇污水处理率为81.9 %。

【出台《上海市农村生活污水处理工程项目建设绩效考评暂行办法》】 为推进本市农村生活污水处理工作，进一步规范和加强农村生活污水处理工程项目建设和资金管理，建立健全激励和约束机制，切实提高项目建设水平和资金使用效益，市水务局和市财政局联合制定并出台了《上海市农村生活污水处理工程项目建设绩效考评暂行办法》。办法明确了农村生活污水处理工程项目绩效考评内容、工作流程、结果运用、量化指标、出水水质等方面具体要求，为已建工程项目的验收考核提供了相关依据，也为下阶段全市推进农村生活污水处理工作奠定了坚实的基础。

【COD减排】 紧抓污水处理厂年度核查和数据测算工作，根据核算值并经国家环保部最终认定，上海市提前一年实现COD“十一五”减排目标。据统计，2010年上海市城镇污水处理厂年均COD出水浓度为44mg/L，较“十一五”初下降22mg/L；2010年本市城镇污水处理厂COD减排量达到48万吨。

【全市下水管道养护大会战】 全年计划完成疏通管道6000公里，截至2010年12月底，全市共疏通管道13000公里，清淤24.4万立方米，养护合格率达86.5%，超额完成年度目标任务，保障了管通水畅，确保了防汛安全。

【污泥处理处置】 上海市污泥量持续增加和污泥出路不畅的矛盾日益突出，经与有关部门和各污水处理厂多方协调、共同努力，一方面指导城镇污水处理厂污泥含水率稳降至80%以下，另一方面加快完善老港污泥预处理设施建设和污泥临时填埋库建设，阶段性矛盾得到有效缓解。同时根据上海市城镇污水处理厂污泥处理处置规划，加快推进污泥处理工程相关建设，中心城区白龙港污泥处理工程年内投入试运行，青浦、松江、金山等区的污泥处理工程年内相继开工建设，竹园污泥处理工程主体工程预计在2011年一季度开工建设。

（五）水利建设

【概况】年内，完成农村生活污水处理设施改造，143公里黑臭河道政治完成主体工程，城乡河道水环境面貌持续改善。完成郊区设施粮田、设施菜田外围水利设施配套建设的主体工程。

【郊区黑臭河道整治】当年完成农村生活污水处理设施改造55276户，占年度计划的138.2%；143公里黑臭河道整治完成主体工程；完成村沟宅河整治1085公里，占年度计划的108.5%，均超额完成任务。城乡河道水环境面貌持续改善。2010年委托社会中介对黑臭河道专项整治效果进行了社会评估，社会公众对河道水环境的满意度不断提高（86.17分）。

【郊区设施粮田、设施菜田外围水利设施配套建设】2010年度设施粮田、设施菜田外围水利配套工程涉及松江、崇明、光明集团以及上实集团等12万亩粮田和青浦、崇明等0.3万亩菜田，计划更新改造灌溉泵站18座、排涝泵站5座，泵闸7座，水闸及涵洞16座。截至2010年12月底，所有工程均已完成主体工程。

【开展水利普查工作】2010年1月11日国务院发布了《国务院关于开展第一次全国水利普查的通知》。通知指出，为了全面了解水利发展状况，提高水利服务经济社会发展能力，实现水资源可持续开发、利用和保护，国务院决定于2010年至2012年开展第一次全国水利普查。上海市水务局认真贯彻落实国务院有关精神和要求，根据全国水利普查总体方案和实施方案，年内，成立了市水利普查领导小组，启动了第一次全国水利普查暨上海市第二次水资源普查工作，开展了本市普查方案设计、培训和宣传动员等工作。

【开展水利工程建设领域突出问题专项治理】根据水利部和上海市工程建设领域突出问题专项治理工作领导小组的要求，制定出台《上海市水利工程建设领域突出问题专项治理工作自查自纠工作方案》，并根据方案要求分三批对列入排查范围的163个项目进行了专项检查，涉及八个区（县）水务局、两个局属单位，共检查项目98个。检查组对所有抽查的水利工程的项目决策、招投标活动、工程建设实施和质量安全管理、物质采购和资金使用、建设项目信息公开、有关投诉举报等情况一一做了详细的了解和掌握，并向10家被查检单位下发了专项治理工作整改通知书。

（六）水政管理

【概况】基本完成水务“十二五”规划，将水务“十二五”规划需求纳入市相关规划，进一步加强水务“十二五”规划的可操作性，基本完成上海市骨干河湖布局规划。2010年重点开展了《上海市防汛条例》立法调研，《上海市节约用水管理办法（修订）》、《上海市黄浦江防汛墙保护办法（修订）》和《上海市水文管理办法（制定）》进入实质性立法阶段。

【水务规划】一是基本完成水务“十二五”规划。并将水务“十二五”规划需求纳入市相关规划，进一步加强水务“十二五”规划的可操作性。二是基本完成上海市骨干河湖布局规划。为配合上海市“规划、土地”两规合一和基本生态网络规划工作的开展，落实骨干河道建设和管理的用地，积极推进上海市骨干河湖规划编制工作，基本形成了“1,14,226”骨干河湖体系框架。三是完成郊区农田水利建设规划编制工作。为贯彻落实中央“一号文件”中提出的“抓紧编制和完善县级农田水利建设规划，整体推进农田水利工程建设和管理”的精神要求，积极推进崇明县、金山区农田水利建设规划编制工作，目前已完成初稿。四是形成中心城初期雨水治理规划中间成果。为进一步减少雨天入河污染物的排放，从点源治理逐步推进到面源治理，巩固水环境治理的成效，充分发挥污水治理设施的效益，在现状评价、标准研究等子项课题基础上，初步提出了初期雨水治理的规划方案，拟在“十二五”期间适时启动部分项目。五是做好市重大工程、重点项目的水务规划协调。围绕全市工作重点，对大型居住区、虹桥商务区、大飞机、京沪高铁、沪宁城际、金山支线、沪通铁路、沪杭甬铁路、布宜诺项目等重大工程的涉水规划进行指导和协调。

【水务法制建设】 经过多年的艰苦努力，上海市在水利、供水、排水、防汛、滩涂等行业管理方面均有了相应的地方性法规和规章。但随着上海经济社会的快速发展，部分地方性法规和规章已经与实际情况不适应。在上海市人大常委2008-2012年立法计划中，《上海市防汛条例（修订）》、《上海市供水条例（修订）》被列为五年正式立法计划。根据立法计划安排，2010年重点开展了《上海市防汛条例》立法调研，专门就乡镇、街道等基层组织在防汛工作中的作用、地下空间防汛管理、紧急防汛期人员撤离、防汛抢险物资储备和装备配置、防汛信息系统管理等问题进行研究。在政府规章方面，《上海市节约用水管理办法（修订）》、《上海市黄浦江防汛墙保护办法（修订）》和《上海市水文管理办法（制定）》进入实质性立法阶段。其中，《节约用水管理办法》和《黄浦江防汛墙保护办法》已列入市政府法制办正式立法项目，《水文管理办法》为立法调研项目。此外，《上海市黄浦江和苏州河堤防设施管理规定》历经两年多的协调、修改，已报市政府法制办备案。

【水务行政审批】 以转变政府职能为目标，持续减少、归并行政许可事项。2010年，依法取消了自建设施供水管网与公共供水管网连接的审批、核发《临时排水许可证》和在本市港区、规划港区工程和利用岸线建设方案的审查等3项水务行政许可事项。同时，通过缩短审批时限、下放审批权限、减少申请材料、合并同类项等方式，调整了26项审批事项。其中，13项审批事项的审批时限由原来的20个工作日调整为15个工作日，6项许可事项审批权下放到区县。此外，根据《国务院关于第五批取消和下放管理层级行政审批项目的决定》，取消了护堤护岸林木采伐许可事项。2010年，市水务局行政许可事项已经由原来的46项减少为36项，精简率达21.7%。据统计，截至2010年10月底，累计受理水务行政审批事项1906项（水利508项、供水314项、排水1084项），办结1592项。

【水行政执法】 紧紧围绕“服务世博、保障世博”的中心任务，严格、规范、公正、文明、廉洁执法，进一步提升执法效能和执法形象，积极履行水务（海洋）执法职能，切实维护水务管理秩序，为2010年上海世博会的安全、顺利举办提供了强有力的水务执法保障。据统计，截至2010年10月底，在水务执法方面，共开展执法巡查820次，出动执法人员2275人次，受理举报178件，立案606件，结案516件，已执行罚款金额581.106万元。

【行业科研项目顶层设计】 2010年，在水利部公益性行业科研上海申报项目的顶层设计中，市水务局明确将“滨江临海城市防汛安全保障”作为上海的重大研究方向，探索气候变化引起滨江临海城市区域的台风、暴雨、风暴潮以及海平面上升的演变趋势，研究建立上海市应对气候变化的防汛安全评估体系和标准体系，集成完善上海市应对气候变化的防汛安全保障技术体系，科学提出上海市应对气候变化的防汛安全综合保障措施。申报“上海市防汛减灾能力评价指标体系研究与示范”等3项科研项目均得到水利部、科技部批准，并分别列入2010年和2011年计划；“新型在线水质探测及数据记录仪”等3项课题获得水利部“948”项目支助。在“水体污染控制与治理”重大科技专项上海申报项目的顶层设计中，组织相关部门开展住房和城乡建设部“城市水环境”和“饮用水安全保障”主题示范城市项目的申报工作，编制完成了创建实施方案，已被住建部列入第一批“城市水环境改善和饮用水安全保障”示范城市22个候选城市之一。另外，组织申报市科委2010年度“科技创新行动计划”社会发展领域重点科技项目中“青草沙原水处理相关工艺研究”任务。

（邓一露）

（七）太湖流域管理

【概况】《太湖管理条例》经国务院法制办办务会议审议后将报送国务院常务会议审查。加强取水许可总量控制研究，提出了《太湖流域取水许可总量控制方案实施措施研究》报告，提出了现状工况太湖水量分配方案初步成果。

【《太湖管理条例》立法取得重大进展】国务院法制办完成第二次、第三次征求意见和向社会公众公开征求意见，并分别于2010年2月24日、5月13日、8月5日、9月6日、9月17日、9月29日、10月29日组织召开会议对条例进行讨论和协调。太湖局认真做好征求意见和协调有关工作，对国家有关部委和地方政府提出的两轮共394条具体意见，以及公开征求意见中提出的330余条意见进行逐条梳理并提出处理意见。参加与环保部、中编办、国土资源部、工商总局、交通部、农业部、建设部等七个部委的多轮协调，就太湖流域管理体制机制、有关部门职责等重大问题提出各类论证材料和会议资料40余份，修改法律条文草案35稿。《太湖管理条例》经国务院法制办办务会议审议后将报送国务院常务会议审查。

【水资源】加强取水许可总量控制研究，提出了《太湖流域取水许可总量控制方案实施措施研究》报告，提出了现状工况太湖水量分配方案初步成果，开展了2015年太湖流域及东南诸河用水总量控制指标编制。加强水资源管理信息化建设，提出了《太湖流域水资源管理信息系统（一期）建议方案》。严把水资源论证质量关，协助水利部水资源司完成福建省福清核电二期工程水资源论证报告书技术审查会后的技术复核以及漳州核电一期工程水资源论证报告书预审，全年开展了吴江应急备用水源地工程等八个建设项目水资源论证审批。完成金山一水厂二期供水工程、罗源火电厂一期工程、中化泉州石化1200万吨炼油项目、福清核电厂3-6号机组工程、仙游抽水蓄能电站、大唐宁德电厂、大唐煤矸石综合利用电厂工程、吴江市区域供水第二水厂一期工程、福州可门火电厂二期工程、青浦太浦河原水厂三期工程等十个项目取水许可审批。

【流域水利规划】2010年11月，国务院批复了《全国水资源综合规划》，作为全国规划的附件之一，《太湖流域及东南诸河水资源综合规划》一并批复。经过四年的不懈努力，太湖局组织完成了太湖流域综合规划编制工作，2010 年 9 月 18 日至 19 日，水利部在北京主持召开《太湖流域综合规划》专家审查会，太湖流域综合规划顺利通过审查，规划成果得到了与会专家的充分肯定和高度评价，正在抓紧做好规划报批相关工作。开展了太湖流域片水利发展“十二五”规划编制工作，初步形成规划思路报告和规划总报告。完成太湖流域片保障国家粮食安全水资源保护与开发利用规划、省际重点水事矛盾敏感地区水利规划工作，开展了太湖流域片重要河道采砂管理规划、河口海岸滩涂治理与管理规划，以及太湖流域片主要支流、重点独流入海河流治理规划编制工作。继续加强流域规划管理，进一步规范流域涉水开发利用行为。组织开展了第一次全国水利普查有关工作，建立工作组织机构，开展了普查有关准备工作。

【积极推进治太一期工程竣工验收工作】 至 2010 年 2 月，湖西引排工程、武澄锡引排工程已全部通过江苏省水利厅主持的竣工验收。2010 年 6 月，黄浦江干流闵行~三角渡段防洪工程通过了上海市水务局会同太湖局主持的竣工验收。2010 年 12 月 22 日，太湖流域治太骨干工程之一的扩大拦路港、疏浚泖河、斜塘工程顺利通过太湖局会同上海市水务局主持的竣工验收，标志着太湖流域治太十一项骨干工程已全面完成竣工验收。

【水土保持】 2010 年，太湖局积极开展水土保持执法监督检查，对流域内 10 个项目开展了现场联合检查，对流域片 5 个县开展了监督管理能力建设督查巡视，代部主持验收 7 个建设项目水土保持设施，向 4 个建设项目行文督促开展水土保持监测和验收评估。开展了水土保持监测网络和信息系统二期工程建设，完成了 28 种 38 台（套）设备及软件安装、调试。启动了流域片水土保持规划编制工作，及全国水土流失动态监测与公告项目。开展了新安江流域水土流失调查，编制完成《新安江流域重点预防保护区水土流失初步调查报告》。加强水土保持监测中心站能力建设，建立内部运行管理制度，基本实现正常运转。

【工程管理】 根据水利部统一部署，做好扩大内需水利投资建设、病险水库除险加固、中小河流治理投资计划管理检查工作。参加水利部组织的扩大内需和专项治理第十二检查组和中央水利投资项目检查第十检查督导组，分别对辽宁、河北省扩大内需水利投资建设和水利工程建设领域突出问题专项治理情况进行检查，对江西省 2010 年中央水利投资项目建设进展情况进行检查督导，形成检查报告报水利部。完成福建省、浙江省大型灌溉排水泵站更新改造项目和病险水库除险加固项目监督检查。

加强河道管理范围内建设项目管理。完成无锡太科园湿地修复与重建、太湖亮河湾湿地恢复示范工程和宜兴环太湖湿地修复等 3 个湿地项目，以及江苏太湖野外水质与蓝藻综合观测站、无锡海事局水上搜救中心太湖避风港、金庭镇环岛公路和 2 项穿太浦河输气管线项目的行政许可和防洪影响评价评审，开展了太湖（竺山湖）常州岸线生态整治工程防洪评价报告审查。会同江苏、浙江省水利厅以及苏州、无锡、湖州水利局等组成联合检查组，对太湖流域重要河湖部分在建建设项目实施情况进行监督检查。

进一步加强水利工程安全管理，组织对局直属单位和在建工程开展安全生产专项检查。在上海世博会期间，加大水利安全生产隐患排查力度，组织开展安全生产自查、督查工作，提出落实整改意见，督促整改，没有发生一起重大安全责任事故。

【水资源保护】2010年5月，国务院批复《太湖流域水功能区划》，是我国第一个由国务院批复的流域性水功能区划。区划批复后，组织开展了水功能区划实施细则、监测方案编制等贯彻落实工作。复核了流域综合治理区水域纳污能力和限制排污总量意见，确定了省界地区部分水功能区纳污能力，开展了现状引江济太条件下太湖、太浦河限制排污总量分析工作。太湖局会同地方水行政主管部门，加强对入河排污口、太湖水事违法行为的巡查和查处力度，积极预防和查处破坏太湖水环境的违法行为。

根据《太湖流域引江济太应急调水期间水量水质监测方案》，太湖局会同两省一市水行政主管部门继续加强对太湖重要集中供水水源地、省界断面的水质水量同步监测和水功能区监测，利用卫星影像对梅梁湖、贡湖等蓝藻高发湖区及水源地取水口蓝藻情况进行跟踪调查。为保障上海世博会期间的供水安全，重点加强了黄浦江上游来水水质的监测，并及时通报有关监测信息。实行太湖蓝藻调查每日专人值班制，逐日报送《太湖水质信息》，按月发布《太湖藻类监测月报》、《太湖流域片省界水体水资源质量状况通报》和《太湖流域及东南诸河地区重点水功能区水资源质量状况通报》。

积极推动建立健全流域水资源监测体系，组织编制完成《太湖流域水资源监控与保护预警系统可行性研究报告》，并由水利部转报国家发改委。太湖流域水环境综合治理信息共享平台建设技术方案已征求两省一市人民政府和有关部门意见，信息共享平台系统正抓紧建设。太湖局已与各省市水行政主管部门实现了水功能区监测信息共享，与江苏省实现太湖蓝藻监测和水质检测信息共享。

【引江济太】2010年世博会在上海举办，保障供水安全意义重大，太湖局坚持科学调度，精细调度，根据流域水雨情和水质及时调整调度措施。为改善太湖和上海黄浦江上游水源地水质，太湖局于1月27日至3月4日实施引江济太水资源调度。针对流域降雨偏少等情况，为保障流域供水安全，自5月25日起第二次实施引江济太调水，至6月17日流域入梅后停止引水。为统筹流域防洪和供水安全，预防太湖蓝藻大规模暴发，自6月30日起第三次实施引江济太调水，7月5日由于流域出现强降雨停止引水。为应对8月中旬以后太湖出现的较大面积蓝藻，保障水源地供水水质，自8月13日起第四次实施引江济太调水，并及时引水入湖，有效改善了无锡锡东、南泉水厂等太湖重要水源地水质。由于受台风“莫兰蒂”影响，9月11日停止引水入湖。为做好世博会收尾阶段供水安全保障工作，自10月8日起第五次实施引江济太调水，并于11月8日结束。为配合上海青草沙原水系统通水切换工作，太湖局综合协调太湖流域两省一市用水需求，于11月20日启动引江济太应急调水，加大太浦闸向下游供水流量，至12月30日结束。

2010年，通过常熟水利枢纽共引长江水23.7亿立方米，通过望亭水利枢纽入湖10亿立方米，通过太浦闸向下游地区供水38.6亿立方米。通过实施引江济太，有效改善了上海黄浦江上游松浦原水厂等水源地水质，松浦原水厂氨氮由2月10日2.74mg/L（劣Ⅴ类）降至3月21日1.0 mg/L（Ⅲ类），之后水质保持稳定。7月中旬以后，虽然太湖流域出现高温晴热天气，但由于引江济太科学调度，上海黄浦江上游水源地水质一直保持稳定，氨氮指标符合Ⅱ～Ⅲ类，成功保障了世博会期间上海及流域重要水源地的供水安全，也为上海市实现青草沙水源成功切换和重要水厂通水创造了条件。

（邵曦钟）

七、房屋管理

（一）综述

2010 年，全市住宅建设完成投资 1232.96 亿元，占全市固定资产投资的 23.2%，比上年增长 33.6%。其中商品住宅投资 1229.83 亿元，占全市房地产开发投资的 62.1%。全市完成住宅施工面积 7344.07 万平方米，同比增长 11.6%，竣工面积 1415.44 万平方米，同比下降 7%。

本市经济适用住房建设确定了开工建设 400 万平方米的目标任务，当年新开工项目主要分布在浦东、嘉定、闵行、青浦、松江、宝山等区。全年实现经济适用住房新开工 403 万平方米，历年累计新开工超过 1000 万平方米，顺利完成市重大工程建设目标。

本市全年动迁安置房项目共认定地块 75 幅，规划用地面积 892.08 万平方米，规划建设面积 1277.81 万平方米；完成土地招标 23 幅，供应土地约 167.25 公顷；实现新开工面积约 806 万平方米（其中市属项目新开工约 272 万平方米、区属项目新开工约 534 万平方米），竣工约 579 万平方米；总计搭桥供应房源约814.17万平方米、100656套；完成投资约361.07亿元，顺利推进了轨道交通12、13号线、董家渡和平凉地区西块等市重大市政、重点旧改项目动迁。

2010年，重点推进旧区改造房屋拆迁，全面推行房屋拆迁新机制，截至2010年12月底，全市共有在拆基地879块，比去年同期956块减少77块。2010年，全市共新发房屋拆迁许可证268个，拆平基地312块，实际拆迁居民38441户，分别比去年同期的334个、419块、65439户有所减少。另协议拆迁23608户。2010年，全市实际裁决1994户，强迁389户，分别比去年同期的4143户、475户有所下降。裁决率为5.19%，强迁率为1.01%。

2010年继续开展旧住房综合整治、平改坡综合改造等各类民生工程，全年完成各类旧住房修缮改造715万平方米，居民受益约11万户。继续推进旧住房成套改造工作，全年完成旧住房成套改造19万平方米，受益居民5451户。当年还下达旧住房成套改造立项批复14个，共涉及改造面积9.8万平方米。

做好迎世博600天行动计划建筑整治冲刺、收尾工作，600天行动全市建筑整治共实施96年前高层旧住房综合整治1511万平方米，为原签约计划量的101%；多层旧住房综合改造4706万平方米，为原签约计划量的106%；建筑立面清洁9922万平方米，为原签约计划量的103%。

（二）住宅建设

【概况】2010年，全市住宅建设完成投资1232.96亿元，占全市固定资产投资的23.2%，比上年增长33.6%。其中商品住宅投资1229.83亿元，占全市房地产开发投资的62.1%。全市完成住宅施工面积7344.07万平方米，同比增长11.6%，竣工面积1415.44万平方米，同比下降7%。2010年，全年完成了创建“四高”项目共计49个，超过年初确定的40个创建项目的目标，总建筑面积为869.32万平方米。本市经济适用住房建设确定了开工建设400万平方米的目标任务，当年新开工项目主要分布在浦东、嘉定、闵行、青浦、松江、宝山等区。全年实现经济适用住房新开工403万平方米，历年累计新开工超过1000万平方米，顺利完成市重大工程建设目标。

【节能省地型住宅建设工作】 2010年，围绕住宅产业现代化，以“节能、节地、节水、节材和环保”为目标，各项工作得到有力、有序、有效推进。继续利用“建筑节能项目专项扶持资金”鼓励政策，共22个、约175万平方米住宅项目列入市建筑节能专项扶持范围。

颁布《关于进一步完善基础台账加强全装修住宅建设过程管理的通知》和《关于进一步完善本市全装修住宅建设管理程序的通知》文件，全过程落实住宅全装修土建装修一体化要求。全年竣工全装修住宅207.4万平方米，在建552.6万平方米，完成确定全装修比例的新出让土地80块。

组织编印《节能省地型住宅适用技术应用指南》，并通过多种形式开展培训宣传；加强太阳能热水系统、空气源热泵等节能省地适用技术应用后评估工作。完成《全装修住宅（开发企业）组织管理导则》和《新建全装修住宅设计及分户验收技术规定的研究》课题。启动《上海市工业化商品住宅SI装修体系研究及试点示范》研究。

会相关管理部门在调查研究的基础上，拟订《关于加快推进本市住宅产业化的若干意见》和《关于本市鼓励装配整体式住宅项目建设的暂行办法》讨论稿，沈骏副市长召开市政府专题会议审议，为“十二五”上海住宅产业化工作的有序开展奠定良好的政策基础。

围绕三林基地等保障性住房建设，加强技术支持和服务，组织印发了《上海市保障性住房建设导则》。加强保障性住房节能省地技术应用研究，启动《上海市大型居住社区节能省地环保关键技术研究与示范》课题工作。

【“四高”优秀小区创建和住宅性能认定工作】 2010年，全年完成了创建“四高”项目共计49个，超过年初确定的40个创建项目的目标，总建筑面积为869.32万平方米。其中，25个新建项目，通过了城乡建设部住宅性能认定专家预（终）评审；15个新建住宅项目，建筑节能达到65%的要求。住建部首次将在上海浦东三林地区开发建设的7个保障性住房建设项目，作为开展1A级住宅性能认定的试点向全国推广。在49个创建项目中，聚焦“四新”成果的集成应用度，全装修建筑面积达146.71万平方米，共10993套；太阳能热水住宅应用建筑面积27.16万平方米，共1635套；空气源热泵热水系统住宅应用建筑面积8.32万平方米，共316套；地源热泵空调系统住宅应用建筑面积11.53万平方米，共912套；雨水收集系统年节水量18.41万立方米/年；河道水利用年节水量48.01万立方米/年；外遮阳住宅应用13.62万平方米；家用净水系统应用、管道分质供水应用和装配式工业化住宅建筑面积有了明显提高。

【动迁安置房建设】 2010年，本市动迁安置房根据“服务旧区改造、服务重大工程、服务百姓安居”的原则，全年动迁安置房项目共认定地块75幅，规划用地面积892.08万平方米，规划建设面积1277.81万平方米；完成土地招标23幅，供应土地约167.25公顷；实现新开工面积约806万平方米（其中市属项目新开工约272万平方米、区属项目新开工约534万平方米），竣工约579万平方米；总计搭桥供应房源约814.17万平方米、100656套；完成投资约361.07亿元，顺利推进了轨道交通12、13号线、董家渡和平凉地区西块等市重大市政、重点旧改项目动迁。

【经济适用住房建设】 2010年，根据“政府主导、市场运作、市区联手、定向供应”的原则，本市经济适用住房建设项目再次被列入市重大工程，并确定了开工建设400万平方米的目标任务，当年新开工项目主要分布在浦东、嘉定、闵行、青浦、松江、宝山等区。在市、区共同推进下，全年实现经济适用住房新开工403万平方米，历年累计新开工超过1000万平方米，顺利完成市重大工程建设目标。

【大型居住社区建设】 2010年，本市对大型居住社区进行了新一轮共23块基地的规划选址工作，并进一步深化了“以区为主”的建设机制。5月20日，市政府与浦东等六个相关区签订了保障性住房建设目标责任书。市住房保障房屋管理局作为市大型居住社区推进办公室的主要牵头单位，按照“规划科学、配套健全、环境优美、工程优质”的目标要求积极推进。

同时，市住房保障房屋管理局按照“同步规划、同步设计、同步建设、同步交付”的要求加快大型居住社区市政、公建配套设施的建设，并积极通过引进优质教育和医疗资源、引入大型商业配套设施等途径，满足入住居民的基本生活需要。截至2010年底，已经开办了刘行新华实验学校。华山医院、仁济医院、第六人民医院、长征医院以及瑞金医院等分别在宝山顾村、闵行浦江镇、南汇临港新城、浦东曹路镇以及嘉定新城，新开工5所大型三级甲等综合性医院。另外，市住房保障房屋管理局还与市建设交通委、市规划国土资源局联合下发了《上海市保障性住房建设导则》，努力提升本市大型居住社区保障性住房建设水平。

（三）房地产市场管理

【概况】 2010年，本市坚决贯彻国家加强房地产市场调控的各项政策措施，取得了一定效果，商品住房价格快速上涨势头初步得到遏制。

据市统计局统计，2010年1-12月完成房地产开发投资1981亿元，同比增长35.3%；其中住宅投资1230亿元，同比增长33.9%。房地产开发投资占全社会固定资产投资的37.2%。

2010年1-12月全市新建住房新开工面积2111万平方米，同比上升22.7%；竣工面积1396万平方米，同比下降7.5%。

据市统计局统计，2010年1-12月新建商品房销售面积2056万平方米，同比下降39%，其中新建商品住房销售面积1685万平方米，同比下降42.4%。二手存量住房成交面积1522万平方米，同比下降39%。

在国家和本市的房地产市场调控政策作用下，本市商品住房价格指数涨幅同比下降，据市统计局统计，从2010年5月份开始，本市商品住房价格指数同比逐月下降，新建商品住房从5月份的11.5%降至12月份的1.3%，全年价格指数同比为7.6%；二手存量住房从5月份的11.5%降至12月份的3.3%，全年价格指数同比为7.8%。

【进一步加强房地产市场监管力度】 2010年9月2日，市住房保障房屋管理局制订下发了《关于进一步加强本市房地产市场监管规范商品住房预销售行为的通知》（沪房管市〔2010〕246号），严格商品住房预售许可管理，重申“3万平方米以下楼盘必须一次性上市预售”规定；完善商品住房销售方案备案管理制度，实施“一房一价”申报、按申报价格销售制度；规范商品住房预订销售行为、加大违法违规行为查处力度、规范房地产经纪行为，进一步规范本市商品住房销售行为，维护房地产交易秩序。同时，自9月中旬起对高价位楼盘（内环以内住宅、单价3万元以上的高价位住宅以及花园住宅）暂实行市区两级房管局审核销售方案。

2010年10月，市住房保障房屋管理局印发《关于开展房地产交易秩序专项检查的通知》（沪房管市〔2010〕377号），在全市范围开展房地产交易秩序专项检查，重点检查限购政策、“3万平方米以下楼盘必须一次性申请预售”规定，“一房一价”制度落实情况；重点查处无证预订、发放贵宾卡、捂盘惜售、虚拟交易、哄抬房价、不执行合同网上备案规定等违法违规行为；与工商部门建立协调机制，定期向其提供商品住房项目开盘信息，由工商部门对开盘周边房地产经纪机构门店予以重点监管检查，同时配合查处房地产经纪机构从事国家和本市禁止流通的房地产转让业务，怂恿客户签订“阴阳合同”等违法违规行为。专项检查期间，市住房保障房屋管理局会同相关区县房管部门已先后查处“乐莫苑四期”、“恒盛湖畔豪庭”、“万家新天地商都”项目未取得预售许可证以VIP卡方式变相收取定金违法违规行为，依法予以警告、限期整改以及罚款的行政处罚。

【加强房屋租赁管理】 2010年，市住房保障房屋管理局组织力量修订《上海市居住房屋租赁管理实施办法》，按照综合管理和属地化管理的原则，进一步强化居住房屋租赁管理，并配合公安、综合治理等部门，推进本市社会治安防控体系建设，严密人口管理和治安防范；积极配合公安部门深入开展“两个实有”全覆盖工作，不断完善跨部门的信息共享机制，并制订下发了相关文件，加大对各区县房管部门居住房屋租赁管理工作的指导力度，确保世博期间本市社会治安秩序持续稳定。

（四）物业管理

【概况】 2010年，进一步加强物业管理和房屋修缮改造工作，有效提升房屋管理水平。开展物业法规修订工作，形成了《上海市住宅物业管理规定（修订草案）》及说明，并于9月报送市人大。12月23日，《上海市住宅物业管理规定》经市十三届人大常委会第二十三次会议表决通过，将于2011年4月1日起施行。加强物业行业监管工作，研究拟定了《上海市物业服务企业资质管理若干意见》（讨论稿）。推进物业招投标平台建设，根据《上海市住宅物业管理规定》中对物业服务企业选聘制度的定位，启动了物业服务招投标平台的试运行工作。年内共有17个住宅小区，在招投标平台上运作前期物业选聘。继续推进旧住房综合改造，进一步完善优秀历史建筑保护管理工作体制机制。

【修订《上海市住宅物业管理规定》】 根据上位法和上海社会经济发展的实际，市住房保障房屋管理局积极配合市人大修订《上海市住宅物业管理规定》（以下简称《规定》），于2010年12月23日得到市人大常委会全体委员一致赞同表决通过，并将于2011年4月1日正式施行。

新修订的《规定》共六章八十八条，在理顺监督管理体制、完善业主大会组建办法、优化业主自我管理模式、强化物业行业监管、规范物业的使用和维护等四个方面均有重大的调整和创新。主要修订内容包括理顺物业管理监管体制、完善业主委员会组建办法、加强业主委员会自身建设、加强物业服务行业管理、理顺物业服务收费机制、建立物业保修金制度、规范物业使用性质的改变、完善物业管理区域划分、完善住宅专项维修资金的补建、再次筹集和使用、规范物业紧急维修和强制维修、理顺供水供电等专门单位的维修养护责任等。

【规范商品住宅维修资金管理】 截止至2010年底，全市商品住宅维修资金归集总额为313亿，其中，专户维修资金净额为162亿，开户维修资金净额为134亿，累计已使用金额为17亿，今年新增归集26亿，新增使用3.8亿，新增划转16.7亿。

对维修资金续筹以及未成立业主大会小区维修资金使用进行调研工作并拟定操作流程，最终在《上海市住宅物业管理规定》修订过程中予以明确，解决本市住宅小区维修资金续筹难及业主大会成立前维修难的问题。

进一步推进、完善“三审”制度，制定了业委会换届财务审计流程和《审计报告》、《商品住宅维修资金收支明细表》、《小区收益资金收支明细表》、《业主委员会换届财务审计相关事项告知书》等规范性文本，实现业委会换届财务审计工作的信息化管理。

截止至2010年底，全市累计受理审计项目406个，已出具审计报告的259个；受理审价项目1485个，出具审价报告的项目776个，核减工程费用1900万，核减率达到8%。

【强化物业行业监管】 紧紧围绕迎世博、办世博，进一步加强物业行业监管工作。一方面巩固做好住宅小区世博安保工作，开展住宅小区消防安全专项检查，确保住宅小区安全稳定；另一方面，积极研究制定物业服务企业资质管理、企业和从业人员诚信档案建设等行业管理制度，加大行政监管力度。同时，全力以赴做好夏令热线各项工作，开通 962121 物业服务热线查询系统，密切政府部门与市民群众的联系，主动接受市民监督。在市政府举行的夏令热线工作总结会议上，物业管理行业被第三方测评为“市民满意行业”。从市文明开展的 2010 年 40 个窗口行业社会公众满意的评价情况来看，居住物业管理得分为 82.10 分，位于第 29 位，比 2009 年提高 0.72 分，总体呈上升趋势。

【做好世博园区内场馆物业服务工作】 针对世博会场馆的大量物业服务保障需求，注重发挥市物业管理行业协会作用，牵头成立园区物业服务联盟，在行业协会的指导下，密切同上海世博局的联系，加强各参与企业间的沟通、协调和合作，配合有关部门对重大应急事件在统一指挥、共同应对、资源共享等方面进行统筹协调，形成有效的工作合力，确保了世博会平安顺利运行。世博会期间，共组织 20 家一级物业企业参与世博园区运行保障工作，其中，有 1.3 万名园区物业员工为世博会提供设施设备维护、秩序维护、出入口管理、客服和 VIP 贵宾接待、参观导览，协同有关部门做好园区安保、清洁和绿化养护等服务工作中，发扬“敢于负责、敢挑重担、敢于攻坚、敢于创新、敢担风险”的五敢精神，历经前期进场、试运行、灾害性天气、超大客流等多次高压力、高强度的考验，交出了一份份让广大参观者满意的答卷。

（五）拆迁管理

【概况】 2010 年，进一步推行房屋拆迁新机制，加快推进旧区改造，改善市民居住条件。截至 2010 年 12 月底，上海市共有在拆基地 879 块，比 2009 年同期 956 块减少 77 块。2010 年，上海市共新发房屋拆迁许可证 268 个，拆平基地 312 块，实际拆迁居民 38441 户，分别比 2009 年同期的 334 个、419 块、65439 户有所减少。另协议拆迁 23608 户。2010 年，上海市实际裁决 1994 户，强迁 389 户，分别比 2009 年同期的 4143 户、475 户有所下降。裁决率为 5.19%，强迁率为 1.01%。

【全面推行房屋拆迁新机制，形成拆迁新机制配套措施】 在新开基地全面实行“数砖头加套型保底”政策和事前征询制；起草了《关于调整完善本市城市居住房屋拆迁补偿安置暂行规定》（草案），并听取各级法院、各区县法制办、房管局、拆迁公司意见，以尽快形成正式的操作性文件。同时，全方位开展新政策培训工作，切实转变思想观念，为新政全面推行奠定思想基础。同时，完善配套措施，下发了《关于房屋拆迁补偿安置结果公开的实施意见》、《上海市城市房屋拆迁单位管理实施办法》以及《上海市房屋拆迁工作人员管理办法》三个文件。进一步深化“阳光拆迁”，联合监察部门开展结果公开的专项检查；并创设“计分制”管理方式，加强队伍建设，利用信息化平台，接受社会监督。

【规范房屋拆迁行政行为】 加强对区县的拆迁行政裁决行为的指导，并听取各方意见，完善强制执行工作规范。在拆迁中建立拆迁基地公信评议制度，积极引入第三方监督机制，在杨浦、闵行两区开展了律师参与房屋拆迁工作试点，在申请裁决和做出裁决时，引入律师意见，通过第三方的监督，促使房屋拆迁行政行为更加规范有序。

【开展世博安保和消防大检查】 根据市委、市政府要求，为确保世博会期间房屋拆迁和拆除基地的安全稳定和环境整洁，印发了《工作通知》，落实了安全反恐的各项工作措施，与拆房办组成联合检查组，对全市800余个房屋拆迁和拆除基地进行了安保抽查；为确保拆迁基地和拆除基地的消防安全，联合区县有关部门组成检查小组，对全市各基地进行了消防安全大检查，对发现的问题进行了及时整改。

（六）旧房改造

【概况】 2010年，全力以赴抓好建筑整治、住宅小区安保和世博运行保障等工作，确保世博筹办各项工作落到实处。圆满完成迎世博建筑整治任务，积极构建长效管理机制。共实施1996年前高层旧住房综合整治1511万平方米、多层旧住房综合改造4706万平方米，建筑立面清洁9922万平方米。推进建筑整治的验收移交和竣工报备工作，全市建筑整治项目竣工备案率达93.2%。

【旧住房综合整治及平改坡综合改造】 2010年继续开展旧住房综合整治、平改坡综合改造等各类民生工程，下发了《关于在实施旧住房综合改造过程中切实做好群众工作的通知》，重点落实把群众观点贯穿于旧住房综合改造工作的始终、切实做好实施全过程的群众工作。在实施过程中，针对项目程序规范性、工程质量、文明施工、安全生产等进一步加强项目监管。另外鼓励各区根据自身情况拓展工作思路，创新改造方式，继续开展厨卫改造、清洁家园、六小工程等特色项目。根据各区上报统计，全年完成各类旧住房修缮改造715万平方米，居民受益约11万户。

依托“十二五规划”编制工作，将旧住房综合改造内涵向纵深推进，开展了高层住宅老旧电梯更新改造、直管公房全项目大修、郊区老城镇旧住房改造等课题调研工作，初步形成调研成果，部分已经开始项目试点工作。

【旧住房成套改造】 继续推进旧住房成套改造工作，全年完成旧住房成套改造19万平方米，受益居民5451户。当年还下达旧住房成套改造立项批复14个，共涉及改造面积9.8万平方米。

研究拆落地改造工作，完成杨浦区佳木斯路旧住房拆落地改造试点项目、宝山区联牧路1弄44支弄拆落地成套改造项目、推进闸北区彭三小区成街坊旧住房综合改造试点，为本市旧住房拆落地改造、成街坊改造提供试点经验。

（七）住房保障

【概况】 2010年，稳步推进住房保障政策实施，进一步完善分层次、多渠道、成系统的住房保障体系，有效改善城市中低收入家庭的居住困难。廉租住房受益面不断扩大，全市全年共新增廉租受益家庭约0.9万户，累计廉租受益家庭达7.5万户，对符合条件的廉租申请家庭已基本实现“应保尽保”。全面推开经济适用住房制度，开展申请审核供应试点工作，全面推开经济适用住房的供应工作，放宽经济适用住房申请准入标准。积极发展公共租赁住房，年内通过新建、配建、改建、转化和收购等方式，建设和筹措公共租赁住房（含单位租赁房）100万平方米，约2万套。

【廉租住房工作】 2010年，廉租住房受益面不断扩大。制订下发了《关于推进落实2010年本市廉租住房工作任务目标、加强廉租住房管理的通知》，对区县年度任务指标进行明确。同时，进一步将廉租住房申请家庭收入准入标准从人均月可支配收入960元以下放宽到1100元以下。通过不懈努力，全市全年共新增廉租受益家庭约0.9万户，累计廉租受益家庭达7.5万户，对符合条件的廉租申请家庭已基本实现"应保尽保"。进一步健全实物配租新机制的运行管理体制，制订下发了《市公积金管理中心廉租房源套型选配上限和租金分担方法的暂行规定》，实物配租新机制在全市各区县实质性推行启动，累计近400户廉租家庭通过摇号方式选定并入住实物配租住房。会同市财政局制订实施了《廉租实物配租房源筹措的市级补助资金试行办法》，加大对区县房源筹措工作的支持力度，第一批1.69亿元市级补助资金已拨付至相关区县。积极探索通过新建、配建、改建、代理经租、市场化收购等方式筹措适用适配的小户型实物配租房源。

【经济适用住房工作】 2010年，徐汇、闵行两区经济适用住房申请审核、销售供应试点工作基本结束。至12月底申请家庭购房签约截止，两区合计受理申请2565户，经过审核公示、摇号排序等程序，2094户家庭参加选房，供应房源2157套， 1939户申请家庭选定住房，1819户家庭完成签约购房，占选房户数的93.8%。试点工作检验了工作队伍，积累了实务操作经验，初步形成了一整套经济适用住房申请审核、轮候排序、销售供应等运行机制。根据试点经验，修订了申请审核实施细则、住房面积和经济状况核对办法等配套政策，完善了相关管理运行机制。为扩大政策覆盖面，2010年8月，经市政府批准在试点基础上放宽经济适用住房准入标准；主要为：家庭人均月可支配收入从2300元调整为2900元、家庭人均财产从7万元调整为9万元。2010年下半年起，在全市面上推开经济适用住房申请供应工作，确定10个中心城区和3个有条件的郊区（闵行、宝山、青浦）按批次参加全市面上推开工作。编印了10万份经济适用住房政策《宣传手册》分发到各区县，各区县积极开展摸底调研、健全机构、安排房源、政策培训、制订房源供应和房屋销售定价方案等一系列前期工作，卢湾、黄浦、虹口、闸北等区陆续开展了经济适用住房政策咨询活动，启动申请供应工作。

【公共租赁住房工作进一步完善】 2010年9月，《本市发展公共租赁住房的实施意见》(以下简称《实施意见》)经市政府批准正式颁布。公共租赁住房制度将本市住房保障覆盖面从户籍人口扩大到有基本稳定工作的本市青年职工、引进人才和来沪务工人员等城市常住人口，形成本市更加完整的分层次、多渠道、成系统的住房保障体系。《实施意见》颁布后，会同相关部门先后制定出台了《贯彻〈本市发展公共租赁住房的实施意见〉的若干规定》等近十项配套政策，逐步完善公共租赁住房制度体系。公共租赁住房房源建设筹措工作全面展开，全年建设筹措公共租赁住房（含单位租赁房）超过100万平方米、2万套。房源筹措渠道包括集中新建、旧厂房改建、经济适用住房转化、单位自建、利用产业园区工业用地和农村集体建设用地建造等多种不同类型。

（姚卫萱）

八、城市交通

（一）综述

2010年，本市城市交通行业圆满完成世博交通保障、安保等任务和各项工作，顺利实现“十一五”向“十二五”的平稳过渡，为“十二五”开局打下坚实基础。

世博交通保障任务圆满完成。世博会召开期间，通过集约化交通出行方式共运送世博客流1.48亿人次，平均日运客流80.4万人次。经受了24次50万以上人次大客流（其中50~60万13次，60~80万8次，80万以上3次，单日最高客流103.28万人次），6、7月连续阴雨，40天高温、强对流和“狮子山”、“圆规”台风等极端天气，以及五一、端午、中秋、国庆等黄金周考验。世博交通总体服务水平得到广大市民和各方观博游客的肯定。全面完成世博安保指挥部下达的各项管控任务，编制交通港航世博安保工作方案及公交等13个专项管控方案，并与相关区县交通部门及局属单位签订责任书。加大投入，严格落实港口、码头、站点、线路、车辆、船舶等人防、技防、物防各项安保措施。局承担的世博对口接待工作完成阶段任务，共接待72个团组、1,224人次，并完成交通运输部及兄弟省市交通部门相关会议、活动的配合保障工作。

全市交通行业运行平稳有序。全年完成城市交通客运总量59.2亿人次，比上年增长13.4%。日均客运量1,623万人次，其中，轨道交通516万人次，比上年增长42.9%；公共汽电车769万人次，比上年增长3.7%；出租汽车314万人次，比上年增长3.8%。公路长途旅客发送量3,633万人次，比上年增长21.3%。道路货物运输量4.1亿吨，比上年增长8.3%。培训驾驶员52.9万人次，比上年增长27.9%；机动车维修753万辆次，比上年增长6%；公共停车场停放1.2亿次，比上年增长14.4%。圆满完成全年春运任务，40天全市输送客流2,612万人次，比上年增长7.5%，旅客满意度达85.4，均创历史新高。

公交优先战略各项政策措施深入落实。配合市人大、市法制办修订出台《上海市公共汽车和电车客运管理条例》。完成《公交优先三年行动计划（2007~2009）》评估，开展《上海市城市公共交通白皮书》编制。公交相对区域经营市场格局基本形成，中心城区形成浦东、浦西两大区域经营市场格局，两级管理区县实现“一区一骨干”。加快推进基础设施建设，“十一五”期已建成50个交通枢纽；完成第一批“6+2”大型居住区前期专业规划审核，公交枢纽建设同步开展。优化调整公交线路425条，其中新辟127条，调整207条，撤销91条。轨道交通网络化运营水平不断提高，轨道交通2号线东、西延伸段、7号线北段、10号线、13号线世博段投入运行。推进实施《上海市公共汽车和电车客运服务规范》，全市公交线路累计达标率68%。完成2010年市政府实事项目“在全市有人售票公交线路上配置手持式公交卡读卡器”。积极推进公交成本规制，开展公交成本规制实施两年的评估。

行业发展改革稳步推进。一是开展“十二五”规划编制各项工作。完成“十二五”规划思路研究报告，同步开展公共交通、长途客运、道路货运等专项规划编制，公共交通被列入市级专项规划，各专项规划均完成中间成果稿。按照交通运输部及市政府要求，开展客运交通枢纽和公路交通运输等“十二五”规划专题研究。二是研究起草若干行业发展政策意见。《促进本市出租汽车行业健康持续发展的指导意见》经市政府批准并转发；结合世博期间交通管理各项措施，总结经验，形成交通管理长效机制，并研究制定细化落实措施。三是推动行业规范管理和发展。推进行政审批制度改革，抓好第四批行政审批改革成果的落地，推进行政审批制度纵深改革。加快推进行业立法，推进机场条例、出租汽车条例及水路运输条例等修订调研工作；结合世博保障与日常管理，制定相关文件，并根据管理需要适时研究长效转化。整合成立市交通港航发展研究中心，开展相关政策研究和决策的技术支撑工作。推动行业诚信建设，修订《上海市交通港航企业质量信誉考核办法》，发布2010年诚信评价指标。

行业管理扎实有效。一是加强出租汽车管理。贯彻落实出租汽车健康发展指导意见，会同市相关部门督促企业通过减少抵押风险金、下降承包指标、提高驾驶员社会保障待遇等措施减轻驾驶员负担；探索出租汽车站点候客运营新模式；深入研究区域性出租汽车发展管理模式。二是省际客运服务水平不断提高。根据规划优化客运站布局，关闭交运巴士客运公兴路站，开设虹桥综合交通枢纽长途客运站；促进长三角毗邻地区班线公交化发展，试点开通上海嘉定至江苏太仓的班线。三是促进道路货运及交通服务业发展。建设城市配送物流体系，指导相关企业开展中心城区零星危险品配送试点，启动现代商业配送网项目试点，100 辆符合《城市配送物流车营运技术规范》的冷藏专用配送车上路运营；积极发展道路甩挂运输，在挂车检验、通行费减免等方面取得政策突破；协调落实相关政策确保货运出租行业稳定并出台新增运力和车型调整的规范方案；深化指导陆上货运交易中心功能拓展。全市全面实现道路停车场规范管理；发展 P+R 停车换乘系统，稳步推进中心城区公共停车场（库）属地化管理，已在具备条件的 4 个中心区实行。四是行业信息化与装备技术水平不断提高。明确交通港航节能减排目标任务和责任分解并推进，组织启动本市“车、船、路、港”企业低碳交通运输专项行动；加快车辆更新，公交车更新 2,400 辆，出租车更新 15,862 辆；推进新能源车示范运行，在世博园区内外投放新能源公交车、出租车共 687 辆，涉及纯电动、超级电容、油电混合等 5 种新能源车型，同时在公交 20 路、26 路开展电电混合、超级电容公交车试点；推进公交信息化，3,200 辆公交车新装车载信息系统，全市达 14,820 辆，完成 10 个交通枢纽信息联网。建成世博交通港航安全监管系统，覆盖地面公交、出租汽车、省际客运、水陆危险品运输车船和水上巴士，对行业安全动态实施统一监管。

（司月洁）

（二）世博保障

【概况】世博交通保障工作始终围绕运能储备、运力调度、运行监管、道路设施保障的“三运一保”工作要求，在充分准备的基础上，落实方案，动态调整，实时应对。上海交通港航行业全面参与、全力以赴，实现世博园外运力保障充分，总体运转良好、运行平稳，世博交通保障与面上交通运行衔接有序，交通服务水平提升，实时问题和极端情况应对有效。园外交通方面，世博会召开期间，通过集约化交通出行方式共运送世博客流 1.48 亿人次，平均日运客流 80.4 万人次。其中：5 条涉博轨道交通线路、12 个涉博站点，运送世博客流 5971 万人次，占总运送量 40.39%；地面公交运送世博客流 1665 万人次，占总运送量 11.26%；世博专属出租车运送世博客流 1114 万人次，占总运送量 7.53%；水上巴士运送世博客流 138 万人次，占总运送量 0.94%；停车场（含临时停车场和园内停车场）进出车辆运送世博客流 5895 万人次，占总运送量 39.88%。园内交通方面，世博园内交通客运总量为 2.1 亿人次，其中园内游客交通客运量 1.8 亿，是园区票检入园客流 7308 万人次的 2.5 倍。园内地面公交（包括观光线）1.4 亿人次，占 75.7%；水上交通（包括出入园航线、观光线）2508 万人次，占 13.6%；轨道交通 1975 万人次，占 10.7%。此外，其他交通服务包括：通勤交通 1440 万人次，园外接驳线 1181 万人次。世博交通总体服务水平得到广大市民和各方观博游客的肯定；上海世博会执委会主任、市委书记俞正声同志给予“世博交通保障卓有成效”的评价。世博交通保障的成功，集中体现“集约化、信息化、一体化”的特点，即全面打造“集约化”综合交通网络；充分运用“信息化”现代通信技术；协同构建“一体化”指挥调度体系，并着力建立健全长效机制。

【世博交通保障组织机构确定】根据世博期间交通运输保障的运行要求，对原世博交通组组织设置进行调整，2010 年 3 月组建世博会交通协调保障组，是全市世博指挥构架的重要组成部分，主要负责全市综合交通组织和世博交通服务，统筹全市交通资源，落实世博会运行阶段交通运能储备、运力调度和运输企业经营监管，配合安保指挥部的交通管理工作等。该组内设“四部一中心”，即研判评估部、新闻宣传部、信息服务部、综合保障部和运营保障调度中心，并派出两个前方工作组进驻世博安保指挥中心、园区运营指挥中心。为全面协助世博期间交通运行保障和大客流应急预案的应对和联动，该组共设包括市建设交通委、上海世博局、市公安局、市交通港口局、市旅游局、上海铁路局、上海海事局、华东民航局、市气象局、市消防局、各区县、上海机场集团、交运集团、申通集团、巴士集团、浦东公交等33家成员单位。

【世博交通保障总体方案落地】经过前期29个方案研究，《世博交通保障总体方案》于2009年底形成，包括道路交通组织、客运交通服务、综合交通管理等三个方案部分。该方案于2010年1月通过东方网向社会公示，总体反映良好，并围绕“三运一保”等四个方面（即运能储备、运力调度、运行监管、道路设施保障）要求，推动世博交通保障方案落地。根据保障方案，在设施供给上按照日均60~80万客流量进行配置，在出行模式上进一步倡导公交优先和集约交通，在服务管理上采取多模式、多层次、多方位的信息诱导。地面公交承担40%左右的抵达客流，轨道交通承担50%左右的抵达客流，水上巴士承担5%左右的抵达客流，其他交通方式5%。在时空均衡方面，一是引导高峰日客流向一般日转移，避免极端高峰客流冲击；二是引导世博游客与日常工作早高峰错时出行，减少世博交通与日常交通的时间叠加影响；三是引导主要客流从浦东入园，均衡出入口游客流量；四是引导出行选择集约交通，缓解道路交通压力。在保障世博交通的基础上，根据客流不同要求，分区域采取针对性的交通政策和措施，降低因采取管控措施对城市正常运行的影响。

【轨道交通世博运能方案实施】世博期间，本市轨道交通投入运营线路共计12条，其中4、6、7、8、9号线等五条线路是直接服务世博会的涉博线路，13号线是世博会园区内线路。世博期间，本市轨道交通全路网总开行列次90.1万列次，完成运营里程1.5亿车公里。在世博客流与网络换乘效应的叠加作用下，轨道交通客流屡创新高，完成总运量达10.64亿人次，日均客运量578.7万人次，其中5条世博直达线路累计运送乘客4.49亿人次，园内世博专线1983.31万，占到全网络客运量的44.1%（涉博线路42.2%、园内专线1.9%）。10月22日，世博会开园第175天，在观博客流的带动下，轨道交通全网迎来754.8万人次，创客流历史新高。

【世博公交专用道完成建设】依据世博专线走向设置世博保障通道194公里，其中世博专用车道90公里，公交专用道104公里。公交专用道设置在道路最外侧的一根车道，地面间隔设置公交专用道文字和优先时段。世博公交专用道主要服务于持世博局核发的车辆通行证件车辆和常规公交，时间基本与现有公交专用道一致，即交通早高峰7时至9时、晚高峰16时至19时，与世博园区直接关联的公交专用道早高峰时段适当延长至10时。

【世博园内交通配置方案实施】轨道交通世博专线（13号线）运行“三站两区间”，承担入园、离园和园区内的越江交通。园区内布设4条地面公交线路，其中，世博大道越江线连接浦东、浦西两个片区，世博大道线、世博国展线为浦东片区公交环线，龙华东路线为浦西片区内的公交环线。园区内设置观光线5条，配置氢燃料观光车和电动车。园区内水上交通包括越江轮渡和夜景观光线两类。共设有L1至L6等6个世博客渡码头，开行5条越江轮渡航线，方便游客往返浦东、浦西片区参观。另在M2水门码头开设至卢浦大桥的世博园水上夜景游览航线。

【42条世博公交专线投入运营】 世博专线是世博期间临时增开的链接世博园区和人流集聚点的公交线路。分为三个层次，一是世博直达专线，16条直达线基本覆盖本市对外枢纽和城市主要活动场所；二是世博大站专线，世博周边20条常规公交线开设大战专线，中途设置1—2个停靠站；三是世博远郊接驳专线，在金山、奉贤、青浦、崇明等区县的重要城镇，设置6条接驳线，将郊区客流驳运至轨道交通7、8、9号线，通过轨道换乘直达世博园区。世博期间，42条世博公交专线运力保障充足，共投入运营78.9万班次，运送世博客流1381.3万人次，其中16条世博直达专线、20条世博大站专线、6条远郊接驳专线运送世博客流分别为783.6万、474.5万、123.2万人次。

【世博专属出租车队建立运营】 为确保世博会期间出租车租乘需求，出租行业通过招投标方式，新增由3650辆“大众途安”和350辆“别克君越”有电混合动力车，共计4000辆高等级车组成的世博车队，分别由大众、强生、巴士、锦江、海博五大出租汽车公司负责运营。与普通出租车错位运营，主要满足世博园区及世博管控区的交通需求。世博专属出租车队统一车辆标识、统一服务标准、统一安装车辆终端，并通过建立世博专属出租汽车调度平台，对车辆进行集中管理，统一调度。世博期间，世博专属车队日均客流为33万人次，约占全市出租汽车客流10%，其中专属车队进入管控区客流为4.1万人次，约占专属车队客流12%。

【世博专属出租汽车调度中心投入运行】 2月25日，世博专属出租汽车统一调度平台全面建成。在世博会举办期间，该调度平台承担4000辆专属出租汽车的调度业务、营运数据接受和统计分析、营业站点视频监控、受理服务投诉等任务。同时与交通保障调度中心相连接，接受在突发状态下应急调度指令，及时调配车辆。世博期间，该平台累计调度196.55万起。

【世博出租汽车服务热线】 4月15日零时起，96822世博会专属出租汽车服务热线电话正式开通。为满足世博期间乘客用车需求，96822世博电调平台制订了多套电调派车计划方案，以根据不同情况快速调派车辆。为满足外宾的咨询、预订需求，调度平台“外语坐席”比例达20%，并精心设计了一套英、日语寻找失物应答流程，为外宾提供更便捷、高效的服务。

【世博省际公路客运保障方案实施】 利用现有长途班线及旅游包车资源，形成“长途班线（包括加班车）＋旅游专线＋旅游包车”的三大公路客运途径。其中，长途班线通过现有班线加班提高运能，主要服务世博住宿客流；旅游专线和旅游包车分别承担一日游客流和团体客流。长途班线方面，四大客运站成为疏运主力。邻近世博园区的白莲泾客运站，有40%的加班车发至这里，游客步行就可到达世博园区。客运总站、客运南站等则安排公交世博专线接驳。

【世博停车场完成布局】 一是园区出入口停车场，与世博园区配套规划建设，分布在世博园区出入口周边，共有24个，其中浦西5个、浦东19个，总计大车泊位4644个、小车泊位1927个，主要用于世博旅游巴士、世博专线巴士、世博VIP车辆以及其他世博专用车辆停放、蓄车和上下客。二是园区外围临时停车场，是在世博园区外围距世博园区较近的地方借地新建或借用改造的世博临时停车场，共有8个，泊位2476个，以“世博＋周边主要道路名称＋临时停车场”命名，在停车场周边道路上设置指引标志。三是 P+R 停车场，位于城市外围地区中环线以外，主要用于外省市及上海本地自驾车游客停车换乘车辆停放，具体以“世博 + 停车场所在场所 + 停车换乘停车场”命名，在停车场附近高速公路上、停车场周边道路上设置指引标志。世博专用 P+R 停车长分为两个层次对自驾车进行截留，第一层次，即在外环外的上海国际赛车场、虹桥枢纽、松江新城等地共设置 5 个大型换乘点，泊位 10000 个。第二层次，在外环内的共和新路、沪太路、航天博物馆等区域设置，泊位 1570 个。

【建立大客流预警机制】 一是离园高峰交通组织。轨道交通采取延时运营和越站组织措施。地面公交的世博专线运营时间比轨道交通延长半小时结束，常规地面公交据客流适时调整延长运营时间。出租车 21:00 以后，管控区对非专属出租车开放。水门周边公交线路运营时间根据最后一班船舶到达水门时间制定并适当延长。二是大客流状态应对。按照“点面结合”原则，当园内客流超过 40 万、50 万、60 万规模，或出入口广场客流滞留量超过广场容纳能力比例达 30%、50%、70% 时，分别启动 III 级黄色、II 级橙色、I 级红色预警。针对各级预警状态，采取分层应对措施。

【世博期间本市内河辖区水上交通管控措施】 为保障世博期间黄浦江水域重大活动及世博专用船通航需要，配合上海海港水域交通管制，本市内河辖区水上交通管控措施自 4 月 1 日起试运行。根据《世博期间上海内河水上通航和交通管制方案》，本市内河辖区在与江苏、浙江省际交界水域，以及黄浦江管控区水域支流航道等地设置检查站。4 月 1 日至 11 月 30 日期间，遇世博水上交通管制，各检查站按照距离黄浦江核心管制区由远及近，将依次实施动态报告、河口清场、签证控制及现场管制等措施，对计划进入或途经黄浦江核心管制区及周边控制区的受限船舶进行疏导分流。受限船舶可参考现场海事管理机构公布的通航船型主尺度标准，循推荐航线，绕行进入本市内河辖区各码头，或在指定候泊区待泊待行。

【世博水门完成建设】 4 月，按照世博会水上交通规划方案，世博园区内 6 个世博客渡船专用码头、3 个游览船码头；园区外 4 个水门，即：十六铺、秦皇岛路、其昌栈和东昌路水门即相关配套设施完成建设并投入运行。

【世博客渡船划定合理航线】 世博会水上游客运输备受关注。在长度仅 3.9 海里，宽约 300 买的水域内，日均约 570 艘次的越江世博客渡船和约 1200 艘次的穿越直航船舶密集交汇。航线包括园区内 5 条越江轮渡、1 条夜景观光线；园区外 4 个水门（十六铺、秦皇岛路、其昌栈和东昌路）至园内 3 个水门（M1、M2、M3）开设 5 条入园航线、3 条离园航线。其昌栈、秦皇岛路、十六铺水门以团体为主，散客为辅，现场不设售票点，东昌路水门以散客为主。

【世博交通服务信息工程建成并投入运行】 该项目主要包括交通综合信息平台、世博交通信息服务应用平台和世博园区交通信息子平台等 3 个平台。其中，世博交通信息服务应用平台面向社会公众，重点支撑上海世博交通网、世博交通指南等 7 种交通信息人性化服务方式，为中外宾客提供全天候、多方位世博交通信息服务。7 种方式包括：一是登录上海世博交通网站（www .jtcx .sh .cn）。二是参阅世博交通指南。该指南设计两个版本，针对长三角游客和自驾车一日游游客的指南图，在长三角主要城市、进入上海的高速公路收费站、道口等处免费发放；针对身处上海的世博会游客和本市市民的指南地图，在各大宾馆、火车站、机场等处免费获取。三是收听收看广播电视。世博会交通协调保障组、上海市交通信息中心将向广播电台交通台、电视台等广播电视媒介及时提供综合交通信息源。四是拨打世博交通咨询热线 962010 和 12319，即可获得公共交通出行方案推荐。五是关注可变信息标志。可变信息标志覆盖高速公路、公路与市区道路连接段、城市快速路和地面道路，方便驾车出行者获取道路交通信息。六是浏览手机和车载终端。游客通过手机可获取实时的道路交通状态，还可获取世博交通临时公告、世博会园区客流密度信息、前往世博会园区公共交通线路信息等。利用 4000 辆世博专用出租车上的车载导航通信设备，出租车驾驶员可及时获取道路实时状态信息等。七是自助查询宾馆触摸屏。上海全市 3 星级以上的 400 多家宾馆、酒店的旅游信息查询触摸屏均发布世博交通相关信息。

【领导调研世博交通保障准备情况】 2 月 19 日上午，市委书记俞正声到市交通港口局指挥中心调研视察世博交通安保工作，市领导吴志明、杨雄、丁薛祥、沈骏、张学兵陪同。3 月 31 日上午，俞正声同志先后来到正在试点的淞虹路 P+R 枢纽和世博会期间即将建成使用的中环共和新路 P+R 枢纽、中环沪太路 P+R 枢纽、松江大学城 P+R 停车场，视察世博 P+R 运行准备情况。3 月 29 日上午，市长韩正在先后前往上海交通信息中心、闵行航天博物馆综合交通枢纽工程、轨道交通 13 号线马当路站和世博十六铺水门开展世博交通保障服务检查工作。3 月 17 日上午，副市长沈骏、副秘书长尹弘先后前往兆丰路、耀华路、林浦路、董家渡 15A 地块等世博临时停车场建设工地，以及世博马当路出入口、轨道交通 13 号世博段察看工程建设进展情况。

【领导视察世博交通保障工作】 8 月 1 日，市委书记俞正声冒着 38.5 度的高温先后来到卢浦大桥公交枢纽站和地铁 1 号线人民广场站，亲切慰问本市公共交通一线工作人员和志愿者。市领导吴志明、杨雄、张学兵陪同。7 月 22 日，副市长沈骏、副秘书长尹弘先后前往世博园区水上轮渡码头、世博大道线终点站等地，亲切慰问服务世博公共交通保障的工作人员。9 月 30 日，交通运输部部长李盛霖一行在沈骏副市长、市建设交通委黄融主任、市交通港口局孙建平局长的陪同下，莅临上海市交通港口局指挥中心视察指导工作，并亲切慰问世博会交通协调保障组工作人员。

【全面开展向裘明祥同志学习活动】 根据市委、市政府主要领导“广泛宣传裘明祥同志事迹、开展向裘明祥同志学习活动”的批示精神，市交通港口局系统全面开展向裘明祥同志学习活动。裘明祥同志是市交通执法总队第五支队机动中队中队长。2010 年 9 月 18 日凌晨，他在完成了一天世博交通保障任务回到办公室整理当天勤务快报时，因连续加班劳累过度而昏迷，经全力抢救无效，于当日凌晨 2 时许因公殉职，年仅 47 岁。裘明祥同志用自己的生命实践了他在入党申请书中对党的庄严承诺：“树立全心全意为人民服务的思想，为党、为国、为人民做出自己应有的贡献。”9 月 26 日，市委书记俞正声同志在市交通港口局《工作专报》（2010-81）“关于开展向裘明祥同志学习活动的专报”上作出重要批示：“应宣传裘明祥同志的事迹，并妥善安排好其家属的生活。” 9 月 28 日上午，沈骏副市长来到裘明祥同志生前居所，亲切慰问裘明祥同志家属。

【世博会落幕，本市各类世博交通保障措施将逐渐回归常态】 轨道交通方面：11 月 1 日起，上海地铁将恢复常态运营模式，4、6、7、8、9 号线 5 条涉博线路和 12 个涉博轨道站点将恢复常态运行，常态末班车后的世博加开列车均取消。11月2日起，轨道交通13号线暂停运行。地面公交方面：11月1日起，6条世博远郊公交接驳线和世博10路停止运行，14条世博直达线以及20条世博大站线延长运行至11月7日，11月8日起停止运行，延长运营期间的首班车时间参照执行现有标准，园区端末班车时间均调整为19时30分。林浦路停车场公交接驳线停止运营。出租汽车方面：园区周边的9个出租汽车候客站撤销。4000辆世博专属出租汽车运行至11月15日。11月16日起，96822不再接受世博出租汽车调度业务，所有车辆回归原属企业运行管理，并纳入各企业电调平台进行调度。停车场方面：园区周边临时停车场，除董家渡临时停车场暂保留外，其余临时停车场撤销。航天博物馆、沪太路、共和新路、松江大学城等4个规划建设的P+R停车场从11月8日后实施常态运行管理，其余世博P+R停车场撤销。

【研究建立世博后交通港航发展和管理长效机制】 市委九届十二次全会结束后，市交通港口局全面启动“世博后”工作研究，专门成立由局主要领导牵头的世博后长效管理机制研究小组，落实责任分工、明确时间节点。一方面，认真梳理和总结世博交通保障的经验；另一方面，举一反三，把视野拓展到世博筹办期间、世博交通安保工作以及交通运输和港口航运全行业，努力把围绕世博工作，在不同时段、不同领域、不同行业中的成功做法，分析、提炼、上升为长效管理机制。主要是八个方面：一是建立和完善“公交优先”持续发展保障机制；二是建立和完善出租汽车稳定健康发展保障机制；三是建立和完善内河航运发展促进机制；四是建立和完善交通港航低碳绿色发展促进机制；五是建立和完善交通港航信息化应用服务机制；六是建立和完善交通港航安全监管和应急处置机制；七是建立和完善交通港航规范执法机制；八是建立和完善交通港航区域联动协调机制。

（司月洁）

（三）交通管理

【概况】 2010年，本市交通管理部门贯彻落实“创新驱动、转型发展”，围绕进一步提升公共交通服务水平、增强公共交通吸引力；进一步加快交通港航产业结构调整和服务升级步伐；进一步完善引导行业良性发展的长效机制；进一步提高安全及应急管理能力，积极推进各项交通管理工作，取得成效。

【发布《大型居住社会公共交通专项规划编制指导意见》】 7月22日，为加快推进大型居住社会公共交通配套设施规划和建设，进一步规范大型居住社区公共交通专项规划编制，市交通港口局发布《大型居住社会公共交通专项规划编制指导意见》。《意见》对大型居住社区公共交通专项规划的编制范围、编制原则、编制内容、职责分工、规划成果、审核办法等均作了明确规定。《意见》的发布不仅使公共交通专项规划编制有章可循，也为公共交通配套设施规划落地奠定基础。

【虹桥综合客运交通枢纽全面投入运行】 3月16日，虹桥机场2号航站楼、东交通中心地面公交、出租汽车等设施投入运行。7月1日，虹桥火车站、西交通中心及与之配套的公交枢纽、出租汽车营业站、长途客运站同时投入使用。在虹桥西交通中心，共设置5条公交全日线，主要有驶往奉贤南桥的虹桥5路、驶往青浦新城的虹桥6路、开往金山新城的虹桥7路、开往金山朱泾的虹桥8路和开往松江新城的虹桥10路。此外，由虹桥机场2号航站楼延伸至此的320路夜宵线从

背景资料

虹桥综合交通枢纽概况

虹桥综合交通枢纽集民用航空、高速铁路、城际铁路、长途客运、磁浮、城市轨道交通、地面公交、出租汽车等多种交通方式于一体，可实现跨区域、大范围人流物流的快速集散，是国内乃至世界上最大的综合交通枢纽之一。2010 年 3 月 16 日，虹桥机场 2 号航站楼启用；2010 年 7 月 1 日，沪宁城际高速铁路开通；2010 年 10 月 26 日，沪杭城际高速铁路开通；2011 年 6 月 30 日，京沪高铁开通。虹桥枢纽本体东西向成轴线对称布局，由东至西分别是虹桥机场 2 号航站楼、申虹国家大厦、磁浮虹桥站、铁路虹桥站、长途客运虹桥站。虹桥枢纽本体内部通过 12 米层和地下一层两条东西贯通的公共通道相互连接。

虹桥火车站驶往外滩、世博 19 路也延伸至铁路广场，方便旅客参观世博会。加上 2 号航站楼东交通中心的，驶往铁路上海站的 941 路、驶往闵行紫竹园区的虹桥 4 路、驶往嘉定城区的虹桥 9 路、驶往浦东机场的机场 1 线、驶往铁路上海站的 316 路夜宵线等公交线路，整个虹桥枢纽共拥有地面公交线路 12 条。出租汽车营业站位于车站地下一层，分为南北两个蓄车场，蓄车位共 1600 个。虹桥枢纽内的长途客运站为一级客运站，主要发往浙江、江苏和部分安徽方向，以始发线路为主。虹桥综合客运交通枢纽是本市规模最大的综合交通枢纽，也是本市“十一五”期间 60 个综合客运交通枢纽之一，衔接航空、高速铁路、公路长途客运和市内公共交通等不同交通方式，为乘客提供方便换乘。虹桥枢纽的全面建成和投入使用为本市对外交通和市内交通的有机衔接，实现客流物流的快速集散提供条件。

【地面公交相对区域经营市场格局形成】 4 月，金山公交完成重组，金山巴士公司的成立标志着全市郊区县公交“一区一骨干”的经营格局基本形成。中心城区已形成浦东、浦西两大区域经营市场格局；同时巴士公交公司也完成对金龙、芷新、不夜城等 3 家社会公交企业的资产收购。至此，上海公交企业为 20 家，实现减少一半的改革目标。

【专题部署“敬老服务卡”续期工作】 为进一步加强对本市“敬老服务卡”使用情况的监管，保障公共交通卡系统安全运行，7 月 8 日，市交通港口局召开“敬老服务卡”续期工作专题部署会。各区县相关职能部门，市人口办、市老龄办，市社保卡中心、市交通卡公司，巴士公交公司、浦东公交公司等单位负责同志参加会议。会议要求建立长效管理机制，集中力量做好第一批“敬老服务卡”续期的各项准备工作。一要思想高度重视。针对续期工作涉及面较广、涉及人群较为特殊等因素，加强协同配合，把好事办好。二要加强宣传告知。各单位要按照统一宣传口径，通过新闻媒体、网站、公告等方式，多管齐下，在各区县所属街镇、居（村）委会广泛告知。三要注重人性化操作。公交运营企业要针对续期工作的实际进展情况，对 70 岁以上老年人凭“敬老服务卡”免费乘车采取人性化措施，不断提高敬老服务质量。本市自 8 月 1 日起，本市各街镇社保卡受理网点将开始受理敬老服务卡续期申请。

【上海交通港航网世博版中英文智能地图正式上线】 3月26日，由市交通港口局设计开发的世博版中英文智能地图正式上线，用户可在市交通港口局门户网站浮动页面点击进入。该版智能地图新增世博游览、出行等相关信息查询功能，同时采集收录了2万多门牌号码、近2万个交叉路口、7000多个小区，以及近2万个旅游景点、大厦、学校、医院、宾馆等用于辅助查询的信息，完善了交通设施标注，并增加了轨道交通站点出入口、长途客运站和停车库动态信息等，界面明晰，查询便利。中文版本特别添加了100多个世博场馆和35家省际客运站信息，实时接入300多家停车场库的总泊车位和空余泊车位动态。新开发的英文版智能地图可提供7000多条道路、77个旅游景点和100多家三星级以上宾馆以及出租、轨道、省际客运站、火车站、飞机场等交通行业信息，填补了国内在线地图领域的一项空白，可极大方便世博期间国际友人的出行。

【上海世博会重点营运车辆联网联控系统开通】 4月14日下午，上海世博会重点营运车辆联网联控系统在北京正式开通。这不仅为上海世博会安全保卫工作提供有力的安全保障，也标志着我国道路运输信息化水平迈上新台阶。重点营运车辆是上海世博会道路运输安保工作的重中之重。交通运输部组织建设的重点营运车辆联网联控系统有效整合了各省（区、市）现有车辆动态监控资源。全国监管平台负责跨省营运车辆信息的数据交换，省级监控平台负责本省（区、市）营运车辆监控，从而实现平台间的互联互通、信息共享。世博会期间，全国监管平台将把外省入沪运输车辆的卫星定位数据、车辆运政数据实时传送给上海监控平台。上海监控平台收到后，将其转入自有系统，并连续监控外省车辆在上海的运输情况。同时，上海监控平台可将相关信息转发到公安、安监等有关单位。外省运输车辆进入上海区域将经过检查闸口，稽查人员可以通过无线手持终端迅速查询到该运输车辆及所运货物信息，包括货物种类、名称、运量、运输时间、出发地、目的地等。在信息确认无误后，该运输车辆可以进入上海，否则将被拦截。如果该运输车辆在上海境内出现超速、疲劳驾驶、不按规定路线行驶，进入上海世博园、人民广场等禁行区，或发生交通事故时，上海监控平台将自动报警，公安、安监等有关单位可及时采取应对措施。外省运输车辆离开上海后，全国监管平台将告知上海监控平台该车辆离境，停止向上海转发数据，并将该车辆数据转发到新的驶入省份。交通运输部副部长冯正霖出席开通仪式并讲话。上海交通港口局局长孙建平在仪式上发言。

【市交通港口局第二轮修志工作全面启动】 根据《上海市志（1978—2010）编纂实施方案》，市交通港口局第二轮修志任务主要是组织协调《交通运输分志》的编纂工作，牵头承编《交通运输分志》中的《公路运输卷》、《内河运输卷》、《海洋运输卷》、《港口卷》，以及《城乡建设分志》中的《城市公共交通卷》。《交通运输分志》编纂委员会主任由市交通港口局局长孙建平担任，市建设交通委、市交通港口局、上海铁路局、民航华东管理局、上海海事局、上海打捞局、东海救助局、中海集团、中远集运、长江轮船公司、上港集团、交运集团、久事公司等单位领导担任副主任。《交通运输分志》编纂委员会下设立办公室，具体负责和落实编纂工作。根据市政府办公厅《上海市第二轮新编地方志书编纂规划》（沪府办发〔2010〕5号）精神，本市第二轮新编地方志工作，主要记述1978年党的十一届三中全会以来上海改革开放和社会主义现代化建设的发展历程和成就。市交通港口局第二轮修志工作，预计到2015年上半年完成。2010年4月6日上午，市交通港口局修志办召开第一次全体会议。

【公共交通国际联会（UITP）政策委员会会议在沪召开】 5月5日~7日，由公共交通国际联会主办、上海市交通运输和港口管理局协办的“UITP2010年政策委员会会议”在沪召开，近60位来自世界各国公共交通领域的政府官员和企业代表，以及来自我国11家公共交通骨干企业的25位代表参加会议。会议由UITP秘书长汉斯·雷特主持，与会代表就全球公共交通可持续发展、节能环保和政策推动进行研讨，同时提出到2025年全球公共交通出行比例翻番的具体目标和措施。市交通港口局局长孙建平出席会议，并发表题为《实施“公交优先发展”战略 科学构建一体化综合公共交通体系》的演讲，系统阐述上海“公交优先”的发展理念和具体措施。UITP主席阿伦·费罗希对中国经济和上海公共交通的快速发展给予高度评价，并代表UITP对我局为会议成功举办所付出的努力表示衷心感谢。

【全国公交学会八届四次理事会暨年会在沪召开】 2010年中国土木工程学会城市公共交通分会八届四次理事会暨年会，5月5日在上海举行。中国土木工程学会秘书长张雁、上海市交通港口局局长孙建平和来自全国各地250余名政府部门及公交企业领导参加会议。会议期间，公交学会召开了常务理事工作会议，决定由孙建平同志担任学会理事长。

【全国中心城市道路运管工作第24次研讨会在沪召开】 9月7日至9日，全国中心城市道路运输管理工作第24次研讨会在本市召开。本次会议围绕交通运输部提出的转变发展方式，加快建设现代交通运输业的总体要求，分析中心城市在道路运输发展中的热点、难点问题，研讨新形势下运管工作、职能转变、工作重心转移的新课题，促进道路运输业加快调整结构，发挥比较优势，提升三个服务水平和能力。交通运输部道路运输司、中国公路学会汽车运输学会有关领导，全国35个直辖市、省会城市、计划单列市的运管处（局）领导和专家150余人出席会议。

【上海公民警校揭牌暨首期交通志愿者培训班开班】 为进一步推进和谐警民关系建设，有效架起全社会与公安沟通协作“桥梁”，全力保障上海世博会顺利召开，3月20日，市公安局联合市交通港口局、上海世博局在上海公安高等专科学校举办“上海公民警校揭牌仪式暨首期培训班开班典礼”。来自市交通港口局系统9个单位的50名学员参加志愿者培训。培训结束后，学员将投入世博园区附近轨交站点的志愿服务工作，与市公安局轨道分局民警共同进行轨道交通站点的人流疏导与秩序维护，为世博期间大量客流进出轨道交通站点做好应对准备。

【评出10位迎世博“微笑服务大使”】 2月，上海交通港航系统迎世博“微笑服务大使”评选出10位来自地面公交、出租汽车、省际客运、汽车维修、停车服务、搬场服务、水路客运7个行业的迎世博“微笑服务大使”。通过宣传行业“微笑服务大使”的先进事迹，组织开展“微笑服务大使”班组结对、授艺带徒等交流活动，不断扩大“明星带群星、群星带群体”传播效应，不断提升窗口服务行业整体服务水平，为举办一届“成功、精彩、难忘”的上海世博会提供有力的服务保障。

【本市公交行业召开世博交通保障誓师动员大会】 4月16日，市交通港口局召开上海公交行业世博交通保障誓师动员大会，进行地面公交行业决战世博前的总动员。会上，本市公交企业代表、驾驶员代表先后表态发言；公交世博服务行动队接受了市政府副市长沈骏、副秘书长尹弘等领导授旗；行业优秀党员代表发出倡议并带领公交行业党员代表进行世博决战宣誓。世博会期间，公交行业将精心组织，坚决完成世博交通公交保障任务；周密部署，筑牢公交安保防线，加强应急管理，提高突发事件应对能力；热情周到，努力为乘客提供优质的公交服务。市交通港口局系统、区（县）交通主管部门、公交行业协会及公交企业负责人，公交行业职工代表1500余人参加誓师动员大会。

【上海交通网获2010年上海政府网站“优秀案例奖”】 在市政府办公厅开展的2010年上海市政府网站测评中，市交通港口局网站“便民服务”栏目获优秀案例奖。本次测评范围包括全市18个区县和45个市政府部门，由部门自查、专家测评和日常考核三个方面组成，内容包括政府网站重点工作建设情况、门户网站内容保障工作等。

【市运输管理处门户网站正式开通】 为进一步提升行业管理和服务水平，搭建直接面向公众的服务窗口，方便企业、二级运管部门和协会的业务交流，市运输管理处完成门户网站建设，进入试运行阶段，并经过一个多月的运转，系统日趋完善，于6月30日面向公众正式开通。截至2010年底，网站访问量达到37.7万人次。门户网站的建立开通，为公众提供更优质的交通服务，对提高行业管理水平起到积极租用。

【市交通执法总队门户网站正式开通】 市交通执法总队门户网站（http://www.shjtzf.com）依托市交通港口局信息中心软硬件及网络支撑，经过近四个月的项目启动、筹划调研和建设完善，于11月29日正式开通，标志着执法总队信息化建设向前迈出一大步。网站本着公正、公平、便民、及时的原则，通过机构简介、执法依据、执法动态、政务公开、政风行风、党建动态、便民服务等板块内容，为广大市民和企业提供及时动态信息、城市交通行业相关维权咨询、运输行业违章查询等在线信息和服务。

【交通运输部评选2008–2009年度全国交通运输行业精神文明建设先进集体，本市多家单位获得表彰】 申通集团被评为“全国交通运输文明行业”；市航务处、市运输管理处、磁浮公司、长途南站被评为“全国交通运输文明单位”；大众出租汽车九分公司学雷锋爱心接力班组、上海地铁第二运营有限公司世纪大道站被评为“全国交通运输文明示范窗口”。

（司月洁）

（四）交通执法

【概况】 2010年，本市交通执法部门坚持一手抓世博交通保障，一手抓面上行业监管，有力确保全市交通运营秩序正常有序。全年市、区两级交通执法队伍共实施日常稽查42,421次，出动执法人员132,632人次；实施专项稽查2,992次，出动执法人员11,166人次；共立案24,651件。其中将地面公交、出租汽车、省际客运、危险品运输作为行业监管重点。地面公交行业重点监管不按规定线路行驶、乱停乱靠、车容车貌等，立案1,338件。出租汽车行业重点监管绕道、多收费、宰客、克隆出租车、计价器作弊等违法行为，立案4,345件。省际客运重点监管不按规定线路行驶、不进站、站外带客等违法行为，立案6,690件。危险品运输行业重点监管未经许可、超许可范围经营，立案895件。

【2010年整顿本市交通市场秩序规范交通行政执法工作联席会议召开】 9月1日上午，2010年整顿本市交通市场秩序规范交通行政

执法工作联席会议第一次会议召开，联席会议第一召集人、副市长沈骏出席并作重要讲话。联席会议成员单位领导，各区县分管区县长，各区县交通行政执法大队、交警支队负责人参加。联席会议召集人、市政府副秘书长尹弘主持会议。沈骏同志要求进一步提高认识，继续认真贯彻“两个坚决”决策部署，切实发挥联系会议制度作用，齐心协力，紧密配合，重点突破，进一步规范行政执法行为，维护好乘客合法权益、交通运营市场秩序和城市正常运行；进一步研究完善交通执法法制保障，规范执法，不断创新实践，总结经验，形成长效管理机制。会议同时明确2010年重点工作：一是进一步划定和完善专用候客区域。抓紧细化完善专用候客区域方案，重点加强世博园区周边及相邻区域的非法客运整治工作。增设一批电子监控设备，共享相关监控信息。二是进一步明确证据认定和自由裁量标准。遵循有关法律法规要求，依法制定并执行相应的证据认定标准。细化自由裁量权限，避免出现“同案不同罚”的现象。三是进一步加强市场营运秩序日常监管。紧密协作，加强日常监管，抓住重点进行联合整治。做好“交通执法信息工程项目”立项和在出租汽车上推广使用电子标签技术等信息化工作。四是进一步规范交通行政执法行为。严格遵守执法规范，特别是注重执法程序和取证方式规范。积极组织开展执法培训和业务能力培训考核，切实纠正“重实体、轻程序”的观念。大力推进执法队伍建设，严格人员录用标准，加强培训考核，提高执法队伍综合素质。五是进一步抓好责任分解落实。根据工作需要和实际情况，适时召开联席会议，协调解决工作中的矛盾和问题。各有关部门按照分解的任务，抓好工作落实。

【泛长三角地区八省市首次联动执法检查公路春运】随2010年公路春运进入客流高峰，2月3日，市交通执法总队与江苏、浙江、安徽、河南、江西、山东、福建七省交通执法部门联合开展泛长三角地区首次公路春运联合检查行动，共投入1000多人次，在接壤的各市境公路道口、高速公路通道、国道、省道等对过往春运车辆实施检查，以提高泛长三角地区春运检查整体效应和执法效果。检查发现，沪杭高速枫泾道口、沿江高速朱桥道口等主要检查地，出沪车流增加明显，大巴、中巴旅客实载率明显提高，未发现车辆超载现象。但也存在车辆站外拉客、标志牌不按规定出示等违章行为，及一些非法客运车辆牟取私利的安全隐患。交通执法部门依法进行查处，对涉嫌非法客运车辆一律按规定程序予以查扣。春运期间，联合大检查行动持续进行，集中打击省际客运“黑车”、货运车装运旅客、无资质运输危险品以及车不进站、拉客、宰客等严重扰乱春运秩序的违法行为。

【加大大型工程运输车辆专项检查力度】市运输管理处根据市政府六委局联合对渣土运输、商品混凝土运输等大型工程运输车辆开展专项整治要求，制定《对本市大型工程运输车辆单位开展专项检查的工作方案》，从2009年12月11日至2010年2月10日，对全市大型工程运输车辆企业进行专项检查，对有倾卸车辆企业436户（5927辆倾卸车）、有搅拌车辆企业375户（3715辆搅拌车），下发《关于对本市相关货运车辆单位开展专项检查的通知》，要求企业自查，2周内收到自查表465份。在专项检查过程中，检查人员通过排摸分析，确定主要从事渣土运输、商品混凝土运输企业为专项检查对象，特别是市容废管处认定的28家（渣土）专营企业和58家（渣土）加盟企业为专项检查重点。主要检查安全制度是否健全落实、营运车辆驾驶员从业资格是否具备、营运车辆维护检测是否及时到位等。发现问题，及时指出，限期整改。截止2月10日，全市各级运管机构上户检查企业200户，对其中21户企业开具整改通知书，并复查26户企业，全市运管机构参加检查人次达518人。通过专项检查，促使企业提高对安全管理的重视程度，减少安全隐患，降低事故发生率。

【交通执法保障世博交通营运规范有序专项行动正式启动】3月10日上午，本市交通执法保障世博交通营运规范有序专项行动正式启动，市交通执法总队在海博出租公司举行“为世博交通营运保驾护航”誓师大会，全力确保世博场馆周边枢纽、公交站、出租汽车营运规范。市交通执法总队根据上海世博交通营运特征和任务，主动靠前，统筹勤务、科学执法，制定和细化重点区域和重点行业监管方案，确保世博交通保障方案落地，维护世博核心区、管控区、疏导区交通营运秩序正常有序，应对突发事件及时、迅速、有效。出租汽车行业重点整治拒载、绕道、多收费、计价器作弊等行业顽症；严厉打击“黑车”“克隆车”等扰乱营运秩序的违法行为；加强对重要枢纽、集散点、旅游景点、景观道路及重要宾馆出租车营运秩序的监管。地面公交行业重点监管不按规定线路行驶、乱停乱靠、大间隔、首末班车营运时间不符、赖站拉客、妨碍站点秩序、司售人员服务不规范等违法行为；加强对市民百姓反映强烈的公交车违反管理规定的行为进行查处。省际客运行业抓好承担世博省际客运主要客流的长途总站、长途南站、交运巴士长途站、锦江长途等主要客运站的执法监管；会同有关部门开展进入管控区的团体车辆、旅游车辆的执法监管以及世博园区客运站点的执法监管；重点查处不进站、站外带客、超载、不按规定线路行驶等违法行为。危险货运行业重点查处未经许可运输危险品、未按规定路线行驶、未配备安全防护专用设施、未通过GPS定位系统实施过程监管、超范围运输装卸高等级危险品、使用失效、变造、假冒的从业资格证从事危运行业违法行为。

【发布加强查处机动车非法客运通告】《关于加强查处机动车非法客运的通告》经2010年4月3日市政府第73次常务会议通过，4月15日市政府第32号令公布，并自公布之日起施行。根据通告规定，在2010年上海世博会筹备和举办期间，未取得营业性客运证件的机动车不得从事营业性客运活动。非营业性客运机动车安装客运出租汽车专用营运设施、标识，假冒客运出租汽车上路行驶的，由交通行政执法机构暂扣车辆，并处罚款。非营业性客运机动车驾驶员在机场、车站等公共场所招揽乘客的，由交通行政执法机构暂扣车辆，并处罚款。行政执法机构工作人员不得采用威胁、引诱、欺骗等方式收集机动车非法客运的证据。

【开展两大机场出租汽车专项整治行动】7月2日，市交通执法总队会同机场公安分局、五大出租企业，在虹桥、浦东两大机场开展出租汽车行业大规模专项整治行动，并首次采用由出租汽车公司调度中心统一发出更改顶灯显示内容的指令，以有效区别正规出租车和“克隆出租车”，提高执法效率。此次行动共查处各类违章案件23起，有效保障两大机场的交通营运秩序。市交通执法总队进一步总结经验，创新方法，继续加大对重点区域、重要集散地等重要部位的整治力度，确保交通营运市场正常有序。

【开展“先锋”系列行动重点整治非法客运】根据《关于加强查处机动车非法客运的通告》（市政府32号令），市交通执法总队开展“先锋”系列行动，重点整治非法客运车辆。7月12日，“先锋”系列行动率先在奉贤区打响。整治行动中，市交通执法总队先后对23辆涉嫌非法客运车辆存档立照，并对2辆证据确凿的非法客运车辆当场予以查扣。同时奉贤区已在非法客运车辆囤积较严重的5个客运集散地设立出租汽车专用候车站点，大大削减非法客运车辆活动空间。7月13日至30日，“先锋”系列行动持续在奉贤、嘉定、青浦等区开展。累计出动执法力量738人次，市公安交警部门配合66人次，检查各类客轿车1168辆，查获涉嫌非法客运车辆159辆。

【治理徐汇宜家家居大卖场周边非法客运】 市交通执法总队多管齐下治理徐汇宜家家居大卖场周边非法客运。一是综合治理。会同地区综治委、派出所、交警等部门，对扰乱治安的非法营运从业人员、违章停车装卸货物行为等有针对性地进行处理。二是堵疏结合。在打击非法营运的同时，联系正规物流公司进驻宜家家居，为消费者提供优质服务，有效削减非法营运生存空间。三是改善环境。在商场周边设置隔离栏，将出租汽车专用候客区域、正规货车站点、调度中心等与周边环境隔离，使非法客运车辆无法进入商场范围。经过一个月的集中整治，非法客运车辆锐减，有效改善周边交通营运秩序。

【开展公交车尾气排放专项检查】 10月，市运输管理处在本市中心城区，开展为期一个月的公交车尾气排放专项检查活动。活动共分自查、互查和整改三个环节，一是各公交运营企业对行驶在中心城区的公交车尾气排放状况进行集中自查。重点做好出场营运前公交车的例行维护，发动机舱检视等，凡发现有冒黑烟现象的车辆一律不准出场营运，并登记在册落实维修作业。二是抽调部分公交专职检查人员开展互查。在各公交起讫站点进行专项检查，检视公交车发动机舱，查看车辆静态启动尾气排放情况，对有疑似冒黑烟现象的公交车辆，将送指定检测站检查，对驾驶员进行规范操作辅导和检查，减少由驾驶员操作不当造成的冒黑烟现象。三是各相关公交运营企业认真分析研究尾气排放治理工作中存在的薄弱环节和突出问题，制定有效措施，重点做好对检查过程中发现问题的整改，形成长效管理机制。

【举办“打击克隆、抵制黑车”大型宣传日活动】 12月11日，市交通执法总队在徐家汇中心广场及各区交通枢纽等客流集散地举行今年第二批克隆出租车集中销毁启动仪式暨“打击克隆、抵制黑车”宣传活动，向市民宣传“克隆出租车”、“黑车”的危害性及识别方法。现场群众和本市出租汽车公司代表通过视频观看了122辆“克隆出租车”在沪太路华东拆车厂被销毁的情景。至今年11月底，全市已查获克隆出租车307辆，比去年增加103辆，销毁处置逾期不接受处罚、积压半年以上的“克隆出租车”148辆。为从源头上阻截“克隆出租车”的产生，下月开始正式实施的《上海市查处车辆非法客运规定》明确：出租汽车经营者在车辆退出营业后，必须清除客运出租汽车专用车身颜色、专用营运设施和标识。

【市交通执法总队与公安刑侦总队建立线索共享机制】 为进一步遏制和打击“克隆出租车”非法客运和其他违法行为，加强各执法部门之间信息互通与协作，市交通执法总队与公安刑侦总队二支队（侵财盗窃支队）建立查处“克隆出租车”及非法客运等案件线索共享机制，并商定在日常执法过程中，刑侦总队二支队及时向市交通执法总队提供出租车牌照被盗信息和嫌疑克隆车辆线索，市交通执法总队每半月向刑侦总队二支队提供非法客运驾驶员身份和通讯信息。通过线索共享机制，加强交流与合作，切实提高案件查处效率。

（司月洁）

（五）市内交通

【概况】2010年，本市市域公共交通完成客运总量约59.26亿人次，比上年增长13.5%。其中“春运”期间全市城市交通客运量7432.6万人次，国庆、中秋长假期间全市城市交通客运量1.11亿人次。地面公交年完成客运量28.1亿人次，占全市公共交通客运总量的47.4%；轨道交通年完成客运量18.8亿人次，占全市公共交通客运总量的31.8%；出租汽车年完成客运量11.45亿人次，占全市公共交通客运总量的19.3%。全市有地面公交运营企业35家，运营线路1165条，运营路线总长度23130.5公里，运营车辆17455辆。新辟公交线路127条，撤销91条，延伸和调整207条。新建公交专用道48.33公里，公交专用道累计达161.8公里。新建成综合客运交通枢纽19个，累计达73个。更新投运公交车2400多辆，汽车燃油国Ⅲ排放标准和环保车辆占全市公交车总数的65%以上。改造（新建）公交候车亭700座、新式立杆站牌990根。至2010年底，全市有“公交品牌线路”76条、“信得过公交线路”339条，车容车貌合格率90%，规范停站执行率97%，规范服务执行率97%。公交基础设施逐步完善，闸殷路公交保养场和松江新城客运中心公交保养场顺利竣工。全年轨道交通实现网络规模10次扩容，新增轨道交通运营线路长度97.5公里、运营车站51个。至2010年底，全市共有轨道交通线12条（含磁浮线），运营线路总长度452.6公里（不含磁浮线为423.5公里），轨道交通车站275座，其中轨道交通换乘枢纽站36个（二线换乘28个、三线换乘7个、四线换乘1个）；运营车辆445列2842节，全年运营总里程4777.6万列公里。全市有出租汽车企业147家，营运车辆50007辆（其中顶灯出租车48872辆）。

（司月洁）

【公交预售车票停用】 1月1日起，上海市公共交通客运票务结算中心停止发售公交预售车票，逾期未使用完的2009年度公交预售车票可办理退票或转充交通卡。4月30日，公交预售车票退市置换结束，共办理退票和余款转充交通卡55.65万余元。公交预售票于1994年10月20日与公交无人售票同步推出，是取消公交月票后的一项重要便民措施，因方便乘客乘车和找零，一度销售量非常大。1999年12月27日，上海交通卡试运行，公交预售票因不能在轨道交通使用，且只有1元和1.5元的面额，销售和使用渐趋萎缩。

【修订实施《上海市公共汽车和电车客运管理条例》】 7月30日，市人大常务委员会通过关于修改《上海市公共汽车和电车客运管理条例》的决定，并于11月1日起施行。新《条例》明确提出：本市实施公共交通优先发展战略，市和区县政府应当按照城乡一体化要求，对公共汽车和电车客运在资金投入、规划用地、设施建设、场站维护、道路通行等方面给予扶持，并形成合理的价格机制，为市民提供快捷、安全、方便、舒适的客运服务。新《条例》规定：保障配套公交站点实施与新建住宅小区同步设计、同步建设、同步竣工、同步交付；实行公共交通换乘优惠，老年人等按规定免费乘车；优化调整全市公共汽车电车线路，实现与轨道交通等其他交通方式有效衔接；线路站点间距不超过1000米；站牌由经营者按标准统一设置，并保持清晰、完好；营运班次间隔在30分钟以上的，应当表明车辆途经所在站点的时间；起讫点在火车站、客运码头、长途汽车站、机场等交通枢纽的公交线路，不得采用无人售票的营运方式。新《条例》还明确规定：公共汽车电车线路经营者，不得出租、出借或者转让线路经营权；不得擅自改变线路、站点运营；不得拒载乘客、中途逐客、滞留车站候客；严格按照物价部门核定的票价标准收费，向乘客提供合法有效车票凭证。新《条例》要求乘客不得携带易燃、易爆、有毒、放射性、腐蚀性、有刺激性气味以及其他危及行车安全的物品乘车；对未按规定支付车费的乘客，可以按5倍标准加收车费。

【修订实施《上海市轨道交通乘客守则》和《上海市公共汽车和电车乘坐规则》】 2010年，市交通港口局修订《上海市轨道交通乘客守则》，调整《守则》适用范围、制定主体，并增加"乘客应当接受和配合安全检查"等内容。修订后的《守则》共14条，自10月15日起施行。市交通港口局还修订《上海市公共汽车和电车乘坐规则》，对儿童免票、车辆故障后的退票等内容作修改，并明确开启空调设施的条件等。修订后的《规则？共22条，自2010年12月1日起施行。《上海市轨道交通乘客守则》由原市交通局根据《上海市轨道交通管理条例》第二十二条规定要求于2002年制定，主要用来规范乘客乘坐使用轨道交通设施的行为，2007年12月第一次修正。《上海市公共汽车和电车乘坐规则》由原市交通局于2000年制定，2005年第一次修正。

【轨道交通"一日票"试发行】 4月24日，上海申通地铁集团有限公司开始发行轨道交通"一日票"。该票种作为上海世博会期间试发行票种，单价定为每张18元，自首次在进站检票机上使用开始计算，24小时内可任意次数乘坐上海轨道交通的所有线路。世博会期间，"一日票"日均发售量超过2000张；世博会后，该票种继续发行，日均发售量约1000张。

（廖露蕊）

【本市多条（段）轨道交通通车运营】 2月24日，轨道交通2号线东延伸段龙阳路站至广兰路站段通车运营，其中张江高科站启用新建的地下车站，原张江高科站停止使用。3月16日，轨道交通2号线西西延伸段徐泾东站至淞虹路段通车运营（其中虹桥火车站暂不开通）。3月29日，轨道交通11号线北段一期工程支线嘉定新城站至安亭站段通车运营（其中昌吉东路站暂不开通），并全线同步延长运营时间。4月7日，轨道交通1、9号线徐家汇站实现站内换乘；轨道交通9号线东端终点站杨高中路站同步开启运营。4月8日，轨道交通2号线东延伸二期广兰路站至浦东国际机场站段通车运营。轨道交通2号线成为本市轨道交通网络中最长和唯一连接浦东、虹桥两大机场的线路。4月10日，轨道交通10号线新江湾城站至航中路站段通车运营（其主线段龙漕路站至虹桥火车站站暂不开通）。4月20日，轨道交通7号线后滩站开通运营。4月20日，上海世博园区预展启动，作为世博园区配套的轨道交通13号线世博段马当路站至世博大道站同日投入试运营。世博期间，该段线路独立运行不纳入本市轨道交通运营网络系统，并于世博会结束后11月1日停止运营。7月1日，随着虹桥火车站启用和沪宁高铁开通，轨道交通2号线虹桥火车站站通车运营。轨道交通10号线是国内首条采用无人驾驶系统新技术的线路。11月30日，轨道交通10号线主线段龙漕路站至虹桥火车站站开通运营。12月28日宜山路站轨道交通3、4号线换乘通道开通，轨道交通3、4、9号线宜山路站实现站内换乘。同日，轨道交通7号线北延伸段上海大学站至美兰湖站开通运营。

【本市轨道交通首创运营信息电视直播】 3月1日起，市民乘客可以在上海电视台新闻综合频道工作日的《上海早晨》栏目看到由上海广播电视台和上海轨道交通联手推出的上海地铁运营信息电视直播节目，这是继气象播报、城市道路交通信息播报之后，上海市民又一个获取公共服务信息的新途径，也是国内地铁行业首次采用全新运营信息发布形式。地铁主播由熟悉地铁运营管理业务的资深调度值班长担任，播报全路网和各线路的即时运营情况、运营突发事件和应急处置情况等各类运营服务信息。

【成功开展世博新能源公交车示范运营】2010年，为展示我国新能源汽车产业发展水平，倡导绿色交通方式，打造科技世博、低碳世博，市交通港口局在上海世博会期间结合国家“十城千辆”节能与新能源汽车示范工程推进，与科技部共同推进世博千辆新能源公交车示范运营，共在世博园区内外投放1538辆新能源车进行示范运营，涉及11种新能源车型，是全球首次大规模、多车型新能源车的集中运营。示范运营的新能源车辆包括纯电动公交车120辆、超级电容公交车61辆、氢燃料电池公交车6辆、油电混合动力公交车150辆，以及油电混合动力出租车350辆。世博会期间，这些新能源车辆经受住高强度客流和高温、高湿、雷暴等极端天气考验，共运送乘客1.256亿人次，车辆安全平稳行驶2921.6万公里，节约燃油2143吨，共减少二氧化碳排放6752吨，减少有害物质排放217吨，取得积极示范效应和环保效应。

【出租汽车行业全面开展诚信考核】至9月，对110家企业的第一轮诚信考核工作已经完成。针对考核中反映出的薄弱环节，一是运用诚信考核监管手段，加强对企业实施分类管理。对获得AAA级的企业在业务申办过程中提供绿色通道服务；并推荐参加全国和上海市质量管理奖、用户满意单位及“上海名牌”等评选。二是加强诚信监管，完善奖惩措施。利用诚信考核及相关奖惩措施，完善竞争、激励、约束、预警机制。对涉及制度管理和维护稳定工作存在重大管理缺失的企业，行业管理部门将增加执法稽查次数，实施重点监管，并责令限期整改。三是不断加强驾驶员职业化队伍建设，完善驾驶员的社会保障，加强企业基础管理。行业将力争以

背景资料

国家“十城千辆”节能与新能源汽车示范工程

2009年1月，国家科技部、财政部、发展改革委、工业和信息化部等四部委共同启动“十城千辆”节能与新能源车辆示范推广应用工程（下称“十城千辆”工程），在北京、上海、重庆、长春、大连、杭州、济南、武汉、深圳、合肥、长沙、昆明、南昌首批13个城市开展节能与新能源汽车推广应用试点工作，并制定出台《节能与新能源汽车示范推广财政补助资金管理暂行办法》，通过提供财政补贴，计划用3年左右的时间，每年发展10个城市，每个城市推出1000辆新能源汽车开展示范运行，涉及这些大中城市的公交、出租、公务、市政、邮政等领域，力争使全国新能源汽车的运营规模到2012年占到汽车市场份额的10%。此后，有关“十城千辆”工程、节能与新能源汽车发展的有关政策、规划不断出台，彰显出国家对新能源汽车产业的高度重视。2010年6月，国务院常务会议决定将试点城市由13个扩大到20个，目前试点城市已增加至25个。

诚信建设为抓手，规范经营行为，改善经营环境，保障驾驶员的合法权益，坚持创新促业、以法治业、服务创业、素质兴业、科技强业，促进本市出租汽车行业稳定健康持续发展。

【探索出租汽车站点候客运营新模式】12月，市交通港口局印发《关于推进本市出租汽车候客站建设的意见》，提出关于推进出租汽车候客站建设的基本原则、工作目标和基本要求，指导推进全市出租汽车候客站建设工作。积极协调虹桥机场、上海站北广场、长途客运南站等出租汽车站点管理工作，保证新建站点的有序运营。

【公交建成第一座乡村停车场】 3月上旬，浦东新区合庆乡建立浦东公交989路朝阳终点站，终点站有可至少同时泊车50辆大巴的停车场和相关站点用房，无偿提供给公交使用。这是上海公交第一座乡村停车场。

（司月洁）

（六）公路运输

【概况】2010年，本市完成公路货运量4.09亿吨，比上年增长8.3%；货运周转量265.93亿吨公里，比上年增长15.8%。完成公路旅客发送量3634万人次，比上年增长21.3%。至年底，全市有经营道路货物运输企业3.9万家，运输车辆16.52万辆，车辆总吨位132.85万吨。从事长途客运班车、包车和客运站经营的企业共170家，营运客车10445辆，其中班线客车2364辆，包车8081辆，中高档车占93%。全市长途客运站35个。由上海客运企业经营的线路1577条、外省市客运企业经营的线路1833条，线路辐射24个省、自治区、直辖市（除新疆、西藏、青海、黑龙江、吉林、天津）的181个地（市）、588个县（市）。年内，根据省际客运“十一五”规划布局，于4月底关闭交运巴士客运（集团）有限公司所属公兴路站（一级客运站）。7月1日，虹桥综合交通枢纽西交通中心正式开通后，同步开设虹桥综合交通枢纽长途客运站。加强行业基础建设，推进市境内客运站按照上海世博会安保要求，全部安装危险品检测仪；全市省际客运班线车辆全部安装全球定位系统（GPS）和视频安全监控系统，旅游包车车辆全部安装GPS监控系统。推进公路客运信息平台联网售票系统建设，全市具备线路接入条件的23家客运站全部进入平台售票，其中客运总站、客运南站、沪太路站、恒丰路站、白莲泾站、奉贤浦江站实现互联互售。根据长三角地区交通运输一体化的总体要求，试点开通上海嘉定—江苏太仓的省际毗邻地区公交化客运班线，促进长三角毗邻地区班线公交化发展。

（司月洁）

【上海嘉定—江苏太仓的公交化客运班线开通】 1月1日，上海嘉定—江苏太仓的省际毗邻地区公交化客运班线开通。1至4月为试运营阶段，每天双向发送38班；5月以后为正常运营阶段，双向发送班次增加到110班。全年该条班线日均发送旅客1917人次。省际毗邻地区客运班线公交化的运营，坚持省际客运的服务标准、车辆类型等级和上海世博会后对乘车旅客继续执行安检制度等管理原则，采用城市公交的调度和站点使用模式，注重与轨道交通站点衔接，方便旅客出行。

【浦东白莲泾长途客运站投入运营】 2月1日，浦东白莲泾长途客运站经过近一年的改建，投入试运营。该客运站毗邻世博园区，位于西藏南路隧道和轨道交通6号、7号、8号、11号线及世博专用线等交通枢纽的交汇处，与上海南站、上海西站、上海总站并列为上海市四大长途客运主站。交运巴士客运集团与浦东新区共同投资1.2亿元，对原浦东白莲泾长途客运站进行改建。改建后的新站达到国家一级客运站标准，设12个售票窗口、14个发车位、约3000平方米候车大厅，日均可发送客运班次300班，日发旅客1万人次以上。站内增设浦东世博旅游集散中心，3月底正式对外营业，为世博游客和市民前往上海周边地区旅游提供服务。

（廖露蕊）

【开展道路货物甩挂运输试点】 7月30日，市交通港口局、市建设交通委、市公安局联合颁发《关于促进本市甩挂运输发展有关事项的通知》。《通知》明确，从降低企业营运成本出发，减少挂车检验次数，运管部门取消对挂车一年两次的综合性能检测、二级维护和车辆技术等级评定等强制管理措施。调整贷款道路通行费征收方式，征费部门对超出牵引车数量的挂车，核发免征凭证。同时明确，在甩挂运输时，道路交通管理等部门不得以牵引车、挂车牌号不一致为由进行处罚。《通知》自9月1日起实施。11月，根据交通运输部的要求，上海开展道路货物甩挂运输试点。据试点企业测算，甩挂运输平均每车公里降低成本0.0854元，以全市约13.3亿车公里计，可节约1.14亿元。

【升级版公路客运信息平台成功应对中秋、国庆黄金周售票高峰】 本市公路客运信息平台升级改造基本完成第一阶段目标，实现全市23家客运站接入平台统一售票，其中客运总站、上海南站、白莲泾客运站、恒丰路客运站、沪太路客运站、浦江客运站实行联网售票。平台从9月18日起进入中秋国庆售票高峰，至10月7日共出票159.6万余张，创历年来“十一”期间平均出票、当天出票、当天发送3项新高。

【本市货车试用乳化柴油项目正式启动】 11月30日，上海交运沪北物流发展有限公司、纽孚尔能源技术有限公司和上海同济大学汽车学院联合举行“环保型乳化柴油示范应用项目”签约仪式。根据协议，将在上海交运沪北物流发展有限公司铁山路停车场内新建一座乳化柴油搅拌站，并计划在明年年初陆续安排货运车辆加注、试用乳化柴油；同济大学汽车学院对车辆使用情况进行跟踪检测。此前，巴士公交公司100余辆国二排放

背景资料

道路货物甩挂运输

道路货物甩挂运输是指货物运输车辆以列车组合即牵引车和挂车分别上牌的形态，用牵引车拖带挂车至目的地，将挂车甩下后，换上新的挂车运往另一目的地的运输方式。与拖挂车固定编组相比，具有高效、经济、节能、环保等优点。据有关资料，全国现有运力实行甩挂运输后，运输能力可提高30%，油耗下降20%左右。在北美、西欧等公路网络发达地区，牵引车与挂车的比例在1：2.5以上，甩挂运输方式占总货运量的70%以上。中国牵引车与挂车的比例在1：1.3以下，上海为1：0.92。

公交车试用乳化柴油已有三年多时间，取得了较好的节能减排效果。市交通港口局、市交运集团相关负责人出席了签约仪式。

【陆上交易中心实现多功能信息平台】 2010年，陆上交易中心将真实有效的车源、货源、车位、仓储、交易等信息登录公共信息平台，向全社会发布，通过该平台整合社会资源，提高社会物流资源的使用效率，降低物流成本，同时为用户提供包括物流商机、交易、运价、企业诚信及物流资讯在内的专业物流搜索服务。

【开展冷藏配送服务】 2010年，上海城市现代商业配送网项目开始试点运作。年初，经交通运输部批准上海巴士物流与日本著名企业合资设立的雅玛多（中国）运输有限公司开业，首期投入100辆具有冷藏功能、符合规范的专业配送车正式上路运营，以提高城市专业化冷链运输水平。

【试点中心城区零星危险品配送】 3月，试点企业北芳储运集团公司推出首批20辆符合《城市配送物流车营运技术规范》车辆，以提高城市零星危险化学品专业化配送水平，为使用者提供经济、安全的零星危险品运输方式。

（司月洁）

（七）交通服务

【概况】 2010年，本市公共停车场停放1.2亿次，比上年增长14.4%；机动车维修762.3万辆次，比上年增长1.1%，维修收入85.11亿元，比上年增长9.5%；培训驾驶员52.9万人次，比上年增长27.9%。至2010年底，公共停车场（库）经营业户1887家，场（库）数1992个，总停车面积为12497408平方米，停车泊位329225个。中心城区公共停车场（库）推行属地化管理。在除崇明县外的17个区的614条路段设置道路停车场并推行规范管理。本市共建成并投入运营6个公共换乘（P+R）停车场（库），分别衔接轨道交通1、2、7、8、9号线，共计可提供2250个P+R泊位。编制完成《上海停车系统“十二五”发展规划》、《停车场（库）标志设置规范》。机动车维修业户5923家，各种汽车品牌特约维修站共有470家。有新焦点、强生快车手、华麟、长江快修等国内知名平拍526家汽车快修连锁站。维修品种按汽车品牌类别共计185种，为车主提供专业化优质服务，确保维修质量。机动车驾驶员培训机构175户，经营性教练场20户，在册机动车驾驶培训教练员16438人，在册教练车14197辆。汽车租赁企业39户，核发租赁车辆额度10609辆。行业上牌率达90%以上，租车率达85%以上。

【发布《上海市公共换乘（P+R）停车场（库）运营管理规定》】 为加强本市公共换乘停车场（库）的运营管理，维护运营秩序，保障公共换乘停车场（库）经营者和停车人的合法权益，根据《上海市停车场（库）管理办法》及相关法律、法规，市交通港口局、市建设交通委、市物价局、市财政局联合印发《上海市公共换乘停车场（库）运营管理规定》。《规定》共15条，自4月1日期施行。《规定》明确本市公共换乘停车场（库）的确定原则、认定条件及认定程序，提出经营登记备案及运营监督管理的具体要求，同时对运营设施设备配置、服务规范、价格管理、换乘补贴等也作了明确的规定。

【本市公共停车换乘（P+R）停车场（库）稳步发展】 12月1日起，汶水路、大场镇、航天博物馆、松江大学城站四处P+R公共换乘停车场正式投入运营，本市P+R停车场增至六家。本市在汶水路、大场镇、航天博物馆、松江大学城地铁站新推四个P+R停车场（库），市民持公共交通卡在上述P+R停车场（库）停车并换乘轨道交通将享受停车优惠。新投运的4处P+R停车设施已在世博期间试运营，世博结束后，经过进一步完善设施设备和加强服务规范培训，正式对外运营。至此，加上原有的淞虹路、锦江乐园站P+R停车设施，本市初步形成包括6个P+R停车场（库），衔接1、2、7、8、9等5条轨道交通线，覆盖车位2250个，分布在中心城区北、西、南三个方向的停车换乘系统，为市民出行提供新的交通方式选择。

【顺利实施公共停车场（库）属地化管理】 9月，市交通港口局下发通知，全面部署推进公共停车场（库）属地化管理工作，明确推广时间和相关程序，鼓励具备条件的区组织实施。到年底，已基本完成全市范围内公共停车场（库）交由经营地管理的移交工作，并在中心城区的卢湾、静安、黄浦、杨浦等4个区明确实施停车场（库）属地化管理及停车行业执法联动机制。

【构建长三角区域统一的机动车维修救援服务信息平台】 12月28日起，市交通港口局依托12319城建热线建设开发的上海市机动车维修救援咨询网络模拟试运行，可向本市及进入本市的车辆和车主提供查询、咨询和救援服务，推进长三角车辆维修救援一体化。该网络将于2011年3月1日正式投入使用。此前，根据本市机动车维修咨询救援网络建设方案，各区县在辖区内对维修企业进行摸底调查，鼓励引导AA级以上维修企业加入服务网络。共收集全行业近300家AA级以上企业相关信息，涵盖维修主力车型、技术人员情况、救援车辆24小时服务等重要数据，为整个维修救援服务网络基础平台建立打下坚实基础。

【危险货物运输车辆维修行业开展应急维修抢险演练】 为进一步提高对危险货物运输车辆突发事件应急抢修能力，4月，市运输管理处组织开展危险货物运输车辆故障应急维修抢险演练，模拟危险货物运输车辆在运输途中发生故障，维修过程中突遇恐怖分子纵火的突发情况。演练中，危险货物运输车辆从业人员按照应急抢险维修和防恐事件操作规程果断采取各项紧急措施，在合理自救的同时，及时报警，并与迅速赶到的公安、消防和急救等部门人员共同遏制恐怖分子，压制火情。整个演练过程用时30分钟，场景真实、程序流畅、处置科学。市运输管理处要求全市危险货物运输车辆维修企业以此次实战演练为示范，认真落实世博安保各项应急预案措施，着力提高专业维修技能，提高处置突发事件的能力，全力确保世博期间危险货物运输车辆维修行业的安全和稳定。市运输管理处、闵行区公安交警、消防支队及全市12家危险品运输车辆维修企业相关人员观摩演练。

【上海代表队在2010全国“卡尔拉得杯”机动车检测维修职业技能竞赛上喜获佳绩】 10月15日，由交通运输部举办的全国交通运输行业“卡尔拉得杯”机动车检测维修职业技能竞赛决赛在北京圆满落幕。上海代表队取得团体总分第三名的好成绩，并获优秀组织奖，强生集团修理二厂的花茂飞摘得在职选手组空调维修第一名，交通学校的梁清获得学生组钣金工比赛三等奖。全国24个省市300余名选手参加了决赛。该竞赛6月启动，重点以推广机动车空调检测维修工艺规范和设备标准，推动交通运输节能减排工作为目的。上海赛区预赛由市交通港口局主办，8月27日分别在市公用事业学校、市杨浦区职业技术学院、上海交通职业技术学校设立赛场，进行企业从业人员、职业院校学生两个组别，空调维修、钣金、机电维修三个项目比赛，按理论知识考核和实际操作技能考核两个方式进行，最终选拔出两个组三个项目12名优胜者组队代表上海市参加全国总决赛。

【开展驾驶员分段计时培训试点工作】 至8月，市运输管理处和市公安车管所进一步完善荣安分段计时教学管理系统，升级系统软件，完善系统软件和硬件设备的技术标准，编制《机动车驾驶员（计时教学）培训机构资格条件（草案）》。联合公安车管部门合力研发注册——培训——测定——约考——考试一体化的电子信息管理系统，实现两个管理部门信息共享，打造一个网上一站式办公平台。会同公安车管部门研讨制定驾驶员培训考试"二考并一考"的方案，考试形式由原先的桩考和小路考分两次进行合并为一次考试，实现"三个一"，即一次预约、一次考试、一辆考试车。

【启动自助式租车服务】 2010年，一嗨汽车租赁公司率先提出"自主无等待、全自助式租车服务"——"一嗨快车"租车服务理念。消费者只需通过网络预订，便可就近取车、还车，既节省时间，又大大方便了用户，提高了租车利用率。

【韩正市长为上海市公用事业学校建校50周年发来贺信】 韩正市长在贺信中写到：值此上海市公用事业学校建校五十周年之际，我谨代表上海市政府表示热烈的祝贺！50年来，上海市公用事业学校坚持正确的办学方向，牢牢把握行业需求，不断深化校企合作，为城市交通和公用事业发展培养了一大批优秀人才，已经成长为一所有行业特点、专业特色的国家级重点中等职业学校。当前，上海经过20年的大建设、大发展，城市基础设施的规模的能级显著提升，加强城市管理、维护城市有序运行的任务越来越重，要求越来越高，迫切需要一大批技能型人才，充实到城市运行和管理一线。希望上海市公用事业学校站在新起点，坚持以服务城市为宗旨，以加强就业为导向，以提升能力为根本，务实开拓，创新发展，努力培养更多技能型人才和高素质劳动者，为上海公用事业和经济社会发展作出新的更大的贡献。

【与上海巴士公交（集团）有限公司校企合作框架协议签约】 10月19日，市公用事业学校与上海巴士公交（集团）有限公司校企合作框架协议签约暨共建实训基地揭牌仪式在巴士集团城市客车技术培训中心举行。合作签约标志着校企双方在落实公交优先战略发展战略、创新公交运营一线技能人才的培养方式上迈出重要一步。

【交通信息技术应用开放实训中心建成并通过市教委评估验收】 12月16日，市教育评估院专家组对市公用学校上海市"城市交通信息技术应用"开放实训中心进行实地建设评估。该实训中心是上海市职业教育开放实训中心第三批立项建设项目，从2008年6月开始动工，两年多来，市公用学校在建设中坚持"依托服务社会，增强教改能力，加快教学基础条件建设，提高教学质量"四大理念和"实用、有效、先进、通用、扩张"五大原则，共建成公交调度中心、交通信息软件应用、通讯设施、视频安防监控设备、信息采集与发布系统、智能化车载设备公交实训车、计算机组网技术等13个实训室，在建设使用实训中心的同时对师资队伍、课程教材和管理制度进一步完善，取得实训项目开发、培训行业员工、开拓校企合作等多方面成果。

（司月洁）

九、港口航运

（一）综述

2010年，上海港货物吞吐量完成6.5亿吨，比上年增长10.4%；集装箱吞吐量完成2,906.9万标准箱，比上年增长16.3%，首次跃居年度排名世界港口第一，其中洋山深水港完成1,010.8万标准箱；全港外贸吞吐量完成3.02亿吨，比上年增长17.1%。全市水路货物运输3.9亿吨，比上年增长2.4%。

基础设施建设取得新进展。推进外高桥港区、国际邮轮母港等建设，优化完善港口布局。外高桥港区六期工程主体工程基本建成并已投入试运行。临港新城东港区一期工程项目完成施工、监理招投标，水上工程已全面展开。继续推进赵家沟、杭申线等高等级内河航道及配套内河港区建设，进一步完善内河航道网络。赵家沟、大芦线一期工程已分别完成投资27.2亿元、34.3亿元，占总投资的93.2%和83.6%；杭申线工程、黄浦江（泖港段）工程航道部分完工。争取中央部委加大资金支持力度，交通运输部对杭申线上海段资金补贴标准由30%提高到50%。

航运市场环境优化完善。积极推进完善航运服务功能，会同相关单位成功开展航运经纪准入试点。2010年7月20日，首批135人获得国际航运经纪人考试合格证；7月29日，首批9家国际航运经纪公司获得营业执照，四季度，上述公司先后正式开始营运。加强船舶交易管理。《船舶交易管理规定》于2010年3月16日发布，4月1日起施行，配合开展宣贯并研究本市贯彻落实《船舶交易管理规定》具体措施及其操作细则。积极推动无船承运人保证金制度改革。在交通运输部水运局的大力支持下，2010年11月1日起，允许无船承运人以购买保证金责任保险方式代替缴纳80万元保证金，同时积极联络保监会和相关保险公司落实政策，使在沪无船承运企业充分享受成果，有效减轻中小无船承运企业负担。积极参与启运港退税政策试点工作。根据财政部门要求，配合中央部委调研，反复调整港航运作方案，为启运港退税政策试点做好准备。

行业管理扎实推进。规范和发展港航及其相关服务业市场。组织开展港口经营许可证换证，规范港口市场经营行为。推进水运运力调控和结构调整，全面启动长江干线船型标准化工作。开展水路运输和水路运输服务业年度核查。做好国际集装箱班轮运价报备工作，研究推进无船承运业务经营者运价报备。开展船舶管理市场清理整顿。积极推进崇明三岛轮渡纳入市内公共交通体系。规范和促进水上旅游业健康发展。制定黄浦江水上旅游业营运设施标准和服务规范，积极会同相关部门开展苏州河水上旅游发展研究。落实多点挂靠政策，研究推进邮轮市场规范化。引导吴淞口国际邮轮码头和北外滩上海港国际国客中心两大邮轮码头优势互补、和谐发展。加强上海港烟花爆竹作业安全管理。确保洋山港区生产运营平稳有序。做好船舶防污染工作，保障市民饮用水安全。加强内河航运安全监管。依托“水运管理规范年”等专项活动，加强平安工地创建、加强市场源头管理、加快诚信体系建设、提升水运工程建设队伍素质等重点工作，提升上海港建设行业监管水平。

（二）港口管理

【概况】2010年，上海港口管理紧紧围绕世博保障和国际航运中心建设两大主题，进一步规范市场秩序，营造公平正义、安全有序的市场环境；优化港口环境，增强港口服务能力；构建和谐港口，促进港口事业持续健康发展。全年港口运行平稳有序，上海港完成货物吞吐量6.5亿吨，比上年增长10.4%，约占全国规模以上港口吞吐量的11%，继续保持全球第一，其中海港完成5.6亿吨，比上年增长13.9%。全港外贸货物吞吐量3.0亿吨，比上年增长17.1%，其中外贸出口1.4亿吨，比上年增长17.3%；外贸进口1.6亿吨，比上年增长16.9%。完成集装箱吞吐量2906.9万标准箱，比上年增长16.3%，首次跃居年度排名世界港口第一，其中洋山深水港区完成集装箱吞吐量1010.8万标准箱，比上年增长28.8%。上海港国际中转集装箱量完成147.5万标准箱，占全港集装箱总吞吐量的5.1%。上海港旅客吞吐量168.1万人次，比上年下降4.5%，其中旅客发送量89.6万人次，比上年下降0.2%。全年出入上海港的国际豪华邮轮210艘次，随船出入境旅客28.5万人次，比上年分别增长16%和54%。上海港平均每月开出的国际国内航班密度大2630班，比去年增加455班，其中国际航班1212班，通达世界12大航区，与近200多个国家和地区的500多个港口建立业务往来。至2010年底，上海港已吸引国内外60余家船公司加盟国际班轮航班营运。全年上海港引领船舶6.7万艘次，其中集装箱船舶2.9万艘次，长度超过250米的超大型船舶1.3万艘次，船舶平均在港停泊时间为0.41天。至2010年底，上海港（沿海）共有码头单位255家，其中上港集团所属码头企业25家；持有港口经营许可证的港口经营单位503家，其中装卸经营单位239家、船舶服务单位（含兼营）240家、码头出租经营单位24家；各类码头泊位1160个，其中海港集装箱专用泊位41个，另有浮筒泊位62个。上海内河码头单位1200余家，1800余个泊位，其中规模以上码头泊位1192个。全港危险货物作业单位124家，其中海港66家，内河58家。

【上海吴淞口国际邮轮码头临时运营】 4月27日，上海吴淞口国际邮轮码头首次成功接泊国际邮轮。首靠邮轮美国“钻石公主”号为11.6万吨级的大型国际邮轮。上海吴淞口国际邮轮码头位于上海市宝山区长江口南岸，水域规划岸线总长1500米，一期新建2个大型邮轮泊位，岸线长度774米，同时可靠泊1个10万吨级邮轮和1个20万吨级邮轮，码头综合通过能力为60.8万人次/年。吴淞口国际邮轮码头建成后，将与北外滩国客中心实现功能互补、错位发展，共同打造上海国际邮轮母港，形成以上海为母港的邮轮观光旅游圈。

【外高桥港区六期工程开港投入试运行】 12月6日，上海港外高桥港区六期码头顺利开港投入试运行。外高桥六期港区具备汽车滚装、集装箱运输、港口物流三大主体功能，也是上海首个同时具备汽车滚装和集装箱运输两大主体功能的综合性港区。该工程地处长江口南港南岸的浦东新区五号沟地区，码头使用岸线总长1538米，陆域面积181.9万平方米，包括1个10万吨级和2个7万吨级集装箱泊位，2个5万吨级汽车滚装泊位以及2个长江驳泊位，设计年通过能力为210万标准箱、73万辆汽车。工程设计和建设采用新技术，充分体现绿色低碳环保理念，建成世界上第一座具备全面岸基供电的集装箱码头，为建设“资源节约型、环境友好型”港口作出有益探索。外高桥六期工程是上海国际航运中心建设的重要组成部分，工程的建成和投产，为“十一五”期间上海港码头建设画上圆满句号。

【上海港启用首台移动式岸基船用变频变压供电系统】 7月5日，港航携手共建绿色水运宣言发布暨移动式岸基船用变频变压供电系统启用仪式在上海港举行。当日，国内首台移动式岸基船用变频变压供电系统在上海外高桥码头投入使用，以岸基供电取代燃油供电，将大大减少船舶燃油废气排放。由上港集团和中国海运集团联合研究开发的移动式岸基船用变频变压供电系统解决了中国港口实现岸基供电的难题，利用码头桥吊富余的电箱供电，成本低、见效快，在国内首次实现将供电系统装入标准箱，方便移动，适合港口操作，将有效减少船舶污染排放，提高能源利用效率。该系统启用后，中国海运集团下属的中海集运船舶靠泊上海港期间，凡具备岸基供电条件的，将全面使用岸基供电。中国海运集团和上港集团将进一步对船舶和码头相关设施设备进行技术改造，为在上海港各公共码头推广使用岸基供电创造有利条件。

【举行“浦江5号”反恐怖综合演习暨上海港口设施保安演习】 为贯彻落实交通运输部有关世博安保要求，切实加强世博期间上海港航安全保卫工作，2月8日，市交通港口局与市反恐办、市建设交通委在上海港国际客运中心联合主办上海市“浦江5号”反恐怖综合演习暨上海港口设施保安演习。市委书记俞正声、市长韩正、市政法委书记吴志明、市公安局长张学兵等在上海市公安局指挥中心通过视频观摩演习。此次演习共分3个科目：一是模拟处置生物恐怖袭击事件；

二是模拟处置化学恐怖袭击事件；三是模拟处置黄浦江水域劫持邮轮袭击。市交通港口局根据《中华人民共和国港口设施保安规则》，下达提升港口设施保安等级指令，对上海港国际客运中心码头《港口设施保安计划》中所确定的各项措施进行检测。演习中，各种反恐怖处置力量按预案程序有序实施，处置程序和处置手段运用恰当，展现了各种反恐怖处置力量应对突发恐怖袭击事件的能力和水平．演习达到预期目标。演习结束后，俞正声代表市委、市政府通过视频向各参演单位和全体同志表示亲切慰问。他说，此次演习既锤炼了队伍、检验了预案、积累了经验，又充分展示了上海处置各种恐怖袭击活动的先期准备，对于提高世博期间反恐专业处置能力和水平，实现“平安世博”具有十分重要的意义。

【加强上海港烟花爆竹作业安全监管】 为保障世博会期间上海港烟花爆竹运输通道安全，市交通港口局会同上海海事局、市消防局、上海出入境检验检疫局联合出台《关于迎世博加强上海口岸烟花爆竹出口监管的通知》，实行烟花爆竹出运“产地检验、集中装箱、就地封柜”管理模式。为抓紧源头管理，市交通港口局前期开展湖南、江西、浙江、江苏等地19家烟花爆竹公共仓库资质认定工作。世博期间，实施产地源头监管和码头现场作业安全监管相结合的管理模式，确保烟花爆竹在港作业安全可控，并为世博后建立健全烟花爆竹港口作业安全监管长效机制创造条件。

【上海港“水运管理规范年”活动圆满落幕】 12月16日，2008至2010年上海港航水运管理规范年活动总结大会召开。水运管理规范年活动开展三年来，始终以“立足服务、规范管理”理念为指导，以“管理、规范、服务”为主线，着力推进水运行业健康发展，努力加强自身队伍建设，不断提升公共服务能力和规范管理水平，取得预期成效。规范年活动虽然告一段落，但规范管理是行政管理的永恒主题，上海港航行业将从规范管理理念着手，加强服务，充分利用信息化手段，建立水运管理的长效机制。

【洋山港再创集装箱装卸世界纪录】 上海盛东国际集装箱码头有限公司在中远集装箱班轮“东河号”进行装卸时，828号桥吊仅用4.08小时完成了655自然箱的装卸作业，创造了150.5自然箱/小时的桥吊单机作业效率世界新纪录。这是洋山深水港开港5年来，盛东公司第4次刷新集装箱装卸世界纪录，体现了洋山深水港区的区位优势和服务能级。

【上海港政公务码头投入试运行】 世博会配套设施、交通港航系统首个公务码头——上海港政公务码头通过交工验收并投入试运行。该码头于2009年10月21日正式开工，使用岸线60米，将在世博期间用于水上环境保洁服务。

【水路内贸集装箱超载治理实施常态化管理】 2010年，根据交通运输部“水运管理规范年”要求，水路内贸集装超载治理专项活动在继续完善水路内贸集装箱称重和信息系统的同时，进一步完善日常管理制度，实行常态化管理，发现超载集装箱及时处理，确保不出港、不装船。

（三）航运管理

【概况】 2010年，上海籍船舶完成水路货运量4.54亿吨，比上年增长19.6%，完成货物周转量18626亿吨·公里，比上年增长31.9%；上海籍船舶完成水路客运量504万人次。至2010年底，全市共有国际航运企业及其辅助企业1285家，比上年增加9.7%，其中国际航运企业60家、国际船舶代理企业139家、国际船舶管理企业97家、无船承运人948家、外商独资船务公司及集运公司41家，在沪注册国际航行船舶（含国际航线船舶和特案免税登记船舶）356艘，总吨位868.9万吨；国内水路运输企业在册数已达255户，其中内河128户、沿海127户；水路服务业380户；船舶总数1508搜，总吨615.0万吨。年内，推进无船承运人保险制度，推进船舶交易信息平台建设，落实《船舶交易规定》。大力促进北外滩航运、洋山保税区航运要素集聚。进一步发展在沪外商独资船务公司总部经济，大力推进航运经纪业发展，做好国际集装箱班轮运价报备等。认真开展船舶管理市场清理整顿专项行动。规范国内航运市场管理，完成水路运输及水路运输服务业2010年度核查工作，加强市场培育优化集疏运体系，推进内河集装箱市场发展，推进内河危险品集装箱化运输。加大航运服务业力度，推进船舶供应、船舶代理、地方船舶检验、船舶交易等发展。至2010年底，全市共有水路运输客运企业23家，其中省际客运企业4家、黄浦江对江轮渡企业2家、三岛客运企业2家；营运船舶202艘、78791客位。至2010年底，上海市境内共有内河航道总里程2109.8公里，其中一级航道53.64公里，三级航道43.03公里，四级航道119.25公里，五级航道63.84公里，六、七级航道和等外航道1830.04公里。航道建设和整治力度不断加大，内河航运信息化水平不断提升。

【开展航运经纪准入试点】2009年，市交通港口局会同市工商局、市商务委和虹口区政府开展航运经纪准入试点，以培育高端航运服务业为方向，对拟从事国际航运经纪业的人员试行考试制度；甄选9家已经在境外从事航运（船舶）经纪业务、在境内拥有联络点，并在规模和效益等方面具有一定影响力和试点、示范效应的经纪组织进行试点。2010年7月20日，首批135人获得国际航运经纪人考试合格证。7月29日，首批9家国际航运经纪公司获得营业执照。9家公司为：克拉克森航运经纪（上海）有限公司、上海辛浦森航运经纪有限公司、百力马（上海）航运经纪有限公司、上海菁英航运经纪有限公司、百利航运经纪（上海）有限公司、毅联汇业航运经纪（上海）有限公司、上海海高航运经纪有限公司、祥华航运经纪（上海）有限公司和上海津洋航运经纪有限公司。

【落实《船舶交易管理规定》】2010年4月1日，交通运输部《船舶交易管理规定》正式实施。市交通港口局认真做好本市船舶交易市场的布局规划和备案工作，并制定印发本市贯彻落实《船舶交易管理规定》的通知，明确除《船舶交易规定》规定的船舶外，本市所有船舶均须进入船舶交易机构进行交易，并以此为契机，积极争取交通运输部支持，将全国船舶交易信息汇总至上海航运交易所信息平台，进一步建设完善全国性船舶交易信息平台。8月2日，上海航运交易所等7家船舶交易服务机构，符合《船舶交易管理规定》要求，成为全国第一批获批的船舶交易服务机构。2010年，上海航运交易所共完成船舶交易196艘次，船舶交易总价值31亿元，比上年分别增长44.1%和24.0%，连续五年创下历史新高，交易品种也由原先较为单一的散杂货船、集装箱船、油船等拓展到冷藏船、挖泥船、工作船、液化气船等特种船型，基本实现全覆盖。

【试行无船承运人保证金保险制度】9月28日，交通运输部发布《关于试行无船承运业务经营者保证金责任保险的通知》，明确规定自2010年11月1日起，无船承运人可选择投保无船承运业务经营者责任保险方式申请取得无船承运业务经营资格。无船承运人保证金保险制度的实施，缓解无船承运企业的经营资金运作压力，鼓励无船承运业务在上海积极发展，推动上海国际航运中心建设，这也是国家部委支持上海国际航运中心建设的具体举措。

【落实无船承运业务经营者运价报备制度】 9月15日，交通运输部发布公告（交通运输部2010年第40号），明确无船承运业务经营者运价报备自12月1日起正式实施，并确定上海航运交易所为全国无船承运业务经营者运价备案中心。此举有利于进一步促进上海港现代航运服务业良性发展，优化上海港航运市场软环境，保障上海国际航运中心建设顺利推进。公告发布后，市交通港口局认真落实无船承运业务经营者报备制度，有效规范无船承运市场。

【加快推进长江干线船型标准化工作】 1月17日，市交通港口局组织召开“上海市推进长江干线船型标准化工作会议”，贯彻落实交通运输部、财政部等《推进长江干线船型标准化实施方案》及《长江干线船型标准化补贴资金管理办法》，对本市推进工作进行全面部署安排，重点对推进工作目标、职责分工及操作流程进行明确，并将向航运企业开展政策解读和宣贯，取得广大船东和定点船厂的配合支持。另外，结合长江干线船型标准化，自2010年起，本市积极推进内河航运结构优化，措施包括：优化运输经营主体，支持实力强、质量信誉优的航运企业发展壮大，实行资源整合；以船型标准化带动运力结构改善，通过技术标准、经济补偿、宏观调控和市场化运作，鼓励淘汰老旧落后的低质量船舶；优化运输组织结构，加快专业化运输系统建设，推进干支直达运输，促进运输组织规模化，提高运输效率和水平。

背景资料

长江干线船型标准化工作

长江干线船型标准化工作，即自2009年10月1日至2013年12月31日，对符合规定条件进行拆解或改造的船舶试行资金补贴，以提高船舶安全技术性能，推进长江干线船型标准化，促进长江航运的可持续发展。这是国家深入贯彻落实科学发展观制定的一项利国利民的航运发展政策，是内河水运产业能级提升的必由之路，也是本市发展内河水运完善港口集疏运体系的关键之举。据统计，目前本市符合该规定条件的船舶约340艘。

【杭申线（上海段）航道整治工程通过交工验收】 7月22日，杭申线（上海段）航道整治工程通过交工验收。按照交通运输部《水运工程质量检验标准》（JTS257-2008），工程质量为合格，全航段达到三级航道标准，是继苏申外港线（上海段）之后，上海连接江苏省、浙江省的第二条高等级内河航道。工程范围自上海市、浙江省界至分水龙王庙，全长17.24公里，主要建设内容为新建航道护岸和航槽疏浚等，2009年9月10日开工，2010年6月22日完工。

【上海市内河智能交通与应急联动系统投入试运行】 10月15日，作为《上海内河智能交通与应急联动研究》课题研究成果之一的“上海市内河智能交通与应急联动系统”正式投入试运行。该系统对内河港口经营人（码头单位）、内河泊位、内河航道、桥梁、船闸等港航地理数据进行规范处理，并添加至市交通港口局已建的港口GIS综合信息系统平台，为今后内河各类信息化系统以及船舶GPS系统提供统一的地理数据应用平台，有助于强化内河水上日常安全监督管理、船舶防污染管理、船舶进出港签证检查等港航管理工作的信息化技术支撑，提高应对水上交通事故、船舶服务质量投诉、港口事故、航道事件等内河航运突发公共事件的处置能力。

【金山张泾河视频监控系统建成并投入运行】 4月中旬，金山张泾河视频监控工程已完成20余个视频摄像头安装和2个监控站建设，实现张泾河航道的安全监控和图像分析功能，对重点区域设置红色警戒，一旦出现异常，系统自动报警。张泾河航道全程26.89公里，承担本市50%的内河危险品货物运输任务，是本市内河危险品运输的主通道。该系统已纳入金山地方海事危险品运输日常监管，并为世博水上检查安保提供监管手段和技术支撑。

【启动苏州河船舶自动识别系统（AIS）基站布设及系统安装】 为充分发挥信息化在海事监管中的作用，确保苏州河底泥疏浚工程期间的水上交通安全，市地方海事局在外白渡桥海事所及昌平路办公点两地架设AIS发射基站，同时在“沪海巡99”号艇上安装AIS内河船载桥梁报警助航系统，成为市地方海事局第一条安装该设备的公务船艇。市地方海事局还将在北新泾海事所新址布设一处AIS发射基站，实现苏州河北新泾至外白渡桥段的AIS信号全覆盖；同时将分批次为所有公务船艇安装AIS内河船载桥梁报警助航系统。AIS内河船载桥梁报警助航系统是内河桥梁防碰撞的重要技防手段，可智能计算并实时显示船舶与最近桥梁、船闸的距离并进行声光预警提示，显示船舶位置、航速、航向等信息并可显示周围AIS船舶目标，加紧推广部署该系统对预防内河船舶触碰事故具有重要意义。

【开展内河船舶污染物规范接收试点】 7月26日，上海东安海上溢油应急中心有限公司“沪环运货29”油污水接收船驶入虬江港，对港内停泊作业的13艘船舶进行船舶污染物接收服务，市地方海事局在上海内河虬江水域试点开展船舶污染物规范接收管理工作启动。8月11日，市地方海事局为全市最早从事该项工作且规模最大的东安海上溢油应急中心有限公司发放编号为“沪地海防污（清）备001”备案证明，上海第一家内河船舶污染物接收单位的备案工作完成。至年底，苏州河、虬江水域相继开展船舶污染物规范接收工作。

【试点内河和沿海水域船舶污染责任险】 上海自9月1日开始开展上海水域（内河和沿海）船舶污染责任保险试点。试点阶段，按照“保本微利，兼顾保险公司和船东利益”原则，设计制定船舶污染责任保险方案。该方案具有保费较低，保障额度增加，保障范围更广，设立应急基金等四个特点。上海兆平石油运输有限公司“兆平098”轮成为本市第一艘投保的内河船舶。

背景资料

环境污染责任险

环境污染责任保险是以企业发生污染事故对第三者造成的损害依法应承担的赔偿责任为标的的保险。在市场经济体制下，商业保险作为市场化的风险管理和经济补偿手段，有利于加强企业内部风险管理、全面提高企业污染防治能力，从源头上预防污染事故的发生。引入商业保险机制防治污染，可以帮助企业实现由"污染末端治理"向"污染全过程控制"的转变。 2007年12月，国家环保总局和保监会联合下发了《关于环境污染责任保险工作的指导意见》，并在湖南、江苏、湖北、宁波、沈阳、上海、重庆、深圳、昆明等省市开展试点工作，覆盖面逐步扩大。

【出台《进一步促进和规范黄浦江旅游客运业健康稳定持续发展意见》】 市交通港口局会市旅游局联合出台《关于进一步促进和规范黄浦江旅游客运业健康稳定持续发展的意见》。《意见》立足黄浦江旅游客运业集水路客运和城市旅游于一体的新型产业，兼具城市旅游资源和城市水路客运重要组成的特性定位，行业管理部门将对浦江游览实行统一行业标准、调控运力总量、规范航班计划、鼓励客位共用、规范港航定价、统一票务管理、规范导游行为、规范票款结算、拓展航线功能、推进企业整合等十大措施。经过努力，基本形成远近结合，功能配套的旅游客运码头站点规划布局；基本形成结构合理，供求平衡的旅游客运船舶运力规模；基本形成分类科学，运营规范的旅游客运票务管理机制；基本形成服务一流，竞争有序的旅游客运市场经营环境；基本形成分工明确，责任清晰的长效监管体制，全面提升上海黄浦江旅游客运业行业品牌。同时，作为《意见》的配套政策和行业经营管理标准，由市交通港口局制定的《黄浦江旅游客运业营运设施标准》和《黄浦江旅游客运业经营服务规范》于3月1日起试行。今后浦江游览在营运设施、经营行为等方面将有章可循。

【开展黄浦江旅游客运行业世博培训活动】 3月，市航务处会同世博局交通管理部、市水上旅游促进中心开展"黄浦江旅游客运行业迎世博百日冲刺活动"，全面提升世博服务水平。一是提升游船经营人服务理念。对各船公司管理层进行服务理念、管理者形象、服务形象、礼仪礼节等培训，有效提升管理服务水平。二是强化世博船员服务意识。对将承担世博水上交通营运重任的13艘世博交通船、22艘世博轮渡船的200余名客运企业员工进行"水上交通世博知识专题培训"。三是提高游船讲解员业务水平。对黄浦江游览行业80余名讲解员开展统一培训，全面提升其业务水平和综合素质。

【"黄浦江世博游览船之旅"展示活动成功举行】 4月14日下午，"黄浦江世博游览船之旅"展示活动在上海名信游船有限公司的"名信3"游船上举行。这是由世博局交通部、市航务处、市水上旅游促进中心组织的黄浦江旅游客运行业冲刺世博系列活动之一。在近90分钟的黄浦江世博之旅中，通过餐饮服务、文艺表演等活动，使嘉宾现场感受了水上旅游的魅力，为世博会的成功举办增光添彩。

【建立黄浦江航道执法专查工作机制】 市航务处深入走访黄浦江沿线疏浚企业和渣土运输企业，全面掌握渣土泥浆装卸和运输作业情况，宣传保护航道和航道设施的政策法规，建立黄浦江航道执法专查工作机制。同时，联合相关职能部门依托“渣土泥浆水上运输管理协作共商”平台，整合执法资源，合力打击渣土泥浆水上中转运输各类违法行为，开展源头治理和集中整治，控制和减少污染水域行为的发生，共同维护黄浦江航道安全和畅通。

【苏州河首开水上旅游航线】 9月25日，长风2号绿地码头上一艘可载10人的游艇起航，开启苏州河游船普陀段为期10天的试航之旅。普陀段航线全长10公里，经过12座桥，试行期间在终点站M50创意园区附近靠岸，航程近1小时。沿途经过的苏州河十八弯夜景分为四个主题乐章：华东政法段名为苏河烟雨，武宁路桥段名为苏河印象，普陀公园段名为苏河之花，中远两湾城段名为苏河星空。夜间沿河两岸“苏河十八湾灯光夜景”是夜航的主要看点。

【我国最大吨位散货船在沪建造】 我国首艘新一代20.6万吨好望角型散货船在上海外高桥造船有限公司开工建造。这艘目前国内建造的最大吨位好望角型散货船具有广泛的适应性，设计安全可靠，全船燃油舱采用双壳保护，将传统设计中的燃油舱从机舱区域搬到顶边舱，并在舷侧设立隔离空舱，可有效降低燃油泄漏的可能性。

【助新能源船舶试航成功】 5月，“尚德国盛”号太阳能电力混合动力船试航成功，这是我国第一艘将太阳能动力及太阳翼装置运用于船舶推进及控制的新能源船舶。市航务处在船舶建造及检验过程中开拓创新，攻坚克难，为试航成功提供技术支持。

（四）合作交流

【概况】 2010年，市交通港口局立足交通港航行业协调发展、科学发展、一体化发展，积极围绕中心工作，在巩固已有合作交流成果基础上，进一步拓展合作交流领域，加强互利共赢，取得成效：一是加深了与国际上港口领域合作，与来访的国际友好合作单位深入开展技术交流和技术研讨；二是与交通运输部长江航运管理局签署加快上海长江水系内河航运发展的共建协议，启动共建合作；三是协同长三角港口管理部门，积极推动区域合作和发展。

【上海港与不来梅港缔结友好合作关系】 6月9日，德国不来梅州经济与海港部副部长海纳尔·海斯勒博士率领代表团访问上海港，上海港与德国不来梅港签署建立友好合作关系意向书。双方商定将以实现互惠双赢为共同目标，率先在信息交流、港口运营管理、人员交流培训等方面开展合作，进而扩展到其他各领域，实现优势互补，共同进步。不来梅港位于德国西北部威悉河口，是德国第二大港。作为欧洲最大型的海港之一，不来梅港还是欧洲最为重要的汽车转运中心。近年来，不来梅港与中国保持着密切的经贸往来。

【上海港和敦刻尔克港签署建立港口友好合作关系协议】 7月9日，市交通港口局局长孙建平与法国敦刻尔克港务局局长玛蒂娜·邦妮女士在上海共同签署上海港与敦刻尔克港建立友好合作关系协议。根据双方合作协议安排，双方将致力于相互交流信息资源，在远洋运输、内河运输、海铁联运、物流和港口工业领域等方面寻求交流与合作。敦刻尔克港位于法国北部里尔地区，是法国的第三大港，许多国际知名的工业企业都设置在港口周边。近年来，除在矿石、油品和液货运输方面继续保持传统优势外，还在集装箱运输、滚装运输和港口冷链货流等方面发展迅速。作为法国港口复兴计划中的海洋运输大港之一，该港正向建成欧洲新枢纽目标努力。

【西班牙仿古帆船为世博添彩】 西班牙“安达卢西亚号”仿古帆船于6月24日抵达上海国际客运中心码头助威上海世博会。“安达卢西亚号”是一艘17世纪往返于亚洲和美洲航线的西班牙三桅帆船的复制品，全长52米，宽10.1米，主桅高达40米，船帆总面积达965平方米，并配有10门铁炮，是当时海上最大的商用帆船。这艘保持了17世纪马尼拉帆船外形的大船和它的40名船员经过了一万多海里的航程，历时3个月从西班牙南部的赛维利亚港乘风破浪来到黄浦江。该帆船将在上海停靠至9月份，并作为西班牙及其安达卢西亚大区的水上“展馆”接受世博会游客的参观。

【调整长三角港口管理部门合作联席会议机制】 10月16日至18日，长三角港口管理部门合作联席会议第五次会议在杭州召开。会议由杭州市港航管理局承办。长三角16城市港口管理部门领导和代表共40余人出席会议。会议回顾总结了长三角港口管理部门合作联席会议从2006年成立5年以来的工作情况，听取信息和培训小组和市场监管小组工作汇报，并讨论通过对长三角港航合作网16位优秀通讯员的表彰及第六次会议在江苏镇江召开的有关事项。会上，来自上海市交通运输和港口管理局、宁波市交通（港口管理）局、南京市交通运输局、南通市港口管理局、杭州市港航管理局及湖州市港航管理局等代表就如何进一步加快现代港口物流，促进区域港口物流平稳较快发展分别作了专题交流。会议还听取了长三角港口管理部门合作联席会议秘书处关于将联席会议纳入上海组合港管理委员会办公室工作范围、工作架构调整等议案的工作汇报。经会议讨论，一致同意上海组合港管理委员会办公室为长三角港口管理部门合作联席会议的牵头单位，上海市交通运输和港口管理局、江苏省交通运输厅港口管理局、浙江省港航管理局、宁波市交通（港口）局、南京市交通运输局、南通市港口管理局为协助牵头单位；同意将联席会议秘书处设在上海组合港管理委员会办公室；同意其下设的四个工作小组与上海组合港管理委员会办公室现有工作架构并轨整合；同意长三角港航合作网与上海组合港管理委员会办公室网站合并；同意复旦大学长三角港口城市发展研究中心将作为上海组合港管理委员会办公室与上海国际航运中心发展促进会（筹建中）的研究支持机构。

【签署加快上海长江水系内河航运发展共建协议】 11月16日，交通运输部长江航务管理局局长唐冠军与市交通港口局局长孙建平在上海签署《关于加快上海长江水系内河航运发展共建协议》。双方认为，此举旨在于进一步贯彻落实科学发展观，助推上海国际航运中心建设目标的顺利实现，促进上海市建设符合国际大都市要求的现代综合交通运输体系，合力推动“四个长江”建设，促进长江航运又好又快地发展。双方商定建立共建工作协调机制，联合成立上海长江水系航运发展促进小组，研究和协调加快上海长江水系内河航运发展及上海国际航运中心建设的相关重大问题，并在共同培育长江水系内河运输市场、维护内河航运市场秩序、推进长江干线船型标准化、促进水上旅游客运发展、实现长江航运信息资源共享和合作培养港航人才队伍等方面开展共建合作。

【2010中国上海水上旅游发展论坛成功举

办】以“合作、创新，发展”为主题的”2010中国上海水上旅游发展论坛，9月5日下午从上海吴淞启航，9月7日下午在安徽安庆落幕。本届论坛由上海市交通运输和港口管理局、上海市旅游局、安徽省旅游局、安徽省安庆市人民政府、中国交通运输协会、上海市政协经济委员会共同主办。论坛上，来自长江沿线省市政府领导，交通、旅游、航运管理部门负责同志和长江港航企业、水上旅游行业代表，以及相关专家、学者，就长江旅游共同关心的问题进行了广泛深入地探讨，在长江旅游合作、长江旅游品牌塑造、长江旅游资源和产品整合、旅游信息交流与一体化发展等方面达成了共识。论坛发布了《长江旅游发展宣言》。上海市副市长赵雯出席论坛开幕式并致辞。她指出，发展水上旅游、创新旅游产品，传播中华文化、推介美丽长江，促进区域合作、提升地方经济，已成为沿江各省市的共识。上海作为长江流域的龙头城市，在推动长江水上旅游发展方面责无旁贷，将会进一步加强与兄弟省市沟通、交流、合作，实现资源共享、交通港航旅游行业共赢的目标。

（司月洁）

十、铁路运输

（一）综述

2010年，上海铁路局学习实践科学发展观，迎难而上，开拓进取，拼搏奉献，创造了改革发展新业绩。

高速铁路发展。贯彻铁道部指示，依靠组织领导和对策措施，开展高铁工程建设、联调联试、试运行和运营管理各项工作，确保沪宁、沪杭高铁安全开通运营，京沪高铁全线铺通并开展先导段联调联试。沪宁高铁开行动车组106对，平均上座率113.4%，最高日输送旅客29万人。沪杭高铁运行试验时速达到416.6公里，运行品质居各条高铁前列。京沪高铁先导段创时速486.1公里世界运营铁路试验最高速。

世博会保障工作。围绕举办世博会，开展铁路各项工作。组织运输服务，开行世博列车5406列，输送参观旅客1950万人。强化世博安保，完成4000名港澳学生运输等多项重点任务，实现平安世博目标。以"和谐铁路，创造美好生活新时空"为主题，组织世博会中国铁路馆建设和运营，接待参观

326万人次。开展“感受世博、奉献铁路”主题教育活动，接待全国铁路先进模范代表27批7360人。

运输经营。优化运力配置，加强运输组织，实现运输经营全面增长。全年完成旅客发送2.89亿人，同比增长11.7%，发送量居全国铁路第一，提前13天完成年度计划。月度发送量均超2000万人，其中10月1日发送148.5万人。货物发送2.32亿吨，同比增长6.9%，提前12天完成年度计划。运输总收入465.1亿元，同比增长21.2%，提前32天完成年度预算，超收额位居全国铁路第一，同比增幅首次突破20%。同时，实施运力倾斜，完成重点物资运输和专特军运任务。

铁路建设。围绕“迎世博、超千亿、建精品”主题，又快又好推进铁路建设。沪宁高铁、沪杭高铁、南京枢纽沪汉蓉通道按期竣工，上海虹桥、苏州、嘉兴南站等一批新型城际客站同步开通运营。4大基地中上海动车段高级修场正式投用，客专维修基地基本建成，客专调度所进人内外部装饰阶段，大功率机车检修基地还建主体工程基本完工。连盐铁路、金温扩能、淮北站改扩建的9项工程开工建设。宁杭高铁、杭甬高铁、宿淮铁路、南京南站、杭州东站等重大工程有序推进。郑徐高铁、杭黄高铁、沪通铁路等一大批项目前期工作取得新进展。全年完成建设投资1012.6亿元。

2010年，上海市境内铁路行业完成换算周转量859743.3万吨公里，比上年增长12.766%。其中：旅客发送量6094.7万人，比上年增长18.090%；旅客周转量601616.3万人公里，比上年增长17.682%。货物发送量958.5万吨，货物到达量1904.8万吨；货物周转量258127.0万吨公里，比上年增长2.762%。

2010年上海市境内主要铁路客站运量

站名	旅客发送量(万人)	旅客到达量(万人)
上海	3251.8	3157.8
上海南	2107.1	2071.7
上海虹桥	653.3	670.5

2010年上海市境内主要铁路货站运量

站名	货运发送量(万吨)	货运到达量(万吨)
南翔	64.2	99.3
松江	2.5	41.4
桃浦	25.4	252.4
北郊	94.9	159.7
何家湾	192.6	449.7
杨浦	81.0	98.9
闵行	162.9	253.1
杨行	247.8	331.5

（二）铁路建设

【概况】 2010年，上海局由铁道部下达的基建大中型项目投资计划为960.2亿元。经铁道部7次计划调整后，在建基建大中型项目达到46个，批复概算总规模4645.8亿元，年度投资计划为1012.31亿元。至年末，全局累计完成投资1012.61亿元，为年度考核指标的100.05%，与2009年同比增长11.44%。

2010年上海市境内铁路基建大中型项目共9项，分别为京沪高速铁路、上海虹桥客站及相关工程、沪宁城际铁路、沪杭客运专线、金山铁路支线改建、上海动车段、客运专线上海调度所、上海综合维修基地、上海和谐型大功率机车检修基地。总投资规模451.33亿元，其中开累完成总投资350.11亿元，剩余投资规模101.22亿元（以上均未含京沪高速铁路）。截止到2010年底，上海市境内铁路营业里程413.7公里，其中复线237.7公里，电气化265.6公里。正线延展长度697.4公里。

【**铁路重点工程建设进展良好**】2010年，上海铁路局有37个局管建设项目和2个代建项目，其中，上海地区有沪宁城际、沪杭客专、上海动车段、客专上海调试所、上海综合维修基地、上海南至金山扩能改造、上海（南翔）和谐型大功率机车检修基地等7个局管项目和京沪高速铁路南京南客站和上海虹桥站2个代建项目。

4月30日，上海动车段高级修场三级修库交付运营。7月1日，沪宁城际高速铁路开通运营，上海虹桥客站主站房部分和综合场同步投入运营。9月6日，上海（南翔）和谐型大功率机车检修基地开工建设。10月26日，沪杭客专开通运营。

2010年上海铁路基建项目情况一览表

铁路基建项目	总投资（亿元）	建设指标	2010年建设进展
京沪高速铁路	1982.9	速度目标值350km/h，全长1318km	2010年11月15日铺通。
沪宁城际铁路	394.5（上海市境内120.74）	速度目标值350km/h，全长314.1km（上海市境内长46km）	2010年7月1日建成投产，上海市境内开工累计完成投资83.46亿元。
沪杭客运专线	总投资292.9（上海市境内132.79）	速度目标值350km/h，全长153.49km（上海市境内段长53.65km）	2010年10月26日建成投产，上海南联络线工程正在实施。上海市境内开工累计完成投资104亿元。
上海虹桥客站及相关工程	99.9	全长约58km	上海虹桥客站主站房和综合场于2010年7月1日与沪宁城际铁路同步建成投产。开工累计完成投资83.75亿元。
金山铁路支线改建工程	48		开工累计完成投资23亿元。
上海动车段	50.1		上海动车段东走行线、检查存车场已于2009年6月10日建成投产，Ⅲ级修场于2010年6月底建成投产。开工累计完成总投资45亿元。
客运专线上海调度所	7.19		完成地下车道结构、地上主体结构、地上二～六层砌体、机房屋面层砌体、地下二层安装工程。开工累计完成投资4.7亿元。
上海综合维修基地	4.78		开工累计完成投资3.7亿元。
上海和谐型大功率机车检修基地	14.12		开工累计完成投资2.5亿元。

【更新改造基本完成】2010年，上海铁路局建设管理部门根据路局《关于下达2010年更新改造调整计划的通知》《关于下达2010年路局保价运输设备投资项目调整计划的通知》精神，下达工程建设管理所计划47项，投资19910.9万元。至年末，全局完成投资19589.8万元，为计划的98.39%。

【沪宁城际高铁新站启用】2010年7月1日起，上海铁路局沪宁城际高铁仙林、宝华山、镇江、丹徒、丹阳、戚墅堰、常州、惠山、无锡新区、苏州、苏州新区、苏州园区、阳澄湖、昆山南、花桥、安亭北、南翔北、上海西、上海虹桥站启用新客站。沪宁城际高铁设22个车站，上海站至南京站正线线路全长301.209公里(上海市境内46公里)。南京、上海站为既有站，其余20个为新建车站。

【沪杭高铁新站启用】2010年10月26日起，上海铁路局沪杭高铁沿线设松江南、金山北、嘉善南、嘉兴南、桐乡、海宁西、余杭7个新建客站启用。沪杭高铁从上海虹桥站引出，终止于杭州东站（未启用），线路全长158.77公里（上海市境内53.65公里）。

（三）客货运服务

【概况】 2010年，日均图定开行客货列车2169对，其中客车539对，货车1630对。全年完成旅客发送28907万人次，比上年增加3032万人次，增长11.7%，发送量居全国铁路系统第一位。货物发送完成23204万吨，为年度计划的103.6%。货运收入完成151.3亿元，为年度计划的104.4%。保价收入完成13575万元，为年度计划的104.4%。集装箱完成发送56.78万标准箱，同比增长20.6%。特货完成发送3.3万车，同比增长32%。其中上海市境内完成旅客发送6095万人次，比上年增长18.7%；完成货物发送959万吨，比上年增长1.8%；完成运输总收入96.2亿元，比上年增长22.7%。

【列车运行图调整】2010年，上海铁路局对管内旅客列车运行图进行24次优化调整。至年末，全局每日开行图定旅客列车456.5对，其中，直通动车组列车52对、直达列车13对、直通特快列车24对、直通快速列车106对、直通旅客快车51对、直通旅客慢车2对、管内高速动车组列车130对、管内动车组列车26.5对、管内特快列车3对、管内快速列车46对、管内旅客慢车3对（自局担当列车282对）。

【节假日客运完成情况良好】其中春节旅客运输（1月30日至3月10日），发送旅客3399.8万人，同比增长8.3%，最高日发送旅客106.8万人。清明节旅客运输（4月2日至5日），发送旅客426.8万人，同比增长9.4%，最高日发送旅客119.1万人。“五一”节旅客运输（4月30日至5月3日），发送旅客482.6万人，同比增长10.3%，最高日发送旅客136万人。端午节旅客运输（6月13日至16日），发送旅客380万人，同比增长9.1%，最高日发送旅客104.3万人。暑期旅客运输（7月1日至8月31日），发送旅客5423.6万人，同比增长15.4%，日均发送旅客87.4万人，最高日发送旅客100.9万人。中秋节旅客运输（9月21日至24日），发送旅客353.6万人，最高日发送旅客95.9万人。国庆节旅客运输（9月28日至10月7日），发送旅客1081.4万人，同比增长12%，最高日发送旅客148.5万人。

【沪宁城际高铁新站启用】上海铁路局沪宁（南京——上海）城际高铁设22个车站，南京、上海站为既有站，其余20个为新建车站，

上海铁路局2010年客运任务完成情况表

项目	单位	计划	实绩	完成（%）
旅客发送	万人	28000	28906	103
旅客周转量	亿人公里	1100	1234	112
客运收入	万元			

于7月1日起启用。其中上海市境内（沿线）新建4个，分别为安亭北、南翔北、上海西、上海虹桥站。

【沪杭高铁新站启用】 上海铁路局沪杭（上海——杭州）高铁从上海虹桥站引出，沿线设7个新建客站，于10月26日启用，终止于杭州东站（未启用）。其中上海市境内（沿线）新建2个，分别为松江南、金山北站。

【上海站北站房启用】 2010年5月29日，建筑面积达1.55万平方米的上海站北站房启用。上海站无站台柱雨棚和装修一新的南站房分别于2010年1月、4月投入使用。上海虹桥站与上海站、上海南站共同为游客提供无障碍通行和"零换乘"服务。

【货运设施投资】 2010年，上海铁路局下达保价运输设备投资更改计划2660万元，重点投资闵行站视频监控系统、北郊站5、8库改造、芜湖东站超偏载、梅山站轨道衡工程等。下达保价运输设备大修计划1193万元，重点安排部分超偏载设施大修，并整修货场内失修的仓库、硬面、通路等。年内，铁道部安排保价运输设备投资项目5项，分别为闵行站货场作业管理信息系统、闵行站货场标识及视频监控系统、徐州北超偏载检测及视频监控系统补强、芜湖东站货车超偏载检测装置、徐州北站货4道雨棚，总投资1118万元。至年末，金华东站超偏载检测系统、芜湖东站货检安全集中监控系统建成并投入运营。

【办理货物保价运输191.5万批】 2010年，上海铁路局办理货物保价运输294.9万批，占货物总发送批的77.1%，同比增加1.2个百分点。发送保价货物181750.5万吨，占货物总发送吨的79.6%，同比减少1.9个百分点。至年末，全局货物保价运输收入13575.6万元，为年度任务的102.0%。保价货运事故赔付率4.12%，同比上升0.88个百分点。

上海铁路局2010年货运指标完成情况表

项目	单位	计划	实绩	完成（%）
货物发送	万吨	22400	23204	103.6
其中：集装箱	万TEU	47	56.8	120.85
货物运输收入	亿元	150	151.3	100.8
货物保价收入	万元	13000	13575.6	104.4
装卸作业量	万吨		15424	
其中：路工	万吨		7576	
装卸全员劳动生产率	吨/人、月			
装卸机械化比重	%		61.7	

（四）综合经营

【概况】2010年，上海铁路局多元经营系统实施多元经营发展规划，创新管理机制，落实增收节支创岗创效措施，提升发展能力。至年末，完成营业收入227.73亿元，增长41.77%；实现利润2.73亿元，同比增长18.7%。其中，集体经济完成收入17.5亿元，同比增长17%。实现利润3275万元，同比增长35.8%。

【高铁配套服务项目开发】2010年，上海铁路局多元经营系统把握管内沪宁、沪杭高铁开通运营发展机遇，开发高铁客站商业、保洁作业服务、列车配餐销售、客站物业管理等经营项目，完成上海虹桥站一期、沪宁及沪杭城际高铁客站商业开发，吸引国内外知名品牌商家53家。采取"大站带小站"作业模式，将保洁经营业务扩展至沪宁、沪杭城际高铁所有车站和车辆。在高铁沿线新增79个客票代售点，配备453台磁质卡售票机。至年末，实现高铁广告收入602万元。

【实业项目开发】2010年，上海铁路局多元经营系统启动实施36个重点项目，完成20个开发项目，新增收益6000多万元。推进"集中受理、优化装车"、运贸一体化和物流基地建设，多经客户占有率从年初的37%上升至70%，运贸一体化实现收入51亿元。涡阳农副产品物流基地、诸暨东15道等物流基地竣工运营，潘集等14个抑尘站投入使用。完成上海、徐州、合肥等客站商业改造。"安居工程"等房地产项目展开，镇江水泥厂、合肥临泉路项目及各地区安居房开工建设，带动建筑施工、物料供应等相关业务的发展。成立上海铁路（上海）工业产品生产基地、芜湖车辆配件生产基地。

【多元经营企业重组改制推进】2010年，上海铁路局多元经营系统组建成立上铁车辆公司、上铁机务公司和上铁电务公司，完成华铁旅服公司、上铁国旅公司、上铁印刷公司、上海铁路轨道交通公司重组，将东铁货代、南京新干线、安达物流等企业重组至相应地区集团公司，房建、园林、物业企业整合到位。至年末，行政性企业数量由年初的182家减少至132家，累计减少法人企业75家。

【路企战略合作】2010年，上海铁路局加强路企战略合作，与申通地铁、马钢股份等25家铁路内外企业签订46项业务合作协议，新增14.2亿元收入。

【客票代售业务】2010年，上海铁路局多元经营系统开设多经客票代售点958个，售票窗口1090个，售票6477.76万张，代售比重提高至22.6%，实现销售服务费3.26亿元。

【世博项目开发】2010年，上海铁路局多元经营系统代理销售世博门票69.7万张，签订160份纪念品销售合同，获旅游、纪念品、门票等收入等4亿元。

【多元经营系统安全管理】2010年，上海铁路局投资中心修订完善多元经营系统施工、劳动、消防、食品、道路交通、设备等安全和安全奖惩等25项安全管理基本制度和办法。结合高铁安全管理要求，建立车站商业开发、站车保洁、站房物业、沿线绿化养护作业等4个标准管理模块。加强施工安全管理，投入500万元更新添置远程视频监控、列车接近报警、电子门警等安全设施。组织11家工程施工企业开展南北对口交流检查，提高安全管理水平。

（孔令贵）

（五）大事记

【世博活动】2010年1月20日，上海铁路局在上海站举行“共创精彩世博，奋战和谐春运”青年志愿者、劳模春运志愿服务启动仪式。

2010年2月17日，铁道部副部长陆东福在铁道部总规划师郑健和上海局局长、世博中国铁路馆馆长安路生等陪同下，实地察看世博中国铁路馆建设情况并召开现场办公会。

2010年4月1日，上海市政协主席、上海世博会接待服务指挥部总指挥冯国勤，上海市人大常委会副主任、上海世博接待服务指挥部副总指挥杨定华到上海南站检查世博接待服务工作。

2010年4月5日，国务委员、公安部部长孟建柱，公安部副部长黄明，在上海市委常委、政法委书记吴志明，市长助理、公安局局长张学兵，上海铁路局局长安路生等陪同下，到上海南站检查世博安保工作。

2010年4月10日，上海市闸北区委、区政府，上海站地区管委会在上海站南广场举行“中国2010年上海世博会上海站地区安保人员暨闸北区平安志愿者上岗宣誓仪式”。

2010年4月22日，2010年上海世博会中国铁路馆举行运营揭幕仪式。

2010年5月23日，全国铁路“感受世博、奉献铁路”主题教育活动启动仪式在上海站举行。

2010年6月11日，中共中央政治局委员、上海市委书记俞正声视察上海站，检查世博会期间运输工作和改造后的北广场及北站房。

2010年10月2日，世博会中国铁路馆举行特别日活动。铁道部党组成员、副部长陆东福、上海市副市长沈骏参加活动仪式并讲话。

2010年10月31日，2010年上海世博会圆满结束，中国铁路馆闭馆。世博会期间，中国铁路馆参观人数达326万人次，日均1.77万人次，日入馆人数最高3.55万人次。

2010年12月27日，在中共中央、国务院召开的中国2010年上海世博会总结表彰大会上，上海局上海动车客车段、上海铁路公安局获“上海世博会先进集体”荣誉称号；上海局党委书记李嘉，局常务副局长、上海铁路公安局巡视员范福明，上海机务段动车运用车间副主任王岭，上海站售票值班员从上珠，苏州站铁路公安派出所所长王磊，杭州铁路公安处特警支队民警黄燚松获“上海世博会先进个人”荣誉称号。

【铁路规划】2010年4月23日，上海市副市长沈骏主持召开会议，专题研究上海东站（浦东客站）以及沪通铁路上海段规划方案并提出要求。

2010年6月8日，铁道部、上海市、江苏省、浙江省、安徽省联合向国家发展改革委报送《关于报送长江三角洲地区城际轨道交通线网规划方案（2010年调整）的函》（铁计函〔2010〕845号）。

【铁路运营】2010年1月30日，上海铁路局客运收入突破亿元大关，创单日客运收入历史之最。

2010年3月4日，上海铁路局全局装车11128辆，创该局历史新高。

2010年3月22日，上海铁路局调整上海地区车务系统生产力布局。撤销闵行直属站、北郊直属站，并入南翔直属站。

2010年3月22日，上海铁路局通信段整合，撤销徐州、合肥、合肥高铁、南京、上海、杭州等六个通信段，同步撤销相关党群机构，合并成立上海通信段，同步成立上海通信段党委、纪委、工会、团委。

2010年4月26日，上海南—厦门将首次开行动车组列车，全程运行最快为7小时50分。

2010年7月1日，沪宁城际高速铁路通车典礼在上海虹桥站、南京站以视频方式同时举行。

2010年9月20日，上海铁路局安全生产指挥中心开通启用。

2010年9月24日，沪杭城际高铁开行首趟G7329次试运行列车。

2010年10月26日，沪杭高速铁路通车典礼在上海虹桥站、浙江杭州站以视频方式同时举行。中共中央政治局委员、上海市委书记俞正声出席典礼，宣布沪杭高速铁路通车。浙江省委书记、省人大常委会主任赵洪祝主持典礼。

2010年11月28日，上海铁路局上海铁路卫生监督所成立。上海客运专线基础设施维修基地高铁部成立。

【铁路投资】 2010年2月1日，沪宁城际铁路铺轨仪式在吕城铺轨基地举行。

2010年3月17日，沪宁城际铁路正线无砟轨道铺轨全线完成。

2010年3月26日，沪宁城际铁路上海西站拨接工程完成，至此，沪宁城际铁路接入沪昆线。

2010年5月17日，沪杭客专跨沪杭高速公路自锚上承式混凝土转体拱桥合拢，标志着沪杭客运专线正线桥梁全部贯通。该拱桥跨度160米，单边转体自重1.68万吨，均为世界同类转体桥梁之最。

2010年5月29日，上海铁路局上海站北广场、北站房启用。

2010年6月25日，上海铁路局上海西站交通枢纽建成启用。上海西站交通枢纽集沪宁高速铁路、城市轨道交通、城市公交为一体，是上海市网络化、功能性、枢纽型城市综合交通体系中的重要环节。

2010年7月6日，沪杭客专铺轨仪式在桐乡站举行，标志着时速350公里的沪杭铁路客运专线铺轨全面启动。

2010年7月18日，世界最大单体建筑光伏发电一体化电站——上海虹桥站光伏发电项目正式并网发电。

2010年8月6日，沪杭铁路客运专线正线铺轨全线完成。

2010年8月16日，全国铁路首个汽车物流基地、中铁特货闵行货场汽车物流基地在上海闵行区马桥镇开工建设。该基地占地117亩，由铁道部投资，上海铁路局承建。

2010年10月12～13日，上海铁路局上海虹桥动车运用所沪杭场新建工程和杭州艮山门动车运用所扩建工程分别开通启用。

2010年11月10日，上海客专维修基地、南京站等14个试点站段安全生产指挥中心一期工程基本建成并投入试运行。

2010年12月31日，上海铁路局建设投资再次实现历史性突破，全年完成建设投资首次突破1000亿，达到1012.31亿元，同比增长11.44%，总投资继续位居全国铁路第一。

【获奖情况】 2010年3月22日，上海市文明办通报2009年度全市37个“窗口”行业满意度测评结果。上海铁路局上海地区整体公众满意度分值为84.53分，较2008年提高0.42分，排名由上年度第14位上升至12位。

2010年3月28日，上海铁路局合宁铁路工程（含襄滁河特大桥工程）和上海南站工程获第九届中国土木工程詹天佑奖。

2010年4月26日，中共上海市委、上海市人民政府命名上海铁路行业为2008～2009年度上海市文明行业。

2010年6月8日，中华全国总工会授予上海铁路局工会“全国模范职工之家”称号。

2010年7月20日，南京军区国防动员委员会授予上海局“国防动员先进单位”称号。

2010年7月23日，上海市文明办、市城乡建设和交通党委授予上海铁路行业“上海市文明行业”称号。

2010年9月4日，中国企业联合会、中国企业家协会在“2010中国企业500强发布暨中国大企业高峰会”上发布：上海铁路局列2010中国企业500强第95名、中国服务企业500强第35名。

2010年10月22日，上海企业联合会、上海企业家协会在“2010上海企业100强发布会”上发布：上海铁路局列2010上海企业100强第11名、上海服务企业100强第5名。

2010年11月12日，上海铁路局获“全国厂务公开民主管理先进单位”称号。

2010年12月8日，中国质量协会、全国用户委员会授予上海铁路局2010年“全国用户满意企业”称号。

2010年12月28日，上海局铁路团委被团中央、中国青年志愿者协会评为“第八届中国青年志愿者优秀组织奖”。

【其他】2010年5月7日，铁道部党组宣布上海局领导班子调整决定：任命龙京为上海铁路局局长，党委委员、常委、副书记；免去安路生上海铁路局局长，党委副书记、常委、委员职务，另有任用。

2010年8月17日，上海铁路局各级党组织开展向8月8日遭受特大泥石流灾害的甘肃省舟曲县灾区“送温暖、献爱心”捐助活动。全局参与捐助人数达63582人，其中党员62342人、群众1240人，累计捐款537.74万元。

2010年9月14日，中共中央政治局委员、上海市委书记俞正声和上海市市长韩正一行到上海站北广场综合交通枢纽视察。

2010年10月13日，老挝总理波松·布帕万在铁道部副部长王志国陪同下，考察沪宁城际高铁、上海虹桥站和苏州站。

2010年12月13日，中共中央政治局委员、国务院副总理、京沪高速铁路建设领导小组组长张德江乘坐火车对京沪高速铁路全线进行实地检查，重点考察了国产“和谐号”CRH380A新一代高速列车以及枣庄西站、蚌埠南站、南京大胜关铁路大桥、上海虹桥站等枢纽和关键性工程。

（孔令贵）

十一、民用航空

(一)综述

2010年，上海民航2个机场（虹桥国际机场、浦东国际机场）共完成旅客吞吐量7187.74万人次(含过站人数)，比上年增长26.10%，其中虹桥国际机场完成旅客吞吐量3129.88万人次，浦东国际机场完成旅客吞吐量4057.86万人次。分航线看，全年两机场共完成国内航线旅客吞吐量5106.96万人次，比上年增长24.88%，其中虹桥国际机场为2996.24万人次，浦东国际机场为2110.72万人次；完成国际航线旅客吞吐量1517.42万人次，比上年增长29.62%，其中虹桥国际机场为97.14万人次，浦东国际机场为1420.28万人次；完成地区航线旅客吞吐量563.35万人次，比上年增长28.14%，其中虹桥国际机场为36.49万人次，浦东国际机场为526.86万人次。全年两机场完成货邮吞吐量370.85万吨，比上年增长24.34%，其中虹桥国际机场完成货邮吞吐量48.04万吨，浦东国际机场完成货邮吞吐量322.81万吨。分航线看，全年两机场完成国内航线货邮吞吐量86.09万吨，比上年增长5.75%，其中虹桥国际机场为47.29万吨，浦东国际机场为38.80万吨；完成国际航线货邮吞吐量为241.29万吨，比上年增长31.33%，其中虹桥国际机场为0.73万吨，浦东国际机场为240.36万吨；完成地区航线货邮吞吐量为

43.46 万吨，比上年增长 31.26%，其中虹桥国际机场为 0.01 万吨，浦东国际机场为 43.45 万吨。全年两机场共起降飞机 55.11 万架次，比上年增长 15.54%，其中在虹桥国际机场起降 21.90 万架次，在浦东国际机场起降 33.21 万架次。至年底，有 49 个国家和地区的 120 个城市（含香港、澳门、台湾）和国内的 99 个城市与上海通航。有 25 家国内航空公司和 62 家国际及地区航空公司开通了上海的定期航班。基地设在上海的航空运输公司有 8 家（东航、上航、春秋航、吉祥航、中货航、上货航、扬子江航）。年内，东方航空上海航空联合重组完成。

上海世博会期间，上海 2 个机场共保障进出港航班 29.43 万架次、旅客吞吐量 3999 万人次、货邮吞吐量 191.8 万吨，浦东机场、虹桥机场日均航班起降量分别由 700 架次、530 架次增加到 954 架次、649 架次；保障中外专机 271 架次，保障各类要客进出港 5967 批次、39990 人次，完成各级警卫任务 914 批。空中交通管理系统共保障航班起降 295910 架次，比上年同期增长 19.8%；保障专机飞行 237 架次、要客飞行 372 架次、世博航班 1030 架次。

（二）华东民航

【概况】 2010 年，上海民航 2 个机场（虹桥机场、浦东机场）共完成旅客吞吐量 7187.74 万人次，完成货邮吞吐量 370.85 万吨，比上年增长 24.34%。全年两机场共起降飞机 55.11 万架次。至年底，有 49 个国家和地区的 120 个城市（含中国香港、澳门、台湾）和国内的 99 个城市与上海通航。有 25 家国内航空公司和 62 家国际及地区航空公司开通上海的定期航班。

【2010 年上海世博会无线电保障动员大会召开】 1 月 20 日，2010 年上海世博会无线电保障动员大会在上海召开。上海市副市长艾宝俊、江苏省副省长史和平、浙江省副省长金德水以及国家工信部国家无线电局长谢飞波等出席会议。会上，民航、苏浙沪三地无线电管理部门以及文广、电信运营商、部队等十多家单位共同签署《2010 年上海世博会长三角及军地无线电联合保障合作框架》。

【华东局与徐汇区签署共同发展徐汇滨江航空产业战略合作协议】 7 月 8 日，民航华东地区管理局与徐汇区政府签署《关于共同发展徐汇滨江航空产业战略合作协议》。双方合作共同建设国际航空服务业集聚区，是抓住上海“两个中心”建设契机，加快行业和地方产业结构调整转变经济发展方式的有效实践。根据协议，双方将在未来五年内，全力完成以民航适航审定、安全技术、外航服务、资源配置四大中心为核心的航空服务业集聚区形态建设，并通过十年左右的时间在徐汇滨江 C 单元建设具有包括全球航空资源配置能力的现代服务业集聚区。该协议的签署，标志着民航与上海“部市合作”框架的进一步深化和华东局与徐汇区“局区联动”机制的建立，必将有力促进航空服务业集聚区建设和双方在各自领域的长期发展。

【民航上海中专学校建校 30 周年】 11 月 20 日，民航上海中专学校建校 30 周年庆祝大会在上海国际体操中心隆重举行。民航局夏兴华副局长、上海市教委薛明扬主任、民航华东地区管理局沈泽江局长等领导出席庆祝大会。

【民航局受理中国商飞公司 C919 大型客机型号合格证申请】 12 月 24 日，民航局在北京举行中国商飞公司 C919 大型客机型号合格证申请受理仪式。民航局向中国商飞颁发 C919 大型客机型号合格证受理申请通知书，预示着C919大型客机将严格按照适航标准全面开展研制。民航局李健副局长在仪式上指出中国民用航空局将以上海航空器适航审定中心为主，组建C919大型客机型号合格审定审查组。

【上海航空器适航审定中心和国际航空服务中心项目奠基】 12月29日，上海航空器适航审定中心和国际航空服务中心项目奠基仪式在徐汇滨江隆重举行。民航局夏兴华副局长、上海市沈骏副市长等领导为项目培土奠基。

【虹桥机场2号航站楼投入运营】 3月16日，虹桥机场2号航站楼作为虹桥综合交通枢纽的主体项目之一正式投入运营。虹桥机场2座航站楼、2条跑道同时运行（第二条跑道3月11日起运行），上海成为国内首个拥有2个机场、4座航站楼、5条跑道的城市。即日起，东方航空、上海航空、国际航空、南方航空、厦门航空、深圳航空、山东航空、海南航空、天津航空、四川航空、吉祥航空11家航空公司的航班迁入虹桥机场2号航站楼运营，春秋航空及日韩包机航班保留在1号航站楼运营。

（秦亚洁　徐志忠）

（三）航空公司

【概况】 基地设在上海的航空运输公司有8家：中国东方航空股份有限公司（简称东方航空）、上海航空股份有限公司（5月28日更名为上海航空有限公司，简称上海航空）、春秋航空股份有限公司（简称春秋航空）、上海吉祥航空有限公司（简称吉祥航空）、中国货运航空有限公司（简称中货航）、上海国际货运航空有限公司（简称上货航）、扬子江快运航空有限公司（简称扬子江快运）、长城航空有限公司（简称长城航空）。

【东方航空包机运送中国医疗防疫救援队赴海地】 海地发生7.3级浅源强震后，1月23日下午，东方航空机号为B2382的空客A340-300大型飞机从上海虹桥机场飞赴北京；24日下午，包机载中国医疗防疫救援队77人、灾区紧缺药品及医疗设备20余吨从北京首都机场起飞，于26日凌晨飞抵海地首都太子港。4个多小时后，包机载中国侨民50余人、中国地震救援队70余人、搜救犬3条以及救灾设备5吨返程，于27日上午降落北京首都机场，下午返回上海虹桥机场。

（邵志航　秦亚洁）

【东方航空参与玉树抗震救灾】 4月14日，青海省玉树县发生7.1级强烈地震后，东方航空立即启动突发事件应急处置预案，全面展开救援工作。4月14日～5月7日，累计投入5000余万元，共执行玉树飞行任务305架次，占全民航的49.7%；运送救灾人员和伤员10727人，占全民航的75.7%；运输救灾物资、设施设备等541.5吨，占全民航的38.5%；向灾区捐款500万元。其间，东方航空创造“四个第一”，即飞机第一时间进入灾区，运送第一批消防救援队员，送进第一批医务人员，接出第一批伤员；实现“五个最多”，即投入运力最多、航班量最多、专业人员最多、救灾项目最多、运送伤员最多。中国东方航空集团公司中国东方航空股份有限公司西北分公司获“全国抗震救灾英雄集体”称号。

【东方航空推出“移动e”手机订票产品】 4月22日，东方航空在国内民航业首家推出“移动e”手机订票产品。该产品依托移动应用平台，帮助用户在1分钟内完成预订、支付、出票以及退改签等购票手续，具有航班查询、在线退票、在线改期、在线升舱、订单管理等功能。“移动 e”支持联通 Iphone、诺基亚、摩托罗拉、三星、多普达等主流机型，支持 Android、Java、Windows mobile 以及 Iphone 版操作系统，实现从购票到登机的全程无纸化，即环保又便捷。

【上海虹桥—台北松山两岸客运定期航班开通】6 月 14 日 10 时 24 分，台湾中华航空公司 CI201 航班降落上海虹桥机场；11 时 24 分，东方航空 MU 5097 航班首航虹桥机场—台北松山机场，飞行时间 1 小时 30 分钟，上海虹桥机场连通台北松山机场的两岸客运定期航班开通运营。根据两岸达成的班机配置方案，该航线每周营运 14 班，往返共计 28 班。获准营运的有大陆的东方航空、国际航空和上海航空，台湾的中华航空、长荣航空和复兴航空。（陈小勇　邵志航　秦亚洁）

【上海航空完成刚果（金）维和部队包机任务】3 月 4 日，上海航空接到东方航空下达的关于承运中国赴刚果（金）维和部队换防的航空运输任务后，随即成立维和部队专机保障领导小组以及运输控制、飞行、机务、客舱、地面保障等工作小组，启动航线申请、飞行资料、飞行计划、飞机调配、机组配备、地空服务等相关工作，10 天内完成所有准备工作。3 月 17 日、28 日，2 架维和部队专机按照计划如期执行，共运输维和官兵 4 批 452 人，随机物资 20 余吨。3 月 30 日，第二架维和部队专机安全返回上海。这是上海航空成立以来航程最远的包机飞行，也是上海航空首次执行跨越印度洋飞行任务。

（石义刚）

【上海航空有限公司挂牌运营】5 月 28 日，上海航空有限公司在完成预登记核准、工商注册和 CCAR-121 部运行合格审定工作后挂牌运营，民航华东地区管理局代表中国民航局向上海航空颁发新运行合格证书，并与上海航空签订航空安全责任书。上海航空有限公司是东方航空与上海航空联合重组后，以上海航空股份有限公司为基础设立的全资子公司，注册资本金 5 亿元。至年底，该公司拥有各类飞机 66 架，开辟 150 多条国内外客运航线，通达 60 多个国内外大中城市。

（石义刚　邵志航　秦亚洁）

【春秋航空获国际运行合格证】4 月 9 日，经过 8 个多月的预先申请、正式申请、文件审查、验证检查等程序，春秋航空通过民航华东地区管理局国际运行合格审定，获国际运行合格证。7 月 28 日，春秋航空成功开辟上海—茨城（日本）航线，成为国内第一个开辟国际航线的民营航空公司。

（谢伟）

【中货航测试电子货运货物成功】4 月 29 日，由中货航经营的天津—台北 FM803 航班所承运的 4 票电子货运货物，在台北清关并交付收货人。中国首票符合国际航空运输协会标准的电子货运货物测试成功，打破了货运业务中货邮舱单和运单必须以业务袋封装并随货物一起运往目的地的惯例。

（张华）

【吉祥航空获国际运行资格】10 月 29 日，民航华东地区管理局在上海召开上海吉祥航空有限公司国际（地区）运行补充合格审定颁证会。华东局向吉祥航空颁发了新的《航空承运人运行合格证》和《运行规范》，标志着吉祥航正式获得国际运行资格。

【金鹿公务航空获颁 CCAR-91 部航空器代管人运行规范】10 月 26 日，民航华东地区管理局在上海召开上海金鹿公务航空有限公司《CCAR-91 部航空器代管人运行规范》颁证会。（熊巍）

基地设在上海的航空公司年度基本情况

航空公司	东方航空	上海航空	春秋航空	吉祥航空	中货航	上货航	扬子江快运	长城航空
旅客运输量（万人次）	5084	1190.39	586	359.36	—	—	—	—
比上年增长（%）	15.4	11.08	35.86	46.74	—	—	—	—
在上海地区（万人次）	2232.39	928.93	531	359.36	—	—	—	—
占上海民航2个机场旅客运输量（%）	31.1	12.92	7.4	5	—	—	—	—
货邮运输量（万吨）	65.71	15.89	3.49	3.48	51.53	11.6	15	26.19
比上年增长（%）	17.1	–16.62	59.18	50.02	34.6	20.8	34.9	124.96
在上海地区（万吨）	36.1	13.8	3.17	3.43	50.53	10.6	8.6	—
占上海民航2个机场货邮运输量（%）	9.7	3.72	0.85	0.92	13.63	2.9	2.32	—
航线（条）	533	93	64	42	16	9	36	16
拥有飞机（架）	260	66	21	17	12	6	13	3
年平均客座率（%）	78.4	75.4	95	86.37	—	—	—	—

上海新开通的国内航线

航空公司	航线	开通日期	航班号	机型	出发机场	班期
东方航空	上海—呼和浩特—乌海	4月2日	MU5459/60	B737	虹桥机场	周一、二、三、四、五、六、日
东方航空	上海—乌鲁木齐—喀什	8月12日	MU5633/4	A320	虹桥机场	周一、二、三、四、五、六、日
东方航空	上海—南充	8月21日	MU5481/2	A319	浦东机场	周二、四、六
东方航空	上海—泸州	9月3日	MU5445/6	B737	虹桥机场	周一、二、三、四、五、六、日
上海航空	上海—包头	8月9日	FM9135/6	B737	虹桥机场	周一、二、三、四、五、六、日
上海航空	上海—鄂尔多斯	8月10日	FM9149/50	B737	虹桥机场	周一、二、三、四、五、六、日
上海航空	上海—青岛—齐齐哈尔	8月14日	FM9199/200	B737	虹桥机场	周一、四、六
上海航空	上海—青岛—佳木斯	8月14日	FM9169/70	B737	虹桥机场	周三、日
上海航空	上海—青岛—鸡西	8月17日	FM9229/30	CRJ	虹桥机场	周二、五
上海航空	上海—乌鲁木齐—和田	10月1日	FM9217/8	B737	虹桥机场	周一、二、三、四、五、六、日
春秋航空	上海—汕头	2月1日	9C8957/8	A320	虹桥机场	周一、二、三、四、五、六、日
春秋航空	上海—呼和浩特	3月28日	9C8989/90	A320	虹桥机场	周一、二、三、四、五、六、日
春秋航空	上海—深圳	3月28日	9C8949/50	A320	虹桥机场	周一、二、三、四、五、六、日
春秋航空	上海—西安	3月28日	9C8947/8	A320	虹桥机场	周一、二、三、四、五、六、日
春秋航空	上海—银川	7月22日	9C8907/08	A320	虹桥机场	周一、二、三、四、五、六、日
春秋航空	上海—昆明	8月15日	9C8953/4	A320	虹桥机场	周二、四、六、日
吉祥航空	上海—珠海	1月13日	HO1159/60	A319/320	浦东机场	周一、二、三、四、五、六、日
吉祥航空	上海—南昌	2月1日	HO1205/6	A319/320	浦东机场	周一、二、三、四、五、六、日
吉祥航空	上海—西安	3月28日	HO1215/6	A319/320	虹桥机场	周一、二、三、四、五、六、日
吉祥航空	上海—贵阳	3月28日	HO1209/10	A319/320	虹桥机场	周一、二、三、四、五、六、日
吉祥航空	上海—石家庄	6月30日	HO1231/32	A319/320	浦东机场	周一、二、三、四、五、六、日
吉祥航空	上海—重庆	8月10日	HO1245/6	A319/320	虹桥机场/浦东机场	周一、二、三、四、五、六、日
吉祥航空	上海—乌鲁木齐	10月31日	HO1255/6	A319/320	虹桥机场	周一、二、三、四、五、六、日
吉祥航空	上海—宜昌	11月10日	HO1239/40	A319/320	虹桥机场/浦东机场	周一、三、五
上货航	上海—厦门	1月8日	F46607/8	75F	浦东机场	周一、二、三、四、五、六、日
上货航	上海—深圳	2月8日	F46609/10	75F	浦东机场	周一、二、三、四、五、六、日
扬子江快运	上海—广州	12月13日	Y87957/8	B733F	浦东机场	周一

上海新开通的国际及港澳台地区航线

航空公司	航线	开通日期	航班号	机型	出发机场	班期
东方航空	上海—松山	6月14日	MU5097/8	A321	虹桥机场	周一、二、三、四、五、六、日
东方航空	上海—香港	9月10日	MU721/2	A320	虹桥机场	周一、二、三、四、五、六、日
东方航空	上海—暹粒	11月1日	MU513/4	A320	浦东机场	周一、五
上海航空	上海—松山	6月15日	FM851/2	B738	虹桥机场	周二、五、日
上海航空	上海—马尔代夫	8月12日	FM813/4	B767	浦东机场	周二、三、六
上海航空	上海—香港	9月10日	FM855/6	B738	虹桥机场	周一、二、三、四、五、六、日
春秋航空	上海—茨城	7月28日	9C8987/8	A320	浦东机场	周一、三、六
春秋航空	上海—香港	9月28日	9C8921/2	A320	浦东机场	周一、二、三、四、五、六、日
吉祥航空	上海—香港	12月17日	HO1291/2	A319/320	浦东机场	周一、二、三、四、五、六、日
上货航	上海—大阪—厦门	3月5日	F46625/6	75F	浦东机场	周三、四、六、日
扬子江快运	上海—天津—布拉格—卢森堡—上海	3月29日	Y87457/8	B744SF	浦东机场	周一、四、六
扬子江快运	上海—香港	4月11日	Y87981/2	B733F	浦东机场	周一、二、三、四、五、日
扬子江快运	上海—巴库—卢森堡—上海	5月21日	Y87455/6	B744SF	浦东机场	周四、日
扬子江快运	上海—天津—卢森堡—布拉格—上海	9月1日	Y87457/8	B744SF	浦东机场	周一、四、六
扬子江快运	上海—名古屋	9月15日	Y87437/8	B733F	浦东机场	周二、三、四、五、日
扬子江快运	上海—北九州	9月30日	Y87441/2	B733F	浦东机场	周三、四、六

十二、邮政事业

（一）综述

2010年是“十一五”规划收官之年，也是举世瞩目的世博会举办之年。上海邮政业全面深入贯彻实施《中华人民共和国邮政法》，扎实有力地做好了世博邮政服务与安全工作，持续快速发展，总体规模不断增长。邮政普遍服务持续推进，邮政市场规范发展，发展环境全面提升，服务能力和服务水平显著提高，各项工作取得新成效。

2010年，上海市邮政企业和规模以上快递服务企业业务收入（不包括邮政储蓄银行直接营业收入）完成124.1亿元；业务总量完成176.4亿元。

2010年，邮政函件业务完成11.7亿件，同比下降10.2%；包裹业务完成529.6.1万件，同比下降25.9%；报纸业务完成11.6亿份，同比增长1.8%；杂志业务完成4269万份，同比下降8.8%；汇兑业务完成944.6万笔，同比下降2.3%。

上海市邮政公司在圆满完成服务世博各项任务的同时，全年完成业务收入40.28亿元，其中函件业务收入13.84亿元、发行业务收入6.17亿元、包裹业务收入6758万元、分销业务收入777万元、集邮业务收入7.40亿元、代理金融业务收入8.98亿元、代理速递物流业务收入1.02亿元、代理信息业务收入1.23亿元。

2010年，上海市规模以上快递服务企业业务量完成2.4亿件，业务收入完成86.7亿元，年均增长率25%以上。其中，电子商务业务已经占据申通、圆通、中通等快递企业业务量的40–50%。

上海邮政业在世博期间按照"邮政服务精益求精、卓越一流，安保工作万无一失"的要求，安全、可靠、及时地累计投送了18万件园区邮件快件和全市12亿件平常函件、快件，确保了运行稳健、运转高效、服务优质、邮件（快件）安全。结合世博会的举行，上海邮政进一步提升服务质量。上海市邮政公司组织百人服务检查团，开展"庆世博、促服务、保平安"专项检查活动。世博期间，上海市邮政公司服务能力和服务水平得到社会充分肯定，社会公众满意度测评分值为85.55分，位列全市12个"生活服务类"行业首位，并首次进入表示最高满意度的"绿色"标识区。开展迎世博、讲文明、树新风"三五"集中行动，确保邮政以最佳面貌迎接世博会召开，连续6次获得市文明办"迎世博100天优质服务贡献奖"。

（二）行业监管

【概况】 上海邮政业2010年保持了平稳较快的发展势头：普遍服务水平稳中有升，快递服务继续快速增长。

2010年，上海市邮政管理局发挥规划引领作用，优化政策环境，把握邮政行业实现科学发展的战略机遇期，组织编制完成了"十二五规划"，推进《长三角快递服务发展规划》和《上海快递服务发展规划》实施。提出了"关于在本市快递业中推行农民工培训补贴政策的建议"的政协提案，经与市相关部门协调，将快递业务员作为行业特有工种纳入上海市政府补贴范围内，符合一定要求并通过职业技能鉴定考试的非本市户口在岗外来农民工将享受培训补贴。全年14000多名从业者报名参加了快递业务员职业技能鉴定考试，理论和实操两项均通过的合格率在90%。

2010年，上海市邮政管理局推进邮政普遍服务，邮政普遍服务进一步得到政策支持。一是上海市人民政府办公厅以沪府办发〔2010〕17号的形式，转发了市建交委、邮政管理局等十三部门联合拟发的《关于本市推动农村邮政物流发展若干意见》。邮政企业实施邮政综合服务进街道、进社区、进小区、进农村，全市邮政综合服务点已达到2100余个。二是"发展农村邮政服务"被写入上海市委《关于贯彻落实＜中共中央关于推进农村改革发展若干重大问题的决定＞的实施意见》。市政府《关于推进本市大型居住社区市政公建配套建设和管理的若干意见》将邮政服务列入百姓开门七件事，并给予了邮政服务设施建设配套优惠政策。出台实施了《上海市邮政设施规划管理办法（暂行）》，基本形成了专业机构编制、邮政管理部门主持评审、审核批准的邮政普遍服务规划管理模式，批复同意了浦东周康航等本市10项大型居住社区市政公建配套的邮政专业规划。推动促成市邮政公司获得了今后5年累计750辆普遍服务车辆新增额度免征车牌费的政策。第二轮信报箱改造项目建议纳入上海旧城改造工程，待资金落实后启动，中心城区的信报箱安装率在95%以上。

年内，上海市邮政管理局继续服务与管理并重，依法依规实施市场监管。一是加强对快递市场的监管。对本市637家世博服务寄递企业进行了备案。根据新《邮政法》要求，加班加点提供行政许可咨询和受理服务，累计为500多家快递企业发放了经营许可。坚持与市消协的联席会议制度，指导企业做好投诉、申诉工作，改进服务质量。二是加强对邮政市场的执法检查。依法维护信件寄递业务专营权。加强对集邮市场的日常检查和监督管理，深入开展保护“世博会”标志和专有权的市场检查活动，配合有关部门做好打击假邮资凭证和查处虚假集邮品广告的工作。指导信封生产企业和信报箱生产企业开展“做标准企业出标准产品”、“产品质量互查互评”和产品生产技术交流等活动。

在上海市邮政管理局的组织落实下，上海邮政业在2010年圆满出色完成世博邮政服务与安保工作。上海市邮政管理局获得了市精神文明建设委员会、迎世博600天行动社会动员指挥部等四部门联合颁发的公共管理奖，受到国家邮政局表彰和马军胜局长批示表扬。一是强化组织领导，加强宣传培训。组织动员邮政业各企业，构建了全市邮政业世博工作组织领导网络；整合资源，形成合力，与市反恐、安全、公安局等部门建立了联动机制。通过市委机关报《解放日报》专版和局网站刊载了国家邮政局等一局两部联合发布的《关于加强中国2010年上海世博会期间寄递物品安全监管工作的通告》，向社会公布了备案的637家寄递企业名单。印发了《关于上海世博会期间确保本市邮路安全采取特别措施的通知》等文件，编发了世博会邮路安全、应急防范演习及反恐宣传片。组织开展了世博寄递企业反恐演练，对460家寄递企业开展了反恐、内保专题培训。二是落实邮政安保工作，确保卓有成效。制定下发了《上海寄递渠道反恐防范标准及指导意见》等14份方案预案和《关于加强上海世博会寄递物品安全的通告》，指导企业制定完善突发事件应急预案和组织演练。与备案的800家快递企业和组织负责人签订了世博反恐工作任务书、群防群治工作任务书。开展了行业安全大检查、反恐安全检查。与有关部门联合检查14次、40个单位，下达整改通知书13份。组建了人数达3708的全行业平安志愿者队伍。协助有关部门、指导有关企业在世博期间侦破了传播反宣品、化学品、毒品等多起违法犯罪活动和通过获取相关情报防范了不法人员在世博园区内肇事的企图，获得了市领导、市公安、反恐等部门的充分肯定和高度评价。三是提升管理，组织提供优质邮政服务。提前组织协调，将14处邮政普遍服务网点和邮路安保设施纳入世博园区规划。邮政企业制定实施和不断完善世博服务方案，做好世博园区5.28平方公里范围的14处邮政网点的服务工作，保证了世博开幕纪念邮票发行有序，向四海宾客提供了优质的邮政服务。在世博园区内搭建了集中安检、统一投送的快递、邮件投递公共服务平台，保证了园区内寄递投送服务的安全、可靠和时效。世博期间，全市邮政业企业安全、可靠、及时地累计投送了18万件园区邮件快件和全市12亿件平常函件、快件，确保了运行稳健、运转高效、服务优质、邮件（快件）安全。建立了服务监督热线24小时接听制度，世博期间共接听热线电话1934个，相关企业均能积极处理服务投诉申诉。四是认真做好世博接待工作。配合做好40多批、上千人的世博接待工作，特别是认真做好来自近30个国家和国际组织的90多名万国邮联邮政政策及监管研讨会、邮政普遍服务国际研讨会代表的世博游览安排工作，万国邮联国际局总局长达扬高度赞扬上海世博会成功、精彩、难忘。五是在全市邮政业先后开展了“迎世博600天行动”、“三五集中行动”、“保安全、促运行、重服务、创一流”立功竞赛活动、“世博运行保障先锋行动”立功竞赛活动，并签订了服务和扫黄打非责任书，企业进一步加强了员工培训、改善了服务设施、提升了服务质量、加强了内部管理。世博行业文明建设效果显著，邮政业企业在全市迎博办博评先选优活动中，共获得上海市“工人先锋号”荣誉14个、各类先进集体32个、各类先进个人67个、“优质服务示范窗口”109个、“优质服务示范员”325个。在市迎世博相关部门联合发布的在上海世博城市服务文明首次调查暨第八次行业文明指数测评中，上海邮政业取得了88.86分的优秀成绩，进步指数为7.3，其对应的服务文明五色标识继续处于“五色评估系统”中的最高等级绿色标识区。

【上海市快递员纳入市政府补贴范围】上海市人保部门确定从2010年1月起将快递业务员作为行业特有工种纳入市政府补贴范围内，符合一定要求，并通过职业技能鉴定考试的非上海市户口在岗外来农民工享受培训补贴。

【组织首批快递业务员（初级）职业技能鉴定理论知识考试】1月31日，上海市邮政管理局举行首批快递业务员（初级）职业技能鉴定理论知识考试。首批快递业务员职业技能鉴定共受理报名2804人，经审核符合报名条件的2623人，其中申报参加快递业务员（快件收派）鉴定的1764人，申报参加快递业务员（快件处理）鉴定的859人。

【召开上海世博会邮路安保工作动员会议】3月16日至18日，国家邮政局上海世博会邮路安保工作动员会议在沪召开。国家邮政局副局长苏和参加会议并讲话，市场监管处司长韩瑞林，以及上海市邮政管理局局长李惠德，北京、上海、天津、广东、浙江、江苏、山东、辽宁、新疆等邮政管理局分管局长，国家邮政局办公室、普遍服务司、新闻宣传中心、消费者申诉中心有关人员与会。

【李盛霖部长视察上海邮政业及世博邮路保障】3月26日，国家交通运输部党组书记、部长李盛霖在沪参加“国际航运上海论坛2010”，并视察上海邮政业及世博邮路保障，现场查看了生产作业情况、邮件安检情况，慰问了一线生产员工。中国邮政集团公司刘安东总经理、上海市邮政管理局李惠德局长、上海市邮政公司王观锠总经理陪同视察。

【首次举行世博寄递企业反恐演练】4月16日，上海市邮政管理局在顺丰速运公司举行世博寄递企业反恐演练，国家邮政局相关部门、市国家安全局、公安局、消防局等单位现场指导，全市民营、外资等30多家快递企业现场观摩。

【上海市邮政管理局成立上海市邮政管理局世博工作指挥部】4月23日，上海市邮政管理局成立上海市邮政管理局世博工作指挥部，局长李惠德任总指挥。下设5个分指挥部：日常运行分指挥部、新闻宣传分指挥部、世博安保分指挥部、世博服务分指挥部、世博保障分指挥部，总指挥部附设世博办公室。

【苏和副局长、原党组副书记盛汇萍出席上海世界博览会开幕式和世博会开园仪式】4月30日，应上海市政府邀请，国家邮政局副局长苏和、原党组副书记盛汇萍、市场监管司司长韩瑞林参观上海世博园区，并于当晚出席在世博演艺中心举行，中共中央总书记、国家主席、中央军委主席胡锦涛等中央六常委和国际展览局主席蓝峰出席的中国2010年上海世界博览会开幕式。

5月1日，国家邮政局苏和副局长等参加世博会开园仪式，全国政协主席贾庆林与国际展览局主席蓝峰共同用一把应用磁悬浮技术的特制「金钥匙」开启上海世博园并致辞。期间，苏和副局长一行现场视察了上海世博会邮政服务和安保工作。

【王渝次副局长出席上海世博会荷兰馆日庆典活动】5月18日，应荷兰住沪总领事的邀请，国家邮政局副局长王渝次等领导出席上海世博会荷兰馆日庆典活动。期间，王渝次副局长一行现场视察了上海世博会邮政服务和安保工作。

【马军胜局长与上海市副市长沈骏会晤】6月22日，国家邮政局局长马军胜与上海市沈峻副市长进行会晤洽谈。双方就上海市邮政管理、世博会邮政服务与安保等工作进行了交流。上海市邮政管理局局长李惠德陪同参加。期间，马军胜局长视察调研了上海市邮政管理局工作情况，听取了上海市邮政管理局班子关于近期工作以及世博会邮政服务与安保工作的汇报。

【首次参与市"政风行风"广播节目】8月21日，上海市邮政管理局党组成员、纪检组长俞燕萍同志和相关业务处室负责同志及市邮政公司相关部门人员，首次走进上海市广播电台直播室参加上海市"政风行风热线"电话接听直播节目，介绍本市邮政体制改革的基本情况、邮政管理部门职责、邮政行风建设和世博邮政服务情况。

【与消保委联合举办快递服务规范推进会】9月15日，上海市邮政管理局与消保委联合举办快递服务规范推进会。邮政EMS、顺丰、圆通、申通等本市二十三家快递企业相关负责人及十多家新闻媒体出席会议，讨论如何提升快递服务质量、指导敦促快递企业解决服务中的热点问题。上海市邮政管理局李惠德局长，市消保委副主任、副秘书长赵皎黎出席会议并讲话。

【李盛霖部长视察世博邮政服务】9月30日，交通运输部李盛霖部长一行在国家邮政局苏和副局长的陪同下来沪，视察上海世博会期间邮政管理工作，慰问一线员工。

【马军胜局长视察上海世博邮政服务和安保工作】10月31日，国家邮政局局长马军胜在参加2010年上海世博会闭幕式期间，视察上海世博邮政服务和邮路安保工作，并慰问一线员工。

【召开广州亚运会、亚残运会邮路安保决战动员会】11月3日，上海市邮政管理局组织召开广州亚运会、亚残运会邮路安保决战动员大会。市政府相关部门人员、市内邮政企业和规模以上国营、民营和外资快递企业的主要负责人共60余人参加了会议。

【开展"11.15"特大火灾后快递网点防火安全检查】11月17日，上海市邮政管理局对上海"11.15"特大火灾所在地上海静安区的快递公司网点开展全覆盖防火安全检查，并对各大快递公司的总部进行全面安全生产检查。

【邮政业的世博服务受党中央国务院表彰】

12月27日，中国2010年上海世博会总结表彰大会在北京人民大会堂隆重召开，党中央国务院分别授予上海市邮政公司和顺丰速运集团上海速运有限公司职工赵洋洋上海世博会先进集体、先进个人荣誉称号。国家邮政局马军胜局长亲切会见了来京出席上海世博会先进集体和先进个人表彰大会的上海邮政公司党委书记、总经理王观铝、顺丰速运集团上海速运有限公司职工赵洋洋。

（三）普遍服务

【概况】2010年，上海市函件、包裹、报刊、机要、汇兑等邮政普遍服务业务呈稳定发展态势，邮政网点覆盖全市，邮政普遍服务终端不断延伸，有效保障了公民通信权的实现，满足了社会公众对普遍服务和特殊服务的需求。上海市区邮件基本实现投递到户，郊区实现投递到户或通过村邮站转接。全市邮政普遍服务和特殊服务得到有效保障，服务水平居全国领先地位。

上海市邮政公司经营工作紧紧把握世博会契机，统一思想、狠抓落实、积极推进，以市场为重点，推进项目建设，取得世博产品开发销售新突破。网路运行管理着力实现“三个转变”，即变组织网路为经营网路，变静态管理为动态控制，变计划安排为实时调度，促进网路运行效益与效率持续提高。上海市邮政公司在全市共设置邮政网点657个（其中支局242个、所310个、服务处105个），另设投递支局45个，大宗邮件处理点24个，特快邮件直投点14个，集邮门市部3个，报刊门市部2个，代办邮政所3个，信筒、信箱3559个。设市内转趟路线270条，日运行17576公里。承担全国一级中心邮区邮件中转任务，共有国内航空、铁路、汽车和国际航空、海运等各级干线邮路92条，邮路总长度为24.27万公里。

上海市邮政公司以强化邮件寄递安全为重点，以加强督查为着力点，注重事前预防，有序推进各项检查工作，落实对全网、全业务、全过程的监督检查。尤其在世博期间，加强邮件寄递安全检查，保障世博会顺利举行。聚焦世博服务，诠释“用心服务、优质服务、满意服务”理念，深化服务管理工作，进一步提升上海邮政服务能力和服务水平。全年发放用户征询函10420份，用户综合满意度为93.7分。

【完成世博会门票销售任务】 1月1日，上海世博会门票第三阶段销售工作启动，上海邮政充分发挥品牌优势、资源优势和服务优势，采取多种措施开展票务代理，年内销售世博会门票327万张，累计共销售门票637.8万余张，销售额接近10亿元。销售业绩在中国邮政系统中处于绝对领先地位，占到中国邮政集团公司总销售量882.24万张的72.3%；同时确保中国邮政销售业绩在四个销售阶段连续位居四大代理商之首，获得世博局和中国邮政集团公司高度评价。

【开办基金网上业务】 为方便客户办理基金相关业务，丰富交易渠道，提高服务水平，1月起，邮储银行上海分行正式对外开办基金网上业务。通过前期开展基金网上交易业务系统内部试运行工作，确保系统符合正式上线推广要求。基金网上交易包括业务介绍，基金公司、产品、净值等相关信息的查询，客户账户查询，客户账户管理，客户经理查询，基金认购、申购、定投、赎回、转换、分红方式变更等各项业务。同时，网站上将定期发布银行公告、基金公告、活动信息、行业资讯等。开办基金网上交易，对维护各类基金用户、发展中高端理财客户提供了实时、便捷、保密性强的交易平台。

【开办四币种外汇业务】 为进一步丰富邮储银行个人外汇业务服务币种，提升市场竞争力，自9月20日起，邮储银行上海分行试点开办多币种个人外汇业务，包括欧元、英镑、港币、日元四个币种的个人储蓄、结售汇和外币理财。为提升银邮汇款产品竞争力，推动账户汇款业务发展，自12月8日起，开办欧元、英镑、港币、日元四个币种的银邮汇款业务，包括汇出汇款和汇入汇款。

【推出“绿邮田园”项目】 1月18日，上海市邮政公司推出“绿邮田园”服务。“绿邮田园”实行会员制，会员卡面值分为人民币1000元、500元两种，分别享受全年15次、7次配送绿色蔬果服务；一次免费草莓或蔬菜采摘体验；组织全年四次主题生态活动。

【世博邮政支局落成】3月18日，世博邮政支局正式落成开业，标志着上海邮政服务世博园区的运营工作正式启动。作为世博园区整体配套工程之一的世博邮政支局坐落于浦东南路5000号，支局建筑面积3000平方米，绿化面积900平方米。宽敞的营业大厅内配有一流的服务设施，功能区域划分明显。同时为确保世博会期间邮件传递时限、减少倒流，3月18日–10月31日，世博邮政支局启用专用邮政编码201051，寓意世博会开幕日，服务区域东至南码头路，西至黄浦江；南至浦东南路，北至黄浦江。

【世博园区内增设7处网点】为更好地服务2010年上海世博会的组织者、参展者和参观者，上海市邮政公司在世博园区内增设中国馆邮政服务处、主题馆邮政服务处、文化中心邮政服务处、中南美洲馆邮政服务处、浦东邮政处理站、机装管子工场邮政服务处、浦西邮政处理站等7处服务网点。其中中国馆邮政服务处世博后继续承担收寄邮件、出售邮品、个性化邮票制作功能。

【组开"世博专线"邮路】为保障世博期间邮运通信生产，上海市邮政公司启用"世博专线"为世博邮政支局服务。"世博专线"从3月18日起试运行，于5月1日正式运行，采用"驾押合一"形式，选派"世博专线"驾驶员，实行专人专车专线，每天三频次到世博邮政支局交接邮件。同时确定浦东、浦西3条应急邮路，保证专线正常运行。世博期间，专线行驶里程33510公里，运送世博邮件13997袋（盒），做到无差错，无抛锚，无事故，无有理由申告。作为世博会与外界的邮件通道，成为展示上海邮政形象的流动窗口。

【启动投递服务方式转变试点工作】7月27日，上海市邮政公司召开"投递服务方式转变、投递网络优化"试点工作布置会召开，正式启动投递服务方式转变试点工作。工作重点分为五方面，一是增强投递能力建设，推行"大客户机动车投递，商业客户个性化投递，街巷客户自行车投递，住宅客户社区–信报箱投递"的投递网络构架；二是强化投递服务质量管理，确立服务标准，强化质量监控，健全投递质量监控和评价体系，提升人员素质；三是强化专项整治，提高投递信息化应用水平，提高邮件处理效率和质量；四是深化投递流程优化工作，分拣前置，直分到段，减少处理环节，加快处理时限，提高劳动生产率；五是落实管理措施，做好基础地址维护工作，确保名址维护的及时性和准确性。上海市邮政公司通过加强新技术、新设备的应用，科学组网、合理布局、优化流程，减轻投递员的工作负荷，提高投递质量和时效，更好地支撑新业务和经营发展。

【组织"庆世博、促服务、保平安"专项检查】4月1日–10月31日，上海市邮政公司组织开展"庆世博、促服务、保平安"专项检查活动。专项检查以上海市世博窗口服务文明指数测评六大类项目——环境设施、工作态度、举止仪表、反应能力、世博工作举措和世博精神体现为主要方面，结合邮政窗口服务特点，共设立23项具体检查内容。通过现场检查、走访用户、现场征询、电话回访等形式，实施综合评定，每月以专题通报形式公布检查结果。年内，上海市邮政公司百人检查小组共出检607人次，检查邮政支局（所）营业窗口426个，投递支局52个，占邮政网点总数81%；全日送投送站73个；市区东方公司书报亭1337个，郊区书报亭92个；走访用户271户；现场征询用户意见598人。

【开展窗口服务日集中行动】为营造迎世博氛围，按照上海市邮政业迎世博、讲文明、树新风“三五”集中行动方案具体要求，上海市邮政公司以每月五日窗口活动日为契机，分别组织开展“迎世博擦亮窗口”、“诚信服务在窗口”等集中行动。在“迎世博擦亮窗口”活动中，各直属单位共出动10442人次，对所属620个服务网点内外部环境进行全面、彻底清扫；对4130个邮箱（含邮民联系箱）、1478辆机动车、5775辆自行车及网点内所有电脑、打印机、ATM设备进行清洁，使全公司所属网点局容局貌、车容车貌、箱容箱貌得到明显改善。在“诚信服务在窗口”活动中，以实现合同、质量、计量、价格、服务“五诚信”为目标，到所属网点进行现场检查，对合同、资费价格公示、计量设备进行检查，确保活动取得实效。

（四）快递服务

【概况】 2010年，上海已成为全国快递服务最发达的城市，收入规模占全国快递市场份额的22%。快递总部经济效应日益凸显。上海作为亚太区域重要门户、长三角区域的核心城市，已经发展成为全国快递企业总部聚集最多的城市。申通快递、圆通速递、中通快递、汇通快递、韵达快运、希伊艾斯、鑫飞鸿快递等多家民营快递企业的全国总部以及FedEx、UPS、TNT、DHL等国际快递公司的中国区或华东区总部均设在上海，快递总部经济带来的产业聚集效应日益显现。快递服务的发展对服务上海“四个中心”建设、提升城市综合竞争力、促进进出口贸易、改善投资环境、满足经济发展和人民生活需求、扩大社会就业发挥了重要作用。

规模以上快递企业形成了较为健全的网络体系。信息化技术应用水平、标准化水平和运营管控水平逐年提升。手持终端、影像监控、车辆跟踪定位、分拣作业机械化和自动化操作程度广泛普及应用。规模以上快递企业拥有汽车5773辆、摩托车1610辆、计算机9086台、手持终端7910台、从业人数达5.1万人。FEDEX、UPS、DHL、TNT等国际快递企业和顺丰速运在上海起降的全货机航班每周超过60架次。规模以上快递企业的服务、中转处理网点共4491处，已经覆盖整个市区，部分快递企业的服务深入乡镇、村。规模以上快递企业普遍提供“次日达”、“隔日达”、“次晨达”、“当日达”、“限时达”、“即时送”等服务，部分企业提供代收货款、快件保险等增值服务，并涉足电子商务配送、供应链管理等服务领域，满足了不同层次的市场需求。

2010年，上海邮政企业全面推进速递物流专业整合和一体化专业经营整合，积极进行业务重组、资产重组、人员重组，深化邮政速递物流专业改革，6月29日，上海市邮政速递物流有限公司成立，主要经营国际、国内、同城特快专递和国内物流等业务，全面实现了普遍服务和竞争性业务分业经营。上海市邮政速递物流有限公司国际特快业务通达全球200多个国家和地区；国内业务遍及全国2800多个县市。建有网站、短信、客服电话三位一体的实时信息查询系统。下设揽投部123个、揽投站129个、揽投道段1471条。年内，上海邮政速递专业加大国际、国内合作力度，拓宽邮政服务领域，扩大邮政影响力。捉住世博契机，开办符合客户需求的特色业务，丰富业务品种，提升服务质量。EMS邮件全程时限准时率为87%，出口准时率为96%，干线准时率为82%，及时妥投率为61%，一次妥投率为73%。客户查询投诉处理完成率为99.87%，处理及时率为92.89%，回复及时率为91.67%，结果有效率为90.67%，客户满意率为95.67%。

2010年，各民营快递企业继续扩张发展。申通快递公司日均业务量达160万，年增长率为45.5%，快递日业务量最高峰到260万件，全网络共有从业人员约10万人。圆通速递公司在全国设立8个管理区、52个转运中心、4800余个配送网点和5万余名员工，服务范围覆盖国内1240余个城市，还开通了港澳台、中东和东南亚快递专线服务，开展国际快递业务，全网业务量突破每天100万件。2010年，韵达货运公司全网络递送快件超过2亿件，单日最高峰业务量超过100万件。中通快递公司全网员工达3.6万人，网络覆盖县级以上网点达1000多个，全网配送网点达2986个，拥有43个规模性的分拨中心，快递服务车辆8000多台，日快件量达80万件，完成业务量1.53亿件，年增幅72%。

【快递行业积极服务世博】 世博期间，上海全市快递企业在服务场所设置、营业时间安排、上门服务提供等方面为顾客提供方便。负责收寄投递的服务人员根据新《邮政法》和《快递业务经营许可管理办法》对快递业务经营许可的有关要求持证上岗；在服务过程中统一穿着具有组织标识的服装，并配戴工号牌或胸卡，按时准确安全地送达快件。

申通快递公司为确保快件服务质量，制定了业务高峰期应急预案，采取了一系列基础措施，如扩大操作场地、加大基础设施建设的投入、加强了人员储备工作、完善员工培训体系、完善良好的网络服务系统以及拓展个性化的服务项目等。圆通速递公司秉承“客户要求，圆通使命”的服务宗旨，通过加大硬件投入力度，夯实转运中心等网络基础设施，不断增强为用户提供优质的快递服务，并启用上海新转运中心，全部采用人机结合分拣方式，大大提高快件分拣、中转和派送时效，提高世博期间快件转运速度。韵达货运公司每月组织操作员工进行快件安全方面以及如何提高派送时效的知识竞赛，提高员工服务质量，强化安全意识。中通快递公司结合自身实际，加强基层网点的团队建设，先后开展了包括“争先1分钟，创优1公里”等劳动竞赛活动，提高一线业务员派件的积极性，着力提升全网的末端派送服务质量。UPS在中国新增101个现场库存点，大幅提升在中国的服务备件物流网络，缩短快件运送时间。联邦快递则将首架波音777货机在上海投入运营，与位于美国孟菲斯的超级转运中心直接相连，提升运输效率。

【中通获“中国民用航空国内运输业务许可销售代理人”资质】 2010年，中通快递全网络直发航线已达257条，日直发航班242个，直发航班城市达36个，实现今发明至的城市有15个，开通二次派送的城市有19个。在中国航空运输协会的严格审核下，中通顺利获得了“中国民用航空国内运输业务许可销售代理人”资质，为中通搭建空中运输平台、进军国内空运市场打下了基础。

【圆通速递实行全年无休服务】 6月份，圆通速递公司率先向社会承诺，实行全年无休，为客户提供365天服务。

【EMS试办国际特快专递“特惠箱”业务】 5月1日–10月31日，上海邮政EMS试办国际特快专递“特惠箱”业务。“特惠箱”业务是针对世博会开办的特殊业务，将目标市场和客户群定位在来华人士，业务通达范围确定在40个国家和地区；在业务设计上，确定5公斤、10公斤、20公斤和30公斤4种箱型；在定价上，按寄达国（地区）收取均一资费，具有通达范围广、交寄简便、价格经济等优势，满足世博期间来华旅游人士寄递纪念品、行李及商务往来等物品类寄递需求。世博期间共受理“特惠箱”业务4456个。

【eBay中国与中国邮政、美国邮政合作开发电子商务物流平台】 5月28日，eBay中国与中国邮政、美国邮政在上海邮政大楼中庭共同签署中美邮政 eBay 项目合作行动书。三方共同规划并制定电子商务物流平台方案，以支持 eBay 中国卖家通过邮政速递渠道，将商品更加快捷、及时、准确地发送到美国买家手中。中美邮政和 eBay 专门为此次行动计划开发信息系统功能模块，并嵌入到 ebay.cn 上的卖家操作流程中。通过三方在业务操作平台和信息系统的无缝连接，在 eBay 上交易的中小企业和个人用户只要按正常交易流程操作，就能享受跨境电子商务速递“一条龙”服务。ebay.cn 开发在线生成邮件号码功能，使用户能随时掌握邮件的在途状况。

【EMS 开办国际 e 邮宝业务】 7 月 12 日，EMS 国际 e 邮宝业务正式开办，上海作为全国首批开办此项业务的 13 个城市之一。国际 e 邮宝业务主要针对国际轻小件邮件体积小、重量轻、数量多等特点，按照万国邮联规定的邮件单式格式和内容，在用户使用和操作方式上优化处理流程，依托国际速递邮件揽收、处理和发运平台，与美国邮政国内处理平台衔接，提供时限稳定、信息可跟踪、价格贴近市场的轻小件邮件寄递服务。年内，收寄国际 e 邮宝邮件 19.34 万件。

【EMS 启动京沪快线流程优化项目试点】 7 月 15 日，EMS 京沪快线流程优化试点项目正式启动运行。该项目以实现京沪两地次日上午递为目标，按照商业化、市场化运作要求，提升速递运行质量和市场竞争力。上海邮政 EMS 对现有揽投、分拣、封发以及航站等各环节现场流程和作用方式进行调研及方案设计，确保项目在实施过程中更具针对性和成效性。8 月 2 日 -9 月 27 日，项目推广至京沪穗深。该项目的启动运行，促使速递各生产作业环节逐步规范、完善，相关路向标准件次日上午递率明显提升。

【EMS 与中国货运航空建立战略合作关系】 9 月 8 日，上海市邮政速递物流有限公司与中国货运航空有限公司（以下简称中货航）签署战略合作框架协议。上海市邮政速递物流有限公司为中货航进一步扩大市场延伸能力、加快转变货物结构提供支撑；中货航将利用自身网络、区位优势，为上海市邮政速递物流有限公司的航空服务提供国际、国内航线全货机、客机腹舱等航空运力资源。双方还在国际市场邮件和快件中转业务、网购产品项目研发等领域加强合作，共同推进新产品开发与维护，通过建立长期稳定合作机制，推动双方共同发展，努力为中国航空物流和邮政速递物流的发展及更好为客户服务发挥作用。

【圆通速递上海转运中心投入运营】 2010 年，圆通速递总投资 2.5 亿余元、占地 70 亩、建筑面积近 4 万平方米的具有自主产权的圆通上海转运中心投入运营。

【中通快递上海“总部基地”启用】 11 月，中通快递上海“总部基地”投入运营，该总部集办公、分拣、生活于一体，上海转运中心日快件处理量达 60 万件。

（五）科技和文化

【概况】 年内，上海市邮政公司科技部门以服务世博和“流程优化”工程为重点，完成多个业务系统的开发上线工作；加大设备研发力度，为企业发展提供技术支撑。集邮专业紧抓世博热潮，开发推出多种世博邮品，深受集邮爱好者欢迎与好评；举办各类集邮活动，普及集邮知识和书信文化。上海邮政博物馆不断增强服务意识，提高业务水平，全年累计开馆 255 天，接待参观者 125677 人/次，被中国科协核准并命名为“2010–2014

年度全国科普教育基地”。

在世博服务的带动下，行业文明程度不断加强，并获得多项荣誉。年内，上海市邮政公司相继获得“上海市企业文明建设示范基地”、“上海市全民国防教育先进集体”、“上海世博会先进集体”、“上海市五一劳动奖状”等荣誉称号。申通快递商标荣获由上海市工商行政管理局颁发的上海市著名商标，并获得“上海市中小企业信息化应用示范单位”称号。韵达快递荣获“工人先锋号”称号集体奖，并获得“世博服务品牌”奖和“五色杯”先进个人奖，上海市“知荣辱、讲文明、迎世博、建诚信”系列活动组委会和上海市快递行业协会授予的“诚信企业”称号，“2010中国电子商务百强企业”称号等。

此外，邮政行业在上海市邮政管理局的组织下，积极应对玉树大地震，及时启动应急预案，企业积极做好灾区员工救援和重建工作，免费运输爱心物资前往青海玉树地震灾区；邮政业各界奉献爱心，在全行业开展了“向青海玉树地震灾区献爱心捐助活动”，全市寄递企业纷纷伸出援手，累计捐款100余万元。

【邮政金融个人网上银行系统上线】 3月26日，作为全国首批推广单位，邮政金融个人网上银行系统在上海成功上线。经过两个多月组织内部员工试用后，于6月1日与全国各省同步向社会客户开放。网上银行系统的开通标志着上海邮政实物网点、ATM自助服务终端、电话银行、网上银行等四大金融服务渠道基本成型。

【新一代信函分拣机投入试生产】 5月11日，具有中文地址识别功能的新一代信函分拣机（以下简称MPS）在浦东邮件处理中心通过专家验收并投入试生产。在验收前三个月的实信试验阶段，累计处理进、出口信函1316万件，日均处理量达到15.3万件，平均识别率为86.75%。MPS采用“地址库驱动汉字地址识别”的新方法，将汉字识别技术与地址库信息相融合，在地址库驱动下，实现信封上汉字地址的高效识别，改变十几年来完全依靠邮政编码进行信函分拣的情况。此外，还成功实现“道段分拣”功能，实现依据汉字地址将信函分拣到投递“道段”，大大节约投递员二次分拣时间，为提高邮政行业的工作效率创造技术基础。MPS突破多项核心关键技术，具有国际先进水平。

【申通快递推广呼叫中心系统】 9月17日，申通快递公司在上海片区和各省省会城市网点推广呼叫中心系统。其中，上海片区已完成70%，各省省会城市完成45%。

【圆通速递与IBM签订长期战略合作协议】 10月份，圆通总投资1.2亿余元，与IBM签订长期战略合作协议，正式启动圆通集团控股及信息系统优化项目等等。此次签署的战略合作协议将历时三年，共分四个阶段。第一期工作重心是集团管控体系、运营能力提升及信息化建设规划。第二期工作重心是企业资源规划（ERP）系统的建立，包括财务管理模块、人力资源模块以及企业文化建设和领导力提升等项目。第三期进行核心业务系统的规划设计，系统原型开发及验证，核心业务系统的开发完善及上线运行，并与二期已经上线的ERP系统模块进行集成。第四期在核心ERP系统和核心业务系统上线运行后，实施ERP系统的全面预算和资金管理、呼叫中心建设、客户关系管理（CRM），商业智能等，同时包含对三期已经上线的核心业务系统的运维服务。

【上海市集邮协会举办青少年迎世博书信展】 1月21日，在上海世界博览会倒计时100天之际，上海市集邮协会与中福会少年宫在上海邮政大楼中庭联合举办“上海市青

少年迎世博书信文化展”。此次展览共展出作品 104 框，内容全部是各区中小学生以迎世博为主题的书信，以及学生们设计的纪念封、明信片等。

【举办世博主题“邮彩联票”首发式】 10 月 9 日，中国邮政集团公司、中国福利彩票发行管理中心、上海世博会事务协调局联手设计、制作、发行的中国邮政 / 中国福利彩票世博主题“邮彩联票”在上海邮政大楼中庭举行首发仪式。“邮彩”是邮票与彩票相结合的产品形式，整合邮票的文化性和收藏性以及彩票的娱乐性和趣味性，开创邮票、彩票收藏领域先河。此次发行的世博主题“邮彩联票”名称为《世博典藏》，限量发行 30 万张。

【国内首家由快递企业捐助建设的希望小学落成】 6 月 29 日，国内首家由快递企业捐助建设的希望小学——圆通希望小学在四川省仪陇县立山镇沙砍子村正式落成。

【韵达快递与浙江商业技术学院深化校企合作】 2010 年，韵达快递与浙江商业职业技术学院深化校企合作，全面筹建韵达学院，12 月 16 日，“韵达财会订单班”在浙江商业职业技术学院正式开班。

（温任勇 汤琳 陆怡琼）

十三、海洋海事

（一）综述

2010年，海洋综合管理工作有序推进，海洋科技、海洋规划、海洋执法、海域管理、海洋环保取得新的进展。审议通过了海洋功能区划编制工作大纲，积极开展《海岛法》宣传贯彻和全国海洋日、蓝丝带海洋环保中国行等宣传活动；对金山三岛实施了首次登岛执法检查，会同东海分局完成中国海监2010年度上海联合执法行动；探索开展海洋环境监测工作，编制发布了上海市海洋环境公报；“海上城市”项目前期技术研究取得阶段性成果，“数字海洋”上海示范项目立项准备工作也已基本完成；完成组建海洋管理事务中心。全市海洋经济产值增加到4300亿元，连续四年位列全国三甲。

2010年，上海海事局实施船旗国安全检查（FSC）6662艘次，港口国监督安全检查（PSC）658艘次，开航前检查75艘次，连续14年未发生被检船舶在国外被滞留的情况。办理航次签证433347艘次、国际航行船舶进出口查验40550艘次。水上安全指挥中心共组织搜救行动142次，救助遇险船舶63艘、遇险人员1136人，救助成功率94.90%。完成各类船员考试31475人次，签发各类船员证书54216本。完成上海海事局网上政务中心建设，超过80%的行政许可在网上办理。东海海区管理航标总数4466座，完成航标维护156万座天，航标正常率99.92%、维护正常率99.98%，均优于部颁标准。全年测量水域面积近1.5万平方公里，发行纸海图37.5万张、电子海图4.6万幅/次。

实现电子海图网络发布系统以 S-63 标准加密方式发布和国内首创电子海图自动在线更新。

2010 年，东海救助局共执行救助值班待命 7813 艘天，执行救助任务 544 起，出动救助力量 691 次，援救遇险人员 1589 人，救助遇险船舶 73 艘，获救财产价值估算 36.7 亿元。上海打捞局全年完成公益性抢险救助和财产救助等打捞任务 16 起，救助遇险船员 79 人，船舶待命 243 艘天，拖航运输 25 艘次，平台安装 293 艘天，海底电缆铺设 53 艘天，海洋工程服务 9419 艘天。

（二）海洋管理

【概况】 2010 年，海洋综合管理工作在承前启后中有序推进，海洋科技、海洋规划、海洋执法、海域管理、海洋环保在继往开来中取得新的进展。在市相关部门的支持配合下，调整充实了上海市海洋经济发展联席会议人员组成，制订了相应的工作制度，并审议通过了海洋功能区划编制工作大纲；加大海洋宣传力度，积极开展《海岛法》宣传贯彻和全国海洋日、蓝丝带海洋环保中国行等系列宣传活动；对金山三岛实施了首次登岛执法检查，并会同东海分局圆满完成了中国海监 2010 年度上海联合执法行动；探索开展海洋环境监测工作，并编制、发布了上海市海洋环境公报；积极推进科技信息化工作，“海上城市”项目前期技术研究取得阶段性成果，“数字海洋”上海示范项目立项准备工作也已基本完成；加强海洋机构能力建设，海洋管理事务中心已完成组建，进入实质性运转。全市海洋经济产值自“十五”期末的 2300 亿元增加到 4300 亿元，连续四年位列全国三甲。

【全海域海洋环境监测】 2010 年，上海市海洋局组织实施的海洋环境监测项目涉及水文气象、水质、沉积物、生物残毒等 100 余项，监测海域面积达 1.72 万平方公里，共布设水质站位 255 个，沉积物站位 135 个，生物站位 143 个，潮间带断面 10 条，采集各类监测样品 4000 余个，获得监测数据约 45000 组。监测结果表明：2010 年上海市及邻近海域海水环境质量状况与 2009 年相比略有好转，超海水水质标准第三类和第四类标准值的指标主要为无机氮和活性磷酸盐；沉积物质量状况良好，铜、镉、铅个别站位超海洋沉积物质量标准第一类标准值；海洋生物（贝类）体内铜、锌、铅、铬、镉、砷和滴滴涕残留量超海洋生物质量标准第一类标准值。近岸海域生态系统维持亚健康状态。

【海洋灾害】 2010 年，上海市出现灾害性大浪 51 天，未发生海啸和风暴潮灾害；崇明岛东北部出现海水入侵和土壤盐渍化；长江口陈行水库、宝钢水库邻近水域出现 5 次咸潮入侵过程；上海市及邻近海域未发现赤潮爆发。

【海域使用管理】 2010 年，上海市海洋局共审核确权用海项目 4 宗，其中 2 宗属变更海域使用权项目，1 宗属海域使用权转移登记项目。批准海底电缆管道路由调查勘测申请 1 宗。

【上海市 908 专项“上海市沿海地区社会经济基本情况调查”和“海岸带调查”通过验收】 9 月 19 日，上海市 908 专项办公室组织召开了我市 908 专项“上海市沿海地区社会经济基本情况调查（SHJJ1）”和“海岸带调查（HAD1、HAD2）”任务验收会，两项目经过专家组现场查验和会议审查后顺利通过验收。由上海市湖沼学会、东海预报中心联合承担的 SHJJ1 项目，以本市临海的 6 个行政区县为调查范围，对沿海地区的社会

经济、城镇与人口发展及海洋经济发展状况等调查资料进行了综合分析研究。由华东师范大学、上海市海洋环境预报台等单位联合承担的HAD1、HAD2项目，对上海市海岸带的类型、岸线、地质地貌、滩涂与潮间带、湿地、植被和土地利用的分布变化进行综合分析，系统地说明上海市海岸带的自然属性与资源环境以及开发利用的现状、变化及原因，为上海市海岸带保护与开发利用奠定了坚实基础。

【上海海洋大学海洋科学研究院揭牌成立】 9月18日上午，上海海洋大学海洋科学研究院揭牌成立。该研究院下设有数字海洋研究所、中美海洋遥感及信息研究中心、海洋生态系统与环境实验室、海洋生物系统和神经科学研究所、海洋经济和文化研究中心等12个国际化、开放型的研究中心、研究所和重点实验室，并聘请了两位双聘院士以及柔性引进了美国麻省大学、美国NOAA、美国马里兰大学等一批拔尖人才加盟。现承担了国家973、863计划、国家科技支撑计划、国际合作及省、部级等各类重大重点科研项目100多项。

【世博会期间上海海底管线专项保护工作】 上海是我国最主要的国际海底光缆登陆地和通信枢纽，通信容量约占我国国际通信量的四分之三，海底管道输送的海洋天然气约占我市天然气供应量的三分之一。为保障世博会期间在上海海域登陆的国际光缆的通讯畅通和海底输油输气管道的安全，加强海底光缆管道保护和应急工作的管理，提高应对突发事故的应急协调和处置能力，市海洋局与国家海洋局东海分局联合开展了世博会期间上海海底管线专项保护行动，中国海监总队也组织开展了世博期间海底光缆巡护专项执法行动，以确保世博会期间东海区海底通信光缆和输油等管道的安全畅通。（邓一露）

（三）海事管理

【概况】 2010年，上海海事管理工作以世博会水上安保为主线，统筹协调，维护了上海水上交通安全形势的总体稳定，为上海世博会提供了安全、畅通、有序的水上交通环境。

开展打造责任链、编织安全网系统工程，构筑水上安全综合管理格局，有效排除和减少辖区安全隐患。加强对“两口一线”等重点水域和“四客一危”等重点船舶的有效监管。深入开展网格化巡航管理，将现场服务、管理、执法、监督等环节形成科学合理的闭合系统。修改和完善应急预案，推进搜救区域合作，加强搜救联动机制建设。制定《长江上海段航路航标调整方案》、《长江口深水航道（12.5米）延伸段试通航管理规定》，进行实船试通航，全力保障长江口深水航道及延伸段通航安全。为关系国计民生的能源、救灾、环卫等重点船舶开辟绿色通道，保障重点物资快速安全畅行。全力服务崇启大桥、炮台湾邮轮码头、世博音乐喷泉等重点涉水工程。协助开展中韩海事调查合作年会等活动。上海海上搜救中心组织水上搜救144次，成功救助船舶63艘次，成功救起1136人，搜救成功率为94.90%。

实施运输船舶吨位丈量专项检查、船舶安全配员及“四客一危”船舶安全大检查。加强船舶安检质量管理，试点推行港口国监督检查智能支持系统（E-PSC），提升港口国监督与服务水平。全年实施船旗国检查6662艘次，港口国检查658艘次，开航前检查75艘次，连续12年保持适用船舶开航前检查率100%以及经开航前检查船舶国外港口国监督检查滞留率为零。全年共查验国际航行船舶40658艘次，办理国内航行船舶航次签证451001艘次，为15408艘次船舶办理了定期签证，定期签证航次数累计达 1204737 艘次。落实“大通关”工作制，指导非开放码头临时接靠国际航行船舶的申请，支持码头企业生产，共审批非开放码头临时接靠国际航行船舶 2852 艘次。成立上海海事局船舶登记中心，提高特案免税登记效率，目前上海辖区登记注册船舶 2184 艘、13932536 总吨，其中特案免税登记船舶 23 艘、305445 总吨。推进船舶融资租赁登记，促进船舶融资租赁及售后回租业务的发展。与交通银行签署合作协议，服务航运金融发展。

重点加强对辖区船舶管理公司、水上供受油公司、游览船公司的监督检查，着力提高上海片区航运公司本质安全度。组织国内营运航运公司审核 81 家次，国际营运航运公司审核 58 家次，船舶审核 150 艘次，对 1 家航运公司做出附加审核决定，对 6 家航运公司做出跟踪审核决定，6 艘船舶审核不通过，1 家公司不予签发符合证明。截至年底，上海片区共有注册安全管理体系审核员 122 名，船舶保安体系审核员 6 名，航运公司监督检查员 122 名，实施安全管理体系的航运公司 122 家。

加强预防预控，组织开展小型船舶残油油污水接收专项整治、“6.5 世界环境日”等专项活动，有力保障危险品水上运输安全。做好青草沙水域的防污染管理，保障市民饮水安全。处置船舶污染事故 6 起，查处船舶污染违章案件 733 件，查获瞒报危险货物运输案件 116 起。上海港进出载运危险货物船舶 44390 艘次，载运危险货物 4523 万吨，其中危险品集装箱 459352 标准箱。

全面推进吨位丈量专项检查，查处大船小证等船检质量问题。推进上海辖区船检机构资质复核，加强船舶法定检验监督管理。完成江海直达船型的研究，为提高上海港水水中转比率创造条件。组织开发并在全国范围内推广使用“注册验船师资格考试管理系统”，注册验船师资格考试从报名、考试、阅卷到成绩发布全面实现无纸化。

全年共举办 84 期海船船员适任证书全国统考、2 期非自航船船员考试和 1 期海港引航员考试，适任证考试人数 34186 人次，签发各类船员证书 63438 本。重点做好辖区船员培训许可核验工作，全年共完成 30 家培训机构的审核工作。规范船员服务管理，保障船员合法权益，全年完成 66 家服务机构资质单位的现场核验工作。积极推进国家级船员评估中心建设，完成《船员评估中心建设的论证报告》，制定《海船船员适任评估中心的建设标准》和《海船船员适任评估中心工作程序》。落实交通运输部和上海市政府合作备忘录，完成上海市航运中心建设课题《吸引船员专业人才措施研究》。

建设网上政务中心，超过 80% 的行政许可项目实现网上办理。承担交通运输部海事局《海上海事行政处罚自由裁量标准》、《直属海事机构与地方立法若干法律问题》课题研究任务。积极开展冬雾强风季节安全工作落实情况、明火作业报备及现场检查、船舶配员和船舶自动识别系统检查、船舶超载运输整治活动等专项督察，全年进行现场督察共 38 次。海事公安切实加大违法犯罪行为的打击力度，查破各类刑事案件 24 起。

继续加快海区综合助航系统建设，支持上海国际航运中心建设、江苏沿海开发、海峡西岸经济区建设及浙江海洋经济区建设等国家战略的实施。完成上海、舟山和福建沿海船舶自动识别系统（AIS）补点建设及山东、安徽、江苏、浙江和上海四省一市内河船舶自动识别系统（AIS）岸台建设。推进航标遥测系统建设，遥测终端覆盖率达到基于可安装公用航标数的 92.3%，遥测遥控标志安装数 2673 座。完成 207 项、1313 座次的航标设置行政审批工作，完成 139 期、1245 座航标动态发布工作，组织 2 次东海海区海上综合技术测定。推进航标质量体系运行工作，基层航标处全部获得 ISO2008 版质量体系认证证书。全年东海海区设置应急沉船示位标灯浮42座次，撤除应急沉船示位标灯浮24座次，AIS虚拟航标设置24座次，撤除11座次。截至2010年底，东海海区管理航标总数为4466座，同比增加9.2%，航标正常率99.92%，航标维护正常率99.98%，均优于部颁标准。

完成中国沿海电子海图制作及更新，实现中国沿海水域电子海图全覆盖。优化海道测量生产数据库（HPD），基本建成全国统一的海道测量生产基础数据库，提升印制服务能力。全年共完成计划测量面积10830.95平方公里，制作纸海图173幅、电子海图249幅，发行海图375272张、电子海图45876幅/次，完成海图印刷436000张，发行改正通告161000份，潮汐表13200本。改进应急测绘设备，完善应急测绘预案，完成浙江海域拟增设临时锚地扫测、洋山港港池附近落海集装箱扫测等14项应急测量项目。发挥水位自动测报系统和海洋信息系统优势，提供实时潮位遥报的水位资料。整合资源，完成海事系统航海图书制作与发行机制调整，实现海事测绘数据的集中管理和统一发布，提高我国民用航海图书资料的地位。开通奈伏泰斯系统（NAVTEX）4209.5Khz广播业务，提高海上服务区域覆盖率。成功处置多起重大遇险通信，有效化解船舶海上险情。

成功承办亚洲海岸警备机构首脑会议和中美港口国监督交流活动。协助开展中韩海事调查合作年会等活动。“海巡21”轮赴横滨参加日本海上保安厅综合演练，并圆满完成赴秦皇岛值暑、联合巡航、亚运安保等任务。设立“海事开放日”、“海事教育主题日”，扩大水上安全知识教育覆盖面。

【完成世博水上安保任务】 2010年，上海海事把为上海世博会提供强有力的水上交通安全保障作为首要任务。组建世博办事处入驻世博核心水域，建立完善上海世博会水上交通安保方案和体系，设立世博水上交通管控和应急指挥中心，加强现场指挥协调。建立“环沪护城河”海事机构联动协作机制，建立世博船舶、船员信息报送平台，全面开展入沪船舶和世博专用船舶的专项安检和签证管理，开展船舶超载、AIS强制安装等专项整治活动，减少水上安全隐患，改善管控水域通航环境，推行危险品运输船舶限时限量通过核心水域等措施。实行船舶信息动态报告制度和违规入沪船舶黑名单制度，对进、出港船舶实行平峰和错峰措施。整合自动识别系统（AIS）、闭路电视监控系统(CCTV)、全球眼以及船舶动态2.0系统等，开发世博水上安保指挥（GIS）系统，实现入沪船舶信息的自动比对和在沪船舶动态的全面掌控。开发长三角小型船舶GPS船舶动态跟踪系统。开发世博网站和世博语音自主服务系统，提升服务效能。建设世博水上安保流动指挥装置，保障通信安全。新建世博专用助导航体系，建立测绘应急机制，完成黄浦江全测和世博核心水域精确扫测，免费发放世博海图24.3万张。开展水上管控、应急设标、扫测等一系列演习，全面提升了应急处置水平。世博会期间，在管控水域通航环境复杂、水上客流人数远超预期的情况下，上海海事创造了世博核心水域零碰撞、零污染、零伤亡的记录，为上海世博会提供了安全、畅通、有序的水上交通环境。

【“海巡21”轮访问日本】 2010年5月22日至6月4日，海事公务船“海巡21”轮前往日本参加日本海上保安厅举行的“检阅式及综合训练”联合演习及交流活动。演习于5月29日举行，内容包括扑灭船上火灾、动用直升机搜救落水人员、打击海盗和反恐以及追击走私船只、可疑船只和搜查运送大规模杀伤性武器的船只等，“海巡21”轮是唯一应邀参演的外国船艇。访日期间，出访人员参观了日本海上保安厅横滨防灾基地，并与日方就维护海上航运和港口设施安全、防止船舶污染海洋、促进海上环境保护等方面进行交流，就进一步加强业务交流合作，促进中日双方海上监管能力共同提高，为地区海运发展创造良好环境达成共识。

【中国海事博物馆正式开馆】 2010年7月5日，中国海事博物馆与中国航海博物馆同步开馆并向社会开放。中国海事博物馆由中国海事局主管，是中国航海博物馆的重点主题馆。中国海事馆以“海事”为主线，以“博物”为基础，系统展示了我国海事事业发展的昨天、今天和明天。该展馆建筑面积约2000平方米，实物展品约260件、各类照片和影像资料约130件、各类文献资料约70件、各类模型约30个、各类场景和沙盘约10个。在众多展品中，不乏珍品，如民国时期的船员证件、船舶国籍证书、船舶所有权证书及1875年东海岸海图等重要珍贵资料。

【举办2010年中美港口国监督技术交流会】 2010年9月16日，受交通运输部海事局委托，由上海海事局承办的2010年中美港口国监督检查工作交流会在上海海事局洋山港口国监督检查官实践培训基地举行。本次交流会的主题是“大型邮轮的港口国监督检查”，中美双方检查官对大型国际豪华邮轮的检查情况进行了分析和点评，美方介绍了美国海岸警卫队开展邮轮港口国检查的情况，双方就国际大型邮轮全程跟踪服务及船舶应急演习的检查等问题进行了深入交流。本次交流活动加强了我国港口国检查官对大型国际豪华游轮监督检查及安全管理的认识，是中美双方在海事安全领域的又一次成功合作。

【举办远东无线电导航服务网第十九次理事会】 2010年10月25日至27日，远东无线电导航服务网第十九次理事会在上海举行。来自国际航标协会、日本、韩国和俄罗斯等国际组织和国家，以及交通运输部海事局、西安电子科技集团公司第20研究所导航事业部的共计24位代表出席了会议。会议将就罗兰C/恰卡项目、对远东无线电导航服务网合作台链的运行和技术、远东地区其它无线电导航服务的协调问题和第十六次会议召开的时间和地点等内容进行深入讨论和研究。

【亚洲海岸警备机构第六次局长会议举行】 2010年10月15日，亚洲海岸警备机构第六次局长会议在上海举行，来自亚洲17个国家和地区海事机构的官员、专家出席了会议。会议分析了目前亚洲海上安全、保安和环境面临的新挑战，从全球航运发展趋势着眼，分析了新形势对亚洲海岸警备机构提出的新要求，并就应对航运低迷对船舶安全和环境保护的影响，防范和打击索马里和亚丁湾水域海盗，采取有效措施保护海员权益等议题进行深入探讨和交流。

【上海海事局船舶登记中心揭牌】 2010年12月4日，上海海事局船舶登记中心揭牌仪式在上海航运交易所举行，交通运输部海事局、上海市城乡建设和交通管理委员会、上海航运交易所等航运单位参加仪式。船舶登记中心建设是上海国际航运中心软环境建设的重要指标，有助于解决我国目前大量船舶悬挂外旗、船况恶化的问题，吸引优质船舶来上海登记，提高船舶登记效率，形成产业辐射效应，带动相关产业和航运业整体发展。

【长江口深水航道(12.5米)向上延伸段航标调整完成】 2010年12月27日至28日，上海航标处用时仅仅48个小时，完成长江口深水航道(12.5米)向上延伸段航标调整工程，包括从长江口圆圆沙至浏河口35海里82座航标的调整任务，其中位置调整、更改标名43座，撤除10座，新设虚拟航标27座，调整虚拟航标2座。长江口深水航道（12.5米）

向上延伸段是长江黄金水道重要组成部分，将进一步完善长江下游地区的港口码头条件和集疏运网络，对上海国际航运中心建设起到了有力的支撑作用。

（范锋）

（四）救助打捞

【概况】 2010年，东海救助局共执行救助值班待命7813天，执行救助任务544起，出动救助力量691次，援救遇险人员1589人，救助遇险船舶73艘，获救财产价值估算36.7亿元。根据辖区气候特点和水文条件，全面加强“春运”等特殊时段、台风等重要季节以及长江口区、舟山水域和台湾海峡等重点保障区域的救助值班待命工作，高效完成了“邮郭18”轮、“奕淳6”轮、“GOLDEN CRUX 18”轮、“LUCKY GROW 178”轮等多项急难险重应急救助抢险任务，有效保障了东海辖区海上安全形势的稳定。同时，按照上级的统一部署和工作要求，圆满完成了“2010年上海世博会”和“中瑞两国建交60周年大型灯光艺术秀”水上应急保障任务，为国家大型活动的成功举办提供了有力保障。

2010年，交通运输部上海打捞局全年完成公益性抢险救助和财产救助等打捞任务16起，救助遇险船员79人，船舶待命243艘天，拖航运输25艘次，平台安装293艘天，海底电缆铺设53艘天，海洋工程服务9419艘天。完成上海世博会水上安全保障任务。交通运输部上海打捞局有职工1800人，其中各类专业技术人员652人。拥有各类船舶41艘。年内，该局开展《瘗鹤铭》疑似碑石的考古打捞，并完成多次环境救助任务。伊朗籍“AFFLUTUS”轮在威海搁浅后，抽调防油污设备及施工人队伍前往现场，连续奋战30多天，从沉船舱内抽出150吨重燃油。“7.16”大连新港中石油原油储备库管线爆炸起火事故导致大量陆源原油泄漏入海，参与海上清污工作；完成“世纪之光”轮和“海马”轮的水下应急抽油工作；全年累计抽出燃油905吨。完成“鹏翔9号”轮的应急打捞、“金盛海29”沉船的现场搜救，以及“台联188”轮、马绍尔群岛籍“HAMBURCO”轮的定位守护和“宁湖18”油轮救助等应急任务。“德大”轮成功救助载有17万吨煤炭的主机故障外籍散装船。“德意”、“华安”轮将全球最大的浮船坞“GREEN DOCK IV”从大连安全拖抵韩国巨济岛三星厂。

（赵国财 石小洁）

【成功救助遗舵失控货轮】 1月14日，“东海救113”轮成功救助遗舵失控货轮“奕淳6”轮，并经过近3小时的艰苦拖航，顺利将遇险货船拖至长江口危险品锚地，船上18名遇险船员安全脱险。

【“东海救113”轮守护渔船】 3月8日，受北方强冷空气影响，东海海域江外渔场突起10级以上偏北大风，多艘渔船遇险。在长江口水域待命的“东海救113”轮紧急出动，在现场成功守护多艘遇险渔船直至其安全脱险，有效保障了遇险渔民和渔船的人身财产安全。

【外轮长江口机舱爆炸12名外籍船员获救】 4月4日，一艘巴拿马籍空载液化气船“GOLDEN CRUX 18”轮4日夜在长江口2号锚地附近发生机舱爆炸，14名外籍船员(其中13名菲律宾籍、1名缅甸籍)遇险。“东海救113”轮、“东海救111”轮、“东海救169”轮、应急反应救助队联合救助直升机“B-7328”在长江口水域实施救助，12人在5日凌晨安全获救。7日上午，机舱着火熄灭，在机舱中发现2名船员遗体。

【参与救助台湾籍船员】8月31日，满载外籍油船“LUCKY GROW 178”轮因避让台风，在长江口附近水域搁浅，船上有6名中国台湾籍船员。“东海救115”轮和“东海救209”轮在长江口北导堤北坝参与救助，6名遇险船员安全转移。

【完成世博保障任务】5月1日至10月31日，举世瞩目的2010年世博会在上海成功举办。按照党中央国务院提出的“成功、精彩、难忘、平安”的总体要求，东海救助局作为应急保障成员单位之一，共出动了7艘专业救助船艇、4支应急反应救助分队、2辆专用应急救助抢险车和170余人的专业力量，参与组织并圆满完成了世博会试运行和正式运行期间的应急保障任务和志愿服务工作，任务累计时逾73.5万小时，尤其是高效完成了世博开幕式水上表演的应急保障任务，为世博会的成功举办提供了重要保障。期间，时任上海市副市长沈骏和交通运输部副部长徐祖远等上级有关领导亲临世博园区亲切看望慰问奋战世博一线的救助职工。

【举行溢油应急处置模拟演练】8月17日，东海救助局在吴淞口2号锚地举行了溢油应急处置模拟演练，“东海救115”轮、“东海救201”轮等5艘专业救助船艇以及上海基地、应急反应救助队等百余人的专业力量参加了演练，并高效完成了海面溢油清污等预定科目，有效提高了海上溢油应急处置的能力与水平。

【保障中瑞建交60周年灯光秀】9月13日，庆祝中瑞两国建交60周年大型灯光艺术秀在沪隆重举办。东海救助局作为水面应急保障单位，圆满完成了灯光秀活动的水上应急保障任务，为活动的顺利举办提供了有力支持。

【“渝路港抓1号” 厦门九节礁海域遇险】10月25日，交通运输部东海救助局救助指挥值班室接厦门基地转厦门海上搜救中心信息，一艘无动力驳船“渝路港抓1号”在厦门九节礁水域因遇到大风浪，航行困难，随时有翻沉的危险，请求紧急救助。接到救助信息后，交通运输部东海救助局立即启动应急预案，孙富民局长连夜赶赴局救助指挥值班室亲自指挥，指派在厦门待命的“东海救113”轮立即前往救助，并要求厦门基地做好一切保障准备。“东海救113”轮克服海上8级大风、浪高3–4米、夜间航行视线差的困难抵达现场。由于现场风高浪急，水深不够，大船不易靠近难船，东海救113轮通过施放救助艇的方式分两批将难船上12名船员全部救助起。

（石小洁）

【3000吨自航起重船“威力”号交船】9月27日，由交通运输部上海打捞局投资10多亿元建造的3000吨自航起重船“威力”号交船仪式举行。该全回转动力定位起吊船，采用全回转吊车最新技术设计，具有起吊范围广、操作灵活方便、自身结构轻等特点。一般吊机自重为起吊能力的2倍，该船为1.5倍，有效增加了船舶的稳性。通过更换深水钩组，其主钩最深可达到水下2000米，可在海上油田作业时，将上百吨的模块直接送入深海下安装作业。此外，“威力”号主钩能悬于水面以上82米处，通过360度无障碍全方位旋转，可在水面大型施工中轻而易举地完成重大件吊装任务。吊机采用6600伏中高压变频驱动技术，实现吊机运转过程中的精准控制。该船还是国内起吊船中首条采用全电力推进和全变频设备的船舶。

【上海打捞局圆满完成沉船“海马”轮抽油工程】11月13日至12月11日，交通运输部上海打捞局工程船“联合正力”、潜水小分队，携配抽油和防油污染器材赴福建“海马”工地，对沉船“海马”24个油舱、柜逐一进行加温、抽油和检查，共抽取柴油、重油、废油、废滑油、油污水等400余立方，避免了沉船对海域和海产养殖区的污染。

【“德意”、“华安”轮完成海上巨人“GREEN DOCK IV”浮船坞远洋拖航任务】10月5日，交通运输部上海打捞局“德意“、“华安”轮联合将全球最大的浮船坞“GREEN DOCK IV”从我国大连安全拖抵韩国巨济岛三星船厂。“GREEN DOCK IV”浮船坞是大连中远船务为韩国三星重工打造的超大型浮船坞，可为50万吨级的超大型油轮提供坞修，该船坞长450米、宽84米、高23.5米，甲板面积超过5个标准足球场，被称之为海上巨人。

【“华安”轮环球营救“汇安”轮】今年2月27日，智利发生里氏8.8级特大地震所引发的海啸，停靠在塔尔卡瓦诺港检修的5万吨级散货船“汇安”轮瞬间被巨浪抛上天空近8米，又瞬间跌落，“汇安”轮船身受到损坏，丧失了动力系统。“汇安”轮等待拖轮救援。

6月29日，交通运输部上海打捞局“华安”轮经过65天近11000海里的艰难航行后，跨越太平洋环球一周，将“汇安”轮拖至浙江舟山鑫亚船厂码头。

【“勇士号”春运期间完成一起抢险打捞任务】2月8日17时30分，总长96.9米、宽15.8米、型深7.4米的“鹏翔9号”轮满载5500吨碎石在张家港被撞沉没，严重影响附近水域船舶的通航安全。19日上午，交通运输部上海打捞局“勇士号”赶赴现场，当晚开展布场、挂钩等起浮准备工作，21日上午10时40吊起沉船，经过20多小时的排水减重作业，22日早晨沉船恢复自浮状态。

资料：《瘗鹤铭》疑似巨石

《瘗鹤铭》相传为东晋大书法家王羲之为悼念死去的2只仙鹤而撰写的铭文，在书法史上具有重要意义，与汉中《石门铭》被后人称为“南北二铭”，被誉为“大字之祖”。铭文原刻于素称“书法之山”的镇江焦山西麓栈道摩崖之上，后因山石崩裂而落于长江。从南宋起，零星打捞从未间断，至清代捞得残石10余块，有字近200个。1997年和2008年，有关方面曾组织2次打捞，发现个别残字。

【完成《瘗鹤铭》疑似巨石打捞任务】5月28日，交通运输部上海打捞局“勇士号”抵达镇江长江作业水域。至6月19日，使用为打捞巨石特别制定的非钢质高强度尼龙缆绳，不同形状的石头采用不同的捆绑方法，先后完整打捞起重约60吨、10吨、450吨和300吨的《瘗鹤铭》疑似巨石。经过23天作业，4块千年前坠入江中的巨石摆放在焦山南麓的特制平台上。

【香港消防处陈楚鑫副处长率队拜访上海打捞局】4月22日，香港消防处陈楚鑫副处长、何乃海副消防总长一行6人来沪拜访交通运输部上海打捞局，张戎副局长向客人介绍了该局的职责、业务及发展情况。双方就沉船打捞、深潜水服务等专业技术进行了互动交流。最后，来访人员参观了300米饱和潜水系统和3000米无人遥控潜水器，并邀请上海打捞局领导择时带队访问香港消防处。

（赵国财）

十四、上海国际航运中心建设

（一）综述

2010年，随着国内经济企稳回升，欧美市场的复苏，世博会对经济的拉动，以及相关政策效应显现，上海国际航运中心建设取得明显进展。2010年上海港货物吞吐量6.5亿吨，集装箱吞吐量2906.9万标准箱，均位居世界第一。上海港航线遍及全球各主要港区，已成为我国大陆集装箱航线最多、航班最密、覆盖最广的港口。2010年上海地区航空运输将实现飞机起降54.5万架次、旅客吞吐量7188万人次、货邮吞吐量371万吨，浦东机场连续三年货邮吞吐量位居全球机场第三，国际航空枢纽港地位得到进一步巩固。上海航运服务体系仍取得明显进展，航运服务机构不断创建和集聚，口岸服务环境不断提升，船舶交易市场不断规范，港航信息化水平进一步提高。上海高端航运金融服务体系初步建立，航运保险业务发展迅猛，期货保税交割、航运指数衍生品交易等业务得到发展。上海加强国际航运发展综合试验区先行先试政策不断突破，除继续落实洋山保税港区航运企业免征营业税政策，启动单机单船融资租赁项目，继续研究推进启运港退税政策、船舶登记制度创新，深化水水中转集拼业务、发展保税展示业务。上海港邮轮发展迅速，靠泊108艘次，其中母港邮轮60艘次，访问港邮轮48艘次；进出境旅客266865人次，其中母港邮轮170240人次，访问港邮轮96625人次。

（二）集疏运体系

【概况】 2010年，上海港集疏运体系得到了进一步完善，港口、内河、公路、铁路、航空等硬件设施建设取得重大进展。港口吞吐能力全面提升。外高桥港区六期主体工程建成，投入试运行；吴淞口国际邮轮码头一期码头建设基本完成。2010年，上海港货物吞吐量达6.5亿吨，连续六年保持世界第一，集装箱吞吐量2906.9万标准箱，首次跃居世界第一。一体化运输体系基本形成。航道方面，长江口12.5米深水航道全线贯通，赵家沟、大芦线一期、杭申线和黄浦江（泖港段）等内河整治项目有序推进。公路方面，申嘉湖高速公路（S32）、沪苏高速公路（S26）上海段分别建成，上海与江浙联系的高速公路增加到8条、48车道，其它公路达到23条、74车道，疏港货运通道路网结构得到进一步优化，长三角地区联系更加紧密。铁路方面，沪宁、沪杭城际高速铁路正式开通，虹桥枢纽高铁车站投入运营；京沪高铁建设、沪通铁路前期工作有序开展；货运站布局得到优化调整。上海地区铁路运输能力得到明显提高，布局得到进一步优化，为形成沿海铁路货运大通道，发展海铁联运奠定了基础。航空枢纽运输保障能力进一步增强。虹桥综合交通枢纽工程顺利竣工，虹桥机场2号航站楼投入运营，浦东机场综保区顺利完成封关运作。截至2010年，上海浦东、虹桥两机场形成5条跑道、4座航站楼、1个综合保税区总体规模，可保障高峰日2400架次起降，具备年8000万旅客、450万吨货邮处理能力。2010年，上海航空运输实现飞机起降55.1万架次、旅客吞吐量7170万人次、货邮吞吐量372万吨，航空枢纽港地位得到进一步巩固。

【东航上航完成联合重组】 2月8日，由中国东方航空股份有限公司和上海航空股份有限公司联合重组的“新东航”首度亮相，由此确立了中国航空市场三足鼎立的格局。新东航的运行资产将超过1500亿元人民币，拥有大中型飞机331架，通航点达到151个。通航纽约、洛杉矶、巴黎、法兰克福等全球主要城市，总体规模步入世界较大航空公司之列。

【临港新城东港区一期工程启动建设】 为完善上海临港地区综合交通运输体系、服务区域产业经济发展需求，临港新城东港区一期工程经交通运输部批复、上海市发展改革委核准，于2010年正式启动建设。项目岸线总长760米，共建设3个2万吨级件杂货泊位和1个商品汽车滚装泊位（水工结构均按靠泊3万吨级船舶设计）、以及设5个5000吨级杂货泊位。

【虹桥机场扩建工程完工】 3月11日，虹桥机场扩建工程完工，包括新建一条机场跑道和一座建筑面积36万平方米的航站楼。其中新建成的2号跑道当天已经开始试运行，2号航站楼也于16日零时起投入运营，年服务能力高达3000万人次，是原有1号航站楼的3倍。

【长江口深水航道全线贯通】3月14日顺利通过了交通运输部组织的交工验收，长江口12.5米深水航道正式投入试通航。为确保12.5米深水航道在试通航期的安全畅通，长江口航道管理局保证了试通航期12.5米航道水深，实现了100%的通航保证率。为充分发挥长江口深水航道治理工程整体效益，长江口航道管理局完成了新浏河沙护滩南堤延伸段2.7公里和航道疏浚任务，先期贯通了至浏河口33公里、12.5米深水航道，为深水航道上延至太仓作出了贡献。

【全球首台移动式岸基船用供电系统试运】3月23日，由上港集团自主研发的移动式岸基供电系统在振东分公司投入试运行。中海集团“新福州”轮作为首次合作对象进行试运行。7月5日，上港集团与中国海运在上港集团振东分公司举行港航携手共建绿色水运宣言发布，标志着上海港移动式岸基船用变频变压供电系统正式启用。这套岸基供电设备是世界上第一套能为停泊在码头不同泊位的大型集装箱班轮提供移动式岸基电源的装备，使得大型船舶到港后即可使用岸上提供的清洁电源，从而减少了由于船舶停靠码头所消耗的大量燃料油和废气排放，为拔掉“流动烟囱”、实现低碳环保作出了积极的尝试。岸基供电的实施，标志着上海港在打造“绿色港口”、提升上海国际航运中心建设软实力上取得了实质性进展。上港集团投资建设的外高桥六期码头已经成为世界上第一座全面具备岸基供电能力的集装箱码头。

【东航与天合联盟签订入盟意向书】4月16日，东航与天合联盟昨天在上海签订入盟意向书，入盟脚步全面提速。正式加入天合联盟后，东航旅客可通过一票到底、行李直挂和无缝隙中转到达世界169个国家和地区的856个目的地，并在常旅客积分、查询预定、价格等方面享受优惠，同时还可享受全球范围内的旅行服务和贵宾室服务。天合联盟目前由达美航空、法国航空、大韩航空、荷兰皇家航空、意大利航空、中国南方航空等9家航空公司组成，通航169个国家，拥有1941架飞机。

【长江港口物流有限公司揭牌成立】6月1日，长江港口物流有限公司揭牌仪式，该公司是上港集团独资设立的公司，经营管理的资产主要包括船队、港口码头、物流园区、仓库、代理，资产总额近100亿元。 这也意味着，此前一直在长江沿线攻城略地，收编码头甚至航运资产的上港集团，开始对其长江沿线的资产进行实质性的整合，推进其“长江战略”。即主要通过管理、资本和技术输出，以港口为基础，以物流为结点，以集装箱运输为龙头，以区域性枢纽港为核心，辅以次级喂给港，通过整合港口、航运、代理资源，形成各区域性集货网络，最终形成以上海港为终端，辐射全长江流域的集装箱物流网络。

【集装箱轮胎吊“油改电”】2010年，上港集团将RTG油改电项目，盛东公司RTG发动机功率优化项目、盛东公司和冠东公司高杆灯等节能技术改造项目申报2009年上海市交通节能减排专项扶持，经审核共获得上海市交通节能减排专项扶持资金1257.57万元。上港集团采用“高架滑触线方案”使集装箱轮胎吊“油改电”之后，使吊运每一标准箱的能耗成本由4元降至1.01元，降低能耗成本70%以上，同时实现了污染零排放。自2007年上港集团实施改造以来，截至2010年底，共计完成187台的集装箱堆场轮胎吊高架滑触线供电改造，节约14252吨柴油消耗，折合标准煤20766吨。在“十一五”期间，上港集团下属沪东公司的轮胎吊主动力油改电项目节约标准煤6835吨，产值单耗由2005年的0.1470吨标准煤/万元，下降至2010年的0.0977吨标准煤/万元，降幅达33.54%，年节约能耗成本约2645万元。

【探索使用清洁能源】上港集团探索性应用风力发电、太阳能、LED等技术，研制了“集装箱桥吊风能照明辅助系统”，主要在沪东公司的集装箱岸桥上进行使用，照明额定能由6.4KW降低到0.92KW，按日平均开启10小时计算，每年节约电能为23360KWh/台，节能达到85%以上。关注生产经营过程中可能出现的污染，在以使用电锅炉为主的生产经营企业（张华浜分公司、宝山分公司）中推广使用太阳能辅助用能。在岸边集装箱桥式起重机、轮胎吊、门座式起重机的一些大型设备的照明灯具上逐步推广使用LED灯，有效地提高能源的利用率。

【内河航道有序推进】 赵家沟航道整治工程、大芦线一期（临港新城段）航道整治工程继续推进；杭申线航道整治工程航道部分完工，跨航道铁路桥、高速公路桥改建工程开工；黄浦江（分水龙王庙～大涨泾河口）航道整治工程工可、初设获批并开工，年内完成航道部分完工，跨航道同三国道桥改建工程开工；《大治河西枢纽规划调整报告》编制完成，并获市规划国土资源局批复，落实了大治河西枢纽用地及工程规划依据。依据交通运输部有关规章，制定项目竣工验收规程（试行），规范项目竣工验收。

【外高桥港区六期工程顺利开港投入试运行】12月6日，上海港首个具备集装箱运输和汽车滚装两大功能的综合性港区——外高桥港区六期码头顺利开港投入试运行。该工程地处长江口南港南岸的浦东新区五号沟地区，使用岸线总长1538米，共建设2个7万吨级、1个10万吨级集装箱专用泊位（水工结构可满足15万吨级集装箱船靠泊），2个5万吨级滚装船泊位以及2个长江驳泊位，设计年吞吐能力集装箱210万TEU和汽车73万辆。工程设计和建设中，积极采用新技术，充分体现了绿色低碳的环保理念，建成了世界上第一座具备全面岸基供电的集装箱码头，为建设“资源节约型、环境友好型”港口作出了有益的实践。

【虹桥机场正式开通至澳门定期航班】12月15日，上海虹桥国际机场正式开通上海虹桥至澳门的往返航班。虹桥机场至澳门的定期航线由上海航空、澳门航空等两家航空公司共同执飞，每周14班。12月15日起，澳门航空先期执飞，上海航空将于2011年1月1日开航。为确保澳门航班顺利开航，虹桥机场对1号航站楼B楼出发和到达区域的60余块引导标识牌进行了改造，专门开辟了87号至89号值机柜台供澳门航班值机使用。

【中美首开商贸定期班轮】12月16日，美国籍“海天鹰者”轮在外高桥港举行首航仪式，标志着中美“定班轮”开通，这将加大两国间商贸往来便利及货物运输速度。外高桥边检站专门开辟绿色通道。直航大大缩短了两国间航行时间。以后每周都将有一班船舶往来中美之间，成为定班轮。

（三）航运服务业

【概况】2010年，国际金融危机的影响日益凸现，国际航运市场的竞争更加激烈，市场需求萎靡，供求矛盾日益加剧，公司经济效益较上年度大幅下滑。尽管面临严峻的形势，上海航运服务体系仍取得明显进展，航运服务机构不断创建和集聚，口岸服务环境不断提升，船舶交易市场不断规范，港航信息化水平进一步提高。至2010年底，上海国际运输企业共计1244家，其中国际船舶运输企业60家，国际船舶代理企业139家，国际船舶管理企业97家，无船承运企业948家。2010年底，上海登记注册船舶数量达到2184艘，合计13932536吨；完成船舶交易196艘次，船舶交易总价值31亿元，分别同比增长44.1%和24%。

【“上海航运产业基金”完成组建】 1月27日，“上海航运产业基金”完成基金管理公司组建，即将报发改委备案，备案完成后再向全社会募集资金，首期募资金额为50亿元。“上海航运产业基金”由中国海运集团总公司、上海国际集团、国泰君安证券公司以及上海虹口区国有资产经营公司共同发起成立，按照3：3：3：1的比例出资2亿元，由新注册成立的“上海航运产业基金投资有限公司”负责管理航运产业基金的募资和运作，主要投向船舶、港口、码头、航运服务业发展等航运领域。

【交通运输部与上海市共同签署备忘录】 1月28日，交通运输部和上海市人民政府在上海签署加快推进国际航运中心合作备忘录，以共同推进上海国际航运中心建设。合作备忘录进一步明确了优化现代航运集疏运体系，促进沿海及长江沿线港航企业间建立多种形式的合作关系，实施跨区域联合；发展现代航运服务体系，创造良好商务环境，降低企业商务成本，促进航运企业和航运服务产业健康发展，加速国际航运要素向上海航运中心集聚；探索建立国际航运发展综合试验区，推动实施启运港退税政策，增强洋山深水港区水水中转功能；促进和规范邮轮产业发展，推进上海邮轮母港建设，加快完善邮轮产业发展的金融服务体系。

【《船舶交易管理规定》出台】 为进一步规范船舶交易行为，从源头上抓好船舶安全管理，3月16日，交通运输部出台《船舶交易管理规定》，自4月1日起授权上海航交所设立“中国船舶交易信息平台”。截至2010年底，全国有26家船舶交易机构已成为平台会员，严格按照《规定》要求报送船舶交易信息，并对重点监管范围的船舶交易进行信息公示。

【“全球国际航运中心竞争力指数”发布】 3月8日，“全球国际航运中心竞争力指数”在上海浦东发布，按照这一世界航运史上首份国际航运中心竞争力指数，伦敦、东京与香港跻身竞争力前三甲，而立志于打造全球航运中心的上海位列第五名，中国共有10个港口进入最终排名的前50强。该指数由上海浦东国际金融航运双中心研究中心编制，是中国编制发布的首份国际航运中心指数。

【“国际航运上海论坛2010”顺利召开】 3月25至26日，由交通运输部和上海市政府主办的“国际航运上海论坛2010”在北外滩成功举行，就上海国际航运中心建设展望、全球经济和贸易展望、航运市场建设、航运服务业发展等议题开展多场专题研讨交流，召开圆桌会议深入探讨如何建设洋山国际航运发展综合试验区。

【虹口区加大航运专项扶持资金】 3月，虹口区政府颁布实施新版《关于推进北外滩航运服务集聚区发展的若干措施》，加强了对航运金融、船舶管理、航运经纪、航运信息、海事法律、航运人才服务、国际客运等航运服务业的扶持力度。2010年，共扶持项目35个，扶持资金2000多万元。

【宁波融入上海国际金融中心和国际航运中心建设推进会】 3月29日，宁波融入上海国际金融中心和国际航运中心建设推进会在沪举，这是一次借助上海这个大舞台集中宣传宁波、展示合作成果的机会，将能促进宁波全方位地主动融入上海两个中心建设，把沪甬两地的融合发展推进到一个全新的阶段。上海港和宁波港首次展开资本层面的实质合作，由双方各占股比约 50% 的上海港航投资有限公司正式揭牌，注册地在上海。

【首届中国内河航运高端论坛在沪举行】 6 月 8 日，首届中国内河航运高端论坛在沪举行，本届论坛的主题是：把握机遇，协调发展，开创我国内河港航发展新局面。论坛上，来自国内主要港航企业、物流及船舶行业、法律与海事机构等专家和学者，围绕新形势下中国内河发展面临的问题与对策、中国内河发展战略与政策趋势及法律环境、内河港航发展与服务创新、我国主要区域内河港航发展与管理经验交流以及国外内河航运发展经验借鉴等展开了深入研讨。

【上海港与德国不莱梅港缔结友好合作关系】 6 月 9 日，上海港与德国不莱梅港缔结友好合作关系签字仪式在沪举行。不莱梅港是德国第二大港，该地集装箱集散站拥有欧洲最大的集装箱联接转运装备，也是欧洲最重要的汽车转运中心。根据意向书，两港将率先在信息交流、港口运营管理、人员交流培训等方面进行合作，进而扩展到其它各领域。

【上海市政府与中国外运长航集团签署《战略合作框架协议》】 6 月 10 日，市政府与中国外运长航集团正式签署合作协议，上海市市长韩正、长航集团董事长苗耕书出席签字仪式，副市长沈骏、长航集团总裁赵沪湘代表双方在《战略合作框架协议》上签字。双方将本着“合作共赢”的原则，将共同在综合物流、航运、修造船等领域全面拓展合作范围，不断深化合作内涵。长航集团作为国家重要国有骨干企业之一，将发挥综合物流、航运、修造船、港航科研、通信导航、水上燃油供应等方面优势，全方位参与上海国际航运中心建设，把上海作为集团全球业务发展的重要战略支点。此次协议签定后，将进一步深化上海国际航运建设推进过程中的“市企合作”，共同把上海打造成具有全球航运资源配置能力的国际航运中心。

【浦东新区出台航运优惠政策】 7 月 9 日，浦东新区出台《促进融资租赁业发展的财政扶持办法》，重点扶持在新区设立的融资租赁企业，同时积极鼓励融资租赁企业在新区开展船舶和飞机等租赁业务，在上海综合保税区和陆家嘴金融贸易区内设立飞机和船舶租赁项目子公司。9 月，出台《浦东新区促进航运发展财政扶持办法》及《浦东新区集聚航运人才实施办法》，吸引重点、高端航运服务企业落户浦东，支持现有航运服务企业做大做强，促进航运学术研究交流及平台建设，推进改善航运配套环境，鼓励重点航运服务业、大型航运先进制造与维修企业、高成长性航运企业、高端航运服务企业和国内外知名功能性航运机构的航运人才集聚。

【上海与法国敦刻尔克港合作启动】 7 月 10 日，上海市交通运输和港口管理局和法国敦刻尔克港务局签署友好合作协议，双方表示这是两港合作的起步阶段，接下来的互访会有更实质的项目合作，共同推进双方港口物流、商贸物流合作。敦港计划实施港口税费改革，预计可使每周至上海的集装箱吞吐量增加 750 标准箱。

【中国航海博物馆建成开馆】 7 月 14 日，位于临港新城主城区的我国第一家以航海为主题的国家级博物馆正式开馆。博物馆以“航海”为主线、“博物”为基础，分设航海历史、船舶、航海与港口、海事与海上安全、海员、军事航海等六大展馆，渔船与捕鱼、航海体育与休闲两个专题展区，并建有天象馆、4D影院、儿童活动中心。截至2010年底，馆藏文物达2万余件，互动类展项70余项，具备文物收藏、学术研究、社会教育、陈列展示、科普宣传、爱国教育等多项功能。

【航运经纪人制度率先试点】 7月29日，克拉克森航运经纪（上海）有限公司、上海辛浦森航运经纪有限公司、百力马航运经纪（上海）有限公司等9家首批国际航运经纪公司在北外滩正式注册成立，此举填补了我国航运经纪领域的空白，对上海国际航运中心的建设工作具有重要意义。

【筹备上海浦东国际航运服务中心】 上海浦东国际航运服务中心是浦东新区航运重点功能性项目之一。此服务中心集规划展示、招商宣传、政策发布、信息交互、研究交流等服务功能于一体，努力打造综合型、高层次的航运招商服务平台、对外交流品牌窗口和航运资源配置核心载体，并以此为中心逐步向外围辐射，以点带面，有效汇聚与航运相关的人流、商流、信息流和资金流。主要功能包括航运规划展示及招商宣传、航运行业资源整合、航运公共信息服务、航运企业服务以及航运综合研究咨询。

【上海国际航运服务中心东块开工】 11月16日上午，新上海航运交易所结构封顶暨上海国际航运服务中心东块试桩开工仪式在上海虹口区的北外滩滨江举行。项目工程由上海建工集团承建，其中心工程位于北外滩滨江核心区域，总建筑面积近60万平方米，将围绕航运交易的核心功能，形成以航运办公为主，兼有综合商业配套的多功能商务社区。上海国际航运服务中心建成后，将吸引跨国航运、金融等企业总部进驻北外滩航运服务集聚区，促进航运交易、航运金融、航运保险等各种航运经济要素的汇集融合。

【无船承运业务经营者运价备案中心揭牌】 11月19日，无船承运业务经营者运价备案制度宣贯会暨“无船承运业务经营者运价备案中心”揭牌仪式在沪举行。无船承运人运价备案管理参考了国际集装箱班轮运价备案的相关规定和做法，由无船承运人备案中国港口至外国基本港的出口集装箱货物海运运价幅度，不是中国至外国所有港口的运价，也不是具体的运价，这大大减轻了无船承运人运价备案的工作压力。

【国内首家专业船舶保险公估公司落户上海】 11月30日，在上海举行的“2010上海航运交易论坛”上，上海船舶保险公估有限责任公司成立并正式运营，标志着国内第一家专业从事船舶保险公估的公司自此诞生。其主要从事船舶检验、估价及风险评估，对保险船舶出险后的查勘、检验、估损理算和残值处理，以及风险管理咨询等，是目前国内专业、权威、合法的价格公估机构。

【上海海事局船舶登记中心正式挂牌运行】

12月4日上午，上海海事局船舶登记中心揭牌仪式在上海航运交易所隆重举行。随着金融行业和航运业的交错发展，船舶登记正经历着“船舶从传统的交通运输工具向全新的金融交易资产工具”、“实物登记向虚拟登记”、“事后登记向事前登记”的三大转变。上海海事局船舶登记中心的设立恰逢其时。船舶登记中心的成立必将成为上海航运中心建设发展高端航运服务业的引擎，吸引大量的优质船舶来上海登记，推动航运中心和金融中心互相支持共同发展。

（四）航运业务

【概况】 截至2010年，中国海运（集团）公司完成货运量3.9亿吨、货运周转量7033亿吨海里，经营运力规模达到472艘、2346万载重吨、50.9万标准箱；其中，2010年新船交付40余艘，包括1艘14100标准箱大型集装箱船、3艘30万吨油轮和4艘23万吨矿砂船。中远集装箱运输有限公司完成货运周转量3364亿吨海里，集装箱重箱运输量621.5万标准箱，综合准班率93.5%，营运率98.7%。截至2010年底，经营集装箱船舶150艘、61.4万标准箱位（同比2009年底增长9.5%），包括5000标准箱型以上超巴拿马型集装箱船61艘、42.3万标准箱；据《国际集装箱化》统计，至2010年底公司运力规模在世界班轮公司中位居第六位。

【具有自主知识产权的23万载重吨超大型矿砂船交付使用】 2月5日，我国具有自主知识产权的23万载重吨矿砂船在广州建成交付使用，中国海运船队再添主力，填补了我国在相关领域的空白。该轮被命名为"中海兴旺"轮，由中船龙穴造船公司联合上海船舶研究设计院研发设计，并拥有自主知识产权，全船总长约325米，型宽52.5米，型深24.3米，全船设有五个货舱，设计服务航速15节，续航力30000海里，入中国船级社（CCS）。

【中海申能携手海运合作 保障上海电厂煤炭运输】 3月1日，中国海运集团与申能集团在上海虹桥迎宾馆举行上海嘉禾航运有限公司揭牌仪式，双方将携手海运合作，共同保障上海电厂煤炭海上运输。据悉，上海嘉禾航运有限公司由中海发展股份有限公司（占51%股份）和申能股份有限公司（占49%股份）共同出资2.4亿元组建。该公司将在股东双方的大力支持下，稳步快速发展运力，2010年自有运力规模不少于10万载重吨，未来几年将逐步扩大运力规模，成为申能集团所属电厂最重要的煤炭承运商。上海嘉禾航运有限公司的成立，标志着中国海运与申能集团的合作从此进入一个新的阶段。

【中海与马士基合建LNG船运公司 单艘造价1.6亿美元】 3月25日，中海集团与马士基以及另一家国外的海运巨头洽谈成立一家LNG运输公司，目前已经基本达成意向，争取上半年确定。中海集团主要会通过旗下的上市公司中海发展参与这一合资LNG运输公司的组建，并且占据合资公司不少于三分之一的股份，而马士基已经拥有多年的LNG运输经验，合资公司成立后将要运输每年上千万立方米的天然气。

【"集装箱轮"开进上海世博 亮相德国汉堡馆】 8月中旬，中海集团赠送的一艘全长1.8米的"新上海号"集装箱轮船模型被运进了汉堡馆，并在3楼的经济展示区展出。该模型的原型"新上海号"船长336.7米。吃水19米，载重量11.1万吨。这次"新上海号"驶入汉堡馆，更是体现了汉堡与中国多年来的紧密良好经贸伙伴关系。

【23万吨矿砂船"中海希望"轮交付使用】 9月12日，由广州中船龙穴造船有限公司建造的23万载重吨矿砂船"中海希望"轮交付使用。该船全长325米、宽52.5米，是我国自行设计、建造并拥有自主知识产权的船舶产品，可运载矿砂煤炭。

【中海港联"永兴岛"轮下水】 10月，由大连港集团有限公司、中海客轮有限公司、烟台港股份有限公司"两港一航"共同投资成立的中海港联航运有限公司建造的第二艘豪华客滚船"永兴岛"轮，在广船国际举行下水仪式。永兴岛轮船长167.5米、宽25.2米，客区、汽车舱各三层，核定载客1400人、载车线2000米。永兴岛轮预计2011年4月投入营运，届时，将和已经投入营运的龙兴岛组成客滚运输新的生力军，为渤海湾乃至东北亚地区的经济繁荣与发展发挥重要的作用。

【中海江苏基地实现年造船百万载重吨】 11月，位于扬州江都的中国海运江苏造船基地生产的5.7万吨散货轮顺利交船，迎来了年造船突破100万载重吨的新纪录。该基地是中海发展陆域产业、推行“修造并举”战略后投资新建的首个造船基地，也是中海与江苏省建立高层战略合作的重大投资项目，主要从事大中型船舶、水上浮动装置和海洋工程装备制造。目前已完成投资70亿元，2012年将形成年造船350万载重吨的生产能力，订单已排至2013年。

【中海成立洋山储运 拓展港口物流服务】

11月15日，由中海集运控股的上海中海洋山国际集装箱储运有限公司在临港物流园区举行了隆重的开业庆典仪式。中海洋山储运占地197亩，公司注册资本1.19亿元，项目总投资2.35亿元，公司将建成一个多功能现代化集装箱和货物公共物流集散中心，大力发展配送、进出口分拨、装拆箱、仓储、拖车和集装箱运输代理业务，以保障中海集运在洋山深水港拓展全球集装箱班轮航线，增强集装箱配套的延伸服务，为临港物流园区物流产业的发展提供有力支撑。中海洋山储运正是中国海运配合上海国际航运中心建设的核心载体，它的建成并投入使用，标志着中国海运国际集装箱航运物流供应链更加完善，集装箱增值服务和口岸物流产业的发展又迈出了扎实的一步。

【中海发展斥资2.2亿美元造散货船】 继2007年10月签下巨额造船订单之后，中海发展将再度斥资2.2亿美元造船，将新造4艘18万载重吨级散货船，并将2007年的大型矿砂船订单改型为18万吨散货船和8.12万吨散货船订单。此外，公司还与中石化旗下公司合资组建LNG公司，为中国石油化工股份有限公司进口LNG项目提供运输服务。

【中海集团与上海海大深化校企项目合作】

12月16日，上海海事大学与中国海运集团签署了校企项目合作协议暨4.8万吨级教学实习船建造合同。4.8万吨级散货教学实习船的建造将为上海海事大学水上专业和陆上专业学生提供良好的实习平台，有利于学校培养更多更好的航运人才。

【中远集运签署首个海外网点合作协议】 1月21日，中远集运与中远土耳其公司在广州签署了海外网点合作协议，这是其成立以来与境外代理公司签署首个海外网点合作协议。海外网点合作协议的签署必将进一步加强双方在海外市场的开发与合作。

【打造全球特种船运输旗舰】 3月30日，中远航运与中船集团下属广州中船黄埔造船有限公司和江苏泰州口岸船舶有限公司签订了总数为10艘（含选择权行使生效）2.7万吨新型多用途船合同，按照合同规定，该批船舶将于2011年6月份起陆续交付。这是中远航运以原有4艘2.7万吨多用途船为基础，对船型和起吊能力进一步进行优化和提升，舱内有三层装货甲板，最大起吊能力达180吨，满足最新造船规范，是舱容利用率高、起吊能力强、节能环保的新型多用途船，将成为未来承运中国出口大型机械设备和工程机械的主力船型。

【中远航运50000吨半潜船1号船出坞】 5月20日11时，中远航运50000吨半潜船1号船出坞仪式在广州中船黄埔造船有限公司龙穴厂区隆重举行。随着亚洲最大的半潜船出坞进入到紧张的设备安装、调试阶段，中远航运将迎来打造国际特种船领域综合竞争力最强的发展新天地。

【中远航运半潜船在广州装运中海油工作平台】7月25日，中远航运20000吨级半潜船“康盛口”轮，在广州大屿山锚地采用潜装方式，成功装载中海油田服务股份有限公司的“中海油901”、“中海油902”两艘油田工作平台往天津。

【新造27000吨多用途船卧龙松轮命名下水】7月31日，在江苏泰州口岸船舶有限公司举行隆重的卧龙松轮下水仪式。此前，泰州口岸船舶公司为中远航运建造的“凤凰松”和“孔雀松”分别已于2009年4月28日、2010年2月1日交付使用，第三号船“麒麟松”也在今年5月18日下水。卧龙松轮是中远航运2006年11月18日与口岸船厂签署订造4艘27000吨多用途船的4号船。

【“大玉霞”轮举行下水仪式】10月9日，中远航运新造28000吨多用途重吊船“大玉霞”轮在山东黄海船厂举行下水仪式。该轮是中远航运在黄海船厂订造的8艘28000吨多用途重吊船的3号船，并吊能力达400吨。

【中远航运预算系统正式上线】10月27日，中远航运预算系统上线仪式在广州举行。中远航运预算系统作为中远集团预算管理系统建设试点项目，经过近两年的系统开发、蓝图设计、仿真测试，已取得阶段性成果。此次系统正式启动使用，将进一步强化公司预算基础工作，实现有效配置资源、提升公司管理水平的目的，并将为公司各层次管理人员决策提供更好的工具。中远航运预算系统是中远集团乃至国内第一家上线的全面预算管理系统。

【中远航运签订8艘28000吨多用途重吊船建造合同】10月31日晚，中远航运与南通中远川崎船舶工程有限公司在上海签订4艘28000吨多用途重吊船的建造合同；11月1日上午，中远航运又与上海船厂船舶有限公司签订4艘28000吨多用途重吊船的建造合同。这是继三月份中远航运签署10艘27000吨多用途船建造合同后，公司今年签订的又一项造船合同，也是中远航运实现“打造全球综合竞争力最强的特种船队”战略目标的重要一步。据悉，这项合同也是全球重吊船公司今年最大的一份造船订单。该船型设计先进，采用艏驾驶台、大舱口围、克令吊边置、连续甲板等设计方式，克令并吊起重能力达700吨，适合装载特种运输市场中的超长、超大、超重型货物。随着8艘28000吨多用途重吊船建造合同的签署，中远航运在全球特种船市场的地位将得到极大提升，加上此前已有的12艘重吊船，中远航运重吊船队未来规模将进入世界重吊船公司前列。

【大翠云轮在山东下水】2010年12月28日上午，中远航运新造28000吨多用途重吊船大翠云轮在山东黄海船厂下水，该轮是中远航运在黄海船厂订造的8艘28000吨多用途重吊船的4号船，并吊能力400吨。

（五）航运金融

【概况】2010年，上海高端航运金融服务体系初步建立，航运保险业务发展迅猛，期货保税交割、航运指数衍生品交易等业务得到发展。构建航运金融服务体系。交通银行等金融机构相继成立航运金融研究中心，为航运金融发展提供咨询。人保、太保获批成立航运保险运营中心均已完成筹建。国际贸易结算中心外汇管理试点正式启动，期货保税交割业务取得突破，航运产业基金初步建立。航运保险业务增长速度显著提高。2010年上海地区船舶险和货运险总量达到21.94亿元，同比增长30.91%，占全国相关业务量的17%。积极推动试行无船承运业务经营者保证金责任保险，鼓励和引导保险公司积极进行产品创新和服务创新，开发适应市场需求和符合上海特点的无船承运人业务经营者保证金责任保险产品。推进航运指数研发应用。以新版上海出口集装箱运价指数（SCFI）为结算标准，采用场外现金结算的掉期合同形式，达成全球首笔集装箱运价掉期协议。上海航运交易所与伦敦清算所、新加坡交易所亚洲结算行签署指数使用协议，授权使用SCFI作为全球场外交易（OTC）集装箱运价掉期合约的结算标准。2010年，国际航运市场据此指数全年累计完成对冲交易1000万美元以上。

【推进上海出口集装箱运价指数应用】 1月15日，上海航交所以新版上海出口集装箱运价指数（SCFI）为结算标准，采用场外现金结算的掉期合同形式，达成全球首笔集装箱运价掉期协议；6月，上海航运交易所与伦敦清算所和新加坡交易所亚洲结算行签署指数使用协议，国际集装箱运价衍生品交易市场发展迈出决定性一步。为适应SCFI指数衍生品国际交易需要，开发了上海航运交易所英文网站，指数权威性、规范性得到进一步体现。2010年国际航运市场据此指数已累计完成对冲交易1000万美元以上。

【苏黎世国际航运与金融研究发展中心在沪落成】 3月17日，由浦东新区政府批准和苏黎世金融服务集团发起，并出资2000万人民币合作筹建的苏黎世国际航运与金融研究发展中心在上海正式落成。是全球范围内的首个航运与金融研究中心，通过分享在全球海运保险与风险管理方面的专家经验和知识，加强和浦东政府以及国内航运、保险企业及相关研究机构的合作，积极推动和促进上海“两个中心”建设。

【启动单机单船融资租赁项目】 银监会正式批准交银租赁和招银租赁“在境内保税地区设立项目公司开展融资租赁业务资格”。6月27日，上海综合保税区融资租赁项目启动仪式举行，交银金融租赁公司、招银金融租赁公司在上海综合保税区注册的1家单船项目公司和5家单机项目公司正式获颁营业执照。由此，上海综合保税区成为全国第一个同步开展飞机、船舶单机单船租赁业务的综合性SPV(特殊项目载体)项目运作平台。在启动仪式上，上海市综合保税区还与交银租赁、招银租赁、国银租赁、农银租赁、工银租赁、中航租赁、美国威利斯租赁、大新华租赁以及远东租赁9家公司签订了《战略合作备忘录》，为未来融资租赁项目储备资源。

【航运保险专业机构相继成立】 7月30日，保监会批复中国人保、中国太保在上海试点成立“航运保险运营中心”。12月29日，中国人民财产保险股份有限公司航运保险运营中心正式成立；12月30日，中国太平洋财产保险股份有限公司航运保险事业营运中心正式成立。

（六）国际航运发展综合试验区

【概况】 2010年，上海加强国际航运发展综合试验区内涵研究，在综合试验区先行先试方面作了进一步探索。继续落实洋山保税港区航运企业免征营业税政策，免征营业税18.91亿元，促进了航运企业集聚。启动单机单船融资租赁项目，继续研究推进启运港退税政策、船舶登记制度创新，深化水水中转集拼业务、发展保税展示业务。

【洋山保税港区保税汽车展示厅正式揭幕运营】3月18日，洋山保税港区进口汽车保税展厅在洋山国际贸易大厦揭幕并正式运营。临港保税港发展公司积极推进保税业务创新，自2009年6月以来，率先在保税港区开展进口高档汽车保税展示和展示留购试点，并迎来了保税展示厅的正式开展。目前，展厅已同世贸汽车、法拉利等企业建立合作关系，引进路虎、捷豹等高级品牌进口汽车入区展示，初步在洋山保税港区形成以“常年展示、保税库存、先检后报、三港联动”为特点的进口汽车保税展示新模式和新平台。

【水水中转集拼功能拓展】3月下旬，上海集拼仓储物流有限公司在洋山保税港区正式启动了水水中转集拼的业务运作，相继开拓8个口岸的集货渠道，实现水水中转箱从外地口岸转关至洋山陆上园区并退税，初步形成了长江沿江口岸和沿海口岸相结合的运转网络框架。月操作箱量稳定在70–100标准箱。

【浦东机场综合保税区（一期）实现封关验收】4月2日，浦东机场综合保税区（一期）实现封关验收，标志着其1.6平方公里范围已具备封关运作条件。

【“三区”联动深入拓展】通过完善、对接外高桥、洋山、浦东机场综保区等“三区”的海关电子监管系统模块，建立了区内货物调拨系统，实现了“三区”间货物流动无缝链接。外高桥保税区的斯堪的亚电子物流（上海）有限公司在洋山设立分公司，并取得保税仓库运作资质，形成了“三区”统一的企业经营资质平台，真正实现企业在三区间“一地注册、多地实体经营”。

【《上海浦东机场综合保税区管理办法》颁布实施】7月1日《上海浦东机场综合保税区管理办法》正式施行。该《办法》是继《上海市外高桥保税区条例》、《洋山保税港区管理办法》、《上海出口加工区管理办法》后上海市第四个关于特殊监管区管理的地方性法律规范，为浦东机场综合保税区高起点快速发展提供了重要的法制保障。

【沪综合保税区实现单机融资租赁业务“零突破”】7月29日，春秋航空公司以融资租赁方式向上海交银金凤凰飞机租赁有限公司租赁的A–320民航客机顺利飞抵浦东国际机场，这是全国第一架以租赁方式报关进口的民航客机，也是真正意义上符合国际惯例的融资租赁SPV业务。据了解，该架飞机为上海交银金凤凰飞机租赁有限公司向法国空客公司订购，价值4000万美元。

【国际贸易结算中心外汇管理试点启动】8月12日，国家外汇管理局正式下发《关于上海综合保税区企业开展国际贸易结算中心外汇管理试点的批复》，原则同意在上海综合保税区开展国际贸易结算中心业务试点，9月30日，正式作出《关于上海综合保税区企业开展国际贸易结算中心外汇管理试点操作方案的批复》（汇复【2010】194号），同意索尼物流贸易（中国）有限公司等保税区内首批8家企业参加试点。

【全国海关税费电子支付系统运行启动仪式在沪举行】9月2日在上海举行，本系统的建成是海关分类通关和无纸化改革项目的重要进展，标志着海关税费支付业务电子化进入了一个新的阶段。它同时也是电子政务向电子商务延伸，实现二者高度融合的大胆创新和有效探索。

【浦东机场综合保税区正式运营】9月28日，浦东机场综合保税区举行运营启动仪式暨项目签约大会。第一单货物车辆、单证的现场通关顺利完成，标志着海关、检验检疫、工商、税务、公安、外汇等职能部门的保障工作已经就绪，企业运作的各项流程环节已经开通。有20个项目在会上举行了集中签约仪式，正式入驻机场综合保税区。

【期货保税交割业务取得突破】 10月21日，海关总署批复同意在洋山保税港区对进口保税储存的铜和铝两个品种通过上海期交所开展保税交割业务试点。12月6日财政部和国家税务总局联合下发通知，明确上海期交所交易的期货保税交割标的物仍按保税货物暂免征收增值税。12月13日，证监会批复同意上海期交所在海关总署指定的海关特殊监管区域开展铜和铝期货保税交割业务试点。12月24日，举行了期货保税交割业务启动仪式，并为洋山保税港区两家期货保税交割指定仓库揭牌。

【推进启运港退税政策试点】 上海与湖北省、山东省加强合作，形成了青岛－洋山、武汉－洋山直达航线上的试点方案，并对操作流程、监管方式、配套措施等进行了重点研究，形成了新的实施细则，方案制定得到了财政部、海关总署和国税总局的支持。

【深化落实洋山保税港区航运企业免征营业税政策】 研究提出进一步扩大洋山航运企业营业税免征政策效应的措施，营造良好的发展环境，吸引更多航运企业入驻上海。出台鼓励各区县积极吸引航运企业落户洋山保税港区，新增税源返还各招商区县政府的政策，进一步扩大综合试验区政策效应。

（七）邮轮产业发展

【概况】 吴淞口国际邮轮码头一期泊位建成，上海邮轮泊位从原有的4个增加到6个。落实交通运输部、公安部允许境外大型邮轮国内多点揽客政策，配合各邮轮公司调整运营计划，大大提高国内旅客搭乘邮轮出境旅游便利程度。进一步落实邮轮通关便利措施，加强邮轮母港船舶进出安全保障，提高了邮轮旅客通关服务能力和效率，境外邮轮挂靠上海日益频繁。2010年，上海港邮轮靠泊108艘次，其中母港邮轮60艘次，访问港邮轮48艘次；进出境旅客266865人次，其中母港邮轮170240人次，访问港邮轮96625人次。

【邮轮多点挂靠政策正式进入实施阶段】 2010年，上海市旅游局会同虹口区、上港集团国际客运中心、国内主要邮轮港口管理部门研究落实交通运输部《关于外国籍邮轮在华特许开展多点挂靠业务的公告》（2009年第44号）等相关政策。落实邮轮通关便利措施，全天候办理邮轮报检等手续；为邮轮多点挂靠监管提供信息服务，开发“国际航行船舶进出口岸EDI口岸申报系统”；保障邮轮航行安全，完成《炮台湾国际邮轮码头进出安全保障方案》，实行邮轮安全航行全程监控。

【规范和发展邮轮产业】 上港集团加强与歌诗达、丽星邮轮公司等国际邮轮公司代表处联系，了解掌握行业基本情况和企业主要需求，确定重点推进票务市场规范化工作；积极引导两大国际邮轮码头共同合作、良性发展。

【“海洋神话号”邮轮抵达上海国客】 3月19日上午，全球船队规模最大的游轮品牌皇家加勒比国际游轮旗下的“海洋神话号”抵达上海港国际客运中心码头，成为2010年第一艘在上海运营母港航线的国际游轮。“海洋神话号”是目前以中国为母港始发的最大的国际游轮，排水量高达7万吨，共有11层甲板、近960间客房，可载客2074人。整艘游轮犹如一座游弋于海上的豪华酒店，各项餐饮、购物、娱乐设施一应俱全。“海洋神话号”在中国分别以香港、上海、天津为母港，运营39条航线。

【全球最豪华邮轮“钻石公主”号来沪】 4月27日，上海宝山吴淞口国际邮轮码头首次迎来了大型国际邮轮“钻石公主”号临时靠泊。随着吴淞口国际邮轮码头一期2个泊位的建成，使上海港的邮轮泊位从原有的4个增加到6个。相关方面表示，至2012年吴淞口国际邮轮码头二期建成后，上海靠泊邮轮的专业码头将增至8个。

【中国（上海）国际游艇展暨第十五届中国国际船艇及其技术设备展览会举行】 4月8日～11日，为期四天的2010中国（上海）国际游艇展暨第十五届中国国际船艇及其技术设备展览会在上海展览中心成功举办。展会期间，逾400个海内外参展品牌与观众、买家进行了热切交流，水陆两片展区共展示了252条实船及126件船模作品，四天交易额也再创新高，共计突破3亿元人民币。本届展会共迎来67个国家和地区的观众，去年由于金融危机影响，海外观众数量略有下降，然而随着经济的回暖，今年展会上海外观众数量有了近60%的大幅提升。展会交易方面，全球三大游艇制造集团巨头法拉帝、阿兹姆特－贝内蒂、博纳多联同公主、菲尔兰、宾士域水星、亚诺等顶级游艇品牌继续保持着往年的强劲销售势头。

【建立突发事件预警机制】 上海海事局及时关注邮轮航程全过程，通过VTS、AIS、CCTV对邮轮安全航行全程监控，成功化解“经典号”邮轮4月24日冰岛火山喷发影响欧洲旅客归程、8月14日旅客滞船和10月18日撞船受损等多次突发事件；制定邮轮安全保障方案，《炮台湾国际邮轮码头进出安全保障方案》课题形成初步成果，4月27日全面配合支援吴淞炮台台湾码头成功首靠。

【亚洲邮轮大会苏州举行 上海邮轮网成立】 6月24日至25日，2010亚洲邮轮大会在苏州举行，主题为“全球邮轮精英齐聚长三角，荣景现在、憧憬未来”。大会同期举办为期2天的展览，分为专业展和公众展，吸引来自全球20个国家和地区的近50家单位参展，展出面积近4000平方米。在开幕仪式上，上海邮轮网同时成立。

【新加坡邮轮中心与吴淞口国际邮轮港签署“姊妹港协议”】 6月25日上午，新加坡邮轮中心私人有限公司和上海吴淞口国际邮轮港发展有限公司在宝山正式签署"姊妹港协议"，并共同倡议发起成立亚洲邮轮港口协会，谋求、探寻和推动亚洲地区国际邮轮港口间的合作和互动。此举也是落实本月10日市政府与中国外运长航集团有限公司签定战略合作框架协议中有关推进邮轮产业工作的重要举措。新加坡邮轮中心已经向中国、印度、香港、日本、韩国、马来西亚、台湾、斯里兰卡和菲律宾等亚洲国家或地区的邮轮码头发出了倡议及加盟邀请，并已得到5个亚洲邮轮码头港口的明确支持，并将在明年的一季度在新加坡正式宣布成立亚洲邮轮港口协会并挂牌。

【海港国际客运中心第二座登船廊桥正式启用】 8月30日，上海港国际客运中心第二座登船廊桥正式启用，歌诗达旗下2艘姐妹邮轮的3千多名游客，同一时间分别通过一号和二号登船廊桥登上“经典号”和“浪漫号”，开始充满意大利风情的海上假期，歌诗达继续成为唯一一家以上海为母港，同时运行2艘邮轮的国际豪华邮轮公司。此次也是歌诗达“浪漫号”邮轮以上海做为母港的首航。

同时，上海港国际客运中心的单日母港邮轮出入境游客接待量也创下历史新高。上海国际港务（集团）股份有限公司（上港集团）和意大利歌诗达邮轮公司的精诚合作由此更具广度和深度，并共同推动着上海邮轮经济的纵深发展，也为上海向国际航运中心的目标迈进做出了突出贡献。

【“2010 中国邮轮产业发展高峰论坛”在沪举行】 10 月 13 日，在国家交通运输部、国家旅游局的共同指导下，由上海市旅游局、上海国际港务（集团）股份有限公司主办的首届“2010 中国邮轮产业发展高峰论坛”在沪举行。上海市副市长赵雯出席活动并启动论坛。论坛邀请了亚洲邮轮协会主席（SAACC）、歌诗达、皇家加勒比、地中海三大国际邮轮业巨头和旅行社、学术机构代表做主旨演讲，共同探究亚洲邮轮业发展趋势及中国邮轮经济发展的展望，并邀请新加坡旅游局邮轮署高管现场分享新加坡邮轮岸上目的地建设经验以及创新的开发理念。为更好地促进上海旅游行业与国内外邮轮企业、各地港口的合作交流以及整个邮轮经济的可持续发展，论坛上还举行了企业战略合作协议、上海邮轮培训合作备忘录和上海邮轮旅游行业合作备忘录签署仪式。

【“浪漫号”邮轮开启台湾之旅】 10 月 10 日，歌诗达“浪漫号”完成“上海—厦门—台湾”旅程，成为首个两岸间多点挂靠特批航次。

【上海吴淞口国际邮轮码头部分完工】 吴淞口国际邮轮码头一期工程包含水工和客运设施二大部分，码头长 774 米，20 万吨级和 10 万吨级泊位各 1 个。客运设施约 2.4 万平方米。设计年接纳旅客量为 60.8 万人次。自 2009 年 7 月 18 日正式开工以来，截至 2010 年 7 月底，完成水工部分工程（包括码头、引桥、平台等），并通过各分部工程质量验收。截至 2010 年底，部分完成客运设施建设（包括旅客联检大楼和廊道）。

【母港邮轮激增一倍】 在 2010 年世博年的效应中，全年到沪的国际邮轮达到 200 艘次，总人数达到 28.3 万人次，与去年同比增长 55%。在世博会的带动下，今年来沪的邮轮数量比去年增加了近 40 艘次；尤其是母港邮轮增加明显，从去年的 32 艘增加到今年的 66 艘。上海邮轮经济呈现良好的发展势头，2010 年，上海港“邮轮经济”创造了历史新纪录。

（屠爱华）

（一）综述

2010年是世博举办之年，本市建筑建材业工作围绕保世博总体要求，认真按照市建设交通工作党委、市建设交通委的部署，抓政策研究，抓推进，抓落实，各项重点工作进展情况良好。

进一步加强世博会期间停工和在建工地管理。一是在全市范围内组织开展各类专项检查、综合检查以及集中整治活动，明确以安全服务世博为主线，以重要区域、事故多发单位为重点，围绕“抓落实、查隐患、促整改、严执法、保世博”，通过全面、深入的检查，进一步落实了企业安全生产主体责任，加大隐患排查治理力度，认真解决安全管理上存在的突出问题和薄弱环节，确保各项安全措施落到实处。二是配合世博会期间工地管理，完成了建设工地地理信息系统开发和并投入使用，为世博会顺利召开营造了良好的外部环境。三是严格落实市政府通告要求，组织开展迎世博禁限区域重点整治活动，确保和谐迎博。从3月起督促禁限制区内工地按规定履行停止施工、限制施工的措施。组织了多次重点针对禁限区工程，以工程质量、安全生产、文明施工及综合治理等四方面为重点的整治活动，共检查了350个工地，对其中18个工地开具了局部暂缓施工指令书、对116个工地开具了整改单，对17个工地实施行政处罚。

市场监管进一步严格和完善。一是加强资质资格准入管理，实行电子版《诚信手册》动态监管，严格企业资质资格管理。二是进一步加强资质审批的监管制约力度，建立长效机制。8月1日起全面推行异地业绩的检查机制，对在申报过程中弄虚作假的依法处理。三是建立资质专家评审机制，规定专家评审的重点、标准、流程和保密要求等内容。四是2010年6月15日起，施工招投标全面实行“08版工程量清单招标软件”，推行固定12位编码工程量清单项目，建立社会平均参考报价，利用计算机自动比对功能，完善商务标评审，解决恶意低价中标问题。开展电子化招投标试点。五是出台了《上海市建筑和装饰工程概算》等七本概算，全面加强建设工程的造价管理，出台了《上海城市道路养护维修预算定额》等把本养护定额，加强市政设施的长效管理。六是梳理各类管委会、园区、派出机构的审批管理内容，进一步对园区和管委会的项目审批提出明确要求。七是开展施工许可证专项检查工作。贯彻建设部要求，会同市发改委、市规土局、市环保局对2009年10月以来批准开工的建筑工程和市政工程建设项目，检查是否有未通过环评、节能审查和土地审查的项目擅自开工建设的行为。

稽查执法力度不断加大。截至12月，市级建筑建材业共查处违规立案案件645起，实施行政处罚556起，累计罚款金额1192.83万元；降低、吊销资质4起，暂扣安全生产许可84起。一是结合国家建设领域专项整治工作，全面开展突出问题专项治理工作，加大对建设工程违法和不良行为的稽查和执法。中央治突检查组来沪检查，共抽查了10个工程，对本市建设领域的治突工作给予了肯定。二是出台《上海市建筑建材业行政处罚工作考核办法》，明确每年行政处罚的考核目标、原则和内容，提升市区两级建筑建材业行政执法单位和人员的执法水平。三是出台《关于进一步明确建设工程企业资质审批与行政处罚事项关联的通知》实行处罚记录和招投标等管理环节关联，遏制企业违规行为。四是开展本市建筑建材业行政处罚裁量权调研。完成了全市建筑建材业行政执法信息系统升级工作，统一规范行政执法程序、文书和自由裁量行为。

不断优化建筑业管理制度和机制。一是组织起草《上海市建设市场管理“十二五”规划》，提出了本市建设市场管理“十二五”规划的指导思想、原则、目标和政策体制保障措施。二是组织力量起草《上海市建设工程质量安全管理条例》、制定《关于加强本市建设工程监理管理的若干规定》、《上海市建设工程检测管理办法》，修订《上海市建设工程监理管理办法》，从制度上予以完善。三是深刻吸取11·15特别重大火灾事故的教训，进一步整顿和规范本市建筑市场，起草《关于进一步规范本市建筑市场加强建设工程质量安全管理的若干意见》。四是研究制定《进一步完善本市建筑业管理体制方案》、《关于大部制后加强建设工程管理的实施意见》、《关于进一步完善上海市建设工程市、区两级管理体制的工作方案》。五是推进住宅产业化。按照中央转变经济增长方式要求，积极探索建筑业的转型，确定了以住宅产业化为主的试点和推进工作，通过转变传统的生产方式实现建筑节能，同时为加快相关研究工作，向市科委申请并经科委批准了产业化的专项科研资金，全面加强住宅产业化的科研工作。

（二）招标投标管理

【概况】2010年，全市共完成勘察发包1505项，同比增长2.52%，总投资5171.48亿元，同比增长29.71%；设计发包1896项，同比增长2.05%，总投资5619.98亿元，同比增长39.99%；监理发包1706项，同比减少18.37%，总造价2050.09亿元，同比增长4.48%；施工发包5323项，同比减少16.53%，发包价2099.72亿元，同比增长11.53%，公开招标率99.62%，同比提高1.39个百分点。公正度评价表回收率97.5%。

【完善监管体系】一是严格监管内容，严把公开招标项目的回标分析质量关，对不符合监管部门和评标委员会要求的，退回招标代理机构深入分析，然后继续评审；深化评标后评估，共完成评标后评估项目49个，评估结论为满意的44项，基本满意的5项，无不满意，同时对3名专家进行了约谈，对2名不够公正的招标人代表向其所在单位的纪委进行了反映。二是积极推行网上招投标体系，所有公开招标项目均已实现了网上公开发布招标信息和网上投标报名。三是加强监理招投标监管工作，配合起草了《关于加强本市建设工程监理管理的若干规定》，就监理单位和总监理工程师的责任、招投标中监理评标的主要内容、依规收费、总监承接项目个数的控制以及总监变更的控制等内容提出了规定，并已在实际监管工作过程中贯彻执行。四是编制了《建设工程招标代理规范》，进一步加强了对招标代理机构行为的监管。

【加强评标专家语音通知系统升级工作】为进一步提升评标专家语音通知系统的性能，改进了保密函打印规则，优化了短信发送平台，增强对固定电话保密性的升级，系统整体保密性能不断加强。2010年，全市通过语音通知系统共抽取项目5865个，其中勘察755个，设计821个，施工3076个，监理1110个，一体化招标项目103个，抽取使用专家25708人次，系统运行稳定。

【加强评标专家库建设】优化专家库专业设置，将原有5大类共121个专业合理归并为89个专业，取消了一些长年不用的专业，增加了环境保护、新能源等新兴专业，对分类过细的专业进行合理归并，保证抽取次数较多的专业专家人数达到200人以上，提高专家使用的随机性、公允性和保密性。严格评标专家选拔，面向社会公开选拔招聘了22个紧缺专业530名评标专家，51名勘察专家，15名经济类专家，使评标专家资源得到补充。

（三）资质资格和受理服务

【概况】截止2010年12月31日，全市有建设工程资质企业总数12151家，其中本市建设工程资质企业8172家，外省市进沪建设工程资质企业3922家，部属企业54家，境外企业3家。截止2010年12月31日，在本市从事勘察设计的企业有1288家，其中本市企业620家，外省市进沪企业660家，部属企业7家。在本市从事施工的企业有10121家，其中本市企业6957家，外省市进沪企业3115家，部属企业47家，境外企业2家。在本市从事监理的企业有314家，其中本市企业206家，外省市进沪企业108家。在本市从事造价咨询的企业有153家，其中本市企业138家，外省市进沪企业15家。在本市从事招标代理的企业有177家，其中本市企业153家，外省市进沪企业24家。在本市的建材检测机构98家。

【完善信息管理平台，凸现信息科技作用】 完成《GIS信息查询系统》建设，形成世博期间建设工程信息查询系统。在已经建成并运行的本市建设工程地理信息系统的基础上，结合建设工程安全质量监督管理信息、建筑施工安全质量标准化管理信息，形成世博会期间建设工程GIS信息查询系统，实现世博会期间"三区"建设工地信息的快速查询、统计和监管。建成行政审批网上办事系统平台。完成了市建交委行政审批事项中70个事项的网上办理软件开发工作，建成行政审批网上办事大厅与行政审批查询系统平台。平台具有公共服务、网上审批、统计查询等功能，实现了"事项申请、过程查询、结果反馈"网格化。推进建筑施工安全质量标准化管理信息系统建设，促进市场与现场联动。建立危险性较大分部分项工程信息定期更新上报制度，强化对分包企业管理，突出现场监理的责任和作用。开发并编制了《上海市建筑建材业行政处罚信息系统操作手册》，在信息系统中记录行政处罚信息，实现建设工程企业资质管理和行政处罚记录关联，为健全建设工程诚信体系打好基础。通过协同合作，建立企业基础信息共享机制。结合上海市法人信息共享与应用系统，对目前行政审批中涉及的法人信息等数据进行实时比对，并通过与社保、人事等部门协调，对所涉的证书与证件进行核准，提高了行政审批的准确性和公正性。进一步加强政府信息公开力度，对现有公开事项进行梳理扩展，并通过网上信息平台向社会大众提供实时信息。

【研究资质资格管理机制，探索动态监管新途径】 建立资质申报专家评审工作机制。从市、区两级资质管理部门、大型企业、行业协会、建设管理部门选取资质申报评审专家共99名，从最初的施工、监理专家类别，扩展到施工、监理、设计施工一体化、设计等四大类。初步建立了资质申报材料专家审核制度、专家随机抽取制度、专家评审项目随机抽取制度、专家评审总结制度、专家评审要点汇总反馈制度、专家评审委员会工作制度等。在试行工作的基础上，结合部令等规范性文件对参与评审的专家进行分类培训，使专家评审过程更加公开、公正。开展新一轮合同登记备案工作。通过对合同登记备案工作的梳理分析，提出改进后的《上海市建设工程合同登记备案操作程序》，将合同备案数据与企业资质、个人资格行政审批事项挂钩，对企业申请资质将从严核查业绩，对于未进行备案登记的业绩不予认可。通过实施对企业以往所有的工程合同进行申报备案的方式，建全企业业绩数据库，增加资质审批时系统比对数据量，提高企业工程合同的申报率与企业资质审批时合同审查的自动化程度。推行本市建筑企业承接外地工程项目异地征询。在扩大合同备案的基础上，发出《关于协助核查上海市建设工程企业工程项目的函》到外省市地级以上建设行政主管部门，对上海企业自行申报的外地工程合同进行核对，杜绝虚假材料，做实企业工程业绩录入计算机工作。

【以标准化建设为抓手，促进受理服务行业发展】 继续推进受理服务标准化建设。根据各区县的不同情况，有针对性地开展分类指导；探索进驻型单位贯标办法，实现达标全覆盖，全市19个区县分中心有12个区县完成场所与行为达标，2个区县完成行为达标，一个专业分中心完成场所与行为达标（园林）；修改完善《贯标工作手册》，制定颁发《区（县）业务、流程贯标核验方法》。开展全行业综合考评。各受理服务单位共同组成综合考评小组，分组对各受理服务单位进行综合考评。各单位通过考评取长补短、相互促进，进一步提升全行业的受理服务水平。着手研究建设工程企业综合考评试点工作，草拟《在沪建设工程企业综合考评方案》。创新行业培训模式。进一步规范受理服务人员的培训与考核内容。包括公共课与专业课两大类。公共课程注重人员基本素质、职业道德方面的培养；根据不同岗位的职责，进行专业课程设置，开展专业课程实践考核，为每位学员建立培训与考核管理档案，详细记录每位学员的受训课目与考核成绩。完善本市建设工程材料交易平台。开展建设工程材料管理信息平台建设，将建材销售合同纳入建设工程合同备案体系，并改进现场验证单管理，从统一交易凭证、统一服务标准、统一交易信息平台入手，理顺建材备案与现场执法的关系，建立全市统一的建材交易体系。

（四）安全质量监督

【概况】2010年，建设工程安质监工作重点为全力以赴做好迎博、办博期间建设工程管理，确保世博及配套工程按时保质验收和世博期间全市建设工程安全稳定，基本实现全年建设工程安全质量总体受控，文明施工管理水平明显提升，建筑节能、民工维权等重点工作有序推进，应急抢险处置体系逐步完善。同时，出色完成了对口援建都江堰工程的监督任务。

【筹办、举办世博的各项保障任务圆满完成】世博园区375个工程全部按期交付使用。世博前夕，按标准规范完成验收备案的重大工程还包括虹桥枢纽、外滩通道和滨水区综合工程、沪杭高速改建、虹桥枢纽一纵三横、闵浦二桥、S26、S32高速、西藏南路等。世博会开幕期间，出台保世博加强建设工程管理的总体实施方案，提出30项监控要点、60项监控措施以及相关的18项制度，重点针对禁限区域开展严查防控。文明施工整治取得明显成效，“声光尘”、“脏乱堵”现象得到有效治理，现场“门墙网”形象明显改观，施工扰民投诉率同比下降37%，同时还创新文明施工测评等机制，落实属地化管理要求。成立应急抢险指挥部办公室，汇集全市抢险物资、专家资源，在世博期间24小时值守，有效处置突发事件，为建设领域保障世博做出了应有贡献。

【安全生产推进扎实有序】制定并出台《上海市建设工程安全生产动态考核管理办法实施细则》，对发生不良状况的企业给予记分处理，并与企业资质资格升级增项直接挂钩。加强了施工单位和相关人员的履职责任。此外，开展安全隐患排查和重大危险源监控，有效掌握了重大危险源动态情况。11.15特大火灾事故发生后，组织对全市在建工地防火安全和安全生产展开地毯式、全覆盖检查。

【加强工程质量监管】保障性住房监管方面，通过实施“短名单”动态考核、创优评比考核、质量通病治理、专项检查和监察介入等5项制度，分别在建材、设计、施工、验收、保修等环节强化监管要求。节能降耗方面，制定颁发《上海市建筑节能工程施工质量验收规程》，并完成市政工程施工现场能耗指标编制课题，召开节约型工地现场观摩会，制定下发《关于加强本市民用建筑外保温系统防火质量管理的通知》，对建筑外保温系统防火设计和施工安全进行规范。材料监管方面，初步构建了市区两级联动的区域监管构架，行政政府抽检费用的投入增加50%，全市建材抽检合格率比去年同期上升14.8%。

公路工程监管方面，开展桥梁单梁荷载比对试验，组织企业参加交通总站组织的桩基检测比武竞赛活动，全面开展公路工程监理树新风建设活动。

【大力推进涉民突出问题的化解】 建筑民工管理提前应对，坚持“早排摸、早预案、早介入”，采取与“110”联动措施，解决民工欠薪纠纷效果良好。

【出色完成对口援建都江堰工程的监督任务】 历时2年多时间，共计7批31名监督员奔赴一线驻场监督，受到当地政府和市民的高度肯定。

（五）标准造价管理

【概况】 积极贯彻落实国家标准“08计价规范”要求，建立全市建设工程工程量清单统一编码机制，完成建设工程12位编码（清单部分）的编制工作。目前，上海地区应用导则（12位编码）附录A建筑工程、附录B装饰装修工程、附录C安装工程、附录E园林绿化工程、公用管线工程已出版上柜，附录D市政工程也即将出版。

【加快养护定额编制】 进一步加大对养护定额编制工作的协调组织力度，目前，已初步完成《上海市城市道路养护维修预算定额》、《上海市普通公路设施小修保养工程预算定额》、《上海市普通公路设施小修保养工程年度经费定额》、《上海市高速公路设施小修保养工程预算定额》、《上海市高速公路设施小修保养工程年度经费定额》、《上海市越江隧道养护维修预算定额》、《上海市黄浦江大桥养护维修预算定额》（斜拉桥部分）、《上海市绿地养护维修定额》等8本定额的编制工作。

【加快完善计价依据】 编制完成《上海市建设工程概算定额（2010）》，自2011年1月1日起施行，对建筑和装饰、安装、市政、水利、民防、公用管线、园林等7个专业的概算定额作了进一步修改、补充和完善，对建筑节能材料、新工艺定额子目和超大型结构工程等定额子目进行了增补。组织相关单位初步完成了《市政工程设计概算编制办法》的编制工作。

【加强工程造价信息发布】 进一步加强市场价格信息的监测，及时分析市场波动，做好“建设工程要素价格信息”的编制和网上发布工作，编制、发布“上海市园林工程概、预算定额苗木材料调整价（2009）”，涉及10大类共254个规格品种。完成2010年度“建筑工程实物量和工种人工成本信息”的资料收集、整理、分析和编制工作，加强对建筑企业工资分配的监控，为本市建筑劳务工价格合同的签约提供依据。完成“上海市建设工程价格与指数”（2010年度）的编制工作，包括房屋建筑工程、市政工程、公用管线工程、房屋修缮工程、园林绿化工程、建设工程措施费和建设工程主要要素价格等，按季度及时发布，全年共80个工程项目。

【加强建设工程造价咨询市场监管】 组织开展2010年度造价咨询企业咨询质量与计价行为专项检查，共对67家造价咨询企业的76个项目进行了现场检查，项目涉及世博、虹桥枢纽、轨道交通等政府投资项目，对咨询质量与计价行为存在严重问题的3家造价咨询企业进行了通报批评。

（六）建筑节能和资源综合利用

【概况】 2010年，完成新建高标准节能建筑项目40个，建筑面积226万平方米，比上年增加196万平方米；按50%节能标准改造的既有建筑项目103个（其中住宅建筑17个，公共建筑86个），建筑面积143万平方米，比上年增加59万平方米；可再生能源建筑应用项目51个，建筑面积242万平方米，比上年增加134万平方米；对127幢建筑开展能源审计，53幢建筑实施分项计量；对52个项目开展建筑能效测评；节能门窗改造面积28.6万平方米。以上工作全面超额完成年度目标计划。同时，全年完成绿色建筑评审17项，建筑面积99万平方米；1个项目获建设部三星级绿色建筑评价标识称号。在住房城乡建设领域节能减排专项监督检查中，受到住房和城乡建设部检查组肯定和好评。

【政策法规体系渐趋完善】 积极配合并出台了《上海市建筑节能条例》，制订了《上海市民用既有建筑外窗改造扶持办法》、《关于促进上海市新建大型居住社区保障性住房可再生能源规模化应用若干意见》，并印发《上海市建筑节能示范项目申报指南的补充意见》。至此，本市基本形成了以《上海市建筑节能条例》和《上海市建筑节能管理办法》为主干，各规范性文件、规划实施纲要为补充的建筑节能政策法规体系，进一步将本市的建筑节能工作纳入了依法推进和管理的轨道。

【绿色低碳和试点示范工程稳步推进】 大力培育各类示范建筑，全年开展了两次示范项目的评选，共有49个项目被评为上海市建筑节能示范项目，建筑面积306.1万平方米，得到财政支持7991万元。其中，按65%以上节能标准设计和建造的新建建筑16个，建筑面积126.91万平方米；可再生能源建筑应用22个，建筑面积133.87万平方米；既有建筑节能改造11个，建筑面积45.32万平方米。完成京沪高铁上海虹桥铁路客站太阳能光伏并网发电工程等8个项目申报国家太阳能光电建筑应用示范，装机容量达到12兆瓦。帮助和指导崇明县成功申报国家可再生能源建筑应用示范县，得到中央财政支持1800万元。加强绿色建筑推进工作，分三批共评出4个一星级、13个二星级绿色建筑设计评价标识项目，在全国处于领先水平。加强对示范项目的监督管理，对2009年度示范项目的建设进度和资金使用情况进行了专项检查。

【国家机关办公建筑和大型公共建筑能耗监控平台建设加快实施】 加快市场培育，制定了建筑能效测评机构和能源审计机构的申报条件和标准，并组织评审，经市建设交通委批准，8家单位正式成为本市建筑能效测评机构，15家单位即将成为本市建筑能源审计机构，为本市建筑能效测评和能源审计市场发展提供了技术支撑。不断完善能耗实时监测系统，在世博会新能源馆中进行了试点，效果良好。完成本市申请国家机关办公建筑和大型公建节能监管体系建设补助资金工作，经财政部、建设部批准的市建科院、复旦大学、电力学院节能监管体系建设补助资金均已落实到位。

【深入落实"禁实限粘"政策】 加大市场监督检查力度，组织各区县加强对各建材生产企业、建设工程使用散装水泥、预拌砂浆情况的监督检查，并依据现有法律、法规，对部分企业的违规行为进行了行政处罚，确保散装水泥、预拌砂浆使用工作有序推进；组织各区县对预拌砂浆生产企业进行动态督察，督促企业严格按照标准规范组织生产，确保产品质量；组织各区县对违规生产粘土砖的砖瓦企业进行监督检查，进一步提高了粘土砖生产企业对落实“禁实限粘”政策的自觉性，提高本市新型墙体材料应用比例；贯彻落实《国家发展改革委办公厅关于组织对禁止使用实心粘土砖工作完成情况进行自查的通知》（发改办环资[2010] 425号）文件精神，组织各区县开展自查工作。

【农村“禁现”与“推散”工作进展顺利】 由于对外交通不够便捷，长期以来崇明县经济水平相对落后，现有的散装水泥设施设备能力无法满足经济发展需要，资金供求矛盾突出。为此，拨专款15万元，用于购置预拌砂浆散装罐，大力推动了崇明县“禁现”工作的发展。

【严把专项资金征收关】 指导各区县散办、墙办加大专项资金征收工作力度，把握好征收专项资金与推广应用的关系，确保专项资金应征不漏，促进散装水泥和新型墙体材料的发展应用工作。

（七）设计文件审查

【概况】 根据国务院和市委、市政府推进行政审批制度改革的总体部署，2009年市政府正式批复成立“上海市建设工程设计文件审查管理事务中心”，建筑建材业管理体制机制改革得到进一步完善。2010年是市审查中心由筹建到运行的第一年。年初，首批工作人员、内设科室和办公条件基本到位，从3月15日开始，审查中心接手履行审图市场和审图质量的监管职责。

【开展审图备案管理】 对审图情况和相关批文执行情况进行程序性核查，符合备案条件的方予以备案，是本次审改的一项创新。通过实施程序性审查，改变了以往单纯网上备案的弊端，对项目前期批文的执行情况、勘察设计过程、施工图审查情况等进行“把关”，对于实施审图过程监管、规范审图行为具有重要意义。截至12月底，共对3520个项目（总建筑面积5751.23万平方米）进行了程序性备案审查，按月度计算，一次通过率平均为94.2%，其中涉及世博项目22个（81个单位工程）。

【推进审图市场监管】 全年共组织6次审图行为突击检查，涉及20家审图公司、44个项目；组织7次审图质量抽查，共抽查62个项目，涉及22家审图公司、25家勘察单位、57家设计单位，项目包括住宅、公建、厂房等各类建筑，覆盖结构、建筑等各专业。12月份，根据市委市政府和建设交通两委关于整顿建筑市场秩序、集中开展安全质量大检查的要求，针对审图行业的特点，对全市所有审图机构进行了年度专项检查。全年对存在严重问题的审图公司提出了撤销资格认定、暂停承接任务、罚款、没收违法所得等处理意见，对内部管理有序、施工图审查质量较高的5家审图公司提出表扬，对内部管理不善、审查质量较差的5家审图公司通报批评。

【审图市场配套管理】 研究拟定了《设计文件审查管理若干规定》、《审图机构综合考评办法》、《审图人员从业手册》、《审图人员考评办法》等管理性文件，报请市建交委或建管办发布。

【落实审改方案修订及相关工作】 为保证审改方案修订稿发布后能够顺利实施，开展了各项配套准备工作，一是调整修改《设计文件审查办事指南》和《操作流程》，汇总消防、交警、卫生、气象、抗震、轨道交通、水务等部门总体设计文件征询阶段所需资料。二是研究审图任务的委托方式，基本确定对审图机构采用抽取选定的方法。三是拟定设计文件审查收费标准和设计文件审查合同示范文本，拟对建设工程（包括房屋建筑和市政工程）设计文件审查收费实行政府指导价管理；四是组织制订《总体设计文件编制深度规定》。

（鲁超）

十六、城市综合管理

（一）综述

2010年，上海全力完成好世博服务保障、“十一五”工作收尾及“十二五”发展谋划等任务，在各方面取得新成绩。年内包括世博期间全市交通运行平稳有序，世博会累计参观客流 7308 万人次。世博 600 天行动圆满结束。世博园区工程建设管理信息系统、基于交通综合信息平台开发的世博会交通信息服务保障系统、城市网格化管理信息系统、“12319”城建服务热线等平台在世博信息服务保障方面发挥了重要作用，特别是成功实现了世博超大客流预测预报，受到党中央国务院嘉奖。此外，新一轮覆盖全市陆域的高分辨率数码航空遥感摄影工作完成，旧区改造信息系统建设有序推进。城市应急管理工作围绕“安全世博”目标，维护城市安全运行能力不断提高。职业教育教学水平不断提升，教学成果显著。开发区建设取得新进展，漕河泾新兴技术开发区获批国家生态工业示范园区。

（二）迎世博 600 天行动

【概况】 为迎接 2010 年世界博览会在上海召开。2008 年 5 月，上海市委市政府决定成立推进实施迎世博 600 天行动计划领导小组，下设社会动员、窗口服务、城市管理 3 个指挥部。其中，城市管理指挥部负责指挥协调上海世博会举办前的市容环境建设和管理的任务，即市容市貌改观、市民生活环境改善、城市管理水平提升三大工程 30 项任务的实现。

上海市城市管理指挥部由副市长沈骏任指挥，市政府副秘书长尹弘任常务副指挥，市建设交通委主任黄融任副指挥，市建设交通委副主任花以友任副指挥兼办公室主任（2008 年 11 月 21 日，改由李毓毅任副指挥兼办公室主任），市市政局副局长王以中、市容环卫局副局长鲁建平任办公室副主任。指挥部由市建设交通委、国资委、绿化市容局、住房保障房屋管理局、交通港口局、公安局、水务局等 37 个部门，浦东新区、黄浦、卢湾、徐汇、静安、长宁、虹口、普陀、闸北、杨浦、闵行、宝山、南汇、奉贤、金山、青浦、松江、嘉定、崇明 19 个区县和 7 个大型企业，以及 1 家驻沪部队代表等 64 个成员单位组成，范围涵盖与城市建设、管理和运行相关的各个部门和单位。各区县对应市级指挥体系，建立相应的区县指挥部及办公室。政府各职能部门、各大型企业亦建立相应的管理机构和联络员机制。

【600 天行动过程】 600 天行动分三个阶段。第一阶段，从 2008 年 4 月到 8 月底，是制定计划、分解任务阶段；第二阶段，从 2008 年 9 月到 2009 年 12 月，是实施推进、狠抓落实阶段；第三阶段，从 2010 年 1 月到 4 月底，是深化提高、投入试运营阶段。

城市管理指挥部制定《本市迎世博加强市容环境建设和管理 600 天行动计划纲要》，确定了“三大工程、30 项任务”，在推进过程中，加强组织协调，打好“五大战役”，一是聚焦“五大战役”；二是聚焦改善民生；三是聚焦提高城乡市容市貌；四是聚焦顽症治理。为确保整治行动，市级财政投入整治资金 100 多亿，区县也投入了相应的资金。2010 年 4 月底，全面完成《行动纲要》确定的各项任务以及新增项目、配套项目等。上海城市面貌焕然一新，得到了社会各界和市民的广泛认同。

【迎世博市容建设和管理 600 天行动的主要成果】 一是道路设施整治一新。延安高架路、南北高架路、内环高架路、中环线、沪闵高架路完成涂装整新；1440 多万平方米车行道得到整修改造；448 万平方米人行道得到综合整治，基本解决 1174 条中小道路的“脏、乱、差”面貌。

二是建筑及民居容貌改善。全市共完成旧居住区平改坡 5405 万平方米，综合整治了 1996 年前旧高层 1520 万平方米，清洁建筑立面近 1 亿多平方米，解决了旧居住房外墙起壳、管线老化和房屋漏水等，同时完善了建筑保温、厨卫设施等功能，提升了小区综合环境，使数百万市民的居住环境由内到外都有了不同程度的改善。

三是街区风貌明显提升。全市共重设或改造了 9 万余块店招、店牌，粉刷街区立面 663 余万平方米，修复围墙 145 余万米，街头绿化和围墙绿化的品质得到提升，衡山路等一大批风貌街区改造后显现出了更加丰富的海派景致。

四是城市空间清新明亮。依法依规，拆除户外广告设施 3.6 万余块。重要区域和景观道路在建筑立面和旧居住区的整治中，通过统一更换收缩晒衣架、空调外机罩、遮阳（雨）棚，拆除人行道违规设施，完成部分重要地区架空线入地、信息线梳理，城市空间显得更加清新亮丽。

五是老区条件明显改善。全市共完成二次供水设施改造5908万平方米，居民用水质量和用水条件显著改善。中心城区完成了62个道路积水点的改造，周边地区数十万市民雨季遭水淹的问题得以根本改变。各区县因地制宜地实施了一大批受市民群众欢迎的“马桶工程”、“厨房工程”、“家门口工程”、“弄堂口工程”，老区居民生活条件有改善。

六是城市景观更加靓丽。全市整治绿地2794公顷，改造提升绿地品质819公顷，一大批花景花坛和景观小品相继建成。35座老公园完成改造。新增了一批“景观灯光”，使上海的夜间景观更加迷人靓丽。

七是水域景观大为改善。通过实施江河战役，改善黄浦江和苏州河水域及沿线的环境，既保护了历史风貌又极大地提升了景观水平，越发显露青春和魅力。与此同时，全市还有1033条段中小河道及周边环境得到了综合整治。

八是郊区环境整洁有序。全市郊区结合自身特色组织开展“百镇千村”清洁行动。特别是通过村庄改造和路面硬化、环境洁化、墙面白化、周边绿化、水面净化工作，郊区的环境面貌得到了明显改善。

九是难点顽症得到治理。乱设摊、乱停车、乱发小广告、乱倒渣土等许多城市管理的顽症得到了不同程度的有效治理。中心城区摊位数量由近4万个下降到8000余个，逐步纳入受控状态。

（白丁）

（三）城市信息化管理

【概况】 2010年，上海在建设交通信息化领域大力拓展世博信息服务保障应用，取得突出成果。世博园区工程建设管理信息系统建立了世博园区GIS空间信息基础平台，开发了园区规划管理、工程管理、工地监视等应用功能，实现世博园区工程建设全过程数字化管理。上海世博会交通信息服务保障系统依托上海市交通综合信息平台等3个子平台，向世博交通指挥管理部门提供科学的决策依据，特别是在世博在途客流和世博入园客流预测预报技术上取得了突破，解决了世博大客流预警预报等一系列难题，此外还向世博游客提供了及时有效的交通信息服务。城市网格化管理平台不断创新完善工作机制，大力强化发现、处置问题的工作力度，世博会184天共立案58.9万件，结案58.3万件。12319热线全力以赴做好世博服务和城市运行保障，世博会184天接入市民来电48.6万个，共受理涉博信息7.8万件。与此同时，完成了新一轮数码航空遥感摄影，遥感范围覆盖全市陆域，影像的地面分辨率高达0.25米。继续推进旧区改造信息系统建设，取得阶段性成果。

（刘臣）

【12319城建服务热线】 上海市城建热线服务中心（以下简称“12319热线”），以“参与世博，服务世博，奉献世博”为主线，全力以赴做好世博服务和城市运行保障工作。2010年，共接入市民来电78.9万余个，同比上升92.5%，接通66.9万余个，接通率达84.9%。日均接电2162个，与09年相比上升92.5%。受理与建设交通行业相关的市民诉求55万余件，占总诉求量的92%，来电反馈率达99.2%。12319热线转网格化平台信息2239件，办结率达98.2%。全年，回访市民诉求17732件，回访满意率达89.4%，与去年相比略有上升。催办、督办相关诉求4843件，办结率达82.1%。

世博会从 5 月 1 日至 10 月 31 日结束，在 184 天内 12319 热线共接入市民来电 48.6 万个，占全年来电量的 61.6%。受理建交系统内信息 34.1 万件，同比上升 1.1 倍。其中，受理涉博信息 7.8 万件（含世博大礼包中交通卡的咨询服务 4.7 万件，世博公交咨 2.3 万件，其他世博交通咨询 4412 件，世博停车咨询 2211 件，世博出入口及周边信息咨询 1046 件），占系统内受理总量的 23%。

继续和新民晚报等单位共同开展“夏令热线”活动。副市长沈骏等领导来到 12319 热线接听市民来电。有关媒体对“夏令热线”进行多形式、不间断、高强度跟踪报道，热线知名度进一步扩大。活动期间市民来电量近 10 万个，同比上升 124.6%。此外，开通 2010 年春运热线，与政风行风热线互动，增加“拖车”业务，并进一步拓宽市民诉求范围，方便市民。

（胡献华）

【城市网格化管理平台】 按照市委市政府深化完善博后常态长效城市管理机制的工作要求，坚持城市网格化管理是城市管理的基本模式，不断加以深化拓展，推进城乡全覆盖，强化“监督驱动处置”，推进管理流程再造，建立分工明确、协作高效的指挥系统，健全完善城市管理的监管机制。

2010 年，城市网格化管理全力保障世博会的召开，各区县积极探索创新管理方式，建立晨会周会点评、分级督查抽查等机制，加强内部管理，强化发现责任，世博期间全面推行早晚间和节假日双延时工作制度，充分发挥了数字城管巡查面积广、问题发现快、部事件信息资源全、案件流转及时明确的特征，同时借助世博保障领导高度重视、部门参与度广、督办协调力度大的优势，无缝衔接世博运行市政市容保障工作，较好地实现了管理机制和平台手段的有效结合。2010 年，本市网格化管理系统共计立案 1,155,722 件，结案 1,151,053 件，结案率为 99.6%。

2010 年主要围绕以下几点开展工作：一是推进机构编制落实。至年底，18 个区县中已有 16 个区县明确网格化管理中心为常设机构；二是深化完善规范标准。先后修订颁布了《上海市城市网格化管理规范》（2010 版）和《上海城市网格化管理平台与 12319 城建服务热线联动工作业务操作暂行规范》。三是强化提升队伍素质。组织参加住建部数字城管培训，编制统一宣贯教材，系统培训全市近千名数字城管骨干人员。四是拓展完善专业领域。建成绿化（林业）专业网格化并投入试运行，实现市属市政设施网格化管理基本全覆盖。

（刘贤明）

【交通综合信息平台】 上海世博会交通信息服务保障系统，由上海市交通综合信息平台、世博交通信息服务应用平台、世博园区交通信息子平台和通信网络等构成。上海市交通综合信息平台汇聚、处理、交换、共享市域道路交通信息、公共交通信息、对外交通信息、世博交通专题信息，支撑世博会交通运行管理和世博交通信息服务应用平台，并与世博园区交通信息子平台互联，是世博会交通信息服务系统的核心。世博交通信息服务应用平台支撑面向社会公众的世博交通信息服务，包括支撑世博交通出行网站、电台电视台等交通信息服务。世博园区交通信息子平台汇聚、处理世博园区内公共交通、客流等信息，支撑园区内交通信息的发布，并与交通综合信息平台互联，共享、交换园区内、外交通综合信息。

上海世博会交通信息服务保障系统以建设三个平台为依托，在全面、实时整合、处理全市道路交通、公共交通、对外交通、世博专题交通信息数据基础上，重点开发以“世博热点交通”和“世博客流”为主的世博交通专题信息服务内容，向世博交通指挥管理部门提供主要入沪道口、越江设施、世博周边主要通道、全市三张路网交通运行实时状态、数据和视屏图像。重点突破世博在途客流和世博入园客流预测预报技术，解决了世博大客流预警预报等一系列难题，预测准确率达 90% 以上。为世博交通指挥管理部门做好世博交通组织管理、进行公交运能运力调配、预警世博大客流等提供了科学依据。

依托世博交通信息服务应用平台，通过上海世博交通网、世博交通指南图、电台电视台、世博交通服务咨询热线、可变信息标志、手机与车载导航等移动终端、触摸屏查询终端等 7 种世博交通信息服务方式，向世博游客提供世博公交换乘、实时客流动态等信息，引导世博会游客选择合适的出行方式、出行时间、出行路径和换乘方案等。

世博会交通信息服务保障系统通过提供世博交通运行现状，增强了世博道路交通指挥管理的针对性；通过预测预报世博客流，提高了公交运能运力调配的科学性；通过发布世博交通综合信息，促进了世博游客出行的便捷性，为保障世博交通和全市日常交通平稳、有序、安全运行做出了应有的贡献，受到了中共中央、国务院和上海市委、市政府的表彰。

（顾承华）

【世博会交通信息服务系统】 世博会交通信息服务系统由交通综合信息平台、世博交通信息服务应用平台和世博园区交通信息子平台为主构成。

交通综合信息平台汇聚、处理、交换、共享市域道路交通信息、公共交通信息、对外交通信息、世博交通专题信息，支撑世博会交通运行管理和世博会交通信息服务应用平台，并与世博会园区交通信息子平台互联，是世博会交通信息服务系统的核心。

世博交通信息服务应用平台支撑面向社会公众的世博交通信息服务，包括支撑世博交通出行网站、电台电视台等交通信息服务。

世博园区交通信息子平台汇聚、处理世博园区内公共交通、客流等信息，支撑园区内交通信息的发布，并与交通综合信息平台互联，共享、交换园区内、外交通综合信息。

为确保园内交通与园外交通、世博交通与日常交通的指挥、协同，以交通综合信息平台为中枢，建立两个层次的网络通信链路，实现世博会运营指挥中心、市公安局应急指挥联动中心、世博会交通运输调度中心，以及本市交警总队、交通港口局、市政管理部门等各交通管理部门之间交通信息的互联和共享，并建立与各自下属机构的网络通信互联关系。

采用 7 种服务方式，面向世博会游客提供世博交通和日常交通信息服务。

★世博交通出行网

通过世博交通出行网，帮助世博会游客规划出行路径、出行方式、换乘方案，获取世博会园区实时客流信息和全市道路交通实时状态信息，了解世博交通政策、各类交通管制措施、公告和重大世博交通新闻，让世博会游客和本市市民全面掌握世博会交通综合信息。

★世博交通指南

针对长三角地区和身处上海的世博会游客，编制两份世博交通指南图，免费供世博会游客取用。通过世博公共交通指示分布图，世博自驾车长三角旅游巴士指示分布图，为世博会游客提供搭载集约化交通工具前往世博会园区的交通指南服务。

★电台电视台

通过上海交通台、电视台，以广播音频和电视图像形式向世博会游客、本市市民及时提供世博会交通信息服务。源自上海市交通信息中心的综合交通信息，通过电台、电视台的编辑，向世博游客及时播报拥堵路段、交通事故等突发事件、匝道开关闭、园区内和园区出入口实时客流情况，以及部分视频图像，让游客调节自己的出行行为。

★服务热线

通过开设的世博交通服务热线，为世博会游客提供在线咨询世博公共交通线路、换乘方案、路径引导、世博会客流信息等服务，指导世博会游客的出行行为。

世博交通咨询热线将有两个客服号码，分别是962010和12319。962010是世博服务热线，除了可咨询世博会其它信息如场馆演艺活动信息等外，还将为游客提供在线交通信息咨询服务，12319是上海市的城建服务热线，这次将再次拓宽服务业务范围，增添新的服务内容，为游客出行指点迷津。游客无论身处何地，只要拨通这两个电话，服务生就将热情地为游客推荐乘坐轨道交通、公交线路、世博专线等的公交出行方案，回答游客所提出的交通出行问题。

★可变信息标志

利用道路路侧各类可变信息标志，向世博游客提供城市快速路交通状态、地面道路行程时间预测、道路交通事件等道路交通信息服务。

★手机与车载导航等移动终端

通过手机、车载导航等移动终端，提供高速公路、城市快速路、地面道路实时交通状态信息、匝道开关闭、交通事件等交通信息服务，引导出行者避开拥堵路段，快捷抵达目的地。

通过浏览手机，游客可获取实时的道路交通状态包括高速公路、城市快速路、地面道路、越江桥隧的拥堵状况信息，地图可以放大、缩小及漫游，可根据系统的缩放自动调整交通道路的图层显示层次。除道路交通信息外，游客还可获取世博园区客流量及密度信息、道路交通事件和施工信息、对外交通枢纽和热点商业区前往世博会园区公交换乘信息等。

利用4000辆专用出租车上的车载导航通信设备，可向4000辆世博专用出租车提供快速路和地面道路实时状态信息，匝道开关闭、交通事件等信息，引导专用出租车避开拥堵路段，保障世博专用出租车高效运行。

★触摸屏

在全市3星级以上的400多家星级宾馆、酒店，设置触摸屏终端，供世博会游客自助查询世博交通出行方式、出行路径、换乘方案、世博园区客流信息、道路交通状态，以及世博会园区实时的客流信息等信息，引导世博会游客选择合适的出行方式和出行路径。

（顾承华）

【世博园区工程建设管理信息系统建设】“世博园区工程建设管理信息系统”项目2007年初启动，是世博信息化11个大系统之一，是世博局最先启动的信息化项目。

该项目的目标是建立世博园区GIS空间信息基础平台，再以该平台构建规划管理、工程管理、工地监视功能的应用系统，实现世博园区工程建设全过程数字化管理。系统建设内容包括：建立世博园区空间基础数据平台，统一空间基础数据平台，为园区的规划、建设、管理和其他应用提供空间信息基础数据和相关标准；基于世博园区空间基础数据平台开发出用于世博园区规划和工程建设管理的应用系统，为各部门积累起空间基础信息资料，为各类系统提供GIS数据和服务支持，实时实现对规划工程进展、安全质量、各项目的布局和工程建设情况、人员/车辆等信息资源的共享和管理。

系统于2007年底软件功能开发完毕，进行试运行，2008年6月份正式投入运营，成为世博信息化项目中最先启动最早投入运行的第一系统。系统为世博局内的安保部、信息化部、规划部、工程能部、综合计划处、技术办、交通部、局长办公室、建委驻世博园区办公室、参展者服务中心等多个部门提供服务。同时，工地现场也安装了终端系统，由各工地定期上报最新工程建设数据。系统每月向市领导、世博局领导和相关部门提供工程建设进度月报。

系统承担了整个园区工程建设的信息采集、汇总统计、分析、监管、监控的功能。以空间信息及三维技术展示世博会园区建设的成果，通过 GIS 手段将传统的展示方式和高科技结合起来，节省了管理成本；实现了外业直接采集工地建设动态信息，在现场与管理部门之间搭建了信息直达的通道，真正做到了工程建设全过程的数字化管理；经历了世博会园区的工程建设精细化管理，严格控制园区建设的进度和质量；结合了视频监控系统，对建设工地的重点位置实现全天候实时数字视频监控，及时发现问题，杜绝各类矛盾，减少安全突发事故的发生，保障工程建设生命和国家财产。

该系统在上海市经信委、上海市科委、上海市国资委联合主办的 2010 年度上海市优秀 CIO 及优秀应用成果评选中，荣获优秀应用成果特别奖。

（张燕）

【2010 年全市航空遥感信息调查与城市管理应用】 2010 年初，上海市进行了一次覆盖全市陆域的高分辨率数码航空遥感摄影，影像的地面分辨率为 0.25 米。

利用此次航空遥感影像数据，市建设交通委、市绿化市容局、上海城市发展信息研究中心、上海市城市综合交通规划研究所、上海市交通信息中心等多家单位，就有关的城市管理专题信息进行了调查，并在相应的信息管理平台中进行应用。

城市管理专题信息调查包括：上海市郊区棚户简屋现状与分布调查、上海市绿化与林地覆盖水平与变化状况调查、上海市交通相关土地利用分类调查、浦东新区河道调查与公路设施调查等。上海市郊区棚户简屋现状与分布调查，获取了郊区棚户简屋存量与具体分布的准确信息，为市政府、市旧改办制订“十二五”郊区棚户简屋改造计划提供了科学的依据。上海市绿化与林地覆盖水平与变化状况调查，及时反映了全市 2009–2010 年期间绿化和林地建设与维护情况，尤其是与世博会相关的城市绿化建设成果。上海市交通相关土地利用分类调查，详细分析了全市 9 大类 36 个中类的用地地块位置与面积，尤其突出反映了与交通相关的用地状况，为制定全市交通发展规划提供了详实的信息。

2010 年上海航空遥感影像数据已经应用到多个涉及城市管理的信息平台，例如：上海市网格化管理平台、上海市交通综合信息平台、上海市水务公共信息平台、上海市“地–楼–房”基础数据库、上海市绿化林业遥感和地理信息系统、上海市旧区改造信息管理系统、上海地下空间信息基础平台等。

（潘强）

【上海市旧区改造信息管理系统】 2010 年上海城市发展信息研究中心承担了市建设交通委信息化“上海市旧区改造信息管理系统”项目，组织实施了项目系统需求分析、系统设计、系统开发、数据调查、系统验收等工作，截至 2010 年 12 月项目完成验收，取得了预期的效果。

2010 年本项目目标为建立旧区改造业务管理综合数据库，该数据库包括旧区改造空间数据库、地块拆迁进度动态数据库、以及综合资料库。开发上海市旧区改造业务管理系统，实现旧区改造基本情况、规划计划、实施进度、动拆迁安置房源浏览、查询、统计、报表、制图、更新功能，实现旧改典型案例、理论文献、政策法规等资料的浏览、查询、更新功能。基于各区旧区改造月报数据、季报数据、手持终端 PDA 实现对中心 10 城区旧区改造地块拆迁安置进度动态监管；建立系统运行规范与机制，辅助市旧改办旧区改造业务管理与应用。

项目按计划实施取得如下成果：一是完成了“上海市旧区改造信息管理系统”建设工作，并应用于日常管理；二是建立了旧区改造报表和简报制度，建立了旧区改造进度数据上报系统，动态掌握进度数据；三是运用遥感技术，通过遥感调查，建立了中心城区旧区改造地块数据库，编制完成《上海市中心城区旧区改造地块图集汇编》，郊区城镇棚户简屋地块数据库正在建立；四是利用信息系统，加强旧区改造实时动态研究分析，为政策制订和领导决策提供依据。

目前，上海市旧区改造信息管理系统成为市旧改办等相关单位及时掌握旧区改造基本情况、改造进度、综合分析、辅助决策的有利工具，有效辅助了旧区改造业务管理，提高了上海市旧改办旧区改造业务管理信息化水平。

（于海龙）

【快速城市化地域生态承载力监测指标体系研究】 该课题为国家科技支撑计划子课题，主要是针对城镇化进程中人口与资源协同优化问题，展开快速城镇化地域生态承载力要素的信息提取和动态监测方法研究，突破传统的数据获取与分析手段，利用遥感(RS)技术快速得到各要素数据，利用地理信息系统(GIS)技术对各项要素进行空间分析，建立点源探测技术从而提高研究结果的准确性。课题主要研究了基于遥感和GIS技术的快速城镇化地域判断标准和识别指标，并进行生态承载力信息提取，利用该数据，深入研究生态承载力概念体系，探讨特定资源或环境要素的承载力与区域生态系统各要素之间的关系，分析构成快速城镇化地域生态承载力的水资源、土地资源、环境资源等主要生态承载力要素及其代表性指标。最终以生态承载力重要要素为基础，进行参数的敏感性分析并排序，筛选能反映快速城镇化地域生态承载力的监测指标，构建快速城镇化地域生态承载力指标体系。在此基础上，课题对上海市青浦区进行了示范应用与评价。

经过了几年的努力，2010年该课题通过验收，成为空间信息拓展应用的综合资源建设的系列成果和技术储备。经查新，该课题研究成果具有新颖性，对于我国以人为本的可持续地域经济统筹发展具有重要意义。

（张杰）

（四）城市综合交通

【概况】2010年底，上海实有人口2527万人，常住人口2303万人，注册机动车248.8万辆，汽车保有量170.7万辆，其中私人汽车101.0万辆。中心城日均人员出行总量3033万人次，公共交通出行方式占35.2%。公共交通系统日均客流量1623万乘次，轨道交通占32%。机动车交通量13811万PCU公里/日，快速路系统处于较拥堵状态。对外旅客到发量2.7亿人次，对外货物运输量10.9亿吨。交通事故万车死亡率下降至4.06人。5月1日至10月31日，世博会累计参观客流7308万人次，10月16日单日客流量达103.3万人，总客流量及单日客流量均创世博会历史记录。

【世博交通】 世博会期间，全市对外交通、市内公共交通等客流量均较去年同期及世博前有显著增长，世博效应显著。世博会采取的道口安检、世博保障通道、扩大摩托车限行范围、施工管理、世博管控区等政策，对于保障世博集约化交通运行顺畅、世博园区周边道路组织有序、全市交通运行平稳发挥了重要作用。在没有采取强制性机动车尾号限行政策的前提下，全市道路交通基本保持通畅运行，世博叠加影响处于可控范围。

【“十一五”交通发展回顾】 综合交通设施

建设迅速。至“十一五”末，全市公路和城市道路总里程16687公里，较“十五”期末增加4460公里，增长36.5%。轨道交通已建成投运12条线（含磁浮线）、运营线路长达452.6公里，比“十五”期末增加了317公里，率先成为国内首个突破400公里的城市，轨道交通运营线路长度在世界大城市中位居前列。“十一五”期间，对外交通设施建设稳步推进。建成洋山深水港北港区工程和外高桥港区一期至六期工程，新建成国际客运中心、吴淞口国际邮轮码头。虹桥、浦东两大机场共建成5条跑道、4座航站楼，年旅客吞吐能力达1亿人次，货邮吞吐能力520万吨。虹桥高铁站与沪宁、沪杭城际铁路相继建成投运，上海铁路形成了“三主”、“六辅”共9个铁路站的客运布局。综合交通运输总量显著提高。2010年，全市公共交通日均客流量达到1623万乘次，较2005年增长30.5%。全市对外旅客年到发量2.7亿人次，较2005年增长49.2%；货物年运输总量达到10.9亿吨，较2005年增长34.6%。在金融危机的不利环境下，港口完成吞吐量6.5亿吨，继续保持世界第一；完成集装箱吞吐量2907万标准箱，位列世界第一。机场旅客吞吐量和货邮吞吐量分别较2005年增长73.9%和67.4%。综合交通管理能力及服务水平明显改善。至2010年末，全市地面公交站点500米服务半径覆盖率达到80%左右。郊区行政村公交通达率达到95%。中心城（外环线以内）轨道交通站点600米服务半径覆盖四分之一的土地面积和42%的人口。2006年11月开始推出公共交通优惠乘车措施，2010年日均享受公共交通各项优惠政策达到284万人次，市民出行成本进一步降低。沪宁、沪杭高速铁路的运营，显著提高了城际交通出行效率，为促进长三角一体化发展奠定了基础。高速公路自动收费系统、快速路路流量实时自动采集和发布系统全面实施，公共交通智能管理系统、公交一卡通管理系统、停车诱导系统等均广泛推广和应用，为市民出行提供了更为完善的信息服务，提高出行效率。

（宗和）

（五）应急管理

【概况】2010年，上海市围绕“安全世博”目标，把握“维护城市安全运行”主线，不断完善应急管理体制机制，强化突发事件防范与处置能力建设。应急管理组织体系进一步完善，应急管理制度建设不断加强，应急管理培训与演练有序开展，各类突发事件得到及时应对，上海世博会预案体系建设不断完善。

【应急管理组织体系进一步完善】市民政局成立民政减灾中心，通过加强与国家减灾中心合作，开展自然灾害救助应急响应协调、救灾捐赠和对口援助等工作；市防汛部门建立防汛工程、组织指挥、预案预警、信息保障和抢险救援五大体系；上海铁路局、市交通港口局分别建成专门应急指挥中心，通过资源和信息整合，提高统一指挥、集中调度效能；市环保局成立辐射安全管理处，履行应急管理职能。不断完善应急管理法规规章体系和应急预案体系。

【加强应急管理制度建设】市人大常委会颁布《上海市实施＜中华人民共和国防震减灾法＞办法》，修订《上海市动物防疫条例》；市安全监管局印发《上海市＜生产安全事故应急预案管理办法＞实施细则》和《上海市安全生产监督管理局生产安全事故应急预案备案程序》；市气象局制定《气象灾害预警信号发布管理办法（试行）》和《世博园区气象灾害预警信号发布流程及业务规定（试行）》；市防汛指挥部组织编写《上海市防汛物资储备定额（试行）》。新编和修订部分应急预案，充实完善预警预防机制、应急处置措施和防范应对流程，增强应急预案的适用性和规范性。

【开展应急管理培训与演练】市应急办、市公务员局、上海行政学院联合举办2010年领导干部应急管理研讨班；电力、市政、民防、通信、绿化市容、排水等部门均开展多次分科目、分区域的专业演练，市反恐办先后开展“平安浦江”、“浦江5号”等大规模反恐怖实地实战演练。开展“5·12防灾减灾日”等应急管理知识宣传。

【及时应对各类突发事件】及时处置“2·21”青浦区废品回收站火灾、“3·25”浦东新区大治河桥遭船撞击桥面断裂、“4·13”东方明珠塔塔尖遭雷击起火、“10·25”莘奉金高速（S4）公路剑川路出口液化气槽罐车侧翻、“11·6”轨道交通9号线管桩受损、“11·15”静安区胶州路公寓大楼特别重大火灾事故等突发事件。

【完善上海世博会预案体系建设】按照“平安世博”和“以面保点”等应急管理要求，建立世博应急保障机构，落实各项支援、保障工作，公安、防汛防台、气象、安全生产、质量技术监督、公共卫生、食品药品、出入境检验检疫等部门深入世博园区，确保第一时间进行应急处置。上海世博局编制并实施《上海世博会园区总体预案》和各类分预案。上海世博会主运行指挥部印发《上海世博会旅游突发事件处置预案》、《上海世博会恶劣天气应对工作总体方案》、《上海世博会运行信息公众发布工作方案》，保障上海世博会运行安全。为保障上海世博会“成功、精彩、难忘”，市防汛指挥部根据《上海市防汛条例》第二十九条的授权，决定调整2010年汛期起讫时期为5月1日零点至10月31日24点，即提前1个月和延后1个月，与世博会期同步。在184天的汛期中，共发生13次天文大潮汛、6次局部暴雨。黄浦江苏州河潮位2次、上游米市渡潮位36次超过警戒线。经受“圆规”、“狮子山”、“玛瑙”、“莫兰蒂”4个台风外围影响。上海中心气象台先后发布暴雨红色预警信号2次、橙色预警信号5次、黄色预警信号19次；市防汛指挥部发布防汛防台橙色预警信号3次、黄色预警信号16次、蓝色预警信号5次。

（朱轲冰 邓一露）

【发布机场航班延误应急预案】3月，市应急委员会印发《上海市机场大面积航班延误应急保障工作预案》。“预案”细化相关部门职责，明确应对机场大面积航班延误的预测预警、处置规程、应对措施等保障要求。确保在浦东机场、虹桥机场出现大面积航班延误时快速、安全、便捷地疏散旅客。该预案在2010年发生大面积航班延误时及时启动，成为各相关单位协同应急处置的规范和依据。

【深化应急平台应用】3月，市应急委员会印发《上海市应急平台体系建设指导意见》，指导应急管理各部门和单位加强市应急平台应用，推进应急管理信息共享。上海世博会期间，高速公路、高架道路、轨道交通、地下空间、港口海事、防汛防台、世博会园区等视频信号以及燃气、建设交通、交通港口、实有人口库等系统接入市应急平台体系，为上海世博会运行提供信息保障。

（朱轲冰）

【成立上海市应急救援总队、支队】根据《中华人民共和国消防法》、《国务院办公厅关于加强基层应急队伍建设的意见》和《上海市消防条例》，4月22日，上海市应急救援总队在市消防局新虹特勤消防站挂牌成立。市应急救援总队依托上海市公安消防总队组建，区县应急救援支队依托区县公安消防支队组建，实行“一支队伍、两块牌子”运作模式，承担以抢救人员生命为主的应急救援任务，并负责现场的统一救援指挥。至6月底，全市各区县及化学工业区相继挂牌成立属地应急救援支队。

（倪蓓蓓）

（六）职业教育

【上海城市管理职业技术学院】 2010年，学院深入开展学习实践科学发展观活动，以新一轮人才培养工作评估为动力，深化教学改革、调整管理体制、扩大办学规模、完善设施条件、加强科研工作、提升师资质量，取得明显成效。学院首次参加上海市依法自主招生，录取451人，报到率100%。秋季高考录取179人，报到率100%；招收外省市学生594人。年内，学院招收2010级全日制高职新生1300人，实际报到1224人，完成计划93.3%，在校高职生总数3522人。学院举办毕业生就业双向洽谈会，全日制高职毕业生共计1175人，一次就业率95.3%。学院依托行业内骨干企业，建立17家设施先进、管理规范的校外实践教学基地，制订顶岗实习工作程序，强化实习规范，深入企业检查，提高顶岗实习质量。继续探索院企合作培养高技能人才新模式。11个专业555名08高职级学生参加技师学院组织的校企合作实习实训，326名07级高职学生通过职业技术鉴定。学生参加上海市计算机应用能力考试连续第7年获得好成绩。3名学生参加全国数学建模大赛（上海赛区），分别获得一、二、三等奖。1名学生在第三届全国高等院校广联达杯软件算量大赛中获得三等奖。由学生组成的参赛队获得全国楼宇智能化技能大赛优胜奖。1名学生获得首届全国高职高专英语写作大赛（上海赛区）公共英语组三等奖。学院建筑与房地产管理、物业与智能化管理、建筑技术等三个市级公共实训基地安排实训学生近五万人次。进一步完善全面教学质量保障体系，实行教学、学生实习实训质量监控措施。学院顺利通过教育部新一轮高职院校人才培养工作评估专家组的评估。

《工程造价控制》课程被评为上海市精品课程，学院的市级精品课程增加到7门。6名教师获得硕士学位，1名教师获得博士学位，7名教师获得高级技术职称。5名青年教师参加市教卫党委、市教委举办的“上海高校选拔培养优秀青年教师科研专项基金”培训。张姣入选2010年上海市普通高等学校青年骨干教师国内访问学者。老教师组成的《建筑工程技术》专业教学团队获得上海市第三届优秀教学团队称号，使学院的市级优秀教学团队增加到3个。张金玉、袁媛两名教师入选2010年度上海市“晨光学者”，使学院获得“晨光学者”称号的教师达到7名。学院首次举办教师“说课”竞赛和优秀教案评比活动。

（张伟民　何　光）

【上海市城市建设工程学校】 2010年，学校在市建设交通两委和市教委的领导下，坚持以“三个代表”重要思想为指导，全面贯彻落实科学发展观，以“参与世博、服务世博、奉献世博”为主线，深入开展“创先争优”活动；以全面提高教学质量行动计划为抓手，努力深化教育教学改革；以争创上海市文明单位为重点，进一步加强精神文明建设和校园文化建设，各方面工作取得了新的成绩，为实现学校十·一五规划，谋划十·二五发展奠定了良好的基础。全年录取学生619人，实际报到541人（其中上海生源416人，外省市生源125人，包括普通外招69人，对口支援 53 人，农民工同住子女 3 人）。截至 2010 年 12 月，在校生总数 2073 人，确保中专学历教育规模保持在 2000 人以上。学校及时对市场形势进行分析，加强与用人单位的联系与沟通，提早启动毕业生就业推荐工作。2010 年毕业生 606 人，已经推荐就业 595 人，就业率达 98.18%，使学校就业率连年保持在 98% 以上。

在全国职业院校技能竞赛建筑工程类“工程测量”比赛中，我校一名指导教师、两名学生代表上海市队参赛，分别取得银牌和铜牌的优秀成绩。在“亚龙杯”2010 年全国中等职业学校信息化教学大赛土木水利类多媒体教学软件比赛中，《道路施工管理教学软件》获得教学软件评比一等奖。《市政工程测量》、《工程测量实训指导书》等两本教材在“上海市校本教材优秀教材评选活动”中荣获“优秀校本教材”奖。在中国建设教育协会中等职业教育专业委员会 2010 年会及华东（南）分会 2010 年会的评比中，获得论文二等奖 1 篇、优秀奖 1 篇，获得课件一等奖 1 个、优秀奖 2 个；在中国职业技术教育学会 2010 年学术年会“职业指导与就业创业教育”专题论坛中，获得优秀论文三等奖 1 篇；向上海市中专教育委员会推选论文 1 篇。积极鼓励教师参与徐汇区“三奖”评比。1 人获得 2010 年徐汇区教育系统“育人奖”称号。完成 2011 年“三奖”推荐工作。

（邵巍）

（七）开发区建设

【概况】 至 2010 年底，全市开发区共有 41 个，规划面积 532 平方公里。2010 年，41 个开发区共有从业人员 196.06 万人，工业总产值 16295.23 亿元，比上年增长 26.9%。上缴税金 1817.44 亿元，比上年增长 32.26%。引进合同外资金额 56.55 亿美元，比上年增长 14.5%。内资企业注册资本达 459.79 亿元，分别比上年增长 162.6%。第二、第三产业比重为 57.5 ：42.5，其中第三产业营业收入达到 12642.67 亿元，比上年增长 37.73%。高新技术产业产值从“十五”期末的 3372 亿元提高到 5277.17 亿元，新能源、民用航空制造业、先进重大装备、生物医药、电子信息制造业、新能源汽车、海洋工程装备、新材料、软件和信息服务业九大重点领域高新技术加速产业化。年内，市级以上开发区能耗总量 1523.32 万吨标准煤，万元产值能耗 0.098 吨标煤，比上年下降 2.5%。至年底，共认定高新技术企业 3129 家，有 42 家国家级企业技术中心，323 家市级企业技术中心。全市开发区平均土地产出水平达到每平方公里 62.96 亿元；平均单位土地开发投入为每平方公里 4.62 亿元。全市开发区淘汰劣势企业 1000 家，涉及土地约 1333.33 万公顷。

（苏静）

【闵行经济技术开发区】 2010 年，上海闵行经济技术开发区实现销售收入 445.03 亿元，比上年增长 13.80%；利润 49.07 亿元，比上年增长 12.11%；上缴税金 36.88 亿元；比上年下降 3.62%。至年底，累计引进项目 172 个，投资总额超过 36.2 亿美元；累计销售收入 4367 亿元，企业利润 468 亿元，上缴税金 380 亿元（不含关税）。世界五百强企业投资项目占园区企业总数的 35.7%。年内，轨道交通转向架项目开工，推进英格索兰项目利用空置厂房继续扩大，推进圣戈班磨料签约利用空置厂房。三菱电梯扩建项目、博朗扩建项目、不凡帝新厂房扩建项目、强生中国液体车间扩建项目等竣工投产。推进实事工程“免费自行车”进园区工作，新建布放蓄存车点 8 处，安装 240 辆（个）智能停车桩；完成开发区创建“节水型工业园区”定量考评指标并获“上海市节水园区”称号。发布

2010年度《闵行开发区环境公报》。开发区产值能耗和产值水耗分别比上年下降8.82%和25.46%。至年底，闵行开发区累计回购厂房27.52万平方米，累计回购土地97.66万平方米，土地利用率139%。

（武鹏）

【虹桥经济技术开发区】2010年，上海虹桥经济技术开发区实现销售收入96.1亿元，比上年增长41%；实现利润12.3亿元，比上年增长339%；上缴税金9.0亿元，比上年上升80%。全年批准外资项目46个，新增外资企业总投资0.8亿美元，其中引进合同外资0.8亿美元。至年底，累计引进外资项目252个，总投资40.4亿美元，引进合同外资32.3亿美元，实际利用外资31.0亿美元，营业收入992亿元，利润总额97亿元，上缴税金64亿元。年内，区内仙霞路200号3810平方米商业项目规划、消防等通过验收；开发区31号地块动拆迁工作取得进展；4月，开发区内轨道交通10号线伊犁路站开通试运行；奉贤区南桥基地动迁安置房项目开工。

（周乐昇）

【漕河泾新兴技术开发区】2010年，上海漕河泾新兴技术开发区实现工业总产值1253.1亿元，与上年持平；工业增加值360.9亿元，比上年增长0.2%；第三产业增加值308.5亿元，比上年增长40.5%。实现销售收入2188.9亿元，比上年增长14.1%；税收收入57.9亿元，比上年增长23.3%；进出口总额180.3亿美元，比上年增长1.9%。新引进内外资项目412个，新增合同外资4.26亿美元。该开发区拥有各类高新技术产业企业1308家，销售收入2188.91亿元。其中电子信息产业404家，销售收入1246亿元；生物医药技术企业81家，销售收入68.05亿元；新材料、新能源及化工企业74家，销售收入93.15亿元；电子器件及数字设备企业236家，销售收入77.83亿元；仪表仪器及专用设备企业123家，销售收入155.82亿元；航天航空企业13家，销售收入20.18亿元；汽车研发配套企业128家，销售收入114.96亿元；其他企业249家，销售收入412.93亿元。年内，新引进沃尔玛等20个国内外重大项目。延华智能、世界五百强百事公司亚洲研发中心项目落户浦江高科技园。国际商务中心和现代服务业集聚区总部区两项目被列为上海市重大工程。全年共申报项目19个。区内企业专利申请量1072项。编制完成开发区《“十二五”发展规划》、《2009年科技发展报告》及《国家生态工业示范园区建设规划》。9月获国家环保部、商务部、科技部批复同意，创建国家生态工业示范园区。

（王晖）

十七、科研工作

编者按：自本卷始，上海建设年鉴新增“科研工作”栏目，汇集上海建设交通系统优秀科研项目和成果。本栏目内容，主要取材于上海市建设交通委科技委2010年度科研工作和成果报告。

（一）综述

上海2010年世博会和“十二五”规划编制是本年度科研工作的两大重要任务，服务世博会建设、研究“十二五”规划及建设交通及行业发展即2010年科技委科技工作的三大核心主题。

2010年课题研究：十四项课题研究围绕世博会建设、“十二五”规划和建设交通发展三大核心任务展开。广泛参与服务世博会展的调查研究，提交多份关于世博专题的专家建议；参与承担“十二五”上海建设交通行业城市建设和管理、郊区新城和村镇建设、重大基础设施建设和管理、教育、科技以及工程抗震等6项规划编制工作；调研梳理世博会科技成果，收集世博会展示案例所涉及的建筑新技术新材料等四新技术，分析、研究、总结提炼出十九项建筑新技术专题篇章，分析研判新技术在世博后上海城市建设中的应用前景，提出相应建议，形成专题报告。

通过大量专题研究和专项调研，为政府及时有效处理答复一系列特定问题提供了技术支撑。其中，上海道路技术中心的成立意义非凡，中心刚成立即对上海道路展开全面调查研究。7月至9月，中心对部分城市道路和高速公路进行取样试验综合调研十几个细分领域，形成上报《上海道路质量和运行专项研究》等9个调研报告，内容包括政策咨询、标准规范、养护运行、材料结构等。

软课题的立项紧紧围绕保障世博会召开、为“十二五”做好准备和提高建设交通行业发展水平展开。课题契合现实需求，解决紧迫问题、重大问题和特殊问题。关系行业发展的建言献策与专题研究发挥了重大支撑作用。

2010年科研项目：2010年，在重大科研项目管理与服务方面，顺利完成各项任务。主要体现在：“十一五”第一、二批重大科研项目成果服务世博会，启动“十一五”第三批重大科研项目管理，接受住房和城乡建设部委托启动“十二五”科研项目管理工作。全面配合做好“十一五”规划收尾阶段执行工作，完成“十一五”重大科研项目日常管理和“十一五”第三批重大科研项目立项，还进行制度建设创新为做好住房和城乡建设部科研项目管理打下基础。

同时，集行业智慧，展开建设交通“十二五”发展的前期研究和科研项目预见性研究，组织参与“十二五”上海建设交通行业的“十二五”规划编制工作。

2010年获奖成果：为保证2010年上海世博会的成功举办，多角度参与世博建设和运行的相关工作。配合市建设交通委组织开展相关科研，形成了一系列应用性成果并应用到世博会建设中，为世博会建设安全质量保障和世博会期间市政设施顺利运行发挥了重要作用。围绕建设交通行业热点难点形成了系列报告建议，为政府解决紧迫问题提供技术支撑。本年度6个项目获得上海市科技进步奖。

（二）课题研究

【概况】2010年，完成涉及世博会建设、“十二五”规划和建设交通发展三大核心任务的课题研究十四项。参与服务世博会展的调查研究，提交多份关于世博专题的专家建议。其中《关于“后世博”绿化工作的若干建议》一文就如何充分利用世博会的辐射效应促进世博会后城市绿化工作的可持续发展提出了很有价值的建议。

参与承担“十二五”上海建设交通行业城市建设和管理、郊区新城和村镇建设、重大基础设施建设和管理、教育、科技以及工程抗震等6项规划编制工作；调研梳理世博会科技成果，收集世博会展示案例所涉及的建筑新技术新材料等四新技术，分析、研究、总结提炼出十九项建筑新技术专题篇章，分析研判新技术在世博后上海城市建设中的应用前景，提出相应建议，形成专题报告。

2010年完成关系行业发展的建言献策与专题研究多项。其中《加强内河集装箱航运发展促进上海国际航运中心建设》、《关于倡导建立上海绿色低碳城市交通发展模式的建议》、《关于加强上海轨道交通运营安全评估技术研究的建议》等报告针对建设交通行业各类难点问题提出相关建议。上海道路技术中心对上海道路全面调查后，完成研究报告9个，包括了政策咨询、标准规范、养护运行、材料结构等内容。见表1。

表1　2010年课题研究一览表

序号	调研课题名称
1	上海市城市建设和管理“十二五”规划
2	上海市郊区新城和村镇建设“十二五”规划
3	上海市重大基础设施建设和管理“十二五”规划
4	上海市建设交通行业信息、教育、科技“十二五”规划
5	上海市工程抗震“十二五”规划
6	政策资讯专项调研
7	标准规范修编专项研究
8	上海道路质量和运行专项研究
9	上海市沥青铺面材料调查研究
10	上海道路养护和施工工艺研究
11	上海市路基与地基处理专项调研
12	上海路面结构和病害处理研究
13	线型设计和交通工程专项研究
14	上海道路综合调研

【研究关于“后世博”绿化工作的若干建议】 为充分利用世博会的辐射效应和世博会后城市绿化工作的可持续发展，使上海的绿化工作能再跃上一个新的台阶，充分发挥“后世博”效应，就绿化工作建议如下：1. 制订相关政策，加大屋顶绿化的推进力度；2. 新区规划建设时，必须强调生态保护的理念；3. 上海绿化建设要从量的扩大向质的提高转变，包括：1）增加绿量提高单位面积的生态效益；2）改变种植结构增加落叶乔木数量；3）绿地中树木抽稀调整工作已迫在眉睫；4）要适当提高绿地建设的标准。

【加强内河集装箱航运发展促进上海国际航运中心建设】 为全面推进上海国际航运中心建设，加快内河集装箱航运发展，专家建议：1. 进一步研究内河集装箱港区的规划布局，进一步深化论证外高桥内河港区布局规划对内河集装箱航运发展的影响程度。2. 建议关注内河集装箱航运的市场环境建设。从硬件设施来看，只要有一座桥梁高度或一段航道深度没有满足规范标准，就意味着整个航道网络就无法发挥应有的功能。同样，从软环境来分析，内河集装箱航运市场是一个完整的体系，同样需要按照系统化管理理念，开展“统一行业标准，统一信息网络，统一政策环境，统一管理体制，统一运营模式”的市场环境研究。3. 尽快形成内河集装箱航运发展的推进机制。从基础设施和政策环境两个方面积极营造有利于促进内河集装箱航运发展体制机制，有步骤、有计划地积极推进内河集装箱航运的发展。整合多方资源和力量，以形成积极、务实的推进机制。4. 抓紧开展内河集装箱航运发展政策研究。制定积极推进“散（货）改集（装箱）、陆（路）改水（路）的政策研究，从政策层面为促进内河集装箱运输创造有利环境，建议可借鉴美国洛杉矶等港口对铁路集装箱运输的税收支持政策等成功经验。充分发挥长三角地区港口协调机制的作用，开展长三角地区内河集装箱航运的标准化研究和推进工作，以尽快形成营运市场的标准化和统一性。

【关于倡导建立上海绿色低碳城市交通发展模式的建议】 上海正处在建设和谐宜居的国际大都市关键时期，因此，城市交通发展模式应结合上海城市自身特点，考虑减少城市交通二氧化碳的排放，建立发展绿色低碳城市交通的TOD模式，为此提出如下建议：1. 城市空间规划应以绿色低碳交通为导向。在城市规划阶段考虑：1) 采用有效的不同使用功能土地混合规划方式，缩短人们的出行距离，提高人们在短距离出行中采用非机动化交通方式的可能性；2) 严格控制停车位的配置，提供高质量公共交通配套，促进人们选择公共交通方式出行；3) 考虑一个地区的开发强度的同时，必须与该地区的公共交通的可达性水平结合起来，严格限制在公共交通服务薄弱地区进行大规模高强度的建设。2. 鼓励采取步行和使用自行车的出行方式。在改善城市品质的同时，改善步行环境，安全舒适的步行环境可以吸引人们采取步行交通的方式，并且步行距离更长。采取优惠政策，将公共租赁自行车列入公共交通的一部分，在本市外围轨道交通站点地区和中心区及早建立公共租赁自行车系统，特别鼓励在内环线内不超过3公里的出行方式，采用以步行和自行车为主导。3. 提供智能出行系统保障。4. 加强科研实证分析完善城市公共交通系统。5. 运用清洁车辆技术需考虑全寿命周期污染。6. 采取经济手段控制车辆与排量。7. 建立绿色低碳交通的制度保障。

【关于加强上海轨道交通运营安全评估技术研究的建议】 1. 进一步完善国内外轨道交通运营事故资料库及分析研究。对国内外轨道交通运营管理系统及灾害事故资料进行收集和调研，逐步完善案例资料库，为今后的分析研究打好基础。目前，国际上针对轨道交通运营安全的研究主要还是通过对轨道交通事故实际案例的积累、分析与归纳，形成有助于轨道交通安全运营的理论体系与方法。2. 轨道交通运营系统的可靠性与风险性分析。针对轨道交通运营管理系统的容错性、冗余性和顺序相关性等特点来说，传统的可靠性评估方法不能很好的满足对系统进行分析的要求，因此必须针对轨道交通的运营特点，综合各种可靠性分析方法的优点，研究得出最适合于本市轨道交通管理系统的可靠性评估方法，并据此查找出系统中的薄弱环节，针对这些薄弱点采取措施，降低故障发生率，提高系统可靠性。在此基础上，根据得到的现有轨道交通运营系统的可靠性分析结果，从系统的失效概率和事故后果等两个方面对现有轨道交通运营系统的风险性进行分析，从而进一步保障本市轨道交通系统的运营安全。3. 轨道交通运营安全实时评价系统研究。通过分析国内外轨道交通运营事故资料库的各类案例，对各种风险进行归类汇总，并采用概率统计理论对各种风险事故进行统计分析，系统整理分析轨道交通运营安全中潜在的风险因素。并在此基础上，按照《地铁运营安全评价标准（GB/T50438-2007）》国家标准，对轨道交通运营安全的实时评价体系进行研究，重点探讨如何发挥运营管理的主观能动性，逐步构建本市轨道交通运营安全的实时评价体系和标准，作为轨道交通的运营管理提供参考和依据。

（三）科研项目

【概况】 2010年，重大科研项目管理与服务重心在服务世博会、管理“十一五”、“十二五”科研项目等在方面。市建设交通委技术研究系列应用性成果运用于世博建设中，“十一五”第三批重大科研项目计划纳入科研项目日常管理工作。

【“十一五”第一、二批重大科研项目成果服务世博会】市建设交通委技术研究系列应用性成果运用于世博建设中，为切实保障世博会建设和运行顺利开展发挥了重要作用。如《智能化生态建筑技术集成研究》和《世博“沪上生态家”项目绿色建筑集成设计与建造示范》，形成了一套“节能减排、资源回用、环境宜居、职能高效”的技术集成方案，完整应用于世博会城市最佳实践区上海案例“沪上·生态家”的工程建设和布展中，“沪上·生态家”获国家三星绿色建筑评价标示认证，其环保、低碳的绿色建筑理念对未来城市发展具有前瞻性的指导意义。《城市道路交通信息采集发布系统二期研究》和《智能交通系统集成技术研究与应用示范》研究成果用于指导上海市道路交通信息采集发布系统工程方案设计、实施建设以及世博交通信息服务保障系统的开发，为世博交通信息服务保障工作提供了基本、完整的基础数据支撑，在世博交通保障工作中发挥了重要作用，为世博交通运行畅达做出了重要贡献。

【启动“十一五”第三批重大科研项目管理】2010年建设交通委“十一五”第三批重大科研项目计划立项并纳入科研项目日常管理工作。这批科研项目水准高、能引领行业的发展或能填补行业技术空白；涉及重大工程和重大事项的攻关项目成果应用性强；对研究内容相关联的项目则突出项目的系统性，选择有研究基础或能提供工程项目的单位牵头，以培养学科带头人为目标选择项目负责人。

【接受住房和城乡建设部委托启动“十二五”科研项目管理工作】由于建设部科技司自2011年开始将住建部科技计划项目下放到地方实行属地化管理，科研管理范围有所扩大。为了以适应科研管理新情况，市建设交通委制定了相应的管理制度即《上海市城乡建设和交通委员会关于住房建设部科学技术计划项目管理实施细则》，明确了建设部科技项目的申报、审查、推荐、过程管理和验收等工作的具体内容和程序。10月，市建设交通委正式发布实施。依照该实施细则，12月，科技委受理审查2011年住建部科技计划申报项目41个。完成结题验收项目见表2：

【城市轨道交通无人驾驶系统应用研究】研究内容涉及4个方面：1. 无人驾驶系统的工

表2　2010年完成结题验收项目一览表

重大科研项目		
序号	项目名称	牵头单位
1	城市轨道交通无人驾驶系统应用研究	上海申通轨道交通研究咨询有限公司
2	利用都市地下空间施工地铁换乘枢纽站技术研究	上海城市地下空间开发利用学科研究中心 上海隧道工程股份有限公司
3	上海地区高速公路拓宽路基路面关键技术研究	同济大学
4	城市自来水厂和污水厂污泥综合利用技术产业化应用研究	上海城市水资源开发利用国家工程中心有限公司
5	上海市郊区城乡生活垃圾收集、中转、处置技术研究	上海市环境工程设计科学研究院有限公司
6	高效节能建筑围护结构技术与体系研究	上海市建筑科学研究院(集团)有限公司
7	钢-混凝土组合桥梁设计与施工关键技术研究	桥梁工程技术学科(专项技术)研究发展中心 上海市政工程设计研究总院
8	大型综合交通枢纽规划设计关键技术研究	上海现代设计集团华东建筑设计研究院有限公司
9	大型公共建筑能耗监测技术与管理机制研究	上海市建筑科学研究院(集团)有限公司
10	隧道安全防灾关键技术研究	上海市隧道工程轨道交通设计研究院
11	城市隧道（盾构隧道）性能检测评估与维护技术研究	同济大学

一般科研与软课题项目

序号	项目名称	牵头单位
1	公交优先控制及车载信息系统关键技术研究	同济大学
2	垃圾渗滤液达标处理组合技术研究	上海环境工程技术有限公司
3	上海长江隧道工程半导体照明应用研究	上海长江隧桥建设发展有限公司
4	空间多变异型曲面钢筋混凝土结构施工技术研究及应用	浙江中成建工集团有限公司上海分公司
5	近海水中大直径嵌岩桩施工技术研究	中交第三航务工程局有限公司
6	上海市“十二五”综合交通规划思路及若干重大问题研究	上海市交通运输行业协会 上海市城市综合交通规划研究所
7	利用脱硫石膏生产轻质墙体材料产业化方向的研究	上海市松江区发展新型墙体材料管理办公室
8	上海地区现代气压沉箱工法推广应用技术研究	上海市基础工程公司
9	上海市环境卫生和市容景观“十二五”规划前期研究	上海绿化和市容管理局
10	外围护多层空气间层节能结构应用技术研究与产业化	上海城建建设实业(集团)有限公司
11	混凝土自保温模卡砌块应用体系研究	上海市房屋建筑设计院有限公司

程建设管理方案的研究；2. 无人驾驶系统运营模式的研究；3. 无人驾驶系统的系统集成研究；4. 无人驾驶系统安全认证方法和程序的研究。研究内容比较综合、全面，涉及工程建设管理、无人驾驶系统集成以及车辆、信号、综合监控、停车场等相关关键技术。根据依托工程的实际情况，按计划上海轨道交通 10 号线无人驾驶系统将于 2012 年 3 月开通运行。取得成果：通过采用无人驾驶技术，依靠先进的通信系统和现代化监控，可以按照客流的变化，适时地调整列车运行计划，增加或减少在线运营列车数量和开行计划，这使各时段运能分布合理，并适应客流分布的曲线，有效地减少空车走行，对于运营成本节约、减少车辆检修工作量等都起到了重要的作用。此外，旅行速度的提高和车辆检修工作量的减少将引起车辆配置数量的节省，节省车辆在 5 ~ 6% 左右。采用全自动无人驾驶技术，由于不需配备列车司机人员，相应的培训、管理曾面也将直接取缔，同时按新型的管理运营模式，操作层面上也得到合理、有效的精简，管理效益也将得到有效地提高，降低运营成本。

【利用都市地下空间施工地铁换乘枢纽站技术研究】 主要研究内容及成果：研发了大面积利用既有地下空间改造建设地铁车站的成套设计与施工技术。徐家汇 9 号线车站及其换乘通道通过大面积改造港汇广场地下室而成，重点研究了结构体系的转换与协调、建筑功能的转换调整与补偿、改造施工的切割与加固、整体建筑的抗震与减震降噪、结构耐久性的检测评估，为大面积利用既有地下空间改造建设地铁车站所涉及的系列问题提出了一套完整的设计施工方案，对今后类似地下空间的功能转换与改造利用工程的建设有重要的借鉴价值。

【研发了在交通主干道下紧临运营地铁车站的地下空间暗挖加层设计与施工技术】 通过研究提出了“利用既有地下室顶板作为天然盖板的暗挖加层施工方法”。妥善处理了地下施工与地面交通的矛盾，是一种新型的暗挖法施工技术，该工法涉及低净空条件下结构托换、地基加固、围护结构施工及土方开挖、环境保护等核心技术问题，所形成的一整套设计与施工技术解决了在地面限制开挖、邻临地铁车站等复杂环境下地下结构的向下加层难题，对地下空间的拓展利用具有很大的推广价值。提出了地下空间与轨道交通一体化设计的安全疏散技术。通过研究解决了地铁车站与大面积地下空间一体化防火分区的划分和安全出口的设置问题，根据实际情况采用了轨道交通车站与周边地下空间建筑设置共用疏散出入口，设置了门禁及FAS联动系统，保证共用出口正常管理和使用。

【研发了低净空条件下先插后喷围护结构新工艺—IBG工法】研发了先插型钢后喷旋喷桩围护结构新工艺—IBG工法，可在土内先插入型钢再完成旋喷桩的施工，形成稳定可靠的型钢水泥土复合挡土结构，解决了低净空地下室内施作围护结构的难题，最大限度地降低了地下加层施工对地面交通的影响。

【研发了软土地层微扰动旋喷桩加固和泥浆处理系统】首次在国内采用了全方位压力平衡旋喷工法设备，通过试验研究提出了软土地层中微扰动旋喷的施工工艺和控制参数，并设计了将废浆变为渣土的泥浆处理系统，有效解决了地基加固对周边环境的影响。实现了运营地铁车站零距离条件下的大面积地基加固。

【研发了低净空薄底板超长静压桩施工技术】为适应盖挖加层施工的结构托换的需要，自主研制了低净空压桩设备，解决了以薄底板为反力架的超长静压桩施工难题。

【成果应用情况】“大面积利用既有地下空间改造建设地铁车站的系列设计与施工技术”在上海市轨道交通9号线徐家汇站工程得到成功应用，工程实施期间港汇广场地下室最大沉降4.87mm。

“交通主干道下紧临运营地铁车站的地下空间暗挖加层设计与施工技术”、“低净空条件下先插型钢后喷旋喷桩围护结构新工艺—IBG工法”、“软土地质条件微扰动旋喷桩加固技术”、“低净空薄底板超长静压桩施工技术”在徐家汇枢纽换乘大厅工程得到成功应用，工程实施期间1号线徐家汇站轨行区最大垂直抬升为7.64mm<10mm，最大水平位移为4mm<10mm，上行线曲率半径312500m>15000m，相对变曲1/6000<1/2500，下行线曲率半径199013m>15000m，相对变曲1/6363<1/2500。

“兼作城市道路结构层的地铁车站顶板伸缩缝防水新构造”在上海市轨道交通11号线徐家汇站工程得到成功应用。

“地下空间与轨道交通与一体化设计的安全疏散技术”在徐家汇枢纽换乘大厅工程得到成功应用。

先插型钢后喷旋喷桩围护结构新工艺—IBG工法先后在9号线6A标徐家汇车站向下加层的围护工程和11号线10标江苏路车站的换乘通道管线保护的围护工程得到成功应用。

MJS工艺及相关配套设备在上海市重点工程中得到广泛应用，特别是对环境、建筑、管线等公共安全、大众生活影响的特殊工况，MJS工艺解决了常规工艺无法解决的问题，在工程施工过程中保证了周边环境的安全。

【城市自来水厂和污水厂污泥综合利用技术产业化应用研究】主要研究内容：污泥合理处置一直是个难题，世界各国都在探寻有效的处理处置良策，可供选择的技术路线包括填埋、土地利用和综合利用等，其中污泥综合利用技术是当前研究和应用的热点。从另一方面看，污水污泥中含有氮磷等营养物质和大量有机质，使其具备了制造肥料的基本条件，这成为污水污泥可以综合利用的基础。水厂污泥有机质少，属“土质污泥”，因此可作为粘土资源在建材方面加以利用，这是水厂污泥综合利用的基础。将经好氧堆肥处理后的污泥及污泥产品，以有机肥、基质、腐殖土、营养土等形式用于园林绿化等，使污泥中的有机质及氮磷等营养资源得以充分利用。这样具有低碳特征的污泥综合利用技术路线是解决上海市中心城区污水污泥消纳的最佳可行途径之一。该课题结合上海市城镇排水污泥处理处置专业规划，针对这条污泥综合利用技术路线中存在产业化瓶颈问题开展创新研究，研发新型低能耗堆肥技术，编制污水污泥园林绿化利用标准，提出产业化综合利用配套政策建议，从而实现污泥安全处置和有效利用的产业化目标。

在污水污泥园林绿化利用的产业化应用研究中，课题组对上海市中心城区12个和郊区9个污水处理厂的污泥重金属指标进行了统计分析；对污泥园林绿化消纳负荷和消纳量进行了研究；并对园林绿化应用的产业化政策进行了研究。课题组参与编制的国家标准《城镇污水处理厂污泥处置园林绿化用泥质（GB/T23486-2009）》、《城镇污水处理厂污泥处置分类（GB/T23486-2009）》及主持编制的《城镇污水处理厂污泥处理处置及污染防治技术政策（试行）》对实现污泥园林绿化利用产业化发展提供了技术标准和政策依据。

在污水污泥低能耗动态堆肥技术产业化应用研究中，课题组开发的一种远程精确控氧堆肥控制技术，通过调节污泥堆体的温度及溶解氧，使污泥在最佳条件下迅速达到灭菌、稳定化和脱水，堆肥过程快速、高效、低耗；并针对种精确控氧技术的特点，开发一套臭气处理技术，在初期建堆和翻堆操作时，应用低温等离子体技术结合蜂窝活性炭吸附－催化氧化床的移动式臭气处理技术，较好的控制了强制通风静态堆肥的臭味问题。

水厂污泥综合利用研究方面，课题以上海前期研究的成果为基础，开展以水厂污泥为主要原料烧制轻质陶粒的辅料优选和焙烧条件优化研究，并对利用水厂污泥烧制陶粒的产业化方案进行了探索，以期推动上海中心城区水厂污泥综合利用处置技术的产业化应用。此外，针对污泥烧制陶粒需要燃煤，与当前我国节能减排的政策存在冲突的现实条件，还开展了利用水厂污泥免烧制砖的探索性研究。

在水厂污泥为主料烧制陶粒辅料筛选方面，课题组选取了污水厂污泥、膨润土、黄土、钢渣、污泥水厂污泥焚烧灰分等几种材料作为辅料，通过试验证明，筛选出污水厂污泥和污泥水厂污泥焚烧灰分作为辅料，可以烧制出品质优良的轻质陶粒。这两种辅料均来自污水厂污泥，也是城市运行中待处置，且在上海市范围内容易获得的固体废弃物，这一原料配方确定具有创新性和实用性。

在利用水厂污泥烧制陶粒产业化方案方面，对上海中心城区自来水厂干污泥产量进行计算，提出了在上海南汇老港填埋场附近和宝山石洞口污水处理厂附近各建设一座陶粒厂的选址方案，其中北区陶粒厂远期规模年产20万立方米轻质陶粒，南区陶粒厂远期规模年产30万立方米轻质陶粒。根据上海中心城区水厂污泥的分布情况，提出了采用车运＋船运的脱水污泥运输方案，在上海市区靠近水厂的内河沿岸建设共计7座污泥集运站。

在污泥综合利用产业化政策方面，提出了《上海市污泥综合利用实施方案》。

课题的水厂污泥综合利用处置技术的研究成果把水厂污泥作为原料制造陶粒，基建投资约为2400万元（含土建、设备费用，但不包括征地费用），年处置水厂污泥80000吨干重，年产陶粒约7.2万吨，处置装置占地面积约5000平方米，每吨煤耗70千克标煤、电耗50千瓦时，生产成本约80元，每吨售价预测约150300元。

污水污泥综合技术研究中的消化污泥园林绿化应用得以实施的话，从环境角度出发，可以改善上海市的碱性土壤，提高树木的成活率及质量；从经济角度看，1吨污泥的填埋费用约为150元，如果作为介质土出售的话，每吨可获利100~300元，除去运输等费用也按照50元获利来计算，那么按照白龙港的污泥量来计算，每天约有1000吨消化污泥，可节约20万元。同样水厂污泥也可以节约大量的处置费用。

【上海市郊区城乡生活垃圾收集、中转、处置技术研究】 主要研究内容：项目在郊区生活垃圾收运方面，针对郊区村、镇、城区比较分散的特点，采用区域联合处理模式，构建收运费用模型，测算上海市郊区生活垃圾收运成本；在郊区生活垃圾处理处置技术方面，结合上海市郊区生活垃圾处理现状，选择环境效益、经济效益和社会效益俱佳的生活垃圾综合处理技术，研发和应用改性矿化垃圾床处理生活垃圾渗滤液技术，并结合示范工程进行验证。取得成果：项目研究了崇明岛生活垃圾收运、中转和处置系统的优化方案，并完成崇明岛生活垃圾收运、中转和处置实用技术汇编。针对上海市的实际情况，提出了切实可行的郊区生活垃圾收运处理方案，为上海市今后郊区生活垃圾处理事业的发展提供了技术支撑。

【高效节能建筑围护结构技术与体系研究】 主要研究内容：项目对自保温墙体材料和配套砂浆进行系统研究。研发建筑物自保温体系，耐久性与主体结构相同，防火性达到A1级，体积吸水率7.1%，实现与结构同寿命，大大降低保温系统的维护和维修费用。建筑设计研究并提出防裂、防水和减少结构冷热桥的措施，自保温墙体系统相比目前使用的外墙贴板系统具有更好的抗裂性、防水性和热工性，为建筑节能开辟新的技术途径。取得成果：项目研发了五种自保温体系及其相关应用技术，即粉煤灰加气混凝土砌块墙体自保温系统、粉煤灰（陶粒）混凝土小型空心砌块墙体自保温体系、复合型混凝土多孔砖墙体自保温体系、烧结页岩空心砌块和淤泥烧结砖墙体自保温体系，都满足居住建筑节能65%对建筑外墙的平均传热系数不大于1.2W/(平方米·K)的要求，其中粉煤灰加气混凝土砌块墙体自保温体系、复合型混凝土多孔砖墙体自保温体系的外墙平均传热系数为0.90W/(平方米·K)和0.77W/(平方米·K)。在五种自保温体系中，蒸压粉煤灰加气混凝土砌块自保温体系和复合型混凝土多孔砖自保温体系在性能、施工和造价方面更具优势。

项目共完成自保温体系试点工程20.3万平方米，工程质量良好。在沪上生态家、周康航大型住宅小区等重大工程项目中，建筑设计为墙体系统的节能（65%）、防火（A级）、抗裂和抗渗性能提出了较高的要求，而通过建筑物自保温体系的应用，这些问题都得到了有效解决。

建筑物自保温体系符合上海地区传统施工作业方法，施工速度快，施工质量易保证。蒸压粉煤灰加气混凝土砌块自保温体系材料造价比混凝土多孔砖墙体采用EPS板外保温体系降低4.26元/平方米墙体，下降3.3%；复合型混凝土多孔砖自保温体系的材料造价比混凝土多孔砖墙体采用EPS板外保温体系降低5.5%，经济效益良好。

建筑物自保温体系还充分利用了再生资源，有利于环境保护和资源综合利用。蒸压粉煤灰加气混凝土自保温体系生产能耗比EPS板外墙外保温体系减少18.8%。按上海市全年施工面积2000万平方米计算，可节能33,400吨标煤，减少二氧化碳排放88,000吨，节能减排效益明显。

在上海地区居住建筑节能65%的技术途径方面，该项目建立了动态隔热测试平台，为科学评价隔热措施的节能效果提供了有力支撑。对活动遮阳百叶和反射型隔热涂料的隔热效果进行了测试和研究，研究结果表明，建筑朝向不同，太阳辐射量不同，百叶遮阳系数也不同。采用隔热涂料全年的节能贡献率约为2%（全年空调）~5%（仅夏季空调）。

该项目建立了上海地区居住建筑节能65%目标的指标体系，为上海市建筑节能的进一步深入提供了技术依据。并结合面积为8万m2的碧林湾试点工程，进行了从设计、测试到运行能耗调研全方位研究，结果表明项目建立的相关节能指标是合理与可行的。

【隧道安全防灾关键技术研究】 主要研究内容：以上海在建上中路、军工路、西藏路、打浦路、新建路、人民路以及龙耀路、长江路等隧道为工程背景，针对越江隧道运营过程中潜在突发灾害源，如火灾、水灾、爆炸、地震等,研究隧道防灾技术和体系。包括: 1.隧道抗灾技术研究（防火、防爆、防震、防辐射）。2.工程建设抗灾防范研究。1）有利于工程抗灾地质条件与环境方案必选研究。2）避免引发人为灾害的施工技术研究。3）设施或设备的防灾研究。4）工程设计防灾抗灾的因素分析研究。3.备灾、减灾、救灾及恢复的综合防灾减灾体系研究。1）灾害事故预防体系研究。2）灾害事故应急及救援体系研究。3）灾害事故安全保障体系研究。取得成果：已形成《隧道安全防灾关键技术研究》等8个研究报告。课题开展的隧道安全防灾关键技术研究，针对上海越江隧道和地铁隧道分别进行了防火、防爆、防淹、防毒气和防辐射的研究，其中的地下隧道结构防范各种灾害的关键技术，对地下工程的设计、施工及抗灾研究都有重要的理论意义和工程实用价值，在建构筑物的抗灾设计及加固技术方面具有广阔的应用前景；各种灾害的防灾措施与应急体系等的研究，在地铁发生紧急突发事故时可指导应急处理与人员疏散等，以减少甚至避免突发情况带来的巨大生命财产损失。

（四）获奖成果

【获奖项目】 2010年度6个项目获得上海市科技进步奖，其中，二等奖3项，三等奖3项。见表3。

表3　2010年度上海市科技进步奖项目一览表

“十一五”建设交通第三批重大科研项目		
奖项等级	项目名称	完成单位
科技进步二等奖	上海轨道交通7号线工程关键技术	上海申通地铁集团有限公司 上海市城市建设设计研究院 同济大学 上海市基础工程有限公司 上海轨道交通设备发展有限公司 上海市第二建筑有限公司
	复合保温围护墙板工业化成套技术研究与应用	上海建工集团股份有限公司 上海市建工设计研究院有限公司 上海市建筑构件制品有限公司 上海市第五建筑有限公司 同济大学 上海市建筑建材业市场管理总站
	白龙港污水处理厂设计改造工艺技术	上海市政工程设计研究总院 上海白龙港污水处理有限公司 上海城市水资源开发利用国家工程中心有限公司 华东师范大学 河海大学
科技进步三等奖	城市轨道交通综合节能技术与应用	上海申通地铁集团有限公司 同济大学 上海市隧道工程轨道交通设计研究院 上海交通大学
	超高层建筑10kv高压垂吊式电缆敷设技术研究与应用	中国建筑第八工程局有限公司 中建工业设备安装有限公司 远东电缆有限公司
	新型铰接式顶推船组（ATB）江海联运的技术开发与应用	上海长江轮船公司

（黄兴英）

十八、区县建设

编者按：本栏目选录各区城市建设和管理部门的年度总结报告，有所删节。

(一) 黄浦区

黄浦区建设和交通委员会

2010年是上海世博会举办之年，也是“十一五”发展的收官之年。区建设交通委在区委、区政府的领导下，紧紧围绕“创平安、保世博，调结构、稳增长，攻旧改、促民生”的总体要求，按时完成世博配套重大工程，全力做好世博各项保障工作，积极推进旧区改造动拆迁和重点项目建设，各项工作取得了新进展，较好地完成了全年的目标任务。

一、世博配套重大工程建设按计划完成

世博会召开前夕，外滩交通综合改造工程包括南北地下通道、十六铺水上旅游中心、十六铺公交枢纽工程先后竣工，外滩滨水区完成改造；新延安东泵站竣工；轨道交通10号线老西门、豫园和南京东路3个站点建成投入运营；完成中山南路、中山南一路、延安东路、南京西路和陆家浜路等三年道路专项整治项目。西藏路三期、南车站路环路、斜土东路—国货路、外马路道路拓宽工程及架空线入地等工程先后完工。世博配套重大市政工程项目的顺利竣工，为世博期间道路交通运行提供了有力保障。

二、世博保障服务工作成效显著

1. 市政道路设施保障

一是世博前抓好市政整治项目的查漏补缺，完成对市重大建设工程遗留问题的整治，完成世博园区周边、道路沿线的居住小区排水改造、路面整修及外立面整治等十余项工作，为世博期间展现良好的城市风貌创造了条件。

二是世博会期间加强市政设施巡查力度，及时掌握设施信息，发现问题，迅速处置。加大设施维修、养护和保洁力度，确保世博期间市政设施安全、完好、整洁，为观博宾客出行和居民日常生活创造良好环境。据统计，在世博会运行期间，共计出动巡查人员9642人次，累计巡查道路24700公里，及时发现和整改各类设施病害3562处，共计清洗、保洁路名牌27391块次，清洗、扶正护栏累计2856公里。

三是做好防汛防台工作。完善世博保障突发事件和灾害性天气的应急抢险预案，组建组织严密、指挥得当、行动迅速、保障有力的应急抢险队伍。加强对区域内市政下水管道等设施的检查和养护力度，排除积水隐患，累计疏通下水道233公里，清捞窨井、进水口168700只次。

2. 建筑工地管理保障

一是世博召开前开展迎世博文明施工专项整治。对全区39个在建工地及大型装饰工程的“门、墙、网”进行全覆盖、全方位整治，在所有景观核心区域和主干道工地建造景观式围墙，整新大门，采用不透尘围网，控制扬尘污染，使建筑工地周边环境明显改观。

二是在世博期间，针对区域内工地禁止区、控制区作业的特点，建立文明施工网格化监控措施，实施差别化管理，开展各种形式安全生产专项大检查和重大危险源的隐患排查专项治理活动，加大日常检查监管力度，针对检查中发现的隐患问题以及顽症予以公开曝光，抓紧整改，使全区建设工程项目安全质量、文明施工处于受控状态，建设工地环境有明显改观。督促施工单位和监理单位切实落实责任，抓好应急抢险各项准备。针对2010年夏季高温天多，极端天气突发等特点，督促工地积极落实防暑降温措施，切实保证高温天安全生产。

3. 公共交通安全保障

加强公交站点值勤工作和应急管理工作，配合社区（街道）做好世博安保公共交通安全防范工作。组织机关干部认真参加公交站点世博平安志愿者执勤和节假日平安值守。世博期间安排机关干部参加每天公交站点安保执勤和节假日应急执勤共计500余人次。

三、旧区改造动拆迁积极有序推进

1. 抓紧世博周边重点地块动拆迁

根据世博前、中、后三个阶段的不同特点，按照“不停顿、不松劲、不拖延”的工作要求，分阶段推进旧区改造动拆迁。2010年全区面上完成拆除旧房面积20.3079万平方米，董家渡15A地块、复兴、瞿溪路保屯路、中华路白漾弄绿地和129北块等5个地块完成收尾工作，2010年年初提出的“拆除旧房20万平方米，完成5个地块动迁收尾”的年度目标可望全面完成。

2. 积极推进旧改新政基地动迁实施

做好董家渡13B、15B地块成片旧改地

块实施旧改新政工作。董家渡13B、15B地块于7月下旬成功实施了第一轮征询，目前"两清"调查、房屋评估基本结束，动迁安置方案经过听取意见已正式公示，市下拨的5707套动迁安置房也于近期全部到位。第二轮征询和居民签约工作已于1月4日正式启动。

3. 积极筹措动迁安置房源，加强房源管理

2010年全年共计筹措落实动迁安置房源8200套，实际筹措各类动迁安置房源8394套，其中市动迁安置配套商品房8144套（筹措数量位列全市中心城区前矛）、普通商品房250套。为确保房源的合理配置，共调配动迁安置房源59批次，9400余套次用于全区各动迁基地，为董家渡13B、15B地块的顺利拉开、世博道路沿线基地整治和"十二五"旧区改造目标任务全面完成提供了有力保障。进一步加强房源资金使用管理，会同区相关资金管理部门对历年动迁房源沉淀资金进行了梳理，部分资金得以回笼，其余遗留问题也明确了偿还主体和资金走向。为加强房源管理和监督，在区监委、区信息委的支持下，由我委牵头研发的区动迁安置房源计算机信息管理系统也已完成编程和试运转工作，将于近期投运到全区房源管理工作之中。

4. 整合完善动拆迁工作指挥体系和推进机制

围绕全区新一轮旧改工作重点和突出旧区改造公益性的需要，调整了我区旧区改造动拆迁管理体系，将原有的4个动拆迁指挥部整合为2个旧改动拆迁指挥部，并对拆迁企业进行调整整合，将我区拆迁企业由7家调整为4家，全部由区属国有企业集团出资和管理，新拆迁企业的组织架构、管理机制和人员素质与原有企业相比实现了较大程度的提升。

四、楼宇建设项目持续推进

1. 积极推进商办项目建设

一是积极推进在建项目建设。截止到2010年底，和平北楼、外滩33号、恒基大厦、上海银行大厦等8个商办楼宇项目竣工，竣工面积达32万平方米；嘉利浦江园、黄浦华庭等住宅项目竣工，竣工面积5.85万平方米。雅居乐广场、益丰大厦、洛克外滩源等项目建设均取得新的进展。二是新开项目抓紧办理相关手续。109地块、燕京大厦、179地块抓紧进行前期工作。204地块、南外滩B4地块等项目先后开工。

2. 积极推进社会事业项目及保障性住房建设

老西门绿地建成开放；区文化馆迁建工程基本完成动迁；大世界保护修缮工程已完成土建施工进入装饰阶段；区医疗中心项目、工人体育馆、大吉路地块综合改造工程均取得一定进展。三林经济适用房基地1号地块项目，部分住宅达到预售条件；二标段完成桩基施工。市动迁安置房航头镇新选址5号基地项目已顺利开工。

3. 加强项目前期审批管理服务工作

2010年全年完成建设项目初步设计审批8个，其中配合市建交委审批4个、区建交委直接批复1个，原有项目初步设计调整审批3个。积极配合市建交委开展行政审批改革流程设置相关调研工作。为响应国家低碳发展的要求，在市建交委支持下，积极开展外滩金融集聚带的低碳发展模式研究，并着手开展外滩金融集聚带低碳建设导则编制的相关准备工作。

4. 继续做好历史遗留问题及停缓建项目梳理

一是复兴东路拓宽历史遗留问题。在2009年签定补偿协议的基础上，2010年临房清理移交、补偿款支付、法院协调等相关履约工作取得了较大进展。二是邮政网点历史遗留问题。会同相关指挥部完成了人民路126号邮政所、南京路163地块、中华路小三角绿地三个遗留问题的化解工作，新闸路

两个邮政网点梳理化解工作也取得了有效突破。三是宗教产历史遗留问题。完成了复兴东路拓宽宗教产补偿相关工作。同时继续跟踪面上其他停缓建项目和历史遗留问题，及时发现、协调有关问题，梳理工作稳步推进。

五、行业管理服务不断加强

1. 规范市场秩序，做好窗口受理工作

完成受理中心业务标准和流程标准的贯标工作。细化、深化文明受理服务5步法相关内容，提升窗口服务水平，尤其对世博相关项目，采取先受理，先承诺等方式，特事特办，减少办事相对人往返次数，节省前期手续时间。积极深入施工现场，做好咨询服务和政策宣传工作，提高工作效率。

2. 积极推进建筑节能、住宅全装修"一户一验制"等监管工作

参与制定黄浦区"十二五"节能减排工作规划草案。完成《优秀历史性保护建筑节能改造工程现状的评估、前瞻与对策研究》课题的评审工作。全年共办理节能备案10项，面积14.9万平方米，新建建筑节能达到100%的工作目标。积极推进建筑业联合会工作，认真履行职责，按期完成《黄浦建设》编辑和发行工作，至2010年底《黄浦建设》已出刊56期。

3. 开展工程建设领域突出问题专项治理工作

全区共排查2008年和2009年规模以上政府投资和使用国有资金项目85个，通过项目建设单位自查和区里抽查，针对工程手续办理、施工管理等存在问题，分析原因，提出对策措施。

4. 抓好世博后建筑工地开工复工管理

我区世博期间停工的大型工地有11个，待开工工地4个，在世博结束后陆续复工和开工。一是积极帮助指导建设单位办理复工或开工手续，做好开工准备。根据新出台的《上海市建设工程文明施工管理规定》文件，对面上复工和开工建设工地加强检查督促，积极协调处置施工涉民矛盾，不断强化管理服务，确保全区建设工程项目安全质量、文明有序。本市胶州路"11·15"火灾事故发生后，按照市、区政府的部署，全面开展防火及安全生产大检查活动，对全区31个在建大型工程项目及43个小型装饰工程项目进行地毯式、全覆盖的防火及安全生产大检查，查出隐患，督促整改，确保本区建设工程安全开展。

5. 积极研究世博后建筑市政行业长效管理机制

认真总结、完善世博期间建筑工地、市政行业管理方面的成功经验和好的做法，查找工作中的薄弱环节，并加以整理、改进和创新，增强可操作性，探索研究世博后建筑及市政行业长效常态管理机制，初步形成了市政设施、建筑工地安全质量监管及文明受理服务等方面的长效管理方案，并逐步推行落实，进一步提升区内建筑、市政行业管理水平和质量。

六、面上各项工作抓紧落实

1. 抓好"十二五"专业规划编制工作

一是根据区政府的安排和时间节点要求，积极开展调查研究，加强与市区有关部门协调沟通和相关规划的衔接，在广泛听取各方面意见建议、反复修改的基础上，完成了旧区改造、市政基础设施建设和楼宇项目建设专项规划编制工作。二是加强与相关部门的协调合作，对黄浦区"十二五"规划纲要初稿中涉及城市管理、楼宇建设、旧区改造、市政、实事民生项目等与我委职能范围相关的规划内容开展论证工作，提出相应的意见建议。

2. 做好信访维稳工作

一是贯彻区委、区府的部署，认真抓好信访接待和矛盾化解工作。坚持每周两天领导接待来访群众制度，切实抓好初次信访工作，提高初次信访办理效率，做到转送交办、受理告知、按时办结"三个100%"。全年

共接待处理来访件95件，来信126件，来电12件，市转交信访42件，完成网上投诉处理和咨询服务52件，全年接待来访87次，接待来访人员677人次。二是积极推进积累矛盾化解工作。特别是结合开展“信访矛盾化解月”活动，抓紧对包括市领导联系区化解矛盾的重点对象在内的历史遗留矛盾的化解工作，按照“与化解对象约谈一次、研究一个方案、形成一个专题报告”的要求，认真落实“三个一定”，采取措施，积极开展工作。去年集中排查的20个矛盾纠纷中，目前已化解7位，化解率35%。三是做好群体性矛盾化解工作，防止恶性极端事件发生。西藏南路1566弄、1558弄轨道交通建设和运营涉民矛盾基本化解。中山南一路101弄轨交涉民矛盾及东元坊、露香园基地等建设工地涉民矛盾化解工作均取得一定进展。抓好农民工维权工作。

3. 配合做好全国第一次水利普查及无障碍环境建设等相关工作

成立区水利普查领导小组，组建区水利普查办公室。组织人员参加国家水利部和市水普办分别举办的全国水利普查综合培训、排水工程和行业能力专业培训。初步编制我区普查实施方案，并开展经费预算编制和落实工作。无障碍环境建设方面，召开黄浦区无障碍环境建设推进工作第八次联席会议。落实“十一五”创建全国无障碍建设城市验收工作，并通过市无障碍推进办初审。

4. 抓好关系民生的实事项目

完成13个商品房小区二次供水设施改造，并通过竣工验收，改造面积47.56万平方米，受益居民3623户。另有5个商品房小区正在改造过程中。居民液化气改管道煤气工程，河南南路309弄已竣工，金陵东路135弄完成外管施工，小东门街道东街162弄完成室内外管道施工，目前进入工程验收阶段。

5. 加强机关自身建设

加强行政效能建设，积极推进政府信息公开工作。认真组织机关干部学习《黄浦区行政机关工作人员行政过错责任追究办法》，不断规范行政行为，防止行政过错，加强责任追究。突出主动公开，增强了政府工作透明度，为群众提供便利。全年网上发布政府信息共计88条，依申请公开24件，处理信息公开类行政诉讼6件，胜诉率100%。认真办理人大政协意见提案。共办理市人大书面意见17件，区人大书面意见6件，区政协提案12件，市区党代表、人大代表联系社区意见和建议27件。

黄浦区绿化和市容管理局

2010年，黄浦区绿化和市容管理局在区委、区府的领导以及市局的指导下，紧紧围绕世博保障这一中心任务，全局上下，奋力拼搏，圆满地完成了世博保障任务以及上级交办的各项任务，基本实现了“争创三个一流、赶超奥运保障”的目标。先后荣获了上海市迎世博优质服务贡献奖、上海市世博保障先进集体上海世博会优秀集体（国家级）等荣誉。

一、精心养护管理，绿化景观历史最美

世博期间，我们精心组织了花卉景点的布置，实施了最有力的绿化保洁措施，加大了绿化管理整治力度，成功举办了中国荷花品种展，创造了全市一流的绿化景观。在全市世博景观评比中，我区荣获2金4银5铜，十一个奖项的好成绩，名列全市前三。在上、下半年绿化行业满意度测评中，我区绿化二次名列行业前三。在全市文明指数测评中，我绿化行业文明指数得分6次在全区名列前茅。其中两次名列全区行业第一。

1. 建成了特色的花道、花景。在世博会开幕前15天之内和期间组织三次换花，全面完成了一轴（延安路）、两区（人民广场和世博周边区域）、二点（外滩和豫园旅游观光点）、六线（中山南路、西藏路、南京路、成都路、淮海路、陆家浜路沿线）、七景（主要路口和重要地区的七个绿化立体主题景点）和进入世博园内的五条道路的花道布置，其中，外滩景墙为上海最大花墙，受中外宾客称道。人民大道、西藏路花道等布置也颇具特色。

2. 实现了绿化的精心维护。应对外滩地区近800平方米的绿化遭到大流量人群踩踏损毁，4月30日晚连夜组织了三支队伍对陈毅广场的花卉以及其他地区的绿化进行了补种。整个“五一”长假期间外滩地区共种植花坛60平方米五次，整地800平方米，种植瓜子黄杨2100株，红叶石楠球180只，铺设草坪600余平方米，使外滩地区的绿化始终保持优美的景色。国庆期间，在外滩地区通过采取包块看管维护秩序的方式，有效地阻止了绿化因被踩踏而损毁的现象。由于精心养护，世博期间，全区绿化景观始终保持良好状态。

3. 实现了全区绿地水平的明显提升。组织完成了41.5公顷绿地的整治、3万平方米的社会绿地养护，全面提升了全区绿地水平。同时，新增保洁人员200多人，采取飞行保洁等新措施，实现了12小时的绿地保洁，保洁力度和标准为历史最高，绿化始终保持良好的状态。在全市文明指数测评中，得分多次名列前茅。

4. 完善公园安全管理和文明游园规范。规范公园窗口文明管理。按照星级公园、文明公园标准，强化窗口服务人员的培训，做到规范着装、佩带工号、文明用语、礼貌待客。加强公园志愿者队伍建设，落实便民利民措施。在游艺机管理中，坚持持证上岗，定时检修、保养制度，确保安全运行。在食品卫生管理方面，严格执行餐饮、小卖部等食品进货的可溯制度，严格把住进货渠道，严禁销售“三无”、过期、变质食品。

5. 成功举办了“中国荷花品种展”。7月，我局与中国花卉协会荷花分会共同在人民公园成功主办了“2010年中国荷花品种展”。荷花展有5个展区，300多个品种，突出了“城市，让生活更美好；荷花，让生活更和谐”的展会主题。整个花展为期30天，累计接待中外游客达22余万人次，为广大中外游客提供了一个赏荷、咏荷、品荷的优雅环境。

二、一流环卫保障，全区环境历史最优

世博期间，我们通过加大监管力度，提升作业管理标准，实施有特色的做法和作业方式，进一步加强公厕和清运服务，为世博保障提供了一流的环境卫生服务。据来沪的北京同行反映：我区世博期间的道路保洁水平已经超越北京奥运期间的道路保洁水平。

1. 实现了大客流、大活动的圆满保障。“五一”、“十一”以及世博开闭幕、重要活动期间，在外滩、世博周边等人流聚集地区，高密度配备保洁力量，以客流为导向，采取梯度增加力量配备，平均增加3倍以上力量，满足了大客流、大活动保障的需要。据统计，世博期间，累计增加各项活动保障力量8500多人次，圆满完成各级领导、各国来宾保障活动累计955批次的保障任务。始终做到环境优美整洁。

2. 实施24小时作业，垃圾暴露时间大为缩短。对全区道路实行三班制保洁作业，道路保洁24小时不间断。形成以机械化清扫为主，人工清扫为辅的道路保洁模式。全区增加清扫岗位510个，增加岗位数达35%；全区增加机械化清扫、冲洗20班次、人工冲洗人行道、沟底22岗位。外滩地区、南步街等重点地区垃圾暴露时间控制在5分钟以内，主要道路垃圾暴露时间控制在20分钟以内，其他道路控制在30分钟以内。道路的洁净度不断提高，达到不见灰尘的水准。在全市文明指数测评中，环卫进步指数6次名列前茅，其中3次名列全区行业第一。

3. 实现了公厕“人性化”服务，水准明显提升。重要地区实行通宵开放公共厕所31座，增设流动公厕8座，满足了世博游客的如厕需要。应对大客流上百人排队用厕，设置软围栏，确保了大流量有序如厕。同步推行9座公厕服务“四件工具包，保洁三步法”，拓展了人性化服务概念，全面提升了公厕服务水平。30座社会公厕成为星级公厕。在上半年公厕行业社会公众满意度测评中，我区在全市18个区（县）中排名第三。二座公厕排名满意度前十。

4. 实施了全面有力的环境卫生监管。各街道环卫管理所对应网格区进行每天2次以上的巡查，确保及时发现问题。并从5.1开始，每10天将巡查情况进行一次汇总，并形成巡查简报，共18期。局建立一支以质监中心为主的监管队伍，实行二班制的巡查，重点负责各类整改问题的督查。同时，将复查中的内容列入月度考核。世博期间，充分发挥了“一口式”受理平台的作用。管理所共上传照片13239张，日均75张；“一口式”梳理后，下达9522张，办结率100%；质监复查日均每班次34张；“一口式”受理平台共处理各类投诉、事件105起，办结率100%，满意率达97.9%。

5. 实施了固体废弃物清运的有力应对。世博期间，调整了世博周边、及部分居民区作业点，实行夜间清运为主白天应急为主的清运方式，做到清运提前或滞后作业，避让交通管制。同时增加8个清运班次，对46处作业点增加清运遍次，确保生活垃圾日产日清、“三同时一手清”。五一、十一期间未发生箱房满溢、人为扰民、污染环境等投诉。世博开幕期间，组织了粪便应急处置，成功解决了黄浦江封江63小时我区的粪便无法通过水路运输的难题，尽最大可能减少对市民生活的影响，两天共清运粪便1300多吨。此外，我们还主动承担了部队、停车场垃圾清运工作，为世博保障工作提供更多的支持。

三、有力组织安排，行业形象历史最佳

迎博和办博期间，我们通过建立世博保障运行指挥部以及一系列保障机制，全面提高了组织保障水平。我们通过加大硬件设施的建设，大幅度提升了作业装备的整体形象，为作业保障提供了基础保证。我们通过宣传和动员，在全体干部、职工中发扬“跨前一步”、“无私奉献和吃苦耐劳、连续作战”的精神，以实际行动展现了新时代黄浦环卫和绿化行业队伍的风采。

1. 形成了高标准保障的常态机制。成立局世博保障运行指挥部，负责世博保障运行和监督指挥。指挥部实行二班工作制，确保24小时政令畅通、下情上达；在世博周边和外滩设立前线指挥点，局领导实施靠前指挥，确保重大节庆和重要活动期间的保障工作高质量、高水平。建立考核奖惩机制，单列世博保障奖励经费1200万元用于奖励。将考核成绩直接与单位奖金、领导奖金挂钩，促进保障工作的有力推进。健全应急机制，制订应急方案，组织各项应急380次，确保有序有力。针对新种近千棵大树的防台，采取了预先逐棵加固措施，确保了防台措施的落实，被全市推广。

2. 形成了世博保障的良好精神。世博期间，全局加班17.5万人次，平均每人加班43.8天，始终处于超负荷工作状态，形成了“吃苦耐劳”的精神。全局上下以“赶超奥运”为目标，形成了争创一流的精神。世博期间，聚焦184天，把每天都视作为第一天，人人争先，个个努力，力争做到最优最好。此外，还形成了“跨前一步”的精神，协助世博局，开展世博园区及周边环境突击整治若干次，共清运建筑渣土45700余吨；协助街道整治卫生死角400余次，清除垃圾70多吨；投资55万元，改善了世博园区周边居住区绿化面貌。

3. 实现了符合世博要求的装备和着装形象。世博期间，使用各类环卫和绿化车辆设备共20类371辆，包括新型绿化作业车、环卫大型作业车以及各种小型电动作业车，在提升作业形象的同时，为世博保障提供了有力的硬件支持。此外，还投入经费279万元，对3000多名环卫和绿化职工的着装（包括春秋装、夏装和冬装）进行了统一更换，队伍整体形象得到进一步提升。

四、精心组织实施，迎博建设圆满完成

迎博期间，我们按照迎世博600天行动计划，把握建设进度，注重工程质量，在规定时间内出色地完成了以下三项建设任务。

1. 超额完成了世博公厕建设任务。根据迎世博600天行动计划的安排，今年完成了10座固定公厕的建设以及8座应急移动厕所的投放工作。至此，迎博期间：共完成了21座固定公厕的建设，比计划任务超出3座，全部投入正常使用；同步完成了8座应急移动厕所（6台拉臂式，2台拖挂式）的采购并保证按时投入正常使用，比原定计划任务超出5座。

2. 圆满完成了绿化建设任务。根据迎世博600天行动计划的安排，世博开幕前完成了1000平方米的绿地建设以及公共绿地新增花坛花境布置20359平方米。至此，迎博期间：共建成绿地89201平方米，完成绿地整治41.5765公顷（除公共绿地外，将全区主要道路沿街社会绿地也纳入范围进行整治）、绿化调整改造15.958公顷、花坛花境1.9859公顷、824组灯柱挂花、2074个容器花箱、2564米垂直绿化、9组主题景点，在全区范围内共布置各类花卉121.1万盆，营造了花团锦簇、喜迎世博的欢庆气氛。

3. 完成世博保障设施装备建设任务。迎博期间，投资1861.55万元，更新各类环卫车辆16辆（其中，后装车14辆、拉臂车1辆、平板车1辆），新增各类环卫设施149辆（其中，502扫路车18辆、飞行保洁车70辆、6桶位30辆、冲洗车31辆）。按时完成了会馆街环卫码头综合改造工程，经市、区领导多次莅临检查，改建工程达到了预期目标。

五、坚持常态长效，博后任务圆满完成

世博会结束之后，我们一方面抓紧长效机制的研究，另一方面结合新的形势和情况采取了相应的措施，使保障工作始终维持在较高水平，圆满完成了博后保障任务。主要抓了三方面工作：

1. 完成了长效机制的研究。世博后，我们对世博期间成功的做法和机制进行了总结和研究，并根据黄浦的特点，结合工作实际，对考核奖惩、协调指挥等机制进行了坚持和固化，对世博期间的作业标准、保障模式等加以拓展和延伸，对渣土管理、绿化管理等一系列管理机制进行完善和深化，从而形成了一整套具有黄浦特色的长效管理机制。

2. 保持保障水平的稳定。世博后，为了保持保障水平的常态长效，我们主要抓了以下工作。一是确保道路保洁水平不下降。保持道路保洁标准不变，保持道路水冲洗频率不降，垃圾滞留时间主干道路不超过20分钟，中小道路不超过30分钟。二是巩固公厕保洁服务水平。加强夜间开放公厕规范服务，继续落实见脏保洁等保洁措施，确保公厕保洁服务水平。同步加强内部管理，杜绝脱岗等违规现象发生。下半年公厕的满意度名列全市第二，旧校场公厕位列全市公厕满意度第二。三是规范清运不扰民。稳妥有序地调整好世博后的清运流程，做到“日产日清”、“三同时一手清”，同步加强车辆规范化建设，保持车辆整洁，消除拖挂，控制滴漏。四是探索实施环卫和沿线绿化一体化保洁工作，形成了初步方案，明年1月1日起正式实施。

3. 渣土管理得到强化。世博后，我区的工地陆续开工，世博期间停运的外区途经黄浦的渣土车也恢复了途经黄浦。对此，我们采取了四方面措施，强化渣土管理：一是继续加强渣土处置申报的管理，严格实行一工地一路线，坚决避开外滩和广场地区。二是积极与市局协调，减少了途经我区渣土车，对于必须途径的坚决指定路线，并实行了严格管理。三是与各相关单位（部门）联手，组建城管、交警、建交委专项整治队伍，开展了渣土联合执法检查，坚决管好源头。四是继续抓好专营企业的管理。坚持“日报”制度，加强渣土运输车辆的整治，确保了渣土运输的规范化。

六、全面组织推进，其他任务圆满完成

配合世博保障，组织好各项日常工作的开展，加强了内部建设和管理，确保了世博各项工作的顺利进行。

1. 基本完成了“十二五”规划的编制工作。对“十一五”规划执行情况进行了总结，结合“经典黄浦，卓越环卫，精品绿化”的发展目标和主要指标，对“十二五”规划的编制进行了多次研究，并形成了具有黄浦特色的“十二五”规划。

2. 加强了财务资金管理。加强了经费管理，重点抓好了世博项目以及企业的审计工作，同步规范收费管理。加强了资产管理，按月拨款，及时掌握收、支情况，做到收支平衡。加强了对成本核算的管理，各企业的成本核算工作有了进展，并形成了成本核算的分析报告。同步加强了事业单位规范化管理，完成了事业单位的年度审计。完成财务人员继续教育培训，财务培训与提高行政主管理财相结合，成效比较好。

3. 加强了安全生产工作。组织开展了安全生产隐患整治活动，共整治检查213处。组织电瓶车操作人员培训学习122人次，增强了操作人员安全生产责任感。杜绝违规作业、消除安全隐患。加强了防汛防台工作。组织了对处冬季防火安全的检查，消除了各类隐患。全年未发生生产责任事故。

4. 加强了劳动人事工作。组织了世博岗前系列培训，对小教员、道路清扫工、公厕管理员进行培训，合格率达到95%以上。完成了基层单位人事档案的整理移交工作。招收了40名应届中专生，充实到基层一线岗位。同步做好社保、福利等调整工作。

5. 加强了信访工作。完善了上下二级信访处理工作机制，落实了领导负责制。加强了初信初访办理，没有发生因办理不当引发的重复上访或激化矛盾的事项。及时办理，及时率、办理率、答复率均达到100%，合格率达到100%。

6. 完成了其他相关工作。重视和加强人口和计划生育工作，人口和计划生育工作符合各项规定。加强了对文书档案的管理，通过了区年度档案检查，并被评为优秀。关心干部职工身心健康，组织了干部和职工的体检和疗休养。

回顾一年来迎博建设和世博保障的工作历程，深感取得的历史最为显著的成绩来之不易。这是区委区府正确领导、市局有力指导的结果，是二级指挥部周密组织、有力指挥和各方关心支持的结果，也是全体人员共同奋战、忘我工作的结果。同时，也深切地感到，有三方面经验，值得认真总结固化，用于博后的借鉴和运用。

一是始终保持了良好的精神状态。不管是高温酷暑，还是重大节庆保障，不管是要求不断提高的保障中期，还是人员感到十分疲劳的保障后期，迎博建设和办博184天期间，全局上下始终保持良好的精神状态。这是我们世博保障圆满成功的重要保证。我们以“吃苦耐劳”、“争创一流”和“跨前一步”的实际行动，演绎了世博精神和行业精神，展示了队伍的新形象。办博初期，我们便制定了“争创三个一流，赶超奥运保障”的保障目标，以此激励全体干部职工，为实现“绿化景观一流、环卫保障一流、队伍形象一流”的目标而顽强拼搏、艰苦奋斗。办博期间，我们通过定期召开工作讲评会，总结经验和不足，并结合讲评制度，设立了1200万元的世博保障奖励基金，实施了月度考核奖惩，将考核成绩直接与单位奖金、领导奖金挂钩，形成了奖优惩劣、激励职工积极进取的良好氛围。办博期间，我们还借助市、区世博评优的平台以及基层单位开展形式多种的竞赛活动，月月评选当月先进，进行阶段性表彰，从而发挥了先进的示范效应，形成了以身边人、身边事激励职工做好本职工作、争先创优服务世博的良好氛围。

二是始终坚持了科学的理念。把实践科学发展观贯穿于世博保障工作始终，运用科学的方法来组织保障，采取创新的方式来实施保障，使用先进的作业工具来提升作业质量，从而全面提升了保障水平。这是我们世博保障圆满成功的基础。办博初期，我们建立了一套完整的保障方案（包括绿化保障、绿化布置、环卫保障、监督管理等分方案）、二级完善的通讯网络、三级高效的指挥体系，对世博保障工作进行了科学系统的组织，为世博保障工作夯实了基础。世博保障期间，我们因地制宜、因时制宜地采取了一系列创新举措。实行二班工作制、领导靠前指挥，确保了重大节庆的万无一失；在重点地区以客流为导向梯度配备保洁力量，提升了大客流保障水平；高温期间实施错时交替作业，突破了工作瓶颈。这些创新的工作方式取得了相当大的成效，为博后工作尤其是重大节庆保障工作提供了宝贵的经验。此外，我们通过事先准备、事中添置的方式，建立了功能先进、工作效率高的先进作业设施设备系统，为提升世博保障水平，发挥了明显的作用。迎博期间，引进更新了一批先进的环卫作业车辆和作业设备，使我区的环卫作业设备达到历史最优配置。办博期间，应对大客流我们在重点地区配置了应急厕所，最大程度地满足了游客的如厕需求；在外滩地区使用了“六件套”保洁工具，使环卫保洁达到了“零容忍”；配置了一批新型绿化作业设备，有效地提升了作业效率，明显改善了绿化作业形象。

三是坚决实施了行之有效的机制。为了确保世博保障工作的顺利推进，我们研究制定了一套适应世博保障的高效机制，强化了组织协调，落实了各级责任，确保了工作到位。这是我们世博保障圆满成功的关键。在市、区层面，加强了与市局、区世博指挥部以及相关部门的沟通办调，一切从服务大局出发，积极主动地攻克了各种难题顽症；在行业内部，加强了环卫作业、环卫管理和绿化作业之间的内部协调，进一步提高了工作合力，为世博保障提供了优质服务；从而形成了上下联动，内外办调，全面互动的工作氛围，促进了全局工作的有效开展。迎博和办博期间，落实了迎世博建设专项经费和世博保障专项经费。对此我们重点加强资金监管，做到专款专用，实行了绩效评估，确保了经费投入的科学性和有效性，为经费保障的制度化、规范化和长期化奠定了基础。办博期间，我们还制定了一系列应急处置机制。建立了应急保障指挥部和应急指挥平台，分绿化、环卫作业、监控管理三条线进行24小时值班，制订了环卫作业、绿化作业、防台防汛和渣土处置四个应急预案，并建立了相应的应急队伍，及时处置了各类突发性问题，确保了世博期间的全面稳定。

（二）静安区

静安区建设和交通委员会

一、旧区改造工作稳步推进。全区共实现居民签约1227户，完成大中里、警备区9156工程等6幅地块动迁工作。118-3、86号、95-C等首批新机制试点地块实现阶段性目标，103号地块“拆、改、留、建”工作按节点推进。67号街坊新机制基地顺利通过第一轮征询。以增加公共绿地和社区公共服务设施为重点，加快推进零星地块改造，西康路771号地块动迁改造完成，北京西路777号、西康路588号、安远路899弄底、淮安路686号等地块改造工作有序推进。三林基地经济适用房建设和供应筹备工作加快推进。行政干预有序有力。全年共核发行政裁决书64份，张贴行政强制执行通知书39份，实施强制执行4户，强迁后化解3户。强化维稳长效工作机制，依法稳妥做好信访化解工作，圆满完成世博维稳任务和重要敏感节点稳控工作，进京上访总人次实现区委提出的“同比下降20%”的目标。

此外，今年区委负责牵头完成15万平方米既有建筑节能减排改造的实事任务。截至目前，既有建筑节能减排已基本完成，

二、重大项目建设加快推进。静安寺交通枢纽（一期）、静安雕塑公园（二期）等项目相继建成并投入使用。协和二期（北块）、南京西路1788号项目实现结构封顶。嘉里二期、中央广场、静安寺交通枢纽综合项目等项目建设步伐加快。大中里、60号、49号地块等项目开发建设前期工作抓紧实施。常德路延伸段（武定路－昌平路）拓宽工程按期完成。静安寺地区综合改造全面完成，景观形象和综合功能有效提升。

三、市政设施和环境面貌常态优良。专门成立市政设施保洁队伍，进一步完善道路网格化巡视机制，保证了世博期间区域内道路设施完好平整及附属设施整洁规范。此外，进一步加大非机动车停放管理，依靠协管员队伍、委托管理队伍、志愿者队伍和社区管理队伍等社会力量共同参与管理，新增和更新非机动车停车线3万多米，停车面貌显著改善。

四、全力以赴做好“11·15”灾后善后工作。“11·15”特别重大火灾事故发生后，区委一方面积极配合国家调查组展开调查。另一方面，在区委、区府的统一指挥下，全力配合区次生灾害善后工作组做好相关工作，配合市有关部门对过火大楼进行结构性安全性的检测，及对未过火房屋进行治理和整修。同时成立专门工作小组，稳妥做好结对一户遇难家庭和三死两伤民工的安抚善后工作。此外，在全系统、建设工地、修缮工地、拆迁基地开展全覆盖的安全和消防大检查，排查消除安全隐患，继续有序推进旧区改造、政府实事、重大项目建设，努力确保各项工作不断不乱不散。

五、建设交通系统党的建设全面推进。深入开展以“世博先锋行动”为主题的创先争优活动。健全学习实践科学发展观长效机制，全面完成自查整改事项，并新建和修订了九大类的长效机制。建立党政班子定点联系制度，领导班子建设得到切实加强。结合建交系统国有企业资产重组，配齐配强企业领导班子人员。严格规范干部选拔任用工作，培养输送了1名事业单位副处级干部，提拔机关2名科级干部、2名委管企业领导班子成员和1名委管事业单位科级干部，招录3名机关工作人员和3名事业单位工作人员，调动1名委管事业单位科级干部。进一步扩大党组织在旧改基地、实事项目、重大项目等领域的工作覆盖面，新成立石二地区（二期）旧区改造指挥部临时党委号地块临时党委及各分指挥部临时党支部、103地块临时党支部。积极搭建推进工地党建的工作平台，由党工委牵头，区重大办党支部、南京西路街道联华居委会党总支以及上海一建嘉里中心工地党支部三方签约“共同行动”。认真推进党风廉政建设责任制的落实，规范领导干部从政从业行为。开展廉政风险防范管理试点工作。认真开展行政审批事项清理，积极开展“小金库”专项治理自查自纠。认真查处信访反映问题，进一步发挥办信查案的惩治功能。积极开展文明单位创建工作，有效推动精神文明建设。群众组织的桥梁纽带作用进一步加强。认真落实维稳工作领导责任制，坚持预防和处置突发事件的工作制度，化解、缓解了包括“森安苑”历史遗留矛盾等一批老大难问题。

静安区绿化和市容管理局

2010年区绿化市容局围绕区委、区政府提出的“服务世博、发展静安”的要求，坚

决贯彻区委、区政府对城市管理工作的指示精神，以科学发展观为引领，以世博前、世博中、世博后为时间节点，振奋精神，全力奋战，落实工作责任、固化管理模式、强化保障力量、提升管理标准，全力以赴确保城区市容环境整洁有序。现将年度工作总结及明年工作打算汇报如下：

（一）世博环境保障工作

1.600 天行动收尾

推进“六百测评”迎检工作，从 3 月 23 日起，区城市建设与管理指挥部全面启动第六次百日文明指数测评迎检工作。开通由指挥部办公室领导坐镇指挥、11 个相关单位参与的迎检指挥平台，落实“晨检、午查、夜抽”制度，强化协调、协办、协查制度，加大巡查工作力度，坚决遏制“乱停车、乱晾晒、跨门营业”等易发违章行为回潮。确保薄弱环节少失分、不失分。

2. 启动市政市容环保组

按照市、区统一部署，对接市指挥部，在迎世博 600 天行动城市建设与管理指挥部的基础上成立世博运行市政市容环保组，原城市建设与管理指挥部 37 个成员单位充实为市政市容保障组 41 个责任单位。下设市政保障、市容保障、环保保障、技术保障、小区环境保障等 8 个具体工作部，协调推进世博期间我区城市建设与管理相关工作。

3. 世博运行保障

按照“一手抓城市运行保障，一手抓安全稳定工作”的要求，世博期间，全区共出动各类管理、执法人员 2.6 万多人次、车辆 7200 多台次、教育整改无证设摊违章 5953 次、责令整改跨门营业违章 4653 处、处置乱设摊 2365 个，清理整改占道堆物 1894 起、救助各类流浪乞讨人员 207 人次、建议处罚 1404 起、罚款 3.43 万元、一般程序 532 起、暂扣收缴 615 处物品、整治清理各类无主垃圾 187 吨、拆除违章建筑 1140 平方米，力争为世博会闭幕划上圆满句号。

（二）实事项目完成情况

推进静安雕塑公园二期建设，经过 5 个多月的施工，4 月 29 日下午举行竣工开园仪式。2010 世博静安国际雕塑展开幕典礼于 8 月 31 日正式拉开帷幕。同时，由 2010 世博静安国际雕塑展组委会办公室与上海市摄影作家协会合作主办的‘城市幻想”2010 世博静安国际雕塑展摄影比赛与 9 月 28 日至 10 月 18 日举行。

（三）各项重点工作进展情况

1. 深化门责管理，提升市容管理实效

进一步深化门责管理工作，从抓长效、抓常态、抓回潮、抓热点、抓难点着手，进一步发挥“一店一卡”制度的作用，建立市容违章状况拍照取证机制，以“跟踪督办”的形式，限期责任单位整改；加强早、中、晚三个盲点时间段的管理。对今年锁定的 102 家重点门责单位加强检查、监督、管理力度，通过 3、4、5 三个月的管理、整治、检查，102 家违章单位全部通过检查验收，达标率 100%。自 6 月起，强化检查力度，加强复查、监督工作，防止回潮。今年与各街道办事处共同锁定全区 57 个弄口设摊进行整治，已完成逐个摸底明晰并启动。对我区新福康里、恒德小区、安远路全线、万航渡路全线等小区周边和沿街道路的外立面、店招店牌、围墙等项目进行整治，外立面整治共整治 96000 平方米，店招店牌 167 块，完成外立面整治工程总进度的 46%。

2. 整合社会力量固守队伍，制定考核奖惩办法

对各街道的社会力量固守队固守的路段、人员进行重新核定，将固守队职责由原来单一的乱设摊管理，向全方位、多样化的综合管理上进行转变。目前各街道社会力量固守队的工作范围包括：门责管理、“三乱”、乱设摊、乱晾晒、暴露垃圾、非机动车停放等方面。此外，还打破了原来各街道固守队“各自为政，互不相通”的局面，由区绿化

市容局统一协调、指挥。对街道市容所和市容协管队、社会力量固守队、垃圾箱房保洁队的考核办法于4月份出台，考核办法中明确了对市容管理基层单位的考核指标、奖惩办法，对于提高工作积极性和管理成效起到了重要作用。

3. 更新环卫设施，提升环卫服务水平

一道路保洁。对28条主干道路和景观道路采取24小时保洁，加强夜间保洁质量和处置力度，全区一、二级道路机扫率达91%。制定世博期间道路保洁保障方案，加强道路精细化保洁和人行道冲洗力度，根据道路污染特点制定飞行保洁路线，提升飞行保洁效率，确保暴露垃圾在20–30分钟内处置完毕。

二环卫设施。截止9月底，全区共更新废物箱700多只，完成43座垃圾箱房改建。完善全区公厕导向及各类标识，共设置废物箱公厕导向标志130处。配合常德路拓宽，在常德路康定路路口，试点设置了全市第一个大型下沉式生活垃圾投放收集箱。下沉式垃圾箱地下部分放置的大型垃圾桶容积达到660升，在实际使用中得到了附近居民和各级领导的好评。

三垃圾收集分类。今年计划推进居民小区生活垃圾“四分类”收集点51处、单位“三分类”25家、公共场所3处。目前，已完成了59个居民小区的四分类工作。对已经进行餐厨垃圾上门收集的326家餐饮单位进行抽样检查，确保餐厨垃圾回收工作秩序的正常。1月至9月，我区共清运生活垃圾89423吨、粪便56364吨、废弃食用油脂近259吨，收集废玻璃25吨、废金属20吨、废纸32吨。共处置餐厨垃圾约8899吨左右，处置后产生的鱼类饲料和肥料约为2670余吨。

4. 完成《静安区灯光景观纲要》编制，强化景观灯光建设

一季度已完成《静安区灯光景观纲要》编写工作，明确以静安寺地区为主要区域，重点提升全区灯光景观建设的整体性与和谐度。截至9月底，围绕“迎国庆、迎国家馆日”的“双迎”工作主线，按照“灯景增靓”的总体要求，进一步做好“修、调、补、添、连”工作。明确北京西路以“增亮”为主，南京西路东侧以“补缺”为主，目前共有58处灯光工程已竣工。完成我区与市局景观灯光集控互联互通施工及调试，确保该项目在世博期间的正常运行。同时，委托技术公司对我区的灯光集控系统中的遥感技术进行调试，并于5月底签订施工合同，进入集控中心视频控制系统的升级改造阶段，现已完成总工程量的95%，拟将在年底完成集控中心视频控制系统的升级改造。此外，还对我区已建成的100余处大楼景观灯光进行梳理和统计，汇总各个开灯点的地址、开灯状态和开灯时间，通过及时更新数据库的灯光信息，加强日常管理。

5. 巩固提高整治成果，规范管理全区户外设施

加强户外广告设施的日常管理，坚持每天路面巡察制度，对新出现的违章问题，实行教育管理和依法治理相结合，确保了区域内市容市貌的整洁。截止至9月底，拆除户外广告设施8处，修复破损店招店牌725块，拆除违章店招、灯箱717家、共计1240处。为创造了良好的迎世博宣传氛围。将全区25处6300平方米的“迎世博”公益广告画面更换成“办世博”公益画面。同时，委托设计公司设计制作了一部公益宣传视频短片，在静安寺广场大屏上连续发布，获得市民一致好评。

6. 发挥网格管理平台作用，加强区域环境巡视督查

充分运用城市网格化巡查、城市网格化视频监控平台和专业督查等巡查发现机制以及世博运行市政市容环保组工作会议等例会制度，在世博运行期间，对全区各主要道路、中小道路和景观区域的城市管理、执法、作

业情况进行实时监控，对发现的问题及时按照职能分工，进行任务派遣，截止10月15日，网格化管理平台今年共发现问题总数17583件（其中监督员上报17535件、12319上报48件），有效立案总数17532件。立案率99.7%，结案总数17509件，结案率99.9%。

7. 探索长效管理机制，举办“环境·世博·生活”论坛

配合区委，做好静安区国民经济和社会发展“十二五”规划大讨论——城市建设和管理专场会议工作。同时，根据区领导要求，于7月14日在宏安瑞士酒店成功举办“环境·世博·生活”——城区市容环境长效管理论坛，邀请市人大城建环保工委、市绿化市容局、华东理工大学有关专家、学者就城区市容环境长效管理机制的建立完善进行了探讨。

（三）徐汇区

徐汇区建设和交通委员会

2010年，区建设交通委在区委、区政府和区建设交通党工委的正确领导下，围绕“迎、办世博和保民生”中心工作，全力推进世博配套工程竣工、世博城区运行保障、旧区改造和保障性住房建设等重点工作，积极启动“十二五”规划制定和前期准备工作，基本完成了年初确定的各项主要工作目标。

一、保重中之重，全面完成迎世博600天市容环境整治和184天城区运行保障工作

1. 全面完成迎世博600天市容环境整治工作计划。按照市、区统一部署，牵头组织区各相关部门，全面推进我区迎世博600天市容环境整治收尾工作。

一是通过开展“高架战役、江河战役、交通干线战役、重要地点战役、世博周边战役”等“五大战役”，结合徐汇特色，打造衡山路、肇嘉浜路等9条景观道路，全区市容环境综合整治取得了良好的规模效应，城市硬件设施得到明显提升，市容市貌整体上得到明显改观。

二是抓住世博会机遇实施了老百姓最关心、最直接、最现实的一大批“马桶工程”、“厨房工程”等惠民改造项目，并通过旧居住区综合改造，疏通下水管道、增补绿化景观，进一步改善居民生活环境。

三是通过突破“非机动车管理、工地管理、渣土管理”等城区管理顽症，形成有效的城区运行长效管理办法。600天期间，我区就市规定项目的80个可量化考核子项目累计进度都达100%，其中优化绿化景观、整治市政道路、规范道路标志标牌、平改坡综合改造、规范车辆停放等30个子项目超额完成计划量。

2. 全面完成世博期间城区运行保障工作。根据区委、区政府部署，在迎世博600天行动城市管理指挥部基础上，成立城区运行部，建立“1+3+13+2”（1个运行部+3个专业管理组+13个街道镇+南站、滨江管理办）的工作架构。制定了《徐汇区世博城区运行服务和应急保障工作预案》，落实了管理力量、物资等，组织开展了相关演练活动。坚持条块结合，做到道路保洁、市政养护、扬尘控制、查处违章、停车管理等面上各项专业管理措施、力量到位，全力保障了世博会期间城区运行安全有序。

（1）优化灯光绿化景观。围绕世博开幕、中秋国庆、世博闭幕等重要节点，徐家汇、南站及淮海中路、衡山路等9条景观道路上的7万余套景观灯光灯具，开灯率达到100%，景观灯光设施完好率达到99%；更新绿化主题景点5个；更新容器花卉300组，总计用花23万余盆。

（2）加强道路设施保洁养护。坚持道路、绿化和公共设施的保洁养护力度和频度，并

结合大客流情况增加保洁人员和保洁频次；加强社会公厕管理服务，方便市民、游客使用；对区域内的主干道、重点区域道路及景观道路每天巡视2次，次干道及商业网点周边道路每天巡视1次，支路每3天巡视1次，及时发现、修复各类市政设施的动态病害。

（3）加强城区执法管理。加强联动执法力度，坚决遏制主要道路、景观区域及重要场所周边乱设摊、夜排档、跨门营业、违法搭建等行为。结合“严禁区、严控区、控制区”三类区域划分，优化城管执法勤务布局，落实“三定”管理，做到面上控制，重点突出，有效落实城区常态固守。环保局会同相关单位加强对渣土和扬尘污染的日常巡查监管，网格中心安排监督员加强夜间监督发现；同时探索运用“全球眼”工地视频监控系统、移动视频监控系统等科技手段，实时加强渣土扬尘污染源头治理。

（4）加强工地巡查监管。每日开展建筑工地文明施工、安全生产等专业检查，对检查中发现问题，及时督促责任单位予以整改。

3. 建立健全城区运行长效管理机制。认真总结、梳理迎办世博中已经形成、较为成熟的措施和做法，巩固世博期间工作标准和力度，制定世博后城区长效管理制度，加快实施。一是综合管理方面，充分发挥区级、专项联席会议、街道镇（包括重点地区）等三个层面统筹推进、相互沟通、协调落实、检查考评等管理平台作用。二是专业管理两方面，结合区域特点和发展水平，实施差别化管理，划分为重点区域（道路）、次重点区域（道路）、一般区域（道路），并设定相应的管理标准。从工作目标、管理标准、工作措施、责任落实、保障措施等方面对各项管理工作的任务和要求加以明确和固化，进一步提高城区运行管理精细化水平。

二、世博配套项目等重大工程建设顺利推进

1. 全面完成“七路二隧”世博配套工程建设。在08、09年两年全面完成566户居民，119家单位动迁签约的基础上，加大清退和拆房腾地等收尾工作力度，优化施工方案，抓紧道路施工建设，突破了枫林路瑞宁路口腾地矛盾、龙华路和轨道交通站点建设施工组织、云锦路和龙耀路越江隧道交叉口施工组织、丰溪路（现龙腾大道）龙华港桥吊装及上海水泥厂腾地等节点上的施工难点，按照既定时间节点全面完成“七路二隧”20余公里长道路建设任务。2月11日，配合打浦路越江隧道复线通车，瑞金南路、龙华路、东安路、宛平南路建成通车。4月15日，配合龙耀路越江隧道通车，云锦路、枫林路、丰溪路（现龙腾大道）建成通车。

2. 结合世博配套建设，基本完成滨江开发一期工作。以世博配套工程的建设，带动滨江地区土地收储工作，带动市政设施和环境改善等基础性开发。

（1）土地收储取得重大突破，以B、C单元为重点，可供新开发土地面积280公顷，已完成254公顷的土地收储，包括龙华机场、南浦站、上海水泥厂等全部企业和兆丰路等B单元内的全部旧区。

（2）骨干基础设施基本建成，在建成“七路两隧”骨干路网的同时，新建、改建了瑞宁路、龙恒路、丰谷路、龙耀路等4条道路，新建了新宛平、龙华机场2个临时排水系统，配合穿越滨江区域的轨道交通7、11、12号线的站点建设协调工作。

（3）综合环境明显改善，随着土地收储工作的完成，消除了煤场、砂石料码头、水泥厂等主要污染源。对滨江地区所有建成道路沿线环境进行了综合整治。结合防汛墙建设了3.6公里长、25公顷的滨江公共开放空间（一期），打造绿色亲水平台，5月1日正式对外开放，按照区委、区政府的决策，成立滨江地区综合管理办公室，年底前完成了滨江公共开放空间区域管理接收工作。年内出让了多块商用土地，项目开发逐步形成规模。

3. 全力推进轨道交通站点前期动迁等工作。同步开展新、老5条轨道交通线路的建设协调工作。

（1）配合推进轨道交通7、9、10号线13个站点建设及周边矛盾协调处置工作，组织站点周边环境整治工作，确保在世博会前顺利开通运营。

（2）进一步优化调整站点建设方案，争取市有关部门支持，协调轨道交通12号线在漕河泾开发区东区，结合旧区改造就近安置房建设增设虹漕路站。

（3）加快站点前期动迁。11号线6个站点、12号线10个站点动迁工作全面推进，涉及动迁居民近1000户，单位140余家。其中11号线6个站点已全部交地，12号线5个站点已完成交地，剩余陕西南路站、大木桥路站、龙华路站、龙漕路站和虹漕路站进入收尾阶段。

（4）配合做好轨道交通11号线交大站封交的相关工作。一是做好宣传告知。会同市重大办、区委宣传部，向徐家汇、天平、湖南3个街道和徐家汇商圈通报信息，重点就公交绕行线路等，共同做好周边居民和沿线单位的宣传、告知工作。二是细化交通组织。根据市总体方案，会同区交警共同细化、优化疏导方案和应急预案，包括调整车行道划线、信号灯设置、道路停车设置，增加绕行线路指示牌等。原则上除应急抢修外暂缓道路施工。三是加大工地施工管理。严格按照市政府要求，督促该轨交工地加强文明施工管理，落实各项文明施工要求，建成市级文明施工“样板工程”。密切关注工程对周边房屋及居民生活影响情况，及时发现及时处置。

（5）会同市政府研究中心，抓紧启动3号线南延伸段至华泾地区相关可行性研究工作，并组织专家进行了论证。

另外，积极推进龙华地区综合改造项目，按照区委、区政府的决策，成立了龙华地区综合改造推进办公室，统筹组织、协调推进龙华综合改造的前期手续报批、动拆迁、市政基础设施、以及地下空间与轨道交通的同步建设，年底前正式开工。继续协调外环生态专项涉及城建搅拌站动迁工作，完成企业关闭和补偿方案谈判及安置地块出让前期准备工作。配合市有关部门做好虹梅南路－金海路快速通道工程、金山支线等市重大工程的前期准备工作等。

三、旧区改造及动拆迁等工作稳步推进

1. 动拆迁工作按计划有序推进。在确保世博会期间社会稳定的前提下，抓年初和年尾“两头”，稳步推进动拆迁工作。

（1）抓好遗留动迁基地收尾工作。09年以前结转基地16个，剩余居民1216户。组织相关部门调整集中工作力量，加大工作力度，世博会召开前，全力推进世博配套道路沿线的建设新村、陆家堰、三家里等基地的收尾工作；世博会期间，在充分做好稳定预案和社会风险评估的前提下，稳妥推进面上基地收尾，基地的收尾；世博会结束后，加大裁决等行政强制措施，全面收尾。共完成收尾基地居民动迁835户，陆家堰、徐虹北路51弄等5个动迁基地实现平地。

（2）稳步启动计划内动迁项目。抓紧推进计划内启动项目的前期手续办理，正式启动寰宇4–5号地块、南站6–7号地块、漕开发曹家宅罗汉松等9块基地3000户居民动迁工作。对斜土路2444弄地块实施旧区改造二次征询试点。年内新开基地完成动迁超过2800户。

（3）继续加强动拆迁管理工作。抓动迁方案的完善和规范．严格执行本区关于动迁方案的三级审定制度，逐级进行了审定、把关；针对动迁中碰到新问题进行了管理上的规范，加大了对假结婚问题的处理，共查实假结婚案件19起，对书证的认定进行了规范；进一步充分发挥五部门个案审定小组的作用，加强对个案的审定，帮助各动迁基地破解动迁个案中的疑难杂症，发挥了积极的作用。

2. 继续抓好房源建设和筹集。加大动迁安置房推进力度，龙吴路罗秀路华沁家园和华滨家园动迁安置房约4600套房源投入动迁使用并部分竣工验收；龙吴路银都路盛华景苑房源进入建设阶段并投入动迁使用；漕开发地区毛家塘曹家宅期房房源投入动迁使用；东方龙地块近2000套房源全部用于华泾地区宅基地改造。争取市里支持，年内共下拨新凯家园、浦江新城和君莲小区等市动迁安置房近1000套，协调黄浦区、虹口区等去进行房源调剂，调换出适合我区动迁的君莲小区房源300套。加快水利工程公司、龙华机场D地块等第二轮保障性住房地块认定和相关规划调整协调工作。

另外，旧住房成套改造工作按计划已启动立项12.6万平方米，涉及居民户数3625户。会同区房管局等部门加快区“四位一体”保障性住房建设推进工作。

四、积极完善区域市政基础设施建设

1. 抓紧世博会前完成各类市政工程收尾工作。完成天钥桥路道路综合整治工程，同步完成天钥桥路电力架空线入地和上水2号管工程；完成古宜路、龙恒路等住宅配套道路工程建设；完成徐浦大桥下专用通道工程建设；完成宜山路（莲花路－桂箐路）拓宽工程；完成衡山路下立交综合整治工程；架空线入地工程虹桥路（宜山路－华山路）段恭广环网站完成土建工程，协调推进电力设备安装工程。

2. 协调配套基础设施推进实施。完成110KV新宜山变电站建设，推进老宜山变电站拆除工作，抓紧推进220KV宛平变电站、35KV岳阳变电站以及110KV南昌变电站的工程建设；完成110KV龙南变电站和冠生园变电站交地，积极配合推进相关工程建设。完成吴中泵站、蒲汇塘泵站遗留工程，完成龙华港泵闸外移工程及龙华港综合整治工程。徐镇消防站用地动迁基本结束，漕河泾消防站迁建前期工作基本完成，南站消防站正在抓紧推进前期准备工作。

3. 开展中长期市政项目技术储备工作。组织区区道路连接工程的系统研究，排定建设计划，重点推进列入市重大工程的虹漕南路古北路连接工程。深化田林、吴中地区雨污混接改造工程研究。研究滨江地区开发、华泾地区城市化建设基础设施建设计划。

五、积极提升专业管理水平

1. 加强防汛防台等应急工作。针对今年世博会召开的特殊要求，进一步完善各类应急抢险工作方案，加强各项城区运行保障措施。严格按照防汛防台、水、电、燃气应急抢险等各类应急抢险预案的要求，做好物资储备和队伍演练，提高抢险队伍的快速处置能力，强化紧急状态下的抢险能力。同时，进一步明确重点，加强对康办地区、滨江区域、徐家汇周边、南站周边等重点区域的养护管理，抓好兆丰路世博临时停车场以及世博园区周边的各项应急抢险准备工作，有效应对了汛期暴雨等极端天气的考验。

2. 深化区域工地管理。按照市政府世博期间建设工程分区管理标准，加强对区内禁止施工区域的检查，确保工地停工以及工地值班制度、保障措施、出入人员登记制度、停工期间的日常维护工作方案和应急救援预案等各项管理措施有效运行。加强对在建工地的管理，根据工地施工进度，抓好工地渣土、用电安全，高空安全等的管理，加强对工程分包方的资格资质审查，强化安全监督管理。完成“工地管理”软件系统，明确各职能部门职责，加强对区域内工地的静态和动态管理，目前，该软件系统已在全区启动试运行。世博会后，进一步加强文明施工和安全施工管理，杜绝安全事故的发生，强化了安全隐患排查工作，对建设工程的安全生产责任制落实，履行建设程序、承发包经营行为，作业人员安全教育培训，安全基础工作及现场安全，施工现场落实防火安全，应急抢险物资储备及队伍等情况进行检查，保证所有工地处于受控状态，确保工地施工现场及居民生活安全有序。“11.15”特大火灾事故后，进一步加强建筑工地的全覆盖检查，强化建设工地质量安全监管工作，确保我区建设工地处于受控状态。

3. 完善区域交通管理。结合兆丰路世博临时停车场及区域内 8 个世博临时停车场的投入使用，在世博配套道路以及龙吴路、沪闵路等交通干道设置停车诱导信息牌，根据世博停车场泊位的停放能力和实时停车情况，通过全区停车诱导系统信息，统筹引导车辆分散停放至各停车场，确保主干道的交通通畅。对区内 241 家公共停车场（库）实施静态交通管理，加强日常监督检查。完善停车诱导系统，合理引导停车，提高路外停车设施利用率，减少寻停车辆的附加交通量；会同区文明办，完善区域非机动车停放管理，完成对各街镇非机动车停车点的规范设置工作，涉及 141 条道路，1553 处非机动车停车点，规范设置非机动车停车泊位 74308 个。启动徐家汇交通综合改善前期工作研究，初步确定 21 个系统改造项目。

4. 启动“十二五”相关规划制定。组织相关部门，牵头起草并初步完成《徐汇区城市建设和管理“十二五”规划》制定。完成本委“市政基础设施”和“旧区改造”两个专项规划的编制。

徐汇区绿化和市容管理局

2010 年是迎办世博的重要年，也是学习贯彻十七届四中、五中全会精神、全面实践科学发展观的关键年，在区委、区政府的领导和市局的指导下，全力以赴地做好各项市容环境保障工作，圆满完成了世博保障任务，确保城区环境卫生整洁、市容面貌有序、绿化灯光景观靓丽。2010 年，我局的主要工作如下：

一、全力以赴，圆满完成世博环境保障任务

1. 完善应急保障机制，做好重大活动市容保障工作

制定世博会期间 184 天市容环境保障方案和应急预案，明确市容环境保障标准。成立市容与环境保障组指挥部，局系统科级以上干部轮流值班，确保每天 2 位处级干部和 4 位科级干部在指挥部 24 小时固守，发挥联手联动机制作用。坚持每周一指挥部领导例会制度，有效解决疑难问题。建立重点保障时段通讯呼叫系统，落实日常巡查、抢险和应急快速处置队伍，每天巡查面上的市容环境状况，发现问题，快速处理。

9 月，配合区有关部门做好接待来自 39 个国家、国际组织、案例馆的参展方代表和 14 个驻沪领馆的总领事、领事共计 102 名各国贵宾参观活动的市容环境综合保障工作，圆满完成“精彩世博、欢乐徐汇”世博会国际参展方代表进徐汇重大活动的市容保障工作任务。完成“宋祖英演唱会”、世博开幕烟花燃放、徐家汇商圈周周演等 50 次大型活动市容保障工作。世博会期间，市容应急平台巡查投诉问题数 12575 次，办结率 100%。

2. 完善自我发现机制，加强巡查抢修工作

世博会期间，采取日常普查与重点巡查相结合的方式，普查小组每天对全区开展检查，发现问题及时移交有关管理和作业单位督促整改，并对整改情况进行复查。同时，整合绿化、市容、灯光等管理力量，成立重点检查小组，对世博周边区域的市容环境进行综合检查，对发现的问题第一时间向局应急指挥中心反馈，同时分头督促相关部门立即整改。世博期间，共出动 1833 人次，453 车次，检查覆盖 13 个街道 478 次，采集样

本13040个，发现市容环境质量问题875个，发放整改移送样本873个，问题发现率6.7%，整改合格873个，合格率100%。

局系统各条线均成立了应急处置队伍，发现问题及时处置。世博期间，出动低空维修（包括绿地）730余次，高空维修240余次，全区7万余套景观灯光达到开灯率100%、完好率99%。绿化应急处置队伍处理各类绿化应急情况148件，整改完成率100%。

二、落实管理机制，提升城区管理水平

1. 创建示范街镇，提升市容环境品质

从创建市容环境综合管理示范街道（镇）入手，按照市、区做实街镇的要求，坚持“软硬”结合，注重常态，完善硬件建设拾遗补缺，注重制度建设强化落实，着力破解跨门营业、乱设摊、夜间乱扔垃圾、“三乱”等城市管理突出的难点、顽症。指导徐家汇、康健等5个街道建立健全创建综合协调、日常巡查、监督考核、联合保障等四个工作机制。经过市里2个月的明察暗访考核，11月份徐家汇、康健2个街道已顺利通过市各委办局的专业组、市新闻媒体专家组和市民测评检查组的检查和验收，并已在解放日报等主要媒体上公示接受市民的监督。

2. 引导公众参与，提升“门责”管理水平

在规范“门责”、提高自律上下功夫，广泛发动社会力量，引导公众参与。完善政府倡导、社会共治、市民参与、人人动手的合作互动模式，进一步促进责任自律，引导责任单位、责任人认真履行法定义务。组织开展“三定”工作责任制常态化措施的监督、考核，重点强化社会各方互动，通过强化行业管理促进责任区制度的落实。逐步推广康健街道街校联建、商家联谊，各方联手共同管理门责；湖南街道在辖区内组织沿街商铺、单位，组建路管会，商家、单位相互监督门责；漕河泾街道从管理、服务和机制入手，聘请社会服务企业进驻街道，提供以非机动车管理为主、兼顾门前责任制管理的市容环境管理社会化服务，借助外力督促门责；枫林街道利用信息化手段，建立城区管理视频监控平台，全面提升门责常态管理时效性和有效性。

3. 完善“三定”管理，实现执法管理常态化

对“三定”管理措施、标准、要求进行全方位培训，制定世博勤务运行方案，明确工作要求，整合城管、城管协管、市容协管、志愿者、社会组织等力量，对重要区域、景观道路、主要干道实施定人、定路、定责管理措施，制定考核办法和管理标准，完善执法流程，共设84个固定岗、24个机动岗、2支应急巡查组，推进长效管理的落实，逐步实现执法管理常态化。

4. 完善申报制度，深化渣土长效管理

梳理渣土申报流程，明确渣土申报三级审批制，严格资料审核，现场勘察，落实专营企业申报。对分期排放、回填申请、码头审批等自由裁量权相对集中的项目，实行集体讨论，对不符合法规要求的申报予以退回。在严格审批的基础上，申报窗口积极参与文明窗口建设，提供周到、耐心、细致的服务。全年，我区共计申报渣土排放总方量361.17万吨，与去年同期相比增长15.82%。

5. 制定设置详规，规范户外广告设施管理

邀请同济规划设计院专家研究制定我区户外广告设置详规，并按照详规推进徐家汇区域户外广告的改造工作。六百、西亚宾馆等建筑物楼顶的户外广告设施形态得到明显改观。

推进对户外广告设施行政许可工作流程再造，简化许可手续，尽量缩短许可流程。为提高审批效率，筹备制定网上申请与窗口申请同步的方案规划，推进户外广告申请的数字化管理模式。

三、完成建设任务，营造城区靓丽景观

1. 完成景观灯光建设

重点开展内环（瑞金南路—天钥桥路）、中环（徐汇段）两侧及滨江区域景观灯光建设，完成黄浦江沿岸的百汇园、尚海湾等60余幢楼宇景观灯光建设。为配合世博会开幕及重大演出需要，完成世博“天际线”（徐汇段）景观灯光建设。为进一步提升城区夜间灯光意境，通过新颖、节能、环保的照明手法，沿虹桥路、肇嘉浜路景观大道一线，调整和提升在世博开幕前对原有受地铁施工影响的景观灯光。结合绿化小品的建设，在一些主要景观区域设置灯光雕塑小品，以营造动静相间、个性与整体协调统一的灯光意境。

2. 完成各项绿化建设任务

2010年计划建设公共绿地30公顷，实际完成30.7公顷，其中生态专项建设工程5.5公顷，徐汇滨江公共开放空间15公顷、其他零星公共绿地7.9公顷、居住区集中绿地2.3公顷。预计2010年全区人均公共绿地5.38平方米，绿化覆盖率27.3%。

超额完成迎世博600天行动计划，全年完成6.8415公顷绿地调整改造、0.17公顷立体绿化、493套行道树设施；完成世博184天花卉景观布置工作，共完成花坛花境布置3.8461公顷，容器花卉4677组（个），绿化主题景点12个，共应用155万余盆草本花卉。世博开幕前完成“七路二隧”及徐汇滨江公共开放空间（样板段）绿化配套工程建设任务。在全市世博花卉景观评比中，徐汇区主题景点获得金奖1个、铜奖2个；花坛花境获金奖1个、银奖2个、铜奖1个；特色花卉景观道路获金奖1个、银奖1个；容器花卉获金奖1个、银奖2个。

3. 积极推进生态专项建设

继续积极推进生态专项09年已开工标段（生态一标、二标、三标）的建绿任务，目前生态一标段建绿任务已经完成、生态二标段足球场已竣工，篮球场及门球场正在施工。完成生态专项四标段、五标段、六标段的资金前评估及施工招投标、监理招投标等前期工作，并已经进场施工。另外，完成配套设施的立项工作，沿江码头的检测及专家评审，以及加固方案设计也已完成，并收到市港口局对码头加固方案的批复，目前扩初设计已基本完成。

四、查找薄弱环节，治理城区市容顽症

1. 整治环境陋习，开展市容“大洗脸”

世博会前夕，牵头开展店招店牌“大洗脸”和无证非广告设施专项整治活动，进一步推动城区面貌的持续改善。局领导带队每月开展2次夜间（20：30 ~ 23：00）综合执法专项检查，以高压态势对跨门营业、乱设摊、夜排档、乱抛垃圾开展检查，强化针对性管理，对乱抛物的商家，进一步细化责任，签订门责条约，促使其自觉维护门前整洁，夜间乱扔垃圾现象明显减少。期间店招店牌清洗维护13040块；围墙修缮、粉刷122397米；道路两侧外立面整治63074平方米；清除“三乱”459282处。

2. 加强巡查监管，遏制渣土顽症

一是做好工地巡查工作。每天早中晚巡查出土工地，对装载不规范、无证处置、偷乱倒等违规行为，协调城管、交警赴现场采取警告、责令整改、扣车及停工等措施，对违规出土工地形成高压态势。二是做好工地开工前告知工作。发现出土工地有开工迹象，立即会同相关部门到工地向建设方、施工总包方、运输企业宣传渣土管理的规定，督促他们按要求做好渣土申报、落实专营车队、规范装载、车辆冲洗及工地门口保洁等工作。三是做好对运输企业的日常管理。定期召开运输企业工作例会，宣传告知渣土管理的各项规定，对渣土违规运输行为及时通报。四是做好信息沟通工作。每周编发渣土整治工作简报，将渣土违规情况及时向相关管理和执法部门进行沟通，联手对渣土顽症开展专项整治。

3. 整治社会绿地，进行专业化养护管理

年初，针对社会绿地空秃及无人管理的现象，会同各街道与徐汇园林发展公司签定了“徐汇区社会绿地养护委托书”，开启了专业化养护的管理模式。6月，再次组织专管员对目前存在黄土裸露、地被空秃的社会绿地及公共绿地进行调查摸底，明确整改要求，不仅对空秃绿地进行补种，还对行人反复破坏的绿地进行调整，铺设石子方便市民通行。共计整改社会绿地17000平方米。同时加强长效管理，委托专业绿化的养护队伍，对目前处于“基本维护”和“失管失养”的社会绿地进行统一管理和养护，然后按公共绿地的日常养护标准纳入养护队伍的考核范围。

4. 加强常态执法管理，确保市容环境保障有序

坚持每周六天工作制及领导24小时值班制，下沉执法力量，确保工作重点，抽调20名队员支援斜土、枫林等世博周边分队，机关工作人员轮流到滨江区域执法巡查。加大夜间执法管理力度，对难点顽症采取高压整治态势。成立滨江地区工作站，采取6时至24时的运行模式，会同民政、公安等部门，对在滨江地区发生的占道设摊、兜售物品、流浪乞讨等违法行为实施严密布防。面对“天天是春运”的大客流压力，加强南站地区执法管理，将执法管理和人性化服务有机结合，充分展示城管新形象。

五、坚持以人为本，提高为民服务水平

1. 领导带队检查，落实环卫“十项承诺”

坚持做好生活垃圾日产日清工作，对部分垃圾库房小、垃圾量多的小区，协调作业公司增加清运班次，确保居住区无生活垃圾堆积、垃圾桶无满溢现象。共清除生活垃圾377172吨、小区装潢垃圾等37409吨。

党政领导班子成员改每季一次深入居民居住小区检查“环卫作业十项承诺”为每月一次，分组带领机关干部检查作业公司“十项承诺”执行情况，听取居民意见，并及时通报检查情况，督促落实整改。主动听取监督员、人大代表、政协委员的意见和建议，积极落实整改。

2. 稳定环卫队伍，加大道路保洁力度

为了稳定环卫工人队伍，我局2010年又招聘了100余名沪籍职工，充实了一线清扫队伍。3月开始我局实行民工30元/年的工龄补贴制度，稳定道路保洁队伍，为全天候道路保洁提供了有力保障。

加大保洁力度，主要景观道路、“七路二隧”、新辟滨江公共开放空间等世博核心区域道路全天候保洁，除夜间冲洗外，增加了白天的道路冲洗班次，路面、绿地废弃物15分钟内清除。加强河道漂浮物打捞次数和巡回保洁的作业时间，清除岸坡及沿岸坡道的暴露垃圾工作延伸到桥堍、桥墩，做到全覆盖不留死角。世博期间，提高了机扫、冲洗为主，人工巡回保洁为辅的机械化作业水平，并加强了废物箱收集保洁力度，全年共更换、新装废物箱2500只。

3. 做好垃圾分类工作，推进垃圾减量化、无害化

加大宣传力度，增强市民垃圾分类的意识，积极推进垃圾分类收集和资源化利用工作。全年有290个居住区、80家单位实行了生活垃圾分类收集工作。在资源化利用方面，共处置餐厨垃圾4925吨，回收废纸1403吨，废金属317.9吨，废玻璃368.3吨，废塑料795吨，废电池1.65吨，一次性塑料饭盒1319万只，处置暴露垃圾47424吨。通过垃圾分类收集，推进我区的垃圾资源化、减量化、无害化处理的工作。

认真做好地沟油整治和餐厨废弃物管理专项整治工作。加大宣传动员，加强源头申报、完善基础台账，开展专项突击整治行动，按照“一店铺一申报”原则补申报后，全区申报餐厨垃圾产生单位由年初的800家变为952家，其中废弃食用油脂产量申报单位由

578家变更为589家。

4. 在改善居住区环境卫生上，试点“三核”工作机制

与区房管局和枫林、田林街镇一起开展调查研究，对枫林、田林街道居住小区自治管理试点实行“三核”(即对各个居住区保洁、保绿人员进行核定、对物业上报的人员名单进行核对、对保洁人员保洁范围、保洁频次等进行核查)。通过“三核”工作，掌握和解决居住小区环境卫生日常保洁量与保洁人数匹配问题，使得保洁的责任明晰落实到每个岗位，确保老小区的保洁服务质量有较大改进，建立起日常监管常态长效的管理机制。

六、着眼发展，争先创优，提升行业形象

1. 开展创先争优“建功、奉献”活动

召开全系统“奉献世博、保障市容”誓师大会，并在“七一”、“十一”集中表彰一批在创先争优活动中涌现出来的先进人物和优秀党组织。通过大力宣传先进人物、先进事迹，弘扬社会正气，为世博市容保障工作的胜利完成添砖加瓦。

2. 着眼发展，顺利完成“十二五”规划编制工作

认真组织绿化、市容、城管、环卫等课题调研，深入思考重点部门、重点领域发展方向，科学合理制定规划指标体系，突出精细化的意识，认真分析绿化市容发展过程中存在的瓶颈和不足，明确“十二五”期间发展的目标和途径，进一步理清工作思路，凝集共识。市容、环卫等各责任单位开展项目规划、功能块规划与科室规划的撰写，聘请专业单位、相关专家，共同编制《徐汇区绿化市容“十二五”发展规划》。

3. 大力推进窗口服务形象的建设工作

为使道路保洁、公厕服务等一线从业人员做到规范操作、规范服务，组织各公司相关人员参与市级层面组织的培训活动，要求各公司做好对一线道路清扫工、公厕服务人员、环卫清运工的岗前培训，并组织经常性的岗位培训、指导，规范从业人员形象，统一从业人员着装，全面提升市容环卫行业职工的服务理念、服务技能和服务质量，增强行业职工整体素质。经过一年的努力，我局在2010年区公共服务窗口政风行风测评中上升至第四位，前进了十名。

4.8个区属公园积极示范文明游园

积极发挥“三位一体”公园管理模式，2010年在各区属公园新建4个志愿者活动基地，组织协调街道绿委，鼓励社区居民参与公园者志愿者服务活动，积极弘扬“奉献、友爱、互助、进步”的志愿者精神，共同构建文明公园。据统计，全年接待市民游客约1827万人次，全年游客的满意率为98%。目前全区8个公园通过历年的努力已全部获得市文明公园称号，徐家汇公园、桂林公园、漕溪公园、东安公园、襄阳公园、光启公园和康健园保持五星至二星的星级公园称号，徐家汇公园和漕溪公园还被市文明委评为上海市文明示范公园。

(四) 长宁区

长宁区建设和交通委员会

2010年，区建设交通党工委、区建设交通委在区委、区政府的领导下，紧紧依靠各级领导班子成员和广大干部职工，坚持以科学发展观为统领，牢牢把握“六个确保”的要求，在特殊时期以特殊的精神状态，“一手抓世博，一手抓发展”，科学统筹把握全局，深入推进世博安保，全力保障城区运行，扎实推进年度任务，为明年“十二五”规划的起步奠定基础。

(一)服务区域经济发展，着力推进经济楼宇建设和房地产业税收

1. 经济楼宇建设

开工项目：5个，总建筑面积30.2万平方米。目前已开工2个项目，为临空10-2旭辉产业楼（建筑面积约4.6万平方米）和建滔广场（建筑面积30.6万平方米），目前，实际开工总面积为35万平方米，超额完成开工任务目标。神州数码和民营城现在已经完成了施工图审核；临空10-3和临空11-3由于进度原因，现调整至明年开工。

在建项目：13个，总建筑面积122.7万平方米。各在建项目均顺利实施中。其中，曹家渡地块完成桩基施工，围护完成60%，进展顺利。

竣工项目：12个，总建筑面积46.9万平方米。已竣工包括统一研发大楼、虹桥科技产业楼、新长宁5-5产业楼、优地事业、圣为纸业和冠龙酒店等在内的6个项目，总建筑面积13.8万平方米，占计划的30%；其余6个项目均在进行外装饰和室外总体，进展顺利，年底竣工目标能够实现。

2. 房地产业税收

积极做好税收留区企业的服务和指导工作。截至11月底，我区累计完成房地产税收472768万元，已完成计划的107.7%，同比增长6.01%。其中，房地产开发税收283940万元，房屋租赁业税收92546万元，房地产交易税收66108万元，建筑安装业税收30174万元。

（二）延伸精细化管理理念，狠抓世博运行保障

迎世博项目收尾和办世博期间，区建设交通党工委、区建设交通委坚持一线带队伍、一线抓推进，确保各项任务落实到位，注重迎世博与办世博相结合，注重不同行业间相结合，注重条与块相结合，将增强大局意识、责任意识和使命意识转化为工作成效。

在迎世博抓冲刺过程中，上下齐心协力、克难奋进，充分发挥积极性和主动性，全力提升城区环境品质，全面提高城区管理水平，为举办一届“成功、精彩、难忘”的世博会，真正实现“城市，让生活更美好”的世博主题作贡献。在区600办的统一指挥下，保质保量完成了迎世博的各项任务：牵头完成了SN10路综合整治，会同新泾镇共同确保贵宾通道的安全、整洁；努力打造北渔路、愚园路等特色街区；主动配合各街镇推进“拾遗补缺”工作，完成全部项目93个。

在办世博保稳定过程中，发扬连续作战精神，在常备常态期间，确保城区管理到位、区域安全稳定。坚持周一至周五科级干部、周六至周日处级干部实体值班制度，加强对城区市容市貌的检查和整改，完成整改102项；按照世博安保社会面防控的要求，对全区范围内的桥梁、隧道、河道、建筑工地等重要部位开展巡查，加强对重点路段、重点区域、重点设施的养护和巡防，关注重要设施、重点区域和公共场所防汛防台，配合供水、供电、供气等市属单位做好防范工作；全面梳理了轨道交通建设和建筑工地引发的15项矛盾，有针对性地制定了化解方案，确保各类矛盾可控。

在后世博巩固机制过程中，为加强后世博城区建设和管理，巩固长效机制，区建设交通委特别制定了《关于进一步加强城区综合管理的实施意见》，从保持保洁水平、强化“顽症”治理力度、深化市容有序管理、巩固景观环境质量、夯实行业管理基础等五个方面共计18项工作入手，提出了搭建平台、健全架构，在区内形成“1+10”的工作架构；按照“统一领导、分级负责、条块协作、以块为主”的格局，注重发挥街镇的综合管理和牵头协调作用，形成条块联动的长效机制；强化标准制定，实行差别化管理，加强网格化管理，优化城管执法格局；注重科学投入与社会动员，保证设施维护和作业的投入强度与世博期间一致，强化考核、以奖代拨。

（三）打造精品项目，加快市政基础设施建设

轨道交通建设，配合做好轨道交通2号线西西延伸段、轨道交通10号线、轨道交通11号线建设涉及前期动迁和社会稳定等相关工作，联合区相关部门做好程桥二村居民房屋受损补偿、“拆落地”重建等事宜，落实涉及宋园路站等建设矛盾的相关处置；建设中环线、动物园、三泾北宅等公交换乘枢纽建设，为市民提供快捷、便利的公交出行系统。

道路建设，加快推进以北翟路立交为代表的城市快速道路系统建设，积极推进以SN10路、天山西路、仙霞西路西延伸建设为代表的主次干路网建设，完成北翟路中环立交、外环线立交等相关道路辟建；完成虹桥路等10条道路整治；抓紧办理威宁路（天山路—中环线）、凯旋路（区界—安化路）等5条道路的前期手续，推进枢纽外围区域支路南北联通，缓解内外环线之间的交通需求，形成分布合理的区域道路网络体系。

河道建设，根据动迁进度积极推进周家浜拓宽工程（外环以西段）建设；完成许渔河水系沟通工程一期工程（仙霞西路以北），准备实施二期工程（仙霞西路—南渔浦支流）；许渔河水系沟通工程泵闸配电正在进行供电方案调整；南午潮港、南渔浦支流等河道综合整治（一期）已完成初设批复，正在进行施工招投标；苏三期防汛墙改造涉及华政居民动迁目前已完成85%动迁量。

配套设施建设，田度项目已完成质量验收、规划验收，完成粪便预处理厂、通沟污泥处理厂、垃圾中转站的设备验收；全面完成北翟路架空线入地工程、虹桥路（凯旋路—外环线）架空线入地工程；配合市里推进万航渡路环卫码头防汛墙的拆除和改建。

（四）提升城区管理水平，注重强化监管力度

市政管理，逐步建成布局合理、功能优化齐全、设施完好的区域路网体系，进一步完善市政设施管理体制和机制，建立科学、高效的管理体系，实现区域道路综合管理水平上新台阶；完成虹桥路等10条道路整治，推进小市政道路整治工程开工，其中，武定西路1251弄已完成整治；注重完善小市政道路整修后的长效管理机制；市政养护道班房项目已完成项建书批复，并报送选址审批。

河道管理，外环西河、直挺浜等5条河道疏浚整治、新泾港等河道水生态建设正在推进前期手续办理，世博会后开工；新建周家浜泵闸管理房正在办理土地前期手续；完成北新泾泵闸大修工程；消除35条河道黑臭现象，改善河道现状，提高河道长效管理水平；有序推进苏三期防汛墙改造动迁。

职能管理，明确市政养护工作重点，提高设施运行质量，加大市政道路巡查力度；积极推进无障碍设施建设，接受了上海市创建全国无障碍城市的检查；完成中山公园地区、虹桥地区停车诱导系统建设，共安装停车诱导牌67块，完善龙之梦交通设施改建（一期）工程，以优质、高效、整合的交通体系提供“畅达、安全、舒适、清洁”的交通服务；实行“条块联动、以块为主”安保工作机制，组织了130名世博平安志愿者，确保交通畅行、区域稳定、社会稳控；加强网格化管理，针对城区管理存在的重点难点和薄弱环节，提出应对措施和专项治理方案，截至10月底，区城市网格化管理信息系统共立案153650件，日平均立案505件；结案153512件，日平均结案505件，处置结案率为99.91%；完成防汛防台总体预案及专项预案，全面做好汛期防汛工作，确保世博期间安全度汛。

建筑业管理，一是制定了世博会期间建筑工地文明施工工作方案和农民工群体性上访事件应急预案，完善了建筑工地安全生产事故应急预案；稳步实现金沙江支路200号违法建筑的顺利拆除，协调处理金虹桥国际中心、尚嘉中心、逸仙第三敬老院、华新苑等项目的矛盾；协调解决拖欠工程款和农民

工工资事件40批次，涉及农民工300人，涉及金额300万，拖欠工资事件化解率为100%。二是规范建设工程市场，规范建设现场用工及现场企业承发包行为，规范招投标及施工许可管理，实行公正度评价，公开和邀请招标率均达到了100%；开展打非治违专项行动，规范各级施工单位的经营行为，查处六无工程41项，对44家责任单位实施了行政处罚，共计罚款22.77万元；完成新进农民工安全教育培训153期，培训总人数5033人。三是加强工程监督管理，开展安全生产隐患集中排查整治行动、防火安全、安全生产大检查、安全生产年和生产月活动，监管领域未发生死亡事故，安全生产处于受控状态；做好上海市建设工程第一次至第七次文明施工测评，在第七次文明指数测评中，建筑工地排名上升到了中心城区第三名；组织开展2010年质量月活动，评选区优质结构4项，“天山杯”工程1项。四是做好建筑节能工作，配合做好低碳示范区申报准备工作，推进既有建筑节能改造4.63万平方米，组织4个项目申报市建筑节能示范项目；实现施工营业税税收留区1026万元；推进复旦中学图书馆等9个代建项目的实施。

（五）围绕“十二五”规划细化方案目标

启动“十二五”规划编制，勇于抓住“十一五”规划攻关、“十二五”规划起步以及世博会召开的契机，成立了“十二五”规划编制指导小组和领导小组，充分发挥牵头协调作用，整合资源，抓好规划编制起步，注重加强与市有关部门沟通协调，集中力量专题研究，预排了“十二五”规划期间经济楼宇、市政道路、水环境建设和城区管理项目。

抓好区委重点调研课题，在牵头调研中，充分借鉴了区“十二五”规划前期重点调研课题及城区建设与管理规划大讨论的成果，着力将区委常委会的审议意见转化为具体工作项目，转化为长效机制，并积极推进网格化管理与大门责管理相结合的城区运行一体化管理模式。

深化国资国企改革，加强与区国资党工委、绿化市容局党委的沟通对接，落实建设国资国企移交管理暨委托监管相关工作，研究推进政事分开、政企分开、管办分离和管养分离的突破口，先行制定了企业移交后的托管初步方案和“1+4”管理办法；着重做好内部事转企单位职工稳定工作，积极引导转制企业稳定内部职工思想情绪，提升企业管理水平和管理效率。

推进行政审批改革，围绕“三区两带”重点区域经济发展布局，结合行政审批改革试点，加大与经济楼宇建设单位、管理部门的联络和沟通，优化审批环节，缩短审批时限，完善告知承诺，体现高效服务；加快在建和竣工项目建设进度，强化统筹，实时监控。

（六）不断深化党的建设，为城区环境品质走在前列提供政治保障

加强精神文明创建。以中心组学习、中心组联组学习、专题报告为载体，深化学习型机关建设，将理论学习与调查研究相结合，筑牢作风建设思想根基；在强调领导班子的凝聚力和“三带”能力提升的基础上，通过关心、理解和教育干部，让干部牢固树立为人民服务的理念；积极开展和参与以世博为主题的各类文明创建实践活动，丰富干部职工的文化生活；利用“五五普法”等契机，做好系统各类人员的学法、用法工作。

加强干部和人才队伍建设。通过带头带班带队，进一步在干部队伍建设、工作执行力和作风建设等方面下功夫，逐步完善了各类干部和人才数据库，形成了一级抓一级、一线看干部的良性互动，完成“干部在线学习”53名参学人员的启动落实；坚持“党管干部”原则，联系落实建交系统各单位动员参加公开处级领导干部和正科级干部选拔，

组织实施干部交流、民主推荐和考察工作；打破年轻干部培养壁垒，选派35周岁以下干部对接区域10个街（镇），了解条上工作和块上问题，从2月份至今梳理问题80余项，其中80%以上得到解决，真正服务群众、服务基层；加大人才引进力度，做好公务员、事业单位招考以及公务员试用期考核定级工作；完成4名新党员发展和3名预备党员转正审批工作，组织落实系统25名入党积极分子培训；继续做好老干部工作和统战工作。

加强基层党建。不断探索扩大党内基层民主的多种实现形式，健全“党员服务中心”功能，提升区域性党建社会化拓展能力；召开系统纪念建党89周年暨“世博先锋行动”创先争优表彰会，鼓励基层党组织和广大党员立足岗位，学先进、赶先进、当先进；建立健全了党建联建格局，加强与条、块、社区和不同主体的沟通联系，不断强化机关干部的主导作用和基层单位的主力作用；提升了与相关行业部门、建设单位、街镇的联建共建，及时收集社情民意，及时协调解决问题，形成齐抓共管、共建共享的氛围。

加强党风廉政建设。认真学习贯彻十七届中央纪委五次全会、九届市纪委五次全会和八届区委十一次全会精神，坚持标本兼治、综合治理、惩防并举、注重预防的方针，层层签订《党风廉政建设责任书》，贯彻落实《中国共产党党员领导干部廉洁从政行为准则》，加强对领导干部廉洁自律规定执行情况的监督检查；开展“讲党性、重品行、作表率”主题实践活动和党员领导干部廉洁从政若干准则学习活动，组织建设交通委大口250名党员干部参加党风廉政建设报告会。组织系统专项治理，全面检查了139个项目，抽查了31个建设项目，落实存在问题；完善关于规范填报“三重一大”备案报告表的有关规定，提出了建交委党政主要领导和分管领导分别审核“三重一大”报告表的具体方案，今年已向区纪委上报“三重一大”备案表38项，基层单位向建交委上报备案表127项。进一步完善对党员领导干部的监督和个人事项的报告，加大对公权力大、公益性强、公众关注度高的方面的监督力度；加强迎世博600天行动建设与整治项目检查，做到工程优秀、干部不倒；调查处理反映基层领导干部的3封信访件，完成重要信访件的调查。加强建交委、市政、河道（水务）政风行风建设，今年，区纠风办在两次明察暗访中，建设交通委均取得第二名的好成绩。

加强宣传、工会和团等建设。区建设交通党工委不断加强对系统工、团和宣传等工作的领导，充分发挥工、宣、团等工作在城区建设和管理领域内的独特作用，并服务于建设系统大党建格局。

抓好城区建设和管理成果的宣传工作，通过与区委宣传部合作，积极开展网上访谈，举行新闻发布会；联合建设交通团工委举办4月15日“放飞青春、奉献世博”活动，进一步展示了我区在迎世博600天行动中取得的新成效、城区面貌的新亮点，以及让人民群众得实惠的新成果；通过《新闻坊》报道了绿化便民、水环境建设、文明施工、交通便民、民工服务、噪音控制等10项内容；通过新华社等媒体宣传报道了苏州河一、二期改造成果以及无障碍设施建设的成效。

建设交通工会进一步完善职代会和民主管理制度，积极组织广大职工弘扬先进，发挥先进典型的示范引领作用；主动配合建设交通党工委、建设交通委，通过参观考察徐汇滨江园、黄浦外滩源、世博城市最佳实践区，引导职工投入参与世博氛围中；组织开展“建功世博、情耀长宁”区建设系统风采展示活动，充分展现奋战在我区城区建设和管理一线的建设系统干部职工精神风貌；深化“帮困送温暖”工程，全年系统帮困基金出资83000元，春节、国庆期间帮助系统困难职工和农民工277人次；全力推进建筑业农民工建会入会工作，切实维护农民工合法权益。

建设交通团工委以服务世博为重点，以推进团组织建设为主线，做好世博园区志愿者、城市服务站点志愿者招募等工作；深入开展“团徽在闪耀”青春世博行动，开展4月15日“放飞青春、奉献世博”、5月14日“服务世博，城市细节我发现”等主题实践活动，进一步增强团员青年与世博同行的积极性和使命感；围绕党政中心工作，做好青年论坛、青年调研课题以及网格化团建工作，充分发挥共青团生力军和突击队作用。

二、存在问题与推进举措

2010年，我们在顺利推进各项工作目标的同时，仍然存在着问题和不足，尤其在推进楼宇建设进度上、世博会后市政项目开工以及巩固长效管理机制方面仍然面临新的挑战，因此需要认真研判形势，明确推进举措，加大实施力度。

一是经济楼宇建设仍需主动对接。受近年来楼宇开工量缩减，以及普遍存在的建筑体量较大、建设周期较长等状况，2011年预计竣工项目总量约34.7万平方米，竣工量较2010年减少近23%。为此，要主动跨前，全力做好建设单位贴身服务，一如既往负责牵头协调、督促和指导工作，尤其在市区部门和专业机构之间发挥桥梁纽带作用，避免项目办理上的无方向和重复返工，从建设单位“代建方”的角度换位思考，有力推动楼宇建设进展。要着重加强与相关部门的沟通、协调，注重梳理项目、收集资料、掌握信息，为“十二·五”期间区域楼宇经济顺利发展打下基础。要注重整体开发和配套设施同步建设，为楼宇建成后招商引资和企业入驻后的日常使用奠基铺路。

二是世博后市政项目开工仍需加大力度。市政道路的建设环境一定程度上影响了评估和审批，同时，市政建设用地手续的办理存在程序问题，应先办理用地通知，再办理动迁许可手续。另外，轨道交通建设引发的矛盾影响了项目进度，如轨道交通10号线宋园路站、11号线江苏路站站点建设矛盾，水城路站涉及虹桥路1704弄受损房屋维修事宜等。为此，要加大前期与环保部门的沟通力度，着力研究和考虑道路建成后对市容和环境进行改善等综合因素，做好调研。要积极主动与市相关部门进行沟通，力争获得政策、资金方面的支持，同时加快行政审批制度改革的步伐，尽快掌握政策导向，为项目顺利启动创造条件。要妥善处置重大工程建设引发的矛盾，稳控矛盾发展态势，稳定居民情绪，加快项目推进。

三是巩固长效管理机制仍需全力以赴。面对社会稳定与城区建设管理之间矛盾日益突出，加强城区建设和管理，巩固长效机制显得尤为重要。为此，要巩固和完善一体化运作机制。对直管和非直管市政设施实行一体化管理机制，在对新泾地区市政设施评估的基础上，先易后难地接管市政道路。要巩固和完善联动管理机制，进一步加强系统内各职能部门与事业管理单位的联动管理，以及与其它职能部门之间的沟通协作，集中合力，同时依靠和发挥街镇的管理作用，将专业管理和社会力量融合起来，提升社区环境面貌。要巩固和完善市政、河道设施养护作业的市场化运作机制，加大招投标的力度，提升设施养护管理水平，同时着力在文明施工上下功夫，把建设施工对周边环境和居民的影响降到最低点，以获得居民的理解和支持。

长宁区绿化和市容管理局

2010年，长宁区绿化市容局围绕“城区环境品质走在前列”目标，着力推进“精品化”建设，不断完善“精细化”管理，在区委、区政府的领导下，以迎博、办博工作为核心，圆满完成各项工作任务。

一、圆满完成“迎世博”冲刺任务

在提前100天全面完成“迎世博600天”

行动中所确定由本局牵头实施的15大类任务基础上，根据区委、区政府要求，继续推进部分新增、调整的市容环境整治建设工作。

（一）完成了“第六战役”整治任务。完成了虹桥枢纽区域内北翟路、天山西路等11条（段）道路周边市容环境整治和建设工作，共拆除户外广告19块，整修围墙11900米，规范店招店牌196处，整治小区门头19处，改造、整治绿地3.84公顷，新增废物箱95只，整治违法建筑1362平方米。

（二）完成愚园路历史风貌保护街、北渔路民俗文化街市容整治工作。北渔路（新渔路~天山西路）市容综合整治以明清仿古建筑风格、配以景观灯光、城市家俱和绿化点缀，形成特色商业街区。愚园路（江苏路~定西路）市容综合整治以原有历史文化建筑为基础，修旧如旧，辅以绿化配饰，凸显整体景观效果。

（三）完成景观灯光建设工作。完成延安西路沿线楼宇景观灯光新建20幢；完成虹桥路（古北路~沪青平公路）沿线绿化景观灯光恢复工程。

（四）完成公共绿化改造提升。完成芙蓉江路、天山路两侧绿地改造；完成全区行道树补种；完成推进延天绿地、虹桥河滨花园改造以及延安西路、愚园路等道路绿化改造；完成遵义路、天山路等8处绿地灯光建设；完成地铁10号线、11号线7个站点10余个出入口绿地恢复工程。

二、全力落实世博运行保障措施

围绕“整洁、有序、美观、平稳”的总体目标，全力推进各项保障措施，确保世博运行期间，市容环境常态、优质。

（一）确保环境卫生整洁。按照道路保洁“六定”标准（定等级、定数量、定标准、定人员、定经费、定考核），保洁形式上采用“组团式作业法”，方法上采用“夜间作业，白天养护”和巡回拣扫采用“飞行保洁”。一是加强重点区域保障。重要保障“三区两带”、“三环十路”、“三点”区域，确保各类废弃物停留时间控制在20分钟以内，冲洗率达到100%，市级主干道和景观区实行24小时保洁，并做到精细化保洁。其它道路、区域实行18小时保洁，废弃物停留时间少于30分钟，冲洗率达90%以上。二是在中环线内实行综合保洁。推行道路、绿化、市政等公共设施的全覆盖综合保洁模式。三是建立条口和街镇联动的保洁机制。协调街镇做好“三不管”街巷和无名通道的保洁；协调区建交委、公安分局等部门，落实市政护栏、路名牌、交通标识、指示牌等城市家俱清洁责任，发现问题，及时整改，消除盲区。

（二）确保市容环境美观。一是确保景观灯光完好和按时开启。制定《长宁区世博期间户外景观灯光管理暂行办法》，重点展示三区两带和延安西路高架沿线、苏州河南岸、内环线沿线、华山路、中山公园区域的建筑灯光、绿化灯光、灯光小品等，确保景观灯光完好率达到98%以上。景观灯光设施发生一般故障的，户外广告和招牌的灯光显示不全或破损的，在24小时内修复。特殊原因的，在3天内修复或采取其他弥补措施，确保区域整体亮灯效果。二是确保绿化景观美化和品质提升。落实绿化“五定”（定人、定岗、定量、定责、定作业标准），强化绿地的日常养护管理。并做好花卉景观的布置和维护，重点在“三区七路九点”上进行街景花卉布置，确保在世博会运营期间花卉景观处于较高水平。三是维护12座全区公园（大绿地）的游园秩序，实行24小时动态巡逻，做好安全保障。四是在中山公园成功举办世博主题系列活动。

（三）确保管理执法有序、及时。在重点区域内建立“全天候、全覆盖、全方位”的城管执法勤务模式，加大街面执法力度，严格落实“五定”（定人、定岗、定时、定责、定量）要求。全面推进联动执法，因地制宜开展临时性疏导，通过探索民意主导加强管理和执法的模式，减少无证设摊所产生的污染。9个街镇达到“严控区域”标准、1个达到“控制区域”标准，全区无证设摊和跨门营业基本控制在350处以内，5个“管控点”及周边市容环境管理规范。

（四）确保新增违法建筑拆除工作有效推进。落实《长宁区拆除违法建筑工作实施意见》，按照“统一指挥、归口查证、快速拆除”的原则，全力组织推进。全区共受理新增违法搭建326处，拆除312处，拆除率达到95.71%；组织直接拆除已搭建违法建筑20处。

（五）确保建筑渣土运输规范有序。加大建筑渣土运输专项整治，实施区域专营制度，加强工地源头管理和偷乱倒易发地区的固守，并开展联合执法整治，偷乱倒行为得到有效遏制。

（六）确保户外广告和店招店牌安全整洁。加强重点区域户外广告管理，严格控制广告审批，规范店招店牌设置，强化世博公益宣传，制定日常巡查方案，加强处置，确保户外广告和店招店牌的规范、有序、美观、安全。

（七）确保生活垃圾收运处置规范。生活垃圾收运做到日产日清，分类收集有序推进；加大环卫作业车辆车容车貌管理，按照规范作业，基本无滴漏，无扰民现象。

（八）确保水域环境整洁。加强源头管理，监管水域环境，加大保洁力度，维护周边景观。确保苏州河以及新泾港、联泾港、朱家泾、野奴泾、新渔浦等重点水域方面无漂浮垃圾、两岸整洁，及时打捞水生植物，重点区域无污染，水面经常保持干净。

（九）确保窗口服务规范。以“提素质、树形象、讲规范、求优质”为目标，加强公厕服务、道路保洁、公园管理、城管执法、市容协管、水域保洁等窗口岗位人员培训，统一着装，持证上岗，规范行为；同时在广大职工中继续广泛开展竞赛活动，开展争创“工人先锋号”、“优质服务窗口”“优质服务单位”等争先创优活动，提升服务能级，确保队伍在世博保障工作中“拉得出，打得响”。

（十）确保应急保障工作有效。完善世博会期间城市运行应急保障工作相应联动制度，建立世博会期间城市运行应急保障力量。组织成立三支队伍，即应急维修队伍（抢修绿化、环卫、户外广告、灯光设施等），快速处置队伍（处置绿化、市容、环卫、城管突发性事件），督察巡查队伍（每天巡查街面上绿化和市容问题）。做到制度完善，反应快速，处置有效，控制和消除突发事件及时。

三、不断完善日常管理规范

（一）推进落实市容环境“大门责管理”。制定《长宁区街道（镇）市容环境沿街面大门责管理暂行办法》，全力推进管理体系的建立，逐步形成区市容联席会议、街镇市容联席会议、社会自律小组相结合的“三级管理平台”。社会自律小组平台作为管理工作的关键点，积极引导商家（单位）自我约束、自我管理，从源头上保障日常行为的规范、有序；街镇市容联席会议作为日常管理事务的主要实施部门，对久拖不决的问题及时移转相关职能部门并督促整改，对涉及多部门的综合问题牵头组织综合整治、整改；区市容联席会议在全区性管理问题上发挥牵头、协调、指挥、指导作用，把握总体推进情况，制定管理规范，及时解决重大疑难问题，形成部门间有效合力。为推动“大门责管理”机制实施，区绿化市容局在全区约8500户商家实行垃圾上门收集，并制定了《长宁区市容环境沿街面大门责管理考核意见》，起草了《长宁区市容环境责任区指导员队伍办理办法》，进一步强化各项措施的落实。

（二）完善标准化、规范化作业养护管理机制。一是制定《长宁区道路保洁“六定”实施方案》，依照“定等级、定数量、定标准、定人员、定经费、定考核”要求，划定道路等级，细化作业规范、质量标准，落实人员、装备到具体路段，进行量化考核，达到“五无五净”标准（道路无垃圾、无杂物、无积泥、无积水、无污迹；路面干净，绿化隔离带和树圈干净，边角侧石干净，雨水井沟眼畅通干净，废物箱等环卫设施干净）。二是修定《长宁区公共绿地、行道树养护管理办法》，逐步推进绿化养护“五定”规范建设，根据定人、定岗、定量、定责、定作业标准的目标，细化和明确了养护作业标准，实现了日常管理全覆盖和定期考核，达到“三无”标准（无绿地空秃、无盖板缺失、无枯株缺株）。三是完善道路、绿地一体化保洁机制，提升道路和绿地的整体洁净度。

（三）实施重点区域差别化管理。在重点景观区域实施差别化管理机制，将市容、市政、绿化、环卫、交通等作业养护和秩序管理纳入政府一体化管理范围，执行最高管理标准，形成“管理有序、执法有力、监督有效、常态优良”的长效机制。目前，古北开发区等已启动实施，中山公园地区、苏州河景观带、虹桥路文化带、临空园区等逐步推进中。

（四）深化市场化管理机制。一是完善市容整治项目建后管理机制，起草《长宁区市政道路市容整治后管理办法》，由政府和业主按比例共同出资的方式，落实日常管理和维护责任，使市容整治后设施保洁、维修、养护落到实处。二是进一步完善“三乱”治理市场化机制，加强乱涂写、乱张贴、乱刻画处置的源头控制和快速处置。三是拟定《长宁区景观灯光管理办法》，通过购买社会服务，做好全区楼宇、绿地、小品等景观灯光设施管理、养护和维修工作。

（五）建立健全城管执法勤务联动机制。修订完善《城管派驻分队块内执法联动工作协同暂行办法》，将全区划分为东、中、西三个管理分块，各分队按季度轮流牵头召集例会，加强工作合作交流，做到块内分队资源共享，优势互补，快速、高效地集中执法力量，有效处置面上的执法难点和应对各类突发事件。

四、完成重点建设项目推进

（一）推进长宁区废弃物综合处置中心启用运行。明确了“政府监管、社会运营”的基本模式，全面开展试运行。并针对试运行中暴露的问题，由项目工作组牵头，建立了与每周试运行工作例会，通报工作进展，共梳理土建和设备等方面的问题69个，2/3以上项目得到整改；加紧推进运营经费测算及社会化运营管理工作方案编制工作。

（二）推进城区生态环境建设。完成新增公共绿地13.3万平方米目标（其中新建小区集中式绿地5.3万平方米），逐步启动北翟路25米绿化带建设，有序推进丝绸厂绿地、中新泾绿地、外环400米生态林带、临空一号地块公共绿地建设。着力推动中山公园整体改造，加强市、区部门协调，完成牡丹园花卉种植，启动部分围墙透绿改造和健身步道建设项目。

（三）推进环卫基础设施建设改造。完成新建公共厕所4座、小型生活垃圾压缩站2座，改建公共厕所3座、小型生活垃圾压缩站2座、垃圾箱房35座、倒粪站4座、道班房3座。

（四）完成“十二五”专项规划编制。根据长宁区国民经济与社会发展“十二五”规划，完成长宁区绿化和市容建设管理“十二五”专项规划编制。

五、党的组织建设不断加强

组织和率领系统全体干部职工，坚持以邓小平理论和“三个代表”重要思想为指导，树立和落实科学发展观，进一步加强党的思想建设、组织建设和作风建设，努力提高党建工作的总体水平。

（一）干部队伍素质进一步提升。一是抓学习。紧密结合工作实际，加强对“三个代表”重要思想、科学发展观、十七届四中全会等精神的学习，引导广大党员深刻理解和全面把握科学发展观的基本内涵，增强贯彻落实科学发展观的自觉性。组织广大党员干部把学习理论学习同解决实际问题结合起来，树立科学的发展观和正确的政绩观，把理论学习同创建“学习型”机关结合起来，紧密结合本部门实际，加强组织领导，创新学习载体，建立激励机制，增强了学习成果。二是抓作风。以“抓形象、带队伍、重服务；保世博、严管理、重机制；优环境、树品质、重实效”为政风行风建设的主线，继续完善“一组五网”的工作（即，党风廉政建设领导小组，政风行风工作网，绿化进社区宣传网，管理所进社区工作网，城管分队进社区联系网，信访热线投诉处置网），进一步坚定了理想信念，提高了政治觉悟和政治素质，创造力、凝聚力、战斗力大大增强，管理水平有了新的提高。三是抓建设。塑造“一个党员一面旗帜，一个支部一个堡垒”新形象。健全各项管理制度，建立高效的运转机制，提高工作效率和服务水平。强化培训，切实提高干部队伍的政治思想素质和业务水平。严格按照“四项监督制度”要求，提任科级干部9名。

（二）保持党员先进性的工作机制进一步完善。一是在建立健全完善党员学习教育机制上下功夫。我们坚持已有的行之有效的领导干部讲党课制度、干部在职学习制度、每周的学习日制度、“三会一课”制度等，推进学习教育的经常化、制度化、规范化。二是在建立健全党员管理监督机制上下功夫。认真贯彻落实“党要管党、从严治党”的方针，切实加强对党员的日常管理监督。严格发展党员标准，把好党员“入口关”，建立健全完善入党积极分子教育管理培训制度，发展党员审查考核制度、公示制度、责任追究制度等，确保党员队伍质量，全年共发展党员3名，培养党员发展对象14名。严格按照党章和有关制度要求，激励和约束每一个党员。党委、支部坚持开展民主生活会、党员民主评议，进行批评与自我批评，通过查摆问题、党组织对党员作出评价等有效做法，围绕党组织对党员监督、党员之间的监督、群众对党员的监督和舆论对党员的监督，健全完善具体的规章制度，对党员实行有效的监督。三是积极组织“争先创优”活动，开展“世博先锋行动”，13个党支部全部向社区报到，192名党员向所属居委报到（占全体党员的95.52%），各党支部、全体党员积极参与岗位行动、家园行动、志愿行动，服务群众，发挥了先锋模范作用，受到社区的广泛好评，涌现了区级优秀党支部1个、优秀党员11名。

（三）党风廉政责任进一步落实。组织党员干部深入学习党章、严格遵守党章、坚决维护党章。通过学习，进一步强化党章意识和党员意识，着力解决好在坚定理想信念、加强道德修养、发展党内民主、严明政治纪律、强化制约监督、加强制度建设等方面的问题，使认真学习党章、自觉遵守党章，切实贯彻党章、坚决维护党章成为广大党员的思想共识和自觉行动。通过与各单位签订党风廉政责任书，分解责任、落实责任，督促局属各单位领导切实履行“一岗双责”义务。

回顾一年来的工作成绩，得益于区委、区政府的正确领导和市绿化市容局的有力指导，得益于局党政班子的团结合作的工作精神，得益于全局系统广大干部职工的奋力拼搏，得益于相关部门的大力支持。2010年工作虽然取得了一定成绩，但还存在一些的困难和问题：一是规划引领作用仍需加强。锁定“城区环境品质走在前列”的目标，高标准、高起点的中长期整体规划编制工作还需进一步推进。二是常态长效管理机制建设仍需加强。“大门责”管理、景观灯光管理、建筑渣土管理、重点区域景观道路差别化管理以及违法建筑拆除实施等单项管理机制已籍世博之际启动实施，在做好世博运行保障中取得了显著的成效，但还需进一步从系统性、规范性上着手，巩固成果，形成全面的管理体系，细化和完善具体措施。三是基层力量仍需加强。管理和执法队伍人员及装备设备仍需进一步提升。

长宁区住房保障和房屋管理局

2010年，在区委、区政府的正确领导下，在区人大、区政协的监督指导下，在兄弟单位和社会各界的关心帮助下，我局坚决贯彻落实区委八届十一次全会精神，以“改善民生”为重点，围绕中心、服务大局、攻坚克难、务实开拓，努力做好解民忧、惠民生的各项工作，切实做到“既要确保世博胜利进行，又要确保民生工作持续推进”。

一、加强旧区改造工作力度，全面推进土地储备和动拆迁工作。

（一）旧区改造工作

2010年区府一级目标：完成旧区7万平方米，力争完成10万平方米。

全年拆除旧区面积约10.02万平方米（其中二级以下旧里约8.3万平方米），完成年度力争目标。全年拆平上钢十厂（一、二）、南北园、张家宅（北块）等6幅旧改基地。通过置换方式拆平一幅边角料地块。

（二）土地收购储备工作

2010年区府一级目标：完成临空1号、南北园地块、24街坊、古北5–2地块的土地收购储备；力争完成郁家宅、祝家巷地块的土地储备。

1. 重点地块收购储备情况：（1）完成了24街坊全部收购签约任务，砌好分隔围墙；（2）完成古北新区5—2上海古北（集团）有限公司收购工作，土地面积24.91亩；（3）完成222、255街坊临空一号地块村民动迁安置工作；（4）完成了346街坊南北园地块村民动迁安置和劳动力安置工作，安置率100%；（5）完成232街坊（郁家宅）、282街坊（祝家巷）动拆迁许可证办理手续。

2. 其他地块收购储备情况：完成71街坊轮胎橡胶公司、新安制浆造纸厂、新华路街道办事处的收购储备任务；完成346街坊望春花公司收购工作；完成28街坊内上海怡集投资发展有限公司、博华水泵厂等单位、3街坊内和佳仪表电器有限公司、22街坊内上海飞乐股份有限公司和上海电讯器材厂、30街坊内上海飞乐股份有限公司和上海电讯器材厂、古北新区5–2地块内上海古北集团有限公司、322街坊上海长宁房地产经营有限公司的收购储备。并完成了计划外的临空221街坊11–2地块上海东方国信实业有限公司、200街坊中国电信集团上海市电信公司、上海新锦华商业有限公司的收购储备。

（三）动拆迁工作

2010年区府一级目标：推进26幅基地动拆迁工作，确保包括南北园、唐家宅等10幅拆迁基地完成。其中上半年完成上钢十厂、纵泾港、南北园等4幅拆迁基地。

全年在拆基地26幅；已完成南北园、唐家宅等基地11幅、终结1幅。其中：完成结转基地张家宅（北块）、唐家宅、临空1号地块、北翟路中环线立交工程、南北园、上海市219工程（中山公园前花园）、中山西路1350号地块商品住宅、上钢十厂地块旧区改造（1）、轨交11号线上海交大站共9幅；完成新开基地上钢十厂地块旧区改造（2）、宋庆龄事迹陈列馆等2幅。

在拆单位96家，现已完成46家。

二、加快旧小区综合整治进度，进一步探索物业长效管理机制，努力提升旧居住小区软硬件水平

2010年区府一级目标：启动旧小区综合整治70万平方米，力争完成总工程量的30%；健全“四位一体”物业管理机制，加强行业监管，逐步建立针对物业服务公司的优胜劣汰机制。

（一）迎世博600天行动工作情况

1. 区政府三年行动计划全面提前超额完成

旧居住小区综合整治工作作为区政府工作的一级目标，同时又是迎世博600天行动的重点工作。截至世博会前，共计完成旧小区综合整治345万平方米，其中今年完成35万平方米；对区域主要景观道路沿线两侧691万平方米建筑外墙实施整洁改造，其中今年完成104万平方米；对区域范围内180万平方米96年以前高层实施整容整治改造，其中今年完成39.44万平方米；已完成139.8万平方米的二次供水设施改造任务，其中今年完成1.4万平方米。

2010年准备在世博结束后启动旧居住小区综合整治70万平方米，项目的设计、施工、监理等单位的招投标与政府采购程序已在11月中旬全面完成。原计划11月20日前全面开工，2011年春节前完成外立面整修。但由于胶州路特大火灾事故的发生，市相关职能部门对旧小区综合整治项目提出了新的要求，根据区政府要求，工期延缓，结转至2011年开工。

2. 二次供水设施改造有序实施

目前，已完成139.8万平方米的改造任务，其中虹梅花苑实现了水表全部外移，中山西路1423弄实现了变频水箱的改造。

3. 成套改造和"一平方米"改造稳步推进

房屋"成套改造"方面，正在对天山二村121、122号等合计面积为5626平方米的小区进行常规改造。"一平方米"改造方面，新华路393弄（建筑面积3948平方米，居民136户）已全部完工。

4. 整治拆迁基地和修缮保护历史风貌建筑

完成4处拆迁基地整治，其中原计划的凯桥绿地、东浜两处拆迁基地已完成；另外又完成江苏路48号地块、赵沈巷基地两处。同时完成了湖丝栈（万航渡路1424弄12号）历史风貌建筑修缮工作。

（二）物业行政管理工作情况

1. 拆除存量违章建筑：累计拆除违法建筑4939.95平方米，对28处附有违法建筑房屋和7处损坏承重结构房屋了产权限制限制转移，有效遏制了违法建筑的蔓延。

2. 物业管理党建联建工作：开展物业管理党建联建的居委会为76家，完成业主大会和业主委员会组建、换届共计86家。

3. 开展物业相关人员培训和考核：开展物业企业培训3082人次，开展业委会培训1748人次；同时对物业小区经理考核累计3538次，累计扣分7人次，累计扣14分；累计组织物业小区经理听证会69次。

4. 平安建设：开展住宅小区平安建设监督检查，累计检查小区数8182个，落实整改360处。

5. 防汛防台和夏令热线工作：督促各物业企业积极落实防汛防台自查工作，重点完善防汛防台应急预案；普遍开展应急处置演练；强化小区经理责任制；做好排水管道疏通和设施设备养护工作；落实应急抢险物资和抢险队伍；同时要求区房屋屋应急维修中心以"全天候、全覆盖、叫得应"为目标，提高应急抢修快速处置能力。

6. 发挥"962121"物业呼叫平台服务作用：目前，共受理急修1393件、维修233件、投诉757件，合计2383件。

（三）探索新机制，努力实现物业长效管理

结合我区实际，经广泛征询物业企业、街镇、业委会、居委会等各方意见，我们制定了《关于进一步提升长宁区住宅小区物业管理水平的实施意见（试行）》，为构建物业管理一体化长效管理明确工作任务。在北新泾街道、新华路街道着手开始进行物业管理一体化激励机制试点，同时在部分小区建立业委会党员工作室和公房弄管会制度，多管齐下提升物业服务水平。

（三）拆房管理和房屋检测工作

1. 拆房安全管理：2010 年监管拆房工地 46 处，面积 122 万平方米。其中历年结转 11 处，面积 53 万平方米；今年新开工 35 处，面积 69 万平方米；总共竣工 23 处，竣工面积 12.7 万平方米。目前受监工地 23 处，总面积 109.3 万平方米。未有重大安全事故发生。

2. 迎世博及世博运行保障工作：工地反恐、治安、文明施工等各项工作和措施落实到位；针对 6 处需在世博期间停工的工地，检测站与建设方、施工单位共同签署了停工告知承诺书，明确了各方责任；在整个世博会召开过程中，坚持对所有工地每周不少于一次的日常巡视，并多次会同市、区等部门对停工工地的安全防范工作进行联合检查；做好番禺路敦惠坊基地等重点工地的清理整治工作；迎乐路拆房工地的攻坚战役。

3. 房屋质量检测：共完成检测报告 10 个，绝大多数为房屋完损状况及安全性检测。对全区范围内的危旧房进行普查，对存在问题的房屋及时采取措施排除隐患。

三、不断完善住房保障体系，大力推进保障性住房建设，继续开展廉租住房工作

（一）保障性住房建设方面

2010 年区府一级目标：完成 338 街坊 4 万平方米保障性住房建设总工程量的 30%。廉租房租金配租做到应保尽保，实物配租结合本区实际适时配租。

1.338 街坊保障性住房地块由于原经济适用房性质改为公共租赁房和动迁安置房，已完成的规划设计方案等必须重新制定。且由于土地月途改变，相应供地方式也应按转让程序办理。目前，338 保障性住房项目土地公开出让前 12 家单位的征询已完成，市房管局项目调整书面批复已取得，现正与规土部门沟通协调，尽快启动土地公开出让程序，开展法定 20 天的公示和法定 10 天的投标签约等工作。

2. 我区的经济适用住房工作，在前期开展的中低收入居住困难家庭专项调查的基础上，制定了《长宁区开展经济适用住房工作方案》，进一步明确了我区经济适用住房工作的组织机构、工作职责、人员配备、房源供应和价格确定、操作办法、工作步骤、工作要求、年度考核等具体工作，同时根据市局的要求，落实了区保障中心的人员编制、办公场所、工作经费等各项内容，形成了一支专业的住房保障认定审核、房源筹措、经租管理、资金和住房分配、信息统计、档案管理、培训指导、监督检查的专门队伍。精心准备，扎实做好经济适用住房的各项前期工作，为明年第一季度我区经济适用住房工作的全面推开打下坚实的基础。

3. 我区的公共租赁住房工作根据市局的统一部署，将采取公共租赁住房投资经营管理的专业机构市场化运作、各政府职能部门给予政策、资金扶持的运作模式。在基本情况调查摸底的基础上，将研究制定我区公共租赁住房的实施方案，进一步明确准入标准，规范申请流程，形成供应管理机制。

（二）廉租工作

截至目前，正在享受廉租租金配租的家庭共计 2881 户，其中 2010 年新增受理廉租租金配租家庭 656 户，发放租金 2150 多万元。完成实物配租家庭 46 户，目前正在办理入户手续。

四、确保区域经济平稳较快发展，加强房地产市场管理，推进区域住宅建设。

(一) 房地产二、三级市场

1. 房地产交易：根据数据统计，今年长宁区房屋总成交套数，面积，金额分别为 11323 套，112.3 万平方米，296.6 亿元。从 2010 年长宁区房屋交易总体情况看，房屋总成交套数、面积、金额分别较去年同期下降 43%，40%，28%。

2. 市场行政管理：已发放预售、预租许可 10 张，涉及 6 个基地，建筑面积 24.4 万平方米；发放商品房销售方案备案证明 22 个；

新申请暂定级企业6家，三级企业1家，二级企业2家；房产中介经纪机构备案97家，年检179家，注销51家。

（二）住宅建设

1.动迁配套商品房建设

2010年区府一级目标：虹桥综合交通枢纽动迁配套商品房北块结构封顶；205街坊动迁配套商品房完成工程总量30%。

虹桥枢纽北块小高层结构10–11层，多层结构2–5层，地下车库结构全部结束。205街坊住宅基础结构全部完成，地下车库完成50%。

2.住宅建设推进：累计施工面积131.9万平方米（其中住宅面积116万平方米），占年度计划的106%。累计新开工住宅项目4项，新开工面积19.3万平方米，完成全年计划的129%。竣工住宅57幢，面积35.3万平方米，完成年度计划的140%。完成天山怡景苑“四高”优秀小区验收工作。

3.住宅区绿化建设

完成居住区绿地101234平方米，为年度计划的101%（其中集中绿地53026平方米，完成年度计划的106%，道路绿地16965平方米，宅前屋后绿地31243平方米）。

4.住宅配套建设：全年施工“中、小、幼”6所，面积15099平方米，其中191街坊幼儿园、淞虹十街坊幼儿园已竣工。

5.私房落政工作

制定了华侨产落政的方案，正在与权利人、承租人协调中。其中1户已有签约意向。解决普通落政代经户（承租户）3户，建筑面积55平方米，补贴资金198.7万元，处理代管产1户，建筑面积403平方米，补贴金额98.5万元。处理历史遗留问题4户，建筑面积314平方米，补贴金额479.6万元。

（三）房屋土地测绘工作

1.土地测绘：完成建设用地勘测定界项目52个，687707平方米；竣工结案项目25个，426405平方米；变更修测项目27个，883902平方米；土地面积分摊项目7件，面积76996.99平方米。

2.房屋测绘：商品房预测项目10个，建筑面积756675.26平方米；商品房实测项目15个，建筑面积436608.12平方米；系统房实测项目48个，建筑面积463154.78平方米；私房测绘25件，面积1315.82平方米。

五、以综合管理为保障，加快局各项工作运转进程，确保各项任务顺利推进。

（一）财务管理

1.严格按照“收支两条线”，对于交易中心、测绘中心、信息中心等局属事业单位的非税收入，做到及时上缴国库。对于交易中心的契税收入的经费及时向财政申请返回。开展“小金库专项治理回头看”工作。

2.预算编制。完成了年度财务预决算，同时按时完成了工会预决算，并根据年初预算，每季度对局以及局属单位财务状况进行分析，为领导全局管理提供财务数据支持。

3.加强资金管理。一是保证各单位经常性经费来源及使用，二是加强专项资金运作，尤其涉及到迎世博600天项目资金、土地储备资金、住房保障资金等，根据部门申请，及时填报集付单报送区财政各科室，确保尽快落实资金到位。

（二）档案、信息化和政府信息公开

1.档案工作。接收到产权登记档案22000多卷，编目编号上架、数据输入电脑；整理上传电子文件507件、完成会计档案归档634卷，接待档案查阅人员4000多人次、查借阅档案案卷1000多卷、完成各类档案装订及整理500多卷、完成了房产年报表，完成收集移交与世博有关档案。对土地档案目录、清册进行梳理、核定，完成土地档案移交的所有准备工作。。

2.信息化工作。深入到办事处进行调研，根据办事处实际工作情况开发了小区物业管理信息系统。做好网站的日常维护和内容更新，每天数据维护，共发布各类信息1000余条，并对2009年所发布的旧信息予以整理，部分过期信息已经给予移除或更新。

3. 政府信息公开工作。主动公开信息125条，全文电子化达100%，现场接待400余人次，收到依申请公开151件，给予答复160件（部分为去年年末申请时的答复），其中同意公开125件、信息不存在7件、非政府信息5件、同意部分公开1件，申请内容不明确8件、重复申请2件，收到网上信息公开申请4件，都按要求给予及时答复。从申请的信息内容来看大部分是动拆迁类和物业管理类。

（三）两会提案和信访稳定

1.“两会”意见、提案。在区十四届人大七次会议期间，收到人大代表书面意见25件，其中主办件16件，协办件9件（其中市人大1件）；收到平时人大意见4件，全部办结；区政协十二届四次会议期间，收到政协提案26件，其中主办件14件（组织提案3件），协办件12件，全部办结；平时提案1件，已办结；收到政协社情民意4件，全部办结。

2. 信访和稳定。全局共受理各类信访件1494件，其中来信862件；来电219件；来访299批次，444人次；电子邮件114件。热点问题主要集中在物业管理、房屋拆迁、私房落政和房地产权籍。来电、来访、电子邮件均已办结。还配合区信访办完成市联席办交办的重信重访排查、归档工作，11件。

（四）一门式窗口受理工作

我局“一门式”全年共接待电话、现场咨询1500多人次，受理各类审批、年检等事项719件，其中：经纪组织备案年检共330件、有限产权房屋接轨250件；开发企业资质申报10件、商品房预售6件、销售方案备案8件、房屋性质确定10件、新建住宅交付使用2件；美容美发足浴六小企业审核56件；物业企业资质申报10件、商品住宅维修基金15件；拆迁业务办理22件，已全部按时办结。

（五）依法行政工作

1. 行政诉讼和行政复议：全年受理诉讼15件，行政复议案件7件，信访4件。至今未有行政败诉及撤销复议的案件和法律效果。

2. 行政执法：行政处罚立案139件，处罚130件。申请区法制办（区拆违办）强制执行案件24件；组织布置完成了鸿凯湾、四方西郊等影响较大的拆违实施前的准备工作。

3. 行政审批事项清理：原20个行政审批事项，取消2项、调整2项、新增1项，经清理后共有19项审批事项。

4. 制定、修改相关法律文书，做好执法个案和面上的指导；建立快速拆违机制，制定相关工作流程和实施方案；加强法制宣传教育，开展执法人员基础知识培训和相关专题培训。

六、加强作风建设，弘扬房管精神，锻造一支坚强有力的干部职工队伍

（一）重在统筹、学以致用，加强领导班子自身建设。

党政领导班子率先垂范，一是坚持中心组学习制度确保每月一次的集中专题学习，不断丰富拓展学习的内容和形式。年初确定“办世博与推工作两不误”的工作方针，强调了领导干部的示范作用。同时局中心组到城市最佳实践区学习先进的城市管理理念，并认真思考后世博物业管理的长效机制，在岗位行动，家园行动，志愿行动中得到广泛认可。

二是完善深入基层的制度，党政班子将每周一召开的办公会议每月移至基层一次，一起想办法、解难题，凝聚攻坚克难的力量。世博运营期，成立了世博运营保障工作领导小组及其有关工作机构，并制定了预案。党政领导班子成员切实落实了网格化巡视和世博值班任务。

三是落实带头带班带队的责任，营造敢

抓敢管的风气。班子合力增强，支持基层单位领导大胆开展工作。党委切实加强领导干部作风建设，开展了批评与自我批评，并深刻分析存在突出问题的原因，明确了班子的努力方向。同时形成了经常利各种会议点评制度执行情况的规矩。及时批评和表扬，弘扬正气，鞭策后进，进一步提高了实际工作中的执行力。

四是认真执行“三重一大”集体决策制度，不搞“一言堂”，始终坚持民主集中制；在干部工作中，党政领导班子严格按照干部职数配备干部，根据干部的德能勤绩表现情况，积极为干部搭建平台。及时学习和讨论“四项监督制度”，并开展自查，在年终落实了干部工作“一报告两评议”工作。

（二）重在为民，准确定位，加强政风行风建设

在我局2009年政风行风建设工作提升的基础上，党委要求全局上下保持清醒头脑，针对个别窗口因为服务态度被举报的问题在工作推进会上举一反三，要求中层干部加强对窗口工作人员的教育；同时也进一步明确了公车改革所要遵守的工作纪律，继续加大以党风带政风促行风的工作力度。

在政风行风建设中：一是对牵头的经济适用房、廉租房分配使用情况的监督检查、推进居住小区综合管理两项工作加强日常监督；二是注重完善程序，加强监管，全面完成迎世博整治工作，确保迎世博600天五大工程总计划11.4亿元资金的规范运作；三是成立了治理工程建设领域突出问题工作领导小组。以工程建设领域突出问题专项治理工作为契机，以“三重一大”和“1+15”制度为抓手，对涉及重大决策、重要干部任免、重大项目安排和大额度资金使用的事项加强监督管理；四是把学习提高贯穿主题教育活动，与学习《廉政准则》相结合，不断提高党员干部的自律意识。全体科级以上干部和党员大会，就“讲党性、重品行、作表率”活动和学习贯彻《廉政准则》进行动员。局党委书记、局长唐如康同志以《发挥党员主体作用，做保世博，促工作的先锋》为主题上了党课。全局8个支部83位在职党员，均参加了本局的主题教育活动。组织全体机关党员积极参加区廉政文化创意活动，2人获得最佳创意奖，7人获得优秀创意奖；五是把握重点，明确责任，继续做好纠风工作。以服务世博，举办一届“成功、精彩、难忘的世博会”为重点、以认真履行职责，公正执法，提高办事效率，提升服务水平和保持清正廉洁为重点、以政风行风测评中存在问题的整改为重点。在区纠风办统一部署下，由我局牵头，组成了由监督员调查组、调查员和相关部门参加的物业行风专项检查组，从8月19日–26日对14个住宅小区进行专项检查。检查组在物业行风专项检查情况报告中对我局领导重视物业行风建设工作有成效作了一定的肯定。同时也提出了物业管理中存在的具体操作问题和建议。我们正在认真整改，努力提升物业管理水平。

（三）重在提升，凝神聚气，加强房管队伍锻造

为了凝聚全局智慧，落实区党建意见和人代会政府目标，今年以来我们以加强干部党性锻炼和改进机关作风为重点，以世博先锋行动为抓手，积极对接世博重点工作，扎实开展了以“岗位行动、家园行动、志愿行动”为载体的创先争优活动。组织全局职工参加世博会期间的小区安保活动，参加世博知识培训，组织全体党员参与地铁志愿行动，在世博运行中发挥先锋模范作用。同时，举办物业工作者沙龙邀请富有经验的老同志和物业管理的行家老手传授管理工作经验，使青年工作人员有相互交流的平台。围绕“两旧两房”的主要工作职能，我局注重强化团队意识，树立争先观念，一是进一步强化了带头意识，弘扬实干作风；二是进一步强化了责任意识，实施重点突破；三是进一步强

化了团队意识，夯实基础建设。通过党建工作的有效开展，从而促进了工作效率和工作作风的不断提升，形成了新时期房管精神。这就是：

1. 自我加压，勇于克难的精神。2010 年 4 月 8 日借力旧改地块捆绑式开发的政策突破，经过七个月的奋战，顺利完成涉及“三跨”的上钢十厂旧改居民拆迁工作。在华阳创业创意天地整治工作中，我局会同相关职能单位，克服了时间紧、任务重，交替实施难度大等具体困难，快速高效地完成了任务。施工队伍在有效工作日 26 天中，共作业墙面 4800 平方米，拆除玻璃幕墙 950 平方米。

2. 跨前一步，勇于拼搏的精神。在对古北路大桥建设时市政动迁保留房屋的保护性整修工作中，我局主要领导和分管领导亲临现场指挥，并抽调了科室和房管办事处人员分赴各个岗位。干部职工服从安排、调配，加班加点毫无怨言。世博运营期间，我局委派四位科级干部按周轮流参加区城市管理指挥部的每日巡视督察，局各相关职能部门在接到反馈的巡视督察问题后，都发挥主动跨前一步的精神，不讲条件，主动及时的予以协调解决，并及时报告处置进展情况，得到各方好评。

3. 举一反三，勇于担当的精神。在鸿凯湾会所违章插层事件处置中，针对行政执法中暴露的薄弱环节，我局积极采取措施，举一反三，完善制度。局党委专门指派局纪委书记带队对住宅小区违法搭建现状和处置情况进行总体调研，根据调研情况将形成住宅小区内违法建筑发现、处置实施方案，以此做到职责明确、沟通顺畅，建立高效率的运作机制。我局干部职工针对不足之处不断反思、寻求突破，体现了一种勇于担当的精神。

（四）重在基层，固本强基，加强基层基础建设

一是认真做好党员发展工作。在各基层支部推荐的基础上选派 9 名同志参加区委党校入党积极分子培训班。预备党员审批转正 5 名，新吸收预备党员 3 名。

二是注重人才引进和培养工作。全年新招录 8 名事业编制人员（全部为本科以上学历），全部安置在房管办事处和交易中心等一线部门。同时招录公务员 1 名，加强局计划财务工作。在举办物业青年沙龙的同时我们今年选派了 6 名青年干部到市行政学院参加突发事件应对、新形势下群众工作、信访工作与社会稳定专题培训班，进一步提高工作技能。组织 5 名科级干部参加区行政学院项目管理专题培训。吴文伟同志被推荐为区第七轮优秀拔尖人才。

三是进行事业单位设置调整。进行了房管办事处情况调研，根据工作需要建议区编办对我局办事处的设置进行调整，目前区编办已同意我局新成立房管办事处二个，人员编制由 72 名调整为 80 名。为确保我区住房保障工作的推进，经区编办批复增加了住房保障事务中心的人员编制到 10 名。

四是注重基层一线干部任用。在继续使用好 7 名事业单位主任助理的同时，积极为不同年龄段的同志搭建平台，注重使用好不同年龄段的干部。截止目前，共提拔任用科级干部 4 名。

五是继续加强思想政治工作。继续办好局学习宣传阵地，局机关科室轮流举办“学思、心语”，营造学习氛围。在紧紧围绕科学发展中心任务，扎实有效开展创先争优活动的基础上，受全国房地产行业联合城区职工思想政治工作研究会的委托，由我局承办了第 22 届年会。来自全国 22 个兄弟城区的房地产行业的工作人员围绕“以创先争优为契机，推动房地产行业又好又快发展”的主题进行了相互交流，我局论文被评为年会论文一等奖。

六是是加强市、区级文明单位创建工作。在加强局事业单位硬件建设的基础上，我局各事业单位大力加强精神文明建设。其中长

宁房地产交易中心正式申报2009-2010年度市级文明单位，第一、第二、第三办事处正式申报2009-2010年度区级文明单位。

以上是我局围绕中心，有效推进各项工作的基本总结。据截至目前的不完全统计，2010年度我局共有45人次荣获市房管系统和区世博工作阶段先进个人，唐如康、刘华、田瑞华等三位同志被评为区“世博先锋行动”优秀共产党员；唐如康、吴文伟、牟开宇等三位同志被评为区2007-2009年度先进工作者；住宅建设管理中心联合党支部被评为区“世博先锋行动”优秀基层党组织；交易中心审核部被评为区2007-2009年度上海市模范集体；唐如康同志被评为上海市“创先争优，世博先锋行动”“五带头”共产党员；江伟同志被评为世博立功竞赛——上海世博工作优秀个人；刘玉贵同志被评为上海市住宅建设实事立功竞赛建设功臣；我局被评为市房管系统和长宁区世博工作先进集体、长宁区第七次文明指数测评先进单位、上海市世博工作先进集体。

七、以丰富职工生活为抓手，加强基础建设，全面推进工会及团总支工作。

（一）加强组织建设，完善工会工作机制

进一步完善了工会委员会和工会主席例会制度，坚持工会内部的重大问题集体讨论决定，形成了一套工会的民主决策机制。梳理并修订了工会工作的若干制度。

（二）加强基础建设，推进文明班组创建

组织开展文明班组创建工作的培训交流工作，在文明班组创建工作中，我们注重抓基础、抓重点、抓特色、抓创新。经过各创建单位的努力工作，我局交易中心审核部、受理部、测绘中心、档案信息中心被评为市级文明班组。我局拆迁科、住宅中心、三个办事处分别被评为区或系统级文明班组。

（三）围绕世博主题，深化立功竞赛活动

一是召开了区住宅赛区实事立功竞赛2010年布置会。完成了2010年度实事立功竞赛总结、评比等相关工作。我局交易中心审核部被评为上海市劳模模范集体的光荣称号、我局土地资源储备部被评为长宁区先进生产工作集体，另外我局有3名同志被评为长宁区先进生产工作者。

（四）丰富文化生活，营造积极向上氛围

一是结合单位实际开展形式多样的职工文化体育活动，如：结合职工体检，组织了职工短途农家乐体验活动；进行猜谜、游泳、垂钓、乒乓、扑克比赛等活动；开展局首届职工卡拉OK比赛等。二是积极参加市区的相关活动，如：选拔了7名选手参加了市房管局的卡拉OK大奖赛，其中2名选手获得优秀歌手奖，我局获得了该项活动的优秀组织奖；组织职工参加市房管系统职工体育健身节的乒乓、羽毛球、棋类、广播体操比赛等并获得优秀组织奖，女子羽毛球单打获第二名；积极参加区建交党工委举办的“建功世博、情耀长宁”建设风采展示活动，获得了一等奖、优秀创作奖和优秀表演奖。

（五）加强团建工作，关注青年需求，增强团组织凝聚力

一是顺利完成团总支和3个团支部的换届改选工作；二是认真组织开展“团徽在闪耀”——青春世博行动，做好世博的参与者、宣传者、接待者和志愿者；三是组织开展“七一”素质拓展与户外采风活动；四是配合组织市房管局首届文化体育节，动员团员青年投身基层群众性文体活动；五是以信息化团建阵地为依托，为房管行业健康发展建言献策；六是积极创建“五四红旗特色团总支”、“五四红旗特色团支部”，做好青年课题(《学习型团组织建设与青年成长成才》)申报工作。我局团总支评定为2010年度区建设系统“优秀”团组织。

（五）卢湾区

卢湾区建设和交通委员会

2010年是上海世博会的举办之年，是实施‘十一五”和谋划“十二五”的承上启下之年。一年来，在区委、区政府的坚强领导下，在市、区有关部门的大力支持下，建委系统全面贯彻落实党的十七大和十七届四中、五中全会、九届市委十二次全会和八届区委十六次全会精神，深入贯彻落实科学发展观，紧紧围绕“坚持科学发展、抓好世博机遇、建设精品城区”工作主线，坚持一手抓世博服务保障，一手抓城区建设发展，一手抓当前，一手谋长远，凝心聚力、奋力拼搏，创新方法、攻坚克难，全力以赴推进“五个确保”各项重点工作，圆满完成了服务保障世博会成功举办的光荣使命，保持了旧区改造扎实推进、重大项目稳步实施、城区管理显著提升、民生持续改善、社会和谐稳定的良好局面，全面完成了“十一五”规划各项目标任务并精心谋划了“十二五”发展规划，为区域经济社会平稳较快发展作出了积极贡献。

一、世博运行保障工作圆满完成

根据区委、区政府“举轻若重、深入细致”工作要求，区建设交通委坚持把办好世博会作为2010年压倒一切的首要任务，精心组织、周密安排，全力以赴、奋勇拼搏，以昂扬向上的精神风貌、务实的工作作风、扎实的工作措施，出色完成了服务保障世博的各项任务，展示了建委系统的良好形象，交出了令人满意的答卷。

1. 安全保障有效可控。坚持按照“最高标准、最严要求、最大努力”的工作要求，切实做到“三个确保”：一是确保运行组织有力有序，组建世博安保领导工作小组，形成“1＋3＋1＋9＋X”保障机制，落实24小时值班制度和领导带班制度，聚焦世博出入口、建筑工地、拆房基地、停车场库等重点区域，不断细化工作措施，强化服务保障，确保指挥体系的高效有序运转，推动建委上下形成整体联动、互补推进、无缝衔接的世博工作局面。二是确保建筑工地安全可控，对禁止施工区内8个工地和控制施工区内24个工地进行全方位巡查，及时掌握施工及停工状态，针对建设工程季节性、阶段性、区域性特点，组织开展多层次、全方位的安全隐患治理，加强对高支模、深基坑、脚手架、起重机械等重大危险源的监控，确保迎办世博期间建筑工地的安全有序。三是确保社会面平稳可控，组建区动拆迁矛盾世博维稳指挥部，加强重点区域、重点场所、重点人员管控，对各类矛盾对象进行全面梳理，逐一落实工作方案和相关工作小组，全面落实群防群治和矛盾化解。

2. 服务保障追求卓越。坚持跨前一步、主动作为，全面落实三方面重点工作：一是全力推进出入口配套设施建设，主动承担马当路、鲁班路等园区出入口的候检广场、隔离围栏、遮阳避雨、喷雾降温、小卖零售等设施的建设和管理工作，共增设遮阳避雨设施6672平方米、喷雾降温设备2170米，创造良好的观博秩序和环境。二是切实加强出入口周边交通疏导，在出入口周边主动设置交通指示牌、人行道隔离栏、出租车泊车点，调运世博公交大巴疏散客流，切实减轻“大客流”压力。三是努力提升配套停车场管理水平，在世博2号、3号停车场搭建驾驶员休息场所，同步安装室内空调、排气扇、电扇等配套设施；增派管理人员，调整运营方案，加强团队客流和车流引导等，努力为游客和驾驶员提供便利服务。全委上下通过卓有成效的工作，着力确保了三个出入口、周边停车场等重要区域的安全有序，得到市委、市政府主要领导和南京军区首长的高度肯定。

3. 城区管理井然有序。全面完成600天行动计划和世博配套工程，按时完成城市建设管理36大项84子项任务，城区面貌焕然一新。在原有迎世博建设与管理指挥部基础上，组建区世博会城市运行指挥部交通市容组，发挥牵头协调功能，搭建沟通平台，协调解决跨部门、跨区域难题，从机制和手段上不断完善和深化城区长效管理的内涵。在实施网格化管理平台派遣的基础上，建立手机短信平台，提高突发事件处置效率，开通夏令热线，第一时间解决城区运行、居民日常生活突发事件，成功经受大客流、高温、汛期和各类突发事件的考验。

二、旧区改造和重大项目建设扎实推进

在确保世博会安全稳定的大前提下，围绕旧区改造、重大项目、社会稳定“三条战线”，以“九个一批”为抓手，继续创新机制、完善政策，有力有为推进旧区改造和重大项目建设。

1. 旧区改造有序推进。牢牢把握“世博会前营造气氛、会中全力保障、会后加速推进”三个阶段，充分利用有效工作时间，统筹协调推进重点项目，取得了来之不易的成绩。总体推进好于预期，全年累计拆除各类旧房10万平方米，如期实现年度拆除总量目标，其中拆除二级旧里以下房屋1.7万平方米，如期完成全年计划；累计动迁居民1508户（尚未全部包括116街坊东块签约户数），实现年度既定目标。新政试点深入推广，在7个基地深化“征询制”和“数砖头加套型保底”的动迁新机制，其中建国东路390号、瞿溪路977号、五里桥路14号试点基地已相继收尾，115街坊东块、130街坊西块居民签约率已超80%。房源筹措全面加强，成立区动迁房源配套中心，累计筹措市属动迁配套商品房3400套，通过市场自行筹措普通商品房、就近二手房、非居住用房等近200套，为项目启动、收尾及矛盾化解提供重要保障。政策机制不断完善，在总结新政试点经验基础上，进一步在房源筹措、资金管理、公司考核、队伍建设等方面加强探索，牵头制定或修订关于房源管理、两费分离、队伍建设的三个文件，完善新政内涵，规范操作程序。在115街坊（西块一期）、116街坊（东块）探索重大事项风险分析评估，从源头上主动控制可能出现的风险。队伍建设不断加强，举办动迁公司项目经理业务培训班和新政学习班，总结动迁新政经验，落实稳控措施，着力提高动迁从业人员的综合能力。

2. 重大项目稳步实施。因世博管控要求，部分位于“禁止施工区”和“限制施工区”内的重大项目建设进度受到一定程度影响，但“六个一批”项目总体推进有力有序。顺利启动3个项目动迁，其中115街坊西块（一期）居民签约率达64%，116街坊（东块）于11月13日进行了第一轮征询，居民赞成率达97.2%，12月19日第二轮征询首日签约达55.7%。成功收尾3个动迁基地，包括建国东路390号、瞿溪路977号、五里桥路14号等三个新政试点地块，另有126街坊、65街坊北块2个基地签约率超95%，正在全力收尾。开工一批项目中，已推进卢湾消防站1个项目开工，江滨路南侧104街坊137D-3地块已举行土地公开出让推介会，招投标工作正在按程序推进。竣工和推进一批项目中，113街坊、思南公馆、日月光中心广场、市政俱乐部、新天地酒店等10个项目已竣工或基本竣工，年内共计产出商业商务面积45.9万平方米，“十一五”期间累计产出各类商业商务面积90万平方米，达到预期规划目标。

3. 矛盾化解总体受控。坚持重点对象稳控、遗留矛盾化解、新增矛盾化解“三个同步”，在做好阶段性稳控、确保世博平安的同时，抓住时机，寻求突破，努力化解历史遗留矛盾和近两年强迁矛盾。全年共化解动迁矛盾33件（其中交办件5件，2007年强迁对象3件，2008年强迁对象2件，2009

年强迁对象11件，2010年强迁对象7件，其它历史遗留矛盾5件），超额完成区政府下达“确保10件，力争15件”的工作目标。全年未发生因动迁信访问题引发的重大群体性事件和恶性事件，确保世博会试运行、西藏周、开闭幕式等重要节点的安全有序，切实维护了世博稳定大局。

三、城区建设管理水平显著提升

坚持以筹办世博会为契机，深入拓展城区网格化管理，不断加强市政道路、建筑建材、综合交通等基础设施建设和行业管理，使城区建设管理水平得到持续提升。

1. 城市网格化管理不断深化。2010年，我区城市网格化管理继续呈现“三高一低”的运行态势，充分发挥发现、派遣、处置、监督、考核相结合的机制优势和信息效率，有力配合、保障了世博期间城区的正常运行。全年网格化共立案37852件，结案37856件，结案率100%，及时结案37614件，及时结案率99.4%。据12319城建服务热线通报，我区市民投诉率始终在中心城区保持最低，并在全年四个季度的数字化城市管理绩效综合考评中继续保持全市领先。为服务世博、配套世博，专门制定了确保重点区域、主要道路及场馆周边区域部、事件的快速处置机制，延长夜间工作时间，建立手机短信平台，与市、区53家职能部门联手搭建反应灵敏、处置有力的应急联动网络。新增4个城市管理部件，开发GIS市政综合管线管理系统并投入运行，推动网格化管理从地面向地下延伸。

2. 市政建设管理注重精细。按照“精心管理、精细施工、精致养护”的工作要求，全面完成世博配套道路及A单元配套工程，精心实施马当路出入口集散广场和淡水湾配套停车场建设。采取日常养护巡查和定期督察制度互补的方法，对世博周边、新天地、田子坊等主要区域、主要通道、重要道路进行每日巡查，做到“早发现，早解决”。成立市政应急抢险队伍，具体负责市政设施损坏、路面塌陷、管线抢修等应急抢修任务，有力保障世博期间城区道路通畅有序。成立市政服务保洁保障队伍，每天对市政辅助设施人行护栏、机非隔离栏、路名牌、人行天桥进行保洁服务。加强道路巡视频率及人员覆盖，做到天天有巡视、件件抓整改，不断提升道路完好率，逐步形成市政设施长效常态管理机制。

3. 建筑业综合管理稳步提升。围绕世博安保主线，进一步加强对全区重大危险源的日常监督管理，加大安全事故查处力度，推进文明工地建设，维护农民工合法权益，督促各建筑工地严格执行“限制施工区”和“禁止施工区”的有关规定，确保世博期间建设工地的安全稳定。创新质量监管模式，积极开展第三方平行检测，以点带面综合提高区内建筑施工质量；抓好工程建设领域突出问题专项治理工作，对政府投资项目进行自查抽查，规范工程招标文件和评标办法等。全年共计办理信息卡1007张，健康体检1185人，岗前培训1005人；协调处理农民工来信来访15批，涉及人数332人、费用237万元；累计完成发包项目1009项，完成报建31项，核发施工许可证33张，受理工程报监233只，办理竣工备案212只等，从8月至12月连续五个月位列全市建筑工地文明指数测评第一。

4. 综合交通管理展现特色。以构筑世博期间优质、高效、整合的交通体系为目标，制定新天地、世博园区、临江区域等三个交通组织优化方案，实施卢湾停车诱导系统二期项目建设，牵头龙华东路839号、二十一研究所等世博临时停车场的规划设计及运营保障等。根据世博安保要求，在57个停车场和8条路段，共计安装电子监控摄像头875个，对危险源进行重点监控，有效提升区域停车场所的安保防控能力。以文明指数测评为抓手，积极整改停车行业窗口服务的薄弱环节，探索值班长制度等常态化管理的措施，积极推进公共停车管理体制改革，试行公共停车属地化管理，实现有效指挥和精细管理。

四、改善民生促进和谐工作切实加强

在全面推进筹办世博工作的同时，积极落实区政府下达的实事项目、群众突出问题、“两会”提案建议等规定任务，着力解决影响群众日常生活的“三最”问题和急难愁问题，努力提升城区居民的生活环境和出行条件，使广大居民真正体会“城市让生活更美好”的世博主题，同步享受城区建设和管理的发展成果。

1. 实施 4 项区政府实事项目。区建委承担的建国西路 56 弄、复兴中路 87 弄、瑞金二路 52 弄、瑞金一路 121 弄等 4 条弄堂积水点改造上半年全面完工；市政设施综合管理信息系统项目建设也已正式投入运转阶段；停车诱导系统二期项目建设已竣工并投入使用，共设立一级诱导屏 5 块、二级诱导屏 22 块、三级屏 46 块，与已建成的一期项目联动实现卢湾区域停车诱导的全覆盖。

2. 解决群众日常生活突出问题。西藏南路、局门后路、徐家汇路等 5 处路灯安装项目得以全面实施；香山路 22–24 号下水道全面改造，淮海路天桥整治广告箱吊装完成。

3. 完成“两会”办理工作。收到办理件 34 件，其中，市政协委员提案 2 件，区人大代表书面意见 4 件（主办 2 件，合办 2 件），区政协委员提案 28 件（主办 15 件，合办 2 件，会办 11 件）。已按要求全部办复，实现办复率、走访率、满意率的三个 100%。

4. 完善防汛防台应急保障。加强对世博园区周边易积水地区下水道疏通，完成 44 公里主管、121 公里连管疏通，清捞窨井 7463 只、雨水口 3923 只；按照千年一遇标准，对卢湾滨江绿地一、二级防汛墙、打浦路隧道复线防汛墙进行加固和新建；对世博园区周边二级以下旧里房屋、深基坑建筑工地、地下空间、高空霓虹灯和广告牌等危险源进行全面排查。在此基础上加强值班值守，快速反应出击，妥善应对了“狮子山”、“南川”、“圆规”等台风造成的恶劣天气，确保全区防台防汛工作的安全有序。

五、体制创新和自身建设不断深化

1. 扎实推进学习型机关建设。制定《建委系统加强学习型党组织建设实施意见》，提出学习目标，明确学习内容，丰富学习形式，健全学习机制，做好领导表率，确保学习成效。

2. 着力加强自身建设和依法行政。紧紧围绕服务政府、责任政府、法制政府和廉洁政府的目标，不断加强自身建设，行政规范性和透明度不断提高。认真开展行政执法检查和行政执法责任制考核，评选执法优秀案例，加强执法干部培训，行政执法行为得到进一步规范。

3. 大力推进政务公开。作为公权力大、公益性强、公众关注度高的部门，深化政府信息公开，完善网上办事功能，拓展政民联系渠道，主动加强与市区两级媒体沟通，及时发布各类重要信息等。

4. 切实抓好制度建设和作风建设。建立健全建委主要工作制度，加强劳动纪律和人事、外出等管理制度，完善直属企业财务管理运行方案，建立直属单位财务会计派遣制，实行归口管理，严肃财经和财务纪律，形成依靠制度管人、管钱、管物的良好氛围。坚持廉洁办博，加大专项治理和内部审计力度，集中开展“三查三找”专项活动，并积极落实整改措施。

六、“十二五”规划编制进展良好

1. 突出“三个导向”。坚持以科学发展观为指导，立足当前，着眼长远，突出问题导向，围绕“如何在新形势下加快旧区改造，优化提升城区功能”中心任务，针对“如何创新和完善旧区改造机制，率先基本完成二级旧里改造”、“如何加快重大项目建设，为区域经济社会发展增强后劲”等问题，深入分析，开展调研。突出需求导向，深入社区、街区调研，把握发展现状和群众需求。突出项目导向，认真研究对接重点项目、重点任务、重点举措，确保专项规划与市区规划无缝衔接。

2. 坚持“开门办规划”。把广泛听取意见贯穿在规划编制始终，多次召开专题会议，听取市、区相关部门及人大、政协代表对规划的意见建议，对专项规划不断调整、充实和完善。充分借鉴世博理念，学习先进技术和管理理念，拓展规划思路，将智能、环保、低碳等可持续发展理念吸纳至“十二五”规划。

回眸过去的2010年，区建委深感这些成绩的取得来之不易，尤其是世博期间全体干部职工齐心协力、尽心尽责，不计得失、主动跨前，出色完成了各项保障任务，共同创造了无愧于祖国、无愧于人民、无愧于时代的业绩，集中展现了卢湾建设人的精神风貌。但我们透过“11·15”特大火灾和金锐案件，也清醒地认识到，我们的工作中仍然存在不少困难和挑战，主要表现在：加快整顿建设市场、加强建设工程质量安全监管的任务依然繁重；发挥世博后续效应、转化世博成果的工作仍然有待进一步深化；着力保障和改善民生、加快旧区改造、推动改革发展成果共建共享的任务依然艰巨；创新社会管理、化解动迁矛盾、维护城区安全稳定的压力依然较大；一些干部的思想观念、工作作风和精神状态与人民群众的期待依然有待改进提高等。面对这些困难和挑战，区建设交通委将坚持以科学发展观为指导，认真贯彻区委、区政府总体部署，进一步解放思想、开拓创新，弘扬世博魂、提升精气神，努力为加快卢湾建设现代化精品城区做出新的更大的贡献。

卢湾区绿化和市容管理局

2010年是“成功、精彩、难忘”的世博年，全局干部职工在区委、区政府的领导下，在市局的指导帮助下，坚持把服务保障世博会成功举办作为首要任务，坚持一手抓当前，一手谋长远，较好完成了区委、区政府年初布置的各项目标任务，确保了世博期间城区的“整洁、美观、有序，在全市市容环境综合考评和文明指数测评中始终名列前茅。

一、凝心聚力，世博保障圆满完成

按照区委区政府总体部署，精心组织，周密安排，举全局之力，汇全局之智，顺利完成迎世博600天行动计划各项任务，圆满完成世博期间市容环境保障工作，得到了各级领导和市民群众的充分肯定，市委、市政府及区四套班子领导多次深入基层进行慰问。

组织保障有力。成立局世博运行保障工作领导小组，下设市容、环卫、绿化、安保四个保障组，明确职责分工，层层落实责任。建立指挥中心、投诉中心和应急中心“一体两翼”的枢纽指挥系统，对全局世博保障工作进行指挥调度、组织协调和巡查检查。全局广大干部职工以“奉献，精彩184”为工作主线，以高度的政治责任感和使命感，充分发扬不怕疲劳、连续作战的精神，不自满、不松劲、不懈怠，在184天里坚持做到了标准不降、斗志不减，出色完成了世博保障任务。

准备工作充分。一是迎世博600天行动计划项目全面完成。由我局承担的16大项，38小项任务全部完成或超额完成。其中建筑外立面整治项目共完成530万平方米；灯光景观建设在超额完成规定项目的基础上，新增楼宇灯光59幢，使全区灯光楼宇总量达到352幢，并成功配合完成了世博开幕式的灯光焰火表演；完成绿化整治20.99公顷，花坛花镜4100平方米，设置主题景点84个、组合花卉3016组，建成南园滨江绿地公园，并顺利完成市四套班子领导植树保障任务。二是预案预演准备充分。编制了包括绿化、市容、环卫、安保等一系列世博运行服务应急保障方案，明确目标任务，明确责任分工，明确时间节点，对干部职工分层次进行世博保障培训，并开展暴露垃圾处置、灯光广告、店招店牌抢修非机动车管理、“三乱”清除等各类实战演练，提高了处置能力。三是应急保障全面到位。向社会公布应急电话、投诉热线，分别安排专人24小时值班，配备应急处置队伍和应急车辆，随时处置各类突发事件。世博期间，共出动500余人次、应急车辆47辆次，应急抢修92起，有效化解了一些安全隐患。

作业服务高效。一是道路保洁高标准。日均出动道路保洁人员541人次、清扫车17辆、冲水车8辆，实施垃圾收集、废物箱保洁、人工清扫、机械清扫、冲水作业、电瓶车巡回保洁六位一体的新型作业法，把垃圾滞留时间控制在15分钟以内，全面实现了世博园区周边24小时循环作业。二是垃圾清运日产日清。日均出动298人次、作业车辆311车次，日清运生活垃圾、餐厨泔脚、粪便600余吨，严格执行“三同时一手清”等作业制度，确保生活垃圾、暴露垃圾日产日清。三是公厕服务创一流。新增应急流动公厕5座，新增厕位50余个，日均接待3万人次，并免费提供应急药箱等便民措施，对世博周边4座公厕实行24小时开放，做到窗口服务人性化，实现了世博期间零投诉，在全市公厕服务满意度评比中名列第一。

二、跨前一步，精细管理不断深入

按照“白天夜间一个样，园内园外一个样，博前博后一个样”的要求，进一步完善各项管理机制，夯实管理基础，突出常态管理，攻克难点顽症，使管理效能进一步提升。

常态管理水平进一步提升。一是多方联动加强市容环境卫生责任区管理。以网格管理“五定四清”（定人员、定标准、定职责、定内容、定机制，基础资料清、管理标准清、工作流程清、法律法规清）为基础，进一步加强与相关部门协调配合，落实作业、管理、执法、宣传“四位一体”工作机制，实施差别化、精细化管理，巩固责任区管理达标工作成果，确保道路整洁、门前有序、立面规范，顺利完成打浦、五里两街道的示范街镇创建工作。二是依法行政加强灯光广告、店招店牌管理。按照“美、新、雅”的要求，完善淮海中路、“六张名片”、世博周边等重点区域灯光景观，并加强对灯光的实时监控，保持重点区域常态亮灯，向游客展示卢湾绚丽夜景；制定《卢湾区户外广告展示区阵地实施方案》，加强广告审批管理和店招店牌登记备案，加强巡查检查，及时处置动态问题，进一步规范户外广告和店招店牌的设置。三是落实责任加强绿化养护管理。一手抓绿化景观建设，一手抓绿化养护管理。配合世博会综合整治、轨道交通道路恢复、世博电缆道路恢复工程等项目补种行道树1200棵以上，初步存活率在96%以上；设置瑞金南路等出入世博园区花卉大道4条，有力地推动了全区绿化养护及迎世博专项整治工作的成果保证。

数字化管理水平进一步提升。一是建立健全对讲通话系统、GPS定位系统，实土见对动态环境问题的实时监控，做到及时发现、及时解决。二是坚持月点评、季考核的质量考评制度，加大对作业和管理的监督检查力度，完善对作业单位、管理单位、管理人员、协管人员的考核制度。三是设计开发信息化综合管理系统。着力推进涵盖市容环境卫生责任区管理、环卫作业考核、一门式受理和应急指挥等内容的信息化一期项目建设，不断提升管理效能。

难点顽症治理取得突破。一是探索暴露垃圾处置新方法。在瑞金地区引入暴露垃圾清运市场竞争机制，积极与街道、房管、城管、物业等部门联动，加强暴露垃圾的快速处置，取得了城管通案件明显下降与处置效率明显提高的成效。二是加强非机动车停放管理。

在加强168个固定站点管理的基础上，重点加大世博周边和中小道路非机动车管理。与区文明办、交巡警制作并发放了印有非机动车停放指示图的《告居民书》5万余张，引导居民及行人规范有序停车。并在乱停放较严重的中小道路沿线新增临时停放点42个，基本实现了管理规范、停放有序、反应快速、处置到位。三是积极开展垃圾上门收集。与543家沿街商铺协商达成共识，投放153个垃圾收集桶，定点、定时上门收集垃圾。针对五里桥路、永年路、崇德路等污染易发的路段，垃圾上门收集服务频次从原来的每日3~4次提高到每日7~8次，从源头上改善了道路环境。

三、以人为本，服务民生取得实效

始终把坚持为民服务作为工作的出发点和落脚点，坚持深入社区，为居民解决实际问题，市民满意度不断提升，社会媒体对我局工作正面报道达40余次。

两会意见、提案办理工作全面完成。今年共收到“两会”书面意见和提案38件。通过落实责任，加强与代表和委员的沟通，诚意听取工作意见和建议，提高办理效能，征得代表和委员对绿化市容工作的理解与支持，按照时间节点完成“两会”书面意见和提案的办复，其中答复解决采纳和正在解决或逐步解决的占全部主办件的80%以上。

信访、投诉接待受理工作高效。畅通为民服务渠道，坚持领导班子带队深入社区听取意见建议，落实信访接待制度，畅通“1+6”系列为民服务热线。全年共受理各类信访件93件（其中感谢信19件），接待来访46人次，各类信访处理率为100%，同比分别下降56.9%和38.7%；6条“阿字热线”共受理各类问题567件，及时处置率为100%；尤其是夏令热线期间，通过继续放大6条“阿字热线”的品牌作用，进一步加强源头消化，使受理“夏令热线”诉求件同比下降50%，工作得到市民的肯定。

实事项目超额完成。结合世博保障要求，加大科技攻关，成功研制垃圾箱房除臭装置，并在全区30余座垃圾箱房进行安装，有效消除异味污染。超额完成环保公厕改建和新增流动公厕任务，并主动与区相关部门沟通，针对世博园区出入口及部分宗教场所导向系统不全问题，制作各类导向牌17块，方便了游客出行。认真解决群众关心的日常生活问题，提前完成瞿溪路800弄、蒙自路490弄等15个小区的绿化调整任务，居民生活环境进一步优化。

四、创先争优，队伍建设取得新进展

围绕创先争优活动主题，以服务保障世博为重点，不断提升队伍凝聚力、战斗力，为加强绿化市容建设和管理提供坚强的组织保障。

创先争优活动深入开展。根据区委统一部署，把确保世博市容环境整洁美观作为创先争优的最重要的实践，广泛开展“世博先锋大讨论”，深化落实岗位、家园、志愿“三项行动”，激励引领全局干部职工争当“四个先锋”，并结合工作实际，开展“岗位争标兵，社会作楷模”活动，推进“党员先锋岗”、“党建班组”活动，党员在主动参与世博、服务世博、保障世博的先锋模范作用进一步突显。领导班子、机关干部带头，坚持开展每月15日“环境清洁日”活动，大力营造社会氛围。同时大力弘扬先进典型。制作先进人物、事迹展板，弘扬七位同志的“七种劲头”；开展“弘扬办博魂、提升精气神”演讲比赛，着力营造良好的世博保障氛围，先后有10个先进集体、28个优秀个人受到市级表彰，9个先进集体、53个先进个人受到区级表彰。

“十二五”规划编制扎实推进．围绕区委区政府建设精品卢湾的总体目标，按照“北部率先、中部崛起、南部开发”的战略部署，突出问题导向、需求导向、项目导向，坚持群策群力、集思广益，动员发动金系统干部职工通过座谈、大讨论等形式，找准发展动力，优化发展思路。局领导班子结合世博常态管理机制落地，开展集体讨论和分工调研，在总结“十一五”成绩和不足的基础上，对“十二五”形势进行研判，提出了发展的目标、任务和措施，初步拟定了“十二五”规划。

党风廉政建设警钟长鸣。按照“平安办博、廉洁办博”的要求，领导班子带头学习，增强反腐倡廉意识，对干部、党员进行警示教育，以案释纪，以案释法，全面完成五五普法工作。深入开展小金库专项治理，制定落实《关于世博保障专项资金使用管理暂行规定》，规范世博资金使用和管理. 认真开展不实资产清理，解决历史遗留问题，并进一步完善资产管理制度，确保国资保值增值。按照区纪委要求，做好对违纪人员的党纪处分工作，不断巩固提高干部职工廉洁从政和法制意识。

回顾2010年，在全局广大干部职工的共同努力下，圆满完成了世博绿化市容环卫保障任务，得到了各级领导的充分肯定和市民的好评。但各项工作离上级的要求和群众对市容环境的需求还有差距，主要表现在：队伍综合素质有待进一步提高：依法行政能力有待进一步增强；绿化市容长效管理机制有待进一步完善。

（六）普陀区

普陀区建设和交通委员会

2010年区建交委以科学发展观为指导，坚决贯彻落实十七届五中全会，市委、区委全会精神，以“五个确保”为工作目标，紧紧围绕“迎博、办博、保博”和“城区建设管理”两条主线，进一步攻坚克难、奋力拼博、顾全大局、勇于奉献，较好地完成了旧区改造、市政基础设施建设、城区环境景观建设、文明指数百日迎检测评、世博安全保障等任务。

一、立足当前，着眼长远，勾勒普陀城区建设管理新蓝图

2010年是“十一五”规划的收官年，也是“十二五”规划的布局年，按照区经济社会发展对城市建管工作提出的新要求，认真落实区委、区政府关于“十二五”规划编制工作的重要部署，明确了“十二五”期间城市建设和管理工作的主要目标和任务，完成了《普陀区国民经济和社会发展第十二个五年规划纲要》中“构建城区基础设施建设和管理框架”的内容，基本确立了五年内重要基础设施的建设项目，完成了市政、水务以及旧改等分项规划的编制工作。

二、凝心聚力，迎博办博，确保城区环境景观面貌换新颜

世博会在上海的召开极大程度地促进了我区环境景观面貌的改善，建设系统各单位投入了大量的人力、物力，加大城市管理力度，不断美化区域环境。为全力做好迎博、办博期间的文明指数测评工作，面对全市总体测评严峻的态势，系统干部职工抱团作战，紧紧围绕区领导提出的测评成绩“保中游”的目标，克服高温酷暑、防汛防台和世博安保任务艰巨等种种困难，采取“5+2”、“白+黑”、“晴+雨”的特殊工作方式，以“宁愿战死在迎检疆场上的搏命精神”、“宁愿掉肉也不掉分的执著精神”、“宁愿舍小家也要顾大家的奉献精神”，奋战在迎检测评的一线，通过建设系统广大干部、职工的努力，我区第二至第八次环境文明指数测评成绩始终保持全市前茅，为我区迎博、办博期间文明指数测评成绩的大幅度上升奠定了扎实的基础。为进一步优化城区环境，今年还悉心打造了一批景观亮点工程：世博会召开前，全面完成了武宁路道路、绿化、灯光、建筑立面等景观改造任务，作为“西大堂”

的门户——武宁路以全新的形象迎接八方宾客；协助区旅游局落实苏州河水上观光游览项目，完成了西康路桥和昌化路桥两个码头的建设，均已交付使用；完成了宝成桥景观改造工程，为苏州河的景观增光添彩。

三、围绕目标，扎实工作，全力抓好市政基础设施建设

紧紧围绕年度目标抓各类市政基础设施项目的建设，努力克服因世博会召开导致部分工程项目停工的影响，加大统筹安排和协调力度，确保重大项目建设有序推进。一是协调配合轨道交通建设。在世博会召开前完成了轨道交通7号线、11号线（普陀段）各站点道路、绿化、排水管道的复位工程；完成了轨道交通13号线隆德路站、大渡河路站、祁连山路站等5个站点的交地任务，世博会后，根据工程建设要求，围绕13号线长寿路沿线3个站点建设需要，加快推进相关站点腾地工作；组织开展了轨道交通14号线（普陀段）车站规划选址论证及拆迁调查摸底等前期准备工作。二是着力推进道路、桥梁建设。完成了丹巴路（金沙江路——怒江北路）道路辟通新建工程、云岭东路（丹巴路——大渡河路）道路改建工程、叶家宅路（安远路——新会路）改造工程，完成了桃浦路（区界——定边路）、金昌路两条区区对接道路辟通工程。完成中山北路等7条道路整治工程，并落实了中山北路（杏山路口）增设“机机护栏”等10余项排堵保畅项目，及时抢修完成云岭西路、光复西路等沉管工程。完成云岭东路桥、新师大低标排水系统改造工程中枣阳路、怒江路、凯旋北路下水道及道路工程。完成武威东路（真北——桃浦西）道路改建工程一期、二期工程，同时积极推进武威东路下穿南何铁路立交桥工程动拆迁工作。十一月底全面启动实施曹杨路、大渡河路道路改造工程。三是加强市政设施养护和管理。为确保区域道路、桥梁、下水道、护栏等市政设施的完好，进一步加大巡查和养护力度，全年共完成车行道养护105250平方米、人行道养护88439平方米，各类隔离设施调换和保养360026米，桥梁（含天桥、地道）维修保养241座/次，疏通各类排水管道651824米，维修保养各类检查井和进水口54925只。四是加快市政排水系统建设和低标改造。加快推进大光复、真江东、新师大三个排水系统建设。大光复排水系统已投入运行，真江东排水系统泵站进入试车阶段，新师大排水系统基本完成，进入调试阶段。五是扎实推进河道整治工作。蔡家浜、姚明港、工业河等河道整治工程土建基本完成，余黄港泵站机电设备安装调试，年底完成竣工验收。武威河、金光北块和南北厅河道整治工程继续推进中，西虬江橡胶坝增设泵站和真如港截污工程已进场施工，春节前完成主体结构。南张华浜延伸段新建工程正抓紧前期工作。河道管理成效显著，在全市水务专项测评中夺得“四连冠”的佳绩，并得到了市、区各级领导的好评。六是积极做好防台防汛各项工作。积极开展“排水管道疏通养护、河道堤防水闸隐患排查整治和下立交、地下空间防汛隐患整治”防汛安全三项行动，多次开展针对建筑工地、居住小区等易积水地区的专项检查。全年积极主动应对各类防台防汛黄色预警十余次，有效抵御了“圆规”、“狮子山”等台风外围及多次暴雨侵袭，安全、顺利地度过了2010年汛期。

四、突破瓶颈，迎难而上，全面启动新一轮旧区改造工作

根据区委、区府加快推进旧区改造的要求，上半年区旧改办机构正式宣告成立，旧区改造新机制体制得到有效落实。启动了“2+3”地块中老真北村地块、锦绣里地块和居家宅地块动迁工作，确定了棉纺新村动迁房源和维稳方案，合利坊地块待动迁房源下达后，启动动迁签约。进一步加快推动就近动迁安置房建设进程，完成了区402、507坊动迁配套商品房建设用地的认定工作，确

定了配套商品房建设进度，为锦绣里地块和老真北地块农民动迁顺利进行奠定了坚实的基础。2010年全年完成居民动迁1646户，拆除面积达48980.78平方米，其中真北村地块动迁250户，拆除面积8010平方米。

五、加强监管，统筹兼顾，切实提升建筑业管理综合水平

全面加强建设工程监管力度，重点开展了建设工地文明施工常态管理和防台防汛、高温季节防中暑等专项治理，取得了显著成绩，在全市建设工程文明施工专项测评中始终位列中心城区前茅。全年受监土建在建单位工程567个，受监装饰项目单位工程121个，竣工验收备案工程97个，装饰工程竣工验收备案26个。积极开展建设工程“质量月”活动，邀请专家对120个建设工地的参建方进行“建设工程绿色施工创建工作专项培训”，收到了良好的效果。组织专家对15个参评“普陀杯”优质工程的项目进行了现场评审，对39个工地现场材料进行了监督抽查。认真吸取“11.15”胶州路特重大火灾事故教训，在系统范围内开展安全自查自纠，对174个工地进行了安全生产大检查，并针对性地提出了“十个一”的工作要求。加强建筑节能管理体系建设，对25家重点企业的节能降耗情况进行监控，新建居住建筑、公共建筑的节能备案率达到100%。

六、紧扣重点，防患未然，坚决完成世博安全保障任务

高度重视世博安保工作，针对系统安全隐患多与矛盾突出的实际，围绕平安世博工作主线，突出抓好五项重点工作。抓工作机制建设，建立健全安保工作定期研究、安保工作督促检查、信访矛盾处理和值班值守四大工作机制。抓隐患矛盾排查，定期排查六大安全隐患、信访矛盾和单位内部矛盾。抓世博安保队伍建设，建立健全13支值班值守队伍、7支应急专业队伍和信访稳控工作队伍。抓防范应急演练，编制十大应急预案、组织五大专项演练。抓信访矛盾处理，化解了桃浦石榴苑、紫藤苑、武威路1087弄、桃浦路1108弄、普陀二村、普陀路36弄六大地块群体矛盾，涉及1000余户居民：化解了一批个体积案，包括重信重访对象14件、“105”对象36件，以及大批初访对象；稳控了一批突出矛盾，全年直接受理来信来电2486件，受理市区交办件1578件，接待上访群众2366批5813人次。及时处理初次信访，突出解决重信重访，重点处理集体上访，坚决控制越级上访，稳控了11大地块的群体矛盾，涉及10000余户居民。通过以上措施，实现了施工工地平安、市政运行平安、防台防汛平安、火车道口平安、危险品运输平安和信访稳控平安，将世博会安保工作“四个坚决防止”和“四个确保”落到了实处，为上海世博会献出了责任、奉献、秩序与平安。

七、以人为本，改善民生，努力提升为民服务工程惠及度

围绕“为居民排忧解难，实事要办实、好事要办好”的宗旨，继续大力推进民生工程建设，扩大为民服务的广度和深度。一是积极落实无障碍设施改造工程。完成了曹杨和长征两个街镇无障碍设施全覆盖工作，完成新建坡道2189米，安装扶手近4万米，目前全区已有6个街镇达到无障碍设施全覆盖。二是发挥系统先进典型和劳模的示范效应。利用“惠民热线”服务载体，有效解决了一批老百姓的“急、难、愁”问题：会同相关单位对甘泉地区的白水路（宜川－合阳）进行了整治，有效改善了附近居民交通出行条件；对梅川一、二街坊排水管道进行改造，得到了周边居民的充分肯定；为解决石泉街道太浜巷小区内的3条道路及下水道年久失修的问题，按计划分阶段实施该民生工程，大大方便了小区居民生活和交通出行。三是完成普雄路沿线店招店牌改造工程。针对长寿街道普雄居委反映“普雄路一侧店招店牌设置混乱”的问题，进行了专项整治和改造，

使普雄路环境面貌大为改善。四是协调解决群众“出行难”问题。为配合上海西站交通枢纽建设，对01路、966路公交线路进行了优化调整；为苏州河水上巴士的开通提供公交便利，积极配合市运管处落实好766路、44路终点站配套相关工作；着手对“桃浦1号”公交开展线路优化工作；结合区域发展和民生需求，配合协调新辟“长征1路B线”公交线路。五是不断开创建筑业农民工维权新模式。进一步开创民工维权工作新思路和新方法，认真做好农民工工资纠纷上访接待和协调处理等工作，7月1日挂牌成立了“普陀区建筑业农民工心理咨询流动工作站”，结合化解农民工工资拖欠等问题开展心理咨询，在政府与外来务工人员之间架设了首条沟通交流的平台，取得了初步成效，农民工维权意识也得到新的提升。

一年来，建设系统广大干部职工在区委、区政府的正确领导下，统一思想、振奋精神、顽强拼搏，克服了迎博、办博测评工作持续时间长、世博安保任务重等诸多因素影响，努力完成了区委、区政府确定的各项任务，为建设和谐新普陀作出了积极的贡献。

普陀区绿化和市容管理局

2010年，区绿化市容局在区委区府和市局的领导下，紧紧围绕迎博保博这一工作主线，全局干部职工日夜拼搏、大胆探索、勇于创新，全面完成迎世博600天行动的各项任务，全力做好世博会期间绿化市容环境保障工作，全方位推进世博后城市管理长效机制的建立，回顾这一年来的工作，区绿化市容局做到了七个方面的“显著提高”。

一、环卫作业水平显著提高

1. 道路保洁水平有效提升。推行“夜间作业、白天保洁”模式，对武宁路、长寿路等主要道路试点“公交站点式”循环保洁法，基本做到20分钟巡回保洁一遍，全区主要道路形成洁净常态。全面落实年度环卫装备更新计划，添置、更新各类环卫作业车辆27辆，提高我区环卫作业的机械化水平，全区道路机扫率达93%，冲洗覆盖率达93.5%，道路保洁水平显著提高。

2. 城市环境清洁常态化。大力开展垃圾不落地的倡导宣传，生活垃圾分类工作有序推进，今年共新增72个居住小区、60家企事业单位开展垃圾分类，完成全年垃圾分类目标任务。居住区投放生活垃圾驳运车145辆，安装、更新废物箱1500个。今年共清除生活垃圾40.5万吨，建筑垃圾20万吨。

3. 公厕服务不断强化。根据市局有关要求，公厕服务全面实行免费，但服务质量不打折，以巩固文明公厕创建成果为抓手，继续推行“微笑服务、站立服务、挂牌服务”；新建、改建、更新公厕等环卫设施设备285处（座），在全区54个主要路口的93个废物箱上设置了公共厕所导向图，进一步优化了环卫设施设置，完善了我区公共厕所导向系统。世博期间开展了公厕应急演练，10月16日成功提供了世博园区的公厕应急服务。

二、绿化管理水平显著提高

1. 公共绿地管理有序规划。以百日测评为抓手，结合世博会绿地景观优化工作，做好公共绿地每月考核，重点对187处公共绿地及99条道路沿线绿地进行考核，并将存在问题及时与作业单位沟通，及时落实整改。2010年，共解决失管失养绿地9万平方米，补种苗木8万余株，草皮3千余平方米，地被2.3万平方米。

2. 居住区绿化逐步改善。加强居住区绿化养护的行业管理，推行居住区绿化养护考核试点工作。由各街镇绿化分所对全区118个小区进行绿化养护管理水平考核，再由区绿化办对其中36个小区进行抽查复查。在此基础上，对40多个小区进行空秃地被的补种，使居住区绿化逐步得到改善。

3. 公园管理再上台阶。长风公园通过整体改造，完善硬件设施，优化总体布局，打造特色植物组团，成功创建成普陀区首家AAAA国家旅游景区，成为普陀区第一家4A景区。世博期间公园花坛布置1706平方米，长寿公园作为市级主题景点，经过盆花装点，花卉成景，结合露天电影播放等惠民措施，公园游客量大幅提升。同时，管弄、甘泉、沪太、海棠等公园进行绿化调整和局部设施改造，补种草坪、地被18200平方米，调整补种乔灌木9560株，景观面貌得到了明显的改善。

三、市容管理水平显著提高

1. 责任区管理达标全覆盖。今年，全区九个街道（镇）全面完成责任区管理达标创建工作，创建达标率100%，且复查合格率达100%，在全市名列前茅。同时，长征镇于10月份成为上海市首批通过的"市容环境综合管理示范镇"。

2. 综合门责管理取得实效。实行"以考促管"机制，委托中介公司定期对全区门责管理情况进行考核，并通过区宣传动员指挥部按月发布各街道（镇）、相关委办局综合门责管理情况排名，有效督促各业主单位切实抓好门责管理工作。

3. 市容环境整治成效明显。迎博、办博期间，我区完成店招店牌改造4209块，围墙美化2800余平方米、整治围墙8.56万平方米、立面粉刷125万平方米。拆除高炮广告26个，拆除各类不规范户外广告和设施7,682块，拆除总量位于全市中心城区前列。

四、绿化建设水平显著提高

1. 完成区实事项目绿化建设指标。完成新建绿地30.07万平方米，其中新建公共绿地20万平方米。全区绿化覆盖率提升至23.5%，人均公共绿地面积达6平方米。加大老公园改造力度，完成长风公园、兰溪公园的调整改造。

2. 世博绿化景观建设圆满完成。绿化调整改造20.9万平方米，绿化整治177.8万平方米；布置花卉景点46个，其中主题景点8个、一般景点14个；布置花卉面积1.2万平方米，其中以鲜花布置为主的花坛面积约7583平方米，花境布置面积3556平方米；悬挂花球592个，组合花箱3149组，行道树树穴盖板9471套；完成五次大规模换花任务，全年共计用花300多万盆，为美化区域环境，成功举办世博增光添彩。

3. 其他绿化建设稳步推进。推进楔形绿地有序建设，建成并开放武宁公园；配合轨道交通建设，完成12个站点8.6万平方米配套公共绿地的恢复；新种行道树1002株；建设立体绿化4280米。

五、景观灯光建设水平显著提高

1. 苏州河景观灯光二期亮点凸显。完成苏州河普陀段二期景观灯光建设，建成白玉路段实宽267米的景观瀑布群工程，完成堪称沪上第一的联合大厦9000平方米的景观大屏幕建设。"苏州河十八湾"夜景成为苏州河景观建设的展示点，得到了十八个区县主要领导的肯定，也吸引了大批观光游客。

2. 长风生态园区夜景初具规模。完成长风公园景观灯光建设，基本完成长风生态园1号和4号地块景观灯光建设任务，整个长风生态园区景观灯光夜景已初具规模。

六、城管执法水平显著提高

1. 联合执法严控顽症。对无证设摊的治理推进差别化管理，一方面城管大队采取"组合拳"的方式对严禁区域开展持久的综合整治，另一方面，在安远路、华池路、高陵路、红棉路等处设立设摊疏导点，并做好疏导点的保洁、管理等工作。如此一来，高陵路、新会路、定边路、枣阳路等设摊顽症，都得到控制。对"黑广告"的治理，一方面安排人员进行夜间集中清理，另一方面成立专门的"打黑"队伍，城管、公安、工商联手，采取定点固守、捣毁窝点等方法，有效控制其蔓延势头。

2. 渣土乱偷倒有效遏制。贯彻落实市府通告要求，加强渣土运输日常管理，渣土车规范装载和清洁出门进一步好转；加强对建筑工地的源头监管好渣土运输企业的执法检查，使渣土偷乱倒、无证运输等现象得到遏制；坚持夜间控制渣土值班，有效杜绝渣土偷乱倒现象，日平均渣土偷乱倒量降至18吨，不到去年日均值的六分之一；制定建筑渣土专营办法，确定运输专营企业与加盟办法，逐步推行卸点付费机制等措施，确保我区渣土运输市场的规范、有序。

3. 拆违力度大力加强。迎博、办博期间，我区进一步健全拆违组织机构，加强对拆违工作的组织领导，依法有力、有序地推进拆违工作，共拆除违法建筑8.3万余平方米。

七、局自身建设水平显著提高

1. 服务民生意识进一步增强。办理“两会”意见和提案10件，办理政协提案8件，办理民生意见9件，办结率和满意率均为100%。受理群众来信来访190件，办结177件，办结率93.2%。投诉与质监中心共受理各类市民投诉7399起，处理率100%。

2. 依法行政能力进一步深化。一是对我局行政审批事项进行了清理，依据法律授权、在我局职能范围内的行政审批事项，共清理出44项、取消1项、调整13项、由原来行政审批调整为管理事项的9项。同时，针对调整，及时组织行政审批承办人进行专题培训。二是对全局部分实施行政管理单位的依法行政情况进行了检查，并适时对相关单位的行政管理工作进行了指导。三是加强对行政许可具体办理工作的监督管理，今年我局共受理和实施行政许可198件，其中绿化行政许可58件，全部符合法定的审批程序。

3. 行政活动透明度进一步提高。今年，我局共发布主动公开信息80余条，公文备案45余件，受理依申请公开查询5件，未发生因政府信息公开不到位而引发的行政复议、行政诉讼。加大工作力度，对照《政府信息公开条例》确定的政府信息公开范围，充分利用网络平台，及时发布和更新依法应主动公开的政府信息，努力提高办事透明度和公信力，接受社会监督。通过推行政府信息公开，进一步促进依法行政，增强全局员工的工作责任感，提高依法办事的水平，从而提升政府行政效能，推动各项工作的开展。

正是由于上述七个方面管理水平的提高，我区环境景观面貌得到改善，我区第二至第八次文明指数测评成绩基本保持中心城区中游水平，文明指数测评的进步指数位列全市第一，其中与绿化市容局相关的环境文明指数五次名列全市中心城区前三甲。区绿化市容局荣获了“上海世博优秀集体”荣誉称号。总结这一年来的工作，不难看出，在迎博、办博过程中，全社会的良好氛围，各级领导的高度重视，广大市民的理解配合，使绿化市容管理工作取得了诸多成效。但是，我们也要清醒地认识到博后管理及内部管理存在的不足：

一、在市容环境顽症治理方面，尚未找到根治的办法。乱招贴、乱设摊、跨门营业等市容顽症易反复、回潮，过分强调疏导，给管理成本带来巨大压力。执法力度大则易产生冲突，引发社会矛盾，力度小又不能有效治理市容顽症。

二、在绿化建设方面，遭遇动迁难及动迁成本过高等发展阻滞。绿地建设的前期动迁工作难度进一步加大，绿化建设资金需求巨大，直接影响规划绿地建设的推进，使建设周期延长。

三、在干部廉政建设方面，缺乏教育的有效性和监督的针对性，个别同志尤其是重点岗位的同志难抵诱惑，发生了腐败案件，需要我们从中吸取教训。

普陀区住房保障和房屋管理局

2010年是上海世博会的举办之年，也是完成“十一五”规划目标，谋划“十二五”发展的重要一年。在区委、区政府的正确领导下，我局围绕“五个确保”的工作要求，突出迎博、办博、保博大局，以昂扬向上的精神面貌、科学务实的工作措施，有力、有序地推进各项工作，在服务世博，服务民生，服务经济，维护稳定，服务和推进区重点地区、重大项目建设方面，取得了显著成效，出色地完成了全年的各项工作任务。

一、各项居住民生工程推进有力，广大老百姓居住质量得到切实改善

（一）保障性住房建设步伐全面加快。沪嘉北A、李子园A和金光二期三个保障性住房项目按照既定的工程进度和时间节点，全面完成了年度建设任务。截至12月底，沪嘉北A项目基础工程已全部完成，1、6、7、8号四幢楼已结构封顶；李子园A项目已完成50%的地下工程；金光二期项目已接近结构封顶。

（二）廉租住房政策受益面进一步扩大。年内新落实廉租家庭879户，累计向4877户廉租家庭发放配租租金3269.22万元，提前超额完成了市局下达我区新增廉租家庭740户的年度目标任务。同时启动实物配租试点工作，全面完成了申请受理、审核公示、摇号选房等工作，首批实物配租家庭即将入住新居。

（三）经济适用住房供应工作加快筹备。在到外区学习、取经的基础上，草拟了我区经济适用住房分配工作方案和住房保障事务管理工作方案，并已在区政府常务会议上讨论通过。组织开展了住房保障中心、街道镇、房管办等多个层面的经济适用房政策培训。根据市里统一部署，我区已纳入全市第三批经济适用房供应计划，将于2011年春节后启动集中咨询、申请受理工作。

（四）老小区环境建设“六小工程”取得新成效。继续组织各街道镇全力推进“六小工程”，全年完成了320个小区的改造。在项目具体推进过程中，一是坚持走群众路线。工程实施前广泛听取居委会、小区居民和物业公司等各方意见，以居民群众实际需求为导向，确定整治项目，真正办老百姓需要、老百姓想办的实事、好事。二是着力打造亮点。在确保任务完成的基础上，将“中心绿地广场”、“百草园”、“三曲桥和六角亭”等具有科普价值和人文内涵的改造项目引入小区，因地制宜地打造小区亮点和特色。解放日报、新民晚报等主流媒体对此作了专题报道。三是建立长效机制。按照“整治一个、移交一个”的原则，对于竣工后的小区，建立居委会、业委会、物业公司共同参加管理的长效机制，确保已竣工设施今后有人管、有人修。

（五）旧住房成套改造稳步推进。以解决居民“烧饭难、洗浴难、如厕难”为宗旨，继续稳步推进旧住房成套改造工程。交通路1913弄6-7号简单分隔改造项目已竣工；宜川二村、曹杨六村、西合德里等成套改造项目正在抓紧施工。

二、迎博、办博、保博各项工作成效显著，为世博会成功举办作出了积极贡献

（一）世博百日测评迎检及各项运行保障任务顺利完成。认真贯彻落实“五个确保”，通过组织领导到位、宣传发动到位、监督检查到位、行业指导到位等“四个到位”，举全局、全行业之力，全力以赴抓好世博百日测评迎检及各项运行保障工作。特别是在每一个百日测评迎检前夕，以科室、房管办结对的形式，组织全局干部职工连续、反复地深入全区所有小区进行检查，发现问题加强督改和帮改，有效确保了全区住宅小区的干净整洁、和谐稳定。经过努力，我区物业窗口行业和居住环境百日测评成绩在全市中心城区中基本保持在中上游水平，圆满完成了区委、区政府下达的目标任务。

（二）迎世博建筑整治工程抓紧收尾。在09年迎世博建筑整治工程全面竣工的基础上，制定下发了《关于加快推进迎世博加强市容环境建设和管理600天行动建筑整治项目竣工验收工作的通知》、《关于加强世博

会期间建筑整治项目维修管理的通知》、《迎世博建筑整治保修协议》等文件和文本，抓紧实施工程验收、移交、审价审计等后续工作。截止12月底，工程项目的竣工验收和移交工作已基本完成，审价工作正加快推进。

（三）售后房小区物业“一体化”达标补贴工作取得新进展。结合09年的工作经验，对考核程序、考核标准和考核方法作了进一步修改和完善，尤其是将住宅小区世博安保工作和防汛防台工作一并纳入考核范围。2010年共有涉及69个物业企业的391个小区提出申请，截至12月底，已顺利完成对申请单位的考核、资金下拨等各项任务。此外，结合达标补贴，同步推进解决住宅小区多头管理、无人管理工作。经过一年多的努力，全区原多头管理小区和无人管理小区已基本实现了物业全方位管理。

三、房地产行业监管工作进一步加强，区房地产市场保持了平稳、健康的发展态势

（一）土地储备总量进一步扩大。完成了402坊、507坊、桃浦539坊2丘、桃浦602坊3丘、桃浦604坊4丘、桃浦627坊1丘共6幅地块的土地储备，总面积252.9亩。其中402坊、507坊地块将建设动迁安置房，分别对口用于真北村、锦绣里基地的动拆迁。真北村、上海西站货场地区铁路用地、桃浦704坊、709坊等地块的收购储备工作也正在有序推进中。

（二）旧区改造及动拆迁工作难中有进。围绕区政府“2+3”的工作目标，在新开基地有序推行两次征询和“数砖头＋套型保底”的动迁新机制；对动拆迁公司组织开展了多次新政策培训；积极支持、全速办理真北村等地块的相关拆迁审批手续；认真配合相关部门搞好拆迁基地环境整治工作；顺利完成了拆迁档案归集和培训工作；积极向市相关部门争取，筹集了一批动迁安置房源。全年累计核发房屋拆迁许可证7件，批准拆迁居民户数1280户、4万平方米；批准拆迁单位24个、0.46万平方米；完成居民拆迁1646户、4.90万平方米；实施行政裁决55件、强迁17件；完成建民村、荣联住宅小区等10个拆迁基地的扫尾。

（三）住宅建设稳步推进。计划管理方面，年内全区住宅建设新开工63.08万平方米，施工228.12万平方米，竣工54.56万平方米，提前超额完成了年度住宅建设任务。商业、办公楼宇新开工40.77万平方米，施工229.37万平方米，竣工48.65万平方米。配套管理方面，长风生态商务区的5条道路建成通车。住宅产业现代化推进方面，恒盛鼎城东苑、恒盛鼎城·圣都汇2个项目完成了创建“四高”优秀小区的评审，大华清水湾三期通过了住宅性能认定预审。

（四）房地产市场管理工作有效落实。一是认真贯彻国务院和上海市政府一系列房地产宏观调控政策，加强对房地产市场的监管，促进房地产市场健康、平稳发展。二是实施了房地产全过程管理系统的二期建设，将税收统计板块纳入系统中，并创建了图形演示系统。三是启动开展房地产税收监管工作，及时统计有关信息，并与区税务部门作沟通。四是根据市、区规划的整体要求，以科学发展观为指导，认真进行前瞻性研究，编制了我区房地产业发展“十二五”规划。五是扎实做好各项基础工作。截止12月底，全区共批准商品房预、销售117.26万平方米，其中住宅30.2万平方米，商办用房59.48万平方米，地下车库和会所27.58万平方米；审核批准房地产开发企业暂定资质等级9家；完成房地产经纪企业备案登记48家；实际成交方面，受宏观调控政策影响，1–12月，全区商品房预售35.61万平方米，同比减少38%；商品房现售37.42万平方米，同比减少19%；存量房成交122.44万平方米，同比减少33%。

此外，2010年房管办基层建设、政风行风建设、权籍管理、法制建设、行政执法、

信访投诉、信息化建设、教育培训等基础工作，也都得到了全面落实。房管办基层建设方面，新增设了万里房管办事处，基本完成了宜川房管办事处办公场地的硬件建设，真如、甘泉和万里三个房管办事处的办公场地已完成装修准备工作并着手落实，同时制作了《房管办事处工作职责》、《房管办工作人员守则》等展示版幅，塑造形象，对相关工作制度进行了修订完善。政风行风建设方面，召开了9个街道镇政风行风建设动员推进会；以政策培训会、现场办公等形式，加强对房地产开发企业、动拆迁单位、物业企业的服务工作，进一步转变工作作风，主动服务企业、服务基层；在局门户网站开设局长信箱、政风行风意见和建议游标，畅通老百姓反映问题的渠道，加大整改力度，解决居民群众急、难、愁问题；交易中心结合窗口行业百日测评迎检，推出便民服务“八小”举措，受到欢迎。权籍管理方面，完成房地产测绘成果管理项目481件。物业管理方面，审核批准物业企业三级暂定资质1家、三级资质升二级资质1家，组建业主大会、业主委员会19个，业委会换届改选34个，归集维修资金41个楼盘1.33亿元。法制建设方面，开展了行政审批事项集中清理工作，确定我局行政审批及办理事项44项。行政执法方面，整治和拆除违法搭建约820平方米，祥和名邸违法搭建整治工作扎实开展。信访投诉方面，共受理各类信访件2270件，其中查办件326件，办结率100%；办理“两会”意见和提案27件，办结率100%，人大代表和政协委员对办理态度的满意率、对办理结果的满意和理解率均达到100%。档案查阅方面，档案查阅窗口对外接待43578人次，提供房地产交易登记信息查阅73303卷。教育培训方面，对内举办了新进职工培训班，对外举办了行政执法人员培训班和普陀区动迁人员岗位证书复训班，取得了良好的培训效果。舆情监督方面，建立健全了舆情监管队伍，落实专门责任部门和责任人开展舆情监管，对所有涉及我局的舆情信息，严格按照“快报事实、慎报原因”的原则进行处理，并结合舆情监管工作，进一步规范自身行政行为。

（七）闸北区

闸北区建设和交通委员会

2010年是上海世博会成功举办之年，也是全面完成“十一五”规划目标和高质量谋划“十二五”发展的关键之年。在区委、区政府正确领导下，区建交委坚持以中国特色社会主义理论体系为指导，深入贯彻落实科学发展观，紧紧围绕“聚焦苏河湾建设、打造南高中繁北产业功能格局”的发展战略，在新的历史发展起点上高标准高质量推进各项城建工作，旧区改造、重大工程建设、各类商品房开发、建设交通行业管理均取得新的显著进展。现将2010年工作总结和2011年工作初步思考汇报如下：

（一）旧区改造全面加快实施，拆迁工作取得重大进展

根据区委、区政府确定的2010年度旧改拆迁目标，全区计划拆迁居民5000户，拆迁基地收尾7个。我区坚持把旧区改造提升到实现闸北经济社会跨越式发展的战略高度，始终紧抓不放，着力加快推进。今年在全市旧改推进速度整体放缓、房源筹措艰难且以期房为主、新老政策并行、世博维稳要求严格等一系列不利因素和困难情况下，我区积极破解难题，勇于逆势飞扬，旧改拆迁完成户数和二级以下旧里房屋拆除面积在全市中心城区处于领先地位。截止11月14日，旧区改造累计拆迁居民4780户，占年度计划的95.6%；336街坊5号地块和平型关路道路辟通工程2个拆迁基地完成收尾，目前桥东二期、92街坊、彭浦街道445街坊物流9

号地块、宝山路改建、泽州路拓宽等一批旧改项目已进入拆迁收尾阶段。

我区旧区改造积极聚焦苏河湾，重点拆迁项目“1+2”全面拉开拆迁并稳步推进：浙北绿地（3 街坊）已签约居民 818 户，签约率为 50.2%；天安西块（2、4 街坊）实施第二轮拆迁征询，在一奖期内居民签约 980 证（1011 户），签约率为 47.74%。长安西地块重新启动拆迁，已签约 756 户，总签约率为 79.5%。中兴城一期重新拉开拆迁后，已签约 389 户，总签约率为 76.5%；新拉开的中兴城二期东块需拆迁居民 662 户，已签约 375 户，占 56.6%。此外，桥东二期地块需拆迁居民 1445 证（1966 户），已与居民签约 1362 证（1815 户），签约率为 94.3%。该地块力争年内拆平，并抓紧实施建设就地、就近拆迁安置房源 1270 套。随着世博后旧改推进力度加大，预计至年末将全面完成 2010 年旧改拆迁目标。

为规范有序加快推进旧区改造，我区积极突破旧改瓶颈，全面加强拆迁管理：一是全面推广桥东二期新政试点经验。天安西块（2、4 街坊）土地储备项目，实行“数砖头 + 套型保底 + 两轮征询”拆迁新政；浙北绿地（3 街坊）属于公益性土地储备性质，推行“数砖头 + 套型保底 + 一轮征询”拆迁新政；长安西地块停滞基地重新启动土地储备项目，新老政策结合，“数砖头 + 托底保障”；中兴城商业开发项目，借鉴新政试点一些成功做法，进行面积认定、房源等要素公示。二是着力破解资金和房源难题。我区加强同市属大集团联手，推进旧改地块土地储备，并引进央企中粮集团，缓解旧改资金压力；经区政府 153 次常务会议同意，区财政已设立 2 亿元拆迁配套房源储备专项资金。今年我区已落实泗泾、江桥、顾村、浦江、航头等地市属大基地配套商品房 8866 套，调拨到区各拆迁基地使用；另有宝山“宝华北岸郡庭”1780 套采购合同已签约。我区还重点落实市北 8 号和彭浦镇 321 街坊凯林特、黄山路三个地块，建设拆迁就近安置房。三是进一步加强拆迁队伍建设。开展 2010 年旧改拆迁“新政”操作实务培训，编印下发了《闸北区拆迁新政试点实务操作参考资料汇编》。为缓解拆迁公司在编职工少、年龄老化、文化程度偏低、骨干力量断层的状况，我区已公开招聘录取 13 名年轻大学生，安排到区属四家拆迁公司。四是深化拆迁基地党员责任区制度建设。浙北绿地（3 街坊）、长安西地块、桥西 B 块等旧改基地已举行拆迁基地党员责任区结对共建签约仪式，全面开展创优争先工作，充分发挥拆迁基地党组织的政治优势和组织优势。建设管理系统还组织机关干部等人员参加“5+2”、“白 + 黑”特别旧改行动，深入拆迁基地各项目部及拆迁小组，协助、配合推进拆迁工作。五是开展旧区改造拆迁立功竞赛活动。我区制定了《关于开展 2010 年旧区改造动拆迁立功竞赛活动的实施意见》，全面开展“七比七提高”为主要内容的立功竞赛活动，确保拆迁新政向居民宣传解释到位，确保拆迁矛盾有效化解，推进和谐拆迁和社会稳定。

（二）重点工程建设全面有效推进，市政设施交通枢纽加快建设

2010 年区政府确定重点工程项目共 87 项，其中正式项目 50 项、跟踪项目 16 项及预备项目 21 项。重点工程立项总量创本区历年之最。根据《闸北区重点工程建设管理办法》，按照总体协调、确保重点、分类指导、分级负责的原则，各责任单位狠抓任务落实，确保措施到位，加快建设推进，有效保障全区重点工程建设进度和安全质量始终处于总体受控状态。截止 10 月底，苏河湾 2、3、4 号地块旧改土地储备等 26 个重点工程正式项目提前或按时完成年度形象目标，宝山路改建工程拆迁、彭越浦 6 号地块拆迁配套商品房等 24 个正式项目均按年度目标确定的时间节点顺利实施。重点工程跟踪项目鸿兴路道

路工程、共和新路1301号厂房改建、绿洲雅宾利二期等项目已竣工，其余均处于结构或装饰施工阶段。重点工程预备项目前期建设准备按计划顺利推进，慧芝湖三期，明园森林都市三、四期，青——12一期商品住宅等储备项目已进入实质性开发阶段。我区每年安排一批预备项目，从而形成重点工程项目每年储备一批、开工一批、建设一批、竣工一批的良性发展格局，有利于推动城市建设持续稳定健康发展。

重大市政基础设施和交通枢纽项目建设已出形象、出效益，进一步推动全区市政基础设施和交通枢纽项目建设朝枢纽型、功能性和网络化方向发展。铁路上海站北广场综合交通枢纽主体工程及配套路网建设项目中兴路西段拓宽、大统路下立交北延伸段、恒丰北路辅道拓宽、普善路辟通和永兴路、太阳山路、长兴路、交通路改建工程相继竣工，铁路上海站北广场地区已成为闸北城市建设的新亮点。中环共和新路综合客运交通枢纽已交付使用；中环沪太路综合客运交通枢纽公交车起讫站和停车库交付使用，长途客运站建设进展顺利，按市重大办计划，年底将全面建成。中环共和新路和中环沪太路枢纽配套路网工程平陆路已竣工通车；江场西路、规划路道路结构已完成，11月份可望竣工。北上海物流园区3条道路，江场路、寿阳路已开工，正实施管线工程；平型关路新建工程进行施工准备，计划年内开工建设。轨道交通10号线天潼路站建设继续推进；河南北路、福建北路桥、广中西路、北苏州路、鸿兴路等一批道路新建、改扩建工程相继竣工。此外，大洋桥泵站投入使用，福建北路泵站抓紧建设，苏三期、西干线工程，中兴路（绿洲雅宾利）电站正在抓紧建设。

（三）各类商品房开发积极推进，开、竣工进展情况正常有序

我区坚持统筹兼顾、综合平衡的原则，充分利用宝贵的土地资源，按经济社会发展需要，有序推出开发地块，大力推动住宅建设与商办楼宇开发协调发展。坚持科教兴区、科技创新和低碳环保绿色等可持续发展理念，不仅确保开发总量和发展速度，更加注重建设质量和项目品质，引领城市建设朝精品化方向发展。我区积极关注民生，优化开发结构，不断加大旧区改造拆迁力度，提升保障性住房开发比例，逐步解决拆迁居民和中低收入家庭住房困难。截止10月底，全区各类商品房新开工面积95.29万平方米，竣工面积85.03万平方米。目前开工情况良好，竣工情况虽受世博会建筑工地施工控制以及宏观经济因素影响，但总体进展情况正常有序。为此，区建交委多次牵头召开建设项目推进会，加快推进项目开工及在建项目建设，重点抓好竣工验收工作，预计年内将全面完成各类商品房开、竣工各100万平方米的目标，全面推动闸北经济社会全面协调可持续发展。

（四）紧紧围绕世博会成功举办，建设行业管理取得新进展

1. 市政道路整修成效明显。为确保世博会举办期间全区道路平整畅通，我区今年继续加快市政道路养护维修，先后完成24项道路（段）整修、改建、局部拓宽等工程。其中海宁路（河南北路——天目中路）、中山北路（东宝兴路——止园路）、汶水路（共和新路——沪太支路）、平型关路（延长路——柳营路）等道路（段）整修工程18项顺利完工；梅园路（汉中路——恒丰路）、陈家宅路（西藏北路——平型关路）、俞泾港路（西藏北路——和田路）道路局部拓宽工程3项业已完成；此外，沪太路（晋城路——宜川路）“白”改“黑”工程、彭越浦桥栏杆改建工程、天目西路恒丰路天桥整治工程也相继竣工。经过集中整治、精心养护，全区市政道路养护维修质量显著提高。世博会举办期间，我区开展了道路养护大会战、下水道养护大会战、护栏设施大巡查等专项整治工作，实行高密

度巡查、地毯式检查，并加强接听电话“热线报修”，及时掌握各项市政基础设施动态变化情况，发现问题、及时处置，巩固市政基础设施整治成果，全面保障世博会成功举办。

2. 水环境治理进展良好。今年我区河道养护管理以“加强水环境建设，确保世博安全运行”为目标，按照环保第四轮三年行动计划，全面开展防汛墙整治养护，重点清刷、修补中环线、内环高架、地铁一号线等交通要道河道两侧防汛墙，完成彭越浦（广中西路——灵石路）东岸防汛墙517米护栏安装工程；实施走马塘、彭越浦局部防汛墙改造及西泗塘河道疏浚工程，改建防汛墙520.94米，疏浚淤泥2.4万立方米；实施先锋河、江场河综合治理及应急疏浚，修复河道设施，整治沿河绿化，疏浚土方2682立方米。继续按市水务局调水工作统一安排，加强本区彭越浦、走马塘等河道引清调水工作，至10月底共引清调水3040万立方米。全面加强河道保洁．增配河道保洁人员，添置保洁船及舷外机等设施，保障世博期间区域河道面清岸洁，至10月底共打捞河面垃圾271吨。根据河道长效管理要求，我区开展河道管理范围内设施量调查，设置河道里程桩244个、河道铭牌32块；建立“一河一档”，为进一步加强河道长效管理奠定扎实的基础。

3. 建筑业管理水平稳步提升。我区建筑业管理紧紧围绕区委区政府中心工作，努力实现“两个服务”，即服务经济发展、服务工程建设；“抓住两个重点”，即工程质量和建筑施工安全生产；“做到两场联动”，即建筑市场管理和工程现场管理联动；“实现两个促进”，即促进建筑业水平总体提升，促进建筑市场规范有序健康发展目标。全区建筑工程质量、施工生产安全总体处于受控状态。截止9月底，全区受理工程报建80个，总投资4.55亿元；发放建设工程施工许可证51项；受理并审批通过新办建筑业企业资质11家；办理综合保险人数112788人，平均每月参保人数达12532人；发放建筑务工人员信息卡473张；组织各类培训2010人次。工程招投标进一步规范，完成100万元以上招投标项目备案管理36项，其中公开招标26项，中标价24.69亿元，公开招投标率达100%。受理在建工地监督项目85个，其中土建工地48个、装饰工程37个；申报“区优质结构”工程13项、“区文明工地”工程3项、“闸北杯”工程1项。我区还加大建筑业依法行政力度，累计签发质量问题整改通知单27份、局部停工单18份；签发安全隐患整改通知书45份；全面停工单3份、暂缓施工单24份。在各类检查中，实施行政处罚24起；处理建筑民工维权7起，清欠民工工资95.2万元。通过聚焦重点项目、强化质量监管，排除安全隐患，创建文明工地，全面落实建筑工地长效管理，区域建设实现平稳较快发展。

4. 静态交通管理规范有序。我区全面开展停车场（库）（包括道路停车场和公共停车场）迎世博整治行动，结合企业诚信考核和日常检查，协助推进区域内长途汽车站和公交枢纽、公交企业迎世博600天整治，全区停车场（库）管理不断规范，在百日文明指数迎检测评中多次列中心城区前列，并获得市交港局先进集体和先进个人的多项奖励，我区道路停车管理单位获上海市工人先锋号荣誉称号。我区今年已完成20多户停车企业备案证申证工作，服务企业水平明显提升，逐步解决闸北停车难问题。我区会同市交通行政执法大队，开展对区域内各类停车场（库）经营管理情况的检查，推进全区停车行业规范经营。我区还组织编制了《闸北区客运交通系统规划》，加强非机动车管理，完善区域非机动车停车规划。

5. 国防交通战备明显加强。进一步健全和完善区交通战备组织机构，完成区国防交道保障大队350人整组工作。开展交战队伍、干部培训，精心组织两次国防交通保障演练，提高区国防交通保障大队应急战斗力和广大干部国防意识。我区积极落实市交战办下达的世博空中安保专项任务交通保障工作，会同区交警共同做好350名世博空中安保部队归建的交通保障工作。根据世博指挥部要求，我区在4月20~26日组织3000至5000人，前往世博园举行观园演练，并由区交战办落实交通保障任务。经过紧张筹划和安排，我区共组织了65辆大巴司车辆，圆满完成此项紧张而繁重的交通保障任务。

6. 防汛防台工作圆满完成。为确保世博期间全区防汛安全，按照上海市区县防汛工作会议精神和区委、区政府关于“抓早、抓紧、抓好、抓落实”的要求，从3月下旬开始，根据“六不放过”的防汛检查要求，全区开展了防汛安全大检查，重点检查市政道路、居民街坊、私房地区的下水道疏通养护情况，市政和防汛排涝泵站的维护及运行状况，地下空间设施和建筑工地防汛安全措施落实工作，危棚简屋的查抢险工作进度，霓虹灯、广告牌、塔吊和空调外机等高空构筑物的安全状况，各类抢险救灾物资储备及各单位汛前各项防范措施落实情况等。通过自查、专项检查和突击抽查三种形式，及时发现问题及时整改，不留安全隐患，坚决杜绝人为灾害事故的发生。4月29日，我区在大宁灵石公园举行了2010年防汛演习，进一步增强了区各级防汛组织防大汛、抗大灾和抢大险的意识。全区于5月1日正式进入汛期，结合世博安保，安排24小时值班。全区防汛防台正常有序，抢险队伍时刻待命，物资储备充足到位，有效保障人民群众生命财产安全和城市基础设施顺利运行。

（五）坚持高起点高标准高质量，精心编制“十二五”城建规划

根据区委、区政府统一部署，区建交委负责《闸北区城市建设和管理“十二五”发展规划》综合专题规划编制工作，并负责旧区改造、市政建设、水环境治理等专业规划编制工作。围绕“十二五”规划编制，我委深化学习型机关创建工作，立足解决当前城市建设和管理推进中的瓶颈问题，着眼于未来经济社会发展的前瞻性思考，动员广大机关干部自觉加强城市建设和管理方面的业务知识学习，组织“十二五”规划编制大讨论，人人动脑筋、想办法、出点子；特别是领导班子成员深入基层、开展调研，积极思考解决建设和发展中的瓶颈问题，为“十二五”规划编制提供智力支持和业务保障。《闸北区城市建设和管理“十二五”发展规划》立意高材料齐目标明，体现了高质量高起点高水平，受到了市、区各方普遍好评，为闸北“十二五”期间城市建设和管理工作新一轮发展提供了规划依据。

闸北区绿化和市容管理局

2010年是世博举办之年，“十一五”的最后一年。在区委、区政府的领导下，我局聚焦上海世博会和区的中心工作，紧紧抓住举办世博会这一历史性机遇，坚持以科学发展观为指导，以以人为本的发展理念、服从大局的政治觉悟、求真务实的工作作风、统筹兼顾的科学态度，借机借时，乘势而上，着力夯实市容环境基础，着力攻坚克难治理顽症，着力净化美化市容市貌，经过全局广大干部职工一年的努力奋斗，圆满完成了包括世博保障在内的年度各项工作目标，绿化和市容环卫总体水平跃上了新的高度。

（一）主要行政工作完成情况

1. 全力以赴，奋力冲刺，围绕“四个确保”，瞄准“四大目标”，争取最优实效。按照区世博会工作领导小组的统一部署，今年前五个月，我局集中优势人财物各种资源投入600天整治冲刺，按质按量完成了上级下达我局的22个大项79个子项整治任务。进入办博后，我局又围绕“四个确保”（保安全、保稳定、保有序、保市容），在600

天整治基础上，着力增强市容环境管理服务能力，着力解决市民群众“最关心、最直接、最现实”的问题，着力加强世博会运行服务和应急保障，从细节细部、精益求精入手，对已经完成的整治项目进行全面查漏补缺，巩固整治，高标准、高起点、高质量地推进各项市容环境保障工作。同时，适时地将工作重点由“迎博”向“办博”转变，整治建设向常态管理转变，制定了世博会市容环境运行保障工作方案，确定了“整洁、有序、美观、平稳”四项目标、十项工作任务以及标准和要求。在4月17日以誓师大会的形式进行了再发动，再鼓劲。由于思想认识到位，运行机制到位，保障措施到位，我局顺利地完成了184天世博保障任务，实现了我区世博市容环境管理“整洁、有序、美观、平稳”目标任务。

2. 提前按质完成年度实事项目，为全年工作打下良好基础。今年区下达的我局实事项目有二项：一是共和新路光复路绿地（6000平方米）；二是更新95座公厕门楣和公厕公示牌，更新、新增公厕导向牌180块。经过绿化、环卫两线干部职工全力冲刺，于第一季度就顺利地完成了任务，为全年局各项工作的顺利推进开了一个好头。

3. 以达标创建为抓手，加大市容环境管理力度，促进市容市貌明显改观。完成了北站、宝山、芷江西、彭浦新村达标创建，标志着我区八街一镇市容环境责任区达标街道（镇）创建全面完成，在此基础上，配合临汾街道完成了市容环境综合管理示范街道（镇）创建。“两创”活动，对构建统一领导、社会自律、公众参与的局面以及丰富市容环卫责任履职形式、夯实市容环境基础发挥了积极的作用。探索、推行了以定人、定岗、定时、定责、定量为主要内容，市容、城管、协管、环卫作业四方紧密协调和相互支撑的巡查、处置模式，全年共纠正处理违法违规案件约3万件（次），处置率在85%以上。通过采取划线定位、设置停车支架等措施，新增设非机动车停放点508处，联手有关部门开展非机动车乱停放专项整治40余次，非机动车乱停放问题得到改观。充分利用市容环境联席会议平台和联动执法机制的作用，有针对性地开展菜市场尾巴、夜排档、乱设摊等专项整治2367次，劝阻乱设摊6373处，纠正跨门营业30261处，对一些居民生活确实需要的集聚设摊点实行了易地控制，跨门营业明显减少，乱设摊现象处于可控状态。配合市政工程和旧区改造，依法、有序、和谐地推进拆除违法建筑工作，同时建立新违法建筑巡查、举报制度，发送举报联系卡35万份，累计拆除违法建筑18.20万平方米，新建违法建筑拆除率100%，在全市率先完成苏州河沿线“三违一堵”拆违任务。

4. 严格依法处置，推进“亮点”建设，构筑了颇具特色的景观格局。按照户外广告设置管理办法，本区户外广告（展示区）规划编制完成中审，户外广告（控制区）规划正在编制过程中。户外广告规划编制力求体现合理性、前瞻性、公平性原则和提升户外广告的品位、质量和科技含量。全年累计拆除、调整不符合规划和存在安全隐患的各类户外广告980处（块），基本解决户外广告数量过多、设置太乱、质量偏低的问题。全面展开苏河湾地区、不夜城地区（二期）、上海站北广场中兴路沿线景观灯光项目建设，共完成三个地区38幢楼宇景观灯光建设、18幢平改坡楼宇以及阳泉路、岭南路的景观灯光进行了维修完善。实施了上海站地区、大宁商贸地区的节庆景观工程，提升了服务窗口夜间景观效果。配合世博庆典活动和“五一”、“十一”节庆，开展了市容景观布置，完成上海站北广场中兴路沿线、恒丰路等道路世博宣传版面计1.125万平方米，提升了户外广告、店招店牌品质和亮灯率，营造了热烈、隆重、祥和的庆典气氛。

5. 确保重点区域，提高作业标准，规范

服务行为，环卫保洁质量明显提升。18条主要道路和重点地区实行了“夜间作业、白天养护”的24小时清扫，机械清扫率和冲洗率达到100%，通过推行道路洁净工程和精细化保洁，各类废弃物污染停留时间控制在20分钟以内。148条中小道路实现了清扫保洁全覆盖，并且根据道路状况延长保洁时间、增加保洁频率，道路机扫率达到93.43%，冲洗率达到94.61%。继续在共和新路街道、芷江西街道和宝山路街道的市级文明小区（物业四保小区）等40个居住小区、26个机关企事业单位推行垃圾分类投放，迄今累计有170个居住小区、260个单位实行了分类投放，覆盖7个街镇。通过采取分类、分流、放水等措施，实现生活垃圾负增长，达到了生活垃圾减量化控制目标。粪便基本做到无害化处理。开展公厕规范化建设，规范化服务水准得到进一步提高。根据居民需要合理调整公共环卫设施布局，新增6座公厕，大修8座公厕，在重点区域和主要道路新增141个带有公厕导向标志的废物箱。加强建筑渣土处置的行政许可和全过程监管，联手公安、建管、城管等单位重点查处大型工程车超载超重、非法营运等违规行为。综合运用考核、督办、通报等手段，督促专营和加盟企业落实责任、规范运输、车辆达标、降低违章率。通过工地自律、专营单位联动、街道联防、市容联勤、部门联办的方式，对渣土垃圾实行多管齐下的监管和防治，渣土垃圾偷、乱倒现象大为减少。

6. 绿化建设规模扩大、绿化景观亮点突出，应急措施得到强化，管理水平进一步提高。今年完成区政府实事项目共和新路光复路绿地6000平方米、铁路上海站北广场绿地7000平方米、屋顶绿化3300平方米，新建临时绿地1.5万平方米。全区新增绿地面积9.91公顷，其中，公共绿地3.14公顷；人均公园绿地面积3.24平方米，全区绿化覆盖率22.89%，全面完成了“十一五”规划目标。完成中兴路、恒丰北路、广中西路、柳营路、大统路等道路绿化建设改造工程。世博期间，在铁路上海站等重点区域、主要道路和部分公园建设主题景点7处，布置花卉10000平方米，花箱、花柱、花球等组合花卉1000余组。为确保世博期间绿化景观美观，对全区的绿化景点、花坛花境、组合花卉等绿化景观及时加以维护、养护，换花量达150余万盆。海宁路和白玉兰广场“绽放的玉兰花”景点被评为2010年上海世博会最受市民欢迎的“十佳绿化景观道路”和“十佳绿化景点”。认真组织全民义务植树活动，积极开展爱绿护绿宣传、绿化服务指导进社区、花卉“三进”（进家庭、进学校、进军营）以及园林式居住区评选等活动，为倡导绿色生活、低碳生活起到了助推作用。

闸北区住房保障和房屋管理局

2010年是世博会的举办之年，也是“十一五”规划目标任务的全面完成之年。一年来，我局紧紧围绕区委、区政府“1＋5”重点工作，突出平安办博工作要求，推进住房保障体系建设，认真服务百姓安居，较好地完成了各项目标任务。

一、贯彻落实国家和本市出台的各项房地产市场调控措施，加大市场监管力度，促进房地产市场平稳发展

一是加强房地产市场调研分析，密切跟踪市场变化，做好措施预案，超额完成区委、区政府确定的新建商品房销售目标。全年共发放新建商品房预售许可证25张，批准预售建筑面积78万平方米，其中商办约34万平方米，同比增长32.3%。累计完成新建商品房预售和现售58.8万平方米，实现销售金额107亿元；二手房累计成交59万平方米，实现销售收入92亿元。二是规范市场秩序，开展房地产交易秩序和市场调控政策执行情况检查。三是加强居住房屋租赁管理。受理房地产经纪机构备案、延期等147件，对51

家中介机构开展联合检查。组织租赁房屋检查4197户，累计拆除“群租”房屋44户，分隔173处，疏散“群租”人员466人次。

二、积极探索旧区改造拆迁新机制、新模式，加快推进旧区改造房屋拆迁

一是围绕桥东二期、轨道交通十二号线曲阜路站、宝山路拓宽、桥西B块等重点旧改基地，全面推进行政裁决全覆盖。二是积极在桥东二期试点落实“两次征询”、“数砖头加套型保底”、“住房困难家庭托底保障”等动迁新政。年内全面完成了该基地的收尾工作。三是全面推行被拆迁居民基本信息拆迁行政执法“十清”工作，进一步推进房屋拆迁执法的“规范化”、“精细化”。四是落实强迁风险评估机制，联合相关部门对拟执行强迁的被拆迁居民户情况进行强迁风险评估，确保世博期间社会稳定。全年完成拆迁5037户，完成扫尾基地7个。核发房屋拆迁许可证10张，受理房屋动拆迁裁决621件，下达裁决449件，召开房屋动拆迁行政强制执行前听证会242场，实施强迁36户。

三、围绕迎办世博工作重点，全力以赴推进建筑整治收尾及旧住房成套改造等工作

一是大力推进“迎世博600天建筑整治行动”收尾工程。于世博会开始前全面完成所有计划任务量，包括旧住房综合改造215万平方米，96年前高层综合整治95.6万平方米，二次供水改造358.9万平方米，外立面整治1240万平方米，历史保护建筑修缮1处。在此基础上，我局还继续实施并完成了旧住房综合改造7.8万平方米，96年高层综合整治2.4万平方米，二次供水改造19.9万平方米及106个小区的“清洁家园”改造工程。同时，注重做好已竣工项目的验收、审计和后续管理工作，并及时巩固整治成果。二是积极配合市优秀历史建筑保护中心做好原上海总商会大楼修缮前期工作。三是积极推进旧住房成套改造工作。启动芷江西路285弄三期、共和新路625—655弄、彭三小区三期等约25万平方米旧住房成套改造项目，完成共和新路710弄、芷江西路285弄一、二期、共和新路2205弄等约15万平方米，受益居民达2700余户。

四、大力推进保障性住房建设，建立健全分层次、多渠道、成系统的住房保障体系

一是扩大廉租住房受益面。全年新增受理廉租家庭649户，落实配租745户；累计受理6142户，落实配租5936户，累计发放资金10895.35万元。租金配租年度指导性任务指标完成率达到102%。完成了第一轮实物配租家庭的摇号、选房工作，有9户家庭最终签订了住房租赁合同并办理了入户手续。落实了804户旧改动拆迁安置家庭旧改转化为实物配租家庭。二是启动经济适用住房正式实施前相关准备工作。调整充实了区住房保障领导机构，制定下发了《闸北区开展经济适用住房工作实施方案》，组织了5次大规模的经济适用住房政策培训，在9个街镇开展了经济适用房政策咨询周活动，共接待咨询家庭10669户。三是积极落实公共租赁住房工作。起草了《闸北区发展公共租赁住房实施意见》，组建了公共租赁住房主管机构，组织了对单位租赁住房的摸底调查，并积极研究公共租赁房运营机构的落实。四是加快推进我区保障性住房建设。重点推进了沪太路319街坊等9个动迁配套商品房建设，其中340街坊40丘地块新悦坊已于2010年6月底交付使用，彭浦十期C块一期、沪太路319街坊、彭越浦六号地块等项目正在加快建设。彭浦十期C块二期10万平方米经济适用房项目已完成土地招标。

五、逐步规范物业服务行为，提升住宅小区物业综合管理水平

一是推进了全区127个直管公房和售后房小区、34个街坊旧里物业服务“达标补贴”和32个系统公房小区物业服务“达标奖励”。二是加强了世博期间住宅小区的安全防范工作，确保全区11838个水箱、238个

水池、1204台水泵、1955台电梯使用安全。三是深入实施住宅小区综合管理，切实加强物业管理行风建设，提高了物业行业公众满意度。四是建立962121物业服务统一呼叫平台，提高了我区物业应急服务能力和保障能力。五是牵头开展物业管理专题调研，形成了《关于进一步加强我区物业管理工作的调研报告》等成果文件。六是指导新建业委会15个，改选38个。七是指导物业服务企业公开招投标，实现3家物业企业属地管理，完成区级税收4000多万元。指导新市北物业申报一级资质。八是加强房管办事处队伍建设，统一接待窗口、服装、标识，建立房管办事处考评机制，全面做好基层站所政风迎评迎检工作。

六、深入推进新建住宅开竣工和配套建设，不断提高新建住宅整体水平

一是加强新建住宅建设管理。全年新开工项目6个，面积39.1万平方米，竣工交付23万平方米。完成"四高"优秀小区和住宅性能认定工作整合，成功创建3个"节能省地型四高小区"（慧芝湖花园、卓悦居、绿洲雅宾利花园）。指导大宁瑞仕花园通过建设部住宅性能2A级初审评定。二是大力推进新建住宅市政道路和公建配套建设。实施了柳营路、鸿兴路、虬江路三条道路工程建设，推进了宝昌路、沪太路、公兴路和泽州路四条道路前期工作，协调了平遥路、止园路、永和南泵站以及永和西辟通等遗留项目的移交。三是指导开发单位做好公益性公共服务设施认定，与9家开发单位签订了公共服务设施配套合同。征收住宅配套费12690万元，落实市政公建配套资金6556万元。

七、大力加强常态工作管理，稳步推进各项基础工作

一是信访维稳工作方面，积极排查不稳定因素和群体性突出矛盾，加大信访矛盾化解力度，完善信访维稳责任追究制度。继续推进信访代理制，健全房地物业人民调解委员会工作机制。调解涉及房地产权利、登记、物业纠纷、政策咨询65件。化解1名刑释人员房屋安置信访矛盾。全年受理信访总量1941件，同期下降了25%。二是依法行政工作方面，推行阳光执法试点工作。梳理、修补物业执法程序。落实行政执法培训及考核22人。组织编写《2010年闸北房管案例工作手册》。做好12件行政复议、31件行政诉讼的应诉和答辩工作。三是私房落政工作方面，积极做好落政申请人的安抚工作及2009年度落政对象的落政收尾工作，筹措落实补偿款400万元。四是"两会"书面意见办理工作方面，按法定期限完成区人大书面意见15件、区政协提案15件，人大代表联系社区意见73件，办结率100%。五是信息档案工作方面，加强信息化建设，完成闸北区动拆迁管理信息系统的开发建设并投入试运行。积极开展档案升级筹备工作，进一步健全档案管理制度。六是安全生产工作方面，落实安全生产责任制，层层签订安全生产责任书，建立健全各项安全生产规章制度，集中开展危旧私房查抢险、高层建筑整治工地安全生产及消防安全检查，排除各类安全隐患。七是"十二五"规划编制及地方志撰写工作方面，按照区相关部门的要求，结合我局工作实际情况，认真编制住房保障和房屋管理"十二五"规划。根据《闸北区志》编写工作实施意见进度，完成地方志房地产编（1994年~2005年）撰写工作。

（八）虹口区

虹口区建设和交通委员会

2010年，区建设和交通委员会在区委、区政府的领导下，牢牢抓住举办世博会的重要发展机遇，齐心协力、迎难而上、攻坚克难，

各项工作有条不紊的推进，实现了的预定目标，有效地推进了区域经济社会发展。

一、党建工作有效进展

一是开展"作风建设年"活动。按照区委、区政府要求，在机关和委属事业单位开展"作风建设年"活动。先召开了"作风建设年"活动动员大会并形成活动方案，后经过个人自学和集中学习相结合的理论学习阶段，进而又紧紧围绕建交委工作实际，把机关作风建设融入到日常工作中。

在此期间，委内开展多项主题活动，包括：走访区内8个街道，对街道反映的关于市政建设、社会稳定、施工留税等64个问题的推进情况及时反馈。开展"服务一线、争做先锋"活动，要求委内年轻干部每人负责2个在建工地，每月深入工地现场不少于2次，针对建设工地围墙、临街围网、工地及周边环境等文明施工中重点问题进行检查。积极探索我区工程建设领域"资源整合型"党建模式，完善工地党建联建格局，充分发挥党的组织优势，引导广大建设者坚持文明施工、努力减少施工扰民，有效化解城市建设中的涉民矛盾。以漫画形式学习《廉政准则8个禁止52个不准》，观看《铲除小金库》廉政专题片，组织委机关干部通过《廉政准则》网上测试。举办"沟通面对面"等主题的开放式党组织生活。

二是做好行政效能监察工作。我委紧抓分级监察、依靠和培植社会监督力量，除了设世博保障工作、区行政事务服务中心功能完善和服务工作、行政机关作风建设等3项区部署的任务外，我们增设了1项工程建设领域专项治理。对工程建设领域专项治理，按实际调查所得详细列分这一项监察的细则和扣分点，具备了纵深性。如检查项目招投标，除查规避、虚假招标、围标串标外，还查评标公正度、定标严格性、程序完整性，查报批变更改签、评标指标、评分权重等往常易忽视之处。又如检查合同管理，除查合同审批会签，条款完备合法，转包和违法分包外，还查越级越权行为，查背离合同的其他协议等。

三是公开选拔科级干部。运用民主、公开、竞争、择优的干部任用制度，在委内通过竞聘上岗等公开选拔的方式提拔5名优秀人才为科级干部，使干部队伍建设工作得到不断深化。

二、重大工程和重点项目建设成效显著

一是有效推进重大工程建设。建交委按照年度计划，突出重点、明确责任、紧抓时间节点，积极推动重大工程建设。

部分重大工程项目竣工：外滩通道3月28日建成通车。新建路隧道3月26日建成通车。轨道交通10号线4月10日建成试通车。东长治路拓宽（轨道交通12号线影响范围除外）4月26日竣工通车。四平路下立交建成通车。广中路地道南地道已建成通车。

部分重大工程紧张建设中：轨道交通12号线国客中心车站西端头井已完成，标准段土建结构完成85%，东端头井尚未开工；大连路站导墙已完工，地墙完成15%；提篮桥站西端头井土建完成40%，正在进行中板施工，东端头井尚未开工。截至11月25日，居民完成1755户中的1623户，完成比例92.5%。北外滩交通枢纽动迁居民1396户，单位50家，已全部完成。土地前期拍卖准备中。北外滩220KV变电站和高阳110KV变电站土建结构已完成，等待电力公司进行设备安装。瑞虹110KV变电站完成交地

项目前期工作有序开展：《虹口区重大基础设施建设和城市管理"十二五"规划》编制完成。海伦路（海拉尔路－四平路）、海拉尔路（海伦路－通州路）拓宽工程交通流量预测已完成；管线搬迁工作量核算、动迁摸底核算基本完成；工可文本进一步深化。虹口港泵闸工程已进入技术审查阶段。大名路300号土地储备项目已获规划选址和规划用地及土地批文，动迁指挥部已明确动迁单

位为虹拆公司。二纺机地块。目前正在深化凉城路场中路节点方案及近远期区域内交通组织方案。

二是积极推进重点项目建设。

北外滩区域：上海国际客运中心客运综合楼：3层，SB1：7层，SB2～4：8层，SB5：7层，SB6：6层，SB7：18层，SB8：4层，SB9：20层，SB10：5层，SB11：8层；地下3层。项目进度：客运综合楼已移交；港务大楼已移交；110KV变电站土建完成；办公楼SB1–SB6已移交，SB7室内装饰施工收尾，SB8竣工验收中，SB9、SB10已移交，SB11三个球体外立面已完成，开始内部装修。白玉兰广场现场分A–E五区，目前酒店部分地下结构施工，办公主楼桩基施工完成，地块内地铁12号线车站地下结构施工。上海国际航运服务中心（汇山地块）共分为东、中、西三块。其中东块规划方案审批中，中块的港运大厦改造结构封顶，二结构施工，幕墙施工，西块地下结构施工中。东方海港国际大厦主楼、裙房施工结构已完成，进入装饰阶段，预计年底验收。浦江国际金融广场现场基坑开挖中，预计明年春节前完成底板浇筑。新外滩花苑E楼鹏欣悦榕酒店现场临时设施搭建完成，围护施工结束，基坑开挖中，已完成第一道支撑。吴淞路150地块北楼外滩通道管理中心已于3月28日与外滩通道同步投入使用；南楼城投控股大厦结构封顶，外立面幕墙吊装，内部装饰装修中。

四川北路区域：三至喜来登酒店主楼（36层）已结构封顶，内部精装修，外立面幕墙装饰基本完成。外滩中信城（海泰中心）主楼（47层）已结构封顶，玻璃幕墙施工基本完成，裙房全部结构封顶，装饰装修处于收尾阶段。虹口足球场综合交通枢纽主楼、裙房结构封顶，二结构施工中；裙房及地下部分装修及机电安装；至轨道交通3号线过街天桥施工中，连接地铁8号线地下通道基坑施工中。中信泰富B地块地下4层，地上22层，目前已施工至地上19层。C地块规划方案已批复，初步设计编制中。

其他区域：凉城中心办公楼主楼已结构封顶，内外装饰装修收尾；裙房部分为第二图书馆，目前内部装修装修收尾。轨道交通10号线海伦路站地块区发改委已备案，规划方案阶段，正在征询区内相关部门意见。轨道交通10号线天潼路站商办楼。南侧1号一号基坑至±0.00，2号、3号基坑围护施工中。瑞虹新城4、6号地块。4号地块4幢33层高层建筑，目前施工至30层。6号地块规划方案报审中；动迁截止11月底，需动迁居民1070户，已完成全部户数99.8%。丰镇路199号地块经济适用房，现场1号楼24层，目前至地上20层，2号楼26层，幕墙至地上22层，3~6号楼6层，目前至地上5层，7号楼3层，已结构封顶。场中路908号地块配套商品房，现场地上结构施工，1、2号楼18层，已结构封顶，3号楼20层，已结构封顶。

三是全力协调停缓建项目：黄山坊地块，7号地块规划许可证已取得，正办理施工许可证。现场基坑维护已完成，开挖准备中，预计明年春节至±0.00。预计2012上半年竣工。北苏州路190号地块（汇德丰地块），土地已拍卖，苏宁电器获得该地块土地使用权。蝶恋花基地共分为不规则的四块，其中A、C、D地块已完成拍卖，推进B块土地拍卖，市高院指定市二中院推进该地块拍卖事宜。大世界城项目，因项目施工矛盾问题，目前停工。经区政府协调，项目计划春节后复工。四川北路4街坊108号地块，推动该地块沿乍浦路建筑的带拆问题，将和方案同步与区政府协商落实。虹城金融大厦（中美信托基地），目前项目规划方案调整中，待市规划局审批。

三、世博保障运行机制有效推进

一是迎世博600天行动计划全部完成。完成迎世博600天行动计划道路工程；架空线入地随新建路隧道、外滩通道等重大工程竣工通车全部完成；完成全部迎世博行动计划项目。

二是完成世博会城市运行保障方案。制定了虹口区建交委关于世博会城市运行保障方案，成立了“世博184天”运行服务保障和应急工作领导小组，在宝山路建立了市政水务应急中心，新成立了六支应急巡视队伍，建立道路、交通、防汛、救灾快速处置机制。其中，五支巡视队伍按各自包干区域开展日常道路巡视，一支巡视队伍主要负责河道和防汛墙的巡查与应急处置，基本做到主干道每天巡查一次，次干道每三天巡查一次，三天一个周期对全区全覆盖。

三是完成汛期准备，加强防汛防台。坚持汛期24小时值班，根据防汛预警信息启动应急响应，积极应对强对流天气影响，做好防御台风“圆规”工作。全力实施了东沙虹港路积水点改造工程，完成薄弱段防汛墙改造317米，包括俞泾浦（株洲路桥—春满园段）100米，俞泾浦（3516厂段二期）152米，沙泾港（中山北一路—广灵二路虹运二队段）55米，南泗塘（安汾路桥段）抢险改造10米，完成实事项目计划的158.5%；完成沙泾巷（通州路——香烟路）防汛墙改建工程的报建工作。此外，还按照实际情况需求，新增了小吸泥王、移动式泵车等应急抢险设施。

四、行业管理继续加强

（一）建筑业管理。

一是推进建筑企业安全保证体系建设，开展每季度的全区建筑工地综合执法大检查，抓好日常建设工程安全监管管理。截至目前，全区建筑工地发生安全事故2起，死亡2人，未发生重大伤亡事故。

二是按“保世博”要求，强化文明施工，已创建环保便民工地15个、正在创建市文明工地4个、区文明工地8个，继续推进工地围墙文明建设工作，要求工地围墙外观整洁，符合迎世博标准。

三是推进建筑节能工作，制定了科技专项发展资金扶持计划，正在创建节约型工地4个、绿色施工观摩工地1个、正在创市优质结构工程1个，区优质结构工程6个，组织1次绿色建筑专题培训、观摩活动。积极推进北外滩“绿色建筑”建设，东方海港国际大厦、浦江金融国际广场获得国际LEED金奖认证，并着手国家绿色建筑标识三星级认证。

四是推进建筑业留税工作。1–11月建筑业累计区级留税2.87亿元。

（二）市政水务管理。

一是加强对管线单位的掘路管理。落实新出台的掘路管理办法，共完成小型掘路审批142项、大型掘路审批16项。

二是加强区内道路、河道的巡查力度。共修复人行道11911平方米、车行道6060平方米，发现并修复防汛墙及其附属设施损坏235处。

三是加强下水道管理，已对全区大部分的路（段）排水设施进行了全面的疏通养护，共投入养护人员近7700人次，出动吸泥王、卡车、冲水车1410次，清捞茄莉59074座、疏通下水道总管442.3公里，疏通连管314.09公里，清除污泥量7645吨，每月疏通完毕，将当月疏通的道路报给第三方的声纳监测单位同步检查。

四是加强应急抢险体系建设。编制《世博会期间虹口区市政和水务设施应急保障工作方案》，成立应急管理网络。保障工作方案坚持“世博184天期间虹口区市政和水务设施安全运行第一、统一指挥，包干归口管理、部门协同、信息共享、快速抢险处置”的原则，详细规定了日常养护应急处置、道路塌陷抢修、桥梁抢修、排水井管沉堵排除、防汛墙损移抢修、闸门泵站抢修、水域环境保障、公用管线突发事件处置、防汛防台应急处置等12个具体方案。

五是成立了世博期间运行服务保障和应

急工作领导小组。小组下设保障应急办公室、保障处置组、保障应急技术组，职责层层分解，落实专人，提高快速处置水平。

六是加强文明施工监管力度。要求施工单位在施工前主动前往工地沿线居委会、单位等，并签订文明施工公约，开展共建活动；邀请上海市市政公路工程行业协会王宝生秘书长来我区市政署讲授市政行业文明示范工地的创建要领，进一步提升文明施工管理水平；委内22名年轻机关干部深入工地一线，就市政工地文明施工情况进行巡查。

（三）公用事业管理。

共计完成水、电、燃气旧管网改造10000户，完成率100%。推进居民用气安全未合格用户整改，完成5000户居民家庭燃气安全隐患整改，完成率100%。完成燃气超龄明支管改造10公里，河滨大楼样板小区改造已完成。积极推进燃气管道违章占压清除工作。完成了邮电新村燃气管道违章占压整改和复旦小区燃气管道违章搭建整改。

（四）静态交通管理。

新增机动车停车面积14711平方米，新增机动车停车泊位482个；配合建设10号线四平路站、邮电新村站、海伦路站、四川北路站和天潼路站周边非机动车停放管理，增设1940个泊位；累计完成复线工程约12000米；完成2010年政府实事项目——区内20个停车场（库）LED照明改造工程。

五、依法行政有序推进

一是推进动迁拔点工作。完成周家嘴路大连路交通改善工程涉及动迁工作，房屋拆除工作已实施完毕。继续推进12线站点部分动迁拔点，轨交12号线基地目前剩余居民118户，其中站点本体部分剩余居民1证1户。

二是继续做好委系统“政企分开”工作。国资委已批文同意新虹动迁公司股权划转至中虹集团，移交的清产核资审计已完成；就信访事项和遗留动迁矛盾已经与中虹集团签订备忘录。

三是认真做好“两会办理”工作。人大议案、书面意见和政协提案办理：会间书面意见和政协提案办理工作全部完成，按期办复率和走访率100%。共收到34件人大代表书面意见，其中主办件24件，会办件10件，解决率85.3%；共收到20件政协委员提案，其中主办件9件，会办件11件，解决率55.6%。

完成对市、区党代表和人大代表联系社区反映意见建议的答复，总计41件，其中解决26件，计划解决1件，留作参考14件，解决率63.4%。

四是认真做好信访工作。认真做好信访接待和信访件的处置，排查矛盾纠纷和群众反映突出的热点问题，截至11月底，我委共收到来信294件，来电61个，网上来信13个，其中动拆迁62件，约占总量的17%；重大工程矛盾79件，约占总量的22%；接待来访193批541人次。办结率100%，书面答复率100%。

虹口区绿化和市容管理局

今年以来，我局在区委、区政府的领导下，在市绿化和市容管理局的指导下，深入贯彻落实科学发展观，紧紧抓住世博机遇，转变作风，攻坚克难，全力以赴提升市容环境水平，较好地完成了迎世博及世博运行期间的各项市容环境保障任务。2010年上半年，我区市容环境社会公众满意度测评在全市中心城区中名列第六，实现了区政府提出的“保七争六”的工作目标。现将主要工作开展情况汇报如下：

一、加强作风建设，进一步提升工作效率

围绕“作风建设年”工作的各项要求，积极组织开展机关作风建设，根据我局的工作特点，把提高群众满意度作为衡量作风建设的工作标准。局积极开展动员工作，召开加强机关作风建设动员大会，对全局机关作风建设进行全面动员和部署。局领导干部围绕影响科学发展大局、基层干部反映强烈、事关群众切身利益等问题，按分工安排，深入基层、深入群众、深入服务对象，听取意见和建议，积极撰写调研报告，建言献策。

局系统各级单位根据局的统一部署，结合实际，以“服务人民，奉献社会”为宗旨，广泛组织开展“窗口”示范岗位、示范员创建等活动，进一步增强干部、职工的服务意识，以提高行业服务水平、服务质量、服务效率。

二、注重工作实效，扎实开展创先争优活动

为认真落实市委、区委关于开展创先争优活动的要求，推动我区绿化市容行业科学发展，局紧密结合行业特点，围绕中心工作和服务世博的大局，在局系统上下全面开展了创先争优活动，为全力推进行业服务世博、保障世博各项工作提供坚实的保障。

局紧紧围绕年度中心工作和在服务保障世博中的职责任务，坚持统筹兼顾，把创先争优活动作为推动各项工作的重要动力。在开展创先争优活动中，我们针对市容环卫工作点多面广，平时的工作量大的特点，把创先争优活动与开展职工劳动竞赛活动相结合，以竞赛推活动、以活动促竞赛。

局创先争优领导小组对承担世博保障项目的单位和岗位提出了具体的工作要求，领导小组办公室加强检查，每月对局系统的绿化、市容、城管、景观、环卫以及信访投诉和政风行风实例整改情况进行考核，挖掘在世博保障工作中涌现出的先进事例和先进人物，弘扬先进，促进干部职工爱岗敬业良好氛围的形成。

三、强化长效管理，深入推进市容环境管理责任制

按照市局的要求，突出重点，以毗邻黄浦江的提篮桥街道作为水域市容环境卫生长效管理措施试点街道。工作中，加强指导，对河道沿岸的单位、居民区，强化市容环境责任制，试点管理工作收到明显效果。

继续推进市容环境责任区的管理，组织人员对责任单位开展专题宣传活动，制作6000只印有“我的门前我清洁！我的岗位我尽责！我的区域我落实！”醒目标语的小型废物箱，发放区内主要道路沿街商户以及店铺密集人行道易受污染的中小道路的商户，增强各责任区单位落实市容环境责任制意识。同时加强巡查、监督，及时纠正责任人的违章现象。本年度，提篮桥街道顺利通过责任区管理达标验收。

四、坚持攻坚克难，扎实推进229处拔点工作

按照《229处拔点工作考核验收办法》，积极推进市容顽症拔点工作，严格对各街道拔点工作的检查考核。截至目前，各街道已经累计上报拔除难点129处，验收通过113处，上墙107处。

五、加强作业管理，增强城市环卫保洁能力。

一是全面延长道路保洁作业时间，着力推进道路保洁“无休日、全天候、全覆盖”及“无缝衔接”的环卫作业新模式。进一步提高道路保洁机扫、冲洗率，在中环线内主要道路采用人机结合，实行24小时保洁机制，有效地促进保洁质量的提高。

二是加强渣土管理工作。组织开展大型渣土车安全宣传，确保渣土密闭化运输和规范运输，有效控制严重超载现象。进一步加强对新开工地的渣土运输处置监管，明确管理、执法部门的管理职责和工作任务，有效组织开展渣土专项整治活动，从工地源头组织力量加强检查，重点对车辆的超载问题，车容不洁问题进行监管，减少对道路的污染。进一步完善暴露垃圾发现、清除、复查、检查考核、保障5项机制，做到环环相扣，确保我区暴露垃圾基本做到日产日清。

三是积极抓好环卫五小设施改造。2010

年我区共完成160座垃圾箱房、50座倒粪站、20处小压站的大修改造工作。更新废物箱320只，基本消除了我区道路两侧废物箱的布局盲点。

四是加强对免费开放公厕的管理，完成公厕导向牌的补缺、更新工作。加大对公厕服务质量监管力度，制作服务公约上墙，投放便民服务箱，组织开展对公厕服务水平的考核检查，不断提高公厕管理服务质量和水平。在8月份市主管部门组织的公众满意评价中，我区公厕管理在18个区县中列第7名，其中周家嘴路499号公厕在全市参加评比的400余个公厕中名列第14名。根据市局的要求，大力推进垃圾分类工作，年内完成200个公共场所二分类工作。

六、加大执法力度，进一步提升城管执法效能。

一是组织开展“虹剑行动”。根据今年夏令热线的工作要求，为更好地保障世博会期间的市容状况，减少居民投诉，区城管大队组织开展2010“虹剑行动”，重点对严禁、严控道路上的乱设摊、跨门营业、占道灯箱广告、（非）机动车兜售、夜排档等违章行为开展综合整治。

二是积极参加世博园区的应急市容保障工作。按照市局的要求，组织参加世博浦东园区8号出入口围栏区集中整治活动，教育、劝阻各类违章和不文明行为1080起，收缴假海宝7包，圆满完成了世博浦东园区8号出入口围栏区集中整治工作。10月16日，世博遇到103多万人大流量，根据市局的紧急通知，我区以最快的时间启动应急方案，配置好保洁员、水电工，在1个半小时内，将我区应急流动公厕调至市局指定地点，较好地完成了世博应急保障任务。

三是加强对热点难点区域市容顽症整治。在严格治理和控制全区市容环境秩序的基础上，按照制定的相关方案，对东余杭路、虹镇老街2号地块、七浦路市场等区域的跨门营业、占道设摊、占道堆物、流动兜售、乱搭亭棚、破坏建筑原貌（建筑外立面）、擅自破墙开店等违法现象和行为进行治理，消除各类安全隐患。加强对乱设摊、“三车”等市容顽症的综合整治，截至10月底共取缔乱设摊26050起，收缴“三车”1689辆，清除了一批“三车”的制造及堆放、集聚窝点。

四是进一步加大拆违力度。组建虹镇老街瑞虹地块专职协管队，加强拆违力量，不断推进拆违工作，到目前，累计已拆除各类违法建筑21788平方米。自今年5月以来，实现了虹镇老街动拆迁地块新建违法建筑零增长的目标。

七、积极推进景观改造，为城市环境增靓添彩

根据上海迎世博600天行动计划“优化绿化景观”的要求和《上海市迎世博加强市容环境建设和管理600天行动计划“绿化景观优化”规划》，结合我区绿地实际情况，通过全面整治，重点优化、提升了我区绿地品质。截至到2010年10月底，完成绿地整治57.14公顷（100%）、绿地调整12.87公顷（100%）、主题景点7个（100%）、立体绿化2.6625公顷（124.67%）、行道树设施改造3591套（100%），新辟公共绿地1.2万平方米，新种植行道树200株，全面完成了年度工作目标。

加强公园品质提升及整治工作，积极做好北外滩绿地改造、爱思儿童公园复建、四川北路公园改造的前期工作。

积极推进市容景观建设，全面完成迎世博“3+1”地区的市容景观综合优化工程及北外滩水景小品、楼宇景观灯光的建设和新建路、东长治路景观综合优化工程。整治本区22条主要道路违规户外广告及非广告设施取得新实效。

八、加强绿化养护和管理，进一步提高管理水平

积极引入市场竞争机制，同时聘请市园

林绿化行业协会专题对虹口区街道绿地、行道树养护管理进行考核，通过公司自查、专家抽查以及专家点评，促进本区绿化日常养护管理水平的提高。

对照绿化文明行业测评内容，加强公园管理，做到日常养护管理规范科学。

为了更好地做好有害生物防控工作，有效保护绿化建设成果，设立了四个有害生物防控监测点。根据有害生物防治工作的新动态，对容易影响市容影响世博期间绿化景观效果的悬铃木的白粉病和方翅网蝽、广玉兰和香樟煤污等进行重点防控工作。

加强对古树名木和古树后续资源的管理工作，确保古树名木和古树后续资源没有发生较严重的病虫害。

九、积极组织群众绿化工作，增强社区居民爱绿、护绿意识

加强群众绿化工作的宣传，认真组织全民义务植树活动。积极组织本区市民开展绿化建设和养护的认建认养活动，至今已有48人次（个人）、7家单位参加本区认建认养活动，认建认养费用共计104640元。开展对居住区绿化的指导和监管，组织对居住区绿地的检查考核，提高本区居住区绿地养护管理的工作能力和水平。同时引导社区居民积极参与自家门前绿地的护绿行动，提高社区居民爱绿、护绿意识。

从7月份起，组织团员青年、技术人员进社区、进学校、进军营的“三进”活动，为社区居民、师生、部队指战员提供绿化服务咨询。组织各街道绿委向社区居民赠送盆花，宣传绿化工作的意义，提高市民绿化意识。

为迎接世博会在上海举办，营造和谐、喜庆的节日氛围，在全区开展“迎世博花卉景点上街活动”。全区共布置花卉景点16处，花卉约20万盆。

以内环线、中环线、逸仙路高架的特色绿化建设为切入点，以高架沿线学校、新建住宅区为重点，积极做好宣传、沟通、服务工作，促进本区屋顶绿化和檐口绿化的开展。使本区高架沿线更多屋顶、檐口绿起来。在8月中旬，建设了市建一公司、南湖职校等檐口绿化。

虹口区住房保障和房屋管理局

2010年是“十一五”规划的收官之年，在区委、区政府的正确领导下，我局围绕区委区政府年初下达的任务要求，以作风建设为动力，一手抓世博保障，一手抓工作推进，深入开展创先争优活动，求真务实，开拓进取，各项工作取得积极成效，有力推动了“十一五”工作，为“十二五”开局打下坚实基础。

（一）房地产经济指标全面高效完成

2010年房地产区级税收考核目标为11亿元，全年实现房地产业税收13.21亿元。今年以来面对不断变化的市场形势，我局紧盯目标，深入分析区域房地产业特点，积极采取“四个加强”的应对举措，全力促进房地产经济指标的完成。

一是加强跟踪服务，促进项目有序建设。以“一案一卡一台账”的项目管理档案制度为基础，将业务科室日常走访项目、房管办事处日常巡查过程中掌握的信息予以全面记录，及时掌握动态，针对项目建设遇到的困难，在能力范围内尽力帮助协调解决，促进项目有序建设。

二是加强信息分析，合理引导项目上市。充分发挥对市场信息掌握直接、全面、及时的优势，加强对市场形势的研判分析，通过加强与开发商的信息交流，强化对楼盘上市预售的合理引导，全区核发预售许可证19件，预售面积42.06万平方米。在今年变化难测的市场形势下，引导开发企业抓住上半年相对有利的市场形势集中推出了17个楼盘，保证了销售进度。

三是加强工作合力，推动项目清盘结算。

今年以来，会同相关部门，对瑞虹一期、二期等重点楼盘进行了税收清算工作，推动了项目清盘。

四是加强服务监管，深入规范市场秩序。以窗口建设为抓手，不断完善档案查阅、测绘等服务，全力促成交易。全年全区新建商品房成交面积43.55万平方米，交易金额113.66亿元，存量房成交57.86万平方米，成交金额103.01亿元，完成档案查阅30200件，完成建筑面积测绘88.66万平方米。以开发资质年检、销售人员备案、经纪组织备案为抓手，不断加强对房地产开发企业、销售企业、中介机构的监管；以信息公开为抓手，强化网上二手房平台信息公开、交易监管的职能，以联席办公小组为抓手，加强与财政、税务、担保公司、评估公司等单位的信息共享，强化对交易的共同监管，营造公平有序的市场环境。

（二）旧区改造以前所未有的力度推进

在世博年旧改稳定压力进一步增大的形势下，我局坚决落实区委区政府的要求，在确保稳定的前提下，聚焦虹镇老街“3+3”工程，聚焦北外滩重大工程扫尾推进，以前所未有的力度推动工作取得新进展。在全年全区有效在拆总量仅有2400余户的情况下，完成动拆迁2017户，其中居民1983户、单位34家，占到在拆总量的84%。2、9、10号地块共计3000余户居民，成功进入第二轮征询，整体签约率达到近50%，形成有利于虹镇老街三年改造计划顺利完成的良好态势。

具体表现在三方面：

1.以前所未有的力度推进动迁拔点。我局从自身职能角度出发，进一步加强行政支持力度：一是加强行政调解、裁决，在动拆迁进展越来越依赖于调解、裁决等行政手段的情况下，充分发挥专业优势加大虹镇老街和北外滩重点拔点项目的现场调解、咨询力度，做好说服、协调工作。全年共受理裁决153件，调解签约23件，做出裁决122件，召开听证会129场，有力保障了拔点工作进度；二是坚持方法创新，通过居民座谈会、家庭矛盾调解会、政策法规答疑会，实现了与居民的有效沟通，进一步消除了居民等待观望的情绪。三是在大力推行新政的背景下，妥善处理好新老政策之间的平衡，加强了对动迁拔点地块的整体协调控制，与区动迁指挥部坚持“一周一例会，一事一研讨”，加强方案研究，统一政策口径，有力推动拔点。虹镇老街地区完成6号地块拔点交地，按计划推进166号地块。在北外滩地区，克服稳定工作压力较大、房源紧缺问题更为严重凸显的不利影响，实现北外滩综合交通枢纽、轨道交通12号线三个站点、商丘路387号地块等项目清场交地。

2.以前所未有的力度推行新政。一方面，3号地块新政试点在今年4月中旬两轮征询取得成功后，坚持“民主公开、公平到底”的原则不动摇，目前基地情况总体平稳，行政介入的前期准备工作也已基本完成。另一方面，全方位做好2、9、10地块新政前期准备工作。充分认识新机制“工作重心前置”的特点，与相关部门密切配合，克服世博保障任务重、人手普遍紧缺的实际困难，在一个月时间里完成了2号、9号、10号2300余证房屋、3000余户家庭的房屋产权资料、户籍资料的“寻根式”查阅；打破常规，首次采用委托社会机构的方式增强测绘工作力量，测绘队伍加班加点，有力、有效推进了测绘速度，迅速地完成了现场测绘工作。

3.以前所未有的力度筹措房源。我局按照区委区政府“筹建并举”的要求，与相关职能部门密切配合，全年共筹建房源8700余套，其中，全力以赴加强与市建交委、市房管局住宅中心的协调，争取市属动迁安置房支持约4700套；集中力量全面加快曹路5号、宝杨路3320号等自建房源自建动迁安置房项目进度，提供自建房源3600余套，房源筹集总量、筹集市属动迁安置房数量、自建房源数量均为历年之最。

（三）安居工程稳步推进

坚持两手抓，一手抓当前工作推进，会同区相关部门完成“600天”工程验收，会同街道做好“600天”工程审价和资金筹集工作，加强对后“600天”长效管理机制建设的探索，建立健全建筑立面污损、“三件套”破损、“第五立面”堆物和天井乱堆放物业巡检责任制，及时掌握建筑立面维护情况，采取对应措施。在做好“600天”相关工作的同时，不放松新增项目工程的实施，完成平改坡综合整治10.2万平米，二次供水设施改造33万平方米，百弄整治项目14万平米，完成纪念路、邮电新村一期成套改造工作，建筑面积1.069万平方米。全面完成计划目标。一手抓长远发展谋划，围绕“十二五”时期工作的发展，早谋划、早启动，通过深入调查摸底，完成了“十二五”虹口区旧住房综合修缮工作调研报告，对“十二五”时期的工作目标、任务、计划有了明确的方向。

（四）住房保障覆盖面进一步扩大

按照“保证居民基本住房权益”的原则，在扎实做好廉租房工作的基础上，今年加强了工作拓展，启动了实物配租、经济适用房、公共租赁房工作，分层次、多渠道的住房保障体系初具轮廓，政策覆盖面和居民受益面进一步扩大。

一是稳步扩大廉租受益面。认真及时落实廉租住房申请新标准，加大廉租住房受理审核力度，加快审核过程，缩短受理时限，实现应保尽保，全年共受理审核廉租申请949户，完成配租964户，发放廉租补贴3162万元。2001年至今已累计受理廉租申请5917户，完成配租5652户，发放廉租补贴9637万元。

二是顺利完成实物配租工作。在制定、完善实物配租工作方案的基础上，精心谋划、周密部署，在全市率先成系统、有规模、全公开地推进实物配租工作，让54户家庭通过实物配租住进了市房管局提供的江桥地区实物配租房源。

三是按计划推进经济适用房工作。在区委区政府的高度重视和支持下，完成经济适月房工作方案编制。开展了调查摸底工作，根据调查我区共有35709户家庭符合15平方米以下的面积申请标准，尽可能考虑收入因素预估约有8025户家庭符合标准。强化人员培训、配置等前期准备工作，开展了以街道为单位进行政策宣传、咨询工作。

四是加强公共租赁房政策准备。今年9月份市政府公布了《公共租赁房管理实施办法》，我局按照工作安排，适时开展了调查摸底、人员培训等工作，加强运行机制、组织机制等工作机制研究，做好政策准备。

五是加强保障性住房建设。加快推进丰镇路保障性住房建设，实现结构封顶，预计2011年10月工程竣工验收交付使用。有力推进场中路908号动迁安置房建设。

（五）物业管理水平不断提高

围绕促进和谐城区建设，找准抓手，在推进平安小区建设、加快难题破解、加强矛盾防控、提升物业服务水平等方面进一步加大力度，有效保障了世博平安，有效促进了物业管理水平提高。

一是以制度建设为抓手，促进平安小区建设。在今年的世博保障工作中，我局以制度建设为基础，自我加压，将市房管局关于小区、楼宇安全“四查制度”的要求主动拓展为“八查一测评”制度，组建25个督查小组，按照市房管局“八大项”要求，对小区进行全覆盖、地毯式排查累计达6000余次，做到“安全无盲点，检查无遗漏”。对全区1385个水箱、119个水池、244个上人口等关键部位实施双人双锁，有效保障了小区、楼宇平安。

二是以规范管理为抓手，促进业委会规范建设和运作。积极配合社区党组织、居民委员会和谐社区建设，充分履行对对业主大会、业委会组建和日常运作的业务指导及政策宣教职能，把好程序关、人员关。妥善做好业委会换届工作，确保平稳渡过今年业委会换届更替高峰，维护了小区和谐、稳定。

三是以调查研究为抓手，促进物业管理难题破解。开展了规范业委会管理的长效机制、应急保障小区托底机制、对两大房地集团的考核、房管办事处内部建设、前期物业招投标管理情况等7个课题的调研，并在充分准备基础上在曲阳、欧阳、嘉兴等三个街道适时开展了售后公房物业管理达标补贴试点工作。

四是以矛盾协调化解为抓手，促进和谐小区建设。对物业管理公司因亏损而要求撤离的现象，坚持从大局出发，从民生出发，主动进行协调、劝阻，先稳定形势，再调处纠纷，今年以来，已对广中海虹苑、三湘花苑、黄山坊，江湾文致公寓等欲撤离的小区物业公司进行了劝阻。

五是以监督检查为抓手，促进小区环境改善。定期检查物业服务企业对小区公共设施设备的清洁保养等薄弱环节，对“群租”现象进行集中整治，依法查处住宅小区内违法搭建。加强“全天候接待、全方位受理、全过程监管”的962121物业服务平台建设，建立健全了物业投诉快速反应、实地察看、督促整改、及时反馈的机制，进一步提高了物业管理效能，提升了群众满意度，今年以来962121和房屋应急维修中心已收到来信、送锦旗、新闻报道等各类形式的表扬20多件。

（六）住宅建设、管理水平进一步提高

围绕“让居民住得放心、住得舒心”的目标，不断提升住宅综合性能，提高建设水平。一是聚焦建设质量，狠抓新建住宅建设全过程监管，在扩初设计阶段即进行质量要求交底，在建设过程中与相关部门密切配合，通过巡检、抽检、突检等方式实时掌握情况，查究隐患，在竣工阶段严格按照技术规范进行审查，不过关绝不给予交付使用许可。全年新建住宅竣工36.78万平方米，发放项目交付使用许可证8个。二是聚焦建设水平，狠抓新技术、新材料、新工艺推广，积极创建四高小区，瑞虹新城4号地块通过住房和城乡建设部AA级住宅性能认定预审，成功创建为节能省地型“四高”优秀小区，创建面积6.23万平方米。三是聚焦居住质量，狠抓新建住宅市政道路、公建设施建设，做到配套建设与住宅建设同步，已完成胡家木桥路和天镇路道路工程建设；虹关路及天虹路前期准备工作也已完成。

（七）民情民意工作妥善办理

一是认真办理人大书面意见和政协提案。把人大代表意见和政协委员提案办理工作作为了解民意、预防和化解矛盾的重要抓手，坚持与人大代表、政协委员联系制度，抓质量、抓态度、抓效果、抓延伸，认真办理意见提案。今年两会期间受理的33件人大代表书面意见，18件政协委员提案全部按时办结。二是用心做好信访工作，努力控制新增矛盾，化解存量矛盾。深入贯彻落实“领导信访接待制度和督办制度”，加强局领导班子对信访工作的指导和督办，坚持每一件信访案件由主要领导亲自批阅，坚持重点、难点矛盾由局主要领导和分管领导亲自协调，坚持局领导亲自接待来访群众，为信访工作提供坚强保证。加强信访工作力量，抽调人员充实局信访室，开展多层次、多形式的信访培训。加强协作配合，形成信访工作合力，通过年初签订的信访目标责任书，将任务层层分解、责任级级落实，各科室、各部门充分发挥职能作用，密切配合，整体联动，进一步提高了矛盾纠纷联合化解的水平；同时，注重加强与街道社区的沟通、协调，共同筑牢矛盾防治的第一道防线，做到早发现、早处理，把矛盾解决在萌芽状态。在各方共同努力下，我局信访工作成效显著，在今年肩负保障世博会的重任下，全年信访量为2304件，较去年同期减少1724件，同比下降43%，信访件全部按照程序办理。

（八）自身建设得到进一步加强

以服务保障世博、服务区域经济社会发展为目标，进一步转变工作作风、加强依法行政、提高行政效能、狠抓队伍建设，不断提高推动科学发展能力。

一是进一步转变工作作风。深入开展行政机关作风建设，结合区委“千人访万家”活动，开展了“月月访社区、事事为民生”主题活动，局领导以工作组的形式带领相关科室及房管办事处深入基层，走访各街道和居民小区，局机关各科室每月走访对口街道、居委、业委、物业，沟通信息，增进了解，把握需求，找准工作方向。

二是全力推进依法行政。认真落实行政执法责任制，作为区完善行政执法责任制的首个试点单位，我局全面梳理管理权限范围内所有行政执法事项，按照机构职能与执法权限编制了岗位说明书，为行政执法责任制在全区面上推广提供了宝贵经验。不断增强依法行政水平，定期组织开展全局工作人员行政执法培训，提高法治知识水平，以行政复议、诉讼应诉工作为校验器，结合行政首长应诉制落实，进一步增强法治意识，完善执法程序，强化执法监督。

三是着力提高行政效能。按照区委区政府要求，进一步调整、清理、取消行政审批事项，简化审批环节，提高服务效率；深入推进政府信息公开，畅通群众与政府的交流渠道，加强政务网站建设，主动公开相关的政策法规、办事指南等，对依申请的政府信息公开事项按要求在规定时间内予以答复，不断提高工作透明度。

（九）杨浦区

杨浦区建设和交通委员会

今年以来，我委在区委、区政府的领导下，围绕国家创新型试点城区创建和迎（办）世博会工作，坚持一手抓项目和管理工作推进，一手抓世博运行服务保障工作；一手抓“十一五”规划工程项目收尾，一手抓“十二五”规划编制，统筹兼顾，合理安排，各项工作进展顺利，年初确立的目标基本完成。

一、圆满完成世博运行保障和安保工作

加强组织领导，确保了工作有效落实。将迎办世博与建设和管理工作任务紧密结合，纳入建交委工作目标责任书，明确职责分工，建立了由委主要领导总负责、各分管领导具体负责、机关各科室和委属单位共同参与的世博保障工作机制和网络，组织开展了“爱岗敬业、尽职风险，为世博争光添彩，为创新型城区作贡献”立功竞赛活动。认真细致开展了市政道路桥梁、公共交通、建设工地、防汛防台等世博安全隐患大排查，对全区103条公交线路、90个公交首末站、544个公交站点，4条世博专线、1座世博水门，4个公交枢纽，3条轨道交通线、10个轨交站点，48家公共停车场库，百余辆特定公共交通工具，138个在建工地、20个深基坑工程，206条总长238.32公里市政道路，41座桥梁，42.6公里河道，80公里内河防汛墙，26.4公里沿江防汛墙等市政设施，做到了任务清、问题清、职责清，并在大排查的基础上，及时整改问题，制订和完善了相关安保运行保障预案。

注重宣传培训，提高了世博参与意识和保障能力。采取授课、内训、演练等多种形式开展了世博知识、公共礼仪和公共交通、建筑工地、防汛防台、市政设施、信访维稳等世博保障与安保的宣传、培训，其中与区综治办联手举办了4场、共4000余位公共交通平安志愿者培训；对7980名民工开展了安全生产培训，制作了建设工地安全生产、文明施工的宣传展版、宣传手册，拍摄了《文明施工专项整治》专题片，在全区工地中进行巡展和播放；制作印发了2万余份公共停车服务规范、世博知识宣传资料，组织339名停车管理从业人员通过了东方网“文明在线”考试。通过各种宣传培训，广大干部职工和志愿者的参与世博、奉献世博的意识和世博保障、安保的能力有了切实的提高。

加强检查整改，市政基础设施有序运行。健全水、电、煤、通讯等公用管线应急处置机制，加大市政设施巡查力度，基本做到主干道每天一巡视，次干道三天一次巡视，支路七天一次巡视，有重点、分层次，及时发现问题，及时整改；实行24小时职守，确保最快速度处置突发事件，保证市政道路畅通。组织委干部职工高峰时段参与世博公交专线、世博水门的安保驻点，协助维持现场秩序，实现了世博专线、水门707049人次的客流有序观博。今年以来，清捞河面垃圾152.89吨，修复车行道病害面积10836平方米，人行道面积24947平方米，调换侧平石1196米，升井103座，完成各类公用管线抢修任务361项，其中上水抢修272处、信息抢修15处、电力抢修19处、上煤抢修55处，区市政设施的完好率达93%，全面确保了世博期间区市政道路桥梁、河道和公用管线的安全和良好运行。

二、围绕创新城区建设，市政基础设施建设滚动推进

1. 续建工程圆满完成

2009年结转下来的续建工程共7项：轨道交通10号线站点配套及道路恢复、黄兴路道路拓宽、四平路架空线入地、军工路越江隧道地面配套工程、江浦路拓宽前期拆迁和胜利村拆迁、五角场排水管网改造。经多方协调，积极推进，这7项工程均已圆满完成。

2. 新建工程完成节点目标

轨道交通12号线6座站本体全面开工建设；配合市有关部门，推进周家嘴路和嫩江路越江隧道前期工作。完成杨树浦路临时枢纽建设，五角场枢纽土建施工接近尾声，新江湾城公交枢纽规划方案调整完毕。长阳路杨树浦港桥和复兴岛运河桥已开始施工，国济路人行桥前期手续基本办妥。杭州路、三门路、国济路3条道路改建工程已开工；长阳路（内江路－军工路）、关山路和双辽支路3条道路前期拆迁陆续启动，其中，长阳路居民拆迁于8月30日启动，至一奖期结束时，签约率达98.4%。经多次协调，大定海泵站的施工场地于8月份落实，招投标批文办结，争取年底开工。

此外，完成了杨树浦路1889弄和杨树浦路2415弄、2467弄低洼易积水地区改造工程，协调督促完成了控江东三村、控江西三村“小包围”泵站建设，解决了这些地区的积水矛盾。完成了王家浜一期综合整治，进一步深化了小吉浦河的生态修复，改善了河道面貌和水质水环境。

三、注重探索创新，城市管理水平不断提高

1. 新建建筑和既有建筑节能工作提前完成摘牌任务

推进绿色建筑创建工作和既有公共建筑节能改造是我委今年的摘牌项目。为推进绿色建筑创建工作，经过多方研究制定了《杨浦区推进民用建筑节能办法》（试行），制作了专题宣传片；成立了建筑节能专家咨询组，为项目开展绿色建筑创建提供咨询；遴选了一批示范项目并予以跟踪推进，目前，已有5个项目申报建设部绿色建筑或美国LEED奖项成功。继续探索既有公共建筑节能改造方式方法，一方面，结合园区改造、既有公共建筑改建工程，落实建筑节能要求；另一方面，建立建筑节能联席会议的工作机制，与区商务委、区机管局、区旅游局等相关单位，共同探索既有公共建筑节能改造的方式方法，结合创“绿色饭店”活动，推进一批宾馆同步开展建筑节能改造，目前正在

推进区检察院、法院的建筑节能改造。

2. 建筑业监管有效落实，服务职能不断深化

由于我区不是世博会主会场所在地，受世博影响停工的建设工程极少，约124个在建工地在世博期间正常施工，我委积极应对监管范围广、安全质量监管要求高的压力，结合世博安保任务和世博城市文明指数测评，多措并举加强建设工程安全质量监管，形成了建设工程安全、质量和文明施工三位一体的监管模式，充分利用“在建建筑工地务工人员信息库”等信息手段，结合地毯式安全检查，及时掌握工程实时动态，着重加强了重大危险源施工监管，对区内重点区域和主要道路周边的在建工程实施循环型文明施工专项重点整治，实现了建筑工程安全质量受控，建筑工地文明形象得到改善，切实贯彻了“城市，让生活更美好”的世博主题。

做好建设工程行政审批工作，加强协调，提高办事效率，促进了区旧区改造、重大功能性项目的顺利推进。全面建成建筑业受理服务品牌窗口，推出全市首个业务全受理窗口，成为全市首批“场地、行为、业务、流程”全贯标单位。成功完成区建筑业联合会换届工作，为本区建筑业参与各方相互学习和交流搭建了平台。截至11月底，共办理招投标发包项目100个，累计中标价7.84亿元；发放施工许可证84张。加强行政执法，严肃查处了“六无”工程和违法分包等经营行为。

3. 公共交通长效管理和综合治理得到强化

为确保区公共交通安全，掌握区公共交通第一手资料，委领导带头，以“5＋2，白＋黑”的工作节奏和忘我精神，对区域内所有公交线路、公交站点、轨道交通、公交枢纽、长途客运站、轮渡开展了两次地毯式的调查摸底，对调查摸底的基础资料进行分类统计汇总，并绘制了区公交线路、站点、轨道交通站点及出入口、公交枢纽、世博专线等公共交通信息的分布图，填补了区公交基础资料信息的空白，为区公共交通世博安保工作的顺利开展提供了有力的保障和坚实的基础资料。及时完成区4条世博专线和秦皇岛水门站点交通设施配套建设，为市民观博提供便利。

完成了交通管理中心相关手续办理和人员招聘。研究制定了五角场核心区综合交通治理实施方案，方案中所涉及拥堵地块和路段交通组织优化设计、交通语言系统优化相关工程已开工建设；五角场停车诱导系统二期优化工作已进入政府采购招投标程序，将有效推进智能交通管理。根据公共停车场库实施属地管理的要求，形成了管理内容和相关工作制度的初步意见。

4. 水务管理进一步加强，全区安全度汛

加强了水务行政许可和水务行政执法管理，严查堤防沿线“三违一堵”情况，深入开展排水管道养护大会战，确保公共水务设施的安全运行。落实世博防汛安全工作要求，组织修编了各级防汛专项应急预案。结合开展防汛安全隐患排查与整改专项行动，加强了防汛基础设施建设和管理。根据汛期延长至与世博会同期，组织委机关干部职工从5月1日开始24小时值班制，直至10月30日世博会结束。积极应对了24次防汛防台预警信号，包括3次橙色预警、16次黄色预警、5次蓝色预警，接警后第一时间启动应急响应，全面部署并督促落实应对工作，全区安全度汛。

5. 市政基础设施建设“十二五”专项规划初稿基本完成

通过加强与市有关部门的沟通，听取相关委办局、街镇、人大代表、政协委员的意见和建议，集中民智，我委经深入调研分析，结合市相关行业“十二五”规划纲要和杨浦区国家创新型试点城区建设的总体要求，确立了“提升发展北部、加快发展南部、南北呼应，联动发展”的思路，编制了以“提升、

发展、外联、内畅”为重点的市政基础设施“十二五”专项规划。

6. 工程性矛盾化解机制进一步完善

高度重视工程性矛盾化解工作，注重理顺机制和充实力量。针对近年来建设工程施工引发的矛盾增多的趋势，制定了《杨浦区建设工程施工受损房屋处置工作实施办法（试行）》，进一步明确了处置原则、组织架构、责任分工，为处置建设工程施工引发的矛盾提供了机制和制度保障。在委办公室内设信访矛盾化解组，进一步充实力量，理顺关系，加大矛盾化解力度，减少越级上访、闹访。完成轨道交通 8 号线沿线 71 幢居民受损房屋的检测认定和平凉路 2767 弄 3 幢居民受损房屋加固修复；受理农民工上访催讨工资 32 起，涉及拖欠工资民工人数 1016 人，涉及拖欠工资金额 526.17 万元，解决率为 100%。为世博期间的城区信访维稳做出应有贡献。

四、聚焦服务世博和委中心工作，党务工作落到实处

1. 坚持在“一线”锻炼队伍，干部队伍建设上新台阶。组织党政领导、组织和纪检干部认真学习了干部选拔任用四项监督制度，提高认识。深化“一线工作法”方式方法，密切与社区的联系，与所联系的居委开展联谊座谈，健全问题发现机制，更好地在一线发现问题解决问题，实现“双赢”。围绕服务世博和委中心任务，开展“以提高能力素质、突出岗位实战能力为主体”的干部内训，委领导班子成员亲自授课，既让听课的干部职工受益匪浅，又提升了领导班子自身素质。根据委工作实际，新录用机关事业单位工作人员 11 名，提拔科级干部 7 名，推出 7 名科长助理、2 名署长助理，进一步优化了委人才结构。组织科级以上干部利用休息日深入到长阳路拆迁基地，协助推进拆迁工作。开展了绩效考核试点工作，完成了 29 名科级以下干部的岗位梳理，双月绩效考核进入常态操作状态。

2. 围绕重点工作，切实发挥党组织战斗堡垒作用。开展轨道交通 12 号线党建联建活动，通过走访、召开工程通报会等形式，听取街道及居委的意见和建议，畅通与施工单位沟通渠道，推进工程顺利开工建设。全年发展党员 6 名，组织党员观看沈浩先进事迹、世博专题片等，提高党员的党性修养。在迎办世博期间，党员切实发挥模范带头作用，认真履职，勇担责任；发生突发事件时，冲锋在前，及时排除障碍，确保各项市政基础设施的正常运行。组织发动党员干部开展创先争优活动，评选区“双带双争”先进典型 2 名和优秀党组织 1 个。在区“服务世博，奉献世博”立功竞赛中 4 位同志获三等功、7 名同志获嘉奖，2 名同志获得上海市委“五带头”共产党员的光荣称号，营造了党员干部学习先进、崇尚先进、争当先进的良好风气。

3. 健全监督制约机制，党风廉政建设得到进一步加强。抓好年度党风廉政建设责任书的层层签约，做到党风廉政责任与工作目标、经济指标的同签约、同部署、同考核，委主要领导与分管领导、部门的主要负责人签订责任书。把《廉政准则》作为重点学习内容，通过摘编资料、专题学习、知识测试等，使党员领导干部进一步知晓“52 个不准”。每月编发党风廉政宣传资料《资料摘编》，组织党员干部观看《铲除小金库》等电化教育片，力争通过多种形式，提醒大家时刻牢记建设领域权力岗位上的高危风险，增强个人防范风险的意识和能力。稳步推进工程建设领域突出问题专项治理，开展了报建项目自查自纠、问题整改工作，强化依法实施工程项目的意识；结合专项治理工作的进行，起草制订了《建交委领导干部报告个人有关事项的实施办法》，修订《建交委党风廉政建设责任制》、《领导干部保持廉洁的若干规定》等党风廉政制度。

杨浦区绿化和市容管理局

2010年，区绿化市容局按照区委、区政府总体部署，紧紧围绕迎博、办博和杨浦国家创新型试点城区建设要求，结合我区城市综合管理实际，会同城市管理相关部门和各街道(镇)，深化市容环境管理体制建设，增强建设和管理的覆盖力和控制力，服务上海世博会的成功举办和国家创新型试点城区建设，圆满完成迎世博市容环境建设和世博期间城市运行服务保障任务，不断探索和实践世博后城市常态管理机制，努力实现整洁、有序、美观、平稳的城市管理目标。被党中央、国务院授予“上海世博会先进集体”，被市委、市政府授予上海市“上海世博会工作优秀集体”。市政府办公厅在今年第37期《情况专报》中通报和肯定了杨浦区城市管理主要工作做法和经验。

一、强化两项职能，履行市容环境综合管理职责

（一）充分发挥综合管理和综合保障职能

做实区城管委办综合协调平台，充分发挥综合管理、综合保障职能，不断提升城市综合管理能级。

一是努力创新和实践城市管理“大城管”模式。着力构建“管理重心下移、管理资源整合、管理工作互动、管理行为联动、社会公众参与”的城区环境共建共享运行机制，加快城市管理工作从多头管理向联动管理转变、从集中整治向常态长效转变、从传统管理向社会治理转变，形成了“条块结合、以块为主、属地管理、条条保障”的城市管理新格局。

二是完善区城市管理工作规则。健全议事制度，定期召开全区性的运行保障例会，协调推进重要工作，研究部署落实专项任务；完善督查督办制度，定期检查落实城市管理目标任务，进一步深化综合事务管理，建设协调推进和工作绩效评估职能。

三是探索常态长效管理机制。结合“十二五”规划编制工作和区城市综合管理“大联动”机制建设，积极探索和研究世博后城市管理常态机制。

（二）发挥专业管理和专业服务职能

按照部门职责和分工，充分履行绿化建设管理和养护、市容环境建设管理、城市管理行政执法和环卫作业等专业管理、专业服务职能，全面完成迎世博和世博期间绿化市容环境保障任务。

一是加强市容环境源头管理。建立完善渣土定专营、定价格、定卸点、定账户、定监控装置等“五定”管理制度，确保全区渣土管理规范有序。大力推进生活垃圾新分类，新增58个居住区实行生活垃圾分类收集，新增19个居住区开展垃圾分类绿色账户，进一步提高生活垃圾分类收集率和资源利用水平。

二是提高绿化养护质量。结合区域实际，按照养护质量分类、分级管理。今年共补种乔灌木700万株、补种地被植物1.37万平方米、改建整治绿地3.98万平方米、修剪花灌木2.96万株、修剪地被植物13.9万平方米、安装维修绿地栏杆侧石8300米。

三是强化公园文明宣传服务功能。以“星级公园”和“文明公园”创建为载体，强化公园园长负责制和“三位一体”的公园联建联管机制。以“感动世博、美丽杨浦”等为主题，先后组织公园宣传活动和书画展11次，放映免费电影25场次。

四是改进环卫作业方式。进一步提高环卫作业质量，在全区88条道路190万平方米路面实行24小时保洁，在其余172条道路494万平方米路面实行18小时保洁。加强垃圾清运管理，确保生活垃圾日产日清，暴露垃圾及时清除。1~10月份，清除生活垃圾288962吨，暴露垃圾49114吨，垃圾减量21118吨，垃圾四分类1.5吨，清除粪便121960吨。城区环境卫生质量不断提高。

二、突出三个重点，落实市容环境综合管理目标

（一）注重服务世博，提供环境保障，确保城区环境“整洁、有序、美观、平稳”

一是建立健全世博会运行保障机制。立足于常态长效管理，在市明确的重点保障范围的基础上，拓展形成杨浦的世博保障重点范围，制定印发《城市运行服务和应急保障工作方案》，召开区城市管理和世博保障工作动员大会。建立城区综合管理运行保障体征指标日报和“三查三报”巡查制度，引入社会第三方考核评估机制。通过日巡查、周例会、月通报、季考评，全力保障城市运行服务平稳有序。在市市政市容环保组开展的双月考评中，我区位居全市前列。

二是开展系列专项整治。自世博会开幕以来，先后召开4次运行保障工作例会，分析评估运行情况，解决存在问题，分步推进拆违、街镇网格化管理平台建设、门责管理、夏令城区环境治理等专项工作，将“四乱”等顽症问题作为常态管理项目，进行挂牌督办、限期整改。

三是积极发动社会参与。以每月“环境清洁日”活动和每周四爱国卫生大扫除活动为载体，把“962151”热线、“书记·百姓网上通”、“区长在线”等视为公众参与的桥梁，全面启动“我的门前我清洁”活动，开展“城区环境，共建共享”市民互动活动，努力营造政府引导、群众参与、社会监督的共治氛围。

（二）注重管理创新，提升环境质量，构建“管理重心下移、管理资源整合、管理行动联动、社会公众参与”的城市环境共建共享运行机制

一是体制机制创新。着眼于进一步优化机制，细化操作，研究制订了《关于进一步创新工作机制，完善城市常态长效管理的实施办法（暂行）》，积极推进管理创新和机制创新，促进管理方式由单一的末端处置向源头治理和末端处置并重的转变，形成了条块联动、平台联动和执法联动城市综合管理运行机制。

二是管理方法创新。强化城市管理计划、执行、跟踪、督查和考核环节，切实提高一线队伍的到岗率、管事率、解决率、满意率。建立完善每季互评、每月实地实效检查、网格化受理处置实效考评、市和区社会公众满意度测评、领导专项批示、媒体监督事件处置、区城管委对各成员单位的综合评定等为主要内容的城市管理绩效考核机制。正确引导市民群众、社会利益群体、新闻媒体等第三方参与城市管理和考评，激发群众城市综合管理的社会创造力，逐步建立市民社会广泛参与、城市环境共建共享的工作格局。

（三）注重能力建设，提高执行效能，营造“和谐共事、团结进取、运作规范、执行高效”的人文环境

一是加强执行力建设。按照“权责明确、分工合理、协同高效”原则，推进完善领导班子和干部职工队伍管理机制、政事企分类管理机制和现代城市管理机制等基本框架建设，将部门执行力建设作为部门建设、岗位建设的重要抓手，确保政令畅通、执行有效、落实到位，提高部门自身执政能力。

二是规范内部管理。强化行政管理职能，在迎世博绿化市容建设项目和日常管理工作中，严格管理程序，推进依法行政，规范行政审批行为，促进城市管理由政府组织运作的官本位理念，向以人为本，建立服务型政府转变。

三是加强团结协作。迎博、办博的城市环境保障要求任务重、时间紧，绿化市容系统全体干部职工正确面对城市管理过程中存在的主要问题和弱点、难点，妥善处理个人与团队、关心同志与严格要求的关系，集思广义，共谋发展，营造了和谐共事、团结进取的人文环境，做到了跨前一步，先解决问题再分清责任，为全面完成迎博、办博任务

奠定了良好基础。

三、抓好六项工作，提升市容环境管理水平

（一）全面完成迎世博城区市容环境整治任务，巩固整治成效，展示城区发展风貌

一是全面完成市下达的迎世博任务。全面完成与市签约的“三大工程”、“四大战役”共23项城区环境建设和整治任务，完成轨道交通站点和10个重要地点周边市容环境综合整治。在市迎世博工作进度考核中，杨浦始终位居全市各区县前列。

二是着力完成城区景观品质提升建设任务。通过建筑立面整治、店招店牌改造、绿化调整、架空线入地、景观灯光、广告设置改造，五角场市级副中心等“1＋3”重点区域整体市容景观品质进一步提升，10条市级主干道市容环境面貌全面改善，26个“一街一景一区”建设成果逐步显现。以立体花卉构成的五角场副中心、四平路高校周边、杨树浦路世博水门、M8线沿线等大型特色绿化景观基本形成，基本实现灯中有景、景中观灯、景灯结合、相得益彰的景观效果。其中，五角场淞沪路“世博海洋”主题绿化景点获“世博主题绿化景点评比”金奖；邯郸路复旦大学花坛花境获“世博花坛花境评比”银奖，中原路嫩江路花坛花境获铜奖。

（二）组织开展“清洁城市”行动，细化保障措施，加强运行分析，扩大社会参与

一是抓住有效载体。以“清洁城市”行动为载体，加强公共环境顽症专项治理，开展乱设摊和跨门营业、机动车和非机动车停放、户外广告、店招店牌、横幅彩旗、拆违等专项整治。加强道路分级管理，对市级道路、重点区域、重要保障道路按照无乱设摊、无跨门营业的“两无”标准进行整治。中小道路实现总体实现有序可控。加强道路、绿地绿带、城市家具和点状环境保洁养护，加强巡查和动态运行分析和研究，及时发现问题，及时处置整改。

二是细化保障措施。以“我的门前我清洁”活动为抓手，结合每月15日环境清洁日活动，深化责任区达标创建和市容环境综合管理示范街道创建工作，建立沿街门店“一店一牌一档”信息库和门前责任制诚信档案。截至10月份，累计采集16923个沿街门店的基础信息和诚信档案，完成总数16978个门店的99.7%。全区12个街道（镇）全部完成门责达标创建工作。四平、五角场等4个街镇通过门责达标创建复查工作。推荐指导四平、五角场2个街道参加全市首批市容环境综合管理示范街道创建，已进入市公示范围。

三是扩大社会参与。通过“三五”集中行动、“城市环境共建共享市民互动”、“群众查看”、市民巡访、政风行风监督、“五区联动”、“三五六”联建机制，动员全区机关和企事业单位、大中小学校、驻区部队、广大市民群众及万家门店职工广泛参与市容环境建设和管理。定期开展道路、建筑物、居住地和绿地公园等11项环境内容的实地实效检查和社会公众满意度测评，督促激励各部门、各单位一线工作人员履职尽责积极性，营造社会公众广泛参与的共建共治格局。

（三）组织实施市容环境建设项目，服务城区建设，服务民生改善

根据区委、区政府总体部署，把今年区委、区政府摘牌专项工作、“十一五”规划绿化覆盖率建设指标、8项区政府实事项目和区固定资产投资项目等确定为重点项目，定期召开专题推进会议，研究措施，确保建设项目顺利推进。

一是加强顽症治理。按照区委、区政府专项摘牌工作要求，聚焦乱设摊、乱搭建等城市管理顽症，在实践中探索和完善“条块结合、以块为主、属地管理”的城市管理机制。制定《关于加强无证设摊控制点管理的指导性意见》，推行设摊管理“五定”疏导方案，积极引摊入点入室，乱设摊和跨门营业数控制在市局下达的1300和400个以内。

按照遏制增量、减少存量原则，制定《加强违法建筑拆除工作的试行意见》，加大历史存量违法建筑的拆除力度，依法及时拆除各类违法建筑5万平方米。坚持重点区域、主干道路“日产日清”、一般区域及时清除的原则，有效控制乱张贴等“三乱”现象，顽症治理取得阶段性成效。

二是加强绿地建设，不断改善城区绿化环境。全面完成地铁10号线建设相关站点绿地恢复工程，恢复绿化建设面积约4.5万平方米，种植行道树约500株；全面完成大连路公共绿地管理用房项目的竣工验收工作；完成军工路北段配套项目公共绿地建设项目，积极推广屋顶绿化等立体绿化形式。到2010年底，全区新增绿地面积120.5公顷，新增行道树2900株，新增屋顶绿化7744平方米，绿篱围墙760米，城区绿化覆盖率达28%，城区绿化环境质量进一步改善。成功组织召开了京、津、沪、渝绿化协作区第五轮第三次会议。

三是积极推进公园建设和改造，不断改善城区居民生活环境。全面完成黄兴公园改造工程。截止10月底，安徒生儿童公园建设项目完成工程量的61%，争取年底前完成项目固定资产投资量。

四是加强市容环境综合整治，提高市容环境总体水平。组织对四平路、杨树浦路等列入区政府实事项目的7条（段）道路进行市容环境综合整治。截止10月份，已完成黎平路全线和杨树浦路（宁国路—黎平路）市容环境综合整治工作，预计12月份全面完成7条道路市容环境综合整治工作。

五是加强环卫设施建设改造，改善环卫基础设施配置。配合清真寺周边市容环境综合整治，完成政府路市光路倒粪站迁移改造。整修垃圾箱房100座、倒粪站8座、公共厕所24座，新建公共厕所3座。结合城区开发建设项目，建成4座压缩式生活垃圾收集站。更新各类环卫车辆48辆、吸粪车1辆、机扫车3辆、道路冲洗车2辆。

六是加强景观灯光建设和户外广告设施管理。完成金岛大厦立面动态灯光建设和沪东金融大厦、中环国际大厦内光外透工程，彩蛋灯光实现互动演绎，对89幢使用三年以上的楼宇景观灯光设施进行大修。完成黄浦江沿岸工厂、仓库等20处工业速写灯光建设。完成杨浦区户外广告设施设置阵地草案编制工作，协调完成迎世博公益广告宣传阵地征用，征用大型户外公益广告13块，拆除新村指示牌62块。

（四）着力构建城市综合管理运行机制，努力创新突破，促进长效管理

一是深化条块联动，推进重心下移。搭建区城管委、街镇城管委和居民区城市管理联系站三级架构体系，将管理执法力量落实到社区一线，加快资源整合，注重充分发挥块的作用，增强街镇对辖区城市管理的组织领导、统筹协调和综合执法管理能力。

二是完善平台联动，加快资源整合。将门责诚信档案、问题发现处置、市民投诉建议等基础信息统一纳入网格化管理平台，开通世博城市综合管理绿色通道，努力做到快速发现问题、快速传输指挥、快速有效处置。

三是健全执法联动，有效治理顽症。推进街镇城市综合管理联动执法制度的建立，提升一线联动执法能力。针对市民反映集中的“四乱”等城市管理顽症，组织开展200余次联动执法“拔点行动”，进一步提高行政执法效能。

（五）认真编制“十二五”发展规划，加强调研分析，着眼发展提升

一是总结回顾“十一五”规划完成情况。认真总结“十一五”期间规划完成情况，总结“十一五”规划实施中的经验做法，为“十二五”规划编制完善和规划实施奠定良好基础。

二是认真编制“十二五”规划。按照区委、区政府经济社会发展规划目标，立足服务国

家创新型试点城区建设要求，加强绿化市容发展规律性问题的研究，认真编制绿化市容“十二五”规划，力求规划内容具有前瞻性，规划目标客观科学，推进绿化市容事业健康有序发展。

（六）积极抓好政风行风建设，增强履职意识，提高工作效能

一是强化群众监督，提升服务质量。召开绿化市容行业政风行风建设大会，定期召开政风行风通报会，分街道、分区域召开市容环卫行业政风行风建设恳谈会。积极引入社会中介机构参与绿化和市容环卫行业监督考评。及时办理人大代表意见和政协委员提案，办结率100%，满意率100%。受理各类绿化市容案件4689件。其中，居民投诉1163件，处理率100%，满意率99.6%。完成市市容环境质监督办件901件，办理合格率99.9%。严格按照“三个二”的承诺要求进行处理和结案，对转办整改件的整改情况进行跟踪督办，提高服务质量。

二是加强岗位培训，提升行业窗口服务能力。通过“白玉兰”杯考核、技术比武等载体，以岗位技能、职业道德、行业服务文明行为规范等为主要内容，加大绿化养护和市容环卫行业服务人员培训力度，切实提高绿化和市容环卫系统职工专业技术水平，不断提高道路保洁、公厕服务、公园管理、绿化养护等服务窗口和文明行业的社会满意度。

区绿化市容局在今年办博过程中，坚持抓推进、不松懈，破难题、不懈怠，强自身、不变调，圆满完成了城市运行服务保障任务。同时我们也清醒地认识到，城市管理工作还存在一些问题：在运行机制方面，部分管理机制没有完全落地，城市综合管理信息共享还不充分，问题发现缺乏互动和联动，执法处置刚性不强，执法职责交叉、多头执法和执法力量分散等瓶颈尚未得到有效突破。在实效方面，城市顽症治理出现阶段性反复，管理盲区和空白点依然存在，公众参与机制有待进一步完善。我们将在2011年工作中，针对工作中的弱点和不足，进一步完善机制，制定措施，落实责任，为国家创新型试点城区提供更好的城区环境。

杨浦区住房保障和房屋管理局

2010年，在区委、区政府的坚强领导下，坚持以科学发展观为指导，认真贯彻落实中央、市房地产宏观调控政策，以确保“平安世博”为主线，以服务创建国家创新型试点城区建设为抓手，以推进世博服务保障、旧改动迁、住房保障等工作为重点，全局上下振奋精神、迎难而上、艰苦实干、无私奉献，圆满完成区委、区政府赋予的各项年度目标任务。今年，局保持了市级文明单位称号，并先后荣获市房管系统信访维稳工作先进集体、区城市管理和服务保障一等奖、上海世博会杨浦区优秀集体、区内训优秀品牌、区迎世博二次供水设施改造工作先进集体等荣誉称号。

一、以落实住有所居为目标，强势推进区摘牌项目和实事项目，不断改善百姓居住质量

（一）旧改拆迁平稳推进。以“依法拆迁、阳光拆迁、诚信拆迁、和谐拆迁”为原则，以“抓队伍建设、抓房源落实、抓资源整合”为主线，平稳推进动迁工作。全年完成拆迁居民3520户，拆房面积8.45万平方米。一是抓在拆基地推进。集中力量，推进平凉西块12街坊、轨交12号线站点、长阳路辟通等重点、重大基地拆迁工作。二是抓在拆基地收尾。通过集中行政资源，定人负责、定时跟踪、定期巡查，以房屋拆迁裁决为主要手段，完成了平凉西块16街坊、定海128街坊、五角场313街坊等21个基地443户的收尾，完成全年目标7个基地的300%，是近10年收尾力度最大的一年。三是抓新开基地启动。以平凉12街坊等市区联合储备项目、

大桥112街坊等区功能性项目和关山路、新华医院等区市政项目为重点，推进新基地启动。完成大桥109、110街坊、平凉73街坊部分和定海152、153街坊等项目的“事前征询”工作。四是抓停滞基地激活。按照“总体思考、整体安排、分步实施”的原则，邀请市相关拆迁专家“一基地一方案”研究激活方案，成功激活了平凉49街坊（许扬二期）和长白229街坊，为下一步停滞基地激活积累了宝贵经验。

（二）住房保障深化推进。积极构建动迁配套房、廉租房、公共租赁房、经济适用房“四位一体”的保障体系，扎实推进保障性住房建设，逐步改善不同层次、不同人群的居住条件。一是抓保障房建设。完成在建81.8万平方米、竣工48万平方米、新开工20万平方米。与相关部门协调、衔接，争取周浦、顾村等外区经适房房源以及落实周浦、康桥两地实物配租房源420套；通过在新江湾城C4地块、河间路保障性住房项目中新建配建、引导存量房源转化和市场收购等方式，筹措公共租赁房。此外，挖掘资源，梳理出二毛厂等闲置厂房作为公共租赁住房改建项目。二是抓政策研究。通过调查摸底、分析研究、学习考察，制定了《杨浦区廉租住房实物配租实施方案（试行）》，已由区政府印发。同时，拟定了《关于做好本区经济适用住房受理、审核和供应工作的意见（征求意见稿）》、公共租赁房等制度，为保障性住房的推开做好政策准备。三是抓学习培训。采取“请进来、走出去”、“集中与分片相结合”等方式，对各街道（镇）房办人员、窗口接待人员、街道（镇）社保科长以及保障中心的工作人员开展政策学习和业务培训。同时，定期召开工作例会，开展政策研讨和问题会商，不断提高业务能力。

（三）实事项目全面完成。一是廉租住房工作。按照应保尽保原则，全年受理廉租1193户，落实配租1165户，发放资金5523万元。实物配租新机制在定海、四平和五角场镇三个街镇试点经验的基础上全面推开，通过梳理、会审、邻里调查、意愿征询、受理申请、公示摇号等环节，全区共有22户居民落实了浦东康桥实物配租住房。二是旧小区综合整治。为配合世博会的召开，按照“早启动、早开工、早竣工”的原则，4月30日前完成政府路61弄、三门路24弄、凤城六村三个小区30万平方米综合整治任务，投入资金约2400万，受益居民6000余户。三是“满意物业”小区创建。创建涵碧景苑、民京路838弄、富天苑、延吉四村、凤城六村等5个“满意物业”小区，涉及面积30万平方米、居民4612户。四是“四高”小区创建。按照“高起点规划、高水平设计、高质量建设、高标准管理”的要求，通过方案研讨、资金筹集、材料确定、规划建设、申报验收，完成宝地东花园（一、二期）“四高”优秀小区创建。

（四）旧住房成套改造全面完成。一是抓竣工。通过各单位积极参与、全力配合，经五年努力，旧住房成套改造现已全面完成60.5万平方米改造任务，受益居民1.6万余户，提前完成“十一五”目标任务。二是抓回搬。4月15日，佳木斯路“拆除重建”基地（一期）78户居民回搬新居，切实享受到这项惠及民生的实事工程成果。三是抓办证。疏通办理产证渠道，加快产证的办理，鞍山四村等21个基地已进入大产证办理阶段。

（五）政府性投资有序开展。全年完成平凉二期（16、17街坊）、18街坊、河间路107、112街坊保障性住房建设（一期）、旧住房成套改造、平改坡综合改造、二次供水设施改造、长白路（敦化路~图们路）等投资项目，累计投资16.37亿元，完成年计划的100%。

（六）节能减排持续加强。一是抓既有建筑节能改造。依靠街道（镇）、居委会和物业单位做好宣传，完成逸仙路167弄、安波路985弄等小区6.46万平方米既有建筑节能改造，完成年计划的129%。二是抓新工艺运用。采用外墙保温、双层玻璃及太阳能路灯等节能材料和工艺，积极推进佳木斯路163弄拆除重建地块和河间路107、112街坊保障性住房建筑节能。三是拆房扬尘污染治理。加大拆房基地管理和检查力度，采取施工中高压水枪喷洒、清洗土方车等措施有效降尘。全年共签订防止扬尘污染责任书21份，巡查基地100余人次，查处扬尘污染行为6起。四是抓机关节能减排。积极开展机关大楼建筑节能调研，加强对用电、用水、用油的管理，全年机关消耗标准煤199.09吨，同比下降3%，完成能耗同比下降2%的目标任务。

二、以确保世博平安为重点，有效开展服务保障工作，把安全稳定落到实处

（一）“保安全”有成效。以“六个不发生”和“四个确保”为重点，全力确保房管系统平安世博各项工作万无一失，以一方稳定保世博平安。

1. 安全项目有效推进。一是牵头项目全面落实。对全区水箱、蓄水池基本情况进行全面梳理掌控，建立了《杨浦区平顶洞或蓄水池通道地址清册》，完成全区873个住宅小区15034个水箱水池和7323个平顶洞的上锁，双人双锁率达100%，确保了世博期间全区居民用水安全。二是配合项目管控到位。根据“实有人口、实有房屋”全覆盖的工作要求，督促全区物业服务企业，配合公安、街道（镇）、社区加强对空置房和出租房的掌控和动态管理，共排查空置房22652户，出租房33330户。配合民防办、消防支队等部门开展住宅小区地下空间等重点场所的检查，完成全区413个地下车库的用电、消防安全普查，整改安全隐患21处。三是综合项目常抓不懈。加大安全生产检查力度。始终把安全生产放在重要位置，先后组织局层面安全生产大检查30余次，出动人员700人次，发现隐患170余处，并全部跟踪落实整改。做细做实防汛防台。根据世博期间的防汛防台特点，建立了“易积水小区应急排水、私房危房、动迁基地安全度汛”等6个应急预案，重点加强轨交沿线住宅小区地下管网检查、疏通和水泵房等设施设备管理，共疏通污水井55944只、地下管道72万米。加强危、旧住房修缮。完成长白228街坊拆迁基地28户危房加固和河间路101街坊、西白林寺拆迁基地房屋的“保基本”维修。强化工地施工规范管理。世博期间，47个拆房工地围挡率达100%，拆迁工地空屋封堵率100%，外来务工人员全部清查备案。积极开展应急演练。组织物业服务企业开展地下车库暴雨进水、小区突发性水淹、房屋出现结构性危险等事件的应急处置演练120余次。

2. 搭建框架落实责任。一是建立机构，制定计划。调整成立了区房管局“平安世博”管理保障工作领导小组，下设“安保、运行和保障、宣传及媒体服务、外事工作与接待服务”四个指挥部。按“项目化推进，数字化落实”的理念，制定下发了《区房管局“平安世博”管理保障工作计划》，将局平安世博重点工作按职责职能具体落实到科室、房管办，并签订了世博工作目标责任书。二是搭建平台，专人负责。为督促、指导全区物业服务企业、住宅小区严格执行水箱（蓄水池）、水泵房等设施设备“双人双锁”安全管理制度全覆盖，成立了局机关、房管办、物业公司三级工作平台。按照“条块结合，属地管理”的原则，明确小区经理，房管办工作人员和房屋协管员为水箱（蓄水池）安全管理责任人，与物业服务企业和住宅小区管理处，签订供水设施设备安全防范工作责任书361份，形成“事事有人抓，件件有人管”的良好氛围。三是落实看护，群防群治。向各街道（镇）发放《关于共同做好住宅小区水箱、水池专人看护的函》，请各街道（镇）组织住宅小区平安志愿者，落实24小时住宅

小区水箱、水池专人巡查看护制度。统一制作和发放7.4万张水箱（平顶洞）安全防范联系卡，请社区居民主动配合和监督水箱（平顶洞）上锁安全防范工作。

3. 细化项目督查整改。一是细化检查项目。根据市局《住宅小区世博安保工作细则》，结合我区住宅小区安全防范工作实际，将住宅小区世博安保工作检查内容细化为7大项51小项。二是坚持“四查”制度。严格执行“四查”制度，小区经理每天检查、物业企业落实自查、房管办开展巡查、区局组织督查。从3月起，由局党政主要领导亲自带队，分组对全区12个街道（镇）住宅小区水箱上锁制度落实进行抽查。开展检查2748次，发放整改通知书234张，整改率达100%。三是建立制度。为确保检查情况整改到位，建立了相应的签单、台帐和执行报告等制度。所有情况均由检查人员签字，并以书面记录拍照留档，由小区物业责任人签收。物业企业每天将住宅小区水箱、水池安全检查整改情况和安全状况向房管办事处报告，各房管办将检查记录、存在问题、整改情况及时录入信息系统，做到实时跟踪。

（二）“保和谐”有力度。稳定压倒一切，稳定是开展一切工作的基础，我们以百姓呼声为出发点和落脚点，全面保障世博期间房管系统的稳定和谐。一是适时分析信访维稳形势。利用每周世博安保例会和每月局务会，对房管系统维稳形势进行分析研判，做到面上动态不遗漏，细节掌握不疏忽，对可能出现的集访等问题提前预防。全年召开信访维稳会议90余次，信访专题化解会议32次，编印《信访专报》25期。二是着力化解矛盾焦点。加大重信重访化解力度。根据市、区关于开展重信重访专项治理工作的有关精神，梳理2008年~2009年重信重访43件，化解32件；2010年重信重访6件，化解6件，化解率均超过市政府70%的要求。加大重点旧改矛盾化解力度。积极筹措动迁化解房源214套，区联席办抄告的35户化解对象所需的65套房源全部落实；配合各街道（镇），主动协调有关单位，妥善处理刑释人员因拆迁期间未得到安置的住房困难矛盾6起，化解1起。加大住宅小区矛盾化解力度。充分利用小区综合管理矛盾协调化解平台，化解、缓解长阳新苑、晟业佳苑等住宅小区各类突出矛盾20余次。三是切实推进业主大会、业委会规范化建设。健全完善居委干部和业委会成员的培训机制和业主大会、业主委员会自身建设制度，先后组织控江、殷行、五角场等街道（镇）居委会干部、业委会负责人500余人参加业务培训。四是全面加强日常信访接待。以“五一、中秋、国庆”等节日作为重要节点，排摸社会矛盾，提前介入抓稳控。全年共处理信访件2685件，日常接待来访1827批2569人次，周四领导接待642批1232人次，同比接待量有所下降。

三、以实现干净整洁为基本，不断深化住宅小区综合管理，持续改善百姓居住生活环境

（一）“保干净”有进展。每月15日组织物业服务企业、社区居委会、志愿者开展“清洁家园”专项整治活动。清洁整治小区公共区域、公共活动场所和公共设施，保持道路、绿地等公共场地整洁、有序。共组织房管物业系统干部、平安志愿者和社区居民6万余人次参与专项整治活动。督促物业服务企业提升服务标准，增配保洁，增加清扫频率，重点加强小区内屋顶、共用部位、电梯机房、流水明沟、绿化地等部位的清理、清扫，有效巩固了住宅小区环境文明创建成果。

（二）“保服务”有提升。一是深化推进物业管理服务达标考核。制定《杨浦区物业管理服务达标补贴补充办法》，将达标考核标准调整到0.25元/月/平方米。进一步健全达标考核办法，完善考核内容，全年达标考核累积发放资金4113余万元，惠及住宅

小区313个25.3万户居民，涉及面积1254.6万平方米，有效缓解了物业企业亏损问题，提升了服务质量。二是整合完善物业服务呼叫平台。有效整合“962151”区房屋维修应急中心和“962121”市物业服务呼叫平台功能，及时处置和解决各类投诉、报修问题，夏令期间累积解决百姓“急、难、愁”问题3204个，处置率100%。三是完善特殊物业托管。完善住宅小区应急托管机制，通过政府购买服务的方式，共有18个小区落实了基本物业服务保障。其中，通过指导业主大会、业委会履行主体作用，有4个小区已选聘物业公司，步入常态管理。四是强化物业行业一线从业人员培训。组织动员104名行业一线从业人员参加水电、绿化等职业技能培训、考核和竞赛活动，有效提高从业人员服务技能和水平。

（三）“保秩序”有进步。一是开展“四乱”专项整治活动。依靠社区居委会大力宣传“我的门前我清洁”自律机制，发动社区居民和志愿者共同参与治理“乱张贴、乱堆物、乱停放、乱晾晒”等不文明行为，有效保持共用部位、公共场所及小区道路整洁、畅通，营造“共建、共创、共享”的和谐居住氛围。二是强化住宅小区车辆管理。推行住宅小区外来车辆进出询问登记制度，落实“车辆实名制”，建立机动车信息台帐，健全管理制度，及时纠正乱停放现象，保持小区内车辆行驶、停放有序。共有616个住宅小区建立机动车管理台帐，登记机动车停车位5.2万个。三是完成住宅小区车棚（库）清查、整治。完成全区1011个35.6万平方米车棚（库）的清查，重点对停车棚（库）岗位及收费制度建立、消防及安全隐患消除、服务人员履职能力和规范等方面存在的问题进行专项整治，有效改善停车棚（库）乱拉电线、乱用气和乱堆物现象。四是组织开展物业培训。组织全区物业安保人员开展物业秩序维护等专业知识培训，6131名物业安保人员完成课程培训和考核，合格率100%。此外，有1500余名车棚（库）管理人员完成了管理技能培训。

四、以提升高效规范为原则，加强依法行政，不断完善基础工作建设

（一）依法行政循序开展。一抓业务受理。进一步提高为民便民的服务意识，全年共受理业务办文554件，发出办结件569件（含去年结转），接待来访1072人次，接受电话咨询441人次。二抓涉法涉诉。认真落实“五五”普法各项要求，举办法制讲座、座谈会13次，开展“3.8”、“3.15”等重要节点法制宣传设摊咨询活动15次。全年行政应诉46件、行政复议15件。《杨浦区探索拆迁多元补偿安置新途径》被评为上海市首届依法治市优秀案例。三抓拆违执法。加强对违法搭建当事人宣传教育，通过自行拆除、专项整治中拆除等方式减少存量违法建筑；落实新增违法建筑快速处置机制，重点处置新建商品房、成套改造小区内现行违法搭建行为。全年拆除违法搭建49个，上门劝阻制止628次。此外，发放新建住宅交付使用许可证4张，面积12.9万平方米；处理“群租”投诉133件，联合执法取缔22户。

（二）房产市场平稳发展。一是加大房产市场监控力度。全面贯彻落实中央、市各项房产调控政策，加大违法违规行为查处力度，重点检查了26家房产公司楼盘开盘预（销）售情况。二是加强房产市场研判。今年10月，上海房产新政对遏制房产市场房价过快增涨和投机起到了重要作用，为保持市场平稳发展，先后二次以召开座谈会、现场考察等方式，从多方面分析房产市场的现状和走势，准确把握市场的供应需求，维持市场秩序稳定。全年共核批商品房预售53.53万平方米，完成年计划的134%。三是逐步完善房产市场信用体系。对31家中介公司382位经纪人进行诚信专项培训；结合房产公司资质梳理，对本区172家房地产开发企

业信用档案进行检查，合格率90%；评选市级先进“诚信承诺”房地产开发企业10家；对377家房地产中介经纪企业进行检查，合格率为95%。四是房产交易量平稳发展。通过多方努力，2010年房产交易情况平稳。全年新建商品房批准预售3257套，同比下降17%；商品房预售住宅成交1611套20万平方米，同比明显下降（38%、33%）；商品房预售商办成交11万平方米20亿元，大幅上升（96%、70%）；存量房住宅成交11103套，同比下降39%；存量房商办成交7.9万平方米，同比上升25%。

（三）基础管理不断改进。一是督查督办。严格依照督查督办的规范流程，完成“书记百姓网上通”21件、区长在线58件、区政府督查163件、媒体信息28件、专项督查件办结率100%；受理信息公开93件；受理人大意见22件、政协提案办理22件，答复率、走访率100%。二是档案管理。按照安全管理、规范管理和信息管理的要求，进一步完善档案管理制度。全年共接待档案查询39838人次，利用案卷8033卷；出具登记资料查询证明61416张；完成2009-2010年档案扫描35490卷。

在成绩面前，也面临困难和问题：一是旧改动迁任务较重、资金房源缺口大、政策影响深。房源缺失、资金不足及政策变动，直接影响动迁进度和新基地拆迁许可证办理。二是经适房、公租房等住房保障工作仍需继续探索。杨浦的经适房、公租房刚起步，且中低收入群体较多，相关配套政策、运作机制等需进一步研究和完善。三是现行违法搭建执行难。现行违章拆除需相关部门、街道（镇）联合执法，实施主体不够明确，导致拆除率低。

（十）浦东新区

浦东新区建设和交通委员会

2010年，浦东新区建交委按照区委、区政府和行业主管部门的部署和要求，围绕推进浦东“二次创业”的总体目标，聚焦迎博、办博、保博的主题，服务浦东南北区域一体化的加快，以投资项目保总量、强化管理求质量、特色工作要增量、信访矛盾减存量、机构整合重适量、规划修编有提前量为原则，全力以赴，努力拚博，保证了各项工作有序推进，较好完成了年度任务，取得了良好成绩。

一、迎办博各项任务圆满完成

1. 世博配套设施建设全面完成。2009年度结转的东西通道（小陆家嘴部分）、高科西路、云台路、长青路等世博配套项目3月底前先后竣工，总计25项世博配套道路全面按计划交付使用。世博水门、世博临时停车场全面建成移交，为世博会顺利举办创造了良好外部条件。此外，我委承担的迎世博29项建设整治任务全面、超额完成并得到有效巩固。

2. 世博交通保障便捷高效。为确保世博会期间的交通运营，我委制定了世博专线运营组织方案，安排4条世博专线、6条世博公交B线和6条世博公交短驳线。世博期间，世博专线共出车5984辆次，运营6.02万个班次，运送乘客98.3万人次，日均运送5340人次。世博公交B线共出车1.03万辆次，运营11.2万个班次，运送乘客137.3万人次，日均运送7461人次。世博公交短驳线共出车5255辆次，运营19.2万个班次，运送乘客751.6万人次，日均运送4.12万人次。涉博公交线路38条，共出车9.3万辆次，运营97.01万个班次，运送乘客5487.5万人次，日均运送29.82万人次。同步加强世博园外临时停车场建设管理，4个世博临时停车场累计停放车辆7.47万辆次。

3. 世博应急安保妥善应对。我委建立世博专项应急指挥体系，成立委应急指挥中心，下设交通、物业、重大工程、民防、建管等5个分中心。分条线制定和完善世博安保实施方案和突发事件应急处置预案。进一步强化了对货运场站、港口、船舶的监管，危险品车辆、码头以及船舶检查率达100%，有效实施了黄浦江封港及安保管控。加大建筑工地安全管理力度，落实世博期间施工许可管理规定，深入开展建设工程专项整治，加大危险源监控力度。加强物业小区安全协防和居住环境整治，强化拆房基地安全管理和整治。完成全区公用民防工程安全整治，全面关闭世博核心区域19个聚集场所公用民防工程。

4. 群防群治和社会动员广泛开展。对各行业全面动员，着力加强平安志愿者队伍建设，对新区5100名公交志愿者、8726名物业志愿者进行安全防范、反恐、消防、秩序维护、应急突发事件处置等相关技能的培训，使公交运营和住宅小区的安全防范工作得到进一步加强。

二、重大工程、市政基础设施建设有序推进

2010年重大工程项目88项，年度计划投资206.2亿元。下半年度投资计划调整后新区重大工程共84项，年度计划投资额160.71亿元。年内累计完成当年投资166.82亿元，占调整后计划投资数103.8%。我委负责实施的市政基础设施财力项目，累计完成当年投资65.77亿元。全年道路竣工23项（其中重大工程5项，一般市政项目18项），新开工49项（其中重大工程25项，一般市政项目24项），完成技术储备15项。

1. 突出重点，做好基础设施配套服务。进一步加大对重点项目配套的协调推进力度，唐黄路、航城路、南六公路等6项A1配套道路正抓紧办理前期手续，其中唐黄路、航城路施工单位已进场。为商飞项目配套的10条道路中，金科南路已经施工，其余道路正抓紧做好前期手续和储备。东方体育中心配套工程中，林浦路已于世博会前竣工并投入使用，Y1路、轴心大道（林浦路以东段）等道路年底前全面竣工。

2. 突出功能，完善新区路网系统。南北区域对接道路总计14项，周祝公路正做前期准备，西乐路、凌空路、南祝公路、康桥路、申江南路等5项年内已竣工或部分路段通车，其余各项正在抓紧施工建设。区区对接道路中闸航公路、周邓公路、周祝公路等3条已开工建设，下盐公路（申江路～林海公路）正在抓紧做前期准备。外高桥排堵保畅4条道路中，港城路（浦东北路～双江路）、双江路（港城路－外环线）已竣工，江东支路、浦东北路正在抓紧施工。年内，辟通了东明路、航津路等20条道路，改善了新区通行环境。中环线浦东段（东段）、罗山路延长线快速化改建等工程正抓紧做前期准备。编制完成了市政道路建设“十二五”规划，明确了“十二五”市政建设的主要任务。

3. 突出城乡一体，优化农村道路结构。推进乡村公路建设，2010年我委承担村庄改造中的乡村主要道路、桥梁和路灯项目建设，共涉及59条路段62.7公里，已根据计划安排全面启动。

4. 突出协调配合，做好轨道交通前期工作。16号线（11号线南段）前期动迁和腾地工作已基本完成，11号线北段二期、12号线浦东段前期动迁正在积极推进中。

5. 突出城市开发，推进黄浦江沿岸建设。浦明路等5条道路以及其昌栈世博“水门”站、上海船厂地区和老白渡（E18）地区滨江公共环境、沿江景观工程等新区黄浦江沿岸世博配套项目于2010年3月前全面完成。积极推进土地出让及土地前期开发工作，E18首期张家浜北7-7等4个地块已经完成规划征询工作，铜山街地区（E10）中粮地块正抓紧动迁，三岔港游艇基地前期动迁工作已启动。《新区黄浦江沿岸综合开发“十二五”规划》已编制完成。

三、服务民生工作加快落实

1. 实事项目、“两会”意见提案办理圆满完成。2010年新区实事项目共57项，其中，我委负责实施的新辟、优化、调整公交线路，公交车辆更新，不成套房屋改造，旧住房综合改造等5个实事项目提前或超额完成。“两会”办理工作被纳入委系统重点工作，新区“两会”件140件（主合办105件、会办35件）和市“两会”件21件全部按时办结，办复率和走访率达100%，办理态度满意率100%。

2. 住房保障工作成绩显著。大力推进大型居住社区建设，三林、曹路、周康航、航头新选址基地按计划加快推进，川沙、惠南新选址基地正在抓紧做前期准备，浦东铁路、临港新城两个基地已开展摸底调查。三林保障性住房基地已开工53万平方米房源，达到预售标准。加紧经济适用房供应准备，已制订供应管理实施方案，建立了街镇住房保障机构，加强政策业务培训。动迁安置房开工300万平方米，竣工200万平方米。大力发展公共租赁房，目前新区已建成各类公共租赁房约123万平方米（其中人才公寓73万平方米，单位租赁房50万平方米），在建公共租赁房（均为人才公寓）75万平方（其中，2010年新开工人才公寓40万平方米）。廉租房工作稳步推进，全年新增廉租受益家庭1210户，累计受益家庭6985户，累计发放配租金额1.206亿元，新增廉租实物配租家庭138户，累计完成实物配租203户，累计筹措配租房源488套，建筑面积约3.46万平方米，投入资金约5.8亿元，此项工作走在全市前列。

3. 旧区改造加紧扫尾。对历史遗留地块和“十一五”旧改地块抓紧推进扫尾工作，“十一五”期间累计完成旧改动迁3960户居民，清盘基地22个，拆除二级旧里以下房屋26万平方米。

4. 公交服务水平得到提升。大力实施公交优先发展战略，全年新辟、优化、调整公交线路70条（次），更新公交车350辆，完成75辆油电混合动力公交车接收并投入运营。完成轨道2号线东延伸、7、8、9号线的公交配套，公交与轨交接驳能力进一步增强。继续推进“村村通”公交，调整泥城2路、周康6路并新辟173路，进一步方便了南片村民出行。加强公交设施配套建设，完成民生路等7个公交枢纽站和临时枢纽站建设，对浦三路、新场等2项公交枢纽站前期工作抓紧展开。公交专用道加快建设，建成高科西路、浦东南路、华夏路、龙阳路等路段公交专用道总计67.82公里。

四、改革创新工作得到深化

1. 深化推进基本建设审批改革。完善服务体系和管理制度，解决审改突出矛盾和深层次瓶颈问题。全年共有165个地块进行了土地出让征询，32个项目进入设计文件咨询服务和审查阶段，23个项目完成施工图审查。编制了《上海市浦东新区建设工程设计文件监督管理实施细则》，经征询相关管理部门意见后已试行。进行审改项目调查回访，在听取开发园区、街镇等方面的意见和建议的基础上，制定了《上海市浦东新区进一步推进建设工程行政审批管理程序改革实施意见》。

2. 深化细化公交运营管理机制。继续推进公交改革，完成对申浦公交托管工作。以公交信息化、线路招投标、财政专项资金扶持、车辆更新等措施为抓手，细化成本规制，加大考核力度，强化公益性管理。发挥公交“一总四子”管理体制优势，加强运营管理，公交服务水平进一步提升。

3. 深化实施建筑节能工作。进一步完善制度建设，颁布了《上海市浦东新区建筑节能评估管理办法》和《上海市浦东新区建筑节能示范工程评审奖励办法》。协调“金杨二街坊”、“国兴世纪海景园”等项目申报市级建筑节能示范项目。试点开展建筑能源审计，36个项目的能源审计已基本落实。全力推进新建建筑节能，落实建筑节能评估项目32个，建筑面积161万平方米，累计完成初步设计阶段建筑节能意见征询95个项目，建筑面积399.6万平方米，土地招拍挂项目建筑节能意见征询127个，占地638公顷。

五、行业管理工作扎实实施

1. 认真落实建筑业管理措施。以迎世博和文明施工指数测评为契机，加强建设工地文明施工监管，新区工地安全质量和文明施工总体处于受控状态。强化建设工程的质量监管，探索推进建设工程分户验收制度，积极开展质量创优活动。开展劳务用工专项检查，关注农民工权益保障，及时受理处置建筑农民工工资、工程款纠纷156起，涉及农民工4300余人，金额3800余万元。做好工程抗震审查，完成初步设计抗震审查项目198个，建筑面积约900万平方米。积极推进受理服务标准化建设，完成场所和行为贯标申报工作。建材和专业交易备案综合受理工作全面开展，实现专业类建材交易备案品种全覆盖，全年交易类建材备案受理2413个。11.15胶州路特大火灾后，对新区所有工地开展安全生产“地毯式”大检查，加大了整改落实和违规处罚力度。

2. 努力规范综合交通运营。初步完成了新区内河港口经营企业电子登记清册，形成了港口经营单位的户籍制管理体系，256户港口经营单位取得《港口经营许可证》。开展打击非法违法生产经营行为专项行动，对新区现有70家危险品货物运输企业进行安全监管。完善危险化学品安全管理监控平台，运用信息化手段对危险化学品生产、运输、储存等全过程进行安全监控。

3. 积极强化民防管理。提高人防工程审批服务水平，全年共批准建造结建民防工程建筑面积54.9万平方米，竣工民防工程建筑面积达55.3万平方米。全区民防工程建筑面积总量达375万平方米，占全市总量的四分之一。继续推进人防指挥、通信和警报系统建设，推进民防移动指挥车的调试和运行，组织完成全区街镇、居（村）委及部分企事业单位的《突发事件人员疏散撤离和应急防护预案》编制工作。率先在全市完成了公用民防工程业态调整。积极开展公用民防工程安全整治，完成整治286项。加强地下空间管理，检查工程4466个，建筑面积1027万平方米。加大人防与民防工作宣传力度。年内向市民发放5.4万个家庭应急包。

六、房地产管理与服务稳定发展

1. 房产市场保持平稳。全年新区各类商品房成交面积266万平方米，其中商品住宅成交面积158万平方米；新区各类二手房成交面积445万平方米，其中，二手住宅成交面积335万平方米。全力落实国家、市房产调控政策，加强市场监管，加快项目开发，调节供应节奏，确保供需平衡。加强房产形势月度、季度、年度情况分析，加强房地产经济形势研判。开展在售楼盘日常检查，打击捂盘惜售等违法、违规行为。强化房产测绘，确保交易登记工作的顺利开展，累计完成房屋建筑面积测绘1033万平方米，地籍修测400万平方米，土地勘测定界1000万平方米。编制《新区房地产行业发展“十二五”规划》，明确新区房地产建设总量、结构以及布局。

2. 物业服务水平保持常态。全面完成了572个物业小区窗口、853个物业小区门卫室的标准化建设和800个小区的窗口“亮牌”任务，出动1.7万人次开展全区迎检普查，在全市第六次迎世博文明指数测评中列为“绿色”（即“第一等级”）。积极推进“物业管理百日行动计划”活动。南北区域加强整合，实现应急维修三级保障全覆盖，充分发挥96916应急维修中心、962121呼叫平台作用，全年受理各类服务16753件。组建物业行业“专家劳模志愿者队伍”，提高住宅小区应急处置能力。进一步加大了旧住房小区综合改造力度，启动外墙清洗和旧住房小区综合改造405万平方米。切实推进老小区物业服务达标创建工作，全年实施补贴资金0.9亿元。

3. 动拆迁工作保持有力。继续发挥新区动迁联席会议制度的作用，加强新区面上动迁政策的研究制定，全面推进依法动迁、阳光动迁、有效动迁，全年动迁工作实现了“难中求进，进中保稳，稳中创新”的目标。抓好动迁基地清盘及动迁基地整治，确保重点产业、轨道交通、配套商品房项目的动迁推进。全年累计核发拆迁许可证54件，批准拆迁3725户，批准拆迁面积140万平方米，完成拆迁居民11014户，完成基地清盘106个。

七、行政能力和维护社会稳定水平逐步提升

1. 注重依法行政基础环节。全年审核规范性文件3件，均已对外发布；发生行政诉讼、行政复议112件，败诉率低于新区平均水平；受理依申请公开政府信息545件，按时答复率100%。通过开展法制讲座、网上法制知识竞赛、法律知识培训、法制宣传展板制做等形式，提高了委系统干部、职工的依法行政意识和能力。组织委系统95名新上岗行政执法人员参加2010年基本法培训考试，通过率为100%。梳理了委行政执法事项，进一步规范依法行政行为。

2. 促进电子政务建设应用。在机构整合过程中，及时对委电子政务系统进行了调整和重新配置；网上行政审批和监管能力进一步提升，初步形成网上业务受理、审批、查询、统计、分析和监管等流程信息化；川杨河视频监控系统（二期）等系统开发研制基本完成，新区综合交通管理信息系统建交委子平台项目进入验收阶段。

3. 聚焦城建科技发展。以“绿色环保，低碳经济”为主题，主办了“2010年浦东新区城建科技节”活动，宣传科技创新和低碳发展理念。保质保量地做好世博配套等项目评审工作，全年评审项目435个。

4. 加大矛盾化解和信访工作力度。认真落实新区矛盾化解工作要求，对新区下达的化解任务和重大突出群体性矛盾实施领导包案，坚持条块结合、“一岗双责”，深入开展化解工作。一批新区突出上访老户、轨道隧道施工运营矛盾、世博园区动迁遗留矛盾、重信重访等矛盾得到有效化解、缓解。全年委信访部门共受理、转办、审核各类来信来访件8745件。

八、党的建设和党风廉政工作不断深入

1. 党政班子建设不断加强。抓好委党组中心组学习。坚持《委党组中心组学习制度》，完成集中学习12次。加强委党政班子建设，贯彻执行民主集中制原则，完善了《浦东新区建交委党组议事决策规则》等制度，推行委党组集体研究决定重大事项票决制、重大决定报告制，加强班子成员A、B角制度建设。平稳、有序地推进领导干部配备工作，干部竞争性选拔工作逐步推开。

2. 党建工作水平不断提高。坚持服务世博、服务群众，加强党员队伍建设，开展创先争优活动和“我是共产党员”主题教育活动，开展“一个党员一面旗，争当共产党员示范员”活动和“党员先锋行动”，委系统91（个）人次分别被市、新区表彰。组织3支世博志愿者服务队共计560人次，参与世博园区内外服务。加强机关作风建设，制定委机关作风建设实施方案，开展了3次基层单位对机关处室作风建设满意度的问卷调查，提出整改措施。加强区域化党建联建，有效推进以世博配套工程为重点的工地、轨道交通、物业、思研会等领域的党建联建工作，进一步强化和完善“五联”（联系、联动、联建、联合、联体）工作机制。加强学实活动后续整改落实，整改任务已基本完成。切实开展“走千个居村、听万户心声”主题活动，共收集我委需处置问题1025个，年内已解决231条，约占22.5%，正在解决466条，约占45.5%，留作参考328条，约占32%。

加强文明创建服务，认真抓好文明单位的创建申报工作。认真组织开展委工会、妇联、团员青年和行业协会工作。健全离退休干部党组织。

3. 干部人事工作不断深化。如期完成机关“三定”。稳步推进事业单位整合，完成事业单位规范设置方案的拟定工作，在推进事业单位整合的同时推开岗位设置工作。

4. 党风廉政、效能监督不断深入。加强党风廉政教育，增强领导干部廉洁从政意识，抓好《中国共产党党员领导干部廉洁从政若干准则》学习，开展“讲党性、重品行、作表率”主题教育活动和“围绕世博会专题纪律教育”等活动。加强制度建设，从源头上预防和治理腐败问题，认真落实党风廉政责任分工，继续落实“三重一大”制度，开展清理“小金库”专项治理。加强政风行风建设，认真迎接政风行风民主评议，精心组织政务公开检查，切实推进建设交通系统行政执法检查工作。加强内审，全年送审竣工政府财力投资项目15项，送审金额11.06亿元。完成审计项目13项，平均核减率为3.22%，严格控制核减率在5%以内。

2010年我委工作的推进和成绩的取得，是区委区政府的正确领导，人大政协的关心指导以及各相关部门、单位大力支持的结果，更是全委广大干部职工团结奋进、顽强拼搏的结果。成绩来之不易，但是，在总结成绩的同时，我们也要清醒地看到，与新区“四个中心”核心功能区建设的战略部署相比，与“二次创业”的发展形势相比，与广大人民群众日益增长的物质文化需求相比，我们的工作还有一定差距，主要表现在，在进一步整合资源、形成合力方面需要进一步探索，在干部的精神状态、工作责任心和工作效率方面还需要进一步破题，在解决体制机制障碍、突破瓶颈困难方面还需进一步努力。面对新的一年，我们要认清形势、明确任务、弘扬成绩、找准差距，继续保持和发扬建交委的优良传统和作风，为浦东开发开放作出新的成绩和贡献。

浦东新区环保市容局

在区委、区政府的正确领导下，我局坚持以科学发展观为指导，以服务经济、服务民生、服务世博、提升环境质量和城管水平为目标，全面贯彻落实党的十七大和新区党代会精神，进一步贯彻“生态优先”的发展战略，围绕全面推进生态建设，全面加强行业管理，全面提升保障水平的三大要求，全局上下团结一心、顽强拼搏，圆满完成了各项工作任务。

一、工作特点和成效

2010年对于新区环保和城管工作来说，是极不平凡、豪迈激昂的一年，更是砥砺奋进、光彩夺目的一年，主要体现在形势特殊、任务特殊和要求特殊：

一方面是全面的政治考验。迎博办博这一国家战略是整个新区乃至全市各项工作的重中之重和聚焦热点，是在整个世界面前对新区600天行动计划乃至20多年来的基础设施建设、城市管理、队伍能力、应急机制等全方位、全过程、全领域的检验、考核和评估。如此大考前所未有，政治任务不容闪失。

另一方面是全新的历史使命。南汇划入浦东、中央和市对浦东二次创业的明确要求、生态区乃至生态文明的建设、新区经济发展转型和增长方式转变与坚守环保底线的和谐共赢等，都使我们肩负了更艰巨、更丰富、更重要的角色内涵。如此使命催人奋进，发展征程不容懈怠。

非常时期非常作为，重托之下不辱使命。经过全局上下的积极努力和不懈奋斗，我们坚持振奋精神，昂扬斗志，负重前行，勇于开拓创新，善于攻坚克难，敢于决战决胜，共同用激情、勇气、智慧和汗水谱写出了新区环保和城管工作的华彩篇章。

一方面是环境保障成效显著。在文明指

数测评、双月考评、“保世博，清洁城市行动”、整治跨门营业和乱设摊等各项评比中都名列全市前茅，新区的道路保洁、城市秩序、设施完好等整体水平始终保持历史最佳状态，得到市、区各级领导及社会各界的高度评价；截止11月底的空气优良率达94.6%，再创近年来新高，河道水质、扬尘控制等环境指标也不断趋优。全面实现了世博环境“整洁、有序、靓丽、平稳”的目标。

另一方面是管理手段不断创新。通过迎博办博环境保障的实践锤炼，逐步探索、总结、固化了包括靠前指挥、现场巡查、托底解决等在内的六大机制，初步形成长效监管模式，被区委《浦东情况》专刊印发并上报市委市政府；继续尝试源头监管新方法，编制了全国第一个区域性环境监测规划；环境空气综合治理工作再次获得中国人居范例奖；九段沙湿地保护工作获得“联合国环境友好型城市示范项目”等。

二、主要业务工作完成情况

2011年，我们以世博环境保障工作为主线，统筹兼顾，重点推动了以下四方面工作。

（一）全力开展迎博办博环境保障工作

一是开展世博环境专项整治。圆满完成600天行动计划各项任务，绿化、灯光等特色景观和精品工程交相辉映，新区市容市貌焕然一新；不断加大人力、物力和财力投入，加强环境的综合整治和专项保障。共布置花坛9万平方米、花境5万平方米及主题景点26处，布置花卉累计达1546万盆，其中“世博新视窗”等五个项目获世博花卉景观评比金奖；新增楼宇景观灯光970余幢，拆除各类户外广告牌、灯箱、条幅等1223块（个）；平整道路10万平方米、人行道8万平方米，更新护栏7公里等；在世博周边增加了675名保洁人员，增设应急公厕102座，放置大容量垃圾桶400多个，核心区域公厕实行24小时开放，对世博周边道路实行24小时保洁等；全力以赴、积极稳妥的应对了开幕式、大客流、高温、汛期、突发事件等诸多考验。

二是强化世博环境综合执法。按照迎博办博的环境保障要求，城管支队实行全员执勤，始终保持执法的密集、连续和高压态势。先后组织开展了各类专项执法，共出动城管执法人员231771人次，出动车辆69153辆次，查处乱设摊6万余起、跨门营业3万3千余起；查获非法营运车201辆、扣车141辆；查处渣土违法行为492起、超标排水395起，暂扣蔬菜瓜果10469.5公斤；暂扣假冒世博特许商品94万余件，销毁两批假冒海宝近50万件等。特别是针对世博期间24天50万人次以上的大客流，我们还增加辅助执法力量400人，外围区域调派增援城管队员100人，组织650人次进行了10次“轮战”，24次启动特级保障预案全员上岗执勤等。

三是确保世博周边环境安全。开展了饮用水源地周边企业专项监察、锅炉冒黑烟和秸秆禁烧巡查、VOCs和饮食业油烟气专项整治、放射源专项检查行动等9项世博安全保障专项环保执法行动，共出动检查人员一万多人次，检查企业近七千户次；对全区78家重金属污染企业进行反复督察；配合有关部门每周对世博园区内各集中式餐饮区和各参展国及参展企业场馆自建餐厅的油烟净化设施运行情况、净化效果进行检查；建成上海市环境空气质量在线监测超级站，形成区域环境空气污染指数（API指数）变化信息。还组织开展了对世博周边区域供水、电力、燃气、排水管道、防汛设施的安全检查与保养维护，尤其为了确保世博会开幕当天浦明路VRP通道各国贵客的安全，在非常短的时间内突击完成了浦明路安保灯光屏蔽工程，为世博会的顺利召开提供了环境安全保障。世博期间的空气质量优良率达98.7%。

（二）深入推进生态区创建工作

一是全面开展各项创建工作。完成了《浦东新区生态区建设规划》的修编工作，并通过了环保部、市环保局的评审以及新区政府和人大常委会的审议；大力推进第四轮环保三年行动计划，366个项目的启动率已达100%，完成率为41.5%，按照单个项目实际完成情况统计，总体形象进度达到71.1%；继续在生产、生活、消费等领域贯彻生态文明理念，深入开展各项绿色创建活动，安排周浦、书院、祝桥、宣桥和六灶等5个镇创建生态镇；对22个街、镇的104个小区创建绿色社区进行现场考核、评估；2个小区创建成“上海市安静居住小区”；5家绿色医院通过区级验收；创建完成1000户绿色家庭、9家绿色宾馆（饭店），4个节能省地型“四高”优秀小区和20所绿色学校；金桥生态工业园创建工作顺利通过国家三部委验收，外高桥生态工业园创建工作也在有序推进。

二是提前完成污染减排指标。在提前完成市下达的“十一五”减排指标的基础上，根据国家环保部和市环保局统一部署，动态更新重点调查重点工业源455个，农业源230个，集中式污染治理设施12个；检查主要扬尘污染源1.68万余人次，全区平均降尘量为7.3T/M.KM2，同比有所下降；完成市下达的15台10蒸吨/小时以上工业锅炉改造任务；超额完成1000辆公交车更新全面达到国Ⅲ以上标准任务；完成26家企业的关、停、并、转、迁；确保危废分类收集、安全处置，五联单制度均达100%；关闭搬迁50家畜禽养殖场；还完成50家企业的清洁生产审核签约；上海通用汽车有限公司（金桥厂区）等15家企业拟评为绿色等级企业；充分发挥环保基金的引导、激励和示范功能，计划安排资金4000万元；继续推进综合配套改革重点任务——排污权交易工作试点。

三是不断加大环保执法力度。及时查处和严厉打击各种环保违法违规行为，开展了百家污染源整治，出动监察人员269人次检查企业133户次；完成28家清洁生产审计工作，进一步促进企业节能减排；开展“三监联动”检查和工业废水达标排放率监管等，共行政处罚违法单位157家，处罚金额589.75万元，累计开征排污费1559.4万元；加强辐射源监督管理，确保辐射环境安全；开展工业废水达标排放率监管，对超标排放的18家企业进行行政处罚并责令整改；进一步完善有害生物预警和防控体系，加强野生动植物保护；加强九段沙湿地的保护，继续开展日常巡查和联合执法，还成功承办了世界第十二届人与生物圈网络大会等。

（三）继续推进循环经济发展工作

一是节水型社会建设不断深入。73家小区被命名为上海市节水型小区，其中3家还被命名为上海市节水型示范小区；开展节水农业示范建设，孙桥现代农业开发区成为上海市第一家节水型农业园区；完成水利部2010年课题《浦东新区主要行业重点企业水平衡测试与管理》并通过验收，对新区半导体产业重点企业实施了水平衡测试分析和节水技术改造，取得了较好的节水成效；大力推进供水集约化，完成临港地区供水集约化方案，逐步关闭深井，实施管网改造；外高桥、曹路等水厂切换工作已经完成，约100万人率先饮用青草沙优质水；还在南片8个乡镇开展二次供水改造，涉及130万平方米住宅小区，受益群众约32万人等。

二是加强生活垃圾综合利用。有序推进黎明填埋场扩建工程，1#库区按照一级卫生填埋标准进行填埋，2#库区也进入运营阶段；积极推进黎明资源利用中心和三墩、泥城中转站项目；推动曹路地区垃圾处置企业开展环境治理工艺技改，臭气污染物排放浓度均符合国家标准。生活垃圾收运处体系稳定运转，日均处置各类垃圾4860吨，无害化处置率达到100%。继续推进源头减量化和资源化，逐步推广生活垃圾分类收集工作，对收运车辆安装GPS定位系统，落实餐厨垃圾监管工作；还签订生活垃圾收费合同4100多份计7300多万元等。

三是拓展电子废弃物管理平台。不断拓

展再生资源交易平台的功能和以“阿拉环保网”为载体的电子废弃物业务，得到国家环保部领导的充分肯定。重点推进社区电子垃圾收集点设置工作，成立“阿拉帮帮侬”志愿者服务队开展巡回宣传，制作了70个电子废物收集箱并完成布点工作，并在上钢新村和潍坊街道开展社区电子废弃物规范回收试点工作，还对两个街道的环保干部开展了13场业务培训，不断拓展电子废弃物收集网络。目前已在新区机关事业单位设置了52个电子废弃物收集点，覆盖面达100%。共收集电子废弃物2136吨（其中在机关事业单位收集266吨）。

（四）不断加强环境建设和保障工作

一是开展环境工程建设。推进高南河、曹家沟、惠新河、张家浜、沈家港、三八河等6条骨干河道建设，目前除三八河外均已开工；配合航运中心建设，完成市重大项目赵家沟航道的企业前期动迁；新建公共绿地300多公顷，超额完成全年计划，梅园公园也顺利开园；开展迪斯尼和大飞机项目周边配套水系建设，其中商飞总装基地海塘达标工程已完工，迪斯尼围场河、中心湖、商飞护场河一期等工程已完成前期准备工作，并配合实施了项目的绿化搬迁；完成了2009年度中央投资的2080亩林业建设任务的验收，完成公益林幼林抚育2320亩，经济果林规模化建设280亩以及“双增双减”项目等；开工建设九段沙基地和码头工程，还完成了环境质量和污染源在线监测系统二期建设和验收等。

二是推进新农村建设工作。对全区17个镇66个村近323公里的村庄河道进行整治，总投资3.89亿元；投资2.3亿元对全区1万多户的农村生活污水进行生化处理；完成南片农村生活污水治理工程150个点位的建设，受益群众1万2千多户；投资约9000万元对张江、曹路、北蔡、川沙等镇在内的低压水网实施改造，有效缓解了当地群众用水困难；完成了36座农桥改造维修工程；完成全区19个镇的农田水利改造，总投资2800多万元；完成老港、大团多利一期等现代水利专项工程；还协调推进北片6个街镇实施老公房天然气配套建设项目，南汇天然气公司实施的惠南等3个镇项目也已完成，共惠及居民近万户。

三是强化城市管理和保障工作。充分发挥网格化的发现和监管优势，建成新区网格化管理平台门户网站，拓展建设了三林配套工作指挥部应急指挥信息管理系统和新区城市公共设施应急处置系统，构建以“两个层面、两个要素、两个平台”为重点的新区城市网格化管理工作框架。共受理案件10万多件，结案率达99%。继续做好水电气等公用事业，确保市民正常生活。按照“两个确保、六个减少”要求，加强海塘、河闸、排水等各类防汛防台软硬件建设，稳妥应对了世博期间3次大暴雨、16次暴雨以及3次台风外围影响和13次天文大潮的考验、浦东排水获得世博防汛保障突出贡献奖。还及时有效处置了各类环境突发事件134起。

三、主要工作措施和方法

为推动今年工作的深入开展，我们主要采取了以下四方面的措施。

（一）全员发动，层层落实，不断放大工作合力

一是建立指挥体系。在圆满完成600天行动计划后，局党工委审时度势，及时从各单位抽调精兵强将，组建了世博环境保障组，统率和牵头落实各项世博环境保障任务，有效的集中了力量，整合了资源。同时进一步明确了内部的分工、督查、整改和反馈机制，进一步建立健全了全局、全行业的环境保障工作网络，进一步落实了保障队伍，细化了责任分工，还修订完善了各类世博环境应急保障预案，形成纵到底、横到边、运转顺畅、高效统一、坚强有力的指挥组织体系，为各项世博环境保障任务的顺利完成奠定了强大

的组织基础。

二是发挥领导表率。各级领导始终坚持亲临一线，靠前指挥。世博试运行以来，每天都有3名以上局领导现场指挥，还连续60多天轮流带队开展夜间巡查，特别是世博开幕前五天，几乎昼夜无眠，通宵达旦，无论是在清运垃圾的攻坚战还是在围网变化的拉锯战，始终做到“我做表率、向我看齐”，坚持与大家并肩作战，共同进退，压力传导机制和引领示范效应得到充分发挥，全体干部职工大受鼓舞，齐心协力，众志成城，涌现出了很多可歌可泣的先进集体和模范人物。我局被党中央、国务院授予上海世博会先进集体的荣誉称号，城管执法周家渡分队的韩良平同志还获得了上海世博会先进个人的荣誉称号。

三是加强共同参与。于3月份开展了覆盖全局、全员、全行业的世博环境保障先锋大行动，在中国馆前举行了隆重的誓师大会，号召大家为全局而战、为精彩而战、为荣誉而战，并且每两个月对“双五百”行动组织一次评比表彰，形成了有效的竞争激励机制。全体干部职工的责任感、使命感和紧迫性、自觉性均大大增强，在实践中还积累了跨前一步的“主人翁”精神、默默无闻的“老黄牛”精神、顽强拼搏的“铁人”精神、雷厉风行的“急先锋”精神、志存高远的“千里马”精神等宝贵财富。还组建局系统平安志愿者队伍173支3118人，每周定期开展世博环境保障巡访志愿者服务累计52批次3000多人次等。

（二）解放思想，锐意创新，不断优化工作质量

一是创新管理模式。注意把握不同城市管理工作的客观规律，积极转变管理理念，优化管理模式，进一步提高整体行政效能，还注意总结和提炼，开展了“世博留下什么”的系列研究活动。如差别化的保洁作业模式、源头控制作业扰民的“一车一档”、将渣土企业的不规范作业与退出机制挂钩、对垃圾处置企业实施24小时远程自动化监控、将渣土卸点正式纳入规划化管理、在全市率先实现环保三级干部网络全覆盖、充分发挥市容环卫质监平台的监管功能、实行对液化气钢瓶的电子标签化管理等，都取得了较好的效果。此外，白莲泾生态浮岛、桥面GD弹性无缝伸缩等新技术、新工艺也得到广泛运用，促进了新区城市管理的人性化、规范化和精细化。

二是加强巡查发现。畅通各类问题发现渠道，特别是世博环境保障组每天从早上7点到晚上12点，采用机动车、自行车、步行等方式对浦东南路沿线6个街道区域进行地毯式全覆盖巡查，后来又进一步拓展至金桥和张江区域，先后出动检查人员10384人次，累计巡查总里程超过72万公里；还连续200天对各单位的保障机制和保障实效进行不间断专项督查以及消防栓、防台防汛、行道树绑扎抗风等10余项专项督查。发现问题后结合每两天一次的点评例会，督促落实整改，部署下阶段重点，取得了较好效果。世博期间共召开72多次例会，对主动发现的2186个问题，办结率达99%。

三是落实行政督查。进一步完善局行政督查制度，特别是强化对各项重点工作的挂牌督办。通过每月统计工程形象进度、每季度分析项目推进情况、对未完成项目予以红牌警示以及提交局长办公会研究审定等形式，督促各责任单位切实加快工作推进。针对今年基建任务较为繁重的形势，继续将预算资金执行率纳入对各单位的年终考核体系，进一步强化预算刚性意识、过程化管理意识和绩效意识，局分管领导每月都牵头召开项目推进例会，听取基建项目进展和资金拨付情况，协调解决存在困难，切实加快项目进度，共完成基建投资32亿多元，预算执行率同比明显上升，达到88%，名列全区第一。

（三）锤炼作风，转变职能，不断提高行政水平

一是狠抓作风建设。认真落实徐麟书记关于“作风建设年”和“五个问一问”的要求，召开了全局的作风建设大会，继续加强政风行风建设，深入开展测评工作，进一步落实“四有五分类”要求。根据区委要求，组织了59名处级干部对北蔡镇57个村展开全覆盖的结对走访活动，并扎实推进第一阶段353个问题的整改落实工作，得到相关村委和居民的肯定，调查满意率达到92%。继续办好“环境热线”等公共服务品牌，共受理各类信访3万多件，同比下降10%，环境矛盾继续得到钝化。其中执法矛盾历来比较突出的城管支队在圆满完成世博保障任务的同时，执法满意度也在全市评比中名列前茅。

二是主动服务经济。继续配合大飞机、迪斯尼等重大经济项目开展基础设施配套和环境工程建设，指导其办理有关环保手续；帮助东滩五万亩良田项目解决水利配套、绿化调整等问题；主动上门参与企业的前期方案论证和技术研究，积极为经济发展出谋策划；根据新区城管体制调整需要，向开发区、街镇下放了部分行政许可和管辖事权，提升地方经济自主发展空间；继续按照区委、区府“访企问需、访企问难、访企问策”的要求，采取“四主动”措施，先后十多次走访有关部门，了解掌握项目信息和企业需求，不断加大环保扶植和支持力度，为部分重大项目解决30多个问题，有力地支持了新区的经济建设。

三是提高行政效能。继续推进行政处罚网上运行系统建设，加快开发电子签章系统，实现了全覆盖管理、全透明监督、全范围比照，共新增自由裁量表34张；积极完善行政许可网上审批系统，推进南片地区行政审批事项网上流转，其中环保审批已全部上网；继续加强审批窗口管理，不断提升服务质量和测评满意度；还积极改进和完善电子效能监察系统，修定了《局机关处室绩效考核办法（试行）》等三个考核办法，实现了“由定性向定量、由传统监管向电子信息监管、由不公开向公开透明”等三个转变，行政监察的权威性和公信力得到显著提升。

（四）加强党建，优化体制，不断增强队伍活力

一是落实党建工作。继续贯彻落实“环境优先、党建一流”方针，深入开展“人合、心合、工作合”主题教育实践活动，大力加强思想政治建设，努力促成“心齐、气顺、风正、劲足”的良好氛围；局党工委中心组带头学习党的十七届四中全会精神，围绕“两个经常”，深化“三服务”主题活动，加强基层党建绩效考核评估，进一步探索行业党建，完成“环境党建网”改版，实现了党建工作信息化建设全覆盖；围绕生态区创建和世博会召开，加大精神文明建设和志愿者服务工作力度，为各项业务工作的深入开展提供了强大支撑。

二是强化队伍建设。印发了《关于加强和改进新形势下党建工作若干问题实施意见》等三个制度性文件，结合机关三定和事业单位机构整合，成立了机关新一届党委和4个支委、9个支部。在机关通过领导干部竞聘平台，竞争性择优选拔了3个正处级领导干部和6个处级非领导职务，机关的干部队伍结构得到进一步优化。在局属各事业单位的整合过程中，坚持用人所长、用人所专，合理安排的原则，初步完成了领导班子的配备；进一步完善领导干部交流和领导班子调整工作，进一步建立健全教育、制度、监督并重的惩治和预防体系，认真落实党风廉政建设责任制，深化警示教育成果，确保队伍的先进性和纯洁性。

三是推进机构整合。根据新区的有关批复，平稳有序的完成了机关各处室的分设、办公场所调整、职能界定、人员配备等三定工作；完成了对各城管署、原南汇区公路管

理署、市政管理署、给水管理所、林业站等事业单位的机构、编制、人员等划转接收工作；按照机构精简高效、设置科学合理的原则，分期分批开展事业单位的机构整合调整、规范设置工作，在完成了局系统第一批即14家“同名同姓”事业单位的调整工作后，按照“职能归并，精简高效；扁平管理，做实基层；划片管理，快速处置；总体设计，分步到位”的原则总体设计了浦东新区城市管理体制机制，目前正在积极、有序、平稳推进。

此外，精神文明建设、工青妇、计财、科研、宣传、信息化等各项基础工作稳步推进，成效显著，其中“滴水精灵”还获得了全国水利系统优秀思想文化宣传产品一等奖，局系统6个十二五专项规划的编制更为新区环保和城管事业的长远发展夯实了坚实基础。全局干部职工的综合素质也不断提高，凝聚力、向心力和战斗力不断加强，成为我们各项业务工作顺利开展的可靠保证和强大后盾。

（四）存在问题

2010年的环境保护和城市管理工作也暴露出一些存在问题，亟待解决。主要是：

一是城市管理长效机制还需优化、固化。具体表现在世博期间留下的各类好的做法、经验、手段和制度还需进一步总结、提炼、固化和推广，长效机制尚未得到充分优化和完全确立。

二是部分工程项目推进速度有待加快。具体表现在对工程建设中的动迁、资金、规划等难题，还缺乏有效的解决办法，预算执行率还有待进一步提高。

三是基础工作薄弱的局面未得到根本改观。具体表现在对大浦东的行业信息采集、统计和管理系统尚不完善、业务数据口径不一、有关工作人员的文字基本功较差等。

（十一）闵行区

闵行区建设和交通委员会

2010年区建交委始终围绕区委、区政府中心工作，千方百计服务世博，群策群力克服困难，世博组织保障坚强有力，管理机制逐步完善，区内交通便捷、安全顺畅，城市管理科学，运行有序，全面完成了各项工作任务。区建交委被中共中央、国务院授予上海世博会先进集体，区建交委党委被中共上海市委授予创先争优、世博先锋行动“五好”基层党组织。区推进公交发展经验材料被市交通运输和港口管理局转发各区县。公共自行车项目被中国城市规划学会、环境保护部宣传教育中心和法国动态城市基金会联合授予“优秀奖”。

一、以服务保障世博为重点，积极履行职责

（一）紧紧围绕服务世博开展工作

1. 坚持超前部署。委领导高度重视世博服务保障工作，成立世博运行保障工作领导小组，建立市政、建设、交通、港航行业世博保障工作体系，制定运行保障方案、应急处置预案和应急抢险专家库，组建反恐分队、志愿者队伍和专业抢险队伍，建立世博安保24小时值班制度和信息采集报送制度。开展平安世博建设，完善值班制度、巡视督察制度、委托第三方监管制度、警示通报制度等。组织应急抢险综合演练，提高各条线快速反应能力。对行业管理中的重点问题逐个进行系统分析，统筹解决疑难问题，多次深入社区开展调查研究，与市民代表直接对话，召开各种座谈会、听证会，听取市民意见，积极做好重大工程建设维稳工作，妥善处理行业改革历史遗留问题，化解各种社会矛盾。世博运行期间，坚持不断找差距、找问题、找隐患，定措施、定责任、定期限，世博交通服务、水上安全管控、市政设施运营、建设工程监管等各项工作提前部署，预案有前，综合保障能力明显提高。

2. 坚持统筹协调。加强与市有关部门及各镇、街道的对接，加强与区职能部门的协调，做好与城市管理及应急联动机制的衔接，主动适应新的管理体制要求。一是建立保障激励制度，主动承担责任，在市政、交通设施管理界限不清晰的情况下，先解决问题，后处理管理界限、管理范围等问题。二是深化行政审批改革，对世博项目、区重点项目，主动联系告知办事要求，对需多方协调的项目搭建平台联合会审，对重大投资项目或者建筑技术复杂的项目采取市区合作评审模式。积极争取市授权，在全市率先建立区县抗震设计审查模式，开展抗震设计审查工作，方便了服务对象。三是做好虹桥综合交通枢纽接管工作。强化科学发展的理念，主动对接，根据虹桥商务区及综合交通枢纽功能定位，高标准做好市政、交通接管工作方案。区市政署派出专人，与养护单位申闵公司组成工作组，高质量做好道路养护工作，交通行政执法大队派出专门执法力量，做好周边区域交通执法工作。

3. 坚持全行业联动。充分动员全区建设和交通系统力量，发动市政建设养护企业、交通港航运输企业、建设施工企业参与世博服务保障，增强全行业职工责任感和荣誉感。一是要求企业深入宣传、动员从业人员积极行动，为世博服务，为世博奉献，并从工作理念、工作规范等方面提出具体工作要求。二是建立双重世博安保责任网络，不仅在委系统落实了安保责任，还建立了外部世博安保责任网络，先后与845家管理对象签订了世博安保责任书，明确了各单位世博安保责任人、责任措施、责任范围，为世博安保工作提供了有力抓手。三是按照“条块结合、以块为主”和“条负责、块统筹”的原则，建立一支世博安保志愿者服务队，全委机关、直属企事业单位招募300多人，交通行业企业招募6179人。世博志愿者在保证道路交通安全顺畅和公交车辆行车安全等方面做出了贡献。四是发动职工奉献世博。服务世博氛围浓厚，创先争优蔚然成风，1家单位被评市交通总队评为先进集体，10家单位和部门被为区级先进集体，1人被评为交通系统国家级先进个人，23人被评为市级世博先进个人，48人被评为区级世博先进个人，230人被评为委世博先进个人。

4. 坚持学习世博推进工作。把世博会的先进理念、先进技术运用到我区城市建设和管理中来，在世博中学习世博，推进工作。为此多次组织委党政班子成员和基层中层干部到世博会实地参观考察，开展城市管理体制机制创新、公共产品市场化运作、低碳出行、建筑节能等课题研究，并针对现阶段需要重点破解的城市管理中的难题，即道路拥堵、公交便捷与成本的平衡、交通执法中的柔性执法与群众诉求、公共自行车的可持续性、噪音扰民的整治、动迁房建筑质量等六个专题进行深入研究。分析现状和问题产生的原因，从政府管理、政策支持、运用市场机制、队伍建设等方面提出相应的方案、措施，结合“十二五”规划，提出了未来的发展目标，为顺利推进后世博的工作奠定了基础。

（二）切实推进各项重点工作

不断完善重点工作责任机制、协调机制、督查机制、涉民矛盾化解机制，按照“三个千方百计”即千方百计方便群众，千方百计有利项目推进，千方百计节约资金的原则，认真实施区政府实事项目和重点工作。保证各项任务按期完成。

1. 服务世博交通出行。优化公交线网，新开9条公交线路，调整11条公交线路。满足群众观博需要，日均运送世博游客3万人，其中通过地铁方式出行2万人，通过公交出行1万人。多种措施应对世博大客流，世博

9路最高日客流量达1万余人，成为全市43条世博专线中客流最大、运行效率最高、运行秩序最好的专线之一。推进免费自行车服务，建成500个网点，投放1.9万辆自行车。加强水上安全检查，黄浦江6.8公里水上安全监管到位，并出色完成了12次水上管控工作任务。

2. 保障市政安全畅通。加强巡查，及时发现和处置设施病害357处，及时防范防台防汛期间突发问题；完成道路大中修40条，建设村级道路187条71.52公里，桥梁整治82座；主动对接，高质量养护，接管虹桥综合交通枢纽40.78公里道路，全区市政道路及附属设施完好，道路管养水平在全市名列前茅；推进区内连接性道路建设，10条道路基本完工，10条道路开展了前期工作。

3. 加强建设工程监管，对区内360处在建工地文明施工实行全覆盖、全过程监管，我区文明工地管理取得良好成效。重点做好虹桥综合交通枢纽等重大工程安全监管，结合市推进建设工程安全质量属地管理的要求，实现了市、区各职能部门和各镇、街道的联动。全年无重大安全事故发生。

4. 推进重大工程建设。围绕世博会，配合做好嘉闵高架、虹梅路等周边高速路建设，开展5号线、8号线、12号线、金山支线等轨道交通和铁路建设的方案研究。围绕经济发展目标，推进轨道交通莘庄站“上盖”、南方商务区、莘庄商务区、七宝生态商务区等前期工作。

二、以民生服务为重点，抓好创新和创效工作

（一）增强创新意识

坚持用发展和改革的办法解决前进中的问题，加强规划研究，增加世博元素，完成闵行区城市道路与公路十二五规划、闵行区综合交通十二五规划编制工作，更加注重城市综合开发、更加注重城市管理、更加注重基本公共服务均等化。注重方法创新，牢固树立群众观念，增强公共政策制定的透明度和公众参与度。提出了“以市民需求为导向、项目方案请市民参与优化、项目实施受市民全程监督、项目效果交市民全面评价”的工作原则和工作方法，并在闵行区“十二五”道路、市政专项规划制定、区内连接性道路辟通、康城小区等区域公交线路调整、公共自行车网点建设和服务过程中，组织网上征询意见，与市民直接沟通，主动与相关部门协调，提高了项目实施的针对性和可行性，取得了良好成效。

（二）推进管理机制创新

开展城市管理机制调研，注重长效机制建设，注重条块之间的结合，注重信息沟通，注重发挥社会组织作用，进一步明确与相关部门的分工，做好与城市管理及应急联动机制的衔接，主动适应新的管理体制要求。

1. 完善市政设施养护长效管理机制。建立三级巡查制度，设施养护责任到人；建立快速反应制度，使设施病害能在24小时内得到有效处理；建立保障激励制度，主动承担责任，在管理界限不清晰的情况下，先行解决问题。

2. 完善建设工程招投标以及监管联动机制。对浦江镇、华漕镇等重点区域实行派驻制度，加强对虹桥综合交通枢纽等重大工程的监管；全面推行“分户验收”制度，以动迁安置房为重点，强制执行第三方专业机构介入具体组织分户验收；探索建立新的监理委托机制，通过市场行为与工程监理企业资质审批联动、实行诚信考评制度等，强化监理企业管理。

3. 完善交通依法管理机制。采取疏导的方式打击非法营运车辆，以江川地区、莘庄地铁南北广场、浦江镇为重点，加强设施建设，在主要枢纽站点，划出出租车专用道，设立禁停标志，保证出租车正常营运。配合虹桥综合交通枢纽新航站楼启用，派出专门力量，做好周边区域交通执法工作。采取第

三方介入方法，委托律师团队，科学、依法、有效地化解了非法营运车辆的历史遗留问题，做到了1678件接访案件无退款案，所返还的134辆暂扣车辆无修车费案，无集访市、区政府案。

4. 充分发挥镇、街道、政府等部门作用，将政府事务分级管理，如对整治非法营运车辆固守队伍建设、公共自行车项目建设和管理、候车亭建设和管理、新辟调整公交线路走向确定等方面，实行了区和镇、街道政府部门两级管理，共担职责、共享资源，实现共赢。

（三）拓展发展方式创新

1. 发展公共自行车。公共自行车项目自2009年试点，至今已成为我区公共交通系统的有效组成部分。“政府主导、企业运作、社区参与、诚信借用、低碳出行”的发展模式成功运作，“广覆盖、普惠性、全免费”的服务理念深入人心，“全天候运营、全过程监控、全社会评价”的管理机制保障有力。500个服务网点，1.9万辆自行车延伸了公交服务网络，加强了社区与轨道站点、公交枢纽站点、大型商业区、医院、银行、学校等区域的衔接，每周近40万人次的骑行，解决了市民短距离出行需求。目前，此项目经市交通局推荐，正在申报中国人居环境奖。

2. 推广建筑节能。以世博会为契机，开展多种形式节能宣传活动。区节能办积极推进公共建筑节能改造，建筑节能新技术率先在政府投资的公共建筑上得到应用。积极探索节能新技术如太阳能热水系统、地源热泵、空调制冷热系统等新建建筑的应用。

（四）探索工作方法创新

1. 发挥社会组织作用。引导非赢利性非政府组织参与政府管理。对专业技术要求高的管理事务，通过招投标方式委托第三方专业机构、非赢利性社会组织实施。以协会作为评审机构，积极开展建筑工程、市政工程、公交线路创优评优工作。委托区建筑协会负责全区建设工程文明施工管理，协助建设工程安质监部门加强对塔吊等大型机械的日常监管和检测，加强对基坑工程监管；委托市政协会负责道路文明施工管理；委托乘客协会负责公交行风监督检查，参与公交线路评估。

2. 探索公共项目市场化机制。运用法制化和市场化相结合的方式推进管理新机制、新模式。区国有客运公司——闵客运经营管理团队、公交车辆维修、公交车辆保险、公司财务核算向社会公开招标，产权与经营管理权分离；公交候车亭实行市场化建设和管理方，由招标中标企业统一建设、统一管理、统一维护，三年内做到闵行区所有公交站点候车亭布设的全覆盖，预计节约建设费用2亿元；有效利用土地资源。与市公投公司协商，租用闵浦大桥下方80亩土地建设公交停车场，解决了困扰我区多年的公交车辆停放难问题，节约了区财政原计划投入的建设资金6000万元。

（五）完善预算编制和执行过程全透明工作

规范行业预算编制和执行，组织预算培训，提高预算执行力，开展预算执行绩效评估。将项目确定符合市民需求、项目方案请市民参与优化、项目执行过程请市民监督、项目执行效果让市民满意贯穿始终，完善预算编制和执行过程全透明工作，争取2011年预算编制和区政府投资计划经区人代会审议，并据此落实。

三、以制度建设为保障，持续推进规范管理

（一）完善重大问题民主决策制度

制定《关于委属事业单位执行重大事项决策制度的意见（试行）》、《关于委管企业执行重大事项决策制度的意见（试行）》、《关于规范基层单位中层干部选拔任用管理工作的意见》、《关于加强委管国有企业职工收入分配制度和管理程序监督工作的实施意见》等，严格按制度办事，以制度管人、管事，促进管理工作的科学化、规范化。

（二）加大政务公开、信息公开力度

明确政务公开、信息公开内容，规范工作流程。加强建交委门户网站建设，完善信息公开、网上办事、网上审批、网上互动等功能建设，重大信息及时公布，重大事项征询公众意见。在区证照中心建交窗口及通行费征稽收费窗口，公开办事程序、办理时限和办事结果以及监督电话。在招投标交易中心信息平台，涉及建设、市政、公交等方面的招投标信息公布程序规范、真实有效。委属事业单位也根据要求，设立政务公开栏，印制“政务公开指南”、“办事指南”等，公开对外服务事项，方便管理服务对象办事。

（三）推进依法行政

抓好区委、区政府在区建交委开展的编制和推行依法行政工作规程试点工作，根据区委、区政府关于《闵行区编制和推行依法行政工作规程实施方案》，以进一步理清行政权力审批、转变行政管理职能、规范行政执法程序、强化廉政风险防控为主要内容，开展依法行政工作规程的编制工作。就我委55项行政审批事项、711项行政处罚事项、10项行政强制事项、10项行政征收事项，逐项进行规程编制。完成了依法行政工作规程的编制工作，工作做法在全区进行了交流。着眼于政府职能的转变，强化执法的合法性、公正性，强调行政执法过程中“主体、程序、内容清楚”，弱化执法的自由裁量权，提高我委依法行政的水平。

（四）加强廉政建设

以廉政风险防控为抓手，积极构建廉政风险防控机制。围绕“管事、管人、管财和执纪执法”的权力运行过程，查找本系统、本科室、本单位、本岗位存在的廉政风险，进行集体评估。逐步建立廉政风险分级预防机制、岗位廉政风险档案、制度预防机制、教育预防机制和科技预防机制。在推进此项工作过程中，结合实际，代区草拟闵行区建设工程监理安全质量行为的管理制度、闵行区政府招标项目分包管理暂行规定、闵行区建设企业资质资格诚信管理办法等三个制度，并制定了本委关于工程建设领域管理人员责任制和廉政建设的措施、关于完善委施工企业建设工程分包管理的规定等多项管理制度。

闵行区绿化和市容局管理局

2010年，绿化林业、市容环卫各项工作围绕服务保障世博会工作目标，广大干部职工振奋精神、齐心协力，全力推进行业基础设施建设，全面加强城市管理，圆满完成年初的目标任务。绿化市容成果显著：我区立体绿化建设荣获“世界屋顶绿化最佳城市金奖”和中国人居环境范例奖；全国第二届绿化博览会室外布展和设计金奖、“全国第十二届双梅展金奖”；绿化行业社会公众满意度测评全市排名第二，郊区组排名第一；闵行体育公园在全市141座公园社会公众满意度测评第一，莘庄公园排名第五，全市市政市容环保保障工作“双月考评”中，连续三次荣获郊区组第一。

（一）全力以赴，圆满完成世博保障工作

按照市、区两级世博保障工作目标，严谨细致地做好世博保障各项工作，营造了“整洁、有序、美观”的市容环境。一是市容环境保持干净、整洁。建立条条联合、条块联动的工作机制，全区环卫保洁标准全面提高，机械化作业清扫里程全面提升，全区道路冲洗率达到75%，中心城区冲洗率达到80%以上。以深入开展“保世博，清洁城市行动”为抓手，加大重点区域、主要干道、公共绿地的保洁力度，改进保洁作业方式，显著提升了道路保洁水平。二是城市景观更加美观、靓丽。聚焦重点区域、景观道路，完成公共绿地改造42.45公顷、公共绿地整治274.3

公顷；完成浦江世博家园周边20多万平方米绿化调整改造任务。加大花卉布置力度，建立主题花卉景点38个，布置花卉花境面积4.15公顷，呈现出“点上花卉成景、线上花卉缤纷、面上花团锦簇”的景观效果。完成了延安路高架、沪闵高架、中环线12.34公里灯光建设及沿线120幢建筑灯光美化工程，营造了闵行靓丽的城市夜景。三是街面管理不断规范、有序。深入推进市容环境责任区达标创建工作，采取差别化管理模式，加强对乱设摊、跨门营业等难题顽症的治理，确保了重点区域、重要道路基本无乱设摊等违章现象，其他区域基本处于可控状态。引入第三方评价体系，聘请专业中介机构开展全区范围市容环境巡查，及时改进工作薄弱环节，整体改善了市容环境面貌。世博保障工作机制、工作预案、应急队伍和应急设备落实到位，快速、高效解决了夏令热线、市民群众反映的市容环境脏乱问题，有效提升了行业应急处置和应对突发公共事件的能力。

（二）克难奋进，扎实推进行业可持续发展

紧紧抓住迎博办博契机，积极探索、攻坚克难、大胆实践，牢固树立和落实“绿色、低碳、环保”的工作理念，不断创新工作方式和机制，努力推动绿化市容行业发展。一是全力推进生态环境建设。紧密结合虹桥交通枢纽等重大工程建设，高标准、高质量建成各类绿地150公顷，其中建成公共绿地（实事项目）50公顷，建成居住区绿化和单位绿化70公顷。转变绿化发展方式，大力推进立体绿化建设，建成屋顶绿化等立体绿化5万平方米。完成浦江镇60亩生态公益林建设、1000亩生态公益林中幼林抚育建设以及500亩生态公益林基础设施改造；完成沪宁城铁和沪杭客专沿线绿化廊道建设。二是全面加强市容环卫设施建设。围绕城乡一体化发展的总体要求，着力加强农村地区环卫基础设施建设，试点开展农村地区生活垃圾收集压缩减量工作，基本完成了3座垃圾压缩站和12座电动收集车的配套项目建设；完成了50座农村公厕达标改造和50座垃圾箱房建设；对4座垃圾压缩站实施了改造。加强生活垃圾分类的社会宣传力度，新推100个居住小区开展垃圾分类减量工作，取得了良好社会效益。三是精心谋划“十二五”规划。在认真总结“十一五”规划实施情况的基础上，紧紧围绕建设“智慧、生态、宜居”闵行的总体目标，吸收、借鉴世博会先进理念和技术，精心组织编制区绿化市容“十二五”规划，明确了今后五年行业发展的指导思想、基本原则、主要目标和工作措施，为提升行业管理服务水平、促进行业科学发展、改善闵行城市环境奠定了扎实基础。

（三）以人为本，有效提升行业管理和服务水平

围绕群众意愿，从广大市民关注的难点热点问题着手，更加注重惠民利民服务，更加注重行业长效管理机制建设，提升行业公共管理和社会服务水平。一是为民服务取得新成效。深化惠民便民措施，实施区内19座公园人性化设施改造，提升公园、公厕窗口服务质量。精心组织公园主题活动，闵行体育公园开展的“欢乐闵行，精彩世博”主题活动，“大手牵小手”认养树木、“爱鸟周”野生动物保护等活动，莘庄公园举办的梅花展等活动，均取得了良好社会反响。认真落实行业公开服务承诺，全区公园新推十项便民服务措施，得到市民游客好评。扎实开展绿化“六进”活动，及时有效解决夏令热线等各类问题。加强行业志愿者队伍建设，以“清洁城市行动”、“三五行动日”等活动为抓手，引导市民群众参与绿化市容管理，营造了“城市有序，人人受益，人人有责”的良好社会氛围。二是行业长效机制建设取得新突破。抓住世博发展机遇，努力推动绿化市容常态长效管理。研究出台了《闵行区公共绿地养护管理实施意见》，对全区公共

绿地实行分类分级管理，并分别提高了养护定额和管理标准，提升了绿地养管水平、景观效果和服务功能。积极探索，建立健全了市容环境卫生质量巡查、公园三级巡查、林业网格化巡查、社会绿地管理和市容环境第三方巡查检查等工作机制，提升了保障世博、服务群众的能力和水平。三是行政效能建设取得新进展。坚持依法行政、勤勉履职，进一步加强行业自身建设，提高行政效能。全年共办理各类行政许可事项886件，按时办结率达到100%。推行绿化市容行政许可审批，推进行政审批制度改革，优化审批流程，提高行政审批质量和审批效率。高度重视信访投诉工作，全年共受理信访投诉11734起，反馈率均为100%，满意率达到98%，其中绿化林业满意率100%。高质量完成两会案件办理，共办理“两会”提案55件（其中主办件29件，会办件26件），满意率达到100%。

2010年的工作取得了一定的成绩，但与科学发展观的要求和广大人民群众的期待，还有不少差距，主要表现三个方面：一是传统管理模式与常态长效管理要求还不相适应。在治理乱设摊、提升公共场所保洁水平、加强绿地林地养管等工作实践中，受习惯思维、传统做法的影响仍比较大，管理方式还较为粗放，管理手段还较为单一，管理技术还不够先进，世博后一些区域环境脏乱差现象出现反弹和回潮，要求构建长效管理机制工作必须紧抓不放，全力推进。二是公共服务能力与人民群众需求还不相适应。办博期间“整洁、有序、美观”的市容环境给市民群众留下了深刻的印象，世博后市民群众对绿化市容行业管理和服务水平有了新的更高的期盼。如何坚持群众观点，回应群众关切，需要我们进一步创新服务方式，拓宽服务领域，强化服务功能。三是行业自身建设与转型发展要求还不相适应。“十二五”期间，面对城市化进程加快、人民群众对环境需求日益提高和绿色、环保、低碳理念提升等新形势，如何围绕建设“智慧、生态、宜居”闵行的总体目标，健全行业管理体制，实现行业创新驱动、转型发展，亟需不断加强行业自身建设，不断转变工作理念，不断创新工作机制，不断提升工作效率，加快推动行业科学发展。

（十二）宝山区

宝山区建设和交通委员会

二〇一〇年是百年期盼的上海世博会成功举办之年，也是“十一五”计划收官，“十二五”规划谋划承前启后的重要一年。我委面临筹博办博的特重任务、特大压力、特别责任，经受了严峻的考验。在区委、区政府的正确领导下，我委乘“世”而为，紧紧围绕年初确定的目标任务，深入践行科学发展观，以世博会成功举办为主线，以“三重”工作为重点，以“建管并举、重在管理”为抓手，全委上下以强烈的使命感和责任感，精神振奋，克难攻坚，奋力拼搏，全面完成区委、区政府交给的任务，实现了“十一五”规划发展目标，为“十二五”发展规划顺利实施奠定了坚实的基础。

一、不辱使命全力以赴确保世博安保运行平稳有序，着力为世博会圆满成功作出积极贡献

2010年在牵头全区600办圆满完成迎世博600天环境综合整治的基础上，我委承担办博期间全区交通通信安保牵头协调推进工作。建设交通行业与世博会举办关系十分密切，且量大、面广、突发事件多，任务特别繁重，压力前所未有，责任非同寻常，我们深感使命光荣，责任重大，竭尽全力确保完成。一是认识到位，精心制定全面细致世博安保运行工作方案。为了切实做好市政、公

路、交通、建筑、燃气等行业安全有序运行服务和各项应急保障机制落实到位，我委领导高度重视，统一思想，按“全覆盖、全过程、全天候”及“实、细、深”确保安全运行要求，成立由委主要领导任组长的世博安保运行工作领导小组，下设综合协调、道路燃气、综合交通、建筑安全、内保稳定和督察督办六个工作小组，深入调研，摸清底数（区内有市政道路、公路505条，其中市政道路315.9公里，公路418.4公里；公交线路有118条，公交车辆1912辆，公交候车亭200个，停车场76个，泊位有3439个，轨道交通站点30个，交通枢纽9个，公交停靠站804个，有人监护道口10个，客运码头4个，内河码头164个，道路危险品运输站50家；全区在建工地242个；燃气加气站、储备站、液化气供应站47个），锁定目标，制定形成了周密的宝山区建设交通安保运行方案（一图、一表、一方案），并认真付诸实施，以保证世博期间各项工作顺利开展。委系统各单位按照工作特点，制定具体实施方案，为世博工作的开展提供了制度保障。二是保障有力，扎实推进世博安保运行工作有序有力有效开展。加强道路燃气安全管理。市政道路以网格化管理为基础，实施差别化管理，坚持每天对道路、桥梁以及附属设施全覆盖巡视一次，设施管理部门每周全覆盖巡视一次，有关领导每周巡视一次。对重点路段、大型桥梁、匝道、排水设施等进行拉网式排查，做到“早发现、早汇报、早处理”，及时消除安全隐患；切实加强对洋桥收费站、重要公路安全检查，确保道路处于良好的技术状态。加大各类燃气执法检查力度，检查燃气站点135家次，开具责令整改通知书15份；开展联合执法18次，取缔非法经营液化气窝点53处，查扣违法车辆15辆，行政处罚23万元。加强交通港航监管力度。从“人防、物防、技防”全方位展开，重点加强对各公交线路、站点、长途客运站的安全监管、监护和监控工作。共稽查公交线路243条，公交车辆668辆次，出租车3482辆，查处违章18件；省际客运车辆96台次，查处违章9件。维护出租行业市场秩序稳定，客运市场整治出动执法人员2286人次，加强各固守点监管。加强对危险品运输车辆整治，对区域内50家危险品运输企业、停车场库以及5处重点铁路道口不间断开展检查。全力开展水上安保工作，切实加强蕰藻浜、杨盛河、马路河为重点的水上安保工作，实行昼夜全天候管理，办理进出港船舶签证95893艘次，作出行政处罚10907起，按要求圆满完成水上世博安保管控任务。加强建筑安全监督管理。全区在建工地点多面广，人员复杂，安保任务艰难。为加强管理，我委召开了全区建筑施工企业迎世博保平安动员大会，签订了“世博安保责任书”。组建了2800人员参加的“工地平安志愿者服务队”，做到了工地“全覆盖”。依法加强建筑工地监管，全力确保工地安全，组织“地毯式”大检查5次，开展各类专项检查860个次，开具各类整改通知书124份，暂缓施工指令书5份，行政处罚16件，罚款53.8万元，并对5家施工单位项目经理等相关责任人进行了扣分处理。加强信访矛盾化解工作。面对动迁矛盾、交通环境影响、涉民房屋质量、利益诉求等诸多信访矛盾，其中相当数量属群体性矛盾，处理不好就会带来严重的不良影响。在实行委领导联系包干重点“重信重访”矛盾的基础上，着眼全局稳定，综合各方力量，深入细致工作，先后协调化解了西朱新村因3号线动迁和建设产生的涉民矛盾、漠河路商汇都市工程涉民房屋受损、月浦庆安一村96户居民住房质量整治等信访矛盾，妥善做好轨交7号线工程影响众多居民房屋质量矛盾的居民维稳工作。积极协调解决民工工资，全年共接待上访民工73批，涉及民工2430人，解决被拖欠工资2003万元，维护了一方平安。在迎博、办博期间，形成的成功经验和做法，建立行之有效的世博保障新机制将是今后我们工作的宝贵财富。

先后荣获交通部世博水上交通安全保障先进个人一等功一人；上海市世博运行保障先锋“先进集体”；上海市世博安保立功竞赛“先进集体”；上海市世博公共管理贡献奖；上海世博工作优秀集体；市世博四次市容环境综合测评三次第一名，一次第二名；区第三次流动红旗；一批个人获市区嘉奖。

二、着眼全局围绕现代化滨江新区建设发展目标，大力推进重大工程建设完善城乡基础设施

根据统筹城乡一体化发展的新要求，在对全年工作全面部署的基础上，采取强有力措施加快推进基础设施建设。建立完善工作责任制。落实各级领导“一岗三责”工作责任制（工作、安全、廉政），层层签订责任书，切实担负起领导责任。实行领导包案制。委领导实行联系包干重点项目、重点“重信重访”和人大代表、政协委员重点意见、提案办理工作。加大工作督查力度，每月对“三重”工作形象进度开展督查跟踪，严格工作考核。聚焦重点矛盾和难题。对重点工作、重要时段、关键环节，通过领导现场办公会调研剖析、亲自协调等方式强力推进，确保顺利实施。市、区重大工程加快推进。2010年区政府投资计划29.41亿元，全年完成投资28.40亿元，占年计划的96.6%。完成企业动迁170家，居农民动迁435户。18项重大市政工程项目扎实推进，其中相继建成的工程有：军工路改建、江场西路新建工程、西干线污水管工程井位腾地、顾村居住区基地污水外配工程；宝安公路、镜泊湖路加快推进，吴淞口国际邮轮码头工程4月27日顺利完成首靠任务，主体工程“一关三检”大楼基本完成；长江西路越江隧道浦西段顺利实现开工，军工路定向EN匝道已竣工；富长路罗店、罗泾镇动迁全线完成；潘泾路三期雨污水管已完成75%；康宁路和康宁路大桥、临江大道、宝线公路、殷高西路、场中路、宝嘉公路、嘉盛公路等工程正按节点推进。重点基建工程实现节点目标。2010年惠及民生的重点基建工程项目集中，投资额大，推进难度和风险相当突出。我们变压力为动力，经过艰苦努力8大工程有序推进，成效显著。区民兵训练基地已于6月底竣工；区体育中心综合篮球馆、图书馆和市民馆主体工程基本建成，今年一季度竣工；华山医院北院住院楼完成地上一层，今年上半年可结构封顶；区中西医结合医院（二期）工程进入地下工程墙体顶板施工；区法院进入地上部分施工；区检察院工程完成桩基施工；河口科技馆基本建成；大场医院完成围护桩施工。先后获市重大工程立功竞赛先进集体2家；多人获市重大工程功臣及记功嘉奖。

三、贯彻优先加强协调加快公共交通发展，不断完善区域公共交通网使群众出行更为方便

一是加强公共交通发展的研究。在组织开展调研、编制“十二五”发展规划的同时，着手编制了新一轮“公共交通三年行动计划”、“宝山区交通白皮书”，为区域公共交通加快发展打下基础。二是圆满完成春运任务。针对长江隧桥建成通车后出现的新情况，经过精心组织、周密安排，克服了雨雪大雾等灾害天气影响，实现了“以客为主、安全为先、方便有序、服务满意”的目标。经统计，自1月底开始的40天春运中，宝山地区共运送旅客57.59万人次，安全接送车辆5.45万辆次，数量与上年同期相比分别下降67.8%；而长途客运运送旅客5.57万人，同上年比上升17%。三是加大公交线路新辟调整力度。新辟公交线路3条（宝山15路、20路、申崇五线），新辟社区巴士2条（顾村公园和罗店美兰湖地区），调整公交线路10条，通过新辟调整，优化了公交线路布局，逐步完善了地面交通与轨交的衔接。投入400辆公共租赁自行车，有效解决网点周

边居民“最后一公里”出行难问题。四是推进公交基础设施建设。加快区域内6个轨道交通枢纽站建设，其中1号线富锦路枢纽、3号线长江南路、江场北路枢纽站、7号线沪太路枢纽、美兰湖枢纽已完成，并陆续投入使用，沪太路枢纽“P+R”停车场已投入使用；环镇南路、宝菊路等6个公交首末站已建成，华和路公交首末站已启动。新增大宇高等级公交车辆80辆，市民出行条件进一步得到改善。受理新开业道路停车18户，增加泊位3951只。五是开展整治非法营运车辆。认真贯彻市府“两个坚决”方针，联合公安等部门开展多批次，不间断的联合整治和专项整治，对区域黄金广场、宝山中西医结合医院等6个重点地段候车区实施改造并加强固守。全年开展日常稽查2602次，出动执法人员15283人次，立案2140件，实施行政处罚1288件，维护了公共交通正常秩序。六是全力做好世博水上安保工作。构筑了水上“VFH声高频、GPS定位系统、AIS信息”安保三大系统，确保水上交通动态管理和快速指挥，加强港航监管，全年开展专项安全检查2334起，纠正船舶安全缺陷16967起；出动海巡艇414艘次，工作车辆507次，检查、核查船舶26176艘次，办理进出港签证111850艘次，依法处罚870.01万元，确保世博水上安保有序开展。我委被市交通港口局评为“2010年度交通港航工作优秀单位”。

四、尽早着手抓紧进行“十二五”规划编制，确保形成高质量规划引领未来

城乡基础设施规划是区府“十二五”发展规划的重要组成部分。按照区府的统一部署，在制定“十二五”规划方案的基础上，紧紧围绕宝山区“十二五”时期发展、转型、提升的主线和中长期区域城乡基础设施建设和经济社会发展的重大问题以及市民群众关心的热点难点展开讨论研究，找出解决难题的方向和对策，采取深入开展调研、中心组研讨、组织综合讨论等形式，形成市政道路、公路、公共交通和燃气“十二五”发展基本思路后，分别召开了市规划、建设等部门领导、有关专家、区有关委办局、街镇领导、区人大代表和政协委员、委属各单位领导参加的征求意见会，在初稿形成后，组织开展专题讨论，广泛听取意见，不断修改完善，经过上下反复多次，集思广益，凝智聚力，努力提高编制质量，形成“十二五”发展规划最终成果。市政道路发展目标：针对宝山东西区域基础设施发展不平衡，与轨道交通相配套的道路设施不完善，跨越蕰藻浜的桥梁建设不够的实际，重点建设二、三级公路和城市次干路、次路，增加道路密度，解决东密西疏问题，解决主要道路与次要道路配套，完善区域道路网，提高道路的通达率。公共交通发展目标：逐步建成一个以轨道交通为主导的多元化、低碳化、人性化的公共系统，为我区进一步发展提供完善、科学的交通基础支撑，实现轨道交通、公交、社区巴士、公共自行车协调发展。燃气事业发展目标：以宝山新市镇（西城区、罗店、罗泾）以及大型动迁基地（顾村、大场、罗店）建设为契机，加快燃气管道建设力度，落实区域燃气配套；逐步完善区域西部燃气管网，争取在“十二五”中期完成天燃气置换人工煤气工程。总之，使形成的规划既符合宝山实际切实可行，又能引领区域城乡建设和管理的未来。

五、认真贯彻“建管并举，重在管理”方针，切实加强城市各项管理提升城市化水平

1. 区府实事项目加快推进。

（1）友谊、月浦地区16313户居民燃气内管改造，经过前期艰苦扎实工作，综合各方力量，加强协调推进，在当地街镇和居委会、物业等部门的支持配合下，已于11月底全面完成，同时完成海滨地区旧房改造燃气设施配套100户。（2）完成新建6个车站。（3）完成新建60个公交候车亭。（4）完成

新建3对港湾式车站。（5）完成新辟2条社区巴士。（6）在50个中高层住宅单元安装轮椅坡道、扶手，公共场所设置100个残疾车停车位，完成了126个；100个三室二点（活动室、办公室、卫生室、健身点、便民服务点）加设轮椅坡道、扶手等无障碍设施建设；公共场所设置100个停车位，已按要求全部完成。

2. 认真办理人大书面意见和政协提案，认真处理信访维护社会稳定。

2010年书面意见、政协提案共受理127件（主办81件，会办46件）。在办理过程中，加强领导，落实办理工作责任；完善制度，进一步规范办理程序；积极协调，着力提高解决热点、难点和重点问题的能力。在办理难度较大的情况下，经过努力81件主办件已解决（采纳）和正在解决的有73件，代表委员满意率和基本满意率为90%，办理率和办理态度满意率为100%。认真办理来信来访，全年共受理信访矛盾758件，在规定时间已办结727件，规定时间办结率为100%；其余31件主要是未到办结时间，正在办理中。信访矛盾的及时化解，有效地维护了社会稳定。我委荣获区“先进信访室”，2人获市、区信访工作先进个人称号。

3. 大力推进建设工程领域突出问题专项治理，扎实开展自查自纠。

认真贯彻落实2009年底市建交委召开的建设交通系统突出问题排查治理工作专题会议精神，对区域内列入排查清单的417个工程项目进行了重点排查，认真开展项目建设单位自查自纠的督导工作，切实落实监管责任，做到了底数清、项目清、问题清。1月25日，我委召开了“宝山区工程建设领域突出问题专项治理工作会议”，对开展突出问题自查自纠作了动员和具体部署，推进工程建设领域突出问题专项治理落实到实处。通过努力，417只项目的自查自纠表全部反馈，反馈率达到100%。我们根据反馈表梳理出115只项目，从报建、发放施工许可证、报监三方面重点抽查细查，从中发现问题进行整改。同时，积极配合市检查组开展专项治理重点抽查，针对抽查中发现的问题落实整改措施，贯彻边查边纠，对建设过程中存在问题的8个项目已行政处罚4个。

4. 认真落实“建筑业综合治理年”，努力提高城市管理水平。

迎世博600天环境整治任务提前完成。发扬连续作战精神，提前完成了包括沪太路、罗太路、双城路整治和郊环线新月翡翠园声屏障安装等所有世博整治工程，认真落实道路、码头、车站等长效管理机制，巩固和扩大整治成果。经区文明指数测评专项检查，委系统各项整治工作量与质均有较大提升，获得广泛好评。规范行政审批程序。按照评审机制组织对工程项目进行“行政、技术、经济”评审，全年共审批工程项目140个，包括经营性、工业物流、公共设施、市政道路、园林绿化五大类，优化了工程项目。切实加强市政、公路管理。加快道路实施，完成铁通路、友云路、铁锋路、双城路1标、塘后支路等8条新建、改建和整治工程。完善网格化管理，有力地提高了道路备案快速处置能力。全年收到信息14004起，应处置11172起，已处置11107起，市政、公路及时处置率分别达到99.93%和100%。抓好日常养护，养护市政道路150余条，整治车行道5.19万㎡，整治人行道4075㎡，维护桥梁32座；实施了盛石路、东升路等公路改造和整治，并完成富锦路江杨北路口渠化和3项绿化工程。加强巡视维修，强化监理机制，增加抽查次数，严格路政管理，确保道路设施完好与安全。全年完成征收通行费2.16亿元。实施了农村公路养护体制改革，形成新的机制，首批186.963公里农村公路正式移交接管，配套的养护、资金等管理办法下发执行，11个农村公路管理站成立，完成9.42公里的农村公路大中修工程，农村公路养护管理进一步加强。加大建筑业监管力度。一是加强资质管理，完成44家新办（增项）建筑企业资质的申请信息登记工作和90家建筑企业申请、审核和发证工作。二是规范招投标管理，完成报建237个项目，总投资为111.11亿元；施工发包数238个，发包价44.61亿元；发放施工许可证185张，工程造价为36.55亿元。招标率和公开招标率全部达到100%，所有的100只公开招标项目全部采用工程量清单招标。并完成了46只财政投资小型建设项目的招投标管理，完成66万人次的综合保险，发放33926张综合保险医疗卡，确保每个项目的每个外来民工都参加保险。三是切实加强安全、质量和文明施工监管，共受理报监项目274个，建筑面积为586.9万㎡；完成竣工备案项目146个，建筑面积355.6万㎡，在建工地214个，建筑面积817万㎡。其中列入重大危险源监控工地有107个。继续开展"安全月"和安全生产大检查活动13次，共检查工地980个（次），特别是加强对深基坑、高空作业、工地围墙、以及扬尘、噪声的监管，发现隐患，限期整改，努力把事故隐患消灭在萌芽状态。11.15市胶州路住宅发生特大火灾事故后，认真贯彻市电视电话会议精神，火速行动，全面部署，成立四个检查组，向各街、镇、工业园区发出书面通知，并召开全区214个在建工地负责人参加的动员大会，立即在全区组织持续开展建筑工地防火和安全生产大检查，坚决杜绝类似事故的发生。全年发出安全、质量隐患整改通知书430份（其中安全227份、质量203份），实施行政处罚62起，共处罚金126万元，对施工、监理等单位三类人员实施扣分41次。全区200多家在建工地参加了区世博建筑工地整治活动，创建便民环保工地274个。建立农民工业余学校135所，创建率达98%。全年有32个小区的11000户居民实施了分户验收，使住宅质量投诉率由原来5%下降为1%。四是推进工程创"双优"，全年申报区级文明工地24个，市级文明工地5个；申报区优质结构工程76个，市优质结构工程13个，申报3个单位工程和1个住宅街坊小区市"白玉兰"优质工程奖。申报市、区节约型工地分别为6个和8个。

5. 加大政风行风建设推进力度，努力提高行政效能。

切实加强领导。落实专人负责，定期分析研究，制定工作计划，认真付诸实施。加大推进力度。把政风行风建设列入年度"三重"工作，落实工作责任制和首问负责制，与工作推进相结合，与关注民生相结合，与监察督查和年度考核相结合，加快工作节奏，提高办事效率。着力抓好整改。针对2009年"万人百企评机关"和政风行风测评中，群众关注的热点问题，逐项分析研究，制定整改措施，从速加以改进。自觉接受监督。坚持每季度召开街镇、有关委办局分管领导和政风行风监督员三类人员工作例会，沟通情况，听取意见，改进工作，提高城乡建设和管理水平。

六、加强党的建设和干部队伍建设，努力提高综合素质

认真贯彻落实十七届四中、五中全会精神，切实加强党的建设，制定了今年组织宣传工作要点、党风廉政建设计划，下发了党风廉政建设责任制分工、廉政效能风险排查等制度；扎实推进学习实践科学发展观活动整改项目落实，确保整改落实方案逐一兑现，取信于民；加强领导班子和干部队伍思想政治建设，改进学习方法，提高中心组学习质量；深入开展"世博先锋行动"创先争优活动。明确建交委开展"世博先锋行动"创先争优活动的主题为"建设为世博，争创促发展"，组织党员认真开展公开承诺活动，推荐1个党组织和2名党员被评为上海市"创先争优，世博先锋行动""五好"基层党组织和"五带头"共产党员。加强基层党建工作，深化

纪念建党89周年“五个一”系列教育活动，推荐阅读《苦难辉煌》一书，参与市“十二五”规划专题讨论活动。做好入党积极分子培训教育。开展领导班子分析研判，及时掌握情况，改善优化领导班子结构；加强对后备干部和人才队伍的教育培养和管理，突出党性和实践锻炼，落实宝山区公开选拔处级干部的相关工作和援疆干部工作。从严管理干部，落实谈心谈话制度，对苗头性问题早提醒，早纠正；认真组织开展“小金库”清理工作；建立加强廉政效能风险预警机制，将管理重心下移，关口前移，从源头上构筑反腐倡廉的防线。按照区总工会统一部署，组织委系统干部职工开展了“争创文明工地、争当文明建设者”迎世博立功竞赛活动；开展了援助玉树地震灾区募捐活动，委系统471人共募捐5.199万元。继续加强对困难职工的帮扶慰问，不断深化“送保障”、“送健康”工作。

2010年特色工作有：

一是重点聚焦，全力以赴做好世博运行安保工作机制和保障体系。2010年经历了世博会由筹备转向正式运行到圆满成功三个重要时期，工作的责任和压力是前所未有的，全委上下全力以赴，不畏艰难，深入实际，摸清底数，细化任务，明确责任，创新机制，规范管理，委系统形成了世博安保运行机制和保障体系的总方案，认真付诸实施；并以此为动力，全力推进市、区重大工程建设。尽管任务重、头绪多、要求高，由于领导高度重视，精心组织，突出重点，着力推进，做到了两不误、双促进。

二是借鉴世博案例，拓展工作新思路深化谋划“十二五”规划。5月24日，委主要领导带领党政班子和各单位主要领导，把主任办公扩大会搬到世博会城市最佳实践区，从巴塞罗那、马德里等馆最佳案例中亲身感受，深切体验，转变理念，触类旁通，为编制的道路、交通“十二五”规划和提升城市建设和管理水平，推进城乡一体化发展提供了更加全面的视角和更具前瞻性的眼光，为宝山加快城市转型作出贡献。

三是关口前移，建立以“风险点”为重点廉政效能风险预警机制。抓住重要领域和关键环节，以规范和制约权力运行为核心，以因“思想道德、制度机制、岗位职责、业务流程和外部环境不到位”等问题的五类廉政风险为重点，制订了《区建交委廉政效能风险分析评估和预警防范实施办法》，建立健全“前期制约防控措施，中期加强监督管理，后期考核防范效果”三道防线，提高廉政效能风险防御能力。

四是加大综合协调力度，全力维护社会稳定。面对城乡建设实施中产生的动迁矛盾、涉民房屋质量、利益诉求等诸多信访矛盾，数量之多，涉及面之广，化解难度之高，都是空前的，其中相当数量属群体性矛盾，处理不好就会带来严重的不良影响。在实行委领导联系包干重点“重信重访”矛盾的基础上，我们着眼全局稳定，综合各方力量，深入细致工作，先后协调化解了西朱新村因3号线动迁和建设产生的矛盾等多起群体性涉民矛盾的维稳工作，同时对沪太路基地等7户居民实施了强制拆迁工作，强制拆迁量为10年来之最。积极协调解决民工工资，维护了一方平安。

目前，工作推进中存在的困难和问题是：一是重大工程前期动迁难度加大，办理前期手续时间长，土地指标紧张，影响工程按时组织实施；二是综合协调和维稳任务繁重，特别如轨道交通七号线涉民房屋质量等群体性矛盾涉及面广量大，情况复杂，政策性强，且需要相当资金，面临压力和化解难度极大；三是在干部队伍中，应对难题的思路和办法需要拓展，决心和毅力有待进一步增强，推进体制机制创新的力度有待加大，面对新形势新任务业务水平和工作能力有待进一步提高。这些问题，我们要认真研究，尽快予以解决。

宝山区绿化和市容管理局

今年以来，区绿化市容局深入实践科学发展观，认真贯彻区委五届九次、十次全会精神，按照“一手抓世博，一手抓发展”的工作思路，以“三重工作”为抓手，全面推进绿化市容建设、管理和整治各项工作，努力打造与世博会相匹配的绿化市容环境，较好地完成了区委区政府下达的工作任务。

（一）完成绿化市容世博保障任务

1. 城乡保洁。全区市政道路人工保洁作业全部增加半个班次，推广电动三轮车“飞行保洁法”，所有道路机扫、冲洗率达到100%，门责垃圾上门收集覆盖城市化地区道路。东城区全部实行组团式保洁法，圆满完成世博场馆保洁工作。按照“3个2”和“双快”原则，区环卫系统清除无主垃圾5万吨。成立了20余支绿化保洁队伍，专职定岗绿化保洁，将全区分为三类区域实行差别化管理。

2. 绿化布置。结合世博会主题与宝山文化，建设了三大主题景点、两个重要门户、一条景观道路和14个配套景点，在公园和绿地内布置了立体花坛、平面花坛、花带花境，总用花量约300万盆，全区总花坛面积近10000平方米。“大地的微笑”荣获全市最受市民欢迎十佳绿化景点。

3. 世博安保。制定应急预案，落实各项安全保障措施。在全系统举行迎世博安全生产和消防安全大检查，开展“加强排查督导，促进落实整改”、“两个排查”等活动，对发现的问题和隐患进行了整改。加强车辆交通安全宣传“五进”工作。妥善处理各类信访问题和矛盾。

（二）完成绿化市容景观建设任务

1. 绿地建设。智力公园、炮台湾公园二期、卫斯嘉闻道园等11个绿化建设项目全面竣工，滨江景观带项目建设完成50%，友谊公园、大场公园、潘泾路三期绿化项目完成前期工作。整治宝钢林带等绿地21公顷，改造逸仙路长逸路等绿地4公顷。建成公共绿地54公顷、居住区绿地50公顷、单位绿地16公顷，全区绿化覆盖率42%，绿地率41%，人均公共绿地达到22平方米。

2. 景观灯光。推进落实了宝杨路25幢楼宇灯光的建设，对建成景观灯光设施进行了全面维护，建立了景观灯光每周夜巡制度，严格按照市统一规定时间亮灯，世博期间景观灯光亮灯率和完好率达到98%以上。6年来全区累计建成并投入使用楼宇灯光78幢，绿地灯光11.77万平方米，灯带5722米，投光灯3470套，庭院灯141套，洗墙灯1283套，草坪灯、地埋灯等6943套，基本完成了“六路一桥一区”景观灯光建设任务。国庆期间，在6条城区主要道路两侧悬挂了700对国旗和世博旗，布置了177个投光灯、29300米LED星光灯、1580个水晶灯笼，营造了欢乐祥和的节日气氛。

（三）完成绿化市容基础管理任务

1. 环卫管理。加强垃圾分类和源头减量工作，继续推广压缩站收运模式。4月20日，我区原由区属泰和路码头转运的900吨生活垃圾调整到市属虎林路码头。泰和路码头在保留生活垃圾转运功能的同时，经改造于9月底正式实行装潢垃圾水上外运。执行渣土专营政策，树立渣土行政许可权威，渣土运输处置市场进一步规范。与食药监等部门建立餐厨垃圾处理管理联动机制，加大宣传力度，调整收运格局。完成罗店大居环卫专业规划编制，罗泾垃圾中转站、庙行环卫所等项目开工建设。93座环卫公厕年初全部免费开放，做到了“免费不免责”，新建农村公厕43座。

2. 市容管理。圆满完成迎世博600天整治任务。区、街镇两级联席会议全部建立，对门责单位逐户上门签订门责告知书，明确责任和义务。6个中心城区街镇门责签约率已达到100%，6个郊区镇城市化地区门责签约率已达到90%以上，已有9个街镇成功创建市级达标街镇，其中3个街镇启动示范街镇创建。28条道路创建区级达标路段，先行建立区、街镇、居委三级联席会议，已有95%以上门责单位达标。投诉中心处理业务投诉790件，处理率100%，满意率99.39%；检查作业样本38571个，问题发现率7.22%，整改率95.58%。

（四）完成绿化市容行业建设任务

1. 队伍建设。将“创优争先”活动与世博工作相结合，党员干部、志愿者和广大职工积极参与“环境清洁日”、“文明观博”等系列行动。开展元旦春节送温暖活动，慰问困难职工61人、留沪外来劳务工887人、一线班组职工756人。落实高温天气一线职工劳动保护措施，执行上海市最低工资调整政策，启动职工工资正常增长机制。举行基层党支部换届选举，选拔任用一批中青年干部。新发展10名预备党员，转正9名。成功举办第二届职工运动会。全局荣获区级以上各类先进集体称号24个、先进个人称号118人次。

2. 政风行风。制定党风廉政和政风行风建设工作意见，各级干部签订党风廉政、一岗双责、政风行风目标责任书，组织副科以上干部进行重大事项申报工作。定期举办监督员和社区座谈会，迎接区人大代表视察，参加“百姓连线”，及时整改有关问题。开展了以“共建绿色家园，同庆世博盛会”为主题的全民义务植树和绿化宣传活动。完成44件人大意见和政协提案办理，完成率100%，满意率90%以上。完成市容环卫、绿化“十二五”发展规划编制。

在迎世博和办世博期间，绿化市容工作面临两个前所未有：工作任务前所未有，工作力度前所未有。全局按照区委区政府“不自满、不松劲、不懈怠”的要求，始终保持良好的精神状态，不仅使得宝山的市容焕然一新，管理的水平上了台阶，更重要的是培育并逐步形成了“团结协作、全力以赴、勇于创新、默默奉献”的精神。总结迎博和办博保障工作，我们之所以能够很好地完成各项保障任务，区委区政府的高度重视和正确领导是首要的因素，世博会的强劲东风是成就事业的客观条件，全系统干部职工全力以赴是主观原因。

总结全年工作，我们体会到：一是领导班子以身作则是关键。做到领导带头，统一认识，精心组织，层层落实，确保高效的组织领导格局是工作效果整体上台阶的根本保证。二是必要的投入是保障。在600天整治和世博运行保障过程中，绿化市容的投入按照世博保障要求得到相应的落实和保障，有力地推进了行业管理和提升了作业条件。三是加强应急保障是手段。将安全稳定工作作为重中之重，落实各项安全保障措施，应对了夏季高温、台风汛期、冰雪灾害等不利因素，有效地保证了城乡环境世博保障有序运行。四是不断创新工作机制是基础。在运行保障中，因地制宜、勇于创新，建立和完善了八项工作机制，为圆满完成全年工作任务提供了支撑。这些机制是：道路保洁机制、渣土专营机制、餐厨垃圾管理机制、门责管理机制、绿地保洁机制、灯光广告机制、质监投诉机制、经费保障机制。

总结全年工作，我们还存在不少的不足：一是绿化市容事业在管理、作业等方面还不够平衡，运行保障工作中还有薄弱点。二是许多管理难点和顽症即使凭借世博东风也未能得到更有效的解决，博后城市管理顽症反弹压力大，如渣土偷乱倒等问题。三是绿化市容与其他行政机关、社会公众的互动机制上有缺陷，在社会宣传、资源整合、合作配合等方面有待进一步加强。四是干部队伍执政能力和作风建设还需要进一步加强。

（十三）嘉定区

嘉定区建设和交通委员会

2010年，区建设交通系统按照区委、区政府的工作部署，紧紧围绕区委、区政府作出的聚焦“一核两翼”，促进“两个融合”，全面加速我区城市化进程的战略部署，牢牢把握迎办世博的历史机遇，全力推进重大项目和基础设施建设，进一步加大城市建设和管理的力度，我区城市化水平有效提高，城市形象明显改善，为“十二五”期间的发展奠定了坚实的基础。现对建设交通系统2010年工作进行回顾总结，并对2011年主要工作作出安排。

（一）完善交通网络，全力推进道路建设

1. 骨干道路建设。嘉闵高架路前期动拆迁工作已正式启动，虹桥动车所、南翔编组站两个节点与新建铁路同步实施，其中南翔编组站节点拆违腾地已完成，虹桥动车所节点已经建成；S6公路（沪翔高速）已开工建设，涉及的农户动迁基本完成，企业动迁大部分已完成；金昌路（嘉松北路——金迎路）的雨污水管敷设和桥梁桩基、桥梁下部结构及路基工程施工基本完成，沪宁城际铁路南翔站区域约300米道路已建成，基本实现全线结构贯通（G15沈海高速上跨立交除外）；嘉盛东路（浏翔公路——区界）进入设计、勘察招标阶段；嘉盛西路（胜辛路——朱旺路）已完成胜辛路至嘉朱公路段基层、桥梁结构和雨污水管，嘉朱路以西段孙浜桥已进入施工阶段，G15互通立交已开工建设。

2. 穿（跨）铁路通道建设。惠平路已完成铁路跨线桥主体结构，下穿沪宁城际铁路处已经完成道路结构施工，正在进行下穿沪宁铁路施工；桃浦路的嘉闵高架至南莘铁路段雨水管道、路基结构基本完成，正在进行下穿南莘铁路框架桥及U型槽施工；G2北辅道的铁路跨线桥引桥东半幅桩基础、下部结构及上部结构已全部完成。此外，外青松公路（宝安路——民丰路南）、百安公路（吴塘河北——和静路）和安虹北路（金昌路——车站河南20米）立项和初步设计均已完成。

3. 新城和大型社区道路建设。嘉定新城阿克苏路下穿G1501工程已建成通车，伊宁路上跨S5立交正式启动建设。宝安公路和沪宜公路正在进行改造方案的调整和深化。云翔大型社区配套道路惠平路（嘉好路——翔江公路）、陈翔路（惠平路——沪宜路）已完成施工招标，陈翔路下穿S5（沪嘉高速）和惠平路蕴藻浜大桥方案已基本确定。江桥大型社区配套道路爱特路（华江路——金沙江西路段）、华江路改建已于2010年8月进场施工，动拆迁工作正在进行之中。

4. 道路综合整治。叶城路、环城路、永盛路、富蕴路（阿克苏路）综合整治基本完成道路、桥梁、雨污水管、架空线入地和绿化工程；澄浏公路（嘉盛路——曹新路）改建正在进行桥梁下部结构、雨污水管道施工；浏翔公路综合改造于2010年9月进场施工，部分路段已完成路面工程；宝钱公路已完成路灯安装，并于2010年9月底全线亮灯；嘉罗公路已完成路灯安装前期工作，即将启动实施。

（二）形成景观亮点，全力打造绿色宜居嘉定

1. 生态景观建设。嘉定新城内环城林带一期1-3标交付使用，二期1标、4标绿化景观竣工验收；远香湖一期A、C区已完成13万平方米绿化、水系，中央湖区开挖完成，B、D、E区绿化景观工程完成；石岗门塘河道整治、绿化种植和景观工程基本完成；紫气东来一期完成15万平方米绿化种植及景观建筑小品，二期完成土方造型和绿化种植，三期完成车库结构；苏家浜、芮家浜、安泾、

赵泾北段、黄龙港等河道景观环境建设基本完成，嘉定新城“千米一湖、百米一林”的生态景观系统初具形象。此外，汽车城核心区风貌更新一期已经完成，二期也已开工建设。

2. 重点区域环境整治。S5 沪嘉高速出口景观绿地和胜竹路、新成路等 4 条区级道路沿线绿化景观改造基本完成；蕴藻浜沿岸绿化林带建设方案已初步制定；外环林带建设正在加快腾地交地工作；完成“三纵”（G15、S5、沪宜公路）、“三横”（沪宁铁路、G2、曹安公路）、“两线”（G1501、轨道交通 11 号线）沿线环境整治，整治总里程约 190 公里。实施沪宁城际铁路沿线绿色廊道建设，总长 20.2 公里。

3. 环境综合治理。以实施重点排污企业整治、减排设施运行检查、污水厂运营监管、减排档案完善等工作为重点，着力推进结构、工程和管理三大领域的减排工作，成效显著，提前实现“十一五”主要污染物减排目标。第四轮环保三年行动计划有序推进，33 项市级任务已完成 23 项，项目启动率 100%，完成率 81%；全区 100 项环境建设管理任务中启动 98 项，完成 2010 年度节点目标 67 项。

（三）不断完善城市管理，积极推进民生建设

1. 城市网格化管理。2010 年共发现各类案件 24183 件，立案 24025 件，结案 24402 件，结案率为 101.6%。发现数和结案数与 2009 年相比分别上升了 11.41% 和 13.74%，在保证市政基础设施完好、工地文明施工和消除安全隐患等方面，发挥了重要的作用。同时，积极探索后世博时期城市管理模式，制定了城市管理指数测评方案，目前的测评范围为嘉定镇街道、新成路街道、嘉定工业区和菊园新区 4 个街镇。

2. 公共交通建设。2010 年共新增公交车 94 辆，新辟嘉定 51 路等 8 条公交线路，完成沪宁高铁公交同步配套；调整延伸了嘉定 1 路等 10 余条公交线路，在 22 条公交线路上增加了运能；启动实施了第二轮公交候车亭建设计划，新建候车亭 56 座，市民出行环境进一步优化。同时，加大了客运市场监管力度，在整顿交通营运市场秩序、规范交通行政执法行为上取得明显成效。

3. 住房保障与动拆迁。加快完善住房保障体系，全年新增廉租受益家庭 126 户，发放租金约 372 万元，实际享受廉租补贴家庭达 494 户；大力推进大型居住社区建设，新开工面积 68 万平方米；住宅建设稳步推进，全年商品房新开工 504.5 万平方米（其中住宅 318.9 万平方米），竣工商品房 236.6 万平方米（其中住宅 176.7 万平方米）；动拆迁进度不断加快，全区共完成居民动迁 5081 户，企业动迁 507 家，分别完成全年动迁计划的 101.62% 和 101.4%，动迁配套商品房开工登记备案项目 9 个，面积 70 万平方米，交付使用验收发证 7 张，竣工面积 49.4 万平方米。

4. 水环境建设。陈行水库原水支线初步方案确定，“工可”报告已上报。嘉北自来水厂一期工程于 2010 年 4 月完工，新增供水能力 15 万吨 / 日，配套清水管建设也全线完成。全年新建一级污水管网 19.2 公里，二级管网 50 公里，大众污水厂二期扩容增量技术改造已竣工验收，增加污水处理能力 3 万吨 / 日。吴塘北段和祁迁河一期综合治理已完成，京沪高铁、沪宁城际铁路沿线 45 条受损河道中已有 39 条完成整治，遗留问题的处理已明确责任单位和时间节点。

（四）强化建筑行业监管

1. 安全质量管理。截止 12 月底，我区在建工程项目共 651 个，建筑面积 1348.8 万平方米，今年受理报监项目 520 个，建筑面积 723.5 万平方米，竣工备案项目 240 个，建筑面积 440.9 万平方米，在建“绿色通道”推进项目 153 个，建筑面积 242.8 万平方米；加强了建设工程安全管理，开展了基坑工程全面检查、保障性住宅施工质量、建材质量、

节能、校安工程等专项检查；加强了施工现场重大危险源的备案管理和重点巡查，确保重大危险源及时准确上报、受控。在上海“11.15”火灾发生后，立即会同区安监局、消防支队等职能部门开展了全区建设工程防火和安全生产大检查，对检查中发现的各类安全隐患情况，责令各责任单位认真整改，对情节严重的，经核实给予行政处罚及通报。

2. 建筑市场行为监管。在监管机制上进行创新，通过开工交底、过程检查、竣工核查的全过程动态监管制度，扩大了行政监管的覆盖面，完善了项目管理信息，加大了对建筑市场无证施工、超越范围、违法分包、规避招标等违法行为的处罚力度。建立了“开工时提前预控、过程跟踪检查、竣工把关控制”的全过程动态监管制度，进一步规范了建筑市场行为和用工维权管理，全年共接待建筑农民工上访 130 起，涉及被拖欠人数 2347 人，解决金额 1510.7 万元，解决率为 99%。与 2009 年相比，上访次数、涉及人数和涉及金额明显下降。

3. 招投标管理。2010 年，共受理建设工程报建项目 328 个，总投资 304.12 亿元，建筑面积 511.85 万平方米；完成施工承发包项目 329 项，建筑面积 518.67 万平方米（其中公开招标项目 157 项，建筑面积 162.98 万平方米）；完成勘察、设计、监理发包总计 175 项，面积 678.17 万平方米；核发建设工程施工许可证 258 项。此外，牵头建立了工程建设不良行为记录监管平台。2010 年共查询项目 166 个，投标企业 903 家次，发现具有不良行为记录的投标企业共 17 家次涉及 19 个项目，相关企业无一中标。该平台的启用对于维护建筑市场的正常秩序和遏制工程建设领域违法、违规行为起到了积极作用。

此外，加大了新材料的推广和应用，2011 年建设工程新型墙材使用率达 72.4%，同比增加 12.8%，散装水泥使用率 81.59%，同比增加 0.69%。

（五）落实规划先行，严格土地利用和管理

1. “十二五”规划编制。建设交通系统承担的我区“十二五”规划中的 9 个专项规划和 5 个重点区域规划的编制工作顺利完成。在此基础上，经广泛听取意见和调整充实完善，形成《嘉定区城市建设和管理第十二个五年规划纲要》，明确了“十二五”期间我区城市建设和管理的总体思路、发展目标、主要任务和部分重点项目。

2. 土地利用与管理。强化土地储备规划引领，加紧土地储备，2010 年实质启动并完成新增储备项目 19 个，面积 108.42 公顷；聚焦新城核心区、南翔组团等重点区域，加快土地出让，较好地保障了建设发展用地需求，全年共供应土地 4107.1 公顷，涉及出让收入 124.7 亿元。同时，坚持节约集约用地，严格执行闲置土地政策，加快盘活存量，加大土地整理复垦力度，积极落实耕地占补平衡任务，共有 22 幅 192.2 公顷土地通过整理复垦确认，新增耕地面积 164.3 公顷。

（六）加强综合协调，加快推进重大工程建设

加强了重大工程项目动态管理和综合协调。建立了项目跟踪反馈制度，每月审核汇总项目进展情况，并进行综合分析；形成了重大工程项目推进工作机制，拟订并经区政府批准了重大工程项目确定原则、重大工程项目支持政策等工作规则；加大了重大工程项目协调推进力度，全力化解项目推进中存在的困难和问题，对于带有普遍性的矛盾组织专题会议进行重点协调、重点推进。2010 年，区重大工程建设总体完成较好，共安排区重大工程建设项目 38 个，项目总投资约 251.7 亿元，涉及基础设施、社会事业、产业发展、民生保障等方面。2010 年，区重大工程实现新开工项目 16 个，建成及基本建成项目 4 个，完成投资约 52.5 亿元。另外，全力推进项目代建工作，区司法中心和南翔医

院正在抓紧进行内部装修和配套工程的收尾工作，2011年投入使用。

在党的建设方面，以“抓党建促中心，围绕中心抓党建”的总体思路，在把握方向的同时，积极营造想干事、肯干事、能干事、干得成事的氛围。2010年着重抓了以下五个方面的工作：

（一）坚持党建平台建设，凝心聚力形成合力

为了加强对建交委系统党建工作的领导，建设交通工作党委着力推进系统党建平台建设，通过与各局党委（党组）签订党建工作责任书，明确了党建工作的各项目标、主要内容和重点工作，建立了系统党建工作的基本框架。2010年年初，区建设交通党工委与各局党委（党组）签订了年度党建工作责任书，并召开了专题会议，就党建责任书内容进行布置，确保各项工作落到实处。同时，加强了对各局党委（党组）以及直属单位党支部的党建工作的中期和年度考核，确保年初确定的各项党建责任目标顺利完成。

（二）完善创新品牌建设，凸显党建工作特色

建设交通工作党委在党建特色工作上常抓不懈把“六有”、“六进”、“六路”明星活动塑造成了建设交通系统党建工作的品牌。在2010年的党建工作中，在继续深化、拓展“六有”、“六进”、“六路”明星活动等品牌工作的同时，为了全面提升建交委系统党建工作的整体水平，建设交通党工委在部分局和直属单位试点实施的基础上，在全系统中推广“六建”工程，即建学习型、创新型、高效型、服务型、节约型、廉洁型组织，并列入年度党建工作考核，使“六建工程”成为建交委系统提升能力水平、实现建设目标、促进科学发展的有力保障。在区委部署创先争优活动后，建设交通党工委又立即确定了以“六建”工程为活动载体，在建交系统中深入推进创先争优活动，推动党的建设更好地服务城市建设等中心工作。

同时，系统各单位结合工作实际，形成了各具特色的党建工作亮点：比如绿化市容局、房管局的城管执法、物业管理与社区党建联建；交通局的党员发展“三访”制度；水务局的创“双优”；规土局的争做“五个表率”；环保局的“五优四提升三满意”活动等。

（三）加强干部队伍建设，夯实基层党建基础

在队伍建设上，努力打造一支思想作风过硬、工作能力出色的干部队伍。今年，建设交通党工委开展了新一轮后备干部队伍的民主推荐工作，努力建立一支素质优良、数量充足、结构合理的处科级后备干部队伍，确定了副处级后备干部22名、科级后备干部44名、优秀青年56名；组织系统基层单位党支部书记和科级后备干部进行了集中培训，开展了政策教育、形势教育，提高党员干部把握大局、服务发展和修身修为的能力。在基层党建上，以“达标创星”考核为抓手，促进基层党建工作扎实开展，在建设交通系统60余个党支部中评选出三星级支部7个，二星级支部14个，一星级支部16个。

（四）强化制度机制建设，推进党风廉政建设

进一步贯彻执行“三重一大”集体决策制度，积极构建教育、制度、监督并重的惩治和预防腐败体系，调整完善了党风廉政建设和反腐败工作责任制，认真落实了“一岗双责”。为全面提升建交委系统党员干部特别是领导干部的岗位风险防范意识和能力，有效建立重点岗位风险防范管理机制，根据区纪委统一部署，建设交通党工委在规土局、交通局和环保局试点的基础上，在系统中全面实施了科级岗位和重点岗位风险点查找工作，查找和分析每个岗位存在和潜在的廉政风险，根据风险等级确定岗位任职期限，并制定防控措施。目前，建设交通系统各单位

已初步建立了廉政风险防范管理机制。

（五）发挥党员先锋模范作用，做好世博服务工作

根据世博安保工作的要求，组建了由区建交委、交通局、规土局、绿化市容局、环保局机关和直属单位党员干部为骨干、全体工作人员共同参与的交通行业平安志愿者队伍，驻守区客运中心、长途客运站和城北路公交枢纽。区水务局和房管局也成立了行业平安志愿者队伍，全力投入世博安保工作。各基层党组织积极响应号召，争当世博先锋，纷纷到社区党组织报到，主动承担社区党组织部署的任务，驻守多个公交站点。

嘉定区绿化和市容管理局

2010年是上海世博会举办之年，也是嘉定大调整、大建设、大发展的全面发力之年。一年来，在区委、区政府的正确领导下，在市绿化市容局的悉心指导下，我局全面贯彻落实党的十七届四中、五中全会精神，坚持以科学发展观为指导，围绕迎办世博等中心工作，团结一心，奋力拼搏，开拓进取，勇于创新，全面完成了2010年工作任务目标，为推进我区绿化市容城管工作大发展奠定了坚实基础。

（一）圆满完成迎办世博各项任务

根据迎办世博市容环境管理保障总体部署，认真贯彻落实迎办世博工作计划和要求，全面扎实地推进绿化、市容、城管等方面的世博城市管理工作，积极开展市容环境综合整治，加强对城市管理难点顽症问题的治理，加大对重点区域、重点项目的保障力度，着力研究探索城市管理长效机制，不断提高迎办世博市容环境综合整治和城市管理水平，取得了一定的成效。

1. 加强世博应急保障服务

建立了区市容绿化城管系统世博会运行服务和应急保障指挥系统，为世博会保驾护航。严格执行24小时值班备勤制度，落实世博保障值班地点、值班人员安排，建立值班制度，规范工作程序，确保投诉分转及时，应急机制实施有效，应急值班工作事事有着落，件件有回应。系统内的绿化、林业、市容环卫、城管部门分别建立起世博应急服务网络和应急保障队伍，城管部门还组织开展世博会城管执法应急演练。整个系统运转平稳、有效。

2. 强化市容环境保障能力

认真组织开展每月15日的“环境清洁日”活动。并以此为载体，组织开展省际通道、中小道路、公交枢纽场站等区域的市容环境综合整治，落实具体整治措施，共计清除两侧暴露垃圾41956吨、水域两岸垃圾7096吨，粉刷围墙112万平方米。注重对世博旅游景点、接待点等重要地点、重要区域的市容保障力度，落实了应急保障措施。并有序开展了对嘉定客运中心、曹安长途客运站等公交枢纽、长途客运站的市容环境整治，深化了对我区32条中小道路的市容环境综合整治工作，做到了专项整治、环境改善和建立长效机制三结合。

3. 加强绿化布景营造世博氛围

在迎办世博184天内对区内重点区域、重要道路等处布置立体景点、花坛花境、组合容器、悬吊花球等，以此来烘托世博氛围，展现嘉定风采。全区世博期间共布置立体景点14个，花坛花境11290平方米，组合容器253组，悬吊花球431组，总用花量为205.71万盆，达到良好的景观效果。加强绿地养护和巡察，安排财政资金近百万用于提高养护、保洁频率。

4. 开展户外广告整治和违法搭建整治

超额完成了迎世博600天行动户外广告的整治任务，并不断巩固扩大整治成效，累计拆除屋顶广告456块，拆除地面广告847块，拆除高炮广告44个，整理调整户外广告4101块，整治店招店牌14588块，整治效果充分显现。

全面完成了迎世博600天违法建筑整治任务。召开了拆违工作推进会议，开展拆违法规大型宣传活动，统筹相关职能部门和街镇的力量开展拆违工作。坚持“一口受理，分转处理，跟踪督促，汇总反馈”的原则，认真做好违法建筑投诉受理工作。今年以来，全区共查处拆除违法建筑约50万余平方米，其中新增违法建筑2万余平方米。

迎办世博期间，我区的环境文明测评得分，由第一次的77.08分逐步上升至94.9分，在所有郊区中位列第二名。在零点公司组织的市民满意度测评中，市容环卫方面连续两次在郊区组名列第一。局荣获上海世博工作优秀集体、上海世博社会宣传工作贡献奖。

（二）加快推进绿化林业工作

1. 落实“百个公园、千块绿地、万亩林带”工程

在区域绿化系统框架基础上，结合新城建设、地块开发、道路和铁路等基础设施建设，河道整治、产业园区的开发建设等项目，深入挖潜，加快全区绿地建设进展。2010年我区计划新建各类绿地75.48公顷，其中公共绿地45.13公顷，重点推进八块3000平方米以上大型公共绿地。至目前为止已完成公共绿地44.82公顷，占全年公共绿地建设总量的99.3%。预计，今年建成区的绿化覆盖率为38.15%，人均公共绿地面积为16.2平方米/人。年内计划新建各类林地3166亩，已完成2042亩，占全年总量的64.5%。

我区境内“城际、京沪”铁路沿线绿色廊道建设总长20.2公里，涉及外冈、安亭、南翔和江桥4个镇，建设总面积约1951亩。通过一年的努力，目前已完成957亩。为提升道路景观，体现春景秋色的季相变化，对嘉安路、胜竹路等四条区级道路沿线进行了绿化景观改造。对胜辛北路、嘉安路等7条主干道路两侧部分林带缺株较为严重的林带5.3万平方进行了补植。初步制定了蕴藻浜沿岸绿化林带建设方案。沪嘉高速出口景观绿地正在建设之中。

2. 加强绿化林业管理

加强绿地养护和公园绿地保洁，结合行业特点，细化考核标准，强化公共绿地、公园的检查考核。加强病虫害防治和古树名木的保护。开展了“绿化你我阳台、扮靓幸福家园”竞赛活动。结合小区综合改造，解决居民反映强烈的树木挡风、遮阳问题。

做好森林资源动态消长监测工作。结合林业网格化巡查以及航片等资料，落实全区森林资源增减的现场勘验、系统登录以及数据汇总、图表输出等工作。对全区50亩以上的苗圃，围绕建设时间、经营面积、性质、苗木生产情况等方面进行了深入细致的调查。加强道口木材调运检查，今年共办理出省调运检疫证32938份，运输证37884份。加强产地苗圃检疫，共检疫76个苗圃、10300亩。

规范林业行政许可事项的审核审批工作，年内处置迁移事项51起、采伐事项5起。加强行政许可事后监督，对我区2008年、2009年度的13个林木采伐行政许可进行事后监督。

年内开展了“森林资源保护春季执法行动”、“野生动物保护春季、秋季执法检查专项行动”、“国庆期间专项整治行动”等专项行动，共出动车辆180余辆次、执法人员500人次，检查过境车辆900余辆次，立案查处各类破坏林业资源、野生动物资源案件22件。

3. 群绿活动蓬勃开展

开展了以“共建绿色家园，同庆世博盛会”为主题的植树节绿化宣传活动，向广大市民展示绿化建设成果版面、免费赠送盆花、发放绿化宣传资料、提供绿化咨询。开展春季全民义务植树活动，区四套班子领导带头，相关委办局、街镇600余人参加了在新城地区开展的全民义务植树活动。此外，2.7万人次参与各街镇、相关单位组织的义务植树活

动，共涉及植树点14个，营造了全民植树、绿化家园的良好氛围。年内，在区菊园文化中心、外冈新苑等社区开展家庭养花知识等讲座十三次，进一步提高居民爱绿、护绿的意识。

（三）努力强化固体废弃物处置和管理

1. 加快我区垃圾综合处理厂规划选址等工作

针对目前垃圾处理存在处理能力缺口增大、区残渣填埋场库容量趋于饱和、安亭垃圾厂残渣后续处置压力大的三大问题，在区政府、人大、政协的关心指导下，开展了多次外出考察调研，进行对策研究。为实现垃圾处理无害化、减量化和资源化，提出了抑制产生和源头减量、再利用和再生利用、焚烧发电、残渣利用和填埋的建议，并内部启动了垃圾处理厂规划选址工作。对残渣垃圾场进行重新布局，深挖潜力，在土地紧张情况下尽量延长使用年限。

2. 实施建筑渣土专营管理，落实“对口消纳”工作

认真实施建筑渣土普陀嘉定“对口消纳”工作，工业区娄东村累计已消纳普陀区建筑渣土约9万立方米。由于卸点管理得力、保洁措施落实、监管到位，得到了市局的一致肯定。

建章立制，加强“源头”监管。制定了诸如“嘉定区专营及加盟企业管理办法”“建筑渣土对口消纳管理办法”等一系列规章制度，力求从源头上抓好对施工企业、渣土运输企业、卸点管理单位的管理，促使其规范运作，有效解决了渣土处置过程中层层转包、无证运输、擅自处置等顽症。全年，36个建筑渣土处置工地与专营企业嘉定汽车运输有限责任公司签订了运输合同，累计申报处置建筑渣土408.3万吨。

加强了对渣土处置证的回收力度，回收率达到百分之九十以上。从提高车辆安全措施着手，要求专营企业、加盟企业对运渣车辆进行技改，并安装电子标签，目前通过技改上网的资质车辆已有250多辆，未安装电子标签的一律不予核发渣土处置证。

3. 加大环卫设施设备投入和管理

加强了对安亭垃圾厂和区残渣填埋场进场垃圾成分监管工作，严控垃圾混装、混运处置。单位生活垃圾处理费征收工作有序开展，共签订处理服务合同4700份，签约金额4350万元，实际征收金额3580万元。安亭生活垃圾处理厂共处置各类生活垃圾21万吨，同比上升4.8%，产生残渣8.4万吨，同比上升6%，区残渣填埋场共处理各类残渣垃圾22万吨，同比上升11.5%。江桥焚烧厂处理真新、江桥地区生活垃圾9万余吨。全区中转站、压缩站、末端处置点共计回收各类废旧物资达1.35万吨。对区内3户废弃食用油脂收运单位处置流向监管，有效地督促收运单位将废弃食用油脂处置到指定的处理场所。共收运处理废弃食用油脂202吨。选择嘉定镇街道温宿路16弄、博乐公寓两个小区开展了生活垃圾分类试点工作，在全区范围内进行了生活垃圾分类意识调查，发放了8576张调查问卷，为今后全面实施奠定了一定基础。

全区共新增环卫作业车辆20辆、快速保洁车辆26辆。同时，利用科技化手段不断提升监管效能，对全区8个街镇162辆垃圾收运车辆安装了GPS监控系统，利用监控平台有效地对收运过程、运输路线、处置去向进行了监管。新建公厕4座，改建公厕10座，新增268只废物箱，更新196只废物箱。环卫一线职工服饰统一换装，共2763人，16328套，

注重责任区制度长效管理建设工作，全区1.3万余家责任单位进行了责任区《管理手册》的签约工作。在巩固去年四个街镇达标创建成果的基础上，今年南翔镇市容环境卫生责任区达标镇创建已通过市局验收。菊园新区市容环境卫生责任区示范街道的创建

目前处于推进过程中。

（四）不断提升城管执法保障能力

1. 开展渣土专项整治。加强源头管理，对建筑渣土专业单位强化日常监督，进行上门宣传告知、走访座谈。同时加大对渣土违规运输的执法整治力度，组建双休日联合执法队伍、夜间渣土联合整治组，多次开展全区性专项整治，形成整治合力，确保建筑渣土管理基本进入可控预防势态。今年以来，检查车辆5463辆，检查工地1959次，查处各类渣土违规运输处置案件1019起。

2. 开展夏季环境综合整治。根据不同季节特点，对乱设摊、跨门经营、小广告等违法现象进行重点整治。针对夏季夜排档、瓜果摊点季节性频发现象，提前进行走访调研，提出"三不三导"工作原则及措施。设立了夏季瓜果疏导点，实施了对瓜果摊的规范管理。制定夜排档烧烤摊专项整治工作方案，严厉打击各类无证烧烤摊、占道设摊、夜排挡等违法行为。

3. 强化轨交站点周边管理。年初轨交11号线开通运营以来，大队提前进行调研，部署落实，积极探索有效的执法管理方式，强化站点周边管理。菊园中队在"一纵两横"管理模式的基础上，引入社会专业管理公司参与轨道交通站点管理，实行政府主导的市场化管理模式，取得了较好的社会效果。

4. 开展"三区"管理执法保障工作。全面推行区域差别化、精细化执法管理模式，根据世博重点保障区域和我区主干道、中小道路等不同区域的特点，分别实行重点保障、严禁和严控的管控标准及措施，落实定时、定点、定人、定岗、定责"五定"要求，对各个区域内的乱设摊、乱搭建、乱停车、乱发小广告、沿街乞讨、跨门经营和渣土偷乱倒开展巡查检查和执法整治。

5. 积极探索创新城市管理模式。在菊园新区轨交11号线站点周边环境管理上探索实践政府购买公共服务的运作模式，强化前置管理。在真新地区探索实践城市管理综合执法联勤工作模式。目的是努力探索城市化进程中郊区城市管理的成功机制。在新城地区，探索开展区域城管队伍协同作战的执法工作模式。

此外，还积极做好各项重大节日、重要活动执法保障工作，先后顺利完成了春节、清明祭扫、2010年F1中国大奖赛、世博会开闭幕式等重大活动执法保障工作。落实全方位履职、平安建设项目，联合工商、公安、劳动、民政等职能部门和街镇政府开展了全区流浪乞讨人员收容"三合一"联合救助工作、烟花爆竹乱设摊整治、非法职业中介整治、危险性刀具销售管理检查、扫黄打非、"绿色护考"等各类行动。共查处各类案件9615件。

（五）围绕党建工作中心，积极开展世博先锋行动

1. 完善制度建设，提高制度执行力

今年以来，制定并出台了关于加强网上监管、资金管理和工程管理的一系列监督管理办法和相关规范性文件，主要有《专项资金管理办法》、《绿地林地建设项目管理办法》、《关于渣土类行政处罚案件的实施意见》等规定，进一步加强制度保障，规范权力运行，强化监督管理，确保依法规范行政。

对已有的制度进行梳理和完善，坚持和完善局"三重一大"实施意见和监督办法，切实落实党风廉政制度，严格执行民主生活会、批评和自我批评、诫勉谈话等监督制度，认真执行党务、政务公开，建全领导干部联系党员制度，建立党员联系和服务群众的工作制度，建立完善党内激励、关怀、帮扶机制。进一步抓党员干部的廉洁自律工作，健全和完善工程建设项目招标投标制度和政府采购制度，严格财务管理制度，全面落实"收支两条线"规定，严格执行"阳光帐户"、"阳光收入"制度。

2. 加强队伍建设，提高行政能力素质

围绕建设学习型党组织的目标，加强学习教育。完善了党委中心组学习，制定计划，丰富学习内容，邀请区政协领导为局党委中心组授课。

加强党员干部管理。提高发展党员质量，严格党员发展条件和程序，切实把政治素质好，业务能力强，作风正派的同志吸收到党组织中来。加强中层干部队伍、青年队伍和青年后备干部队伍建设，落实干部选拔任用工作四项监督制度，加强行政执法队伍建设，推进城管队伍“参公”工作稳妥进行。认真实施科级干部述职评议工作，开展干部职工的各类学习培训。加强党内民主建设，落实“三重一大”民主决策机制，进一步规范权力运行，推进党务公开，落实党员知情权、参与权、监督权。

城管3个中队完成规范化分队创建申报验收，全区规范化分队创建目标顺利实现，创建率达100%。积极探索实践城管与社区党建联建新模式，与组织部、建交委联合制发了我区社区城管党建联建工作意见。推进党的工作向行业延伸、领域覆盖和社会辐射，积极破解城市管理难题顽症。

3. 开展主题教育活动，加强反腐倡廉力度

继续深入开展“讲党性、重品行、作表率”主题教育活动，在加强思想政治、业务能力、政风行风、反腐倡廉建设上下功夫。局党委主要领导作专题报告，切实加强党员干部表率意识，改进工作作风。

严格落实党风廉政建设责任制，推进惩防体系建设。制定局党风廉政建设责任制，认真落实党政领导干部“一岗双责”，局领导和基层分别签订党风廉政建设责任书。邀请区纪委领导作了专题廉政报告。组织进行《廉政准则》专题学习和测试，不断增强领导干部廉洁自律意识。切实加大对重点岗位、重大项目责任人的监督教育，开展岗位风险点查找工作，培育廉洁从政的道德操守，牢筑拒腐防变的思想防线。

抓好政风行风工作，针对09年绿化市容城管政风行风工作中发现的问题，召开政风监督员座谈会，认真梳理总结，查找原因，落实整改。深入推进“走进基层、服务群众”活动，发挥效能监察、社会监督机制的力量，主动接受干部群众监督，逐步形成透明、公开、规范、高效、廉洁的工作机制。

4. 围绕世博会，开展各类先锋活动

深入开展以“世博先锋行动”为主题的创先争优活动。为提高活动实效，实施局领导班子在创先争优活动中建立联系点的制度，依托精神文明创建、学习型党组织建设等平台渠道，不断激发广大党员参与世博、服务世博、奉献世博的工作热情和干劲，全力营造支部力求“五个好”、党员力争“五带头”的良好氛围。制定了《关于加强机关建设的实施意见》。以“党性强、人心齐、作风正、工作实、业务精”为机关建设重点，进一步转变机关工作作风，提高工作效率，塑造勤政、务实、昂扬向上的机关形象。

积极开展世博“三五”活动（5日的窗口服务日、15日的清洁家园活动日、25日的秩序文明活动日），组织落实平安志愿者车站驻守、公园志愿者活动等一系列世博平安志愿者活动，在城管队伍中开展“迎世博、展风采、比形象、赛技能”主题活动、“坚持规范文明执法、提升世博保障能力”主题实践活动等。

引导青年讲大局比奉献、讲责任比作风、讲敬业比实绩。发挥工会优势和群团作用，增强凝聚力和向心力，组织召开机构改革后工会换届选举工作及局工会第一届代表大会，因地制宜开展多种形式文体活动，丰富职工业余文化生活。

嘉定区住房保障和房屋管理局

2010年我局在区委区政府的正确领导下，在“一核两翼”发展战略的指引下，坚

持“两个融合”、“四个先行”原则，较好的完成了全年的工作目标。

（一）进一步扩大住房保障覆盖面、力争实现“居者有其屋”

低收入住房困难家庭，主要采取廉租补贴办法。全年新增廉租住房补贴登记126户，根据市政府下达全年新增50户的指标，超额完成152%；享受廉租住房补贴家庭494户，发放廉租租金补贴372万，超额完成区府实事工程400户的任务指标。实物配租方面，已申请财政预算1500万元用于筹措房源。同时认真排摸区内享受公有住房租金减免的低收入家庭，纳入廉租住房实物配租保障范围。为缓解我市中低收入家庭住房压力，响应市局号召，推进大型居住社区建设。今年，市政府下达我区60万平方米的新开工任务。经区、镇两级政府相关部门的共同努力，前期动迁和土地收储工作基本完成（项目地块），目前实际开工面积68万平方米（云翔24万平方米，城北44万平方米），已超额完成年终任务。中等收入的“夹心层”，通过在每个地块配建5%的人才限价房解决。目前为止，已出让地块可配建总量近22万平方米，可解决3000多户家庭的住房问题，已完成销售的有204套，近250户。为妥善安置动迁居民，加速动迁房建设。共办理动迁安置房新开工登记项目9个，住宅面积约70万平方米；竣工交付使用7个项目，住宅面积49.4万平方米。此外，选择了23个动迁安置房储备基地。目前，已上报市规土局、市房管局并通过认定的有13幅地块，建设用地约127公顷，规划可建住宅约244万平方米。对阶段性居住困难的本区青年职工、引进人才和来沪务工人员研究筹划公共租赁住房实施方案。区级运营机构目前正筹备组建，拟挂靠区住房保障中心。目前协通集团有意向利用黄渡旧厂区约30亩土地，建设4万平方米单位租赁住房，供应单位职工、同济大学汽车学院等人才租用。

（二）进一步提高住宅建设管理水平，展示我区住宅建设新风貌

全区商品房新开工面积504.5万平方米（住宅318.9万平方米、办公楼32.9万平方米、商业用房75.1万平方米、其他77.6万平方米），超额完成400万的年终目标；商品房竣工面积236.6万平方米（住宅176.7万平方米、办公楼14.45万平方米、商业用房22.59万平方米、其他22.88万平方米），房地产投资178亿元（住宅121.2亿元、办公楼13.6亿元、商业用房13.8亿元、其他29.5亿元）。在管理上我们突出三个“严抓”：一是严抓新开工项目。跟踪出让土地，协调办理相关前期手续，加快行政审批和项目跟踪。二是严抓在建项目。加强“四新”技术集成应用，今年汇丰荷苑和马陆清水湾、龙湖郦城3个项目顺利通过“四高”小区验收。三是严抓大市政大公建配套建设。协调做好大型居住社区外围大配套。共完成居住区配套道路建设6条、总里程3.7公里，完成配套学校建设4所、总建筑面积3.2万平方米；新开工配套道路11条、总里程6.8公里，新开工学校1所、建筑面积1万平方米；完成市政、公建配套项目投资约3.2亿元。

（三）进一步规范房地产市场交易秩序，维护稳定的市场环境

全年发放预售许可证88张，商品房预售面积267.8万平方米，同比增86.2%，其中住宅202.4万平方米，同比增60.1%；商办65.4万平方米，同比增278%。

今年房地产市场受到国家宏观调控政策的影响，交易量价变化明显。1~12月，新建商品房成交面积236.13万平方米，与去年同比持平。其中住房（含动迁安置房）189.7万平方米，同比减3%（市场化住房125.14万平方米，同比减14%；市场化公寓110.76万平方米，同比减6%）；商业24.73万平方米，同比增23%；办公19.17万平方米，同比增3%。商品房成交均价12446元/平方米，其

中商品住房（含动迁安置房）均价11764元/平方米（市场化住房均价15978元/平方米，同比升36%，市场化公寓均价15110元/平方米，同比升48%）。1~12月，存量商品房成交面积104.38万平方米，同比减8%。其中存量住房59.13万平方米，同比减37%；存量住房均价10225元/平方米，同比上升30%。面对纷繁复杂的市场情况，我局加强了监管力度。今年以来，我局对所有新开楼盘进行事前指导，在开盘当日派员到现场指导并监管销售工作，巡查35次、开盘监管63次，暗访200多次，纠正违规行为2起，有力的保障了市场调控政策的执行效果。

（四）进一步提高物业管理水平，引世博理念、创和谐小区

今年，我区新增住宅物业小区23个，累计351个，注册的物业企业138家，其中一级资质1家，二级资质45家，三级及三级暂定92家。

我局今年以迎世博为契机，着力打造平安物业。以小区安保工作为重点，全方位提升居住物业管理水平。一是花大力气开展住宅小区安全防范工作大检查。对小区重要部位、重点目标（如水箱、社区班车等50多项内容）实行“四查”制度（小区经理日日查、物业企业双周查、办事处每月查、房管局不定期抽查）；完善突发事件应急预案，加强突发事件的处置演练，开展了防汛防台的应急演习；强化保安培训，加强对车辆管理、外来人口登记、住宅小区日常巡视等各项工作，确保居民小区安全秩序。二是全力推进旧住房综合改造。至12月底，完成50万平方米改造项目，超额完成全年计划，大力提升了世博期间我区旧小区住宅风貌。三是强化住宅小区综合管理。与街镇联手，建立本辖区内对物业企业的考核机制，落实旧住房物业管理费补贴和旧小区综合整治资金，协调解决区域内物业管理中的突出问题。

（五）进一步加大动拆迁工作力度，做好城市建设的排头兵

2010年完成动迁居民5081户，动迁企业507家，分别完成全年动迁计划的101.62%和101.4%。嘉定新城涉及动迁企业85家，土地面积1871亩，至12月底签约企业51家，拆除30家，拆除面积83687.17，腾空土地305亩；动迁农户555户，拆除486户。今年相继启动了嘉闵高架、S6公路、大型社区以及区府确定的一系列重大工程项目的动迁。至12月底，嘉闵高架动迁有序推进。S6公路已开工建设，动迁任务基本完成。第二批大型社区城北、云翔社区动迁正全速推进。

（六）进一步加强法制信访工作，构筑法制政府、民本政府形象

今年，信访工作以确保世博平安为首要任务，进一步加大了工作力度。全年共登记受理群众来信来访和转办件830件，其中市局233件，区政府443件，直接来电、来信、来访143件，世博窗口1件，其他单位9件，信访总量同比下降12.82%。按项目分：拆迁198件；物业223件；房屋销售、市场管理及群租236件；房屋质量、廉租及私房落政73件；违章搭建62件；其他38件。今年在信访工作机制方面，一是加强了信访工作的领导。年初重新调整了信访工作和矛盾化解领导小组，每季度召开一次信访工作例会分析阶段性信访形势；二是健全信访工作网络，细化矛盾排查。每月定期针对热点难点问题展开排查。对排查出的重点上访对象和存在的不安定因素，采取上门调解、会商协调等手段，至今未发生一起矛盾激化事件。三是深入开展“信访积案化解年”活动。对排查出的积案，落实专人负责、限时解决，全面跟踪督查，逐步化解历史遗留问题。

行政执法方面：全年共受理12319城建热线移交举报投诉102件，答复81件；信访投诉中涉及违法搭建51起，损坏承重结构6起，其它5起，已处理并答复59起。行政处

罚直接立案8件，其中违法搭建案件7件、擅自交付新建住宅案件1件；下发行政处罚决定6件，处以罚款30万元，已结案6件；对220户违法搭建或破坏承重的业主采取了限制交易的措施，整改后解除限制32件。

今年在执法工作方面：一是梳理了执法工作流程。明确执法人员岗位职责和工作要求。二是探索条块结合的拆违模式。今年区拆违工作会议要求对违法建筑的查处落实“属地管理、依法行政、以人为本”的原则，为此我局加强了与相关部门沟通协调，全年联合街镇城管、综治、社区、公安等部门共同拆除新建违法建筑5处。三是加强基础管理。提高执法人员对文书下发规范性的认识，建立健全案件处理台帐，加强了对执法人员的业务培训。

（七）进一步加强党的建设，为全局工作提供坚实的思想和组织保证

一是深化思想政治建设。以“一网一机一讲坛”的形式，将思想政治教育融入日常工作。通过强化中心组学习制度，严格民主集中制，细化“三重一大”议事规则，政治意识、责任意识和团结意识明显增强。二是优化干部队伍建设。贯彻落实《干部选拔任用工作四项监督制度》、《干部任用条例》；结合我局开展的“领导助理竞聘上岗制”和“干部聘任”工作，进一步完善干部选拔任用工作流程和操作步骤；在后备干部培养方面，今年公开推荐处级后备干部1名、副处级后备干部2名、科级后备干部3名以及优秀青年9名。另外对交易中心主任助理、办事处主任助理进行了公开竞聘。三是加强基层党支部建设。今年，各支部分别以窗口建设、建设工程立功竞赛、世博先锋行动进社区等为创争载体，将“五个好”、“五带头”的标准融入到服务百姓安居、推动行业科学发展的各项工作中去。交易中心党支部被评为区级五好党支部，涌现了窗口服务明星唐海燕、帮老助孤青年党员彭晓荣等五带头先进人物。四是推进党风廉政建设。抓住“三个环节”，做到“三个结合”，实现“三个转变”。抓住“三个环节”即抓制度建设环节、抓责任制牵头环节、抓热点难点突破环节；做到“三个结合”即结合岗位廉政风险点查找、结合创先争优、结合“六建”工程；实现“三个转变”即实现思想认识、工作作风、运作机制三方面转变。

在区委区政府的领导下，我局工作取得了一定的成绩，但面临日趋复杂的市场环境和老百姓日益高涨的住房需求，工作中还存在一些不足，主要表现在：一是分层次、多渠道、全方位的住房保障体系还未形成；二是动拆迁面临的瓶颈还有待突破；三是老小区物业服务的水平还有待加强；四是拆除小区违法搭建的力度还不够；五是在严守规范的前提下谋求创新的能力还有待提高。

2011年是“十二五”规划的起始年，为谋好开局，打牢基础，我局党政班子根据我区经济社会发展的总体思路和战略目标，认真总结工作经验，深入研究部署明年重点工作。明年工作的基本思路是“一个核心”、“两个注重”。即以服务我区重大工程建设为核心，注重改善住房民生、注重提高行业管理水平。重点做好以下几方面工作：

（一）住房保障方面，力求保障面全

一是继续扩大廉租住房受益面。明年计划为500户低收入住房困难家庭提供廉租住房保障。二是继续推进大型居住社区建设。抓好先期启动的云翔24万平方米和城北44万平方米经适房的建设任务。根据动迁情况和市下达的建设指标，预计新开工建设50~60万平方米。三是加快区属动迁安置房建设。年内计划新开工面积100万平方米，竣工60万平方米。四是探索经济适用住房申请审核工作。计划明年上半年启动。五是研究公共租赁住房建设和供应办法。明年组建公共租赁住房运营机构，落实房源资金，通过新建、改建、收储、转化等多渠道筹措公

共租赁住房，组织供应。

（二）住宅建设方面，力求保质保量

体现“三个加强”：一是加强住宅项目开竣工协调。预计年内商品房新开工400万平方米，竣工250万平方米，房地产投资约160亿。二是加强住宅产业现代化指导。力争创建上海市“四高小区”项目4个，住宅性能认定项目1个。三是加强住宅配套建设管理。全年计划完成配套费投资近5亿元。

（三）市场调控方面，力争健康平稳

根据新出台的宏观调控政策，加大对房地产市场的监管力度，密切关注本区住宅价格变动的趋势，及时、准确地统计好房产市场供应、成交、价格等动态信息，为政府决策提供依据。

（四）物业管理方面，力争服务优质

一是加强行业监管。制定物业奖惩办法及诚信体系建设，实施优胜劣汰；坚持前期物业管理招投标；规范业主委员会选聘物业企业流程，做好旧住房小区公开招投标的试点工作。二是强化住宅小区综合管理机制。与街镇联手，进一步完善对物业企业的考核机制。三是推进旧住房综合改造。计划年内再完成60万平方米的旧住房综合改造任务。

（五）动拆迁方面，力保速度跟进

确保重点区域、重大工程、项目的动拆迁进度，集中力量做好嘉闵高架、S6高速公路、新城伊宁路以南等项目的动拆迁工作。力争在2011年内，加快基地腾空，实现全年动迁居民4000户，动迁企业突破400家。

（六）信访法制工作方面，力保和谐稳定

明年信访工作实现“一控、二升、三达到”的目标任务。“三访”得到有效控制，矛盾化解明显提升，服务明显提升，信访查处率达到100%，信访答复率达到100%，信访办结率达到100%。

明年法制工作做到“两个加大”：一是加大法宣力度。明年计划将新建居民区列为法制宣传重点，在楼盘交付之初提前介入，大力宣传合法使用物业的法律法规，尤其加大对禁止性内容和违法后果的宣传，力争做到业主在入户装修前“人人知晓、人人遵守”，以减少违法搭建等行为的发生。二是加大执法力度。对执法中面临的强制执行难等问题，进一步加强与相关部门的沟通联系，力争实现违法违规案件结案率明显提高。

（七）党建方面，力求制度健全

做到“一深入、三加强”，即：深入推进学习实践科学发展观活动。根据活动中查找出的问题，继续抓好整改落实，并完善体制措施，建立健全长效机制。三加强：一是加强干部队伍建设。加大干部交流轮岗和实践锻炼力度；完善民主、公开、竞争、择优的人事选拔机制，推进竞聘上岗和干部任期制，健全干部考核评价机制。二是加强基层党的建设。以创先争优活动为载体，继续倡导支部做到“5个好”；党员发挥“5带头”作用。三是加强党风廉政建设。根据廉情分析平台的要求，结合岗位风险点查找，从职务预防入手，强化源头治理，完善监督流程，构筑教育、制度、监督并重的惩治和预防腐败体系。

（十四）青浦区

青浦区建设和交通委员会

2010年是上海世博之年，又是“十一五”规划目标的收官之年，也是青浦“一城两翼”战略规划建设启动之年，我委全面贯彻市委、市政府提出的“五个确保”的目标要求，认真落实区委全会、区“两会”精神，紧紧围绕区政府的重点工作，以建设“绿色青浦”为主线，抓住青浦新城建设作为上海新一轮新城建设的重点这一契机，紧扣市政基础设施建设、城市管理、队伍建设三大主题，突出以迎世博、平安世博为重点，在道路建设、服务民生、行业建设上取得了较好的成绩，确保了“十一五”规划目标的顺利完成。

（一）“十一五”期间取得了巨大的成绩

“十一五”期间，在中共青浦区委、区政府的领导下，我委把道路交通当做我区经济社会发展的重要环节，努力建设现代化的公路、市政道路基础设施，重视公路和道路养护管理，推进农村公路养护体制的改革。高速公路网及城区道路网进一步得到完善，基本形成“四横二纵”高速公路网、“六横七纵”公路主骨架、“五横六纵”青浦城区交通路网；公路长度稳定增加，总长度达951.1公里，增长20%；农村公路总长度达705.215公里，新增96.38公里，增长13.67%。道路交通事业的发展进一步缩短了青浦与中心城区及其他各区的时空距离，使青浦区与江、浙两省的联系更加便捷，成为长三角地区道路网络体系中的重要环节，同时加强了区与各镇、镇与镇、村与村之间的联系沟通，促进了青浦城市化的进程。

天然气事业在“十一五”期间发展迅速，以建设“绿色青浦”的高度，办好民生工程和实事工程的角度，积极推广清洁能源天然气，逐步提高燃气的供应能力，保障燃气供应的安全性和稳定性，气源结构逐步优化，供气安全性进一步提高。推进天然气门站及主干管建设，先后完成了2600米复线工程、31010米老城区低压管改造、沈巷主干管工程及练塘主干管工程等。便民服务落到实处，先后建立7家天然气营业服务网点和12家液化气供气网点。

重视和关注行业建设和管理，始终把规范建筑市场的公平竞争作为关键点，把提高建筑工程质量和安全施工作为重点，把推进建筑节能作为创新点，把关注弱势群体利益和困难作为构建和谐社会的着力点，把燃气安全管理作为中心点，把城区道路畅通作为保障点，从制度创新、管理现代化、技术进步等方面开展工作，在管理规范化、服务人性化、制度长效化、手段信息化方面取得长足进步。

“十一五”期间，我委道路交通、燃气建设、建设行业管理、城镇建设与交通战备等领域所做的工作，为推进城市化进程、百姓安居乐业提供了基本条件，促进了青浦区经济社会的平稳、持续发展。

（二）2010年所做的主要工作

过去的2010年，我委认真贯彻落实以“迎世博、平安世博”为契机，进一步提升城市建设与管理的水平；以改善民生、服务经济为目标，大力推进市政基础设施建设；以加快人才、队伍建设为基础，着力提高干部队伍的整体素质的指导思想，在道路建设、服务民生、平安世博、行业管理、党的建设等方面做了大量的工作，现总结如下：

1. 积极实施重点工程，加快推进项目建设

1）配合市重大工程努力做好相关前期工作

S32申嘉湖高速、S26沪常高速是市重大工程，我委积极配合前期工作，动迁居民450余户、各类苗木大棚500余亩、鱼塘等400余亩，腾地近2000亩，确保了2010年3月建成通车。帮助推进动迁安置房建设，S32安置房已建成待分配，S26安置房结构已封顶，共筹集动迁补偿经费6.5亿元。完成了虹桥枢纽交通配套工程的崧泽高架、嘉闵高架青浦段、京沪高铁配套318国道改建等工程的协调工作，共动迁企业50余家、农户80余户，完成700余亩建设用地的交地任务，筹集前期经费近7亿元。积极协调化解区域内已建成高速公路两侧居民反映的噪声、振动对其影响的矛盾。

2）认真实施区与区之间对接道路建设

积极落实市政府、市城市建设交通委关于打通“断头路”工程的要求，我区共涉

及三条道路，即：①朱枫公路四期（老松蒸路——大蒸港桥），全长5.4公里，总投资22434万元，工程已于2010年8月开工，计划今年底竣工。②外青松公路南段（G50青浦出入口——松江区界），全长5.4公里，总投资37915万元，目前动迁评估已结束，部分已签协，单位动迁协商中，施工队伍已于11月15日进场，已作开工准备。③金丰路——诸光路连接道路工程（蟠龙港——龙联路），全长0.5公里，总投资2640万元，完成了工可编制，已送审，已办理土地测绘、预审及环评手续等。

3）努力推进区重点工程的市政道路建设

嘉松公路综合整治工程，全长16.13公里，总投资14397万元，绿化面积61.85万平方米，于去年4月底基本完成。盈港路新改建一期（嘉松中路——徐乐路），全长1.88公里，总投资13773.94万元，工程于2009年12月开工，于去年底基本完工。市大型社区华新基地市政配套道路，徐乐路（北青公路——盈港东路）新建工程，全长3.51公里，总投资44166.84万元，其中北青路——纬三路段，已于去年4月中旬开工，其余路段完成扩初评审；凤徐路（嘉松公路——新凤路）新建工程，全长1.36公里，总投资16916.47万元，其中纬一路——新凤路已于去年4月中旬开工，其余路段完成扩初评审。崧泽大道白改黑工程（嘉松路——华徐路），全长4633米，总投资6595万元，已于11月份施工队伍进场，计划今年6月份竣工。崧泽大道白改黑工程（胜利路——赵重公路），全长7.6公里，扩初送审阶段。复兴路向南延伸（318国道——沈砖路延伸段），全长2.6公里，完成项建书报批和环评手续，土地完成测绘进入预审，待土地预审通过后工可报批；沈砖路向西延伸（朱枫公路——复兴路延伸段），全长1.7公里，进度与复兴路延伸工程同步。朱枫公路曹芳泾危桥改建工程，总长度770米，其中桥梁长度335米，工程投资2868万元，于去年10月开工，目前施工队伍已进场，已开始钻桩，计划今年6月竣工。

城中南北路（盈港路——318国道）综合改造工程，全长2.56公里，总投资11354.11万元，工程已于2010年9月开工建设，目前前期管线、强电已完工；低电压和路灯排管施工；自来水管完工；南门桥两侧铺装和栏杆已完成，城中南路雨水管改造完成，城中北路进行板块注浆。公园路青浦危桥改造工程，完成工可报批，扩初送审阶段，正在概算审核，计划春节后开工建设。

2. 贯彻以人为本理念，关注服务民生工程

1）扩大燃气用户，推进天然气管网工程建设

随着居民生活水平的不断提高，居民开户和用气量不断上升，2010年天然气用户发展8600户，与上年新增用户数增长58%，现有天然气用户数77021户，同比增长13%，销售天然气7376.71万立方。人工煤气用户发展1700户，现有人工煤气用户13009户，人工煤气销售2361万立方。全区液化气用户发展6100户，现有液化气用户203626户，销售液化气14700吨。积极推进天然气管网建设，练塘天然气门站出站管道一期工程，总长7.2公里，总投资1932万元，已完成施工图设计，办理招投标手续中；练塘天然气门站工程，占地6.3亩，总投资1675万元，施工招标已完成，12月份开工；金泽天然气主干管工程，总长19.4公里，总投资4338万元，目前施工图已完成，进入招投标程序，于今年1月份开工。

2）市区实事工程，按期顺利完成

农村低收入危旧房改造被列为市区实事工程，也是我委唯一承担的实事工程，全年需完成农村低收入户危旧房改造34户，其中28户翻建，6户修缮，涉及五镇一街道，我

委积极同区发改委、民政局、财政局沟通，落实了责任制，制定了设计配套标准，调整了资金补贴标准，加强了监督指导与验收制度，此项工程于去年11月底全面完成并验收合格，得到市建设交通委的好评。

全国无障碍环境建设，认真落实国家四部委的通知要求，积极实施我区新三年改造任务，重点抓信息和交通无障碍建设。青浦电视台开办手语节目及加配中文字幕，投入200余万元在重点公共场所，为公交汽车站设立信息屏幕系统；完成部分出租车无障碍改造，设置无障碍停车位。2010年8月5日，市推进办检查组对我区进行检查验收，目前正积极准备迎接国家四部委对全市的检查验收。

3）处理来信来访，关注群众热点难点

全年我委共处理各类信访件262件，其中区信访办转办件196件，占总数的74.8%，其他部门转办件39件，占14.9%，直接来信来访27件，占10.3%。信访热点集中表现在房屋质量、高速公路影响、职工退休、道路改造等问题。信访处理工作总体受控，尤其世博期间未发生去市进京群体上访事件。

认真做好突发事件的处置工作，去年3月4日下午4时，青浦城区梦丹苑居住小区有269户停气，委领导与燃气管理部门及时赶赴现场，认真排查原因，工作人员坚守岗位，经过近8个小时工作，终于找出停气原因是某用户私装燃气，将煤气管与水管错接，造成大面积停气发生。应该说，在整个处理过程中，态度是诚恳的，处置是有效的。

3. 着力围绕平安世博，提升城市管理水平

1）加大了公路市政道路设施的养护管理力度

加强对区管公路、市政道路与农村公路的养护工作，区管公路养护总长189.377公里，市政道路养护总长70.3225公里，农村公路养护总长705.215公里，落实三项养护经费共计22822万元，确保路况路容良好。世博期间，道路养护单位加大道路干线的清扫保洁力度，通过制定全新的工作模式，增加养护频率和清扫次数，最大限度的给交通和行人提供优质的服务。结合我区“创模”、国家卫生区复检、市文明指数测评等重点工作，推进道路市政设施的完好和环境的保洁力度。

2）农村公路养护管理体制取得新进展

2010年农村公路养护经费投入8357万元，其中农村公路日常养护投资2245.6万元，17项大中修项目已完成13项，累计完成工作量3755万元。尤其农村公路养护体制改革取得了进展，去年4月区政府批转了“农村公路管理养护体制改革实施方案”的通知，6月份，我委制定下发了“青浦区农村公路养护管理实施细则”，明确了农村公路管理养护的责任主体、资金来源、使用原则和养护质量管理要求，将农村公路管理养护纳入制度化的管理体制。

3）“十二五”专业规划编制如期完成

我委自去年年初启动“十二五”专业规划编制工作，在资料收集、征询意见的基础上，形成提纲。经过近一年的时间，青浦区建设交通委“十二五”发展规划已正式定稿，为“十二五”发展描绘了美丽的蓝图。

世博会召开之前，我委开展对全区24个液化气站安全管理工作，实施强力式电子围栏安装工程，通过安装监控、技防系统，对液化气的安全供应发挥重要的作用。

4. 强化行业监管力度，促进平稳有序发展

1）以文明施工为重点，加强了对建筑工地的管理

全区受理报建项目388件，建筑面积434.64万平方米，总投资236.15亿元；发放施工许可证179件，建筑面积179.56万平方米，总投资27.08亿元；竣工备案项目153件，

总投资 27.81 亿元，建筑面积 203.18 万平方米。行政服务中心窗口办理扩初评审 127 个，总投标 30.6 亿元，总建筑面积 38.3 万平方米。新建建筑节能备案登记 117 个，总建筑面积 233.4364 万平方米，完成既有建筑改造任务 3 万平方米。

积极推进我区在建工地文明施工专项整治工作，是去年建筑行业的一项重要工作，4 月份召开全区现场推进会，进行全区动员，通过组织“环保便民工地”挂牌活动、制定“青浦区建设工程扬尘控制标准”与“世博期间施工企业文明施工责任书”、聘请 30 位文明施工协管员，以及集中一段时期进行集中整治等形式，在全市文明施工测评指数中，连续六个月位列郊区组第一位，取得了很好的成绩。

2）开展以防火为重点的安全生产大检查

去年“11.15”市特大火灾事故发生后，我委认真落实市委、市政府和区委、区政府的要求，第一时间布置落实相关工作措施，召开专题会议，委领导带队下工地，全面检查，狠抓管理，落实在建工地的文明施工和安全生产工作，开具专项整改通知单 127 份，暂缓施工指令书 64 份，移交执法查处 3 起。积极落实，认真排查，确保市政、燃气等行业防火和安全生产。

3）认真做好工程招投标、公路规费收缴及城镇建设管理等各项工作

全年完成施工公开招标项目 144 标段，中标价 16.67 亿元，建筑面积 37.843 万平方米；施工邀请招标项目 32 标段，中标价 13.1 亿元，建筑面积 69.76 万平方米；小型项目招标 209 标段，中标价 2.2225 亿元；勘察、设计招标公开标 6 标段、邀请标 9 标段；监理招标 9 个，其中公开标 4 个、邀请标 5 个。完成了市公正度评价 87 个项目、区公正度评价 26 个项目；后评估项目 5 个，评估结果全部满意。

2010 年公路规费征缴 13562.82 万元，其中征收市内道路通行费 9295.02 万元，道口征收通行费 4267.8 万元。

城镇建设和管理工作方面，组织申报第五批中国历史文化名镇，我区练塘镇评审通过，于 2010 年 11 月授予奖牌；朱家角镇于 2010 年 3 月荣获了首批“全国特色景观旅游名镇”称号；2010 年中国人居环境范例奖，我区申报了朱家角镇，目前评选工作正在进行中。村镇建设统计工作自 09 年 11 月由区规土局移交我委，统计任务目前已展开，今年 2 月中旬完成。

5. 党建精神文明建设，稳步推进取得实效

坚持贯彻执行党委、支部中心组学习，把学习同政风行风建设和完成重点工作结合起来。不断增强和改进机关作风建设和政风行风建设，是今年的一项重要工作，一是领导重视，亲自参与动员布置；二是对上年存在的问题，落实整改措施，提出整改目标；三是明确分工，落实责任。2010 年区建设交通党委分别以 7 号、8 号文公布了《对 2010 年区建设交通委重点工作责任分解、督查的通知》和《关于 2010 年目标责任制考核的实施办法》，明确了党政班子分工负责的制度，列出工作内容、工作目标、责任领导、责任单位和配合科室，对完成目标任务起到保障作用。

加大政务公开和对外宣传力度，增强建设交通委工作的透明度。去年 2 月份开始，我委同青浦报社联合，出版了建设交通委工作情况专版 11 期；《青浦建设》小报 12 期；青浦区建设交通委政府部门网站全年对外发布信息条目 291 条，网站点击率有所提升，总体位列委办局前五名；年内成立了行政投诉分中心，明确了分管领导和工作要求，共处理投诉件 6 件。

认真办理区三届六次、七次人大代表书面意见和区政协三届四次政协委员提案工

作，受理人大代表书面意见 28 件，其中主办件 13 件；政协委员提案 10 件，其中主办件 7 件。根据各相关职能部门的要求，认真做好各类档案的归档管理、信息公开、保密工作等。

积极开展创先争优活动，以服务世博为主题，全委95名党员参加了“世博先锋行动”，组织 12 名党员在徐泾东站开展志愿者活动，开展了“在建工地的党建联建工作”，有 31 个项目成立了工地临时党支部，34 个项目任命了工地党建工作联络员。

积极开展党风廉政责任制建设，检查“三重一大”集体决策执行情况，严格执行领导干部个人重大事项报告，开展党政班子民主生活会。继续深入开展党风党纪和廉洁教育，增强党员干部的责任意识、忧患意识、廉洁意识。推进“工程建设领域突出问题专项治理工作”，完成自查项目数 449 个。对财政性项目排查 90 个，发现存在问题 20 个，现全部落实整改。

工会、共青团、妇女和武装等各项工作，认真贯彻上级的各项要求，结合自身工作特点，围绕平安世博主题，在委党委的领导下，积极开展工作，增强保障力度。

过去的一年，我们取得了一些成绩，但应该清醒地认识到所面临的矛盾和问题。主要表现在：重点重大项目建设任务的繁重与人员结构之间的差距；一些历史遗留问题还未得到根本解决；城市管理机制中城市管理与执法的分离还有待于逐步理顺；部分行业管理中全覆盖有待于进一步加强，需要提出进一步的管理措施和对策；部分事业单位人手不足与承担工作任务之间的矛盾依然突出；一些党员干部与工作人员的观念作风、工作标准、工作水平和能力尚需进一步提高等等。对此我们必须在新的一年里，逐步加以落实解决。

二、2011 年工作思路

（一）“十二五”规划的主要目标任务

“十二五”时期，上海市建设的中心将移向郊区，青浦区成为上海市重点发展的新城之一，承担着上海市区产业转移和人口迁移的功能。我区将转变经济增长方式，紧紧围绕“一城两翼”规划战略思想，加快建设“产城一体、水城融合”，推进小城镇试点镇建设和新农村建设；加快发展具有基础性、先行性和服务性的市政基础设施；加强建筑市场管理，加快我区城乡一体化进程。

1. 青浦新一轮发展要求构建现代化交通网络系统

要发展成为承载新功能、面向长三角、服务全国的上海新城，不断完善对外快速交通系统，服务长三角；建设“一城两翼”要求完善内外快速通道，青浦作为上海“十二五”重点建设的郊区新城，城区面积拓展到 110 平方公里，人口达到 70 万，要建设与轨交 17 号线相配套的道路系统；围绕西虹桥商务区，完善内外的道路网络；环湖地区的发展面临着良好的机遇，必须有相应的公路市政基础设施相配套。

“十二五”时期，进一步做好公路和市政道路的养护管理工作，全面推进预防性养护，做好日常养护和大中修工程、完善道路养护管理模式、强化桥涵设施的养护监管、加大依法治路工作力度、加强道路养护资金管理、强化农村公路养护监督管理工作。至 2015年，全区管养公路技术状况指数达85分，优良率达 90% 的目标。

2. 推广节能环保战略，扩大天然气供应能力

加快实施青浦练塘天然气门站工程，形成“一南一北”布局，确保青浦天然气安全供应、气源稳定；新建天然气管道 35.6 公里，实现全区天然气管网全覆盖；更新改造老城区燃气管网；强化燃气安全管理，保证青浦区燃气安全运营；进一步发展集镇天然气用户，推广天然气清洁能源；进一步推广分布式功能系统，促进节能减排工作进程。

3. 加强建筑工程管理，提高安全运行水平

进一步提高建筑工程质量，创优质工程，创精品工程，优良工程率稳步提高；杜绝重大建筑工程安全事故发生，加强安全质量标准示范工地建设；进一步构建公开、公平、公正的招投标市场，强化招投标代理机构管理和评标工作管理；建立对项目分包主体的诚信管理制度、资金管理制度，采取制约措施，控制和减少资质挂靠、肢解分包、转包等问题。严格新建建筑按节能规范设计、施工，加大既有建筑改造力度，“十二五”时期完成10万平方米改造目标，推进节约型工地创建，积极争创建筑节能示范项目和绿色建筑项目。

（十五）松江区

松江区建设和交通委员会

2010年是世博年，是上承“十一五”规划收官、下启“十二五”规划开端的关键一年，也是我区社会经济建设高速发展的一年。遵照中央“五个更加注重”和市委“五个确保”的要求，我委在区委区府的正确领导下，坚持用科学发展观引领全局，紧紧围绕区委区府年初工作部署，以“优化结构、促进发展、服务世博、改善民生”为宗旨，砥砺奋进，大胆创新，大力推进重大工程建设，不断提升城市建管水平，精心编制“十二五”规划，党风廉政建设扎实有效，出色完成了全年各项工作任务，为松江城市建设作出应有的贡献。

一、全力拼博，重大工程前期推进工作扎实高效

今年我委继续承担了十多项国家级、市级和区级重大工程的前期推进和建设任务，虽然时间紧、任务重、困难多，但我委仍克服万难，勇挑重担，全力拼博，按时间节点将各项工作奋力推进。

（一）重大工程前期动迁完成出色

年内重大工程前期动迁工作涉及动迁居民户数1280户，非居住户总数419户。截止到11月底，国家级项目沪杭高铁动迁工作出色完成，为成功运营提供了强有力的保障；80万伏特高压直流输电工程全线完成，并顺利送电服务世博；市级项目金山铁路改建工程目前动迁工作完成83.7%；50万伏练塘线路输变电工程沿线拆迁工作完成76%，塔基完成98%；川气东送二期工程作为2010年上海世博会的重大配套项目，管线敷设已基本完成。

在项目推进过程中，始终加强部门联动。重大科深入调研，确保方案科学可行。想办法、谋思路，多次召开现场工作会议，研究对策，寻找突破点。确保工程建设进度不因瓶颈、难点而停滞不前。财务科积极协调，严格监督。探索创新市重大工程（金山支线）前期动迁项目的监理审核办法，实行监理跟踪审核、边动迁边审核，为做好国审减少隐患。相关部门团结协作，齐力攻坚。在工程推进中，委重大科、建管科、燃气科、项目办、信访办作为责任科室相互配合，共同应对，为重大工程前期动拆迁的顺利完成奠定扎实基础。

（二）市级项目建设推进有序

泗泾大型居住区配套道路古楼路、刘五路已开工；9条区与区连接道路按时间节点推进，目前九亭大街延伸接中谊路、申北四路（接银都路）下穿沪杭高铁段已完工，沪星公路松江段道路已完善，松卫公路（叶新公路—金山界）动迁基本完成；沪杭高铁配套道路6个下穿除人民路外其它5个已完工；2010年农村危旧房改造工作，我委牵头会同区民政局、村镇办、镇社救所摸底调查，实施翻建、修缮的171户全部完工。

（三）137项区重点实事项目齐头并进

年内，圆满完成：松卫公路南延伸（北松公路至叶新公路段）和人民北路延伸工程。顺利推进：九新公路、卖新公路、松蒸公路（辰塔路—玉树路）工程，均达到节点目标。北松公路拓宽，沪松公路和辰塔路南延伸工程，前期工作正在积极协调中。

在以上工程推进中，建管科、项目办积极协调，凯达公司快速跟进，克服雨季汛期、高温酷暑、动拆迁难等给工程建设带来的诸多不利因素，充分运用新技术手段，加强工程质量的全过程控制，如期完成了各项新改建工程项目。

（四）老城天然气改造接近尾声

根据《2010年区政府工作备忘录》，被列为松江区政府实事项目的老城区天然气接装计划今年共惠及居民6420户，截至11月底，已接装4260户，完成任务总数的66%，剩余2165户岁末年初将全部完成。届时，老城区天然气用户覆盖率将达95%。

在改造施工过程中，燃气公司精心设计施工方案，委燃气科密切关注工程进度，加强监督检查，确保该项实事工程按时保质保量完成。

二、克难攻坚，世博基建和保障工作圆满完成

（一）努力完成世博配套项目建设

圆满完成P+R三个停车场建设，共设停车位3000个；完成嘉松南路、莘砖公路大修工程；弘翔路、光星路繁华路、昆港公路、荣乐东路白改黑、佘北路、佘天昆公路、松蒸公路、泗陈公路北侧等道路中修工程；乐都路架空线入地工程已如期完工，有效消除“空中污染”；高速公路噪声治理工程基本完成；集中整治华亭老街道路改造、桥栏杆油漆粉刷、人行道整治维修等项目20多项，全面改善世博期间的市容市貌；完成全区所有农村公路路名牌更新改造工作，共更新路名牌2924付。

（二）强化各类世博安保措施

一是有制度。强化目标责任，层层签订世博反恐工作责任书，对各基层单位、各部门年度综治工作任务和世博安保具体目标等进行量化分解；强化值班制度。实行24小时值班制度，确保及时有效处置。同时实行信息零报告，重大情况及时报。世博会期间，近2429余人次参与安保值班。

二是重排查。加强“两个排查”，逐件落实责任单位和责任人，采取领导接访、包案等措施，主动化解矛盾，防止激化。今年全委共排查化解各类矛盾纠纷220余件；

三是强保障。各单位成立应急保障工作领导小组，完善了应急预案和应急保障手册。公路署聘请了21名义务监督员，举行3次应急抢险演练，确保预案的实际操作效能和社会监督力度；建管所进一步夯实建设工程事故处理预案，快速应对和处置各类应急事故，确保世博期间建筑行业稳定；燃气公司着力改造部分消防设施，提升预警可靠性；凯达公司勇于向社会公布应急抢险承诺电话，并力求“拉得出、打得响”。为世博会的成功举办提供安全、畅通的基础保障。

（三）严抓各项安全专项检查

加强世博期间安全生产检查，确保世博期间我区建筑建材、燃气行业生产安全。燃气科会同区燃气所组织燃气安全生产专项检查，发现问题限期责令整改，坚决遏制重特大燃气安全事故的发生；建材科、执法科、区节能办、墙散办和建管所安质监站联合执法，在全区开展民用建筑节能和建筑材料综合检查，对违规企业进行处罚教育，提高工程参建各方的建筑节能质量意识；同时加强无障碍改造项目竣工验收检查，适时监督整改情况，完成上海市创全国无障碍建设城市市级检查，迎接国家四部委的抽查验收；对全区建筑工地实行滚动型和循环型文明施工整治。世博期间，共开具涉及文明施工的安全隐患整改通知书113份，局部暂缓施工指令书52份，三类人员诚信扣分55人次，立

案18起。

（四）全面提升世博服务宣传质量

一是优化世博窗口服务。窗口单位进一步完善基础设施，美化服务窗口，开展了服务行业竞赛活动。公路署开展公路征稽礼仪培训，微笑服务培训；建管所窗口服务提升能级，积极推行“文明受理服务五步法”，开展“六心”服务品牌，推进一门式服务进程；燃气公司着力推进示范窗口建设，凸显“示范效应”。

二是努力做好世博宣传。在松江城区、街镇园区主要道路、高速公路、建筑工地以及各窗口单位进行广泛的社会宣传。利用横幅、宣传版面、窗口世博台卡、滚动电子屏幕等形式，多渠道营造持续、良好的世博宣传氛围。

三是认真做好世博接待。世博期间先后接待了15批300多人次来自全国各地的同行业参访团。

四是及时上报世博信息。委办公室搭建世博信息平台，第一时间收集各个部门有关世博的新闻动态，及时上报区世博办，信息质量高、数量多、时效性强，全方位反应世博期间我委各项工作，受到区世博办好评。

三、开拓进取，努力提升城市管理水平

1. 项目招投标管理力度加大。继续扩大建设工程施工公开招标管理范围，加强对招投标工作的后续管理，坚决禁止非法转包和违法分包。1～11月，公开招标130项，同比增加36.84%，公开招标率96.97%。

2. 建筑税属地缴纳形势良好。1-11月共签署留税三方协议48份，共实现税收3266.1625万元。其中通过三方协议，实现税收2548.28万元。S32、G60项目完成税收分别为330.15万元和206.97万元，为本区经济发展作出了积极的贡献。

3. 建筑安全生产大检查全面覆盖。全年共组织各类专项检查18次，检查工地587只，出检人次千余人。对问题的整改进行全面跟踪复查。

“11.15”上海胶州路特大火灾发生后，我委高度重视，迅速行动，采取5加2工作方式，各级领导亲自带头，组织10个检查小组对全区所有在建工程进行拉网式防火安全及安全生产大检查，采取宣传、教育、整改、查处四位一体的方式，对建筑市场进行立体式安全整治，在查处过程中，坚持不手软、不留情、不放过原则，对违规操作一律高限处罚，受到市建交委检查小组的充分肯定。

4. 设计文件审查逐步走向规范。综合规划科切实加强设计文件审核工作，进一步规范政府依法行政。截止目前共受理建设项目245个，已评审241个，已批复214个。同步开展设计文件档案清理工作，正在积极筹建设计文件审查中心，预计明年下半年可投入运作。

5. 民工维权工作成效显著。在建筑民工维权工作中坚持条块结合、通过实施网格化管理，充分发挥街镇、园区18个农民工服务分中心的作用，同时加大工地用工检查力度，年内开展了两次工资支付的专项检查。年工地出检达4500人次，工地巡查覆盖率达100%；加大纠纷调解力度，将民工工资纠纷化解在萌芽、解决在现场，有效遏制了“三访”事件发生，1—10月份，共接待上访建筑民工402批次，涉及4442人，涉及工资款2720.07万元。

6. 节能减排工作成效显著。加大对区属企业、在建工程监管力度，对63个在建工程项目的现场材料进行综合检查；同时加强宣传培训，利用报刊专栏介绍的形式扩大建筑节能在群众中的宣传力度；全年新建民用建筑建筑节能实施率100%；既有建筑改造项目新浜桃园小区被列为2010年度市既有建筑节能改造示范评审项目。

7. 依法行政工作不断深化。

一是行政流程规范化。工作职能有据可依，2010年5月，我委通过了ISO9001质量体系认证工作，对机关政务流程进行科学、系统地再造，提升了管理工作绩效和群众满意度，规范了政府工作职能。

二是制度建设常态化。对于重大资金使用、人员机构变动等事项均通过班子集体讨论决定；广开渠道征求民生，招标项目网上全公开，形成“定一报一清”的长效机制；班子成员严格贯彻落实依法行政工作的各项要求，加强制度建设，形成了“四必须”的工作常态。

三是政务工作公开化。2010年各部门信息更新意识明显加强，质量大大提高，数量不断增加。截止10月份，网站公开法规公文57条，建设动态301条，党建信息149条，人事信息6条，基本做到了全方位跟踪报道。同时积极向区政府网站、市建交委、区世博办、有关新闻媒体报送信息300多条，全方位反映了本委各条线动态和建设成就，为推动政府工作公开化、透明化发挥了积极作用。

四是行政执法法制化。以“五五”普法总结年为契机，召开“法律进工地”五年回眸现场大会，深入推进韩正市长“柔性执法”理念，全面提升行政执法水平，截止10月底，完成行政许可案件228件，行政处罚111件，行政处罚金额671.4万元，其中建筑管理行业行政处罚案件居全市区县第一；优化行政审批事项，全年无行政复议和行政诉讼案件发生。

四、立足长远，精心编制“十二五”规划蓝图

主体规划先落地。精心编制完成《松江区城市道路与公路“十二五”建设规划》，为松江未来5到10年的城市道路建设绘制一幅宏伟蓝图。通过科学规划，以松江新城为中心，将构建4环4联12射的总体路网结构和规模，逐步实现“区内交通连环成网、对外交通顺畅通达、综合交通高效便捷”的总体目标。

配套规划后跟进。编制完成《松江新城高铁片区道路交通专项规划》和《佘山大型居住社区道路专项规划》，为构建“十二五”期间松江高铁片区现代化新城，完善大型居住社区配套功能设施谋划好建设框架；同时完成《松江燃气“十二五”规划》、《松江老城区道路交通改善对策研究》的基础编制工作。

五、勤政廉洁，扎实推进党风廉政建设

以服务科学发展和推进党的建设为工作切入点和着力点，围绕世博发挥作用，聚焦创先争优，强抓廉政建设，大胆实践，不断创新，为推进我区建设交通事业和完成各项工作任务提供坚强的组织保证。

（一）以争先创优为党建新方法，目标有落实

创建四支队伍。成立了世博道路建设工程安全、燃气、窗口服务四支保障队，确保创先争优活动更富有活力；打好四场“战役”。充分发扬党组织的战斗堡垒作用，着力打好重点工程“攻坚仗”、民生工程“堡垒仗”、城市管理“追击仗”，为实现建交委年初提出的“四个突破”提供强有力的保证；确立三个载体。以“三创”活动为载体，进一步增强基层党组织的凝聚力、创造力和战斗力。一是“创建”学习型党组织：举办学习型党组织创建成果大讨论，以改革创新的精神全面推进党组织建设；二是“创新”党建联建机制：基层单位纷纷与街道、乡镇共建结对，在开展组织建设、走访慰问、完善基础设施建设、促进经济发展等方面优势互补，工作联动；三是群团建设“创实效”：工会进一步增强职工的使命感、责任感，积极发挥工人阶级主力军作用；团委通过开展“青春世博、创先争优”主题活动，组建了4支青年突击队，积极引导青年岗位立功、岗位成才。妇委会巾帼志愿者活动走向社会，撒播爱心。综治办通过广泛深入地开展世博平安建设，重点突出安全保障，确保世博期间的和谐稳定。信访办充分发挥信访工作在构建和谐社

会中的基础作用。世博期间共受理信访案件192件，完成率90%以上。

（二）以廉政建设为党建主要抓手，行动有力度

一是狠抓五项制度。强化督查、考查和调研，切实增强党建工作实效；二是狠抓干部管理。健全党风廉政制度，落实“三重一大”制度、领导干部个人重大事项报告制度，签订党风廉政建设责任书。开展各种主题教育活动，认真做好“小金库”自查自纠工作；三是狠抓质量建设。深入开展建设领域突出问题专项排查。建立长效机制，使工程建设领域更加规范有序；四是狠抓廉政试点。在建筑管理所率先实施岗位廉政风险防范管理试点工作，探索长效管理模式。

（三）以推优创优为文明建设新举措，弘扬新风尚

一是开展立功竞赛。世博期间获得各级、各类先进个人和集体荣誉六十多项，推动全系统服务世博，积极奉献的精神；二是宣传身边先进。对今年获得全国、市、区级的先进个人和集体进行了宣传报道，并号召全委广大干部职工大力弘扬劳模精神；三是精神文明创建。重点对申报市、区级文明单位进行了考核，严格自检；四是扩大媒体宣传报道。认真回顾总结“十一五”以来我委建设交通方面取得的成绩，积极宣传我区城市建设发展变化，撰写的《改善民生、服务世博为打造现代化新松江而努力奋斗》、《和谐发展、改善民生》等被被国家级刊物“中国建设报”、“红旗画刊”等刊物刊用。

（四）以展现基层党建特色为目标，广开新思路

公路署深化“世博先锋”行动和“争创党员示范岗”活动，创建“五好”基层党组织；建管所签署《党支部公开承诺书》，郑重承诺做好“五个建设”；燃气所加强与部队、社区共建，加强人才干部队伍的培养工作；凯达公司把立功竞赛融入到市政养护管理和世博工程攻坚中去，使一批爱岗敬业的干部职工脱颖而出；燃气公司与7个街镇签订了《“燃气安全进社区”党建联建协议书》，开展“一员双岗”活动，推进党建纵深发展；开天公司和设计院继续完善委系统“两新”组织党建“五个有”标准化建设，扎实推进“一台一网”规划化运行。

回顾一年来工作，在总结经验、肯定成绩的同时，我们也清醒认识到问题和不足，与上级部门和领导的要求还有差距，主要表现为：区级城市道路建设推进过程中遇到的瓶颈问题日益突出，如何披荆斩棘，扫清障碍；重大工程前期动迁过程中面对时间紧，任务重，手续不齐全，协调难，以及维稳方面出现的新情况、新问题如何积极应对，妥善化解；政府自身建设还有待进一步优化，目前部门沟通方式的完善和提高部门合作的积极性、创造性有待提高，如何创新方法，深化改革。摆在我们面前的问题依然很多，任务仍然艰巨，我们必须加倍努力，始终保持高昂的斗志，继续发扬我委敢打硬仗，善打硬仗的优良作风，不断创新最佳工作方法，更好地高效率完成党和人民赋予我们的艰巨任务。

松江区绿化和市容管理局

2010年既是举世瞩目的世博年，也是实施“十一五”规划的最后一年和“十二五”规划的谋划年，在区委、区政府的坚强领导下，区绿化市容局认真学习实践科学发展观，紧紧抓住世博机遇，积极发挥机构改革后的体制优势，在城市环境建设、城市管理有序等方面取得了一定的成效。

1. 城市生态环境建设成效显著

一是继续加大绿化建设。今年以来，城区行道树树穴盖板工程已全面竣工；中央公园三期增植工程前期准备工作已完成，进入计划开工阶段；花辰公路北侧绿化工程和嘉松公路两侧绿化工程已完成工可编制；新城

中央文化公园、人民北路（广富林路－沈砖公路）两侧等6项绿化建设工程的批复已通过准备进入下阶段工作。世博期间，我们对城区花卉景观道路、街头景点、特色花卉容器进行重新布置和优化，重点围绕中心城区主要道路、交通出入口、大学城等区域。共布置花坛花境7000平方米，更新组合容器花卉约300组，增设世博主题绿化景点10组，用花量达52万株以上。

二是深入开展绿化宣传活动。与市民或公司开展绿地和树木的认养，让他们亲自参与到绿化养护环节中，如上海松江商业总公司本次认养公共绿地2000㎡，认养期为5年。“免费露天电影放映活动”从6月4日—8月27日每周五在松江区方塔园、市民广场、岳阳广场等地放映电影，共放映电影13场，满足了广大市民游客的精神文化生活需求，共同营造文明和谐的游园环境。陆续在社区居委会、公园等设宣传服务点11个，发放等绿化书籍2000余份，赠送盆栽8000余盆，接受市民咨询和建议50余条，得到市民广泛响应。

三是举办大型主题公园活动。上半年，在方塔园举办“2010上海松江迎世博海峡两岸盆景艺术展”，来自海峡两岸308名盆景爱好者参加了此次盆景展，吸引旅客5万余人，达到了促进海峡两岸盆景艺术交流，展示海峡两岸盆景发展成就，繁荣海峡两岸盆景艺术的目的。醉白池公园以“杜鹃争艳迎世博，美好生活展和谐”为主题，举办了为期10天的杜鹃花展，在扮靓世博之旅的同时，进一步丰富了市民的节日生活。

2. 环境卫生管理稳步提升

一是城市保洁水平不断提高。大力推行新型保洁作业模式，结合局系统标准路段创建活动，提升精细化保洁，提出“黄金六小时”，“七步作业法”，“墙角到墙角的保洁”等新概念，加大机扫力度，强化巡回保洁，有效缩短垃圾暴露时间，创造整洁的道路环境。

二是环卫基础建设基本完成。完成浦南、西部2座大型生活垃圾中转站，待区综合处置厂建成启动后投入运行；完成三新路松蒸公路南侧的环卫道班房完成建成并投入使用，主要提供老城区西片区环卫作业人员工间休息、垃圾中转等；落实黄浦江拦截设施、水域保洁船的购置与建设；着手水上环卫作业码头、水上环卫道班房建设、填埋场终场覆盖等项目前期工作。完成3座城区公厕配置，设置2座垃圾房（装配式），更新果壳箱490只、公厕导向牌300块，安装载公厕导向图的果壳箱52只、夜间具有LED照明功能公厕门楣73座，在17座专人看管公厕安装干手器30只。

三是稳步推进18个村改居建设。18个村改居地区环境整洁建设是今年区政府实事项目，在各街道、镇领导的高度重视下，将创建活动与迎办世博紧密结合，加强领导，广泛宣传，健全队伍，配建设施，整治环境，按照前两年整洁村创建的十六字目标要求，扎扎实实推进各项工作，使居住区环境发生了显著变化，深受群众欢迎。共发放宣传告知书2万份，清除垃圾350吨，新建公厕3座、垃圾房4座、增添居民户桶500只，新增收集车103辆。继续在15个小区、15个单位开展垃圾分类规范化试点工作，确定全区22个小物业参与创建活动。

3. 城管执法工作规范有序

一是建立完善机制，促进执法工作。进一步完善城管分队联合执法勤务机制。按各分队辖区实际划分五个联合勤务工作区域，提高了城管执法效率，增强了城管执法的机动性和灵活性；二是进一步规范了城管执法管理工作程序，建立了重点区域执法管理责任制。加强了城管执法工作的正规化、规范化。

二是进一步规范跨门经营和户外广告。跨门经营方面，以各街道、镇为管理主体，全面落实门店责任区管理，不断提高各经营业主迎世博的参与意识。统一执法管理标准，按照每户一照的要求，建立起各经营门店的管理档案。构建工商、卫生、公安、城管等相关职能部门联合执法管理平台，努力营造协同执法的工作氛围。户外广告方面，以市政设施内（除主要商业街外）无商业广告的标准，全面梳理户外广告，加大了店招店牌的整治力度，同时对主要道路、重点区域店招店牌实施了改造。

三是大力开展综合整治行动。第一，积极配合区拆违办及各街道、镇完成违章搭建的拆除任务，多次组织如“蒋泾西街16号”等拆违工作中痼疾顽症的拆除工作，确保拆违工作安全有序进行。第二，为进一步规范渣土运输、处置行为，我局牵头建立了与区交警支队、环卫署的联合执法勤务机制，由各城管分队负责人牵头，按辖区与相关交警中队负责人点对点联络，针对辖区实际情况进行联合执法检查。并采取源头管理、严格执法、重点巡查中小道路等措施，切实加强渣土运输的事前、事中、事后监管，有效控制了运输渣土、泥浆等对扬尘、道路的污染。第三，深化乱设摊综合治理。为了解决岳庙街等流动摊聚集点脏乱差的状况，我们采用了“以人为本，标本兼治，以疏为主，疏堵结合“的工作方式，变被动为主动。落实差别化管理措施，采取错时上班制度，使得全区主要道路，景观区域的乱设摊现象得到了很好的控制。

四是圆满完成各项保障工作。完成了佘山登高节、海峡两岸盆景研讨会、清明祭扫、5·24专项活动的执法保障，高、中考的执法保障，五一节日的执法保障，每月初一、十五西林寺、岳庙庙会活动的执法保障等。

4. 城市网格化管理日见成效

一是建立案件催办制度，有效提高结案率。每月底，网格中心以月报的形式将各处置单位的处理情况及时进行通报，大大提高了案件的处置率、结案率、及时率。截止10月底，中心共接收监督员上报案件38460件，立案38404件，立案率99.85%，派遣38876件，派遣率为101.2%，结案36937件，结案率为96.18%。

二是延伸管理内容，监督“五个一样”道路考核。网格监督员配合环卫署进行“五个一样”道路监督考核，共涉及中心城区15条道路。重点监督环卫作业人员的日常清洁工作和着装仪表等，尤其是树根、墙角、绿化带及垃圾桶等细节问题，并按照“五个一样”标准监督评分，每周将考核情况汇总后反馈至环卫署。

三是发挥信息优势，提高管理效能。根据市数字化城市管理联席会议办公室统一部署，先后开展了“迎世博，城市道路人行道无障碍设施网格化专项调查”、“迎世博，各类道路护栏网格化专项调查”以及“迎世博，全市街面钟表网格化专项调查”，通过3次专项全面普查，进一步掌握了我区人行道无障碍设施、人行道道路护栏存在问题、域内街面上钟表的数量、位置、破损情况，通过进行立案，派遣至相关处置部门，督促有关单位抓好整改落实，为世博会创造了良好的市容市貌环境。

松江区住房保障和房屋管理局

2010年区房管局在区委、区政府的领导下，在区各相关职能部门的大力支持和配合下，坚持以科学发展观为统领，围绕自身职责和今年的各项工作目标，立足全局、突出重点、寻求突破，顺利完成各项工作任务，为确保全区经济社会平稳较快发展、服务改善民生发挥应有的作用。

（一）不断加强党建工作，有序推进各项工作

1. 突出重点，对党员干部开展世博专题教育。按照区纪委《通知》精神，要求全局党员干部模范遵守党的纪律，做到“六严肃、

六确保”，不折不扣执行好、落实好，并利用电子屏幕和制作相关宣传卡片的形式进行宣传，严禁在世博会运营期间，有令不传，有禁不止，有纪不依，不传、不信不利用于世博会的任何信息，努力营造一个有利于世博会的政治环境。积极参加世博地铁执勤、安检保卫、重要路口执勤、重点部位巡逻等志愿行动，充分体现了我局党员干部在关键时刻拉得出、顶得上、干得好。

2. 加强教育，切实做到警钟长鸣。以党性、党风、党纪教育为重点，贯彻为民、务实、清廉的要求，切实加强对科级干部的警示教育。做到每月一条廉政短信，制作廉政贺年卡，以深入浅出的道理，发挥廉政文化的渗透力和影响力，在党务公开栏内，安排廉政内容进行宣传，紧紧围绕“树清廉风尚，促科学发展”，开展党纪条规教育。组织党员干部观看《贫欲之害》系列教育片和“曹淑明案例”警示教育片。同时，又组织了各党支部观看电视剧《远山的红叶》和沪剧《红叶魂》，号召全局党员干部向王瑛同志学习，并召开座谈、谈观后感等活动，极大地促进了党员干部做人做事的基本要求。还积极参加了区机关党工委宣传“廉政文化”的各种活动比赛。

3. 联系实际，认真贯彻《廉政准则》。在贯彻落实《中国共产党党员领导干部廉洁从政若干准则》中，我们运用了局电子屏幕宣传各条款内容，利用局内部网络抓学习、提要求，利用会议抓座谈、促交流，使学习不断引向深入。在这基础上，还邀请了区纪委、区监察领导对我局中层以上党员干部进行专题辅导，并在全局党员、干部中进行廉政知识测试，不断提高促进学习效果。使党员干部进一步认清腐败犯罪的严重危害，懂得如何正确对待和行使手中的权力，真正做到一身正气、一尘不染。

4. 抓住主题，深入开展创先争优活动。以“世博先锋行动”为主题，在全局范围内开展创建先进基层党组织、争当优秀共产党员的创先争优活动。制定实施方案，组织党员学习，对党员干部进行党性教育，公开承诺，接受群众监督。要求基层党组织做到“五个好”，增强“四种意识”；要求党员做到“五带头”，实现“四个主动”。组织党员参加“岗位行动、家园行动、志愿行动”，深入住宅小区宣传房管行业相关政策法规，积极参加清洁城市活动，主动参与社区服务世博的各项活动，树立党员良好形象，发挥基层党组织的积极作用。继续做好党员结对帮扶、走访慰问等活动，深入做好党员联系和服务群众工作，帮助群众解决生产生活中的实际问题。

（二）全力以赴抓好涉博各项工作，确保世博会顺利举办

1. 推进住宅小区世博安保工作。为确保上海世博会的顺利举办，我局全力以赴抓好世博安保的各项工作。一是按照《2010 年上海世博会反恐工作任务书》，全面落实住宅小区安全保卫和反恐工作。加强对物业服务保安人员的培训，完善住宅小区物业服务应急处置预案，组织 1000 名物业管理平安志愿者服务人员培训，进行平安志愿者上岗演练活动，确保志愿者顺利上岗。二是根据区安全保卫工作指挥部办公室划给我局的工作任务，4 月中旬，从住宅小区物业平安志愿者中抽出 200 余名志愿者，承担 186 个公交站点的守护工作。三是与社区班车产权单位和使用单位签订《上海世博会期间特定公共交通工具安全防范管理工作任务书》，要求使用单位经常开展安全检查，及时发现和整改安全隐患，保证车况良好。四是加强对住宅小区水箱、水池安全防范和监督检查，于今年 3 月 10 日起执行水箱安全“零报告”制度，要求各房地所于每日下午 4 时前上报，确保住宅小区供水安全及人民群众生命安全和社会稳定。五是加大小区安保检查力度，重点检查人防技防工作的实施、“四查”制度的

落实、重点目标重点部位专人管理、有无突发事件的处置预案、消防设施设备是否齐备、水箱水池是否落实双人双锁、社区班车安全防范等情况，切实抓好住宅小区世博安全防范工作。

2. 加快推进迎世博建筑整治工作。一是抓紧推进旧住房综合整治工作。根据迎世博600天行动计划的要求，2010年度我局综合改造目标为完成2万平方米危旧房修缮和12万平方米旧住房综合整治。为迎接上海世博会开幕，12万平方米旧住房综合整治已于2009年年底提前完成。目前，2万平方米危旧房修缮项目已开工，确保重点实事项目在年内按时按量、保证保量的完成。二是完成“三街”整治工作。庙前街、岳庙街、华亭老街是松江城区商业繁荣繁华的重要标志性街区，但由于历史原因和长期的管理缺位，导致三条街区内部分建筑立面严重破损，为进一步改善松江城市形象，迎接上海世博会的召开，我局配合岳阳街道，积极参与“三街”整治工作。通过召开例会、检查工作进度、查看监理报告、现场抽查拍照等方式确保工程质量过关，确保安全文明施工。该项目38幢房屋已全部按计划在世博会召开前竣工，为我松江的城市面貌又增添了亮丽的一笔。

3. 抓好信访稳定工作。严格落实信访工作责任制，坚持“谁主管、谁负责”原则，深入排查不稳定因素，及时化解矛盾，切实增强做好信访稳定工作的责任感和使命感，认真做好日常的信访接待工作，在接待来访时，我们坚持对待每一个上访人员、来电、来信都能礼貌接待、耐心答复，努力维护世博会期间的信访秩序，确保不发生影响社会稳定的恶性事件。

4. 加强局内部各项涉博工作。建立局内部值班制度，与各部门签订世博安保责任书，明确部门职责任务。建立信息上报制度，指定具有一定文字水平的信息员，及时、准确地上报各项世博信息，确保信息畅通。完善各项应急预案，做好面对各种突发情况的准备。

（三）建立健全房地产市场体系，保持房地产业健康稳定发展

1. 加强房地产市场调控。积极贯彻落实国办发[2010]4号、国发[2010]10号等文件精神，严格执行国家关于加强和改善房地产市场调控的各项政策措施。加大对虚拟交易、囤地捂盘、虚假广告等违法违规行为的查处和曝光力度，严厉查处在商品房预售、预订阶段，以各种形式炒作、哄抬房价的行为，对部分楼盘进行抽查，跟踪管理，对来信来访举报捂盘等现象进行调查核实，加强定价引导，维护房地产交易秩序，保证松江房价稳定。加强市场监测分析，每月跟踪分析房地产市场运行情况，密切跟踪市场变化，做好措施预案。

2. 加强房地产市场监管。通过加强资质日常管理、市场交易行为监管、信用档案建设及年检等工作，加强市场监管。加强商品房预（销）售管理，促进上市销售，加大对销售方案的审核，加大供应与需求的双向调节力度，目前，我区新建商品房上市166.82万平方米、15373套，其中，商品住宅82.383万平方米、7089套。开展房地产市场秩序专项检查，通过网上监控和现场监管两种方式，对我区125个在建楼盘随时进行实地检查和抽查，保证符合预售条件的楼盘及时上市。继续实施新修订的《上海市房地产登记条例》，规范登记行为，保障交易安全，截至目前，我局交易中心共受理各类登记71126件，比去年同期减少10.17%。

3. 认真编制“十二·五”住宅发展规划。成立“十二·五”住宅建设发展规划编制小组，通过比较分析初步确定委托同济城规学院编制“十二·五”住宅建设发展规划。召开工作部署会议，制定课题调研的题纲及时间节点，明确我区“十二·五”期间住宅建设发展方向及管理重点。组织开展我区“居住小

区基本信息”调查摸底工作，集中人员力量，边编制、边协调、边深化、边完善。目前，该规划正在征询各部门意见。

（四）完善拆迁补偿机制，进一步规范拆迁管理

1. 进一步探索松江动拆迁补偿标准。从2009年下半年开始，老城改造补偿机制已由原来的低价位补偿、低价位安置全面转向了市场化补偿运作，该机制将在准备启动的旧改项目中全面铺开。今年在总结休闲绿地拆迁过程的基础上，又参与制定了旧城改造项目仓桥历史风貌区的拆迁方案，在各方的积极参与配合下确定了最终方案，并在一季度予以实施，整体实施情况良好，达到了预期效果。

2. 积极推进房屋拆迁工作。大力推进国家、市、区各项重大项目的拆迁工作，继续配合有关部门做好9号线延伸段、沪杭高速等几个重点项目推进中的动拆迁工作。严控拆迁许可证的发放，截止目前，今年共发放拆迁许可证9张，应拆迁户数2281户，应拆迁面积630606平方米；全区已完成许可证拆迁户数301户，建筑面积63666.58平方米。

3. 进一步规范动拆迁管理。根据《关于开展2010年度房屋拆迁单位资质年检工作的通知》精神，我局要求各单位在进行自查自评的基础上，落实专人负责年检工作，认真填写年检资料表格，并在上半年内完成了对本区范围内具有房屋拆迁资质的单位的检查评议工作。加强对动迁队伍的培训，提高动迁队伍的工作水平。

4. 做好动拆迁历史遗留问题的解决工作。根据区政府的意见，按照“分层、分批、分期”的原则继续做好动拆迁历史遗留问题（俗称“黄单子”）的解决工作，分别于春节前、6月和10月对去年以前20平方米以上的“黄单子”问题，按面积拼凑、楼层摸彩等方式予以实施解决。

（五）加强物业管理标准化建设，提升物业服务水平

1. 完善业主自我管理模式。进一步研究改进物业管理模式，积极推进住宅小区综合管理，狠抓住宅小区物业服务标准化、规范化建设，促进物业服务行业的服务质量。根据《关于加强本市住宅小区业主大会、业主委员会规范化建设的若干意见》，深入到住宅小区对成立业主大会的筹备组进行培训和指导，业主委员会成立以后，又对业主委员会进行一次相关法规的培训，不断完善业主自我管理模式、建立物业服务分类管理模式。今年共完成组建成立业主大会、业主委员会17个，业主委员会换届12个，有16个小区目前正在筹备中。

2. 强化物业行业监管。充分发挥居民区党组织的作用，发挥“三位一体”的联席会议作用，根据“条块结合，以块为主”的原则，形成相关职能部门，街（镇）加强对物业服务行业的监管，增强住宅小区的综合管理。公开办事制度、办事纪律、收费项目和标准，并要求物业从业人员态度和蔼讲文明、挂牌上岗守纪律、公开制度讲规范、遵章办事不违规。继续加快962121物业服务呼叫平台建设，完善工作流程和工作制度，强化行业监管，真正实现“百姓物业诉求全天候响应，急难愁问题全覆盖受理，受理事项全过程监管”，目前共接听来电1100余件，受理849件，其中投诉619件、维修444件，已全部解决，解决率达100%。

3. 探索直管房管理新模式。进一步督促相关物业公司做好租用公房凭证信息采集、数据校对、确认以及接待工作，摸清家底，逐步理顺房管局、直管公房产权人和物业服务企业的关系。进一步探索对不成套公房（直管房）的管理模式，经过调查研究，建议形成“条块结合、以块为主、重心下移、属地管理”的新管理模式，已形成调研报告报区政府。

（六）加强保障性住房建设，切实保障

群众切身利益

1. 积极推进大型居住社区建设工作。今年在继续做好泗泾基地建设的日常协调和推进工作的同时，积极准备新拓展基地的建设前期准备工作。泗泾南拓展基地用地面积4.7平方公里，涉及泗泾镇和洞泾镇两个镇的行政范围，该区域主要以耕地和村镇建设用地为主，涉及泗泾镇行政范围的农民有121户左右、企业14户左右，涉及洞泾镇行政范围的农户有445户、企业19户左右。佘山21丘基地用地面积7.03平方公里（基地内嘉松公路至松塘河中心线为青浦区行政区域），基地内除一座五星级酒店（索菲特酒店）和已规划落地了得上海武警指挥学院外，其余为农田和村庄，共涉及松江区行政区域内农户985户、企业38家。按照市推进办的年度工作目标任务，泗泾南拓展区年内将有80万平方米的开工任务。在时间紧、任务重的情况下，目前动拆迁工作已开展，确保年内开工。

2. 积极推进单位租赁房建设工作。为进一步建立完善公共租赁住房制度，我局今年对全区单位租赁房的现状进行了调查。据调查统计，目前已有单位租赁房项目数78个，住房建筑面积约131万平方米，其中成套现有住房1.3796万套，不成套住房1.0167万间；可居住人数10.0561万，现居住人数为6.3872万人。同时，根据对我区公共租赁房建设计划项目调查摸底情况来看，目前全区各镇（街道、园区）共上报项目建设计划17个，住房建筑面积约48.8033万平方米。

3. 积极推进廉租住房工作。区廉租住房扩大受益面工作在各镇（街道）的高度重视以及各相关部门的大力支持和配合下，正有条不紊地进行。目前，我区累计审核登记的家庭有285户，今年审核登记的家庭有42户，目前实际进行租金补贴的有251户。加大实物配租房源筹集力度，我局通过区府实事项目红宾院危旧房改造工程配建了10套廉租住房实物配租房源，此外，计划从“华亭新家园”配套商品房中收购零星房屋作为实物配租房源，完成市房管局实物配租的相关要求。

4. 积极推进配套商品房建设。在项目梳理和监督检查的基础上，对在建项目继续加强全过程的监督管理。目前，全区有26个配套商品房认定项目，规划总建筑面积395万m2；在建项目14个，住宅建筑面积239.6万m2，其中，已竣工面积167.3万m2，在建72.3万m2；已使用132万m2，11859套，剩余房源2704套，35.3万m2；拟建项目7个；已出让土地18块，面积276.3公顷，规划总面积320万m2；今年计划上报认定项目11个（已取得项目认定5个，尚在项目认定会审中2个），总规划建筑面积205万m2。

（七）落实住宅领域节能减排目标，推进住宅节能省地建设

1. 加强新建住宅创建工作。深入推进新建住宅“四节一环保”和“四高”优秀小区创建工作，进一步促进新建住宅小区住房质量和性能的提高。上半年，对位于新桥的万科白马花园南区进行了上海市四高优秀小区创建综合验收，经现场实地查看和文件资料查阅，一致通过了该项目的最终评审。10月我区上海佳铭房产公司开发的西郊百丽苑高层住宅通过建设部住宅性能认定2A专家初审，目前，上海新凯房产公司开发的三期保障性住房也正在积极申报上海市四高优秀小区，上海仲骏房产公司开发的山水四季城二期的住宅性能认定评审工作由于项目方案调整还在准备阶段。

2. 加强住宅交付使用许可管理和质量管理。全面启用新的住宅交付使用许可审批系统，对开发企业进行业务培训，提高工作效率。目前我局共核发新建住宅交付使用许可证81张，项目39个，面积164.27万平方米（其中高层63.16万平方米，多层42.97万平方米，低层58.14万平方米），1031幢住宅（其中高层116幢，多层169幢，低层746幢），

与2009年司期相比略有增长。今年未发生和交付使用相关的行政复议或行政诉讼案件，能够按时根据市局的要求完成月度统计表和季度预报表的上报工作。

3. 加强新建住宅配套建设的监督和管理。今年根据新建住宅扩初设计批复由区发改委审批的新情况，及时与区规划等职能部门协调联系，根据我区的实际情况制定新的一系列申请及审批表来规范新建住宅配套建设和管理的程序。同时会同区建教育部门对新城区"三湘四季""绿地云峰"幼儿园进行二次装修前的验收和移交工作，对新桥绿州长岛幼儿园提出整改意见，确保9月1日前学龄前儿童入学需求。

2011年我局将进一步坚定信心，振奋精神，紧紧围绕区委、区政府确定的重点工作要求，继续坚持工作的连续性、稳定性、开拓性，继续保持工作的开创性、坚韧性和操作性，确保各项任务顺利完成。

（一）加强学习，顺应新形势发展的要求

深刻学习"两会"精神，学习十七届五中全会精神，做好基层党组织的调整工作，召开党建工作交流会，总结组织工作的开展情况。继续学习贯彻《廉政准则》，开展各项廉政教育活动，不断提高党员干部综合素质，加强责任意识、学习意识、民生意识、协同意识。

（二）完善机制，提高工作热情和效率

进一步完善考核、晋升、竞争、奖励等机制，激发工作潜能，增加工作动力，充分调动房管系统职工的能动性，使他们的聪明才智和工作能量才能得到最大限度的发挥。把机制建设作为激发、调动职工工作积极性的手段，作为职工努力方向的航标和指示牌，在完善机制和利用机制上下功夫，塑造一支善于学习、专于业务、团结互助、协调有力的团队。

（三）突出重点，不断增强履职能力

一是进一步做好物业管理工作。巩固好"三年行动"计划的成果，进一步理顺物业管理体制和机制，加大行业检查和监督力度，建立健全物业管理行风满意度考核评估体系。进一步完善962121物业呼叫平台建设，和街（镇）联手，发挥居民区党组织对业主委员会的政治和组织领导，加速推进业主大会建立和业主委员会的选举和换届改选工作。

二是加强和改善房地产市场监管。进一步深化落实中央、市关于加强房地产市场调控政策，巩固调控成果，促进本区房地产市场平稳健康发展。加大对房地产市场的监管力度，规范房地产交易秩序，建立长效机制，保障商品房预、销售公开、公平交易。严格预售楼盘预售证、现房备案证明的发放，加强网上商品房的预、销售监管，发现违规等行为及时处置，切实把好交易初始关。开展房地产交易秩序专项检查工作，并对房产公司以及中介公司信用档案进行一次全面的检查，保证松江的房地产开发和市场安全、健康、稳定、可持续发展。

三是加大房屋拆迁拆违力度。配合有关部门继续做好"一二三工程"重点项目推进中的动拆迁工作，确保各项重大项目顺利进行。加强对动迁人员的培训，提高拆迁队伍整体素质。联合有关部门，继续完善拆迁补偿机制，规范拆迁行为。以遏制住宅小区新增违法建筑为重点，认真做好居住小区违法建筑的查处整治工作。协调推进旧城改造工作，加强旧城改造政策研究。

四是做好保障性住房各项工作。进一步做好危旧房修缮工作，确保改造项目顺利完成。继续探索直管公房、售后房的管理模式，理顺管理主体。做好廉租住房扩大受益面、实物配租房源筹集等工作。继续做好大型居住社区各项推进工作，对泗泾拓展基地建设过程中的相关工作认真做好协调沟通工作，对泗泾南拓展基地、佘山21丘基地的建设加大推进力度，确保按时、按质、按要求完成。进一步加快公共租赁房建设步伐，在原有单位租赁房建设的基础上，大力发展公共租赁房，充分利用现有的资源，新建或改建一批公共租赁房。

五是做好来信来访接待答复工作。认真受理和接待来信来访，坚持“首接制”、领导干部周四接待制和“分级负责、归口办理”的原则，耐心细致地做好接待和调查处理工作。高度重视涉及对房屋管理等方面的信访问题，积极主动协调各相关部门妥善处理，维护党员干部和群众的切实利益。

（十六）金山区

金山区建设和交通委员会

2010年，区建设交通委在区委、区政府的正确领导下，在市建设交通委等行业主管部门的支持帮助下，坚持以科学发展观为指导，全面贯彻落实三届区委十一次全会精神，紧紧围绕区委、区政府的中心工作，按照建设“三个金山”的要求，对接“两个扇面”发展需求，以服务保障世博为载体、以功能性基础设施建设为重点、以行业管理重心下移为抓手、以提升服务地区经济社会发展能力为目标，着力统筹城乡建设和交通行业上新台阶，圆满完成了年初制定的各项目标任务。

一、统筹协调，着力推进民生重大项目建设

2010年，由我委承担的以铁路配套建设为重点的市、区重大项目建设共有17项（包括结转项目1项）。为把项目建成经得起历史检验的优质工程、人民满意的放心工程，各单位落实责任、密切配合、形成合力、加强协调，以重大项目为核心，以高度的使命感和紧迫感，坚持高起点规划、高水平建设、高效能管理，保质量、保进度、保安全，加快推进项目建设步伐，确保项目建设如期完成。

一是全面完成沪杭高铁金山段配套设施建设。沪杭客运专线市政配套项目——成毛公路及金山北站站前广场，包括配套道路全长2.37公里，大桥一座，小桥三座，站前环路、公交终点站、社会车辆停车场、站前广场及附属配套设施等，于10月上旬沪杭高铁通车前顺利完工并通过竣工验收。沿途环境整治有序推进，实现铁路沿线两侧市容环境“整洁、有序、协调、完好”。

二是推进轨道交通22号线及配套设施建设。轨道交通22号线对于加快推进金山区社会经济发展具有十分重要的意义，是今年工作的重中之重。线路全长约55.45公里，其中，金山段工程为23.4公里，设亭林、阮巷、金山新城3个车站。目前我区境内配套设施已完成总工程量的43%，隆安东路、同凯路立交等节点工程有序推进，金山新城综合交通枢纽站已完成工可，进入施工设计阶段。

三是着力实施景观灯光改造工程。按照金山新城景观灯光总体设计方案，完成金山大道（亭卫南路～卫零路）、沪杭公路（杭州湾大道～海鲜城）景观灯光工程建设。对松卫南路、杭州湾大道沿线、金山体育场、龙泽园等既有建筑景观灯光予以完善和优化，全面实现中心城区景观灯光总体规划理念。进一步理顺灯光建设管理体制，明确职能和分工，建立具体建设实施和日常维护管理分工协作机制。

四是加快功能性市政基础设施建设。加快推进板桥西路（城河路～东平南路）新建道路工程建设，采取有效措施，重点攻克项目建设中前期、协调、进度等方面的难点，突出项目建设优质、高效目标，加大施工资源配置、优化施工进度安排，确保实现板桥西路尽早建成通车。

五是稳步推进农村村庄改造实事项目。

继续实施农村村庄改造任务。2010年我区村庄改造再次被列为市政府实事项目，改造规模为历年之最，覆盖全区所有镇（金山工业区），共涉及14个村庄的1792户农户。主要改造内容包括村内道路改造21.39公里、桥梁改造17座、农宅墙体白化524926平方米、河道疏浚34.208公里、公共服务设施建设12090平方米、新增绿化83861平方米、安装路灯100盏等等。在改造过程中，通过因村制宜地结合各村特点特色，在显现社会效益的同时，尽量体现经济效益，带动农民致富。今年已改造完成的漕泾镇水库村因其生态宜居风貌，被市建交委推荐申报了国家建设部的中国人居环境范例奖。

二、保障重点，全力以赴做好世博保障工作

按照世博工作要求，全委动员、全力以赴做好世博保障的各项工作。

一是完善管理网络、形成工作合力。结合行业特点，牵头建立了世博工作交通协调保障组，并由委主要领导、分管领导分别担任正、副总指挥长，制定的值班制度、会议制度、分工负责制度、协调推进制度等得到有效落实。明确了委系统各单位、各部门的工作职能，实现了迎世博各项工作的全覆盖，确保“措施到位、整改有效、应急迅速、联动高效”，形成了迎世博建设交通系统的工作合力。

二是落实各项措施、切实服务世博。如期开通世博39路、40路2条世博公交专线，累计发车22226班次，安全运送客流330571人次。建筑工地按照世博工作要求，实行分类管理、实时监管，城市文明指数测评稳步提高。市政、公路强化网格化管理措施，维护市政设施、设备功能完好及公路环境整洁美观，开展公路市政设施突发事件应急演练，确保了我区城市道路运行安全、畅通。3个水上交通世博安保点在上海的西南门户构筑起一道牢固的安全屏障。

三、聚焦发展，履行行业管理职能

紧紧围绕区委区政府重点工作，聚焦发展、服务发展，在全区转变发展方式、优化产业结构中，切实履行行业管理职能、全面提升行业管理水平。

一是精心组织、攻坚克难，完善市政设施建设。以“提升区域服务功能，完善城市环境形象，统筹行业发展水平”为目标，全面完成中心城区市政基础设施综合整治项目，全年道路大修整治工程共完成混凝土路面改造11614平方米，沥青路面加罩29432平方米，更新改造人行道面积8434平方米，新排砌侧平石3970米，路缘石3056米，升高调换窨井盖座89座，雨水进水口91座，实现了提高路面结构质量、改善市容市貌的整治目标，确保道路运营安全、舒适。同时全力推进技术储备项目，形成工程建设与项目储备、养护管理有机协调推进的良好局面。

二是突出重点、加强治理，优化公路通行环境。以“办世博、迎国检”为契机，认真贯彻“重监管、优服务、强队伍”的工作方针，以公路路面、桥梁为重点，以路肩、交通安全设施、附属设施为辅助，以绿化养护为点缀，科学合理安排好日常养护任务，确保区域公路设施的安全畅通和完好。加大对非干线公路的大中修实施力度，全面完成大亭公路“白改黑”项目，金石公路、松金公路、沪杭公路、朱山路、秦弯路等道路中修工程。继续加强公共服务能力和应急处置能力，实现持续保持公路行业“设施安全优质、运行管理高效、服务有序规范”的工作目标。

三是分类管理、分片落实，促进建筑建材行业管理先进技术进步。加快技术创新，推广新型建筑节能材料。“绿色生物质燃烧应用技术和河道淤泥自保温烧结多孔砖开发研究”课题通过专家验收，总体水平定位“国际先进”。具有经济和社会效益的《太阳能与建筑一体化设计与应用》科研项目开始逐步推广和应用。新建住宅、新建公共建筑的节能率全部达到50%，完成4.6万M2的既有建筑节能改造任务。共获市优质结构6项，区优质结构37项、金山杯2项、区“节约型工地”4项，创建116个环保便民工地、市文明工地2个、区文明工地30个。进一步规范我区200万以下建设工程项目招标投标流程，与嘉兴市签订建设工程评标专家资源共享协议，建立区级专家库电脑随机抽取系统。

认真吸取“11.15”火灾事故教训，迅速开展在建项目防火、安全生产大检查，加强安全监督，落实防患措施，规范施工行为，把安全生产责任制度真正落实到位。

四是推进改革，严格执法，提高交通保障能力。顺利完成了第三次公交体制改革。4月22日，上海金山巴士公共交通有限公司正式挂牌成立，“一区一骨干”的主导作用得以显现。全年相继开通了金山社区巴士1路、2路、3路、6路、7路等五条社区巴士，为亭林工业区、朱行工业区沿线的百姓以及至金山北站乘坐沪杭高铁的乘客提供了出行便捷。新辟廊下5路、朱泾4路2条镇村公交。与区公安交警部门多次组织联合执法，打击电动三轮车非法营运行为，切实维护了我区客运市场秩序；组织汽修行业专项检查7次，重点检查无牌无证或超经营范围的汽修黑点，已取缔汽修黑点10个，有效净化了汽修市场；加大了无证危险货物运输的查处力度，查处无证危险货物运输案件489件，确保道路运输安全。

五是强化监管、注重服务，维护通航安全畅通。设立平申线、黄姑塘、老杭申线三个世博安保水上检查点，全天候驻守、严防死守，把好船舶入沪核查安检关，危品必查、逢疑必检。截至世博安保结束，共处罚船舶3814艘，其中一般程序126起，简易程序3688起，净化了世博管控水域的通航环境。建设张泾河视频监控系统，实行人机联动的巡航监管模式，把安全监管工作进行资源整合。水上交通指挥中心实行24小时视频监管，定物定船，不留死角，及时发现并处置了多起航道堵塞、船舶搁浅等影响航道正常通行的安全事故。

四、创新理念，加强政风行风建设

2010年，我委以“服务世博，宣传世博、保障世博”、创先争优活动为契机，通过多种形式广泛征求意见，主动接受群众监督，加强我区建设交通系统政风行风建设。认真贯彻市、区政风行风工作会议精神，围绕“三高一少”依法行政、文明执法，切实加强政风行风建设。采用自查、对口检查和重点抽查的方式，开展对外行政服务窗口专项检查，进一步完善各项规章制度，规范服务，严明纪律，纠正不正之风，标本兼治，不断加强基层窗口单位的政风行风建设，树立建设交通系统文明窗口单位的良好形象。

五、围绕中心，积极推进党建工作

2010年，党建工作始终坚持：围绕行业特点，在积极推进“三个聚焦”中形成工作特色；围绕委48项重点工作，在实现全年工作目标任务中形成工作合力；围绕办世博工作要求，在推进城市文明指数测评、服务世博方面取得成效；围绕发展目标，在构建委“十二五”发展规划上进行前瞻性思考；围绕区委“解放思想，聚焦发展”的要求，在理念创新和工作创新上进行有效探索。

加强干部和人才队伍建设，完成了建管署、运管署机构升级后的干部配置，充分发挥党组织的战斗堡垒作用和共产党员的先锋模范作用，为提升我区城乡建设和管理工作水平提供坚强的组织保证。精神文明建设不断增强，各类创建活动蓬勃开展，工、青、妇、民兵和武装工作结合自身工作特点，采取多种形式，大力宣传先进文化，开展双学双比、立功竞赛、争先创优、扶贫帮困、世博先锋、“三型”（学习型、创新型、服务型）妇女等活动，开展对广大职工、青年、妇女进行正面教育和引导，帮助他们树立正确的人生观、价值观，为进一步发扬“建交人”精神提供精神动力，同时也进一步增强了职工群众的凝聚力和向心力。

2010年在全委干部职工的辛勤工作、奋力拼搏下，各项工作顺利推进、行业发展成效显著，为“十一五”规划目标全面完成，交出了一份满意的答卷。面对新形势、新任务，要求建设交通行业在新的一年里，继续发扬团结奋斗、攻坚克难、精细管理的工作作风，进一步创新工作思路、创新工作措施、创新工作理念，开创建设交通行业发展新局面。

金山区绿化和市容管理局

2010年，在区委、区府的正确领导下，在市绿化市容局的精心指导下，区绿化市容局紧紧围绕世博保障中心任务，贯彻落实金山新城和新城镇建设方针，深入推进城乡绿化市容建设，创新发展思路，提升作业标准，强化执法保障，进一步营造了“整洁、有序、美观、平稳”的城市环境、促使全区绿化市容行业管理效能有了较大提升。

一、聚焦世博保障市容，运行有序服务高效

1. 圆满完成迎世博建设任务。全面完成“迎世博600天行动”中市规定的36项可考性指标和区自选项目3项指标。重大建设项目按时竣工，4月底完成金山大道（亭卫公路－卫零路）绿化完善工程、松卫南路（漕廊公路－吕朱公路）绿化改造工程、S4高速杭浦出入口两侧景观绿化工程三大绿化建设项目，改造绿化21.25万平方米，新建绿地7万平方米，提升了我区交通主干道两侧的绿化景观面貌。到年底，我区人均公共绿地面积19.33平方米，绿地率35.35%，绿化覆盖率37.2%。

2. 市容环境整治深入推进。大力推进“三线”（铁路、高速公路、国省道沿线）整治、城区中小道路整治以及重要旅游景点周边区域市容环境整治，共整治“三线”203公里沿线环境，粉刷建筑立面76.75万平方米，清除“三乱”1992处、暴露垃圾8103吨，规范摊亭棚和临时设摊点1382处，整治环卫公共设施等499只，拆除屋顶墙面广告924块、地面广告465块、高炮广告8座，整理、调整户外广告936块、整治店招店牌533块5482平方米。

3. 精心布置花卉景观。精心编制了《金山区迎世博花卉景观布置规划》，细化每个景点制作设计，做好定种植地点、定花卉品种、定花卉生产厂家等“五定”工作。以石化中心城区和枫泾古镇为重心，点线面相结合布置花卉，形成层次分明的立体绿化模式，全区共布置花卉主题景点10个、花坛花境12905平方米。为确保景观长期观赏效果及花卉景观的连续性，分三次大规模更换盆花，总用花量达105万余盆。

4. 周密保障城市运行秩序。成立局世博保障领导小组及办公室，组织编制了《上海世博会金山区城市运行服务和应急保障——绿化市容和城管执法工作方案》和各行业指挥手册，组织开展了突发事件应急处置演练，建立了每日值班、信息上报、日常巡查等工作制度，对重点区域、重点线路的绿化市容情况进行固守执法和每日督查，严格督办问题，积极加强街镇指导，有效确保市容监控网络全面、应急措施有力、问题整改高效。世博期间共督办处理各类应急事件13764件。

二、注重宜居营建绿化，创新技术精心养护

1. 加快绿化建设和长效管理。顺利完成沪杭客运专线金山北站前和兴豪路南北两端两侧绿化建设，建设面积26003平方米，金山区第二工业区省界防护林带（一期）建设工程11月完成，建设面积430亩，有效改善了北站周边环境和中心城区的环境质量。同时加强绿化养护管理，落实各项绿地管理措施，保持绿地长效常态化管理。

2. 加强绿地设施更新维护和景观优化。完成了步行街东侧、蒙山路、金一东路沿街、卫清路等14处花坛修补，粉刷各类绿地小品外饰面2160平方米，修补行道树树穴163个；对石化城区内部分绿地景观进行优化，调整、补种树木1598株、地被17500平方米、绿篱模块800平方米，更换草皮近6万平方米，运用新优植物8000株。

3. 强化有害生物预警和“科技兴绿”技术创新。加强绿地病虫信息监测及收集工作，完善药剂防治措施，积极使用虫情测报灯、太阳能杀虫灯等新型防止设备，引进使用低成本环保型植保新药剂；加快推进树枝废弃物循环利用研究，树枝废弃物盆栽花卉改良实验取得实质性进展；“液压式”施肥等新技术进一步得到推广运用。

4. 多形式开展群众绿化工作。组织开展全民义务植树活动；以“新婚纪念林”等形式推广绿地和古树名木认建认养；扎实做好古树名木管理巡视监测和技措养护；多次开展绿化知识“进社区、进学校、进军营、进园区、进村宅、进楼宇”和“十万盆花进家庭”活动；加强花园单位创建和园林式居住区创建指导，成功创建金山豪庭、山鑫阳光城2个居住区；完成屋顶绿化1700平方米等立体绿化建设任务。

三、整治环境改善市容，景观管理严格规范

1. 沪杭客运专线市容整治高效完成。对高铁沿线两侧市容环境进行整治，整治路段长达12.4公里，共清除暴露垃圾146吨，清除乱堆物92处、拆除违章建筑（亭、棚）840平方米，粉刷沿线建筑物外立面48.376万平方米，整治河道10819米，有力改善了高铁沿线环境。

2. 市容环境卫生责任区达标创建稳步推进。总结吸取石化街道、山阳镇创建成功经验，有序推进枫泾镇、朱泾镇、张堰镇、金山卫镇市容环境卫生责任区达标创建工作，积极与四镇对接联系，按照创建标准和时间要求，加强行业指导，多次召开会议并组织专项检查，及时反馈存在的问题和不足并进行督查。目前，枫泾镇已顺利创建成功，其他三镇也已通过市联席办验收，进入公示阶段。

3. 户外广告和店招店牌规范设置。加强源头审批管理，完成山阳镇世纪城168家商铺、张堰镇新华路25家商铺这两条店招店牌示范段的改造工作；加强部门协同联动，联合区交警部门对A4、A30高速公路6处跨线桥违规广告牌进行了整治；对全区高速公路、国省道和主要道路两侧158只高立柱广告进行油漆更新；巡查清除了破损影响市容市貌的横幅384余条、破损广告152块。

4. 景观灯光管理职能平稳接管。今年7月份区建交委景观灯光管理职能移交我局后，及时制定了《中心城区景观灯光管理实施意见》，明确各路段景观灯光开启和关闭时间，进一步完善了景观灯光运行管理巡查机制，完善了景观灯光日常维护机制，落实了应急抢修队伍，景观灯光设施完好率达到98%以上、亮灯率达到98%以上、按时开启率达到100%。

四、健全设施精细作业，环境面貌整洁有序

1. 上海金山永久生活垃圾综合处理厂实质性开工。积极与市、区部门协调沟通，牵头组织垃圾处理费、特许经营权等事项谈判，顺利完成项目工艺调整、环境影响评价、初步设计审批等手续，项目主厂房于10月25日开工，预计2012年12月竣工验收，确保我区生活垃圾就地消纳和无害化处置。

2. 生活垃圾收运处置管理工作取得进展。今年在45个居住小区和20个企事业单位开展了垃圾分类收集工作，目前全区已有150个小区，60家企事业单位落实垃圾分类收集，为垃圾减量化、资源化、无害化创造了条件。加强生活垃圾贵乔中转码头和填埋场管理，落实相关保洁、除臭等措施，确保不发生影响周边居民生活。

3. 环卫基础设施建设完善。对全区环卫设施供给能力进行了调研，重点加强了旅游景区环卫设施配备力度；区、镇二级财政投入421.4万元，更新14辆车容车况好、密闭性能强的生活垃圾压缩车；投入48.42万元新增、更新道路废物箱426只；投入292万元新建4座、改建8座三类以上标准厕所，还更新完善公厕各类服务公约牌、导向标志、便民小药箱等环卫基础设施。

4. 环卫作业服务能力提升。细化落实了废物箱、垃圾房等环卫设施专人维护和保洁制度，做到生活垃圾日产日清和每天冲洗，环卫运输车辆车容整洁率达到90%以上；按照道路三级分类标准实施分类保洁，延长保洁时间，一级道路保洁达24小时；全区大部分街镇道路都推广了机械化清扫、冲洗，其中二级以上道路机扫冲洗率达到100%。

4. 加强废弃物处置管理。严格落实申报审批、工地现场检查和规范运输处置制度，每个工地每周不少于2次检查；建立建筑垃圾和工程渣土处置告知制度，严格按照运输专营制度进行处置，截至到12月底，共受理申报86家，规范处置建筑垃圾和工程渣土90万吨；积极开展地沟油和餐厨废弃物整治，制定了《关于进一步加强金山区地沟油整治和餐厨废弃物管理的实施意见》，会同区相关职能部门开展综合执法检查，协助浙江嘉善县开展餐厨垃圾专项整治工作，确保本区范围内的餐厨垃圾不非法外流。

5. 农村环卫建设整治有序推进。为进一步巩固"整洁村"建设成果，与区文明办、建交委等职能部门联合制定了《关于进一步加强村容村貌建设和管理的工作意见》，并在7月下旬起组织开展了"村容村貌"整治工作检查和考核，解决了农村部分地区存在的环境卫生问题。同时组织了新一轮农村环卫设施建设调研，仔细排摸环卫设施现状和实际需求，8月中旬完成调研报告，目前正在制定方案。

五、力克顽症保障秩序，城管执法高效有力

1. 圆满完成了重大执法保障任务。顺利完成五一、中秋、十一等节日假期和世博开闭幕等重要节点市容执法保障工作。在世博开幕前二月，组织开展了"奋战50天"专项执法行动，重点整治乱设摊、跨门经营、乱倒渣土、不规范广告、夜间施工扰民等热点顽症，确保城市环境秩序良好。

2. 有效遏制乱设摊、跨门经营。坚持疏堵结合，在加强全区25个疏导点的管理同时，对城乡结合部、菜场、超市等乱设摊集聚点进行了大力整治，通过划片包干、责任到人和"点线结合勤巡查，错时执法填空白"等方法，有效控制了乱设摊回潮现象。全年教育纠正乱设摊行为17000多处、跨门经营8000多处。

3. 依法拆除违法建筑。根据区拆违办指挥部署，明确城管与房地、规土部门的职责分工，开展了全区违法建筑的调查，掌握新建和历史存量的底数，建立了违法建筑基础的信息数据库，健全了日常巡查、举报投诉、快速查处和联动执法等制度，全年共拆除违法建筑12万平方米。

4. "三乱"、"五乱"治理力度加大。坚持标本兼治，通过"停机、清除、掏窝、处罚"四管齐下，有效遏制乱涂写、乱张贴、乱刻画的违法行为，加强与公安、工商等相关部门的沟通协作，采取联合行动清除新产生的非法小广告和制作窝点。

5. 联合管理救助流浪乞讨。根据世博安保要求，与区民政、公安部门联合成立流浪乞讨救助专职服务队，至12月底共救助流浪乞讨100多名，维护了社会治安秩序。

六、拓展功能强化处置，网格化管理效能凸显

1. 网格化管理覆盖面大幅拓展。4月、6

月先后完成网格化二期、三期项目，管理范围覆盖至金山卫镇、山阳镇，枫泾古镇景区、朱泾东林寺景区，覆盖面积由6.4平方公里拓展至16.5平方公里。

2. 新建视频监管系统有效运行。投入40万元对原网格化视频浏览系统升级改建，与公安视频监控资源对接整合，4月6日建设完成视频实时监管系统，成为继杨浦后全市第二家具备实时视频截图立案处置的单位。目前共有可控电子眼341个，管理面积达9.8平方公里，有效拓展了信息采集的渠道，提高了案件发现率。截止12月31日，共发现案件21280件，比去年同期增加142%，立案21280件，结案21242件，结案率达99.8%。

3. “夏令热线”凸显平台枢纽功能。以网格化管理系统为平台，7月正式启动“夏令热线受理直通车”，区领导亲自挂帅，各相关单位主要负责人轮流值班接听市民来电，在为期二个月的活动时间里，共接到市民来电62个，受理各类信息75件，切实解决了一批民生实际问题。

4. 专项调查和处置能力增强。根据可预警灾害性天气防范需要，可随时主动出击，排查户外广告、雨蓬、市政管线、架空线缆等细节隐患。先后组织开展了危险源、道路护栏、公共绿地、建筑工地、餐饮油污染、公共绿地缺失等46项专题案件分析调查，排查解决了一批城市管理问题。

5. 案件协调督办机制有效运作。定期对超期案件、未处理案件、结案案件、疑难难案和处置薄弱案件进行梳理分析，积极与相关处置部门协调对接，加强与“12319”市城建热线联动，借助世博保障机遇，解决了一批权责不清、管理缺位的案件，提升了案件结案率。

七、依法行政为民服务，政风行风水平提升

1. 窗口服务建设力度强化。积极组织窗口人员参加迎世博600天行动窗口服务人员培训、公园红十字急救培训、平安世博文明观博、公厕服务人员等一系列培训，进一步提高了窗口人员的综合素质；组织开展了“迎世博、讲文明、树新风”、“平稳畅通在窗口”、“百座公园、百万市民、文明游园”等系列志愿服务活动，积极倡导文明意识。

2. 公园景观和服务质量优化。对全区各公园的花坛、花境进行了优化，增加种植品种和数量，强化公园内植物的养护管理，精心维护公园的设施设备，提升了公园的园容园貌。滨海公园经改造后绿化景观得到改善，服务管理水平也同步提升，今年成功创建为上海市文明示范公园。

3. 认真办理人大意见和政协提案。今年，我局共收到区人大代表书面意见9件（其中主办6件，会办3件），收到区政协四届四次会议委员提案7件（其中主办件5件，会办件2件）。对此，我局积极与人大代表和政协委员联系，主动上门沟通听取意见，拟定了相关书面答复和整改措施，各项建议得到解决或采纳。

（十七）奉贤区

奉贤区建设和交通委员会

2010年“十一五”规划的收官之年，也是我国社会经济回暖复苏、稳步增长的一年。在社会稳定、经济发展保持良好态势的情况下，我们建设交通委紧紧围绕世博大局，抓好“三区一基地”建设的总体目标，根据区委、区政府的工作部署和要求，认真学习实践科学发展观，为完成年初提出的“确保重大工程建设顺利推进，确保世博会社会稳定，确保行业管理水平不断提升，确保民生工程持续改善，确保企业竞争力不断增强，确保行政效能不断提高”的主要任务，坚定信心，团结鼓劲，开拓创新，稳步推进基础设施建设和社会主义新农村建设，扎实提高行政效能和政风行风建设，不断提升城市管理水平，较好的完成了全年工作任务。

一、“十一五”工作回顾

“十一五”期间，我区城乡建设和交通管理工作力度持续加大，取得了较为显著的成绩。道路、交通基础设施日益完善、设施管养水平不断提高、建筑建材业管理持续加强、农村基础设施建设稳步推进、燃气建设与管理逐步深化，公交体制改革稳步推进，水上货运交通发展良好，运输市场秩序稳定，有力地保障了我区“十一五”期间各项经济社会事业的平稳发展，为实施城乡及综合交通建设和管理“十二五”规划奠定了良好的基础。

（一）攻坚克难，城乡建设和管理工作稳步推进，

1. 建管并举、管养并重，迅速提高我区道路交通基础设施“建、管、养”水平

“十一五”期间，我区抓住宝贵的发展机遇，攻坚克难，乘势而上，建设了一大批市政道路和公路基础设施，使奉贤区的道路基础设施建设进入一个较快的发展阶段。高速公路网基本形成并不断完善，S2、S4、G1501 高速公路发挥作用，缩短我区与市区及长三角其他城市的时间距离；干线公路网布局进一步优化，先后新建、改建了平庄东路、平庄西路、瓦洪公路、浦卫公路、团青公路、金海公路等道路，总长 132 公里，总投资达 30 亿元；市域联系通道建设进一步加强，闵浦二桥、两港大道临港段建成通车，林海公路建设基本完成，将于年底投入使用，金海路虹梅南路越江隧道也已正式启动；区域内部路网结构进一步完善，解放中路、江海南路、望园路先后改建、新建。至 2009 年底，公路总里程达 1286.54 公里，城市道路总长 218.249 公里。

牢固树立“建管并举、管养并重”的发展理念，不断加强道路基础设施养护管理工作。养护质量不断提高，至 09 年 12 月底，城市道路完好率从 90% 提高到 93%，桥梁技术状况指数 BCI 保持在 85 以上；区管公路养护技术状况指数 MQI 值达到 90.482，优良率达到 95.61%，其中省道 MQI 达到 91.615，优良率达到 100%。养护经费逐年增长，06 年至 09 年，公路年度养护维护费从 10216 万增长到 16545 万，增长幅度为 61.95%，前四年累计投入公路养护维护费达 49210 万元；06 年至 10 年，城市道路年度养护经费投入从 880 万增长到 2000 万，投入增长 127%，累计投入城市道路养护维护费达 6500 万元。农村公路管理得到加强，各乡镇在 2009 年底前完成了乡村公路管理站的挂牌，农村公路管理体制改革工作基本完成。应急处置能力不断增强，区公路市政管理部门建立了应急处置信息中心，不断完善应急预案，及时做好突发事件处置工作。在 2008 年初的雨雪灾害天气及 09 年 8 月的百年一遇暴雨中，我区的公路市政抢险队伍出动及时，抢险措施有力，出色完成了道路抢通任务。

2. 城乡统筹、持续推进农村基础设施建设

“十一五”以来，我区共计完成农村公路建设 383.69 公里，农村危桥改造 1115 座，共计投入建设改造资金 75067 万元。其中，2007 年启动的奉贤区危桥改造三年行动计划（2007–2009），三年任务两年完成，到 2008 年底就完成了农村危桥改造 858 座。村主改造工作深入开展，2007–2009 年，累计对全区 4504 户农户实施了村庄改造，累计投入资金 7014 万元。

3. 注重投入、不断加强燃气基础设施建设

不断加强对燃气基础设施建设的投入，截止到 2010 年 4 月，建成区属天然气管网 599 公里，其中“十一五”期间新建部分约占 50%。建成高高压门站 1 座、高中压调压

站5座、中中压调压站1座、天然气服务站点5个。“十一五”期间，总里程约40公里的南桥城区环城管网已全部建成，天然气管道已经辐射至全区各镇、开发区，方便了生活生产，改善了投资环境。

4. 创新发展、进一步加强建筑建材业管理工作

“十一五”期间，全区社会经济快速发展，固定资产投资创历史新高，基本建设投资规模空前。建管部门积极创新监管模式、不断强化管理职责，累计受理监督建设项目16000多个，受监建筑面积约2500万平方米，其中创建上海市白玉兰奖工程16个、上海市优质结构工程20个、上海市文明工地23个，有力保障了全区建筑活动的正常开展。制定了《关于加强村民住房建筑施工管理的意见》，农村村民建房施工管理得到加强。

（二）深化改革，综合交通建设和管理有序开展

1. 交通设施建设力度不断加大、水上货运交通发展迅速

轨道交通5号线奉贤段启动建设，公交场站等交通基础设施建设力度不断加大。“十一五”期间，全区共新建公交站点520个，出租车扬招站260个，实施航道疏浚养护总里程116公里。浦东铁路星火开发区海湾客运站正式开通，南桥新城交通枢纽、公交停保场等交通场站工程已进入建设程序。

水上货运交通发展迅速。区内拥有航道17条，通航里程223.5公里，拥有内河码头131座、泊位308只、港区岸线9170米，年综合通过能力453万吨，为我区的产业发展发挥了重要的保障作用。

2. 公交体制改革不断深化、信息化建设力度逐步加大

为进一步改善公交服务，提高奉贤公交的整体服务水平，2009年11月，我区进行了新一轮公交改革，实施国有控股，不断强化公交管理、规范公交经营。“十一五”期间，全区公共交通客运总量稳步增长，占交通出行总量的比重从5.6%上升到12%。日均客运量达18万人次，日最高客运量已达23万人次。新开辟公交线路14条，公交线网总长383km。省际长途客运继续保持快速增长，客运线路已达50条。

累计投入400多万元，基本建成了公交GPS监控平台和信息网络。制定了《奉贤区车载终端GPS管理办法》，并把信息上报纳入公交规范服务考核范围。

3. 交通港航管理不断加强、管理水平与服务能力稳步提升

城市交通运输管理部门不断强化行业监管，依据法律、法规积极开展监督检查工作，“十一五”期间交通运输市场经营状况基本稳定。城市交通行政执法领域积极开展打击非法营运的整治行动，根据市政府提出的“两个坚决”的工作要求，严格坚持依法行政、文明执法，执法工作在全市各区县名列前茅。进一步加强货运车辆的道路检查工作，积极引导行业内的企业向规范化、集约化方向发展。严格排查运输车辆隐患，督促危险品运输车辆行为合法规范，确保运输市场安全。进一步加强机动车维修企业监管，为提高交通运输行业的安全水平打下基础。

港口航务管理部门不断加强管理和服务，“用动态船舶管理静态码头装卸企业，用静态码头装卸企业掌控动态船舶”的管理模式取得了良好的效果；投资数十万元陆续在各趸船上安装了电子监控系统，全方位掌控辖区主要交通水域，实现立体化全天候的现场实时视频监管。进一步加强护航服务，“十一五”期间，总计护航船舶343航次，出动巡逻艇528艇次、1723人次；出动巡逻艇为沿岸施工、桥梁施工等实施间歇性封港136次，出动巡逻艇230艇次、745人次。各项航运海事工作在调整中发展，在发展中适应，为保障和服务奉贤经济社会发展做出了应有贡献。

二、2010 年工作总结

（一）重点突出，职责明确，稳步推进实事工程建设

1. 完善机制，加强协调，全力推进重大工程项目

2010 年度纳入重大工程的建设项目为 35 个，工程投资总额 250 多亿元。闵浦二桥建设顺利推进，公路层已于 2010 年 5 月 21 日顺利通车，上海应用技术学院（一、二期）、南方国际商业广场二期等 2 个项目已竣工，林海公路奉贤段前期工作有序开展，动拆迁及时，确保年底通车。奉贤西部污水处理厂扩建工程、二路一带地下民防工程、三一重工、上海之鱼等 4 个项目按照年初的计划，顺利开工。

2. 连接市区、对接浦东，完善区域路网

有序推进轨道交通 5 号线奉贤段建设，加快西渡站建设，推动南桥新城范围内地下站点开工建设。主动配合虹梅南路—金海路越江工程建设，争取在我区撤县建区 10 周年庆典系列活动前，完成工作井建设任务，为庆典活动添彩。积极争取并做好 A3 公路、闵浦三桥及浦卫公路拓宽等前期准备工作，完成瓦洪公路（平庄公路至随塘河路）建设。

积极做好前期工作，开工建设浦卫公路（金山区界－湖滨公路），并于今年 11 月竣工通车。完成瓦洪公路（浦东区界－大叶公路）、航塘公路（浦东区界－大叶公路）、平庄公路（金山区界－浦卫公路）工程方案研究及立项等前期手续办理，确保明年上半年开工建设，完善区区道路连接，为我区经济发展提供有力保障。

（二）贴近百姓，加强建设，坚持改善民生

1. 改善农村环境，加快农村危桥改造和道路建设

2010 年我区乡村公路日常养护累计完成 574.2643 万平方米，日常养护费用 1386.69 万元；乡村公路大中修项目完成道路 38 条、49.588 公里、31.8768 万平方米，桥梁 1 座；完成投资 2984.81 万元；投入资金 470 万元，用于乡村公路沿线设施专项整治，对道路标志标线、路名牌、桥名牌、桥梁限载牌、绿化行道树进行修缮、掉换，并对农村桥梁进行安全检测抢修。顺利完成了包括大叶公路等道路整治、南桥城区人行道整治、道路路名牌更新、跨线桥下环境整治等任务，路况路貌焕然一新。

2. 改善出行环境，优先发展公共交通

为体现“更好的城市，更好的生活”这一上海世博会主题，进一步实现公交与市区、与轨道交通、与大型公交枢纽站连接，方便市民的出行，根据《奉贤区公交体制改革公交线网优化方案》，优化公交线网，完善公交设施，方便市民出行，全力推进区内公交线网的调整、优化工作。2010 调整、优化线路 9 条，新辟线路 7 条（其中城乡巴士 6 条）。同时，新建区中心医院公交首末站 1 个；新建候车亭 50 座；新建出租车扬招站牌 100 个、公交站牌 100 个；新建港湾式候车站 10 座。

3. 改善生存环境，贴近百姓需要。

在前期调研和试点工作的基础上，对广大市民关心老城区天然气改造进行推进。2010 年改造完成老居住小区天然气用户 5027 户。改造范围：华龙公寓 1 期 288 户；北街居委会 1422 户；贝港第三居委会 2121 户；解放第三居委会 363 户、教育新村 393 户、江海花园 440 户。同时，积极开展南桥老城区天然气改造规划的编制工作，为后续的改造工作提供支撑。与此同时，积极推进天然气管道建设，2010 年完成燃气管道铺设 46 公里，累计完成 633 公里；天然气用户发展 12000 户，年底累计 64000 户。液化气用户 3400 户，年底累计 78400 户。

为进一步完善农村的基本生产生活需要，改善农民的生活环境，2010 年完成村庄改造 2500 户；完成贫困户危旧房翻改建 72 户；完成经济薄弱村道路建设和危桥改造任

务，并继续推进无障碍设施建设。

4. 妥善处理信访，确保和谐稳定

我委积极做好区人大和政协的书面意见和提案的办理工作，同时，耐心接待和认真答复群众来信来访，对一些确实合情、合理、合法的诉求加以认真研究和落实，确保社会和谐稳定。

（三）积极落实各项方案，确保世博平稳运行

1. 狠抓交通安全，确保世博交通有序、畅通

严格按照世博安保方案，对区内危运、长途客运、公交与特定公共交通等方面开展了世博安保专项检查，督促相关企业积极落实整改直至“三防”措施到位；建立了运管世博巡查制度，组建了5大行业世博平安志愿者队伍，在场站和公交线路实施驻点守护和动态防控。与交警组织联合安全行车教育培训，组织了公交起火突发事件应急处置演练、危运突发事件应急演练以及危运GPS操作人员技能比武，提高了应急处置能力，确保世博会期间交通运行安全。

2. 狠抓航务安全，确保世博水域安全、受控

（1）加强船舶监管。从3月1日世博安检开始以来，共专项安检船舶1993艘次，安检合格1279艘次。同时利用GPS监控平台对进入奉贤区的危险品船舶实行全天候跟踪管控。

（2）加强船员管理。举办二期五等驾机员培训班，培训船舶驾机人员83人。并对途经世博会核心区域的船舶通过身份核对后，将全部船员的信息报送到“上海世博会船舶信息报送专用平台”，录入船员信息18246人。

（3）开展世博专项整治工作。1、开展“三无”船舶整治。世博会期间先后7次开展了联合执法整治行动，共发现“三无”船舶58艘，查处“三无”船舶26艘，并与水上派出所达成了每周一联合巡航整治“三无”船舶的机制。2、开展安全生产大检查。世博会期间分别对16家港航企业、2家旅游单位、2家客渡单位、8家水工作业单位的各类生产安全进行了专项检查。

（4）实施世博期间水上交通管制。顺利完成12次黄浦江水域一、二级交通管控工作，参加人员480人次，出动车辆84辆次，出动海巡艇58艇次，对船舶进行安全宣传4684艘次，对辖区码头安全宣传1246次，管控期间滞留船200余艘次。

3. 狠抓建设安全，确保世博期间工程施工安全、有序

积极开展《查隐患、堵漏洞、保世博》“活动。充分利用建设职校优势，对行业企业安全值守、现场管理、岗位作业、监理员、项目经理、单位安全负责人开展了世博安保综合知识集中培训，共培训各类安全人员827名；五大行业自行开展各类世博安保知识、安全生产技能等相关专业培训，培训人员1670余人，两项合计约2500人次。

（四）有效监管，深化改革，促进行业管理水平提升

根据国家行业法规、条例的要求，切实加强建筑行业、公路路政、公交行业、航务和燃气等五大块管理工作。

1. 在建筑行业管理方面

（1）进一步加强建筑工地现场监管。紧紧围绕建设工程质量和安全的主线，制定全面的建筑工地专项大检查计划，分别从文明施工、材料质量、重大危险源、监理行为、安全生产、节能降耗、农民工维权和防汛抗台等方面，全方位加强工地现场的监管。除了监督员日常的现场监管外，进一步加强集中检查密度，平均每月保证一次大检查。

（2）进一步完善和健全城镇建设管理工作的网络。在全区建立和完善了区、镇（开发区）、村三级网络，强化了城镇建设管理的工作力度。区建交委加强对各镇（开发区）

的业务指导、培训和管理，各镇（开发区）全面负责本行政区域的建设管理工作，基本形成了两级管理、三级监管，齐抓共管的工作格局。

（3）进一步推动建筑工地迎世博文明工地创建活动。按照区迎世博、保世博的要求，在全区所有受监工地深入开展迎世博创文明工地活动。区安质监站与施工单位签订文明施工安全责任书 70 份。开展安全生产达标活动，已申报区级文明工地 2 个，市级文明工地 2 个，平安工地 1 个。

（4）进一步加强建筑市场管理力度。今年在招投标管理、资质资格管理、企业诚信体系建立等方面出台各项管理政策，促进建筑市场健康发展。对全区监理公司的经营行为、监理工程师的现场监理进行整治，强化监理对工地现场的监督管理。通过集中整治，建立建筑业联合会监理分会等措施，逐步改变监理市场混乱的局面。建筑业联合会混凝土分会的建立已基本就绪，目的通过行业自律来规范本区混凝土市场，保证全区建筑工程材料质量的安全受控。由建筑业联合会组织，今年评选出首批建筑业诚信企业 25 家，引导各类施工企业向讲诚信，重信用方向发展。

（5）组织农民工开展各类培训。一是深入建筑工地开展“万名建筑农民工”安全知识大培训，我区 50 个工地 4000 多名农民工参加；二是大力推进农民工示范工程活动，共有 321 名砌筑工、木工参加技能培训，有 800 名建筑工人完成了技术等级鉴定。

（6）世博知识宣传进工地。让更多农民工了解世博，规范行为、讲文明、守秩序。3000 多名农民工参加了世博知识测试，分 2 批组织农民工参观世博游园活动。

2. 在燃气行业管理方面

（1）行政管理与执法。截至 2010 年 5 月，共开展行政执法行动 19 次，其中联合执法行动 6 次，派出所移交案件 13 件，共取缔非法经营窝点 22 个，查获非法运输车辆 4 辆，共收缴液化气钢瓶 624 只，派出所行政拘留 9 人。区燃气署立案处罚 1 件，罚款金额为 20000 元。

（2）市场监管工作。按《条例》要求，对燃气企业开展 8 项日常监督检查活动，检查供气站点 45 座，开具 4 份责令整改书，排除 6 项安全隐患。督促区内 32 家液化气站点完成重要部位出入口的视频安防监控系统（彩色摄像头）安装工作；督促 31 家液化气供应站安装周界报警设施，并于 110 联网。

3. 在交通行业管理方面

进一步深化公交体制改革，稳步转变经营模式，全面改善公交形象。为充分体现公交公益性，深入调研，进一步完善奉贤巴士内部管理体制，积极稳妥地调整公交经营模式，在确保企业稳定的前提下，实现经营模式转变。加强行政执法力度，全面保障交通、港航经营市场有序稳定。要加强对危险品货运的稽查力度，实行源头稽查，发现隐患及时整改，突出危险品运输加强实时 GPS 监控，保证危品货运市场的安全、有序。严厉打击出租车跨区域经营违法行为，确保了我区出租汽车市场稳定。加强对汽修企业专项检查，加大黑摊点检查，取缔无证经营，规范汽修市场秩序。

4. 在航务行业管理方面

对进入奉贤辖区的船舶加大检查力度；加强对危险品船舶的监管工作；加强对客运、货运码头的安全管控工作和巡查力度；加强日常的专项检查工作，做好重点时段重点范围的安全监督检查。加强航道建设，努力提升区内航道等级。根据《上海市内河航运发展规划》中，金汇港将形成北端游艇城、中部集装箱及散货港区、南端旅游观光区，奉贤最大的水上运输及观光游览带，将全力争取市局对金汇港航道建设的支持，着力推进金汇港交通标志和本辖区航道标志牌设置工作，进一步改善本区的通航环境，提升区内航道等级。

5. 在公路市政行业管理方面

随着养路费征收制度的改革，新的养路费分配方案实施后，面对新形势新情况，要抓住机遇，优化调整我区公路大养护计划，其中养护设施量、市管和区管公路管理模式以及养护经费的调整，因地制宜地加以细化、创新，提升公路管理水平，提高公路养护质量；促进农村公路管养工作，明确养护目标、落实考核机制、保障养护经费，做到“有路必养、有路必管”；规范了我区市政道路建设监管的新措施、新体制；强化道路管线监察，确保世博会期间道路交通畅通、有序。

（五）加强管理，提升效益，做大做强建发集团

认真落实科学发展观，牢固树立市场化经营理念积极创造条件，充分发挥政策优势、行业优势、资金优势和管理优势，进一步做大做强建发集团，取得了显著的社会效益和经济效益。

（六）实践科学发展观，全力推进党的建设

1. 进一步加强典型塑造。要通过“六争六优”争创等活动，多渠道、多形式地挖掘、培育、树立一批践行社会主义核心价值体系要求的先进人物、先进事迹，并通过综合运用刊物、网站、报告会等载体，在全委干部职工中讲述身边先进人物和先进事迹，充分发挥典型引领示范作用。

2. 坚持 5 个注重，加强廉洁从政、廉洁从业宣传、教育。注重预防，加大廉政教育力度。通过切实有效地开展廉政教育、警示教育和党性党风党纪教育，通过开展多种形式的廉政文化创建活动，不断提升党员领导干部的思想道德水平和拒腐防变能力。注重责任，加大党风廉政建设责任制执行力度。进一步加强干部“一岗双责”教育，明确责任。完善党风廉政建设责任制的签订工作，强化责任制考核过程中“四个结合”的作用，形成党风廉政建设齐抓共管的局面。注重制度，加大执行规定力度。坚持和落实各项制度，不断强化廉政档案对党员领导干部的监督管理作用。贯彻落实《中国共产党党员领导干部廉洁从政若干准则》，严格执行领导干部廉洁自律各项规定。加强对执行“三重一大”集体决策情况的监督检查，推进权力运行程序化和公开透明。加强党员领导干部出入境的管理。注重监管，加大“三优”（工程优质、干部优秀、财务优等）建设推进力度。开展对委内建设工程项目招投标情况、安全质量情况的行政（效能）监察。认真落实与检察院签订的共建协议内容，进一步推进“三优”建设。完善各单位财务管理和监督制度，巩固财务管理专项检查工作成果。注重规范，加大查办案件力度。高度重视查信办案工作，努力把问题解决在基层，解决在萌芽状态。切实做好信访举报件的调查核实工作。

3. 落实三个加强，积极发挥群团组织作用。一是加强思想认识，正确把握新形势下群团工作的目标任务。做好党的群众工作，承担引导、组织群众并维护好群众权益的使命。二是加强大局意识，履行职能促和谐，凝聚广大群众为建设和交通事业贡献智慧和力量。工会组织要加强依法维权，促进劳动关系和谐稳定。不断推进工资集体协商制度。继续开展帮困送温暖活动，切实关心困难职工群体的生活。团青组织要以青年人才培养为重点，深入推进岗位建功行动，不断提高团员青年自身素质和技能水平。三是加强自身建设水平。工会组织要完善以职代会为基本形式的民主管理制度，加强对企事务公开民主管理工作的指导。团青组织要积极探索灵活多样的工作方式和活动形式，努力完善青年工作考核评价体系；加强团内民主建设，完善团的组织生活。

奉贤区绿化和市容管理局

2010 年是我局三年发展计划中确定的

“工作水平提升年”，是“保世博”各项工作有效落实的关键年，是我区创建国家卫生区的重要年，也是践行科学发展观、开展创先争优活动、实现绿化市容事业可持续发展的推进年。一年来，在区委区政府的坚强领导下，我局坚持以“优化环境、改善民生、提升形象”为目标，依托“保世博、迎创卫”的工作契机，坚持高标准，注重高质量，追求高效率，扎实开展市容环境建设，夯实城市管理基础，全面推进各项工作，圆满完成各项任务，切实改善城乡面貌，主要开展了以下工作：

一、坚持围绕重点，扎实做好世博保障和创建国家卫生区工作

2010年我局紧紧围绕“世博”和“创卫”两条工作主线，举全局之力，真抓实干求实效。一是不断巩固完善我局牵头的15项迎世博城市管理工作和2项窗口服务工作；二是切实围绕平安世博、精彩世博的工作宗旨，认真扎实工作，在前七次世博测评中连续5次获得郊区组第一名，第八次测评也获得了较好的成绩；三是服从世博大局，抽调城管精干队员，53次赴世博核心区——卢湾，保障世博秩序；四是勇于牵头创卫工作，确保国家卫生区创建实效评估工作一次通过；五是抓住世博和创卫契机，着力加强城市管理长效机制建设，建立健全市容环境应急保障机制，先后40余次做好各项市容环境应急保障工作，营造了整洁良好的生活环境。

二、坚持求实创新，积极贯彻和实践绿化市容工作新举措

2010年我局面对日新月异的城市发展机遇和纷繁复杂的城市管理环境，大胆创新、求实开拓，围绕工作职能，深挖工作潜力，做到体制创新、机制创新、模式创新。体制创新：一是各镇（开发区）绿化市容所相继成立，整合了工作资源，明确了职责分工，确保了工作平稳有序推进；二是网格化管理完成了二期拓展，实现了向全区镇（开发区）政府所在地覆盖的目标，建立了网格分中心13处，监管面积40.1平方公里；三是通过向海港开发区、临海社区派遣城管分队，实现了城管执法的全区覆盖。机制创新：一是贯彻落实干部人事制度改革，在局系统相关单位内实行中层干部竞争上岗制度，使一批想干事、能干事的优秀干部脱颖而出，并担当重任，提升了工作绩效和活力；二是强化城市管理质量考核评估体系，落实每月考核和通报工作制度，促进了各项工作的全面开展；三是建立了三处城管队员培训基地，着重加强城管队伍管理，制定了城管执法人员行为规范、六条禁令、岗位工作规范以及违纪处理规定和队员考核奖惩细则，为规范化管理队伍奠定了基础；四是加强了绿化、市容环卫部门的管理人员和行业职工开展各类培训活动，提高了业务水平。模式创新：一是积极开展树木、绿地认建认养活动，实行绿化养护管理“三评”制度、居住区养护听证会制度和公共参与“三位一体”制度，深化了绿化行业管理；二是投入184余万元新增45辆保洁电瓶车，在全区范围内推行“飞行保洁法”试点，拓展了保洁模式；三是继续完善并实施“3+2”城市勤务管理模式，整合管理、执法、作业、网格、督查力量，同时带动了部分镇（开发区）对城市勤务管理模式的探索；四是积极推进城管信息化平台建设工作，打造数字城管的管理模式，奠定了科学、高效管理城市的基础；五是网格监管采取对口检查的方式，提高了问题的发现率和处置率。

三、坚持日常实效，全面展现行业风采和工作实绩

2010年我们把对各条线、各科室、各单位的工作落实完成情况作为一项重要指标，抓落实，强化问责。按照区委区政府工作部署，完成了“绿化”、“市容环卫”、“城管执法”等三项“十二五”工作规划，完成了南桥新城的“绿地”和“市容环卫”系统

专项规划，完成了“撤县建区十周年，建党九十周年”环境整治方案。此外，四项重点工程建设全力推进，完成了阶段目标，如南桥新城中央公园基本完成方案锁定；我区生活垃圾综合处置厂的建设初步完成了选址工作；塘外化工区生态修复成立了工作小组，并完成了基地污染物的测定；城管信息化平台建设确定了实施方案，有关硬件设施已进入政府采购。在“围绕要求、把握重点、全面推进”的总体工作原则指导下，还落实完成了以下工作，取得了以下成效：

一是绿化工作成效显著。当前，已完成绿地建设面积93.98公顷、绿地整治面积57公顷、绿化调整改造11.58公顷；接管老江海地区9.5公顷公共绿地和2113棵行道树的养护工作，接收南桥中心城区沿街单位绿地及正阳公园约10万公顷失管失养绿地的养护任务；在城区内新建了14处花卉景点，并在市局组织的评比中获得了1个银奖、3个铜奖，名列郊区第一；结合世博工作，今年上半年成功举办“古华公园石文化”主题游园活动。

二是市容环卫工作扎实开展。着力抓好我区生活垃圾“三站一码头”和各镇（开发区）垃圾清运系统的管理，完成了全区近30万吨生活垃圾处置任务；坚持做好道路延时保洁和延伸保洁制度的落实；结合世博工作要求，完成了南桥古华路、解放西路等区域近7000平方米店招店牌改造；按照提升夜间景观的要求，全年景观灯光开灯近80天，250余小时，同时完成了南桥城区解放路、望园路等道路两侧及建筑物上的景观灯光建设；深化餐厨垃圾管理，将南桥、奉浦地区的学校和机关事业单位逐步纳入收运系统，日收运量提升到15余吨；做好有害垃圾的收运管理，共回收一次性塑料饭盒31.5万余只，废电池800余公斤；切实落实便民利民服务承诺，全区所有环卫公厕均实现免费开放，同时继续加强专人保洁、专人管理，做到免费不免责；高度重视防汛防台工作，落实各项应急预案和物资储备，确保安全度汛。

三是城管队伍建设和城市管理工作实现共同发展。今年顺利完成了城管参公考试和新识别服换装工作，积极开展队伍的素质建设和业务培训，有力地带动执法工作的顺利开展，同时认真做好“夏令热线”、“夏令热助”和“城管进社区”工作，积极贯彻落实“城管3个2”的工作制度。当前共作出行政处罚案件2383件，教育劝阻各类违章22786起，实施代为整改1367起。

四是网格管理拓展乘势而上监管有力。网格工作立足本位深挖优势和潜能，积极拓展监管区域，通过网格监管，使损坏的部件设施及时得到修复，并引起职能部门的重视，做到早发现、早整改，把事件控制在萌芽和先期阶段，消除安全隐患。同时，牢牢把握发现率和处置率两项工作要点，至11月28日总计立案38854件，整改结案38678件，及时处理36673件。在全市的案件处置排名中，我区始终排名郊区县第一，更获得“上海市工人先锋号”、“五色杯”先进集体等多项荣誉。

四、坚持服务民生，着力破解城乡管理难点顽症和工作瓶颈

2010年我们始终坚持“跨前一步、服务民生”工作理念，并贯穿整个工作过程。全面完成了年初制定的局系统八大便民利民措施，不断增强工作责任感和使命感；全面做好违法建筑的整治工作，完善联席会议和工作例会制度，发挥违法建筑整治领导小组的统筹协调职能，完成整治违法建筑26万平方米；全面做好城乡结合部、高速公路两侧、主干道两侧和重点点位等区域市容环境整治和巩固工作，加大人员和设施投入，定期开展专项整治活动，重点取缔小粪缸、马路市场、乱搭建等违章现象；全面做好渣土管理，加强渣土运输监管，联合建交委、房管等部门，完善进出工地的冲洗设施，联合公安交警加大违章处罚力度，遏制超限超载和滴漏

现象；注重加强户外广告和店招店牌管理，制定了有关设置和管理的实施意见，整洁市容环境和空间秩序；认真接待处理市民投诉3235件，处置率100%，着力处理解决夏令热助投诉48件，畅通了市民的投诉反映渠道，增强了与市民的沟通互动。

2010年我局的各项工作都得到了提升和发展，涌现了一大批先进人物和优秀事迹，如城管大队被授予"世博立功竞赛"先进集体，钱楞同志被评为"市劳动模范"，截止当前有56人次获得先进称号，11家单位被评为先进集体。但在做好工作，取得成绩的同时，我们还应看到我们的绿化市容工作还存在的不足。一是破解城市管理难题顽症的有效方法还不多，长效管理制度未得到充分的发挥，管理部门的日常监管力度还不够到位，如门前责任区、城郊结合部、损绿毁绿现象等问题依然存在，"整治—回潮—再整治"的现象还时有发生；二是城市绿化市容建设的亮点不多，硬件设施不足，如景观绿地建设、景观灯光建设、店招店牌改造等，整体品质还不令人满意；三是各单位参与绿化市容工作的合力还不够，各镇（开发区）对绿化市容环境的重视程度还不平衡，市民知晓率、参与率有待进一步提高。这些问题都有待我们在今后的工作中加以整改。

奉贤区住房保障和房屋管理局

2010年，在区委、区政府的领导和市住房保障和房屋管理局的指导下，我局以十七届五中全会精神为指导，进一步贯彻落实科学发展观，按照年初确定的工作思路，围绕确保世博成功举办和行业持续健康发展的目标，团结带领全体干部职工，齐心协力，开拓创新，扎实推进住房保障，认真服务百姓安居，较好地完成了各项工作任务。

一、以维护社会和谐稳定为己任，世博安保、安全生产、信访接待等工作全面完成

一是成立世博安保领导小组，制定应急预案，扎实推进住宅小区的世博安保工作。对全区5860只水箱、277个水池（水泵房）全部落实了双人双锁；配合市局督查小组开展对我区226个住宅小区的安全普查工作；组织33家物业公司开展世博安保应急演练、干部职工810人次和物业公司从业人员1492人次开展平安志愿者上岗演练活动。世博期间，未发生安全事故。

二是成立安全生产工作领导小组和安全、文明、质量检查小组，工地检查的覆盖率达到100%。特别是静安区"11·15"特大火灾事故发生后，我局立即召开了奉贤区房管系统安全生产工作会议，部署了建筑整治工地的安全生产、拆除工地的安全管理和物业管理区域的安全工作，确保了全年安全生产无事故。

三是认真办理群众来信来访，维护社会和谐稳定。年内，共受理各种信访和舆情整改事项560件，对此，都一一进行了办理，无闹访激访、群体性非正常上访等事件发生。

二、以服务社会民生保障为重点，安居工程建设取得新成效

我局把落实学实活动的整改措施与区委、区政府确定的实事项目结合起来，认真贯彻《关于进一步推进安居工程的指导意见》，强化组织领导，狠抓责任落实，加强安全监管，加快房源筹集，全面实施"一二三四五六"安居工程，提高了老小区居民的居住生活质量，取得了旧住房综合改造的新成效。

年内，农民集资房实际竣工113万平方米，完成年初计划的113%；改造2.8万平方米直管公房。安置3385户在外过渡动迁户，其中，安置历年在外过渡动迁户2533户、本年度动迁并安置户数852户。发放廉租租金260万元，完成新增廉租住户86户，其中实物配租10户。5万平方米保障性用房正式开工建设，并落实人员、资金、场地、设备等相关事宜，为2011年的经济适用住房申请工

作打下了坚实的基础。60套人才配售房收储完毕。同时，根据市府〔2010〕46号文规定，在商品房地块出让时设置按总住宅量5%配建保障性住房的条件，配建了3.2万平方米的保障性住房。

三、以服务新城开发建设为着力点，动迁工作实现新跨越

认真落实“5·17”全区动迁工作推进大会精神，健全组织机构，成立动迁管理所；整合奉浦动迁公司和奉安拆迁公司，借调和招聘人员，充实动迁队伍，加强动迁力量，全力配合南桥新城、轨道交通5号线、重大工程项目和大型居住社区的动迁工作。1–12月，全区实际动迁户数为4561户，动迁房屋面积为154万平方米。

在工作推进过程中，我局始终坚持“公开、公平、公正”的原则，做到动迁过程结果公开透明、动迁过程结果进行纪检监察、动迁补偿安置政策让百姓知晓；坚持“条块结合，以块为主”和“属地化管理”的原则，建立完善动迁基地党员责任区制度、动迁工作小组分工包干制度和周报、日报制度；强化协调联动，形成强大合力，切实做到思想到位、人员到位、措施到位、监督到位、制度到位；抓好动迁队伍建设和动迁工作人员的培训，弘扬“五加二”、“白加黑”和“硬着头皮、厚着脸皮、磨破嘴皮、跑碎脚皮”的“四张皮”精神，一年来，共组织各类动迁培训班9期，参加培训人员达1090人次。同时，制定奉贤区拆除施工行业世博会运行服务和应急预案，签定拆房安全责任书，建立安全工作例会制度，按时完成了建（构）筑物拆除工程工作。年内，共有拆房备案工地51个，建筑面积98万平方米。

四、以促进社会建设为宗旨，物业小区管理取得新进展

围绕改善居住环境、构建和谐社区的大局，我局创新机制，突破瓶颈，努力提高住宅小区物业服务的质量和水平。

一是以区委、区政府加强社会建设为契机，研究制定《奉贤区关于进一步加强住宅小区物业管理的实施意见》，内含6大举措和18条具体措施，已由区委办公室和区政府办公室转发实施。二是在全区范围内推选三种物业管理模式，即以阳光园为代表的商品房小区，物业公司、居委会、业委会“三位一体”齐抓共管；临海社区动迁房小区，由政府投入资金，完善小区的基础设施；庄行镇邬桥社区的集资房小区，由镇政府“托底”进行规范化服务。三是加强领导，加大投入，建立三支队伍，即卫生保洁突击队伍、建筑垃圾清运队伍、黑色广告清理队伍，为创卫工作的圆满完成和我区在迎世博文明指数测评中连续6次郊区第一做出了积极贡献。四是加强维修资金监管，归集到位1.17亿元。规范962121物业服务呼叫平台管理和房屋应急维修中心建设，1–12月，呼叫平台受理维修1475件；应急中心受理维修1160件，出动人员2900人次，及时处置率为100%。五是以民为本，做好防汛防台工作，全区48个地下车库均按照防汛要求落实了预防措施。

五、以开展专项检查为抓手，房产市场监管水平有新提升

积极贯彻上级关于房产市场宏观调控的政策措施，加大房产市场的有效监管，促进我区房产行业持续健康发展。

一是开展房地产经纪机构日常管理工作，加强房地产开发企业资质管理和商品房预（销）售管理，年内，共核发商品房预售许可证59张，批准预售商品房9711套、130万平方米。二是做好房地产市场监测分析，每月向区委、区政府领导报送房地产市场运行情况，对下一步市场走势进行研判，供领导决策参考。三是成立领导小组，开展房地产交易秩序专项检查，进一步规范房地产市场行为，维护房地产交易秩序。年内，房产交易保持活跃，交易总量183.72万平方米，交易额144.21亿元，其中，一手房交易总量

120.96万平方米、交易总额108.86亿元；二手房交易总量62.76万平方米、交易总额为35.35亿元。

六、以提升百姓居住水平为出发点，住房建设管理上新台阶

一是加强行政监管，全面掌握区内住宅建设动态，年内新开工201万平方米，施工面积278万平方米，竣工面积109万平方米。二是加强城市基础设施配套费的征收力度，确保配套建设资金合理有效利用，全年征收配套资金2.9亿元，安排配套项目32个。加强对配套包干项目的监管，公建配套工程：菜场路道路工程和小蜻蜓幼儿园工程正式开工建设。三是严格按照交付使用许可管理规定实施细则，强化过程服务，注重规范操作，发放新建住宅交付使用许可证109万平方米，监管新建住宅质量通病201万平方米。四是推进"节能省地型四高优秀小区"的创建工作，创建引导恒盛湖畔豪庭、金海苑小区、绿地观邸3个项目，验收通过世贸海滨新城、阳光春城2个项目。

七、以服务行政中心工作为主线，自身建设呈现新局面

着眼于行政中心工作开展的需要，年内，加大了基层党建工作力度，为完成全年各项工作任务提供了坚强的思想保证和组织保障。

一是政风行风建设力度加大，社会反响比较好。健全政风行风建设工作责任制度，明确工作任务和职责；加大政务公开力度，接受舆论监督，提高社会满意度；向政风行风监督员和社会各界广泛征求意见建议并及时进行整改落实，取得了良好的社会反响。积极开展"回头看"活动，学实活动各项整改措施均按照时间节点顺利完成。认真落实党风廉政建设责任制和"三重一大"制度。组织学习《中国共产党党员领导干部廉洁从政若干准则》，并下发材料，开展试题测试。组织上党课、观看正反专题教育片，加强廉洁自律和警示教育，激励党员干部筑牢拒腐防变的思想道德防线。一年来，党员干部的廉洁意识不断增强。同时，完成区人大代表、区政协委员建议、提案办理25件，满意率达100%。

二是干部培训教育力度加大，队伍素质明显提升。2010年是我局的"教育培训年"，年内，先后举办了事业单位工作人员培训班、中层干部培训班和针对基层党支部书记、工会干部、动迁工作人员、物业行业管理人员等不同条线的教育培训，提高了广大干部职工的履职意识和业务技能。深入开展以"世博先锋行动"为主题，以"三优三无"为载体的创先争优活动，动员和组织全局党员干部创先进、争优秀。组织开展读好书写心得活动、观世博征文活动以及知识竞赛、演讲比赛、房屋维修行业职业技能比武等形式多样、内容丰富的主题活动，并在市、区举办的多个比赛中获得奖项。

三是群团组织工作有特色，行业良好形象逐步确立。围绕世博工作，局党委与南桥镇党委形成工作合力，积极探索社区物业管理党建联建工作的新举措。加大内外宣传力度，通过每月一期的局简报、每季度一期的奉贤报专版和《奉贤要闻》、《每周信息》，营造良好的舆论氛围和文明风尚。组建环境整治志愿者队伍、城市运行秩序监管队伍、住宅小区世博安保志愿者队伍和应急志愿者服务队，开展"三五"集中行动和世博安保工作。开展迎春联欢活动、首届"奉房杯"职工趣味运动会和各类捐款捐助活动。积极参与城乡、社区、"双结对"和军民共建活动。

在做好上述工作的同时，我局还认真负责地做好上级和基层意见建议的整改落实、起草"十二五"规划、资金管理、档案管理、私房落政、权籍管理、房产测绘、成果审核和备案等各项工作。

2010年，在区委、区政府的正确领导下，在全局干部职工的共同努力下，我局的各项

工作目标如期实现。但对照上级领导的要求，对照广大人民群众的愿望，仍存在一些难点和薄弱环节，亟待寻找突破口。一是动迁工作难度大，我区的动迁任务面广量大，情况复杂，时间要求非常高。二是物业管理面临的形势严峻，住宅小区的违章建筑执法难度加大，同时，物业服务费收缴率偏低。三是市局下达的收储40套实物配租房的工作任务，由于房源面积等问题，年内没有得到落实。

（十八）崇明县

崇明县建设和交通委员会

2010年，我们在县委、县政府的领导下，坚持“五个聚焦”，紧紧围绕委年初提出的“三大目标任务”工作主线，加强领导，统筹兼顾，协调推进，一手抓面上工作稳步推进，一手抓世博安保工作有序开展，三年行动纲要、重大项目建设、政府实事工程等各项工作都取得了显著成效，基本实现了既定目标。2010年，近10个亿的固定资产投资建设25个项目除个别项目推进缓慢外，基本完成了年度目标任务；各项管理工作有了质的飞跃，建筑业作为我县支柱性产业，继续保持良好发展态势，今年预计实现总产值近300亿元、税收近15亿元。新建、改建、扩建项目的建筑节能措施达到了100%。燃气事故死亡率有效地控制在0.1人/万户以下；党的建设和作风建设得到进一步加强，形成了一个团结、务实、廉洁的领导班子，一支能吃苦、能战斗、能奉献的职工队伍。2010年，我们集中精力、突出重点，主要抓了以下四个方面工作：

一、聚焦重点，狠抓落实，各项建设任务取得新进展

第一，沪崇苏通道工程配套建设扎实推进。主要表现在两个方面：一是全力协调做好长江隧桥前期工程扫尾工作，协调完成长江隧桥租借140亩土地的还耕工作，协调完成了陈家镇景观绿地的建设、验收、审计及决算工作。二是崇启通道（上海段）前期配套工程进展顺利，通过积极协调，化解了施工过程中产生的各种社会矛盾，完成了红线范围内农户、厂家的签约及搬迁工作，协调、督促崇启通道50米绿化带的还土确认工作，完成了崇启通道水系路网调整工程的审价、有关乡镇工程量的核定及协议签订工作，完成了协议拆迁户农业人员生活费的发放。

第二，县政府实事项目按时间节点顺利完成。一是优质高效完成了路桥基础设施建设。36座市县级大河危桥改造、152公里的农村公路建设、70公里的农村公路防坍工程按时保质保量完成。二是2487户农村低收入户危旧房改造工作和陈家镇花漂村等6个村庄改造项目全部竣工并完成验收。

第三，列入县政府重点工程的前期准备工作达到了预定目标。一是向化公路北延伸段完成了工可上报、用地预审、拟征地告知、土地农转用的上报及批复；完成了房屋协议拆迁、地上物补偿核定、协议借地、管线搬迁的签约等工作。二是北陈公路改建工程在逆境中前推。全线完成了管线综合规划的审批。南段已完成拆迁许可，完成了40米红线范围内所有管线的搬迁签约工作。中段协调完成燃气管道的敷设工作，完成工可报告的评审、拟征地的告知工作。自第三季度启动房屋协议拆迁以后，该段77户农户中已有73户、65家集体户中已有62家完成了协议拆迁。北段分别完成了工可报告、环评报告的编制和上报。

第四，其他路桥基础设施建设取得新成绩。合五公路路桥工程完成了红线范围内林地搬迁的审批办理、林地的搬迁，完成土地农转用的上报工作。东平、新海两镇农村公路及危桥改造按计划完成，并完成了设备量

的移交。蟠龙公路南段建设工程已完成前期调查摸底、方案调整及立项上报工作。13个公路大中修及专项整治项目提前竣工。773公里农村村支路建设项目已进入工程施工阶段。

第五，市政道路建设有序推进。按计划节点顺利完成了年度市政道路大中修项目、湄洲路拓宽工程和大通路主体工程。提前完成了长岛路（大通路~向阳路）、南引河路（鼓浪屿路~东引路）新建工程的前期拆迁等相关准备工作。长岛路（大通路~向阳路）新建工程、南门路（西门路~三沙洪路）拓宽改造工程正按计划有条不紊地推进。学宫路正在办理征地包干协议书等前期手续。大陈路正在办理国有土地划拨手续。

二、建管并举，以管促建，各类行业管理工作进一步加强

第一，建筑业管理取得新成效。一是窗口受理不断规范，行政效率不断提高。全年共受理报建项目数共275只，发放施工许可证95张，完成合同备案登记371只。二是严格资质资格审查，规范建筑市场管理。全年新办建筑企业153家，备案小型项目负责人770人。全县建筑业施工产值预计达300亿元，上交建筑业税收15亿元左右。三是依法完善招投标管理，不断规范承发包行为，至10月底共承发包项目数333只，中标价为27.9亿元。四是进一步加强安全质量监督，共受监工程项目122个，开具质量整改单55份，局部停工指令28份，开具安全隐患整改单56份，局部暂缓施工指令书9份，在迎世博文明施工专项整治中，开具停止施工指令书8份。通过强化监督管理，保证了质量稳中有升，安全事故得到有效控制。五是加强迎世博文明工地建设，有力地促进了我县建设工地文明施工指数进一步提升。去年我们先后召开文明施工观摩会、文明施工推进会、安全生产现场会、优质工程推进会，通过强有力的管理，使我县的建设工程管理水平上了一个新水平，并在去年9月份的测评中取得全郊区第3名的好成绩。

第二，建材业及建筑节能管理不断加强。一是绿色建筑和建筑节能工作按照《生态岛纲要》的要求稳步推进。57万平方米的居住建筑、20万平方米的公共建筑已按国家标准实施了建筑节能，3万平方米的既有建筑实施了节能改造，完成了市下达的年度指标。二是可再生能源在建筑领域中的应用正步入可持续发展轨道，育麟广场、长江稀有水产繁殖实验基地项目采用地源热泵系统，天鹤大酒店采取“合同能源管理”方式，通过安装节能中央空调及热水系统的方式实施改造，对大型公共建筑的节能改造工作起到了示范、推动作用。三是成功申报全国可再生能源建筑应用示范县，并获得专项财政补贴资金1800万元。同时，初步制订了《推进崇明县可再生能源建筑应用的实施意见》、《崇明县可再生能源建筑应用专项资金使用管理办法》。四是加强在建工程建材规范使用执法查处力度。全年共检查建筑工地78家，对违规使用建材的施工单位开出21份整改通知单，实施行政处罚4家，收取罚金5万元。五是规范粘土砖专项资金征收管理，全年共对12个建设项目征收粘土砖专项资金102.74万元。

第三，燃气管理工作有新突破。一是安全宣传的力度不断加大。全年共制作发放宣传资料15000份，向全县各乡镇发放安全用气知识年历2万余份，向6家燃气经营企业发放了4万份安全用气常识和宣传世博相结合的宣传品，同时充分应用崇明的新闻媒体加强了宣传工作。二是行业检查的力度不断加强。组织了世博安保应急保障演练，组织开展各类安全大检查20余次，范围覆盖三岛各供气站点、各经营企业，力度和频率前所未有。三是行业协调能力不断提高。一是编制完成崇明县“十二五”燃气发展规划。对陈家镇、崇明新城的总体规划的燃气专项规

划作了相应调整，完善清洁能源综合利用的设计。二是邀请上海燃气工程设计研究有限公司对《崇明县三岛燃气发展规划》进行了进一步的研讨和细化。三是协调开通了吴淞至长兴岛、吴淞至崇明岛危险品的运输航线，使液化石油气、天然气的运输进入常态化、正常化运行，提高了安全系数。四是顺利完成了中心医院、上外贤达学院燃气专线工程建设，并实现安全供气。

第四，公路、市政道路管理不断规范。一是做好公路、市政设施养护工作常态化管理。市政道路日常养护方面，全年共养护维修市政道路1.13万平方米，使城、堡两镇市政道路路况得到了较好地改善。公路日常养护方面，种植补植公路绿化乔灌木1.7万株、修剪7.4万株；对合五公路、北沿公路、北陈公路等损坏路段进行修复，共修复路面约5.5万平方米；对宏海公路等路基坍塌的路段，实施桩式保塌和砌筑路缘石挡墙；对全部桥梁进行月度检查考核，并针对车流量大、超限运输车辆严重路段的三类桥梁，加大观察频率。二是强化管理手段，公路、市政管理执法水平不断提升。加强对公路、市政道路占路、掘路等的行政审批管理，全年共审批公路行政许可21件、市政道路行政许可29件。加强公路巡查整治，全年清理和拆除擅自设置非公路标志213块，清理各类违章堆物7万多平方米，查处损坏公路设施案件69起，有效地保障公路路产路权。加强对公路桥梁的安全检查和巡查执法力度，每月对县管170座桥梁和农村公路849座桥梁指派专业路政人员进行安全检查。加强对货运车辆超载、超限违章的专项治理工作，全年联合有关部门组织开展了3次专项治理活动。

三、精心组织，团结协作，服务保障、维护稳定、谋划发展的能力得到进一步提高

第一，确保了迎世博及世博召开期间的社会和谐稳定。一是加强安保工作组织领导。按照县委要求，及时成立县建交委世博工作领导小组及其工作机构。多次召开专题开会，认真疏理分析世博会期间重点人员、重要目标、重点单位及重点部位的安保工作。委和各基层单位及相关企业建立了三级安保组织体系，既按照分工做好本级工作，又相互协作，形成联动。二是加大安保工作宣教力度。对委系统全体干部加强安全警示教育，对建筑、燃气等重点行业因地制宜开展安保专业培训和教育活动，扩大燃气安全宣传范围，营造了浓郁的世博安保氛围。三是加强安保工作督促检查。整个迎世博及世博召开期间，委党政主要领导多次对燃气行业和建筑工地的世博安保工作进行专项检查。采取明查与暗访相结合、日查与夜查相结合的方式对全县燃气储备站点和供应站点进行20余次不同形式的安保工作检查，同时，还对全县80余个建筑工地组织了6次综合检查、8次专项检查，有效遏止了安全事故频发的势头。四是严格落实日常值班制度和信息上报制度。由于委系统干群的高度重视、统筹安排、精心部署，迎世博及世博召开期间社会秩序良好井然。

第二，“两会”代表意见、提案办理工作、党代表意见办理工作和信访化解工作取得积极成效。“两会”期间，由我委办理的人大代表书面意见27件、政协提案20件，书面意见办理率达到了100%，走访满意率为100%，办理结果解决率为67.5%（其中人大代表书面意见为68.4%、委员提案为66.7%）。同时，还圆满完成了42件党代表和人大代表书面意见的走访答复工作。全年共受理信、访、电、邮等各类信访件总量150余件，实际办结数为140余件，成功化解了中瀛集团职工连续三个月集访矛盾，切实维护了社会的和谐稳定。

第三，圆满完成了2010年国际自盟女子公路自行车世界杯赛的保障工作。根据执委会要求，我委及时组织人力物力对比赛路段开展病害整治、路面保洁和周围环境整治

等工作。在比赛过程中，对每条路线采取定人、定路段保洁，使得责任落实到位、措施保障有力，确保了赛事顺利进行，得到了执委会和县领导的充分肯定。

第四，编制完成县建交委“十二五”发展规划及各专项规划，组织开展了“十二五”规划大讨论活动，明确了建交委“十二五”的发展方向、发展目标、发展重点，使规划更具可行性。

四、求真务实，追求实效，党建工作和作风建设又有新成效

第一，广泛深入开展创先争优活动。今年6月份以来，我委紧紧围绕县委提出的“聚力建设生态岛，服务世博当先锋”这一主题，结合自身工作实际，以“凝心聚力谋发展”为载体，切实组织开展创先争优活动，充分调动委系统广大党员聚焦基层、服务基层、扎根基层的积极性，不断增强党组织的凝聚力、创造力、执行力，为保障世博会的成功举办和推进崇明现代化生态岛建设提供强大动力和组织保障。一是在加快生态岛建设中创先争优。委党委时刻关注崇启通道建设、农村公路和危桥改造等县政府实事项目和重点工程建设的进度，加大监管，确保工程质量和安全。二是在聚焦基层、服务群众中创先争优。我委今年实施了农村低收入户危旧房改造、村庄改造、农村公路建设和危桥改造、农村公路保坍工程和新一轮农村道路建设等一系列的民生工程，认真组织开展了机关干部每月一次下基层活动，不断完善支部联络点方案，深化党建联建共建，切实发挥基层党组织的战斗堡垒作用。三是在服务世博中创先争优。委系统广大党员认真实践“岗位行动”，形成系统合力，抓好世博安保工作，千方百计、不遗余力地确保世博安全有序运营。委系统广大党员积极主动参与“志愿行动”，形成了一支坚强有力的建交系统志愿者队伍，切实做好文明路口站岗及固定路段保洁保畅等工作。委系统广大党员积极参与“家园行动”，主动到居住地所在社区报到，亮身份、树形象、做表率，营造了和谐的社区氛围。

第二，切实加强领导班子和干部队伍建设。一是以学习《党政领导干部选拔任用工作责任追究办法（试行）》为重点，贯彻干部任用工作四项监督制度。二是坚持正确的用人导向，加快培养选拔优秀年轻干部，基层单位提任 3 名领导班子成员；机关提任 3 名中层干部，跨部门交流调入 1 人，内部轮岗 1 人。经民主推荐，确定 8 名基层后备干部队伍。三是优化人才发展环境，加强建交系统人才储备，委机关招录 3 名新公务员，各基层单位引进了 2 名技术性人才。

第三，充分发挥基层党组织推动发展、服务群众、凝聚人心促进和谐的作用。一是组织开展基层党组织换届选举工作，完成了 9 个党支部换届选举工作。二是组织开展“五好”基层党组织创建活动，公路管理署党支部、上海东昌公司党支部、上海锦丽华公司党支部被评为 2007–2009 年度县“五好”基层党组织。三是加强学习型党组织建设，深入开展“讲党性、重品行、作表率”主题教育活动，进一步深化忠诚教育、示范教育、警示教育和岗位职责和廉政教育。

第四，紧密围绕世博主题促精神文明建设。一是广泛开展世博主题宣传教育，做到世博教育全覆盖，形成“人人争当东道主”的全员参与格局。二是深化精神文明创建，积极组织开展了 3 个市级文明单位、8 个县级文明单位和 19 个文明窗口创建活动。三是不断深化建设工地文明施工管理，文明施工测评指数有了较大幅度的提升。

第五，认真做好新形势下的社会群众工作。委党委依托工会组织引领职工积极参与民主管理，组织成立了崇明县建筑行业工会联合会，充分发挥行业工会作用，加强维权机制建设，维护广大建筑农民工的合法权益。委系统工会组织大力抓好帮困送温暖工作，

对在职、协保、退休三类人员中的重病特困家庭进行了生活救助。

第六，推进反腐倡廉建设全面融入建设和管理各项工作。一是加强反腐倡廉宣传教育。认真组织学习《中国共产党党员领导干部廉洁从政若干准则》，利用县纪委下发的警示教育电教片，集中开展了警示教育活动，广泛开展廉政文化建设宣传，引导党员干部自觉增强遵纪守法意识，构筑拒腐防变的思想防线，不断增强廉洁从政的自觉性。二是认真落实党风廉政建设责任制。党政主要领导在履行党风廉政建设政治责任中做到了"四个亲自"（重要工作亲自部署、重大问题亲自过问、重点环节亲自协调、重要案件亲自督办），班子成员按照责任分工，认真抓好分管业务范围内的党风廉政建设，把"一岗双责"真正落到了实处。三是规范财务管理认真开展"小金库"治理工作。从5月份开始历时3个多月对委属6个基层单位2009年度财务收支情况进行了内部审计，确保建交委系统财经管理使用廉洁高效。四是扎实开展建设工程领域突出问题排查整治工作。根据市建交委下发的文件精神，及时开展了本县建设工程领域突出问题排查整治工作，从自查和市检查组抽查的结果分析，基本情况良好。

崇明县绿化和市容管理局

2010年是上海世博会的举办之年，是崇明大力实施"三年行动纲要"的关键一年，也是"十一五"规划收官之年和"十二五"规划的谋划之年。在县委、县政府的正确领导下，在全县各乡镇和广大群众的支持下，我局上下紧扣服务民生、强化环境管理、严格依法行政、促进城乡文明。城乡绿地建设有新进步，夯实了"十二五"规划和生态岛建设纲要基础。环境卫生管理有新进步，持续完善了生活垃圾收集处置系统，加大对环卫基础设施建设的投入，构建了保洁延时作业体系，探索了垃圾资源化利用的新途径。市容整治有了新进步，户外广告阵地逐步回归掌控，景观灯光修试取得良好效果，千点整治取得实效。城市网格化管理有了新进步，健全了巡查机制，拓展了网格区域，完善了事、部件监处对象，有力有效地推动了对600天行动计划的持续落实。城管执法有了新进步，队伍结构有了合理调整，成功尝试了执法由城入乡的实用意义，执法效果好于以前，有效化解诸多城乡社会矛盾，社会认同程度正在上升。拆违控违力度逐步加大，社会重视程度不断加大，城乡面貌正在改观。

第一，紧扣《三年行动纲要》，持续夯实工作基础。

（一）拓展城市网格化管理网络。在新城、长兴、堡镇、陈家镇、横沙等地建成网格管理试运行的基础上，编制三期拓展方案，计划拓展的镇域四至范围已经确定，部分乡镇办公场地已初步确定，完成了2010年度项目资金预算，2011年度资金预算已完成，现着手事、部件调查前期准备工作。目前，本县网格化管理覆盖总面积达44.96平方公里。

（二）建设崇明餐厨垃圾处理厂。此项目是整个崇明生活垃圾二期生化处理系统建设的先行试点项目。该工程1月完成环评工作、用地预审工作；3月完成可行性研究报告批复；7月完成三通一平，技术交底等工作；8月5日正式奠基破土动工；9月底前办妥所有的申报手续，设备招投标工作已启动，工程地基基础建设已全部完成，室内填土、场地回填已完成总回填的90%，回填土方为4154m^3，虽该工程因前期手续办理复杂等原因，前期工作有所拖延，但我局努力化解各类矛盾，协同县相关部门争取该项目顺利上马，争取2010年底完成餐厨垃圾主体工程建设，2011年初全部完工，投入试运行。

第二，紧扣生态岛建设纲要及其指标体系，全面提升绿化市容系统管理水平。

生态岛建设纲要是市委市府关心支持崇

明生态岛区建设，为把崇明建成胡总书记要求的现代化生态岛的发展目标而量身定制的发展纲要。纲要中与绿化市容系统直接相关的有绿化和环卫两大块内容，牵涉到园林绿化、环卫两个方面。

（一）园林绿化“重点突破，面上开花”。重点突破。主要是抓实堡镇市民公园建设。堡镇市民公园项目位于堡镇石岛路以东、向阳路以南、长岛路以西、堡育路以北，用地面积4.3公顷，总投资6500万元。截止目前，公园设计方案、工可报告、建设用地批准手续、修建性详规、公园施工图等均已完成，并于11月5日进行网上招投标，计划12月开工，各部门也正按照时间节点积极做好堡镇市民公园建设的各项工作。

面上开花，主要是有计划地推进各乡镇（集镇）区域的绿地（开放式）建设。2010年共完成绿化整治14.34公顷。绿地调整改造总计1.62公顷。另外先后完成了3块总面积为0.21公顷的庙镇小绿地改造、0.15公顷的横沙小绿地改造、8块总面积为0.63公顷的三星镇小绿地改造、0.35公顷的港西双津村林地改绿地工程、0.28公顷的中兴镇爱国村绿化改造等。

（二）环卫建设和管理“健全系统，提高质量”。一是延长城桥、堡镇城区看管公共厕所的保洁、管理时间，增加对巡回保洁公共厕所的巡回保洁频率，方便广大游客及居民如厕。二是对垃圾清运车辆进行检查、维修，确保无滴漏。三是增加道路机扫和洒水频率，提升道路保洁等级，对城桥地区10条中小道路进行定时机扫和冲洗，提高保洁质量、减少扬尘污染。四是调整作业时间和方式，努力降低垃圾清运噪音，减少作业扰民。五是重视生活垃圾分类收集与处置工作，目前已有9个居住区、20个单位实行了生活垃圾分类投放，分类总户数达到8654户。六是加强一线作业人员业务能力，对全县1563名作业人员进行规范化作业培训；组织12名同志参加市市容环境质量监测人员持证上岗培训，进一步规范了我县市容环境质量监测体系。

第三，紧扣上海世博举办、长江隧桥开通等专题，着力强化秩序和社会形态管理。

（一）强化综合整治，有力提升城管执法效能。2010年围绕群众反映的热点和焦点问题，本着“主干道严管、次干道严控、小衔巷规范”的原则，加大对城区市容环境秩序的综合整治力度。采取“疏堵结合”的方法，加强与相关部门协作，有效改善了城区经营秩序和市容市貌。利用世博会和创建卫生镇契机，会同各乡镇巩固提升“百路千点”治理成果、积极开展创建“世博文明示范街”、“千点整治进村庄”等活动，确保崇明城乡面貌持续改观。一是抓好世博专项保障工作，围绕《崇明县迎世博加强市容环境建设600天行动计划任务节点推进计划表》，积极开展屋顶墙面广告、店招店牌、摊亭棚、清除“三乱”等一系列环境整治行动，全面完成迎世博600天行动各项计划任务。二是以跨门经营、流动摊贩和夜排档为突破口，开展城区市容市貌专项整治，查处整改流动摊贩，同时，在新崇北路、北门路、达山路等14处地方安排了季节性水果销售点，遏制了流动水果摊贩乱设摊现象，确保本县市容市貌的整洁有序。三是加强户外广告整治工作，对楼顶大型广告、门匾门招、落地灯箱、广告横幅等各种载体的户外广告进行专项整治，进一步规范了城区广告秩序。四是完善渣土运输管理体系，实施建筑渣土专营公司运作，采取控制源头、事前防范的主动管理方式，主动介入建筑工地管理，提高渣土专营知晓率。开展渣土运营专项检查，加强巡查和联合执法力度，强化建筑渣土和车轮带泥污染路面的源头管理，有效维护了城区道路的干净整洁，确保渣土管理体系有序推进，偷、乱倒现象得到有效遏制。

（二）着力拆违止违，力求规整城乡市

容市貌。我局切实按照市、县两级的工作部署，坚持拆违止违与迎博、办博相结合，进一步加大工作力度。在查办各类违建案件的同时，认真调研了我县违法建筑的现状及所面临的形势，分析时弊，编写各类分析报告、实施方案十余份，县拆违办外抓面上平衡推进，着力下乡镇督查落实，指导核准；内抓制度及长效措施建设，着力整章建制，研析推进督查实效的方式方法。在调查摸底、违建分类，具体方案细化等方面，遵照“以拆为手段，以止为目的”的要求，结合实际，渐次推进。一是建立了县镇两级拆违工作领导机构，形成了县、镇、村、队四级巡查发现机制。二是制定了《崇明县2010年至2012年违法建筑集中整治工作实施方案》、《崇明县拆除违法建筑工作考核办法》、《崇明县拆除违法建筑工作具体职责分工意见》等一系列工作方案，明确了相关拆违部门的职责分工，并在18个乡镇组建了“管执一体”的城乡管理中队。三是逐步健全拆违督查考核制度，用“两张图（乡镇违建密度示意图、乡镇计划拆违密度示意图），一堆表（县级条线相关部门拆违工作推进表、乡镇拆违工作推进表、分门别类拆违推进表、农村宅基地建筑形态整治工作推进表），一组照片（对农村宅基地建筑形态整治的试点及拟暂保留的农田生产性设施整治后，各乡镇相对固定形态标准，用照片形式反馈展示）”来协调掌控，对各乡镇整治违法建筑工作情况实施跟踪督查和绩效考核，推动基层积极主动应对拆违工作。四是摸清了全县新老违法建筑的底数，下达了阶段性计划拆除目标，按照“以拆为手段、以止为目的”的要求，把拆违止违工作推向深入。全年我县共拆除违法建筑843件、面积79035.6平方米，其中城管大队拆除265件、面积27837.6平方米。配合乡镇开展17次强拆行动（陈家镇5次、横沙乡3次、城桥镇3次、长兴镇2次、堡镇2次、向化镇1次、竖新镇1次），共计拆除127件、面积21108.3平方米。今年长假期间较前几年同期相比，全县面上新增违建明显减少，乡镇党员干部跻身违建趋利的态势得到控制，群众举报量增加且涉及较多历史违建，社会监控力量正在形成，为下一步的集中整治奠定了基础。

（三）抓城市网格化管理，努力推进城市精细化管理。充分运用网格化管理平台巡查、发现、协调、跟踪、反馈的系统管理优势，依托迎世博600天行动城市管理指挥部的督办平台，构建了网格化管理与市民巡访团相结合、社会群众监督与信息技术相融合的城市管理问题发现巡查互动机制，加强动态巡视和信息报道力度，进一步拓展巡查时间、内容、范围、标准，消除城市管理的盲点死角，使城区市容卫生状况有了明显改善。

第四，紧扣队伍建设，提升政府职能部门形象。

（一）以畅通渠道为手段，努力化解信访矛盾

健全城管执法、网格管理等部门24小时值班制度，市民实现全天候诉求信息的沟通和反馈，建立信访机构，落实“首问”责任，做到设置专线电话，保证来电畅通，落实专人接待，确保投诉有门，公开行政审批办事制度，努力提高办事效率。通过完善服务承诺制、首问负责制、即时办结制、失职追究制等办事制度，注重原则，严格按照有关规章履行审批手续，保证服务规范化，全年共受理各类信访件210件，各类投诉受理率100%，办结率100%；受理各类人大意见及政协提案19件，受理率100%，办结率100%，满意率100%；受理党代表意见12件，受理率100%，办结率100%，满意率100%。

（二）以制度建设为核心，加强机关规范化建设

“明责任，抓学习，严制度”。这是今年局围绕党风廉政建设，加强机关规范化建

设的主旋律。根据党的十七大提出的“更加注重治本，更加注重制度建设”的总体目标，我们结合实际，立足反腐倡廉常抓不懈，坚持标本兼治、综合治理、惩防并举、注重预防的方针，确保机关规范化建设各项工作落到实处，着重抓了三方面的工作。

一是加强领导班子建设，建设高素质的干部队伍。我局以“团结、民主、实干、进取”为建设目标，首先从局领导班子自身抓起，采取上党课、组织学习讨论、定期召开民主生活会等多种形式，组织学习科学发展观，树立正确的人生观、权力观和政绩观，把党风廉政建设与业务工作紧密结合起来，坚持“两手抓、两促进”，班子做到民主决策、科学决策，集聚智慧，凝聚人心，增进团结。让领导放心、让群众信任，团结、务实、廉洁、勤政的坚强领导集体。其次切实加强各基层单位领导班子的建设。通过开展“领导干部如何搞好班子团结，如何坚持民主集中制原则，如何开拓进取，怎样廉政、勤政”等一系列专题讨论，加强基层班子成员党性教育，增强拒腐防变能力，提高基层班子的整体战斗能力，切实履行“一岗双责”的要求，将精力集中到推进科学发展上、用在真心实意为民谋利上，强化表率作用，形成了领导以身作则，党员起模范作用，讲大局、讲团结、讲民主、讲真诚的良好氛围，使基层班子具有坚强的凝聚力、整合力、战斗力。2010年局直属四个基层党组织中，其中两个党组织被县委评为五好基层党组织。

二是健全完善各项制度，积极贯彻惩防腐败体系。我局先后修订了《局党组工作规则》、《党风廉政建设责任制》、《干部廉洁自律制度》、《财务监督和管理办法》等相关制度，建立了领导责任追究制度，领导干部重大事项报告制度，对“重要人事任免、重大建设项目、重要事情决策和大额资金使用”、“三重一大”等实施民主决策制度，健全了权力运行控制监督机制，把制度建设贯穿于局工作的各个环节，形成了按制度用权、办事、管人的有效机制，全面贯彻反腐倡廉“标本兼治，综合治理，惩防并举，注重预防”的战略方针。在全局系统形成了“党组统一领导，党政齐抓共管，群众积极参与”的良好局面，推进了党风廉政建设责任制的落实。同时，局制定了任前戒勉谈话、离岗审计等监督制约机制，对基层领导班子在勤政廉政方面的问题及时提醒、谈话、整改，加强检查监督，推动反腐倡廉建设更好地开展，使我局惩防体系建设逐步形成横向到边、纵向到底的工作格局。发挥了有效防范预警作用。从根本上保障“勤政廉政为民”落到实处。

三是加强调查研究，努力改进工作作风。年初，局根据县委县政府的工作要求，按照“选题求准、调研求深、效果求实”的思路，重点围绕城市建设、市容环境等民生问题和解决好群众关注的热点难点问题，从不同的角度开展了调研活动，局班子和基层主要负责人，深入各乡镇，听取意见建议，到环卫、绿化、网格和执法第一线，体验生活，了解民意，在调研中注重发挥局系统的优势，整合资源，做到了解问题与解决问题相结合。局先后形成“增加环卫设施，改进环卫作业方式”、“景观园林绿化现状和发展趋势”、“改革城管执法勤务机制，创建服务城管”、“利用科学手段，加快拓展网格化管理”、“引进竞争机制，改进人事管理”等报告，并专门组织系统内交流探讨，为局改革创新，开拓进取打好基础。

崇明县住房保障房屋管理局

2010年是“十一五”规划的收官之年，也是“十二五”规划的谋划之年。一年来，我局按照县委、县政府的工作部署，紧紧围绕县委、县政府的中心工作，以邓小平理论和“三个代表”重要思想为指导，深入学习实践科学发展观，把住房保障和房屋管理工作摆在突出地位，积极贯彻落实中央宏观调控政策，着力解决人民群众最关心、最直接、最现实的住房问题，各项工作有条不紊地扎实推进并取得了一定成绩。

（一）关注民生，完善体系，努力实现住有所居

1. 完善住房保障政策体系。根据市政府办公厅转发市房管局等三部门关于加强本市区（县）和街道（镇、乡）住房保障事务管理工作意见的通知精神，制定了《崇明县加强住房保障事务管理工作的实施意见》、《崇明县经济适用住房分配管理工作方案》，调整了《崇明县住房保障工作领导小组方案》，草拟了《廉租住房实物配租工作方案》。切实将住房保障范围扩大到低收入家庭，多渠道解决我县低收入家庭的住房困难问题。

2. 进一步扩大廉租住房受益面。结合本县实际情况，2010年年初制订了全年新增廉租住房受益家庭50户的目标任务。为顺利完成这个工作目标，上半年我局会同县有关部门召开了全县住房保障工作会议，加大推进力度，尽力做到应保尽保。截止年底，完成了新增廉租住房受益家庭50户的任务，占历年总和的17.5%；退出廉租家庭47户（由于住房面积、家庭收入变化等原因），发放租金补贴82.06万元，发放额比去年增加19.94万元。2010年年初还完成了在城桥镇商品房中回购25套实物配租房源（建筑面积1576.46平方米）的产权登记、移交等手续，共用回购资金671.62万元，并经县发改委立项批复，于8月初开始对实物配租样板房进行装修，10月底完成竣工验收，12月份完成工程决算等相关工作，2011年将在城桥镇地区实行实物配租新机制试点工作。历年累计实物租金配租家庭286户，实物配租24户，共投入资金1154.57万元。

3. 积极推进经济适用住房建设。经县政府同意，市房管局批准，我县在城桥镇配套商品中转性了65套房源作为经济适用住房，建筑面积4460平方米；在堡镇中低价房地块中转性了4.3万平方米作为经济适用住房，开发企业正在做销售预案；在城桥镇新城21号地块一、二期配套商品房中配建0.44万平方米，总计72套经济适用房，该项目于2010年8月下旬开工，预计2012年8月下旬竣工。

根据《上海市经济适用住房配建暂行意见》（沪府[2010]46号）文件精神，凡在新出让土地、用于开发建设商品住宅的建设项目，均应当按不低于该建设项目住宅建筑总面积5%的比例配建经济适用住房。目前，我县有8个地块，共计划配建经济适用住房8.29万平方米，将根据我县实际情况逐步予以实施。

4. 开展公共租赁房（含单位租赁房）的调查工作。对全县的单位租赁房进行了现状调查。经初步统计，目前我县拥有单位租赁房的企事业单位共有14家，建筑面积43.19万平方米，1.11万套，可居住人数约3万人，现居住人数2.05万人；计划建造单位租赁房的有5家企业单位，建造面积24.82万平方米。同时结合本县实际，草拟了《崇明县公共租赁住房发展规划和实施计划》，明确了发展公共租赁住房的基本原则、机构落实、建设要求、建设标准、监督检查等事项。

5. 完成人才公寓房草案的拟定工作。人才公寓房是解决外来人才在崇明的实际居住问题，为留住和吸引各类人才，安心工作于崇明，为崇明的经济发展作出贡献，我局草拟了《崇明县人才公寓房建设方案》，已报县政府审批。

（二）围绕世博，加强监管，推动物业管理再上新水平

1. 全力以赴做好世博各项工作的开展。一是积极开展世博环境文明的测评迎检工作。通过房管行业广大干部职工的共同努力，八次测评的成绩一次比一次有所提高，小区的环境面貌、窗口服务形象也都得到了较大

幅度的提升。二是加强世博安保工作。组建安保督查小组，负责全县住宅小区世博安全防范工作的监督检查，每周全覆盖对各住宅小区进行世博安全防范工作督查，及时发现存在问题，督促落实整改措施，指导各物业企业做好相关工作，共出动168车次、504人次进行小区世博安全宣传与检查。三是开展世博安保"回头看"工作。2010年第三季度，我们对前阶段的安保工作开展情况、成功经验和好的做法进行了总结，查找了工作中存在的薄弱环节和不足之处，并积极加以整改。至世博会结束，共发放整改通知书280份，全部予以了整改，整改率达到100%。

2. 加强物业服务规范化达标考核。为了提高本县的物业服务水平，促进行业更好地发展，2010年，我局共完成了三次住宅小区物业服务规范化达标考核。通过这三次考核，各物业公司进一步加强了对小区物业管理的力度，以前办事推诿、维修不及时等现象大有改观，门卫形象、工作态度也有了极大改变，切实提升了物业管理的满意度。同时，我们还开展了测评活动，把群众对物业管理的满意度测评也列入规范化达标考核内容，本次测评共发放《物业管理满意度测评问卷调查表》6000份，发放对象为各乡镇，委、办、局，各直属企事业单位领导以及各小区居委、业委会成员和业主四个层面，共收回反馈意见表5800份，征求意见48条，涉及小区乱停车、维修不及时和保洁、保绿、保安不到位等方面。通过物业管理满意度测评，不仅发现了一些存在的问题与不足，也为我们下阶段工作找准了方向和目标。

3. 加大对房屋违章建筑的监督和查处力度。截止年底，共接到违章案件举报92起，其中已作出处理14起，当场拆除违章建筑决定6起，发出责令限期整改通知书7张。对剩余的在办案件将继续追踪，争取化解矛盾，协调处理。对群众反响强烈，有群体性蔓延趋势的违章将坚决予以查处。

4. 推进旧小区综合改造力度。新海、东平镇2010年度旧小区平改坡综合改造建筑面积20万平方米，总投入3453万元。目前，两镇20万平方米的平改坡改造工程全面竣工。改造后的集镇面貌得到很大改观，深受群众称赞，为城市建设和居民生活环境提供了和谐、文明的氛围。

2010年旧小区历史欠帐三年行动计划主要对江山新村、学宫新村实施封闭改造，城、堡两镇690个楼道单元安装电子防盗门以及9500多平方米直管公房进行综合修理。该工程改造总价为2076万元，于9月初启动，内容有屋面改造、上下水管、楼道整治、小区道路、绿化、休闲场地、车棚等附属设施的改造，目前已竣工。

2010年旧公房改造工程主要是对学宫新村40、41号，新崇西路7号，堡镇中路249、267号等5幢不成套公房（138套住房，建筑面积4702平方米）进行独用卫生间、屋面平改坡改造，改造资金约495万元，工程于9月初开工，目前已竣工。

5、做好物业常态管理。物业管理日常养护方面：共计完成日常养护8835单，其中急修1313单，完成率达100%，兑现了"急修不超过24小时，小修不超过三天"的服务承诺；物业管理费收缴方面：收缴金额531万元，收缴率达85%；房租金收缴方面：收缴金额470.8万元，收缴率达95%。

加强对业主大会的监督、指导，做好业主大会的组建和换届工作。完成玉环新村、新环苑、博园村、城西新村业委会的换届、选举备案工作。

完善物业行业方案预案。制定并实施本县居住小区物业服务规范达标活动方案，明确目标任务、考核办法、督查办法和评分细则；结合本县往年汛期的特点，制定了崇明县物业行业的防汛防台工作预案，有针对性地做好汛期期间的物业管理工作。

配合县人大做好对《上海市住宅物业管

理规定》执法检查工作，并加强宣传贯彻和监督管理，积极引导物业企业和业主认真履行权利和义务。

（三）采取措施，加强监管，扎实推进房地产业健康持续发展

1. 严格交易程序，规范房地产交易市场。及时受理权属登记、抵押登记、预告登记、租赁备案、网上二手房等工作。2010 年共办理各类权属登记 6197 件，抵押及预告登记 2713 件；文件备案登记 198 件，其中租赁备案 105 件、司法限制 66 件、其他文件 27 件；产权补录 64 件；登记撤回 8 件；房屋灭失 10 件；登录更正 2 件；注销登记 1046 件，其中手工注销 33 件；楼盘信息关联 164 件；历史遗留问题登记 26 件；网上合同撤消 50 件；没收伪证 5 件；受理网上二手房签约 928 件；租赁合同 110 件；合同变更 9 件；受理网上合同撤消 5 件；网上挂牌 1 件；经纪机构认证、变更、注销共 20 件，业务受理单 4 件；做好土地交易的材料发放和受理申请工作，共受理材料发放 10 件。

2. 做好商品房预售许可和合同备案工作。做好日常房地产开发企业资质审核、经纪机构备案、租赁延期备案、权属核查等工作。截止年底共受理房地产开发企业资质申请 28 家，完成房地产经纪机构备案 22 家，经纪人注册备案 71 人；核发商品房预售许可证 11 张，涉及普通商品房地块 7 个，配套商品房地块 1 个，预售普通商品房面积 28.7 万平方米；核发商品房销售方案备案证 22 张，同时做好开发商楼盘的预售前监管工作；完成房地产权籍备案 40 家，房地产权属核查 28 家；受理房屋租赁延期备案 450 家。

3. 开展房地产市场专项检查工作。为进一步加强市场监管，依法打击违法违规行为，促进房地产市场平稳健康发展，根据《上海市住房保障和房屋管理局 2010 年重点稽查执法工作方案》要求，结合本县实际情况，我局对本县区域内有项目的 12 家房地产开发企业进行了检查，检查情况总体良好。与此同时，我局及时召开了房地产企业及房地产中介公司负责人会议，对市政府新出台的十二条房地产市场调控与推进住房保障的政策作了传达、解释与贯彻。

（四）加强管理，提高质量，有序推进住宅建设进度

1. 加强住宅建设，提高住宅建设水平。2010 年住宅建设新开工项目 10 个，计 103.3 万平方米。其中配套商品房 67.1 万平方米，普通商品房 25.6 万平方米，宅基地置换房 10.6 万平方米。结转项目 7 个计 39.3 万平方米。目前在建项目共 17 个，合计 142.6 万平方米。竣工验收交付使用项目 1 个，核发新建交付使用许可证面积计 4.6 万平方米。

截止年底，配套商品房在建项目 4 个，合计 43.1 万平方米。新河镇配套商品房富景名城三期于 2010 年 3 月份开工，建设住宅面积 4.15 万平方米，目前工程已经结构封顶，进入后期施工阶段；长兴镇配套商品房二期项目，建设住宅面积 13.97 万平方米，于 2010 年 6 月份开工建设，目前工程在基础建设阶段；新城 21 号地块配套商品房一、二期项目，住宅面积 14.03 万平方米，2010 年 1 月份实施招投标并确定中标单位，10 月份全面开工建设；陈家镇裕安社区配套商品房项目，住宅面积 10.95 万平方米，于 2009 年 12 月启动开建，目前该工程处于结构封顶阶段，预计 2011 年上半年交付使用。

2. 努力做好中低价房地块转性工作。2010 年 2 月份将陈家镇中低价房转为裕安社区配套商品房五期，用于动迁安置房建设。该地块规划用地面积 9.88 万平方米，规划建筑面积 11.36 万平方米，项目招投标工作已完成，12 月份取得建设工程规划许可证，现正在办理建筑工程施工许可证。

新河镇中低价房“绿舟星城”项目地块，规划用地面积 29.87 万平方米，规划建筑面积 24.79 万平方米，于 2010 年 2 月份经市局

批准同意转为普通商品房，8月份县政府同意县房管局和规土局制订的具体转性方案，11月初签订了《国有土地使用权出让合同》补充协议，最近已完成新建住宅交付使用核验工作，待市局审批；转化材料根据市局要求正在抓紧备齐，拟报市局备案。

堡镇中低价房项目，规划用地面积12.42万平方米，规划建筑面积8.62万平方米，已经市规土局和市房管局批准同意转变属性，其中50%转为普通商品房，50%转为经济适用房，基地动迁工作全面展开，项目建筑设计方案已开始委托设计。

3. 抓好建设项目认定工作。陈家镇裕安社区配套商品房6—13期，总用地面积83.46万平方米，规划住宅建筑面积83.72万平方米，在相关部门的支持和配合下，2010年8月份经市规土局和市房管局共同审核同意，完成了认定工作；新城6号、8号配套商品房地块，规划总用地面积28.92万平方米，规划住宅面积25.44万平方米，于10月下旬完成了项目认定工作。

4. 加大城市基础设施配套费的征收力度。按照有关文件的规定，结合崇明实际，对城市基础设施配套费的征收、使用和管理办法进行了修订，并经县政府批转。截止年底，共征收11个住宅建设项目交付的城市基础设施配套费8808.48万元。

5. 做好规划编制和新建住宅公建配套管理工作。根据县总体部署完成了局十二五规划的编制、上报工作；严格按照规定征收和移交社区公建用房。2010年共移交社区公建用房2580平方米，其中堡镇1080平方米、城桥镇480平方米、陈家镇1020平方米。社区公建用房的有效供应，确保了住宅小区居委会、物业及活动室等公建用房的足额配置。

6. 完成港西镇商品房大市政配套工程建设。该项目除电力配套外，包含了燃气、自来水、污水管道、有线电视及邮电通讯等工程，总投资约1600万。为了配合港西镇商品房在2010年5月底的正式开盘，会同港西镇人民政府及相关管理部门，在确保工程质量的前提下，加快了整个工程的建设步伐，及时完成了相关配套项目。

7. 做好港西镇商品房电力配套项目工作。2010年9月份，为使堤亚纳昱墅能按时交付使用，受港西镇人民政府委托，我局所属广安公司承建该小区的市政电力配套项目。该项目总投资为1083万元，涉及从明珠电力站新建一路10KV电缆专线，另外以架空的形式从建设降压站新建一路10KV电缆，同时引入堤亚纳昱墅以及管道施工范围内绿化的迁移。整个项目于10月初正式开工建设，目前已完成明珠电力站10KV电缆的铺设，新建一路10KV电缆的方案供电部门正在设计中。

（五）依法有序，群策群力，积极化解动拆迁矛盾

1. 全力推进房屋拆迁进程。2010年，根据本县建设发展实际，共计核发了房屋拆迁许可证34件（长兴镇19件，陈家镇8件，城桥镇3件，其它地区4件）；截止年底，本县共有123个（其中上年结转51个，新开拆迁地块72个）建设项目地块进行了房屋拆迁，已整体完成拆迁的地块38个，正在拆迁的地块85个，共计拆除各类房屋建筑面积120多万平方米，完成动迁居民6330户，动迁居民户数为历年之最；加大对存量地块的清理力度，在2009年结转的51个存量地块中，完成了21个地块的清理，仍在拆迁的地块30个，地块转余被拆迁户由年初的659户减少为目前的222户，清理了437户。

2. 积极化解动拆迁矛盾。2010年共受理房屋拆迁裁决申请40起（其中城桥镇22起，陈家镇13起，长兴镇2起，其它地区3起），实际作出房屋拆迁裁决31起（其中城桥镇13起，陈家镇13起，长兴镇2起，其它地区3起）；25起动迁矛盾经裁决调解、作出裁决、举行强迁听证、发出强迁通知书后达

成补偿安置协议（其中城桥镇19户，陈家镇4户，其他地区2户）；向崇明县人民政府申请行政裁决强制执行13起，实际实施强制执行3起；积极参与长兴镇动迁矛盾的化解和相关问题的调查处理工作，通过近二个月的调查、取证、纠错及对相关人员的依法处理，取得了良好的成效，平息了事态，维护了社会稳定。

3. 研究起草拆迁工作方案。完成了《关于进一步推进本县旧区改造工作若干意见》、《崇明县旧区改造房屋拆迁试行办法》、《崇明县房屋拆迁联席会议办公室实体化运作方案》、《崇明县重大建设项目房屋拆迁推进督查实施办法》的起草工作，并报县政府常务会议讨论审批。

4. 做好中船长兴二期征地动迁前期工作。为加强对中船长兴二期工程征地动迁工作的协调管理、确保按时、稳妥、高效地完成征地动迁工作，制定了《中船长兴二期工程征地动迁工作领导小组实体化运作方案》，成立了中船长兴二期工程征地动迁领导小组，并会同长兴镇政府和相关职能部门、拆迁公司对中船长兴二期工程征地动迁政策进行多次深入的探讨，制定了拆迁补偿安置方案。

5. 抓紧做好广安苑二期地块动迁工作。广安苑项目是我县的旧城改造项目，由于地处城中心，居民密集、动迁矛盾突出。2010年在城桥镇拆迁办及局领导的大力支持下，该地块的拆迁工作进展较快。截止年底，已完成动迁19户，尚剩余动迁居民2户（1户为集体土地性质，1户为国有土地性质），剩余房屋建筑面积142平方米，计划于2011年2月底前完成拆迁任务。

6. 做好拆除工程施工管理工作。2010年全县范围内共办理开工报告104件，拆除面积约107.4万平方米，办理竣工手续70件；加大了对拆除工地和注册在辖区内的施工企业内部管理工作的安全检查力度，共安全检查38次，并执行市局组织的突击性专项大检查2次，召开各拆房公司安全年会1次。

（六）严格要求，操作规范，努力使房屋测量和档案工作呈现新起色

1. 认真做好房屋测绘工作。严格按照相关政策要求和技术规程，在规定时限内及时完成房屋预测和实测工作，尤其做好新开盘楼盘的预警、监测工作。全年共受理并完成106件房屋项目的预测和实测工作，共计建筑面积约179万平方米，其中完成了港西镇商品房三期综合楼、幼儿园、地下车库，长兴镇凤凰花苑、陈家镇春岸二期等20个项目的预测，共计建筑面积约91.3万平方米；完成了嘉年花苑、凤辰乐苑等12个项目的实测，共计建筑面积约52.5万平方米；其他单位房产勘丈74件，共计建筑面积35.3万平方米；补楼盘720件。

2. 加强档案管理工作。为认真做好局档案室升市二级的各项前期准备工作，2010年上半年成立了局档案升级工作领导小组，加强对局系统档案工作的监督、检查、指导和业务培训，并于年底成功升为市二级；制订并完善局系统档案管理工作制度等规范性文件；收集资料，完成局《大事记》、《组织机构沿革》的汇编工作；做好对局系统、行业、社会公众提供档案资料信息服务，截止年底，共接待档案查阅1106人次，提供档案1238卷。

3. 做好房屋信息调查工作。完成对东河沿地块、川心街地块、陈仓门弄地块的房屋信息调查工作，为旧城改造工作的开展提供有力的依据。

（七）加强领导，落实责任，积极开创各项工作新局面

1. 努力推动信访工作迈上新台阶。信访工作是党和政府联系群众、倾听群众呼声、体察群众疾苦的重要途径。一年来，我局始终把信访工作作为一项重要工作来抓，严格按照《信访条例》的规定，做好每件信访件

的受理、登记、转办、督办工作；抓好办件质量，督促业务科室在规定时间内处理好每件信访件，不留尾巴，力争不使初信、初访发展为重复信访；落实好县“网上信访”中转办的网上信访件的办理工作；进一步落实好周四信访接待日制度；及时统计汇总信访数据，定期进行信访苗头的排摸。截止年底，共接待来访人员374批，599人次，其中，周四信访接待日共接待来访186批，328人次；受理各类信访事项341件，比上年下降了6.5%，办结317件，剩余24件正在办理中。

2. 认真做好“两会”书面意见办理工作。2010年，我局共收到人大代表书面意见12件（主办），政协提案共12件（其中主办件10件，会办件2件）。虽然办理总量较2010年11件上升了118%，涉及的内容也更加广泛，但是我局克服种种困难，坚持做到思想上高度重视，态度上积极主动，行动上切实有效，程序上合理规范，时间上及早安排，真正把办理工作作为全局工作的重点，保证了办理工作的质量，做到按时办结率、回复率、满意率“三个百分之百”的良好效果。

3. 凭借物业呼叫平台，切实提升物业服务水平。2010年房屋维修应急中心接待来电来访4273件，受理应急维修1578件，完成率为100%。962121物业呼叫平台受理全县居民投诉183件，已处理177件；城市网格化管理中心受理案件274件，完成263件，剩余案件均在积极处理中。在处理居民的投诉案件中，耐心听取居民的各种诉求，认真进行协调，尽可能地解决各种矛盾，严格按照市局“受理、派单、处置、回访、督办、反馈”六个环节的要求进行操作，处置中能跟踪签收单位解决问题进展情况，回访时，对居民反映不满意的处理结果进行督办，以不断提高居民的满意程度。

4. 加强和规范维修资金的监督与管理。严格按照《上海市商品住宅维修基金管理办法》开展商品住宅专项维修资金宣传、归集、支取和监管工作。深入业主大会、物业小区做好宣传和业务指导，公布咨询电话；加大归集力度，足额归集维修资金，归集率达100%；及时划转维修资金，确保物业小区正常维修；以网上和实地抽查相结合的形式，加强维修资金支取、使用监管；切实履行“三审制度”，规范维修资金使用和支取，做到专款专用，保证资金安全。全年共抽查29家业主大会，任务单1500多张；归集维修资金2437.36万元，划转维修资金1986.12万元，支取维修资金354.8万元，收益资金交款37.2万元，收益补充维修资金13.47万元。

5. 加大安全工作培训和检查力度。按照上级关于开展世博安保、生产、交通、消防安全管理工作的精神，及时拟定加强房管系统安全工作的相关通知，并下发至各单位、各科室，做到人人知晓安全工作的重要性，使安全管理工作层层落到实处。同时成立局安全生产工作领导小组，加强对安全工作的指导与监管，局领导与所属单位负责人签订安全管理工作目标责任书，明确各自的工作目标。为吸取11.15特大火灾事故教训，确保住宅物业管理区域人民生命财产安全，我局组织对全县150个住宅小区进行消防安全检查，其中多层3398幢，高层37幢，发出整改通知26张；对31个已核发房屋拆迁许可证的在拆基地和27个房屋拆除工地进行了检查；对于在检查中发现的乱接电线、用电不规范、消防设施设备不到位等现象及时发出整改通知，要求施工企业及时作出整改。同时，加大消防安全教育培训力度，邀请县消防支队领导来局作消防安全知识和逃生自救知识的培训讲座，切实提高小区经理、消防安全管理人员的防火安全意识和能力。

6. 加强岗位目标责任制考核工作。为建立职责明确、办事高效、运转协调、行为规范、奖罚分明的工作运行机制，进一步完善了局工作目标考核制度。对局事业单位实行工作目标半年一考核制度，从党建工作、业务工作、日常工作三方面来考核工作完成的质量。同时，组织局属事业单位在定人、定岗、定责的基础上实行岗位工作目标月考核制，由各单位根据岗位职责从德、能、勤、绩、廉五个方面制定考核内容，考核结果与工资外发放挂钩。

7. 扎扎实实加强信息基础工作。做好信息工作，对于确保各级领导决策、提高办事效率、推动事业发展，具有十分重要的意义。我局领导高度重视信息工作，将信息工作纳入年度目标管理考核中，并要求各部门及时、准确、高质量的报送一定数量的信息。通过各科室、各部门的共同努力，一年来，共编发《崇明住房保障和房屋管理工作简报》13期，《崇明房产市场信息工作简报》6期，《崇明物业工作简报》39期，《崇明拆迁工作情况》12期，积极向市局、县委、县政府报送信息，其中28条被录用，为领导决策提供了准确的参考和依据。

（八）抓好载体，强化措施，不断加强作风建设和队伍建设

一年来，局党委以科学发展观为指导，以“推进住房保障，服务百姓安居”为载体，以“迎世博、办世博”为契机，以党员队伍建设、作风建设为抓手，切实开展创先争优活动，真抓实干、注重实效，为推进房管事业又好又快发展提供了组织保证。一是加强政治理论学习，提升领导干部的行政能力和执政水平。2010年年初，局党委根据全年的工作重点，结合各班子成员的分管内容，制定了一套符合实际需要的中心组理论学习计划。采取集中学习与个人自学相结合的方式，狠抓理论学习，并注重好对学习制度、学习内容和学习时间的落实；二是加强基层组织建设，充分发挥基层支部的战斗堡垒作用。我局按照“重基层、打基础、促发展”的指导思想，以“公推直选”为抓手，以创建五好党支部为目标，进一步推进基层支部的规范化和制度化建设；三是加强干部队伍建设，着力提高队伍整体战斗力。严格按照《党政领导干部选拔任用工作条例》的要求，以民主推荐和组织推荐相结合的形式，公开选拔优秀中层干部，充实中层后备干部队伍，并开展好“一报告二评议”工作来规范选人用人之风；四是加强党风廉政建设，树立党政干部良好形象。根据“三重一大议事规则”等规章制度，进一步深化党风廉政建设责任制，规范民主决策程序，完善议事决策机制，切实提高党员干部的廉洁自律意识；五是注重作风转变，促进机关作风和政风行风建设。为进一步提高干部职工的办事效率和服务水平，结合我局实际制订了加强机关作风、政风、行风建设的活动方案，整个活动以建设学习型机关、强化制度建设、查找存在问题、落实整改措施等为主要内容，通过活动中反映和发现的问题，及时进行了整改和防范，使我局的政风行风建设成效更加显著。

编者按：本栏目选编了与本市建设、交通和城市管理相关的地方性法规，以及政府规章、沪府和沪府办颁发的规范性文件等内容，以当年发布时间顺序排列。

（一）上海世博会通告
（二）其他政策法规

（一）上海世博会通告

目 录

8. 关于加强地下空间安全管理的通告（4月15日，政府令第34号）

9. 关于实施安全检查特别措施的通告（4月15日，政府令第35号）

10. 关于加强刀具安全管理的通告（4月15日，政府令第36号）

11. 关于加强留宿场所安全管理的通告（4月15日，政府令第37号）

12. 关于加强内河水域安全管理的通告（4月15日，政府令第38号）

13. 关于加强小型航空器和空飘物飞行活动安全管理的通告（4月15日，政府令第39号）

14. 关于加强房屋拆迁基地空置房屋、建筑工地临时宿舍和临时改建宿舍安全管理通告（4月15日，政府令第40号）

15. 关于加强本市市容环境卫生责任区管理的通告（4月15日，政府令第41号）

16. 关于加强本市建筑垃圾和工程渣土运输安全管理的通告（4月15日，政府令第42号）

1. 关于加强烟花爆竹安全管理的通告

（2010年3月21日，上海市人民政府令第27号公布）

为了确保2010年上海世博会的顺利举行，根据《上海市人民代表大会常务委员会关于本市促进和保障世博会筹备和举办工作的决定》的规定，市政府决定，在2010年上海世博会举办期间对本市烟花爆竹的燃放、销售、储存、运输采取如下管理措施：

一、禁止在下列场所及其周边距离50米范围内燃放烟花爆竹：

（一）上海世博会园区；

（二）区、县级以上党政机关驻地；

（三）市级以上文物保护单位或者场所；

（四）车站、码头、机场等重要场所；

（五）重要军事设施；

（六）输变电设施；

（七）易燃易爆危险物品生产、储存场所；

（八）幼儿园、托儿所、医院、敬老院、疗养院以及教学、科研单位等场所；

（九）各区、县人民政府划定的禁止燃放烟花爆竹的场所。

因上海世博会举行重大庆典活动等特殊需要燃放烟花爆竹的，不受前款第（一）项规定的限制。

二、禁止在下列路段、区域燃放烟花爆竹：

（一）禁放路段：南京东路、南京西路、淮海中路、四川北路、中山东一路、中山东二路、新华路、乍浦路（以上均为全线）和西藏中路（淮海中路至北京东路段）、黄河路（北京西路至南京西路段）、长寿路（武宁路至江宁路段）；

（二）禁放区域：人民广场地区、豫园商城地区、徐家汇广场地区、静安寺地区、陆家嘴金融贸易区、化学工业区、外高桥保税区以及延中绿地、太平桥绿地、虹桥绿地等大型公共绿地。

前款第（二）项所列区域的具体范围由市公安局拟定，报市人民政府批准后公布。

三、禁止在宾馆、酒店、饭店、歌舞厅等公共场所室内燃放烟花爆竹。

四、禁止在下列区域燃放升空高度超过60米的烟花爆竹：

浦东机场周边（东至长江大堤，南至拱极路、拱极东路，西至远东大道，北至华夏东路闭环区域）、虹桥机场周边（东至外环线，南至漕宝路，西至中春路，北至金沙江西路闭环区域）。

五、机关、团体、企业、事业等单位应当加强对管理区域内烟花爆竹燃放活动的安全监督。对违反本通告规定燃放烟花爆竹的，应当予以劝阻；对不听劝阻的，应当立即报告公安机关。

六、原则上停止对在本市行政区域内举办大型焰火燃放活动的烟花爆竹燃放审批。

七、禁止在本市中环线以内销售烟花爆竹。

在本市中环线以外销售烟花爆竹的，销售单位应当统一向市烟花爆竹采购批发单位采购，并取得本市《烟花爆竹经营许可证》。

八、本市实行烟花爆竹实名购买和销售登记制度。销售单位应当查验购买人员的身份证件，并对其身份信息和购买烟花爆竹的品种、数量等情况进行登记，定期报所在地公安机关消防机构和公安派出所备案。

禁止向无身份证件的人员销售烟花爆竹。

九、储存烟花爆竹的仓库，应当经公安机关消防机构评估合格，并按照核定的储量储存烟花爆竹。储存单位应当定期将烟花爆竹的储存及进出库等情况报所在地公安机关消防机构备案。

禁止超量储存烟花爆竹。

十、在本市经由道路运输烟花爆竹的，应当取得《烟花爆竹道路运输许可证》，并严格按照公安机关核定的时间、路线、车辆、驾驶员运输。

十一、本市鼓励市民积极举报非法生产、燃放、销售、储存、运输烟花爆竹的行为。对举报查实的，公安机关应当按照规定给予奖励。

十二、违反本通告规定的行为，《中华人民共和国消防法》、《烟花爆竹安全管理条例》、《上海市消防条例》、《上海市烟花爆竹安全管理条例》等法律、法规有处理规定的，依照有关法律、法规的规定处理。

十三、对下列违反本通告规定的行为，由公安机关消防机构实施处罚：

（一）违反第七条第一款的规定，在本市中环线以内销售烟花爆竹的，处2000元以上5万元以下罚款，并对违法销售的烟花爆竹采取查封、扣押等强制措施；

（二）违反第八条的规定，烟花爆竹销售单位未进行销售登记或者向无身份证件的人员销售烟花爆竹的，处2000元以上1万元以下罚款；

（三）违反第九条的规定，储存烟花爆竹的仓库未经公安机关消防机构评估合格的，或者烟花爆竹储存单位超量储存烟花爆竹的，处2000元以上5万元以下罚款；

（四）违反第八条、第九条的规定，烟花爆竹销售、储存单位未履行定期备案义务的，处1000元以上5000元以下罚款。

十四、违反本通告第十条的规定，未按照公安机关核定的车辆、驾驶员运输烟花爆竹的，由公安机关处1000元以上2000元以下罚款。

十五、本通告自2010年4月15日至2010年11月15日施行。

2. 关于加强养犬管理的通告

（2010年3月21日，上海市人民政府令第28号公布）

为了确保2010年上海世博会的顺利举行，根据《上海市人民代表大会常务委员会关于本市促进和保障世博会筹备和举办工作的决定》，市政府决定，在2010年上海世博会筹备和举办期间对本市的养犬行为采取如下管理措施：

一、上海世博村区域内禁止养犬。

二、禁止携带犬进入下列特定区域和公共场所：

（一）上海世博会园区；

（二）人民广场地区、陆家嘴金融贸易区、外滩风景区、徐家汇广场地区、五角场地区、豫园商城地区、新天地地区等区域；

（三）体育场（馆）、展览馆、图书馆、宾馆、饭店、商场、轨道交通车站、候车（船）室以及公共娱乐场所等公共场所。

前款第（二）项所列区域的具体范围，由市公安局会同有关部门拟定，报市人民政府批准后公布。

三、携带犬外出，应当束以犬链（大型犬还应当佩戴嘴套），由成年人牵领，并主动避让老人、残疾人、孕妇和儿童。

四、携带犬外出，应当随身携带清洁工具，及时清除犬排泄的粪便。

五、养犬人应当为所养犬注射预防狂犬病疫苗，确保所养犬处于有效免疫状态。

六、对咬伤多人或者其他疑似患有狂犬病的犬，养犬人应当立即报告疾病预防控制机构，并将犬送往指定地点限期留验。

七、鼓励市民向公安、动物防疫、城市管理执法等部门举报违反本通告规定的养犬行为。

八、对下列违反本通告规定的行为，由公安部门、动物防疫部门、城市管理执法部门根据各自职责，分别实施处罚：

（一）违反第二条关于携带犬进入特定区域和公共场所规定的，由公安部门责令改正，并可处100元以上500元以下罚款。

（二）违反第三条关于携带犬外出采取防护措施规定的，由公安部门责令改正，并可处100元以上500元以下罚款。

（三）违反第四条关于清除犬粪规定的，由城市管理执法部门责令改正；拒不改正的，处50元以上200元以下罚款。

（四）违反第五条关于为犬免疫规定的，由动物防疫部门责令限期改正，对养犬人处200元以上2000元以下罚款，并将有关情况通报公安部门。

（五）违反第六条关于及时报告和留验规定的，由公安部门处500元以上2000元以下罚款。

九、饲养以及携带执行安保任务的犬、导盲犬等特殊用途犬进入特定区域和公共场所，不受本通告第一条、第二条、第三条规定的限制。

十、本通告自公布之日至2010年12月31日施行。

3. 关于加强爆炸、剧毒、放射性等危险物品安全管理的通告

（2010年3月26日，上海市人民政府令第29号公布）

为了确保2010年上海世博会的顺利举行，根据《上海市人民代表大会常务委员会关于本市促进和保障世博会筹备和举办工作的决定》的规定，市政府决定，在2010年上海世博会举办期间，对本市范围内民用爆炸物品、特定种类危险化学品、剧毒化学品、放射性同位素等危险物品采取特别管控措施。现将有关事项通告如下：

一、根据上海世博会安保工作的需要，公安、安全生产监督等行政管理部门可以暂停下列许可事项的审批：

（一）爆破作业许可；

（二）剧毒化学品、特定种类危险化学品经营许可；

（三）爆炸、剧毒、放射性等危险物品道路运输经营许可。

公安机关可以根据上海世博会安保工作的需要，通知有关单位中止实施已许可的爆破作业。

二、民用爆炸物品、特定种类危险化学品（目录详见附件）、剧毒化学品、放射性同位素的储存单位应当严格执行人员及货物进出库登记制度、发货查验制度和值班巡检制度。

三、在本市经由道路运输民用爆炸物品，应当严格按照公安机关核定的时间、路线、车辆、驾驶员运输。其中运输民用爆破器材的车辆，应当委托市保安押运公司押运。

民用爆炸物品储存仓库应当按照核定的储存量储存，储存单位每月定期向所在地公安机关消防机构报送民用爆炸物品的储存种类、储存量以及进出库登记情况。

民用爆炸物品进出口单位应当将进出口民用爆炸物品的品种、数量等情况报出入境口岸所在地公安机关消防机构及上海市经济和信息化委员会备案。

四、除购买少量高锰酸钾外，禁止向个人销售特定种类危险化学品。

对特定种类危险化学品实行实名购买和销售登记制度。销售单位应当定期将销售登记情况报所在地公安机关消防机构和公安派出所备案。

五、剧毒化学品生产单位应当按照上海市安全生产监督管理局核定的生产限量生产。

运输剧毒化学品进入本市的车辆以及在本市范围内运输剧毒化学品的外省市车辆，应当委托保安押运公司押运。

本市剧毒化学品、特定种类危险化学品的生产、储存单位暂停接受外省市生产经营单位在本市储存剧毒化学品、特定种类危险化学品的委托。

对允许个人购买的灭鼠药、含剧毒成分的农药等物品，实行实名购买和销售登记制度。销售单位应当将每周销售登记情况报所在地公安派出所备案。

六、本市原则上暂停 γ 探伤机等含源射线装置及放射性同位素（医用短寿命放射性药品除外）的移动使用，暂停放射性废源（废物）送贮活动，暂停外省市企业来沪进行 γ 探伤作业。

七、放射性同位素生产、销售单位应当严格按照环保部门批准的范围和数量进行生产、销售，并将每周的生产、销售情况报所在地环保部门备案。生产放射性药品的，生产单位还应当将每周生产情况报所在地食品药品监督管理部门备案。

放射性同位素使用单位应当严格控制放射性同位素的储存量；使用频繁以及使用数量较大的单位，每月至少进行一次盘存。对暂不使用的放射性同位素，报所在地环保、公安部门清点后封存。

本市范围内运输Ⅰ、Ⅱ、Ⅲ类放射源的车辆，应当委托保安押运公司押运。

八、违反本通告规定的，依照《民用爆炸物品安全管理条例》、《危险化学品安全管理条例》、《放射性同位素与射线装置安全和防护条例》、《上海市危险化学品安全管理办法》等法规规章予以处罚。法规规章没有规定的，由相关行政管理部门处 1 万元以上 10 万元以下罚款，对单位主要负责人及其他直接责任人员处 500 元以上 5000 元以下罚款，并可以建议有关组织对单位主要负责人和其他直接责任人员依法给予处分。

九、本通告自 2010 年 4 月 15 日至 2010 年 11 月 15 日施行。

附件:

特定种类危险化学品目录

序号	中文名称	英文名称	危险货物编号(CN)	联合国编号(UN)
1	高氯酸、高氯酸盐及氯酸盐			
1.1	高氯酸，按质量含酸高于50%，但不超过72%	PERCHLORIC ACID	51015	1873
1.2	高氯酸钾	POTASSIUM PERC HLORATE	51019	1489
1.3	高氯酸锂	LITHIUM PERCHLORATE	51027	1481
1.4	高氯酸铵	AMMONIUM PERCHLORATE	51017	1442
1.5	高氯酸钠	SODIUM PERCHLORATE	51017	1502
1.6	氯酸钾	POTASSIUM CHLORATE	51031	1485
1.7	氯酸钠	SODIUM CHLORATE	51530	1495
2	硝酸及硝酸盐类			
2.1	硝酸 发红烟的除外，含硝酸高于70%	NITRIC ACID	81002	2031
2.2	硝酸钾	POTASSIUM NITRATE	51056	1486
2.3	硝酸钠	SODIUM NITRATE	51055	1498
2.4	硝酸钡	BARIUM NITRATE	51060	1446
2.5	硝酸铅	LEAD NITRATE	51065	1469
2.6	硝酸镍	NICKEL NITRATE	51522	2724
2.7	硝酸镁	MAGNESIUM NITRATE	51065	1474
2.8	硝酸钙	CALCIUM NITRATE	51057	1454
2.9	硝酸锶	STRONTIUM NITRATE	51059	1507
2.10	硝酸锌	ZINC NITRATE	51062	1514
2.11	硝酸银	SILVER NITRATE	51063	1493
2.12	硝酸铯	CAESIUM NITRATE	51058	1451
3	硝基类化合物			
3.1	硝化纤维素			
3.1.1	硝化纤维素，干的，或湿的，按质量含水（或乙醇）低于25%	NITROCELLULOSE	11032	0340
3.1.2	硝化纤维素，未改性的，或增塑的，按质量含有不低于18%的增塑剂	NITROCELLULOSE	11032	0341
3.1.3	硝化纤维素，湿的，按质量含高于25%的乙醇	NITROCELLULOSE	13014	0342
3.1.4	含水硝化纤维素 按质量含水不低于25%	NITROCELLULOSE WITH WATER	41031	2555
3.1.5	含乙醇硝化纤维素 按质量含乙醇不低于25%，按干重含氮不超过12.6%	NITROCELLULOSE WITH ALCOHOL	41031	2556
3.1.6	硝化纤维素 按干重含氮不超过12.6%，混合物含或不含增塑剂、含或不含颜料	NITROCELLULOSE	41031	2557
3.2	硝基甲烷	NITROMETHANE	33520	1261
3.3	硝基乙烷	NITROETHANE	33521	2842
3.4	硝基萘	NITRONAPHTHALENE	41513	2538
3.5	硝基苯	NITROBENZENE	61065	1662
3.6	硝基苯酚（邻、间、对）	NITROPHENOLS (O–,M–,P–)	61712	1663

3.7	硝基苯胺	NITROANILINES	61777	1661
3.8	二硝基苯酚 干的，或湿的，按质量含水低于15%	DINITROPHENOL	11052	0076
3.9	二硝基苯酚的碱金属盐 干的，或湿的，按质量含水低于15%	DINITROPHENOLATES	13010	0077
3.10	二硝基间苯二酚 干的，或湿的，按质量含水低于15%	DINITRORESSORCINOL	11503	0078
3.11	二硝基间苯二酚钠 干的，或湿的，按质量含水不低于15%	SODIUM DINITROCRESOLATE	41012	1348
4	燃料还原剂类			
4.1	环六亚甲基四胺（乌洛托品）	HEXAMETHYLENETETRAMINE	41528	1328
4.2	无水甲胺	METHYLAMINE	21043	1061
4.3	乙二胺	ETHYLENE DIAMINE	32052	1294
4.4	硫SULPHUR415011350			
4.5	白磷或黄磷	PHOSPHORUS，WHITE or YELLOW	42001	1381
4.6	铝粉，无涂层	ALUMINIUM POWDER UNCOATED	43505	1408
4.7	锂	LITHIUM	43001	1415
4.8	钠	SODIUM	43002	1428
4.9	钾	POTASSIUM	43003	2257
4.1	干锆粉	ZIRCONIUM POWDER，DRY	42005	2008
4.11	锑粉	ANTIMONY POWDER	61505	2871
4.12	镁粉或镁合金粉	MAGNESIUM POWDER or MAGNESIUMALLOYS POWDER	43012	1418
4.13	锌灰或锌粉尘	ZINC POWDER or ZINC DUST	43014	1436
4.14	硅铁合金粉 无涂层	ALUMINIUM SILICON POWDER	43504	1398
4.15	硼氢化钠	SODIUM BOROHYDRIDE	43044	1426
4.16	硼氢化锂	LITHIUM BOROHYDRIDE	43043	1413
4.17	硼氢化钾	POTASSIUM BOROHYDRIDE	43045	1870
5	金属氧化物			
5.1	氧化钡	BARIUM OXIDE	61503	1884
5.2	氧化钾	POTASSIUM MONOXIDE	21003	2033
5.3	四氧化三铅	LEAD TETROXIDE	61507	2291
5.4	过氧化钡	BARIUM PEROXIDE	51008	1449
6	其他			
6.1	过氧化氢水溶液	HYDROGEN PEROXIDE	51001	2015
6.2	乙烯	ETHYLENE	21016	1962
6.3	苦氨酸钠 干的，或湿的，按质量含水不低于20%	SODIUM PICRAMATE	41029	1349
6.4	高锰酸钠			
6.5	高锰酸钾			
6.6	硫酸			
6.7	盐酸			
6.8	丙酮			

4. 关于加强对秸秆露天焚烧和利用管理的通告

（沪府发〔2010〕10号，2010年4月1日）

为加强对秸秆露天焚烧和利用的管理，确保2010年上海世博会顺利举办，根据《上海市人民代表大会常务委员会关于本市促进和保障世博会筹备和举办工作的决定》的规定，市政府决定，在2010年上海世博会筹备和举办期间，对秸秆露天焚烧和利用采取如下管理措施：

一、禁止任何单位和个人在本市范围内露天焚烧秸秆。

二、各级农业主管部门应当加强秸秆综合利用技术的推广和指导工作，积极引导农民通过还田、制作有机肥辅料、制作食用菌培养基等方式，对秸秆进行综合利用。

三、尚未利用的秸秆应当妥善、安全地堆放。有关区县、乡镇人民政府以及农村基层组织应当按照各自职责，规划、落实秸秆堆放场所，并加强日常巡查的组织和协调。

四、违反本通告规定露天焚烧秸秆的，由各级环保部门依照《中华人民共和国大气污染防治法》第五十七条的规定责令停止违法行为；情节严重的，可以处200元以下罚款。其中，已实行城市管理相对集中行政处罚权的行政区域，由城管执法部门予以处罚。

本通告自2010年4月15日至10月31日施行。

5. 关于在世博交通管控区实施道路交通管理措施的通告

（沪府发〔2010〕12号，2010年4月13日）

为了保障上海世博会期间世博园区周边道路畅通和有序，根据《中华人民共和国道路交通安全法》、《上海市人民代表大会常务委员会关于本市促进和保障世博会筹备和举办工作的决定》，市政府决定，对世博交通管控区实施以下道路交通管理措施：

一、世博交通管控区（以下简称管控区）的范围包括：鲁班路——中山南一路——中山南路——国货路（外马路）——黄浦江边所围合的浦西区域以及南码头路——浦东南路——耀华路——黄浦江边所围合的浦东区域（含上述道路）。

二、管控区内的道路以及内环高架西藏南路下匝道、卢浦大桥耀华支路下匝道、南浦大桥中山南路（国货路方向）下匝道，每日7时至24时，除下列车辆外，禁止其他机动车通行：

（一）执行公务的警车、消防车、救护车、工程抢险车等特种车辆；

（二）公交运营线路车辆；

（三）世博专属出租车；

（四）环卫车、殡葬车；

（五）悬挂“使”、“领”字号牌车辆；

（六）菜篮子工程专用车；

（七）持有上海世博局核发的车辆通行证件的车辆；

（八）持有公安机关核发的《世博会管控区车辆登记凭证》的车辆。

卢浦大桥耀华路下匝道允许机动车辆驶入耀华路，在西营路口右转驶离管控区。

每日21时至次日7时，非世博专属出租车允许进入管控区。

三、除管控区内的居民和单位人员的非机动车外，管控区内的道路禁止其他非机动车通行。

管控区内不设置非机动车道路停放点，禁止非机动车占用道路停放。

四、打浦路隧道浦东出入口允许机动车辆通过长清路进出隧道，并直行穿越管控区。西藏南路隧道全天为世博园区内部专用。龙耀路隧道浦东往浦西方向允许机动车辆沿济阳路，在管控区边界耀华路口向南掉头至济阳路进隧道。

五、管控区内的居民可持机动车行驶证、身份证、居住证、户籍证明、房屋产权证或者房屋租赁合同及其他能够证明本人户籍在管控区内或者在管控区内居住的有效证明，到管控区内户籍地或者实际居住地的公安派出所申领《世博会管控区车辆登记凭证》。

管控区内的单位及其工作人员可持单位证明和机动车行驶证，由单位统一到所在地公安派出所，申领《世博会管控区车辆登记凭证》。

管控区外的居民、单位与管控区内的居民、单位在生活、工作上有较密切联系，需要经常进入管控区的，可以选择部分相对固定的车辆，由管控区内的居民、单位按上述规定申领《世博会管控区车辆登记凭证》，公安机关视情予以核发。

《世博会管控区车辆登记凭证》免费申领。如有遗失，应当向原发证公安机关报失并申请补办。

《世博会管控区车辆登记凭证》不适用于世博园区的通行和世博专用停车场的停放。

六、对无牌无证车辆，不予办理《世博会管控区车辆登记凭证》。

七、公安机关交通管理部门可根据道路交通流量的具体情况或者世博安保工作的需要，扩大管控区范围及增加有关限行措施。

八、违反本通告规定的，由公安机关交通管理部门依照道路交通安全法律法规予以处罚。

本通告自2010年4月15日至10月31日施行。

6. 关于加强查处机动车非法客运的通告

（2010年4月15日，上海市人民政府令第32号公布）

为了确保2010年上海世博会顺利举办，根据《上海市人民代表大会常务委员会关于本市促进和保障世博会筹备和举办工作的决定》的规定，市政府决定，在2010年上海世博会筹备和举办期间，采取以下措施加强查处机动车非法客运：

一、未取得营业性客运证件的机动车不得从事营业性客运活动。

二、非营业性客运机动车安装客运出租汽车专用营运设施、标识，假冒客运出租汽车上路行驶的，由交通行政执法机构暂扣车辆，处以3万元以上5万元以下的罚款。

三、非营业性客运机动车驾驶员在机场、车站、港口、医院、商业网点、旅游集散点以及道路等公共场所招揽乘客的，由交通行政执法机构暂扣车辆，处以500元以上2000元以下的罚款。

除前款规定以外的人员在上述场所为机动车招揽乘客的，由交通行政执法机构处以200元以上2000元以下的罚款；扰乱公共场所秩序的，由公安部门按照《中华人民共和国治安管理处罚法》的规定进行处罚。

四、非营业性客运机动车驾驶员有收费搭载乘客行为，第一次被发现的，由交通行政执法机构予以记录，不予处理；第二次被发现的，由交通行政执法机构予以教育并记录，不予处罚；第三次被发现的，由交通行政执法机构暂扣车辆，处以2000元罚款。

违反前款规定被交通行政执法机构处罚的非营业性客运机动车驾驶员，继续发生收费搭载乘客行为的，由交通行政执法机构暂扣车辆，处以2000元以上1万元以下的罚款。

确有证据证明非营业性客运机动车驾驶员以营利为目的从事非法客运经营活动的，由交通行政执法机构暂扣车辆，处以2000元以上1万元以下的罚款。

五、市、区（县）交通行政管理部门会同市、区（县）公安部门可在机场、车站、港口、医院、商业网点、旅游集散点以及道路等公共场所划定公共汽电车、客运出租汽车专用候车范围。公共汽电车、客运出租汽车应当在专用候车范围内候客。

非营业性客运机动车在专用候车范围内停靠的，由公安部门对驾驶员处以20元以上200元以下的罚款。

六、对违反本通告规定被暂扣的机动车，按照《上海市查处车辆非法客运规定》处理。

七、行政执法机构工作人员不得采用威胁、引诱、欺骗等方式收集机动车非法客运的证据。采用上述方式取得的证据，不得作为查处机动车非法客运的依据。

八、本通告自公布之日起至2010年12月31日施行。

7. 关于加强食品安全管理的通告

（2010年4月15日，上海市人民政府令第33号公布）

为了确保2010年上海世博会顺利举行，根据《上海市人民代表大会常务委员会关于本市促进和保障世博会筹备和举办工作的决定》的规定，市政府决定，在2010年上海世博会举办期间对本市食品安全管理采取如下措施：

一、凡经检测不符合食品安全标准或者要求，并且可能对人体健康造成较大危害的食品，质量技监、工商、食品药品监管、商务、农业等相关行政管理部门除按照国家法律、法规、规章的规定予以处理外，还应当按照各自职责，对来自同一产地的该品种食品采取限制进入本市的措施。

二、单位销售蔬菜、生猪产品的，应当按照有关规定向生产者索取相关证明文件。个人销售蔬菜的，应当按照有关规定随附相关证明文件。不具备相关证明文件的，不得上市销售。

三、检验检疫机构签发证书上载明为展览用途的进口食品，展览后应当按照进境展品管理的有关规定进行处置。

四、任何单位和个人应当严格按照国家标准使用亚硝酸盐等食品添加剂。

五、禁止在食品中添加工业盐等可能危害人体健康的物质。

六、禁止将废弃食用油脂加工后作为食用油使用或者销售。

七、违反本通告规定的行为，法律、法规、规章有处理规定的，按照相关规定处理。

八、单位销售的蔬菜未按照规定向生产者索取相关证明文件或者个人销售的蔬菜未按照规定随附相关证明文件的，由工商等有关部门责令改正，并处1000元以上5000元以下罚款。

九、违反国家标准使用亚硝酸盐等食品添加剂的，由质量技监、食品药品监管等有关部门责令改正，并处2000元以上2万元以下罚款。

十、违反本通告规定在食品中添加工业盐等可能危害人体健康的物质的，由质量技监、食品药品监管等有关部门按照法律、法规、规章等规定从重处罚。

十一、将废弃食用油脂加工后作为食用油使用或者销售的，由城市管理执法部门责令限期改正，并可处1万元以上3万元以下罚款；情节严重的，可处3万元以上5万元以下罚款。

十二、本通告自公布之日至2010年12月31日施行。

8. 关于加强地下空间安全管理的通告

（2010年4月15日，上海市人民政府令第34号公布）

为了确保2010年上海世博会的顺利举

行，根据《上海市人民代表大会常务委员会关于本市促进和保障世博会筹备和举办工作的决定》的规定，市政府决定，在2010年上海世博会举办期间对本市地下空间采取如下管理措施：

一、本通告适用于对公众开放的作为生产、经营场所以及其他作为公共活动场所的民防工程、普通地下室的安全管理。

二、地下空间的产权人、产权人委托的地下空间物业管理单位、地下空间的使用人（以下统称地下空间的责任单位）应当加强地下空间安全使用管理，落实安全防范措施，及时消除安全隐患，确保地下空间安全。

三、地下空间的责任单位应当按照有关规定和标准安装安全技术防范设施，并加强日常检查和维护。

四、地下空间的责任单位应当建立内部安全防范制度，加强对地下空间的人员密集部位以及出入口、应急疏散通道、配电间、换气风道口等重点部位的巡查。

五、地下空间的责任单位应当按照本市有关规定和标准，对进入用作经营性仓库、机动车停车库的地下空间的车辆、物品进行安全检查。对拒绝接受安全检查的，应当阻止其进入；发现可疑人员、车辆、物品的，除采取阻止进入的措施外，还应当立即报告公安机关。

六、违反本通告规定的行为，有关法律、法规、规章有处理规定的，按照相关规定处理。

七、地下空间的责任单位未按照本市有关规定和标准对进入用作经营性仓库、机动车停车库的地下空间的车辆、物品进行安全检查，或者未履行阻止进入、报告义务的，由公安机关责令改正，处1000元以上1万元以下罚款；情节严重的，处1万元以上3万元以下罚款。

八、民防、公安等部门应当在各自职责范围内，加强对地下空间安全使用的监督管理。对不具备法律、法规、规章规定的安全使用条件或者存在安全隐患的地下空间，应当责令地下空间的责任单位限期改正；对逾期未改正的，可以责令停产停业；对严重威胁人身安全、财产安全或者公共安全的，可以由公安机关直接责令停产停业。

九、本通告自2010年4月15日至2010年11月15日施行。

9. 关于实施安全检查特别措施的通告

（2010年4月15日，上海市人民政府令第35号公布）

为了确保2010年上海世博会的顺利举行，根据《上海市人民代表大会常务委员会关于本市促进和保障世博会筹备和举办工作的决定》，市政府决定，在2010年上海世博会举办期间，实施下列安全检查特别措施：

一、人民警察在依法履行职务过程中，经表明身份，可以对可疑的人员、物品和车辆实施安全检查。

二、民用机场、铁路车站、长途汽车站、客货运码头、轨道交通车站等公共交通站点的经营、管理单位（以下统称交通站点运营单位）应当按照有关规定和标准，设置安全检查设备，配备安全检查人员，对进入的人员、物品和车辆进行安全检查。拒绝接受检查的，交通站点运营单位应当阻止其进入。

三、公交车、长途客运车、旅游观光车、渡轮等交通工具的经营、管理单位（以下统称交通工具运营单位）应当按照本市的有关规定，建立健全安全检查制度，对乘客携带的物品进行安全检查。拒绝接受检查的，交通工具运营单位应当拒绝其乘坐交通工具。

四、邮政企业和其他提供快递服务的企业（以下统称寄递企业）应当依法严格执行收寄验视制度，如实登记寄递物品和寄件人信息；对寄往上海世博会园区的物品，还应当查验寄件人有效身份证件，配合政府有关部门的安全检查。寄件人拒绝接受验视检查的，寄递企业不予收寄。

五、交通站点运营单位、交通工具运营单位、寄递企业发现携带、寄递枪支弹药、管制刀具、陶瓷刀以及易燃易爆、毒害性、腐蚀性、放射性等物品（目录详见附件）或者疑似上述物品的，除采取阻止进入、禁止乘坐交通工具或者不予收寄的措施外，还应当立即报告公安机关。

六、违反本通告规定，法律、法规、规章有处罚规定的，按照相关规定予以处罚；法律、法规、规章没有处罚规定的，由公安机关根据本通告予以处罚：

（一）交通站点运营单位、交通工具运营单位、寄递企业未按照规定实施安全检查的，责令改正，并处以1万元以上5万元以下的罚款；

（二）交通站点运营单位、交通工具运营单位、寄递企业未按照规定采取相应的管理措施或者履行报告义务的，处以1万元以上3万元以下的罚款；

（三）对逃避或者拒绝接受安全检查的人员，予以批评教育；情节严重的，处以警告或者500元以下罚款。

七、本市鼓励单位和个人积极举报非法携带、寄递目录所列物品的行为。

八、本通告自2010年4月15日至2010年11月15日施行。

附件：

禁止非法携带、寄递的物品目录

一、枪支、军用或者警用械具类（含主要零部件）：（一）公务用枪：手枪、步枪、冲锋枪、机枪、防暴枪等。（二）民用枪：气枪、猎枪、运动枪、麻醉注射枪等。（三）其他枪支：样品枪、道具枪、发令枪等。（四）军械、警械、警棍等。（五）国家禁止的枪支、械具：钢珠枪、催泪枪、电击枪、电击器、防卫器等。（六）上述物品的仿制品。

二、爆炸物品类：（一）弹药：各类炮弹和子弹等。（二）爆破器材：炸药、雷管、导火索、导爆索等。（三）烟火制品：礼花弹、烟花、爆竹等。（四）上述物品的仿制品。

三、管制刀具：匕首、三棱刀（包括机械加工用的三棱刮刀）、带有自锁装置的弹簧刀以及其他相类似的单刃、双刃、三棱尖刀等。

四、陶瓷刀。

五、易燃易爆物品：以燃烧为主要特征的氢气、一氧化碳、甲烷、乙烷、丁烷、天然气、乙烯、丙烯、乙炔（溶于介质的）、液化石油气、氧气、水煤气等易燃、助燃、可燃毒性压缩气体和液化气体；汽油、煤油、柴油（闪点≤60℃的）、苯、酒精、丙酮、乙醚、油漆、稀料（香蕉水、硝基漆稀释剂）、松香油及含易燃溶剂的制品等易燃液体；红磷、闪光粉、固体酒精、赛璐珞等易燃固体；黄磷（白磷）、硝化纤维片、油纸及其制品等易自燃物品；金属钾、钠、锂、碳化钙（电石）、镁铝粉等遇湿易燃物品；过氧化钠、过氧化钾、过氧化铅、过醋酸、双氧水等氧化剂和有机过氧化物。

六、毒害品：氰化物、汞（水银）、剧毒农药等剧毒化学品以及硒粉、苯酚、生漆等具有可燃、助燃特性的毒害品。

七、腐蚀性物品：盐酸、氢氧化钠、氢氧化钾、硫酸、硝酸、蓄电池（含氢氧化钾固体或者注有碱液的）等具有可燃、助燃特性的腐蚀品。

八、放射性物品：放射性同位素等放射性物品。

九、国家法律法规规定的其他禁止携带、寄递的物品。

10. 关于加强刀具安全管理的通告

(2010年4月15日，上海市人民政府令第36号公布)

为了确保2010年上海世博会的顺利举行，根据《上海市人民代表大会常务委员会关于本市促进和保障世博会筹备和举办工作的决定》的规定，市政府决定，在2010年上海世博会举办期间，对刀具采取特别管理措施：

一、本通告适用于管制刀具、陶瓷刀、菜刀、大型水果刀、工艺品刀、锉刀等危险性刀具。

二、禁止销售陶瓷刀，禁止携带陶瓷刀进入公共场所或者乘坐公共交通工具。

公安机关应当按照法律、法规、规章的有关规定，对管制刀具实施管理。

三、对管制刀具、陶瓷刀以外的菜刀、大型水果刀、工艺品刀、锉刀等其他危险性刀具（以下简称危险性刀具）实行定点销售制度。

危险性刀具销售单位向所在地的区、县商务部门申领《上海世博会期间刀具销售定点单位》证后方可销售。刀具销售定点单位的名录由市商务部门向社会公布。

四、刀具销售定点单位应当实行专店或者专柜销售，明确安全管理责任人员，配备必要的安全技术防范设施。

五、危险性刀具实行实名购买和销售登记制度。刀具销售定点单位应当查验购买人的身份证件或者单位证明，登记购买人身份信息、单位名称、购买刀具的品种和数量等情况，并将登记情况每周报所在地公安派出所备案。

六、刀具销售定点单位不得向行为异常或者精神异常人员以及未成年人出售危险性刀具，发现行为异常或者精神异常人员购买危险性刀具的，应当立即向公安机关报告。

七、携带危险性刀具进入公共场所或者乘坐公共交通工具，携带人应当采取防护措施。

公共场所或者公共交通工具的管理人员发现携带危险性刀具未采取防护措施的，应当告知其采取必要的防护措施；拒不改正的，应当立即报告公安机关。

八、单位和个人应当妥善保管所持有的刀具。

九、违反刀具禁售或者定点销售规定的，由工商行政管理部门、城市管理执法部门按照各自职责予以取缔，没收非法销售的刀具，并可对个人处以100元以上1000元以下罚款，对单位处以1000元以上1万元以下罚款。

十、刀具销售定点单位未按照规定实行专店或者专柜销售、明确安全管理责任人员或者配备必要的安全技术防范设施的，由商务部门责令限期改正，处以1000元以上5000元以下罚款；逾期不改正的，由商务部门取消其刀具销售定点单位资格。

十一、有下列情形之一的，由公安机关按本通告规定予以处理：

（一）携带陶瓷刀进入公共场所或者乘坐公共交通工具的，没收陶瓷刀，并处以100元以上500元以下罚款；

（二）携带危险性刀具进入公共场所或者乘坐公共交通工具未采取防护措施的，责令改正，并可处以100元以下罚款；

（三）刀具销售定点单位未履行查验、登记或者备案义务的，责令改正，并处以1000元以上5000元以下罚款；

（四）刀具销售定点单位向行为异常、精神异常人员以及未成年人销售危险性刀具，或者未按规定履行报告义务的，处以1000元以上5000元以下罚款。

十二、本通告自2010年4月15日至2010年11月15日施行。

11. 关于加强留宿场所安全管理的通告

(2010年4月15日，上海市人民政府令第37号公布)

为了确保2010年上海世博会的顺利举行，根据《上海市人民代表大会常务委员会关于本市促进和保障世博会筹备和举办工作的决定》，市政府决定，在2010年上海世博会举办期间，对本市留宿场所采取以下安全管理措施：

一、本通告所称的留宿场所，包括：

（一）宾馆、旅馆、招待所、公寓式酒店、世博签约公寓以及提供住宿服务的浴场等经营性住宿场所（以下统称旅馆住宿服务场所）；

（二）“世博人家”等根据本市相关规定和标准提供住宿服务的家庭住宿场所（以下统称家庭住宿服务场所）。

二、旅馆住宿服务场所实行从业人员实名登记制度。家庭住宿服务场所在公安机关进行从业人员身份信息采集时，应当予以配合。

留宿场所应当登记旅客的有效身份证件信息。未携带有效身份证件的旅客，应当到留宿场所所在地公安派出所开具相关证明。

旅馆住宿服务场所对需要进入客房的访客，应当登记访客的有效身份证件信息，并征得旅客的同意。

三、旅馆住宿服务场所应当及时将从业人员以及旅客、访客登记信息报送所在地公安派出所。

已安装宽带网络的，应当在接待旅客、访客后2小时内，将旅客、访客登记信息上传至旅馆业治安管理信息系统。

四、设有15间以上客房、50个以上床位或者使用面积在500平方米以上的旅馆住宿服务场所，应当安装符合国家和本市相关标准的视频监控系统、紧急报警装置等安全技术防范设施。

五、旅馆住宿服务场所应当建立内部安全防范制度，加强对场所内人员密集部位以及配电间、电梯机房、饮用水箱、换气风道口、应急疏散通道等重点部位的巡查。

六、旅馆住宿服务场所应当按照公安机关的相关规定，设置安全检查设备，配备安全检查人员，对进入场所内的人员、物品、车辆实施安全检查。对需要寄存物品的，可以要求寄存人开包（箱）接受检查。

拒绝接受安全检查或者开包（箱）检查的，旅馆住宿服务场所应当阻止其进入或者寄存物品。

七、留宿场所的工作人员在本场所内发现下列人员或者物品的，应当立即报告公安机关：

（一）犯罪嫌疑人员或者被公安机关通缉的人员；

（二）枪支弹药、管制器具、毒品、非法宣传品等违禁物品；

（三）爆炸性、毒害性、放射性、腐蚀性等危险物品；

（四）其他可疑的人员和物品。

八、对违反本通告规定的行为，法律、法规、规章有处理规定的，按照相关规定处理；法律、法规、规章没有规定的，由公安机关实施处罚：

（一）未按照规定进行从业人员、旅客、访客信息登记或者向公安机关报送从业人员、旅客、访客信息的，责令改正，并可处警告或者1000元以上1万元以下罚款；被处罚后又屡次发生上述情况的，处1万元以上3万元以下罚款。

（二）未按照规定实施安全检查或者报告可疑的人员、物品的，责令改正，并可处1000元以上1万元以下罚款，对单位主要负责人和直接责任人员可处200元以上500元以下罚款。

九、本通告自2010年4月15日至2010年11月15日施行。

12. 关于加强内河水域安全管理的通告

（2010年4月15日，上海市人民政府令第38号公布）

为了确保2010年上海世博会的顺利举行，根据《上海市人民代表大会常务委员会关于本市促进和保障世博会筹备和举办工作的决定》，市政府决定，在2010年上海世博会举办期间，对本市内河水域采取以下安全管理措施：

一、本通告所称的内河水域，是指黄浦江及其相连的支流港汊和出入市境水路卡口。

内河水域内设置管控区水域和核心管制区水域。黄浦江闸港至川杨河口下游100米处之间的水域和黄浦江南浦大桥至吴淞口之间的水域为管控区水域；黄浦江川杨河口下游100米处至南浦大桥之间的水域为核心管制区水域。

二、公安机关、海事管理机构可以根据世博安保工作需要，对进入内河水域的船舶及其承载人员和物品依法实施安全检查。

海事管理机构可以根据世博安保工作需要，依法采取禁航、限航等临时性水上交通管制措施。采取水上交通管制措施的，海事管理机构应当提前24小时向社会公布。

三、本市实行船舶航行报告线制度。

需要进入管控区水域、核心管制区水域的船舶经过长江上海段浏河口、圆圆沙以及黄浦江101灯浮、107灯浮、轮渡泰公线、轮渡临浦线、关港、奉浦大桥等报告线时，应当向海事管理机构报告船名、船舶种类、船舶尺度、载货性质以及进入管控区水域、核心管制区水域的时间和目的等情况，并服从海事管理机构的指挥。

四、禁止下列船舶进入本市内河水域：

（一）未按照规定在始发港进行船舶信息报告、未办理船舶签证或者未通过专项安全检查的船舶；

（二）未安装全球定位系统（GPS）载运危险货物的船舶；

（三）未安装甚高频电台（VHF）的货运船舶。

五、禁止下列船舶进入管控区水域、核心管制区水域：

（一）渔船（进入黄浦江蕴藻浜至吴淞口之间的水域除外）；

（二）载运X类物质、高黏度或者凝固型Y类物质、毒害品、易燃液体，未达到国家规定的Ⅱ型船舶要求的散装化学品船；

（三）载运危险货物过境的油船、散装化学品船、液化气船；

（四）油船、沥青船、散装化学品船、液化气船中，船龄超过12年的海船和船龄超过16年的河船。

六、进入管控区水域、核心管制区水域的船舶禁止从事下列活动：

（一）挂帆航行；

（二）航行时船速低于4节或者高于8节；

（三）排放含油污水、生活污水等船舶污染物。

七、在管控区水域、核心管制区水域内航行和停泊的游览船、世博客渡船、世博交通船、趸船应当对生活污水排放设备实施铅封，并设置与船舶垃圾、生活污水产生量相适应的处理装置或者储存容器。

在管控区水域、核心管制区水域内航行的1600总吨以下的小型船舶除符合相关国家标准外，还应当符合市交通港口行政管理部门和海事管理机构制定的技术标准。

八、在管控区水域内经营游览船的，经营人应当按照市交通港口行政管理部门核定的航行区域和航班计划经营游览业务。

在管控区水域内航行且船龄超过15年的游览船，其所有人或者经营人应当向法定的船舶检验机构申请特别检验，检验合格后方可从事相关经营活动，并向海事管理机构备案。

九、禁止下列船舶进入核心管制区水域：

（一）游艇；

（二）游览船（世博游览船除外）；

（三）未安装船舶自动识别系统（AIS）的船舶；

（四）载运爆炸性、放射性危险货物的船舶。

十、进入核心管制区水域的船舶不得进行压载水排放、船舶污染物接收、散装液体污染危害性货物过驳、舷外拷铲及油漆等具有污染风险的作业。

十一、需要载运爆炸性、放射性以外其他危险货物进入核心管制区水域的船舶，应当向上海海事局和上海市公安局水上公安局办理护航、押运手续，在海事巡逻艇监护下通航，通航时间为每日晨光始（且不早于4时）至8时。

十二、需要载运散装液体危险货物进入核心管制区水域的船舶，其托运人或者收货人应当向海事管理机构报备其在本通告施行期间的运输总量，由海事管理机构实施总量控制。

十三、世博游览船、世博客渡船、世博交通船等世博专用船舶应当经海事管理机构和公安机关检查合格后，方可从事营运活动。营运中应当严格按照市交通港口行政管理部门核定的航行区域航行，并在指定码头停泊。

除世博专用船舶以及水上执法船舶、工作船舶外，其他船舶不得在核心管制区水域内停泊。

十四、对违反本通告规定的行为，法律、法规、规章有处理规定的，按照相关规定处理；法律、法规、规章没有规定的，海事管理机构可以责令船舶离港或者停航、改航、停止作业，并按照下列规定给予处罚：

（一）违反规定进入管控区水域、核心管制区水域或者在核心管制区水域内停泊的，可处1万元以上3万元以下罚款；

（二）未按照规定办理护航、押运手续或者报备危险货物运输总量的，可处1万元以上2万元以下罚款。

十五、应邀参加上海世博会重大庆典活动的船舶，经海事管理机构批准，可以不受本通告第六条第（一）、（二）项，第九条第（一）、（二）项和第十三条第二款规定的限制。

十六、本通告自2010年4月15日至2010年11月15日施行。

13. 关于加强小型航空器和空飘物飞行活动安全管理的通告

（2010年4月15日，上海市人民政府令第39号公布）

为了确保2010年上海世博会的顺利举行，根据《上海市人民代表大会常务委员会关于本市促进和保障世博会筹备和举办工作的决定》的规定，市政府决定，在2010年上海世博会举办期间，对本市小型航空器和空飘物的飞行活动采取以下管理措施：

一、本通告适用于轻型和超轻型飞机、轻型直升机、滑翔机、无人驾驶飞机、三角翼（含动力三角翼）、滑翔伞、动力伞、航空模型、航天模型、飞艇、热气球、无人驾驶自由气球、系留气球等小型航空器和空飘物的安全管理。

二、禁止小型航空器和空飘物起降、飞行。

经批准用于上海世博会的庆典活动、航拍、电视转播以及警务、应急救援、引航、气象探测和人工影响天气作业等飞行活动的，不受前款规定限制。

三、公安机关以及民航、气象、体育等部门可以对小型航空器和空飘物的起降场地采取临时封闭措施，或者要求相关单位对其管理的小型航空器和空飘物采取临时封存措施。

四、对违反本通告规定的飞行活动，法律、法规、规章有处理规定的，按照相关规定处理；法律、法规、规章没有规定的，由公安机关责令改正，并对单位处1万元以上3万元以下罚款，对个人处500元以上2000元以下罚款。

五、本通告自2010年4月15日至2010年11月15日施行。

14. 关于加强房屋拆迁基地空置房屋、建筑工地临时宿舍和临时改建宿舍安全管理的通告

（2010年4月15日，上海市人民政府令第40号公布）

为了确保2010年上海世博会的顺利举行，根据《上海市人民代表大会常务委员会关于本市促进和保障世博会筹备和举办工作的决定》的规定，市政府决定，在2010年上海世博会举办期间，对本市的房屋拆迁基地空置房屋、建筑工地临时宿舍和临时改建宿舍采取以下管理措施：

一、房屋拆迁基地内的空置房屋不得住宿。

房屋拆迁基地的拆迁人或者其委托的拆迁实施单位应当对房屋拆迁基地内原住户已搬迁的空置房屋采取关闭、封闭等措施，并定期巡查。发现在空置房屋内住宿或者在房屋拆迁基地内搭建临时窝棚住宿的，应当劝其搬离；对不听劝阻的，应当立即报告公安机关。

二、建筑工地内的临时宿舍不得用于非本工地工作人员住宿。

建筑施工企业应当将住宿人员的有效身份证件信息每周报所在地公安派出所备案。

三、闲置厂房、仓库等非居住房屋临时改建的宿舍（以下简称临时改建宿舍）的房屋产权人，应当按照本市相关规定办理手续后，方可出租给与本市企事业单位签订劳动合同或者劳务合同的来沪务工人员。

临时改建宿舍的房屋产权人应当登记住宿人员的有效身份证件信息，并将登记信息每周报所在地公安派出所备案。

四、对下列违反本通告规定的行为，由公安机关、住房保障房屋管理部门根据各自职责分别实施处罚：

（一）未按照规定履行关闭、封闭职责的或者将临时改建宿舍出租给不符合规定条件的人员住宿的，由住房保障房屋管理部门责令房屋拆迁基地的拆迁人或者临时改建宿舍的房屋产权人限期改正；逾期不改正的，处5000元以上2万元以下罚款。

（二）建筑工地内的临时宿舍有非本工地工作人员住宿的，由公安机关责令建筑施工企业限期改正；逾期不改正的，处5000元以上2万元以下罚款。

（三）未按照规定登记、报备住宿人员信息的，由公安机关责令改正，可处500元以上2000元以下罚款。

五、本通告自2010年4月15日至2010年11月15日施行。

15. 关于加强本市市容环境卫生责任区管理的通告

（2010年4月15日，上海市人民政府令第41号公布）

为了推进本市市容环境卫生责任区制度的实施，为2010年上海世博会顺利举办创造良好的环境，根据《上海市人民代表大会常务委员会关于本市促进和保障世博会筹备和

举办工作的决定》的规定，市政府决定，在2010年上海世博会筹备和举办期间，对本市市容环境卫生责任区管理采取如下措施：

一、市容环境卫生责任人应当按照《上海市市容环境卫生管理条例》的规定，做好责任区内的市容环境卫生工作。责任区的具体范围，由市或者区（县）市容环境卫生管理部门按照《上海市市容环境卫生责任区范围划分标准（试行）》划定。

二、市容环境卫生责任人不得擅自超出门窗、外墙经营；违反规定的，由城管执法部门责令改正，并可处50元以上500元以下罚款。市容环境卫生责任人不得擅自占用道路及其他公共场所堆放物品，影响市容环境卫生；违反规定的，由城管执法部门责令改正，并可处500元以上5000元以下的罚款。违法责任人逾期不履行行政处罚决定的，城管执法部门可以申请人民法院强制执行。

违法责任人违反前款规定被处罚三次后，再次违反前款规定的，城管执法部门可以将违法责任人有关案件材料移送给工商行政管理部门，由工商行政管理部门责令违法责任人停产停业7天以下。

三、本通告自公布之日至2010年10月31日施行。

16. 关于加强本市建筑垃圾和工程渣土运输安全管理的通告

（2010年4月15日，上海市人民政府令第42号公布）

为确保2010年上海世博会顺利举办，根据《上海市人民代表大会常务委员会关于本市促进和保障世博会筹备和举办工作的决定》的规定，市政府决定，在2010年上海世博会筹备和举办前后，对本市建筑垃圾和工程渣土（以下统称建筑渣土）运输安全管理采取如下措施：

一、建筑渣土运输车辆除应当符合本市《建筑垃圾车技术及运输管理要求》（DB31/T398-2007）的规定外，还应当安装符合市绿化市容管理部门规定的转弯信号、语音提示装置。

不符合前款规定的运输车辆不得承运建筑渣土。

二、建筑渣土运输车辆少于20辆的运输单位，不得从事建筑渣土运输作业。

建筑渣土运输车辆驾驶员应当具备3年以上驾驶大型车辆的经历，并经绿化市容、公安交通和交通港口管理部门组织的建筑渣土运输安全专项培训考核合格后方可上岗。

三、建筑渣土运输单位有下列情形之一的，由城管执法部门责令限期改正，并处5000元以上5万元以下罚款：

（一）从事建筑渣土运输的车辆不符合本通告规定要求的；

（二）从事建筑渣土运输的驾驶员不符合本通告规定要求的。

建筑渣土运输单位有下列情形之一的，由城管执法部门或者公安交通管理部门依照有关法律、法规予以处罚：

（一）擅自倾倒、堆放、处置建筑渣土或者承运未取得处置证的建筑渣土；

（二）运输建筑渣土未使用密闭机械装置；

（三）运输车辆超载运输建筑渣土。

有前款规定的违法行为在30日内被处罚3次以上的，由市绿化市容管理部门吊销其建筑渣土运输许可证。

四、发生人员死亡的道路交通事故，建筑渣土运输车辆驾驶员承担全部责任1次或者主要责任2次的，不得从事建筑渣土运输。

发生道路交通事故累计造成3人以上死亡，建筑渣土运输车辆驾驶员承担全部责任或者主要责任的，由市绿化市容管理部门吊销该驾驶员隶属建筑渣土运输单位的建筑渣土运输许可证。

五、本通告自公布之日至2010年12月31日施行。

（二）其他政策法规

目 录

17. 关于进一步促进本市出租汽车行业健康持续发展的意见（沪府发〔2009〕62号，2009年12月8日）

18. 上海市消火栓管理办法（2009年12月9日，政府令第21号）

19. 上海市轨道交通运营安全管理办法（2009年12月9日，政府令第22号）

20. 上海市放射性污染防治若干规定（2009年12月9日，政府令第23号）

21. 上海市地下空间安全使用管理办法（2009年12月9日，政府令第24号）

22. 关于公布本市第四批取消和调整行政审批事项的通知（沪府发〔2009〕68号，2009年12月25日）

23. 关于本市贯彻国务院常务会议精神进一步促进房地产市场健康发展的实施意见（沪府办发〔2009〕58号，2009年12月29日）

24. 上海市虹桥商务区管理办法（1月6日，政府令第25号）

25. 关于本市实行城乡建设用地增减挂钩政策推进农民宅基地置换试点工作的若干意见（沪府办发〔2010〕1号，1月11日）

26. 关于做好破损污损褪色或不合规格国旗回收处理工作的实施意见（沪府办发〔2010〕2号，1月18日）

27. 关于贯彻《上海市饮用水水源保护条例》的实施意见（沪府发〔2010〕1号，1月21日）

28. 关于开展农村集体建设用地流转试点工作的若干意见（沪府办发〔2010〕3号，1月27日）

29. 上海市加快电网建设若干规定（沪府发〔2010〕3号，1月29日）

30. 关于贯彻国务院推进城市和国有工矿棚户区改造会议精神加快本市旧区改造工作的意见（沪府发〔2010〕5号，2月12日）

31. 关于推进本市应急避难场所建设的意见（沪府办发〔2010〕6号，2月25日）

32.2010年市政府要完成的与人民生活密切相关的实事（沪府办发〔2010〕8号，3月29日）

33. 关于进一步加强本市生活垃圾管理的若干意见（沪府发〔2010〕9号，3月31日）

34. 关于加强本市综合性应急救援队伍建设的意见（沪府办发〔2010〕16号，4月20日）

35. 关于修改《上海市外滩风景区综合管理暂行规定》的决定（4月15日，政府令第31号）

36. 关于本市推动农村邮政物流发展的若干意见（沪府办发〔2010〕17号，5月5日）

37. 关于本市贯彻《国务院关于进一步加大工作力度确保实现“十一五”节能减排目标的通知》的实施意见（节选）（沪府发〔2010〕20号，5月26日）

38. 上海浦东机场综合保税区管理办法（5月28日，政府令第44号）

39. 上海市临港产业区管理办法（6月1日，政府令第46号）

40. 关于进一步规范和加强行政执法工作的意见（沪府发〔2010〕21号，6月7日）

41. 上海市行政执法人员执法行为规范（沪府办发〔2010〕25号，6月8日）

42. 上海市地下空间安全使用监督检查管理规定（沪府办发〔2010〕29号，6月21日）

43. 上海市公共汽车和电车客运管理条例（7月30日第13届人大常委会第20次会议修正）

44. 上海市2010年经济适用住房准入标

准和供应标准（沪府发〔2010〕29号，8月7日）

45. 关于调整本市廉租住房收入准入标准的通知（沪府发〔2010〕30号，8月9日）

46. 本市发展公共租赁住房的实施意见（沪府发〔2010〕32号，9月4日）

47. 上海市建筑节能条例（9月17日第13届人大常委会第21次会议通过）

48. 关于切实推进本市公共租赁住房工作的通知（沪府办发〔2010〕40号，9月26日）

49. 关于转发市发展改革委等四部门分别制订的《上海市市级建设财力项目储备库管理暂行办法》等四个暂行办法的通知（沪府办发〔2010〕41号，9月30日）

50. 关于进一步加强本市房地产市场调控加快推进住房保障工作若干意见的通知（沪府发〔2010〕34号，10月7日）

51. 贯彻国务院关于进一步加强企业安全生产工作通知的实施意见（沪府发〔2010〕35号，10月21日）

52. 贯彻国务院关于进一步加强防震减灾工作意见的实施意见（沪府发〔2010〕38号，10月26日）

53. 上海市建设工程文明施工管理规定（10月30日政府令第48号公布修正）

54. 上海市查处车辆非法客运规定（11月1日，政府令第49号）

55. 上海市建筑垃圾和工程渣土处置管理规定（11月8日，政府令第50号）

56上海市查处乱张贴乱涂写乱刻画乱悬挂乱散发规定（11月15日，政府令第51号）

57. 关于切实做好消防和安全生产工作的通知（沪府办发〔2010〕42号，11月17日）

17. 关于进一步促进本市出租汽车行业健康持续发展的意见

（沪府发〔2009〕62号，2009年12月8日）

各区、县人民政府，市政府各委、办、局：

多年来，本市出租汽车行业稳定健康发展，在促进经济发展、方便市民出行、提升城市综合服务能力等方面，发挥了重要作用。为继续加强出租汽车行业管理，规范经营行为，改善经营环境，保障驾驶员的合法权益，现就进一步促进本市出租汽车行业健康持续发展提出以下意见：

一、充分认识本市出租汽车行业健康持续发展的重要意义

（一）出租汽车行业的健康持续发展，有利于满足市民群众个性化出行需求。近年来，本市公共交通事业取得了长足发展，逐步形成了较为完善的公共交通网络，较好地满足了市民群众长距离、大容量、定线定班式的基本出行需求。随着本市社会经济发展和人民生活水平提高，市民群众对于出租汽车等个性化出行方式的需求日益凸显。为满足市民群众不断增长的个性化出行需要，必须进一步促进出租汽车行业健康持续发展。

（二）出租汽车行业的健康持续发展，有利于展现现代化国际大都市良好形象。出租汽车行业是本市重要的服务窗口。自2000年以来，本市出租汽车行业连续4届被评为“上海市文明行业”；在全国大中城市出租汽车服务质量评比中，也多次名列前茅。随着上海世博会的日益临近，为了更好地服务上海世博会，向世人展现上海国际大都市文明、有序、友好的形象，必须进一步促进出租汽车行业健康持续发展。

（三）出租汽车行业的健康持续发展，有利于构建行业和谐稳定。多年来，市、区县两级出租汽车行业管理部门运用法律、行政、经济、技术等综合管理手段，有效整治各类扰乱市场的非法营运行为，及时解决行业发展中的矛盾和问题，保持了出租汽车行业的总体稳定。为了更好地规范出租汽车市场营运秩序，构建和谐稳定的行业发展环境，必须进一步促进出租汽车行业健康持续发展。

二、科学把握出租汽车行业发展的基本定位、原则和目标

（四）出租汽车行业的发展定位。出租汽车是城市综合客运体系的重要组成部分，是满足人们个性化出行需求的一种重要交通运输方式，是体现城市综合服务能力的重要载体，是城市公共交通的必要补充。

（五）行业健康持续发展的基本原则。

——坚持可持续发展，行业发展与经济社会发展、人民生活水平提高相适应，不断提高行业健康发展和文明创建整体水平。

——坚持以人为本，发挥出租汽车个性化服务的特点，不断提供周到、便捷、满意的服务。

——坚持科学管理，完善体制机制，加强行业监管，科学调控市场，优化经营环境，规范运营秩序。

——坚持规模化发展，积极推进公司化、集约化、品牌化经营，加快信息化手段应用，不断提升行业竞争力。

——坚持和谐稳定，聚焦经营权制度、从业人员素质、劳动保障机制等重点领域和关键环节，切实保障驾驶员的合法权益。

（六）行业健康持续发展的工作目标。通过几年不断努力，实现出租汽车行业管理水平领先，运价结构合理，经营权管理完善，劳动保障制度健全，市场环境规范有序；服务质量优良，继续保持上海市文明行业荣誉称号，保持服务质量位居全国同行前列；市场供应均衡，基本满足不同区域和时段市民群众对出租汽车的出行需求。

三、明确促进本市出租汽车行业健康持续发展的主要措施

（七）科学实施运力调控。研究建立本市出租汽车运力调控指标体系。根据市场供求关系和城市化进程要求，进行科学测算，合理确定和调控全市及各区域出租汽车投放总量。中心城区出租汽车运力总量从严从紧控制，郊区区域出租汽车适度适量发展。

（八）完善经营许可管理。出租汽车行业实行特许经营，经营权实行无偿使用。新投放的出租汽车经营权探索实行有期限经营。采取服务质量招投标方式配置出租汽车经营权，择优确定经营者。严禁企业和个人擅自转让出租汽车经营许可证件和许可权。诚信等级高、服务质量好的企业享有新增经营权招标、依法收回经营权再配置、车辆资产转让、企业兼并重组等优先权。建立企业和个人诚信考核档案，将经营权考核和诚信考核等密切结合，企业对驾驶员违规行为负有连带责任。进一步完善经营权考核制度，对严重违规者依法收回其部分或全部经营权。

（九）加强运价管理。出租汽车运价实行政府定价。根据出租汽车行业的发展定位、市场供求状况、驾驶员收入、企业利润率、与城市公共交通的比价关系，以及公众承受能力等因素，适时调整出租汽车运价。根据国家成品油价格形成机制改革的要求，不断完善油价运价联动机制。

（十）规范市场经营行为。坚持和鼓励公司化和规模化的行业发展方向。不断完善以公司制为主体的经营模式，加快建立“产权明晰、权责明确、收费合理、风险共担”的企业运营机制。按照“精干、效能”的原则，优化管理人员配置，提高管理水平，不断提高企业竞争力。完善承包经营制度，实行厂务公开，及时公布承包指标标准。个体工商户的托管企业要切实履行管理责任，改进和优化服务。积极探索符合上海实际的促使小型企业和个体工商户健康有序发展的经营方式。鼓励企业重组兼并，实现适度规模经营，提高企业管理水平和规模效益，促使资源向优质品牌企业集聚，增强抗御市场经营风险的能力。企业实施资产重组时应按政府有关规定进行交易，企业转让车辆资产和无形资产以及个体工商户转让营运车辆的，必须进入产权交易场所交易，确保转让合法、公开和有序。

（十一）加强行业监督管理。交通行业管理部门要不断探索和创新出租汽车行业管理体制，充实和加强行业管理力量，改进和完善管理方式，强化和改善行业服务，发现、研究和解决行业发展中的重大问题，积极组织开展行业文明创建活动。按照法定程序修订、完善《上海市出租汽车管理条例》和相关规范标准。建立出租汽车行业成本监审制度，加强企业成本和利润监管。根据合理利润水平设定承包指标上限，鼓励骨干企业主动采用既有利于企业稳定发展又有利于调动驾驶员积极性的承包指标。进一步提高执法队伍素质，规范执法程序，杜绝不规范执法行为。加强出租汽车站点监管，机场、火车站和候客站等重要站点实施交通行政执法人员与站点协管员相结合的管理模式。积极探索电话预约和站点候车相结合的营运方式。加强出租汽车行业营业票据印制和管理。严格从业人员过户变更、退离行业相关证件的办理。

（十二）积极发挥行业工会和协会作用。建立健全工会组织，把驾驶员充分吸收到工会组织中来。建立工会与企业间的沟通协商机制，积极发挥工会组织维护职工权益的作用，及时调解劳动纠纷，解决驾驶员队伍的实际困难和合理诉求，推动行业建立和谐稳定的劳动关系。健全出租汽车行业协会，进一步发挥其作用，切实加强行业自律。行业协会应当积极参与制定行业发展规划和管理政策，督促企业和个体经营者依法、守规经营，努力为会员单位（个人）提供政策法规、技能培训和信息咨询等服务。

（十三）加强驾驶员队伍建设。出租汽车行业实行职业资格制度，未取得国家职业资格的驾驶员不得上岗。加强出租汽车驾驶员职业化教育培训，提高行业从业人员的服务技能和职业素质。严格执行《上海市出租汽车服务规范》，教育和引导出租汽车驾驶员依法营运、安全驾驶、文明服务，杜绝拒载、绕道、多收费等违规行为。完善出租汽车星级驾驶员管理制度，不断增加中高星级驾驶员数量，评选“红顶灯”优质服务车，继续开展“的士明星”评比，培育职业化驾驶员队伍。

（十四）保障驾驶员合法权益。严格执行《劳动合同法》规定，企业依法与驾驶员签订劳动合同，进一步推行集体协商、集体合同制度。执行国家和本市规定，按时、足额为驾驶员缴纳各类社会保险费用，研究出台出租汽车驾驶员统一的保险标准，健全保护劳动者合法权益的机制。企业除收取承包指标和行业主管部门核准的费用外，不得再向驾驶员收取其他任何管理和服务费用。杜绝采用一次性买断、高额承包等方式向驾驶员转嫁运营风险。规范个体户业主与雇工的聘用关系，保障被雇佣驾驶员合法权益。妥善处理涉及驾驶员切身利益的各种矛盾，帮助解决停车、如厕、就餐等实际困难。

（十五）坚决打击非法营运。完善政府相关部门参与、市区联手、条块联动的工作格局。在大型商业网点、交通枢纽及机场、车站、码头客流集散地等重点地区，对欺行霸市、严重扰乱市场秩序的非法营运团伙等重点对象，采取联合执法、综合监管等形式，坚决打击非法营运行为，维护正常交通秩序，维护市民合法权益。不断创新打击非法营运的体制、机制和方法。加快推进出租汽车专用候客站点建设，完善监控手段和措施。规范营运车辆报废、更新和补证程序，从源头上控制“克隆车”流入。加大出租汽车计量设备非法改装窝点的查处力度，加强计量设备维修、生产、销售、强检、报废环节的执法检查。

（十六）提高行业装备科技水平。完善

出租汽车运营调度系统，强化营运服务的后台监管，扩大电调车辆覆盖率。全面提高车辆性能等级，完善车辆设施设备，有序安装GPS车载智能终端设施。加快计价器技术改造，研究推行电子标签，提升计价器技术性能。加快车辆更新，新增车辆达到国家有关排放标准。制定并执行符合城市现代化要求、与国际大都市接轨的出租汽车车容、车貌、车型行业标准，规范出租汽车车身、车厢内广告设置。

（十七）维护出租汽车行业稳定。落实工作责任制，市和区县行业主管部门、区县政府、企业共同维护行业稳定。建立管理部门与服务主体间的信息传递机制，畅通驾驶员诉求渠道。出租汽车企业是维护稳定的责任主体，要全面掌握驾驶员思想动态，做好与驾驶员的沟通、协商工作，及时处理驾驶员在营运中遇到的问题和困难，充分保障驾驶员的合法权益。出租汽车驾驶员应通过合法方式和正常渠道反映问题、意见和建议。对利用出租汽车等交通工具为手段，恶意影响社会公共秩序，损害社会公众利益的，属出租汽车经营者责任的，探索实行核减其经营权指标、直至取消其经营资格等措施；属出租汽车驾驶员个人所为的，应取消其职业资格并限制其今后从事出租汽车行业经营与服务，对触犯刑律的有关人员，依法追究其刑事责任。

四、加强对出租汽车行业健康持续发展的组织领导

（十八）形成工作合力。各区县政府和交通、发展改革（价格）、建设、国资、财政、税务、公安、工商、技术监督、社会保障、新闻、审计、监察等部门以及出租汽车行业协会要明确责任，相互支持，形成工作合力。市、区县两级交通管理部门要研究制定行业发展扶持政策和具体实施办法，细化目标、任务和节点。出租汽车企业作为实施主体，要确保各项措施落到实处。

（十九）加强检查评估。根据发展目标和主要任务，市、区县两级交通主管部门要定期组织检查，分析存在问题，推进各项措施落实。围绕公众满意度测评，整合多种监督方式，形成科学合理的上海出租汽车行业公众监督评价体系。通过市民监督或委托相关机构评估等手段，及时评估本意见执行情况和实施效果。

（二十）营造良好氛围。新闻媒体要加大舆论监督和正面宣传力度，形成促进出租汽车行业健康发展的良好氛围。要运用多种形式，积极宣传行业新面貌、新风尚，弘扬先进人物和事迹，引导市民群众理解和支持出租汽车行业改革和发展。

18. 上海市消火栓管理办法

（2009年12月9日，上海市人民政府令第21号公布）

第一条（目的和依据）

为了加强消火栓的管理，预防和减少火灾危害，保护公民人身安全和公私财产安全，根据《中华人民共和国消防法》和《上海市消防条例》，制定本办法。

第二条（概念）

本办法所称的消火栓，是指与供水管网连接，由阀门、出水口和壳体等组成的专门用于火灾预防和灭火救援的消防供水装置及其附属设备。具体包括：

（一）市政道路配建的消火栓（以下简称市政消火栓）；

（二）单位配建的消火栓（以下简称单位消火栓）；

（三）居民住宅区配建的消火栓（以下简称居民住宅区消火栓）。

第三条（监督管理部门）

上海市公安局是本市消火栓监督管理的

主管部门，各级公安机关消防机构具体负责消火栓的监督管理。

建设交通、水务、规划国土资源、住房保障房屋管理、财政等部门应当在各自职责范围内，做好消火栓管理的相关工作。

第四条（市政消火栓的规划）

城市道路和供水专业系统规划应当包括市政消火栓设置的内容，并符合国家和本市有关技术标准。

建设交通、水务、规划国土资源等相关部门在编制城市道路和供水专业系统规划时，应当对涉及市政消火栓设置的部分征询公安机关消防机构的意见。

第五条（建设责任）

建设交通管理部门负责组织市政消火栓的新建、迁建、补建、拆除等建设工作。水务管理部门负责督促供水企业按照专业系统规划和技术标准，落实市政消火栓的建设及其给水管线的铺设等工作。

单位消火栓、居民住宅区消火栓，由建设单位负责按照相关标准建设。

第六条（建设和质量标准）

消火栓及其给水管线的建设设计，应当符合国家和本市的工程建设消防技术标准。

消火栓的质量，应当符合国家标准或者行业标准。

第七条（备案与审核）

市政消火栓应当与市政道路同步设计、施工和验收。竣工后，市政消火栓的施工图纸应当报公安机关消防机构备案。

大型人员密集场所和特殊建设工程中配建的消火栓，其建设单位应当按照国家和本市有关规定将相关设计文件报公安机关消防机构审核；竣工后，建设单位应当向公安机关消防机构申请消防验收。

其他建设工程中配建的消火栓，其建设单位应当按照国家和本市有关规定将相关设计文件报公安机关消防机构备案；竣工验收后，建设单位应当报公安机关消防机构备案。

第八条（使用规定）

消火栓专供灭火救援和日常消防训练使用，其他单位和个人不得擅自使用。

第九条（临时使用手续）

因绿化、市容环卫、建筑施工等原因确需临时使用市政消火栓或者居民住宅区室外消火栓的，使用单位应当向供水企业办理自来水使用手续，取得消火栓临时使用证明后，方可使用，并报公安机关消防机构备案。

第十条（临时使用要求）

临时使用市政消火栓或者居民住宅区室外消火栓的，应当按照消火栓临时使用证明规定的时间、地点使用，并指定专人操作，不得损坏、改变消火栓原状；使用过程中，附近发生火灾的，应当立即停止使用，恢复原状。

第十一条（维护单位）

市政消火栓由水务管理部门组织供水企业落实维护保养职责。

单位消火栓和居民住宅区消火栓由单位或者物业服务企业落实专人进行维护保养。

第十二条（监督管理）

公安机关消防机构应当加强对消火栓的监督管理，对违法使用消火栓的行为进行查处，并负责对市政消火栓进行日常检查，做好市政消火栓的编号、建档等工作。

市政消火栓纳入城市网格化管理。承担城市网格化管理职责的工作人员在巡查中发现市政消火栓损坏的，应当及时报告，并通知公安机关消防机构等相关部门。

第十三条（维护要求）

维护单位应当加强对消火栓的维护和保养，发现消火栓损坏或者接到消火栓损坏报告的，应当及时修复，确保消火栓的完好和有效使用。

第十四条（拆迁规定）

因城市建设需要拆除或者迁建市政消火栓的，应当报公安机关消防机构备案。

第十五条（经费保障）

市政消火栓的建设经费纳入市政道路总投资，维护保养经费按照规定纳入市和区（县）两级城市维护费。

单位消火栓的建设经费和维护保养经费由单位承担。

居民住宅区消火栓的建设经费由建设单位承担，维护保养经费纳入住宅专项维修资金。

第十六条（禁止规定）

任何单位和个人都有保护消火栓的义务，发现损坏消火栓的，应当立即报告公安机关消防机构或者通知供水企业。

禁止下列行为：

（一）埋压、圈占、遮挡消火栓；

（二）擅自拆除、停用、损坏消火栓。

损坏消火栓的，应当赔偿损失。

第十七条（违反审核、备案规定的处罚）

建设单位违反本办法第七条第二款、第三款规定，未按照规定将相关设计文件报公安机关消防机构审核或者未经消防验收的；未按照规定将相关设计文件报公安机关消防机构备案或者竣工后报公安机关消防机构备案的，由公安机关消防机构按照《中华人民共和国消防法》的有关规定予以处罚。

第十八条（违反临时使用规定的处理）

单位或者个人违反本办法第九条、第十条规定，未办理临时使用手续擅自使用消火栓的，或者违反临时使用消火栓要求的，由公安机关消防机构予以警告，处200元以上2000元以下罚款。

未办理临时使用手续擅自使用消火栓取水的，应当向供水企业补缴5倍以上10倍以下的供水水费。

第十九条（不履行维护保养责任的处罚）

维护单位违反本办法第十三条规定，不按照规定履行消火栓维护保养责任的，由公安机关消防机构责令限期改正；逾期不改正的，对其直接负责的主管人员和其他直接责任人员给予警告处罚或者由有关部门依法给予行政处分。

第二十条（违反禁止规定的处罚）

单位违反本办法第十六条规定，埋压、圈占、遮挡消火栓的，或者擅自拆除、停用、损坏消火栓的，由公安机关消防机构责令改正，处5000元以上5万元以下罚款。

个人有前款规定行为之一的，处警告或者500元以下罚款。

第二十一条（治安管理处罚）

违反本办法规定，应当给予治安管理处罚的，由公安机关依照《中华人民共和国治安管理处罚法》予以处罚；构成犯罪的，依法追究刑事责任。

第二十二条（施行日期）

本办法自2010年1月15日起施行。2000年4月27日上海市人民政府令第81号发布的《上海市消火栓管理办法》同时废止。

19. 上海市轨道交通运营安全管理办法

（2009年12月9日，上海市人民政府令第22号公布）

第一章 总则

第一条（目的和依据）

为加强本市轨道交通运营安全管理，保障运营安全，维护乘客的合法权益，根据《中华人民共和国安全生产法》和《上海市轨道交通管理条例》（以下简称《条例》）等有关法律、法规的规定，结合本市实际情况，制定本办法。

第二条（适用范围）

本办法适用于本市轨道交通的运营安全保障及其相关管理活动。

第三条（监管部门）

市安全生产监督行政管理部门依照国家有关规定，对轨道交通运营安全实施综合监督管理。

市交通行政管理部门依照本办法负责职责范围内的轨道交通运营安全监督管理，其所属的市运输管理机构负责本市轨道交通运营安全的日常监督工作。

市发展改革、建设、公安等行政管理部门及各区（县）人民政府按照各自职责，协同实施本办法。

第四条（运营单位）

轨道交通线路运营单位（以下简称运营单位）应当做好其运营范围内轨道交通运营安全的日常管理工作，并建立轨道交通运营安全控制体系，制定运营安全规章制度，落实安全责任，保证轨道交通运营安全。

第二章 安全设施与保护区管理

第五条（建设单位的运营安全要求）

轨道交通项目建设单位（以下简称建设单位）在进行工程项目建设时，应当同步建设轨道交通安全监测和施救保障系统，并确保系统功能符合运营安全的需要。

轨道交通工程竣工验收合格后，建设单位应当将轨道交通线路竣工总平面布置图报市运输管理机构备案。

第六条（安全设施）

运营单位应当按照国家和本市有关轨道交通安全设施、设备规范标准，在车站、车厢内设置以下安全设施、设备：

（一）报警、灭火、逃生、防汛、防爆、紧急疏散照明、应急通讯、应急诱导系统等应急设施、设备；

（二）安全、消防、人员疏散导向等标志；

（三）视频安全监控系统。

紧急情况下需要乘客操作的安全设施、设备，应当醒目地标明使用条件和操作方法。

第七条（设施维护和整改）

运营单位应当对安全设施、设备进行日常维护和检测，并按照国家《地铁运营安全评价标准》的要求进行安全性评价，保证设施、设备的正常完好。

安全设施、设备规范标准发生变化的，运营单位应当及时对安全设施、设备进行调整。

安全设施、设备无法满足运营安全实际需要的，运营单位应当根据市运输管理机构的要求，及时对现有安全设施、设备进行整改。

第八条（安全保护区）

轨道交通工程建设项目立项后，市交通行政管理部门应当按照《条例》第三十条的规定，划定轨道交通安全保护区的具体范围，并告知规划、房屋等相关行政管理部门。

在轨道交通安全保护区范围内进行《条例》第三十一条规定的作业内容的，规划、房屋等相关行政管理部门应当告知相关作业单位向市运输管理机构办理安全保护区审批手续。

第九条（安全保护区内的作业管理）

轨道交通工程建设项目取得施工许可证后，建设单位应当对该轨道交通工程划定的轨道交通安全保护区实施安全管理。

作业单位应当按照经市运输管理机构审批同意的作业方案确定的时间进行施工，并采取相应的安全保护措施。作业单位未按照作业方案确定的施工期限开工的，应当重新向市运输管理机构办理作业方案的审批手续。

建设单位或者运营单位应当对作业单位在轨道交通安全保护区内的施工制定安全监督方案，并对施工的安全性进行日常监督。

第十条（安全保护区外的施工管理）

在轨道交通安全保护区外进行建设工程施工，其工程施工机械可能跨越或者触及轨道交通地面车站、高架车站及其线路轨道的，施工单位应当采取必要的安全防护措施，不得影响轨道交通运营安全，并在施工前书面告知运营单位。

运营单位应当派员对施工现场进行安全检查。施工单位未采取安全防护措施或者施工过程中出现可能危及轨道交通运营安全情况的，运营单位应当要求施工单位立即停止施工并采取相应的安全措施，同时报告市运输管理机构。

第三章 安全运营管理

第十一条（基本运营条件认定）

轨道交通工程竣工后需要投入试运营的，运营单位应当向市交通行政管理部门申请基本运营条件认定，市交通行政管理部门应当在运营单位提出申请后的30个工作日内，组织基本运营条件认定。

轨道交通工程符合基本运营条件的，经市交通行政管理部门报市人民政府批准后，可以投入试运营；不符合基本运营条件的，市交通行政管理部门应当将相关问题告知建设单位或者运营单位，并要求其在规定的期限内整改。

本市轨道交通基本运营条件的具体规范，由市交通行政管理部门会同市发展改革、建设行政管理部门制定。

第十二条（从业要求）

运营单位应当按照国家和本市有关规定对从业人员进行安全培训和考核，确保从业人员具备相应的轨道交通运营安全知识和管理能力。

运营单位列车驾驶员应当进行不少于5000公里驾驶里程的培训，经考核合格后持证上岗；调度员、行车值班员应当进行不少于300小时操作的培训，经考核合格后持证上岗。

第十三条（工作人员安全职责）

运营单位车站工作人员应当履行下列职责：

（一）维护车站内秩序，引导乘客有序乘车；

（二）发生险情时，及时引导乘客疏散；

（三）劝阻、制止可能导致危险发生的行为，对劝阻、制止无效的，移送公安部门处理；

（四）发现事故隐患，及时报告。

运营单位列车驾驶员应当履行下列职责：

（一）遵守列车驾驶安全操作规程；

（二）查看乘客上下列车情况，确保站台屏蔽门（安全隔离门）和列车车门安全开启和关闭。

第十四条（乘客要求）

乘客除遵守《条例》以及《轨道交通乘客守则》等规定外，还应当遵守下列规定：

（一）不得携带超过规定体积标准的物品进站、乘车；

（二）不得携带自行车（含折叠式自行车）进站、乘车；

（三）不得携带猫、狗等宠物进站、乘车；

（四）不得在车站、车厢内使用滑板、溜冰鞋等器材。

运营单位应当加强对乘车秩序的管理。对违反前款规定的乘客，运营单位可以拒绝其进站、乘车。乘客拒不接受的，运营单位可以移送公安部门处理。

第十五条（安全检查）

禁止乘客携带易燃、易爆、有毒、有放射性、有腐蚀性以及其他有可能危及人身和财产安全的危险物品进站、乘车。具体危险物品目录和样式，由运营单位按照规定，在车站内通过张贴、陈列等方式予以公告。

运营单位应当按照有关规定和标准，在车站内设置安全检查设施、设备，配备受过专业培训的安全检查人员，并按照规定对乘客携带的物品进行安全检查。

乘客应当接受和配合安全检查；拒不接受、配合安全检查的，运营单位应当拒绝其进站、乘车。

运营单位在安全检查中发现有危险物品的，应当立即采取防止危险发生的安全措施，并按照规定及时报告公安部门。

安全检查人员实施安全检查时，应当佩带安全检查证；未佩带安全检查证实施检查的，乘客有权拒绝检查。

乘客以外的其他人员进站、乘车的，应当遵守本条规定。

第十六条（广告设施、商业网点的管理）

在车站内设置的广告设施和商业网点不得影响轨道交通运营安全。

除轨道交通车站规划布局方案确定设置的商业网点和设置在站台的自动售货机外，禁止在车站出入口、站台及通道设置商业网点。

运营单位应当加强对广告设施、商业网点的安全检查。广告设施、商业网点使用的材质应当采用难燃材料，并符合消防法律、法规、规章和技术规范的规定。

除紧急情况外，广告设施、商业网点应当在轨道交通非运营期间进行设置或者维护。

第十七条（改扩建停运）

轨道交通进行改建、扩建或者设施改造，需要暂停轨道交通运营或者缩短运营时间的，运营单位应当制订安全防护方案并报市运输管理机构备案。运营单位应当在暂停轨道交通运营或者缩短运营时间10天前，通过车站及列车广播系统、告示以及媒体等方式向乘客履行告知义务。

轨道交通暂停运营或者缩短运营时间的，市运输管理机构应当做好安排和调度工作，确保乘客出行安全和便利。

第十八条（检查整改）

运营单位应当加强对轨道交通运营安全的检查，及时消除运营安全隐患；难以及时消除的，运营单位应当采取安全防护措施，并制订专项整改方案。

运营单位应当将安全防护措施以及专项整改方案报市运输管理机构备案。

第十九条（委托管理）

运营单位将涉及轨道交通运营安全的管理项目或者设施、设备委托给其他单位管理的，应当委托具有相应资质的单位。

运营单位应当对运营安全工作进行统一协调，并承担安全责任。

第二十条（监督检查）

市安全生产监督、交通等相关行政管理部门应当依法对轨道交通运营安全情况实施监督检查。

市安全生产监督、交通等相关行政管理部门的执法人员实施检查时，应当将检查的时间、地点、内容、发现的问题及处理情况做好书面记录。

执法人员实施检查时，应当出示执法证件，不得影响轨道交通正常运营。

第四章 应急和事故处理

第二十一条（应急预案的编制）

市安全生产监督、交通、公安等行政管理部门应当按照有关法律、法规以及本市突发事件总体应急预案的规定，在各自职责范围内编制本部门的轨道交通突发事件应急预案，并报市政府批准。

运营单位应当根据轨道交通突发事件应急预案，编制本单位的具体应急预案，并报市交通行政管理部门备案。

第二十二条（应急处置）

轨道交通发生突发事件达到启动应急预案条件的，市交通行政管理部门应当按照规定启动相关应急预案，相关行政管理部门和运营单位应当按照国家、本市以及应急预案的有关规定处置突发事件。

突发事件处置完毕后，运营单位应当对涉及的轨道交通设施、设备进行安全性检查，确保设施、设备保持完好。

第二十三条（事故处置）

运营单位应当合理设置事故救援点和配备救援人员。

轨道交通运营发生安全事故的，运营单位应当按照轨道交通运营安全事故处置的要求，立即组织抢救，减少人员伤亡和财产损失。

安全事故影响轨道交通运营的，运营单位应当通过车站及列车广播系统、告示或者媒体等方式及时告知乘客相关运营信息，做好乘客的疏散、转移工作。相关行政管理部门应当按照各自职责，赶赴事故现场进行处置，尽快恢复轨道交通的正常运营。

本市轨道交通运营安全事故处置规定，由市交通行政管理部门负责制定。

第二十四条（限制客流量及停止运营）

发生轨道交通客流量激增等危及运营安全的情况时，运营单位可以采取限制客流量的临时措施，确保运营安全。

采取限制客流量的措施无法保证运营安全时，运营单位可以停止轨道交通部分区段或者全线的运营，并应当立即报告市交通行政管理部门。

运营单位采取限制客流量或者停止运营措施的，应当同时通过车站及列车广播系统、告示或者媒体等方式向乘客履行告知义务；轨道交通无法及时恢复正常运营的，运营单位应当为乘客出具延误证明，告知票款退还或者车票延期等注意事项，并做好乘客的疏散工作。

第二十五条（信息报告）

轨道交通运行发生15分钟以上延误情形的，运营单位应当立即报告市交通行政管理部门，并在恢复运行后3日内将延误原因及处置情况书面报告市交通行政管理部门。

第五章 法律责任

第二十六条（对建设单位的处罚）

建设单位违反本办法第五条第二款规定，未按照要求履行备案义务的，由市交通行政管理部门责令限期改正；逾期不改正的，处1000元以上3000元以下的罚款。

第二十七条（对运营单位的处罚）

对运营单位违反本办法的行为，由市交通行政管理部门按照下列规定予以处罚：

（一）违反本办法第六条或者第二十三条第一款规定，未按照要求设置安全设施或者事故救援点及救援人员的，责令限期改正；逾期不改正的，处1万元以上3万元以下的罚款。

（二）违反本办法第十三条规定，未按照要求履行安全职责的，给予警告，并处3000元以上1万元以下的罚款。

（三）违反本办法第十六条规定，未按照要求设置、维护广告设施、商业网点的，责令限期改正；逾期不改正的，处1万元以上3万元以下的罚款。

（四）违反本办法第十七条第一款或者第二十五条规定，未按照要求履行告知或者报告义务的，处1000元以上3000元以下的罚款。

（五）违反本办法第十八条第一款规定，未按照要求履行安全检查义务或者采取安全防护措施、制订专项整改方案的，处1万元以上3万元以下的罚款。

第二十八条（对施工单位的处罚）

施工单位违反本办法第十条第一款规定，未按照要求进行施工，影响轨道交通运营安全的，由市交通行政管理部门责令限期改正；逾期不改正的，处1万元以上5万元以下的罚款。

第二十九条（委托处罚）

市交通行政管理部门可以委托市交通行政执法机构实施本办法规定的由市交通行政管理部门实施的行政处罚。

第三十条（其他处罚）

违反本办法规定的行为，《条例》或者其他法律、法规已有处罚规定的，由相关行政管理部门依照其规定处罚。

第六章 附则

第三十一条（参照执行）

磁悬浮交通的运营安全管理，参照本办法执行。

第三十二条（施行日期）

本办法自2010年3月1日起施行。

20. 上海市放射性污染防治若干规定

（2009 年 12 月 9 日，上海市人民政府令第 23 号公布）

第一条（目的和依据）

为了防治放射性污染，保障环境安全和人体健康，根据《中华人民共和国放射性污染防治法》和《放射性同位素与射线装置安全和防护条例》等法律法规，结合本市实际，制定本规定。

第二条（适用范围）

本规定适用于本市范围内放射性污染的防治及其监督管理活动。

第三条（部门职责）

上海市环境保护行政主管部门（以下简称市环保部门）对本市范围内放射性污染防治工作实施统一监督管理。

区、县环境保护行政主管部门（以下简称区、县环保部门）负责本辖区范围内的以下工作：

（一）Ⅳ类、Ⅴ类放射源和Ⅲ类射线装置的生产、销售、使用单位放射性污染防治的监督管理及相关违法行为的行政处罚；

（二）含放射源探伤装置在室外、野外探伤作业活动的监督管理及相关违法行为的行政处罚；

（三）受市环保部门委托，审批和颁发Ⅳ类、Ⅴ类放射源和Ⅲ类射线装置销售、使用单位的辐射安全许可证。

本市卫生、公安、城市交通等行政管理部门依据有关法律、法规规定的职责分工，对放射性污染防治工作实施监督管理。

第四条（信息共享）

市和区、县环境保护行政主管部门（以下统称环保部门）应当会同卫生、公安、城市交通等行政管理部门采取联席会议等形式，定期研究解决放射性污染防治有关问题，加强放射性污染防治的监督管理。

环保部门应当组织建立放射性污染管理信息系统。环保、公安、卫生、城市交通等行政管理部门应当互通信息，实现信息共享。

第五条（防治规划）

市环保部门应当会同有关部门制定本市放射性污染防治规划，并纳入本市环境保护规划。

区、县环保部门应当根据市放射性污染防治规划，制定本区、县放射性污染防治实施方案。

第六条（禁止规定）

禁止在居民住宅楼、商住综合楼内生产、使用、贮存放射性同位素或者Ⅰ类、Ⅱ类射线装置。

禁止向无辐射安全许可证的单位或者向超出辐射安全许可证规定的种类和范围的单位转让放射性同位素和射线装置。

第七条（放射性工作场所的定期检测）

生产、销售、使用放射性同位素和射线装置的单位（以下简称辐射工作单位）应当委托有资质的机构按照国家有关电离辐射防护与放射源安全标准的规定，定期对工作场所及周围环境进行检测。发现异常情况的，辐射工作单位应当立即采取措施，并在 12 小时内向有管辖权的环保部门报告。其中，属于医疗卫生机构的，还应当在 12 小时内向卫生行政管理部门报告。

辐射工作单位应当将定期监测结果纳入放射性同位素与射线装置安全防护年度评估报告。

第八条（含放射源探伤装置的日常监管）

使用含放射源探伤装置的单位应当每日检查并记录探伤装置的使用情况以及使用的安全防护情况，并每月向所在地区、县环保部门报告检查情况。所在地区、县环保部门应当对使用含放射源探伤装置的单位进行安全防护情况抽查。

含放射源探伤装置的使用单位应当按照

市环保部门的规定，逐步实行实时定位监控。

第九条（含放射源探伤装置的转移使用管理）

在本市范围内将含放射源探伤装置转移出本单位工作场所使用的，应当在使用前3日内，持辐射安全许可证，向移入地的区、县环保部门备案，并告知移出地的区、县环保部门；移入地和移出地为同一区、县的，应当向所在地的区、县环保部门办理备案手续。使用结束后5日内，含放射源探伤装置的使用单位应当向原备案的区、县环保部门办理备案注销手续。其中，跨区、县使用的，使用单位还应当告知移出地的区、县环保部门。

跨省、自治区、直辖市转移使用含放射源探伤装置的，应当按照国家有关规定向市环保部门备案。市环保部门办理备案手续后，应当在24小时内将相关情况书面告知有关区、县环保部门。

区、县环保部门应当加强对含放射源探伤装置转移的监督检查。

第十条（含放射源探伤装置的作业要求）

含放射源探伤装置在室外、野外作业时，作业单位应当按照规定在作业现场划定一定范围的控制区，并设置警戒线及明显的警示标志。

作业过程中，委托作业单位和探伤单位应当加强探伤现场的安全保卫，严禁无关人员进入探伤作业现场。每台含放射源探伤装置应当保证有2人以上负责操作，1人以上负责警戒和监控。

含放射源探伤装置需要在野外贮存的，应当贮存在相对封闭的场所内。贮存场所应当由专人看管，并采取防盗、防射线泄漏等安全防护措施，禁止将含放射源探伤装置存放在居民住宅楼、商住综合楼以及其他公共场所内。

区、县环保部门应当加强对含放射源探伤装置作业现场的监督管理。

第十一条（放射源和含放射源射线装置运输管理）

放射源和含放射源的射线装置应当由具有危险货物运输资质的单位运输。无危险货物运输资质的单位，不得从事放射源和含放射源的射线装置的运输活动。

禁止利用公共交通工具运输放射源和含放射源的射线装置。禁止将放射源或者含放射源的射线装置与其他物质混合运输。

利用道路运输Ⅰ类、Ⅱ类、Ⅲ类放射源和非密封性放射性同位素的，应当使用放射性物质运输专用车辆。专用车辆应当按照《放射性物质安全运输规程》的要求，配备防护设施，安装卫星定位系统，保持卫星定位系统的正常运行，并在显著位置设置明显的放射性标志。

公安交通管理部门在道路车辆检查时，发现装载放射源和含放射源的射线装置的车辆有异常情况的，应当及时向环保部门通报。

第十二条（放射性同位素和射线装置台帐管理）

辐射工作单位应当按照国家和本市的规定，建立放射性同位素和射线装置管理台帐。

销售放射性同位素和射线装置的单位，其管理台帐应当载明购买单位名称、地址以及其所持有的辐射安全许可证编号等情况；使用放射性同位素和射线装置的单位，其管理台帐应当载明设备的使用、保养、检测、维修等情况。

第十三条（放射性工作场所退役）

辐射工作单位停止使用放射性工作场所时应当对放射性工作场所实施退役，并依法开展环境影响评价。放射性工作场所环境影响评价文件经有管辖权的环保部门审查合格后，放射性工作场所方可用作其他用途。

放射性工作场所退役完成后，辐射工作单位应当在20日内办理相应的辐射安全许可证注销或者变更手续。

第十四条（应急和事故管理）

环保部门应当会同同级公安、卫生等行政管理部门编制放射性污染事故应急预案，并报同级人民政府批准后执行。

辐射工作单位应当根据市和区、县放射性污染事故应急预案和本单位的具体情况，制定本单位的应急方案，并报所在地区、县环保部门备案。

发生放射性污染事故时，有关单位应当立即启动本单位的应急方案，采取应急措施，并立即向所在地区、县人民政府突发公共事件应急联动机构或者环保、公安、卫生行政管理部门报告。

有关部门在接到放射性污染事故报告后，应当立即派人赶赴现场，按照职责分工，采取有效措施，控制并消除事故影响，同时按照国家突发公共事件分级报告的规定及时上报事故信息。

第十五条（违反禁止规定的处罚）

违反本规定第六条第二款规定，向无辐射安全许可证的单位或者向超出许可证规定种类和范围的单位转让放射性同位素或者射线装置的，由环保部门责令改正，并处以1万元以上10万元以下的罚款。

第十六条（违反含放射源探伤装置日常监管规定的处罚）

违反本规定第八条规定，未按规定检查、记录、上报探伤装置的使用和安全防护情况或者未按规定实行定位监控的，由有管辖权的环保部门责令改正，并可处以1万元以上3万元以下的罚款。

第十七条（违反含放射源探伤装置转移使用规定的处罚）

违反本规定第九条第一款规定，未按规定向环保部门办理备案手续的，由使用地区、县环保部门责令限期改正，给予警告；逾期不改正的，处以1万元以上3万元以下的罚款。

第十八条（违反含放射源探伤装置作业活动要求的处罚）

违反本规定第十条第二款规定，探伤装置未实行专人警戒的，由使用地区、县环保部门责令立即改正；拒不改正的，处以1万元以上5万元以下的罚款。

违反本规定第十条第三款规定，将含放射源探伤装置存放在居民住宅楼、商住综合楼或者其他公共场所内的，由所在地区、县环保部门责令立即改正，并处以1万元以上10万元以下的罚款。

第十九条（违反放射性物质道路运输管理规定的处罚）

违反本规定第十一条第三款规定，含放射源探伤装置未按规定使用专用车辆，或者车辆未配备防护设施，安装卫星定位系统并保持正常运行的，由环保部门责令改正，并处以1万元以上3万元以下的罚款。

第二十条（违反其他规定的处罚）

违反本规定关于放射性污染防治其他规定的，由环保部门、公安部门按照《中华人民共和国放射性污染防治法》、《放射性同位素与射线装置安全和防护条例》、《放射性物品运输安全管理条例》等有关法律、法规的规定处理。

违反本规定中有关放射性污染职业病防治规定的，由卫生行政管理部门按照《中华人民共和国职业病防治法》等有关法律、法规的规定处理。

第二十一条（施行日期）

本规定自2010年1月15日起施行。

21. 上海市地下空间安全使用管理办法

（2009年12月9日，上海市人民政府令第24号公布）

第一条（目的）

为了加强对本市地下空间的安全使用管理，提高城市整体防护和安全管理水平，保障人民群众生命和财产安全，根据国家有关法律、法规的规定，结合本市实际情况，制定本办法。

第二条（适用范围）

本办法适用于本市行政区域内对公众开放的作为生产、经营场所的地下空间以及其他作为公共活动场所的地下空间的安全使用及其管理活动。

第三条（有关用语含义）

本办法所指的地下空间，包括民防工程、普通地下室和轨道交通地下车站。其中，民防工程仅指人民防空工程，包括为保障战时人员与物资掩蔽、防空指挥、医疗救护等而单独修建的地下防护建筑，以及结合地面建筑修建的战时可用于防空的地下室；普通地下室是指结合地面建筑修建或者单独修建的，未达到人民防空工程防护标准的地下建筑；轨道交通地下车站是指位于地面以下的轨道交通出入口、通道、站厅层和站台层等。

第四条（管理部门）

市民防办是本市地下空间安全使用管理的综合协调部门，负责本办法的组织实施，协调和督促其他相关行政管理部门履行安全监管职责。

区、县民防办负责本区、县范围内地下空间安全使用管理的综合协调，协调和督促其他相关行政管理部门履行安全监管职责，业务上受市民防办指导。

本市建设交通、公安、消防、水务、规划国土资源、卫生、环保、安全监管、住房保障房屋管理、交通港口、质量技监等部门依法在各自职责范围内负责地下空间安全使用的监督管理工作，协同实施本办法。

街道办事处和乡、镇人民政府应当协助有关行政管理部门做好本行政区域内地下空间安全使用的监督管理工作。

第五条（联席会议制度）

市人民政府建立地下空间管理联席会议制度。联席会议负责建立健全地下空间安全使用管理工作机制，研究、协调和推进地下空间安全使用管理工作。联席会议办公室设在市民防办，具体负责地下空间管理联席会议的组织工作。

第六条（地下空间产权人的义务）

地下空间的产权人（以下简称产权人）应当履行下列安全使用义务：

（一）地下空间存在安全隐患的，应当及时组织整改并消除隐患；

（二）地下空间发生安全使用事故的，应当协助相关行政管理部门作好调查处理工作；

（三）遵守国家及本市其他有关地下空间安全使用的管理规定。

第七条（地下空间物业管理单位的义务）

产权人委托的地下空间物业管理单位（以下简称物业管理单位）应当履行下列安全使用义务：

（一）负责落实国家和本市与地下空间安全使用有关的规定；

（二）会同产权人、地下空间使用人按照地下空间突发事件应急预案制定地下空间应急处置规程；

（三）检查地下空间的安全使用情况，发现安全隐患的，应当及时组织整改并予以消除；

（四）接受市或者区、县民防办以及其他相关行政管理部门的安全检查，对检查中发现的安全隐患，及时予以消除；

（五）地下空间内发生安全使用事故的，应当及时采取救助措施，及时向市或者区、县民防办或者其他相关行政管理部门以及产权人报告，并协助做好调查处理工作；

（六）遵守国家及本市其他有关地下空间安全使用的管理规定。

产权人未委托物业管理单位管理地下空间的，物业管理单位的安全使用义务由产权人履行。

第八条（地下空间使用人的义务）

地下空间使用人（以下简称使用人）应当履行下列安全使用义务：

（一）不损坏地下空间的安全设施、设备；

（二）接受市或者区、县民防办以及其他相关行政管理部门的安全检查，对检查中发现的安全隐患，在规定的时间内予以消除；

（三）使用人转租地下空间的，除符合相关合同的约定外，还应当在转租后 5 日内将转租情况告知物业管理单位；

（四）地下空间发生突发事件的，应当及时报告市或者区、县民防办或者其他相关行政管理部门，并按照应急处置规程的规定进行处理；

（五）遵守国家及本市其他有关地下空间安全使用的管理规定。

第九条（责任保险）

本市鼓励产权人、物业管理单位或者使用人向保险公司投保相关的责任保险。

第十条（安全设施设备的设置与维护）

对公众开放的作为生产、经营场所的地下空间以及其他作为公共活动场所的地下空间，应当设置以下地下空间安全设施、设备，并对安全设施、设备进行定期检查、维修，确保其完好：

（一）符合消防技术标准规定的通风系统或者空气调节装置；

（二）符合国家、行业和本市标准的火灾自动报警系统、自动灭火系统、防烟排烟系统以及应急广播和应急照明等消防设施；

（三）防水挡板、沙袋等物资器材；

（四）应急预案要求地下空间配备的应急救援设施器材；

（五）国家以及本市规定的其他地下空间安全设施、设备。

第十一条（消防要求）

产权人、物业管理单位或者使用人应当遵守下列消防安全规定：

（一）改变地下空间用途且按规定需要进行消防设计的，应当将消防设计文件报公安机关消防机构审核或者备案；

（二）按照规定设置的火灾自动报警系统应当与城市火灾自动报警信息系统联网；

（三）地下空间装饰、装修的，应当按照消防技术标准的要求，使用不燃、难燃材料；

（四）国家及本市其他有关地下空间消防安全的管理规定。

第十二条（防汛要求）

产权人、物业管理单位或者使用人应当遵守下列防汛规定：

（一）气象部门发布暴雨警报后，应当加强值班和检查，发现险情及时处理；

（二）定期组织防汛演练；

（三）在汛期，应当按照防汛预案的要求运行，并服从防汛指挥机构的调度指令；

（四）国家以及本市其他有关地下空间防汛管理的规定。

第十三条（安全疏散要求）

地下空间安全出口、疏散通道的设置应当符合安全规范。产权人、物业管理单位或者使用人应当为地下空间安全出口、疏散通道设置疏散指示标志，配备应急照明。

在地下空间使用期间，地下空间的安全出口、疏散通道应当保持畅通，不得被封闭或者堵塞。

第十四条（禁止行为）

任何单位或者个人不得在地下空间内进行下列行为：

（一）储存易燃易爆、有毒有害等危险物品；

（二）采用液化石油气或者闪点小于 60℃的液体作为燃料；

（三）设置托儿所、幼儿园、养老院等；

（四）拉接临时电线；

（五）损毁各类安全设施、设备；

（六）法律、法规、规章规定的其他禁止性行为。

第十五条（使用备案）

对公众开放的作为生产、经营场所以及其他作为公共活动场所的民防工程和普通地下室投入使用的，产权人或者物业管理单位应当自投入使用之日起10日内，将产权人和物业管理单位的名称或者姓名、使用用途、租赁使用等情况向市或者区、县民防办办理备案手续。

前款规定的备案事项发生变更的，产权人或者物业管理单位应当自备案事项变更之日起10日内，向市或者区、县民防办办理变更备案手续。

第十六条（安全检查）

市或者区、县民防办应当定期对地下空间安全使用情况进行检查。有关单位或者个人不得拒绝、阻挠检查。其他相关行政管理部门依据相应的法律、法规、规章规定，对地下空间安全使用情况进行检查。

市或者区、县民防办以及其他相关行政管理部门在检查中发现违法行为的，应当依法查处；应由其他行政管理部门处理的，应当及时移送处理；违法行为的处理涉及多个行政管理部门的，市或者区、县民防办可以协调处理。

第十七条（配合检查）

街道办事处和乡、镇人民政府可以配合市或者区、县民防办以及其他相关行政管理部门对地下空间安全使用情况进行检查。

第十八条（安全隐患的报告）

任何单位或者个人发现地下空间存在安全隐患的，应当及时向市或者区、县民防办或者其他相关行政管理部门报告。接到报告的行政管理部门应当及时调查核实，发现违法行为的，应当依法查处。

第十九条（应急预案与应急处置）

市民防办应当会同其他相关行政管理部门组织编制本市地下空间突发公共事件应急预案；区、县政府应当组织编制本行政区域内地下空间突发公共事件应急预案，并报市民防办备案。

地下空间发生突发公共事件后，区、县政府以及相关行政管理部门应当在各自职责范围内，根据预案规定实施应急处置。

第二十条（信息管理）

市和区、县民防办应当分别建立地下空间信息管理系统。

市和区、县相关行政管理部门应当将各自职责范围内所掌握的地下空间使用情况提供给市和区、县民防办。市和区、县民防办应当及时汇总地下空间的数量、位置、面积、权属、用途等基本信息，并将有关信息与市和区、县相关行政管理部门实现共享。

第二十一条（行政处罚）

违反本办法有关规定，由市或者区、县民防办按照以下规定给予处罚：

（一）违反本办法第十条第三项规定，未设置防水挡板、沙袋等物资器材的，给予警告，并责令限期改正；逾期不改正的，处500元以上5000元以下罚款；

（二）违反本办法第十五条规定，不履行使用备案手续或者变更备案手续的，给予警告，责令限期改正，可以对个人并处100元以上1000元以下罚款，对单位并处500元以上5000元以下罚款；

（三）违反本办法第十六条第一款规定，拒绝、阻挠市或者区、县民防办对地下空间安全使用情况进行检查的，给予警告，并可以对个人处500元以上2000元以下罚款，对单位处5000元以上1万元以下罚款。

违反本办法第十四条第三项规定，在地下空间内设置托儿所、幼儿园或者养老院的，由市或者区、县公安机关消防机构责令限期改正；逾期不改正的，处5000元以上5万元以下罚款。

第二十二条（对其他违法行为的处罚）

违反本办法其他相关条款的行为，法律、法规、规章有处罚规定的，由相关行政管理部门依照有关规定予以处罚。

第二十三条（溯及力规定）

本办法实施前已经投入使用的对公众开放的作为生产、经营场所或者公共活动场所的民防工程和普通地下室，其产权人或者物业管理单位应当自本办法颁布实施之日起6个月内，向市或者区、县民防办办理备案手续。

第二十四条（施行日期）

本办法自2010年3月1日起施行。

22. 关于公布本市第四批取消和调整行政审批事项的通知

（沪府发〔2009〕68号，2009年12月25日）

各区、县人民政府，市政府各委、办、局:

今年以来，按照“两高一少”的要求，市行政审批制度改革工作领导小组对市政府部门的行政审批事项进行了新一轮集中清理。在此基础上，市政府决定第四批取消和调整952项行政审批事项。其中，取消的行政审批事项207项，调整的行政审批事项745项。在取消和调整的行政审批事项中，有60项属于涉密事项，根据规定另行通知。现将上述取消和调整的892项行政审批事项目录予以公布，自公布之日起实施。

各区县、各部门要认真做好取消和调整行政审批事项的落实和衔接工作，切实加强后续监管。要根据推进服务政府、责任政府、法治政府和廉洁政府建设的要求，继续深化行政审批管理制度改革，依法对行政审批事项实行动态管理和长效管理，促进政府职能转变，更好地适应改革开放和经济社会发展的需要。

本市第四批取消的行政审批事项目录（节选）

（共201项）

一、市发展改革委(11项)

（一）企业债券发行方案初审转报（调整为一般管理事项）

（二）对不使用政府资金投资建设的固定资产投资项目项目建议书的审批

（三）对不使用政府资金投资建设的固定资产投资项目可行性研究报告的审批

（四）对不使用政府资金的固定资产投资项目的初步设计及概算的审批

（五）对不使用政府资金投资建设的固定资产投资项目年度计划安排的审批

（六）对使用政府性资金投资建设的固定资产投资项目年度计划安排的审批（含初审）（调整为一般管理事项）

（七）对重要行业、重要领域、重大项目和基本建立现代企业制度特大型企业集团（不含外商投资企业）的发展建设规划、专项发展建设规划的初审转报

（八）收费标准年度审验（有关内容调整至《行政事业性收费标准审批（含收费标准年度审验）》审批）

（九）享受税收优惠政策的集成电路企业的认定转报

（十）城市基础设施收费立项的初审转报

（十一）上海市外商投资项目采购国产设备退还增值税出具《符合国家产业政策的外商投资项目确认书》（含初审）

二、市经济信息化委(4项)（略）

三、市商务委(10项)（略）

四、市教委(4项)（略）

五、市科委(4项)（略）

六、市公安局(10项)（略）

七、市民政局（3项）（略）

八、市司法局(1项)（略）

九、市财政局（1项）（略）

十、市人力资源社会保障局（1项）（略）

十一、市建设交通委（23项）

（一）业主自行发包资格核定

（二）勘察招标文件备案（有关审批内

容调整至《勘察招投标情况备案》）

（三）勘察评标委员会备案（有关审批内容调整至《勘察招投标情况备案》）

（四）勘察中标（交易）通知备案（有关审批内容调整至《勘察招投标情况备案》）

（五）设计招标文件备案（有关审批内容调整至《设计招投标情况备案》）

（六）设计评标委员会备案（有关审批内容调整至《设计招投标情况备案》）

（七）设计中标（交易）通知备案（有关审批内容调整至《设计招投标情况备案》）

（八）施工招标文件备案（有关审批内容调整至《施工招投标情况备案》）

（九）施工招标投标评标委员会备案（有关审批内容调整至《施工招投标情况备案》）

（十）施工中标（交易）通知备案（有关审批内容调整至《施工招投标情况备案》）

（十一）监理招标文件备案（有关审批内容调整至《监理招投标情况备案》）

（十二）监理评标委员会备案（有关审批内容调整至《监理招投标情况备案》）

（十三）监理中标（交易）通知备案（有关审批内容调整至《监理招投标情况备案》）

（十四）造价员工作单位变更备案

（十五）设计出图章核发

（十六）燃气销售企业暂停供气和降低压力的审批

（十七）燃气器具安装、维修人员的审核

（十八）燃气供气站点关闭、迁移审批

（十九）燃气供气站点服务人员审批

（二十）公路养路费减免审批

（二十一）城市新建燃气企业审批（有关审批内容调整至《燃气经营许可》，并作为后置事项）

（二十二）上海市建设工程材料备案（暂时保留审批，2~3年后逐步实行目录管理）

（二十三）玻璃幕墙备案（暂时保留审批，后续措施完善后取消）

十二、市农委（9项）（略）

十三、市水务局（3项）

（一）自建设施供水管网与公共供水管网连接的审批

（二）核发《临时排水许可证》

（三）在本市港区、规划港区工程和利用岸线建设方案的审查（由交通港口部门内部征求水务部门意见）

十四、市文广影视局（6项）（略）

十五、市卫生局（9项）（略）

十六、市人口计生委（3项）（略）

十七、市政府外办（3项）（略）

十八、市国资委（2项）（略）

十九、市地税局（27项）（略）

二十、市质量技监局（8项）（略）

二十一、市新闻出版局（11项）（略）

二十二、市旅游局（7项）（略）

二十三、市绿化市容局（4项）

（一）上海市崇明东滩鸟类国家级自然保护区通行证的审批（有关审批内容按《中华人民共和国自然保护区条例》的规定办理）

（二）对公园举办全园性活动的许可（暂时保留审批，待《上海市公园管理条例》2010年修订后调整取消）

（三）对公共广告阵地户外广告设施的设计图、设置效果图及其使用合同的备案（暂时保留审批，待《上海市户外广告设施管理办法》（市政府第43号令）2010年修改后，采取招投标方式进行）

（四）对本市生产一次性塑料饭盒的登记

二十四、市住房保障房屋管理局（2项）

（一）停止建设和暂停办理房屋相关手续的审批（作为内部管理行为，在拆迁许可证颁发前，以相关部门会签和公告的方式）

（二）上海市房屋质量检测单位推荐（在管理上继续把符合条件的检测单位对外公示）

二十五、市交通港口局（14项）

（一）出租汽车营业站及相应的停车场

地的关闭或改变用途的审批

（二）营业性非机动车购车审批

（三）进口二手船（客船和危险品船除外）审批

（四）外国国际船舶运输经营者以及外国国际海运辅助企业设立常驻代表机构审批

（五）水路运输管理费减免事项核准

（六）转让码头等水域工程设施的核准

（七）码头靠泊能力核准

（八）道路货运代理经营备案

（九）水运工程建设项目预防性卫生审核（港口公共场所卫生）

（十）港口食品卫生许可（有关内容调整至工商部门《对本市食品经营者从事食品流通经营活动的许可》，以及食品药品监督管理部门《餐饮服务许可》审批）

（十一）新建、改建、扩建水域工程设施审批

（十二）对食品生产经营企业的新建、扩建、改建工程的选址和设计进行卫生审查

（十三）非营业性水路运输单位临时从事市内营业性水路货物运输、旅客运输审批

（十四）核发公共汽车和电车客运车辆营运证（暂时保留审批，待国家《城市公交条例》出台后予以清理）

二十六、市安全生产监管局（4项）（略）

二十七、市粮食局（1项）（略）

二十八、市食品药品监管局（9项）（略）

二十九、市委宣传部（市文化事业管理处、市政府新闻办）（1项）（略）

三十、市档案局（2项）（略）

三十一、市邮政管理局（1项）

邮政分支机构的设立审批（改为邮政企业事先书面告知邮政管理部门）

三十二、市通信管理局（1项）

互联网信息（有关审批内容调整至《增值电信业务经营许可》）

三十三、原市社会服务局（2项）

（一）行业协会筹备、成立的初审

（二）行业协会变更和注销的初审

本市第四批调整的行政审批事项目录（节选）

（共691项）

一、市发展改革委(8项)

（一）行政事业性收费标准审批（调整为《行政事业性收费标准审批（含收费标准年度审验）》）

（二）对工程建设项目的勘察、设计、施工、监理及重要设备、材料等采购活动的招标范围、招标组织形式、招标方式等的核准、初审转报（并入固定资产投资项目审批中）

（三）不需中央政府投资、限额（规模）以下或不涉及国家有特殊规定的高技术产业发展项目审批（有关内容调整至《企业投资项目核准》、《使用政府性资金投资的固定资产投资项目审批》审批）

（四）对固定资产投资项目投资许可证的核发（暂停审批）

（五）对使用科教兴市专项资金项目申请报告的审核（名称调整为“对使用市自主创新和高新技术产业发展重大项目专项资金（科教兴市专项资金）项目申请报告的审核”）

（六）对需上报国家发展改革委的企业投资项目申请报告的审核（名称调整为“对企业投资项目的核准或初审转报”）

（七）对限额以上直接利用外资项目项目申请报告的初审转报（名称调整为“直接利用外资项目项目申请报告的核转或者初审转报”）

（八）对国家鼓励类内资项目和间接利用外资项目进口设备免税确认书的审批（含初审）（名称调整为“对国家鼓励类内外资项目进口设备免税确认书的审批（含初审）”）

二、市经济信息委（15项）（略）

三、市商务委(26项)（略）

四、市教委(20项)（略）

五、市民族宗教委(6项)（略）

六、市公安局(16项)(略)

七、市民政局(25项)(略)

八、市司法局(19项)(略)

九、市财政局(3项)(略)

十、市人力资源社会保障局(12项)(略)

十一、市建设交通委(65项)

(一)建设工程初步设计审批(社会投资建设项目,将初步设计审批与施工图设计审查归并一个审查环节,一次审查)

(二)建设工程竣工验收备案(社会投资建设项目,在业主委托的情况下,实施并联审批)

(三)收费公路收费站点设置审批(审批期限由未规定承诺为20个工作日)

(四)公路命名审批(审批期限由未规定承诺为20个工作日)

(五)贷款道路通行费减免审批(审批期限由未规定承诺为30个工作日)

(六)上海市城市道路管线工程掘路施工计划审批(审批期限由未规定承诺为30个工作日)

(七)公路工程造价人员资格认证(初审)(审批期限由未规定承诺为5个工作日)

(八)公路工程检测机构综合类乙、丙级的等级评定(审批期限由未规定承诺为60个工作日)

(九)对在本市销售燃气器具的备案(审批期限由未规定承诺为10个工作日)

(十)公路建设项目法人资格备案(审批期限由未规定承诺为20个工作日)

(十一)管道燃气特许经营权(审批期限由未规定承诺为中标通知书发出后30个工作日)

(十二)公路工程施工监理招标文件的备案(审批期限由未规定承诺为当场办理)

(十三)改变或报废国防交通工程设施的批准(有关审批内容调整至《国防交通控制用地和工程设施用途的改变或报废审批》审批)

(十四)国防交通控制用地的审批(有关审批内容调整至《国防交通控制用地和工程设施用途的改变或报废审批》审批)

(十五)勘察招投标情况备案(有关审批内容调整至《建设工程勘察、设计、施工、监理招投标情况备案》审批)

(十六)设计招投标情况备案(有关审批内容调整至《建设工程勘察、设计、施工、监理招投标情况备案》审批)

(十七)施工招投标情况备案(有关审批内容调整至《建设工程勘察、设计、施工、监理招投标情况备案》审批)

(十八)监理招投标情况备案(有关审批内容调整至《建设工程勘察、设计、施工、监理招投标情况备案》审批)

(十九)公路工程施工监理招标文件的备案(有关审批内容调整至《建设工程勘察、设计、施工、监理招投标情况备案》审批)

(二十)建设工程安全质量报监(有关审批内容调整至《建设工程施工许可》审批)

(二十一)公路建设项目施工许可(有关审批内容调整至《建设工程施工许可》审批)

(二十二)对建设工程招标代理机构资质的许可(有关审批内容调整至《建设工程企业资质许可》审批)

(二十三)对建设工程造价咨询单位资质的许可(有关审批内容调整至《建设工程企业资质许可》审批)

(二十四)对建筑企业资质申请、升级、增项、变更的许可(有关审批内容调整至《建设工程企业资质许可》审批)

(二十五)对建设工程勘察设计单位资质的许可(有关审批内容调整至《建设工程企业资质许可》审批)

(二十六)建筑智能化工程等四个设计与施工一体化资质新设、增项、延续等资质类事项(有关审批内容调整至《建设工程企业资质许可》审批)

（二十七）工程质量检测机构资质的许可（有关审批内容调整至《建设工程企业资质许可》审批）

（二十八）对建设工程监理单位资质的许可（有关审批内容调整至《建设工程企业资质许可》审批）

（二十九）施工图审查机构认定（有关审批内容调整至《建设工程企业资质许可》审批）

（三十）对外商投资建筑业企业资质许可（有关审批内容调整至《建设工程企业资质许可》审批）

（三十一）对境外投资建设工程设计企业资质许可（有关审批内容调整至《建设工程企业资质许可》审批）

（三十二）对外商投资建设工程服务企业资质许可（有关审批内容调整至《建设工程企业资质许可》审批）

（三十三）公路工程监理单位资质审批（丙级）（有关审批内容调整至《建设工程企业资质许可》审批）

（三十四）公路工程检测机构综合类乙、丙级的等级评定（有关审批内容调整至《建设工程企业资质许可》审批）

（三十五）对注册监理工程师资格的许可（有关审批内容调整至《建设工程注册从业人员执业资格许可》审批）

（三十六）造价工程师初始注册、变更注册、延续注册注销注册（有关审批内容调整至《建设工程注册从业人员执业资格许可》审批）

（三十七）对注册建筑师执业资格的许可（有关审批内容调整至《建设工程注册从业人员执业资格许可》审批）

（三十八）国家一级、二级注册建造师：初始注册、延续注册、变更注册、注销注册（有关审批内容调整至《建设工程注册从业人员执业资格许可》审批）

（三十九）对注册结构工程师资格的许可（有关审批内容调整至《建设工程注册从业人员执业资格许可》审批）

（四十）国家注册土木工程师（岩土）：初始注册、延续注册、变更注册、注销注册（有关审批内容调整至《建设工程注册从业人员执业资格许可》审批）

（四十一）公路工程造价人员资格认证（初审）（有关审批内容调整至《建设工程注册从业人员执业资格许可》审批）

（四十二）管道燃气特许经营权（有关审批内容调整至《燃气经营许可》审批）

（四十三）城市道路废弃审批（有关审批内容调整至《城市道路、公路（市道和县、区道）、桥梁废弃审批》审批）

（四十四）公路（市道和县、区道）、桥梁废弃审批（有关审批内容调整至《城市道路、公路（市道和县、区道）、桥梁废弃审批》审批）

（四十五）城市桥梁、隧道安全保护区域内作业许可（有关审批内容调整至《城市桥梁隧道、公路用地以及建筑控制区内架设、埋设管线以及跨越、穿越公路修建桥涵的审批》审批）

（四十六）依附城市桥梁、隧道架设管线许可（有关审批内容调整至《城市桥梁隧道、公路用地以及建筑控制区内架设、埋设管线以及跨越、穿越公路修建桥涵的审批》审批）

（四十七）公路两侧建筑控制区内埋设管线电缆审批（有关审批内容调整至《城市桥梁隧道、公路用地以及建筑控制区内架设、埋设管线以及跨越、穿越公路修建桥涵的审批》审批）

（四十八）跨越、穿越公路修建桥涵或者在公路及公路用地范围内架设、埋设各类管线许可（有关审批内容调整至《城市桥梁隧道、公路用地以及建筑控制区内架设、埋设管线以及跨越、穿越公路修建桥涵的审批》审批）

（四十九）挖掘城市道路许可（有关审批内容调整至《城市道路、公路掘路审批以及管线掘路计划的审批》审批）

（五十）挖掘公路及公路用地许可（有关审批内容调整至《城市道路、公路掘路审批以及管线掘路计划的审批》审批）

（五十一）上海市城市道路管线工程掘路施工计划审批（有关审批内容调整至《城市道路、公路掘路审批以及管线掘路计划的审批》审批）

（五十二）临时占用城市道路许可（有关内容调整至《临时占用城市道路、公路及公路用地许可》审批）

（五十三）临时占用公路及公路用地许可（有关内容调整至《临时占用城市道路、公路及公路用地许可》审批）

（五十四）车辆或者车辆载运货物后的总重量超过城市道路限载或者通行条件的通行许可（有关内容调整至《超限运输车辆行使道路公路许可》审批）

（五十五）超限运输车辆行驶公路许可（有关内容调整至《超限运输车辆行使道路公路许可》审批）

（五十六）本市中心城、新城、中心镇因地下管位等原因无法埋设入地的架空线暂时予以保留审批（有关内容调整至《临时架空线以及架空线入地的审批》审批）

（五十七）本市中心城、新城、中心镇范围内因工程建设或者举办其它活动等原因临时架设架空线的备案（有关内容调整至《临时架空线以及架空线入地的审批》审批）

（五十八）收费经营权（有关审批内容调整至《道路经营权的审批》审批）

（五十九）收费经营权、特许经营权质押、转让登记（有关审批内容调整至《道路经营权的审批》审批）

（六十）市政特许经营权（有关审批内容调整至《道路经营权的审批》审批）

（六十一）民办非企业单位成立、变更、注销登记前的审查（由市社团局内部征求市建交委意见）

（六十二）基金会的设立、变更、注销登记前的审查（由市社团局内部征求市建交委意见）

（六十三）协会筹备设立、变更、注销登记前的审查及设立分支机构前的审查（由市社团局内部征求市建交委意见）

（六十四）城市道路、公路(市道和县、区道)、桥梁废弃审批（由未规定承诺为20个工作日）

（六十五）道路经营权的审批（审批期限由未规定承诺为30个工作日）

十二、市农委(33项)(略)

十三、市环保局(5项)

（一）关闭、闲置或者拆除生活垃圾处置设施、场所的核准（由市绿化市容局一口受理，抄告环保，同步审批，限时办结，一口反馈）

（二）建设项目环境影响评价文件的审批（实行备案、核准制的项目，取消申请材料“可行性报告或项目建议书或情况说明”）

（三）生产、销售、使用放射性同位素和加速器、中子发生器以及放射源的射线装置的单位的环境影响评价的审批（实行备案、核准制的项目，取消申请材料“可行性报告或项目建议书或情况说明”）

（四）医疗废物集中处置单位经营许可证的核发（有关审批内容合并至《危险废物综合经营许可证的核发（含医疗废物集中处置单位、危险化学品专业处理单位的认定）》）

（五）危险化学品专业处理单位的认定（有关审批内容合并至《危险废物综合经营许可证的核发（含医疗废物集中处置单位、危险化学品专业处理单位的认定）》）

十四、市规划国土资源局(22项)

（一）《建设项目选址意见书》审批（企业投资项目取消申请材料“项目建议书”）

（二）设计范围和规划设计要求核定（企

业投资项目取消申请材料“项目建议书”）

（三）竣工规划验收审批（取消申请材料“《建设工程规划许可证》、《上海市建设项目（工程）档案验收合格证》”）

（四）居住区名称的审批（取消申请材料“《建设工程规划许可证》”）

（五）《建设项目选址意见书》审批（与《建设项目用地预审》、《地名审批》同步受理、简化收件、并联审批、一次取件）

（六）建设项目用地预审（与《建设项目选址意见书》审批、《地名审批》同步受理、简化收件、并联审批、一次取件）

（七）《建设用地规划许可证》审批（在土地划拨项目中与《国有土地划拨审批》同步受理、简化收件、并联审批、一次取件）

（八）国有土地划拨审批（与《建设用地规划许可证》审批同步受理、简化收件、并联审批、一次取件）

（九）划拨决定书核发（与《建设用地批准书核发》、《建设工程规划许可证》审批同步受理、简化收件、并联审批、一次取件）

（十）建设用地批准书核发（与《划拨决定书核发》、《建设工程规划许可证》审批同步受理、简化收件、并联审批、一次取件）

（十一）《建设工程规划许可证》审批〔（1）在土地划拨项目中与《划拨决定书核发》、《建设用地批准书核发、换发》同步受理、简化收件、并联审批、一次取件。（2）取消涉及投资审批的申请材料〕

（十二）规划竣工验收（与《建设工程档案验收认可》同步受理、简化收件、并联审批、一次取件）

（十三）建设项目地质灾害危险性评估结果备案（地质灾害易发区的一般建设项目，非易发区的大部分项目免于地质灾害评价）

（十四）建设工程规划设计方案审批（临时项目，零星项目（建制镇个人建房、简棚屋建房），工业区内通用厂房、普通仓库等项目，500平方米以下小型建（构）筑物项目等，在核定规划设计要求并充分告知应尽事项后，免于审核设计方案。原审核设计方案时应呈报表现的内容，在施工图的总平面图中应予表现，在建设工程规划许可证审批时一并审核）

（十五）划拨决定书核发、补发（审批期限由20个工作日缩短为7个工作日）

（十六）建设用地批准书核发、补发（审批期限由20个工作日缩短为7个工作日）

（十七）《建设用地规划许可证》审批（审批期限由40个工作日缩短为30个工作日）

（十八）测绘资质审批（含初审）（不再列入企业登记注册前置审批）

（十九）采矿许可证审批（不再列入企业登记注册前置审批）

（二十）勘察许可证审批（不再列入企业登记注册前置审批）

（二十一）变更建筑物使用性质的审批（有关内容调整至《建设工程规划许可证》审批）

（二十二）无线通信网建设的审核（由市无线电管理局内部征求市规土局意见）

十五、市水务局(26项)

（一）核发《河道临时使用许可证》（取消申请材料“该项目的立项批复”）

（二）河道管理范围内建设项目施工方案的审核（审批期限由20个工作日缩短为15个工作日）

（三）在河道管理范围内设置或者扩大排水（污）口的审批（审批期限由20个工作日，只需提交简要分析材料的缩短为15个工作日）

（四）核发《河道临时使用许可证》（审批期限由20个工作日缩短为15个工作日）

（五）在黄浦江防汛墙保护范围内工程及堆物的审批（审批期限为20个工作日，对仅涉及堆物的缩短为15个工作日）

（六）采伐护堤护岸林木的审批（审批期限由20个工作日缩短为15个工作日）

（七）河道管理范围内树木迁移的审批（审批期限由20个工作日缩短为15个工作日）

（八）临时停止供水或者降低水压的审批（审批期限由10个工作日缩短为5个工作日）

（九）建设项目节水设施设计方案的审核（审批期限由20个工作日缩短为15个工作日）

（十）原水引水管渠保护范围内实施建设工程的审批（审批期限由20个工作日缩短为15个工作日）

（十一）核发《排水许可证》（审批期限20个工作日，日排水量<1000立方米缩短为15个工作日）

（十二）合流污水输送干线中段放泄的审批（审批期限由7个工作日缩短为5个工作日）

（十三）在重要排水设施保护范围内施工的审批（审批期限由20个工作日缩短为15个工作日）

（十四）利用河道堤顶或者平台兼做道路的审批（下放区县审批）

（十五）核发《河道临时使用许可证》(除苏州河、黄浦江以外河道，下放区县审批）

（十六）在河道管理范围及堤防安全保护区内从事有关活动的审批〔（1）除苏州河、黄浦江以外河道，下放区县审批；(2) 审批期限由20个工作日缩短为15个工作日〕

（十七）河道管理范围内树木迁移的审批（除涉及市管河道管理范围内树木迁移外，下放区县审批）

（十八）《临时排水许可证（施工）》的审批（下放区县审批，审批期限由20个工作日缩短为15个工作日）

（十九）占用农业灌溉水源、灌排工程设施审批（下放区县审批，审批期限由20个工作日缩短为15个工作日）

（二十）在河道管理范围内设置或者扩大排水（污）口的审批（有关内容调整至《河道管理范围内建设项目的审核》审批）

（二十一）在黄浦江防汛墙保护范围内工程及堆物的审批（其中《在黄浦江防汛墙保护范围内工程的审批》，有关内容调整到《河道管理范围内建设项目的审核》审批；《在黄浦江防汛墙保护范围内堆物的审批》，有关内容调整到核发《河道临时使用许可证》审批）

（二十二）核发《取水许可证》（地表水）（有关内容调整至（核发《取水许可证》）审批）

（二十三）核发《取水许可证》（地下水）（有关内容调整至（核发《取水许可证》）审批）

（二十四）建设项目水资源论证报告书审批（有关内容调整至（核发《取水许可证》）审批）

（二十五）建设项目水土保持方案审批（有关内容调整至《建设项目水土保持方案、保持设施验收审批》审批）

（二十六）建设项目水土保持设施的验收审批（有关内容调整至《建设项目水土保持方案、保持设施验收审批》审批）

十六、市文广影视局(47项)(略)

十七、市卫生局(12项)(略)

十八、市人口计生委（2项）（略）

二十、市地税局（1项）（略）

二十一、市工商局（8项）（略）

二十二、市质量技监局（47项)(略)

二十三、市新闻出版局（50项)(略)

二十四、市体育局(2项)(略)

二十五、市旅游局(12项)(略)

二十六、市知识产权局（3项）（略）

二十七、市绿化市容局(77项)

（一）林木品科审核（有关审批内容合并至对林木品种的审核和审定）

（二）对主要林木品种的审定（有关审批内容合并至对林木品种的审核和审定）

（三）林木种子生产许可证的核发（与对林木种子经营许可证的核发，实施“一口受理、简化收件、同步审批、一次取件”）

（四）对林木种子经营许可证的核发（与林木种子生产许可证的核发，实施“一口受理、简化收件、同步审批、一次取件”）

（五）国外引进林木种子、苗木和其他繁殖材料检疫的许可（补充申请材料“国外引进植物有害生物风险评估”）

（六）外引进植物有害生物风险评估（调整为对国外引进林木种子、苗木和其他繁殖材料检疫许可的申请材料）

（七）植物产地检疫的许可（与植物调运检疫的许可，实施“一口受理、简化收件、同步审批、一次取件”）

（八）科研教学单位对国家二级保护野生动物进行野外考察、科学研究的许可（有关审批内容合并至“科研教学单位对国家保护野生动物进行野外考察、科学研究的审批（二级许可、一级审核）”）

（九）对科研教学单位对国家一级保护野生动物进行野外考察、科学研究的审核（有关审批内容合并至“科研教学单位对国家保护野生动物进行野外考察、科学研究的审批（二级许可、一级审核）”）

（十）对国家二级保护野生动物驯养繁殖许可证的核发（有关审批内容合并至“国家保护野生动物驯养繁殖许可证的审批（二级许可，一级审核）”）

（十一）对国家一级保护野生动物驯养繁殖许可证的审核（有关审批内容合并至“国家保护野生动物驯养繁殖许可证的审批（二级许可，一级审核）”）

（十二）对出售、收购、利用国家一级保护陆生野生动物或其产品的审核（有关审批内容合并至出售、收购、利用国家保护陆生野生动物或其产品审批）

（十三）对出售、收购、利用国家二级保护陆生野生动物或其产品的许可（有关审批内容合并至出售、收购、利用国家保护陆生野生动物或其产品审批）

（十四）对陆生野生动物或其产品出省运输证明的核发（与运输、邮寄、携带国家和本市重点保护动物及其制品出市境的审批及准运证核发，实施“一口受理、简化收件、同步审批、一次取件”）

（十五）出口国家重点保护陆生野生动物或者其产品的审核（与对进出口国际公约限制进出口的陆生野生动物或者其产品的审核，实施“一口受理、简化收件、抄告相关、一次取件”）

（十六）对进出口中国参加的国际公约限制进出口野生植物的审核（与出口国家重点保护野生植物的审核，实施“一口受理、简化收件、抄告相关、一次取件”）

（十七）出口国家重点保护野生植物的审核（与对进出口中国参加的国际公约限制进出口野生植物的审核，实施“一口受理、简化收件、抄告相关、一次取件”）

（十八）对在林业系统国家级自然保护区实验区开展参观、旅游方案的审核（有关审批内容合并至“林业系统自然保护区实验区开展参观、旅游方案审批（地方级许可、国家级审核）”审批）

（十九）对在林业系统地方级自然保护区实验区开展生态旅游方案的许可（有关审批内容合并至“林业系统自然保护区实验区开展参观、旅游方案审批（地方级许可、国家级审核）”审批）

（二十）对在林业系统国家级自然保护区建立机构和修筑设施的审核（有关审批内容合并至“林业系统自然保护区建立机构和修筑设施审批（地方级许可、国家级审核）”审批）

（二十一）对在林业系统地方级自然保护区建立机构和修筑设施的许可（有关审批内容合并至“林业系统自然保护区建立机构和修筑设施审批（地方级许可、国家级审核）”

审批）

（二十二）关闭、闲置或者拆除生活垃圾处置设施、场所的核准（由市绿化市容局一口受理，抄告环保，同步审批，限时办结，一口反馈）

（二十三）单独设置环境卫生设施（市管环卫设施）设计和建设方案备案（下放区县审批）

（二十四）单独设置环境卫生设施（市管环卫设施）竣工验收结果备案（下放区县审批）

（二十五）户外非广告设施（市管的非广告霓虹灯、标语、招牌、标牌、电子显示牌、灯箱、画廊、实物造型等户外设施）设置的审批（下放区县审批）

（二十六）城市建筑垃圾处置（分批排放、回填）核准（下放区县审批）

（二十七）对出售、收购国家二级保护野生植物的许可（不再列入企业登记注册前置审批）

（二十八）在合适狩猎的区域建立固定狩猎场所的许可（不再列入企业登记注册前置审批）

（二十九）从事城市生活垃圾经营性清扫、收集、运输、处理服务的审批（不再列入企业登记注册前置审批）

（三十）对公园停闭的许可（下放区县审批）

（三十一）对利用微生物处理设施处置厨余垃圾的审批（下放区县审批）

（三十二）对建筑垃圾和工程渣土运输许可证的核发（下放区县审批）

（三十三）对迁移树木的许可（有关内容调整至《对迁移、砍伐树木的许可》审批）

（三十四）对砍伐树木的许可（有关内容调整至《对迁移、砍伐树木的许可》审批）

（三十五）对移植古树名木的审核（有关内容调整至《对迁移、砍伐树木的许可》审批）

（三十六）对移植古树后续资源的许可（有关内容调整至《对迁移、砍伐树木的许可》审批）

（三十七）对占用已建成绿地的许可（有关内容调整至《对占用已建成绿地和调整公共绿地内部布局、服务设施设置的许可》审批）

（三十八）对调整已建成公共绿地内部布局的许可（有关内容调整至《对占用已建成绿地和调整公共绿地内部布局、服务设施设置的许可》审批）

（三十九）对公园内商业服务设施设置的许可（有关内容调整至《对占用已建成绿地和调整公共绿地内部布局、服务设施设置的许可》审批）

（四十）对公园建设项目设计方案的备案（有关内容调整至《对占用已建成绿地和调整公共绿地内部布局、服务设施设置的许可》审批）

（四十一）对新建公园规划的许可（由规划部门内部征求绿化市容部门意见）

（四十二）对国外引进林木种子、苗木和其他繁殖材料检疫的许可（有关内容调整至《对林业植物检疫的许可（实施主体为法规授权的林业植物检疫机构）》审批）

（四十三）对植物产地检疫的许可（有关内容调整至《对林业植物检疫的许可（实施主体为法规授权的林业植物检疫机构）》审批）

（四十四）对植物调运检疫的许可（有关内容调整至《对林业植物检疫的许可（实施主体为法规授权的林业植物检疫机构）》审批）

（四十五）对国家二级保护陆生野生动物特许猎捕证的核发（有关内容调整至《对陆生野生动物猎捕、狩猎的许可》审批）

（四十六）对非国家重点保护野生动物狩猎证的核发（有关内容调整至《对陆生野生动物猎捕、狩猎的许可》审批）

（四十七）对国家一级保护陆生野生动物特许猎捕证的审核（有关内容调整至《对陆生野生动物猎捕、狩猎的许可》审批）

（四十八）对国家重点保护野生动物驯养繁殖许可证的审批（二级许可，一级审核）（有关内容调整至《对国家和地方重点保护野生动物驯养繁殖的许可》审批）

（四十九）对本市重点保护野生动物驯养繁殖许可证的核发（有关内容调整至《对国家和地方重点保护野生动物驯养繁殖的许可》审批）

（五十）对出售、收购、利用国家重点保护陆生野生动物或其产品的审批（二级许可、一级审核）（有关内容调整至《对国家和地方重点保护陆生野生动物及其产品经营利用的许可》审批）

（五十一）对上海市野生动物及其产品经营利用许可证的核发（有关内容调整至《对国家和地方重点保护陆生野生动物及其产品经营利用的许可》审批）

（五十二）对库（圈）存珍稀濒危野生动物及其产品标记的审核（有关内容调整至《对国家和地方重点保护陆生野生动物及其产品经营利用的许可》审批）

（五十三）对外来陆生野生动物物种野外放生的审核（有关内容调整至《对引进、放生陆生野生动物的审核》审批）

（五十四）对引进陆生野生动物外来物种种类及数量的审核（有关内容调整至《对引进、放生陆生野生动物的审核》审批）

（五十五）对采集国家二级重点保护野生植物的许可（有关内容调整至《对采集、出售、收购国家重点保护野生植物的许可》审批）

（五十六）对出售、收购国家二级重点保护野生植物的许可（有关内容调整至《对采集、出售、收购国家重点保护野生植物的许可》审批）

（五十七）对采集国家一级重点保护野生植物的审核（有关内容调整至《对采集、出售、收购国家重点保护野生植物的许可》审批）

（五十八）对出口国家重点保护陆生野生动物或者其产品的审核（有关内容调整至《对进出口陆生野生动物及其产品的审核》审批）

（五十九）对进出口国际公约限制进出口的陆生野生动物或者其产品的审核（有关内容调整至《对进出口陆生野生动物及其产品的审核》审批）

（六十）对进出口中国参加的国际公约限制进出口野生植物的审核（有关内容调整至《对进出口珍贵树木、野生植物及其制品和衍生物的审核》审批）

（六十一）对出口国家重点保护野生植物的审核（有关内容调整至《对进出口珍贵树木、野生植物及其制品和衍生物的审核》审批）

（六十二）对出口珍贵树木或其制品、衍生物的审核（有关内容调整至《对进出口珍贵树木、野生植物及其制品和衍生物的审核》审批）

（六十三）对紫杉醇及红豆杉产品加工和出口申请的审核（有关内容调整至《对进出口珍贵树木、野生植物及其制品和衍生物的审核》审批）

（六十四）对在林业系统自然保护区实验区开展生态旅游方案审批（地方级许可、国家级审核）（有关内容调整至《对在林业系统自然保护区实验区开展生产经营活动的许可》审批）

（六十五）对在林业系统自然保护区实验区建立机构和修筑设施审批（地方级许可、国家级审核）（有关内容调整至《对在林业系统自然保护区实验区开展生产经营活动的许可》审批）

（六十六）对关闭、闲置、拆除或者迁移、改建环境卫生设施的许可（一口受理，抄告

环保，同步审批，限时办结）（有关内容调整至《对市级环境卫生设施或者垃圾处理场（厂）设立、关闭等的许可》审批）

（六十七）对设立垃圾处理场（厂）或者处理设施的审批（有关内容调整至《对市级环境卫生设施或者垃圾处理场（厂）设立、关闭等的许可》审批）

（六十八）对户外广告设施设置的许可（有关内容调整至《对市管区域户外广告设施设置或者宣传品、标语的张贴、悬挂的许可》审批）

（六十九）对临时张贴、张挂（悬挂）宣传品或者标语的许可（有关内容调整至《对市管区域户外广告设施设置或者宣传品、标语的张贴、悬挂的许可》审批）

（七十）对从事城市生活垃圾经营性清扫、收集、运输、处理服务的许可（有关内容调整至《对从事城市生活垃圾经营服务的许可》审批）

（七十一）对船舶垃圾接受作业的审批（有关内容调整至《对从事城市生活垃圾经营服务的许可》审批）

（七十二）对道路和公共场所清扫保洁资质等级核定（有关内容调整至《对从事城市生活垃圾经营服务的许可》审批）

（七十三）对配套建设的环境卫生设施规划、设计方案的审批（由规划部门内部征求绿化市容部门意见）

（七十四）对配套建设的地下建筑物化粪池和其他特殊规格化粪池初步设计方案和建造方案的审批（由规划部门内部征求绿化市容部门意见）

（七十五）对公共阵地户外广告设施的设置图、设置效果图的备案（有关内容调整至《对公共广告阵地户外广告设施的设计图、设置效果图及其使用合同的备案》审批）

（七十六）对户外广告设施设置公共阵地使用合同的备案（有关内容调整至《对公共广告阵地户外广告设施的设计图、设置效果图及其使用合同的备案》审批）

（七十七）对户外广告设施设置人变更的备案（有关内容调整至《对公共广告阵地户外广告设施的设计图、设置效果图及其使用合同的备案》审批）

二十八、市住房保障房屋管理局(6项)

（一）物业管理企业资质的许可（二、三级和新设立企业资质委托区县审批）

（二）优秀历史建筑保护修缮、装修、改造方案审批（与《优秀历史建筑改变（调整）使用性质、拆除、迁移、调整保护主体范围审批》，合并为《优秀历史建筑改变（调整）使用性质及内部设计使用功能和修缮（装修改造）审批》）

（三）优秀历史建筑改变（调整）使用性质、拆除、迁移、调整保护主体范围审批（与《优秀历史建筑保护修缮、装修、改造方案审批》，合并为《优秀历史建筑改变（调整）使用性质及内部设计使用功能和修缮（装修改造）审批》）

（四）上海市新建住宅交付使用许可（审批期限由20个工作日缩短为15个工作日）

（五）房屋拆迁许可（拆迁期限的延长）审批（有关内容调整至《房屋拆迁许可审批》审批）

（六）房屋拆迁范围变更手续的审批（有关内容调整至《房屋拆迁许可审批》审批）

二十九、市交通港口局(74项)

（一）核发公共汽车和电车从业人员服务证件（取消服务证年审时需提交的申请材料“复训考试合格证”）

（二）出租汽车车辆租赁服务企业经营资质许可（换证由一年一次改为三年一次）

（三）自有校车、租赁校车备案（1.审批条件调整为“自有校车：（1）已通过学校所在区（县）教育行政部门的审核；（2）具有符合校车条件的车辆；（3）具有符合校车驾驶人条件、经行业职业培训合格的驾驶员；租赁校车：（1）已通过学校所在区（县）教育行政部门的审核；（2）具有符合校车驾驶人条件、经行业职业培训合格的驾驶员；（3）租赁校车的经营者应具有从事客运的经营许可；（4）从事校车业务的租赁车辆应取得客运车辆营运证并具有符合校车条件的车辆；（5）学校与租赁校车经营者已签订《车辆租赁合同》"；2. 申请材料中"《上海市中小学、幼托园所校车登记申请表》"调整为"《上海市中小学、幼托园所校车信息登记表》"；3. 审批期限由未规定承诺为5个工作日；4. 除市中心区外，下放区县审批）

（四）轨道交通安全保护区作业（取消申请材料"1. 建设基地土地权属证件（复印件）；2. 有效期内的作业项目方案设计批准文件（复印件）；3. 深基坑设计、施工安全性报告技术评审意见"）

（五）省际道路客运标志牌发放（取消申请材料"1. 车辆行驶证复印件一份；2. 车辆道路运输证复印件一份"）

（六）机动车驾驶员培训许可（取消审批条件"机动车驾驶员培训机构增加经营范围的办理条件：已持有本市核发的《道路运输经营许可证》的机动车驾驶员培训机构"）

（七）港口岸线使用审批（与《港口岸线临时使用审批》、《改变港口岸线使用人和使用功能、使用范围审批》，合并为《港口岸线使用审批（包括港口岸线临时使用审批，改变港口岸线使用人、使用功能和使用范围审批）》）

（八）港口岸线临时使用审批（与《港口岸线使用审批》、《改变港口岸线使用人和使用功能、使用范围审批》，合并为《港口岸线使用审批（包括港口岸线临时使用审批，改变港口岸线使用人、使用功能和使用范围审批）》）

（九）改变港口岸线使用人、使用功能和使用范围审批（与《港口岸线使用审批》、《港口岸线临时使用审批》，合并为《港口岸线使用审批（包括港口岸线临时使用审批，改变港口岸线使用人、使用功能和使用范围审批）》）

（十）港口经营许可（进行集装箱内河港口作业的港口经营许可下放浦东新区审批）

（十一）港口工程初步设计审批（与《港口工程施工图设计审批》，合并为《港口工程设计审批》）

（十二）港口工程施工图设计审批（与《港口工程初步设计审批》，合并为《港口工程设计审批》）

（十三）非机动渡船渡工适任证书签发（与《非机动船舶驾长适任证书签发》、《船员任职资格证书签发》、《游艇驾驶员适任证书签发》，合并为《内河船舶船员适任证书签发》（包括非机动渡船渡工、非机动船舶驾长、内河游艇驾驶员））

（十四）非机动船舶驾长适任证书签发（与《非机动渡船渡工适任证书签发》、《船员任职资格证书签发》、《游艇驾驶员适任证书签发》，合并为《内河船舶船员适任证书签发》（包括非机动渡船渡工、非机动船舶驾长、内河游艇驾驶员））

（十五）船员任职资格证书签发（与《非机动渡船渡工适任证书签发》、《非机动船舶驾长适任证书签发》、《游艇驾驶员适任证书签发》，合并为《内河船舶船员适任证书签发》（包括非机动渡船渡工、非机动船舶驾长、内河游艇驾驶员））

（十六）游艇驾驶员适任证书签发（与《非机动渡船渡工适任证书签发》、《非机动船舶驾长适任证书签发》、《船员任职资格证书签发》，合并为《内河船舶船员适任证书签发》（包括非机动渡船渡工、非机动船舶驾长、内河游艇驾驶员））

（十七）水路运输经营者合并、分立或变更经营范围审批（审批内容调整至《经营国内水路运输业务（上海市市内运输）审批》）

（十八）船舶临时国籍证书签发（有关

审批内容调整至《船舶国籍证书签发》）

（十九）公共汽车和电车客运线路经营权的许可（审批期限由20个工作日缩短为15个工作日）

（二十）暂停或者终止公共汽车和电车客运线路营运审批（审批期限由20个工作日缩短为15个工作日）

（二十一）核发公共汽车和电车从业人员服务证（审批期限由20个工作日承诺为当场办理）

（二十二）公共汽车和电车客运线路行车作业计划备案（审批期限由20个工作日承诺为当场办理）

（二十三）出租汽车客运服务企业（含个体户）经营资质许可（审批期限由30个工作日缩短为20个工作日）

（二十四）出租汽车车辆租赁服务企业经营资质许可（审批期限由30个工作日缩短为20个工作日）

（二十五）道路旅客运输经营许可（审批期限由20个工作日缩短为15个工作日）

（二十六）省际道路客运班线经营许可（审批期限由20个工作日缩短为15个工作日）

（二十七）省际道路客运标志牌发放（审批期限由未规定承诺为10个工作日）

（二十八）道路旅客运输车辆道路运输证配发（审批期限由20个工作日缩短为10个工作日）

（二十九）外商投资道路运输业经营许可（客货运输审批期限由20个工作日缩短为15个工作日）

（三十）道路危险货物运输车辆道路运输证配发（审批期限由20个工作日缩短为15个工作日）

（三十一）核发道路危险货运从业人员从业资格证（审批期限由10个工作日缩短为7个工作日）

（三十二）道路危险货运从业人员从业资格证变更服务单位备案（审批期限由未规定承诺为5个工作日）

（三十三）道路货物运输（除危险货物运输）车辆道路运输证配发（审批期限由20个工作日承诺为当场办理）

（三十四）核发道路运输从业人员从业资格证（审批期限由10个工作日缩短为7个工作日）

（三十五）核发机动车驾驶培训教练员证（审批期限由10个工作日缩短为7个工作日）

（三十六）港口设施建设项目施工许可（审批期限由20个工作日缩短为16个工作日）

（三十七）水运工程监理单位丙级资质认定（审批期限由20个工作日缩短为16个工作日）

（三十八）港口设施建设工程竣工验收（审批期限由20个工作日缩短为16个工作日）

（三十九）港口经营许可（除理货业务）（审批期限由30个工作日缩短为21个工作日）

（四十）危险货物港口作业资质认定（审批期限由30个工作日缩短为21个工作日）

（四十一）经营国内水路运输业务（上海市市内运输）审批（含经营者合并、分立、或者变更经营范围）（审批期限由20个工作日缩短为15个工作日）

（四十二）新增市内水路运力审批（审批期限由40个工作日缩短为20个工作日）

（四十三）经营国内水路运输服务业务审批（审批期限为20个工作日，承诺除经营国内船舶管理业务审批为15个工作日外，其他为7个工作日）

（四十四）通航水域禁航区划定、航道（路）划定、交通管制区划定、锚地划定、安全作业区划定的审批（审批期限由20个工作日缩短为15个工作日）

（四十五）通航水域内沉船沉物打捞作业审批（审批期限由20个工作日缩短为15个工作日）

（四十六）在港口水域内进行采掘、爆破等活动的许可（审批期限由20个工作日缩短为15个工作日）

（四十七）水运工程试验检测机构材料类乙、丙级和结构类乙级的等级评定（审批期限由20个工作日缩短为15个工作日）

（四十八）水运工程质量鉴定（审批期限由20个工作日缩短为15个工作日）

（四十九）水运工程质量报监（审批期限由15个工作日缩短为10个工作日）

（五十）出租汽车车辆租赁服务企业经营许可（不再列入企业登记注册前置审批）

（五十一）经营国内水路运输业务（上海市市内运输）审批（不再列入企业登记注册前置审批）

（五十二）经营国内水路运输服务业务审批（不再列入企业登记注册前置审批）

（五十三）港口岸线使用审批（包括港口岸线临时使用审批，改变港口岸线使用人、使用功能和使用范围审批）（一、区管航道内的港口岸线，下放区县审批；二、港口岸线使用审批、港口岸线临时使用审批期限由30个工作日缩短为24个工作日；三、改变港口岸线使用人、使用功能和使用范围审批期限由20个工作日缩短为16个工作日）

（五十四）在港口采掘、爆破施工作业审批（除外港港区外下放区县审批，审批期限由20个工作日缩短为13个工作日）

（五十五）建设港口卫生除害处理专用场所审批（除外港港区外下放区县审批，审批期限由20个工作日缩短为15个工作日）

（五十六）建设港口危险货物作业场所审批（除市管港区外下放区县审批，审批期限由20个工作日缩短为15个工作日）

（五十七）修建或者设置沿跨内河航道的建筑物、构筑物或者其他与通航有关的设施审批（除市管航道外，下放区县审批）

（五十八）省际客运中级客车类型划分及等级评定（委托行业协会管理）

（五十九）机动车特约维修经营备案（移交行业协会）

（六十）机动车维修企业工时定额、工时单价备案（移交行业协会）

（六十一）变更公共汽车和电车线路营运及站点审批（有关内容调整至《公共汽车和电车客运线路经营权的许可》审批）

（六十二）公共汽车和电车客运线路行车作业计划备案（有关内容调整至《公共汽车和电车客运线路经营权的许可》审批）

（六十三）出租汽车客运服务企业（含个体户）经营资质许可（有关内容调整至《出租汽车客运服务企业（含个体户）经营资质和车辆营运证核发》审批）

（六十四）核发出租汽车车辆营运证（有关内容调整至《出租汽车客运服务企业（含个体户）经营资质和车辆营运证核发》审批）

（六十五）出租汽车车辆租赁服务企业经营资质许可（有关内容调整至《出租汽车车辆租赁服务企业经营资质和车辆营运证核发》审批）

（六十六）核发租赁汽车车辆营运证（有关内容调整至《出租汽车车辆租赁服务企业经营资质和车辆营运证核发》审批）

（六十七）省际道路客运标志牌发放（有关内容调整至《省际道路客运班线经营许可》，作为线路经营权取得后的变更环节）

（六十八）道路旅客运输车辆道路运输证配发（有关内容调整至《道路旅客运输经营许可》，作为企业许可证取得后的车辆证件发放环节）

（六十九）道路危险货物运输车辆道路运输证配发（有关内容调整至《道路危险货物运输经营许可》，作为企业许可证取得后的车辆证件发放环节）

（七十）道路货物运输（除危险货物运

输）车辆道路运输证配发（有关内容调整至《道路货物运输（除危险货物运输）经营许可》审批，作为企业许可证取得后的车辆证件发放环节）

（七十一）港口公共场所卫生许可（有关内容调整至卫生部门的《公共场所卫生许可证》核发审批）

（七十二）国家航道上的隧道、管道（线）、架空电缆等其他跨河、临河建筑物的通航净空尽度和技术要求的审批（有关内容调整至《修建或者设置沿跨内河航道的建筑物、构筑物或者其他与通航有关的设施审批》）

（七十三）除交通部审批以外的其他国家航道上修建桥梁的通航净空尺度和技术要求审核（有关内容调整至《修建或者设置沿跨内河航道的建筑物、构筑物或者其他与通航有关的设施审批》审批）

（七十四）港区范围内供水单位卫生许可（有关内容调整至卫生部门《供水单位卫生许可》审批）

三十、市安全监管局（4项）（略）

三十一、市民防办（2项）

（一）结合民用建筑修建防空地下室审核（由规土、建设部门内部征求民防部门意见）

（二）结建民防工程施工图设计文件审查（由建设部门内部征求民防部门意见）

三十二、市政府合作交流办（1项）（略）

三十三、市粮食局（2项）（略）

三十四、市食品药品监管局（1项）（略）

三十五、市编办（1项）（略）

三十六、市文管委（2项）（略）

三十七、市保密局（2项）（略）

三十八、市烟草专卖局（1项）（略）

三十九、市档案局（13项）（略）

四十、市气象局（4项）（略）

四十一、市邮政管理局（5项）

（一）邮政企业暂时停止或限制办理邮政业务审批（审批期限由20个工作日缩短为15个工作日）

（二）仿印邮票图案及制品审批（审批期限由30个工作日缩短为15个工作日）

（三）经营邮政通信业务审批（审批期限由未规定承诺为15个工作日）

（四）开办集邮票品集中交易市场审批（审批期限由30个工作日缩短为15个工作日）

（五）提供邮政普遍服务的邮政营业场所撤销审批（审批期限由20个工作日缩短为15个工作日）

四十二、市通信管理局（1项）（略）

四十三、市无线电管理局（6项）（略）

23. 关于本市贯彻国务院常务会议精神进一步促进房地产市场健康发展的实施意见

（沪府办发〔2009〕58号，2009年12月29日）

为认真贯彻落实国务院常务会议精神，抑制投资投机性购房，遏制地价、房价过快上涨，支持本市居民自住和改善型购房需求，进一步促进房地产市场健康发展，现提出如下实施意见：

一、严格执行国家各项房地产税收和金融政策

（一）个人将购买不足5年的非普通住房对外销售的，全额征收营业税；个人将购买超过5年（含5年）的非普通住房或者不足5年的普通住房对外销售的，按照其销售收入减去购买房屋的价款后的差额征收营业税；个人将购买超过5年（含5年）的普通住房对外销售的，免征营业税。

（二）对个人首次购买90平方米及以下住房，且符合普通住房标准的，须凭市房地产交易中心出具的首次购房证明，其契税税率仍按1%征收。

（三）对个人转让自用5年以上并且是

家庭唯一生活用房取得的所得，方可免征个人所得税。

（四）恢复收取个人购买普通住房的住房登记费和个人买卖存量普通住房的住房交易（转让）手续费。

（五）对投资投机性购房，加大差别化信贷政策执行力度，切实防范各类住房贷款风险；对自住和改善型住房消费的信贷政策，仍按国办发〔2008〕131号文规定，即居民首次贷款购买普通自住房，及已贷款购买一套住房，但人均住房面积低于本市平均水平，再申请贷款购买第二套用于改善居住条件的普通自住房的，贷款利率和最低首付比例继续按照优惠政策执行。

（六）对首次购买普通自住房，住房公积金贷款最低首付比例继续执行不低于所购房屋总价款20%的规定；有两人及以上参与贷款的借款家庭，每户家庭最高贷款限额仍为60万元，其中如有补充公积金的，每户家庭最高贷款限额仍为80万元；只有一人参与贷款的家庭，最高贷款限额仍为30万元，其中如有补充公积金的，最高贷款限额仍为40万元。

（七）对人均住房面积低于本市平均水平，再次贷款购买第二套普通自住房的，住房公积金贷款最低首付比例继续执行不低于所购房屋总价款20%的规定；有两人及以上参与贷款的借款家庭，每户家庭最高贷款限额为40万元，其中如有补充公积金的，每户家庭最高贷款限额为60万元；只有一人参与贷款的家庭，最高贷款限额为20万元，其中如有补充公积金的，最高贷款限额为30万元。对投资投机性购房，从紧掌握住房公积金贷款政策。

二、严格土地供应政策，切实增加普通商品住房土地供应

（八）进一步严格土地供应政策，商品住宅项目宗地出让面积不得超过20公顷。

（九）加强土地出让收支管理，规范土地出让收入分期缴纳行为，国土资源管理部门和土地受让人在土地出让合同中依法约定的分期缴纳全部土地出让价款的期限原则上不超过一年（经审批同意，特殊项目可以约定在两年内全部缴清），首次缴纳比例不得低于全部土地出让价款的50%。

（十）加大闲置土地清理力度，依法处理违规囤地。加快盘活存量国有建设用地，提高土地利用效率，完善住房用地供应方式，优先保障性住房土地供应，增加普通商品住房土地供应。

（十一）加大土地批后管理和施工现场监管力度，督促房地产开发企业严格执行土地出让合同和施工许可规定，在保证质量的前提下，加快开工和建设进度。

三、加快建立和完善住房保障体系，积极推进大型居住社区建设

（十二）建立和完善住房保障体系，全面推进包括廉租住房、经济适用住房、动迁安置配套商品房和公共租赁住房等保障性住房建设。对符合廉租保障准入条件的申请家庭，做到“应保尽保”，并通过配建、改建、收购等多种渠道，筹措廉租房源，提高实物配租比例。在试点的基础上，进一步加大经济适用住房工作推进力度，根据实际情况，逐步放宽准入条件，扩大经济适用住房的建设和供应规模。积极发展单位租赁房、人才公寓、来沪务工人员宿舍等公共租赁住房建设，加快建立公共租赁住房制度和运行机制。积极推进大型居住社区建设，进一步优化建设机制，落实配套政策，加快完善市政公用设施、社会事业和商业服务配套。

（十三）积极推进旧区改造工作。进一步明确改造目标和任务，加大政策支持力度，重点实施成片二级旧里和棚户简屋的改造；继续创新旧区改造机制，积极推进旧区改造事前征询、多渠道安置的改造方式。大力推进其他各类旧住房综合改造和整治，提高房屋质量，完善使用功能，改善居民居住条件。

四、加强房地产市场监测监管

（十四）完善房地产市场信息发布制度。坚持正确的舆论导向，合理引导市场预期；加强房地产开发企业资质管理，强化商品住房质量管理；进一步整顿房地产市场秩序，严格查处虚拟交易、虚假广告、捂盘惜售、哄抬房价等违法违规行为；健全房地产企业及从业人员诚信制度，引导房地产开发企业合理定价。

（十五）进一步完善商品房交易制度。加强商品房预售预订管理，规范商品房销售行为；加快实施存量房交易资金监管，切实保障购房消费者的合法权益。

本意见第（一）、（二）、（三）、（四）项自 2010 年 1 月 1 日起执行。

24. 上海市虹桥商务区管理办法

（2010 年 1 月 6 日，上海市人民政府令第 25 号公布）

第一条（目的和依据）

为了加强上海虹桥商务区的管理，促进上海虹桥商务区的开发和建设，根据法律、法规以及国家有关政策，结合本市实际，制定本办法。

第二条（区域）

上海虹桥商务区（以下简称虹桥商务区）的范围：东起外环高速公路（S20），西至沈阳 - 海口高速公路（G15），北起北京 - 上海高速公路（G2），南至上海 - 重庆高速公路（G50）；其中，虹桥商务区主功能区（以下简称主功能区）的范围：东起外环高速公路（S20），西至现状铁路外环线，北起北翟路，南至上海 - 重庆高速公路（G50）。

第三条（功能定位）

根据国家和本市国民经济和社会发展规划、本市城市总体规划的要求，虹桥商务区应当依托虹桥综合交通枢纽（以下简称虹桥枢纽），建成上海现代服务业的集聚区，上海国际贸易中心建设的新平台，面向国内外企业总部和贸易机构的汇集地，服务长三角地区、服务长江流域、服务全国的高端商务中心。

鼓励虹桥商务区通过低碳经济发展方式，建设成为低碳商务区域。

第四条（管委会及其职责）

本市设立上海虹桥商务区管理委员会（以下简称管委会）。管委会是市人民政府的派出机构，并依据本办法的规定履行下列职责：

（一）参与编制虹桥商务区区域规划，组织拟定虹桥商务区产业政策，并协调相关区人民政府、市有关行政管理部门和管理单位推进落实；

（二）组织协调虹桥枢纽内交通设施管理以及不同交通方式的衔接、集散和转换，协调落实应急保障工作；

（三）组织实施区域开发，拟定虹桥商务区土地储备计划、方案，指导相关单位实施土地前期开发和基础设施建设；

（四）指导区域商务功能的开发，促进投资环境和公共服务的完善，吸引投资，推动现代服务业发展；

（五）统筹安排虹桥商务区专项发展资金；

（六）按照规定接受有关行政管理部门的委托，负责或者参与虹桥商务区内相关行政审批工作，为企业提供指导和服务；

（七）指导协调相关区人民政府和管理单位履行虹桥商务区的行政管理职责，监督、检查工作落实情况。

相关区人民政府应当按照各自职责负责虹桥商务区内的市场监管、社会管理、城市基础设施运行等公共事务的管理，并协助管委会做好相关工作。

市有关行政管理部门和管理单位按照各

自职责，配合做好虹桥商务区的相关工作。

第五条（工作机制）

本市在虹桥商务区建立下列工作机制：

（一）重要情况沟通和重大问题协调机制，由管委会牵头，相关区人民政府、市有关行政管理部门和管理单位共同参加，定期对重要情况进行沟通，及时协调重大问题，明确解决问题的措施和各方的责任；

（二）重要审批催办督办机制，相关区人民政府、市有关行政管理部门和管理单位办理涉及虹桥商务区开发、建设和管理的重要行政审批事项，由管委会负责催办督办；

（三）重大事项通报机制，对于影响虹桥商务区开发、建设和管理的重大事项，管委会可以在相应的范围内进行通报。

第六条（专项发展资金）

本市设立虹桥商务区专项发展资金，用于支持虹桥商务区的开发、建设和管理。专项发展资金的使用、管理办法，由市发展改革、财政部门会同管委会另行制定，报市人民政府批准后实施。

第七条（产业发展导向）

管委会应当会同市有关行政管理部门、相关区人民政府，根据国家和本市有关产业结构调整的指导目录和相关政策，制定并公布虹桥商务区产业发展导向，并适时予以修订。

第八条（规划编制）

虹桥商务区规划由市规划行政管理部门会同管委会、相关区人民政府组织编制，并按法定程序报批。

管委会可以根据主功能区控制性详细规划的实施需要，组织编制修建性详细规划。

虹桥商务区内的民用机场、铁路、轨道交通等专项规划，根据相关法律、法规编制。

第九条（商务区规划控制）

虹桥商务区内的土地开发和项目建设应当符合经批准的控制性详细规划的要求。控制性详细规划未经法定程序调整的，虹桥商务区内的土地、房屋使用性质不得擅自改变。

第十条（土地利用及房屋拆迁管理）

主功能区的土地储备计划和方案由管委会会同市土地储备机构提出，并按照国家和本市有关规定报批。

虹桥商务区内除主功能区外的其他区域（以下简称虹桥商务区其他区域）的土地储备计划和方案，由管委会会同相关区土地储备机构提出，并按照国家和本市有关规定报批。

相关区人民政府按照国家和本市有关征收土地和房屋拆迁的规定，在各自行政区域内负责征收土地、拆迁管理等工作。

第十一条（虹桥商务区行政审批事项的委托）

管委会接受市、区有关行政管理部门的委托，在虹桥商务区内实施下列行政审批事项：

（一）商务管理部门委托的外商投资企业设立审批；

（二）投资管理部门委托的企业投资项目的核准和备案。

第十二条（主功能区行政审批事项的委托）

管委会接受市、区有关行政管理部门的委托，在主功能区内实施下列行政审批事项：

（一）规划管理部门委托的建设项目选址意见书、核定规划设计要求、建设用地规划许可证、建设工程规划设计方案、建设工程规划许可证的审批及建设工程竣工规划验收；

（二）土地管理部门委托的国有土地使用权的划拨、出让等建设项目供地的预审，但征收农民集体所有土地、农用地转为建设用地、建设项目占用未利用地的除外；

（三）建设管理部门委托的建设工程项目报建、建设工程施工许可证的审批；

（四）市容管理部门委托的户外广告设施设置的审批。

主功能区的户外广告设施设置实施方案，由管委会会同市容管理部门根据本市户外广告设施设置阵地规划编制，按法定程序报批后，作为户外广告设施设置的审批依据。

第十三条（行政审批事项委托手续）

本办法确定委托实施的行政审批事项的具体内容，由管委会与有关行政管理部门签订委托书予以明确。管委会应当将行政审批事项的实施情况报送委托的行政管理部门；委托的行政管理部门应当对管委会实施行政审批事项的情况进行监督。

第十四条（其他区域行政审批事项征求意见）

市、区有关行政管理部门在批准虹桥商务区其他区域内的下列行政审批事项前，应当征求管委会的意见：

（一）规划管理部门负责的建设项目选址意见书和建设工程规划许可证的审批；

（二）土地管理部门负责的国有土地使用权的划拨、出让等建设项目供地的审批，但征收农民集体所有土地、农用地转为建设用地、建设项目占用未利用地的除外；

（三）市容管理部门负责的户外广告设施设置的审批。

相关行政管理部门应当定期向管委会抄送或者报送上一年度前款所列行政审批事项的目录。

虹桥商务区其他区域内的建设工程竣工规划验收时，建设单位应当通知管委会参加。

第十五条（虹桥枢纽行政管理的组织协调）

相关区人民政府应当按照各自职责范围负责虹桥枢纽的地区管理。市有关行政管理部门和管理单位应当按照各自职责范围负责虹桥枢纽内的民用机场、铁路、公路、城市道路、磁浮、轨道交通、公共汽电车、出租汽车等交通设施的行政管理。

各部门间存在管理职责交叉、管理区域不明等情况的，由管委会负责协调。

第十六条（交通设施建设和运营管理）

管委会应当根据本市综合交通发展规划要求，组织推进主功能区内的交通设施建设计划，并负责虹桥商务区其他区域内的重大交通设施建设项目的协调工作。

虹桥枢纽内的民用机场、铁路、公路、城市道路、磁浮、轨道交通、公共汽电车、出租汽车等交通设施的运营管理，按照相关法律、法规、规章的规定实施。法律、法规、规章未明确运营管理主体的交通设施，由管委会会同相关部门确定运营管理单位。

第十七条（应急管理）

本市在虹桥枢纽设立应急联动机构。管委会应当做好应急联动机构与虹桥枢纽各运营管理单位间的衔接工作，督促相关单位制定应急预案。

第十八条（公共事务管理）

管委会应当指导协调相关区人民政府加强对虹桥商务区内的公共事务管理，督促相关部门按照各自职责做好税务、工商、公安、道路、交通、劳动保障、文化、教育、卫生、市容绿化、城管执法、水务、民政、司法行政等方面的工作。

第十九条（优惠政策）

鼓励在虹桥商务区引进符合产业发展导向的企业以及优秀人才。引进人才可以按照本市有关规定办理户籍或者《上海市居住证》。

市有关开发区的优惠政策可以参照适用于虹桥商务区。管委会可以会同市有关行政管理部门另行制定其他优惠政策，报市人民政府批准后实施。

第二十条（政务公开和服务）

管委会应当按照政务公开的要求，将受委托实施的行政审批事项的依据、内容、条件、程序、期限以及需要提交的全部材料的目录、申请书示范文本等在办公场所及政府网站予以公示，并免费为公民、法人和其他组织提供咨询服务。

管委会应当设立办事机构，方便公民、法人和其他组织办理行政审批等相关手续。

第二十一条（定义）

本办法所称的虹桥综合交通枢纽，是指位于虹桥商务区主功能区，由民用机场、铁路、公路、城市道路、磁浮、轨道交通、公共汽电车、出租汽车等交通设施组成的大型综合交通枢纽。

第二十二条（实施日期）

本办法自公布之日起实施。

25. 关于本市实行城乡建设用地增减挂钩政策推进农民宅基地置换试点工作的若干意见

（沪府办发〔2010〕1号，2010年1月11日）

为贯彻落实党的十七届三中全会及九届市委七次全会精神，加快本市新农村建设步伐，节约集约利用土地，推进小城镇建设，根据市委、市政府的要求，在总结前五年试点的基础上，本市在有条件的区县继续推进农民宅基地置换试点工作。现就本市实施城乡建设用地增减挂钩政策，推进农民宅基地置换试点工作提出以下若干意见：

一、重要意义

农民宅基地置换是统筹城乡发展，破除城乡二元结构，加快新农村建设的重要举措。通过宅基地置换，有利于促进农村人口居住相对集中，改善农民居住条件和生态环境质量，实现农民居住布局从自然形态向规划形态的转变；有利于增加耕地有效面积，提高耕地质量，促进农业适度规模经营；有利于农民宅基地的价值显化，实现农民财富的积累，增加农民家庭财产性收入；有利于盘活农村集体建设用地，实行城乡建设用地增减挂钩，探索集体建设用地流转的新途径，节约集约利用土地资源；有利于推进农村城镇化，促进郊区经济社会发展。

二、基本原则

开展农民宅基地置换要按照国土资源部《关于城乡建设用地增减挂钩试点管理办法》及本市关于城镇建设用地增加与农村建设用地减少相挂钩试点的规定，通过城乡建设用地增减挂钩的方法，“依法、自愿、有偿、规范”地推进农民宅基地置换试点工作。

（一）科学规划，合理布局。依据上海市土地利用总体规划和城乡规划的要求，科学规划，合理选址，引导城乡布局结构调整和布局优化；与新市镇规划相衔接，推进小城镇建设。

（二）农民参与，保障利益。鼓励和引导农民自愿参与农民宅基地置换，保障农民合法利益，让农民群众得实惠。

（三）政府主导，市场运作。坚持农民宅基地置换公益性，区县政府是农民宅基地置换试点工作的责任主体，开发主体应当是全资国有或集体公司，实行封闭运作、独立核算。建立利益平衡机制，寻求各方共赢的局面。

（四）政策聚焦，分类指导。整合相关政策，形成政策合力和工作活力。根据区域特点和发展差异，加强分类指导，积极探索，创新机制，创出特色。

三、具体条件

开展农民宅基地置换试点工作，应当具备以下条件：

（一）农民集中居住区选址符合本市城乡发展规划和土地利用规划、区县域规划和乡镇规划。原则上以镇为单位，推进农民宅基地置换试点，促进农民居住向城镇集中。

（二）实施农民宅基地置换试点区域要有85%以上的农户签字同意置换。

（三）实施农民宅基地置换试点区域要选择有产业支撑、农民非农就业比较充分、乡镇工作基础好的地方。

（四）确保宅基地置换项目区内的建设用地总量不增加，耕地面积不减少，耕地质量有提高。

（五）实施农民宅基地置换试点区域经济发展较快，具备较强的经济实力，能通过建设用地节余指标的开发和流转，保证宅基地置换试点项目所需资金。

（六）区县、乡镇政府有推进农民宅基地置换的积极性，有熟悉业务、责任心强、会做群众工作的队伍。

四、政策措施

（一）列入城乡建设用地增减挂钩试点，统筹土地利用。按照城乡建设用地增减挂钩试点的原则，将农民宅基地置换试点区域（拆旧地块）和农民集中居住区建设及节余建设用地开发（建新地块）共同组建成项目区，通过建新拆旧和土地整理复垦等措施，在保证项目区内建设用地面积平衡的基础上，最终实现增加耕地有效面积，提高耕地质量，节约集约利用建设用地，达到城乡用地布局更加合理，提高农村城镇化水平。

（二）下达城乡建设用地增减挂钩周转指标，实现边建边垦。预先下达的周转指标，专项用于控制项目区内建新地块的规模，同时作为拆旧地块整理复垦的耕地面积的标准。项目区建设用地实行边建边垦、封闭运作，一般在三年内归还，利用时间差，筹措农民集中居住区建设资金。建设用地节余指标可在市域范围内通过土地有形市场调剂到项目区外使用。

（三）建设农民集中居住区，减免相关费用。在农民选择房型的基础上，按照规划和相关技术标准，精心设计、高质量施工建造农民集中居住区，减免农民集中居住区建设所涉及的各种相关行政事业性收费，免收相关施工、勘察、设计市级交易服务费；按照本市相关规定建设民防工程、绿化设施等后，免收民防工程建设费、绿化保证金等相关收费；给予农民集中居住区供电配套工程收费优惠政策。

新建农民集中居住区内建筑工程报建、招标、报监、施工许可、竣工备案等，由区县政府负责实施。

（四）统一置换标准，维护农民利益。置换农民宅基地及其房屋，按照农民原房屋的市场评估价和新建房屋的建设成本实行等价交换；在市政府规定的农民建房标准范围内，对新、旧房屋建筑面积进行等量置换，使农民不出钱或少出钱。承包土地已流转、在城镇就业的农民，自愿放弃宅基地置换安置房的，可按照置换住房的价格予以补偿。

（五）依法颁发房屋产权证，加强物业管理。农民集中居住区用地一并实行征收和出让，并按照规定缴纳土地出让收入，其收入全部缴入相关区县级国库，在按规定提取相关费用后，由区县政府安排支出，用于农民集中居住区基础设施建设。农民宅基地置换的房地产，应当按照市相关规定办理房地产登记。农民集中居住区物业管理和配套设施用房只登记不发证，归全体业主所有。要按照本市物业管理的有关规定，针对农民集中居住区房屋建设、环境配套、居民需求、服务约定等情况，确定物业管理模式和组织形式，加强物业管理，建设管理有序、服务完善、文明祥和的和谐社区。

（六）加大扶持力度，促进资金平衡。农民宅基地置换项目的节余建设用地出让时，市级土地出让金收入按照“依法征收、适度结算”规定支持区县政府，由区县政府按照国家和本市有关规定统筹安排使用，支持宅基地置换试点工作；土地出让金收入的区县部分也要支持宅基地置换试点工作。市和区县财政扶持资金必须专款专用，封闭运作。节余建设用地开发，免收耕地开垦费和新增建设用地有偿使用费。

（七）积极创造条件，提高农民保障水平。可根据农民愿望和地区经济条件，按照“土地处置、户籍转性、社会保险落实”三者整体联动的原则，提高农民保障水平。对置换区域内农业人员，经与集体经济组织协商一致，在将土地承包经营权退还给集体经济组织后，具备条件的集体经济组织可按照有关政策，为其落实小城镇社会保险。

（八）完善集体资产收益管理，保障农民长远利益。农民集中居住后，要根据实际情况成立村社区股份合作社，统一管理农民集中居住区商业配套用房经营性收入、集体农用地流转开发收入及其他相关集体收入，使农民有一个长期稳定的收益。

五、工作程序

（一）专项调研，摸清现状。对符合农民宅基地置换试点条件的地方，要组织专项调研，摸清项目区农用地和建设用地的情况、农民的户数人数，农民宅基地及房屋的情况、征询农民置换的愿望与要求，为编制规划做好准备。

（二）编制方案，科学论证。按照本市城镇建设用地增加与农村建设用地减少相挂钩试点工作的规定，由区县政府负责组织编制农民宅基地置换项目区的专项规划和实施规划，统筹确定项目区规模、范围和布局，项目实施的时序，周转指标规模及使用、归还计划，拆旧区整理复垦和安置补偿方案，资金预算与筹措等。项目区选点布局要听取各方意见，特别是要充分听取当地农民和社会公众意见。

（三）申请上报，组织审核。区县政府将农民宅基地置换项目区专项规划和实施规划申报市推进农民宅基地置换试点工作联席会议办公室（以下简称“市推进办”）和市规划国土资源局，在市规划国土资源局下达项目区规划批复后，区县政府与市规划国土资源局签订“项目区土地整理复垦任务责任书”，明确项目区拆旧整理复垦任务和周转指标使用要求，再由市推进办组织对相关方案进行会审后，下达批复。

（四）组建项目主体，组织实施。区县推进农民宅基地置换试点工作联席会议办公室（以下简称“区县推进办”）按照批复的宅基地置换项目专项规划和实施规划，组织推进和监督。要确定项目区实施主体，具体负责实施。

（五）加强监管，确保拆旧区土地复垦。严格执行土地复垦相关规定，项目区所在区县政府对项目区土地整理复垦任务负责，区县长为第一责任人。对项目区实施情况特别是挂钩指标的下达、使用和归还，由市、区县推进办进行全程监管，项目完成后进行专项审计，组织相关部门验收。对未能按照计划及时归还指标的，要限期整改；对擅自扩大项目区范围，突破周转指标规模和未按时复垦的，要认真查处，并扣减年度土地利用计划指标。

六、组织领导

建立市推进农民宅基地置换试点工作联席会议制度，分管副市长为召集人，市农委、市规划国土资源局、市发展改革委、市财政局、市建设交通委、市住房保障房屋管理局、市人力资源社会保障局、市民政局、市监察局等部门负责人参加；完善由各成员单位参加的市推进办。市相关部门要根据农民宅基地置换试点要求，制定切实可行的支持政策和措施，切实发挥联席会议的作用。参加农民宅基地置换的区县要成立以区县分管领导为组长、相关部门和乡镇领导参加的领导小组和工作班子，加强组织领导和政策协调，有序、有力地推进农民宅基地置换试点工作。

26. 关于做好破损污损褪色或不合规格国旗回收处理工作的实施意见

（沪府办发〔2010〕2号，2010年1月18日）

为认真落实《国务院办公厅关于做好破损污损褪色或不合规格国旗回收处理工作的通知》要求（国办函〔2009〕100号）和市政府有关要求，经会同市委宣传部研究，现就做好破损污损褪色或不合规格国旗回收处理工作提出如下实施意见：

一、各部门、各单位要正确使用国旗，发现破损污损褪色或不合规格的国旗要及时更换，并按照规定统一回收。

二、今年1月31日前和4月30日前，本市对国旗升挂、使用情况分别开展两次大检查。大检查采取单位进行自查和统一组织抽查相结合的办法，自查由各区县政府负责落实，各委、办、局对所属单位提出明确要求，并积极配合各区县政府落实自查；市委宣传部、市绿化市容局会同有关部门开展抽查。

三、每次大检查结束后，确定为破损污损褪色或不合规格的国旗，由各区县政府明确以街道（镇）为单位统一回收，并分别于今年2月上旬和5月上旬集中送缴至本区县绿化市容管理部门。

四、各区县绿化市容管理部门集中收缴破损污损褪色或不合规格的国旗，及时送缴至市绿化市容局指定的地点集中处理，不得擅自处理。

五、每年重大节庆、重大活动前后，由各级党委宣传部门、绿化市容管理部门（城管执法部门）结合环境宣传和市容环境卫生等方面工作，对国旗的升挂、使用情况进行全面检查，发现问题督促有关单位迅速整改。

27. 关于贯彻《上海市饮用水水源保护条例》的实施意见

（沪府发〔2010〕1号，2010年1月21日）

《上海市饮用水水源保护条例》（以下简称《条例》）已于2009年12月10日经上海市第十三届人民代表大会常务委员会第十五次会议审议通过，将于2010年3月1日起施行。为更好地贯彻《条例》，建立健全饮用水源地安全保障制度，切实保护好饮用水源地，确保广大人民群众喝上安全、放心的饮用水，提出如下实施意见：

一、充分认识饮用水源保护的重要性

饮用水源安全关系到人民群众的身体健康，关系到社会稳定，是上海构建和谐社会的一项重要工作。各级政府和有关部门要站在维护广大人民群众根本利益的高度，充分认识饮用水源保护的重要意义。要以贯彻《条例》为契机，做好《条例》的宣传工作，把宣传《条例》作为当前法制宣传的重要内容。要充分利用广播、电视、报刊、网络等各种媒体，采用多种形式进行宣传，增强社会公众依法保护饮用水源的意识。

二、认真履行《条例》规定的各项职责

各相关区县政府和有关部门要切实加强对贯彻《条例》工作的领导，认真履行《条例》规定的各项职责，把贯彻《条例》纳入本单位年度工作计划，并制订方案、完善措施、落实经费。

为切实保障上海世博会期间饮用水的安全供应，本市拟订了近期相关区县政府及有关部门饮用水源保护的具体任务（详见附表），相关区县政府及有关部门要抓好落实。

《条例》的贯彻实施是一项长期任务，各相关区县政府和有关部门对《条例》实施过程中出现的新情况、新问题要及时研究，采取相应措施。

三、继续推进供水集约化进程

目前，本市还存在多个分散在内河取水的中小型水厂，这些水源地由于河道小、自净能力有限，水质相对较差。各相关区县政府和有关部门要结合贯彻《条例》，加快推进区域供水集约化进程，2012年底前基本关闭除崇明外的其他区的中小水厂，2015年底前基本完成崇明供水集约化工作。要通过推进供水集约化工作，逐步关闭现存的中小水源地，实现饮用水源集中保护、有效保护的目标。

四、依法划定饮用水水源保护区范围，取缔各项违法设施黄浦江上游、青草沙、陈行、东风西沙水源地的饮用水源保护区范围现已完成划分和调整。各相关区县政府要根据《条例》的规定，依法完成辖区内饮用水水源保护区划分工作，划分方案报市政府批准后公布执行。同时，按照规范，设立相应的饮用水水源保护区界标和警示标志。

各相关区县政府要严格按照《条例》的要求，对各级保护区内的违法设施进行整治和清拆。一级保护区内不得存在与供水设施和保护水源无关的项目，二级保护区内不得设置排污口、畜禽养殖场、固体废物贮存堆放场所、危险品码头等项目。

五、完善水源保护生态补偿制度

建立健全饮用水源生态补偿机制，进一步加大生态建设和保护力度，是统筹城乡发展的重要举措，是推进上海经济社会环境协调可持续发展的重要内容。目前，本市生态补偿机制已经建立，青浦、松江等7个区县已经获得2009年度饮用水源生态补偿，2010年将根据《条例》完善补偿范围。相关区县政府和有关部门要根据《条例》的要求，进一步完善饮用水水源保护生态补偿制度，加大投入力度，健全保障机制，积极探索除财政转移支付以外的其他补偿方式，更好地发挥生态补偿对促进水源保护地区经济社会发展的作用。

六、搞好饮用水源地风险控制和事故应急处理

各相关区县政府和有关部门要根据《条例》的要求，做好风险企业监管、船舶污染防治、危险品运输监管、事故预防和应急处理、饮用水应急供应等工作，尤其是要保障世博期间饮用水源供水安全。各有关部门要联防联控，建立健全多部门联合协同的保障机制，借鉴兄弟省市处理处置饮用水源地污染事故的经验，一旦发生污染事故，迅速采取有效措施，确保居民的饮用水供应和生产生活的稳定，把损失降到最小。

28. 关于开展农村集体建设用地流转试点工作的若干意见

（沪府办发〔2010〕3号，2010年1月27日）

农村集体建设用地流转，是中央为推进农村改革发展作出的重大决定，是市委、市政府贯彻党的十七届三中全会精神、推进上海城乡经济社会发展一体化作出的重大部署。为积极稳妥地推进本市农村集体建设用地流转，现就开展农村集体建设用地流转试点工作提出如下意见：

一、充分认识开展农村集体建设用地流转试点工作的重要意义

（一）市委、市政府一直十分重视“三农”工作，把破除城乡二元结构，统筹城乡发展作为主要工作目标。加快农村改革发展，需要加强农村制度建设，创新体制机制，大力推进农村改革创新。

（二）农村集体建设用地流转，是农村土地管理制度改革的重要突破口，是推进农村改革创新的有效手段，是上海经济社会发展新的增长点。目前，本市农村集体建设用地节约集约利用和流转的潜力很大。一方面，农村集体建设用地总量较大；另一方面，由于土地所有权和土地使用上的双轨制，农村集体建设用地粗放低效、闲置浪费现象比较普遍，资产价值没有真正体现。

（三）通过农村集体建设用地流转，有利于实施城乡规划，统筹城乡发展，加快形成城乡经济社会发展一体化新格局；有利于促进新城和村镇建设，推动上海经济社会可持续发展；有利于显化农村集体建设用地价值，增加农民收入，保障农民权益，促进农村和谐稳定；有利于盘活农村集体存量建设用地，促进土地资源优化配置和节约集约使用，增加土地流量，严格保护耕地。

二、明确农村集体建设用地流转的指导思想和基本原则

（四）指导思想。全面贯彻党的十七届三中全会和九届市委七次全会精神，深入贯彻落实科学发展观，以加快形成城乡经济社会发展一体化新格局为总体目标，依托上海特大城市的综合优势，按照“产权明晰、用途管制、节约集约、严格管理”的要求，加强政策创新，全面探索不同类型、不同区域农村集体建设用地的流转模式。坚持“规划先行、全面探索、分类指导”，实行统一规则、统一平台和统一监管，通过先行先试积累经验，稳步推进，逐步建立城乡统一的建设用地市场。

（五）基本原则。一是总量控制。严格按照城乡建设用地规模控制和耕地总量平衡的要求，强化流转的计划管理，合理确定农村集体建设用地供应的规模、结构和时序。二是有偿使用。除农村基础设施和公益性用地、农民在规定标准内使用本集体经济组织宅基地等情况外，对农村集体建设用地全面实行有偿使用，促进农村集体建设用地优化配置，进而促进农村产业结构调整和布局优化。三是同地同权。农村集体建设用地在交易方式、交易价格、使用期限等方面，与国有土地享有同样权利，与国有土地“同地、同权”。四是保障权益。合理界定集体经济组织成员身份，充分尊重集体经济组织成员流转意愿，流转收益主要用于发展经济和提高集体经济组织成员的社会保障水平，注重保护其长远利益和生计。在征收农村集体建设用地时，按照法律规定，对集体经济组织及其成员进行补偿。

三、确定农村集体建设用地流转范围和内容

（六）划定流转范围。凡符合土地利用总体规划和城乡规划、依法取得的农村集体建设用地使用权，原则上均可流转。

（七）明确农村集体建设用地用途。依法取得的农村集体建设用地，可以用于工业、商业、旅游业、服务业等经营性项目。禁止使用农村集体建设用地进行商品住宅开发建设。国家和本市基础设施、公共管理和服务设施等公益性项目建设需要使用农村集体建设用地的，依法征收为国有后使用。

（八）规范使用权流转。经集体经济组织成员大会或者三分之二以上的成员代表同意，符合规划的农村集体建设用地使用权，可以通过租赁、出让等方式进行流转；各类用地的使用期限最高不超过同类国有土地有偿使用最高年限；政府参照农村集体建设用地基准地价建立最低限价制度。土地使用者依法有偿取得的农村集体建设用地使用权可以通过转让、转租等形式进行流转。依法取得的农村集体建设用地使用权，可以抵押。

（九）探索指标流转。通过土地整治将农村集体建设用地复垦为耕地并加以保护利用产生的建设用地指标和耕地占补平衡指标，在满足整治区内新增建设用地需求后，可以在全市范围内流转。

（十）建设流转平台。按照“公开、公正、公平”的原则，在国有土地交易市场的基础上，增加农村集体建设用地入市交易的服务、管理功能，建立城乡统一的上海市土地交易中心，探索国有建设用地和农村集体建设用地“两种产权、同一市场、统一管理”的新途径。

四、做好农村集体建设用地流转基础工作

（十一）明确农村集体土地权属。农村集体土地原则上以村为单位，确权给村农民集体所有，并在登记机关进行登记。属于村民小组农民集体所有的土地，在登记时予以载明。市、区县两级土地管理部门设立负责农村集体土地确权登记的机构，从事土地登记具体工作。各镇（乡）规划和土地管理所负责做好基础调查工作。

（十二）科学编制村庄规划。坚持“先规划、后流转”的原则，通过规划，明确农村生产、生活服务设施、公益事业等各项建设的用地布局、建设要求等。积极吸收公众和村民参与规划编制，村庄规划报送审批前，应当经村民会议或者村民代表会议讨论同意，以切实保护村民利益。鼓励宅基地、乡镇企业等向规划点集中。

五、完善流转收益分配使用制度

（十三）合理设定收益分配方案。农村集体经济组织通过农村集体建设用地使用权或指标流转取得的收益，主要用于基础设施和公益设施建设、该集体经济组织成员的社会保障和发展生产等。土地使用者以转让、转租等方式依法流转农村集体建设用地使用权发生增值的，应当向政府缴纳一定比例的增值收益。

（十四）加强对收益分配使用的监管。设置农村集体建设用地流转收益资金专户，建立以镇（乡）为单位的财务监管体系，每年对集体经济组织土地收益的分配使用情况进行审计，审计结果向该集体经济组织成员公开。

六、切实加强领导

（十五）明确工作重点。农村集体建设用地流转涉及面广，情况复杂，各级政府要高度重视，加强领导，把这项工作作为一件大事来抓。近阶段，要搞好各项基础准备和动员宣传，选择部分镇村进行局部试点，并根据试点情况逐步铺开。相关试点区县和镇（乡）政府要周密部署，认真准备，根据实际情况，提出具体实施办法，组织落实各项试点工作。

29. 上海市加快电网建设若干规定

（沪府发〔2010〕3号，2010年1月29日）

第一条（目的和依据）

为了加快本市电网建设，提高电网供电能力和安全可靠性，保障经济社会持续发展和人民群众生产生活用电需要，根据《中华人民共和国电力法》等法律法规，结合本市实际情况，制定本规定。

第二条（适用范围）

本规定适用于本市行政区域范围内电网的规划、建设和相关管理活动。

第三条（政府职责）

上海市发展和改革委员会（以下简称市发展改革委）负责组织编制本市电网建设规划和年度计划，统筹协调推进全市电网建设。

区（县）政府负责协调推进本辖区内的电网建设，保障落实电网建设用地，并对电网建设依法使用土地和迁移居民予以支持和协助。

规划国土、建设交通、房屋管理、环保、消防、卫生、绿化林业、水务等部门应当按照各自职责协同实施本规定。

第四条（电网企业责任）

电网企业应当落实电网建设资金，严格执行国家和本市的电力、环保、消防、卫生等相关技术标准，并按照电源项目与配套电网项目同步建设、同步投产的要求，依法组织实施电源项目的接入系统建设。

第五条（电网建设规划）

市发展改革委应当会同市规划国土资源局组织编制本市电网建设规划，依照法定程序报市政府批准后，纳入相应的城乡规划。本市电网建设规划应当符合本市国民经济和社会发展规划，并与国家电网规划相衔接。

市规划国土资源局应当结合电网建设规划，对必须进行规划控制的变电所（站）、高压线走廊等城市供电设施用地划定控制界线，并明确电力黄线范围内的相关控制指标和要求。

规划国土管理部门应当及时公布经依法批准的城乡规划，并依法受理单位和个人查询城乡规划信息的申请。

任何单位和个人都应当遵守经依法批准并公布的城乡规划，不得非法占用经依法批准的城乡规划确定的城市供电设施用地。

第六条（电网建设年度计划）

市发展改革委应当组织编制本市电网建设年度计划，作为当年度电网企业实施电网建设、各有关职能部门履行行政审批职责的工作依据。

列入年度计划的电网建设项目，由市规划国土资源局和区（县）规划国土管理部门按照市、区（县）分工落实用地指标。

220千伏及以上的电网建设项目按照规定程序，列入市重大工程计划，适用相关优惠政策。

第七条（立项核准）

依法应当报国务院投资主管部门核准的电网建设项目，按照国家有关规定办理申请核准手续；依法应当报市发展改革委核准的电网建设项目，按照《上海市企业投资项目核准暂行办法》办理申请核准手续。

电网建设项目涉及新增建设用地或者改变用地性质的，电网企业应当在向项目核准机关报送项目申请报告前，向规划国土管理部门申请核发规划选址意见和项目用地预审意见。

市发展改革委应当会同市规划国土资源局等部门制定简化、优化输电线路塔基用地预审程序的具体办法，加快电网建设项目的前期审批工作。

第八条（预留电力线路通道）

本市新建、改建、扩建道路、桥梁、隧道等市政设施时，应当兼顾电网建设规划实施的要求。

需要在市政设施建筑结构中预留电力线路通道的，电网企业可以在市发展改革委审批市政设施建设项目的过程中提出论证建议。预留通道的电力线路电压等级或者容量超出国家强制性技术标准的，由市发展改革委会同市建设交通、规划国土、环保和消防等部门组织技术方案论证。论证结果作为审批市政设施建设项目、核准相关电网建设项目的依据。

市政设施和电力线路设施的建设、维修养护单位应当互相配合、协助。

第九条（电网建设用地）

电网建设应当贯彻切实保护耕地、林地和节约利用土地的原则。

电网建设使用土地，应当在当地政府协助下依法办理征地、国有建设用地划拨、房屋拆迁等手续，保障当地群众的合法权益。

第十条（电力架空线入地）

区（县）政府应当按照本市架空线入地规划和本辖区架空线入地建设计划，协调落实配电站、开关站等站址的用地相关手续及道路修复、绿化补种等事宜。

区（县）政府需要在本市架空线入地规划外增设电力架空线入地项目的，可以与电网企业协商并落实资金后，由电网企业组织实施。

市建设交通委在统筹平衡各类掘路施工计划和制定综合掘路计划时，应当合理安排电力架空线入地项目的掘路计划。

第十一条（完善工作机制）

各级政府及各有关职能部门应当高度重视电网建设工作，按照市政府的统一部署，优先落实电网建设条件，确保电网建设项目稳步推进、按期完成。

区（县）政府应当按照属地管理的原则，加强对本辖区内电网建设推进工作的领导和组织协调。

第十二条（加强宣传）

各级政府、各有关职能部门及电网企业应当加强宣传，普及电网建设的相关科学知识，努力营造全社会理解支持电网建设的氛围。

第十三条（输配挂钩机制）

本市实行配电网投资安排与输电网建设相挂钩的机制。对于支持电网建设贡献突出的区（县），市有关部门和电网企业在该区（县）配电网投资计划方面予以优先安排。

第十四条（具体应用解释）

本规定的具体应用问题由市发展改革委负责解释。

第十五条（施行日期）

本规定自发布之日起施行。

30. 关于贯彻国务院推进城市和国有工矿棚户区改造会议精神加快本市旧区改造工作的意见

（沪府发〔2010〕5号，2010年2月12日）

旧区改造是重要的民生工作，是改善广大市民群众居住条件的重要途径，是本市住房保障体系建设的重要内容。为加快推进本市旧区改造工作，提高市民群众的居住水平，根据国务院召开的推进城市和国有工矿棚户区改造会议精神及住房城乡建设部等五部门印发的《关于推进城市和国有工矿棚户区改造工作的指导意见》（建保〔2009〕295号）要求，现提出如下意见：

一、指导思想

深入贯彻落实科学发展观，根据党的十七大和市第九次党代会提出的发展目标，进一步统一思想认识，以加快推进“四个率先”、加快建设“四个中心”和社会主义现代化国际大都市为契机，转变发展方式，切实改善民生，积极探索适合特大型城市发展规律的旧区改造机制，突出旧区改造公益性性质，把解决群众的居住困难作为旧区改造的根本目的，重点加快二级旧里以下房屋改造，使市民群众的居住条件得到明显改善。

二、基本原则

（一）坚持政府主导，各方参与。旧区改造涉及面广、公益性强，是各级政府的重要职责。要充分发挥政府统筹协调、组织引导的作用，在政策和资金等方面给予积极支持，并注重发挥市场机制的作用，动员社会力量广泛参与。

（二）坚持以人为本，依法改造。旧区改造要把解决群众住房困难、改善群众居住条件作为重要目标。确定改造地块和制订补偿安置方案，要充分尊重群众意愿，严格执行相关法律法规和规定，维护群众合法权益，切实让群众得到实惠。

（三）坚持科学规划，分步实施。旧区改造要根据本地区经济社会发展水平，实事求是，尽力而为，明确工作目标和任务。要从居住条件最困难、安全隐患最严重、群众要求最迫切的地块入手，有计划、有步骤地组织实施。

（四）坚持“拆、改、留”并举。旧区改造要严格界定改造范围，防止大拆大建。要坚持保护与改造相结合，宜拆则拆，宜修则修，注重保护历史风貌。对规划保留的建筑，可通过综合整治，提高居住质量，完善使用功能。

三、工作目标和任务

2010–2012年：中心城区完成约240万平方米二级旧里以下房屋改造；继续开展旧住房综合整治；积极推进历史建筑和风貌保护街区保护性改造和整治。

“十二五”期间：中心城区完成约350万平方米二级旧里以下房屋改造。其中，长宁、卢湾、静安、徐汇等区基本完成二级旧里以下房屋改造。

郊区城镇地区应当对房屋结构差、安全隐患多、公共配套设施不全的危旧房实施改造。

四、政策和措施

（一）实行以土地储备为主的改造方式。对杨浦、闸北、虹口、黄浦、普陀等区的重点旧区改造推进项目，采取市、区合作土地储备的方式进行改造。

（二）积极推进旧区改造新机制

1. 积极开展旧区改造事前征询居民意见工作。列入本市旧区改造规划范围内需要实施房屋拆迁的土地储备地块，应当在改造前征询居民意见，充分尊重居民群众意愿，在得到大多数群众支持的基础上组织实施。

2. 完善居住房屋拆迁补偿安置方式。对新批准的房屋拆迁项目，居住房屋拆迁补偿应当根据被拆除房屋的房地产市场评估价格和价格补贴确定。拆迁旧式里弄房屋、简屋及其他非成套独用居住房屋的，可增加套型面积补贴。对按照补偿标准安置后居住仍然困难的动迁居民，根据房屋拆迁有关规定，可申请住房保障补贴。具体办法由市政府另行规定。

3. 进一步规范房屋拆迁行为。在旧区改造房屋拆迁过程中，全面实行公示制度，做到拆迁过程全透明，安置结果全公开，保持政策前后一致，确保“依法拆迁”和“阳光拆迁”。要继续加强房屋拆迁公司管理，开展工作人员岗位培训，进一步提高工作能力和水平。

（三）设立市、区两级政府旧区改造专项基金。2010 至 2015 年，市、区两级政府通过统筹土地出让收入、公有住房出售净归集资金及其增值收益、直管公有住房拆迁补偿款、财政预算安排资金等方式，分别设立市、区旧区改造专项基金。旧区改造专项基金主要用于二级旧里以下房屋改造，市级基金重点支持杨浦、闸北、虹口、普陀、黄浦等区的市政府确定的重点旧改地块改造。

（四）加快推进动迁安置房建设。制订本市保障性住房发展规划，进一步完善住房保障体系，优先安排土地供应计划，加快保障性住房建设。2008 至 2012 年，建设供应约 30 万套动迁安置房用于旧区改造、重大工程建设等居民动迁安置。中心城区各区应当根据实际情况，进一步挖掘潜力，建设本区域就近动迁安置房，提供动迁居民多元选择安置。

旧区改造动迁安置房建设和通过收购筹集的旧区改造动迁安置房源，按照国家规定执行经济适用住房的税费优惠政策。对市政府批准的市属动迁安置房建设大基地，由所在区承担的外围市政道路、公交枢纽、给排水等项目，由市有关部门会同人口导出区研究相应的配套支持政策。

（五）鼓励金融机构信贷支持。对旧区改造项目，执行廉租住房建设项目资本金占 20% 的规定。各金融机构要积极支持旧区改造，创新金融产品，改善金融服务，合理确定信贷条件，对符合信贷条件的项目在信贷资金规模上给予支持。

（六）试行公积金结余资金贷款支持。按照住房城乡建设部等七部门《关于利用住房公积金贷款支持保障性住房建设试点工作的实施意见》，本市公积金结余资金在优先保证职工提取和个人住房贷款、留足备付准备金的情况下，现阶段，可贷款支持中心城区旧区改造就近动迁安置房建设。

（七）加快处置旧区改造停滞地块。对已出让多年、尚未启动或部分启动又停滞的旧区改造地块，按照“政府主导、依法合规”的原则，采取积极措施，限期开发单位启动改造，由其承诺完成时间。对没有按时启动的地块，所在区政府应当与受让人商定土地使用权收回或依法启动土地使用权收回的程序。

（八）积极开展旧住房综合改造。通过对旧住房成套改造、综合整治、平改坡以及拆除重建等方式，多渠道、多途径地改善居民群众住房条件和环境质量。相关区应当编制完善历史风貌街区和优秀历史建筑保护规划，明确保留方式和用途，并积极开展保护性整治和改造。

（九）开展郊区城镇旧区改造。郊区城镇应当进行旧住房调查统计，摸清危旧房的数量和分布。有条件的区应当选择集中成片、群众要求改造呼声高的危旧房进行改造。

五、组织实施

（一）落实工作责任。各区政府是旧区改造工作的责任主体，要实行目标责任制管理，将有关工作情况纳入政绩考核范围。各区要把旧区改造工作摆上重要议事日程，建立主要领导对口联系重点推进项目制度，明确责任，落实机构，健全机制，确保本地区旧区改造工作顺利实施。市旧区改造工作领导小组办公室和相关部门要各司其责，密切配合，加强旧区改造统筹协调，强化服务指导，落实好各项政策和措施。

（二）编制规划计划。各区应当编制旧区改造规划和年度工作计划，因地制宜地制定项目实施方案，并报市旧区改造工作领导小组办公室。市旧区改造工作领导小组办公室应当根据各区旧区改造规划和年度计划，会同相关部门编制全市旧区改造规划和年度计划、资金计划、房源供应计划，加强计划实施的监督和管理，确保旧区改造有序推进。

（三）鼓励各方参与。在旧区改造过程中，旧区改造、房屋拆迁管理部门应当建立第三方参与机制，邀请人大代表、政协委员、专业律师、社会公信人士和居民代表，和民政、信访、纪检监察、审计等部门以及街道，共同参与和监督旧区改造房屋拆迁工作，坚决制止和查处损害群众合法权益的行为。

（四）加强宣传引导。各级政府和有关部门要采取多种形式，加强旧区改造工作的宣传，帮助有关单位和市民群众正确解读有关法律、法规和政策，为旧区改造工作营造良好的舆论氛围；要建立信息公开制度，让市民群众及时了解旧区改造的实际情况，争取社会各界的理解和支持。

31. 关于推进本市应急避难场所建设的意见

（沪府办发〔2010〕6号，2010年2月25日）

城市应急避难场所，是指在城市中人口聚集地附近，以应对地震灾害为主，兼顾其它灾害事故，用于接纳受灾居民紧急疏散、临时或较长时间避难及生活，确保避难居民安全，避免灾后次生灾害危害，并可供政府组织开展救灾工作的场所。上海作为特大型国际化城市，人口和建筑高度密集，一旦发生重特大灾害事故，将会严重威胁居民群众的安全。为保证突发性灾害事故发生后人员快速、有序疏散安置，最大限度地减少人员伤亡和财产损失，增强上海城市抵御灾害事故的整体能力，确保城市安全和稳定，根据国家地震局《关于推进地震应急避难场所建设的意见》（中震发救〔2004〕188号）和《上海市人民政府关于原则同意〈上海市中心城应急避难场所布局规划〉的批复》（沪府〔2008〕37号），以及上海市应急管理总体要求，现就推进本市应急避难场所建设提出如下意见：

一、指导思想

以科学发展观为指导，坚持以人为本，把人民生命财产安全放在首位，按照“政府领导、统筹规划、平灾结合、属地管理”的方针，科学规划和建设应急避难场所，全面提升本市应对突发公共事件的综合能力，最大限度地减少突发性灾害事故造成的人员伤亡和财产损失。

二、基本原则

（一）统一规划，分级实施。从建设安全城市的理念出发，将应急避难场所建设纳入城市发展规划。市里主要负责确定、制定本市应急避难场所的总体布局、建设规划、年度建设计划及相关政策规定和标准、规范，组织协调市有关部门支持区县抓好应急避难场所建设；各区县要按照市政府提出的应急避难场所建设任务与要求，加强对规划应急避难场所用地的控制和预留，并结合公园、绿地、广场、学校操场、体育场（馆）和露天大型停车场等相关设施的建设和改造，积极、有序地组织开展应急避难场所建设。

（二）突出重点，均衡配置。以上海中心城区人口密集地区和易产生次生灾害的经济目标附近地区为重点，采取远近结合的方式，合理规划和均衡配置应急避难场所，确保居民群众在发生灾害事故时，能够安全快速地到达避难场所。市民居住地附近的应急避难场所可作为突发灾害性事件发生时市民实施快速疏散和临时安置或疏散中转的场所；依托大型绿地和大型体育场等建设的应急避难场所，可用作受灾市民大规模和较长时间的疏散安置地使用。

（三）因地制宜，安全便捷。应急避难场所建设要充分利用现有的公园、绿地、广场、学校操场、体育场（馆）和露天大型停车场等进行改造，或与上述场所的新建紧密结合，通过增建必要的设施，使之具备避难的功能。场地的选择应尽量避开高大建筑物、易燃易爆危险物品存放点，以及其它易发生次生灾害的区域，确保市民有安全避难的空间。应急避难场所要具备良好的疏散和进出通道，通道保障条件符合消防要求，以保证市民在实施紧急避难时能迅速到达避难场所，并方便政府组织抢险救灾、安置居民及在应急时提供各项生活及救助保障。

（四）平灾结合，综合利用。应急避难场所建设应坚持平灾结合的原则，充分发挥其综合利用功能，使其平时可供市民休闲、娱乐、健身和停车等，城市突发灾害事故时又能成为市民紧急避难的场所。其功能要以应对地震灾害为主，同时兼顾火灾、建筑物倒塌、恐怖袭击等多种突发事件发生时市民避难的需求。

三、建设任务

（一）近期任务（2010 年至 2012 年）。分两步建设：第一步，到 2010 年底，对基本符合城市应急避难场所建设标准、要求，且不需进行大的改造和建设的公园、绿地等场所，按照统一的规范和标准，完成应急避难场所标志、标识的设置；市政府相关部门完成全市应急避难场所建设规划的编制和相关标准的制定；中心城区各区政府和相关部门完成 II、III 类应急避难场所实施规划的编制，郊区各区县政府完成新城、新市镇应急避难场所布局和实施规划的编制。第二步，到 2012 年底，按照应急避难场所建设规划和标准要求，以中心城区为主，全市建成 2—3 个 I 类应急避难场所，每个区县建成 2—4 个 II 类应急避难场所和 30%III 类应急避难场所，以及与之相应的疏散通道系统，初步形成中心城区应急避难场所体系框架。

（二）远期任务（2013 年至 2020 年）。按照规划布局，进一步完善城市应急避难场所建设和配套设施，基本形成以中心城区为主，远近结合、覆盖面广、设施配套的城市应急避难场所体系。

四、选址要求、分类标准、用地指标和功能设置

应急避难场所的选址和设施配置，按照国家制定的《地震应急避难场所场址及配套设施》（GB21734—2008）和《上海市应急避难场所建设标准》（暂定名，由市建设交通委组织拟制）执行。应急避难场所的标志设置，按照相关的国家标准和地方标准执行。

（一）选址要求。选址要充分考虑中心城区已有或拟建的场址，并与城区环境相协调，重点应选择在公园、绿地、广场、学校操场、体育场（馆）和露天大型停车场等区域。选址应处于建（构）筑物倒塌范围之外，保持疏散道路畅通；避让地质、洪涝灾害易发地区、高压线走廊区域，远离易燃易爆、危险化学品仓库、厂房等区域；以居住区、学校、大型公共建筑等人口相对密集区域的人员 30 分钟内步行到达为宜。

（二）分类标准。按照避难场所建设分类标准，本市的避难场所分为 3 类：I 类场所是指较长时间应急避难场所，可供受灾居民避难（生活）30 天以上，面积在 20000 平方米以上（浦西内环以内 15000 平方米以上），服务半径 5000 米；II 类场所是指临时应急避难场所，可供受灾居民避难（生活）10 天以上至 30 天以内，面积在 4000 平方米以上，

服务半径1000米；III类场所是指紧急避难场所，可供受灾居民避难(生活)10天以内，面积在2000平方米以上，服务半径500米。

（三）用地指标。中心城区规划应急避难场所人均实际有效用地面积控制为3.0平方米／人(浦西内环以内不低于2.5平方米／人)，其中I类应急避难场所2.0平方米／人(浦西内环以内不低于1.5平方米／人)。具体用地指标及相关规划布局要求，按照市政府批复的《上海市中心城应急避难场所布局规划》（沪府〔2008〕37号）执行。

（四）功能设置。以满足应急避难场所基本运行为原则，充分利用现有场地条件，综合考虑临时性和永久性的需要，合理进行功能设置。

五、建设方法

（一）统一规划和建设标准。市和区县政府统一制定应急避难场所的布局和建设规划、建设标准，以及标志设置规范和相关规定等，作为组织建设的基本依据，各相关单位必须严格执行。

（二）与城市相关设施的建设改造紧密结合。各相关部门和单位在建设公园、绿地、广场、学校操场、体育场（馆）和露天大型停车场等设施时，应按照市和区县的应急避难场所布局和建设规划，结合建设相关设施，使其具备和完善应急避难的功能，达到应急避难场所的建设标准和要求。有关部门和单位还要按照市和区县的建设规划，积极搞好对现有公园、绿地、广场、学校操场、体育场（馆）和露天大型停车场等设施的改造，使其达到应急避难场所建设标准和要求。

（三）政府适当给予补助。列入市、区县政府财政保障的相关建设（改造）项目，其建设应急避难场所设施的经费，按原渠道列入预算；用其它经费建设（改造）的相关项目，其建设应急避难场所设施的经费，由市和区县政府给予适当补助，具体办法另行制定。

六、日常管理和紧急启用

（一）应急避难场所的日常管理，由其权属或管理单位负责，并由民防部门牵头、相关部门配合，共同开展检查督导。

（二）应急避难场所在突发灾害事故时的紧急启用，由区县、街道（镇）或相关单位按照预案组织实施，应急避难场所的权属和管理单位要积极配合。

（三）应急避难场所所在地的区县、街道（镇）、居委会（村）及相关单位要预先组织编制《应急避难场所启用预案》，并将预案的有关内容公布告知相关单位和居民群众。各区县要根据预案，经常组织社区和基层单位等开展应急疏散演练，使广大群众熟悉应急避难场所和应急疏散通道，提高应对突发灾害事故的能力。

七、部门职责分工

在市应急委的领导下，由市民防办牵头负责，市各相关部门密切配合，共同推进应急避难场所建设。

（一）市民防办。负责本市应急避难场所建设与管理的牵头组织和协调；会同并协调市有关部门组织编制本市应急避难场所建设的总体规划；指导并协调市有关部门和各区县做好应急避难场所年度建设计划的编制工作；组织编制突发事件民众紧急疏散撤离和应急避难场所启用预案，并对实施情况进行督导检查。

（二）市发展改革委。负责搞好本市应急避难场所建设规划与国民经济和社会发展规划的衔接平衡；负责市级应急避难场所建设使用市级财政性资金的固定资产投资项目审批；以市级重要商品储备体系为依托，会同有关部门协调做好应急避难场所相关物资的应急保障工作。

（三）市商务委。会同市发展改革委负责应急避难场所所需物资的储备和保障工作。

（四）市教委。落实在学校设置和建设

应急避难场所的有关工作；指导相关学校搞好校内所设应急避难场所的管理。

（五）市公安局。指导相关单位进行应急避难场所直升机起降场的规划、设计，参与直升机起降场的建设工作；依据国家道路交通标志标线设置标准，负责疏散通道及周边相关交通标识、标志的设置；拟制应急避难场所内部及周边地区维护社会治安和交通管理方案。

（六）市民政局。负责应急避难场所所需救灾物资的预储保障，根据应急避难场所启用预案，编制各类赈灾物资保障计划，组织物资预储。

（七）市财政局。负责按照现有管理体制，对应急避难场所建设、管理工作所需经费提供保障。

（八）市建设交通委。负责应急避难场所建设标准的制定和建设过程中的管理，指导建设单位按照建设标准落实相关要求；制定利用现有公园、绿地、广场、大型露天停车场等市政设施改建应急避难场所的建设计划，并落实相关改造建设资金。

（九）市规划国土资源局。会同有关部门确定编制全市应急避难场所总体布局和实施规划；指导区县规土部门对拟建应急避难场所用地进行规划控制和督导建设单位按规划要求进行建设。

（十）市质量技监局。负责应急避难场所相关地方标准的制定和标志设定的规范、统一工作。

（十一）市卫生局、市水务局、市通信管理局、市电力公司。分别负责市级应急避难场所内医疗卫生、应急供水、通信、供电设施的建设和管理；指导应急避难场所建设主体单位（或场所权属和管理单位）对应急避难场所内医疗卫生、应急供水、通信、供电设施进行建设和管理。

（十二）市体育局。负责落实市直属公共体育场（馆）应急避难场所的建设和管理工作；指导各区县体育局搞好对公共体育场（馆）的应急避难场所的管理。

（十三）市绿化市容局。负责利用公园绿地建设的应急避难场所以及全市应急避难场所内环卫设施的建设和管理工作。

（十四）市地震局。参与做好应急避难场所建设的组织计划和业务指导工作。

其它相关部门按照各自职责，做好应急避难场所建设和管理的相关工作。

附件：

应急避难场所基本设施配套要求

为保障应急避难场所内人员基本生活需求，确保应急避难场所在紧急状态下及时启用和安全运转，对应急避难场所基本设施配套要求明确如下：

一、物资储备设施

I 类应急避难场所应设置食品、药品、饮用水、帐篷、消防、交通、工具、器材等物资库，并设置通信设施；

II 类应急避难场所应设置食品、饮用水、帐篷、工具、器材等物资库，并设置通信设施；

III 类应急避难场所应设置饮用水、帐篷、工具、器材等物资库，并设置通信设施。

各类应急避难场所长期性预储物资所需仓库，应尽可能利用应急避难场所区域内或附近的公用民防物资库工程。

二、供水设施

应急避难场所应设置独立的供水管网，供水水源主要为城市供水管网、地下水井、蓄水池、河流等水体，并配备移动供水车辆，结合厕所设置洗浴设施。

三、环卫设施

各应急避难场所应设置独立的排污系统，并接入城市污水管网，医疗卫生污水应处理达标后才可排入城市污水管网系统。各应急避难场所内应根据避难人员容量，按相关卫生要求设置应急厕所，并附设或单独设置化粪池。各应急避难场所内还应设置专门的垃圾集中存放点。

四、供电设施

应急避难场所应采用两路及以上电源供电，并应设置太阳能供电系统，I、II类应急避难场所还应设置独立的汽（柴）油发电机组，以满足应急避难场所内照明用电及必要设施的供电需求。

五、通信设施

各应急避难场所应设置固定电话，并应使无线通信信号覆盖应急场所。在I、II类应急避难场所内应设置广播系统，可与公园、学校、体育场等广播系统结合建设和使用。

六、疏散通道

各应急避难场所应结合分类等级，建设相应数量的应急疏散通道。应急疏散通道根据使用功能和作用，区分为疏散主通道和疏散次通道两个等级。疏散主通道，主要连接对外交通枢纽、对外公路以及各I类应急避难场所，主要承担受灾人群集体撤离和转运，同时也作为主要的救援通道使用；疏散次通道，主要连接商住集中区域、居民集结点与各类应急避难场所，主要承担居民的就近疏散功能，作为通向应急场所的安全通道。

通道设置数量，连接I类应急避难场所的应急疏散通道应在不同的方向至少设置4条，包括2条疏散主通道；II、III类应急避难场所的疏散通道，应在不同的方向上至少设置2条。

各类应急避难场所除建设地面疏散通道外，还应设置直升机停机坪，以满足紧急救援所需。直升机停机坪的设置，应与本市公安部门直升机起降场的建设规划相结合。通常情况下，I类应急避难场所都应建有直升机停机坪（或在周边500米范围内建设）；II、III类应急避难场所在条件许可的情况下，可视情设置直升机停机坪。

七、指引标示

在应急避难场所周边、入口处和各功能区应设置明显指示标志，并在入口处悬挂1：1000的应急避难场所平面图及周边地区居民疏散通道图。主要标志有：应急避难场所方向、距离道路指示标志、应急供电标志、应急棚宿区标志、应急水井标志、应急物资供应标志、应急停机坪标志、应急指挥中心标志等。标志设置应与周围环境、景观和相关标志牌相协调。

八、指挥场所

在发生重大灾害情况下，市、区县、街道（镇）各级要利用已建的地下民防指挥所实施指挥，应急避难场所内不再设置专门的指挥场所。

32.2010年市政府要完成的与人民生活密切相关的实事

（沪府办发〔2010〕8号，2010年3月29日）

一、新增就业岗位50万个，其中农村富余劳动力非农就业10万个；创建100个阳光职业康复援助基地，为就业困难残疾人提供就业援助。

二、开建29条区域对接道路，完成10条区域对接道路建设；在城市快速路46个上匝道建设控制及引导系统；在64个道路断面建设道路交通事件视频监测技术系统；为700条线路9000辆公交车配置手持式交通卡读卡器。

三、完成郊区100个农村村庄改造；完成2500户低收入农户危旧房改造。

四、为25万名老人提供居家养老服务；新增养老床位1万张；新建老年人日间服务中心20家；新设50个社区老年人助餐服务点。

五、实现郊区540所村卫生室和145家社区卫生服务中心新型农村合作医疗实时报销；免费为30万台家庭用水银血压计进行校准和小修；实现市民手机呼叫“120”实时定位。

六、推广使用节能灯1200万只，其中向2.3万户重点优抚对象赠送4.6万只。

七、新建50所幼儿园；为全市160所招收来沪务工人员子女为主的民办小学配备标准图书室、增配体育运动器材；实施“千村万户”农村信息化培训普及工程，在郊区完成1万人的信息化培训和20万人的宣传普及。

八、在市郊大型居住社区等地新建1000台银联ATM机；新建改建40个上海旅游咨询服务中心；在轨道交通站点和世博园区设置方便市民和游客报警的标志标识。

九、在5家蔬菜批发市场和100家标准化菜市场建设蔬菜流通信息追溯体系；对30万来沪务工人员进行安全生产培训；向25万户家庭提供免费急救包并开展相关应急逃生培训；完成2.5万名“红十字”救护员和25万人的群众性现场初级急救培训。

十、新建40处社区公共运动场；完善2800余座厕所的设施设备和导向标志。

附件：

2010年市政府要完成的与人民生活密切相关的实事项目进度及负责部门、责任人

一、新增就业岗位50万个，其中农村富余劳动力非农就业10万个；创建100个阳光职业康复援助基地，为就业困难残疾人提供就业援助。

进一步强化政府责任，完善市场机制，实施积极的就业政策，确保全年新增50万个就业岗位，其中农村富余劳动力非农就业岗位10万个，以有效控制城镇登记失业率，推进郊区县非农就业。具体实施进度为：第一季度新增岗位15万个，其中非农就业岗位3万个；第二季度新增岗位15万个，其中非农就业岗位3万个；第三季度新增岗位15万个，其中非农就业岗位3万个；第四季度新增岗位5万个，其中非农就业岗位1万个。该项目由市人力资源社会保障局牵头负责，责任人为周海洋局长。

创建100个阳光职业康复援助基地，通过组织生产劳动、职业培训和职业辅导等职业康复活动，帮助约6000名就业困难残疾人提高就业能力，并为接受援助的残疾人落实基本社会保险，保障基本生活。具体实施进度为：第一季度制定实施方案；第二季度完成50个阳光基地的创建，援助约3000名残疾人；第三季度完成30个阳光基地的创建，援助约1800名残疾人；第四季度完成20个阳光基地的创建，援助约1200名残疾人，并做好检查、测评和总结工作。该项目由市残联牵头负责，市人力资源社会保障局配合。其中，市残联责任人为金放理事长，市人力资源社会保障局责任人为应鸿庆副局长。

二、开建29条区域对接道路，完成10条区域对接道路建设；在城市快速路46个上匝道建设控制及引导系统；在64个道路断面建设道路交通事件视频监测技术系统；为700条线路9000辆公交车配置手持式交通卡读卡器。

开工建设29条区域对接道路，当年完成南祝公路、银都路等10条道路，解决区与区之间连接道路，尤其是远郊与近郊、近郊与中心城区道路之间衔接不畅的矛盾，发挥道路网络整体功能。具体实施进度为：第一季度计划开工9条对接道路；第二季度计划开工9条对接道路；第三季度计划开工5条对接道路，竣工4条；第四季度计划开工6条对接道路，竣工6条。该项目由市建设交通委牵头负责，责任人为黄融主任。

在具备安装条件的46个上匝道进行控制及引导系统建设，实现实时控制、信息发布、数据采集和全景摄像等功能，切实发挥引导分流作用。具体实施进度为：第一季度完成系统建设、单点调试和部分匝道联调；第二季度完成部分匝道联调，优化控制和引导方案，投入运行；第三季度建立并完善系统运行维护体系，确保系统完好率达

100%；第四季度对系统进行整体绩效评估。该项目由市公安局牵头负责，责任人为交警总队陈志康总队长。

通过报警数据触发、数字视频播放、存储和联网调用、匝道联动控制、交通信息实时发布等功能，形成集视频事件检测、前端视频录像、实时报警、交通诱导等功能于一体的交通事件处理综合平台，提升本市交通事件预警和处置水平。具体实施进度为：第一季度完成系统建设；第二季度系统调试和方案优化，投入运行；第三季度建立并完善系统运行维护系统；第四季度对系统进行整体绩效评估。该项目由市公安局牵头负责，责任人为交警总队陈志康总队长。

对市区一级管理和郊区两级管理有人售票的公交线路约700条线路、9000辆公交车分批配置手持式交通卡读卡器，以进一步改善上海城市交通管理，方便市民乘车付费。具体实施进度为：第一季度完成系统研究和调试；第二季度完成手持式读卡器的试制、调试；第三季度分期分批对有人售票公交线路配置手持式读卡器，完成配置总量的10%；第四季度全部完成。该项目由市交通港口局牵头负责，责任人为孙建平局长。

三、完成郊区100个农村村庄改造；完成2500户低收入农户危旧房改造。

以改善生态环境为重点，配套完善生活污水处理、村内道路建设、危桥改造、河道疏浚、环卫设施建设、宅前屋后环境整治、村庄绿化等，对农村村庄实施改造。具体实施进度为：第一季度完成试点选点、方案报送；第二季度完成项目批复；第三季度推进项目实施；第四季度完成组织验收和考核。该项目由市农委、市建设交通委牵头负责，市发展改革委、市规划国土资源局、市环保局、市水务局、市绿化市容局配合。其中，市农委责任人为孙雷主任，市建设交通委责任人为黄融主任，市发展改革委责任人为汤志平副主任，市规划国土资源局责任人为徐毅松副局长，市环保局责任人为方芳副局长，市水务局责任人为刘晓涛副局长，市绿化市容局责任人为黄兴华副局长。

以改善农村基本居民条件为重点，对郊区2500户农村低收入户危旧房进行翻建、修缮。具体实施进度为：第一季度完成改造对象申报、公示、审核等认定，颁布改造办法，落实改造资金；第二季度制定改造方案并启动改造工作；第三季度推进改造实施；第四季度全面竣工并完成验收总结。该项目由市建设交通委牵头负责，市民政局、市农委配合。其中，市建设交通委责任人为黄融主任，市民政局责任人为姚凯副局长，市农委责任人为陈洪凡副主任。

四、为25万名老人提供居家养老服务；新增养老床位1万张；新建老年人日间服务中心20家；新设50个社区老年人助餐服务点。

以80岁以上、身边无子女的高龄夫妇和独居老人为重点，将居家养老服务受益群体扩大至25万人。具体实施进度为：第一季度将服务对象扩大至22万人；第二季度将服务对象扩大至23万人；第三季度将服务对象扩大至24万人；第四季度将服务对象扩大至25万人。该项目由市民政局牵头负责，责任人为高菊兰副局长。

继续新增1万张养老床位，着力缓解本市机构养老特别是中心城区机构养老服务资源供需矛盾。具体实施进度为：第一季度完成500张；第二季度完成500张；第三季度完成2000张；第四季度完成7000张。该项目由市民政局牵头负责，责任人为高菊兰副局长。

继续新建20家老年人日间服务中心，就近为老年人提供就餐、助浴、群体康复等日间服务。具体实施进度为：第一季度完成2家；第二季度完成2家；第三季度完成2家；第四季度完成14家。该项目由市民政局牵头负责，责任人为高菊兰副局长。

以老年人口密度大、需求高的中心城区为重点，新设50个社区老年人助餐服务点，进一步拓展助餐服务受益面，满足老年人助餐服务需求。具体实施进度为：第一季度项目启动；第二季度完成10个；第三季度完成10个；第四季度完成30个。该项目由市民政局牵头负责，责任人为高菊兰副局长。

五、实现郊区540所村卫生室和145家社区卫生服务中心新型农村合作医疗实时报销；免费为30万台家庭用水银血压计进行校准和小修；实现市民手机呼叫“120”实时定位。

通过新型农村合作医疗信息系统建设，完成540所村卫生室新农合医疗实时报销，实现新农合实时报销村级全覆盖，同步推进145家社区卫生服务中心新农合实时报销工作。具体实施进度为：第一季度组织准备；第二季度推进200所村卫生室和60家社区卫生服务中心实现新农合实时报销；第三季度推进200所村卫生室和50家社区卫生服务中心实现新农合实时报销；第四季度推进140所村卫生室和35家社区卫生服务中心实现新农合实时报销。该项目由市卫生局牵头负责，市经济信息化委、市农委配合。其中，市卫生局责任人为李卫平副局长，市经济信息化委责任人为信息化推进处周正曙处长，市农委责任人为邵林初副主任。

为30万台家庭用水银血压计实施免费校准和小修，确保家庭血压计示值准确，维护居民健康和生命安全。具体实施进度为：第一季度组织动员和人员培训；第二季度完成12万台；第三季度完成15万台；第四季度完成3万台并组织检查验收。该项目由市质量技监局牵头负责，责任人为黄小路局长。

借助移动、联通、电信的手机定位平台，通过接口开发、系统实施等，实现上海范围内手机用户拨打“120”的实时定位功能，以便及时调派车辆予以急救。具体实施进度为：第一季度启动项目实施，完成系统和平台改造；第二季度在世博园区等重点区域试运行；第三季度起全面运行。该项目由市卫生局牵头负责，市经济信息化委配合。其中，市卫生局责任人为李卫平副局长，市经济信息化委责任人为信息基础设施管理处张建明处长。

六、推广使用节能灯1200万只，其中向2.3万户重点优抚对象赠送4.6万只。

贯彻《国务院关于进一步加强节油节电工作的通知》，加大推广高效照明产品的力度，满足居民对节能灯的需求，促进节能环保工作，并体现对部分弱势群体的关心。具体实施进度为：第一季度确定节能灯需求量并完成向国家申报工作；第二季度制定并下达各区县推广节能灯任务和工作方案，完成向重点优抚对象赠送节能灯4.6万只任务；第三季度分批组织各区县和中标企业推广使用节能灯720万只；第四季度推广使用节能灯480万只并检查推广完成情况。该项目由市经济信息化委牵头负责，市民政局配合。其中，市经济信息化委责任人为尚玉英副主任，市民政局责任人为高菊兰副局长。

七、新建50所幼儿园；为全市160所招收来沪务工子女为主的民办小学配备标准图书室、增配体育运动器材；实施“千村万户”农村信息化培训普及工程，在郊区完成1万人的信息化培训和20万人的宣传普及。

通过公建配套、改扩建、新建等方式，新建50所标准化幼儿园，进一步解决学前教育资源不足、幼儿园班额普遍超编的矛盾。具体实施进度为：第一季度开展调研，分解任务，确定各郊区县建设目标；第二季度下拨市级资助经费，启动园舍建设；第三季度推进园舍建设；第四季度全面竣工并完成验收总结。该项目由市教委牵头负责，市建设交通委、市规划国土资源局、市住房保障房屋管理局配合。其中，市教委责任人为尹后庆副主任，市建设交通委责任人为刘海生副主任，市规划国土资源局责任人为徐毅松副局长，市住房保障房屋管理局责任人为顾弟根副局长。

通过进一步改善招收来沪务工人员子女为主的民办小学办学条件，做好来沪务工人员同住子女义务教育工作。具体实施进度为：第一季度开展调研，制定实施方案；第二季度确立实施标准，启动项目建设并开展设施设备采购；第三季度加快设施设备配置到校；第四季度全面完成并完成验收评议。该项目由市教委牵头负责，责任人为尹后庆副主任。

以农村基层管理者、农业大户和有积极性的普通农民为重点，在市郊农村地区开展信息化应用技能培训；以市郊农村居民为重点，开展信息化知识的宣传普及，并在2009年建成行政村网页基础上，进一步深化网页内涵，发挥行政村网页对农村经济发展的促进作用。具体实施进度为：第一季度完成1000人的培训和2万人的宣传普及；第二季度完成2000人的培训和8万人的宣传普及；第三季度完成5000人的培训和5万人的宣传普及；第四季度完成2000人的培训和5万人的宣传普及，并开展工程总结和实施效果评估。该项目由市经济信息化委牵头负责，市农委、市教委、市妇联配合。其中，市经济信息化委责任人为刘健副主任，市农委责任人为陈洪凡副主任，市教委责任人为李骏修副主任，市妇联责任人为赵英副主席。

八、在市郊大型居住社区等地新建1000台银联ATM机；新建改建40个上海旅游咨询服务中心；在轨道交通站点和世博园区设置方便市民和游客报警的标志标识。

在市郊大型居住社区、经济适用房基地等金融服务网点布局不足的区域，新建1000台ATM终端，具备余额查询、取款、转账、信用卡还款、公共事业费缴纳等功能，提高市民生活便利度。具体实施进度为：第一季度进行动员、选点和协调等，完成200台银联ATM机布放；第二季度完成200台银联ATM机布放；第三季度完成300台银联ATM机布放；第四季度完成300台银联ATM机布放。该项目由市金融办牵头负责，市住房保障房屋管理局、市规划国土资源局、市民政局配合。其中，市金融办责任人为马弘副主任，市住房保障房屋管理局责任人为顾弟根副局长，市规划国土资源局责任人为徐毅松副局长，市民政局责任人为方国平副局长。

在现有基础上，市、区县联手新建40个旅游咨询服务中心，进一步改善本市现有旅游咨询服务中心现状，更好地服务世博、服务市民、服务游客。具体实施进度为：第一季度完成选址、设计、招标，启动施工；第二季度全面完成新建、改建和调试，完成人员培训并全面向市民、游客开放。该项目由市旅游局牵头负责，上海铁路局、上海世博局、机场集团配合。其中，市旅游局责任人为杨劲松副局长，上海铁路局责任人为何元庆副局长，上海世博局责任人为胡劲军副局长，机场集团责任人为汪光弟副总裁。

在世博园区和本市轨道交通站点，设置报警定位标志，方便市民和来沪观看上海世博会的外地、国外人士报警，提高应急处置效率。具体实施进度为：第一季度，完成建设规划并制定建设方案，世博园区内标志标识建设根据世博工程总体建设进度进行；第二季度，于上海世博会开幕前，完成世博园区内标志标识建设并投入使用，实施轨道交通站点标志标识建设；第三季度，完成轨道交通站点标志标识建设并投入使用。该项目由市公安局牵头负责，责任人为指挥中心吕耀东主任。

九、在5家蔬菜批发市场和100家标准化菜市场建设蔬菜流通信息追溯体系；对30万来沪务工人员进行安全生产培训；向25万户家庭提供免费急救包并开展应急逃生培训；完成2.5万名“红十字”救护员和25万人的群众性现场初级急救培训。

利用猪肉流通数据中心硬件平台、标准化菜市场食品安全信息查询系统网络平台，以IC卡为信息载体，开发蔬菜交易追溯平台，实现对蔬菜批发市场和菜市场蔬菜进货渠道的查询。具体实施进度为：第一季度动员布置和实施软件升级开发；第二季度完成软件升级；第三季度完成3家批发市场和50家标准化菜市场安装；第四季度完成2家批发市场和50家标准化菜市场安装。该项目由市商务委牵头负责，责任人为张新生副主任。

以安全生产规章制度、操作规程以及作业场所内的安全防范措施等为重点，加强对来沪务工人员的安全生产培训，进一步提高其安全生产和防护技能。具体实施进度为：第一季度培训3万人；第二季度培训10万人；第三季度培训9万人；第四季度培训8万人。该项目由市安全监管局牵头负责，责任人为谢黎明局长。

为约25万户家庭免费发放家庭“急救包”，内有逃生绳、应急灯、求生哨、防毒面罩、简易药品、小型器械等，并开展相关应急逃生培训，提高市民应对灾害的逃生能力。具体实施进度为：第一季度发放6万个；第二季度发放6万个；第三季度发放6万个；第四季度发放7万个。该项目由市民防办牵头负责，市妇联、市红十字会配合。其中，市民防办负责人为刘南山主任，市妇联责任人为朱鸣副主席，市红十字会责任人为孙大红副会长。

以心肺复苏、止血包扎等内容为重点，对包括上海世博局工作人员、世博园区志愿者在内的2.5万名“红十字”救护员和25万名群众开展现场初级急救培训，提高市民遇意外伤害时的自救互救能力，推动构建基本的群众性急救网络。具体实施进度为：第一季度完成“红十字”救护员培训0.2万人、普及培训3万人；第二季度完成“红十字”救护员培训1万人、普及培训10万人；第三季度完成“红十字”救护员培训0.75万人、普及培训7.5万人；第四季度完成“红十字”救护员培训0.55万人、普及培训4.5万人。该项目由市红十字会牵头负责，上海世博局、市教委等配合。其中，市红十字会责任人为马强副会长，上海世博局责任人为许伟国副书记，市教委责任人为李骏修副主任。

十、新建40处社区公共运动场；完善2800余座厕所的设施设备和导向标志。

结合公共绿地建设、小区环境改造等方式，新建篮球场、门球场等40处社区公共运动场，改善市民健身设施条件。具体实施进度为：第一季度进行选址和勘查；第二季度完成20处社区公共运动场建设；第三季度完成10处社区公共运动场建设；第四季度完成10处社区公共运动场建设。该项目由市体育局牵头负责，责任人为李伟听副局长。

优化中心城区和郊区城镇2800余座公共厕所的设施设备，完善无障碍设施，规范导向标志，进一步提升公共厕所服务水平，满足世博会游客需求。具体实施进度为：第一季度全面开展规范化建设；第二季度全面完成任务。该项目由市绿化市容局牵头负责，责任人为马云安局长。

33. 关于进一步加强本市生活垃圾管理的若干意见

（沪府发〔2010〕9号，2010年3月31日）

为深入贯彻落实科学发展观，促进本市经济社会、人口和资源环境全面、协调、可持续发展，根据《中华人民共和国固体废物污染环境防治法》、《城市生活垃圾管理办法》、《上海市市容环境卫生管理条例》等法律、法规的规定，现就进一步加强本市生活垃圾管理提出若干意见如下：

一、充分认识加强生活垃圾管理的重要意义

生活垃圾管理是维护城市正常运行的基础工作。生活垃圾处理是一项重要的公共服务，是一项关系民生的基础性公益事业。不断提升生活垃圾管理水平，是推进节能减排、发展低碳经济的重要途径，是实现本市经济、社会科学发展的重要保障，也是改善人民群众生活环境的基本要求。

近年来，本市生活垃圾管理取得了明显成效。但随着本市人口的快速增长，生活垃圾无害化处置能力已不能满足处理需求。生活垃圾处置设施布局不合理、部分处置设施长期超负荷运行、资源化利用总体水平不高、无害化处置技术应用不广等问题日益凸显，生活垃圾管理工作面临严峻形势。

各级政府、各有关部门要从可持续发展的战略高度，深刻认识加强生活垃圾管理的重要性和紧迫性，切实履行职责，增强服务能力，提升管理能级，进一步提高本市生活垃圾减量化、资源化和无害化水平。

二、明确加强生活垃圾管理的基本原则、工作目标

(一)基本原则

1.坚持城乡统筹、科学规划。按照“一主、多点”的要求，优化生活垃圾处理设施规划，完善科学合理的区域处置布局，着力形成市中心城区和郊区生活垃圾物流既相对独立又资源共享的格局。

2.坚持环境优先、资源利用。着眼于环境友好、节能减排，积极倡导低碳生活方式，大力推进生活垃圾分类，促进垃圾源头减量，优化资源利用结构，切实提高各类垃圾再生利用水平。

3.坚持政府主导、社会参与。积极构建政府引导下的社会参与机制，按照市场化运营管理模式，形成职责清晰、技术先进、能力充足的生活垃圾末端处置体系，不断提高生活垃圾处理效率。

4.坚持分级负责、属地管理。完善市、区县、街(镇)三级垃圾管理体制，形成市级统筹全市生活垃圾管理技术、标准、政策及物流。区县负责所辖区域生活垃圾收集、运输、处置工作，承担相应费用；街(镇)组织发动市民群众、社会单位积极参与生活垃圾管理的工作格局。

5.坚持技术创新、安全运行。以适用、先进、安全为方向，推进生活垃圾资源化、无害化处理技术的创新与产业化应用。加强处置设施运营监管，规范处置运营行为，严格控制收集、运输、处置过程对环境的污染。

(二)工作目标

1.切实控制生活垃圾年增长幅度。大力推广居民区生活垃圾分类投放，综合运用多种手段，促进生活垃圾源头减量，力争将全市生活垃圾年增长率控制在3%左右。

2.积极推进生活垃圾资源化利用。到2012年，基本实现建筑垃圾、餐厨垃圾、绿化垃圾与日常生活垃圾分类收集、运输、处置。到2015年，基本实现建筑装修垃圾、餐厨垃圾、绿化垃圾等资源利用。

3.着力提升生活垃圾无害化处理能力。到2012年，全市生活垃圾无害化处理能力达到约2万吨/日。到2015年，全市生活垃圾无害化处理能力达到约2.7万吨/日，基本满足全市生活垃圾处理需求。

三、落实加强生活垃圾管理的主要任务

(一)加强源头管理，实现生活垃圾减量化

1.促进社会源头减量。加大政府引导推进力度，努力发展循环经济、低碳经济，鼓励社会、市民积极参与源头减量工作。研究制定相关政策，不断促进清洁生产。限制产品过度包装，鼓励包装物回收利用，发展绿色包装，强化生产者责任。推进新建住宅全装修，提倡适度装修，减少房屋装修垃圾。倡导节俭型餐饮文化，积极引导绿色消费、适度消费；继续推进净菜上市，减少餐厨垃圾。

2.推进生活垃圾全过程分类。继续加强宣传引导，大力推行低碳生活方式。推进居住区、企事业单位、公共场所日常生活垃圾分类投放，强化垃圾分类在文明小区、文明

社区、文明单位、文明行业以及市容环境责任区等各类创建活动中的作用，促进生活垃圾的循环利用。加大生活垃圾分类运输专用设备的投入力度，加快建设日常生活垃圾、建筑装修垃圾、餐厨垃圾、绿化垃圾分流处理系统，逐步形成居民生活垃圾分类投放、分类收集、分类运输、分类处置的全过程分类。

（二）推进资源利用，提升生活垃圾资源化水平

1. 完善废品回收利用体系。鼓励社会参与废旧物品回收利用工作，健全社区废品回收利用系统，进一步完善废旧物资回收利用网络。加大政策引导和支持力度，推进废品回收企业规模化、规范化发展。研究制定相关政策，建立健全电子垃圾回收处理系统，积极推进现有回收体系与相关末端处理企业的对接，鼓励有条件的企业参与回收渠道建设。

2. 拓展建筑装修垃圾利用途径。建立健全建筑装修垃圾集中收集、规范运输、定点处置机制，促进建筑装修垃圾有序消纳。推进建筑装修垃圾水运中转码头和浦东、闵行、宝山等装修垃圾、拆建废料资源化利用设施建设，设立区域分拣处置场，逐步实现建筑装修垃圾就地消纳和再生利用。依托生活垃圾集装化运输中转码头，在老港固体废弃物综合利用基地建设装修垃圾集中处理设施。加快研究装修垃圾资源利用技术，推进示范项目建设。积极扶持建筑装修垃圾资源化利用企业，支持建筑装修垃圾资源化利用行业健康发展。

3. 推动餐厨垃圾资源利用。规范餐厨垃圾产生、收集、运输、处置行为，实现餐厨垃圾产生单位全覆盖管理。引导社会力量积极探索餐厨垃圾处理新技术和新方式，开发餐厨垃圾资源化利用产品，推广餐厨垃圾源头脱水技术。鼓励郊区采取资源规范利用等方式处理餐厨垃圾。

4. 加大绿化垃圾回收利用力度。完善各区县绿化枯枝、落叶收集系统，鼓励有条件的郊区接纳中心城区已粉碎的预处理绿化垃圾。推广应用绿化垃圾回收利用技术成果，采取粉碎发酵、腐熟堆肥等多种方式，实现绿化垃圾综合利用。

5. 提高日常生活垃圾资源利用程度。加大生活垃圾分类工作力度，鼓励具备条件的企业推进生活垃圾分拣，促进废纸、废塑料、废玻璃等垃圾资源的再利用。大力支持生活垃圾填埋场沼气利用、生活垃圾焚烧发电等项目建设。深化相关鼓励扶持政策，着力提高生物气发电和焚烧发电产业利用水平。

（三）加速推进设施建设，提高生活垃圾无害化处理能力

1. 加快生活垃圾处置设施建设。推进老港生活垃圾处置设施和配套环保设施建设，不断适应中心城区生活垃圾量持续增长的需要。按照“就近消纳”的原则，着力推进郊区生活垃圾处理设施建设，完善农村生活垃圾“户分类、村收集、镇运输、区处置”的处理系统，以适应郊区城市化进程加快所带来的生活垃圾处置需求。2012 年，完成老港生活垃圾综合利用基地一期建设；2015 年，完成老港生活垃圾综合利用基地二期和金山、奉贤、嘉定、浦东、闵行和长兴岛等地区生活垃圾无害化处理设施建设。

2. 提升餐厨垃圾处理设施能级。以改进餐厨垃圾处理工艺为重点，通过改建、扩建现有处理设施，提升餐厨垃圾处理综合能力。新建宾馆、饭店、餐饮街、度假村、高校校区、职工食堂等应按照标准，配套建设餐厨垃圾处理设施，不断规范餐厨垃圾处置行为。

3. 改善垃圾处置设施周边环境。加快原老港一、二、三期垃圾填埋场生态修复工程。关闭金山、青浦、松江等区域内镇级生活垃圾简易堆场，实施环境改善工程。对已投入运营和在建、规划建设的生活垃圾处理设施周边，实施规划控制，严格控制人流聚集性

项目开发，并结合实际情况实施防污染隔离林带建设。

4.规范渗沥液减排。加强生活垃圾清运过程管理，继续推进生活垃圾收运车辆技术更新，规范渗沥液收集、排放行为，消除收运过程滴漏现象。改造、更新生活垃圾小型压缩式收集设施，推广生活垃圾中转站、转运码头渗沥液的就近规范排放，减少生活垃圾末端处置量。加快推进生活垃圾中转、集装化运输系统建设，努力减少二次污染，不断提高环境质量。

四、确保生活垃圾管理有序进行

（一）落实设施建设责任

积极探索政府主导、市场化运作、国有控股企业参与的生活垃圾处理设施建设和运营管理新机制。加大政府投入力度，市级生活垃圾处理设施以市级政府性投资建设为主；郊区政府负责本区域生活垃圾处理，包括装修垃圾、餐厨垃圾、绿化垃圾等资源化利用设施的建设。对郊区政府投资建设的生活垃圾末端处置设施，市政府给予一定的经费补贴。

（二）强化价格调控机制

根据“按量收费、按类收费”的原则，规范单位生活垃圾处理收费，深化居民生活垃圾处理收费制度及实施机制研究。完善市级生活垃圾处理设施处理价格机制，健全各区生活垃圾总量控制和计量收费制度，继续实施“超量加价、减量奖励”政策，鼓励源头减量。进一步完善生活垃圾处理环境补偿办法。对社会企业参与生活垃圾处理设施运行，按照“保本微利，公开透明”的原则，建立合理的价格体系。

（三）健全法规政策和技术标准

按照法定程序，推进生活垃圾管理立法研究，加快生活垃圾管理地方性法规的立法工作，开展餐厨垃圾、建筑垃圾管理等政府规章、技术标准的制订、修订。研究并落实生活垃圾资源化利用企业的相关扶持政策，支持相关项目实施主体和配套单位的有关工作。研究制订各类资源化利用产品推广应用政策和资金补贴机制。研究制订适度包装和绿色包装标准，制订生活垃圾分类收运车辆技术标准和作业规范，制定生活垃圾处理设施运营技术规范和监管办法。

（四）加大科技支撑力度

加大政策引导、扶持力度，积极开展生活垃圾分类收集、运输、处理及垃圾综合管理的基础性、关键性技术的研究，特别是突破制约生活垃圾处置行业发展瓶颈的新技术研究。大力推动生活垃圾处理中渗沥（滤）液处理、臭气控制、资源化利用、生态修复等方面新技术的研究与产业化应用。加快生活垃圾管理信息化系统建设，逐步实现生活垃圾处理全过程信息化管理。

（五）健全监督管理体系

加强生活垃圾收运、处置过程监管，建立健全垃圾收运、处置多元化监管体系，防止垃圾混装、混运，防止收集、运输、处置中对环境的再污染。建立并完善各类生活垃圾处理设施运营质量标准、监管标准和综合考评办法，强化监管手段，加强运营质量监督和环境监测，切实提高垃圾处理设施运营效率和监管水平。

（六）增强公众责任意识

广泛、深入、持久地开展生活垃圾减量、资源利用、无害化处理的宣传活动，不断提高社会公众节能减排、低碳生活的环境责任意识、行为规范意识。采用多种方式、利用多种渠道开展生活垃圾处理科普宣传，创造客观、公正、友善的舆论环境。积极引导公众参与环境改善活动，广泛听取群众意见和建议，集中公众智慧，解决生活垃圾分类、减量和处置中的难题。完善公众监督机制，创新公众参与途径，加强社会公众对生活垃圾管理的监督。

（七）加强统筹协调

建立由市政府相关部门参与的生活垃圾

管理协调机制，及时解决生活垃圾管理和设施建设中的问题，推进生活垃圾处理设施建设，加大生活垃圾管理力度。区县政府负责组织落实本行政区域生活垃圾处理工作，加强街镇层面管理力量，落实相应经费。将生活垃圾管理工作，列入区县政府重点工作绩效考核内容。

34. 关于加强本市综合性应急救援队伍建设的意见

（沪府办发〔2010〕16号，2010年4月20日）

各区、县人民政府，市政府各委、办、局：

为提高各类突发事件的应对处置能力，最大限度降低灾害事故危害，根据《中华人民共和国突发事件应对法》、《中华人民共和国消防法》、《国务院办公厅关于加强基层应急队伍建设的意见》（国办发〔2009〕59号）的有关规定，经市政府同意，现就加强本市综合性应急救援队伍建设提出以下意见：

一、指导思想和总体目标

（一）指导思想

坚持“三个代表”重要思想为指导，全面贯彻落实科学发展观，以保障社会和谐稳定、保卫公众生命财产安全为出发点，以“专业化与社会化相结合，立足实际、按需发展，统筹规划、突出重点，集约高效、整合资源”为原则，充分依靠法制、机制、科技和社会化力量，落实和完善应急救援预案，建立和加强综合性应急救援队伍，全面提高本市应急救援综合实力，为“平安世博”和上海实现“四个率先”、建设“四个中心”提供强有力的安全保障。

（二）总体目标

年内建立市、区县两级综合性应急救援队伍。力争用3年时间，建立“统一指挥、职责明确、结构完整、一专多能、反应灵敏、运转协调、符合实战”的全市综合性应急救援队伍长效建设机制。立足特大型城市经济社会发展对应急管理的实际需求，不断完善以应急救援指挥平台为核心，以公安消防部队为依托，以各专业、专职和社会化应急救援队伍为补充，以应急救援专家为智囊，以应急救援综合训练基地、装备、信息等为基础保障的综合性应急救援队伍体系。

二、综合性应急救援队伍的构成和职责

（一）综合性应急救援队伍的构成

按照不增机构、“一支队伍、两块牌子”的运作模式，市、区县政府依托市、区县公安消防部队挂牌成立市、区县应急救援总队、支队。

市级开发区管委会、申通集团、机场集团等大型企业和街道办事处、乡镇政府要从实际出发，发挥就近优势，依托公安消防、专职消防、其他专业救援队伍和人员，配合、保障基层综合性应急救援队伍建设。

（二）综合性应急救援队伍的职责

综合性应急救援队伍在承担消防工作的同时，按照国家规定，承担重大灾害事故和其他以抢救人员生命为主的综合性应急救援任务，包括地震等自然灾害，建筑施工事故、道路交通事故、空难等生产安全事故，恐怖袭击、群众遇险等社会安全事件的抢险救援任务。同时，协助有关专业队伍做好水旱灾害、气象灾害、地质灾害、森林草原火灾、生物灾害、危险化学品事故、水上事故、环境污染、核与辐射事故和突发公共卫生事件等突发事件的抢险救援工作。要根据本地区特点和需要，制订综合性应急救援队伍建设方案，细化队伍职责，配备必要的物资装备，加强与专业队伍互动演练，提高队伍综合应急能力。

一般情况下，重大灾害事故和其他以抢救人员生命为主的应急救援现场，由市应急救援总队统一实施救援指挥。

其他专业、专职和社会化应急救援队伍

按照法律规定和本市日常应急救援的任务分工履行职责。

三、综合性应急救援队伍的运作和保障

（一）加强领导

市、区县政府是推进综合性应急救援队伍建设的责任主体，统一领导综合性应急救援队伍参加火灾以外的其他重大灾害事故的应急救援工作，统一负责综合性应急救援队伍和专业应急救援队伍的建设规划。要将本市应急救援队伍建设的硬件投入、机制建设、软件管理等纳入本市“十二五”应急体系规划。

（二）协调联动

充分发挥现有应急联动平台的作用，推动综合性应急救援队伍与公安、水务、气象、地震、建设、海洋、环保、交通、安监、供电、供气、海事、卫生、农业、金融、外事、信息、通信等部门加强协调联动，共享应急管理信息和资源，及时会商解决应急救援中的问题。

（三）技术支撑

在市、区县两级政府的领导下，市应急救援总队要牵头建立由相关行业和领域专家组成的应急救援专家组，为各类应急救援提供“智库”支持；加强对各类重大灾害事故和其他以抢救人员生命为主的应急救援战术战法研究，不断提高应急救援水平。

（四）综合保障

按照“集约高效、整合资源，避免重复建设”的原则，市、区县两级政府将综合性应急救援队伍建设的经费纳入同级财政预算，增加消防综合性应急救援队伍建设的经费投入，确保综合性应急救援队伍战斗力提升。各有关部门和单位要积极争取消防现役警力增编，发展政府合同制、专职等多种形式消防队伍，不断完善公共消防站布局，加紧建成投用综合性应急救援训练基地，加强空勤、水域、反恐、排爆等特种应急救援装备建设，推进应急救援信息化建设，为综合性应急救援队伍更好履职，提升本市防灾减灾、应急管理的综合实力提供有力保障。

35. 上海市外滩风景区综合管理暂行规定

（1995年12月19日上海市人民政府批准，根据2004年6月24日上海市人民政府令第28号公布的《上海市人民政府关于修改〈上海市化学危险物品生产安全监督管理办法〉等32件市政府规章和规范性文件的决定》第一次修正，根据2010年4月15日上海市人民政府令第31号公布的《上海市人民政府关于修改〈上海市外滩风景区综合管理暂行规定〉的决定》第二次修正）

第一条 为了加强本市外滩风景区的管理，维护外滩风景区的正常秩序和良好的游览观光环境，根据有关法律、法规，制定本规定。

第二条 本规定所称外滩风景区，是指东起黄浦江西岸、西至中山东一路和中山东二路西侧人行道、南起东门路北侧人行道、北至苏州河南岸范围内的公共区域。

第三条 凡进入外滩风景区的单位和个人（包括外滩风景区内的单位及所属人员，下同），应当遵守本规定。

第四条 黄浦区人民政府统一实施外滩风景区治安、交通、环境卫生、绿化、商业经营、市容景观等公共事务的综合管理。黄浦区人民政府所属的外滩风景区管理办公室，具体负责外滩风景区各类公共事务管理的组织和协调工作。

各有关行政管理部门应当按照各自职责，做好外滩风景区治安、交通、环境卫生、绿化、商业经营、市容景观等的管理工作。

第五条 进入外滩风景区的单位和个人应当严格遵守治安管理的有关规定，自觉维护公共秩序、公共安全和社会管理秩序。

第六条 进入外滩风景区的单位和个人应当自觉维护外滩风景区的公共环境卫生，保持外滩风景区的环境整洁。

外滩风景区内禁止下列违反环境卫生管理规定的行为：

（一）随地吐痰、便溺；

（二）乱扔、乱倒废弃物；

（三）吊挂、晾晒物品；

（四）其他有碍环境卫生的行为。

第七条 进入外滩风景区的单位和个人应当自觉爱护绿化，保护各类绿化设施。

外滩风景区内禁止下列破坏绿化的行为：

（一）擅自占用绿地或者改变绿地用途；

（二）挖掘、折损或者刻划树木；

（三）采摘花卉；

（四）在绿地内堆放杂物、挖坑取土或者倚树搭棚；

（五）践踏花坛或者封闭的绿地、草坪；

（六）其他破坏绿化或者绿化设施的行为。

第八条 进入外滩风景区的单位和个人应当自觉维护市政公用设施和其他公共设施的完好。

外滩风景区内禁止下列损毁市政公用设施和其他公共设施的行为：

（一）在建筑物、构筑物、雕塑等公共设施上涂写、刻划或者擅自悬挂、张贴宣传品；

（二）损坏外滩防汛墙、黄浦江堤隔离护栏以及废物箱、公用电话亭、路灯和其他照明设施；

（三）毁坏、污损路牌、喷水设施、公告栏和画廊；

（四）其他损毁公共设施的行为。

第九条 进入外滩防汛墙空厢车库停放的车辆，应当按照指定的车道减速慢行。除下列车辆外，其他任何车辆不得擅自进入外滩风景区：

（一）非经营性残疾人专用车辆；

（二）正在执行任务的特种车辆；

（三）其他经公安交通管理部门或者外滩风景区管理办公室批准进入的车辆。

第十条 外滩风景区内禁止下列活动：

（一）擅自搭建、堆物；

（二）无证设摊经营或者兜售物品；

（三）随地躺卧、露宿；

（四）携犬进出；

（五）杂耍卖艺，流浪乞讨；

（六）发出严重干扰他人的噪声；

（七）其他有碍观瞻或者妨碍他人游览观光的活动。

第十一条 外滩风景区内商业经营项目的开发和布局，应当服从外滩风景区的游览、观光功能，并严格实行总量控制。

在外滩风景区内从事商业经营活动，应当征得外滩风景区管理办公室的同意，并按照规定报工商行政管理部门和其他有关部门批准。

第十二条 在外滩风景区内占用道路举办展览、咨询、文艺表演、体育等活动的，应当根据《上海市城市道路管理条例》的规定，申请临时占用道路许可证。临时占用道路许可证由市政工程管理部门和公安交通管理部门委托外滩风景区管理办公室核发。

在外滩风景区内举行集会、游行、示威活动，应当按照规定报市人民政府批准。

第十三条 在外滩风景区内从事下列活动，应当按照规定报有关部门批准后，向外滩风景区管理办公室备案：

（一）悬挂、张贴宣传品；

（二）因建设、修缮、养护等需要进行施工作业；

（三）因公共利益需要设置公共服务设施。

第十四条 外滩风景区内经批准设置的户外广告、霓虹灯、遮阳棚、招牌、画廊、公告栏等公共设施，应当由设置单位定期进行清洗、保养和更新，保持其整洁、完好。

各有关单位在外滩风景区内对市政公用设施和其他公共设施进行维修、养护作业时，应当自觉遵守有关规定，文明施工，保证环境整洁、道路畅通和游客安全。

第十五条 对违反本规定的行为，由各有关行政管理部门按照各自的职责，责令其限期改正，并可按照相关法律、法规和规章的规定，给予行政处罚。

第十六条 本规定的具体应用问题，由黄浦区人民政府负责解释。

第十七条 本规定自发布之日起施行。

36. 关于本市推动农村邮政物流发展的若干意见

（沪府办发〔2010〕17号，2010年5月5日）

为全面贯彻落实《国务院办公厅转发交通运输部等部门关于推动农村邮政物流发展的意见》(国办发〔2009〕42号，以下简称“国务院《意见》”)精神，充分发挥邮政企业品牌、网络、服务等优势，更好地服务“三农”，现就本市推动农村邮政物流发展提出如下若干意见：

一、深刻认识贯彻国务院《意见》的重大意义

邮政服务“三农”是贯彻落实科学发展观的重要体现，是扩大内需、应对国际金融危机的重要举措，是对建设社会主义新农村的重要贡献。推动农村邮政物流发展，既是邮政部门和邮政企业的事，也是各级政府的重要工作。上海总体上已进入以工促农、以城带乡的发展阶段，进入加快改造传统农业、走中国特色农业现代化的关键时刻，进入着力破除城乡二元结构、形成城乡经济社会发展一体化新格局的重要时期。进一步发挥邮政企业的品牌、网络和服务优势，建立健全邮政农业信息化平台，整合农资生产企业、农家店等社会资源，在农户与生产企业之间建立产品直通车，形成具有邮政特色的农资产品分销“绿色”通道，促进农村地区商品的双向流通，是减少中间环节、降低流通成本的有效途径，是扩大内需、活跃市场、繁荣农村经济的迫切需要，对促进农业增产、农民增收、提高农民生活质量具有重要意义。同时，通过在农村积极发展邮政企业“三农”服务网点，也有利于吸纳农村富余劳动力就业，维护农村地区的和谐稳定。

二、确定指导思想和发展目标

（一）指导思想。以邓小平理论和“三个代表”重要思想为指导，深入贯彻落实科学发展观，全面实施《中华人民共和国邮政法》，以服务“三农”为主线，以科技为支撑，以深化改革为动力，充分发挥邮政优势，合理规划，完善布局，加快提升农村邮政物流服务能力和水平，促进社会主义新农村建设。

（二）发展目标。着力打造管理集约化、网络规模化、服务社会化的现代农村邮政物流综合服务平台，进一步完善邮政基础设施建设，拓展经营范围，增加服务功能。到2012年，基本建成“布局合理、双向高效、种类丰富、服务便利”的上海农村邮政物流服务体系。

三、明确主要任务和政策措施

（一）推进农村邮政基础设施建设。认真贯彻落实《中华人民共和国邮政法》、《国务院关于印发物流业调整和振兴规划的通知》（国发〔2009〕8号）和《上海市人民政府关于印发本市贯彻〈物流业调整和振兴规划〉实施方案的通知》（沪府发〔2009〕37号），着眼于社会主义新农村建设，采取多元化手段，对农村邮政普遍服务基础设施建设和农村邮政物流基础设施建设提供政策支持。进一步加大投入和支持力度，切实加强村邮站建设。市邮政管理局要加强邮政普遍服务的监督管理，执行邮政局（所）设置备案和撤并审批制度，优化邮政网络结构和网点功能。市建设交通委、市规划国土资源局、市住房保障房屋管理局等部门要结合邮政发展特点和农村发展需要，加快推进农村

邮政普遍服务基础设施建设，研究给予资金政策支持。农村乡镇和大型居住社区新建和迁（扩）建邮政支局（所），由邮政企业自建的，所需土地以划拨方式提供；由开发建设单位配建的，邮政企业以建筑安装成本价购置。区县及乡镇政府要加强协调推动，支持邮政“三农”服务网点建设，充分利用农村闲置空房场地等村级资产，因地制宜，力争将邮政“三农”服务网点、村邮站建设与村级为农综合服务站有机结合起来。

（二）支持邮政进入农资市场。按照《农药管理条例》、《上海市农药经营使用管理规定》，邮政企业及其所属邮政“三农”服务网点可以开展种子、农药、化肥等农资产品经营活动。经营不再分装的包装种子的，或者受具有种子经营许可证的种子经营者书面委托，在有效区域内代销其种子的，可不办理种子经营许可证，直接到当地种子管理机构备案；经营分装种子的，要按照《中华人民共和国种子法》及《农作物种子生产经营许可证管理办法》（农业部令第48号）的规定，申请办理种子经营许可证。经营农药的，经本市农业部门考核符合《本市农药经营单位销售和仓储技术要求》后，向所在地工商行政管理部门申请办理登记手续。经营高（剧）毒农药、杀鼠剂等属于危险化学品的农药的，要按照《危险化学品安全管理条例》（国务院令第344号）的有关规定，申请办理危险化学品经营许可证。农药经营人员要参加农业部门组织的培训并通过考核。工商部门对经营不再分装的包装种子或受托代销种子的，经营范围登记为“销售包装种子”或“代销包装种子”。对经营分装种子的，按照《农作物种子经营许可证》许可的项目登记经营范围。对经营属于危险品的农药的，按照《危险化学品经营许可证》许可的项目登记经营范围。对经营其他农药的，经营范围登记为“销售农药（除危险化学品）”。

（三）畅通农资流通渠道，拓展服务新领域。各有关部门要为邮政企业形成农资下乡、农产品进城“双向”流通的农村邮政物流特有模式提供条件。市农委、市商务委、市食品药品监管局、市卫生局等部门要鼓励邮政企业涉足“农村旅游物流配送”、“家电下乡”、“农村医药配送”等领域，探索和开创邮政服务新郊区、新农村建设的新途径。各相关部门要加大对邮政物流体系建设的支持力度，鼓励邮政企业利用网络优势，培育连锁经营龙头企业。市邮政公司直营门店及其所属加盟连锁邮政“三农”服务网点，可持市邮政公司的连锁经营相关文件和登记材料，直接到所在地工商部门申请办理登记手续，也可由当地邮政企业代为办理登记注册手续。市商务委等部门要支持邮政企业全面参与农村现代流通网络建设，在“万村千乡市场工程”建设中，对符合条件的邮政“三农”服务网点给予重点考虑。市农委等部门要加强工作协调，明确职责分工，强化对邮政物流配送中心的商品质量监管，避免对连锁经营企业进行多头和重复检查。

（四）完善政策扶持机制。市相关部门、区县政府对农村邮政物流发展过程中的邮政网点布局、经营许可、多形式用工、农村小额贷款、邮政运输车辆发展等要积极给予政策支持。要支持邮政企业全面参与农村现代流通网络建设，对符合国家规定条件的，可予享受相关强农惠农政策。要支持农村邮政物流网络改造和提升配送能力。要积极争取中央财政支持，鼓励本市符合申报条件的邮政企业申请中央财政设立的“农村物流服务体系发展专项资金”。在农村邮政物流发展中，使用本市农村富余劳动力的，市人力资源社会保障局等部门要在培训、就业、社保等方面给予资金补贴和政府促进就业政策的扶持。对用于发展农村邮政物流的邮政运输车辆，市建设交通委、市交通港口局等部门要出台政策，为解决车牌额度、运输资质提供便利条件。带有邮政专用标志的车船进出港口、通过渡口时，要优先放行。市商务委等部门要支持邮政企业与有实力的大型超市、商贸企业合作，开展农产品进城等业务。市发展改革委、市财政局、市农委、市商务委等部门要鼓励和支持符合条件的邮政企业申报农业产业化龙头企业，参与国家化肥淡季储备招投标，支持邮政企业为“万村千乡市场工程”承办企业、“家电下乡”中标企业和农家店提供第三方物流服务，扩大经营网点覆盖范围，提高农村商品配送能力。要鼓励邮政储蓄银行和邮政企业为实力强、信誉好的中小企业和“万村千乡市场工程”承办企业提供贷款，为种植、养殖和农村流通、多种经营等中小企业发放小额贷款，大力发展农村个人小额贷款，服务“三农”，促进农村物流发展。

（五）加强规划引导和法规制定工作。市相关部门要按照实现“四个率先”、建设“四个中心”的要求，协调配合，推动邮政设施网点规划的滚动调整和落实。区县政府要将农村邮政基础设施和邮政“三农”服务网点建设纳入新农村建设规划，给予政策支持，统筹协调推动。市农委等部门要鼓励邮政企业与农技推广部门开展合作，加强对“三农”服务网点的农技培训和指导，普及农技知识，提高邮政科技服务“三农”的水平。市建设交通委等部门要支持邮政企业依托交通运输平台发展农资仓储和配送业务。

要按照《中华人民共和国邮政法》要求和法定程序，抓紧制定和实施推动上海农村邮政物流发展的有关地方性法规。

四、落实具体要求

市各有关部门要按照分工，切实加强沟通协调，密切协作配合，尽快制定和完善各项配套政策，明确实施范围和进度，加强指导和监督。区县政府要充分认识做好农村邮政物流工作的重要意义，因地制宜出台政策措施，积极扶持农村邮政物流龙头企业，共同推进农村邮政物流加快发展。

（一）加强组织领导，加强调研和试点。要建立推进农村邮政物流发展联席会议制度，完善协调机制，形成推进合力。加强调查研究和试点，逐步解决发展过程中的重点难点问题，指导推进本市邮政物流服务“三农”工作。

（二）搞好政策衔接和工作指导。由提供邮政普遍服务的邮政设施等组成的邮政网络是国家重要的通信基础设施，邮政设施的布局和建设要满足保障邮政普遍服务的需要。相关部门要制定配套政策，搞好与地方政策的衔接，加快制订城乡邮政基础设施建设规划，组织编制城市邮政局（所）建设改造规划，并纳入地方城镇建设发展规划。同时，加强农村邮政普遍服务的监督管理，提出加强农村村邮站建设的指导意见。

（三）创新服务方式，提高服务水平。各邮政企业要加强调研，摸清现状，抓住机遇，深化改革，制定具体方案，推进邮政“三农”服务网点建设，满足群众多元化需要，为进一步丰富农村流通渠道，促进新农村建设作出应有的贡献。

37. 关于本市贯彻《国务院关于进一步加大工作力度确保实现“十一五”节能减排目标的通知》的实施意见（节选）

（沪府发〔2010〕20号，2010年5月26日）

为贯彻《国务院关于进一步加大工作力度确保实现“十一五”节能减排目标的通知》（国发〔2010〕12号），结合落实《上海市人民政府关于印发上海市2010年节能减排和应对气候变化重点工作安排的通知》（沪府发〔2010〕8号），确保实现本市“十一五”节能减排目标，现提出实施意见如下：

一、进一步增强责任感和紧迫感，强化节能减排目标责任

（一）充分认识形势的严峻性。“十一五”前四年，本市节能减排工作取得重要进展，

单位生产总值能耗累计下降 17.12%，二氧化硫、化学需氧量排放总量显著降低，分别累计下降 26.1% 和 19.9%。但要全面完成“十一五”节能减排目标，形势依然非常严峻。2009 年三季度以来，随着工业恢复性增长尤其是重化工业快速增长，以及上海世博会举办对交通运输用能的刚性需求，全市能源消费量同比大幅上升，主要污染物排放量增长压力进一步加大。今年一季度，本市单位生产总值能耗同比上升 1.66%，能耗总量同比上升 16.96%，对完成今年下降 3.6%、“十一五”下降 20% 的节能目标，以及本市电力行业二氧化硫控制目标都带来巨大挑战，大大增加了今年后三季度的工作压力。

确保完成“十一五”节能减排约束性目标，是市、区县两级政府向全市人民作出的庄严承诺，也是检验政府执行力和公信力的重要标志，是上海率先转变发展方式的重要体现，是演绎好上海世博会“城市让生活更美好”主题的重要内容。各区县、各部门、各重点用能单位要切实增强加强节能减排工作的责任感和使命感，把思想统一到中央的决策和部署上来，咬定目标不放松，确保完成各项目标任务。

（二）强化节能减排目标责任，对重点用能领域和区县实行用能总量控制。在节能方面，今年全市用能净增量力争控制在 650 万吨标准煤以内。其中，工业领域、交通领域用能净增量分别控制在 400 万吨和 100 万吨标准煤以内；前四年节能目标完成进度低于全市平均水平的区县，其用能总量增长控制在 5% 以内；市级机关、建筑施工业、商业、旅游饭店业等领域要在确保完成年初既定节能目标的基础上，力争进一步下降。在减排方面，二氧化硫排放量控制在 38 万吨以内，化学需氧量排放量控制在 25.9 万吨以内，尤其要把电煤净增量控制在 250 万吨以内，争取进一步下降。

2010年全市节能减排主要强化目标

全市及各领域			节能减排强化目标	责任部门
节能	全市		万元生产总值综合能耗下降3.6%左右，确保完成“十一五”节能目标	市发展改革委及市节能减排工作领导小组各成员单位
	工业		单位增加值能耗下降3.6%以上，用能净增量控制在400万吨标准煤以内	市经济信息化委
	建筑施工业		单位增加值能耗下降3%，力争进一步下降	市建设交通委
	商业		单位增加值能耗下降3%，力争进一步下降	市商务委
	旅游饭店业		单位增加值能耗下降1.5%，力争下降2%以上	市旅游局
	交通运输业		单位增加值能耗增速比前四年平均增速下降2个百分点，用能净增量控制在100万吨标准煤以内	市建设交通委会同市交通港口局
	公共机构	教育系统	生均能耗下降2%，力争进一步下降	市教委、市政府机管局
		卫生系统	单位医疗业务量能耗下降2%，力争进一步下降	市卫生局、市政府机管局
		市级机关	能耗总量下降1%，力争进一步下降	市政府机管局
		其他公共机构	能耗总量有所下降	市政府机管局会同科技、文化、体育等部门
	区县		确保完成年度目标及“十一五”节能目标，其中前四年节能目标完成进度低于全市平均水平的区县，用能总量增长控制在5%以内	各区、县政府
减排	二氧化硫排放量		控制在38万吨以内，其中电煤净增量控制在250万吨以内，争取进一步下降	市环保局、市经济信息化委、市发展改革委
	化学需氧量排放量		控制在25.9万吨以内，争取进一步下降	市环保局、市水务局、各区、县政府

（三）加强考核、奖惩和问责力度，充分发挥媒体舆论监督和宣传引导作用。今年6月底前，组织开展对各区县政府、企业集团、重点用能单位2009年度节能目标责任考核，考核结果向社会公布。对提前完成“十一五”进度节能目标的以及2009年度单位生产总值能耗下降幅度前三名的区县和企业集团，给予表彰和奖励。对未完成目标的区县、企业集团和重点用能单位，追究主要领导和分管领导的责任，根据情节给予相应处分。

及时发布2009年各区县、重点用能领域单位增加值能耗公报，今年上半年全市单位生产总值能耗、产业及主要领域单位增加值能耗、主要污染物排放指标公报，以及各区县、重点用能领域、对外交通运输行业和高载能行业用能大户的能耗指标或节能目标进度情况季度通报。第三季度，各区县政府、主要用能领域节能主管部门要预先组织开展“十一五”节能减排目标完成情况自查。

本市平面媒体、电波媒体、网络媒体要进一步加大节能减排宣传力度，报道先进经验，曝光反面典型，发挥舆论的引导和监督作用。

（责任单位：市节能减排办、市统计局、市经济信息化委、市建设交通委、市国资委、市环保局、市政府新闻办，各区县政府）

二、加大调整和淘汰落后产能力度，严控高耗能、高排放行业增长

（四）进一步加大调整和淘汰落后产能力度。

（略）

（责任单位：市经济信息化委、市发展改革委、市国资委、市环保局、市规划国土资源局、市安全监管局、市电力公司等）

（五）严格控制高耗能行业新上项目，开展“两高”行业新项目专项检查。

（略）

（责任单位：市发展改革委、市经济信息化委、市国资委、市环保局、市规划国土资源局、市金融办等）

三、强化重点耗能单位节能管理，加大对用能单位能源审计力度

（六）强化重点用能单位节能责任。本市相关行业主管部门、企业集团公司、区县政府要尽快对各自监控的重点用能单位下达2010年度节能目标。尚未下达的，要在今年6月底前下达。

对年能源消费总量超过5万吨标准煤的重点用能单位（以下简称“用能大户”）在下达节能目标的同时，要下达用能总量控制目标。其中，对外交通运输行业和高载能行业的用能大户，2010年用能总量增长不得超过5%，具体增幅由行业主管部门（企业集团公司、区县政府）确定并在6月底前下达。

（责任单位：本市各相关行业节能主管部门、企业集团公司，各区县政府）

（七）全面开展能源审计。今年6月底前，各重点用能单位应当向市相关行业主管部门（或所在区县节能主管部门）报送2009年度的能源利用状况报告。市相关行业主管部门（区县节能主管部门）应当按照法律、行政法规和国家有关规定，要对重点用能单位报送的能源利用状况报告进行审查。对重点用能单位存在未完成上年度节能目标的、能源利用效率低于同行业平均水平的等情形的，要责令实施能源审计。未按时开展能源审计的，实施强制能源审计。能源审计机构在能源审计过程中，可以查阅用能单位能源利用和财务有关原始资料，用能单位应如实提供。重点用能单位至少每三年进行一次能源审计。对能源审计专项监察中查实的企业违规行为进行曝光，并依据《节能法》和《上海市节约能源条例》等相关规定责令限期整改，直至实施行政处罚。

年内组织对政府机关办公建筑、单体建筑面积2万平方米以上的大型公共建筑（包括办公建筑、商业建筑、旅游建筑、科教文卫体建筑、通信建筑、交通运输建筑等）、

总能耗达2000吨标煤以上的或者单位建筑面积能耗超过同类建筑平均水平等建筑开展能源审计。根据能源审计结果，由各主管部门督促被审计建筑的所有权人和使用权人落实审计后续的节能改造措施。未按照规定实施能源审计和采取节能措施的，按照《民用建筑条例》等的有关规定处理。

用能单位根据能源审计结果实施节能改造的，按照本市合同能源管理、节能技术改造、建筑节能等扶持办法的有关规定，给予财政补贴或奖励。

（责任单位：市经济信息化委、市建设交通委、市商务委、市国资委、市旅游局、市政府机管局、市教委、市卫生局、市发展改革委、市节能监察中心，各区县政府等）

四、加大资金投入力度，加快实施节能减排重点工程

（八）加快实施工业、建筑、交通等重点领域节能工程。继续加大工业领域节能改造力度，全年通过节能技改实现节能能力由年初确定的50万吨提高到60万吨标准煤。其中，6月底前完成20万吨，10月底前完成40万吨，年底前完成60万吨。对今年完成的节能技改项目，奖励标准由每吨节能量300元提高到500元，单个项目奖励金额由最高不超过300万元提高到500万元。对上半年实施的节能技改项目，预拨奖励资金的比例在50%的基础上，提高到90%；对于9月底前实施的节能技改项目，预拨奖励资金的比例提高到80%。

加强新建建筑节能监管，确保城镇新建建筑全部执行节能强制性标准。确保完成“十一五”期间既有建筑实施节能改造3000万平方米的改造任务。对达到“旧小区平改坡综合改造”条件的居住建筑，力争全部实施节能改造。加大实施节能门窗专项改造计划，推广节能门窗由年初确定的20万平方米提高到30万平方米。严格执行交通工具燃料消耗量限值标准，加速淘汰高耗能老旧交通工具。推进公交优先战略，优化城市出行结构。优化航空、航运、铁路的航线和航班安排，提高载运率、客座率和运输周转能力。

（责任单位：市经济信息化委、市建设交通委、市交通港口局、市发展改革委、市环保局、市水务局、市财政局，各区县政府等）

（九）加快实施污染减排和资源综合利用重点工程。推进污染减排重点工程建设，重点是推进宝钢分公司烧结机脱硫改造、竹园第一污水处理厂升级改造、堡镇和新河污水处理厂调试、白龙港污水处理厂扩建二期等工程，年内新增3.3万吨化学需氧量削减能力。同时，确保已建成脱硫设施和污水处理设施正常运行。要继续加快污水收集管网和污水纳管建设，确保今年新增污水处理量10万立方米/天。

继续推进资源综合利用工程建设，大力发展循环经济。推进老港固体废弃物综合利用基地建设，加快推进老港再生能源利用中心、综合填埋场一期、填埋气发电等重点项目建设。建成调试白龙港、青浦区和松江区污泥处理工程，组织实施一批资源综合利用项目，推进钢铁、建材、电镀、医药等行业资源综合利用。

（责任单位：市环保局、市水务局、市绿化市容局、宝钢集团、市城投总公司等）

（十）进一步增加节能减排资金投入。

（略）

（责任单位：市财政局、市发展改革委，各区县政府等）

（十一）继续实施节能产品惠民工程，大力推广节能技术产品。

（略）

（责任单位：市经济信息化委、市发展改革委、市财政局、市政府机管局、市商务委等）

（十二）积极推进新能源和可再生能源开发利用。

（略）

（责任单位：市发展改革委、市统计局等）

五、深化资源性产品价格改革，运用政策法规手段加快推进节能减排

（十三）取消对高耗能企业用电价格优惠。

（略）

（责任单位：市发展改革委、市经济信息化委、市电力公司等）

（十四）扩大差别电价实施范围。

（略）

（责任单位：市发展改革委、市经济信息化委、市环保局、市安全监管局、各区县政府，市电力公司等）

（十五）推进资源性产品价格改革。按照国家统一部署，推行居民用电阶梯价格，落实天然气、可再生能源发电上网电价、脱硫电价和余热余压发电上网等价格政策。调整天然气价格，研究差别气价政策。加大污水处理费征收力度，改革垃圾处理费收费方式。深化生态补偿试点，完善生态补偿机制。

（责任单位：市发展改革委、市建设交通委、市环保局等）

（十六）加强节能减排长效机制建设。

（略）

（责任单位：市发展改革委、市环保局、市质量技监局、市政府法制办等）

六、加强用能管理，推进节能发电调度

（十七）优化节能发电调度，减少新增二氧化硫排放量。

（略）

（责任单位：市经济信息化委、市发展改革委、市环保局、市电力公司）

（十八）加大电力、燃气错避峰力度。制定和实施科学合理的电力燃气错峰、避峰和有序用电方案，在夏季用电高峰和冬季用气高峰，尤其是在上海世博会举办期间，进一步加大高耗能企业让电让气、调休和轮休力度，确保居民生活用能和上海世博会用电用气需要。对本市“两高一低”企业实行用电用气限制，尤其是对重点结构调整企业加大让电让气力度。对非工艺性连续生产企业实行调整休息日的措施，提高周末用电负荷，降低周一至周五高峰时段的用电负荷。同时，提倡和鼓励本市工业企业结合休假政策安排轮休。

（责任单位：市经济信息化委、市建设交通委、市电力公司、市燃气集团）

（十九）加强用能单位节电管理。

（略）

（责任单位：市经济信息化委、市政府机管局、市旅游局、市商务委、市电力公司，各区县政府等）

（二十）强化发电企业节能管理。

（略）

（责任单位：市经济信息化委、市发展改革委，各发电企业）

七、积极推行合同能源管理，促进节能服务产业发展

（二十一）出台本市加快推行合同能源管理促进节能服务产业发展的相关政策。

（略）

（责任单位：市发展改革委、市经济信息化委、市财政局等）

（二十二）加大对节能服务机构财税政策扶持力度，落实完善相关财务会计制度。

（略）

（责任单位：市财政局、市地税局、市经济信息化委、市发展改革委等）

（二十三）改善节能服务机构融资环境。

（略）

（责任单位：市金融办、市财政局、市经济信息化委）

八、加大预测预警、监督检查力度，深入开展节能减排全民行动

（二十四）加大节能减排预警预测力度。对全市综合能源消费量、高耗能行业能源消费量和用电量、主要产品单耗、重点用能单

位、规模以上工业企业能耗以及电厂用煤等情况，实施跟踪监测；对主要耗能品种结构、工业用能情况、电厂用煤，实施月度监测分析；对全市生产总值能耗、主要用能行业单位增加值能耗，实施季度分析。

（责任单位：市统计局、市发展改革委、市经济信息化委、市建设交通委、市环保局）

（二十五）制定并适时启动相关预警调控方案。

（略）

（责任单位：市经济信息化委、市发展改革委、市统计局，相关重点用能单位）

（二十六）组织开展整治违法排污企业保障群众健康环保专项行动。

（略）

（责任单位：市环保局、市经济信息化委等）

（二十七）组织开展节能专项执法监察和联合执法。加强节能监察，重点检查用能单位是否存在使用国家明令淘汰的用能设备或生产工艺、单位产品能耗超限额标准用能等情况，监督检查落实能源利用状况报告制度和能源管理岗位、能源管理机构的设立等情况。监督检查公共机构的年度节能目标和实施方案的制定和落实、节能管理规章制度建立和运行、节能措施执行以及能源消费状况报告制度执行情况等。同时，继续抓好公共建筑室内空调温度控制检查工作。节能监察结果及时通过媒体向社会公布。

环保、建设交通管理、质量技术监督、安全监督、工商行政管理、统计、节能监察和物价检查等执法部门（单位）要加大联合执法力度，促进节能减排管理工作上台阶上水平。

（责任单位：市节能监察中心、市环保局、市建设交通委、市质量技监局、市安全监管局等）

（二十八）动员全社会积极参与，共同推动节能低碳发展。

（略）

（责任单位：市政府新闻办、市发展改革委、市经济信息化委、市环保局、市教委、市妇联、市总工会，各区县政府等）

38. 上海浦东机场综合保税区管理办法

（2010年5月28日，上海市人民政府令第44号公布）

第一条（目的和依据）

为了加强上海浦东机场综合保税区（以下简称浦东机场综保区）的管理，保障浦东机场综保区的建设和发展，根据法律、法规和《国务院关于同意设立上海浦东机场综合保税区的批复》以及国家有关政策，结合本市实际，制定本办法。

第二条（适用范围）

本办法适用于浦东机场综保区规划范围内，经国家有关主管部门验收合格并实行封闭式管理的特殊监管区域。

第三条（区域功能）

浦东机场综保区发展国际货物中转、国际采购配送、国际转口贸易、国际快件转运、维修检测、融资租赁、仓储物流、出口加工、商品展示交易以及配套的金融保险、代理等业务，拓展相关功能。

第四条（管理职责）

上海综合保税区管理委员会（以下简称管委会）为市政府派出机构，负责浦东机场综保区内有关行政事务的统一管理，履行下列职责：

（一）参与编制浦东机场综保区规划，制定浦东机场综保区的产业导向、财政扶持等政策，并协调浦东新区政府、市有关行政管理部门推进落实；

（二）组织实施浦东机场综保区开发建设，指导相关单位实施土地前期开发和基础设施建设；

（三）按照规定接受有关行政管理部门的委托，负责浦东机场综保区内行政审批工作，为企业提供指导和服务；

（四）支持协助海关和检验检疫等监管部门在浦东机场综保区内推行通关便利措施、创新监管模式；

（五）指导浦东机场综保区功能开发，促进投资环境和公共服务的完善，吸引投资，推动现代服务业发展；

（六）协调市和浦东新区有关行政管理部门加强浦东机场综保区内的公共事务管理。

管委会负责管理的行政事务涉及浦东国际机场地区的，应当听取上海机场（集团）有限公司（以下简称机场集团）的意见。

市和浦东新区有关行政管理部门按照各自职责，配合做好浦东机场综保区的相关工作。

第五条（规划编制）

浦东机场综保区规划由市规划行政管理部门会同管委会、浦东新区政府组织编制，并按法定程序报批；其中，涉及浦东国际机场地区的，应当执行民用机场规划管理的相关规定。

管委会可以根据浦东机场综保区控制性详细规划的实施需要，组织编制修建性详细规划。

浦东机场综保区内的专项规划，根据相关法律、法规编制。

前款规定的规划组织编制机关，应当在规划编制过程中组织进行环境影响评价。

第六条（产业导向和财政扶持）

管委会应当会同有关行政管理部门根据国家和本市有关产业发展战略以及浦东机场综保区功能开发需要，制定并公布浦东机场综保区产业发展导向。

管委会应当按照浦东新区政府的财力安排，制定鼓励重点产业发展的财政扶持等政策，并负责组织实施。

第七条（委托实施行政审批）

管委会接受市有关行政管理部门委托，在浦东机场综保区内实施下列行政审批事项：

（一）投资管理部门委托的企业投资项目核准和备案；

（二）商务管理部门委托的外商投资企业设立审批；

（三）规划管理部门委托的建设项目选址意见书、核定规划设计要求、建设用地规划许可证、建设工程规划设计方案、建设工程规划许可证的审批，以及建设工程竣工规划验收；

（四）土地管理部门委托的国有土地使用权的划拨、出让等建设项目供地的预审，但征收农民集体所有土地、农用地转为建设用地、建设项目占用未利用地的除外；

（五）建设管理部门委托的建设项目初步设计审查、建设工程施工许可证审批，以及临时占用道路、挖掘道路、增设平面交叉道口的审批；

（六）绿化市容管理部门委托的建设项目配套绿化设计方案审批及竣工验收、临时使用绿地许可（含公共绿地），迁移、砍伐树木（古树名木除外）的审批，以及户外广告审批；

（七）环保管理部门委托的建设项目环境影响评价、试生产、竣工验收的审批，建筑工地夜间施工审批，以及污染物处理设施闲置、拆除的审批；

（八）民防管理部门委托的结建民防工程审批和施工图审查；

（九）科技管理部门委托的高新技术企业认定初审；

（十）劳动人事管理部门委托的企业实行其他工时制度的审批。

前款行政审批事项委托的具体内容，由管委会与有关行政管理部门在委托书中予以明确。

管委会应当将接受委托实施行政审批事项的情况报送委托的行政管理部门；委托的行政管理部门应当对管委会实施行政审批事项进行指导和监督。

第八条（户外广告设施设置阵地规划）

管委会会同绿化市容管理部门根据本市户外广告设施设置阵地规划，编制浦东机场综保区户外广告设施设置阵地实施方案，按法定程序报批后，作为户外广告设施设置的审批依据。

第九条（日常管理事务）

管委会在浦东机场综保区内承担下列日常管理事务：

（一）建设工程报建、招标投标、竣工备案等建设工程管理工作；

（二）除大型安装工程外，建设工程质量、安全的监督检查；

（三）组织区域环境、污染源的监测和监督管理，并负责污染事故应急处理；

（四）安全生产监督检查；

（五）统计管理、协调和监督检查；

（六）建筑渣土及生活垃圾处置申报管理。

管委会应当严格按照国家和本市有关规定加强前款事务的日常管理；建设、环保、安全监管等行政管理部门应当对管委会加强指导和监督，并有权进行巡查和抽查。

第十条（区内办事服务）

本市税务、工商、公安部门在浦东机场综保区内设立办事机构或者派驻办事人员；其他有关行政管理部门在管委会组织下，定期到浦东机场综保区内现场办公。

第十一条（企业设立登记）

在浦东机场综保区内设立企业，申请材料齐全、符合法定形式的，工商行政管理部门应当在受理后当场作出准予登记的决定；涉及企业设立并联审批事项的，执行本市并联审批的有关规定。

第十二条（海关监管）

下列情形可以根据海关规定实行分批送货、集中报关：

（一）浦东机场综保区内货物出区进入国内；

（二）国内货物进入浦东机场综保区；

（三）浦东机场综保区与本市其他海关特殊监管区域之间进行货物流转。

在浦东机场综保区内设立的企业（以下简称区内企业）经海关核准后，可以与海关联网进行电子数据交换，实现无纸通关作业。

在洋山保税港区、外高桥保税区内设立的企业可以在浦东机场综保区内设立分支机构，并向海关备案。

第十三条（检验检疫）

对于进入浦东机场综保区的空、海运货物实施直通式管理模式，统一由驻浦东机场综保区的检验检疫机构受理报检、检验检疫、签证和放行，并实施集中检验检疫、分批核销放行的便利化措施。

对于进入浦东机场综保区的货物实行“一线检疫、二线检验”的分类管理模式，入区实施检疫、出区实施检验；境外经浦东机场综保区出口的货物免于实施检验。

对于浦东机场综保区内或者浦东机场综保区、外高桥保税区、洋山保税港区之间销售、转移的应检物，免于实施检验检疫。

对于进入浦东机场综保区的自用货物以及开展设计、研发、产品测试、进出境返修产品、设备租赁等业务所需的料件或者设施可以免于实施强制性产品认证。

第十四条（查验流程和方法的调整）

管委会和市口岸服务部门应当会同海关、检验检疫、边检、交通港口、机场集团等单位按照保障安全和方便货物进出的原则，合理确定浦东机场综保区仓储区域与浦东机场货栈之间转移货物的查验流程和查验方法，建立必要的物流便捷通道。

第十五条（监管协调）

管委会应当会同海关、检验检疫、边检、外汇、民航、口岸服务、工商、税务、商务、公安、交通港口、机场集团等单位建立浦东机场综保区的监管协调机制。

第十六条（诚信管理）

海关和检验检疫等监管部门在浦东机场综保区内建立企业诚信档案，对诚信评价高的区内企业适用通关等方面的便利措施。

第十七条（信息化建设）

管委会应当会同海关、检验检疫、边检、外汇、口岸服务、信息化、工商、税务、商务、公安、交通港口、机场集团等单位组织实施浦东机场综保区的信息化建设，促进区内公共信息资源的整合和有效利用。

第十八条（进出口管理）

除国家另有规定外，浦东机场综保区与境外之间进出的货物，不实行进出口许可证管理。

第十九条（关税和进口环节税）

从境外进入浦东机场综保区的货物，按照海关规定予以保税，或者免征进口关税和进口环节税。

除国家另有规定外，从浦东机场综保区运往境外的货物免征出口关税。

第二十条（生产和流通环节的税收）

区内企业在区内加工、生产的货物，凡属于货物直接出口的，免征增值税和消费税。

货物出浦东机场综保区进入国内销售，按照货物进口的有关规定办理报关手续，并按照货物实际状态征税。

区内企业之间的货物交易，不征收增值税和消费税。

第二十一条（退税）

国内货物进入浦东机场综保区视同出口，由区外企业按照现行税收政策办理退税。

第二十二条（通行管理）

管委会应当协调落实必要的监管措施，为进出浦东机场综保区的运输工具和相关人员提供安全、有序的通行保障。

承运货物的运输工具进出浦东机场综保区，应当经由海关指定的专用通道出入，并接受海关的检查。

第二十三条（行政处罚）

管委会按照《上海市城市管理相对集中行政处罚权暂行办法》和《上海市人民政府关于扩大浦东新区城市管理领域相对集中行政处罚权范围的决定》规定的事项和权限，在浦东机场综保区内行使行政处罚权。

在管委会承担行政审批和日常管理事务的范围内，有关行政管理部门可以委托管委会行使相应的行政处罚权。

第二十四条（协助执法）

管委会应当支持、协助有关行政管理部门依照法定程序履行行政执法职责。

管委会应当统一、集中安排有关行政管理部门在浦东机场综保区内的日常行政执法活动。对于突击性的检查、抽查以及应急性的行政执法活动，管委会应当会同有关行政管理部门制定预案，保障执法人员随时、迅速进行现场执法。

有关行政管理部门在浦东机场综保区完成执法事项后，应当向管委会通报情况。

第二十五条（周边物流产业园区管理）

管委会根据市政府的授权或者接受浦东新区政府的委托，对浦东机场综保区周边物流产业园区进行管理。

第二十六条（施行日期）

本办法自二〇一〇年七月一日起施行。

39. 上海市临港产业区管理办法

（2010年6月1日，上海市人民政府令第46号公布）

第一条（目的和依据）

为了规范上海临港产业区的管理，促进上海临港产业区的建设和发展，根据法律、法规以及国家有关政策，结合本市实际，制定本办法。

第二条（区域范围）

上海临港产业区（以下简称临港产业区）北至大治河，西至G1501高速公路—奉贤浦东新区界—浦东铁路四团站（平安站）预控制用地—三团港接规划两港大道接中港，东、南至规划海岸线围合区域接北护城河至人民塘接S2高速公路至顺翔路接规划E1路河至杭州湾。

第三条（发展方向）

按照国家经济发展战略与城市总体规划的要求，推进高新技术产业化和战略性新兴产业发展，将临港产业区建成集先进重大装备、民用航空制造、现代物流、海洋科技、研发服务、出口加工、教育培训等功能为一体的国家新型工业化产业示范基地。

鼓励临港产业区在行政管理体制、机制上进行改革和创新，使其成为战略性新兴产业和高新技术产业化的综合性试验区。

第四条（管理职责）

本市设立上海临港产业区管理委员会(以下简称管委会)。管委会作为市人民政府的派出机构，负责临港产业区有关行政事务的归口管理，并行使如下职责：

（一）制订、修改、实施临港产业区发展规划、计划、产业政策和行政管理的具体规定；

（二）接受有关行政管理部门的委托，负责临港产业区内投资和开发建设等项目的审批；

（三）负责临港产业区内基础设施和建设工程的行政管理；

（四）负责临港产业区内高新技术企业的认定初审以及软件企业、高新技术成果转化项目的认定；

（五）协调上海海关、上海出入境检验检疫局、人民银行上海分行、国家外汇管理局上海市分局等行政管理部门对临港产业区内企业的日常行政管理；

（六）为临港产业区内企业提供指导和服务；

（七）完成市人民政府交办的其他事项。

浦东新区人民政府、奉贤区人民政府负责临港产业区所辖区域的财政、税务、工商、公安、文化、教育、卫生、绿化市容、民政、司法行政、人力资源社会保障、人口和计划生育以及农村、社区等公共事务的协调和管理。

第五条（专项发展资金）

本市设立临港产业区专项发展资金，用于支持临港产业区内的开发、建设和发展。专项发展资金的使用管理办法，由市财政局会同市发展改革委、市经济信息化委、管委会等部门另行制定。

第六条（临港产业区规划）

临港产业区规划应当符合国家和本市经济发展战略和临港新城总体规划，体现临港产业区与洋山深水港等周边区域统筹协调、联动发展的要求。

临港产业区规划由市规划国土资源局会同管委会组织编制，经征求浦东新区人民政府、奉贤区人民政府以及有关部门意见后，按照规定程序报市人民政府批准。

临港产业区内的各类专项规划，根据相关的法律、法规和规章编制。

第七条（土地储备和前期开发管理）

管委会应当根据临港产业区规划提出土地储备方案，并按照国家和本市有关规定报批。浦东新区人民政府、奉贤区人民政府与管委会联合组建土地储备机构储备土地，并由其委托的单位组织前期开发和管理。前期开发工程的实施单位，应当通过公开招标方式确定。

浦东新区人民政府、奉贤区人民政府按照国家和本市有关规定，负责房屋拆迁管理工作。

第八条（建设工程管理）

临港产业区内建设工程报建、招标投标、竣工备案等日常工作，由管委会管理。

除大型安装工程外，建设工程的质量、安全由管委会监督检查。

第九条（委托实施行政审批）

管委会接受市有关行政管理部门的委托，在临港产业区内实施下列行政审批事项：

（一）商务管理部门委托的外商投资企业设立审批，以及加工贸易企业经营状况及生产能力证明、加工贸易业务批准证的审批；

（二）发展改革等管理部门委托的企业投资项目的核准；

（三）规划管理部门委托的建设项目选址意见书、核定规划设计要求、建设用地规划许可证、建设工程设计方案、建设工程规划许可证的审批，以及建设工程竣工规划验收；

（四）土地管理部门委托的国有土地使用权的划拨、出让等建设项目供地的预审，但征收农民集体所有土地、农用地转为建设用地、建设项目占用未利用地的除外；

（五）建设交通管理部门委托的建设项目初步设计审查、建设工程施工许可证审批，临时占用城市道路、挖掘城市道路的审批，车辆或者车辆载运货物后总重量超过城市道路限载量或者通行条件的通行审批，依附城市桥梁、隧道架设管线的审批，城市桥梁、隧道安全保护区域内作业的审批，以及占用城市道路人行道设置各类设施的审批；

（六）绿化市容管理部门委托的临时使用公共绿地和迁移、砍伐树木（古树名木除外）的审批；

（七）水务管理部门委托的有关市管河道范围内的建设项目和供排水的审批；

（八）民防管理部门委托的结合民用建筑修建防空地下室的审批；

（九）其他有关行政管理部门依法委托的行政审批事项。

前款行政审批事项委托的具体内容，由管委会与有关部门在委托书中予以明确。管委会对依委托实施行政审批的情况，应当报送委托的行政管理部门备案；委托的行政管理部门应当对管委会实施行政审批进行指导和监督。

第十条（协调行政执法）

除承担本办法第八条、第九条规定的建设工程管理和行政审批事项外，管委会应当协调有关行政管理部门依照法定程序，在临港产业区内履行行政执法职责。

第十一条（信息公开）

管委会应当按照政府信息公开的要求，将涉及审批事项的依据、内容、条件、程序、期限以及需要提交的全部材料的目录和申请书示范文本等，在办公场所予以公示。

申请人要求管委会对公示内容予以说明、解释的，管委会应当说明、解释，提供准确、可靠的信息。

第十二条（集中办理行政事务）

管委会应当会同市工商局、市质量技监局、市财政局、市国税局、市地税局、市人力资源社会保障局等行政管理部门以及浦东新区人民政府、奉贤区人民政府，在临港产业区内设立相应机构，集中办理相关行政事务，并履行相关的行政管理职责。

第十三条（企业的设立）

在临港产业区内设立企业，材料齐全、符合法定形式的，工商管理部门应当自受理之日起3个工作日内，办理完毕审批手续。

法律、行政法规规定应当前置审批的事项，由本市有关部门实行集中办理，自受理之日起5个工作日内，办理完成前置审批手续。

第十四条（有关企业和项目的认定）

临港产业区内高新技术企业的认定初审以及软件企业、高新技术成果转化项目的认定，由市科委、市经济信息化委及市高新技术企业认定机构等委托管委会统一进行，实行“一门式”受理。管委会按照“坚持认定标准和提高效率、简化程序、方便企业”的原则，开展认定工作，并将认定结果报市有关行政管理部门、机构备案。

市有关行政管理部门、机构对管委会的认定和发证工作进行监督；对不符合标准或者要求的认定结果，有权予以撤销。

第十五条（优惠待遇）

在临港产业区内的企业和项目，经有关行政管理部门、机构或者管委会认定，可以享受国家和本市规定的下列优惠政策：

（一）鼓励现代装备制造产业发展及技术进步的各项优惠政策；

（二）鼓励科技成果转化和产业化的各项优惠政策；

（三）鼓励软件产业的各项优惠政策；

（四）促进中小企业发展的相关优惠政策；

（五）鼓励投资和改善投资环境的其他优惠政策。

第十六条（完善中介服务）

管委会应当通过完善中介服务体系，为临港产业区内的企业、机构提供人才、劳务、财务、会计、金融、保险、专利、法律、公证等各类中介服务。

第十七条（吸引人才和简化出国手续）

鼓励国内外专业人才到临港产业区内从事工程建设、企业经营、科研项目开发和成果转化工作。引进人才可以按照本市有关规定，办理户籍或者《上海市居住证》。

简化临港产业区内有关人员因公出国、出境的审批手续。对于因公需要经常出国、出境的人员，可以实行“一次审批、多次有效”的出国审批办法或者办理一定期限内多次往返香港、澳门的出境手续。

第十八条（受理投诉和处理）

临港产业区内的企业认为有关行政管理部门的管理行为不符合本办法规定，或者其应当享受的优惠待遇未得到落实的，可以向管委会投诉。管委会应当依法予以协调、处理。

第十九条（农村村民建房管理）

临港产业区内的农村村民建房，应当遵守国家和本市有关农村村民建房管理的规定，并符合临港产业区规划的要求。

第二十条（施行日期）

本办法自2010年7月1日起施行。2003年12月28日上海市人民政府令第16号发布，并根据2008年7月3日上海市人民政府令第4号修正后重新发布的《上海市临港新城管理办法》同时废止。

40. 关于进一步规范和加强行政执法工作的意见

（沪府发〔2010〕21号，2010年6月7日）

各区、县人民政府，市政府各委、办、局：

行政执法是行政机关经常性的管理活动，是全面推进依法行政、建设法治政府的重要环节。规范行政执法行为，是提高政府依法行政能力、率先转变发展方式、构建社会主义和谐社会的必然要求，是建设行为规范、运转协调、公正透明、廉洁高效的行政管理体制的重要内容。

自2004年国务院发布的《全面推进依法行政实施纲要》实施以来，本市依法行政工作取得了明显进展，特别是在规范行政执法行为方面做出了积极努力，行政执法能力和效率得到了提升。为适应在开放、透明和信息化的条件下，实现把上海建设成为“法治环境最好的地区之一”的目标，必须进一步规范行政执法行为，提升行政执法的公信力。现就进一步规范和加强行政执法工作提出如下意见：

一、不断提高规范执法公正执法的意识和能力

（一）牢固树立正确的执法理念。根据《全面推进依法行政实施纲要》对依法行政

提出的基本要求，行政执法单位和人员在行政执法中应当牢固树立以下理念：

——职权法定。行政执法单位应当严格按照法律、法规、规章的授权或者委托，在法定职权范围内积极履行职责，做到行政执法“不越位、不错位、不缺位”。

——程序正当。行政执法应当遵循法定程序，不断优化执法流程，方便公民、法人和其他组织；遵循公开原则，除涉及国家秘密和依法保护的商业秘密、个人隐私外，行政执法依据、过程、结果应当公开；保证执法手段的合法、正当，通过非法手段获取的证据不能作为认定违法事实的依据。

——保护合法权利。行政执法应当遵循公平、公正原则，平等对待行政相对人，保护行政相对人的人身权和财产权，保障行政相对人的知情权、陈述权、申辩权和监督权；注重执法目标实现与行政相对人合法权益保障之间的平衡，做到执法措施必要、执法手段适当，将对行政相对人合法权益的影响降到最低。

——教育指导为先。对违法行为的查处，应当坚持处罚与教育相结合，防止“以罚代教、以罚代管”；行政执法应当积极采取指导、建议、提醒、劝告等非强制性方法，防止“重事后查处、轻事前预防”。

——权责统一。行政执法应当遵循诚实守信原则，对违法或者不当的执法行为，行政执法单位应当及时依法纠正；对有过错的行政执法人员，应当追究其行政责任。行政执法给公民、法人和其他组织的合法权益造成损害的，应当依法给予补偿或者赔偿。

（二）健全行政执法人员全员培训制度。对全市行政执法人员开展多层次、全方位的行政执法培训，使行政执法人员具备应有的文明素养、依法行政理念、法律知识和执法能力。行政执法培训可以邀请法律专家、法官与行政主管部门领导讲授法律知识、解读法律法规、研讨行政执法案例等，并建立行政执法人员培训情况记录和考试结果登记制度。

——行政执法单位负责人依法行政意识和能力培训。市、区县行政学院在两年内组织一轮行政执法单位及其下属各执法队伍负责人的依法行政专题培训。（责任单位：市、区县行政学院）

——行政执法人员基础法律知识培训。市政府法制机构组织编制新上岗行政执法人员培训大纲，部署在岗行政执法人员轮训，并定期抽查行政执法人员基础法律知识培训情况。市级行政主管部门负责对其所属行政执法单位的行政执法人员，开展基础法律知识培训；区县政府法制机构负责对区县所属的行政执法单位和街道、乡镇的行政执法人员，开展基础法律知识培训。（责任单位：市级行政主管部门、市和区县政府法制机构）

——行政执法人员专业法律知识培训。市级行政主管部门负责对其系统内行政执法人员开展专业法律知识培训，并将年度培训计划和实施情况报送市政府法制机构备案。（责任单位：市级行政主管部门）

二、明确界定行政执法主体和权限

（三）严格实施行政执法主体资格制度。行政执法单位的执法主体资格应当有法律、法规、规章的授权或者委托，并由“三定”方案予以明确。行政执法单位应当将系统内行政执法主体名录及其调整情况向社会公告，并报送同级政府法制机构备案。（责任单位：市和区县政府法制机构、各级行政执法单位）

（四）完善联合执法和相对集中行政处罚权制度。两个以上行政执法单位联合执法的，由参加联合执法的行政执法单位在各自的职责范围内依法作出行政执法决定，并承担相应的法律责任。行政处罚权相对集中后，原行政执法单位不得再行使已被集中行使的行政处罚权；继续行使的，作出的行政处罚无效。（责任单位：各级行政执法单位）

（五）规范委托执法行为。行政执法单位依照法律、法规或者规章的规定委托符合法定条件的组织实施行政执法的，应当签订行政执法委托协议，明确委托事项。受委托组织应当向委托单位定期报告行政执法情况，并接受委托单位的指导和监督。受委托组织应当在委托范围内，以委托行政执法单位名义实施行政执法，并不得再委托其他任何组织或者个人实施行政执法。（责任单位：各级行政执法单位）

（六）健全行政执法人员持证上岗制度。新上岗行政执法人员必须经过培训并考试合格取得执法证件，方可从事行政执法活动；在岗行政执法人员必须在执法证件有效期内，定期参加行政执法培训并考试合格，方可到期换领执法证件，继续从事行政执法活动。禁止无执法证件的人员行使行政执法权，协助执法人员只能从事行政执法的辅助性工作。（责任单位：各级行政执法单位）

（七）推行行政裁量权适用规则和基准制度。对法律、法规、规章中有较大裁量幅度的行政处罚规定、法定条件不够具体的行政许可规定，市级行政主管部门应当按照符合法律目的、平等对待行政相对人、参照先例、必要适度等基本要求，制定并公布本系统行使行政裁量权的规则和标准。市级行政执法单位应当对区县行政执法单位行使行政裁量权的情况加强指导和监督。（责任单位：市级行政主管部门）

（八）建立健全行政执法争议协调制度。行政执法单位在行政执法过程中对管辖区域、管理事项、执法衔接和配合、执法依据适用等发生争议的，应当遵循合理配置行政执法权、提高执法效能的原则进行协调，解决多头执法、重复执法、执法缺位等问题。

——明确行政执法争议协调主体。涉及同一系统内部不同区县行政执法单位之间因管理区域等问题产生的行政执法争议，由市级行政主管部门负责协调；涉及某一综合管理领域内不同行政执法单位之间因管理事项分工以及执法衔接、配合等问题产生的行政执法争议，由市或者区县政府归口的综合协调部门负责协调；涉及行政执法单位在具体适用有关法律、法规、规章过程中发生的行政执法争议，由市政府法制机构负责协调；涉及行政执法单位之间因管理职能交叉产生的行政执法争议，由市或者区县机构编制管理部门会同同级政府法制机构负责协调。（责任单位：负责协调工作的有关部门）

——健全行政执法争议协调程序。行政执法单位之间发生行政执法争议的，争议各方应当先自行协调，并就协调一致的意见形成会议纪要或者签订相关协议；自行协调不成的，应当及时提请相关协调机关组织协调。协调机关在协调过程中，发现不立即执法可能对公共利益造成重大影响的，可以决定由某个行政执法单位先负责执法，该行政执法单位应当予以支持和配合。（责任单位：负责协调工作的有关部门）

三、严格规范行政执法程序

（九）梳理和公开行政执法事项与依据。行政执法单位应当对行政执法事项、依据进行梳理，通过政府网站等途径公布，并及时更新。市级行政执法单位和区县政府实施的行政执法事项、依据及其调整情况，应当报送市政府法制机构备案；区县级行政执法单位和乡镇政府、街道办事处实施的行政执法事项、依据及其调整情况，应当报送区县政府法制机构备案。（责任单位：市和区县政府法制机构、各级行政执法单位）

（十）规范和公开行政执法流程。市级行政执法单位应当按照高效便民的原则编制本系统行政执法操作指南，明确不同类型行政执法事项的执法主体、权限和程序，并及时更新。行政执法操作指南应当在行政执法单位的办公场所公示，并通过政府网站等途径向社会公布。行政执法单位及其执法人员应当按照行政执法操作指南，规范行政执法

活动。（责任单位：各级行政执法单位）

（十一）完善执法告知制度。行政执法单位实施行政检查、行政处罚、行政强制等行为时，应当告知执法内容、依据以及行政相对人依法享有的陈述权、申辩权、救济权等。行政执法人员不得要求或者误导行政相对人放弃依法享有的权利。行政执法单位受理行政审批申请时，应当一次性告知行政相对人办事程序以及需提交全部材料的目录。（责任单位：各级行政执法单位）

（十二）规范调查取证行为。行政执法单位在收集违法证据过程中，应当力求证据材料客观、真实，不得伪造、隐匿证据，不得以不正当手段收集证据。行政执法人员进行调查取证时，应当依法制作询问笔录、检查笔录、勘验笔录等法律文书。（责任单位：各级行政执法单位）

（十三）实施分类分步执法。行政执法单位应当根据违法行为的性质和危害后果，采取不同的行政执法方式。对可能危及公共安全、公众健康、生态环境等的违法行为，应当加大执法力度，提高执法效能，避免执法缺位、不作为。对情节较轻或者危害后果能够及时消除的违法行为，除法律、法规、规章规定直接给予行政处罚外，应当先责令改正，并进行教育、告诫、引导；对拒不改正的，应当依法给予行政处罚。（责任单位：各级行政执法单位）

（十四）健全行政执法听证制度。行政执法单位应当按照行政处罚法、行政许可法等法律规定，保障行政相对人或者利害关系人依法享有听证的权利。探索重大复杂疑难行政执法案件的公开听证制度，行政执法单位在作出决定前，应当公开听取、收集行政相对人以及利害关系人的意见。（责任单位：各级行政执法单位）

（十五）推行重大复杂行政执法案件审查制度。对行政执法过程中发现的复杂案件，应当由同级行政主管部门的法制机构对案件的事实、证据、法律适用、行政裁量等进行法律审查，并出具法律审查意见；对事实不清或者证据不充分的，应当建议补充调查。对重大复杂行政执法案件的处理，由行政执法单位的负责人集体讨论决定。（责任单位：各级行政主管部门、各级行政执法单位）

（十六）规范执法文书和案卷管理。市级行政执法单位应当制定本系统的行政执法文书统一格式，或者使用国家统一的行政执法文书格式，并报送市政府法制机构备案。行政执法人员在行政执法活动中应当规范制作、使用行政执法文书，并在行政执法案件办结后，及时将相关行政执法文书、证据资料等整理入卷，归档保存。（责任单位：市级行政执法单位、市政府法制机构）

（十七）推进行政执法结果公开制度。对与公共安全、公众健康以及生态环境等密切相关的、对公共利益有重大影响或者需要公众广泛知晓的，以及法律、法规、规章明确规定应当公开的行政执法结果信息，行政执法单位应当予以公开。市级行政执法单位可以通过情况通报会、新闻发布会等形式，及时公布有重大社会影响的行政执法案件办理情况。（责任单位：各级行政执法单位）

（十八）加强收费和罚没收入的管理。对行政事业性收费和罚没收入全部实行“收支两条线”管理，行政事业性收费和罚没收入按规定全额上缴国库或者财政专户，行政执法经费全额纳入部门预算管理。严禁将行政事业性收费或者罚没收入按比例返还行政执法单位作为行政执法经费或者奖励经费使用。（责任单位：市财政局、各级行政执法单位）

四、加强对行政执法行为的监督

（十九）加强行政机关层级监督。通过行政执法监督检查、审理行政复议案件等途径，强化上级行政机关对下级行政执法单位的监督，及时发现、纠正违法和不当行政执法行为。

——执法案卷评查制度。市级行政主管部门应当从行政执法案件事实认定是否清楚、证据是否确凿、程序是否合法、法律适用是否准确、处理决定是否适当等方面，对本系统行政执法单位的行政执法案卷进行抽查；发现问题的，应当提出整改意见。市和区县政府法制机构应当定期组织开展行政执法案卷评查，指出行政执法过程中存在的问题。行政执法案卷评查结果应当纳入行政执法责任制的年度评议考核。（责任单位：市级行政主管部门、市和区县政府法制机构）

——行政执法监督建议书制度。市和区县政府法制机构以及市级行政主管部门在行政执法监督检查中，发现行政执法行为存在瑕疵的，应当制发行政执法监督建议书，指出行政执法过程中存在的问题，并提出整改建议。行政执法单位应当在行政执法监督建议书规定的期限内书面报告整改情况。（责任单位：市级行政主管部门、市和区县政府法制机构）

——行政复议制度。行政复议机关在审理行政复议案件过程中，发现行政执法行为违法或者不当的，应当决定撤销、变更该行政行为或者确认该行政行为违法，并可以出具书面整改建议，由被申请的行政执法单位在规定期限内书面报告整改情况。市级行政机关承办行政复议案件的机构应当定期总结行政复议案件情况，并组织编写典型案例，指导行政执法活动。（责任单位：各级行政复议机关）

（二十）加强专门监督。审计机关应当加强对行政事业性收费和罚没收入等资金的审计监督，发现行政执法单位违反财政收支规定的，应当作出审计决定或者向有关主管机关提出处理、处罚的意见。监察机关应当对行政执法单位的执法效能和行政执法人员的勤政廉洁情况加强监督，并推进行政审批电子监察。（责任单位：各级审计机关、各级监察机关）

（二十一）自觉接受人大和政协监督。行政执法单位应当积极配合各级人大常委会做好执法监督检查工作，认真听取人大代表、政协委员的意见和建议；对人大代表提出的质询案，行政执法单位应当及时组织调查并给予答复；行政机关组织开展行政执法监督检查或者行政执法单位调查处理重大案件时，可以邀请人大代表、政协委员参与检查或者调查；区县人民政府应当就辖区内发生的引起社会广泛关注的行政执法案件的调查情况以及处理意见，向同级人大常委会作出书面报告。（责任单位：区县人民政府、各级行政执法单位）

（二十二）自觉接受司法监督。行政执法单位对法院受理的行政诉讼案件，要积极应诉，按规定向法院提交作出被诉行政行为的依据和证据。对重大行政执法案件的诉讼，行政执法单位负责人应当出庭应诉。行政执法单位应当自觉履行法院作出的生效判决、裁定，认真研究、积极回应法院的司法建议书。（责任单位：各级行政执法单位）

（二十三）注重发挥社会监督作用。各级行政主管部门和行政执法单位应当通过开展社会评议，开通热线电话、网上信箱等途径，接受社会监督；切实保障人民群众对违法、不当行政执法行为举报、投诉的权利，并根据人民群众的批评与建议，不断改进行政执法工作。（责任单位：各级行政主管部门、各级行政执法单位）

（二十四）完善行政执法评议考核制度。市和区县人事部门应当会同同级监察机关、法制机构制定行政执法单位评议考核方案和标准，并组织实施。市级行政主管部门应当制定本系统行政执法人员评议考核方案和标准，并组织实施。市和区县政风测评部门应当将与公民、法人和其他组织关系密切，人民群众关注度高的行政执法单位作为重点测评对象，每年进行一次政风测评；对其他行政执法单位应当至少每5年进行一次测评。

（责任单位：各级人事部门、各级监察机关、市和区县政府法制机构、市级行政主管部门）

（二十五）健全行政执法过错责任制。行政主管部门和行政执法单位对行政执法人员因故意或者过失不履行、不正确履行法定职责，产生危害后果或者不良影响的，应当严肃追究行政执法人员的行政责任；行政执法行为造成重大损失或者恶劣影响的，监察机关应当对行政执法单位负责人进行问责，问责情况应当及时向社会公布。（责任单位：各级监察机关、各级行政主管部门、各级行政执法单位）

各区县、各部门要结合实际，抓紧研究制定贯彻本意见的实施方案和具体措施；市政府法制办要加强对有关工作的指导、协调、检查、督促，确保本意见全面、有效实施。

41. 上海市行政执法人员执法行为规范

（沪府办发〔2010〕25号，2010年6月8日）

第一条 为规范本市行政执法人员的行政执法行为，提高行政执法人员依法行政的能力和水平，保护公民、法人和其他组织的合法权益，制定本规范。

第二条 行政执法人员从事行政检查、行政强制以及行政处罚等行政执法行为，应当遵守本规范。

第三条 从事行政执法活动的人员应当具备相应的法律知识和专业技能，并经考试合格，取得行政执法资格。没有取得行政执法资格的人员不得从事行政执法活动。

协助行政执法的人员只能按照规定从事行政执法的有关辅助工作。

第四条 行政执法人员从事行政执法活动，有统一制式或识别服装（以下简称“制服”）的，应当按照有关规定着制服；没有制服的，着装应当庄重得体。

行政执法人员不得将制服转借、出租或者买卖；不得因非行政执法活动需要着制服出入娱乐场所。

第五条 行政执法人员从事行政执法活动，应当仪表整洁、语言文明、举止得体、方式得当。

行政执法人员在行政执法中，不得使用粗俗、歧视、侮辱以及威胁性语言，不得刁难当事人或者做出有损行政执法人员形象的行为。

第六条 行政执法人员应当严格按照法律、法规、规章规定的职权范围实施行政执法行为，不得滥用职权，不得超越职权，不得不履行或者拖延履行法定职责。

第七条 行政执法人员从事行政执法活动，应当遵守法定程序，严格按照法定的方式、步骤、顺序、期限等实施。

行政执法人员从事行政执法活动时，应当向当事人出示行政执法证件；除适用简易程序外，必须两人以上共同进行。

行政执法人员与案件有利害关系、可能影响公正处理的，应当回避。

第八条 行政执法人员调查取证时，应当全面、客观、公正。不得以利诱、欺诈、胁迫、暴力等不正当手段收集证据，不得伪造、隐匿证据。

行政执法人员不得指派无行政执法资格的人员进行调查取证。

行政执法人员进行询问时，应当依法制作询问笔录；进行检查时应当依法制作检查笔录、勘验笔录等法律文书。

第九条 实施行政检查前，行政执法人员应当告知当事人行政检查的理由、内容、要求以及程序。

实施行政强制、行政处罚前，行政执法人员应当依法告知当事人行政执法的事实、理由、法律依据及其依法享有的陈述权、申辩权以及申请行政执法人员回避等权利。

行政机关作出责令停产停业、吊销许可

证或者执照、较大数额罚款等行政处罚决定前，行政执法人员应当告知当事人有要求举行听证的权利。

第十条 行政执法人员应当充分听取当事人的意见，完整记录当事人陈述和申辩的内容，并对当事人提出的事实、理由和证据，进行复核；不得因当事人申辩而加重处罚。

第十一条 行政执法人员应当按时到指定地点出席听证，遵守听证纪律，如实回答听证主持人的询问。在听证过程中应当如实陈述案件事实，并出示与事实相关的证据材料。听证主持人要求行政执法人员补充证据的，行政执法人员应当在规定时间内完成调查并提供补充调查的证据。

第十二条 行政执法人员实施行政处罚，纠正违法行为，应当坚持处罚与教育相结合的原则。

除法律、法规、规章另有规定外，行政执法人员对尚未造成严重危害后果，或者违法后果能够及时消除的违法行为，应当先进行告诫、引导、教育，并责令改正；对拒不改正的，再给予行政处罚。

第十三条 行政执法人员当场作出行政处罚决定的，应当填写规定格式的行政处罚决定书，并由行政执法人员签名或者盖章后当场交付当事人。

第十四条 行政执法人员对当事人从事违法行为的工具、违法经营兜售的物品（以下简称“物品”）依法实施暂扣的，应当向当事人出具暂扣物品告知书或者其他书面凭证，并经其签字确认。当事人无法签字确认的，行政执法人员应当在有关书面凭证上说明情况并由两名以上证人见证签名或者摄像取证。

行政执法人员暂扣物品后，应当告知当事人在规定期限内至指定地点接受处理，说明逾期不接受处理，其暂扣物品将予以处置的后果，并及时移交行政执法单位妥善保管，不得使用或者损毁。当事人接受处理后，行政执法人员应当及时将暂扣的物品予以退还。

行政执法人员发现暂扣物品涉及违禁物品的，应当及时报告行政执法单位。

第十五条 行政执法人员一般不得暂扣易腐烂、变质等不宜保管的物品。确需暂扣的，应当及时通知当事人接受处理。当事人逾期不接受处理的，行政执法人员应当及时报告行政执法单位，不得擅自处置暂扣物品。

销毁暂扣物品时，现场应当有两名以上行政执法人员在场，并制作销毁笔录，由行政执法人员在笔录上签字或者盖章，可以进行现场拍照、摄像，存档备查。

第十六条 行政执法人员强制拆除违法建筑时，应当通知当事人在限定期限内取走违法建筑内的财物，当事人未在限定期限内取走相关财物的，应当进行拍照或者摄像，并详细登记后妥善保管，同时及时通知当事人在限定期限内领取。当事人逾期未领取的，行政执法人员应当及时报告行政执法单位，不得擅自处置。

第十七条 行政执法人员代为保管暂扣物品或者违法建筑内的财物的，除法律、法规、规章另有规定外，不得向当事人收取任何费用。

第十八条 行政执法人员应当规范制作行政执法法律文书，使其内容合法、客观，格式规范。

行政执法人员送达有关法律文书，一般直接送交当事人，当事人拒绝接收的，可以采用留置送达；直接送达有困难的，可以采用委托送达、邮寄送达；当事人下落不明，或者用其他方式无法送达的，可以采用公告送达。

第十九条 行政执法人员当场收缴罚款的，必须向当事人出具市财政部门统一制发的罚款收据；当场收缴的罚款，应当依法及时交至行政执法单位。

除依法当场收缴的罚款外，行政执法人

员应当告知当事人到指定的代收银行缴纳罚款，不得自行收缴罚款。

第二十条 行政执法人员不得以任何形式截留、私分或者变相私分罚款、没收违法所得或者没收非法财物通过拍卖或者变卖等方式所得的款项。

第二十一条 行政执法案件结案后，行政执法人员应当按照要求制作行政执法案卷，并将相关材料收集归档，不得私自处理。

第二十二条 本规范自印发之日起实施。

42. 上海市地下空间安全使用监督检查管理规定

（沪府办发〔2010〕29号，2010年6月21日）

第一条（目的依据）

为了明确各级政府及其相关部门对地下空间安全使用的监督管理职责，进一步加强对本市地下空间安全使用情况的监督检查，保障人民群众生命和财产安全，根据《上海市地下空间安全使用管理办法》制定本规定。

第二条（用语含义）

本规定所指的地下空间，是指本市行政区域内对公众开放的作为生产、经营场所的民防工程、普通地下室和轨道交通地下车站。地下空间安全使用监督检查，是指市和区县民防办以及其他地下空间监督管理部门对地下空间使用情况单独实施或者联合实施检查并作出评价处理的行政行为。

第三条（职责分工）

市和区县民防办是本市地下空间安全使用监督检查的综合协调部门，牵头组织地下空间安全使用情况的联合检查，协调和督促其他相关监督管理部门履行安全监督检查职责。

市和区县的公安消防部门依法负责本市地下空间消防安全监督检查；市和区县的水务部门依法负责本市地下空间防汛安全监督检查；市和区县的建设交通部门依法负责本市地下轨道交通车站、地下（客）货运场站、停车场库的安全监督检查工作；市和区县的房屋管理部门依法负责本市居民建筑（居住区域）内的普通地下室安全监督检查。规划国土、卫生、环保、安全监管、工商、质量技监等其他部门在各自职责范围内，负责地下空间安全使用的监督检查。

街道办事处和乡镇人民政府应当按照民防部门的统一部署，协助、配合有关监督管理部门做好地下空间安全使用的监督检查工作。

第四条（市民防办监督检查职责）

市民防办承担以下监督检查职责：

（一）牵头组织市级监督管理部门（地下空间管理联席会议成员）实施对地下空间安全使用情况的联合检查；

（二）协调、督促市级监督管理部门（地下空间管理联席会议成员）、区县民防办对地下空间安全使用履行监督检查职责；

（三）重点实施对本市公用民防工程、大型地下空间安全使用情况的抽查；

（四）协调、督促、实施对地下空间安全使用违法行为的执法办案工作；

（五）建立完善本市地下空间安全使用监督检查管理系统。

第五条（区县民防办监督检查职责）

区县民防办承担以下监督检查职责：

（一）牵头组织区县监督管理部门、乡镇街道实施对地下空间安全使用情况的联合检查；

（二）协调、督促本区县相关监督管理部门（地下空间管理联席会议成员）、乡镇街道对地下空间安全使用履行监督检查职责；

（三）重点实施对本行政区域内非公用民防工程、大型普通地下室安全使用情况的定期检查；

（四）协调、督促、实施对本区县地下

空间安全使用违法行为的执法办案工作；

（五）建立完善地下空间安全使用监督检查管理系统。

第六条（其他管理部门监督检查职责）

市和区县公安、消防、水务、安全监管、房屋管理及其他监督管理部门承担以下监督检查职责：

（一）按照统一部署，参加地下空间安全使用联合检查；

（二）制定本部门地下空间安全使用监督检查计划并组织实施；

（三）依法办理本部门职责范围内的地下空间安全使用违法案件；

（四）将本部门对地下空间安全使用监督检查及处理情况及时报送本级地下空间联席会议办公室备案。

第七条（乡镇街道监督检查职责）

街道办事处和乡镇人民政府承担以下监督检查职责：

（一）明确检查部门和相关人员，建立完善地下空间安全使用检查工作机制；

（二）按照统一部署参加地下空间安全使用联合检查；

（三）重点对本辖区内非公用民防工程、普通地下室的安全使用情况开展检查；

（四）积极协助相关监督管理部门实施地下空间安全使用监督检查。

第八条（委托检查）

市民防监督管理处以及区县民防工程管理所（中心）应当根据市和区县民防办的委托，具体实施对地下空间安全使用情况的日常监督检查，积极参与地下空间安全使用情况的联合监督检查。

第九条（协助检查）

各区县政府根据地下空间安全使用管理需要，可以采取购买服务的方式，建立地下空间安全使用管理员队伍，加强对地下空间安全使用的巡查。地下空间安全使用管理员队伍的经费纳入区县财政预算，其组织、培训和管理，由各区县民防办负责。

各区县政府应当依托社区民防建设，充分利用民防志愿者队伍资源，推进地下空间安全使用的群防群治。

第十条（检查原则）

地下空间安全使用监督检查，实行“谁主管、谁负责，谁审批、谁负责，谁发证、谁负责”的原则，部门之间应当互通信息，相互协作。

第十一条（安全责任书）

地下空间安全管理相关行政管理部门应当与地下空间产权人、物业管理单位以及使用人层层签订安全责任书，明确安全责任。

第十二条（重要时点检查）

遇有重大节假日和重大活动，市和区县民防办应当按照市和区县地下空间管理联席会议的计划、部署，牵头组织相关监督部门以及乡镇街道实施地下空间安全使用联合监督检查。

市和区县民防办应当结合各联合监督检查参与部门的意见，提出联合执法检查方案，确定联合执法检查的时间、范围、方式、重点和内容。

第十三条（检查计划部署）

市和区县民防办在每年一季度编制本年度的联合检查计划，报市和区县地下空间管理联席会议审议。

区县的地下空间安全使用联合检查计划应当在区县地下空间管理联席会议审议通过后10日内，报市地下空间管理联席会议办公室备案。

市和区县的公安、消防、水务、安全监管、房屋管理等监督管理部门、乡镇街道应当在每年一季度编制本年度的地下空间安全使用监督检查计划，于本年度3月底前报送市或者区县地下空间管理联席会议办公室备案并组织实施。

第十四条（社会参与）

监督管理部门实施地下空间安全使用监

督检查，根据需要可以邀请人大代表、政协委员、市民代表和新闻媒体参加。

第十五条（分级管理）

市和区县民防办应当会同消防、水务、房屋管理、安全监管等相关监督管理部门以及乡镇街道，根据地下空间位置、用途、建造年限、设备设施等情况，将地下空间划分成不同的管理等级，确定重点检查管理对象，实行差别化管理。

第十六条（检查频率）

对被确定为重点检查对象的地下空间，区县民防办每月检查应当不少于2次；对其他地下空间，每季度检查应当不少于2次。

各相关监督管理部门应当根据本部门年度地下空间安全使用监督检查管理计划，定期开展监督检查。

第十七条（持证检查）

民防部门和其他监督管理部门对地下空间安全使用情况进行监督检查时，应当持有全市统一制发的《上海市行政执法证》。

市和区县民防办应当加强对民防系统地下空间安全检查人员的培训、考核，并会同法制部门将之纳入民防行政执法培训考核范围。

第十八条（检查内容）

市和区县的民防、公安消防、水务、安全监管等相关监督管理部门对以下地下空间安全使用情况进行检查：

（一）地下空间产权人、物业管理单位以及使用人履行相关安全使用义务情况；

（二）作为公共活动场所的地下空间安全设施设备的设置和维护情况；

（三）地下空间安全出口、疏散通道设置指示标志、配备应急照明情况，以及地下空间安全出口、疏散通道保持畅通情况；

（四）地下空间内是否有《上海市地下空间安全使用管理办法》第十四条规定的禁止行为情况；

（五）地下空间使用是否依法进行备案情况；

（六）每年汛期来临之前，防汛预案制定以及地下空间防水挡板、沙袋等物资器材设置情况。

第十九条（对违法行为的查处）

市和区县民防办及其他地下空间安全使用监督管理部门对查出的安全问题、事故隐患，应当依法责令整改、实施行政处罚。

市和区县民防办检查发现的地下空间使用违法行为，根据法律、法规和规章规定应当由其他监督管理部门进行处罚的，由市和区县民防办制作《上海市地下空间安全使用违法情况告知函》，连同其他有关材料移送其他监督管理部门进行查处。移送案件的接收部门在案件处理完毕后，应当制作《上海市地下空间安全使用违法情况处理函告单》，将案件处理情况函告市或区县民防办。

第二十条（信息互通）

地下空间安全使用监督管理部门在安全检查过程中，应当互通情况，发现非本部门职权范围的安全问题，应当以《上海市地下空间安全使用违法情况告知函》的方式及时告知相关监督管理部门，也可统一由民防部门分送有关部门处理，并记录备查。

第二十一条（检查总结）

联合执法检查结束后，各参与部门应当根据检查情况，提出本部门的检查结论性报告，提出综合评价意见、整改意见或建议，报送市或者区县民防办。市或者区县民防办对各部门的检查结论性报告进行汇总整理后，提出联合执法检查综合报告，报市或者区县地下空间管理联席会议，并通报相关监督管理部门和各区县政府。

每年的12月下旬，由各行政监督管理部门汇总本部门本年度地下空间安全使用监督检查情况，形成年度执法检查总结报告，报送市或者区县民防办进行汇总。

第二十二条（检查信息管理）

各监督管理部门的监督检查和整改处罚

信息按季度报送市或者区县民防办，由市或者区县民防办汇总纳入地下空间信息管理系统。

第二十三条（解释部门）

本规定由市民防办负责解释。

第二十四条（实施日期）

本规定自印发之日起施行。

43. 上海市公共汽车和电车客运管理条例

（2000年9月22日上海市第十一届人民代表大会常务委员会第二十二次会议通过，根据2003年10月10日上海市第十二届人民代表大会常务委员会第七次会议《关于修改〈上海市公共汽车和电车客运管理条例〉的决定》第一次修正，根据2006年6月22日上海市第十二届人民代表大会常务委员会第二十八次会议《关于修改〈上海市公共汽车和电车客运管理条例〉的决定》第二次修正，根据2010年7月30日上海市第十三届人民代表大会常务委员会第二十次会议《关于修改〈上海市公共汽车和电车客运管理条例〉的决定》第三次修正，并于2010年11月1日起施行）

第一章 总则

第一条 为了加强本市公共汽车和电车客运管理，维护营运秩序，提高服务质量，保障乘客和经营者的合法权益，促进公共汽车和电车客运的发展，根据本市实际情况，制定本条例。

第二条 本条例适用于本市行政区域内公共汽车和电车客运的经营及其相关的管理活动。

本条例所称公共汽车和电车，是指在本市行政区域内按照固定的线路、站点和规定的时间营运，用于运载乘客并按照核定的营运收费标准收费的汽车和电车。

第三条 上海市交通行政管理部门（以下简称市交通行政管理部门）是本市公共汽车和电车客运的行政主管部门，并负责本条例的组织实施。

市交通行政管理部门所属的上海市城市交通运输管理处（以下简称市运输管理处）负责具体实施本市公共汽车和电车客运的日常管理工作，并直接对黄浦、卢湾、徐汇、长宁、静安、普陀、闸北、虹口、杨浦等区的公共汽车和电车客运进行日常管理和监督；市交通行政管理部门所属的上海市城市交通行政执法总队（以下简称市交通执法总队）具体负责本市公共汽车和电车客运监督检查工作，并按照本条例的规定实施行政处罚。

浦东新区以及闵行、宝山、嘉定、金山、松江、奉贤、青浦、崇明等区、县交通行政管理部门（以下简称区、县交通行政管理部门）负责组织领导本行政区域内的公共汽车和电车客运管理工作。区、县交通行政管理部门所属的交通运输管理机构（以下简称区、县运输管理机构）负责具体实施本行政区域内公共汽车和电车客运日常管理和监督工作；区、县交通行政管理部门所属的交通行政执法机构（以下简称区、县交通执法机构）负责具体实施本行政区域内公共汽车和电车客运监督检查工作，并按照本条例的规定实施行政处罚。

区、县人民政府和有关行政管理部门按照各自职责，协同实施本条例。

第四条 本市实施公共交通优先发展战略。市和区、县人民政府应当按照城乡一体化的要求，对公共汽车和电车客运在资金投入、规划用地、设施建设、场站维护、道路通行等方面给予扶持，并形成合理的价格机制，为市民提供快捷、安全、方便、舒适的客运服务。

市和区、县人民政府对公共汽车和电车客运方面的资金投入应当纳入公共财政预算体系。

本市鼓励在公共汽车和电车客运的经营和管理领域应用先进的科学技术及管理方法，鼓励采用新能源、低排放车辆。

第五条 市交通行政管理部门应当根据城

市发展和方便市民出行的实际需要，经听取区、县人民政府有关部门意见后，组织编制公共汽车和电车客运专项规划，由市规划行政管理部门综合平衡，报市人民政府批准后，纳入城市总体规划。

公共汽车和电车客运专项规划应当包括公共汽车和电车在城市公共交通方式中的构成比例和规模、客运服务设施的用地范围、场站和线路布局、专用道和港湾式停靠站设置等内容。

公共汽车和电车客运专项规划应当与轨道交通等其他专项规划合理衔接，形成布局合理、经济高效的营运体系。

第六条 本市公共汽车和电车客运的经营活动，应当遵循服从规划、公平竞争、安全营运、规范服务、便利乘客的原则。

第七条 本市根据公共汽车和电车客运服务的公益性特点，建立职工工资增长主要与其产生的社会效益相联系的机制。

第二章 线路和线路经营权

第八条 市和区、县交通行政管理部门应当在听取各方面意见的基础上，会同有关部门根据本市公共汽车和电车客运专项规划，制定或者调整本市、本区县公共汽车和电车客运线网规划（以下简称线网规划）及场站规划。

本市公共汽车和电车客运线路（以下简称线路）的开辟、调整、终止，应当符合线网规划的要求。

第九条 市和区、县交通行政管理部门应当定期组织公共汽车和电车客流调查和线路普查，对公共汽车和电车客运线网进行优化调整，实现与轨道交通等其他交通方式的有效衔接，并提高出行不便地区的线网密度。

市和区、县交通行政管理部门应当会同公安、建设等行政管理部门，根据线网规划、客流调查和线路普查情况，制定开辟、调整、终止线路的计划，并通过公开征求意见、召开听证会等方式征询涉及范围内单位、居民的意见，作为线路开辟、调整、终止的依据之一。

区、县人民政府也可以根据本地区的实际需要，提出跨区、县开辟、调整、终止线路的意见，经市交通行政管理部门会同公安、建设等行政管理部门审核同意后，纳入线路开辟、调整、终止的计划。

市和区、县交通行政管理部门根据计划开辟、调整、终止线路的，应当在实施之日的十日前予以公布。

第十条 市和区、县交通行政管理部门应当为新建居住区等建设项目同步配套公共汽车和电车线路，或者与邻近公共交通站点接驳的线路。

市和区、县规划行政管理部门应当会同市和区、县交通行政管理部门，按照居住区公共服务设施设置的有关标准，将新建居住区等建设项目配套的公共汽车和电车站点设施用地纳入相关控制性详细规划。公共汽车和电车站点设施应当与新建居住区等建设项目同步设计、同步建设、同步竣工、同步交付使用。新建居住区分片开发的，应当根据实际情况，设置过渡公共汽车和电车站点设施。

第十一条 旅游线路应当纳入线网规划。旅游线路的开辟、调整、终止，由市旅游行政管理部门提出，经市交通行政管理部门平衡后确定。

旅游线路应当按照方便游客的原则，在旅游景点设立固定站点，并与旅游景点的开放和营业时间相适应。

第十二条 经营者从事线路营运，应当取得有关交通行政管理部门授予的线路经营权。区、县交通行政管理部门负责授予起讫站和线路走向均在本区、县内线路营运的线路经营权；市交通行政管理部门负责授予其他线路营运的线路经营权。

线路经营权每期不得超过八年。在线路

经营权期限内，经营者不得擅自处分取得的线路经营权。

第十三条 经营者取得线路经营权，应当具备下列条件：

（一）取得在本市从事公共汽车和电车客运业务的《企业法人营业执照》；

（二）符合线路营运要求的营运车辆或者相应的车辆购置资金；

（三）符合线路营运要求的停车场地和配套设施；

（四）具有合理、可行的线路营运方案；

（五）具有健全的客运服务、行车安全等方面的营运管理制度；

（六）具有相应的管理人员和经培训合格的驾驶员、乘务员、调度员，其中驾驶员应当有一年以上驾驶年限。

第十四条 对新开辟的线路，线路经营权期限届满需要重新确定经营者的线路，或者在线路经营权期限内需要重新确定经营者的线路，市和区、县交通行政管理部门应当通过招标方式授予经营者线路经营权。

线路经营权期限届满六个月前，经营者可以向市或者区、县交通行政管理部门提出取得新一期线路经营权的书面申请。市或者区、县交通行政管理部门根据经营者营运服务的状况，在线路经营权期限届满三个月前，决定是否授予其线路经营权。

经营者取得线路经营权的，由市或者区、县交通行政管理部门发给线路经营权证书。

第十五条 市财政部门应当会同市交通行政管理部门建立规范的公共汽车和电车企业成本费用审计与评价制度。市和区、县审计部门应当依法加强审计监督。审计与评价结果作为财政补贴的依据之一。

市和区、县人民政府对实行公共交通换乘优惠、对老年人等符合规定条件的乘客实施的乘车免费措施以及在农村等客流稀少地区开辟线路的公共汽车和电车经营者，应当及时给予补贴。

第十六条 市和区、县交通行政管理部门应当加强城市公共汽车和电车客运基础设施的建设；加强公共汽车和电车客运市场管理，查处无证经营行为；除特殊情况外，对已经确定经营者的线路不再开辟复线。

第十七条 市和区、县交通行政管理部门应当定期组织对经营者的营运服务状况进行评议，评议内容主要包括营运服务、安全行车、统计核算、遵章守纪、市民评价等。评议结果作为授予或者吊销线路经营权的依据之一。

市和区、县交通行政管理部门组织对经营者的营运服务状况进行评议时，应当邀请乘客代表参加，并听取社会各方面的意见。

市和区、县交通行政管理部门应当将国有公共汽车和电车企业营运服务状况的评议结果告知国有资产监督管理机构。国有资产监督管理机构依照有关法律、法规的规定，对国有公共汽车和电车企业进行监管。

第十八条 对取得线路经营权的经营者，由市运输管理处或者区、县运输管理机构按照其营运车辆的数量，发给车辆营运证。

驾驶员、乘务员、调度员应当经市运输管理处培训合格后方可上岗。

第三章 营运管理

第十九条 经营者在营运中应当执行取得线路经营权时确定的客运服务、行车安全等方面的营运管理制度。

经营者应当按照核准的线路、站点、班次、时刻、车辆数、车型、车辆载客限额组织营运，不得擅自变更或者停止营运。

车辆载客限额由市公安部门和市运输管理处共同核准。

第二十条 经营者应当根据本条例规定的营运要求和客流量编制线路行车作业计划，报市运输管理处或者区、县运输管理机构备案。经营者应当按照线路行车作业计划营运。

市运输管理处、区县运输管理机构应当

对经营者的线路行车作业计划的执行情况进行监督检查。

第二十一条 采用无人售票方式营运的线路，经营者应当在无人售票营运车辆上设置符合市交通行政管理部门规定的投币箱、电子读卡机和电子报站设备，并保持其完好；投币箱旁应当备有车票凭证。

起讫站设在火车站、客运码头、机场的线路，经营者不得采用无人售票方式营运。

第二十二条 采用装有空调设施的车辆营运的，经营者应当定期维护车辆空调设施，保持其良好的工作状态，并在车厢内显著位置设置温度计。

每年的六月一日至九月三十日期间和十二月一日至次年三月一日期间，以及在此期间外车厢内温度高于二十八摄氏度或者低于十二摄氏度时，经营者应当开启车辆空调设施。

除前款规定应当开启车辆空调设施的情形外，经营者应当开启车辆通风换气设施。

第二十三条 经营者在营运过程中，应当在规定的站点安排上下客。在本市城镇范围外，站点间距超过一定距离的，经市运输管理处或者区、县运输管理机构会同公安部门审核批准，经营者可以在核准的共用招呼站安排上下客。

第二十四条 经营者因解散、破产等原因在线路经营权期限内需要终止营运的，应当在终止营运之日的三个月前，书面告知市或者区、县交通行政管理部门。市或者区、县交通行政管理部门应当在经营者终止营运前确定新的经营者。

第二十五条 需要暂停或者终止线路营运、站点使用的，经营者应当向市或者区、县交通行政管理部门提出书面申请，经审核批准后实施。

需要变更站点或者营运线路的，经营者应当向市运输管理处或者区、县运输管理机构提出书面申请，经市运输管理处或者区、县运输管理机构会同公安、建设等行政管理部门审核批准后实施。

线网规划调整的，市运输管理处或者区、县运输管理机构可以要求经营者实施营运调整，经营者应当予以执行。

道路、地下管线等城市基础设施施工或者道路状况影响营运安全的，市运输管理处或者区、县运输管理机构根据公安、建设等行政管理部门提出的意见，可以要求经营者实施营运调整，经营者应当予以执行。

第二十六条 除不可抗力或者其他紧急情况外，经市运输管理处或者区、县运输管理机构批准实施营运调整的，经营者应当于实施之日的五日前，在线路各站点公开告示。

除不可抗力或者其他紧急情况外，市运输管理处或者区、县运输管理机构根据本条例第二十五条第三款、第四款规定实施营运调整的，应当于实施之日的十日前，在线路各站点公开告示营运调整和临时站点设置情况。

两条或者两条以上相关联的线路同时发生营运调整的，市运输管理处或者区、县运输管理机构还应当通过新闻媒体公开告示。

第二十七条 有下列情形之一的，经营者应当按照市运输管理处或者区、县运输管理机构的统一调度，及时组织车辆、人员进行疏运：

（一）主要客运集散点供车严重不足的；

（二）举行重大社会活动的；

（三）轨道交通发生突发事件需要应急疏散的；

（四）其他需要应急疏运的。

第二十八条 经营者应当按照市人民政府核定的营运收费标准收费。

经营者向乘客收取营运费用后，应当出具由市交通行政管理部门和市税务部门认可的等额车票凭证。

第二十九条 市和区、县交通行政管理部门应当建设公共汽车和电车客运服务信息系统，提供营运信息发布、出行查询、应急报警等信息服务，方便乘客出行。

经营者应当配备符合规定标准的车辆信息监控系统和图像监控设施，并按照规定发送营运数据。

第三十条 经营者应当制定并执行安全教育培训、现场管理、应急处置等各项安全制度，防止和减少事故发生。发生安全事故的，经营者应当立即启动应急预案，妥善处理事故，并及时向市或者区、县交通行政管理部门报告。

经营者可以采取商业保险、事故赔偿专用资金等方式，保障营运事故的善后处理。

经营者应当加强对营运车辆的检查、保养和维修工作，并予以记录，保证投入营运的车辆符合下列要求：

（一）车辆整洁、设施完好；

（二）车辆性能、尾气排放符合国家规定的技术规范；

（三）在规定的位置，标明营运收费标准、线路名称和经营者名称；

（四）在规定的位置放置车辆营运证副本；

（五）在规定的位置，张贴市交通行政管理部门按照本条例制定的《上海市公共汽车和电车乘坐规则》（以下简称《乘坐规则》）、线路走向示意图以及乘客投诉电话号码；

（六）按照规定设置应急窗、救生锤、灭火器等设施。

第三十一条 经营者应当加强对驾驶员、乘务员、调度员的管理，提高服务质量。

驾驶员、乘务员从事营运服务时，应当遵守下列规定：

（一）遵守交通法规，安全文明行车；

（二）按照核准的线路、站点、班次、时刻、车辆载客限额营运；

（三）按照核准的营运收费标准收费；

（四）在规定的站点或者核准的共用招呼站安排上下客；

（五）按照规定报清线路名称、车辆行驶方向和停靠站点名称，设置电子报站设备的，应当正确使用电子报站设备；

（六）保持车辆整洁，维护车厢内的乘车秩序；

（七）不得将车辆交给不具备本条例规定条件的人员营运；

（八）车辆不得在站点滞留，妨碍营运秩序；

（九）为老、幼、病、残、孕妇及怀抱婴儿的乘客提供必要的乘车帮助；

（十）不得在车厢内吸烟。

调度员从事营运调度时，应当遵守下列规定：

（一）按照行车作业计划调度车辆，遇特殊情况时合理调度；

（二）如实记录行车数据。

第三十二条 乘客享有获得安全、便捷客运服务的权利。

有下列情形之一的，乘客可以拒绝支付车费：

（一）营运车辆上未按规定标明营运收费标准的；

（二）驾驶员或者乘务员不出具或者不配备符合规定的车票凭证的；

（三）装有空调设施的车辆上未按规定开启空调或者换气设施的；

（四）装有电子读卡机的车辆上因电子读卡机未开启或者发生故障，无法使用电子乘车卡的。

车辆营运中发生故障不能正常行驶时，乘客有权要求驾驶员、乘务员组织免费乘坐同线路同方向的车辆，同线路同方向车辆的驾驶员、乘务员不得拒绝；驾驶员、乘务员在规定时间内无法安排乘坐同线路同方向车辆的，乘客有权要求按照原价退还车费。

第三十三条 乘客不得携带易燃、易爆、有毒、有放射性、有腐蚀性以及有可能危及人身和财产安全的其他危险物品，并应当遵守《乘坐规则》，文明乘车。经营者及其从业人员发现乘客违反规定的，应当对其进行劝阻和制止，经劝阻拒不改正的，可以拒绝为其提供营运服务；对坚持携带危险物品乘车的，应当立即报告公安机关。

危险物品的目录和样式由市公安部门和交通行政管理部门公告，经营者按照规定方式予以张贴。

乘客乘车应当按照规定支付车费。乘客未按规定支付车费的，经营者及其从业人员可以要求其补交车费，并可以对其按照营运收费标准的五倍加收车费。

第四章 设施建设和管理

第三十四条 本市城市总体规划中确定和预留的公共汽车和电车客运用地和空间，未经原审批单位批准，任何单位或者个人不得侵占或者改变其用途。

第三十五条 市和区、县人民政府应当支持、鼓励并参与新建、改建或者扩建大型的公共汽车和电车站点设施以及停车场地，对公共汽车和电车车辆更新给予补贴。政府投资建设的公共汽车和电车站点免费提供给公共汽车和电车经营者使用；政府投资建设的公共汽车和电车停车场、保养场低价租赁给公共汽车和电车经营者使用。

新建、改建、扩建公共汽车和电车站点设施以及停车场地，应当符合本市公共汽车和电车客运专项规划、线网规划和场站规划。规划管理部门在核发建设工程规划许可证前，应当征求市或者区、县交通行政管理部门的意见。

有下列情形之一的，建设单位应当按照规划要求配套建设公共汽车和电车起讫站点设施：

（一）新建或者扩建机场、火车站、客运码头、长途汽车站、轨道交通车站等客流集散的公共场所的；

（二）新建或者扩建大型公共设施的；

（三）新建或者扩建具有一定规模的居住区的。

公共汽车和电车站点设施以及停车场地投入使用前，建设单位应当通知市或者区、县交通行政管理部门参加验收；未按规定验收或者验收不合格的，不得投入使用。

未经市或者区、县交通行政管理部门审核批准，不得将场站设施关闭或者移作他用。

第三十六条 线路站点应当按照方便乘客、站距合理的原则设置。

线路站点的站距一般为五百米至一千米。

经营者应当在线路起讫站点设置车辆调度、候车设施，张贴《乘坐规则》、营运收费价目表以及乘客投诉电话号码。

新辟线路的起讫站点，应当分别设置上客站和下客站。

第三十七条 经营者应当按照市运输管理处规定的统一标准，在公共汽车和电车站点设置站牌（包括临时站牌，下同）。

公共汽车和电车站牌应当标明线路名称、首末班车时间、所在站点和沿途停靠站点的名称、开往方向、营运收费标准等内容，并保持清晰、完好；营运班次间隔在三十分钟以上的线路，还应当标明每一班次车辆途经所在站点的时间。

第三十八条 公共汽车和电车站点的日常管理单位，由市或者区、县交通行政管理部门和授权经营单位或者产权所有者协商采用招标或者委托的方式确定。

站点日常管理单位应当按照市交通行政管理部门的规定，定期维护保养站点设施，保持候车亭、站牌等设施整洁、完好。市和区、县交通行政管理部门应当加强对站点日常管理工作的监督检查。

进入站点营运的驾驶员、乘务员，应当遵守站点管理制度。

第三十九条 在营运车辆上设置广告，除应当符合有关广告的法律、法规规定外，广告设置的位置、面积、色彩应当符合公共汽车和电车营运管理的有关规定。

车厢内不得播放有声广告或者散发书面广告。

利用候车亭设置广告的，总体面积不得超过候车亭立面的百分之四十，其中公益广告所占的面积或者时间比例不得低于广告总量的百分之十。

第四十条 电车供电单位应当按照国家规定的技术标准和规范，定期对电车触线网、馈线网、变电站等电车供电设施进行维护，保证其安全和正常使用。电车供电设施发生故障时，电车供电单位应当立即组织抢修，尽快恢复其正常使用。

电车供电单位应当按照国家有关规定，设立供电设施保护标志。

禁止下列危害电车供电设施安全的行为：

（一）损坏、覆盖电车供电设施及其保护标志；

（二）在电车触线网、馈线网上悬挂、架设宣传标语、广告牌或者其他设施；

（三）危害电车供电安全的其他行为。

建设工程施工可能危及电车供电设施安全的，建设单位应当与电车供电单位协商，采取相应的安全保护措施后方可施工。

运输超高物件需要穿越电车触线网、馈线网的，运输单位应当采取相应的安全保护措施，并书面通知电车供电单位。

第四十一条 本市根据主要机动车道的道路情况、公共汽车和电车客运量以及公共汽车和电车流量等，开设高峰时段公共汽车和电车专用车道；符合条件的单向机动车道，应当允许公共汽车和电车双向通行；符合条件的主要道口，应当设置公共汽车和电车优先通行的标志、信号装置；本市主要机动车道，应当开设港湾式停靠站。

第五章 监督检查和投诉

第四十二条 市交通行政管理部门和市运输管理处、市交通执法总队、区县交通行政管理部门、区县运输管理机构、区县交通执法机构应当加强对公共汽车和电车营运活动的监督检查。

上述部门从事监督检查的人员应当持有行政执法证件。

第四十三条 市运输管理处、区县运输管理机构和经营者应当建立投诉受理制度，接受乘客对违反本条例规定行为的投诉。

第四十四条 经营者应当自受理乘客投诉之日起十个工作日内作出答复。乘客对经营者的答复有异议的，可以向市运输管理处或者区、县运输管理机构申诉。

市运输管理处或者区、县运输管理机构应当自受理乘客投诉或者申诉之日起二十个工作日内作出答复。

第四十五条 市运输管理处或者区、县运输管理机构可以向经营者核查投诉及投诉处理情况。市运输管理处或者区、县运输管理机构向经营者核查投诉及投诉处理情况的，应当向经营者发出核查通知书。经营者应当自收到核查通知书之日起十个工作日内，将有关情况或者处理意见书面回复市运输管理处或者区、县运输管理机构。

第六章 法律责任

第四十六条 违反本条例第十二条第一款规定，未取得线路经营权擅自从事公共汽车和电车营运的，由市交通执法总队或者区、县交通执法机构没收其非法所得，并处以五千元以上五万元以下的罚款。市交通执法总队或者区、县交通执法机构在作出行政处罚前可以将营运车辆扣押，责令行为人在规定的期限内到指定地点接受处理。

第四十七条 违反本条例第十二条第二款规定，有下列行为之一的，由市或者区、县交通行政管理部门没收其非法所得，并可处以五千元以上五万元以下的罚款或者吊销其线路经营权证书：

（一）将线路经营权发包给其他单位或者个人经营的；

（二）擅自转让线路经营权的。

经营者违反本条例第十九条第一款规定，未执行客运服务、行车安全等营运管理制度的，由市或者区、县交通行政管理部门责令其限期改正，逾期不改正的，市或者区、县交通行政管理部门可以吊销其线路经营权证书。

有第一款、第二款行为，造成公私财产重大损失、严重社会影响或者其他严重后果的，市或者区、县交通行政管理部门可以吊销其部分或者全部的线路经营权证书。

第四十八条 违反本条例第十八条第一款规定，营运车辆无营运证的，由市交通执法总队或者区、县交通执法机构责令经营者改正或者限期改正，并可处以警告或者一千元以上五千元以下的罚款。

驾驶员、乘务员、调度员有下列行为之一的，市交通执法总队或者区、县交通执法机构可处以警告或者五十元以上二百元以下的罚款：

（一）违反本条例第三十一条的第二款、第三款规定，不遵守从业人员服务规范的；

（二）违反本条例第三十二条第三款规定，未按规定组织乘客免费换乘或者退票的；

（三）违反本条例第三十八条第三款规定，不遵守站点管理制度的。

第四十九条 经营者有下列行为之一的，由市交通执法总队或者区、县交通执法机构责令改正或者限期改正，并可处以警告或者二百元以上二千元以下的罚款：

（一）违反本条例第十九条第二款规定，超过核准的车辆载客限额营运的；

（二）违反本条例第二十条第一款规定，未按备案的线路行车作业计划营运的；

（三）违反本条例第二十二条规定，装有空调设施的车辆未按照规定营运的；

（四）违反本条例第二十九条第二款规定，未按照规定标准配备监控设施的，或者未按照规定发送营运数据的；

（五）违反本条例第三十条第一款规定，发生安全事故未按照规定报告的；

（六）违反本条例第三十条第三款规定，营运车辆不符合要求的。

经营者有下列行为之一的，由市交通执法总队或者区、县交通执法机构责令改正或者限期改正，并可处以警告或者五百元以上五千元以下的罚款：

（一）违反本条例第二十条第一款规定，未将行车作业计划报备案的；

（二）违反本条例第二十三条规定，未在规定的站点或者核准的共用招呼站安排上下客的；

（三）违反本条例第二十八条规定，未按核准的营运收费标准收费，收费后不出具等额车票凭证的；

（四）违反本条例第三十一条规定，连续两个月内，经营者的驾驶员、乘务员、调度员违章率超过百分之二的。

经营者有下列行为之一的，由市交通执法总队或者区、县交通执法机构责令改正或者限期改正，并可处以一千元以上一万元以下的罚款：

（一）违反本条例第二十四条规定，擅自终止营运的；

（二）违反本条例第二十五条的第一款、第二款规定，擅自实施营运调整的；

（三）违反本条例第二十六条第一款规定，未公开告示营运调整情况的；

（四）违反本条例第二十七条规定，不服从统一调度的。

第五十条 有下列行为之一的，由市交通执法总队或者区、县交通执法机构责令行为人改正或者限期改正，并可处以二千元以上二万元以下的罚款：

（一）违反本条例第三十五条第五款规

定，经营者擅自将场站设施关闭或者移作他用的；

（二）违反本条例第三十六条第三款规定，经营者未按规定在线路起讫站点设置车辆调度、候车设施的；

（三）违反本条例第三十七条规定，经营者未按规定设置站牌的；

（四）违反本条例第三十八条第二款规定，站点日常管理单位未按照规定维护保养站点设施的；

（五）违反本条例第三十九条第一款规定，经营者在营运车辆上设置广告的位置、面积、色彩不符合公共汽车和电车营运管理要求的；

（六）违反本条例第三十九条第二款规定，在车厢内播放有声广告或者散发书面广告的；

（七）违反本条例第三十九条第三款规定，利用候车亭设置广告，广告总体面积超过候车亭立面的百分之四十的；

（八）违反本条例第四十条的第三款、第四款、第五款规定，危害电车供电设施安全的。行为人的违法行为造成财产损失的，还应当承担赔偿责任。

第五十一条 市和区、县交通行政管理部门、市运输管理处、市交通执法总队、区县运输管理机构、区县交通执法机构应当建立、健全对客运监督检查人员执法的监督制度。有关行政管理部门及其工作人员有下列行为之一的，由其所在单位或者上级主管部门给予行政处分；构成犯罪的，依法追究刑事责任：

（一）违法实施行政许可的；

（二）违法实施行政处罚的；

（三）违反本条例规定，未履行监督管理职责的；

（四）违反本条例规定，接到投诉、申诉后未依法处理、答复，造成严重后果的；

（五）其他玩忽职守、滥用职权、徇私舞弊的行为。

第五十二条 当事人对市和区、县交通行政管理部门或者市运输管理处、市交通执法总队、区县运输管理机构、区县交通执法机构的具体行政行为不服的，可以依照《中华人民共和国行政复议法》或者《中华人民共和国行政诉讼法》的规定，申请行政复议或者提起行政诉讼。

当事人对具体行政行为逾期不申请复议，不提起诉讼，又不履行的，作出具体行政行为的部门可以申请人民法院强制执行。

第七章 附则

第五十三条 本条例中有关用语的含义：

（一）复线，是指总长度百分之七十以上与原线路重复的新线路，或者经过原线路主要客源段且起讫站点与原线路相近的新线路。

（二）城镇，是指中心城、新城、中心镇、一般镇。

（三）驾驶员、乘务员、调度员违章率，是指违反本条例规定的驾驶员、乘务员、调度员人次占经培训合格的驾驶员、乘务员、调度员总数的百分比。

第五十四条 本条例施行前经营者已经从事线路营运的，应当向市交通行政管理部门办理取得线路经营权的手续。

第五十五条 本条例自 2001 年 1 月 1 日起施行。

44. 上海市 2010 年经济适用住房准入标准和供应标准

（沪府发〔2010〕29 号，2010 年 8 月 7 日）

根据《上海市经济适用住房管理试行办法》（沪府发〔2009〕29 号）的有关规定，制订上海市 2010 年经济适用住房准入标准和供应标准如下：

一、准入标准

同时符合下列标准的本市城镇居民家庭，可申请购买经济适用住房：

（一）申请家庭成员在本市实际居住，具有本市城镇常住户口连续满7年，且在提出申请所在地的区（县）城镇常住户口连续满5年。

（二）申请家庭人均住房建筑面积低于15平方米（含15平方米）。

（三）3人及以上申请家庭人均年可支配收入低于34800元（含34800元）、人均财产低于90000元（含90000元）；2人及以下申请家庭人均年可支配收入和人均财产标准，按前述标准上浮10%，即人均年可支配收入低于38280元（含38280元）、人均财产低于99000元（含99000元）。

（四）申请家庭成员在提出申请前5年内未发生过住房出售行为和赠与行为，但申请家庭成员之间住房赠与行为除外。

同时符合上述标准，具有完全民事行为能力、年满30周岁的单身人士（包括未婚、丧偶、或者离婚满三年的人士），可单独申请购买经济适用住房。

二、供应标准

申请购买经济适用住房，按下列标准供应：

（一）单身申请人士或者2人申请家庭，可购买一套一居室。

（二）3人申请家庭或者原有住房建筑面积低于规定限额（即人均15平方米建筑面积限额×申请家庭人员数－申请家庭原有住房建筑面积）在15平方米（含15平方米）以上的2人申请家庭，可购买一套二居室。

（三）4人及以上申请家庭，可购买一套三居室。

（四）申请家庭人员较多、申请家庭人员代际结构较复杂或者经区（县）住房保障机构同意、申请家庭将原有住房交政府指定机构收购的，区（县）政府可酌情放宽住房供应标准，相关标准应当报市住房保障房屋管理局备案。

申请家庭或者单身申请人士可根据自身情况和房源供应数量，选择申请购买较小的房型。

45. 关于调整本市廉租住房收入准入标准的通知

（沪府发〔2010〕30号，2010年8月9日）

各区、县人民政府，市政府各委、办、局：

为继续扩大本市廉租住房受益面，加快解决城市低收入家庭住房困难，市政府决定，调整本市廉租住房收入准入标准。

调整后，廉租家庭的收入准入标准为，申请家庭申请之月前连续6个月人均月可支配收入低于1100元（含1100元）。特殊家庭的收入准入标准仍按原规定执行。廉租家庭的财产准入标准和住房困难面积标准维持不变。

调整后的本市廉租住房收入准入标准自今年8月1日起执行。

特此通知。

46. 本市发展公共租赁住房的实施意见

（沪府发〔2010〕32号，2010年9月4日）

为进一步建立健全本市住房保障体系，积极发展公共租赁住房，根据国务院《关于解决城市低收入家庭住房困难的若干意见》（国发〔2007〕24号）、《关于坚决遏制部分城市房价过快上涨的通知》（国发〔2010〕10号）以及住房城乡建设部等七部门《关于加快发展公共租赁住房的指导意见》（建保〔2010〕87号）的精神，结合实际，现就本市发展公共租赁住房提出如下实施意见。

一、明确总体要求

（一）基本思路。公共租赁住房是政府提供政策支持，由专业机构采用市场机制运营，根据基本居住要求限定住房面积和条件，按略低于市场水平的租赁价格，向规定对象供应的保障性租赁住房。发展公共租赁住房，要符合深化住房制度改革和加快完善住房保障体系的总体要求，符合“以居住为主、以市民消费为主、以普通商品住房为主”的原则，有效缓解本市青年职工、引进人才和来沪务工人员及其他常住人口的阶段性居住困难，进一步扩大住房保障政策覆盖面，促进住房租赁市场的规范和健康发展。

（二）基本原则。一是科学规划，合理布局。发展公共租赁住房应符合城市经济社会发展规划、土地利用总体规划和城镇规划，采取大分散、小集中的方式布局，集中设置的项目尽可能在交通较便捷、公共设施较齐全的区域安排。二是规范管理，只租不售。公共租赁住房着重解决阶段性居住困难，满足基本居住需要，应规范供应程序和租赁管理，对规定对象实行有期限租赁并只租不售。三是政府支持，机构运作。政府采取政策优惠、专项投入等方式，支持一批公共租赁住房专业运营机构，通过各种渠道筹集并经营公共租赁住房。四是市、区（县）联手，以区（县）为主。市政府主要负责全市公共租赁住房的政策制定、规划统筹和资源调配；区（县）政府作为公共租赁住房工作的责任主体，应因地制宜、规范管理，组织开展本区（县）公共租赁住房的实施。

（三）落实管理部门。市住房保障领导小组负责对本市公共租赁住房的政策、发展规划和阶段性任务等重大事项进行决策协调。市住房保障房屋管理局是本市公共租赁住房工作的行政主管部门。区（县）政府按照属地化管理原则，负责本辖区公共租赁住房建设、筹集和供应的实施管理。区（县）住房保障房屋管理部门是本区（县）公共租赁住房工作的管理部门。市和区（县）发展改革、城乡建设、规划土地、财政、税务、工商、国资、民政、金融、人力资源社会保障、农业、经济信息化、公安、监察等部门按照职责分工，负责公共租赁住房的相关管理与监督工作。

（四）积极组建公共租赁住房运营机构。由市、区（县）政府组织和扶持一批从事公共租赁住房投资和经营管理的专业运营机构（以下简称“运营机构”），负责公共租赁住房投资、建设筹措、供应和租赁管理，并引导各类投资主体积极参与。运营机构应按公司法有关规定组建，具有法人资格，采取市场机制进行运作，以保本微利为营运目标，着重体现公共服务的功能。

（五）认真编制公共租赁住房发展规划和实施计划。区（县）政府应根据本区域经济发展水平、市场租赁住房供应情况和规定对象的需求等因素，统筹安排，合理布局，确定公共租赁住房供应规模，编制公共租赁住房的发展规划和年度实施计划，报市住房保障领导小组备案。公共租赁住房建设用地应符合土地利用总体规划和城镇规划，纳入年度土地供应计划，规划和土地部门应予重点保障，并将所建公共租赁住房相关要求作为土地供应的前置条件。

二、多渠道筹集房源

（一）拓展房源筹集渠道。由市、区（县）政府统一安排和协调房源筹集工作，运营机构可利用多种渠道筹集公共租赁住房，主要为：结合旧城区改造、产业结构调整、市政基础设施建设、大型居住社区建设等项目，合理选址、集中新建或配建；从新建、配建的经济适用住房和其它保障性住房中，经规定程序批准转化；按有关规定，综合利用农村集体建设用地，适当集中新建；对因产业结构和城市结构调整而闲置的厂房、仓库、办公等非居住用房进行改建或改造；收购或代理经租闲置的存量住房。特别要积极探索房地产开发企业或社会机构定向投资建设和提供房源。

（二）明确房源要求和标准。公共租赁住房主要为成套小户型住宅或集体宿舍。新建公共租赁住房，应符合安全卫生标准和节能环保要求，确保工程质量和安全。成套建设的公共租赁住房要综合考虑住宅使用功能与空间组合、居住人口等要素，合理确定套型比例和结构，套均建筑面积一般控制在40–50平方米。以集体宿舍形式建设的公共租赁住房，应符合宿舍建筑设计规范的有关规定。公共租赁住房出租的房屋条件和人均承租面积标准，应符合《上海市居住房屋租赁管理实施办法》的规定。公共租赁住房在使用前可进行简易装修，配置必要的家具和家用电器等设备。

（三）严格权属管理。公共租赁住房建设实行"谁投资、谁所有"，投资者权益可按有关规定依法转让。要加强公共租赁住房权籍管理，做好权属登记工作。

三、规范供应管理机制

（一）制定符合实际的准入条件。申请公共租赁住房的对象（包括单身和家庭）应同时具备四项条件：一是具有本市常住户口，或持有《上海市居住证》和连续缴纳社会保险金达到规定年限；二是已与本市就业单位签订一定年限的劳动或工作合同；三是在本市无自有住房或人均住房建筑面积低于15平方米，因结婚分室居住有困难的，人均面积可适当放宽；四是申请时未享受本市其他住房保障政策。各区（县）政府根据上述基本条件，可结合本区（县）经济社会发展等情况，制定具体的准入标准，并可适时调整；准入标准应向社会公布，公布前，应报市住房保障领导小组备案。

（二）严格申请和审核程序。申请对象主要向工作单位所在地的运营机构提出申请，也可以向本市户籍所在地的运营机构提出申请。申请对象应如实填报申请表，按要求提交户籍证明或居住证、身份证、劳动或工作合同、住房状况等资料，承诺对提交资料的真实有效性负责，经申请对象所在单位确认后，交运营机构审核。对审核通过的申请对象，运营机构应出具登记证明，报区（县）住房保障机构备案。区（县）住房保障机构应对申请审核情况进行检查，发现有不符合规定的，向运营机构提出整改意见，运营机构应及时落实整改。

（三）提高房源使用效率。各区（县）应根据申请对象的人口结构、住房需求、承受能力等情况，制定公共租赁住房的租赁供应标准；可根据房源供应等情况，实行轮候供应制度。

（四）加快建立租赁信息管理平台。市、区（县）应建立全市联网的公共租赁住房服务信息平台，并与房地产租赁合同登记信息系统、实有人口管理信息系统相衔接，形成完整的全市住房租赁服务信息网络系统，发布房源信息、提供租赁服务、实行监督管理。公共租赁住房信息、居住人口信息的管理和使用按《上海市实有人口业务数据信息共享管理办法》（沪府办〔2010〕12号）规定执行。

四、健全租赁管理机制

（一）合理确定租赁价格。按略低于市场租金水平，确定公共租赁住房的租赁价格，具体由各运营机构按规定制订，报送住房所在地的区（县）物价部门和住房保障部门备案后实施。在租赁合同期限内，运营机构不可单方面调整租赁价格。

（二）保证租金支付。承租人应根据合同约定，按时支付租金，符合条件的可按规定申请提取公积金账户内的存储余额，用于支付租金。用人单位可根据本单位的有关规定，向承租公共租赁住房的职工发放相应的租金补贴，租金补贴可直接支付给出租单位。用人单位集体安排承租的，应配合运营机构建立租金支付或租金汇集交付制度。

（三）规范租赁行为。公共租赁住房的租赁服务和管理可由运营机构自行实施，也可委托专业机构实施。出租单位应与承租人签订租赁合同，使用统一的住房租赁合同示范文本，并办理租赁合同登记手续。租赁合同期限一般不低于2年，合同到期后承租人仍需租赁的，运营机构应重新进行资格审核，符合条件的可续租，租赁总年限一般不超过6年。单位集体租赁的，出租单位应与用人单位签订租赁合同。

（四）强化退出管理。租赁双方应严格按合同约定承担责任和义务。对承租人发生将所承租的公共租赁住房出借、转租或闲置的，擅自改变承租住房居住用途的，享受其他住房保障政策的，违反物业管理公约拒不整改的，以及其它违反租赁合同约定情况的，出租单位可与其解除租赁合同。对承租人拖欠租金和其他费用的，可通报其所在单位，从其工资收入中直接划扣。对承租人按合同约定应腾退住房而不腾退的，出租单位可要求用人单位协同督促腾退；拒不腾退的，严格按合同约定履行，必要时可通过司法途径解决，并可采取在适当范围公告通报、纳入本市个人信用联合征信系统、5年内不得享受本市住房保障政策等措施。

五、加大政策支持力度

（一）保证政府投入。公共租赁住房建设涉及的行政事业性收费和政府性基金，按经济适用住房的相关政策执行；建设用地可采用出让、租赁或作价入股等方式有偿使用。市和区（县）政府可投资入股运营机构，通过合理让渡或不参与分配租赁收益等方式，支持和保证运营机构持续发展公共租赁住房：在国有土地上单独选址、集中建设的公共租赁住房，可将土地出让金作为政府的投入部分作价入股；市和区（县）政府提供其他土地、房产的，其中低于市场价部分可折价入股。市和区（县）政府对公共租赁住房建设和运营给予资金支持。

（二）完善配套政策。市、区（县）政府完善相关配套政策，支持和推动公共租赁住房健康、有序发展。运营机构在公共租赁住房建设、筹集和运营中所涉及的税收，按相关优惠政策执行。新建的公共租赁住房，特别是集体宿舍，可根据实际情况，适度增加建筑容积率和建筑覆盖率；有条件的公共租赁住房项目，可增加建设一部分商业等经营性设施。公共租赁住房项目的水、电、燃气等设施的建设和收费标准，按居住类房屋标准执行，实际使用量按居民生活用水、用电、用气标准计价。结合实有人口管理要求，相关部门应对公共租赁住房承租人的户籍管理、就学和就医等问题制定相关的配套政策。

（三）创新投融资机制。市有关部门及金融管理部门应按有关规定，结合本市实际，积极支持金融机构、公共租赁住房运营机构和有关单位，探索创新公共租赁住房的投融资机制。鼓励金融机构发放公共租赁住房中长期贷款；支持符合条件的企业通过发行中长期债券等方式筹集资金；探索运用保险资金、信托资金和房地产信托投资基金，拓展公共租赁住房融资渠道。政府投资建设的公共租赁住房，纳入住房公积金贷款支持保障性住房建设试点范围。同时，积极研究其他融资渠道及投融资机制。

六、加强管理和监督

（一）市和区（县）住房保障房屋管理、发展改革、城乡建设、规划土地、财政、税务、工商、国资、民政、金融、人力资源社会保障、农业、经济信息化、公安、监察等部门要根据各自职责，加强对公共租赁住房建设筹集、申请审核、供应分配和租后管理工作的监督，依法查处违法违规行为。公共租赁住房建设筹集、申请审核、供应分配和租后管理工作接受社会监督，有关部门要及时受理监督举报，并向社会公开处理结果。

（二）市、区（县）住房保障房屋管理部门要加强对公共租赁住房运营的监督管理。对公共租赁住房建设、经营和管理过程中存在滥用职权、玩忽职守、徇私舞弊等违法违规行为的，各相关职能部门要依法依纪严肃追究相关单位和人员的责任。

（三）继续鼓励有条件的单位（含经济、科技、产业等园区）利用自用土地发展单位租赁房，按市政府办公厅《关于单位租赁房建设和使用管理的试行意见》（沪府办发〔2009〕30号）等规定，规范运行方式，完善管理机制。

本意见自发布之日起实施。市相关部门可根据各自职责，制定相关配套实施办法；区（县）政府可结合本区域实际情况，制定相关实施细则。

47. 上海市建筑节能条例

（2010年9月17日上海市第十三届人民代表大会常务委员会第二十一次会议通过）

第一章 总则

第一条 为了加强本市建筑节能管理，降低建筑能耗，提高建筑能源利用效率，根据《中华人民共和国节约能源法》、《中华人民共和国建筑法》、《民用建筑节能条例》和其他有关法律、行政法规，结合本市实际，制定本条例。

第二条 本市行政区域内的建筑节能及相关监督管理活动，适用本条例。

第三条 本条例所称的建筑节能，是指在民用建筑的建设、改造、使用过程中，以及在工业建筑和城市基础设施的施工过程中，按照有关法律、法规、技术标准的要求，采取有效措施，降低能源消耗，提高能源利用效率的活动。

第四条 市建设行政管理部门负责本市建筑节能的监督管理工作；市建筑市场管理办公室（以下简称市建管办）负责本市建筑节能的具体管理工作，并依照本条例的授权实施行政处罚。

区、县建设行政管理部门依照职责分工，负责本辖区内建筑节能的监督管理工作。

市和区、县发展改革、机关事务管理、规划、财政、统计、质量技监、房屋管理、商务、旅游、教育、卫生等行政管理部门依照各自职责，协同实施本条例。

第五条 本市各级人民政府应当加强对建筑节能工作的领导，积极培育建筑节能服务市场，健全建筑节能服务体系，推动建筑节能技术的开发应用，促进建筑节能国际交流与合作，做好政府投资建设项目的建筑节能示范工作，并组织有关部门开展建筑节能知识的宣传教育。

本市将建筑节能工作列入市建设行政管理部门以及各区、县人民政府的节能考核评价内容，对建筑节能目标完成情况和建筑节能措施落实情况进行考核评价。

第二章 一般规定

第六条 市建设行政管理部门应当根据市节能中长期专项规划，结合城市建设和经济发展的实际需要，组织编制本市建筑节能规划，报市人民政府批准后实施。

第七条 编制城市详细规划，应当按照民用建筑节能的要求，结合周边建筑的特点，确定建筑的布局、形状和朝向。

市和区、县规划行政管理部门审查民用建筑建设项目设计方案时，应当就设计方案是否符合民用建筑节能强制性标准征求同级建设行政管理部门的意见。对不符合民用建筑节能强制性标准的，不予颁发建设工程规划许可证。

民用建筑投资项目需要审批、核准的，市和区、县发展改革部门应当审查建筑节能专项内容；建筑节能专项内容不符合民用建筑节能强制性标准的，不予审查通过。

第八条 市建设行政管理部门可以根据本

市气候条件和经济发展水平，按照技术先进、经济合理的原则，在建筑围护结构、建筑用能系统、可再生能源建筑应用技术、既有民用建筑节能改造等领域，组织制定优于国家标准或者行业标准的地方建筑节能标准，并向社会公布。

对尚未制定国家标准或者行业标准的施工能耗管理等领域，市建设行政管理部门应当组织制定地方建筑节能标准。

第九条 建设项目的建设、设计、审查、施工、检测、监理等单位应当执行国家和地方建筑节能强制性标准。

地方建筑节能强制性标准优于国家标准或者行业标准的，应当执行地方建筑节能强制性标准。

第十条 本市鼓励发展用于建筑节能的新型建设工程材料，鼓励推广施工节能的新技术、新工艺。

市建设行政管理部门应当将节能建设工程材料纳入本市建设工程材料的推广、限制、禁止使用目录进行管理。

本市建设工程应当优先选用列入推广使用目录的节能建设工程材料。

本市建设工程不得采用列入禁止使用目录的高能耗建设工程材料。

第十一条 本市鼓励开展太阳能、地热能、风能、生物质能等可再生能源在建筑中的应用研究、示范和推广。

新建有热水系统设计要求的公共建筑或者六层以下住宅，建设单位应当统一设计并安装符合相关标准的太阳能热水系统。鼓励七层以上住宅设计并安装太阳能热水系统。

新建国家机关办公建筑和大型公共建筑的，建设单位应当结合实际情况，统一设计并安装与建筑能耗水平相适应的可再生能源利用系统。

第十二条 新建以及实施节能改造的国家机关办公建筑和大型公共建筑竣工验收后一年内，建设单位应当委托建筑能效测评机构进行能效测评，并根据能效测评结果在建筑的明显位置张贴能效测评标识。

发生下列情形的，前款规定的建筑所有权人应当重新进行建筑能效测评，并张贴能效测评标识：

（一）建筑围护结构实施改造的；

（二）建筑主要用能设备更新置换的；

（三）建筑能效测评标识有效期届满的。

鼓励其他建筑进行建筑能效测评并张贴能效测评标识。

第三章 新建建筑节能

第十三条建设单位应当遵守民用建筑节能法律、法规和强制性标准，不得明示或者暗示设计单位、施工单位违反民用建筑节能强制性标准进行设计、施工，不得擅自变更施工图设计文件中的建筑节能设计内容。

监理单位发现施工单位不按照民用建筑节能强制性标准施工的，应当要求施工单位改正；施工单位拒不改正的，监理单位应当及时报告建设单位，并向有关行政管理部门报告。

第十四条设计单位应当按照民用建筑节能法律、法规和强制性标准进行设计。设计文件应当包括符合规定要求的建筑节能设计内容。

第十五条施工图设计文件审查机构应当按照民用建筑节能强制性标准，对建设项目施工图设计文件中的建筑节能设计内容进行审查。审查合格的，及时出具审查报告。

施工图设计文件审查报告中的建筑节能设计内容应当由审查人员签字，并经施工图设计文件审查机构盖章确认。施工图设计文件审查机构不得出具虚假的审查报告。

经审查通过的建筑节能设计内容不得擅自变更；确需变更的，应当按照原审查程序重新审查。

第十六条 建设单位应当委托符合资质条件的工程质量检测机构对进入施工现场的节

能建设工程材料进行见证取样检测，并对建设工程进行现场实体检测。

工程质量检测机构应当按照建筑节能标准进行检测，并将检测数据实时录入本市建设工程检测监管信息系统。检测完成后，通过信息系统出具检测报告。工程质量检测机构不得出具虚假的检测报告。

第十七条 市建管办和区、县建设行政管理部门应当通过查看检测资料、现场抽查、组织比对试验等方式，对节能建设工程材料的质量检测行为进行监督检查。

市建管办应当对本市建设工程检测监管信息系统中的相关数据进行分析，定期公布节能建设工程材料的质量检测状况。

第十八条 施工单位不得使用不合格的节能建设工程材料。

市建管办和区、县建设行政管理部门可以对进入施工现场的节能建设工程材料进行现场抽检。抽检时，施工单位应当如实提供相关资料，配合现场取样。

第十九条建设单位组织建设项目竣工验收的，应当包括建筑节能专项内容。竣工验收合格报告中，应当有建筑节能验收的相关内容。

第二十条建设单位应当在建设项目施工和销售现场，根据审查通过的施工图设计文件，将该项目的节能性能、节能措施、保护要求予以公示。

新建民用建筑销售时，建设单位应当在销售合同中载明建筑能源消耗指标、节能措施和保护要求、保温工程保修期等相关内容。新建民用建筑交付使用时，建设单位应当在建筑使用说明书中载明以下内容：

（一）建筑围护结构体系及相应的保护、维护要求；

（二）建筑用能系统状况及使用要求；

（三）可再生能源利用系统状况以及相应的保护、使用要求。

市和区、县房屋行政管理部门在建设单位申请房屋销售和交付使用时，应当对销售合同和建筑使用说明书是否载明建筑节能内容进行审核。

第二十一条 市建设行政管理部门应当根据本市建筑节能规划和降低施工能耗的总体目标，组织制定民用建筑、工业建筑、城市基础设施等建设项目的施工能耗标准，作为考核施工单位降低施工能耗的依据。

施工能耗标准应当根据实际情况及时修订。

第二十二条 施工单位应当建立本单位降低施工能耗的规章制度，明确节能目标和计划，并分解到所负责的各建设工程项目中予以落实。

施工单位编制建设工程项目施工组织设计文件时，应当明确降低施工能耗的相关技术措施，确保建设工程项目的施工能耗符合施工能耗标准的要求。

施工单位应当建立建设工程项目的施工能耗数据台帐，并做好本单位降低施工能耗的数据分析报告。

第二十三条 市建管办和区、县建设行政管理部门应当对施工单位降低施工能耗的落实情况进行监督检查，并对存在的问题提出整改意见。

第二十四条 施工单位应当按照要求向市建管办或者区、县建设行政管理部门报送施工能耗报告，由市建设行政管理部门汇总后送市统计部门。

市统计部门应当定期向社会公布施工能耗信息。

第二十五条 改建、扩建建筑涉及建筑围护结构或者建筑用能系统的，应当执行建筑节能法律、法规中新建建筑的规定和民用建筑节能强制性标准。

第四章 既有民用建筑节能改造

第二十六条 本市根据经济社会发展水平和地理气候条件等实际情况，有计划、分步骤地实施既有民用建筑分类节能改造；鼓励既有民用建筑在节能改造时，设计、安装太阳能等可再生能源利用系统。

第二十七条 市房屋管理、机关事务管理、商务、旅游、教育、卫生等行政管理部门应当按照各自职责，依法对既有民用建筑的有关情况进行调查分析，并将调查分析报告送市建设行政管理部门。

市建设行政管理部门应当会同相关部门根据建筑节能规划和既有民用建筑调查分析报告，制定既有民用建筑节能改造计划，报市人民政府批准。既有民用建筑节能改造计划由相关部门按照各自职责组织实施。

既有国家机关办公建筑的节能改造计划，由市机关事务管理部门会同市建设行政管理部门制定。

第二十八条 国家机关办公建筑、政府投资和以政府投资为主的公共建筑未达到民用建筑节能强制性标准的，应当进行节能改造。

鼓励国家机关办公建筑节能改造优先采用合同能源管理。

第二十九条 住宅小区综合改造、房屋修缮或者公共建筑装饰装修享受政府补贴的，应当同步开展建筑节能改造。建设单位应当按照既有民用建筑节能改造强制性标准，明确节能改造措施和费用。

前款规定的建筑节能改造措施应当听取利害关系人的意见。

第三十条 实施既有民用建筑节能改造的，应当制定节能改造方案，优先选用建筑外遮阳、门窗改造、幕墙抗热辐射等经济合理的节能技术措施。

第五章 民用建筑节能设施维护和能耗监管

第三十一条 对采用建筑节能措施的民用建筑进行装饰装修的，建设单位应当采取必要的保护措施，防止损坏建筑围护结构保温系统、建筑用能系统、可再生能源利用系统等设施。

第三十二条 民用建筑产权人应当对统一设计、安装的建筑节能设施进行日常维护，确保设施完好。发现建筑节能设施被损坏达不到节能标准的，民用建筑产权人应当及时予以修复或者更换。

对共用建筑节能设施，应当纳入物业服务企业管理和维护的范围，并在物业服务合同中约定。

第三十三条 新建国家机关办公建筑和大型公共建筑，或者既有国家机关办公建筑和大型公共建筑进行节能改造的，建设单位应当同步安装与本市建筑能耗监管信息系统联网的用能分项计量装置。

前款规定的建筑产权人或者使用人应当确保建筑用能分项计量装置完好，并按要求传送相关能耗数据。

第三十四条 国家机关办公建筑和大型公共建筑的产权人或者受委托的物业服务企业应当定期向市建设行政管理部门报送上一年度的能源利用状况报告。能源利用状况报告应当包括上一年度能源消耗总量及分类明细、节能管理的相关制度、采取的能源节约措施及效果。

第三十五条 市和区、县建设行政管理部门可以通过能源审计等方式对民用建筑运行能耗情况进行检查，建筑产权人或者受委托的物业服务企业应当予以配合。检查结果应当按照相关规定向社会公布。

国家机关办公建筑运行能耗检查由市机关事务管理部门负责。市机关事务管理部门应当将检查情况抄送市建设行政管理部门。

经检查认定为能源利用效率低的建筑的产权人或者受委托的物业服务企业应当及时健全节能管理制度，落实节能措施，提高能源利用效率。

第六章 激励措施

第三十六条 市和区、县人民政府应当在

节能专项资金中安排建筑节能资金，用于下列活动：

（一）奖励优于现行建筑节能标准的民用建筑示范项目；

（二）住宅节能改造等既有民用建筑节能改造项目；

（三）可再生能源建筑应用的推广；

（四）推进建筑节能的其他活动。

建筑节能资金的使用、管理办法，由市建设行政管理部门会同市发展改革、财政部门另行制定。

第三十七条 国家机关办公建筑节能改造费用应当列入本级人民政府的财政预算，并按照财政预算严格执行。

居住建筑和公益性公共建筑的节能改造，由政府给予适当补贴。

第三十八条 民用建筑节能项目依法享受税收优惠。

鼓励金融机构按照国家规定，对民用建筑节能项目提供信贷支持。

第三十九条 市和区、县人民政府应当制定优惠政策，引导社会资金参与可再生能源建筑应用、既有民用建筑节能改造及民用建筑示范项目等。

第四十条 建设工程中需要采用没有相应标准的建筑节能新技术、新工艺、新材料的，由市建设行政管理部门组织有关专家、专业机构等进行技术论证；经论证符合节能要求及质量安全标准的，可以在该建设工程中使用。

建筑节能新技术、新工艺、新材料技术条件成熟的，可以按法定程序纳入地方建筑节能标准。

第四十一条 市建设行政管理部门应当做好合同能源管理的宣传和推广工作，并在本市建筑能耗监管信息系统上为从事合同能源管理的企业发布信息，提供服务。

鼓励社会资金以合同能源管理方式投资既有民用建筑节能改造。

采用合同能源管理方式实施既有民用建筑节能改造的，建筑节能服务机构可以根据国家和本市有关规定，享受资金支持、税收优惠和融资服务等。

第四十二条 鼓励建设单位根据节能、节水、节材、节地、环保和节能运行管理的要求，建造优于现行建筑节能标准的绿色建筑，申报国家绿色建筑评价标识。

第七章 法律责任

第四十三条 违反本条例的行为，法律、法规有处罚规定的，从其规定。

第四十四条 违反本条例规定，建设单位有下列情形之一的，由市建管办或者区、县建设行政管理部门按照下列规定进行处罚：

（一）违反第十一条第二款、第三款规定，未安装规定的太阳能热水系统或者可再生能源利用系统的，责令限期改正，可处五万元以上五十万元以下的罚款；

（二）违反第十三条第一款规定，明示或者暗示设计单位、施工单位违反民用建筑节能强制性标准进行设计、施工的，或者擅自变更施工图设计文件中的建筑节能设计内容的，责令限期改正，处二十万元以上五十万元以下的罚款；

（三）违反第二十条第一款规定，未在建设项目施工或者销售现场公示建筑节能信息的，责令限期改正；逾期不改正的，处一万元以上三万元以下的罚款。

第四十五条 违反本条例第十四条规定，设计单位未按照民用建筑节能法律、法规或者强制性标准进行设计的，由市建管办责令限期改正，处十万元以上三十万元以下的罚款；情节严重的，由市建设行政管理部门根据有关规定，责令停业整顿，降低资质等级或者吊销资质证书；造成损失的，依法承担赔偿责任。

第四十六条违反本条例第十五条第二款规定，施工图设计文件审查机构出具虚假审查报告的，由市建管办责令限期改正，可处三万元罚款；有违法所得的，没收违法所得；情节严重的，由市建设行政管理部门根据有关规定，撤销对审查机构的认定。

第四十七条 违反本条例第十六条第二款规定，工程质量检测机构有下列情形之一的，由市建管办责令限期改正；逾期不改正的，处一万元以上三万元以下的罚款：

（一）未按照建筑节能标准进行检测的；

（二）未将检测数据实时录入建设工程检测监管信息系统的；

（三）未通过建设工程检测监管信息系统出具检测报告的；

（四）出具虚假检测报告的。

第四十八条 违反本条例规定，施工单位有下列情形之一的，由市建管办或者区、县建设行政管理部门按照下列规定进行处罚：

（一）违反第十八条第一款规定，使用不合格的节能建设工程材料的，责令限期改正，可处二万元以上二十万元以下的罚款；对主管人员和直接责任人员处五千元以上五万元以下的罚款；

（二）违反第二十二条第二款规定，未采取措施以致施工能耗不符合施工能耗标准的，可处一万元以上十万元以下的罚款；

（三）违反第二十二条第三款规定，未按规定建立施工能耗数据台帐或者做好数据分析报告的，责令限期改正，可处一万元以上三万元以下的罚款。

第四十九条 市建设行政管理部门、市建管办、区县建设行政管理部门以及相关行政管理部门的工作人员违反本条例规定，有下列情形之一的，由其所在单位或者上级主管部门依法给予行政处分；构成犯罪的，依法追究刑事责任：

（一）违法实施行政许可或者行政处罚的；

（二）未按照本条例规定履行监督检查职责的；

（三）发现违法行为不及时查处，或者包庇、纵容违法行为，造成后果的；

（四）其他玩忽职守、滥用职权、徇私舞弊的行为。

第八章 附则

第五十条 本条例中有关用语的含义：

（一）民用建筑，是指非生产性的居住建筑和公共建筑，包括住宅、办公楼、学校、商店、旅馆、医院等；

（二）工业建筑，是指生产用的各种建筑物，包括车间、生活间、库房等；

（三）城市基础设施，是指城市生存和发展所必须具备的工程性基础设施和社会性基础设施的总称，包括道路、隧道、桥梁、轨道交通、供排水、园林绿化、水利、港口等建设工程；

（四）大型公共建筑，是指单体建筑面积在二万平方米以上的公共建筑；

（五）能效测评，是指对反映建筑能源消耗量及其用能系统效率等性能指标进行检测、计算，并给出其所处的水平；

（六）见证取样检测，是指在建设单位、监理单位人员的见证下，由施工单位的试验人员按照有关技术标准、规范的规定，在施工现场从检测对象中抽取检测样品，并送至具备检测资质的检测机构进行检测的活动；

（七）绿色建筑，是指在建筑的全寿命周期内，最大限度地节约资源（节能、节地、节水、节材）、保护环境和减少污染，为人们提供健康、适用、高效的使用空间，与自然和谐共生的建筑。

第五十一条 鼓励农村村民个人建设住房和临时建筑采用建筑节能措施。

第五十二条 本条例自 2011 年 1 月 1 日起施行。

48. 关于切实推进本市公共租赁住房工作的通知

（沪府办发〔2010〕40号，2010年9月26日）

各区、县人民政府，市政府各委、办、局：

经市政府批准，《关于本市发展公共租赁住房的实施意见》（以下简称《实施意见》）已经发布。为进一步建立健全本市分层次、多渠道、成系统的住房保障体系，根据市委、市政府部署，现就切实推进本市公共租赁住房工作作如下通知：

一、统一思想，提高认识。大力发展公共租赁住房，是完善本市住房保障体系、解决本市青年职工、引进人才和来沪务工人员及其他常住人口阶段性居住困难的重要举措，是引导城市居民合理住房消费、调整房地产市场供应结构、促进住房租赁市场健康发展的必然要求。各区县、各部门要深刻领会本市发展公共租赁住房的重要意义，组织相关领导干部和工作人员全面领会《实施意见》，统一思想认识，熟悉政策，精心组织，有序推进公共租赁住房建设和管理工作。

二、调查摸底，科学规划。各区县政府要根据实有人口调查等情况及时进行排摸，分析本辖区内常住人口结构和规模，了解需求现状，并结合本区县“十二五住房保障发展规划”编制工作以及产业发展形态、产业和经济园区定位、土地利用等实际情况，统筹安排，合理布局，认真制订本区县公共租赁住房的发展规划和实施计划，并在今年10月底之前，报市住房保障领导小组备案。

三、组建机构，健全机制。各区县政府要抓紧成立从事公共租赁住房投资建设和租赁经营管理的运营机构，可以按专业综合设置或分别设置，切实启动公共租赁住房建设、筹措、租赁经营等工作。为完善公共租赁住房的投融资渠道，帮助区县开展公共租赁住房工作，市政府有关部门要抓紧研究成立市级投融资机构和投资实施机构，引导公积金、保险资金、社会资金等投资公共租赁住房建设项目。坚持政企分开，形成投资、建设、经营、管理的市场化运行机制。

四、密切配合，细化政策。住房保障房屋管理、发展改革、建设交通、规划国土资源、财政、税务、国资、民政、金融、人力资源社会保障、农业、经济信息化、公安、监察等部门要认真按照《实施意见》的规定，密切配合，抓紧研究制订公共租赁住房的“土地供应办法”、“公用事业收费优惠政策”、“租赁合同示范文本”、“住房设计导则”、“租赁信息平台管理办法”、“承租人户口和居住地管理办法”等配套政策和操作办法，把各项支持政策落到实处。各区县政府要因地制宜、规范管理，尽快制订《实施意见》的实施细则，做好本辖区内公共租赁住房的各项实施准备工作。

五、积极扶持，增加投入。市有关部门、各区县政府要根据实施计划，加大对发展公共租赁住房的资源和资金投入力度。按照区县为主、市级配套补充的原则，保证政府对公共租赁住房建设和运营的资金支持。区县政府可对运营机构注入部分资本金，建设用地可采取作价入股（不参与租金收益分配）。有条件的区县可对公共租赁住房建设项目采取贷款贴息等支持方式。规划国土资源部门要切实保障土地的供应，加大扶持力度，尽快完善“退二进三”土地供应办法，及时启动引导房地产开发企业投资建设一定使用年限的公共租赁住房的试点。各级住房保障房屋管理、发展改革、建设交通、规划国土资源、财政等部门要及时审核审批开发建设项目，积极推动房源筹措工作。此外，各区县政府要结合实际，继续鼓励有条件的单位（含经济、科技、产业等园区）利用自用土地发展单位租赁房，按照市政府办公厅转发的《关于单位租赁房建设和使用管理的试行意见》（沪府办发〔2009〕30号）等规定，规范运行和管理。

六、落实项目，年内试行。各区县政府要尽快确定实施项目；要按照多渠道筹措房源的要求，结合实际条件，通过本辖区内积极挖潜、跨区域项目合作支持等办法，做好房源筹措的安排；要选择几个不同类型的项目，特别是利用中心城区企业“退二进三”用地建设房源，综合利用农村集体建设用地建设房源，引导房地产开发企业投资建设一定使用年限的公共租赁住房等项目，经市住房保障领导小组批准后，先行试点；要抓紧项目前期准备工作，确保年内在筹措、建设公共租赁住房房源方面有实质性启动。

七、明确责任，加强督查。各区县政府是落实公共租赁住房工作的责任主体，将公共租赁住房工作情况纳入区县政府政绩考核范围。各区县政府要尽快明确分管领导，确定主管部门和配合单位，做到责任落实到位。《实施意见》执行过程中，市住房保障房屋管理部门要会同市监察、建设交通等部门加强监督检查，对工作不落实、措施不到位的部门和区县，要通报批评、限期整改，并追究有关领导责任，真正把公共租赁住房工作落到实处。

八、聚焦难点，努力创新。发展公共租赁住房是一项复杂而又艰巨的任务，也是一项新生事物。对引导社会机构和资金积极参与、运用市场机制运营发展、利用农村集体建设用地建设公共租赁住房、形成有效的租赁退出管理机制等重点难点问题，要发挥集体智慧，努力破解。市有关部门和各区县政府要按照《实施意见》的总体要求，结合实际、因地制宜、突出重点、聚焦难点，敢于探索、努力创新，扎实开展工作，着力构建长效机制，推动公共租赁住房各项工作，努力取得明显成效。

49. 关于转发市发展改革委等四部门分别制订的《上海市市级建设财力项目储备库管理暂行办法》等四个暂行办法的通知

（沪府办发〔2010〕41号，2010年9月30日）

各区、县人民政府，市政府各委、办、局：

市发展改革委制订的《上海市市级建设财力项目储备库管理暂行办法》、市财政局制订的《上海市市级建设财力项目财务监理管理暂行办法》、市建设交通委制订的《上海市市级建设财力项目工程监理管理暂行办法》、市审计局制订的《上海市市级建设财力项目审计监督暂行办法》已经市政府同意，现转发给你们，请按照执行。

上海市市级建设财力项目储备库管理暂行办法

第一条（目的）

为了提高政府投资项目决策的科学化、民主化水平，强化市级财政预算内基本建设支出（以下简称“市级建设财力”）的统筹平衡，根据《国务院关于投资体制改革决定》、《上海市市级建设财力项目管理暂行办法》等规定，特制定本办法。

第二条（项目储备库）

需由市级建设财力平衡的投资项目，应当按照本办法的规定，纳入市级建设财力项目储备库（以下简称“项目储备库”）。列入项目储备库的项目，决策时应当优先考虑。

第三条（责任分工）

市发展改革委负责储备库项目的审核、管理和更新工作；市有关部门、各区（县）发展改革委负责储备库项目的初审和申报工作。

第四条（申报时间）

储备库项目的申报实行集中申报。每年8月1日至8月30日，由市有关部门和区（县）发展改革委根据市发展改革委提出的具体要求，集中上报申请纳入项目储备库的项目。

其他时间，市有关部门和区（县）发展改革委可申请对所上报项目进行补充、调整。

第五条（申报要求）

市有关部门、区（县）发展改革委应当向市发展改革委上报申请进入储备库项目的基本信息材料，主要包括项目名称、项目背景、建设类型、建设地点、建设内容、建设规模、投资匡算、资金来源等基础信息。

本市建设交通领域项目，由市建设交通委统筹平衡后统一上报。

申报部门所报项目超过2个的，申报部门应当根据项目的重要性、成熟度等对申报项目进行排序。所报项目存在关联的，涉及多部门协调的，申报部门应当事先主动与相关部门沟通，做好项目的统筹平衡和资源共享。

第六条（储备库项目管理）

市发展改革委根据储备库项目的成熟程度和前期工作进展情况，对储备库项目实施分类管理，动态调整。

根据项目的成熟程度，储备库项目分为甲、乙、丙、丁四类，各类项目实施由丁类向甲类逐级升等制度。项目具体分类及升等条件如下：

丁类项目：入库项目符合经济和社会发展规划方向，但尚未纳入有关规划的项目，分类为丁类项目。

丙类项目：入库项目符合国家和本市宏观调控政策，纳入全市国民经济和社会发展规划、专项规划、发展建设规划，属于市委、市政府的重点工作，拟近期启动开展前期工作的项目，分类为丙类项目。

乙类项目：丙类项目中，项目建议书获得批准的，升等为乙类项目。

甲类项目：乙类项目中，项目可行性研究报告获得批准的，升等为甲类项目；丙类项目中，项目可行性研究报告（代项目建议书）获得批准的，或者项目资金申请报告获得批准的，升等为甲类项目。

市发展改革委、市财政局负责项目储备库与市级建设财力投资计划的衔接工作，甲类项目纳入年度市级建设财力投资计划后，自动从储备库中转出；丁类项目在2年内无法升等为丙类或其他类别项目的，自动调整出储备库。未列入储备库的项目，原则上不得进入市级建设财力投资计划。

申报部门可以通过储备库信息系统，查询项目分类和升等情况。

第七条（入库项目的前期费用预安排）

市发展改革委会同有关部门对进入储备库的项目进行遴选，对项目总投资大且工程复杂、社会涉及面广的项目，启动项目前期工作，并列入年度拟开展前期研究的项目清单。

列入清单的项目，其申报部门应当向市发展改革委上报前期费用估算。前期费用，由市发展改革委商市财政局报市政府同意后，在市级建设财力中预安排。

第八条（前期费用的使用范围和拨付）

前期费用包括项目建议书、可行性研究报告、环境影响评价报告、初步设计及概算等编制费，勘察设计费，招标代理费，专利及专有技术使用费等费用。具体取费标准，按照国家、本市相关规定执行。

项目前期费用按照项目实际情况，可分别在项目建议书阶段、项目可行性研究阶段安排。

实行政府采购和国库集中支付的项目，前期费用的拨付应当根据政府采购和国库集中支付相关规定办理。

第九条（前期费用的列支和监督）

项目前期费用在项目建议书批复后，按照相关规定计入建设成本。

对已安排前期费用但未获批准或者批准后又被取消的项目，其发生的前期费用经市审计局组织审计后，由使用单位报市财政局批准后作核销处理。已经安排的前期费用如有结余，其结余资金应当按照规定及时上缴国库，严禁挪作他用。

前期费用的使用和管理，应当接受市财政局、市审计局等部门的监督检查。

第十条(附则)

本办法由市发展改革委负责解释，自印发之日起30日以后施行。

上海市市级建设财力项目财务监理管理暂行办法

第一章 总则

第一条(目的依据)

为了进一步提高本市市级建设财力资金的运行效率和使用效益，切实规范本市市级建设财力项目的财务(投资)监理(以下简称“财务监理”)工作，根据《中华人民共和国预算法》、《基本建设财务管理规定》、《财政投资评审管理规定》、《上海市市级建设财力项目管理暂行办法》的有关规定，特制定本暂行办法。

第二条(适用范围)

市级财政预算内基本建设支出(以下简称“市级建设财力”)安排的投资项目，实行财务监理制。

本办法所称的财务监理制，指市财政局会同项目主管部门、项目单位通过招标等竞争方式，选择专业化的社会中介机构(以下简称“财务监理机构”)，依照法律、法规、规章等相关规定，对市级建设财力项目进行全过程的资金监控、财务管理、投资控制和绩效评价工作。

第三条(监理原则)

财务监理机构应当严格按照国家的有关法律、法规及项目可行性研究报告、初步设计等，遵循合法性、公正性和客观性的原则，开展财务监理工作，并承担相应的审查责任和法律责任。

第四条(职能分工)

市财政局是本市市级建设财力项目实施财务监理制的职能主管部门，负责管理财务监理机构的委托、监督、指导和考核等工作。

项目主管部门(包括行政主管部门、市级政府性投资机构、国资授权控股集团公司等)负责协助市财政局开展对财务监理机构的委托、监督、指导和考核等工作，并承担相应的财务管理职责。

项目单位负责配合财务监理机构开展工作，及时向财务监理提供有关的文件材料和现场办公的必要条件，并有权向财务监理提出合理的工作建议和要求，参与对财务监理机构的考核。

上海市注册会计师协会和上海市建设工程咨询行业协会按照各自职能，对财务监理机构进行自律管理和监督。

第二章 财务监理的内容和职责

第五条(工作内容)

财务监理机构负责市级建设财力项目自可行性研究报告获批复后至通过政府审计及竣工财务决算期间、全过程的资金监控、财务管理、投资控制(含工程价款结算审核)及绩效评价工作。

第六条(资金监控)

财务监理机构负责的资金监控工作主要包括：

(一)协助项目单位编制年度、月度资金用款计划，并对所编制的计划予以审核同时出具书面意见。

(二)协助项目单位对建设资金进行专户管理，督促项目单位按规定用途使用建设资金，防止出现挤占、挪用、滞留资金的行为。

(三)审核各类费用的支出，确保各项开支符合国家有关规定，防止建设资金的流失和占用。

(四)审核工程预付款、进度款、预留款、工程变更签证等工程用款，并出具书面意见。

第七条(财务管理)

财务监理机构负责的财务管理工作主要

包括：

（一）全过程参与指导基建会计核算，协助项目单位制定相关的财务制度、规定。

（二）协助项目单位正确设置会计科目，指导项目单位规范财务核算方法，参与并审核各类财务报表的编制。

（三）审定项目的总预算以及分年度的基建支出预算，并及时出具书面审核报告。

（四）核对项目的月度支出，每季度提交投资执行情况分析报告、每年提交年度完成投资分析报告。项目全部完成后，审查全部费用，审核项目总造价，对照项目实际造价与总概算进行分析，向项目单位提供总结算审核报告。

（五）协助项目单位对项目建设过程中物资采购、保管、领用三个环节的管理及财务核算。

（六）协助项目单位正确编制工程竣工决算，协助通过政府审计及竣工财务决算审批。

第八条（投资控制）

财务监理机构负责的投资控制工作主要包括：

（一）设计阶段的投资控制

协助项目单位对扩初设计概算进行预审，提出初步设计的技术经济分析和优化建议，特别是针对影响造价的主要因素做出具体分析、修正，并出具相应书面意见供项目单位参考。

（二）前期阶段的投资控制

审核建设项目的前期费用，并出具相应的书面意见。

（三）招标阶段的投资控制

1. 参与工程勘察、设计、施工、施工监理、设备采购等招标工作，对招标文件和工程量清单进行审核，并出具书面审核意见。

2. 参与合同谈判，对合同中有关合同价、付款、变更、索赔等条款的合理性出具书面审核意见。

3. 预判工程中可能出现的不确定因素，如涨价、设计变更、不可预见费等内容，并出具相关书面意见。

4. 参与有关工程项目的询价与审核，并出具相关的书面意见供项目单位参考。

（四）施工阶段的投资控制

1. 制定现场控制造价步骤与措施。

2. 协调配合与工程监理单位（质量、进度控制）的工作，严格签证制度。

3. 参加工程例会和项目单位要求参加的其他工作会议，随时掌握工程进展的实际情况，实施造价控制的跟踪管理。

4. 审核施工单位上报并经工程监理单位认可的每月完成工作量报表，并提供当月付款建议书，经项目单位认可后，作为支付当月进度款的依据。

5. 收集工程施工的有关资料，了解施工过程情况，协助项目单位及时审核因设计变更、现场签证等发生的费用，相应调整预算控制目标；计算因设计变更、项目单位指令而产生的工程费用的增减，与承包单位商讨合理的合同外工程变更金额，避免不合理的费用支出。

6. 根据施工阶段的每月工作量与付款，核定各项变更费用，会同项目单位办理工程总结算。

7. 及时预警项目单位可能发生的工程费用索赔问题，向项目单位提供专业评估意见、估算书及反索赔咨询服务，以保证项目单位在合同上的利益。当有关合同方提出索赔时，为项目单位提供确认、反馈索赔等咨询意见。

8. 协助项目单位检查各类合同的履行情况，编制合同执行情况专题报告，提供整套合同、结（决）算报告及各项费用汇总表交项目单位归档。

9. 审核施工图预算。

10. 对项目需要采购或者核定价格的材料、设备等，及时根据合同及有关规定进行询价或审核，并出具书面审核意见。

11．做好工程钢筋及预埋件计算审核工作。

12．做好对采购材料、设备合同执行情况等内容的定期检查。

（五）竣工结算阶段的投资控制

及时审查施工单位递交的分部或整体工程价款结算，公正、合理地确定单项工程的造价，并提出审查结果书面报告（包括甲供料、设备价款、施工用水、用电的审核抵扣等）。

第九条（绩效评价）

财务监理机构协助项目主管部门及项目单位对项目建设后的经济、政治、社会、生态等效益实施客观公正的绩效评价，就评价结果出具书面绩效评价报告，并及时提供给市财政局。

第三章 财务监理的准入和选择

第十条（准入条件）

财务监理机构的主体可以是造价咨询公司、会计师事务所、以及由造价咨询公司和会计师事务所组成的联合体。其中工程价款结算咨询业务的承接，按照《建设工程价款结算暂行办法》（财建〔2004〕369号）的有关规定执行。

财务监理机构还需具备以下条件：

（一）造价咨询公司取得甲级工程造价咨询企业资质证书3年以上，会计师事务所成立满3年以上。

（二）配备从事工程概算、预（结）算、竣工财务决算审查工作的专业技术人员20人以上，并且配备有取得注册造价工程师资格、注册会计师资格等资格的专业人员。

（三）近3年内未发生过违纪违规行为，具有良好的社会信誉和专业素质，且技术档案管理制度、质量控制制度、财务管理制度等制度齐全完善。

（四）接受委托承担项目财务监理工作的专业人员遵守国家法律、法规，专业素质高，职业道德好，并且在近3年内没有违法、违规执业行为。

第十一条（委托主体）

根据市级建设财力的投资方式，财务监理机构的委托主体分下列3种情况：

（一）市级建设财力以资本金注入、贴息等方式投入的项目，由项目主管部门负责委托财务监理机构。

（二）市级建设财力以投资补助方式投入的，区县实施项目由各相关区县财政部门负责委托财务监理机构，其他项目由项目主管部门负责委托财务监理机构。

（三）市级建设财力以直接投资方式投入的项目，按照可行性研究报告批复中明确的建筑安装工程投资金额大小，分两种情况进行委托：

1．建筑安装工程投资金额为1.5亿元以上的项目，由市财政局和项目主管部门共同委托财务监理机构。

2．建筑安装工程投资金额为1.5亿元及以下的项目，由项目主管部门和项目单位共同委托财务监理机构。

（四）市级建设财力投资的信息化项目等特殊项目，项目主管部门和项目单位报经市财政局同意后，可不委托财务监理机构。

第十二条（选择程序）

为保证财务监理机构产生的公开、公平和公正性，并保持财务监理工作与财务监理机构业绩考核的连贯性，财务监理机构的选择按照《中华人民共和国政府采购法》、《中华人民共和国招标投标法》和上海市政府采购管理有关规定执行。

第四章 财务监理的收费和标准

第十三条（费用标准）

财务监理的收费标准，参照《财政性投资评审费用及委托代理业务补助费付费管理暂行办法》（财建〔2001〕512号）的收费标准，以及《上海市建设工程造价服务和工程招标代理服务收费标准》（沪建计联〔2005〕834号）

中“施工阶段全过程造价控制”的收费标准执行。具体合同金额，按照评标的结果确定。

第十四条（费用构成）

财务监理费用与财务监理的工作质量考核挂钩，财务监理费用应在合同中明确分为年度基本费用、年度考核保留金及末次考核质保金三部分，委托主体应在10%到20%的范围内留存委托费用作为年度考核保留金及末次考核质保金。

财务监理委托合同，原则上采取闭口式合同（其中工程造价审核收费按照《上海市建设工程造价服务和工程招标代理服务收费标准》有关规定执行）。项目实施后发生的概算调整，财务监理费用不得增加。由于委托主体原因造成工作量增加的，财务监理机构可与委托主体协商加收费用。

第十五条（费用拨付）

财务监理费用列入项目的建设成本。市级建设财力以直接投资方式投入的项目，财务监理费用由财务监理机构按照合同约定提出申请，经项目主管部门初审后报市财政局审核后，由市财政局按照国库集中支付有关规定直接支付给财务监理机构。市级建设财力以其他方式投入的项目，财务监理费用由委托主体按照合同约定支付给财务监理机构。

第五章 财务监理的考核和监督

第十六条（考核方式）

财务监理工作质量考核由市财政局会同项目主管部门、项目单位等机构，采取年度考核与末次考核相结合的方式进行，即每年定期对财务监理工作质量进行一次考评，在项目通过审计和竣工财务决算批复并完成绩效评价工作后进行末次考评。

第十七条（考核内容）

考核内容包括财务监理机构的工作态度、资料管理完整性、人员到位情况、“三算”审核的完善及偏差程度、资金财务监控准确性、投资控制情况、财务监理报告及时性和真实性、重大事项预警机制、绩效评价工作质量等方面。

第十八条（监督管理）

财务监理合同中应明确上述考核方式和考核内容，并明确当财务监理机构不履行合同义务或者履行义务不符合约定的，财务监理机构应当承担违约金、赔偿损失，相应的违约金、赔偿款由市财政局从应付监理费中扣除。

第六章 附则

第十九条（参照执行）

本市其他政府性投资项目可参照本办法执行。各区县财政部门、市级政府性投资机构、国资授权控股集团公司可参照本办法，结合实际，制定本区县、本部门的财务监理管理办法。

第二十条（办法解释）

本办法由市财政局负责解释。

第二十一条（办法生效）

本办法自印发之日起30日以后施行。原有规定如有与本办法相抵触的，按照本办法执行。

上海市市级建设财力项目工程监理管理暂行办法

第一条（目的）

为进一步加强本市市级建设财力项目工程监理管理，提高建设工程质量和管理水平，根据《中华人民共和国建筑法》、《建设工程质量管理条例》、《上海市建筑市场管理条例》、《上海市市级建设财力项目管理暂行办法》等规定，制定本办法。

第二条（适用范围）

市级财政预算内基本建设支出安排的项目，包括直接投资、资本金注入、投资补助等为全部或部分资金来源的建设项目（以下简称市级建设财力项目）的工程监理活动，适用本办法。

第三条（管理部门）

市建设交通委及其所属工程质量监督机构对本市市级建设财力项目的工程监理活动实施监督，也可将市级建设财力项目的工程监理活动授权区（县）建设管理部门实施监督。

第四条（监理招标）

建设单位选择监理企业必须严格执行法律、法规和规章的规定，对应当招标的建设工程监理项目，必须通过招标方式择优选择监理企业。

通过招标方式选择监理企业的，评标办法应当综合考虑监理大纲、人员配备、工程业绩、企业诚信综合评价和提供的服务承诺等因素，监理费报价不列入评标内容。

第五条（监理合同）

建设单位应当采用《建设工程委托监理合同（示范文本）》签订监理合同，工程监理费应按照《建设工程监理与相关服务收费管理规定》（发改价格〔2007〕670号）确定。

监理合同中应当明确工程监理费采用市财政直接支付方式，并明确因监理企业不履行合同义务或者履行义务不符合约定的，监理企业应承担违约金、赔偿损失，相应的违约金、赔偿款由市财政部门从应付监理费中扣除。

第六条（监理费支付程序）

建设单位应当按照合同约定期限和金额提出支付申请，经财务监理初审、市财政局审核后，直接支付工程监理费。

第七条（监理企业的权利）

市级建设财力项目应当严格履行项目法人责任制，按照法律、法规规定以及合同约定，切实将相关监理权力委托给监理企业，为监理机构在现场开展监理工作创造必要的条件，发挥监理的作用，禁止干扰监理正常工作。

第八条（平行检测）

平行检测是指监理企业独立对进入施工现场的材料、构配件、成品和半成品等进行一定比例的抽检活动。

建设单位应当在合同中明确监理平行检测的内容，平行检测的比例不低于正常检测数量的20%，平行检测费用应当在监理费用中支付。

第九条（总监理工程师）

建设单位在选择监理企业时，应当对承担工程监理的总监理工程师提出相应的能力和经验要求。一名注册监理工程师只能担任一项单体面积超过2万平方米或工程建安造价超过2亿元或市级重大工程的项目总监理工程师。其他建设工程经建设单位同意，项目总监理工程师可兼任不超过两个项目，但兼任项目中必须设置项目总监理工程师代表。

第十条（现场监理机构）

监理企业应当按照《建设工程监理规范》或合同约定，派遣项目总监理工程师和设立现场监理机构。监理机构的人员和组织形式应当能够满足工程监理实际需要，并确保人员到位。

现场监理机构监理人员应当按照《建设工程监理规范》，根据职责签认质量控制资料，签认的内容应当真实并可追溯。

第十一条（诚信管理）

建立企业和个人信用信息档案，将监理企业和注册监理工程师的基本信息、项目信息、良好行为信息、不良行为信息和信用评价信息，记录到企业和个人电子版《诚信手册》，并依据规定，将信用信息作为监理企业资质升级、增项以及招投标等管理的依据。

第十二条（监督检查）

建设管理部门应当加强对监理企业和人员的市场和现场行为的监督检查。对存在不规范或不到位行为的，责令限期整改。涉及违法违规的，依法实施行政处罚。监理企业应当自觉接受市发展改革委、市财政局、市审计局等对有关业务工作的监督检查。

第十三条（其他）

本市其他政府性投资项目，可参照本办法执行。

本办法由市建设交通委负责解释。本办法自印发之日起30日以后施行。

上海市市级建设财力项目审计监督暂行办法

第一章 总则

第一条 为加强对本市市级建设财力项目的审计监督，促进建设项目的规范化管理，提高投资效益，根据《中华人民共和国审计法》、《中华人民共和国审计法实施条例》、《上海市市级建设财力项目管理暂行办法》等规定，制定本办法。

第二条 市审计局依法对市级建设财力项目的预算执行情况和决算，进行审计监督。

第三条 市审计局在安排市级建设财力项目审计时，应当确定建设单位（含项目法人，下同）为被审计单位，必要时可依照法定程序对与建设项目直接有关的设计、施工、供货等单位取得建设项目资金的真实性、合法性进行调查。

第四条 市审计局可以将其审计管辖范围内的市级财力建设项目授权区（县）审计局审计。

第五条 建设单位与有关单位签订市级建设财力项目建设工程合同时，应当在合同中列明经审计机关组织审计后方可办理竣工决算。市级建设财力项目未经竣工决算审计，有关部门不予批准财务决算和办理固定资产移交。

第六条 对财政性资金投入较大、建设周期较长或者关系国计民生的市级建设财力项目，市审计局可以对其前期准备、建设实施、竣工投产进行分阶段、全过程的跟踪审计。

第七条 市审计局在组织对市级建设财力项目审计时，可以根据需要对专项建设资金的征集、管理和使用情况，以及与建设项目有关的重要事项进行专项审计或者专项审计调查。

第八条 市审计局在市级建设财力项目审计过程中，因审计力量和专业知识的限制，可以委托社会中介机构或聘请专业人员参加审计工作。委托或聘请所需经费，按规定列入财政预算。

第九条 市审计局根据上级相关要求，制定年度市级建设财力项目的审计工作方案，确定审计内容、审计重点、审计目标等。受委托的社会中介机构或聘请的专业人员应根据市审计局制定的审计工作方案（或审计实施方案）等要求，对市级建设财力项目开展审计工作。

第二章 审计计划

第十条 市审计局在对市级建设财力项目履行审计监督职责时，与建设项目相关的部门和单位应当在各自的职责范围内予以配合。

市发展改革委、市财政局、市建设交通委等部门应当将年度内市级建设财力项目的工程投资安排和竣工情况及时通报市审计局。

第十一条 市级建设财力项目审计实行计划管理制度。市审计局根据市级建设财力项目的工程投资安排和预计完工情况，编制市级建设财力项目滚动审计计划，并根据本市经济社会发展情况进行及时更新。

第十二条 使用市级建设财力的项目结算完成后，建设单位应当在30日内向市审计局提出竣工决算审计申请，并抄送市发展改革委、市财政局。建设单位向市审计局提出竣工决算审计申请，必须先按照规定编制出项目竣工财务决算。

第十三条 市审计局根据法律、法规、规章的规定和市政府、审计署的要求，以及结合滚动审计计划、建设单位提出的竣工决算审计申请，确定市级建设财力项目年度审计工作重点，编制年度审计项目计划。

第三章 审计实施

第十四条 对使用市级建设财力5000万元及以上项目的预算执行情况和决算，由市审计局根据年度审计项目计划组织审计。

市审计局根据需要，可将市级建设财力项目的部分审计事项委托给社会中介机构审计，也可聘请相关专业人员参与市级建设财力项目的审计工作。委托社会中介机构或聘请专业人员，应当采取招标等竞争方式。

市审计局应当加强对委托的社会中介机构和聘请的专业人员的指导和监督，并对审计结果的真实性、合法性负责。

第十五条 对使用市级建设财力5000万元以下项目的预算执行情况和决算，原则上由市审计局会同市发展改革委、市财政局等部门通过招标等竞争方式，联合委托具有合格资质的社会中介机构审计。市审计局应当会同有关部门加强对社会中介机构的业务培训和指导，并加强对社会中介机构的项目审计质量的监督和检查。如项目需调整概算，由市发展改革委会同市财政局、市审计局会商解决。

对涉及国家安全、保密以及其他特定事项的使用市级建设财力5000万元以下的项目，市审计局依据《中华人民共和国审计法》的要求，也可直接组织审计。

第十六条 参加市级建设财力项目财务监理、工程审价工作的社会中介机构和人员，原则上不得参与该项目的审计工作。

第十七条 市审计局应当在市级建设财力项目实施审计3日前，向被审计单位送达审计通知书。遇特殊情况，经市政府批准，市审计局可直接持审计通知书实施审计。

第十八条 市级建设财力项目预算执行和决算审计应当关注下列事项：

（一）建设程序执行情况；

（二）项目法人、资本金、招标投标、合同、监理等建设管理法规制度执行情况；

（三）与项目建设相关的内部控制制度建立和执行情况；

（四）项目概（预）算编制、审批、调整、执行的情况；

（五）项目资金来源和到位情况；

（六）征地、拆迁费用支出情况；

（七）建筑安装工程投资、设备投资、待摊投资、其他投资、转出投资、待核销投资、尾工工程投资、结余资金情况；

（八）项目所需设备、材料采购和管理情况；

（九）编制竣工工程概况表、竣工财务决算表、交付使用资产总表和明细表情况；

（十）项目债权债务情况；

（十一）项目各种税费计提和缴纳情况；

（十二）勘察、设计、环境影响评价、施工和监理等单位资质的真实和合法情况，以及工程质量管理情况；

（十三）经济、社会、环保等投资效益情况；

（十四）法律、法规、规章规定需要审计的其他事项。

第十九条 对跟踪审计的项目，市审计局应当根据项目建设所处阶段和具体进度，对相关事项的真实、合法和效益情况进行审计监督。

第四章 审计报告及审计整改

第二十条 由市审计局组织实施审计的市级建设财力项目。市审计局出具审计报告前，应当征求被审计单位的意见。被征求意见的单位应当自接到审计报告之日起10日内，将其书面意见送交市审计局；自接到审计报告10日内未提出书面意见的，视同无异议。

第二十一条 对违反国家规定的财政收支、财务收支行为，依法应当给予处理、处罚的，由市审计局在法定职权范围内，作出审计决定或者向有关主管机关提出处理、处罚意见。

其中对市级建设财力项目工程结算中多计工程价款的，市审计局应当责令建设单位和施工单位依法据实结算。对已多付的工程款，市审计局应当责令建设单位限期收回或者依法予以收缴；对少计工程价款的，市审计局应当责令建设单位限期改正。

其中对改变市级建设财力项目资金用途，转移、侵占和挪用财政性建设资金的，市审计局应当予以制止，责令有关单位限期改正，并依法追究责任；进行经营活动的，收缴其经营收益。

第二十二条 市审计局对市级建设财力项目组织实施审计结束后，将审计报告送达被审计单位和有关单位，并抄送市发展改革委、市财政局等部门。

第二十三条 市审计局应当适时了解审计意见的落实情况，检查审计决定的执行情况。被审计单位未按照规定期限和要求执行审计决定的，市审计局应当责令执行或者提请有关主管部门协助执行；仍不执行的，申请人民法院强制执行。

第二十四条 受委托的社会中介机构对使用市级建设财力5000万元以下的项目实施审计结束后，审计报告应当征求项目建设单位的意见。

受委托的社会中介机构应及时出具审计报告，报送市审计局、市发展改革委、市财政局等部门，并按照《基本建设财务管理规定》等法律法规的要求，对审计发现的问题提出处理处罚的建议。

第二十五条 市发展改革委可根据竣工决算审计结论，批复调整项目投资。市财政局可根据竣工决算审计结论，批复项目竣工财务决算。

第五章相关责任

第二十六条 建设单位应当配合市审计局工作，如实反映情况，并按照法律、法规规定的要求，向市审计局提供与审计事项相关的资料、电子数据和必要的电子计算机技术文档，不得拒绝、阻碍审计人员依法执行公务。

市审计局发现被审计单位转移、隐匿、篡改、毁弃会计凭证、会计账簿、会计报表以及其他与财务收支有关的资料的，有权予以制止，责令交出、改正。必要时，经市审计局负责人批准，封存被审计单位涉及违反国家规定的财务收支有关的账册资料。

第二十七条 建设单位及其主管部门的内部审计机构应当加强对本单位、本系统市级建设财力项目的内部审计监督，并接受市审计局的业务指导和监督。

第二十八条 社会中介机构在审计过程中发现建设单位有严重违法、违规问题的，应当及时向市审计局、市发展改革委、市财政局以及其他有关主管部门报告。

第二十九条 审计人员应当依法保守国家秘密和被审计单位的商业秘密。审计人员滥用职权、徇私舞弊、玩忽职守的，依法给予行政处分；构成犯罪的，依法追究刑事责任。

社会中介机构在市级建设财力项目审计中出具虚假报告，隐瞒审计中发现的违法、违规问题的，由有关部门视情况给予劝诫、取消委托资格或限制其承担政府投资项目的审计任务，并依法给予相应处罚。

第三十条 被审计单位认为市审计局的具体行政行为侵犯其合法权益的，可依法申请行政复议或提起行政诉讼。

第六章附则

第三十一条 其他市级政府性投资项目，可参照本办法执行。各区县审计局可以参照本办法，结合实际，制定本区县级建设财力项目审计监督办法。

第三十二条 本办法由市审计局负责解释。

第三十三条 本办法自印发之日起30日以后施行。

50. 关于进一步加强本市房地产市场调控加快推进住房保障工作若干意见的通知

（沪府发〔2010〕34 号，2010 年 10 月 7 日）

各区、县人民政府，市政府各委、办、局：

市政府同意市住房保障房屋管理局、市建设交通委、市规划国土资源局、市财政局、市地税局《关于进一步加强本市房地产市场调控加快推进住房保障工作的若干意见》，现转发给你们，请认真按照执行。

住房是重要的民生，关系到人民群众的切身利益与社会和谐稳定。保持房地产价格的合理和稳定，满足居民合理的住房消费需求，让经济发展成果更广泛地惠及全体人民，是政府的一项重要职责。近年来，中央不断完善财税、金融、土地等宏观调控政策，对增加住房有效供给，抑制不合理的住房需求，遏制地价和房价过快上涨，促进房地产市场平稳健康发展，起到了十分积极的作用。最近，国家有关部门又出台了一系列政策措施，要求巩固房地产市场调控成果，促进房地产市场平稳健康发展。市委、市政府高度重视住房问题，采取积极有效措施抑制投资投机性购房，坚决遏制地价、房价上涨势头，并加快建立和完善以廉租住房、经济适用住房、公共租赁住房和推进旧区改造为重点的住房保障体系，努力改善居民居住条件。

各区县政府、各部门和单位要继续按照中央和市委、市政府的统一部署，进一步提高认识，加强组织领导，切实将加强房地产市场宏观调控的各项政策措施落到实处。有关部门要各司其职、分工协作，加强指导和督查。要严格实行问责制，对政策落实不到位、工作不得力的，要进行约谈，直至追究责任。各区县政府和有关部门要认真做好房地产市场调控政策的解读工作。新闻媒体要加强正面引导，大力宣传国家房地产市场调控政策和保障性住房建设成果，引导居民住房理性消费，形成有利于房地产市场平稳健康发展的舆论氛围。

关于进一步加强本市房地产市场调控加快推进住房保障工作的若干意见

为进一步深化落实国家关于加强房地产市场调控政策，巩固调控成果，促进本市房地产市场平稳健康发展，加快推进住房保障工作，现提出如下意见：

一、各区县政府、各部门要统一思想，提高认识，坚决贯彻落实国务院房地产市场调控一系列政策，切实采取有力措施，强化工作责任，坚决遏制地价、房价上涨势头，加快保障性住房建设，改善居民居住条件。

二、各商业银行对居民家庭（包括夫妻双方及未成年子女，下同）贷款购买商品住房的，其首付款比例不得低于 30%；对贷款购买第二套住房的，其首付款比例不得低于 50%，贷款利率不得低于基准利率的 1.1 倍；对贷款购买第三套及以上住房的，停止发放住房贷款。

严格执行国家有关规定，对非本市居民在本市购买商品住房申请贷款的，应提供从申请之日起算的前 2 年内在本市累计缴纳 1 年以上的个人所得税缴纳证明或社会保险（城镇社会保险）缴纳证明。凡不能提供的，商业银行暂停发放住房贷款。

各商业银行要认真执行国家有关部门制定的第二套住房认定标准，并加强对消费性贷款管理，禁止消费性贷款用于购买住房。

三、对购买首套自住房且套型建筑面积在 90 平方米（含 90 平方米）以下或按规定购买本市经济适用住房的家庭，其住房公积金贷款首付款比例不低于 20%；对购买首套自住房且套型建筑面积在 90 平方米以上的家庭，其住房公积金贷款首付款比例不低于 30%。每户家庭住房公积金最高贷款限额为 60 万元。

对为改善居住条件购买第二套住房的，每户家庭住房公积金最高贷款限额为40万元。贷款首付款比例不低于50%。暂停对购买非改善型第二套住房家庭的住房公积金贷款。

停止对购买第三套住房及以上家庭住房公积金贷款。

四、本市暂时实行限定居民家庭购房套数的政策。自本意见发布之日起，暂定本市及外省市居民家庭（包括夫妻双方及未成年子女，下同）只能在本市新购一套商品住房（含二手存量住房）。严格执行国家关于境外机构和个人购房管理的规定。对违反规定购房的，房地产登记机构不予受理房地产登记。

五、按照国家加快推进房产税改革试点的工作要求，本市将积极做好房产税改革试点的各项准备工作。

六、财税部门要严格执行国家有关房地产交易环节税收政策的规定。要按照税法和有关规定，认真做好土地增值税的征收管理工作，按不同的销售价格确定土地增值税预征率。住房开发项目销售均价低于项目所在区域（区域按外环内、外环外划分）上一年度新建商品住房平均价格的，预征率为2%；高于但不超过1倍的，预征率为3.5%；超过1倍的，预征率为5%。要会同有关部门重点对定价明显超过周边房价水平的房地产开发项目进行土地增值税清算和稽查。

七、为增加普通商品住房供应，被动迁居民家庭获配的动迁安置房（配套商品房）允许上市交易期限，由取得房地产权证满5年调整为满3年。具体办法另行制定。

八、对2010年7月1日后取得《建筑工程施工许可证》的商品住房项目预售应达到的工程进度标准作调整，即完成至主体结构封顶并通过验收。房地产开发企业凭主体结构《分项、分部工程质量验收证明书》，申请商品住房预售许可。

九、着力推进住房保障工作。逐步放宽廉租住房准入标准，对符合条件的申请家庭要做到“应保尽保”，并努力提高实物配租比例。年内在中心城区和有条件的郊区全面实施经济适用住房申请供应工作。积极推进公共租赁住房工作，制订相关配套措施，抓紧建设和筹措一批公共租赁住房。进一步推进中心城区二级旧里以下房屋改造，有计划地开展郊区城镇危棚简屋改造。全力推进以保障性住房为主的大型居住社区建设，今后5年新增保障性住房100万套，并提升市政公建配套水平。

十、增加居住用地供应总量，确保完成本市2010年度住房供地1100公顷的计划目标。积极开展大型居住社区土地储备工作。保障性住房和中小套型普通商品住房用地不低于住房用地供应总量的70%。完善土地供应制度，对商品住房项目，土地出让合同中应明确保障性住房配建比例、开竣工时间、违约处罚条款等内容。其中，对中小套型普通商品住房项目，土地出让合同中还应明确套型面积。

十一、规划国土资源、建设交通、住房保障房屋管理等部门要加强项目规划、建设、预售许可管理，限制拆零申领项目工程规划、建设、预售许可。《建设工程规划许可证》、《建筑工程施工许可证》的建设规模和商品住房的预售规模不得低于3万平方米。项目规模小于3万平方米的，应一次性申领《建设工程规划许可证》、《建筑工程施工许可证》和《商品房预售许可证》。

房地产企业应严格执行国家和本市关于商品房销售管理规定，严格按照申报价格明码标价、一房一价对外销售。销售价格超出申报价格的，应再次报房管部门备案。

十二、充分发挥上海市房屋状况信息中心的作用，加强房地产交易秩序监管，对房地产企业虚拟交易、捂盘惜售、哄抬房价等违法违规行为，可采取暂停网上销售，记入信用档案，降低直至取消资质，暂停其发行股票、公司债券和新购置土地等措施。严肃查处房地产经纪机构与房地产开发企业联手炒作、哄抬房价，从事国家和本市禁止流通的房地产转让业务，怂恿客户签订“阴阳合同”等违法违规行为。

51. 贯彻国务院关于进一步加强企业安全生产工作通知的实施意见

（沪府发〔2010〕35号，10月21日）

各区、县人民政府，市政府各委、办、局：

为进一步加强企业安全生产规范化建设，严格落实企业安全生产主体责任，提高企业安全生产管理水平，实现本市安全生产状况持续稳定好转，现就贯彻《国务院关于进一步加强企业安全生产工作的通知》（国发〔2010〕23号）精神，提出如下实施意见：

一、明确总体要求与主要任务

（一）明确总体要求。深入贯彻落实科学发展观，坚持以人为本，牢固树立安全发展的理念，切实转变经济发展方式，调整产业结构，提高经济发展的质量和效益，把经济发展建立在安全生产有可靠保障的基础上；坚持“安全第一、预防为主、综合治理”的方针，全面加强企业安全管理，健全规章制度，完善安全标准，提高企业技术水平，夯实安全生产基础；坚持依法依规生产经营，切实加强安全监管和职业危害防治工作，强化企业安全生产主体责任落实和责任追究，确保本市不发生有较大社会影响的事故，确保本市安全生产形势始终处于平稳受控状态。

（二）确定主要任务。以交通运输、建筑施工、危险化学品、冶金、船舶修造等行业（领域）为重点，全面落实企业安全生产主体责任，通过更加严格的目标考核和责任追究，采取更加有效的管理手段和政策措施，集中整治非法违法生产经营行为，坚决遏制重特大事故发生；在高危行业强制推行一批安全适用的技术装备和防护设施，最大程度减少事故造成的损失；建立更加完善的技术标准体系，促进企业安全生产技术装备全面达到国家和行业标准，实现本市安全生产技术水平的提高；进一步调整产业结构，积极推进重点行业的企业重组整合，彻底淘汰安全性能低下、危及安全生产的落后产能；以更加有力的政策引导，形成安全生产长效机制。

二、严格企业安全管理

（三）进一步规范企业生产经营行为。企业要依据安全生产法律法规和相关标准规定，结合自身实际，不断健全完善严格的安全生产规章制度和岗位安全操作规程，加强对有毒有害、易燃易爆场所、危险工艺装置和重大危险源的安全防护，积极创造安全生产条件，坚持不安全不生产。要重点加强一线安全管理，狠抓规章制度执行，集中精力将安全工作重心落到生产作业现场，切实加强对生产现场的控制和检查，对危险岗位、特种作业要落实监护人员，严格查处违章指挥、违规作业、违反劳动纪律的“三违”行为，并建立监督检查台账。要严格杜绝超能力、超强度、超定员组织生产的“三超”现象，各相关职能部门要责令“三超”单位停产停工整顿，并对企业和企业主要负责人依法给予规定上限的经济处罚。中央在沪、市国资系统企业等要加强对境外投资企业安全生产工作的指导和管理，明确责任及要求，严格落实境内投资主体和派出企业的安全生产监督责任。

（四）及时排查治理安全隐患。企业要将风险评估、隐患排查治理以及主动预防和控制风险作为安全工作的重点。规模以上危险行业企业要定期组织开展风险评估，落实管理制度、管理责任和监控措施。企业主要负责人要经常性组织开展隐患排查，落实隐患排查和治理工作责任制，切实做到整改措施、责任、资金、时限和预案“五到位”。要建立以安全生产专业人员为主导的隐患整改效果评价制度，如实反映整改措施和整改效果，积极跟踪隐患整改进展，确保整改到位，停产整改逾期未完成的不得复产。关、停、并、转、迁的剧毒化学品、易燃易爆、有毒有害等企业，要按照有关要求，组织专业人员制定隐患整改方案，进行安全条件论证，按方案和程序妥善处置，无能力处置的，应委托专业资质单位进行处置并按规定报有关部门备案；企业要对搬迁后的场地、周边土地和地下水进行环境风险评估，造成污染的，要制定环境恢复方案报环保部门备案，并实施环境恢复。企业在未经有关部门确认消除隐患前，不得将财产所有权转移、拍卖、处分给任何单位和个人。对隐患整改不力造成事故的，要依法追究企业和企业相关负责人的责任。各区县政府、职能部门、企业要突出抓好危险路段、高层建筑、地下及半地下空间、人员密集场所、易燃易爆单位、“三合一”等重点区域、重要场所、重大危险源以及重大危险设备和报警装置的隐患排查治理工作。

（五）强化生产过程管理的领导责任。企业要建立主要负责人和领导班子成员现场轮流带班制度。对爆破作业、大型设备（构件）吊装、重大设备维修、危险装置设备试生产、危险场所动火、有毒有害及受限空间作业、重大危险源施工、交叉作业、高空危险作业、事故抢险等活动，要按批准权限由相关领导在现场带班，加强现场施工组织、指挥、协调和管理，及时发现和解决安全问题。日常安全生产管理工作中，企业要严格落实安全生产“一岗双责制”，按照“谁主管，谁负责”的原则，把安全责任落实到各相关管理部门和岗位。企业主要负责人、分管安全负责人、安全主管部门要按照“一岗双责制”要求，对相关管理部门和岗位安全履职情况进行考核，加强指导、检查和监督。同时，企业要建立领导干部深入作业现场，参与班组安全活动，联系重点生产作业区域制度。对发生事故而又没有领导现场带班的，依法对企业给予规定上限的经济处罚，并从重追究企业主要负责人的责任。

（六）强化职工安全培训。企业主要负责人、分管安全生产的负责人和安全生产管理人员、危险化学品从业人员、特殊工种人员一律按国家有关规定严格考核，持相应职业资格证书上岗；职工必须全部经过培训合格后上岗，企业要明确带教人员，认真做好新员工的“传、帮、带”工作。继续强化农民工安全生产培训，落实“农民工职业技能培训特别计划”，启动农民工技能提升 3 年行动计划。企业用工要严格依照《劳动合同法》，与职工签订劳动合同，并载明可能产生的职业危害及其后果、防护措施和待遇等事项。劳动行政部门要加大查处力度，依法保护劳动者的合法权益。对存在未经培训上岗、无证上岗问题的企业，要依法责令其停产整顿。

（七）全面开展安全达标。企业要结合国家标准、行业标准等，深入开展岗位达标、专业达标和企业达标为内容的安全生产标准化建设。涉及危险工艺的化工生产，剧毒化学品、易燃易爆危险化学品的生产、经营、储存和使用，以及使用危险化学品从事生物、医药、涂料、粘合剂等生产的企业，2 年内要达到安全生产标准化二级以上水平，其他危险化学品企业要达到安全生产标准化三级以上水平。建筑施工、冶金、船舶修造等行业要加大安全生产标准化工作推进力度。行业管理部门要督促企业开展落实以作业现场和班组为重点的达标工作，不断推进生产作业现场和班组标准化规范建设。凡在规定时间内未实现达标的企业，相关职能部门要依法暂扣其生产许可证、安全生产许可证，责令停产整顿；对整改逾期未达标的，要依法予以关闭。

三、建设坚实的技术保障体系

（八）加强企业生产技术管理。企业要强化研发、设计、工艺部门等技术管理机构的安全职能，按规定配备安全技术人员，切实落实企业负责人安全生产技术管理负责制，强化企业主要技术负责人技术决策和指挥权，并从科研技术角度，积极协调解决影响生产、建设、施工、运行、检修等环节的安全问题。因安全生产技术问题不解决产生重大隐患或严重职业危害的，要对企业主要负责人、主要技术负责人和有关人员给予处罚；发生事故的，依法追究责任。

（九）强制推行先进适用的技术装备。运输危险化学品、烟花爆竹、民用爆炸物品的道路专用车辆，旅游包车和三类以上的班线客车要安装使用具有行驶记录功能的卫星定位装置，并于2年内全部完成；运输危险化学品、烟花爆竹、民用爆炸物品的道路专用车辆的卫星定位装置，于2年内全部接入市级危险物品道路运输安全监控系统进行实时监控。落实船舶防撞自动识别系统、导航通讯系统等设备的安装与使用，提高船舶安全装备水平和防灾能力。大型起重机械要安装安全监控管理系统。涉及生产、使用危险化学品的工艺装置，应实施安全联锁、紧急停车等自动化控制技术改造，并于2年内完成，未在规定时间改造的，停止装置设施使用，不予颁发安全生产许可证。推广次氯酸钠替代液氯水处理应用技术，于5年内实现外环线以内水厂、游泳池全部替代。积极推进信息技术在设备改造、监测监控、应急调度指挥等安全生产领域的研发与应用，加强对企业重要区域，危险设施、装置的视频监控、检测报警等先进技术的应用，努力提高各层面的安全生产管理水平。

（十）加快安全生产技术研发。企业在年度财务预算中必须安排必要的安全投入，优先安排用于隐患整改和安全技改项目。鼓励企业开展安全科技研发，加快安全生产关键技术装备的换代升级。促进产学研结合，鼓励安全科技研发单位与企业结合，开展安全科技研究。加大对高危行业安全技术、装备、工艺和产品研发的支持力度，引导高危行业提高机械化、自动化生产水平，“十二五”期间将继续组织研发一批提升本市重点行业领域安全生产保障能力的关键技术和装备项目。对技术含量高、开发潜力大、成长性快、社会效益高的安全生产科技项目申请认定“上海市高新技术成果转化项目”，可适当放宽条件；相关企业可优先认定“上海市高新技术企业”。

四、实施更加有力的监督管理

（十一）进一步加大安全监管力度。要强化安全生产监管部门对安全生产的综合监管，全面落实公安、交通、国土资源、建设、工商、质检等部门的安全生产监督管理及工业主管部门的安全生产指导职责，形成安全生产综合监管与行业监管指导相结合的工作机制，加强协作，形成合力。在各级政府统一领导下，安全生产综合监管和行业管理部门要按各自监管职责，严厉打击非法违法生产、经营、建设等影响安全生产的行为，并会同司法机关，强有力地查处、取缔非法企业。对重大安全隐患治理实行逐级挂牌督办、公告制度，由市安全生产委员会或行业主管部门挂牌督办。对拒不执行监管监察指令的企业，各有关职能部门要依法从重处罚。要进一步加强监管队伍建设，提高监管人员专业素质和技术装备水平，强化乡镇、街道安全管理机构监管能力建设，加强对企业安全生产的现场监管和技术指导。

（十二）强化企业安全生产属地管理。安全生产监管部门、负有安全生产监管职责的有关部门和行业管理部门要按职责分工，对中央在沪、市国资系统企业实行严格的安全生产监督检查和管理，对企业安全生产状况组织安全标准化分级考核评价，评价结果向社会公开，通报银行业、证券业、保险业、担保业等主管部门，并作为企业信用评级的重要参考依据。

（十三）加强建设项目安全管理。要强化项目安全设施核准审批，加强建设项目的日常安全监管，严格落实审批、监管的责任。企业新建、改建、扩建工程项目的安全设施，包括安全监控和防毒、防尘、排水、防火、防爆等设施，要与主体工程同时设计、同时施工、同时投入生产和使用。新建、改建、扩建危险化学品建设项目，必须委托具有相应资质的单位设计和安全评价；可能产生职业危害的新建、改建、扩建工程建设项目和技术改造、技术引进项目要严格执行职业卫生“三同时”规定。严禁不符合资质条件的企业施工，严禁违反承发包管理规定。企业要建立重大危险源防范机制，落实事前申报、过程监控，确保工程施工安全总体受控。安全生产监管部门要加大建设项目安全设施“三同时”执行情况的监督检查，安全设施与建设项目主体工程未做到同时设计的一律不予审批，未做到同时施工的责令立即停止施工，未同时投入使用的不得颁发安全生产许可证，并视情节追究有关单位负责人的责任。建设行政主管部门要加强对建设工程的监督检查，严格落实建设、设计、施工、监理、监管等各方安全责任。对项目建设生产经营单位存在违法分包、转包、违规施工作业等行为的，立即依法停工停产整顿，并追究项目业主、承包方等各方责任。发展改革、经济信息化、商务等投资管理部门要将危险化学品建设项目设立安全审查纳入建设项目立项审批程序，建立由投资管理部门牵头、安全监管等部门参加的危险化学品建设项目会审制度。危险化学品建设项目未按规定经安全条件论证和安全审查通过的，投资管理部门不予批准。

（十四）加强社会监督和舆论监督。要通过组织“安康杯”、青年安全示范岗等活动，充分发挥工会、共青团、妇联组织的作用，参与安全生产的监督管理，依法维护和落实企业职工对安全生产的参与权与监督权。鼓励职工监督举报各类安全隐患，对举报者予以奖励，提高企业职工参与安全监督的热情。相关区县政府、职能部门要进一步畅通安全生产的社会监督渠道，设立举报箱，公布举报电话，接受人民群众的公开监督。要发挥新闻媒体的舆论监督，对舆论反映的问题要深查原因，举一反三，切实整改。

五、建设更加高效的应急救援体系

（十五）加快安全生产应急救援基地建设。要推进公路交通、铁路运输、水上运输及搜救、船舶溢油、危险化学品等行业（领域）救援基地和队伍建设。鼓励和支持各区县、各部门、各行业依托大型企业和专业救援力量，加强服务覆盖周边和区域性应急救援能力建设。依托消防等专业救援力量，逐步完善城市应急救援联动机制，整合应急救援信息数据、专家库等资源，逐步健全、完善本市应急救援体系。

（十六）建立完善企业安全生产预警机制。企业要建立完善安全生产动态监控及预警预报体系，每月进行一次安全生产风险分析。发现事故征兆要立即发布预警信息，落实防范和应急处置措施。涉及危险化学品的企业要建立重大危险源作业场所视频监控以及装置设施温度、压力等重要工艺参数实时监控系统，严格实施危险化学品重大危险源申报、登记、评价、监控制度。对重大危险源和重大隐患，要报当地安全生产监管部门、负有安全生产监管职责的有关部门和行业管理部门备案。涉及国家秘密的，按有关规定执行。

（十七）完善企业应急预案。企业特别是高危重点行业企业要及时对所属区域进行安全风险评估，预测危险危害因素，查找薄弱环节，制定针对性的应急预案，并与当地政府应急预案保持衔接，配齐物资装备，适时开展演练，确保应急处置人员能够熟练处置各类突发事件。企业要将危险危害因素告知从业人员并加强预防和控制措施，赋予企业生产现场带班人员、班组长和调度人员在遇到险情时第一时间下达停产撤人命令的直接决策权和指挥权；相关人员要增强责任意识，加强巡查，发现问题要果断处置，防止引发事故。对因撤离不及时导致人身伤亡事故的，要从重追究相关人员的法律责任。

六、严格行业安全准入

（十八）加快完善安全生产技术标准。各行业管理部门和负有安全生产监管职责的部门要根据行业技术进步和产业升级的要求，加快制定修订生产、安全技术标准，制定和实施高危重点行业从业人员资格标准。对实施许可证管理制度的危险性作业，要制定落实专项安全技术作业规程和岗位安全操作规程。相关职能部门要加强监督检查，对未按规定执行的，要采取责令整改及处罚等手段，严肃追究相关人员的责任。

（十九）严格安全生产准入前置条件。要继续把符合安全生产和职业卫生标准作为高危重点行业和作业场所使用有毒物品企业准入的前置条件，实行严格的安全标准核准制度。企业用于生产、储存危险物品的建设项目，必须按照国家有关规定进行安全条件论证和安全评价，严把安全生产准入关。除交通运输工具的加油站、加气站外，禁止在非市、区级工业园区内新建、改建、扩建危险化学品建设项目。相关职能部门要加大易燃易爆场所的安全督查力度，凡不符合安全生产条件违规建设的，要立即责令停止建设，情节严重的，由区县政府或主管部门依法实施关闭或取缔。对降低标准造成隐患的，要严肃追究相关人员和负责人的责任。

（二十）发挥安全生产专业服务机构的作用。要依托科研院所，结合事业单位改制，推动安全生产评价、技术支持、安全培训、技术改造等服务性机构的规范发展。制定完善安全生产专业服务机构管理办法，保证专业服务机构从业行为的专业性、独立性和客观性。专业服务机构对相关评价、鉴定结论承担法律责任。对违法违规、弄虚作假的，要依法依规从严追究相关人员和机构的法律责任，并降低或取消其资质。

七、加强政策引导

（二十一）制定实施促进安全技术装备发展的产业政策。要鼓励和引导企业研发、采用先进适用的安全技术和产品，鼓励安全生产适用技术和新装备、新工艺、新标准的推广应用。把安全检测监控、安全避险、安全保护、个人防护、灾害监控、特种安全设施及应急救援等安全生产专用设备的研发制造，作为安全产业加以培育，纳入振兴装备制造业的政策支持范畴，对首台（套）安全技术装备产品用户给予适当风险补贴。大力发展安全装备融资租赁业务，促进高危重点行业企业加快提升安全装备水平。

（二十二）加大安全专项投入力度。要加强对高危重点行业企业安全生产费用提取和使用管理的监督检查，进一步完善高危重点行业企业安全生产费用财务管理制度，研究提高安全生产费用提取下限标准，适当扩大适用范围。依法加强道路交通事故社会救助基金制度建设，加快建立完善水上搜救奖励与补偿机制。高危重点行业企业要探索实行全员安全风险抵押金制度。完善落实工伤保险制度，进一步扩大工伤保险覆盖范围，积极稳妥推行安全生产责任保险制度，在危险化学品行业率先全面推行，逐步向其他高危行业延伸。

（二十三）提高工伤事故死亡职工一次性赔偿标准。从2011年1月1日起，依照《工伤保险条例》的规定，对因生产安全事故造成的职工死亡，其一次性工亡补助金标准调整为，按全国上一年度城镇居民人均可支配收入的20倍计算，发放给工亡职工近亲属。同时，依法确保工亡职工一次性丧葬补助金、供养亲属抚恤金的发放。

（二十四）鼓励加强专业技术和技能人

才培养。要鼓励本市高等院校逐步加强“安全和工程科学学科”的建设，发展安全生产普通高等教育和职业教育，加快培养安全生产领域的专业人才；指导本市中等职业技术学校逐步将“安全岗位教育和培训”纳入教学内容，在教学和课外实践中不断增强对学生的安全教育和培训，加快实现安全基本知识普及化。

八、更加注重经济发展方式转变

（二十五）制定落实安全生产规划。各区县、各相关职能部门要把安全生产纳入经济社会发展的总体布局，在制定发展规划时，同步明确安全生产目标和职业病防治等专项规划。企业要把安全生产工作的各项要求落实在企业发展和日常工作之中，在制定企业发展规划和年度生产经营计划中，要突出安全生产和职业卫生，确保安全投入和各项安全措施到位。有关职能部门在监督检查过程中，要突出对企业安全投入状况的检查，依法查处投入不到位、措施不到位的问题。

（二十六）强制淘汰落后技术产品。凡不符合有关安全标准、安全性能低下、职业危害严重、危及安全生产的落后技术、工艺和装备，要列入本市产业结构调整指导目录，予以强制性淘汰。在新建、改建和扩建项目时，企业技术部门要严格把关，防止淘汰落后技术产品的运用。设计单位在设计过程中，要优先考虑使用国内外先进适用的技术产品和装备。涉及核准、审批的项目，各相关部门要组织业内专家严格审查，杜绝使用落后、淘汰的技术产品和装备。区县政府要加大对安全条件落后企业的整治力度，对不具备安全生产条件且整改不到位的企业坚决予以关闭。市相关部门要制订相应的目录和措施，支持有效消除重大安全隐患的技术改造和搬迁项目，遏制安全水平低、职业危害严重、保障能力差的项目建设和延续。有关职能部门要定期公告淘汰落后行业和落后技术的产品目录，加大监督检查力度，对存在落后技术装备、超过使用期限并构成重大安全隐患的企业，要及时公布、依法处置。

（二十七）加快产业重组步伐。要充分发挥产业政策导向和市场机制的作用，加大对相关高危行业企业重组力度，进一步整合或淘汰浪费资源、污染严重、安全保障低的落后产能。2012年年底前，已建危险化学品生产装置和储存设施要逐步调整进入工业园区或化工专业园区。对未在规定时间调整到位的，有关区县和乡镇政府、街道办事处要采取关停措施，不准其继续生产经营。对在超出规定时限继续生产经营并造成人员伤亡事故的，要严肃追究相关政府领导责任。积极推动企业运用先进、高效、清洁、安全的工艺和装备设施技术改造升级，从源头提高安全基础保障能力。

九、实行更加严格的考核和责任追究

（二十八）严格落实安全目标考核。市安全生产委员会要加大履职考核力度，突出安全生产基础工作考核，加快推进安全生产长效机制建设，建立完善覆盖各区县政府、有关职能部门和国有大中型企业的安全生产履职考核办法。每年下达考核控制指标，签订安全生产责任书，并严格按照考核办法，对各区县政府、有关职能部门和企业年度安全生产控制指标完成情况进行考核，考核结果抄送有关主管部门。建立激励约束机制，对考核成绩突出的单位、部门给予奖励，对安全工作不落实，管理不到位，整改不得力，造成严重社会影响和重大人员伤亡事故的，实行安全生产一票否决制。加大事故的考核权重，发生较大及以上事故的，要根据事故性质及情节轻重，按照“一岗双责”的要求追究相应领导责任。

（二十九）加大对事故企业负责人的责任追究力度。要严格按照“四不放过”和“依法依规、实事求是、注重实效”的原则，组织开展事故调查处理。企业发生较大生产安全责任事故，追究事故企业主要负责人责任；

触犯法律的，依法追究事故企业主要负责人或企业实际控制人的法律责任。发生重大以上事故，除追究企业主要负责人和实际控制人责任外，还要追究上级企业主要负责人的责任；触犯法律的，依法追究企业主要负责人、企业实际控制人和上级企业负责人的法律责任。对重大、特别重大生产安全责任事故负有主要责任的企业，其主要负责人终身不得担任本行业企业的厂长、经理。对非法违法生产造成人员伤亡的，以及瞒报事故、事故后逃逸等情节特别恶劣的，要依法从重处罚。

（三十）加大对事故企业的处罚力度。对于发生重大、特别重大生产安全责任事故或一年内发生2次以上较大生产安全责任事故并负主要责任的企业，以及存在重大隐患整改不力的企业，由市安全监管部门会同有关行业主管部门向社会公告，并向投资、国土资源、建设、银行、证券、保险等主管部门通报，一年内严格限制其新增的项目核准、用地审批、证券融资等申请，并作为银行贷款、续保费率浮动、风险抵押金缴纳额度调整时的重要参考依据。

（三十一）加大对危险化学品非法生产经营的打击力度。各企业要严格剧毒化学品和易燃易爆、有毒有害物品的生产、经营、储存、使用、运输的安全管理。要落实安全责任，加强资质和资格条件审查，严禁非法生产、经营、储存、使用剧毒化学品、易燃易爆、有毒有害危险化学品；严禁危险化学品禁忌物品运输；严禁在普通货物中夹带危险化学品运输；严禁向未取得资质的运输企业和运输工具发货运输危险化学品；严禁将化学品、化工制品储存在不具备安全条件企业。任何不具备安全条件储存、运输企业或个人，都不得接受储存和运输剧毒化学品、易燃易爆、有毒有害物品，一经发现，对相关企业及个人一律按非法生产经营处理；发生事故构成犯罪的，依法追究企业主要负责人以及相关责任人的刑事责任。

（三十二）对打击非法生产不力的地方实行严格的责任追究。凡对群众举报、上级督办、日常检查发现的非法生产企业（单位）没有采取有效措施予以查处，致使非法生产企业（单位）存在的，对有关区县、乡镇政府和街道办事处的主要领导以及相关责任人，根据情节轻重，给予降级、撤职或者开除的行政处分；涉嫌犯罪的，依法追究刑事责任。国家另有规定的，按国家规定执行。

（三十三）建立事故查处督办制度。要依法严格事故查处，对事故查处实行市、区县两级安全生产委员会挂牌督办，较大事故查处由市安全生产委员会挂牌督办。事故查处结案后，要及时予以公告，接受社会监督。

52. 贯彻国务院关于进一步加强防震减灾工作意见的实施意见

（沪府发〔2010〕38号，2010年10月26日）

各区、县人民政府，市政府各委、办、局：

继2008年5月四川汶川发生8.0级特大地震后，2010年4月青海玉树又发生了7.1级大地震，地震活动趋势表明，未来5—10年我国大陆仍处于强震活跃期，东部地区将是地震多发区之一。进一步做好防震减灾工作，努力减轻潜在地震危害，在未来几年尤为重要。为更好地贯彻国务院《关于进一步加强防震减灾工作的意见》（国发〔2010〕18号）精神，进一步做好本市防震减灾工作，现提出如下实施意见：

一、明确指导思想和工作目标

（一）明确指导思想。以邓小平理论和“三个代表”重要思想为指导，深入贯彻落实科学发展观，按照以人为本、构建社会主义和谐社会的要求，坚持防震减灾同经济建设协调发展，实行预防为主、防御与救助相结合的方针，以政府为主导，依靠科技、依靠法制、依靠全社会力量，充分发挥防震减灾在维护城市公共安全、保持可持续发展中的重要作用，为提高城市综合减灾能力，最大限度减轻地震灾害损失提供有力保障。

（二）确定工作目标。到2015年，基本建成本市立体地震监测网络，地震监测能力优于1.0级，建设较完善的地震烈度速报网络，10分钟内完成地震烈度速报。城乡工程建筑抗震能力进一步增强，新建和改扩建工程全部达到抗震设防要求，基本完成抗震能力严重不足的重要建设工程的加固改造，显著提高农村新建建筑的抗震能力。加强应急救援与应急抢险队伍建设，完善应急物资储备体系，破坏性地震发生后受灾市民24小时内得到基本生活安置。市民防震减灾意识和自救互救能力明显增强。

到2020年，建成本市立体地震监测网络，地震监测能力、速报能力、预测预警能力显著增强。城乡建筑、重大工程和基础设施达到全面抗御7度破坏性地震灾害的要求。建立较完备的地震应急救援体系和救助保障体系，基本形成以中心城区为主，远近结合、覆盖面广、设施配套的城市应急避难场所体系，使本市的防震减灾综合能力达到中等发达国家水平。

二、扎实搞好地震监测预报

（三）进一步提升地震监测和速报能力。合理优化地震台站布局，加快开展集测震、前兆、强震观测为一体的综合深井地震观测系统工程建设，加强海域地震观测，逐步形成地上地下、陆地海域立体地震监测网络，使地震的监测能力进一步提高；科学探索实践震情速报方法，完善地震自动速报系统，丰富包括地震三要素的其他速报信息内容，实现震后信息的直通式发布服务，使地震的速报能力进一步提高。（责任单位：市地震局、市发展改革委）

（四）加强地震预测关键技术研究。大力推进地震预测理论、方法和技术创新，研究地震孕育过程的物理机制，通过新的探测技术系统建设，加强地震预报的基础性理论研究，逐步研究建立长期、中期和短期相结合的地震预测手段，积极探索临震预测的有效方法。广泛开展跨领域、跨部门、跨学科的合作与交流，探索建设研究创新平台。（责任单位：市地震局、市科委）

三、着力提高城市抵御地震灾害综合能力

（五）加强建设工程抗震设防监管和抗震性能普查。进一步细化完善全市抗震区划图，完善抗震设防审查，在项目可行性论证、工程勘察、设计、施工、监理和竣工验收等环节加强抗震设防质量监管。有计划地开展本市建（构）筑物的抗震性能普查，掌握本市建（构）筑物抗震能力的状况和分布情况，优先开展供水、供电、通信、输油气管线、隧道、高架道路等市政基础设施的抗震性能普查，在此基础上，制订切合实际的加固改造计划，使重大生命线基础设施逐步达到7度抗震设防的要求。修订抗震设计规范和分类设防标准。（责任单位：市建设交通委、各区县政府、市发展改革委、市经济信息化委、市地震局）

（六）加强农村防震保安工作。将农村民居地震安全工程纳入社会主义新农村建设的内容，农村村镇基础设施、公共设施要按照抗震设防要求和抗震设计规范进行规划、设计和施工。开展农村民居基础资料调查和抗震性能评价，编制地震安全农居设计和施工方案并进行推广，开展建筑工匠培训，普及建筑抗震知识，引导并鼓励农民在建房时采取科学的抗震措施。逐步将农村自建农居纳入抗震设防要求的管理范围。（责任单位：市建设交通委、各区县政府、市农委）

（七）加强学校、医院等大型人员密集场所建设工程抗震设防。按照上海市中小学校舍安全工程领导小组的工作部署和高于7度设防的抗震设防要求，结合全市中小学布局结构调整和校舍维修改造实施计划，全面推进并完成本市中小学校舍抗震排查、鉴定以及上海市中小学校舍安全工程规划项目的抗震加固、重建（迁建）工作，使学校校舍达到重点设防类抗震设防标准。同时，逐步开展其他学校、医院等人员密集场所建设工程抗震普查、抗震性能鉴定，根据鉴定结果，优先对不符合要求的进行加固改造。（责任单位：市教委、市建设交通委、各区县政府、市卫生局）

（八）进一步提高基础设施抗震设防的保障能力。积极开展地震安全性评价的理论和方法研究，加强地震安全性评价工作监督管理，实行建设工程地震安全性评价质量的终身负责制。开展新建城区、大范围改造区的地震小区划工作，并研究建立地震安全性评价资料的共享机制，充分提升地震安全性评价结果的效能。（责任单位：市地震局、市建设交通委）

四、大力加强地震应急救援能力建设

（九）推进地震烈度速报预警系统和地震灾害损失快速判断系统建设。进一步加强强震动监测的能力，合理增设地震强震动监测站点，在5年内建成地震烈度速报网络，达到震后10分钟内完成地震烈度速报预警的目标。开展符合本市特点的地震灾情快速获取与灾害损失快速判断系统建设，研究确定地震灾害快速判断方法和判断机制，为地震应急指挥决策及时提供信息。（责任单位：市地震局、市发展改革委、市科委）

（十）加强地震灾害救援力量建设。结合本市综合性应急救援队伍建设，配备适应城市地震应急救援需要的救援设备，建立地震应急演练和专业培训机制，使其软硬件装备水平达到国内省级地震救援队伍的先进水平。加强地震应急救援志愿者队伍建设和社会动员机制建设，建立乡镇、街道防灾助理员和震时灾害速报制度。建立和完善市、区县两级应急救灾物资储备体系，推进应急救灾物资储备库建设。（责任单位：市消防局、市发展改革委、市民政局、各区县政府、市地震局）

（十一）推进应急避难场所建设。充分利用现有的公园、绿地、广场、学校操场、体育场（馆）和露天大型停车场等相关设施的建设和改造，合理规划，大力推进本市应急避难场所建设，并加快建成市级应急避难场所示范点。根据市政府办公厅转发的市民防办《关于推进本市应急避难场所建设的意见》的要求，按时完成市、区县应急避难场所建设。到“十二五”期末，全市建成20个Ⅰ类应急避难场所，各区县建成30%的Ⅱ类应急避难场所和50%的Ⅲ类应急避难场所。（责任单位：市民防办、市地震局、市建设交通委、各区县政府）

（十二）加强地震应急预案管理。吸取国内特大地震的应急经验与教训，开展市、区（县）、乡镇（街道）三级地震应急预案的修订工作，简化内容，增强可操作性，争取2011年上半年完成。2011年下半年完成重要管理部门、城市生命线管理部门、容易产生次生灾害的管理部门的地震应急分预案，并组织开展不同层级、不同方式的地震应急演练。建立和逐步完善地震应急预案执行监督机制与预案评估机制，对重要、典型的预案演练和地震事件应对搞好总结评估。（责任单位：市地震局、市应急办、各区县政府）

五、进一步健全完善政策保障措施

（十三）编制实施防震减灾“十二五”规划。编制好市、区县两级防震减灾“十二五”规划，并将其纳入同级国民经济和社会发展总体规划，实现防震减灾与经济社会同步规划、同步实施、同步发展。做好防震减灾规划与其他各相关规划之间的衔接，统筹资源配置，确保防震减灾任务和措施有效落实。（责任单位：市地震局、市发展改革委、市建设交通委、各区县政府）

（十四）加大防震减灾投入力度。把防震减灾工作经费列入同级财政年度预算，区县政府要增加对基层防震减灾工作的投入。同时，引导社会各方面增加对各类工程设施和城乡建筑抗震设防的投入，建立与本市经济社会发展水平相适应的防震减灾投入机制。（责任单位：市财政局、各区县政府）

六、加强组织领导和宣传教育

（十五）加强区县防震减灾体系建设。各区县政府要高度重视防震减灾体系的建设，要结合区（县）情实际，进一步加强区县防震减灾工作力量，理顺工作关系，强化工作责任，落实工作经费，切实做好区县防震减灾工作。（责任单位：各区县政府、市地震局、市科委、市民防办）

（十六）加强防震减灾宣传教育培训。规划开展防震减灾科普宣传现代化基础平台建设。切实做好市民和中小学生的防震减灾知识、震时自救互救能力和地震谣言识别的普及宣传教育工作，编写学生和市民防震减灾知识读本。将防震减灾知识和地震应急管理列为各级领导干部和公务员培训教育的重要内容之一。建立专门的防震减灾科普宣传网站。新闻媒体要加强防震减灾公益宣传，做好地震信息发布和舆论引导工作。（责任单位：市地震局、市教委、市人力资源社会保障局、市民防办、市政府新闻办、市应急办、市公务员局）

各区县政府、市有关部门要以对人民群众生命财产安全高度负责的精神，把防震减灾工作列入重要议事日程。要严格按照《中华人民共和国防震减灾法》和《上海市实施〈中华人民共和国防震减灾法〉办法》的规定，依法履行防震减灾职责，各司其职，各负其责，密切配合，形成合力。要切实解决工作中存在的突出问题和薄弱环节，加强防震减灾工作的监督检查，并将防震减灾工作纳入年度目标考核体系，推动本市防震减灾工作再上新台阶。

53. 上海市建设工程文明施工管理规定

（2009 年 9 月 25 日上海市人民政府令第 18 号公布，根据 2010 年 10 月 30 日上海市人民政府令第 48 号公布的《上海市人民政府关于修改〈上海市建设工程文明施工管理规定〉的决定》进行修正，并于 2010 年 11 月 1 日起施行）

第一条（目的和依据）

为加强本市建设工程文明施工，维护城市环境整洁，依据国家有关法律、法规的规定，结合本市实际情况，制定本规定。

第二条（定义）

本规定所称文明施工，是指在建设工程和建筑物、构筑物拆除等活动中，按照规定采取措施，保障施工现场作业环境、改善市容环境卫生和维护施工人员身体健康，并有效减少对周边环境影响的施工活动。

第三条（适用范围）

在本市行政区域内从事建设工程和建筑物、构筑物拆除等有关活动及其监督管理，应当遵守本规定。

第四条（管理部门）

市建设交通行政管理部门是本市建设工程文明施工的行政主管部门；市建筑市场管理机构负责本市建设工程文明施工的日常监督管理工作。

本市各区（县）建设行政管理部门负责所辖行政区域内建设工程文明施工的监督管理工作。

本市其他有关行政管理部门按照各自职责，协同实施本规定。

第五条（工程招标和发包要求）

建设单位在建设工程和建筑物、构筑物拆除招标或者直接发包时，应当在招标文件或者承发包合同中明确设计、施工或者监理等单位有关文明施工的要求和措施。

第六条（文明施工措施费）

建设单位在编制工程概算、预算时，应

当按照国家有关规定，确定文明施工措施费用，并在招标文件或者工程承发包合同中，单独开列文明施工费用的项目清单。

建设单位应当在办理建设工程安全质量监督手续时，同时提供文明施工措施费用项目清单，并按照合同约定，及时向施工单位支付文明施工措施费。施工单位应当将文明施工措施费专款专用。

市建设交通行政管理部门应当会同市发展改革、财政等有关部门制定文明施工措施费的具体标准。

第七条（现场调查要求）

建设工程设计文件确定前，建设单位应当组织设计单位和相关管线单位，对建设工程周边建筑物、构筑物和各类管线、设施进行现场调查，提出文明施工的具体技术措施和要求。

建设单位应当将文明施工的具体技术措施和要求，以书面形式提交给设计单位和施工单位。

第八条（设计和施工要求）

设计单位编制设计文件时，应当根据建设工程勘察文件和建设单位提供的文明施工书面意见，对建设工程周边建筑物、构筑物和各类管线、设施提出保护要求，并优先选用有利于文明施工的施工技术、工艺和建筑材料。

施工单位应当根据建设单位的文明施工书面意见，在施工组织设计文件中明确文明施工的具体措施，并予以实施；建设单位或者施工单位委托的专业单位进入施工现场施工的，应当遵守施工单位明确的文明施工要求。

施工单位应当配备专职文明施工管理人员，负责监督落实施工现场文明施工的各项措施。

第九条（监理要求）

监理单位应当将文明施工纳入监理范围，并对施工单位落实文明施工措施、文明施工措施费的使用等情况进行监理。

监理单位在实施监理过程中，发现施工单位有违反文明施工行为的，应当要求施工单位予以整改；情节严重的，应当要求施工单位暂停施工，并向建设单位报告。施工单位拒不整改或者不停止施工的，监理单位应当及时向建设行政管理部门报告。

建设行政管理部门接到监理单位的报告后，应当及时到施工现场进行查处。

第十条（施工铭牌）

施工单位应当在施工现场醒目位置，设置施工铭牌。

施工铭牌应当标明下列内容：

（一）建设工程项目名称、工地四至范围和面积；

（二）建设单位、设计单位和施工单位的名称及工程项目负责人姓名；

（三）开工、竣工日期和监督电话；

（四）夜间施工时间和许可、备案情况；

（五）文明施工具体措施；

（六）其他依法应当公示的内容。

第十一条（围档设置）

除管线工程、水利工程以及非全封闭的城市道路工程、公路工程外，施工单位应当在施工现场四周设置连续、封闭的围档。建设工程施工现场围档的设置应当符合下列要求：

（一）采用符合规定强度的硬质材料，基础牢固，表面平整和清洁。

（二）围档高度不得低于 2 米。

（三）施工现场主要出入口的围档大门符合有关规定。

（四）距离住宅、医院、学校等建筑物不足 5 米的施工现场，设置具有降噪功能的围档。

管线工程、水利工程以及非全封闭的城市道路工程、公路工程的施工现场，应当使用路拦式围档。

第十二条（围网和脚手架设置）

除管线工程以及爆破拆除作业外，施工现场脚手架外侧应当设置整齐、清洁的绿色密目式安全网。

脚手架杆件应当涂装规定颜色的警示漆，并不得有明显锈迹。

第十三条（防治噪声和扬尘污染要求）

施工单位在施工中除应当遵守有关防治噪声和扬尘污染的法律、法规和规章外，还应当遵守以下规定：

（一）易产生噪声的作业设备，设置在施工现场中远离居民区一侧的位置，并在设有隔音功能的临房、临棚内操作；

（二）夜间施工不得进行捶打、敲击和锯割等作业；

（三）在施工现场不得进行敞开式搅拌砂浆、混凝土作业和敞开式易扬尘加工作业。

第十四条（渣土处置和建筑物、构筑物拆除要求）

施工单位进行渣土处置或者建筑物、构筑物拆除作业时，应当遵守以下规定：

（一）气象预报风速达到5级以上时，停止建筑物、构筑物爆破或者拆除建筑物、构筑物作业。

（二）拆除建筑物、构筑物或者进行建筑物、构筑物爆破时，对被拆除或者被爆破的建筑物、构筑物进行洒水或者喷淋；人工拆除建筑物、构筑物时，实行洒水或者喷淋措施可能导致建筑物、构筑物结构疏松而危及施工人员安全的除外。

（三）在施工工地内，设置车辆清洗设施以及配套的排水、泥浆沉淀设施；运输车辆在除泥、冲洗干净后，方可驶出施工工地。

（四）对建筑垃圾在当日不能完成清运的，采取遮盖、洒水等防尘措施。

（五）在施工现场处置工程渣土时进行洒水或者喷淋。

第十五条（道路管线施工要求）

城市道路工程或者管线工程施工，需要开挖沥青、混凝土等路面的，施工单位应当按照有关规定采用覆罩法作业方式。

在城市道路上开挖管线沟槽、沟坑，当日不能完工且需要作为通行道路的，施工单位应当在该道路上覆盖钢板，使其与路面保持平整。

第十六条（防治光照污染要求）

施工单位进行电焊作业或者夜间施工使用灯光照明的，应当采取有效的遮蔽光照措施，避免光照直射居民住宅。

第十七条（排水设施）

建设工程施工现场应当设置沉淀池和排水沟（管）网，确保排水畅通。

施工单位应当对工地泥浆进行三级沉淀后予以排放，禁止直接将工地泥浆排入城市排水管网或者河道。

第十八条（渣土堆放）

建设工程施工现场堆放工程渣土的，堆放高度应当低于围档高度，并且不得影响周边建筑物、构筑物和各类管线、设施的安全。

第十九条（夜间施工备案）

除城市道路工程、管线工程施工以及抢险、抢修工程外，建设工程或者建筑物、构筑物拆除需要在夜间22时至次日凌晨6时施工的，施工单位应当根据《上海市环境保护条例》的有关规定，向环境保护管理部门办理夜间施工许可手续。

除抢险、抢修外，城市道路工程、管线工程需要在夜间22时至次日凌晨6时施工的，施工单位应当事先向建设行政管理部门备案。

第二十条（通行安全保障措施）

建设工程项目的外立面紧邻人行道或者车行道的，施工单位应当在该道路上方搭建坚固的安全天棚，并设置必要的警示和引导标志。

因建设工程施工需要，对道路实施全部封闭、部分封闭或者减少车行道，影响行人出行安全的，施工单位应当设置安全通道；临时占用施工工地以外的道路或者场地的，施工单位应当设置围档予以封闭。

第二十一条（施工现场生活区设置）

施工现场设置生活区的，应当符合下列规定：

（一）生活区和作业区分隔设置；

（二）设置饮用水设施；

（三）设置盥洗池和淋浴间；

（四）设置水冲式或者移动式厕所，并由专人负责冲洗和消毒；

（五）设置密闭式垃圾容器，生活垃圾应当放置于垃圾容器内并做到日产日清。

在生活区设置食堂的，应当依法办理餐饮服务许可手续，并遵守食品卫生管理的有关规定。

在生活区设置宿舍的，应当安装可开启式窗户，每间宿舍人均居住面积不得低于4平方米。

第二十二条（工地住宿人员管理）

施工工地内住宿人员的管理，执行本市实有人口管理的有关规定。非本工地工作人员不得在施工工地内的宿舍住宿。

第二十三条（竣工后工地的清理）

建设工程竣工备案前，施工单位应当按照规定，及时拆除施工现场围档和其他施工临时设施，平整施工工地，清除建筑垃圾、工程渣土及其他废弃物。

第二十四条（重点区域管理要求）

本市重点区域内施工工地的文明施工要求，还应当符合下列规定：

（一）围档图案简洁、美观且与周边环境相协调，高度不得低于2.5米。

（二）安全网采用不透尘、符合安全要求的材料。

（三）禁止采用爆破方式拆除基坑支撑。

（四）禁止使用不符合标准的高噪声作业设备。

（五）施工现场设置宿舍的，每间宿舍人均居住面积不得低于5平方米，并按照标准配备生活设施。

（六）禁止夜间施工，但抢险、抢修工程及有特殊工序要求的工程除外；因特殊工序要求确需夜间施工的，应当向市环境保护管理部门或者市建设交通行政管理部门办理夜间施工有关手续，并提前在周边区域予以公告。

（七）禁止采用钢筋、模板成型加工作业。

本市文明施工重点区域是指内环线以内区域和市人民政府确定的其他重点区域。市建设交通行政管理部门应当根据人口密度、居住环境、景观要求等提出其他重点区域划分方案，报市人民政府批准。

市建设交通行政管理部门应当制定本市建设工程文明施工的具体标准，其中重点区域内夜间施工限制要求等方面的文明施工标准应当高于其他区域。

第二十五条（投诉）

任何单位和个人发现施工活动有违反本规定情形的，可以向建设行政管理部门投诉。建设行政管理部门接到投诉后，应当及时进行处理，并将处理结果告知投诉人。

第二十六条（日常巡查）

建设行政管理部门应当落实经费和人员，加强对施工现场的日常巡查，发现施工活动有违反本规定情形的，应当及时制止并依法予以查处。

第二十七条（监督检查）

市建设交通行政管理部门应当加强对区（县）文明施工管理工作的监督检查，并将监督检查情况和处理结果向社会公开。

第二十八条（对建设单位的查处）

违反本规定第六条第二款、第七条第一款规定，建设单位未按照标准支付文明施工措施费或者未按照要求组织进行现场调查的，由市建筑市场管理机构或者区（县）建设行政管理部门责令限期改正。

第二十九条（对施工单位的处罚）

违反本规定，施工单位有下列行为之一

的，由市建筑市场管理机构或者区（县）建设行政管理部门责令限期改正；逾期不改正的，可以责令暂停施工，并按照下列规定予以处罚：

（一）违反本规定第十条规定，未按照要求设置施工铭牌的，处5000元以上1万元以下的罚款；

（二）违反本规定第十二条第二款、第十三条第（三）项、第十四条第（五）项、第十六条规定，脚手架杆件、搅拌砂浆等加工作业、渣土处置或者光照遮蔽措施不符合要求的，处5000元以上1万元以下的罚款；

（三）违反本规定第十五条、第二十条规定，未采用覆罩法施工、路面未按照要求覆盖钢板或者未采取通行安全措施的，处1万元以上3万元以下的罚款；

（四）违反本规定第二十一条第一款第（一）项至第（三）项、第三款规定，未分隔设置生活区和作业区、未设置饮用水设施、盥洗池和淋浴间或者宿舍设置不符合要求的，处5000元以上1万元以下的罚款；

（五）违反本规定第二十四条第一款第（一）项至第（五）项、第（七）项规定，施工工地不符合重点区域文明施工管理要求的，处1万元以上3万元以下的罚款。

第三十条（对其他违法行为的处罚）

违反本规定其他相关条款的行为，法律、法规、规章已有处罚规定的，由相关行政管理部门依照其规定处罚。

第三十一条（施行日期）

本规定自2009年12月1日起施行。1994年5月24日上海市人民政府发布的《上海市建设工程文明施工管理暂行规定》同时废止。

54. 上海市查处车辆非法客运规定

（2010年11月1日，上海市人民政府令第49号公布）

第一条（目的和依据）

为了保障乘客安全，规范本市客运市场秩序，制止车辆非法客运行为，根据《上海市出租汽车管理条例》、《上海市公共汽车和电车客运管理条例》、《上海市道路运输管理条例》等法规的有关规定，制定本规定。

第二条（适用范围）

本规定适用于本市行政区域范围内各类机动车、非机动车非法客运的查处及相关管理活动。

第三条（管理部门）

市交通行政管理部门负责本市行政区域范围内车辆非法客运查处的管理；浦东新区、闵行、宝山、嘉定、金山、松江、奉贤、青浦、崇明等区、县交通行政管理部门（以下统称区、县交通行政管理部门）负责本辖区范围内车辆非法客运查处的管理。

市和区、县交通行政执法机构（以下统称交通行政执法机构）按照规定职责，负责本辖区范围内车辆非法客运的监督检查。

公安交通管理部门负责非法客运的车辆违反道路交通安全的监督检查。

第四条（一般禁止规定）

未取得营业性客运证件的汽车不得从事经营性客运活动。

摩托车、各类非机动车不得从事经营性客运活动。

三轮非机动车不得加装座位等客运设施。

第五条（禁止假冒客运出租汽车）

除客运出租汽车外，其他汽车不得喷涂客运出租汽车专用车身颜色，不得安装客运出租汽车专用营运标识和设施。

第六条（客运出租汽车退出营业规定）

客运出租汽车车辆报废或者更新时，经营者应当清除客运出租汽车专用车身颜色、专用营运标识和设施，并在车辆报废或者更新后5日内，向交通行政管理部门办理营运证件注销手续。

第七条（招揽行为）

除营业性客运汽车驾驶员外，其他人员不得在机场、车站、港口、医院、商业网点、旅游集散点以及道路等公共场所招揽乘客。

第八条（专用候客区域）

市或者区、县交通行政管理部门会同市或者区、县公安交通管理部门可以在机场、车站、港口、医院、商业网点、旅游集散点以及道路等公共场所划定客运出租汽车专用候客区域。客运出租汽车应当在专用候客区域内候客，其他车辆不得在专用候客区域内停靠。

第九条（监督检查）

交通行政执法机构应当加强对车辆非法客运的监督检查，并建立相应的监管档案。对机场、车站、港口、医院、商业网点、旅游集散点以及道路等公共场所，交通行政执法机构应当加大对车辆非法客运的查处力度。

被检查的单位或者个人应当配合管理部门的检查，并提供相关的资料，不得拒绝、阻挠。

第十条（社会举报机制）

交通行政执法机构应当设立举报车辆非法客运的专用电话，并向社会公布。受理举报的部门应当为举报人保密。

交通行政执法机构接到举报后，应当立即开展调查，并在一个月内将查处车辆非法客运的有关情况反馈举报人。

第十一条（证据采集）

交通行政执法机构查处车辆非法客运时，现场应当有两名以上执法人员，并依法收集相关的证据。

交通行政执法机构工作人员不得采用威胁、引诱、欺骗等方式收集车辆非法客运的证据。采用上述方式取得的证据，不得作为查处车辆非法客运的依据。

第十二条（违反一般禁止规定的处罚）

违反本规定第四条第一款规定，非法从事经营性客运活动的，由交通行政执法机构根据有关法律、法规的规定进行处罚。

违反本规定第四条第二款规定，摩托车和非机动车非法客运的，由公安交通管理部门负责道路检查，收集有关证据后，将案件材料移送市或者区、县交通行政管理部门，由市或者区、县交通行政管理部门处以1000元以上5000元以下的罚款。

违反本规定第四条第三款规定，三轮非机动车加装座位等客运设施的，由市或者区、县交通行政管理部门处以1000元以上5000元以下的罚款。

第十三条（假冒客运出租汽车的处罚）

违反本规定第五条规定，非客运出租汽车喷涂客运出租汽车专用车身颜色、安装顶灯或者安装计价器的，由市或者区、县交通行政管理部门处以1000元以上3000元以下的罚款；喷涂客运出租汽车专用车身颜色、安装顶灯和安装计价器的，由市或者区、县交通行政管理部门处以5000元以上1万元以下的罚款。上述汽车上路行驶的，由市或者区、县交通行政管理部门处以2万元以上5万元以下的罚款。

涉及使用伪造、变造的客运出租汽车专用牌照、营运证件的，由公安机关按照《中华人民共和国治安管理处罚法》的有关规定进行处罚。

第十四条（违反退出营业规定的处罚）

违反本规定第六条规定，经营者有下列行为之一的，由市或者区、县交通行政管理部门责令改正，处以每辆车2000元以上5000元以下的罚款：

（一）未清除客运出租汽车专用车身颜色、专用营运标识或者专用营运设施的；

（二）未在规定的时间内办理营运证件注销手续的。

第十五条（招揽行为的处罚）

违反本规定第七条规定，营业性客运汽车驾驶员以外的人员在机场、车站、港口、医院、商业网点、旅游集散点以及道路等公共场所招揽乘客的，由市或者区、县交通行政管理部门处以200元以上2000元以下的罚款。

招揽乘客扰乱公共场所秩序的，由公安机关按照《中华人民共和国治安管理处罚法》的有关规定进行处罚。

第十六条（违反专用候客区域规定的处理）

违反本规定第八条规定，非客运出租汽车在客运出租汽车专用候客区域内停靠的，由公安交通管理部门按照《中华人民共和国道路交通安全法》的有关规定进行处理。

第十七条（收费搭载乘客行为的处理）

未取得营业性客运证件的汽车驾驶员有收费搭载乘客行为，第一次被发现的，由交通行政执法机构予以记录，不予处罚；第二次被发现的，由交通行政执法机构予以教育并记录，不予处罚；第三次被发现的，可以认定为以营利为目的从事非法客运活动，由交通行政执法机构按照本规定第十二条第一款的规定予以处理。

第十八条（暂扣车辆的处理）

交通行政执法机构按照有关法律、法规的规定，可以对非法客运的车辆予以暂扣，并通知当事人在规定的期限内到指定的地点接受处理。

被暂扣的车辆达到报废条件的，依法予以报废。

按期接受处理并履行行政处罚决定的，交通行政执法机构应当及时归还暂扣车辆；逾期不接受处理的，交通行政执法机构可以依法作出行政处罚决定。当事人无正当理由逾期不履行行政处罚决定的，按照有关规定公告后，交通行政执法机构可将暂扣车辆依法予以拍卖。拍卖所得扣除拍卖费用、罚款数额后尚有余款的，交通行政执法机构应当通知当事人领取。

第十九条（行政处罚的委托）

违反本规定的行为，由市或者区、县交通行政管理部门负责处罚的，市或者区、县交通行政管理部门可以委托交通行政执法机构进行处罚。

第二十条（案件移送）

交通行政执法机构和公安交通管理部门在查处车辆非法客运时，发现有违反税务、环保、规费收缴、道路交通安全、客运经营等有关规定的行为，但不属于本部门管理范围的，应当及时移送相关管理部门，由相关管理部门及时予以处理。

第二十一条（妨碍公务的处理）

交通行政执法机构在查处车辆非法客运时，有下列情形之一的，可以移交公安机关依法处理；构成犯罪的，依法追究刑事责任：

（一）围堵、伤害执法人员的；

（二）抢夺暂扣的非法客运车辆的；

（三）暴力破坏执法设施、执法车辆的；

（四）其他暴力抗拒执法的。

第二十二条（施行日期）

本规定自2011年1月1日起施行。2006年6月7日上海市人民政府令第60号公布的《上海市查处车辆非法客运规定》同时废止。

55. 上海市建筑垃圾和工程渣土处置管理规定

（2010年11月8日，上海市人民政府令第50号公布）

第一条（目的和依据）

为了加强对建筑垃圾和工程渣土处置的管理，维护城市市容环境卫生，根据《上海市市容环境卫生管理条例》和其他有关法律、法规的规定，结合本市实际，制定本规定。

第二条（适用范围和定义）

本市行政区域内建筑垃圾和工程渣土的处置及相关管理活动，适用本规定，但家庭装修工程产生的建筑垃圾和工程渣土除外。

建筑垃圾和工程渣土是指建设工程的新建、改建、扩建过程中以及建筑物、构筑物的修缮和拆除过程中产生的弃土、弃料及其他废弃物。

建筑垃圾和工程渣土的处置是指建筑垃圾和工程渣土排放、运输、中转、消纳的各个环节。

第三条（管理部门）

市绿化市容行政管理部门是本市建筑垃圾和工程渣土处置的主管部门，负责本规定的组织实施。

区（县）绿化市容行政管理部门负责所辖区域内建筑垃圾和工程渣土处置的具体管理工作。

市和区（县）城市管理行政执法部门（以下统称城管执法部门）依法对违反本规定的行为实施行政处罚。

本市建设、交通港口、公安、规划国土、海事、水务、物价、质量技监、房屋、环保、民防等行政管理部门按照各自职责，协同实施本规定。

第四条（政府责任）

市和区（县）人民政府应当将建筑垃圾和工程渣土处置管理工作所需经费纳入本级财政预算。

区（县）人民政府应当加强对所辖区域内建筑垃圾和工程渣土处置管理工作的领导。

第五条（鼓励综合利用）

本市鼓励对建筑垃圾和工程渣土实行综合利用，优先将建筑垃圾和工程渣土作为填充物用于建设工程。

第六条（确定区域运输单位）

区（县）绿化市容行政管理部门应当根据所辖区域内建筑垃圾和工程渣土的运输量，按照本规定第七条的要求确定本辖区承运建筑垃圾和工程渣土的单位（以下简称运输单位）。运输单位数量不得少于两家，区域经营期限不得超过2年。

区（县）绿化市容行政管理部门确定的本辖区运输单位无法满足所辖区域内建筑垃圾和工程渣土运输需求的，区（县）绿化市容行政管理部门应当增加本辖区的运输单位。

第七条（招投标要求）

区（县）绿化市容行政管理部门确定本辖区运输单位，应当通过市绿化市容行政管理部门设立的运输单位招投标平台进行招投标。招标条件应当包括下列内容：

（一）有道路运输车辆营运证的自有运输车辆数量不少于20辆；

（二）运输车辆符合《建筑垃圾车技术及运输管理要求》（DB31/T 398）的规定，并安装符合市绿化市容行政管理部门规定要求的转弯信号、语音提示装置；

（三）运输车辆驾驶员数量与运输车辆数量相适应，并通过有关部门组织的交通安全培训；

（四）运输车辆驾驶员具有3年以上驾驶大型车辆的经历，无承担全部责任或者主要责任的致人死亡的道路交通事故记录；

（五）有健全的企业管理制度并得到有效执行。

市绿化市容行政管理部门应当向中标的运输单位核发建筑垃圾和工程渣土运输许可证。

运输单位的招投标办法由市绿化市容行政管理部门会同相关部门另行制定。

第八条（建设单位确定运输单位）

产生建筑垃圾和工程渣土的建设单位（含建筑物、构筑物拆除单位，下同），应当在工程所在地的区（县）绿化市容行政管理部门确定的本辖区建筑垃圾和工程渣土运输单位中选择具体的承运单位。

第九条（消纳场所设置要求）

受纳建筑垃圾和工程渣土的场所（以下简称消纳场所），由区（县）绿化市容行政管理部门设置，由市绿化市容行政管理部门统筹平衡。消纳场所应当具备下列条件：

（一）有符合市绿化市容行政管理部门规定要求的电子信息装置；

（二）有符合消纳需要的机械设备和照明、消防等设施；

（三）有符合规定的围墙和经过硬化处理的出入口道路；

（四）在出口处设置车辆冲洗的专用场地，配备运输车辆冲洗保洁设施。

第十条（消纳场所管理）

消纳场所的管理单位应当遵守下列规定：

（一）按照规定受纳、堆放建筑垃圾和工程渣土，不得受纳其他物料；

（二）保持消纳场所相关设备、设施完好；

（三）保持消纳场所和周边环境整洁；

（四）对所受纳的、符合要求的建筑垃圾和工程渣土，向运输单位出具建筑垃圾和工程渣土消纳结算凭证；

（五）对进入消纳场所的运输车辆、受纳建筑垃圾和工程渣土数量等情况进行记录，并定期将汇总数据报告区（县）绿化市容行政管理部门。

第十一条（消纳场所的核实）

建设工程或者低洼地、废沟浜、滩涂等需要回填建筑垃圾和工程渣土的场所，以及可以受纳建筑垃圾和工程渣土的其他场所，有关单位可以向所在地的区（县）绿化市容行政管理部门提出设置消纳场所的申请，由区（县）绿化市容行政管理部门予以核实后启用。

区（县）绿化市容行政管理部门应当指派专人至前款规定的消纳场所，对受纳建筑垃圾和工程渣土情况进行监管，受纳的建筑垃圾和工程渣土符合要求的，向运输单位出具建筑垃圾和工程渣土消纳结算凭证。

第十二条（招标、发包要求）

建设单位在工程招投标或者直接发包时，应当在招标文件和承发包合同中明确施工单位在施工现场对建筑垃圾和工程渣土排放管理的具体要求和相关措施。

第十三条（运输费和处置费）

建设单位在编制建设工程概算、预算时，应当专门列支建筑垃圾和工程渣土的运输费和处置费，并在申请核发建筑垃圾和工程渣土处置证前，存入建设单位设立的建筑垃圾和工程渣土运输费、处置费专用帐户。建设单位未将运输费和处置费存入专用帐户的，不予核发建筑垃圾和工程渣土处置证。

建筑垃圾和工程渣土运输费、处置费实行政府指导价，由市物价部门会同市绿化市容行政管理部门制定。

第十四条（运输、处置费用的其他情况）

建设单位自行选择消纳场所的，建设单位应当与消纳场所管理单位签订消纳处置合同，明确受纳处置的建筑垃圾和工程渣土数量，协商确定处置费。建设单位自行选择消纳场所的，应当与运输单位签订运输合同，明确建筑垃圾和工程渣土的运输量，并根据政府指导价协商确定运输费。

建设单位委托运输单位选择消纳场所的，由建设单位与运输单位签订运输处置合同，明确运输、处置建筑垃圾和工程渣土的数量，根据政府指导价协商确定运输费和处置费。

第十五条（处置申报）

建设单位应当在办理工程施工或者建筑物、构筑物拆除施工安全质量监督手续前，向工程所在地的区（县）绿化市容行政管理部门申请核发建筑垃圾和工程渣土处置证。申请核发建筑垃圾和工程渣土处置证应当提交下列文件：

（一）建筑垃圾和工程渣土处置计划；

（二）建筑垃圾和工程渣土的运输处置合同、消纳处置合同、运输合同。

前款第（一）项规定提交的建筑垃圾和

工程渣土处置计划，应当包括建筑垃圾和工程渣土的排放地点、种类、数量、消纳场所等事项；建设单位未能确定消纳场所的，应当提出建筑垃圾和工程渣土消纳申请。

区（县）绿化市容行政管理部门应当在接到申请之日起5个工作日内，对建筑垃圾和工程渣土处置事项进行审核。符合处置规定的，核发建筑垃圾和工程渣土处置证，并按照运输车辆数量配发相应份数的处置证副本；对建设单位提出的消纳场所申请，应当根据统筹安排原则指定消纳场所。不符合处置规定的，不予核发处置证，并向申请单位书面告知原因。

处置证应当载明建设单位和施工单位名称、运输单位名称、工程名称及地点、排放期限、消纳场所、运输车辆车牌号、运输线路、运输时间等事项。

禁止涂改、倒卖、出租、出借或者转让处置证。

第十六条（报监手续的要求）

建设单位在办理工程施工或者建筑物、构筑物拆除施工安全质量监督手续时，应当向建设行政管理部门或者房屋行政管理部门提交建筑垃圾和工程渣土处置证。

第十七条（施工现场管理）

施工单位应当配备施工现场建筑垃圾和工程渣土排放管理人员，监督施工现场建筑垃圾和工程渣土的规范装运，确保运输车辆冲洗干净后驶离。对施工现场建筑垃圾和工程渣土处置违反规定而未尽监督义务的施工工地，不得参加本市文明施工工地的评选。

运输单位应当安排专人对施工现场运输车辆作业进行监督管理，按照施工现场管理要求做好运输车辆密闭启运和清洗工作，保证运输车辆安装的电子信息装置等设备正常、规范使用。

施工单位发现运输单位有违反处置规定行为的，应当要求运输单位立即改正；运输单位拒不改正的，施工单位应当立即向绿化市容行政管理部门报告。绿化市容行政管理部门接到施工单位的报告后，应当及时到施工现场进行查处。

第十八条（车船运输规范）

运输建筑垃圾和工程渣土的车船应当统一标识，统一安装、使用记录路线、时间和消纳场所的电子信息装置，随车船携带处置证，并按照交通运输、公安交通等部门规定的线路、时间行驶。

运输车辆应当实行密闭运输；运输船舶应当实行密闭或者覆盖运输。运输途中的建筑垃圾和工程渣土不得泄漏、撒落或者飞扬。

第十九条（中转码头要求）

转运建筑垃圾和工程渣土的码头应当取得码头经营许可证，配备符合市绿化市容行政管理部门规定要求的视频监控系统、电子信息装置和防污设施，并向区（县）绿化市容行政管理部门备案。

第二十条（消纳结算要求）

运输单位启运前，建设单位应当委托施工单位将具体启运时间告知工程所在地的区（县）绿化市容行政管理部门，并将建筑垃圾和工程渣土排放量、排放时间、承运车船号牌、运输线路、消纳场所等事项，分别告知消纳场所所在地的区（县）绿化市容行政管理部门和消纳场所管理单位。

运输单位按照要求将建筑垃圾和工程渣土运输至规定的消纳场所后，消纳场所管理单位应当立即向运输单位出具建筑垃圾和工程渣土运输消纳结算凭证。

运输单位可凭该结算凭证向消纳场所所在地的区（县）绿化市容行政管理部门申领运输费和处置费，区（县）绿化市容行政管理部门应当在2天内进行核实，经核实符合要求的，通知建设单位予以支付。

运输单位将建筑垃圾和工程渣土运往其他省市进行消纳的，区（县）绿化市容行政管理部门应当指派专人或者使用电子信息装置进行全过程监控，确保建筑垃圾和工程渣土按照规定消纳后，向运输单位出具建筑垃圾和工程渣土运输消纳结算凭证。

第二十一条（信息系统）

市绿化市容行政管理部门应当会同其他有关行政管理部门建立建筑垃圾和工程渣土处置管理信息系统，将运输单位、运输车船、驾驶员、消纳场所有关信息以及建筑垃圾和工程渣土处置的申请、核准信息纳入该信息系统。

第二十二条（监督检查）

市和区（县）绿化市容行政管理部门执法人员应当依法对建筑垃圾和工程渣土处置情况实施监督检查。

执法人员实施检查时，应当对检查的时间、地点、内容、发现的问题及处理情况做好书面记录。

执法人员实施检查时，应当出示执法证件，不得影响相关单位和个人正常的生产经营活动。

第二十三条（投诉处理）

任何单位和个人发现建筑垃圾和工程渣土处置有违反本规定情形的，可以向绿化市容行政管理部门或者城管执法部门投诉和举报。绿化市容行政管理部门或者城管执法部门接到投诉和举报后，应当在规定期限内进行处理，并将处理结果告知投诉人。

第二十四条（已有处罚规定）

对违反本规定的行为，法律、法规、规章已有处罚规定的，从其规定。

第二十五条（对运输单位的一般处罚）

对运输单位违反本规定的行为，由城管执法部门责令改正，并按照下列规定予以处罚：

（一）违反本规定第七条第一款第（二）项规定，使用不符合规定的运输车辆的，处200元以上2000元以下罚款；

（二）违反本规定第十七条第二款规定，未安排专人到施工现场进行管理的，处200元以上1000元以下罚款。

第二十六条（对建设单位的处罚）

对建设单位违反本规定的行为，由城管执法部门责令改正，并按照下列规定予以处罚：

（一）违反本规定第八条规定，委托未经区（县）绿化市容行政管理部门确定的运输单位运输的，处1万元以上10万元以下罚款；

（二）违反本规定第十五条第五款规定，涂改、倒卖、出租、出借或者转让处置证的，处5000元以上5万元以下罚款。

第二十七条（对消纳场所管理单位的处罚）

违反本规定第十条规定，消纳场所管理单位未遵守相关管理规定的，由城管执法部门责令改正，处3000元以上3万元以下罚款。

第二十八条（对施工单位的处罚）

违反本规定第十七条第一款、第三款规定，施工单位未配备管理人员进行管理或者未向管理部门报告的，由建设行政管理部门责令改正，处200元以上1000元以下罚款。

第二十九条（运输许可证的吊销）

运输单位有下列违法行为在一定期间内被处罚3次以上（含3次）的，由市绿化市容行政管理部门吊销其建筑垃圾和工程渣土运输许可证：

（一）未实行密闭或者覆盖运输；

（二）运输车辆超载运输建筑垃圾和工程渣土；

（三）运输单位擅自倾倒、堆放、处置建筑垃圾和工程渣土；

（四）运输单位承运未取得处置证的建筑垃圾和工程渣土。

前款所指的一定期间，由市绿化市容行政管理部门根据管理需要予以规定和调整。

运输单位擅自倾倒、堆放、处置建筑垃圾和工程渣土或者承运未取得处置证的建筑垃圾和工程渣土，情节严重的，由市绿化市容行政管理部门吊销其建筑垃圾和工程渣土运输许可证。

运输单位所属的驾驶员发生道路交通事故累计造成3人以上死亡，且承担全部责任或者主要责任的，由市绿化市容行政管理部门吊销该运输单位的建筑垃圾和工程渣土运输许可证。

第三十条（行政监督）

区（县）绿化市容行政管理部门、区（县）城管执法部门有下列行为之一的，由上级行政管理部门依据职权责令限期改正，通报批评：

（一）未依照规定的要求招标或者增加运输单位的；

（二）对发现的违法行为不依法纠正、查处的；

（三）其他未依法履行监督管理职责的情形。

有前款行为，情节严重造成不良影响的，对直接责任人员依法给予行政处分。

第三十一条（执法人员违法行为的追究）

绿化市容行政管理部门、城管执法部门和其他有关行政管理部门的工作人员有下列行为之一的，由其所在单位或者上级主管部门对直接负责的主管人员和其他直接责任人员依法给予行政处分，构成犯罪的，依法追究刑事责任：

（一）无法定依据执法或者故意违反法定程序执法的；

（二）使用暴力、威胁等手段执法的；

（三）故意损坏或者违反规定损毁当事人财物的；

（四）对发现的违法行为不依法查处的；

（五）滥用职权、玩忽职守、徇私舞弊的其他行为。

第三十二条（施行日期）

本规定自2011年1月1日起施行。1992年1月11日上海市人民政府令第10号公布，根据1997年12月14日上海市人民政府令第53号修正并重新公布的《上海市建筑垃圾和工程渣土处置管理规定》同时废止。

56. 上海市查处乱张贴乱涂写乱刻画乱悬挂乱散发规定

（2010年11月15日，上海市人民政府令第51号公布）

第一条（目的和依据）

为了维护市容环境整洁，制止乱张贴、乱涂写、乱刻画、乱悬挂、乱散发行为，根据《上海市市容环境卫生管理条例》的有关规定，结合本市实际，制定本规定。

第二条（适用范围）

本规定适用于本市中心城、新城、中心镇以及独立工业区、经济开发区等城市化地区。

第三条（管理执法部门）

市绿化市容行政管理部门负责本规定的组织实施。

各区（县）绿化市容行政管理部门负责所辖区域内乱张贴、乱涂写、乱刻画、乱悬挂、乱散发行为的监督管理工作。

市和区（县）城市管理行政执法部门（以下统称城管执法部门）依法对乱张贴、乱涂写、乱刻画、乱悬挂、乱散发行为实施行政处罚。

第四条（一般规定）

任何单位和个人都应当自觉维护树木和建筑物、构筑物或者其他设施的整洁，并有权制止、检举损害其整洁的行为。

第五条（禁止行为）

禁止在树木和建筑物、构筑物或者其他设施上刻画、涂写。

禁止在树木上张贴、悬挂宣传品或者标语。

禁止擅自在建筑物、构筑物或者其他设施上张贴、悬挂宣传品或者标语。因特殊情况需要在建筑物、构筑物或者其他设施上临时张贴、悬挂宣传品或者标语的，应当经区

（县）绿化市容行政管理部门批准，在规定的时间和范围内张贴或者悬挂，并在期满后及时清除。

禁止在主要道路、商业集中区域、景观区域、交通集散点以及其他公共场所散发经营性宣传品。禁止散发的具体区域，由市绿化市容行政管理部门确定并对外公布。

第六条（公共招贴栏）

街道办事处、镇人民政府应当在街坊、居住区内选择适当地点设置公共招贴栏，并加强日常管理。

零星招贴物应当张贴于公共招贴栏中。

第七条（有关单位的权利和义务）

各单位应当保持所使用、管理的树木和建筑物、构筑物或者其他设施的整洁。发现有乱张贴、乱涂写、乱刻画、乱悬挂、乱散发行为的，有权要求行为人及时清除、赔偿损失；一时难以发现行为人的，应当先行代为清除。

绿化市容行政管理部门发现所辖区域内有乱张贴、乱涂写、乱刻画、乱悬挂、乱散发行为，未能及时清除的，应当组织清除。

第八条（行政处罚）

违反本规定第五条规定的，由城管执法部门责令限期清除；拒不清除的，代为清除，代为清除的费用由违法行为人承担，并处50元以上500元以下罚款。对利用或者组织张贴、涂写、刻画、悬挂、散发等形式发布宣传品、标语的单位和个人，可处1万元以上10万元以下罚款。

代为清除的费用按照市物价部门核定的标准计算。

第九条（暂停通讯工具号码的使用）

对违反本规定随意张贴、涂写、刻画、悬挂、散发宣传品、标语，在其中公布通讯工具号码的，由区（县）城市管理行政执法部门通知通讯工具号码使用人限期接受处理；逾期不接受处理的，区（县）城市管理行政执法部门在作出处理决定后报送市城市管理行政执法部门，由市城市管理行政执法部门以书面形式通知市电信管理部门暂停其通讯工具号码的使用。

市电信管理部门应当在接到书面通知后及时通知相关电信业务经营企业执行本规定。

暂停通讯工具号码使用期间内，违法行为人接受处理的，市城市管理行政执法部门应当及时通知市电信管理部门恢复其通讯工具号码的使用。

第十条（复议和诉讼）

当事人对绿化市容行政管理部门或者城管执法部门的具体行政行为不服的，可以依照《中华人民共和国行政复议法》或者《中华人民共和国行政诉讼法》的规定，申请行政复议或者提起行政诉讼。

当事人在法定期限内不申请复议，不提起诉讼，又不履行具体行政行为的，作出具体行政行为的绿化市容行政管理部门或者城管执法部门可以申请人民法院强制执行。

第十一条（妨碍公务处理）

侮辱、殴打绿化市容行政管理部门、城管执法部门工作人员，或者拒绝、阻挠其执行职务，违反《中华人民共和国治安管理处罚法》的，由公安部门予以处罚；情节严重构成犯罪的，依法追究刑事责任。

第十二条（执法者违法行为的追究）

绿化市容行政管理人员和城管执法人员应当秉公执法。对滥用职权、徇私舞弊、索贿受贿的，由所在单位给予行政处分；情节严重构成犯罪的，依法追究刑事责任。

第十三条（施行日期）

本规定自2011年1月1日起施行。1997年4月30日上海市人民政府令第44号发布，根据2007年11月30日上海市人民政府令第77号《上海市人民政府关于修改〈上海市水产养殖保护规定实施细则〉等6件市政府规章的决定》修正的《上海市禁止乱张贴乱涂写乱刻画暂行规定》同时废止。

57. 关于切实做好消防和安全生产工作的通知

（沪府办发〔2010〕42号，11月17日）

各区、县人民政府，市政府各委、办、局：

11月15日，静安区胶州路高层公寓发生特别重大火灾事故，给人民群众生命财产造成了重大损失。火灾事故发生后，党中央、国务院十分关注，中央领导同志多次作出重要批示、指示，要求深刻吸取教训，举一反三，采取有力措施，坚决预防和遏制重特大火灾事故发生。火灾事故发生当晚，国务院工作组紧急赶到上海，指导火灾事故救援和善后工作。11月16日，国务院办公厅下发了《关于进一步做好消防工作坚决遏制重特大火灾事故的通知》（以下简称“国务院办公厅《通知》”），要求各地区、各部门、各单位负责人针对本地区、本部门、本单位消防工作存在的薄弱环节，组织制定各项防范措施，认真开展火灾隐患大排查大整改，广泛开展消防宣传教育和培训，严格落实消防安全责任制，进一步做好消防和安全生产工作。11月15日晚，市委、市政府召开紧急会议，成立“11·15”火灾事故善后处置领导小组，组织开展抢救、救治和善后等各项工作。16日上午，市政府召开全市防火及安全生产电视电话紧急会议，要求全市各有关方面全面领会、认真贯彻落实中央领导重要指示，精心组织，全面动员，全力做好“11·15”火灾事故善后处置各项工作。同时，立即在全市开展一次防火和安全生产大检查、大整顿，坚决消除安全隐患。为贯彻落实国务院办公厅《通知》和市委、市政府有关会议精神，经市政府同意，现就切实做好消防和安全生产工作通知如下：

一、深刻吸取事故教训，进一步增强做好消防和安全生产工作的责任感

各区县、各部门、各单位一定要深刻吸取事故教训，从落实科学发展观、保障和改善民生的高度，进一步提高对做好消防和安全生产工作重要性的认识，进一步增强责任感、紧迫感，始终保持清醒头脑，始终绷紧安全这根弦，不松懈、不麻痹。各级领导干部要以对人民群众高度负责的精神，切实把消防和安全生产各项工作落到实处。要针对本区县、本部门、本单位消防和安全生产工作存在的薄弱环节，以及当前冬季火灾易发、高发的特点，进一步采取有力措施，全力抓好防火和安全生产工作，确保人民群众生命安全、社会和谐稳定。

二、扎实开展全市防火和安全生产大检查、大整顿，坚决消除安全隐患

各区县、各部门、各单位要按照市委、市政府的部署，立即组织开展一次防火和安全生产大检查、大整顿，针对当前消防和安全生产工作的实际情况，认真组织检查，重点检查消防和安全生产责任是否落实，安全管理制度、设备设施和防范措施是否到位。公安、安监、建设、文化、教育、工商、旅游等部门要以高层建筑、地下工程、公共娱乐场所、商场、市场、宾馆饭店、学校医院、托儿所、敬老院、外来务工人员聚居地、易燃易爆单位、危棚简屋，以及集生产、销售、储存、居住为一体的“三合一”、“多合一”场所等为重点，全面排查整治火灾隐患，督促有关单位、业主落实消防安全主体责任。对不具备消防安全条件的场所，经检查发现不能立即整改的，一律依法责令停产、停业。要对建筑工地普遍开展一次消防安全检查，督促建立施工现场消防安全制度，抓紧制订完善工地管理和文明施工标准，对不符合要求的，坚决不准开工。对发现的消防隐患，要坚决整改。对发现隐患不及时整改的单位、整改措施不认真落实的单位，要依法严肃查处，坚决杜绝一切重大消防和安全生产隐患。各区县、各部门、各单位要在11月25日前，将本区县、本部门、本单位的防火和安全生

产检查情况报市政府，并抄送市公安局、市安全监管局。公安、安监等有关部门要成立工作检查组，对各区县、各部门、各单位自查结果及整改情况进行抽查，并将抽查情况汇总后报市政府。

三、严格落实消防和安全生产责任制

各区县、各部门、各单位主要负责同志是消防和安全生产工作的第一责任人，分管负责同志为主要责任人。要建立健全各项消防和安全生产管理制度，认真落实“安全自查、隐患自除、责任自负”的消防和安全生产责任制和岗位责任制，层层落实责任、层层细化责任，把责任落实到各级政府、部门、单位和个人。要加大消防和安全生产事故责任追究力度，实行责任倒查和逐级追查，做到原因不查清不放过、事故责任者得不到处理不放过、整改措施不落实不放过、教训不吸取不放过。

四、广泛开展宣传、教育和培训，努力提高全民防火安全意识

各区县、各部门、各单位要结合实际，进一步组织开展消防和安全生产宣传、教育和培训。各级新闻、文化部门要利用各种形式和传播媒介，积极主动做好消防和安全生产宣传工作，大力宣传消防和安全生产工作的极端重要性，宣传典型事例和防范措施，不断提高全民防火安全意识。各类学校要对学生开展必要的防火和安全生产知识教育，增强学生的安全意识和自防自救能力。

五、加强消防基础设施建设和灭火救援准备

要大力加强消防基础设施建设，进一步完善消防站点布局，配齐、升级消防车辆装备和消防个人防护器材，加强市政消火栓等消防水源建设和管理，满足特大型城市对消防应急救援工作的需求。公安消防部门要针对火灾的特点和规律，加强灭火战术研究和实地演练，严格落实执勤战备制度，完善各类灭火救灾预案。

附 录

2010 年大事记

（1 月 ~ 12 月）

1 月份

1 月 5 日，来自四川卧龙中国保护大熊猫研究中心雅安碧峰峡基地的 10 只大熊猫宝宝，乘专机抵达上海，开始为期一年的大熊猫上海世博行。本次活动由国家林业局和上海市人民政府、四川省人民政府联合举办。世博大熊猫今年上半年安排在浦西的上海动物园展出，下半年安排在浦东的上海野生动物园展出。

1 月 6 日，市委（沪委 [2010]43 号）批准许解良、蒋曙杰同志正式任上海市城乡建设和交通委员会副主任，秦云同志正式任上海市城乡建设和交通委员会总工程师，任职时间从试用期开始算起。

1 月 6 日，由市委组织部主办，市建设交通工作党委和市住房保障房屋管理局党组联合承办的上海基层党建讲坛第17期在市委党校举行，本次讲坛以“迎世博，深化社区物业管理党建联建”为主题，由市委组织部副部长冯小敏主持，市建设交通工作党委副书记范志伟致辞，市建设交通委副主任、市住房保障房屋管理局党组书记、局长刘海生作主题发言，静安区住房保障房屋管理局党委、普陀区曹杨社区（街道）党工委、闸北区临汾社区（街道）党工委、闵行区古美路社区（街道）平吉六村党总支、上海平凉物业管理有限公司党支部等5家单位交流发言，有关专家进行了点评。各区县组织部、住房保障房屋管理局、社区（街道）党工委领导同志和相关部门负责人参加了讲坛。冯小敏同志作重要讲话，范志伟同志总结了5年来社区物业管理党建联建工作探索的三点启示和三条工作要求。同时，由市委副书记殷一璀作序，市建设交通委副主任、市住房保障房屋管理局党组书记、局长刘海生主编，文汇出版社出版的《服务百姓安居，共建和谐社区—上海市社区物业管理党建联建工作实例选编》首发。

1月7日，上海浦东黎明填埋场扩建工程1#库区正式投入试运行。作为浦东新区重大民生工程，黎明填埋场扩建项目前后筹划了5年多时间，投资2.6亿元，设计采用了国家一级卫生填埋场标准，技术先进，环保措施到位。项目启用后将大大提高浦东新区生活垃圾末端处置能力、工艺技术水平和科学管理水平。

1月7日，副市长沈骏、市政府副秘书长尹弘、市建设交通工作党委副书记、市建设交通委主任黄融赴市交通港口局调研。市建设交通委副主任、市交通港口局党组书记、局长孙建平汇报了2009年上海交通港航工作情况和2010年主要工作设想。沈骏同志充分肯定了市交通港口局的工作，对2010年工作提出建议：一要做好交通规划、建设和综合配套工作；二要将“迎世博、办世博”作为重大契机，全面提升公共交通服务能力和水平；三要做好各种公共交通工具的衔接工作；四要完善公共交通管理体制、机制；五要在管理中要处理好几个方面的工作关系；六要牢牢把握国务院19号文件，加快推进上海国际航运中心建设；七要吸取交通行政执法不正当取证事件的教训，做到超前防范，抓政策、规范和业务培训，真正做到执法规范、正当、有可信度；八要编制好交通港航“十二五”规划；九要做好2010年春运工作。黄融同志对市交通港口局2010年在世博交通保障、上海国际航运中心建设、“十二五”规划编制和提高工作效率等方面提出了工作要求。

1月7日，本市出台了新的建筑渣土水运处置管理规定，以加强本市建筑渣土、泥浆的水上中转运输管理，防止出现因非法倾倒堵塞航道，影响通航安全的情况。《规定》要求，从事水上运输建筑渣土的船舶载重不得低于250吨；船舶的安全和防污染设备符合国家船舶检验技术规范；配备标识牌；黄浦江流域运输的船舶，必须安装AIS设备或智能导航仪，并保持正常使用。据悉，新规强调开底驳不得从事建筑渣土水上运输，但持有国家海洋行政主管部门颁发的倾废许可证并驶往海上倾倒建筑渣土的开底驳除外。

1月10日，中共中央政治局委员、市委书记俞正声同志在市建设交通工作党委《7号线新村路站涉民矛盾化解工作专报（一）》上批示：很好！许德明同志处理群众投诉问题认真负责，各有关工作党委同志应向他学习。市委办公厅将批示抄清单下发给市市级机关工作党委、市金融工作党委、市建设交通工作党委、市经济信息化工作党委、市合作交流工作党委、市国资委党委、市教卫工作党委、市科技工作党委、市社会工作党委。

1月12日，上海2010年世博会电力配套项目——上海漕泾电厂一期两台百万千瓦机组工程1号机组完成168个小时满负荷试运行正式投入营运。该机组是上海地区第三台百万千瓦超超临界火力发电机组，它的投运将大大缓解当前华东地区和上海寒冬电力供应的紧张状况。

1月15日，一架东方航空公司的空客A330—300世博志愿号大型客机在虹桥机场第二跑道试飞成功，标志着历时近三年建设的虹桥机场第二跑道工程已全面具备了飞行营运条件。3月份即将正式启用的第二条跑道，将大大地缓解因虹桥机场客流量的快速增长，航班起降架次严重超负荷运行的状况，同时上海也将成为国内第一个拥有两个机场五条跑道的城市。

截至1月17日，为期一个月的经济适用住房试点区的申请受理工作基本结束。徐汇、闵行两试点区领取申请材料的家庭分别为3362户、723户，合计4085户；已提交申请材料的家庭分别为2000户、666户，合计2666户。

1月17日，中共中央政治局委员、市委书记俞正声同志在市建设交通工作党委《7号线新村路站涉民矛盾化解工作专报（二）》上批示：许德明同志在若干重要社会矛盾案件的化解中，亲自办案、具体办案，为市民解忧，为市委市政府分忧，这种工作精神值得大家学习。市委办公厅将批示抄清单下发给市市级机关工作党委、市金融工作党委、市建设交通工作党委、市经济信息化工作党委、市合作交流工作党委、市国资委党委、市教卫工作党委、市科技工作党委、市社会工作党委。

1月20日，“2010大熊猫上海世博行开幕式”在上海动物园举行。上海市政府副秘书长尹弘主持开幕式，上海市副市长沈骏，四川省副省长钟勉，国家林业局副局长印红等致辞并互赠礼品。

1月21日，2010年上海世博会倒计时100天誓师动员大会在上海体育馆隆重举行。中共中央政治局常委、全国政协主席贾庆林出席大会并作重要讲话，中共中央政治局委员、国务院副总理、上海世博组委会主任委员王岐山出席会议，中共中央政治局委员、上海市委书记、上海世博组委会第一副主任委员俞正声作动员讲话，上海市市长、上海世博会组委会副主任委员、执委会执行主任韩正主持会议。中央、各省区市和上海有关方面负责人、各界群众代表6000余人参加大会。上海市民代表、志愿者代表、窗口服务行业代表、安保工作者代表、上海世博局工作人员代表等分别在大会上发言。上海铁路局党委书记李嘉代表全市窗口服务行业发言。会议还举办了“迎世博倒计时100天市民风采展示活动”，上海铁路局常务副局长王峰作为全市迎世博“立功竞赛活动十大个人”代表参加风采展示。

1月22日，上海世博会倒计时100天之际，中国移动推出的“世博通”手机支付应用，在上海轨道交通正式开通。全国拥有升级版SIM卡的中国移动客户，拿出手机轻轻一刷，即可自由出入上海轨道交通10条线路的221座车站。这在全球通信行业和轨道交通运营史上都属于首创。上海市政府、市经信委、市建交委、市交通运输港口局、市通信管理局、世博局、上海城市信息发展研究中心、申通地铁集团及中国移动的相关领导出席开通仪式，并现场体验了持手机进、出地铁闸机的过程。

1月22日，市建设交通委召开新闻通气会，公布关于“12·22”轨道交通一号线列车侧面冲撞事故调查处理情况。市建设交通工作党委副书记、市建设交通委主任黄融主持新闻通气会，市建设交通委副主任、市交通港口局党组书记、局长孙建平代表事故调查组通报了事故调查处理情况。专家组确定事故原因是在运营部门因供电系统故障、采用临时非正常交路折返的情况下，信号系统在N11-1438轨道区段向150＃列车发送65km/h的速度码，造成制动距离不足，是本次事故的直接原因。责任认定卡斯柯信号公司承担事故责任，申通地铁集团承担管理责任。处理意见是：责成卡斯柯信号公司对相关责任人进行严肃处理，责成申通地铁集团分管运营的负责人作出深刻检查，责成申通地铁集团对运营等相关责任人进行严肃处理，并由市建设交通委牵头，抓紧研究完善本市轨道交通突发事故的应急指挥体系，进一步提高应急救援能力。

1月22日，市人大常委会刘云耕主任率领常委会其他领导、部分全国和市人大代表来到上海铁路局视察铁路春运工作。刘云耕一行现场察看了上海站北广场临时售票处、铁路局春运指挥中心、铁路局客票管理所，详细了解旅客购票和客运服务情况，慰问当班的干部职工和公安干警，听取了铁路局负责人春运工作汇报。与会领导和代表交流了视察春运工作的感受，对铁路系统春运工作领导重视、组织有序、便民利民措施有力给予充分肯定。刘云耕主任、陈豪副主任作了重要讲话，就做好下一步工作提出希望：一要以人为本，进一步采取措施，尽量满足旅客需求。二要全力以赴，确保春运安全。三要树立良好窗口形象，为办好上海世博会作好准备，作出贡献。四要全社会都要主动发挥作用，共同支持铁路做好春运工作。五要关心铁路职工生活。

1月26日，上海市对口支援都江堰市灾后重建的都江堰金凤小学、为农综合服务中心等工程通过了省、市的文明工地、优质结构等质量奖项评审，获得“芙蓉杯”。2009年，上海援建单位克服了余震不断、水文地质复杂和经常停电等诸多困难，牢牢抓住重要节点，严密组织施工协调，确保金凤小学7月30日竣工，为农综合服务中心8月30日竣工并通过了成都市、四川省和上海市文明工地评审和成都“芙蓉杯”、四川省、成都市优质结构工程等质量奖项评审。

1月26日，市春运办主任、市建设交通委副主任、市交通港口局党组书记、局长孙建平主持召开2010年上海市春运工作动员大会。会上，市春运办常务副主任、市交通港口局副局长周淮对本市春运工作做了动员部署，市政府副秘书长尹弘作了重要讲话。

1月26、27日，国家部委联合督查组第二组对上海贯彻国办发[2010]4号文件情况进行督查。联合督查组召开国办发[2010]4号文件贯彻情况检查会议，在听取了市建设交通委副主任、市住房保障房屋管理局党组书记、局长刘海生关于上海贯彻落实国家房地产市场调控政策、推进旧区改造有关情况的汇报和有关部门的补充汇报后指出，上海一直将房地产市场调控政策放在重要、核心的位置，对房地产市场走势的分析、判断和采取的措施符合国务院文件的要求，对国办发[2010]4号文件精神贯彻有力，工作很有起色。

1月28日，交通运输部和上海市人民政府在沪签署《加快推进国际航运中心建设合作备忘录》。交通运输部党组书记、部长李盛霖，上海市委副书记、市长韩正分别代表双方签字。上海市委常委、常务副市长杨雄出席签字仪式，副市长沈骏主持签字仪式。

根据部市合作备忘录，双方将在优化现代航运集疏运体系、发展现代航运服务体系、探索建立国际航运发展综合试验区和促进和规范邮轮产业发展4个领域18项重点工作开展全面、全方位的合作。此外，部市还将建立工作机制，加快推进合作事项，尽快将上海建成航运资源高度集聚、航运服务功能健全、航运市场环境优良、现代物流高效，具有全球航运资源配置能力的国际航运中心。

1月30日，春运第一天，沈骏副市长率市有关部门负责人到上海站检查春运工作，实地察看北广场春运售票处、南广场临时候车室以及车站候车大厅等，了解旅客售票、候车、乘降情况，并在车站春运指挥中心召开现场办公会，听取上海铁路局局长安路生关于运能安排，售票、候车、乘降组织，便民利民，治安整治等方面的工作汇报，指出，今年铁路春运工作与往年相比，有了很大的进步，坚持便民利民，增设售票窗口、扩大候车面积、精心组织乘降、提高临客质量、加强社会监督等措施，切实做到了一切为旅客着想，全心全意为旅客服务，得到了社会各界的认可。并要求：一要充分认识做好春运工作的重要意义，二要切实加强各种交通工具的衔接、组合，科学调度，发挥整体优势，三要制订应急预案，夺取春运全胜。市建设交通工作党委副书记、市建设交通委主任黄融，市春运办主任、交通港口局党组书记、局长孙建平，市文明办主任、宣传部副部长马春雷，以及市公安局、闸北区有关领导同志参加。

2月份

2月3日，市建设交通系统2010年党风廉政工作会议召开。会议由市建设交通工作党委副书记范志伟主持。市纪委副书记李芬华出席会议并讲话。李芬华同志在讲话中，充分肯定2009年建设交通系统反腐倡廉工作，对2010年建设交通系统党风廉政建设提出三点要求：一要深化风险意识，不断增强反腐倡廉工作的紧迫感，二要深化制度意识，积极探索依靠制度反对腐败的有效途径，三要深化责任意识，切实把反腐倡廉工作抓深抓实。会上，市建设交通工作党委书记许德明就做好今年建设交通反腐倡廉工作提出四点意见：一是牢固树立思想防线，二是发挥组织的作用，三是注重制度建设，四是树立良好的形象。市建设交通工作党委副书记、市建设交通委主任黄融传达了十七届中纪委五次全会精神，范志伟同志传达了九届市纪委五次全会精神，市建设交通纪工委书记王来娣总结部署党风廉政建设和反腐败工作。

2月3日，市交通港口局下属市交通执法总队与江苏、浙江、安徽、河南、江西、山东、福建七省交通执法部门联合开展泛长三角地区首次公路春运联合检查行动，共投入一千多人次，在接壤的各市境公路道口、高速公路通道、国道、省道等对过往春运车辆实施检查，并互相通报情况，记录在案，以提高泛长三角地区春运检查的整体效应和执法效果。

2月4日，市政府召开2010年上海交通港航工作会议，市政府副秘书长尹弘主持会议，沈骏副市长出席会议并作重要讲话。要求，一要发扬团结拼搏、能打硬仗的行业精神，夺取世博决战之年的胜利；二要牢固树立责任意识，在工作中恪尽职守、勇挑重担；三要时刻心系群众，在工作中更好地服务民生；四要推进有效的协同衔接，切实加强管理。

2月5日上午，2010年上海市建设交通工作会议在上海展览中心召开。会议的主题是，深入贯彻落实党的十七届四中全会、中央经济工作会议、以及九届市委十次全会和市经济工作会议精神，总结2009年工作，分析今年的形势，部署2010年上海城市建设、交通和管理各项工作任务。会议由市建设交通工作党委书记许德明主持，市建设交通工作党委副书记、市建设交通委主任黄融代表市建设交通两委作工作报告，市委常委、常务副市长杨雄和副市长沈骏、市政府副秘书长尹弘出席会议。会上，杨雄同志提出四点要求：一要正确认识建设交通系统取得的成绩和面临的问题，二要全力以赴确保世博会成功举办，三要加快经济发展方式转变，四要切实抓好干部队伍建设。沈骏同志指出，2009年建设交通行业取得了来之不易的成绩，2010年要认真总结经验和教训，进一步增强做好今年工作的责任感和紧迫感，紧紧围绕举办世博会这项中心任务，全面做好今年建设交通行业的各项工作。黄融同志在报告中分析了2010年的形势任务，提出了2010年重点抓好八个方面的工作。

2月8日，2010年市绿化市容工作会议召开，市政府副市长沈骏、市政府副秘书长尹弘、市建设交通工作党委书记许德明，市建设交通委副主任、市绿化市容局党组书记、局长马云安等出席会议。会议由尹弘同志主持，马云安同志通报了2009年绿化市容工作，部署了2010年绿化、林业、市容环卫、城管执法等重点工作。沈骏同志作了重要讲话。他指出，世博期间上海的城市环境保障方案已经完成，将分三重层层保障上海在世博期间拥有整洁干净的城市面貌。另外今年年内将建立“全天候、全覆盖、全方位”执法勤务模式，土方车运营监管、乱设摊等城市“顽疾”也将有望获得突破。

2月8日，市交通港口局与市反恐办、市建设交通委在上海港国际客运中心联合主办上海市“浦江5号”反恐怖综合演习暨上海港口设施保安演习。中共中央政治局委员、市委书记俞正声、市长韩正、市政法委书记吴志明、市公安局局长张学兵等在上海市公安局指挥中心通过视频观摩了演习。

2月10日上午，中共中央政治局委员、市委书记俞正声，市委常委、市委秘书长丁薛祥，在市建设交通工作党委书记许德明等同志的陪同下，时隔一年再次来到“森安苑”小区视察房屋维修工程，看望回搬居民，慰问市联合工作组和工程建设者。“森安苑”小区作为动拆迁突出信访矛盾的个案，一年来在市建设交通两委总牵头协调下，矛盾化解工作取得了突出进展。目前，房屋维修工作已经接近尾声，居民回搬在即。整个小区的居民对俞书记的到来感到非常高兴和激动，对矛盾化解工作组所作出的努力表示满意和感谢。

2月11日 市委常委、市纪委书记董君舒在市绿化市容局党组副书记刘磊陪同下来到黄浦会馆街垃圾中转站亲切看望慰问环卫职工，向环卫职工送上节日的问候。

2月11日，我国首条自行设计施工盾构隧道——打浦路隧道实现复线通车。该隧道于2009年7月11日开始实施封闭改造。改造后的打浦路老隧道使用寿命将大大延长，并由原先的单管双向隧道变成一条由浦东向浦西方向的单向隧道，同时新建了一条全长约2971米的复线，形成双管双向4车道越江通道。隧道主要服务于浦西的徐汇、卢湾、静安和浦东的上钢、昌里、杨思等地区，对完善上海市中心城区干道越江系统有重要意义。

2月13日 沈骏副市长、尹弘副秘书长在市建设交通委副主任、市绿化市容局党组书记、局长马云安，副局长黄兴华、恽奇伟等陪同下，先后来到长宁中山环卫清道班，虹口城管大队广中街道分队，向节日放弃休息，坚守岗位的环卫、城管队员拜年，送上慰问品，对大家长期以来的辛勤付出表示崇高敬意。

2月19日 市建设交通委副主任、市绿化市容局党组书记、局长马云安，中国工程院院士陈俊渝，第十一届全国政协常委、外事委员会主任赵启正出席在世纪公园举行的“中国第12届梅花腊梅展”。本届展览主题为“喜迎世博盛会弘扬梅花文化”，分室外和室内两大板块，共有来自昆明、北京、重庆、成都、苏州、杭州等16个城市的梅花参展。

2月19日，中共中央政治局委员、市委书记俞正声来到市交通港口局指挥中心调研视察世博交通安保工作，市领导吴志明、杨雄、丁薛祥、沈骏、张学兵陪同。市领导一行听取了市建设交通委副主任、市交通港口局党组书记、局长孙建平关于本市交通港航业世博安保工作情况的汇报，观看了道路危险品运输监控系统相关功能演示。俞正声同志要求各相关部门加强协调，全力做好世博交通安保工作。

2月20日，沈骏副市长、尹弘副秘书长来到市建设交通委调研，听取相关工作汇报，并提出2010年的工作要求。市建设交通两委领导班子、各处室负责同志出席会议。会议由市建设交通工作党委书记许德明同志主持。沈骏同志强调，2010年建设交通系统的工作任务更重、难度更高，必须以世博筹办和世博运营为中心，全力以赴做好各项工作。尹弘同志指出，建设和交通工作在全市工作中占有特别重要的地位，建设交通系统的干部精神状态好、工作干劲足，2009年取得了很大成绩。2010年各项工作早启动、早准备，目前已经进入实战状态。今年要继续抓好600天整治收尾工作，加强城市精细化管理，为世博运营提供保障；要进一步完善相关建设规范、标准，妥善处理好城市建设与社会矛盾、新闻媒体的关系，促进行业和谐发展。市建设交通工作党委副书记、市建设交通委主任黄融同志简要总结回顾了2009年工作，明确2010年本市建设交通工作要努力实现四个转变，即在建设形态上，由侧重中心城建设向城乡建设统筹转变；在发展内涵上，由追求高速发展向和谐发展转变；在工作重心上，由“重在建设”向“重在管理”转变；在管理方式上，由粗放型向精细化转变。

2月21日，沈骏副市长来到市住房保障房屋管理局调研公共租赁住房政策有关情况，市建设交通委副主任、市住房保障房屋管理局党组书记、局长刘海生作了专题汇报。

2月21日，沈骏副市长、尹弘副秘书长来到市水务局慰问并调研指导工作。在听取了市水务局党组书记、局长张嘉毅关于去年工作情况和今年主要工作安排的汇报后，沈骏同志指出，2009年海洋水务合署办公，在体制机制改革后，市水务局理顺了管理体制，整合了各方资源，提升了功能定位，协调好各方关系，合署办公实现了平稳开局，受到了广泛的认同。强调，今年要加强公共供水服务，加强供水行业监管，确保全市公共供水安全优质足量；要做好防汛防台工作，确保本市防汛防台安全；要加强对重大水务工程建设的监管，确保安全生产、安全运行；要进一步推进水环境治理，持续改善水环境面貌；要科学开发利用滩涂资源，积极为上海经济社会发展拓展空间；要大力推进农村水务基础设施建设，做好基层水务工作；要积极支持上海国际航运中心建设，加强海洋规划、利用、环保、生态产业等海洋海域管理工作；要加强水务海洋行政管理，推进科技兴水用水，实现最有效地保护和利用水资源；要积极推进水务、海洋、滩涂“十二五”规划编制，做好规划衔接，为上海经济发展、社会和谐作出新的更大的贡献。

2月24日，轨道交通2号线东延伸I期首日载客试运营。至此，2号线全线运营里程增至29公里，车站数增至19个，轨道交通路网总运营里程增至335公里，车站总数增至223个。

2月25日，2010年中国上海世博会专属出租汽车统一调度平台全面建成。在世博会举办期间，该调度平台承担4000辆专属出租汽车的调度业务、营运数据接受和统计分析、营业站点视频监控、受理服务投诉等任务。同时与交通保障调度中心相连接，接受在突发状态下应急调度指令，及时调配车辆。

3月份

3月1日，上海市世博会主运行指挥部交通协调保障组和市政市容环保组举行“上海市建设交通市容环保世博运行保障动员大会”。沈骏副市长出席会议并作重要讲话，世博会主运行指挥部交通协调保障组和市政市容环保组副组长、市建设交通委主任黄融作工作动员。沈骏同志要求，本市建设交通市容环保广大干部职工要进一步增强做好世博运行保障工作的紧迫感、责任感和使命感，全力以赴做好世博筹办举办最后冲刺各项工作，全力确保世博服务保障各项工作措施的落实，以实际行动为举办一届成功、精彩、难忘的世博会做出贡献。黄融同志介绍了当前世博交通协调保障和市政市容环保各项工作的推进情况，并就下一步工作提出目标和要求。

3月1日，上海广播电视台和上海轨道交通联手推出的上海地铁运营信息电视直播节目正式开播，这是继气象播报、城市道路交通信息播报之后，上海市民又一个获取公共服务信息的新途径，也是国内地铁行业首次采用全新运营信息发布形式。

3月2日，交通运输部在上海召开“交通运输系统公路、水路世博安保工作动员部署视频会议”，动员部署全国交通运输系统公路、水路世博安保工作。上海世博会安保工作协调小组组长、公安部副部长刘京，交通运输部副部长徐祖远，副市长沈骏出席会议，交通运输部副部长冯正霖主持会议。刘京同志指出，做好世博会交通运输安保工作是确保世博会“精彩、成功、难忘”的前提和保障，全国交通运输系统要进一步增强责任感和紧迫感，按照锦涛同志提出的“六个确保”的要求，加强协作，突出重点，完善细节，发挥各自优势，打好主动战，努力为平安世博提供良好的交通保障。徐祖远同志指出，交通系统前一阶段通过明确职责目标、细化工作方案、加强协调推进，安保工作取得阶段性成效，下一阶段要进一步树立大局意识、忧患意识和安全意识，周密细致制定各类方案和应急预案，强化落实各项安保任务，为世博会营造安全有效、畅通有序的交通运输环境。沈骏同志要求，本市交通运输各部门、各单位要在交通运输部、上海世博会安保协调小组的统一领导下，在相关兄弟省市的大力支持和帮助下，以传达此次视频会议精神为契机，进一步做到广泛动员到位、检查落实到位、衔接联动到位、应急保障到位，为世博安全做出应有的贡献。市建设交通工作党委副书记、市建设交通委主任黄融介绍了本市公路、水路世博安保以及世博交通组织保障工作情况。市公安局副局长朱伟明介绍了上海世博会安保工作总体情况。

3月2日、3日，市建设交通两委四局举办了世博运行保障工作培训。两委四局各处室正副处长（主任）参加培训。市建设交通工作党委书记许德明，市水务局党组书记、局长张嘉毅，市建设交通委副主任、市绿化市容局局长马云安，市建设交通委副主任、市交通港口局局长孙建平，市住房保障房屋管理局副局长陶校兴出席了培训结业典礼。许德明同志要求：要振奋精神，全力以赴，投身世博；要深入细致，狠抓落实；要进一步严肃纪律，加强队伍管理；要深入排查化解矛盾，确保行业和社会稳定；要加强党的领导，发挥基层党组织和广大党员作用。培训学习分别请市建设交通委副主任、世博局副局长黄建之，市公安局副局长朱伟民，市绿化市容局副局长崔丽萍，市交通港口局副局长周淮就上海世博会筹展、安保、城市运行保障、交通保障等情况作了专题讲座。

3月4日，洋山深水港区三期工程荣获2009年度交通运输部水运工程质量奖。三期港区岸线总长2650米，拥有7个集装箱泊位。三期码头泊位水深可达20米，是整个洋山港区水深条件最好的岸线，可以停靠世界上最大吨级的船舶。

3月4日，迎世博600天行动户外广告整治工作推进会议召开。市迎世博600天城市管理指挥部办公室李毓毅主任主持会议。市建设交通委副主任、市绿化市容局局长马云安对接下去的整治工作提出了要求。尹弘副秘书长出席会议并作重要讲话。市迎世博600天城市管理指挥部办公室领导、市绿化市容局领导，各相关管理部门、各区分管区长、区600办领导、区绿化市容局领导等参加了会议。

3月5日上午，直接为世博园区供水的浦东威立雅自来水公司临江水厂60万吨/日深度处理项目正式竣工通水。该项目竣工通水后，不仅可以满足浦东区域用水增长的新生需求，而且可以从根本上提高浦东地区的供水水质。

3月7日，沪昆高速公路（G60莘松段）地面辅道——闵松路全面建成通车。闵松路全长7公里，东起七莘路，西连沪昆高速公路新桥主线收费站。闵松路的开通极大改善了莘闵地区居民的通行条件，同时，也使莘闵地区车辆进出沪昆高速公路（原沪杭高速公路）提供快捷通道，满足该区域与浙江方向长距离交通出行需求。

3月9日，市交通港口局、虹口区人民政府联合召开国际船舶管理行业会议，管理部门和企业共商大计，以加强国际船舶管理业规范化建设，促进上海国际船舶管理业健康发展和进一步提升上海港现代航运服务业整体能级。

3月10日，交通运输部海事局在上海召开上海世博会水上交通安全与应急保障工作动员部署会。部海事局，上海海事局，相关直属海事局、地方海事局主要领导出席会议。会议要求，海事系统要进一步行动起来，“集全国海事之智，汇全国海事之力”，确保世博会期间上海水域水上交通安全形势稳定及水上安保各项工作措施落实到位，为举办一届成功、精彩、难忘的世博会贡献海事力量。

3月10日，“春运热线”结束，在为期43天期间，12319城建热线共受理市民有关春运方面的诉求7352件，占同期总受理量的16%，是去年“春运热线”受理量的30%。

3月10日，市政府召开2010年市重大工程建设工作会议。会议强调，本市重大工程项目建设要认真贯彻落实科学发展观，按照市委、市政府实现“五个确保”的总体要求，今年共安排正式项目84项、预备项目32项，年计划投资安排1023亿元，年内计划新开工项目17项、计划建成或基本建成项目26项。沈骏副市长出席会议并讲话，他要求今年重大工程建设重点聚焦“五个方面”：一是聚焦服务世博、服务长三角，推进重大基础设施建设；二是聚焦转变经济发展方式，推进重大产业项目建设；三是聚焦改善民生，推进重大社会事业建设；四是聚焦城乡一体化，推进郊区建设；五是聚焦节能减排，推进能源设施、生态环境项目建设。市建设交通委副主任蒋曙杰表示，今年将严格落实文明施工措施，严格控制占路占道施工，严格管线施工安全管理，尽力减少重大工程建设对市民生活、周边环境和城市交通的影响。

3月15日下午，住房和城乡建设部部长姜伟新同志在沪主持召开世博会安全维稳信访工作会议。姜伟新同志强调，要狠抓认识提高，把维护好世博会期间安全稳定工作作为一项政治任务来抓，确保世博会期间上海及周边省市的住房城乡建设系统既不出大事、也不出小事；要狠抓工作落实，特别是要在抓紧完成征地拆迁、拖欠工程款、住房质量等重点领域的信访矛盾排查化解工作。齐骥副部长对相关工作进行了部署，要求各有关省市提高认识，增强做好世博会期间的信访维稳工作的责任感和使命感；突出重点，切实做好信访突出矛盾排查、确保市政设施安全、维护好农民工权益、加强建设工程安全质量监管、规范城市管理执法等重点和敏感性强的工作；加强领导，落实责任，协调配合，形成强大工作合力。

3月16日，住房和城乡建设部姜伟新部长、齐骥副部长一行视察了世博园区建设情况，慰问中国馆设计、施工、监理等工程建设人员，并参观了松江区泗泾经济适用住房基地。市建设交通委副主任、市住房保障房屋管理局局长刘海生同志就本市经济适用住房建设情况和该基地的规划布局、房型设计、建造标准等情况作了介绍。姜伟新、齐骥同志充分肯定了本市在建立健全分层次、多渠道、成系统的住房保障体系等做法，要求进一步加大保障性住房建设力度，加快推进住房保障体系建设，着力解决广大中低收入家庭的住房困难，服务百姓安居乐业。市建设交通委主任黄融陪同视察。

3月16日，虹桥综合交通枢纽部分建成，虹桥机场2号航站楼、机场第二跑道以及部分配套轨道交通、地面公交投入运营。

3月16日，上海海事局与江苏海事局签订世博安保联动协议，以进一步发挥区域联动优势，确保上海世博会水上安保各项要求落实到位。

3月17日，沪宁城际铁路正线铺轨全线完成，将在7月1日开通运营。沪宁城际铁路于2008年7月1日开工建设，是长江三角洲地区城际客运铁路规划线网的主骨架，也是城际线网宁—沪—杭—甬“Z”型主轴线的重要组成部分。

3月17日，沈骏副市长在市政府副秘书长尹弘，世博交通协调保障组、市建设交通委、市交通港口局、市交警总队、市重大办等相关单位和部门负责同志的陪同下，先后前往兆丰路、耀华路、林浦路、董家渡15A地块等世博临时停车场建设工地，以及世博马当路出入口、轨道交通13号世博段察看工程建设进展情况。沈骏要求相关区政府、市浦江办、申通公司，以及相关建设单位加快工程建设进度，为世博交通运营组织做好设施保障。在试乘正在调试的轨道交通13号线世博段后，沈骏要求申通公司全力以赴做好世博会期间越江游客的运营保障，为世博会的成功举办做出贡献。

3月19日，世博会交通协调保障组组长、副市长沈骏召开专题会议，听取世博公交专线及世博专用出租车运营保障进展情况汇报，要求本市公交、出租车行业进一步提高服务水平，增强服务意识，改善服务环境，加强与乘客互动，统筹兼顾世博交通需求与日常交通出行。

3月21日，上海市政府隆重举行纪念第18届“世界水日”第23届“中国水周”暨世博水务保障动员会。副市长沈骏出席会议，并为世博水务应急抢险突击队和世博水务志愿者队伍授旗。

3月21日下午，中共中央政治局委员、上海市委书记俞正声视察轨道交通世博专线。俞正声首先查看了世博会安检广场，然后听取了9号线、世博线马当路车站客流引导方案的汇报，接着乘坐海宝号地铁列车逐站查看了轨道交通世博线马当路、卢浦大桥、世博大道三座车站。杨雄、吴志明、丁薛祥、张学兵等市领导及市有关部门负责人陪同视察。申通地铁集团领导应名洪、俞光耀、白廷辉等集团负责人陪同视察。

3月22日，市人大副主任、市总工会主席陈豪、副主席肖堃涛、汪兰洁、茆荣华、秘书长周志军等领导到市绿化市容局调研世博运行保障立功竞赛工作。

3月24日，上海市市委、市政府隆重召开上海市科学技术奖励大会，表彰奖励为本市科学技术和经济社会发展作出重大贡献、荣获2009年度上海市科技功臣奖和科学技术奖的科技人员和单位。市建设交通委共有9项科研成果获得上海市科技进步奖。其中：“远洋船舶全球动态主动监控技术研发及应用”获得了上海市科技进步一等奖，“上海市区域开发交通影响分析与控制方法”等6项成果获得了上海市科技进步二等奖，“营运越江隧道的结构安全检测方法和技术”等2项成果获得了上海市科技进步三等奖。

3月24日，市建设交通委副主任、市交通港口局局长孙建平召开出租汽车企业经理代表座谈会。会议听取了与会代表对本市出租汽车行业调研报告的意见，以及劳动力市场开放、运价结构调整、车型更新、打击“黑车”、“克隆车”等长期阻碍行业发展的建议。孙建平同志表示，尽快出台驾驶员劳动力市场开放试点方案，对企业关心的出租行业发展、运价结构调整、车型改革等问题，将进一步加强调研，帮助企业解决困难。希望企业站在讲政治的高度，进一步加大培训、管理、服务、安保等各项措施的力度，从机制上努力激发驾驶员服务世博的热情，为中外宾客提供优质服务。

3月24日，“世博绿色出行林”挂牌仪式及植树活动在徐汇区外环生态专项工程范围内举行。本次活动旨在世博会期间宣传低碳理念，倡导人们采用低碳的绿色出行方式以改善生态环境、支持世博。活动由上海市环境保护局、上海世博会事务协调局、上海市绿化委员会办公室、美国环保协会等单位主办。

3月25日，交通运输部李盛霖部长一行视察航交所，他指出，航运是现代交通运输业很重要的部分，上海航交所在新的历史阶段、在促进航运发展方式的转变方面，责任重大。他要求，航交所要在上海国际航运中心建设中发挥重要作用。无论是信息平台建设、运价备案、船舶交易，运价指数衍生品交易，甚至是邮轮经济的发展，上海航交所都应该鼎力做好相关工作。同时，在现有良好发展的基础上，航交所要充分发挥自身优势，遵循市场规律，通过自己努力，争取更大发展，各项业务发展都要走在全国前列。

沈骏副市长到市住房保障房屋管理局调研住房保障工作。市建设交通委、市规划国土资源局有关负责同志出席。沈骏副市长指出，住房问题是最大的民生问题，解决好与否，对于稳定市场、稳定人心、稳定社会，体现党和政府对住房困难群众的关心，提高执政能力有很大关系，一定要高度重视，下大力气做好。要按照市委、市政府的部署，围绕中心、突出重点，抓落实、抓推进，努力把本市住房保障工作提高到一个新水平。下一步，重点在三方面下功夫：一是着力把经济适用住房和公共租赁住房的政策体系建立起来；二是继续大规模推进大型居住社区建设；三是在深入调研的基础上，积极做好售后公房物业服务价格调整的各项准备工作，适时推行。

3月25日，国家交通运输部、上海市人民政府主办的“国际航运上海论坛2010（Shanghai International Shipping Forum 2010）”在上海开幕。本届论坛期间，交通运输部党组书记、部长李盛霖，上海市委副书记、市长韩正，国家发改委副主任徐宪平以及波罗的海国际海事委员会主席罗伯特·洛伦茨－梅耶尔、波罗的海交易所首席执行官潘杰明、中国运输协会会长钱永昌、宝钢集团董事长兼总裁徐乐江、东方海外集团主席董建成等众多业内著名嘉宾将莅临论坛，并做主题演讲。李盛霖和韩正共同为上海国际航运信息中心揭牌。

3月26日，交通部党组书记、部长李盛霖前往位于上海虹桥机场附近的上海邮政速递物流公司沪青平处理中心，视察邮政工作，要求邮政企业在竞争中提升实力、做大做强邮政速递物流、提高地位；要求在世博期间保证安全、搞好服务、积极奉献、提升水平。

3月28日，上海外滩通道竣工开放。历经33个月精心而又紧张的施工，外滩地区综合改造工程近期通过竣工验收。本次改造通过建设地下两层隧道（三来三去）加地面4根车道两种方式，解决了到达交通与过境交通分开的问题，提升了外滩的观光休闲功能，还市民与游客一个由江景、绿化和历史建筑组成的新外滩。

3月29日上午，中共上海市委副书记、市长韩正视察轨道交通世博专线。韩正市长一行来到轨道交通13号线世博大道站，乘坐地铁经卢浦大桥站来到马当路枢纽站，在行进的地铁车厢内，韩市长仔细询问该世博专线的运行准备情况，特别是运能安排。在地面安检票检大棚、等候广场和地铁出入口，韩市长特别叮嘱大家，13号线直达浦东世博园区，浦西马当路站又是世博安检票检的重要枢纽，必须充分做好入园和出园高峰时段的各种预案，确保安全有序。并要求，在四月下旬的多场试运行过程中，要重点对该枢纽站进行安检、票检、客流的压力测试，以完善各种预案。

3月29日，经综合调试，11号线支线段（嘉定新城～安亭，昌吉东站暂不开通）通车试运营，主线段（嘉定北～江苏路）同步启用覆盖早晚高峰的新运营时刻表。

3月31日，中共中央政治局委员、上海市委书记俞正声在世博会交通协调保障组、市建设交通委、市交通港口局、市公安局有关负责同志陪同下，先后来到正在试点的淞虹路P+R枢纽和世博会期间即将建成使用的中环共和新路P+R枢纽、中环沪太路P+R枢纽、松江大学城民防停车场，视察世博P+R运行准备情况。在去年试点的基础上，世博会期间上海将在外围区域设置若干P+R停车场，引导自驾车游客向集约化的公共交通转移，建成“分层截留、引导换乘”的世博专用P+R系统，方便外围自驾车游客停车后换乘世博专线车或轨道交通入园。俞正声同志对世博P+R建设和运行准备工作给予了积极肯定，要求有关部门精心组织、扎实推进各项世博交通保障工作，为举办一届成功、精彩、难忘的世博会做出贡献。

4月份

4月6日，东海大桥100兆瓦海上风电示范项目最后一台风机安装完毕，这标志着该项目的三体安装圆满完成。上海东海大桥100兆瓦海上风电示范项目是第一个由国家发改委正式核准并列为示范项目的大型海上风电项目。风电场总装机容量为100MW，预计年上网电量25184万kWh。

4月7日，中共中央政治局委员、上海市委书记俞正声实地察看了浦东航头镇、闵行浦江镇的保障性住房基地建设进展情况。强调，必须按照预期目标和时间节点加紧推进本市的保障性住房建设，规划建设单位要心里装着老百姓，不仅要保质保量地完成建设任务，而且要充分考虑群众就医、就学、出行、购物等需求，把公建配套设施建设好。

4月8日，轨道交通2号线东延伸二期延伸至浦东国际机场。至此，2号线车站数将达到30座，线路全长增至60公里，成为上海轨道交通网络中唯一连接浦东、虹桥两大机场的线路（虹桥机场2号线航站楼站——浦东国际机场站）。

4月10日，轨道交通10号线投入试运营，运营区段为新江湾城站——航中路站（上海动物园站至虹桥火车站站暂不开通）。这标志着到世博会召开前，上海轨道交通路网拥有11条地铁线路，运营里程约420公里，车站数282座。

4月14日下午，上海世博会重点营运车辆联网联控系统在北京正式开通。这不仅为上海世博会安全保卫工作提供了有力的安全保障，也标志着我国道路运输信息化水平迈上了一个新台阶。

4月14日、15日，市建设交通工作党委书记许德明同志以及两委领导马云安、蒋曙杰、王来娣、江绵康、王以中、周炜等同志，来到世博交通协调保障组、市政市容环保组以及市交通综合信息平台（网格化管理市级平台）、市道路数字化管理中心（市道路应急指挥中心），听取各组和相关部门世博运行服务保障工作汇报，慰问工作人员，并现场观看了视频演示。在调研过程中，许德明同志指出，世博会开幕在即，建设交通系统承担着艰巨任务、肩负着重大责任，下一步工作中，要发挥大部制的机制优势，实现资源共享，全面统筹和推进世博运行服务保障工作；要抓住试运行时机，做好各种应对演练，及时发现问题，及时整改完善；要立足实战，充分估计，深入思考，加强现场组织，进一步提高应急处置能力；要善于总结迎世博600天行动以及184天世博会运行服务保障的措施和方法，探索提高城市运营管理水平的长效机制，挖掘和利用好世博会留给我们的宝贵经验财富；要关心和爱护抽调一线工作的同志，各级党群组织要从思想、工作和生活上给与大力支持，全体工作人员要妥善处理好与原单位、岗位的工作，进一步发扬主动精神，树立全局观念，遇到问题跨前一步处理，敢于承担责任，善于解决问题。

4月15日，龙耀路越江隧道工程竣工通车，为世博配套越江工程的建设画上了圆满句号。本次建成通车的是一期工程，终点为济阳路。龙耀路越江隧道是连通世博园区的主要越江通道，在世博期间将担负快速连通上海南站与世博后滩之间的交通功能，从而发挥城市公共交通服务世博园区通行的重要作用。龙耀路隧道作为上海西南地区连接浦东的东、西向交通干道，将有效承担起上海南站、龙华地区与浦东三林地区的越江交通，发挥骨干路网的交通疏导作用。

4月15日零时起，96822世博会专属出租汽车服务热线电话正式开通。

4月16日，市建设交通系统保平安迎世博工作会议召开。会议全面部署了建设交通系统信访稳定和综合治理工作。市建设交通工作党委副书记、市建设交通委主任黄融同志主持会议。市建设交通工作党委书记许德明同志要求，要把确保世博平安作为今年信访维稳工作的主要任务；要认真落实领导干部信访维稳的第一责任；要果断处置非正常上访，加大对维稳对象的稳控力度。市建设交通工作党委副书记田赛男同志代表市建设交通两委总结2009年综治、信访维稳工作，围绕平安世博建设，对2010年信访稳定、综合治理工作作出具体部署。会上表彰了市建设交通系统2008 ~ 2009年度上海市社会治安综合治理和信访工作先进集体、先进工作者。

4月16日至4月18日，F1中国大奖赛第七次在上海举行。

4月17日上午，市建设交通两委机关和直属单位世博"临战"动员大会召开。会议重点部署建设交通两委机关和直属单位世博运行保障工作任务，进一步动员、激发全体干部职工的办博热情，为世博会做出积极贡献。市建设交通工作党委副书记范志伟同志主持会议，市建设交通工作党委书记许德明同志作重要讲话。他要求，要振奋精神，全力以赴，投身世博；要深入细致，举轻若重，狠抓落实；要加强管理，严格自律，严肃纪律；要守土有责，确保稳定，共筑平安；要发挥机关、直属单位党组织和党员的影响和带动作用，更好地参与世博、服务世博、奉献世博。市建设交通工作党委副书记、市建设交通委主任黄融同志传达市政府4月12日工作会议精神，部署二季度重要工作。

4月19日，国家林业局、国家质检总局和上海市人民政府联合举行以"为世博服务、保生物安全"为主题的林业植物检疫执法行动启动。活动期间将开展为期6个月的林业植物检疫执法行动，这是国家林业局、国家质检总局首次联合开展林业植物检疫执法专项行动。活动将组织上海、江苏、浙江、安徽、福建、江西、山东等七省市各级林业检疫机构和出入境检验检疫机构，着力加强对林业有害生物的检疫执法及其灾害的应急防控工作，有效防范外来生物入侵，服务2010年上海世博会，并保护我国生物安全和生态安全。全国绿化委员会副主任、国家林业局局长贾治邦、国家质检总局副局长魏传忠、上海市政府副市长沈骏等出席。

4月19日，华东六省一市交通运输厅长、建设交通委主任座谈会在沪召开。会上，市建设交通委副主任沈晓苏重点介绍了上海世博会交通保障工作、"十二五"综合交通规划总体发展思路等情况。围绕进一步促进区域经济发展，加强区域间的交通规划、交通基础设施建设以及交通运输管理政策的对接等内容进行了沟通交流。江苏省交通运输厅钱国超副厅长、浙江省交通运输厅郭剑彪厅长、安徽省交通运输厅梅劲厅长、福建省交通运输厅唐建辉副厅长、江西省交通运输厅马志武厅长、山东省交通运输厅胡志明副厅长、市建设交通委蒋曙杰副主任等领导出席会议。

4月20日，市绿化市容局接待国家林业局局长贾治邦一行参观上海世博园区。

4月20日，通向世博园区的重要站点——轨道交通7号线后滩站开通试运行。具体运营时间为，通往花木方向，首班车6：12，末班车22：12；通往上海大学方向，首班车5：51，末班车21：51。

4月20日至今，市水务局（市海洋局）共完成水利部、国家海洋局、湖南省委省政府等单位178人次的世博接待任务，其中副部级以上领导52人次。

4月22日是41个世界地球日，我国今年的地球日主题为“珍惜地球资源，转变发展方式，倡导低碳生活”。自2006年起，上海动物园已经成功举办了4届地球日活动。本年度活动主题部分为中国、韩国、日本、印度、法国、澳大利亚、美国等7个国际民族村。各个国际村将展示各国在处理生态问题上的具体方法、各国濒临灭绝的生物种类，交流各国在环境保护、生物多样性保护中的经验与知识。活动旨在唤起所有居住在上海的人们对于不同生态问题的关切意识，增强保护环境的责任感，通过生活方式的改变，对周围环境带来积极的影响，共同创造更美、更好的城市生活。

4月23日到24日，华东六省一市住房和城乡建设厅厅长、建设交通委主任座谈会在沪召开。市建设交通工作党委副书记、市建设交通委主任黄融主持会议，沈晓苏副主任介绍了本市世博会筹建，住房保障、旧区改造和房地产市场管理，“十二五”规划等方面的情况。与会代表们就加强城市建设与管理、推进中小城市建设与发展、推进农村基础设施建设等方面内容进行了交流。江苏省住房和城乡建设厅厅长周岚，安徽省住房和城乡建设厅副厅长吴晓勤，福建省住房和城乡建设厅副厅长王家祥，江西省住房和城乡建设厅党组书记、厅长陈俊卿，山东省住房和城乡建设厅党组书记、厅长杨焕彩出席座谈会。市建设交通两委领导田赛男、马云安、徐建群等陪同参观。

4月26日，上海辰山植物园试开园仪式在辰山植物园南入口广场举行。中国科学院副院长江绵恒、国家林业局副局长印红、上海市副市长沈骏以及市、区、中科院、中国林科院等相关部门和单位的领导和专家，参与项目建设者代表以及动迁户的代表应邀参加。市绿化市容局党政领导等出席开园仪式。会上，国家林业局副局长印红、副市长沈骏为江泽民同志的题字“上海辰山植物园”揭幕。中国科学院副院长江绵恒宣布上海辰山植物园开园。

4月28日上午，市建设交通工作党委书记许德明同志带领市建设交通两委相关处室负责人，前往地铁2号线江苏路站、地铁1号线人民广场站和上海火车站站、长途客运总站检查安全保障工作。许德明同志对地铁各站点和长途客运站的安全保障工作总体满意，对辛勤工作的各站点工作人员和安保人员表示慰问和感谢。针对“五一”假期和世博会即将来临的实际，许德明同志就做好公共交通安全保障工作提出几点要求：一是高度重视，加强领导，以高度的责任感和使命感，全力以赴，切实抓好各地铁站点、公交车站的安全保障工作；二是充分考虑世博会期间“大客流”对公共交通的影响，及时总结经验，采取切实措施，深入细致地做好安全保障工作；三是加强设施设备维修保养，强化司售人员安全教育，确保交通安全；四是抓好交通运输与安全保障的有机结合，在加强安全防范的同时，快捷、高效、优质地做好交通服务和保障工作。

4月27日下午，沈骏副市长主持世博交通协调保障组第二次工作会议，听取世博交通试运行工作总结评估情况的汇报。沈骏同志充分肯定了世博交通试运行工作，认为世博交通试运行整体准备充分、预判基本准确、运行保障正常、应急处置得当，但仍暴露了一些问题和不足。要求，要找准薄弱环节，认真贯彻上海世博会试运行情况通报大会精神，不断优化完善世博交通运输保障方案及应急预案体系，高标准、高水平、高质量地做好世博交通各项工作。强调，园区正式开放后，客流构成和出行特征的多样性和不确定性，使世博交通面临更大考验，必须把握既保持城市面上交通运行正常有序，又保障世博客流便捷安全出行的原则，以科学预判为前提，思考研究各种可能状况，制定专项方案，落实应对措施。会议还对加强交通信息发布、加强与媒体互动、完善研判评估机制、发挥园区周边临时停车场作用、加强园区内外协调配合等具体事项进行了研究。

4月28日下午，苏州河观光游船首航仪式在丹巴路游艇码头举行，上海市副市长赵雯出席仪式并宣布苏州河观光游船正式启航。

4月30日，闵浦二桥建成通车。闵浦二桥是一座公轨两用一体化双层特大桥，主桥为独塔双索面双层斜拉桥，主跨251.4米，主桥总长436.65米。上层为二级公路，双向4车道；下层为双线轻轨。

4月30日，铁路上海站北广场综合交通枢纽工程建成投入使用。

4月30日，东长治路——长阳路道路改建项目建成通车。该道路是北外滩地区唯一东西向城市次干路，其拓宽改建不仅完善北外滩地区、乃至市中心城区的道路网络，同时也为北外滩地区的开发提供良好的条件。

4月份，市建设交通工作党委书记许德明、副书记田赛男多次带队前往各区县调研“涉世涉盟”情况，并多次召开专题会议研究“涉世涉盟”人员的稳控工作，有效地维护了世博会期间的稳定。

5月份

“五一”期间，由本市徐房集团编创的小品《大年初一》，在文化部举办的群星奖决赛中，喜拨头筹，荣获全国社会文化艺术最高政府大奖。小品以新一届全国劳模、徐房集团房屋维修应急服务中心主任王海斌为原型，讲述了他数十年如一日坚守在房屋应急维修一线，甚至十年没有回家与父母、妻儿团聚吃年夜饭的感人事迹，艺术地再现了新时期劳模“爱岗敬业、争创一流、淡泊名利、甘于奉献”的劳模精神，以鲜明的时代感和浓郁的生活气息，赢得了评委们的高度评价，一致认为：小品不但创作水平高，贴近生活、贴近职工，而且以劳模的感人事迹为切入点，反映民生、引领新风，让劳模精神成为全社会推崇的精神高地和文化品格。由于《大年初一》小品演出的巨大成功，全国总工会宣教部授予上海市总工会宣教部、上海市房管局工会“全国第十五届群星奖工会系统优秀组织奖”荣誉称号。

5月4日，上海援建四川地震灾区的安置房、医疗、水务等6个民生重建项目竣工交付仪式在新建成的都江堰市医疗中心举行，这标志着上海援建项目“五个体系”基本建立，成为都江堰市灾后恢复重建的重要支撑。本次集中移交的项目中包括西区水厂、青城山污水厂处理工程及A厂污水干管工程等水务项目。特别值得一提的是，在打造城市用水和治污框架体系时，为保护都江堰的青山绿水，上海把钱花在“看不见”、“不起眼”的地方，帮助都江堰织出两张护绿大“网”：一张是以都江堰市西区水厂为供水核心的城市水网，将为80%的都江堰人送上优质洁净的自来水；另一张是以8座污水处理厂为核心的污水管网，将“吐纳”都江堰市的大部分污水，经处理后的水质可达国家一级A标准。

5月5日，1600余位日本游客搭乘“海洋神话号”游轮抵达上海港国际客运中心，随后搭乘大巴前往世博园区参观游览。这是世博会开幕以来迎来的首个游轮参观团。隶属于皇家加勒比国际游轮的“海洋神话号”于5月2日从日本横滨港出发，经过2天的海上巡游后抵达上海，在申城停留一晚后离开。据了解，皇家加勒比国际游轮拥有全球规模最大的船队，预计今年将运送4到5万人次海外游客来沪参观世博。

5月5日–7日，由公共交通国际联会主办、上海市交通运输和港口管理局协办的“UITP2010年政策委员会会议”在沪召开，近60位来自世界各国公共交通领域的政府官员和企业代表，以及来自我国11家公共交通骨干企业的25位代表参加了会议。会议由UITP秘书长汉斯·雷特主持，与会代表就全球公共交通可持续发展、节能环保和政策推动进行了研讨，同时提出了到2025年全球公共交通出行比例翻番的具体目标和措施。市交通运输（和）港口管理局局长孙建平出席会议，并发表题为《实施“公交优先发展”战略 科学构建一体化综合公共交通体系》的演讲，系统阐述了上海“公交优先”的发展理念和具体措施。UITP主席阿伦·费罗希对中国经济和上海公共交通的快速发展给予高度评价。

5月7日，市建设交通委召开加强世博期间本市建筑业管理工作大会。市建设交通委副主任蒋曙杰在会上指出，为确保世博期间建设工程质量、安全生产、文明施工等管理工作落实到位，下阶段各有关单位要切实落实各方责任制，加强监管，预防和遏制事故的发生；一旦发生事故，要有完善的快速反映（应）机制，快速反应，快速处置。市区两级管理部门、驻沪办建管处和本市的建筑业管理部门要加强协作配合，强化相互补台、相互协作机制，形成合力，确保世博运行顺利。要严格值班和信息报送制度，保持信息畅通。同时，明确了世博期间建设工程事故应急处置办法、文明施工快速反应处置办法、农民工维权方面的用工、工资支付、防欠和应急处置机制等工作要求。

5月11日，市建设交通委召开18个区县网格化管理中心主任会议，重点部署落实当前保障世博会举办和城市安全有序运行工作。市建设交通委巡视员江绵康出席会议并指出，当前的数字化城市管理工作，要紧扣保障世博会举办和城市安全有序运行，进一步加强人员培训和规范管理，强化问题协调处置，下大力气做到及时准确发现问题、快速有效解决问题。会议通报了今年一季度全市数字化城市管理绩效综合评价情况，总结全市数字化城市管理人员培训工作，传达市政市容环保组抓好监控指挥平台和强化巡视督察的工作要求，部署全市数字化城市管理平台与市交警部门的联动工作，进一步落实了全市网格化管理系统数据更新、系统调整等相关工作。

5月12日，以“城市让生活更美好，绿色城市”为主题的活动日在世博园荷兰馆举行。全国政协人资环保委副主任、中国生态文化协会会长江泽慧，市绿化市容局党组书记、局长马云安共同出席。北荷兰省副省长Jaap Bond先生、江泽慧会长分别致辞，荷兰专家就绿色城市相关内容做了主题报告。

5月13日，市建设交通工作党委副书记、市建设交通委主任黄融同志主持召开全面推进落实第四轮环保三年行动工作会议。会议要求，下阶段，要全部完成涉及建设交通系统的COD排放总量、生活垃圾无害化处理率及SO_2排放总量等指标；要确保世博，带动全局，把世博市容环境和环保工作与三年环保行动结合起来，打好“世博环境保障”决胜战，重点解决好面上突出的环境问题，进一步加大扬尘、噪音、机动车冒黑烟、锅炉冒黑烟、VOCS（挥发性有机物）、河道黑臭等的整治力度；进一步加强环境执法监管，确保以良好的环境面貌办好世博会。

5月15日，正值第19个“全国城市节约用水宣传周”之际，2010年上海“全国城市节约用水宣传周”在金山工业园区三中心广场隆重开幕。今年上海的活动主题是“绿色世博，爱水节水”，将节约用水工作与上海世博会低碳、绿色的环保理念相结合，旨在通过一周的宣传活动，深化市民对珍惜水资源、呵护人水和谐美好环境的认识，倡导科学用水、合理用水、节水减排的绿色生活方式，以实际行动实践世博会“城市，让生活更美好”的主题。开幕式上，一批节约用水示范小区、示范学校、示范校区、示范单位和节水型工业园区、农业园区，以及节水宣传工作优秀志愿者受到了表彰。同时，金山区启动节水型社会建设试点。

5月21日，黄浦江上的首座公路和轨道交通两用双层斜拉桥——闵浦二桥公路层于当日22:00正式通车。闵浦二桥是黄浦江上的第九座越江大桥，是目前国内跨度最大的公路、轨道交通两用一体化双层独塔斜拉桥，该桥上层为公路，下层预留轨道交通线位。此次通车的公路层设双向四车道，设计时速60公里/小时，北起闵行区沪闵路剑川路口，向南跨越黄浦江后，至奉贤区沪杭公路西闸路路口以南落地。闵浦二桥是奉贤区和中心城联系的重要通道，也是闵行与奉贤地区之间交通联系的主要通道之一。闵浦二桥的建成可有效分流地区越江交通，缓解S4沪金高速公路（奉浦大桥）的交通压力，进一步促进了浦江两岸地区产业的发展互动，进一步加强了奉贤区与中心城的联系，促进奉贤南桥新城的发展。

5月18日，市水务局与市教委联合召开第三批上海市节水型学校（校区）命名表彰大会，上海外国语大学、复旦大学张江校区等6家院校被命名为节约用水示范学校（校区），华东师范大学、上海立信会计学院松江校区等14家院校被命名为节水型学校（校区）。通过命名表彰，进一步促进了各院校领导重视节水工作，增强广大师生开时代先风的责任意识和水资源危机的忧患意识；进一步推动管理与技术创新，巩固提高自身节能减排效率和水平；进一步发挥高校人才优势，积极研发节水新技术新工艺新材料，为全市节水工作再上新台阶做出贡献。

5月19日，第五届上海国际固体废弃物、清洁专用设备与技术展览会暨2010上海园林机械装备与技术展览会从19日起至21日在上海展览中心举办，诸多先进的高科技涉博环卫设备纷纷亮相。市建设交通委副主任、市绿化市容局党组书记、局长马云安、副局长黄兴华及相关部门负责人、参展方代表等出席开幕式。

5月20日，市政府召开大型居住社区建设推进大会。会上明确，2010年全市新开工保障性住房的总体目标为1200万平方米，其中经济适用住房约400万平方米，动迁安置房约800万平方米。同时，市政府与浦东新区、松江区、青浦区、宝山区、闵行区、嘉定区等六个区还签订了保障性住房建设年度《目标责任书》，明确了“以区为主”的建设机制要求及今年的具体目标任务。

自5月24日起，上海地铁调整优化涉博线路加班列车运营方案，对涉博线路新增开放7座换乘车站，它们分别是：4、6、9号线世纪大道站，4、7号线东安路站，4、6号线蓝村路站，4、9号线宜山路站，4、7号线镇坪路站，8、9号线陆家浜路站和7、9号线肇嘉浜路站。

5月27日，市建设交通系统召开工会工作联席会议，全力推进“保平安、促运行、重服务、创一流”世博运行保障立功竞赛活动。市建设交通工作党委副书记田赛男出席会议并指出，世博运行一个月来，市建设交通系统广大职工在服务世博各方面做了大量工作，作出了奉献。要求继续保持良好精神状态，努力做到服务世博与服务市民相结合，服务行业企业发展与服务员工自身发展相结合。强调，建设交通系统广大职工要当好主力军，在世博运行保障的各个岗位上发挥好作用。各级工会要在世博运行过程中发掘先进、培育典型、树立楷模，大力弘扬建设交通广大职工服务世博甘于奉献的精神。会上，中远集运公司工会、运输工会、申通地铁集团工会、中建八局工会和市邮政公司工会等就立功竞赛活动推进情况和近期重点工作作了交流发言。

5月28日，市建设交通工作党委举行“干部选拔任用四项监督制度”中心组学习，市建设交通工作党委书记许德明主持会议，范志伟副书记作专题辅导，市建设交通两委领导班子成员、市建设交通两委机关正副处长、委直属单位和委直属单位党委所属各单位党政主要领导参加了学习。会上，范志伟同志详细介绍了干部选拔任用四项监督制度出台的背景、基本内容和主要特点，并就学习贯彻干部选拔任用四项监督制度提出要求。

5月28日，市建设交通委、市交通港口局召开上海交通系统节能减排工作动员会。贯彻中央和市委、市政府关于节能减排工作的要求，分解落实市政府下达的2010年交通领域全年“单位增加值能耗增速比前四年平均增速下降2个百分点，用能净增量控制在100万吨标准煤以内”指标，即上海交通行业年度用能总量增幅必须控制在5.5%以内。会上，市建设交通工作党委副书记、市建设交通委主任黄融要求，要切实提高对节能减排工作重要性、艰巨性、紧迫性的认识，进一步统一思想，增强做好节能减排工作的责任感和使命感；要肯定成绩，认清不足，鼓足干劲，继续努力，全面打赢节能减排攻坚战；要明确分工，落实责任，确保节能减排工作任务的全面完成。市建设交通委副主任、市交通港口局局长孙建平全面客观分析了上海交通系统面临的严峻形势和艰巨任务，认真总结了节能减排工作所取得的经验成绩和完成任务的一些有利因素，并提出了具体措施要求。

6月份

6月1日，市建设交通委专题研究防汛防台应急保障工作。市建设交通委秘书长徐建群传达了5月31日沈骏副市长在全市防汛指挥部会议上的讲话精神，要求委各职能处室和相关单位进一步明确分工，落实责任；加强值守，畅通信息；细化、完善各项预案，确保措施到位；进一步完善应急联动机制，确保处置到位。同时，要求有关部门近期全面组织开展防汛防台排查，及时整改隐患、薄弱环节。

6月2日，市建设交通工作党委副书记、市建设交通委主任黄融前往浦东新区三林镇、闵行区浦江镇，实地察看本市保障性住房基地建设进展及配套情况，并在浦江镇政府召开座谈会。黄融同志指出，相关部门应在市推进办的统一领导下，通力合作，主动服务，特别要在涉及企业动迁、完善规划、居住区配套、设施移交等方面加大工作力度，积极推进。大型居住社区建设应在住宅质量的提升，新材料、新工艺的使用，房型设计等方面提升理念，促进本市住宅建设水平的整体提升。市住房保障房屋管理局顾弟根副局长、嘉定区庄木弟副区长等出席座谈会。

6月3日，第三届 AQUATECH CHINA 国际水展暨市政高层论坛在上海展览中心举行。本届论坛重点研讨供水管理、二次供水等相关技术。市水务局副局长陈远鸣出席论坛并作主题发言，对本市供水行业现状和发展前景作了介绍。青草沙原水工程公司总工程师顾玉亮教授介绍了青草沙水库项目工程及运行情况。以色列代表介绍了该国在供水领域的先进技术。同济大学环境科学与工程学院董秉直副教授和于水利教授分别就饮用水膜深度处理技术和聚合硅铁混凝剂净水效能发表了精彩演讲。本次论坛为各国同行之间开展技术交流、进行学术研讨提供了一个良好的平台，对提高上海供水管理水平及饮用水水质、促进上海经济又好又快发展起到了积极的作用。

6月4日至6月13日，《本市发展公共租赁住房的实施意见（征求意见稿）》（以下简称《实施意见（征求意见稿）》）正式向社会公示，征求社会各界和广大市民意见。《实施意见（征求意见稿）》共21条、五个方面内容。《实施意见（征求意见稿）》，在建立廉租住房、经济适用住房等基本制度的基础上，推出公共租赁住房政策，（将）为加快解决本市居民的住房困难，丰富住房保障的政策内容，扩大住房保障的政策覆盖范围，基本构建形成分层次、多渠道、成系统的住房保障体系，促进房地产市场健康发展起到积极作用。

6月4日，为充分演绎绿色世博的主题，在中外佳宾面前展示上海母亲河——苏州河等水环境治理的新成果，市水务局和新民晚报社联合举行“苏州河上行”活动启动仪式。“苏州河上行”宣传活动6月上旬开始，苏州河外白渡桥为第一站，由东向西，选择沿岸10个具有历史渊源和社会影响力的人文地标，由点及面分别讲述苏州河的昨天、今天、明天的故事，以此充分挖掘上海母亲河深厚的历史人文情愫，积极展示上海连续四轮推进苏州河治理的不懈努力，以及由此带来的重大变化，进一步激发上海人民对苏州河的历史情结和爱河、护河意识，为推动苏州河治理、营造苏州河水景奠定更好的社会基础。

6月8日是“世界海洋日暨全国海洋宣传日”，今年全国海洋宣传日的活动主题为“关爱海洋——我们一起行动”。上海结合实际，确定今年上海纪念活动的宣传主题为“绿色世博·关爱海洋·珍爱海岛”。当天市海洋局组织多项宣传活动纪念世界海洋日，包括“绿色世博·关爱海洋·珍爱海岛”海洋科普知识广场宣传活动、上海海域无居民海岛执法巡查、清洁海滩志愿服务和参观海洋科普基地系列活动、“未来的海洋低碳城市”——2010年上海市青少年动手做系列活动等。

6月9日，上海港与德国不莱梅港缔结友好合作关系签字仪式在市交通港口局举行。市建设交通委副主任、市交通港口局局长孙建平与德国不莱梅州经济与海港部副部长海斯勒博士分别代表双方签署建立友好合作关系意向书。孙建平同志表示，上海港将学习不莱梅港物流集散和多式联运等方面的成功经验。海斯勒博士高度赞赏上海港特别是洋山深水港的建设和发展，希望进一步加强双方交流与合作，并对上海世博会的成功举办表示祝贺。

6月9日，韩正市长、沈骏副市长、姜平秘书长一行先后前往宝山顾村和嘉定江桥大型居住社区基地察看保障性住房建设进展情况。韩市长现场听取了建设单位关于基地总体规划及当前开发进度的工作汇报，实地查看了工程建设进展、房型、房屋质量、设施、周边配套等情况。要求在保障性住房规划设计方面，无论是街坊设计中的路幅、路网、商业组团，还是住宅楼的外观和内部房型，都要从社区长远发展和便民的角度来考虑，要突出宜居理念，采用节能环保材料；上海实力最强、信誉最好的房地产企业要首先参与保障性住房建设，确保保障性住房建设的品质和可持续性。同时，强调指出保障性住房建设是本市最为关切的重大民生工程之一，市、区相关部门及建设单位要进一步加大工作力度，确保本市今年开工建设计划按期完成，对明年的建设计划早做安排。

6月10日上午，上海—鹿特丹水主题会议在上海世博会荷兰馆举行。会议由市水务局、鹿特丹气候部门共同举办。会上，上海市水务局、鹿特丹气候部门、市水务规划设计研究院、世界自然基金会、美国新奥尔良瓦格纳与鲍尔建筑事务所等机构的专家，围绕“上海的雨水管理”、“关于适应气候变化和雨水管理的鹿特丹方案”、“上海作为东方水都”、“河口地区的生态防护”以及“新奥尔良的水资源管理”等议题，分别发表了主题演讲，介绍各自在水资源管理方面的经验，并就相关问题进行了讨论。同时，100余位中国、荷兰等多国专家就如何适应气候变化、雨水管理及生态防洪管理等方面在会上分享了经验并展开研讨。

6月10日，世博园区世博轴工程荣获全球生态建筑奖。该奖项由中国生态建筑领域专家和法国罗纳——阿尔卑斯大区的建筑学教授共同评选。世博轴工程全长1045米、宽100米，设计中充分体现生态、环保、节能理念，是世博园区空间景观、交通主轴线，永久性地标建筑。通过6个阳光谷及两侧草坡，把绿色、新鲜空气和阳光引入各层空间；同时还采用了地源热泵、江水源热泵、雨水收集利用等环保节能新技术。施工中克服了立体、全方位施工难题，得到中法两国建筑专家的一致推崇。

6月11日，沪宁城际铁路通过铁道部初步验收，达到最高速度350公里/小时的运行条件。该铁路各项建设标准均达到相关要求。沪宁城铁正线全长300公里，正式通车后上海至南京仅需1小时左右便可到达。7月1日，铁路上海虹桥站将与沪宁城铁同时启用。

6月12日，市建设交通工作党委（沪建委[2010]84号）决定，为加强对市建设交通系统深入开展以“世博先锋行动”为主题的创先争优活动的领导，成立市建设交通工作党委创先争优活动领导小组及办公室。市建设交通工作党委创先争优活动领导小组由以下人员组成：组长：范志伟，市建设交通工作党委副书记。成员：袁筱英，市建设交通工作党委组织干部处处长；张东苏，市建设交通工作党委宣传处处长；张旗，市建设交通工作党委办公室主任；赵颖，市建设交通机关党委副书记；金叁芳，市建设交通工作党委组织干部处副处长。市建设交通工作党委创先争优活动领导小组下设办公室，办公室主任由金叁芳同志兼任。办公室工作人员由组织干部处、宣传处等有关部门工作人员组成。

6月13日，本市召开旧区改造工作推进大会，进一步推动拆迁工作规范化、制度化。沈骏副市长、尹弘副秘书长、市建设交通工作党委副书记、市建设交通委主任黄融，市建设交通委副主任、市住房保障房屋管理局局长刘海生等出席会议。

6月18日，本市召开全市旧区改造工作推进会议。总结2009年以来旧区改造工作，部署下一阶段工作。沈骏副市长出席会议并强调，旧区改造是本市住房保障体系的重要组成部分，市委、市政府始终把改善市民群众的居住条件放在很重要的位置，市、区各有关部门要充分认识旧区改造工作的重要性、紧迫性，不断推进和完善新机制、新做法，开创旧区改造工作新局面。市建设交通工作党委副书记、市建设交通委主任黄融在会上介绍了本市2010年上半年旧区改造工作情况，明确今年旧区改造的目标任务是中心城区完成二级旧里以下房屋改造50万平方米；郊区城镇开展危旧房调查摸底，研究指定改造机制和政策，对改造条件成熟的地块，积极开展改造工作；启动闸北区长安西块等一批市重点旧改项目的改造；抓紧协调督促旧区改造拆迁停滞基地的处置工作；全面推进旧区改造事前征询、“数砖头+套型保底”、增加就近安置方式等新机制。

6月22日上午，白龙港南线输送干线完善工程开工仪式在徐汇区华泾路SST1.1标工地现场举行。沈骏副市长宣布工程开工。白龙港片区南线输送干线完善工程由黄浦江过江段和东段输送干管两大部分组成，将敷设自虹梅南路起，过江至浦东远东大道，经龙东支路接入白龙港污水处理厂的长约35公里管道，工程面积980平方公里，工程总投资近37亿元。工程建成后，将进一步提高上海中心城区污水收集率，对改善黄浦江水质，保护上海水环境将发挥重要作用。

6月25日，太湖流域黄浦江干流闵行~三角渡段防洪工程顺利通过竣工验收。太湖流域黄浦江干流闵行~三角渡段防洪工程位于上海市松江区、金山区和闵行区境内。其主要任务是承泄太湖、江苏淀泖地区和浙江杭嘉湖地区以及上海市浦西地区洪水和涝水，使该地区防洪标准达到50年一遇，排涝标准达到20年一遇。黄浦江干流闵行－三角渡段工程实施完成后，理顺了水路，调活了水体，通畅了排水出路，同时极大地改善水体水质和通航条件，社会、经济效益显著。

6月25日，中共中央政治局委员、市委书记俞正声前往嘉定江桥、宝山顾村、杨浦江湾基地，实地察看经济适用住房建设情况。市委秘书长丁薛祥，市建设交通委副主任、市住房保障房屋管理局局长刘海生、副局长顾弟根，相关区政府领导及相关建设单位有关负责人陪同调研。在江桥拓展基地现场，俞正声同志认真听取了工地负责人的介绍，询问了有关公共交通、社区服务等问题，要求把具体事干好。随后，市领导来到顾村经济适用住房基地，仔细察看了住宅楼样板房的客厅、卧室、厨房、阳台，并嘱咐一定要把经济适用住房建设好。在江湾基地，俞正声书记认真察看基地规划图，仔细了解房型户型特点。俞书记强调，建设经济适用房是改善民生、造福百姓的大事。各级政府一定要从大局出发加快推进，不仅要保证按期交房，更要保证住房质量，规划建设好公建配套设施，不断改善人民群众住房条件，同时进一步带动区域发展，促进形成本市经济社会和谐发展的局面。

6月29日，市建设交通系统召开纪念建

党89周年大会。会议的主题是深入推进以“世博先锋行动”为主题的创先争优活动，进一步弘扬先进、宣传典型，动员和激励各级基层党组织和广大党员围绕建设交通系统在办博中承担的任务和职责奋力拼搏。会议由市建设交通工作党委副书记范志伟同志主持，市建设交通工作党委书记许德明同志作重要讲话。许德明同志在讲话中充分肯定了系统各级党组织和广大党员在急难险重任务面前召之即来、来之能战、战之能胜的顽强作风和拉得出、顶得上、干得好的无畏气概。同时，就进一步深化“世博先锋行动”，全面推进创先争优活动，确保世博会圆满成功和促进建设交通事业新发展提出要求。市建设交通两委领导班子成员，系统各局、各单位及委直属单位党政主要领导、组织部门负责人，委直属单位党委所属单位党政主要领导，委机关离退休党委负责人及党支部书记、市建设交通两委机关各处室负责人等参加了会议。

6月29日，由市建设交通委主办的“2010上海世博会城市最佳实践暨国际建筑论坛”隆重举行。本次国际论坛由国际知名行业媒体麦格劳－希尔建筑信息、上海市绿色建筑促进会、市建设交通委科学技术委员会联合承办，数十家国内外机构协办。在6月29日、30日两天的会议日程中，近30位国内、国际城市设计师、世博建筑设计师以及其他业内领袖将云集沪上，共同探讨在全球城市化进程中的设计和建设实践，分享他们对未来城市发展战略的远见卓识。

6月29日，关于中国2010上海世博会园区建设的唯一官方出版物——《上海世博会建设丛书》由上海世纪出版集团旗下上海科学技术出版社出版。世博局、市建设交通委共同组织编写了此书。该丛书全面展示了中国2010年上海世博会场馆建筑及其配套设施，用文字与图片载体记录下上海世博会建设的整个过程，共分为规划、建筑、景观绿化、市政、建筑施二五卷。特别是《建筑卷》，结合现场实景照片和设计平面图等，全面介绍了各场馆的建筑设计创意和技术创新特点，是建筑师全面了解上海世博会建筑的权威参考书；对所有关注世博的人士，也是一本具有收藏价值的资料图册。世博局副局长、市建设交通委副主任黄健之同志，世博局副局长丁浩同志，市建设交通委总工程师秦云同志，上海世纪出版集团副总裁胡大卫先生出席了当天举行的出版仪式。

6月份、7月份，市建设交通工作党委书记许德明同志多次召开专题会议，就动拆迁突出信访矛盾、“涉世涉盟”问题，进行专题研究，采取切实有效的措施进行化解。目前，几处典型信访矛盾取得了实质性进展，全系统面上信访稳定工作保持了平稳，有力了维护了世博期间建设交通系统的和谐稳定。

6月份、7月份，市建设交通工作党委副书记、市建设交通委主任黄融同志先后前往长宁区政府、徐汇区政府、松江区政府、杨浦区政府、闸北区政府调研，就市重大道路工程建设和运营、“十二五”规划、市与区项目对接、城市环境整治和管理、旧区改造和大型居住区建设等方面进行了沟通交流，进一步推动了市区联动，进一步促进了上海城市建设、管理和交通事业发展。

7月份

7月5日，我国首个经国务院批准设立的国家级航海博物馆——中国航海博物馆正式开馆。中国航海博物馆集文物收藏、陈列展示、学术研究、社会教育四大功能于一体。该馆的建成对于推动航海事业发展、弘扬我国航海文明具有积极意义，同时也有助于推动上海国际航运中心建设这一国家战略的实施，加速航运中心软环境建设。中国航海博物馆是我国目前规模最大、等级最高的综合性航海博物馆，工程占地面积2.5万平方米，建筑面积4.6万平方米。标志性主体结构为高约70米的中央帆体，室内展示面积达到21000平方米。

7月5日，本市轨道交通10号线覆盖早晚高峰运营。

7月6日上午，中国海监2010年度上海联合执法行动在金山卫车客渡码头正式启动。此次联合执法行动采取“海、陆、空”立体配合，按区域集中检查的方式进行。行动中，“中国海监”飞机、船舶和车辆将分别按照计划在同一区域实施空中、海上和陆上同步检查。检查重点为海域使用、海洋环境以及海岛管理等，具体包括用海项目审批及海域使用情况，海洋工程建设项目环评制度和“三同时”制度执行情况，废弃物海洋倾倒、陆源污染物排海、海底电缆管道管理规定落实情况，以及海洋自然保护区及无居民海岛生态环境保护情况等。据了解，此次联合执法是中国海监东海区2010年度系列联合执法的第四站，也是本年度东海区联合执法的最后一站。

7月6日，市建设交通委主持召开专题会议，要求市政养护行业切实加强道路交通安全工作和市政设施作业安全，进一步有针对性地做好市政养护行业的交通安全管理和防范工作，切实加强世博交通安全保障工作。市建设交通委秘书长徐建群同志指出，目前已入夏，高温酷暑、台风暴雨等因素，极易诱发各类事故。市政养护行业各有关单位，一要思想上高度重视，全面开展夏季重特大事故防范工作，确保本市市政养护行业安全形势持续平稳；二要针对市政车辆、设施（设备）全面开展安全隐患排查，建立巡查机制，特别要做好重点区域、重点路段的定期巡查，及时清除各类隐患；三要加强事故多发道路的排查治理，要重点推进市级危险道路治理、积极主动排查整改区（县）级危险道路和其他隐患，探索应用增加警示标识等手段，有效减少事故发生率；四要采取切实措施整治隐患，规范、完善市政养护行业的各项管理措施、安全规范，探索应用新工艺、新技术，提高施工机械化水平，减少人工操作，加强施工作业安全保障。

从7月10日（周六）起，轨道交通2号线东延伸——浦东国际机场至广兰路站区段，将启用新的列车运行图，运营时间由原先的上午9点至下午16点，调整为上午6点30分至晚上21点。

7月12日，市建设交通系统召开会议，传达市委书记俞正声、市长韩正在九届市委十二次全会上的讲话精神，并以此为契机全力推进下半年工作。市建设交通工作党委书记许德明同志就深入学习和贯彻落实全会精神提出三点要求：一要认真组织学习，提高思想认识；二要继续拼搏进取，完成办博工作；三要明确全年目标，加强工作推进。

7月13日，“上海物联网中心项目奠基仪式”在嘉定区城北路235号建设现场举行。物联网与新能源、生命科学、绿色制造等被列为国家五大战略性新兴产业，上海也将物联网列为“十二五”信息产业发展的重点。“上海物联网中心”依托中国科学院上海微系统与信息技术研究所在物联网方面的研发力量、研究成果、人才优势，大力吸引各类物联网研发、示范和产业化项目落户，努力打造国内最具竞争力、具有国际影响力的物联网创新基地，攻克物联网核心技术，引领国家标准制定，推广物联网应用示范，加速技术成果产业化。上海物联网中心将面向“智慧上海”，推动上海信息产业的新一轮发展。上海物联网中心分三期建设。一期建筑面积8万平方米，包括技术研发中心和专家公寓等四个建筑单体。二期建筑面积13万平方米，包括产业孵化中心、交流培训中心和应用示范中心三个建筑单体。三期建筑用地200亩，主要打造上海物联网产业集聚核心园区。

7月15日，市总工会、市建设交通两委联合开展“战高温、送关爱、保运行、创一流”专项慰问行动，市人大常委会副主任陈豪、市总工会党委副书记肖堃涛、市建设交通委主任黄融等领导出席活动，黄融主任代表市建设交通两委讲话，陈豪主席宣布专项慰问行动启动。肖堃涛、马云安，浦东新区副区长张恩迪，市总工会副主席杜仁伟、秘书长周志军，浦东新区总工会主席姜鸣，市建设交通工作党委副巡视员、工会主任周炜等领导出席活动，杜仁伟主席主持启动仪式。

7月15日下午，本市召开市重大工程建设推进会议。沈骏副市长出席会议并讲话。他指出，在市委、市政府正确领导下，上半年本市重大工程建设按计划推进，部分重大工程顺利建成投用，为世博会成功举办奠定了良好基础。下一步，要按照市委、市政府“五个确保”的要求，体现“两手抓”的精神，全力完成“十一五”计划任务，并为“十二五”打好基础；要从大局出发处理问题、推进工作；要与改善民生相结合，切实落实责任，加强协调，确保今年重大工程建设任务圆满完成；要继续加强工程质量、安全、文明施工管理，做好防台防汛、防暑降温等季节性工作；要妥善处理好工程建设与社会稳定之间的关系，严格落实文明施工措施，切实将矛盾化解在一线，维护好全市社会和谐稳定大局。

7月15日，市政府副秘书长、市苏办主任尹弘主持召开了苏州河环境综合整治工作会议。市苏办常务副主任、市水务局副局长朱石清汇报了苏州河环境综合整治二期工程的竣工销项情况和三期工程的进展情况，并对存在的问题提出了相关建议。会议明确了下阶段二期工程竣工销项和三期工程工作推进的责任主体和具体要求。尹弘同志会前考察了苏州河环境综合整治三期工程的长宁区环卫（市政）码头搬迁工程（田度基地），及苏州河下游段防汛墙加固改造工程普陀区强家角段现场。

7月16日，本市召开装配式住宅情况调研座谈会，推进装配式住宅发展。装配式住宅是属建筑行业的一种由工厂化预制生产的墙板、楼板、屋面板及柱子等构件装配而成的住宅。市建设交通委主任黄融同志指出，目前，本市发展装配式住宅还面临着一系列瓶颈和制约因素，主要是产业链尚未形成，标准化设计、装配技术、配套构件的规模化生产尚未成熟，市场化程度较低；缺乏有效的经济激励政策，开发商对建造装配式住宅积极性不高等。黄融主任要求，为进一步加快本市装配式住宅发展、促进住宅产业化建设，一要统一思想，深刻认识发展装配式住宅的重要意义。二要着手推进，大力推广装配式住宅。市建设交通委副主任、市住房保障局局长刘海生同志指出，下一步工作要深化研究并出台相关配套政策，扶持产业发展；要加强技术攻关，不断提高装配式住宅在防渗漏、保温隔热等方面的效果；要加强市场推广力度，充分调动相关企业的积极性。秦云、顾弟根等同志出席座谈会。

7月22日，市政协副主席周太彤、蔡威带队赴市绿化市容局就“人口、资源、建设十二五规划”情况开展专题调研。局党组书记、局长马云安，副局长夏颖彪、黄兴华及相关处室负责人出席了调研座谈会。

7月22日，沈骏副市长带队慰问世博交通、环卫、城管执法等工作人员。黄融、马云安、孙建平等市建设交通委、环保局、绿化市容局、交通港口局以及世博市政市容环保组、交通组有关负责同志参加慰问。

7月23日，市建设交通两委召开会议，总结2010年上半年工作，研究分析面临的形势和任务，部署推进下半年工作。市建设交通工作党委副书记、市建设交通委主任黄融同志提出下半年八项重点工作任务：一是继续把服务保障世博作为全行业的头等大事，全力抓好各项工作落实；二是认真总结世博经验，形成长效机制，提升世博后的城市建设和管理水平；三是狠抓重大工程按计划节点推进，为全市经济社会发展多做贡献；四是推进住房保障体系建设、旧区改造等惠民实事工程；五是加快相关政策落实，进一步推进国际航运中心建设；六是继续推进建筑、交通节能和第四轮环保三年行动计划；七是大力推进政府职能转变；八是以开展创先争优活动为契机，切实加强和改进党的建设。市建设交通工作党委书记许德明同提出四点要求：一要振奋精神。要始终保持昂扬的精神状态，坚决克服任何松懈思想和麻痹情绪，切不可有半点懈怠；二要改进作风。要深入基层、深入一线，深入群众，善于发现问题，善于处理问题；三要善解难题。要提升站位，站在大部制的高度、站在市委市政府参谋部门的角度，加强前瞻性思考，加强全局性研究，尤其要多考虑体制、机制上的问题，善于破解难题；四要创先争优作表率。要积极投身创先争优活动，结合世博先锋行动，广泛深入开展好活动。党员同志要作出表率，尤其领导干部要身先士卒，率先垂范，带领本团队的干部职工为圆满完成全年各项工作任务争做贡献。

7月26日，市建设交通委黄融主任主持召开会议，听取市公路处关于迎“国检”各项准备工作情况的汇报。黄融同志强调，此次“国检”与2010上海世博会同时进行，无疑是对本市公路建设和养护管理的一次综合检验，要通过此次“国检”充分反映出上海在公路建设和养护管理等方面所做的工作，以及近几年工作所取得的成绩。

7月26–29日，国务院督查组对本市保障性安居工程建设情况进行督查。29日下午，仇保兴副部长主持召开保障性安居工程建设工作座谈会，反馈督查情况。仇保兴副部长认为，上海在保障性安居工程建设的机制创新、政策配套完备、拆迁公正、阳光等方面做了大量有益的探索，很多工作走在了全国前列。特别是市委、市政府领导高度重视，亲自过问，亲临现场督战，各职能部门全力以赴，各项工作起步情况良好。但上海在经济适用房、公共租赁房和廉租房的建设等方面，时间紧、任务重，需进一步做好几方面的工作：一要在保障房建设、动拆迁等方面充分发挥政府的主导作用；二是逐步扩大保障性住房的覆盖面与实物补贴的落实情况相贴合；三是抓紧做好卫星城建设的探索、规划；四是要挖潜力，特别是做好中心城区配建廉租房、经济适用房等有关工作。尹弘副秘书长介绍了本市在土地供应、多部门协作、公共租赁房建设等方面所做的工作；刘海生同志代表市建设交通委、住房保障房屋管理局汇报了本市保障性安居工程建设情况。

7月27日，西班牙仿古帆船“安达卢西亚”号驶入世博核心水域。“安达卢西亚”号仿古帆船是仿制17世纪时期西班牙“安达卢西亚”号古帆船打造而成。“安达卢西亚”号曾在西班牙、美洲和亚洲之间从事海上贸易活动达三个世纪之久。该船长43米，船宽10.02米，此次专程来到世博核心水域参加园区展览活动。

7月28日，沪苏皖赣高速公路电子不停车收费系统联网签字仪式在南昌举行，这是继上海、江苏、安徽高速公路ETC跨省联网后，江西实现了与沪、苏、皖的对接。此次沪苏皖赣三省一市高速公路电子不停车收费系统联网开通，标志着长三角区域交通无缝对接和一体化进程又向前推进了一步。

7月28日，市历史建筑保护事务中心成立大会暨房管系统历史建筑保护工作会议召开。会议宣布市历史建筑保护事务中心成立，市住房保障房屋管理局副局长黄永平为该中心成立揭牌，并指出：历史建筑保护事务中心作为专业部门，开展事务管理和技术研究，为历史建筑的保护管理、审批和执法提供技术支持。在市、区二级管理层面上，实现市、区联动，由事务中心和区局相关部门建立工作联动，实现对历史保护建筑的动态监管，理顺管理机制，提高工作效率。事务中心今后的工作，要落实工作机制，细化工作流程；要加强保护监管，确保政策落实，注重过程跟踪和管理，建立健全日常巡查制度，加强修缮项目的竣工备案；要加强基础工作，逐步建立起保护建筑的完整档案，实现信息数据共享；要注重人才培养，提高技术水平。

7月29日下午，市建设交通两委召开市、区县建设交通党委书记、主任联席会议。市建设交通两委部分班子成员，各区县建设交通（工作）党委书记、主任，市建设交通两委部分处室负责人参加了会议。市建设交通工作党委书记许德明同志主持会议并讲话，他强调下半年要全力做好保障世博工作，确保世博会善始善终；要大力做好民生工作，重点加强保障性住房建设和妥善处理老百姓日常生活中的交通、环卫、用水、用气等问题；要加强市与区县的沟通联系，做好“十二五”建设交通规划的起草编制，为下一轮发展奠定基础；要积极化解建设交通领域涉民矛盾，全力维护行业稳定和谐；要进一步加强党的建设，探索拓展党建联建，广泛深入开展创先争优活动；要转变作风，提高效率，服务好区县、服务好基层，加强联手，促进建设交通工作新发展。市建设交通工作党委副书记范志伟在会上通报建设交通党建工作情况。市建设交通委副主任倪蓉在会上通报上半年工作总结、下半年工作安排。

7月31日下午，上海援建工程立功竞赛总结表彰大会在都江堰市举行，338个各类先进集体和个人受到表彰。市建设交通工作党委书记许德明代表市建设交通两委讲话，市政府副秘书长、援建指挥部总指挥薛潮作援建立功竞赛总结讲话。至此，上海援建已交付工程竣工验收合格率100%；已有26个援建项目获四川省“天府杯”，6个项目获上海市“白玉兰奖”，8个项目获上海市工程优秀设计一等奖。经过1万多名上海援建者的两年拼搏，上海已实现“两个95%”，即完成援建总投资95%，完成“交钥匙”项目95%。8月上旬，上海市对口支援都江堰市灾后重建工程项目将全面竣工，9月上海援建任务将全面完成。

8月份

8月2日上午，国家林业总局贾治邦局长一行在市林业局马云安局长、蔡友铭副局长陪同下，前往位于南汇的上海野生动物园。上海野生动物园是由上海市人民政府和中国国家林业局合作建设的中国首座国家级野生动物园，位于上海浦东南汇区南六公路178号，占地153公顷（2300亩），距上海市中心约35公里。该园于1995年11月18日正式对外开放，是中国首批AAAA级旅游景点。园内汇集了世界各地具有代表性的动物和珍稀动物二百余种，数量上万，其中包括有来自国外的长颈鹿、斑马、羚羊、白犀牛等，以及中国一级保护动物大熊猫、金丝猴、金毛羚牛等。园内分车入和步入两大参观区。

8月3日，市政府召开经济适用住房、公共租赁住房工作推进会。韩正市长出席会议并指出，关于经济适用住房工作，下半年要在全市面上推开，重点抓住几个关键环节：一是加快住房建设；二是放宽准入标准；三是继续健全居民经济状况核准机制；四是做好配售工作；五是健全完善管理制度。关于公共租赁住房工作，要抓紧出台本市发展公共租赁住房实施意见，不断探索公共租赁住房的融资和运营管理机制。

8月5日，经水利部审核，本市金山区被确定为全国第四批节水型社会建设试点。金山区节水型社会建设实施方案，将结合自身“重化产业集聚区、现代农业发展区、流域行洪通道区、滨海城市度假区”的区域特色，巩固和推进节水工作，继续加强水资源管理，大力发展节水型产业和水务领域低碳经济，力争用三年时间将该地区建成节水型社会。截止目前本市已有浦东新区、青浦区和金山区三个区被水利部确定为全国节水型社会建设试点。

8月6日下午，市住房保障房屋管理局召开本市房管系统迎世博建筑整治工作总结表彰会，市政府副秘书长尹弘，市建设交通委副主任、市住房保障房屋管理局党组书记、局长刘海生，副局长黄永平出席会议。会上，在迎世博建筑整治工作中作出突出成绩和贡献的47家单位（部门）和124位个人受到表彰，并分别授予“迎世博建筑整治先进集体”和“迎世博建筑整治先进个人”荣誉称号。

8月7日，交通运输部党组副书记、副部长翁孟勇，江苏省副省长史和平一行，专程来到长江口深水航道工程现场实地考察，并登上上海航道局所属的“国轮国造”的大型耙吸挖泥船“新海马”轮看望、慰问施工一线的建设者们。本次翁孟勇和史和平视察长江口，是为全面协调长江口12.5米深水航道向上游延伸等相关重大事项而进行的前期现场调研。

8月11日，世博园中的世界自然基金馆上映了名为《河口 航道 生态》的专题宣传片。交通运输部长江口航道管理局党委书记范亚祥、世界自然基金会中国区副总监王利民和著名水产专家、农业渔业部东海水产研究所陈亚瞿教授出席了首映仪式并致辞。长江口深水航道治理工程建设在环境保护方面进行了一系列有益的探索和实践，减轻了对河口生态环境的影响，受到世界自然基金会“河口保护与发展高峰论坛暨首届世界河口伙伴大会”专家们的一致好评。为了推动“城市让生活更加美好”的主题宣传，在世界自然基金会支持下，长江口航道管理局总结在长江河口航道建设与环境保护工作中所取得的经验做法，制作了专题宣传片。借助上海世博会这一全世界交流的平台，通过这一专题宣传片，在展馆里长期播放，让全世界分享长江口河口开发和保护所取得的经验和成效，呼吁人们一起来关注自然的河口和人类的城市和谐发展问题。

8月12日，静安区南京西路1788基地（1788国际中心）按预定时间节点顺利实现结构封顶，标志着静安寺地区“金五星”和以静安南京路为主轴的国际商务港正在加速形成。该工程自2008年12月12日开工以来，克服了在市中心闹市地段施工的困难，经过七个月的紧张施工，顺利完成。南京西路1788基地位于南京西路、华山路口，总建筑面积11.3万平方米，主楼高度125米，共29层。作为一栋由国际甲级写字楼和顶级商场组成的综合项目，基地以美国LEED金级认证标准进行设计，全面倡导节能低碳的健康办公新理念，在清洁能源使用、资源回收再利用、低碳营运管理等方面采用多项新技术和科学管理机制，将成为南京西路顶级CBD区域内第一栋真正的节能环保建筑。

8月12日，市建设交通委会同市法制办、水务局、绿化市容局、住房保障房屋管理局、交通港口局专题研究世博法规通告转化为长效管理立法计划有关工作。为筹办保障世博会成功举办，本市在城市管理方面共出台世博法制保障项目26个，这些法规通告为确保城市环境“整洁、干净、美观、平稳”起到积极作用。为进一步加强城市长效管理工作，根据市委、市政府的要求，近日，黄融主任主持召开专题会议，市法制办刘华主任、顾长浩副主任出席，探索研究将迎世博600天行动期间和世博会开园以来形成的行之有效的工作机制、管理办法、法制手段固化为长效管理制度。初步考虑分三种情况推进，一是细化落实和提升执行效果，对已经修订、制定完善的法规规章、规范性文件，由责任部门按照有关规定，细化操作细则，落实管理措施，提升法规执行效果；二是完善和固化临时法规措施，对部分政府临时通告和规范性文件进行完善和长效固化；三是修订制定其他新增加的法规项目，重点针对当前社会关注。

8月15日上午，市建设交通委召开专题会议，传达落实8月14日下午“全国进一步防御洪水地质灾害紧急电视电话会议”精神和上海分会场沈骏副市长提出的贯彻落实要求，对下一步建设交通行业防汛防台、防暑降温、确保世博安全工作进行了部署落实。一是要高度重视、高度警觉。对极端气候、突发灾情可能造成的损失千万不能掉以轻心，要从预防、抗灾、救灾三个环节、从细部着手加强相关工作落实。二是全面检查、排除隐患。针对强降雨、强对流、台风、高温等极端气候，再一次开展对高架道路、地下立交、地下隧道等市政公用设施防灾、抗灾能力的检查，排除隐患，确保万无一失。三是保持信息畅通、及时反应。各部门、各单位要启动应急值班制度，尽量减少外出，接到灾情信息，在迅速处置的同时，要按规定程序及时上报。四是完善应急队伍、物资、设备等的充足储备，确保功能完好，关键时刻能及时响应。

8月15日，本市召开全市公路工作会议，规划“十二五”上海公路发展方向。沈骏副市长出席会议并作重要讲话，市建设交通委主任黄融同志主持会议，徐建群秘书长作本市公路工作报告。崇明县、奉贤区政府、上海市公路管理处、上海实业集团有限公司等四家单位作交流发言。

本市2010年“夏令热线”7月17日开通，至8月15日结束，为期30天。期间，12319热线共接市民来电近10万个，日均接电3332个，同比增加126.4%。市民关注前五位问题主要集中在：乱设摊3961件、违法建筑2870件、出租车绕道1458件、出租车拒载1309件以及公共区域秩序维护1198件。今年“夏令热线”有以下特点：一是今年“夏令热线”期间新民晚报、电视台、电台及东方网共同参与，形成强大的立体宣传攻势；二是“夏令热线”工作与世博工作叠加，世博信息诉求凸显，“夏令热线”期间共受理世博相关信息6891件；三是施工噪声扰民情况诉求下降明显，随着迎世博600天行动整治以及世博会的召开，城市管理工作得到进一步巩固和加强，今年同类诉求同比下降六成。

8月18日，市水务局主持召开2010年区县水务局长座谈会，研究讨论水务“十二五”规划思路、世博后水务长效管理机制及明年工作重点。各郊区县水务局局长就相关工作进行了交流讨论。

8月30日 上午，老港再生能源利用中心工程开工仪式在老港固体废弃物综合利用基地举行，市委副书记、市长韩正出席开工仪式。沈骏副市长出席开工仪式并讲话。老港再生能源利用中心规划处理能力6000吨/日，分两期实施。其中一期工程设计处理能力3000吨/日，年处理生活垃圾100万吨，在目前国内已建及在建同类项目中规模最大。一期工程于2009年12月立项，选址于老港固体废弃物综合利用基地南侧，零号大地西侧，占地约240亩，总投资13.5亿元，其中30%由市级财力安排资本金投入。通过国际招标，选用日立造船株式会社的炉排炉，设单炉规模为750吨的炉排炉4台。开工仪式后，韩正市长一行还察看了老港固体废弃物集装化转运码头并慰问了环卫职工。

8月31日，市防汛指挥部召开全市防御台风“圆规”紧急会议，对防台防汛工作进行全面动员部署。副市长、市防汛指挥部总指挥沈骏在会上强调，全市各级领导干部要牢固树立“防大汛、抗大灾、抢大险”的思想，以对党和人民高度负责的精神，全力以赴、全面细致地防御台风工作，确保世博会和城市正常运行，确保人民生命财产安全。会议要求各级领导干部立即行动起来，进岗到位、责任到人，严格执行防台防汛责任制。各级政府都要落实行政首长负责制，对本地区的防台防汛工作负全责；各部门、各系统要按照职责和分工切实履行责任，加强协调配合；各有关单位的主要领导要对各自的防台防汛工作负总责，深入一线、加强督查、靠前指挥，把各项防范工作做深、做细、做实。他指出，各级政府和有关部门、单位要对薄弱环节再一次进行全面认真的检查，及时落实整改措施，要安排好抢险救灾队伍，储备足够的防汛抗灾物资，把困难想得严重些，把措施落实得更周全些，全力确保不伤亡、少损失。会议要求从世博园区管理、人员转移、工地管理、船只避风、地下空间、高空构筑物、防汛排水、公共交通、绿化加固、农业防灾和人员密集场所等11个方面，全面落实好各项措施，同时进一步加强信息报送和应急处置，加强社会宣传，提高市民群众的避险自救意识。

9月份

9月2日，由上海市科协、上海世博局、上海市绿化和市容管理局、中国风景园林学会主办；上海市风景园林学会、上海市林学会承办的“世博·风景园林”专题论坛在上海市科学会堂召开。本次论坛的主题为：“中国2010上海世博园的绿色实践”，旨在从科学技术层面上推进2010上海世博会的示范效应。与会专家、学者围绕中国2010上海世博园的绿色实践，从世博园区绿地系统规划剖析、绿化施工关键技术、绿地景观特色的研究与实践、设计实践的景观思考、世博会场地公共空间设计策略、景观设计工作的特征与特性、垂直绿化建设施工技术研究及中国园“亩中山水”、“江南公园”规划设计、建设施工等不同的内容、不同的角度发表了精彩的演讲。

9月4日，市政府批转市住房保障房屋管理局等六部门制订的《本市发展公共租赁住房的实施意见》，全文共六章、二十二条。《实施意见》明确了本市发展公共租赁住房的总体要求，并提出要多渠道筹集房源、规范供应机制、健全租赁管理机制、加大政策支持力度、加强管理和监督。

9月5日，“智能与可持续的供应链——世界级国际航运中心的发展”中荷航运圆桌会议在沪举行，国家交通运输部水运局张守国副局长、上海市城乡建设和交通委员会沈晓苏副主任应邀出席会议并致辞，荷兰交通、公共工程与水管理部部长卡米尔·欧林斯发表演讲。本次会议进一步加强了中国、荷兰双方在航运业的合作与交流，拓宽了合作领域，推动了上海国际航运中心建设。

9月16日，沈骏副市长召开专题会议，听取本市国庆期间花卉景观布置工作汇报。尹弘副秘书长、市市政市容环保组王以中副主任、市绿化市容局崔丽萍副局长与会（参加）。

9月15日，上海电力股份有限公司吴泾热电厂改造工程并网获得成功。这标志着吴泾热电厂改造工程9号机组已具备发电能力并产生经济效益。该工程建成后可为上海市乃至华东地区“十二五”期间及今后的发展提供可靠的电力保障，也将为吴泾化工区的供热作出积极贡献。

9月15日下午，市建设交通委和世博局城市最佳实践区部在世博园区城市最佳实践区部，共同举办“航运与城市发展研讨会”。会议旨在借助世博会城市最佳实践区集聚的众多世界知名国际航运中心和港口城市参展案例的契机，学习借鉴国际先进经验，加快推进上海国际航运中心建设。本次会议邀请了鹿特丹、汉堡、马尔默和香港等11位参展案例馆的代表，围绕“航运让城市更美好、生活更美好”这一主题，就绿色低碳航运与城市产业发展及环境保护、港口集疏运体系建设和国际典型港口城市促进航运发展的政策等题目进行深入研讨。

2010年9月20日上午，由国家交通运输部专家委员会、上海市城乡建设和交通委员会主办的“发展现代交通运输业支撑技术研讨会”在沪举行。来自全国交通运输行业150多位知名专家和学者以及本市有关单位领导出席了研讨会。国家交通运输部总工程师周海涛、上海市城乡建设和交通委员会主任黄融分别就“未来交通展望”和“上海交通的发展与展望”作了主旨报告。会议还特邀同济大学教授专家诸大建作了“从上海世博会看低碳城市建设”主题报告。本次研讨会的召开对推进国家综合运输体系的发展，提高交通基础设施、运输装备技术水平，促进城市交通运输发展将产生积极影响。

9月22日，是无车日。为更好的响应世博会“城市，让生活更美好”的主题，今年的无车日确定将把世博会交通管控区内道路设置为无小汽车示范区域（道路），区域面积约7平方公里。该区域（道路）允许非机动车辆（自行车）、公交汽电车、出租汽车和特种车辆通行，并在原禁行车辆的基础上，倡导该区域内持证居民和单位自觉不使用小汽车出行。同时，集中设点开展无车日宣传活动，扩大市民参与度。

9月25日，市政府副秘书长尹弘带队，对延安路沿线的公共建筑沿口绿化情况进行了检查，市迎博600办、市绿化市容局及相关区的领导出席并参与了检查。

9月26日，全国政协常委、秘书长、民革中央副主席修福金一行来到崇明东滩鸟类国家级自然保护区视察，保护区管理处党支部书记张玉涛接待并向全国政协领导介绍了东滩鸟类国家级自然保护区的基本情况。

9月26日，沈骏副市长、尹弘副秘书长率领市600办及市绿化市容局的有关领导对徐汇区、长宁区、静安区、卢湾区及浦东新区国庆花卉布置工作进行巡查。

9月28日，本市首个大型公共租赁住房社区——“上粮二库”项目正式开工奠基。副市长沈骏，局长刘海生，副局长顾弟根、于福林出席开工奠基仪式。“上粮二库”项目位于普陀区中、外环线之间，建筑面积26.29万平方米，其中用于租赁的住宅和宿舍共20.5万平方米。房型设计注重功能性，以适宜出租、满足过渡性居住需求的紧凑型、小户型为主，分成套小户型住宅和舒适型宿舍两类。设计上，为了体现“绿色建筑、低碳生活”，采取了太阳能热水系统、太阳能光电、土壤源热泵等低碳环保技术。

9月28日下午，沈骏副市长主持召开上海轨道交通指挥部全体会议。指挥部领导成员以及相关的委办局、相关区、指挥部相关成员单位等出席会议并发言。沈骏副市长指出：上海地铁建设运营成效显著，为世博服务保障发挥了重要作用；要求明确发展目标、突破瓶颈难点，确保实现今年各项任务目标；同时，贯彻“管建并举”的指导思想，不断提升网络建设发展水平。沈骏同志要求指挥部全体成员紧紧围绕基本网络建设节点目标和“十二五”对新一轮建设任务的安排，统一思想，明确任务，再接再厉，乘势前进，并强调如下六点：一是全力确保世博服务保障是当前的首要任务；二是抓紧完成动迁收尾和前期办证等工作；三是切实提高工程现场文明施工标准和水平；四是精心做好交通组织的实施方案，将其对城市运行的影响降到最低程度；五是统筹协调做好管线搬迁工作；六是加快推进“十二五”项目建设的前期深化工作。

9月30日，长假前最后一个工作日，上海轨道交通网络日客流再创新高，首次突破700万大关，达到708.7万人次。伴随今年刚形成的420公里轨道交通线网规模，上海地铁的网络客运量同样迈上了新的台阶，两者均居世界前列。

10月份

10月1日，为深入开展“为世博服务，保生物安全”检疫执法专项行动，国家林业局、国家质检总局在本市组织召开林业植物检疫执法行动中期进展汇报会。国家林业局、国家质检总局、森防总站有关领导出席了会议，上海市林业局蔡友铭副局长与会并作重要讲话，华东9省市林检局（站）、出入境检疫局相关人员参加。

10月5日上午，上海市副市长沈骏、市政府副秘书长尹弘、市建设交通委副主任、市交通局局长孙建平等一行领导亲切慰问了节日加班的地铁员工，感谢他们为确保节日大客流的安全运营所作出的默默奉献和倾情服务。上海申通地铁集团董事长应名洪、总裁俞光耀、副总裁邵伟中等一起参加了慰问。

10月7日，市政府批转市住房保障房屋管理局等五部门《关于进一步加强本市房地产调控加快推进住房保障工作的若干意见》，采取更为严格的差别化信贷政策、一定时期内限定购房套数、加强土地增值税征管、允许动迁安置房提前上市、加快保障性住房建设、提高预售标准、增加土地供应、加强市场监管等十二条措施，进一步加强房地产市场调控。

10月9日，“第41届世界邮政日”之际，经财政部批准，由中国邮政集团公司、中国福利彩票发行管理中心、上海世博会事务协调局联手设计的中国邮政/中国福利彩票世博主题“邮彩联票”正式发行。当天，在上海邮政大楼中庭举行了隆重的首发仪式，中国邮政集团公司邮票发行部、中国福利彩票发行管理中心、上海世博会事务协调局、上海市民政局、中国集邮总公司、上海市福利彩票发行中心，以及上海市邮政公司领导嘉宾等应邀出席，共同为“邮彩”揭牌剪彩。本次上市的名为“世博典藏”的“邮彩”，采用邮票与彩票联版印制，以邮折（每套含4枚小型张，每4张彩票和4张邮票联成一版）和邮封（每份含邮彩1张）两种形式包装。其中彩票单张面值2元，票面图案分别绘有“中国馆”、“文化中心”、“世博中心”和“主题馆”四个场馆外景图案，限量发行30万张。这种形式在世界邮票史和彩票史上均为创举。

10月11日，上海辰山国际植物园学术研讨会在上海辰山植物园科研中心隆重开幕。中国科学院副院长李家洋、上海市人民政府副秘书长尹弘到会致辞并为中科院上海辰山植物科学研究中心揭牌。市绿化市容局马云安局长、中国科学院上海生命科学院院长陈晓亚院士、植物园保护国际秘书长萨拉女士，共同担任会议组委会主席。

10月11日，上海市公积金管理中心发布公告称，本市对住房公积金个人贷款政策予以调整。具体内容为：一、对购买首套自住房且套型建筑面积在90平方米（含90平方米）以下或按规定购买本市经济适用住房的家庭，其住房公积金贷款首付款比例不低于20%；对购买首套自住房且套型建筑面积在90平方米以上的家庭，其住房公积金贷款首付款比例不低于30%。每户家庭住房公积金最高贷款限额为60万元。二、对为改善居住条件购买第二套住房的，每户家庭住房公积金最高贷款限额为40万元。贷款首付款比例不低于50%。暂停对购买非改善型第二套住房家庭的住房公积金贷款。三、停止对购买第三套住房及以上家庭住房公积金贷款。四、对于购买首套住房的认定，以借款人家庭从未使用过住房公积金贷款购房信息记录，及由借款人提供经房管部门认定的其家庭成员（包括借款人、配偶及未成年子女）名下无成套住房登记信息为依据。五、对于购买改善型第二套住房的认定，以借款人家庭成员（包括借款人、配偶及未成年子女）名下在房管部门登记信息反映实际仅持有一套住房，且人均住房建筑面积低于统计部门公布的上一年度全市人均住房建筑面积为依据。六、关于购房家庭申请组合贷款中住房套数的认定和贷款首付比例，以组合贷款受理银行执行的相关规定为准。七、各单位应严格执行上述规定，加强贷款审核。市公积金管理中心将对住房公积金贷款受理情况实施后台监控和随机抽查，若查实违规操作的，将追究贷款受理单位和相关人员的责任。

10月19日，上海市委副书记、市长韩正、副市长杨雄等领导亲切慰问奋战在世博园区的东晨项目部保洁职工。

10月26日，全长202公里，总投资近300亿，设计时速350公里的沪杭高铁正式开通运营。沪杭高铁连接上海，途经上海市闵行、松江、金山区和浙江省嘉兴、杭州市，全线设车站9座。该项目由铁道部、上海市、浙江省及宝钢集团有限公司共同投资建设。沪杭高铁从根本上缓解沪杭交通走廊运输紧张状况，不仅为两省市的经济交流、人员往来和促进优势互补提供更加便捷的条件，而且将在我国人口最密集、经济最活跃、交流最频繁的长三角地区构建起一个现代化的快速客运网，实现各主要城市的“同城效应”，加快人流、物流、资金流和信息流的快速流动，推动长三角地区的一体化发展。

10月22日下午，我国第一代航天远洋测量船“远望一号”顺利靠泊其诞生地——

江南造船(集团)的长兴岛造船基地,待整修一新后入驻世博园区。“远望一号”测量船是我国自行设计建造的第一艘综合性航天远洋测量船,作为我国航天远洋测量功勋船舶,32年来远望一号测量船先后44次远征大洋,安全航行2600多天、44万海里,圆满完成远程运载火箭、气象卫星、载人飞船等57次国家级重大科研试验任务,为我国航天事业的发展做出了不可磨灭的贡献。正式退出海上测控舞台后,“远望一号”由中国卫星海上测控部赠予江南造船(集团),变身为上海爱国主义教育基地和科普园地在世博后向社会公众开放。

10月24日10时许,在上海世博会客流突破7000万人次之际,中共中央政治局委员、市委书记俞正声,市委副书记、市长韩正同志亲自致电正在世博交通保障组指挥中心现场指挥的申通地铁集团总裁俞光耀同志,代表市委、市政府向广大地铁员工表示感谢和慰问,希望再接再厉,确保世博保障任务的全面完成。韩正同志同时也请俞光耀总裁转达对上海地铁干部职工的感谢和慰问,并希望广大干部职工继续努力,全面确保地铁安全有序运营,圆满完成世博保障任务。副市长沈骏同时也对地铁世博运营保障工作给予充分肯定,并转达了市委市政府的慰问。

10月26日,沈骏副市长在市绿化市容局领导马云安、崔丽萍的陪同下,对市容保障部进行视察。

10月31日深夜24点,上海地铁宣告圆满完成世博地铁运营保障任务之际,副市长沈骏、市府副秘书长尹弘、市建设交通委副主任孙建平一行专程来到COCC指挥中心大厅,与正在现场进行运营保驾工作的一线工作者视频对话,向申通地铁集团领导应名洪、俞光耀、钱耀忠、顾伟华、白廷辉、葛世平、邵伟中、毕湘利及广大地铁干部职工表示感谢和慰问。地铁员工还特别向沈骏赠送了地铁吉祥物畅畅的玩偶。

11月份

11月3日,黄浦区与市浦江办签署了《南外滩滨水区综合开发合作协议》,作为“十二五”期间的重点项目、上海世博会后黄浦江两岸及外滩金融集聚带建设的“开篇之作”,南外滩滨水区综合开发进入实质性开发阶段。根据已批准的“外滩金融集聚带建设规划”,南外滩滨水区北起东门路,南至陆家浜路,西至中山南路,东沿黄浦江,滨江岸线长约2.6公里,总占地面积52.6公顷。此次市、区联手合作开发的范围,初定为“中山南路——东门路——外马路——油车码头街”围合的区域,占地面积25.4公顷,内有新和平地块、596地块、复兴地块以及南浦地块等重点项目。重点项目规划开发面积40万平方米,地下面积30万平方米。

11月7日上午,历时3年前期工作精心准备后,总投资约2.9亿元,本市沿海规模最大水闸——金汇港南闸正式开工建设。工程预计将于2012年汛前完工。工程建成后直接受益土地面积为25000亩,仅改善水环境方面即可为当地政府每年减少环保投入300万元。金汇港南闸位于金汇港的出海口处,属奉贤海湾旅游胜地,是奉贤区防汛、排涝、水环境改善和水资源调度不可或缺的重要水利工程。

11月7日晚10点10分,轨道交通13号线3标项目出段线(中间风井－丰庄站)863盾构成功进洞,标志着出段线区间隧道全线顺利贯通,这也是13号线一期工程首条贯通的区间隧道。863盾构自2009年9月4日从北翟路始发,连续穿越民房、吴淞江,

2009 年 12 月 23 日完成中间风井冰冻法进洞任务，并于 2010 年 5 月 9 日在中间风井冰冻土体中实现二次始发。11 月 7 日晚进入丰庄站西端头井盾构接收架，出段线区间隧道宣告全线贯通。

11 月 8 日，在上海海事部门的指挥协调下，共有 196 艘船舶成功通过上海港长江口深水航道，创该航道自开通以来船舶单日通行量历史纪录。

11 月 16 日起，轨道交通 11 号线的列车信号系统将率先升级，在运营时段启用目前世界最为先进的基于通信的列车控制信号系统（英文简称 CBTC），为下阶段进一步提高列车运营的安全系数、缩短运营间隔、增加列车运能提供前提条件。这是已被纽约、巴黎等部分地铁采用的 CBTC 系统首次在上海地铁线路上投入应用调试，也标志着上海地铁技术装备水平跨上一个新台阶。目前，上海地铁 6、7、8、9、11 号线均已建设预留了这一新型的自动信号技术。

11 月 16 日起，本市开展建设工程防火安全和安全生产大检查，此次大检查将重点检查作业人员（特别是特种作业人员）、安全生产监控人员和工地防范措施等三项内容，发现安全隐患的，必须整改到位，做到防患于未然。市建设交通委要求，各建设单位和施工企业应全面组织防火安全检查，各工程监理单位要及时掌控现场危险性较大的施工动态，督促施工各方严格遵守安全生产规定，及时制止违章作业，发现违规施工而不听劝阻的应按照规定及时报告，防止事故的发生。各级工程监督部门要结合本地区施工特点，严格按照规定，立即开展冬季施工防火防爆、安全生产专项检查，重点检查：施工手续是否完备，施工企业是否具备相应资质，施工人员是否接受过相关的安全生产培训、教育，施工方案是否完备、审批手续是否齐全。在启动建设工程防火安全和安全生产大检查的同时，本市也将同步开展一次防火安全和安全生产专项教育，教育对象将覆盖全市所有项目经理及施工作业人员。为确保检查和教育的实效，市建设交通委要求，本市所有在建工地 11 月 19 日上午 9 时 ~ 11 时全面停工两小时，结合当前工作要求，进行自查自纠，对不按规定停工自查自纠的工地，将进行严肃处理。此外，市建设交通委明确，严格执行世博会后本市建设工程复工、新开工管理规定，严格复查复、开工工地条件，对不符合复、开工条件的一律不予批准复工；对违反规定的工地必须严肃处理相关责任单位和责任人，确保本市建设工程的安全生产。

11 月 19 日，市政协召开专题会议，听取市水务局关于青草沙原水系统通水切换有关情况的汇报。市政协副秘书长朱志诚，市政协人资环建委主任孟燕堃、常务副主任徐海峰，副主任王育、沈建华、金忠贤出席。在听取市水务局关于青草沙原水系统建设、通水切换实施方案、切换期间风险预测以及主要保障措施等方面的介绍后，市政协领导及各位委员对市水务局及城投总公司在青草沙水源地建设过程中付出的努力表示充分肯定和感谢，并一致认为此次切换方案周密详实、统筹合理、操作性强，同时也围绕通水前后的社会宣传、上游水量水质的保障、通水后库区的保护和管理等方面积极建言献策。

11 月 21 日，由上海市城市经济学会、上海市城市科学研究会、上海市固定资产投资建设研究会、上海市市政公路工程行业协会联合主办，《上海城市发展》杂志社协办的“2010 上海城市发展创新论坛”在上海展览中心举行。本届论坛主题是“世博后的上海城市建设策略”，四家主办单位共提交了

43篇学术论文，论坛报告会采取学术观点个人发表和学术论文归类点评的方式。论坛上，8位专家分别以《未来上海郊区新城建设的体制创新研究》、《新形势下上海市政运营模式及城市维护机制研究》、《上海公路“十二五”发展规划思路与对策研究》、《上海进入郊区化发展阶段的标志和存在问题及其对策》、《浅析世博低碳效应及其对上海新能源开发和企业投资的影响》、《关于上海特殊地区城乡统筹的思考》、《后世博上海城市低碳化地下空间联动发展的战略思考》、《上海市综合交通运输低碳排放战略研究》为题进行了演讲。世博后为深入总结经验，把办博工作中在城市运营、维护、管理等方面形成的好做法制度化、规范化、长效化，城市管理部门认真学习借鉴各国城市设施和管理的先进理念和经验，把“城市，让生活更美好”的理念贯彻和体现到城市建设和管理的各项工作中，进一步提升城市管理和服务水平。

11月25日，市政协副主席周太彤率部分政协委员视察市保障性住房大型居住社区三林基地建设推进情况，市房管局局长刘海生、副局长庞元、顾弟根等陪同视察。

12月份

12月1日起，本市所有收费公路对整车合法装载鲜活农产品的车辆免收通行费，本市“菜篮子工程车”免征贷款道路建设车辆通行费。这是本市为贯彻国家部委有关要求，确保鲜活农产品运输“绿色通道”畅通，并进行了全面扩容，由原部分收费站扩容至所有高速公路及贷款道路通行费收费道口。本市“菜篮子工程车”也由部分免征贷款道路建设车辆通行费扩大全部免征。

12月1日起，轨道交通10号线主线段开通试运营。10号线主线段（上海动物园至虹桥火车站）设上海动物园、虹桥1号航站楼、虹桥2号航站楼、虹桥火车站4座车站，开通后全线同步延长营运时间并将全日开行“Y”字型交路，即：航中路—新江湾城；虹桥火车站—新江湾城，主线与支线列车将采取“1隔1”（1列开往航中路+1列开往虹桥火车站）的方式运行。主线段开通后将增投8列车，使每日上线运营列车达到27列。另外，运营方将再增加3列备用列车，确保高峰运营。首日运营平稳有序，车站导向、广播等服务提示信息指引明晰，服务设施完好，乘客普遍反映较好。

12月1日，上海市第一家使用青草沙水库原水的水厂——金海水厂隆重举行通水典礼。市政府副市长沈骏、副秘书长尹弘和市建设交通委主任黄融、市水务局局长张嘉毅、市城投总公司总经理孔庆伟和市政府有关部门、有关区政府领导专程前往参加通水典礼。金海水厂负责人介绍，金海水厂坐落于浦东新区曹路镇，总供水规模为每天80万立方米。一期供水能力为每天40万立方米，2008年11月开工，2010年11月竣工，12月1日正式投入运行。初期从青草沙水库受水每天约20~25万立方米，主要供应浦东曹路、金桥、张江和浦东机场等地约225平方公里的区域，受益市民约75万。随着地区供水管网的陆续完善，供水规模逐步达到设计标准，供水区域进一步扩大。由市城市建设投资开发总公司投资建设的青草沙水源地工程于11月1日起正式进入调试通水阶段。经过一个月时间的设备调试和管道冲洗，新建的浦东金海水厂于12月1日正式并网向用户供水。“在长兴岛北侧青草沙建造水库，从长江江心取水”，是上海市委市政府科学分析、反复论证后作出的重大战略决策，也是事关上海可持续发展的基础工程和改善饮水质量的民生工程。建库设想萌生于上世纪90年代初，经过国内数十家一流研究单位15年时间的科学论证，于2005年底通过课题评审，2006年1月正式列入上海市“十一五”发展规划，并于2007年6月开工兴建。工程建成和投入运行后，长江原水将逐步成为上海主要的饮用水源，并改写上海饮用水源主要依靠黄浦江的历史，从根本上改变城市原水供应的原有格局。

12月4日上午，上海海事局船舶登记中心揭牌仪式在上海航运交易所隆重举行。交通运输部海事局郑和平副局长、上海市城乡建设和交通委员会沈晓苏副主任、上海航运交易所卢国强副总裁、上海海事局徐国毅局长、相关航运单位代表参加了揭牌仪式。仪式由上海海事局常富治副局长主持。郑和平副局长和沈晓苏副主任为上海海事局船舶登记中心揭牌。随着金融行业和航运业的交错发展，船舶登记正经历着“船舶从传统的交通运输工具向全新的金融交易资产工具”、“实物登记向虚拟登记”、“事后登记向事前登记”的三大转变。上海海事局船舶登记中心的设立恰逢其时。船舶登记中心的成立必将成为上海航运中心建设发展高端航运服务业的引擎，吸引大量的优质船舶来上海登记，推动航运中心和金融中心互相支持共同发展。

12月6日，上海港首个具备集装箱运输和汽车滚装两大功能的综合性港区——外高桥港区六期码头顺利开港投产。该工程地处长江口南港南岸的浦东新区五号沟地区，工程使用岸线总长1538米，共建设2个7万吨级、1个10万吨级集装箱专用泊位（水工结构可满足15万吨级集装箱船靠泊），2个5万吨级滚装船泊位以及2个长江驳泊位，设计年吞吐能力集装箱210万集装箱和汽车73万辆。外高桥港区六期工程是上海国际航运中心建设的重要组成部分，“十一五”期间，上海港相继建成洋山深水港区二期、三期工程，罗泾港区二期、外高桥港区六期等工程，共新增集装箱吞吐能力920万集装箱，港口基础设施能力得到显著提高，港口服务功能日益增强，预计今年上海港集装箱吞吐量有望突破2900万集装箱。

12月16日，沈骏副市长召开住房保障工作分管区县长座谈会，通报住房保障工作联合检查情况，研究明年住房保障工作，并重点对公共租赁房推进工作进行再动员。市房管局局长刘海生参加会议并作相关工作汇报。

12月22日，市春运办召开2011年度上海市春运准备工作会议，2011年春运工作正式进入实质性启动阶段。各有关单位在前期客流预测、运能安排、设施完善、安全检查等方面做了大量准备工作的基础上，市春运办在会上就全市春运工作做了分析部署，有关单位和部门分别就省际公路客运、市内交通及水路等方面春运工作做了交流发言。市春运办主任、交通港口局局长孙建平要求：一要提高认识，增强工作责任感和紧迫感。目前，交通设施基础性保障作用日趋显现，重大交通保障部门协同机制日趋完善，但春运工作保障压力依然较重，各部门、各系统要进一步发扬求真务实的工作作风，深入实际、深入基层，深入一线，把春运工作抓早、抓细、抓实。二要落实措施，扎实有序推进各项保障任务。要全力以赴保证旅客出行需求，春运工作的出发点和落脚点就是为广大的出行旅客，特别是外来务工人员服务。要切实落实各项安全监管措施，消除各类安全隐患，全力预防重特大安全事故的发生；要进一步加强条块联动，加强铁路与公路、铁路与民航、公路与民航、市域交通与省际交通之间的联运衔接，共同推动建立起信息共享、措施联动、预案对接的大交通运输协调保障机制，确保今年春运期间不发生大面积的压客、滞客；要努力提高服务质量和水平，做好恶劣天气、大客流集聚、设施设备变化等非常态情况下的应急疏运方案，确保2011年春运工作顺利进行、圆满结束，让在上海城市建设及发展中做出贡献的外来建设者和服务者能够走得了、走得好、走得安全、走得满意。

12月27日，赵雯副市长、薛潮副秘书长乘坐游艇实地察看了黄浦江各游览码头，并在“工行号”游轮上召开座谈会，调研水上旅游工作。5家黄浦江游船公司负责人汇报了近期市场经营情况和今后行业发展设想，市交通港口局汇报了目前在推进规范黄浦江游览、发展水上旅游产业方面所做的工作，提出下一步要加快推进梳理票务机制、整合码头资源、拓展航线产品等方面工作，黄浦区政府、申江集团、上海海事局、市旅游局等单位、部门分别汇报了各自工作推进情况。赵雯副市长肯定了各单位和部门目前所做的工作和今后推进设想，表示接下来市政府要下大力气推进本市水上旅游产业发展，她明确了下一步各项工作的牵头责任部门和时间节点，要求各相关管理部门加强管理，主动负责，尽快解决黄浦江游览市场票务管理等问题。

7号线北延伸段12月28日开通试运营。北延伸段线路全长约9.98公里，将先行开通顾村公园站、罗南新村站、美兰湖站3站，其余车站因周边设施正在紧张施工，乘客无法进出车站而暂缓开通，待今后周边配套设施建成后再同步启用。

12月30日，青草沙原水工程严桥支线暨杨树浦、南市、居家桥、陆家嘴通水切换仪式在市水务大厦顺利举行。在市水务局、市城投总公司相关部门及供水企业的共同努力下，青草沙原水工程严桥支线顺利并网，杨树浦、南市、居家桥、陆家嘴水厂全部切换优质的青草沙原水，同时原黄浦江原水严桥渠道的检修工作也全部完成，这是继青草沙原水金海支线与金海水厂并网通水之后，青草沙原水切换工程又一重大战果。这次顺利切换的杨树浦、南市、居家桥、陆家嘴四家水厂，切换水量达230万立方米，涉及杨浦、虹口、黄浦、卢湾、静安等区以及闸北、普陀区的部分区域，预计受益人口达500万人。本次切换工作的完成，使优质长江原水对本市供水受益的覆盖面大大扩展，有效改善了中心城区和浦东新区部分区域的水质。根据工程安排，青草沙原水工程明年将继续向临江、凌桥、长桥水厂供应原水，至2012年南汇支线通水后，青草沙原水工程将全部建成。

2010年上海市建设和交通文件选编目录

一、综合管理

1、中华人民共和国国家赔偿法（主席令第29号）

2、中华人民共和国行政监察法（修订）（主席令第31号）

3、中华人民共和国人民调解法（主席令第34号）

4、国家赔偿费用管理条例（国务院令第589号）

6、国务院办公厅关于做好规章清理工作有关问题的通知（国办发〔2010〕28号）

7、国务院关于加强法治政府建设的意见（国发〔2010〕33号）

8、上海市消防条例（上海市人民代表大会常务委员会公告19号）

9、上海浦东机场综合保税区管理办法（上海市人民政府令第44号）

10、上海市临港产业区管理办法（上海市人民政府令第46号）

11、上海市人民政府关于对《上海市公路养路费征收管理办法》等4件市政府规章宣布失效的决定（上海市人民政府令第54号）

二、行政审批制度改革

1、国务院关于废止和修改部分行政法规的决定（国务院令第588号）

2、国务院关于第五批取消和下放管理层级行政审批项目的决定（国发〔2010〕21号）

3、上海市人民政府办公厅关于转发市建设交通委市规划国土资源局制订的《上海市建设工程行政审批管理程序改革方案》的通知（沪府办发〔2010〕46号）

三、城市规划土地管理

1、国务院办公厅关于印发城市总体规划修改工作规则的通知（国办发〔2010〕20号）

2、国务院办公厅关于进一步加强地质灾害防治工作的通知（国办发明电〔2010〕21号）

3、城市、镇控制性详细规划编制审批办法（住房和城乡建设部令第7号）

关于做好城市和国有工矿棚户区改造规划编制工作的通知（建保〔2010〕58号）

4、关于城市停车设施规划建设及管理的指导意见（建城〔2010〕74号）

5、关于做好住房保障规划编制工作的通知（建保〔2010〕91号）

6、农村土地承包经营纠纷仲裁规则（农业部 、国家林业局令2010年第1号）

7、国土资源部规章和规范性文件后评估办法（国土资源部令第47号）

8、国土资源部关于印发《地质勘查资质监督管理办法》的通知（国土资发〔2010〕14号）

9、国土资源部关于印发《国土资源部地质灾害应急专家管理暂行办法》通知（国土资发〔2010〕105号）

10、测绘成果质量监督抽查管理办法（国测国发〔2010〕9号）

11、矿产资源节约与综合利用专项资金管理办法（财建〔2010〕312号）

12、上海市城乡规划条例（上海市人大常委会公告28号）

四、房屋管理

1、国务院办公厅关于促进房地产市场平稳健康发展的通知（国办发〔2010〕4号）

2、国务院关于坚决遏制部分城市房价过快上涨的通知（国发〔2010〕10号）

3、商品房屋租赁管理办法（住房和城乡建设部令第6号）

4、关于进一步加强房地产市场监管完善商品住房预售制度有关问题的通知（建房〔2010〕53号）

5、关于中央投资支持国有工矿棚户区改造有关问题的通知（建保〔2010〕56号）

6、关于加强经济适用住房管理有关问题的通知（建保〔2010〕59号）

7、关于加强廉租住房管理有关问题的通知（建保〔2010〕62号）

8、关于做好2010年扩大农村危房改造试点工作的通知（建村〔2010〕63号）

9、关于进一步强化住宅工程质量管理和责任的通知（建市〔2010〕68号）

10、关于规范商业性个人住房贷款中第二套住房认定标准的通知（建房〔2010〕83号）

11、关于加快发展公共租赁住房的指导意见（建保〔2010〕87号）

12、最高人民法院关于审理房屋登记案件若干问题的规定（法释〔2010〕15号）

13、上海市住宅物业管理规定（上海市人大常委会公告31号）

14、上海市人民政府关于加强房屋拆迁基地空置房屋、建筑工地临时宿舍和临时改建宿舍安全管理的通告（上海市人民政府令第40号）

15、上海市人民政府印发关于贯彻国务院推进城市和国有工矿棚户区改造会议精神加快本市旧区改造工作意见的通知（沪府发〔2010〕5号）

16、上海市人民政府关于批转市住房保障房屋管理局等四部门制订的《上海市2010年经济适用住房准入标准和供应标准》的通知（沪府发〔2010〕29号）

17、上海市人民政府关于调整本市廉租住房收入准入标准的通知（沪府发〔2010〕30号）

18、上海市人民政府批转关于进一步加强本市房地产市场调控加快推进住房（保障工作若干意见的通知（沪府发〔2010〕34号）

19、上海市城乡建设和交通委员会关于请办理房产过户手续的通知（沪建交〔2010〕1073号）

20、关于印发关于上海市保障性住房阳台建设要求和面积计算方法的意见的通知（沪建交联〔2010〕569号）

21、关于2010年本市农村低收入户危旧房改造的实施意见（沪建交联〔2010〕592号）

22、关于印发《上海市保障性住房阳台建设要求和面积计算方法实施细则》的通知（沪建交联〔2010〕1228号）

23、关于印发《上海市保障性住房建设导则（试行）》的通知（沪建交联〔2010〕1239号）

五、城市交通管理

1、交通运输行政执法评议考核规定（交通运输部令2010年第2号）

2、道路危险货物运输管理规定（交通运输部令2010年第5号）

3、放射性物品道路运输管理规定（交通运输部令2010年第6号）

4、关于印发《城市轨道交通工程安全质量管理暂行办法》的通知（建质〔2010〕5号）

5、关于印发《城市综合交通体系规划编制办法》的通知（建城〔2010〕13号）

6、关于批准发布《城市公共停车场工程项目建设标准》的通知（建标〔2010〕33号）

7、关于加强城市轨道交通安防设施建

设工作的指导意见（建城〔2010〕94号）

8、上海市公共汽车和电车客运管理条例（上海市人大常委会公告23号）

9、上海市人民政府关于加强查处机动车非法客运的通告（上海市人民政府令第32号）

10、上海市查处车辆非法客运规定（上海市人民政府令第49号）

11、上海市人民政府关于在世博交通管控区实施道路交通管理措施的通告（沪府发〔2010〕12号）

12、上海市城乡建设和交通委员会关于转发交通运输部《交通基本建设资金监督管理办法》的通知（沪建交〔2010〕98号）

13、上海市城乡建设和交通委员会关于印发《关于本市轨道交通地下段运行时振动噪声超标处置工作的暂行规定》的通知（沪建交〔2010〕787号）

六、港口管理

1、上海市人民政府关于加强内河水域安全管理的通告（上海市人民政府令第38号）

七、市政道路管理

1、城镇燃气管理条例（国务院令第583号）

2、城市照明管理规定（住房和城乡建设部令第4号）

3、国家发展改革委、交通运输部关于规范高速公路车辆救援服务收费有关问题的通知（发改价格〔2010〕2204号）

4、上海市道路指示牌管理规定（上海市人民政府令第58号）

5、上海市城乡建设和交通委员会关于发布《上海市占用城市道路人行道设置设施管理规定》的通知（沪建交〔2010〕167号）

6、上海市城乡建设和交通委员会关于上海市高速公路电子不停车收费系统车载单元和用户卡销售价格实施市场调节价原则的通知（沪建交〔2010〕177号）

7、上海市城乡建设和交通委员会关于对本市高速公路电子不停车收费实施通行费优惠措施等相关事项的通知（沪建交〔2010〕323号）

8、上海市城乡建设和交通委员会关于落实“迎世博600天行动”高速公路噪声治理项目中隔声窗措施的通知（沪建交〔2010〕441号）

9、上海市城乡建设和交通委员会关于印发《上海市公路养护管理规定》的通知（沪建交〔2010〕591号）

10、上海市城乡建设和交通委员会关于印发《上海市公路设施管理综合评价体系》的通知（沪建交〔2010〕649号）

11、上海市城乡建设和交通委员会关于印发《上海市公路桥梁养护管理工作制度》的通知（沪建交〔2010〕651号）

12、上海市城乡建设和交通委员会关于本市非居民用户燃气销售价格调整后燃气企业结算价格相应调整的通知（沪建交〔2010〕715号）

13、上海市城乡建设和交通委员会关于发布《上海市高速公路电子不停车收费管理规定》的通知（沪建交〔2010〕768号）

14、上海市城乡建设和交通委员会关于发布《上海市收费高速公路运行管理规定（试行）》的通知（沪建交〔2010〕1111号）

15、关于落实市政消火栓维护保养经费的通知（沪建交联〔2010〕1097号）

八、市容环卫管理

1、国务院办公厅关于加强地沟油整治和餐厨废弃物管理的意见（国办发〔2010〕36号）

2、关于切实加强城市照明节能管理严

格控制景观照明的通知（建城〔2010〕92号）

3、关于组织开展城市餐厨废弃物资源化利用和无害化处理试点工作的通知（发改办环资〔2010〕1020号）

4、上海市人民政府关于修改《上海市外滩风景区综合管理暂行规定》的决定（上海市人民政府令第31号）

5、上海市人民政府关于加强本市市容环境卫生责任区管理的通告（上海市人民政府令第41号）

6、上海市人民政府关于加强本市建筑垃圾和工程渣土运输安全管理的通告（上海市人民政府令第42号）

7、上海市建筑垃圾和工程渣土处置管理规定（上海市人民政府令第50号）

8、上海市查处乱张贴乱涂写乱刻画乱悬挂乱散发规定(上海市人民政府令第51号）

9、上海市户外广告设施管理办法（上海市人民政府令第56号）

10、上海市流动户外广告设置管理规定（上海市人民政府令第57号）

11、上海市人民政府印发关于进一步加强本市生活垃圾管理若干意见的通知（沪府发〔2010〕9号）

12、上海市人民政府关于加强对秸秆露天焚烧和利用管理的通告（沪府发〔2010〕10号）

13、上海市城乡建设和交通委员会关于印发《上海市城乡建设和交通委员会迎世博600天行动项目验收办法》的通知（沪建交〔2010〕425号）

14、关于印发《本市开展建筑渣土车辆规范运输专项整治工作方案》的通知（沪建交联〔2010〕71号）

九、园林绿化管理

1、上海市大型游乐设施运营安全管理办法（上海市人民政府令第47号）

十、环境保护管理

1、国务院关于进一步加大工作力度确保实现“十一五”节能减排目标的通知（国发〔2010〕12号）

2、地方环境质量标准和污染物排放标准备案管理办法（环保部令第9号）

3、进出口环保用微生物菌剂环境安全管理办法（环保部令第10号）

4、放射性物品运输安全许可管理办法（环保部令第11号）

5、废弃电器电子产品处理资格许可管理办法（环保部令第13号）

6、环境行政执法后督察办法（环保部令第14号）

7、关于发布《地面交通噪声污染防治技术政策》的通知（环发〔2010〕7号）

8、关于进一步深化生态建设示范区工作的意见（环发〔2010〕16号）

9、关于发布《农村生活污染防治技术政策》的通知（环发〔2010〕20号）

10、关于加强二恶英污染防治的指导意见（环发〔2010〕123号）

11、关于加强环境噪声污染防治工作改善城乡声环境质量的指导意见（环发〔2010〕144号）

12、上海市人民政府关于印发上海市2010年节能减排和应对气候变化重点工作安排的通知（沪府发〔2010〕8号）

13、上海市人民政府印发《关于本市贯彻〈国务院关于进一步加大工作力度确保实现“十一五”节能减排目标的通知〉的实施意见》的通知（沪府发〔2010〕20号）

十一、勘察设计管理

1、国务院关于进一步加强防震减灾工作的意见（国发〔2010〕18号）

2、上海市人民政府关于加强地下空间

安全管理的通告(上海市人民政府令第34号)

3、上海市人民政府贯彻国务院关于进一步加强防震减灾工作意见的实施意见(沪府发〔2010〕38号)

十二、建筑建材业管理

1、国务院办公厅关于进一步做好农民工培训工作的指导意见(国办发〔2010〕11号)

2、国务院办公厅转发发展改革委等部门关于加快推行合同能源管理促进节能服务产业发展意见的通知(国办发〔2010〕25号)

3、国务院关于进一步加强企业安全生产工作的通知(国发〔2010〕23号)

4、房屋建筑和市政基础设施工程质量监督管理规定(住房和城乡建设部令第5号)

5、关于切实加强政府办公和大型公共建筑节能管理工作的通知(建科〔2010〕90号)

6、关于进一步加强建筑门窗节能性能标识工作的通知(建科〔2010〕93号)

7、特种作业人员安全技术培训考核管理规定(国家安全生产监督管理总局令(第30号)

8、建设项目安全设施“三同时”监督管理暂行办法(国家安全生产监督管理总局令(第36号)

9、固定资产投资项目节能评估和审查暂行办法(国家发改委令第6号)

10、关于进一步贯彻落实招标投标违法行为记录公告制度的通知(发改法规〔2010〕628号)

11、上海市建筑节能条例(上海市人大常委会公告26号)

12、上海市人民政府关于修改上海市建设工程文明施工管理规定的决定(上海市人民政府令第48号)

13、上海市人民政府关于批转市安委会办公室制订的《上海市继续深入开展“安全生产年”活动实施方案》的通知(沪府发〔2010〕14号)

14、上海市人民政府贯彻国务院关于进一步加强企业安全生产工作通知的实施意见(沪府发〔2010〕35号)

15、上海市人民政府办公厅关于切实做好消防和安全生产工作的通知(沪府办发〔2010〕42号)

16、上海市城乡建设和交通委员会关于进一步明确建设工程企业资质审批与行政处罚事项关联的通知(沪建交〔2010〕118号)

17、上海市城乡建设和交通委员会关于印发《关于保世博加强建设工程管理工作的若干意见》的通知(沪建交〔2010〕218号)

18、上海市城乡建设和交通委员会关于印发本市2010年各区(县)既有建筑节能改造及国家机关办公建筑和大型公共建筑能源审计、分项计量目标任务的通知(沪建交〔2010〕394号)

19、上海市城乡建设和交通委员会关于切实做好世博期间建筑业农民工维权工作的通知(沪建交〔2010〕408号)

20、上海市城乡建设和交通委员会关于进一步强化世博期间建设工程事故应急处置管理的通知(沪建交〔2010〕416号)

21、上海市城乡建设和交通委员会关于印发《上海市建筑建材业行政处罚工作考核办法》的通知(沪建交〔2010〕461号)

22、上海市城乡建设和交通委员会关于印发《上海市公路水运工程“平安工地”建设活动实施方案》的通知(沪建交〔2010〕487号)

23、上海市城乡建设和交通委员会关于发布《关于加强本市建设工程监理管理的若干规定》的通知(沪建交〔2010〕623号)

24、关于印发《上海市虹桥商务区低碳建设导则(试行)》的通知(沪建交联〔2010〕665号)

25、关于加强本市保障性住宅工程质量管理的通知(沪建交联〔2010〕869号)

26、关于推行使用《上海市建设工程施工图设计文件审查合同示范文本（2010版）》的通知（沪建交联〔2010〕988号）

十三、水务管理

1、中华人民共和国水土保持法（主席令第39号）

2、国务院关于开展第一次全国水利普查的通知（国发〔2010〕4号）

3、水利部关于修改《长江河道采砂管理条例实施办法》的决定（水利部令第39号）

4、水利部关于修改《水利工程建设监理单位资质管理办法》的决定（水利部令第40号）

5、水利工程启闭机使用许可管理办法（水利部令第41号）

6、小型水库安全管理办法（水安监〔2010〕200号）

7、水利部政策研究项目管理暂行办法（水政法〔2010〕393号）

8、上海市饮用水水源保护条例（上海市人大常委会公告17号）

9、上海市人民政府关于废止《上海市黄浦江上游水源保护条例实施细则》的决定（上海市人民政府令第30号）

10、上海市人民政府印发关于贯彻《上海市饮用水水源保护条例》实施意见的通知（沪府发〔2010〕1号）

十四、海洋管理

1、中华人民共和国船舶及其有关作业活动污染海洋环境防治管理规定（交通运输部令2010年第7号）

2、关于加强2010年上海世博会期间海底光缆保护的通知（国海发〔2010〕6号）

3、关于印发《海岛名称管理办法》的通知（国海发〔2010〕16号）

4、关于印发《海洋特别保护区管理办法》、《国家级海洋特别保护区评审委员会工作规则》和《国家级海洋公园评审标准》的通知（国海发〔2010〕21号）

5、关于印发《省级海岛保护规划编制管理办法》的通知（国海发〔2010〕25号）

6、国家能源局 国家海洋局关于印发《海上风电开发建设管理暂行办法》的通知（国能新能 〔2010〕29号）

7、关于《印发国家海洋局海洋行政处罚专用章使用管理办法》的通知（国海法字〔2010〕110号）

8、关于做好2010年度汛期海洋灾害应急管理工作的通知（国海预字〔2010〕259号）

9、关于公布无居民海岛使用论证资质单位名单的通知（国海岛字 〔2010〕 534号）

10、关于成立国家无居民海岛使用项目第一届专家评审委员会的通知（国海岛字〔2010〕577号）

11、关于印发《无居民海岛开发利用具体方案编制办法》的通知（国海岛字〔2010〕644号）

12、关于尽快公布第一批开发利用无居民海岛名录的通知（国海岛字〔2010〕646号）

13、关于无居民海岛使用项目审理工作的意见（国海岛字〔2010〕661号）

14、关于印发《国家海洋局工程技术研究中心管理办法（试行）》的通知（国海科字〔2010〕690号）

15、关于印发《中国海监海岛保护与利用执法工作实施办法》的通知（国海办字〔2010〕782号）

16、关于印发《中国海监海洋环境保护执法工作实施办法》的通知（国海办字〔2010〕824号）

17、关于印发《全国海洋预警报视频会商暂行办法》的通知（国海预字〔2010〕834号）

18、关于调整海啸和海冰灾害应急响应标准的通知（国海预字〔2010〕835号）

19、关于海域使用论证报告依申请公开有关问题的通知（海管字〔2010〕4号）

十五、海事管理

1、中华人民共和国内河船舶船员适任考试和发证规则（交通运输部令2010年第1号）

2、中华人民共和国船舶油污损害民事责任保险实施办法（交通运输部令2010年第3号）

3、中华人民共和国船舶识别号管理规定（交通运输部令2010年第4号）

4、最高人民法院关于审理海事赔偿责任限制相关纠纷案件的若干规定（法释〔2010〕11号）

十六、民用航空管理

1、中国民用航空应急管理规定（中国民用航空局令第196号）

2、民用航空情报工作规则（中国民用航空局令第198号）

3、民用航空情报员执照管理规则（中国民用航空局令第199号）

4、民用航空电信人员执照管理规则（中国民用航空局令第200号）

5、民用航空空中交通管制员执照管理规则（中国民用航空局令第201号）

6、民用航空气象人员执照管理规则（中国民用航空局令第202号）

7、民用航空气象探测环境管理办法（中国民用航空局令第203号）

8、民用航空空中交通管理运行单位安全管理规则（中国民用航空局令第204号）

9、《外商投资民用航空业规定》的补充规定（四）（中国民用航空局令第205号）

10、《外商投资民用航空业规定》的补充规定（五）（中国民用航空局令第206号）

11、市政府关于加强小型航空器和空飘物飞行活动安全管理的通告（上海市人民政府令第39号）

十七、邮政管理

1、邮票发行监督管理办法（交通运输部令2010年第8号）

十八、铁路管理

1、关于进一步加强铁路建设勘察设计质量管理的通知（铁建设〔2010〕10号）

2、铁路接触网作业车维修许可实施细则（铁运〔2010〕59号）

3、铁路接触网作业车生产许可实施细则（铁运〔2010〕60号）

4、关于印发铁路旅客列车消防安全管理规定的通知（铁公安〔2010〕89号）

5、关于加强铁路餐饮业地沟油整治和餐厨废弃物管理的通知（铁劳卫〔2010〕150号）

6、关于进一步加强铁路建设安全生产工作的通知（铁建设〔2010〕171号）

7、关于做好施工图招标前期工作的通知（铁建设〔2010〕187号）

8、关于印发《铁路工程质量监督检测管理办法》的通知（铁质监〔2010〕242号）

十九、公积金管理

1市公积金管理中心关于调整住房公积金存贷款利率的通知（沪公积金（2010）第81号）

2上海市住房公积金2010年度运行分析报告（上海市公积金管理中心2011年2月21日）

3、2010年度上海市住房公积金制度执行情况公报（2011年4月1日经市住房公

积金管理委员会第二十九次全体会议审议通过）

二十、其他管理

1、中华人民共和国国防动员法（主席令第25号）

2、气象灾害防御条例（国务院令第570号）

3、自然灾害救助条例（国务院令第577号）

4、国家气象灾害应急预案（2010年3月8日）

5、国家发展改革委关于实行政府重大投资项目公示工作的指导意见（发改投资〔2010〕3131号）

6、上海市促进行业协会发展规定（上海市第十三届人大常委会第二十次会议通过）

7、上海市人民政府关于加强爆炸、剧毒、放射性等危险物品安全管理的通告（上海市人民政府令第29号）

8、上海市人民政府印发关于进一步促进本市中介服务业发展若干意见的通知（沪府发〔2010〕4号）

9、上海市人民政府关于印发《上海市信访事项核查终结暂行办法》的通知（沪府发〔2010〕6号）

10、上海市城乡建设和交通委员会关于转发《上海市服务业发展引导资金操作（规程》的通知（沪建交〔2010〕120号）

11、上海市城乡建设和交通委员会关于继续开展重信重访问题专项治理工作的通知（沪建交〔2010〕268号）

12、上海市城乡建设和交通委员会关于转发市财政局《关于将预算资金管理的行政事业性收费纳入预算管理的通知》的通知（沪建交〔2010〕270号）

13、上海市城乡建设和交通委员会关于印发《上海市建设交通系统服务热线督办工作的暂行规定》的通知（沪建交〔2010〕338号）

14、上海市城乡建设和交通委员会关于印发"住房城乡建设系统上海世博安全维稳工作联席会议"组织构架的通知（沪建交〔2010〕419号）

15、上海市城乡建设和交通委员会关于印发《上海市城乡建设和交通委员会关于住房城乡建设部科学技术计划项目管理实施细则》的通知（沪建交〔2010〕946号）

16、关于印发《上海市建设交通事业单位岗位设置管理实施办法》的通知（沪建交联〔2010〕866号）

2010 年上海市城市建设、交通运输相关数据统计

一、全社会固定资产投资

1-1 上海固定资产投资与其他社会经济主要指标 (2008 ~ 2010)

指 标	计量单位	2008年	2009年	2010年
全社会固定资产投资	亿元	4 825.46	5 273.33	5 317.67
上海市生产总值	亿元	14 059.87	15 046.45	17 165.98
工业总产值	亿元	25 958.38	24 888.08	31 038.57
农业总产值	亿元	280.35	283.15	287.03
建筑业总产值	亿元	3 245.77	3 830.53	4 300.19
地方财政收入	亿元	2 382.34	2 540.30	2 873.58
上海市出口总额	亿美元	1 693.50	1 419.14	1 807.84
社会消费品零售总额	亿元	4 577.23	5 173.24	6 070.50
直接吸收外资				
签订合同项目	个	3 748	3 090	3 906
签订合同金额	亿美元	171.12	133.01	153.07
实际吸收外资金额	亿美元	100.84	105.38	111.21

1-2 全社会固定资产投资主要指标 (2010)

指 标	计量单位	总 计	小 计	建设改造	房地产	农村非农户	农户投资
本年完成投资	**万元**	**53 176 663**	**48 392 430**	**28 585 643**	**19 806 787**	**4 763 904**	**20 329**
按隶属关系分							
中央项目	万元	7 610 591	7 588 640	7 160 359	428 281	21 951	–
地方项目	万元	45 566 072	40 803 790	21 425 284	19 378 506	4 741 953	20 329
按构成分							
建筑工程	万元	24 732 808	22 243 203	10 687 262	11 555 941	2 469 818	19 787
安装工程	万元	3 468 917	3 310 447	1 821 538	1 488 909	158 470	–
设备工具器具购置	万元	9 910 985	8 750 490	8 530 057	220 433	1 160 488	7
其他费用	万元	15 063 953	14 088 290	7 546 786	6 541 504	975 128	535
按建设性质分							
新 建	万元	20 526 873	17 755 097	17 755 097	–	2 771 776	–
扩 建	万元	3 680 747	2 947 052	2 947 052	–	733 695	–
改建和技术改造	万元	5 137 967	4 617 090	4 617 090	–	520 877	–
单纯购置	万元	3 734 347	3 070 920	3 070 920	–	663 427	–
按三次产业分							

（续表）

第一产业	万元	164 002	55 499	55 499	–	107 059	1 444
第二产业	万元	14 353 708	11 434 070	11 434 070	–	2 919 638	–
第三产业	万元	38 658 953	36 902 861	17 096 074	19 806 787	1 737 207	18 885
#住宅投资	万元	12 329 644	12 308 411	10 117	12 298 294	2 348	18 885
本年新增固定资产	**万元**	**31 794 016**	**28 905 167**	**19 262 428**	**9 642 739**	**2 868 520**	**20 329**
房屋建筑面积(万平方米)							
施工面积	万平方米	15 020.76	13 693.51	2 398.48	11 295.03	1 309.71	17.55
#住宅	万平方米	7 344.07	7 324.97	11.12	7 313.85	1.56	17.55
竣工面积	万平方米	2 776.21	2 402.39	461.14	1 941.25	356.28	17.55
#住宅	万平方米	1 415.44	1 397.24	1.19	1 396.05	0.65	17.55

1-3 全社会固定资产投资地方项目主要指标

(2010)

指 标	计量单位	总 计	小 计	建设改造	房地产	农村非农户	农户投资
本年完成投资	**万元**	**45 566 072**	**40 803 790**	**21 425 284**	**19 378 506**	**4 741 953**	**20 329**
按构成分							
建筑工程	万元	22 953 197	20 480 838	9 156 821	11 324 017	2 452 572	19 787
安装工程	万元	2 948 534	2 790 064	1 320 149	1 469 915	158 470	–
设备工具器具购置	万元	6 297 534	5 141 617	4 922 012	219 605	1 155 910	7
其他费用	万元	13 366 807	12 391 271	6 026 302	6 364 969	975 001	535
按建设性质分							
新 建	万元	17 413 095	14 658 692	14 658 692	–	2 754 403	–
扩 建	万元	2 408 866	1 675 171	1 675 171	–	733 695	–
改建和技术改造	万元	3 750 982	3 230 105	3 230 105	–	520 877	–
单纯购置	万元	2 339 728	1 680 879	1 680 879	–	658 849	–
按三次产业分							
第一产业	万元	164 002	55 499	55 499	–	107 059	1 444
第二产业	万元	11 270 365	8 355 305	8 355 305	–	2 915 060	–
第三产业	万元	34 131 705	32 392 986	13 014 480	19 378 506	1 719 834	18 885
#住宅投资	万元	12 043 036	12 021 803	10 117	12 011 686	2 348	18 885
本年新增固定资产	**万元**	**25 979 859**	**23 095 588**	**13 738 903**	**9 356 685**	**2 863 942**	**20 329**
房屋建筑面积(万平方米)							
施工面积	万平方米	14 561.90	13 234.65	2 182.09	11 052.56	1 309.71	17.55
#住宅	万平方米	7 164.39	7 145.29	11.12	7 134.17	1.56	17.55
竣工面积	万平方米	2 686.62	2 312.80	421.97	1 890.83	356.28	17.55
#住宅	万平方米	1 381.30	1 363.10	1.19	1 361.91	0.65	17.55

1-4 全社会固定资产投资按经济类型分

(2010)

单位：万元

指 标	总 计	小 计	建设改造	房地产	农村非农户	农户投资
本年完成投资	53 176 663	48 392 430	28 585 643	19 806 787	4 763 904	20 329
国有经济	22 341 205	21 842 781	18 696 590	3 146 191	498 424	–
非国有经济	30 835 458	26 549 649	9 889 053	16 660 596	4 265 480	20 329
集体经济	1 830 738	1 332 585	264 412	1 068 173	498 153	–
私营经济	9 921 571	7 432 947	1 382 430	6 050 517	2 488 624	–
联营经济	115 203	96 373	38 038	58 335	18 830	–
股份制经济	12 002 609	11 360 092	4 886 137	6 473 955	642 517	–
港澳台经济	2 476 669	2 294 287	497 861	1 796 426	182 382	–
外商经济	4 392 836	3 974 859	2 810 124	1 164 735	417 977	–
其他经济	95 832	58 506	10 051	48 455	16 997	20 329
#地方项目	45 566 072	40 803 790	21 425 284	19 378 506	4 741 953	20 329
国有经济	16 070 916	15 590 448	12 802 392	2 788 056	480 468	–
非国有经济	29 495 156	25 213 342	8 622 892	16 590 450	4 261 485	20 329
集体经济	1 830 738	1 332 585	264 412	1 068 173	498 153	–
私营经济	9 918 903	7 430 279	1 382 430	6 047 849	2 488 624	–
联营经济	115 203	96 373	38 038	58 335	18 830	–
股份制经济	10 676 302	10 037 780	3 621 389	6 416 391	638 522	–
港澳台经济	2 476 318	2 293 936	497 510	1 796 426	182 382	–
外商经济	4 385 174	3 967 197	2 809 062	1 158 135	417 977	–
其他经济	92 518	55 192	10 051	45 141	16 997	20 329

1-5 全社会固定资产投资按国民经济行业门类分

(2010)

单位：万元

行 业	总 计	小 计	建设改造	房地产	农村非农户	农户投资
本年完成投资	53 176 663	48 392 430	28 585 643	19 806 787	4 763 904	20 329
农、林、牧、渔业	164 002	55 499	55 499	–	107 059	1 444
工 业	14 220 844	11 327 511	11 327 511	–	2 893 333	–
采矿业	24 971	24 591	24 591	–	380	–
制造业	11 839 749	8 958 560	8 958 560	–	2 881 189	–
电力、燃气及水的生产和供应业	2 356 124	2 344 360	2 344 360	–	11 764	–
建筑业	132 864	106 559	106 559	–	26 305	–
交通运输、仓储和邮政业	7 894 973	7 746 193	7 746 193	–	148 780	–
信息传输、计算机服务和软件业	1 167 213	1 156 878	1 156 878	–	10 335	–
批发和零售业	731 453	280 519	280 519	–	450 934	–
住宿和餐饮业	455 246	322 641	322 641	–	132 605	–
金融业	300 972	289 783	289 783	–	11 189	–

（续表）

房地产业	21 194 622	20 899 138	1 092 351	19 806 787	276 599	18 885
租赁和商务服务业	537 105	390 022	390 022	–	147 083	–
科学研究、技术服务和地质勘查业	325 556	254 359	254 359	–	71 197	–
水利、环境和公共设施管理业	4 499 826	4 222 333	4 222 333	–	277 493	–
居民服务和其他服务业	23 832	18 756	18 756	–	5 076	–
教　育	501 537	451 079	451 079	–	50 458	–
卫生、社会保障和社会福利业	379 671	361 421	361 421	–	18 250	–
文化、体育和娱乐业	454 885	352 553	352 553	–	102 332	–
公共管理与社会组织	192 062	157 186	157 186	–	34 876	–

1-6　全社会固定资产投资地方项目按国民经济行业门类分

(2010)

单位：万元

行　业	总 计	小 计	建设改造	房地产	农村非农户	农户投资
本年完成投资	**45 566 072**	**40 803 790**	**21 425 284**	**19 378 506**	**4 741 953**	**20 329**
农、林、牧、渔业	164 002	55 499	55 499	–	107 059	1 444
工　业	11 214 258	8 325 503	8 325 503	–	2 888 755	–
采矿业	3 660	3 280	3 280	–	380	–
制造业	9 659 492	6 782 881	6 782 881	–	2 876 611	–
电力、燃气及水的生产和供应业	1 551 106	1 539 342	1 539 342	–	11 764	–
建筑业	56 107	29 802	29 802	–	26 305	–
交通运输、仓储和邮政业	5 120 464	4 971 684	4 971 684	–	148 780	–
信息传输、计算机服务和软件业	123 254	112 919	112 919	–	10 335	–
批发和零售业	731 453	280 519	280 519	–	450 934	–
住宿和餐饮业	453 446	320 841	320 841	–	132 605	–
金融业	230 753	219 564	219 564	–	11 189	–
房地产业	20 765 990	20 470 506	1 092 000	19 378 506	276 599	18 885
租赁和商务服务业	537 105	390 022	390 022	–	147 083	–
科学研究、技术服务和地质勘查业	207 636	153 812	153 812	–	53 824	–
水利、环境和公共设施管理业	4 497 683	4 220 190	4 220 190	–	277 493	–
居民服务和其他服务业	23 832	18 756	18 756	–	5 076	–
教育	421 899	371 441	371 441	–	50 458	–
卫生、社会保障和社会福利业	379 671	361 421	361 421	–	18 250	–
文化、体育和娱乐业	447 957	345 625	345 625	–	102 332	–
公共管理与社会组织	190 562	155 686	155 686	–	34 876	–

1-7　全社会固定资产投资按地区分
(2010)

单位：万元

行　业	总 计	#小 计	建设改造	房地产	农村非农户
总　计	53 176 663	48 392 430	28 585 643	19 806 787	4 763 904
黄浦区	952 478	952 478	578 317	374 161	–
卢湾区	533 043	533 043	125 246	407 797	–
徐汇区	1 504 150	1 504 150	406 408	1 097 742	–
长宁区	1 164 647	1 164 647	763 060	401 587	–
静安区	662 061	662 061	260 066	401 995	–
普陀区	1 241 031	1 241 031	194 858	1 046 173	–
闸北区	756 589	756 589	290 632	465 957	–
虹口区	888 046	888 046	241 024	647 022	–
杨浦区	1 804 044	1 804 044	846 831	957 213	–
闵行区	3 271 571	3 080 129	1 342 854	1 737 275	191 442
宝山区	3 938 543	3 336 939	1 662 336	1 674 603	601 604
嘉定区	3 560 619	3 181 343	1 459 398	1 721 945	379 276
浦东新区	14 454 866	12 946 893	7 594 098	5 352 795	1 507 973
金山区	1 414 087	945 890	736 550	209 340	468 197
松江区	2 584 059	2 217 339	688 635	1 528 704	366 720
青浦区	1 811 784	1 238 985	455 533	783 452	572 799
奉贤区	2 267 942	1 695 869	985 075	710 794	572 073
崇明县	1 238 812	1 135 118	846 886	288 232	103 694

二、城市建设

2-1　主要年份城市建设综合指标
(2006~2010)

指标名称	计量单位	2006年	2007年	2008年	2009年	2010年
人均居住面积	平方米	16.00	16.50	16.90	17.20	17.50
实有各类房屋建筑面积	万平方米	70 282	74 873	81 121	87 327	93 591
高层建筑	幢	11 989	13 114	16 109	19 183	20 579
	万平方米	14 821	15 758	18 746	20 464	21 911
人均道路面积	平方米	15.71	16.38	16.64	17.54	18.13
污水厂污水处理能力	万吨/日	488	556	672	687	684
人均公共绿地面积	平方米	11.50	12.01	12.50	12.80	13.00
绿化覆盖率	%	37.3	37.6	38.0	38.1	38.2
自来水供水能力	万立方米/日	1 138	1 080	1 069	1 096	1 131
人工煤气生产能力	万立方米/日	1 013	1 013	967	867	817
人工煤气家庭用户	万户	230.22	213.38	185.56	151.48	132.89
液化气家庭用户	万户	260.50	277.32	291.58	310.16	316.37
天然气家庭用户	万户	216.93	257.94	307.88	366.78	405.89
公共交通运营车辆	辆	17 284	16 944	16 573	16 272	17 455
出租汽车运营车辆	辆	48 022	48 614	48 059	49 111	50 007
轨道交通运营线路长度	公里	169.36	262.83	264.30	355.05	452.57

（续表）

城市快速路	公里	77	77	114	114	196
全市桥梁	座	10 199	10 747	11 188	11 466	11 849
#黄浦江大桥	座	6	7	7	8	10
长江大桥	座				1	1
黄浦江隧道	条	6	6	6	9	12
长江隧道	条				1	1
高速公路长度	公里	581	635	637	768	775

注：1、2008年起不再统计高架道路长度，只统计城市快速路。

2、“全市桥梁”指本市所有公路桥梁和城市道路桥梁，不包括：郊区机耕桥、村内道路等不符合公路设施量标准农村桥梁，水利桥梁、闸桥合一桥梁等。

3、“黄浦江大桥”指本市所有跨越黄浦江的大桥；“黄浦江隧道”指本市所有穿越黄浦江的隧道，包括外滩隧道。

2-2 全市八层（含八层）以上房屋分布

(2010)

单位：万平方米

地 区	合计		8-10层		11-15层		16-19层		20-29层		30层以上	
	幢	面积	幢	面积	幢	面积	幢	面积	幢	面积	幢	面积
总 计	20 579	21 911.38	2 744	2 430.30	9 672	6 320.34	4 247	4 449.27	2 936	5 503.56	980	3 207.91
浦东新区	4 480	4 631.74	543	294.90	2 474	1 574.50	820	902.58	508	1 100.77	135	759.00
黄浦区	541	1 216.10	84	97.76	65	96.10	100	169.62	188	464.18	104	388.44
卢湾区	345	728.05	30	20.20	55	65.71	58	88.07	126	285.09	76	268.98
徐汇区	2 221	2 085.55	333	184.20	774	373.31	518	458.39	437	760.53	159	309.12
长宁区	1 194	1 716.15	183	107.02	325	322.44	223	264.71	342	615.16	121	406.82
静安区	504	1 095.84	61	44.16	47	52.22	80	110.59	220	524.02	96	364.86
普陀区	1 708	1 723.20	157	80.38	571	358.46	428	378.91	422	600.92	130	304.54
闸北区	424	526.38	34	19.08	164	100.16	97	258.72	76	96.59	53	51.84
虹口区	784	1 260.24	94	76.91	187	183.36	230	302.13	199	411.27	74	286.56
杨浦区	1 362	1 358.03	140	60.71	596	440.96	370	386.87	232	414.48	24	55.00
宝山区	1 592	958.04	210	87.57	1 135	642.54	226	202.06	21	25.87		
闵行区	3 350	2 912.03	691	1 251.62	1 939	1 139.15	641	444.72	73	69.27	6	7.27
嘉定区	568	522.83	39	22.62	396	346.31	100	120.00	32	30.21	1	3.69
金山区	385	248.59	48	23.67	258	151.97	70	54.09	9	18.86		
松江区	634	533.26	39	24.03	388	279.68	172	178.75	34	49.00	1	1.80
青浦区	271	193.01	32	20.95	169	82.28	66	76.22	4	13.57		
奉贤区	170	168.76	8	6.72	102	88.10	48	52.85	12	21.09		
崇明县	46	33.59	18	7.81	27	23.08			1	2.70		

2-3 全市居住房屋分布情况

(2010)

单位：万平方米

地 区	各类房屋面积总 计	#居住房屋合计	花园住宅	公 寓	职工住宅			新式里弄	旧式里弄		简 屋	其 他
					一 类	二 类	三 类		一 类	二 类		
总 计	93 591.27	52 639.61	491.96	2 064.14	17 961.11	29 135.02	855.30	527.78	469.75	767.19	28.74	338.63
浦东新区	18 270.49	11 708.79		450.12	4 220.20	6 490.70	89.80	165.90	64.30	77.90	8.30	141.60
黄浦区	1 941.82	838.35	2.58	1.29	536.51	125.14	5.41	29.20	89.43	13.00	0.36	35.42

(续表)

卢湾区	1 328.24	759.28	297.31	15.62	155.88	138.25	6.99	70.77	61.29	10.51	0.28	2.39
徐汇区	6 332.05	3 670.42	77.80	85.26	1 666.80	1 692.70	9.02	72.33	18.83	27.19	2.49	17.88
长宁区	3 419.32	2 086.44	17.59	56.44	936.19	1 030.91	7.53	21.52	1.13	12.74	0.53	1.83
静安区	1 592.79	835.92	35.82	20.86	519.25	129.60	3.41	86.90	22.53	12.58		4.92
普陀区	5 146.37	3 341.25	17.52	32.76	1 543.05	1 648.12	22.03	5.02	9.21	55.24	2.08	6.22
闸北区	2 797.33	1 607.63	0.19	0.54	746.89	704.73	27.28	0.72	57.69	66.62	2.18	0.81
虹口区	3 192.48	1 936.87	15.60	9.59	933.02	760.57	15.51	63.67	82.60	46.08	3.24	6.99
杨浦区	4 729.70	3 072.38	0.90	3.67	1 068.29	1 833.40	13.46	7.21	40.17	96.01	8.30	0.96
宝山区	7 248.46	4 580.52		29.47	990.17	3 548.32			10.07	2.48		
闵行区	12 220.81	6 535.30	3.23	298.21	2 823.29	2 813.87	435.22	2.04		89.20		70.30
嘉定区	7 073.24	2 857.62		82.70	144.92	2 571.18	29.06	0.71	1.01	27.88	0.09	0.08
金山区	2 525.66	1 327.68	2.05	6.57	265.68	899.69	68.42		2.02	34.20	0.04	49.00
松江区	8 108.96	3 613.00		641.05	1 024.84	1 793.83	30.10			123.19		
青浦区	4 169.11	1 638.26	21.37	278.49	203.44	1 004.16	83.64	1.53	6.50	38.15	0.74	0.25
奉贤区	1 866.17	1 083.48		51.52	158.56	866.56	2.09	0.28	0.74	3.74		
崇明县	1 628.28	1 146.43			24.10	1 083.30	6.34		2.09	30.49		

2–4 市区非居住房屋分布情况
(2010)

单位：万平方米

地 区	各类房屋面积总 计	#非居住房屋合计	工 厂	学 校	仓库堆栈	办公建筑	商场店铺	医 院	旅 馆	影剧院	其 他
总 计	**93 591.27**	**40 951.67**	**18 524.09**	**3 171.95**	**1 653.65**	**6 364.93**	**5 497.47**	**754.15**	**930.63**	**75.43**	**3 979.36**
浦东新区	18 270.49	6 561.69	1 540.30	532.40	78.00	1 855.20	1 738.40	128.90	166.70	18.50	503.29
黄浦区	1 941.82	1 103.47	68.87	48.75	16.38	574.87	192.43	32.70	83.62	10.00	75.86
卢湾区	1 328.24	568.95	79.10	40.46	7.27	239.26	103.72	19.72	37.48	2.05	39.90
徐汇区	6 332.05	2 661.63	626.55	344.79	94.85	751.68	306.93	96.46	83.24	3.35	353.78
长宁区	3 419.32	1 332.87	259.32	144.63	31.55	422.25	113.77	42.50	109.91	2.40	206.55
静安区	1 592.79	756.87	108.68	42.32	4.52	344.45	96.57	33.23	77.09	3.29	46.72
普陀区	5 146.37	1 805.12	471.72	155.23	272.73	357.18	269.97	27.42	41.78	2.36	206.75
闸北区	2 797.33	1 189.70	470.39	110.85	68.76	157.84	231.04	38.72	19.07	1.11	91.92
虹口区	3 192.48	1 255.62	361.52	152.84	76.55	222.33	194.98	37.96	42.28	2.36	164.81
杨浦区	4 729.70	1 657.32	863.28	247.37	71.93	166.75	135.64	35.45	23.36	3.34	110.20
宝山区	7 248.46	2 667.94	1 067.20	177.87	235.76	332.67	262.51	40.02	34.07	5.15	512.69
闵行区	12 220.81	5 685.51	3 285.60	326.36	370.62	218.78	501.21	48.69	19.84	6.29	908.12
嘉定区	7 073.24	4 215.63	3 011.47	211.97	38.08	220.48	391.73	35.53	42.74	0.62	263.02
金山区	2 525.66	1 197.98	707.22	68.99	27.43	75.80	219.35	21.50	14.85	2.17	60.67
松江区	8 108.96	4 495.96	3 233.27	325.98	147.02	137.95	365.38	29.79	37.71	6.93	211.93
青浦区	4 169.11	2 530.85	1 854.80	149.18	72.87	153.44	167.07	21.89	18.94	3.35	89.32
奉贤区	1 866.17	782.70	377.74	48.35	18.06	39.26	166.98	45.05	8.65	1.38	27.22
崇明县	1 628.28	481.85	137.07	43.60	21.29	44.75	39.81	18.62	69.31	0.79	106.60

2-5 各区本年度房屋拆迁情况
(2010)

地 区	实际拆迁数			
	居民		单位	
	户数	面积	个数	面积
总 计	38 441	3 898 684	1 280	1 958 285
浦东新区	7 173	140 634	158	207 424
黄浦区	1 594	58 899	60	148 747
卢湾区	1 500	32 448		
徐汇区	3 888	317 138	102	215 070
长宁区	1 294	76 783	46	68 897
静安区	1 041	42 698	77	33 469
普陀区	536	21 540		
闸北区	5 023	115 813	48	1 779
虹口区	1 487	59 298	15	15 241
杨浦区	3 520	70 184	26	33 313
宝山区	688	157 224		
闵行区	1 287	315 919	114	405 810
嘉定区	1 702	279 600	104	312 000
金山区	441	16 440	7	2 850
松江区	270	552 395		
青浦区	1 562	415 909	12	84 468
南汇区	3 683	754 923	462	341 637
奉贤区	310	94 150	11	39 387
崇明县	1 442	376 689	38	48 193

2-6 主要年份市区平均居住水平
(2006~2010)

年 份	住宅建筑面积 (万平方米)	人均居住面积 (平方米/人)	住宅成套率 (%)
2006	40 857	16.0	94.0
2007	43 283	16.5	94.7
2008	47 195	16.9	95.2
2009	50 211	17.2	95.6
2010	52 640	17.5	95.8

2-7 勘察设计单位及其完成情况
(2000～2010)

年 份	单位个数（个）	年末职工人数（人）	施工图设计完成投资额（万元）	营业收入合计（万元）	人均营业收入（万元）
2000	307	22 043	6 469 843	384 946	17.46
2001	329	27 161	10 771 218	573 751	21.30
2002	342	36 087	14 103 179	827 693	22.94
2003	327	32 894	15 769 456	1 443 122	43.87
2004	434	53 901	22 329 768	3 170 751	58.83
2005	495	66 489	23 025 477	3 057 434	45.98
2006	594	68 538	32 914 009	3 951 559	57.66
2007	797	82 709	40 155 091	5 327 880	64.42
2008	751	95 314	28 097 718	7 844 600	82.30
2009	801	93 623	49 688 486	9 012 307	96.26
2010	578	69 053	52 970 918	9 663 832	139.95

2-8 市政、公用设施完成投资资金来源
(2006～2010)

单位：万元

指 标	2006年	2007年	2008年	2009年	2010年
合 计	**4 175 559**	**4 709 639**	**5 682 738**	**6 757 867**	**4 004 431**
中央财政拨款	2 470	2 401	3 548	16 753	20 154
地方财政拨款	265 069	143 249	541 064	220 557	178 237
国内贷款	1 144 785	1 663 631	2 274 165	2 269 973	1 285 906
债 券	15	27	75	133 339	
利用外资	45 948	31 111	23 801	28 470	35 747
自筹资金	2 581 063	2 711 100	2 664 047	3 597 457	2 098 575
其他资金	136 205	158 120	176 038	491 318	385 812

注：1、数据摘自住房和城乡建设部的《城市（县城）建设统计报表》。
2、2009年债券主要为中央地方债券，用于青草沙项目。

2-9 市政、公用设施完成投资按行业分
(2006～2010)

单位：万元

行 业	2006年	2007年	2008年	2009年	2010年
合 计	**4 434 961**	**5 709 010**	**6 900 678**	**7 287 633**	**4 769 428**
供 水	115 273	112 415	583 158	645 419	397 909
燃 气	93 679	152 398	232 203	190 828	187 926
轨道交通	2 045 905	2 545 218	2 461 429	3 502 756	2 296 190
道路桥梁	1 478 821	2 093 661	2 710 759	2 293 565	1 022 470
排 水	175 536	248 726	319 862	287 717	342 661
防 洪	43 483	112 284	107 678	93 117	98 461
园林绿化	188 784	246 639	124 100	77 791	282 119
市容环境卫生	47 980	35 424	35 808	82 800	58 236
其 他	245 500	162 245	325 681	113 640	88 800

注：1、数据摘自住房和城乡建设部的《城市（县城）建设统计报表》。
2、按主管单位行业分类，行业排列顺序参照《城市（县城）建设统计报表》。

2–10 市动迁安置房使用情况(按内容分)
(2003～2010)

单位：套

内 容	总 计	2003年	2004年	2005年	2006年	2007年	2008年	2009年	2010年
合 计	128 803	5 496	6 090	20 228	12 719	11 370	11 548	22 327	39 025
	(37.5)		(15.1)	(23.0)	(12.0)		–(12.6)		
环境建设	7 278	1 560	2 127	3 448	15			128	
	(1.2)			(1.2)					
#绿化建设	6 631	1 560	1 786	3 270	15				
	(1.2)			(1.2)					
污水建设	519		341	178					
轨道交通	13 742	977	1 178	4 937	1 901		853	2 796	1 100
	(10.0)				(10.0)				
市政道路	13 210	1 242	549	1 896	2 722	3 300	2 041	560	900
	(4.9)		(3.1)	(1.8)					
旧区改造	84 305	340	160	9 088	6 981	4 144	8 374	18 843	36 375
	(12.0)		(12.0)						
其他	10 268	1 377	2 076	859	1 100	3 926	280		650
	(9.4)			(20.0)	(2.0)		–(12.6)		

注：1、括号内数字为未折算成套数的配套商品房安排面积，单位:万平方米。

2、表中“其他”栏：2008年–(12.6)原因是对前几年房源进行调拨；2010年650套为世博民居文化区项目动迁。

3、2008年以前本表名称为《市配套商品房使用情况》，2009年起名称更改为《市动迁安置房使用情况》。

2–11 市动迁安置房使用情况(按地区分)
(2003～2010)

单位：套

内 容	总 计	2003年	2004年	2005年	2006年	2007年	2008年	2009年	2010年
合 计	128 803	5 496	6 090	20 228	12 719	11 370	11 548	22 327	39 025
	(37.5)		(15.1)	(23.0)	(12.0)		–(12.6)		
杨浦区	17 290	1 395	755	4 307		400	948	4 234	5 251
	(7.0)		(5.0)		(2.0)				
虹口区	17 910	60	1 436	3 558	1 128	500	1 880	5 148	4 200
闸北区	17 334	362	149	3 205	3 149	118		4 513	5 838
	(7.0)		(7.0)						
普陀区	11 228	48	1 482	3 463	2 209	1 000	714	202	2 110
静安区	7 946	173	62	16	15	730	450	2 320	4 180
徐汇区	7 792	427	795	144		1 370	1 650	1 906	1 500
	(1.8)			(1.8)					
黄浦区	25 872	862	406	1 143	5 894	2 840	4 692	1 989	8 046
卢湾区	8 754	232	8	2 010	200	420	1 134	600	4 150
	(1.2)			(1.2)					

(续表)

长宁区	7 183	366	573	1 830				1 314	3 100
南汇区	3 606					3 526	80		
嘉定区	5					5			
闵行区	180	24	92		24	40			
宝山区	412	45	162	205					
浦东新区	491	390						101	
其他	(10.0) 2 800 (10.5)	1 112	170 (3.1)	347 (20.0)	(10.0) 100	421	−(12.6)		650

注：1、括号内数字为未折算成套数的配套商品房安排面积，单位:万平方米。

2、表中“其他”栏：2008年−(12.6)原因是对前几年房源进行调拨；2010年650套为世博民居文化区项目动迁。

3、2008年以前本表名称为《市配套商品房使用情况》，2009年起名称更改为《市动迁安置房使用情况》。

2-12 市政设施
(2006～2010)

指　标	计量单位	2006年	2007年	2008年	2009年	2010年
道路长度	公里	14 619	15 458	15 844	16 071	16 687
#城市道路	公里	4 227	4 295	4 347	4 400	4 713
公路	公里	10 392	11 163	11 497	11 671	11 974
道路面积	万平方米	21 490	22 579	23 149	24 566	25 607
#城市道路	万平方米	7 985	8 363	8 744	9 281	9 723
公路	万平方米	13 505	14 216	14 405	15 285	15 884
城市桥梁	座	10 199	10 747	11 188	11 466	11 849
#城市道路	座	1 717	1 816	1 879	1 973	2 073
公路	座	8 482	8 931	93 009	9 493	9 776
防洪堤长度	公里	1 069.73	985.93	1 013.80	1 013.80	1 119.21
排水管道长度	公里	7 430	8 120	9 208	9 732	11 483
污水处理能力	万吨/日	488.00	556.55	672.25	686.50	684.05
路灯盏数	万盏	31.73	34.46	37.24	40.18	46.99

注：1、道路长度、面积为全市口径(包括崇明县)。2006年起道路中包括村道。

2、防洪堤不包括市区和郊区的圩堤。

3、堤防：2006年重新测量过，海塘+一线堤防，苏州河堤防不在内。

4、从2010年起，堤防包含苏州河堤防，海塘+市管堤防(595.726公里)，同水利部口径。苏州河堤防长109.763公里。

2-13　道路和车辆状况
(2006～2010)

指　标	计量单位	2006年	2007年	2008年	2009年	2010年
车行道路面积	万平方米	16 044	18 116	18 720	19 620	20 729
人行道面积	万平方米	3 112	3 280	3 396	3 516	3 671
人均道路面积	平方米	15.71	16.38	16.64	17.54	18.13
机动车	万辆	213.01	226.99	234.37	243.42	248.77
#大型车	万辆	17.58	18.96	20.26	21.49	23.97
小型车	万辆	89.68	101.32	112.22	125.57	142.95
非机动车	万辆	1 227.14	1 307.50	1 330.93	1 347.64	1 348.49

2-14　公路里程
(2006～2010)

指　标	计量单位	2006年	2007年	2008年	2009年	2010年
实际里程	公里	10 392	11 163	11 497	11 671	11 974
一、按技术等级分						
高速公路	公里	581	635	638	768	775
一级公路	公里	335	342	364	351	335
二级公路	公里	2 554	2 690	2 775	2 922	3 065
三级公路	公里	2 615	2 655	2 617	2 593	2 602
四级公路	公里	4 307	4 841	5 103	5 037	5 197
二、按行政等级分						
国道	公里	316	316	563	614	613
省道	公里	1 061	1 133	897	964	974
县道	公里	2 186	2 234	2 272	2 340	2 456
乡道	公里	5 757	6 378	6 723	6 770	6 829
村道	公里	1 072	1 102	1 042	983	1 102

2-15　燃气（煤气、液化气、天然气）
(2006～2010)

指　标	计量单位	2006年	2007年	2008年	2009年	2010年
人工煤气生产能力	万立方米/日	1 013.00	1 013.00	967.40	867.40	817.40
人工煤气供应总量	亿立方米	21.76	20.83	19.91	16.27	14.22
人工煤气销售总量	亿立方米	19.22	18.48	17.66	14.19	12.85
#家庭用量	亿立方米	10.94	10.31	9.64	7.46	6.28
年末人工煤气管线长度	公里	8 778	8 097	7 086	6 156	5 517
家庭人工煤气用户	万户	230.22	213.38	185.56	151.48	132.89
液化气销售总量	万吨	45.86	50.65	48.57	40.11	40.05
#家庭用量	万吨	26.70	28.75	29.28	24.11	23.62
家庭液化气用户	万户	260.50	277.32	291.58	310.16	316.37
天然气销售总量	亿立方米	22.58	26.60	28.37	31.33	42.66
#家庭用量	亿立方米	3.74	4.60	5.72	6.43	7.79
年末天然气管线长度	公里	8 349	10 867	12 877	14 997	17 316
家庭天然气用户	万户	216.93	257.94	307.88	366.78	405.89

注：从2007年起煤气销售总量中的生活用量改为家庭用量，2006年亦作相应调整。

2–16 自来水
(2006～2010)

指 标	计量单位	2006年	2007年	2008年	2009年	2010年
水厂个数	个	146	123	118	113	105
自来水供水能力	万立方米/日	1 138	1 080	1 069	1 096	1 131
全年供水量	亿立方米	29.19	30.34	30.90	30.47	30.90
全年售水量	亿立方米	23.30	23.90	24.28	24.06	24.44
#工业用水	亿立方米	6.43	6.78	6.30	5.59	5.80
生活用水	亿立方米	16.88	17.12	17.98	18.47	18.64
日平均用水	万立方米/日	638.49	654.66	665.30	659.11	669.70
供水管道长度	公里	26 618.50	27 658.89	27 858.08	24 463.55	31 181.58

2–17 城市公共交通
(2006～2010)

指标名称	单位	2006年	2007年	2008年	2009年	2010年
轨道交通						
运营线路条数	条	6	9	9	11	12
运营线路长度	公里	169.36	262.33	264.30	355.05	452.57
运营线网长度	公里	157.79	251.26	252.73	343.48	441.01
运营车辆	节	829	1 117	1 431	1 833	2 842
行驶里程	万列公里	1 531.65	1 696.80	2 515.50	2 870.80	4 777.60
客运量	万人次	65 569	81 397	112 798	131 837	188 407
年末职工人数	人	6 692	6 711	5 661	12 808	39 785
公共汽电车						
公交线路条数	条	944	991	1 058	1 129	1 165
公交线路长度	公里	21 776	22 375	22 919	23 033	23 131
运营汽电车辆数	辆	17 284	16 944	16 573	16 272	17 455
公共汽车	辆	16 899	16 672	16 306	16 039	17 038
无轨电车	辆	385	272	267	233	417
全年行驶总里程	万公里	112 814	113 965	111 764	111 686	117 191
客运量	亿人次	27.40	26.52	26.63	27.06	28.08
运营收入	亿元	56.78	58.06	59.01	60.57	53.10
出租汽车						
年末运营车辆	辆	48 022	48 614	48 059	49 111	50 007
#顶灯车	辆	45 762	47 344	46 874	47 965	48 872
载客车次	万次	58 920	57 764	61 600	60 926	63 307
运营里程	亿公里	61.05	60.66	63.18	61.99	64.85
#营业里程	亿公里	36.72	36.68	41.27	37.73	39.79
运营收入	亿元	124.97	127.52	133.15	135.75	154.72
运营单位	户	3 646	3 375	3 333	3 306	3 301
国有控股	户	42	52	88	51	48
集体控股	户	30	42	36	33	29
个 体	户	3 429	3 144	3 142	3 153	3 154

(续表)

其　他	户	145	137	67	69	70
汽车租赁						
年末运营车辆	辆	7 288	8 454	8 687	9 149	9 812
运营车日	万车日	254.08	279.15	319.41	320.49	371.84
租赁车日	万车日	203.73	217.68	262.51	253.74	326.94
车辆利用率	%	80.2	78.0	82.2	79.2	87.9
运营里程	万公里	24 580	28 532	27 377	30 838	28 697
运营收入	亿元	8.24	10.15	11.30	11.26	12.72

注：轨道交通指标数据包含了磁浮线的有关内容。

2-18　城市轮渡（不包括三岛客轮、游览船）
(2006～2010)

指　标	计量单位	2006年	2007年	2008年	2009年	2010年
年末实有数	艘	57	57	54	18	67
#对江客轮渡船	艘	43	43	43	18	60
车辆渡	艘	7	7	6	1	2
交通艇	艘	3	3	1	0	
营业船数	艘	53	53	50	39	62
全年载客总数	万人次	11 764.56	11 280.24	10 100.36	9 379.95	8 906.66
全年载车总数	万辆次	460.10	395.14	308.76	272.98	203.06
#机动车	万辆次	448.07	386.12	297.54	263.84	193.24
年末职工人数	人	2 170	1 904	1 690	1 614	1 514
利润总额	万元	－2 536.61	－2 939.01	－1 084.66	－2 224.21	－1 710.73

注：车辆渡中1艘为两种船，既是车辆渡船又是客轮渡船。

2-19　三 岛 客 轮
(2006～2010)

指　标	计量单位	2006年	2007年	2008年	2009年	2010年
年末船舶实有数	艘	22	23	25	21	15
#客轮	艘	14	14	16	13	8
客货船(车客渡)	艘	8	9	9	8	7
年末营业船舶数	艘	21	22	24	21	14
全年旅客人数	万人次	519.15	591.14	698.94	629.01	167.90
全年载车总数	万辆次	43.07	48.60	51.06	52.18	32.20
#机动车	万辆次	43.07	48.60	51.06	52.18	32.20
年末职工人数	人	622	724	700	670	373
利润总额	万元	760.80	1 820.73	2 222.94	827.35	－6 269.10

2-20 黄浦江游览
(2006～2010)

指　标	计量单位	2006年	2007年	2008年	2009年	2010年
年末船舶实有数	艘	20	20	19	17	15
营业船数	艘	18	17	17	9	11
全年游览旅客数	万人次	134.50	110.80	51.70	59.70	120.40
年末职工人数	人	332	328	331	311	265
利润总额	万元	1 528.10	1 279.10	－1 223.41	60.20	1 100.27

2-21 城市园林绿化
(2006～2010)

指　标	计量单位	2006年	2007年	2008年	2009年	2010年
城市园林绿地面积	公顷	30 609	31 795	34 256	116 929	120 148
#公共绿地	公顷	13 307	13 899	14 777	15 406	16 053
公园面积	公顷	1 516	1 675	1 686	1 687	1 915
街道绿地	公顷	11 791	12 224	13 091	13 719	14 318
单位绿地	公顷	6 837	7 156	7 540	8 160	8 256
居住区绿地	公顷	5 365	6 434	7 199	8 123	8 500
生产绿地	公顷	331	204	189	230	230
公园数	个	144	146	147	147	148
全年游园人数	万人次	16 652	18 342	22 119	21 671	21 794
全年植树数	万株	1 775	1 693	3 500	1 657	2 758
人均占有公共绿地面积	平方米	11.50	12.01	12.50	12.80	13.00
绿化覆盖率	%	37.3	37.6	38.0	38.1	38.2
行道树实有数	万株	86.02	68.59	73.32	76.11	81.41
当年造林面积	公顷	4 394	1 117	1 915	2 051	1 349

注：2009年起，上海绿化统计根据国家建设部《城市（县城）和村镇建设统计报表制度》中“城市绿地”指标要求将城市建设用地之外的对城市生态环境质量、城市景观和生物多样性保护有直接影响的绿地如森林公园、水源保护区等纳入了城市绿地面积的统计。

2-22 各区绿地及覆盖面积情况
(2010)

单位：公顷

地　区	绿地面积	#公共绿地	绿化覆盖面积
总　计	120 148.20	16 053.05	130 160.40
浦东新区	25 796.53	5 524.98	27 140.38
黄浦区	135.94	96.82	154.33
卢湾区	123.77	64.02	145.85
徐汇区	1 230.96	487.68	1 372.23
长宁区	1 014.94	438.57	1 072.11
静安区	101.07	45.11	153.90

(续表)

普陀区	1 141.43	518.39	1 367.15
闸北区	601.94	223.92	620.43
虹口区	405.14	152.05	476.93
杨浦区	1 361.04	441.00	1 457.09
闵行区	7 950.44	2 053.01	8 407.58
宝山区	6 179.16	1 849.17	6 451.61
嘉定区	7 339.46	1 197.41	8 678.45
金山区	8 471.83	563.67	9 241.34
松江区	12 519.22	710.87	13 438.86
青浦区	10 136.55	1 071.31	10 806.71
奉贤区	9 679.64	476.59	10 618.46
崇明县	25 959.14	138.48	28 556.99

注：绿化覆盖面积指城市中的乔木、灌木、草坪等所有植被的垂直投影面积。

2–23 城市环境卫生
(2006～2010)

指　标	计量单位	2006年	2007年	2008年	2009年	2010年
卫生设施						
公共厕所	座	3 746	5 378	7 105	5 633	6 026
垃圾收集点	处	29 812	29 538	30 452	30 584	30 645
废物箱	只	44 888	47 739	56 485	67 465	74 658
倒粪站	座	2 253	2 158	2 916	2 257	1 900
化粪池	只	46 217	45 841	46 518	43 775	43 170
焚烧厂	座	2	2	2	2	2
焚烧厂设计规模	吨/日	2 500	2 500	2 500	2 500	2 500
填埋场	座	4	4	5	5	5
填埋场设计规模	吨/日	7 000	6 700	6 750	6 750	6 750
综合处理厂	座	2	2	3	3	4
综合处理厂设计规模	吨/日	1 500	1 500	2 000	2 000	2 200
清运情况						
清扫道路面积	万平方米/日	11 982	12 503	14 145	15 313	15 879
清运垃圾	万吨	805	852	831	870	890
生活垃圾	万吨	658	702	678	710	732
建筑垃圾	万吨	147	150	153	160	158
清运粪便	万吨	247	232	220	221	201
环卫机械						
扫路车	辆	422	507	589	662	510
i清洗洒水车	辆	240	287	359	369	285
垃圾车	辆	3 291	3 510	3 428	3 628	6 807
吸粪车	辆	484	506	444	469	456

2-24 环境保护
(2006～2010)

指　标	计量单位	2006年	2007年	2008年	2009年	2010年
废水排放总量	万吨	223 755	226 614	226 001	230 518	248 250
#工业废水	万吨	48 336	47 570	44 121	41 192	36 896
达标量	万吨	47 146	46 492	41 364	40 687	35 973
工业废水排放达标率	%	97.5	97.7	93.8	98.8	98.0
工业废气排放总量	亿标立方米	9 428	9 591	10 436	10 059	12 969
#燃料燃烧废气排放	亿标立方米	3 326	3 514	4 039	3 382	5 089
生产工艺过程中废气排放	亿标立方米	6 102	6 077	6 397	6 677	7 880
工业废气中：二氧化硫	万吨	37.43	36.44	29.80	23.93	26.32
#烟尘	万吨	4.73	4.04	4.06	3.64	4.18
工业粉尘排放量	万吨	0.96	0.84	0.80	0.83	1.14
工业粉尘去除量	万吨	146.80	145.85	103.36	95.75	138.19
工业固体废物产生量	万吨	2 063.19	2 165.40	2 347.36	2 254.59	2 448.36
工业固体废物处置量	万吨	103.22	106.39	90.24	85.66	93.86
工业固体废物综合利用量	万吨	1 953.11	2 040.08	2 242.43	2 171.60	2 366.92
#冶炼废渣	万吨	759.22	845.15	863.00	857.56	940.23
粉煤灰	万吨	501.84	517.62	534.48	460.32	467.74
炉渣	万吨	101.56	125.50	194.42	146.49	131.54
煤矸石	万吨	2.01	1.11	1.07	0.59	1.01
工业固体废物综合利用率	%	94.7	94.2	95.5	95.7	96.2
三废综合利用产品产值	万元	97 197.90	152 091.30	169 560.00	161 409.40	432 737.20
污染事故	次	34	50	86	106	131
市区交通噪声：白天	分贝(A)	72.0	71.9	71.4	69.8	69.8
（等效声Leg）夜间	分贝(A)	64.9	65.9	66.4	64.4	64.3

注：根据市环保局要求2010年起取消“废气排放总量”指标及其子项。

三、区县固定资产投资

3-1 黄浦区全社会固定资产投资主要指标
(2010)

指　标	计量单位	总 计	#建设改造	房地产	农村非农户
本年完成投资	**万元**	**952 478**	**578 317**	**374 161**	–
按隶属关系分					
中央项目	万元	100 008	75 800	24 208	–
地方项目	万元	852 470	502 517	349 953	–
按构成分					
建筑工程	万元	253 297	75 462	187 835	–
安装工程	万元	80 900	58 145	22 755	–
设备工具器具购置	万元	132 389	109 276	23 113	–
其他费用	万元	475 892	335 434	140 458	–

（续表）

按建设性质分					
#新　建	万元	396 051	396 051	–	–
扩　建	万元	30 522	30 522	–	–
改建和技术改造	万元	71 599	71 599	–	–
单纯购置	万元	79 515	79 515	–	–
按三次产业分					
第一产业	万元	–	–	–	–
第二产业	万元	126 321	126 321	–	–
第三产业	万元	826 157	451 996	374 161	–
#住宅	万元	183 430	–	183 430	–
本年新增固定资产	万元	462 133	430 124	32 009	–
房屋建筑面积					
施工面积	万平方米	161	12	149	–
#住宅	万平方米	76	–	76	–
竣工面积	万平方米	8	1	7	–
#住宅	万平方米	4	–	4	–
按经济类型分					
国有经济	万元	540 034	478 413	61 621	–
非国有经济	万元	412 444	99 904	312 540	–
集体经济	万元	2 331	–	2 331	–
私营经济	万元	11 292	–	11 292	–
联营经济	万元	–	–	–	–
股份制经济	万元	250 745	39 771	210 974	–
港澳台经济	万元	75 245	55 506	19 739	–
外商经济	万元	72 831	4 627	68 204	–
其他经济	万元	–	–	–	–
按国民经济行业分					
农、林、牧、渔业	万元	–	–	–	–
工　业	万元	50 521	50 521	–	–
采矿业	万元	–	–	–	–
制造业	万元	4 627	4 627	–	–
电力、燃气及水的生产和供应业	万元	45 894	45 894	–	–
建筑业	万元	75 800	75 800	–	–
交通运输、仓储和邮政业	万元	3 715	3 715	–	–
信息传输、计算机服务和软件业	万元	–	–	–	–
批发和零售业	万元	–	–	–	–
住宿和餐饮业	万元	94 568	94 568	–	–
金融业	万元	–	–	–	–
房地产业	万元	694 534	320 373	374 161	–
租赁和商务服务业	万元	–	–	–	–
科学研究、技术服务和地质勘查业	万元	–	–	–	–
水利、环境和公共设施管理业	万元	12 622	12 622	–	–
居民服务和其他服务业	万元	319	319	–	–
教　育	万元	724	724	–	–
卫生、社会保障和社会福利业	万元	–	–	–	–
文化、体育和娱乐业	万元	15 194	15 194	–	–
公共管理与社会组织	万元	4 481	4 481	–	–
国际组织	万元	–	–	–	–

3-2 卢湾区全社会固定资产投资主要指标
(2010)

指标	计量单位	总计	#建设改造	房地产	农村非农户
本年完成投资	**万元**	**533 043**	**125 246**	**407 797**	–
按隶属关系分					
中央项目	万元	32 636	32 636	–	–
地方项目	万元	500 407	92 610	407 797	–
按构成分					
建筑工程	万元	375 930	58 462	317 468	–
安装工程	万元	51 448	989	50 459	–
设备工具器具购置	万元	68 325	61 060	7 265	–
其他费用	万元	37 340	4 735	32 605	–
按建设性质分					
#新　建	万元	60 577	60 577	–	–
扩　建	万元	16 555	16 555	–	–
改建和技术改造	万元	9 974	9 974	–	–
单纯购置	万元	37 655	37 655	–	–
按三次产业分					
第一产业	万元	–	–	–	–
第二产业	万元	35 296	35 296	–	–
第三产业	万元	497 747	89 950	407 797	–
#住宅	万元	140 285	–	140 285	–
本年新增固定资产	**万元**	**479 127**	**177 870**	**301 257**	–
房屋建筑面积					
施工面积	万平方米	217	17	200	–
#住宅	万平方米	73	–	73	–
竣工面积	万平方米	29	14	15	–
#住宅	万平方米	8	–	8	–
按经济类型分					
国有经济	万元	114 489	37 199	77 290	–
非国有经济	万元	418 554	88 047	330 507	–
集体经济	万元	1 164	–	1 164	–
私营经济	万元	23 983	204	23 779	–
联营经济	万元	–	–	–	–
股份制经济	万元	181 566	87 843	93 723	–
港澳台经济	万元	211 841	–	211 841	–
外商经济	万元	–	–	–	–
其他经济	万元	–	–	–	–
按国民经济行业分					
农、林、牧、渔业	万元	–	–	–	–
工　业	万元	35 296	35 296	–	–
采矿业	万元	–	–	–	–
制造业	万元	34 136	34 136	–	–
电力、燃气及水的生产和供应业	万元	1 160	1 160	–	–
建筑业	万元	–	–	–	–

(续表)

交通运输、仓储和邮政业	万元	17 955	17 955	–	–
信息传输、计算机服务和软件业	万元	204	204	–	–
批发和零售业	万元	–	–	–	–
住宿和餐饮业	万元	6 057	6 057	–	–
金融业	万元	–	–	–	–
房地产业	万元	407 797	–	407 797	–
租赁和商务服务业	万元	19 700	19 700	–	–
科学研究、技术服务和地质勘查业	万元	–	–	–	–
水利、环境和公共设施管理业	万元	1 726	1 726	–	–
居民服务和其他服务业	万元	–	–	–	–
教　育	万元	1 645	1 645	–	–
卫生、社会保障和社会福利业	万元	4 598	4 598	–	–
文化、体育和娱乐业	万元	27 268	27 268	–	–
公共管理与社会组织	万元	10 797	10 797	–	–
国际组织	万元	–	–	–	–

3–3　徐汇区全社会固定资产投资主要指标
(2010)

指　　标	计量单位	总 计	#建设改造	房地产	农村非农户
本年完成投资	**万元**	**1 504 150**	**406 408**	**1 097 742**	**–**
按隶属关系分					
中央项目	万元	39 786	39 786	–	–
地方项目	万元	1 464 364	366 622	1 097 742	–
按构成分					
建筑工程	万元	698 612	229 600	469 012	–
安装工程	万元	69 913	29 690	40 223	–
设备工具器具购置	万元	135 127	131 139	3 988	–
其他费用	万元	600 498	15 979	584 519	–
按建设性质分					
#新　建	万元	99 849	99 849	–	–
扩　建	万元	132 611	132 611	–	–
改建和技术改造	万元	77 753	77 753	–	–
单纯购置	万元	96 195	96 195	–	–
按三次产业分					
第一产业	万元	–	–	–	–
第二产业	万元	195 145	195 145	–	–
第三产业	万元	1 309 005	211 263	1 097 742	–
#住宅	万元	559 255	–	559 255	–
本年新增固定资产	**万元**	**535 363**	**291 674**	**243 689**	**–**
房屋建筑面积					

(续表)

施工面积	万平方米	535	142	393	–
#住宅	万平方米	218	–	218	–
竣工面积	万平方米	83	42	41	–
#住宅	万平方米	24	–	24	–
按经济类型分					
国有经济	万元	250 328	150 892	99 436	–
非国有经济	万元	1 253 822	255 516	998 306	–
集体经济	万元	39 217	12 030	27 187	–
私营经济	万元	14 505	343	14 162	–
联营经济	万元	–	–	–	–
股份制经济	万元	993 590	188 382	805 208	–
港澳台经济	万元	124 187	31 934	92 253	–
外商经济	万元	82 323	22 827	59 496	–
其他经济	万元	–	–	–	–
按国民经济行业分					
农、林、牧、渔业	万元	–	–	–	–
工　业	万元	194 188	194 188	–	–
采矿业	万元	–	–	–	–
制造业	万元	177 370	177 370	–	–
电力、燃气及水的生产和供应业	万元	16 818	16 818	–	–
建筑业	万元	957	957	–	–
交通运输、仓储和邮政业	万元	80 649	80 649	–	–
信息传输、计算机服务和软件业	万元	6 580	6 580	–	–
批发和零售业	万元	–	–	–	–
住宿和餐饮业	万元	1 800	1 800	–	–
金融业	万元	–	–	–	–
房地产业	万元	1 097 742	–	1 097 742	–
租赁和商务服务业	万元	1 950	1 950	–	–
科学研究、技术服务和地质勘查业	万元	22 580	22 580	–	–
水利、环境和公共设施管理业	万元	19 448	19 448	–	–
居民服务和其他服务业	万元	–	–	–	–
教　育	万元	7 809	7 809	–	–
卫生、社会保障和社会福利业	万元	26 777	26 777	–	–
文化、体育和娱乐业	万元	25 147	25 147	–	–
公共管理与社会组织	万元	18 523	18 523	–	–
国际组织	万元	–	–	–	–

3-4 长宁区全社会固定资产投资主要指标
(2010)

指　　标	计量单位	总 计	#建设改造	房地产	农村非农户
本年完成投资	**万元**	**1 164 647**	**763 060**	**401 587**	**–**
按隶属关系分					
中央项目	万元	511 992	511 992	–	–
地方项目	万元	652 655	251 068	401 587	–
按构成分					
建筑工程	万元	455 973	165 712	290 261	–
安装工程	万元	70 466	22 923	47 543	–
设备工具器具购置	万元	570 382	563 019	7 363	–
其他费用	万元	67 826	11 406	56 420	–
按建设性质分					
#新　建	万元	167 107	167 107	–	–
扩　建	万元	2 541	2 541	–	–
改建和技术改造	万元	44 310	44 310	–	–
单纯购置	万元	549 102	549 102	–	–
按三次产业分					
第一产业	万元	–	–	–	–
第二产业	万元	58 089	58 089	–	–
第三产业	万元	1 106 558	704 971	401 587	–
#住宅	万元	198 939	–	198 939	–
本年新增固定资产	**万元**	**1 014 443**	**740 631**	**273 812**	**–**
房屋建筑面积					
施工面积	万平方米	363	89	274	–
#住宅	万平方米	164	–	164	–
竣工面积	万平方米	81	28	53	–
#住宅	万平方米	40	–	40	–
按经济类型分					
国有经济	万元	638 475	581 290	57 185	–
非国有经济	万元	526 172	181 770	344 402	–
集体经济	万元	101 434	2 254	99 180	–
私营经济	万元	102 982	22 796	80 186	–
联营经济	万元	–	–	–	–
股份制经济	万元	200 186	102 639	97 547	–
港澳台经济	万元	73 445	5 956	67 489	–
外商经济	万元	48 125	48 125	–	–
其他经济	万元	–	–	–	–
按国民经济行业分					–
农、林、牧、渔业	万元	–	–	–	–
工　业	万元	58 089	58 089	–	–
采矿业	万元	–	–	–	–
制造业	万元	58 089	58 089	–	–
电力、燃气及水的生产和供应业	万元	–	–	–	–
建筑业	万元	–	–	–	–

(续表)

交通运输、仓储和邮政业	万元	549 408	549 408	–	–
信息传输、计算机服务和软件业	万元	2 389	2 389	–	–
批发和零售业	万元	565	565	–	–
住宿和餐饮业	万元	3 226	3 226	–	–
金融业	万元	–	–	–	–
房地产业	万元	478 389	76 802	401 587	–
租赁和商务服务业	万元	2 897	2 897	–	–
科学研究、技术服务和地质勘查业	万元	3 000	3 000	–	–
水利、环境和公共设施管理业	万元	5 695	5 695	–	–
居民服务和其他服务业	万元	–	–	–	–
教　育	万元	13 355	13 355	–	–
卫生、社会保障和社会福利业	万元	3 365	3 365	–	–
文化、体育和娱乐业	万元	22 879	22 879	–	–
公共管理与社会组织	万元	21 390	21 390	–	–
国际组织	万元	–	–	–	–

3–5 静安区全社会固定资产投资主要指标

(2010)

指　　标	计量单位	总 计	#建设改造	房地产	农村非农户
本年完成投资	**万元**	**662 061**	**260 066**	**401 995**	–
按隶属关系分					
中央项目	万元	250	250	–	–
地方项目	万元	661 811	259 816	401 995	–
按构成分					
建筑工程	万元	283 561	38 235	250 326	–
安装工程	万元	34 443	4 117	30 326	–
设备工具器具购置	万元	63 136	50 502	12 634	–
其他费用	万元	275 921	167 212	108 709	–
按建设性质分					
#新　建	万元	160 090	160 090	–	–
扩　建	万元	26 558	26 558	–	–
改建和技术改造	万元	7 965	7 965	–	–
单纯购置	万元	49 957	49 957	–	–
按三次产业分					
第一产业	万元	–	–	–	–
第二产业	万元	–	–	–	–
第三产业	万元	662 061	260 066	401 995	–
#住宅	万元	40 480	–	40 480	–
本年新增固定资产	**万元**	**354 802**	**110 097**	**244 705**	–
房屋建筑面积					

(续表)

施工面积	万平方米	165	12	153	–
#住宅	万平方米	21	–	21	–
竣工面积	万平方米	17	3	14	–
#住宅	万平方米	2	–	2	–
按经济类型分					
国有经济	万元	198 572	143 933	54 639	–
非国有经济	万元	463 489	116 133	347 356	–
集体经济	万元	–	–	–	–
私营经济	万元	58 109	–	58 109	–
联营经济	万元	–	–	–	–
股份制经济	万元	134 484	110 091	24 393	–
港澳台经济	万元	234 553	–	234 553	–
外商经济	万元	30 301	–	30 301	–
其他经济	万元	6 042	6 042	–	–
按国民经济行业分					
农、林、牧、渔业	万元	–	–	–	–
工　业	万元	–	–	–	–
采 矿 业	万元	–	–	–	–
制 造 业	万元	–	–	–	–
电力、燃气及水的生产和供应业	万元	–	–	–	–
建 筑 业	万元	–	–	–	–
交通运输、仓储和邮政业	万元	24 772	24 772	–	–
信息传输、计算机服务和软件业	万元	–	–	–	–
批发和零售业	万元	–	–	–	–
住宿和餐饮业	万元	–	–	–	–
金融业	万元	85 000	85 000	–	–
房地产业	万元	401 995	–	401 995	–
租赁和商务服务业	万元	–	–	–	–
科学研究、技术服务和地质勘查业	万元	389	389	–	–
水利、环境和公共设施管理业	万元	13 415	13 415	–	–
居民服务和其他服务业	万元	15 073	15 073	–	–
教　育	万元	6 900	6 900	–	–
卫生、社会保障和社会福利业	万元	67 450	67 450	–	–
文化、体育和娱乐业	万元	36 501	36 501	–	–
公共管理与社会组织	万元	10 566	10 566	–	–
国际组织	万元	–	–	–	–

3-6 普陀区全社会固定资产投资主要指标
(2010)

指 标	计量单位	总 计	#建设改造	房地产	农村非农户
本年完成投资	**万元**	**1 241 031**	**194 858**	**1 046 173**	**–**
按隶属关系分					
中央项目	万元	47 365	35 910	11 455	–
地方项目	万元	1 193 666	158 948	1 034 718	–
按构成分					
建筑工程	万元	763 429	117 869	645 560	–
安装工程	万元	92 059	7 921	84 138	–
设备工具器具购置	万元	43 220	33 664	9 556	–
其他费用	万元	342 323	35 404	306 919	–
按建设性质分					
#新 建	万元	96 328	96 328	–	–
扩 建	万元	46 491	46 491	–	–
改建和技术改造	万元	41 259	41 259	–	–
单纯购置	万元	10 780	10 780	–	–
按三次产业分					
第一产业	万元	–	–	–	–
第二产业	万元	42 991	42 991	–	–
第三产业	万元	1 198 040	151 867	1 046 173	–
#住宅	万元	455 695	–	455 695	–
本年新增固定资产	**万元**	**1 352 655**	**153 957**	**1 198 698**	**–**
房屋建筑面积					
施工面积	万平方米	673	50	623	–
#住宅	万平方米	257	–	257	–
竣工面积	万平方米	195	10	185	–
#住宅	万平方米	111	–	111	–
按经济类型分					
国有经济	万元	281 216	140 879	140 337	–
非国有经济	万元	959 815	53 979	905 836	–
集体经济	万元	70 873	15 246	55 627	–
私营经济	万元	467 973	12 905	455 068	–
联营经济	万元	–	–	–	–
股份制经济	万元	315 493	22 866	292 627	–
港澳台经济	万元	60 295	1 986	58 309	–
外商经济	万元	45 181	976	44 205	–
其他经济	万元	–	–	–	–
按国民经济行业分					
农、林、牧、渔业	万元	–	–	–	–
工 业	万元	42 991	42 991	–	–
采矿业	万元	–	–	–	–
制造业	万元	19 702	19 702	–	–
电力、燃气及水的生产和供应业	万元	23 289	23 289	–	–
建筑业	万元	–	–	–	–

(续表)

交通运输、仓储和邮政业	万元	33 194	33 194	–	–
信息传输、计算机服务和软件业	万元	6 610	6 610	–	–
批发和零售业	万元	13 045	13 045	–	–
住宿和餐饮业	万元	–	–	–	–
金融业	万元	–	–	–	–
房地产业	万元	1 046 747	574	1 046 173	–
租赁和商务服务业	万元	176	176	–	–
科学研究、技术服务和地质勘查业	万元	4 934	4 934	–	–
水利、环境和公共设施管理业	万元	69 835	69 835	–	–
居民服务和其他服务业	万元	–	–	–	–
教　育	万元	11 450	11 450	–	–
卫生、社会保障和社会福利业	万元	3 850	3 850	–	–
文化、体育和娱乐业	万元	6 094	6 094	–	–
公共管理与社会组织	万元	2 105	2 105	–	–
国际组织	万元	–	–	–	–

3-7　闸北区全社会固定资产投资主要指标
(2010)

指　标	计量单位	总 计	#建设改造	房地产	农村非农户
本年完成投资	**万元**	**756 589**	**290 632**	**465 957**	**–**
按隶属关系分					
中央项目	万元	88 854	88 854	–	–
地方项目	万元	667 735	201 778	465 957	–
按构成分					
建筑工程	万元	495 706	160 242	335 464	–
安装工程	万元	82 823	25 675	57 148	–
设备工具器具购置	万元	96 600	87 619	8 981	–
其他费用	万元	81 460	17 096	64 364	–
按建设性质分					
#新　建	万元	117 293	117 293	–	–
扩　建	万元	79 365	79 365	–	–
改建和技术改造	万元	59 173	59 173	–	–
单纯购置	万元	34 109	34 109	–	–
按三次产业分					
第一产业	万元	–	–	–	–
第二产业	万元	98 629	98 629	–	–
第三产业	万元	657 960	192 003	465 957	–
#住宅	万元	216 013	–	216 013	–
本年新增固定资产	**万元**	**155 278**	**116 179**	**39 099**	**–**
房屋建筑面积					

(续表)

施工面积	万平方米	221	25	197	–
#住宅	万平方米	85	–	85	–
竣工面积	万平方米	13	5	8	–
#住宅	万平方米	4	–	4	–
按经济类型分					
国有经济	万元	364 299	247 105	117 194	–
非国有经济	万元	392 290	43 527	348 763	–
集体经济	万元	1 200	1 200	–	–
私营经济	万元	80 253	–	80 253	–
联营经济	万元	13 243	–	13 243	–
股份制经济	万元	136 328	41 940	94 388	–
港澳台经济	万元	134 122	–	134 122	–
外商经济	万元	27 144	387	26 757	–
其他经济	万元	–	–	–	–
按国民经济行业分					
农、林、牧、渔业	万元	–	–	–	–
工　业	万元	97 937	97 937	–	–
采矿业	万元	–	–	–	–
制造业	万元	51 847	51 847	–	–
电力、燃气及水的生产和供应业	万元	45 090	46 090	–	–
建筑业	万元	692	692	–	–
交通运输、仓储和邮政业	万元	160 609	160 609	–	–
信息传输、计算机服务和软件业	万元	–	–	–	–
批发和零售业	万元	390	390	–	–
住宿和餐饮业	万元	–	–	–	–
金融业	万元	–	–	–	–
房地产业	万元	470 125	4 168	465 957	–
租赁和商务服务业	万元	–	–	–	–
科学研究、技术服务和地质勘查业	万元	–	–	–	–
水利、环境和公共设施管理业	万元	2 343	2 343	–	–
居民服务和其他服务业	万元	–	–	–	–
教　育	万元	4 286	4 286	–	–
卫生、社会保障和社会福利业	万元	20 207	20 207	–	–
文化、体育和娱乐业	万元	–	–	–	–
公共管理与社会组织	万元	–	–	–	–
国际组织	万元	–	–	–	–

3-8 虹口区全社会固定资产投资主要指标
(2010)

指标	计量单位	总计	#建设改造	房地产	农村非农户
本年完成投资	**万元**	**888 046**	**241 024**	**647 022**	**–**
按隶属关系分					
中央项目	万元	85 917	84 589	1 328	–
地方项目	万元	802 129	156 435	645 694	–
按构成分					
建筑工程	万元	387 514	89 842	297 672	–
安装工程	万元	98 951	3 417	95 534	–
设备工具器具购置	万元	149 681	125 342	24 339	–
其他费用	万元	251 900	22 423	229 477	–
按建设性质分					
#新　建	万元	92 169	92 169	–	–
扩　建	万元	3 150	3 150	–	–
改建和技术改造	万元	30 818	30 818	–	–
单纯购置	万元	114 783	114 783	–	–
按三次产业分					
第一产业	万元	–	–	–	–
第二产业	万元	11 611	11 611	–	–
第三产业	万元	876 435	229 413	647 022	–
#住宅	万元	228 512	–	228 512	–
本年新增固定资产	**万元**	**545 009**	**26 984**	**518 025**	**–**
房屋建筑面积					
施工面积	万平方米	296	6	290	–
#住宅	万平方米	76	–	76	–
竣工面积	万平方米	51	–	51	–
#住宅	万平方米	21	–	21	–
按经济类型分					
国有经济	万元	239 301	127 980	111 321	–
非国有经济	万元	648 745	113 044	535 701	–
集体经济	万元	65 495	–	65 495	–
私营经济	万元	160 249	–	160 249	–
联营经济	万元	–	–	–	–
股份制经济	万元	247 556	72 047	175 509	–
港澳台经济	万元	97 666	81	97 585	–
外商经济	万元	77 779	40 916	36 863	–
其他经济	万元	–	–	–	–
按国民经济行业分					
农、林、牧、渔业	万元	–	–	–	–
工　业	万元	11 611	11 611	–	–
采矿业	万元	–	–	–	–
制造业	万元	11 611	11 611	–	–
电力、燃气及水的生产和供应业	万元	–	–	–	–
建筑业	万元	–	–	–	–

(续表)

交通运输、仓储和邮政业	万元	110 879	110 879	–	–
信息传输、计算机服务和软件业	万元	5 232	5 232	–	–
批发和零售业	万元	185	185	–	–
住宿和餐饮业	万元	37 785	37 785	–	–
金融业	万元	–	–	–	–
房地产业	万元	697 290	50 268	647 022	–
租赁和商务服务业	万元	369	369	–	–
科学研究、技术服务和地质勘查业	万元	1 394	1 394	–	–
水利、环境和公共设施管理业	万元	16 193	16 193	–	–
居民服务和其他服务业	万元	–	–	–	–
教　育	万元	1 713	1 713	–	–
卫生、社会保障和社会福利业	万元	450	450	–	–
文化、体育和娱乐业	万元	1 345	1 345	–	–
公共管理与社会组织	万元	3 600	3 600	–	–
国际组织	万元	–	–	–	–

3–9　杨浦区全社会固定资产投资主要指标

(2010)

指　　标	计量单位	总 计	#建设改造	房地产	农村非农户
本年完成投资	**万元**	**1 804 044**	**846 831**	**957 213**	–
按隶属关系分					
中央项目	万元	126 785	126 785	–	–
地方项目	万元	1 677 259	720 046	957 213	–
按构成分					
建筑工程	万元	713 985	210 546	503 439	–
安装工程	万元	122 101	63 908	58 193	–
设备工具器具购置	万元	321 454	319 917	1 537	–
其他费用	万元	646 504	252 460	394 044	–
按建设性质分					
#新　建	万元	223 801	223 801	–	–
扩　建	万元	46 374	46 374	–	–
改建和技术改造	万元	275 258	275 258	–	–
单纯购置	万元	238 398	288 398	–	–
按三次产业分					
第一产业	万元	–	–	–	–
第二产业	万元	375 464	375 464	–	–
第三产业	万元	1 428 580	471 367	957 213	–
#住宅	万元	486 751	–	486 751	–
本年新增固定资产	**万元**	**841 338**	**564 059**	**277 279**	–
房屋建筑面积					

(续表)

施工面积	万平方米	525	50	475	–
#住宅	万平方米	211	–	211	–
竣工面积	万平方米	68	10	58	–
#住宅	万平方米	28	–	28	–
按经济类型分					
国有经济	万元	915 469	806 918	108 551	–
非国有经济	万元	888 575	39 913	848 662	–
集体经济	万元	14 420	–	14 420	–
私营经济	万元	257 308	2 600	254 708	–
联营经济	万元	–	–	–	–
股份制经济	万元	461 534	34 125	427 409	–
港澳台经济	万元	38 135	–	38 135	–
外商经济	万元	113 178	3 188	109 990	–
其他经济	万元	4 000	–	4 000	–
按国民经济行业分					
农、林、牧、渔业	万元	–	–	–	–
工　业	万元	362 884	362 884	–	–
采 矿 业	万元	–	–	–	–
制 造 业	万元	360 237	360 237	–	–
电力、燃气及水的生产和供应业	万元	2 647	2 647	–	–
建 筑 业	万元	12 580	12 580	–	–
交通运输、仓储和邮政业	万元	135 246	135 246	–	–
信息传输、计算机服务和软件业	万元	–	–	–	–
批发和零售业	万元	–	–	–	–
住宿和餐饮业	万元	–	–	–	–
金融业	万元	–	–	–	–
房地产业	万元	1 124 558	167 345	957 213	–
租赁和商务服务业	万元	–	–	–	–
科学研究、技术服务和地质勘查业	万元	3 957	3 957	–	–
水利、环境和公共设施管理业	万元	60 464	60 464	–	–
居民服务和其他服务业	万元	920	920	–	–
教　育	万元	61 865	61 865	–	–
卫生、社会保障和社会福利业	万元	21 251	21 251	–	–
文化、体育和娱乐业	万元	8 220	8 220	–	–
公共管理与社会组织	万元	12 099	12 099	–	–
国际组织	万元	–	–	–	–

3–10　闵行区全社会固定资产投资主要指标
(2010)

指　　标	计量单位	总 计	#建设改造	房地产	农村非农户
本年完成投资	**万元**	**3 271 571**	**1 342 854**	**1 737 275**	**191 442**
按隶属关系分					
中央项目	万元	375 978	183 952	174 653	17 373
地方项目	万元	2 895 593	1 158 902	1 562 622	174 069
按构成分					
建筑工程	万元	1 810 915	563 354	1 075 834	171 727
安装工程	万元	134 653	35 068	90 886	8 699
设备工具器具购置	万元	456 268	431 552	20 150	4 566
其他费用	万元	869 735	312 880	550 405	6 450
按建设性质分					
#新　建	万元	802 298	648 471	–	153 827
扩　建	万元	297 585	287 110	–	10 475
改建和技术改造	万元	276 463	249 323	–	27 140
单纯购置	万元	149 561	149 561	–	–
按三次产业分					
第一产业	万元	–	–	–	–
第二产业	万元	921 787	807 317	–	114 470
第三产业	万元	2 349 784	535 537	1 737 275	76 972
#住宅	万元	1 397 067	282	1 396 785	–
本年新增固定资产	**万元**	**1 834 264**	**771 186**	**1 003 994**	**59 084**
房屋建筑面积					
施工面积	万平方米	1 341	209	1 033	99
#住宅	万平方米	830	2	828	–
竣工面积	万平方米	296	27	259	10
#住宅	万平方米	213	–	213	–
按经济类型分					
国有经济	万元	808 796	526 908	267 685	14 203
非国有经济	万元	2 462 775	815 946	1 469 590	177 239
集体经济	万元	137 029	20 218	72 866	43 945
私营经济	万元	707 759	131 714	534 200	41 845
联营经济	万元	5 238	–	5 238	–
股份制经济	万元	1 024 573	357 742	647 171	19 660
港澳台经济	万元	74 994	3 832	68 723	2 439
外商经济	万元	439 580	302 440	118 698	68 442
其他经济	万元	23 602	–	22 694	908
按国民经济行业分					
农、林、牧、渔业	万元	–	–	–	–
工　业	万元	919 287	804 817	–	114 470
采矿业	万元	–	–	–	–
制造业	万元	793 274	678 804	–	114 470
电力、燃气及水的生产和供应业	万元	126 013	126 013	–	–
建筑业	万元	2 500	2 500	–	–

(续表)

交通运输、仓储和邮政业	万元	81 979	81 599	–	380
信息传输、计算机服务和软件业	万元	4 935	–	–	4 935
批发和零售业	万元	42 488	41 488	–	1 000
住宿和餐饮业	万元	40 324	40 324	–	–
金融业	万元	–	–	–	–
房地产业	万元	1 754 075	16 800	1 737 275	–
租赁和商务服务业	万元	30 929	30 090	–	839
科学研究、技术服务和地质勘查业	万元	46 754	27 108	–	19 646
水利、环境和公共设施管理业	万元	222 645	222 645	–	–
居民服务和其他服务业	万元	–	–	–	–
教　育	万元	41 676	41 676	–	–
卫生、社会保障和社会福利业	万元	22 841	22 841	–	–
文化、体育和娱乐业	万元	56 344	6 172	–	50 172
公共管理与社会组织	万元	4 794	4 794	–	–
国际组织	万元	–	–	–	–

3–11　宝山区全社会固定资产投资主要指标
(2010)

指　　标	计量单位	总 计	#建设改造	房地产	农村非农户
本年完成投资	**万元**	**3 938 543**	**1 662 336**	**1 674 603**	**601 604**
按隶属关系分					
中央项目	万元	1 009 558	1 004 914	1 266	3 378
地方项目	万元	2 928 985	657 422	1 673 337	598 226
按构成分					
建筑工程	万元	1 813 746	590 491	906 934	316 321
安装工程	万元	221 618	91 531	105 968	24 119
设备工器具购置	万元	729 363	610 357	18 387	100 619
其他费用	万元	1 173 816	369 957	643 314	160 545
按建设性质分					
#新　建	万元	925 527	519 467	–	406 060
扩　建	万元	580 157	501 730	–	78 427
改建和技术改造	万元	625 134	576 759	–	48 375
单纯购置	万元	107 717	50 045	–	57 672
按三次产业分					
第一产业	万元	884	–	–	884
第二产业	万元	1 450 985	1 236 972	–	214 013
第三产业	万元	2 486 674	425 364	1 674 603	386 707
#住宅	万元	1 186 484	–	1 186 484	–
本年新增固定资产	**万元**	**2 361 482**	**1 541 014**	**507 239**	**313 229**
房屋建筑面积					

(续表)

施工面积	万平方米	1 452	170	1 097	185
#住宅	万平方米	836	–	836	–
竣工面积	万平方米	190	5	167	18
#住宅	万平方米	139	–	139	–
按经济类型分					
国有经济	万元	1 540 562	1 240 885	240 074	59 603
非国有经济	万元	2 397 981	421 451	1 434 529	542 001
集体经济	万元	250 313	11 947	136 634	101 732
私营经济	万元	794 208	67 396	556 153	170 659
联营经济	万元	8 007	–	2 354	5 653
股份制经济	万元	1 106 301	228 580	684 379	193 342
港澳台经济	万元	90 468	31 659	55 009	3 800
外商经济	万元	137 834	81 869	–	55 965
其他经济	万元	10 850	–	–	10 850
按国民经济行业分					
农、林、牧、渔业	万元	884	–	–	884
工　业	万元	1 450 095	1 236 832	–	213 263
采矿业	万元	380	–	–	380
制造业	万元	1 283 964	1 071 081	–	212 883
电力、燃气及水的生产和供应业	万元	165 751	165 751	–	–
建筑业	万元	890	140	–	750
交通运输、仓储和邮政业	万元	136 707	122 512	–	14 195
信息传输、计算机服务和软件业	万元	3 537	637	–	2 900
批发和零售业	万元	236 907	9 107	–	227 800
住宿和餐饮业	万元	26 370	7 070	–	19 300
金融业	万元	–	–	–	–
房地产业	万元	1 674 603	–	1 674 603	–
租赁和商务服务业	万元	93 677	18 201	–	75 476
科学研究、技术服务和地质勘查业	万元	29 641	6 941	–	22 700
水利、环境和公共设施管理业	万元	221 517	202 492	–	19 025
居民服务和其他服务业	万元	–	–	–	–
教　育	万元	17 886	16 275	–	1 611
卫生、社会保障和社会福利业	万元	18 285	16 385	–	1 900
文化、体育和娱乐业	万元	22 475	20 675	–	1 800
公共管理与社会组织	万元	5 069	5 069	–	–
国际组织	万元	–	–	–	–

3-12 嘉定区全社会固定资产投资主要指标

(2010)

指　　标	计量单位	总 计	#建设改造	房地产	农村非农户
本年完成投资	**万元**	**3 560 619**	**1 459 398**	**1 721 945**	**379 276**
按隶属关系分					
中央项目	万元	10 416	10 416	–	–
地方项目	万元	3 550 203	1 448 982	1 721 945	379 276
按构成分					
建筑工程	万元	1 967 674	663 570	1 056 701	247 403
安装工程	万元	220 895	39 342	158 174	23 379
设备工具器具购置	万元	519 259	436 173	2 004	81 082
其他费用	万元	852 791	320 313	505 066	27 412
按建设性质分					
#新　建	万元	980 029	770 081	–	209 948
扩　建	万元	260 754	193 068	–	67 686
改建和技术改造	万元	372 474	343 349	–	29 125
单纯购置	万元	220 942	152 062	–	68 880
按三次产业分					
第一产业	万元	548	548	–	–
第二产业	万元	1 147 809	838 831	–	308 978
第三产业	万元	2 412 262	620 019	1 721 945	70 298
#住宅	万元	1 157 699	1 500	1 156 199	–
本年新增固定资产	**万元**	**1 789 796**	**610 125**	**878 604**	**301 067**
房屋建筑面积					
施工面积	万平方米	1 365	205	954	207
#住宅	万平方米	609	1	609	–
竣工面积	万平方米	384	62	242	80
#住宅	万平方米	178	–	178	–
按经济类型分					
国有经济	万元	974 536	644 740	285 993	43 803
非国有经济	万元	2 586 083	814 658	1 435 952	335 473
集体经济	万元	219 204	54 968	116 561	47 675
私营经济	万元	1 211 941	115 314	944 492	152 135
联营经济	万元	1 500	1 500	–	–
股份制经济	万元	393 237	142 567	223 445	27 225
港澳台经济	万元	138 680	33 964	85 178	19 538
外商经济	万元	620 906	466 345	66 276	88 285
其他经济	万元	615	–	–	615
按国民经济行业分					
农、林、牧、渔业	万元	548	548	–	–
工　业	万元	1 147 809	838 831	–	308 978
采矿业	万元	–	–	–	–
制造业	万元	1 122 807	813 829	–	308 978
电力、燃气及水的生产和供应业	万元	25 002	25 002	–	–
建筑业	万元	–	–	–	–

(续表)

交通运输、仓储和邮政业	万元	18 207	11 290	–	6 917
信息传输、计算机服务和软件业	万元	6 425	6 425	–	–
批发和零售业	万元	1 992	1 992	–	–
住宿和餐饮业	万元	16 617	9 500	–	7 117
金融业	万元	–	–	–	–
房地产业	万元	1 732 645	10 700	1 721 945	–
租赁和商务服务业	万元	10 395	9 455	–	940
科学研究、技术服务和地质勘查业	万元	8 883	5 366	–	3 517
水利、环境和公共设施管理业	万元	510 158	472 368	–	37 790
居民服务和其他服务业	万元	–	–	–	–
教　育	万元	30 923	29 423	–	1 500
卫生、社会保障和社会福利业	万元	31 316	26 999	–	4 317
文化、体育和娱乐业	万元	24 154	16 754	–	7 400
公共管理与社会组织	万元	20 547	19 747	–	800
国际组织	万元	–	–	–	–

3–13　浦东新区全社会固定资产投资主要指标
(2010)

指　　标	计量单位	总 计	#建设改造	房地产	农村非农户
本年完成投资	**万元**	**14 454 866**	**7 594 098**	**5 352 795**	**1 507 973**
按隶属关系分					
中央项目	万元	1 468 934	1 285 016	182 718	1 200
地方项目	万元	12 985 932	6 309 082	5 170 077	1 506 773
按构成分					
建筑工程	万元	6 303 442	2 529 576	3 076 809	697 057
安装工程	万元	910 989	493 460	371 187	46 342
设备工具器具购置	万元	2 996 136	2 653 167	65 610	277 359
其他费用	万元	4 244 299	1 917 895	1 839 189	487 215
按建设性质分					
#新　建	万元	6 233 175	5 209 718	–	1 023 457
扩　建	万元	432 134	273 952	–	158 182
改建和技术改造	万元	1 516 602	1 356 969	–	159 633
单纯购置	万元	889 663	723 526	–	166 137
按三次产业分					
第一产业	万元	88 129	3 271	–	84 858
第二产业	万元	4 233 118	3 564 898	–	668 220
第三产业	万元	10 133 619	4 025 929	5 352 795	754 895
#住宅	万元	3 435 706	4 100	3 431 606	–
本年新增固定资产	**万元**	**6 228 948**	**3 249 880**	**2 141 336**	**837 732**
房屋建筑面积					

(续表)

施工面积	万平方米	4 323	818	3 211	293
#住宅	万平方米	2 086	1	2 085	–
竣工面积	万平方米	647	120	425	102
#住宅	万平方米	298	1	297	–
按经济类型分					
国有经济	万元	5 922 360	4 415 136	1 185 936	321 288
非国有经济	万元	8 532 506	3 178 962	4 166 859	1 186 685
集体经济	万元	430 135	35 548	323 918	70 669
私营经济	万元	2 324 650	267 696	1 343 870	713 084
联营经济	万元	86 555	36 538	37 500	12 517
股份制经济	万元	3 536 384	1 725 408	1 485 987	324 989
港澳台经济	万元	677 177	190 111	446 399	40 667
外商经济	万元	1 464 970	922 652	520 133	22 185
其他经济	万元	12 635	1 009	9 052	2 574
按国民经济行业分		–	–	–	–
农、林、牧、渔业	万元	88 129	3 271	–	84 858
工　业	万元	4 232 308	3 564 088	–	668 220
采矿业	万元	–	–	–	–
制造业	万元	3 686 024	3 023 165	–	662 859
电力、燃气及水的生产和供应业	万元	546 284	540 923	–	5 361
建筑业	万元	810	810	–	–
交通运输、仓储和邮政业	万元	1 365 459	1 264 249	–	101 210
信息传输、计算机服务和软件业	万元	39 860	37 360	–	2 500
批发和零售业	万元	231 182	108 227	–	122 955
住宿和餐饮业	万元	135 663	101 669	–	33 994
金融业	万元	213 722	202 533	–	11 189
房地产业	万元	5 940 883	322 589	5 352 795	265 499
租赁和商务服务业	万元	292 231	241 499	–	50 732
科学研究、技术服务和地质勘查业	万元	193 206	171 270	–	21 936
水利、环境和公共设施管理业	万元	1 312 394	1 244 744	–	67 650
居民服务和其他服务业	万元	5 529	1 529	–	4 000
教　育	万元	161 912	115 793	–	46 119
卫生、社会保障和社会福利业	万元	85 896	84 368	–	1 528
文化、体育和娱乐业	万元	112 037	91 888	–	20 149
公共管理与社会组织	万元	43 645	38 211	–	5 434
国际组织	万元	–	–	–	–

3-14 金山区全社会固定资产投资主要指标
(2010)

指 标	计量单位	总 计	#建设改造	房地产	农村非农户
本年完成投资	**万元**	**1 414 087**	**736 550**	**209 340**	**468 197**
按隶属关系分					
中央项目	万元	142 186	142 186	–	–
地方项目	万元	1 271 901	594 364	209 340	468 197
按构成分					
建筑工程	万元	623 660	285 691	134 598	203 371
安装工程	万元	69 038	31 640	22 729	14 669
设备工具器具购置	万元	476 548	282 368	5 105	189 075
其他费用	万元	244 841	136 851	46 908	61 082
按建设性质分					
#新 建	万元	626 793	377 643	–	249 150
扩 建	万元	243 952	150 653	–	93 299
改建和技术改造	万元	118 832	79 163	–	39 669
单纯购置	万元	183 837	103 358	–	80 479
按三次产业分					
第一产业	万元	8 750	810	–	7 940
第二产业	万元	1 029 016	639 525	–	389 491
第三产业	万元	376 321	96 215	209 340	70 766
#住宅	万元	158 709	–	158 709	–
本年新增固定资产	**万元**	**758 253**	**255 140**	**191 834**	**311 279**
房屋建筑面积					
施工面积	万平方米	307	73	179	55
#住宅	万平方米	138	–	138	–
竣工面积	万平方米	55	20	33	2
#住宅	万平方米	29	–	29	–
按经济类型分					
国有经济	万元	179 708	175 693	1 939	2 076
非国有经济	万元	1 234 379	560 857	207 401	466 121
集体经济	万元	71 446	32 885	7 535	31 026
私营经济	万元	777 146	248 920	157 633	370 593
联营经济	万元	–	–	–	–
股份制经济	万元	240 153	180 339	34 956	24 858
港澳台经济	万元	61 457	55 137	–	6 320
外商经济	万元	83 677	43 576	7 277	32 824
其他经济	万元	500	–	–	500
按国民经济行业分					
农、林、牧、渔业	万元	8 750	810	–	7 940
工 业	万元	1 020 136	639 525	–	380 611
采矿业	万元	–	–	–	–
制造业	万元	1 006 197	625 586	–	380 611
电力、燃气及水的生产和供应业	万元	13 939	13 939	–	–
建筑业	万元	8 880	–	–	8 880

(续表)

交通运输、仓储和邮政业	万元	10 633	10 633	–	–
信息传输、计算机服务和软件业	万元	–	–	–	–
批发和零售业	万元	21 163	–	–	21 163
住宿和餐饮业	万元	16 547	–	–	16 547
金融业	万元	–	–	–	–
房地产业	万元	218 840	–	209 340	9 500
租赁和商务服务业	万元	7 024	7 024	–	–
科学研究、技术服务和地质勘查业	万元	1 648	–	–	1 648
水利、环境和公共设施管理业	万元	73 353	53 249	–	20 104
居民服务和其他服务业	万元	900	900	–	–
教　育	万元	–	–	–	–
卫生、社会保障和社会福利业	万元	21 559	21 559	–	–
文化、体育和娱乐业	万元	–	–	–	–
公共管理与社会组织	万元	4 654	2 850	–	1 804
国际组织	万元	–	–	–	–

3-15　松江区全社会固定资产投资主要指标
(2010)

指　　标	计量单位	总 计	#建设改造	房地产	农村非农户
本年完成投资	**万元**	**2 584 059**	**688 635**	**1 528 704**	**366 720**
按隶属关系分					
中央项目	万元	8 682	8 682	–	–
地方项目	万元	2 575 377	679 953	1 528 704	366 720
按构成分					
建筑工程	万元	1 402 430	336 663	875 148	190 619
安装工程	万元	143 713	51 526	88 458	3 729
设备工具器具购置	万元	394 753	246 313	6 907	141 533
其他费用	万元	643 163	54 133	558 191	30 839
按建设性质分					
#新　建	万元	606 007	421 745	–	184 262
扩　建	万元	94 615	59 749	–	34 866
改建和技术改造	万元	67 482	44 747	–	22 735
单纯购置	万元	282 651	157 981	–	124 670
按三次产业分					
第一产业	万元	6 572	6 572	–	–
第二产业	万元	689 048	414 876	–	274 172
第三产业	万元	1 888 439	267 187	1 528 704	92 548
#住宅	万元	1 216 815	580	1 213 887	2 348
本年新增固定资产	**万元**	**1 709 270**	**390 705**	**1 048 608**	**269 957**
房屋建筑面积					

(续表)

施工面积	万平方米	1 227	139	962	125
#住宅	万平方米	769	3	765	2
竣工面积	万平方米	268	5	226	37
#住宅	万平方米	180	–	179	1
按经济类型分					
国有经济	万元	374 392	270 830	92 960	10 602
非国有经济	万元	2 209 667	417 805	1 435 744	356 118
集体经济	万元	148 422	20 938	55 047	72 437
私营经济	万元	743 982	62 866	504 810	176 306
联营经济	万元	–	–	–	–
股份制经济	万元	725 785	47 897	665 814	12 074
港澳台经济	万元	254 071	21 852	186 180	46 039
外商经济	万元	337 407	264 252	23 893	49 262
其他经济	万元	–	–	–	–
按国民经济行业分					
农、林、牧、渔业	万元	6 572	6 572	–	–
工　业	万元	689 048	414 876	–	274 172
采 矿 业	万元	–	–	–	–
制 造 业	万元	620 161	345 989	–	274 172
电力、燃气及水的生产和供应业	万元	68 887	68 887	–	–
建 筑 业	万元	–	–	–	–
交通运输、仓储和邮政业	万元	76 789	67 149	–	9 640
信息传输、计算机服务和软件业	万元	–	–	–	–
批发和零售业	万元	11 350	–	–	11 350
住宿和餐饮业	万元	396	396	–	–
金融业	万元	–	–	–	–
房地产业	万元	1 535 804	5 500	1 528 704	1 600
租赁和商务服务业	万元	15 909	624	–	15 285
科学研究、技术服务和地质勘查业	万元	3 048	2 998	–	50
水利、环境和公共设施管理业	万元	165 537	134 107	–	31 430
居民服务和其他服务业	万元	–	–	–	–
教　育	万元	20 711	20 711	–	–
卫生、社会保障和社会福利业	万元	12 490	8 140	–	4 350
文化、体育和娱乐业	万元	31 690	27 462	–	4 228
公共管理与社会组织	万元	14 715	100	–	14 615
国际组织	万元	–	–	–	–

3-16 青浦区全社会固定资产投资主要指标

(2010)

指标	计量单位	总计	#建设改造	房地产	农村非农户
本年完成投资	**万元**	**1 811 784**	**455 533**	**783 452**	**572 799**
按隶属关系分					
中央项目	万元	9 879	490	9 389	–
地方项目	万元	1 801 905	455 043	774 063	572 799
按构成分					
建筑工程	万元	1 088 955	245 059	546 266	297 630
安装工程	万元	114 066	19 280	72 617	22 169
设备工具器具购置	万元	225 124	94 550	1 680	128 894
其他费用	万元	383 639	96 644	162 889	124 106
按建设性质分					
#新　建	万元	497 221	187 563	–	309 658
扩　建	万元	189 319	112 622	–	76 697
改建和技术改造	万元	138 104	103 299	–	34 805
单纯购置	万元	149 644	50 294	–	99 350
按三次产业分					
第一产业	万元	3 567	630	–	2 937
第二产业	万元	636 531	264 111	–	372 420
第三产业	万元	1 171 686	190 792	783 452	197 442
#住宅	万元	611 159	900	610 259	–
本年新增固定资产	**万元**	**1 059 281**	**332 523**	**435 181**	**291 577**
房屋建筑面积					
施工面积	万平方米	688	86	446	156
#住宅	万平方米	351	2	350	–
竣工面积	万平方米	184	57	93	34
#住宅	万平方米	62	–	62	–
按经济类型分					
国有经济	万元	361 937	194 328	146 311	21 298
非国有经济	万元	1 449 847	261 205	637 141	551 501
集体经济	万元	131 715	15 763	39 915	76 037
私营经济	万元	719 389	58 004	284 063	377 322
联营经济	万元	660	–	–	660
股份制经济	万元	345 733	63 097	252 274	30 362
港澳台经济	万元	46 516	39 957	911	5 648
外商经济	万元	195 498	81 384	52 642	61 472
其他经济	万元	10 336	3 000	7 336	–
按国民经济行业分					
农、林、牧、渔业	万元	3 567	630	–	2 937
工　业	万元	631 006	264 111	–	366 895
采矿业	万元	–	–	–	–
制造业	万元	621 136	260 518	–	360 618
电力、燃气及水的生产和供应业	万元	9 870	3 593	–	6 277
建筑业	万元	5 525	–	–	5 525

(续表)

交通运输、仓储和邮政业	万元	40 701	26 751	–	13 950
信息传输、计算机服务和软件业	万元	–	–	–	–
批发和零售业	万元	88 604	31 991	–	56 613
住宿和餐饮业	万元	55 492	9 341	–	46 151
金融业	万元	2 250	2 250	–	–
房地产业	万元	785 052	1 600	783 452	–
租赁和商务服务业	万元	1 811	850	–	961
科学研究、技术服务和地质勘查业	万元	–	–	–	–
水利、环境和公共设施管理业	万元	156 019	83 443	–	72 576
居民服务和其他服务业	万元	401	15	–	386
教　育	万元	27 799	27 299	–	500
卫生、社会保障和社会福利业	万元	4 650	750	–	3 900
文化、体育和娱乐业	万元	6 902	6 502	–	400
公共管理与社会组织	万元	2 005	–	–	2 005
国际组织	万元	–	–	–	–

3–17　奉贤区全社会固定资产投资主要指标

(2010)

指　标	计量单位	总 计	#建设改造	房地产	农村非农户
本年完成投资	**万元**	**2 267 942**	**985 075**	**710 794**	**572 073**
按隶属关系分					
中央项目	万元	130 512	130 512	–	–
地方项目	万元	2 137 430	854 563	710 794	572 073
按构成分					
建筑工程	万元	1 076 941	436 765	372 306	267 870
安装工程	万元	110 791	25 646	73 205	11 940
设备工具器具购置	万元	440 378	216 531	1 500	222 347
其他费用	万元	639 832	306 133	263 783	69 916
按建设性质分					
#新　建	万元	932 635	721 085	–	211 550
扩　建	万元	217 000	61 025	–	155 975
改建和技术改造	万元	212 941	74 414	–	138 527
单纯购置	万元	157 491	92 252	–	65 239
按三次产业分					
第一产业	万元	13 522	5 835	–	7 687
第二产业	万元	1 257 510	744 459	–	513 051
第三产业	万元	996 910	234 781	710 794	51 335
#住宅	万元	419 484	–	419 484	–
本年新增固定资产	**万元**	**1 100 965**	**416 942**	**243 383**	**440 640**
房屋建筑面积					

(续表)

施工面积	万平方米	852	207	463	182
#住宅	万平方米	358	–	358	–
竣工面积	万平方米	162	31	60	71
#住宅	万平方米	55	–	55	–
按经济类型分					
国有经济	万元	265 365	200 067	58 364	6 934
非国有经济	万元	2 002 577	785 008	652 430	565 139
集体经济	万元	112 407	30 378	42 027	40 002
私营经济	万元	1 221 661	294 087	457 429	470 145
联营经济	万元	–	–	–	–
股份制经济	万元	436 769	279 711	147 601	9 457
港澳台经济	万元	19 690	13 697	–	5 993
外商经济	万元	206 677	167 135	–	39 542
其他经济	万元	5 373	–	5 373	–
按国民经济行业分					
农、林、牧、渔业	万元	13 522	5 835	–	7 687
工　业	万元	1 238 230	731 379	–	506 851
采 矿 业	万元	–	–	–	–
制 造 业	万元	1 093 757	586 906	–	506 851
电力、燃气及水的生产和供应业	万元	144 473	144 473	–	–
建 筑 业	万元	19 280	13 080	–	6 200
交通运输、仓储和邮政业	万元	29 604	27 116	–	2 488
信息传输、计算机服务和软件业	万元	–	–	–	–
批发和零售业	万元	31 519	21 466	–	10 053
住宿和餐饮业	万元	8 350	8 150	–	200
金融业	万元	–	–	–	–
房地产业	万元	710 794	–	710 794	–
租赁和商务服务业	万元	4 397	1 547	–	2 850
科学研究、技术服务和地质勘查业	万元	4 060	2 360	–	1 700
水利、环境和公共设施管理业	万元	130 971	108 204	–	22 767
居民服务和其他服务业	万元	690	–	–	690
教　育	万元	50 316	49 913	–	403
卫生、社会保障和社会福利业	万元	11 407	10 407	–	1 000
文化、体育和娱乐业	万元	8 817	4 500	–	4 317
公共管理与社会组织	万元	5 985	1 118	–	4 867
国际组织	万元	–	–	–	–

3–18 崇明县全社会固定资产投资主要指标
(2010)

指标	计量单位	总计	#建设改造	房地产	农村非农户
本年完成投资	**万元**	**1 238 812**	**846 886**	**288 232**	**103 694**
按隶属关系分					
中央项目	万元	97 873	74 609	23 264	–
地方项目	万元	1 140 939	772 277	264 968	103 694
按构成分					
建筑工程	万元	995 140	703 012	214 308	77 820
安装工程	万元	36 709	14 012	19 366	3 331
设备工具器具购置	万元	75 343	60 043	314	14 986
其他费用	万元	131 620	69 819	54 244	7 557
按建设性质分					
#新　建	万元	499 212	475 348	–	23 864
扩　建	万元	145 342	88 254	–	58 088
改建和技术改造	万元	231 864	211 122	–	20 742
单纯购置	万元	29 796	28 796	–	1 000
按三次产业分					
第一产业	万元	40 586	37 833	–	2 753
第二产业	万元	215 233	150 536	–	64 697
第三产业	万元	982 993	658 517	288 232	36 244
#住宅	万元	218 276	2 755	215 521	–
本年新增固定资产	**万元**	**533 948**	**426 130**	**63 987**	**43 831**
房屋建筑面积					
施工面积	万平方米	219	17	197	5
#住宅	万平方米	169	3	166	–
竣工面积	万平方米	4	–	3	1
#住宅	万平方米	–	–	–	–
按经济类型分					
国有经济	万元	759 907	702 061	39 355	18 491
非国有经济	万元	478 905	144 825	248 877	85 203
集体经济	万元	33 933	11 037	8 266	14 630
私营经济	万元	192 118	45 522	130 061	16 535
联营经济	万元	–	–	–	–
股份制经济	万元	199 366	88 266	110 550	550
港澳台经济	万元	51 938	–	–	51 938
外商经济	万元	–	–	–	–
其他经济	万元	1 550	–	–	1 550
按国民经济行业分					
农、林、牧、渔业	万元	40 586	37 833	–	2 753
工　业	万元	210 283	150 536	–	59 747
采矿业	万元	–	–	–	–
制造业	万元	176 139	116 392	–	59 747
电力、燃气及水的生产和供应业	万元	34 144	34 144	–	–
建筑业	万元	4 950	–	–	4 950

(续表)

交通运输、仓储和邮政业	万元	21 333	21 333	–	–
信息传输、计算机服务和软件业	万元	–	–	–	–
批发和零售业	万元	–	–	–	–
住宿和餐饮业	万元	12 051	2 755	–	9 296
金融业	万元	–	–	–	–
房地产业	万元	288 232	–	288 232	–
租赁和商务服务业	万元	21 912	21 912	–	–
科学研究、技术服务和地质勘查业	万元	1 578	1 578	–	–
水利、环境和公共设施管理业	万元	518 863	512 712	–	6 151
居民服务和其他服务业	万元	–	–	–	–
教育	万元	40 311	39 986	–	325
卫生、社会保障和社会福利业	万元	23 279	22 024	–	1 255
文化、体育和娱乐业	万元	49 818	35 952	–	13 866
公共管理与社会组织	万元	5 616	265	–	5 351
国际组织	万元	–	–	–	–

四、房地产开发建设

4-1 房地产开发建设总规模

(2010)

单位：万元

指标	计划总投资	自开始建设至本年底累计完成投资	本年完成投资	本年新增固定资产
总计	128 184 819	85 303 344	19 806 787	9 642 739
按隶属关系分				
中央	3 185 762	1 803 639	428 281	286 054
市属	17 345 879	9 862 556	2 872 780	710 366
区属	16 586 698	11 106 562	2 702 792	910 476
县属	192 000	120 161	31 950	16 631
乡镇属	4 757 769	3 166 568	1 014 200	340 706
外省市属	532 901	344 032	62 616	21 718
其他	85 583 810	58 899 826	12 694 168	7 356 788
按经济类型分				
国有经济	21 516 569	12 731 195	3 146 191	1 137 625
集体经济	7 383 969	3 618 987	1 068 173	335 366
联营经济	272 088	214 046	58 335	123
股份制经济	37 527 056	25 235 532	6 473 955	2 389 766
私营经济	35 139 214	24 463 267	6 050 517	3 601 657
其他经济	312 964	279 422	48 455	78 849
港澳台经济	14 678 375	10 918 427	1 796 426	1 379 296
外商经济	11 354 584	7 842 468	1 164 735	720 057
按资质等级分				
一级	2 478 052	1 637 972	338 457	124 262
二级	15 125 241	11 056 085	2 307 191	1 494 455
三级	11 459 093	9 063 811	1 688 516	1 271 091
其他级	99 122 433	63 545 476	15 472 623	6 752 931

4-2 房地产开发投资

(2010)

单位：万元

指 标	本 年 完成投资	住 宅	#90平方米以下	140平方米以上	#别 墅	高档公寓	#办公楼	#商业营业用房
总 计	19 806 787	12 298 294	4 579 349	4 016 996	1 524 486	2 212 180	2 244 608	2 447 030
按隶属关系分								
中 央	428 281	286 608	95 043	51 847	17 382	13 842	45 987	36 203
市 属	2 872 780	1 672 598	710 717	653 209	333 857	360 377	356 448	432 408
区 属	2 702 792	1 785 212	1 079 425	241 269	93 541	190 497	168 788	329 308
县 属	31 950	31 163	18 941	5 936	–	–	103	10
乡镇属	1 014 200	802 919	367 054	71 251	25 218	24 001	10 437	47 658
外省市属	62 616	40 644	439	22 896	16 393	5 605	19 094	314
其 他	12 694 168	7 679 150	2 307 730	2 970 588	1 038 095	1 617 858	1 643 751	1 601 129
按经济类型分								
国有经济	3 146 191	2 216 905	1 258 119	380 686	220 536	124 036	287 409	216 142
集体经济	1 068 173	806 559	268 612	82 614	28 569	208 557	65 610	92 384
联营经济	58 335	48 490	38 784	3 448	–	–	–	2 024
股份制经济	6 473 955	3 921 803	1 473 502	1 251 040	474 506	643 951	560 583	818 853
私营经济	6 050 517	3 878 170	1 289 014	1 457 572	634 013	931 964	589 232	737 067
其他经济	48 455	23 974	15 681	3 909	2 920	14 336	120	16 493
港澳台经济	1 796 426	784 649	169 355	483 348	82 000	179 931	563 552	300 485
外商经济	1 164 735	617 744	66 282	354 379	81 942	109 405	178 102	263 582
按资质等级分								
一 级	338 457	198 419	104 597	32 923	9 768	38 698	28 308	30 804
二 级	2 307 191	1 781 268	741 683	211 940	86 732	191 508	103 830	134 806
三 级	1 688 516	1 171 312	510 521	342 576	152 735	118 502	60 439	163 629
其他级	15 472 623	9 147 295	3 222 548	3 429 557	1 275 251	1 863 372	2 052 031	2 117 791

4-3 房地产开发投资竣工房屋销售情况

(2010)

指 标	计量单位	合 计	住 宅	#90平方米以下	140平方米以上	#别 墅	高档公寓	办公楼	商业营业用 房	其 他
实际销售面积	万平方米	2 055.53	1 685.35	728.00	343.64	119.49	222.22	162.89	125.56	81.72
现房销售面积	万平方米	623.75	459.40	165.31	108.77	33.48	36.65	61.21	66.17	36.98
期房销售面积	万平方米	1 431.78	1 225.95	562.69	234.87	86.01	185.57	101.69	59.39	44.75
实际销售额	亿元	2 959.94	2 395.35	695.88	912.20	354.93	497.68	307.67	197.57	59.34
现房销售额	亿元	773.95	557.40	93.31	297.26	121.50	95.52	102.72	89.92	23.91
期房销售额	亿元	2 185.99	1 837.94	602.57	614.94	233.43	402.16	204.96	107.66	35.43
住宅销售套数	万套	16.77	16.77	9.44	1.64	0.46	1.78	–	–	–
现房销售套数	万套	4.32	4.32	2.21	0.51	0.11	0.21	–	–	–
期房销售套数	万套	12.45	12.45	7.23	1.13	0.35	1.56	–	–	–
期末出租面积	万平方米	1 262.47	85.72	4.39	45.00	16.43	59.75	516.18	373.34	287.23
期末空置面积	万平方米	1 162.60	449.61	67.36	145.26	70.05	59.71	206.94	228.22	277.83

4-4 房地产开发投资资金来源
(2010)

单位：万元

指 标	总 计	按 隶 属 关 系				按 隶 属 关 系				按 隶 属 关 系		
		中 央	市 属	区县属	其 他	#国有经济	集体经济	股份制经济	外商港澳台经济	#一 级	二 级	三 级
本年资金来源合计	44 438 490	1 163 901	4 425 353	5 438 119	33 411 117	5 675 272	2 103 217	12 843 062	9 064 521	742 351	4 675 999	4 354 164
上年末结余资金	12 145 640	263 633	573 655	1 203 759	10 104 593	1 218 731	522 507	3 036 405	3 612 184	221 687	1 198 096	1 575 015
本年资金来源小计	32 292 850	900 268	3 851 698	4 234 360	23 306 524	4 456 541	1 580 710	9 806 657	5 452 337	520 664	3 477 903	2 779 149
国内贷款	8 195 726	30 240	875 144	1 356 303	5 934 039	1 176 245	181 564	2 379 662	1 488 749	88 737	608 758	754 426
银行机构	7 699 727	28 190	820 144	1 337 323	5 514 070	1 119 195	173 064	2 096 013	1 391 699	88 737	597 258	675 296
非银行金融机构贷款	495 999	2 050	55 000	18 980	419 969	57 050	8 500	283 649	97 050	–	11 500	79 130
利用外资	960 514	–	–	21 750	938 764	15 956	–	43 844	900 714	–	–	–
#外商直接投资	655 161	–	–	21 750	633 411	15 956	–	43 844	595 361	–	–	–
自筹资金	10 708 799	716 036	2 393 243	1 371 469	6 228 051	2 151 478	690 539	4 036 955	878 197	136 708	1 455 081	637 954
#自有资金	5 186 426	361 100	610 340	949 426	3 265 560	1 287 216	286 621	1 637 765	268 648	120 542	644 395	453 758
其他资金	12 427 811	153 992	583 311	1 484 838	10 205 670	1 112 862	708 607	3 346 196	2 184 677	295 219	1 414 064	1 386 769
#定金及预收款	8 103 939	83 301	358 404	1 113 749	6 548 485	807 738	331 038	2 284 843	1 557 994	257 364	895 418	1 009 181
个人按揭贷款	2 398 781	11 890	145 517	300 589	1 940 785	128 463	96 368	700 992	293 881	19 889	204 836	301 942
本年各项应付款合计	4 201 046	40 326	255 159	627 151	3 278 410	568 269	168 602	1 300 754	578 573	137 338	334 023	562 368
#工程款	2 146 144	17 547	104 644	290 734	1 733 219	280 610	75 933	586 980	302 201	87 948	178 355	224 672

4–5 商品房屋建筑面积及造价
(2010)

指 标	施工面积(万平方米)	#新开工(万平方米)	竣工面积(万平方米)	竣工房屋造价(元/平方米)
各类房屋总计	11 295.03	3 030.59	1 941.25	4 018
住 宅	7 313.85	2 111.11	1 396.05	3 844
#90平方米以下	3 041.48	914.31	469.27	3 190
140平方米以上	1 733.50	455.10	392.31	5 528
#别 墅	695.95	156.68	151.34	5 004
高档公寓	888.16	233.16	176.66	5 804
其他住宅	5 729.74	1 721.28	1 068.05	3 356
办公楼	1 103.18	147.39	150.69	4 926
商业营业用房	1 292.96	298.10	176.41	4 939
其他用房	1 585.04	473.99	218.09	3 756

4–6 各区、县房地产开发建设及经营情况
(2010)

地 区	施工面积(万平方米)	竣工面积(万平方米)	#住 宅(万平方米)	实际销售面 积(万平方米)	#住 宅(万平方米)	实 际销售额(亿元)	#住 宅(亿元)
总计	11 295.03	1 941.25	1 396.05	2 055.53	1 685.35	2 959.94	2 395.35
黄浦区	149.23	6.93	3.91	13.12	8.67	53.05	44.79
卢湾区	199.74	14.65	8.24	10.08	6.04	49.99	32.57
徐汇区	392.95	41.29	23.77	30.90	21.07	82.88	58.93
长宁区	274.06	53.44	40.45	37.37	31.79	77.94	68.61
静安区	152.95	14.25	2.24	7.27	6.72	53.06	26.06
普陀区	623.36	185.14	111.18	127.53	82.01	215.46	137.36
闸北区	196.56	8.15	4.21	56.10	34.01	125.03	81.76
虹口区	290.35	50.92	20.92	43.32	9.31	125.29	33.84
杨浦区	475.09	57.99	28.30	16.73	12.63	55.67	48.01
闵行区	1 032.71	259.06	213.27	186.63	178.02	274.04	268.88
宝山区	1 096.74	167.43	139.33	180.29	163.33	283.55	267.98
嘉定区	953.78	241.84	178.48	201.80	164.90	269.83	216.46
浦东新区	3 211.12	424.90	296.70	719.93	610.20	760.59	630.67
金山区	178.86	33.13	28.91	36.09	31.98	30.39	26.90
松江区	961.78	226.42	178.86	186.34	157.34	256.60	227.61
青浦区	446.14	92.97	61.96	73.66	62.18	106.83	96.78
奉贤区	462.62	59.76	54.83	96.67	84.70	111.22	100.21
崇明县	196.98	2.97	0.48	21.71	20.46	28.52	27.93

五、建筑业

5-1 本市总承包和专业承包建筑企业主要经济指标 (2009～2010)

指　标	计量单位	2009年	2010年
建筑业总产值	亿元	3 830.53	4 300.19
#在外省完成产值	亿元	1 181.52	1 619.14
装修装饰产值	亿元	378.81	410.22
竣工产值	亿元	2 189.60	2 672.73
施工面积	万平方米	19 069.90	22 996.81
竣工面积	万平方米	5 719.93	6 217.15
年末从业人数	万人	88.88	96.09
实收资本合计	亿元	672.11	706.56
资产总计	亿元	4 180.19	4 886.75
固定资产净值	亿元	272.07	296.17
所有者权益合计	亿元	1 096.83	1 217.90
自有机械设备年末总台数	万台	15.90	17.32
自有机械设备净值	亿元	142.34	144.54
利润总额	亿元	137.56	160.27
工资总额	亿元	225.62	253.95
按建筑业总产值计算的全员劳动生产率	元/人	312 360	344 720
房屋建筑面积竣工率	%	30.0	27.0

5-2 本市总承包和专业承包建筑企业产值、人数情况

(2010)

指　标	企业个数(个)	企业总产值(万元)	建筑业总产值(万元)	建筑工程(万元)	安装工程(万元)	其他(万元)	竣工产值(万元)	年末从业人数(人)	#工程技术人员(人)	计算劳动生产率的平均人数(人)	按建筑业总产值计算的劳动生产率(元/人)
总计	3 094	49 178 122	43 001 906	35 190 165	6 224 425	1 587 317	26 727 350	960 939	153 822	1 247 444	344 720
一、按经济类型分											
#国有经济	143	8 223 641	6 897 980	6 060 519	574 223	263 238	4 069 334	68 555	16 379	127 214	542 234
集体经济	104	846 609	797 197	661 569	88 545	47 084	435 211	28 673	4 375	30 992	257 227
股份制经济	582	24 766 550	20 619 727	17 465 479	2 681 137	473 111	13 700 302	348 540	52 604	503 889	409 212
私营经济	2 110	12 938 916	12 434 282	9 682 726	2 109 258	642 299	7 319 520	492 628	73 699	533 377	233 124
外商投资经济	69	1 033 551	984 251	633 446	251 799	99 006	793 405	10 502	3 542	26 083	377 354
港澳台投资经济	80	1 305 326	1 205 330	625 052	517 844	62 434	368 208	10 277	2 962	23 138	520 931
二、按隶属关系分											
#中央属	60	15 081 086	13 550 211	11 953 485	1 254 707	342 019	6 914 961	171 664	28 070	200 231	676 729
市(局)属	105	9 769 125	6 531 647	5 453 493	1 018 820	59 334	6 124 097	76 404	12 088	170 201	383 761
区、县属	203	3 044 430	2 653 792	2 200 655	341 477	111 660	1 762 685	47 339	9 026	91 720	289 336
三、按资质等级分											
#特级	14	15 893 321	12 508 476	11 761 300	586 260	160 916	7 292 477	140 835	21 986	200 715	623 196
一级	353	19 463 920	17 586 275	13 966 051	3 122 286	497 938	11 851 077	374 552	46 786	527 713	333 255
二级	930	9 196 637	8 575 068	6 740 649	1 274 156	560 263	4 790 726	289 159	52 483	331 565	258 624
三级	1 748	4 504 947	4 223 082	2 690 455	1 183 580	349 047	2 730 851	153 559	31 881	184 415	228 999
四、按行业类别分											
房屋和土木工程建筑业	1 402	39 607 168	34 277 675	30 800 502	2 543 930	933 243	20 979 495	754 714	111 058	961 101	356 650
建筑安装业	888	5 843 649	5 198 698	1 558 085	3 276 496	364 117	3 785 597	120 524	28 425	167 875	309 677
建筑装饰业	660	3 324 683	3 142 060	2 575 626	358 596	207 838	1 710 360	73 872	12 352	105 819	296 928
其他建筑业	144	402 623	383 474	255 952	45 403	82 119	251 897	11 829	1 987	12 649	303 165
五、按资质标准分											
施工总承包	1 431	42 008 096	36 355 540	31 226 386	4 133 647	995 507	22 872 300	792 508	120 128	1 026 161	354 287
专业承包	1 663	7 170 027	6 646 367	3 963 779	2 090 778	591 809	3 855 050	168 431	33 694	221 283	300 356

5-3 本市总承包和专业承包建筑企业施工工程个数、施工面积情况
(2010)

指 标	单位工程施工个数(个)	#本年新开工(个)	竣工个数(个)	房屋建筑施工面积(万平方米)	#本年新开工(万平方米)	#投标承包面积(万平方米)	房屋建筑竣工面积(万平方米)	竣工房屋价值(万元)
总计	100 104	54 004	60 572	22 996.81	9 072.88	17 874.26	6 217.15	10 319 441
一、按经济类型分								
#国有经济	5 900	3 360	3 493	1 250.95	592.44	1 134.00	176.52	275 103
集体经济	2 186	1 034	898	597.06	300.62	418.75	211.84	249 884
股份制经济	45 717	26 504	31 645	13 072.11	4 837.13	11 389.48	3 182.27	6 182 414
私营经济	33 457	20 767	22 507	7 676.68	3 177.04	4 805.39	2 465.40	3 356 863
外商投资经济	1 870	889	619	364.16	161.61	114.19	156.94	237 216
港澳台投资经济	10 816	1 314	1 309	30.45	0.55	7.05	24.18	17 963
二、按隶属关系分								
#中央属	23 326	10 214	11 338	6 265.35	2 555.34	6 216.88	1 054.93	1 982 396
市(局)属	10 008	6 535	6 012	4 027.65	1 332.64	3 148.40	983.25	2 679 485
区、县属	14 968	5 101	3 927	984.62	446.34	925.46	218.74	346 777
三、按资质等级分								
#特级	5 161	2 216	1 962	8 220.38	2 939.42	7 768.86	1 690.67	4 098 689
一级	48 451	22 048	23 123	8 571.51	3 549.36	6 166.62	2 328.95	3 564 055
二级	19 297	12 309	10 754	4 834.25	1 902.40	3 217.34	1 606.04	2 017 814
三级	26 385	16 969	24 330	1 360.92	678.55	713.93	591.05	637 998
四、按行业类别分								
房屋和土木工程建筑业	37 689	21 566	27 873	22 671.47	8 919.49	17 768.00	6 067.78	10 115 961
建筑安装业	49 968	29 088	29 706	321.23	149.28	106.26	145.53	201 691
建筑装饰业	10 621	2 210	1 866					
其他建筑业	1 826	1 140	1 127	4.11	4.11		3.84	1 789
五、按资质标准分								
施工总承包	60 147	32 978	41 241	22 555.60	8 901.78	17 772.18	6 024.86	10 185 868
专业承包	39 957	21 026	19 331	441.21	171.11	102.08	192.29	133 573

5-4 本市总承包和专业承包建筑企业资产负债情况

(2010)

单位:万元

指　标	实收资本合计	#国家资本	集体资本	港澳台商资本	外商资本	资产总计	#流动资产	固定资产	累计折旧	#本年折旧	负债总计	所有者权益合计
总计	7 065 594	2 415 319	353 110	101 824	125 371	48 867 466	40 481 438	3 343 276	2 420 662	433 467	36 688 435	12 179 031
一、按经济类型分												
#国有经济	1 376 674	1 368 224				8 885 309	6 209 534	1 000 473	763 339	101 888	6 613 433	2 271 876
集体经济	125 675	89	121 314			908 056	793 245	49 862	37 768	7 666	699 207	208 849
股份制经济	2 115 620	1 018 858	226 645	8 568	417	23 785 526	19 906 184	1 299 056	1 012 177	217 345	19 464 554	4 320 972
私营经济	3 149 054					12 920 696	11 351 175	896 469	531 913	94 585	8 087 378	4 833 319
外商投资经济	147 711	6 090	1 178	275	123 247	1 040 514	965 389	51 711	43 535	7 197	800 167	240 346
港澳台投资经济	143 455	16 934	3 491	92 981	1 707	1 294 026	1 224 086	45 271	31 528	4 734	998 534	295 492
二、按隶属关系分												
#中央属	1 530 945	1 504 971	1 473	5 344	2 000	13 492 570	9 972 400	1 339 244	1 003 487	187 108	10 759 500	2 733 070
市(局)属	683 480	584 695	18 941	7 385	5 526	9 218 941	7 629 533	429 865	514 006	86 058	7 676 592	1 542 349
区、县属	437 861	252 136	75 333	7 000	5 843	3 955 151	3 280 744	170 331	105 570	18 390	3 090 681	864 470
三、按资质等级分												
#特级	1 029 260	895 858	49 750			13 553 377	10 175 315	767 651	702 729	117 275	11 173 064	2 380 314
一级	2 476 278	1 200 220	56 616	42 209	38 366	19 345 343	16 298 589	1 416 382	997 847	193 300	14 889 515	4 455 828
二级	2 090 752	228 552	143 153	45 759	57 992	9 934 944	8 725 323	686 577	451 882	69 703	6 904 620	3 030 324
三级	1 432 739	83 123	103 591	13 856	29 013	5 866 347	5 136 022	457 101	261 022	51 807	3 646 911	2 219 436
四、按新行业类别分												
房屋和土木工程建筑业	5 176 989	2 150 038	214 721	18 044	69 848	39 151 438	32 085 039	2 631 209	2 005 798	355 776	30 193 204	8 958 234
建筑安装业	1 192 645	201 200	107 015	37 822	31 685	6 715 261	5 718 700	508 446	282 451	56 250	4 496 355	2 218 905
建筑装饰业	552 281	54 791	28 095	40 103	14 341	2 554 252	2 320 128	143 026	77 131	13 234	1 747 429	806 822
其他建筑业	143 680	9 290	3 280	5 855	9 497	446 516	357 572	60 595	55 284	8 207	251 447	195 069
五、按新资质标准分												
#施工总承包	5 594 621	2 252 136	293 225	34 734	77 125	42 463 352	34 908 607	2 786 844	2 027 805	364 764	32 703 647	9 759 705
专业承包	1 470 972	163 182	59 885	67 090	48 246	6 404 114	5 572 831	556 432	392 858	68 703	3 984 788	2 419 325

5-5 本市总承包和专业承包建筑企业利润税金情况
(2010)

单位:万元

指 标	工程结算收入	工程结算成本	工程结算税金及附加	工程结算利润	其他业务利润	利润总额	应交所得税	税金总额	管理费用	#税金	财务费用	#利息支出
总计	48 807 550	44 405 755	1 350 638	2 905 182	144 427	1 602 720	334 728	1 386 676	1 673 366	36 038	140 509	136 687
一、按经济类型分												
#国有经济	8 106 965	7 350 951	200 919	539 545	18 668	359 108	51 171	206 168	300 315	5 250	40 467	39 498
集体经济	904 201	837 260	26 621	39 662	7 348	18 146	5 333	27 457	29 504	837	1 432	370
股份制经济	24 546 545	22 639 755	687 536	1 171 361	64 687	639 095	142 356	701 439	730 611	13 902	48 687	55 785
私营经济	12 728 015	11 385 219	379 803	895 015	44 848	459 857	111 578	393 371	476 624	13 568	39 819	33 040
外商投资经济	1 061 496	927 320	24 173	101 236	6 868	36 621	7 495	24 973	74 105	800	739	377
港澳台投资经济	1 391 074	1 200 398	29 212	156 350	1 945	89 190	16 620	30 879	60 333	1 666	9 399	7 630
二、按隶属关系分												
#中央属	15 254 564	13 921 994	393 866	902 918	26 593	522 587	95 767	402 170	491 465	8 305	48 758	46 987
市(局)属	9 400 506	8 795 679	263 171	332 849	12 478	187 875	30 873	269 063	236 936	5 892	25 811	27 242
区、县属	2 820 883	2 551 580	82 106	182 224	21 297	100 698	22 936	84 427	124 032	2 321	4 549	5 651
三、按资质等级分												
#特级	15 863 195	14 698 520	431 312	715 263	22 706	379 340	74 235	438 647	434 265	7 335	60 949	58 731
一级	18 707 358	17 102 380	509 817	1 052 173	48 457	688 206	126 532	520 954	513 093	11 137	52 831	52 697
二级	9 378 076	8 465 517	273 750	603 575	23 649	273 775	67 727	282 374	396 662	8 624	13 097	15 015
三级	4 714 188	4 020 235	131 279	514 606	49 186	252 986	64 561	140 076	317 096	8 797	13 490	9 683
四、按新行业类别分												
房屋和土木工程建筑业	39 294 239	36 169 618	1 081 895	1 977 308	90 158	1 141 066	230 865	1 104 319	1 087 497	22 424	129 579	127 557
建筑安装业	5 770 945	4 904 768	161 933	644 155	35 910	342 415	74 501	170 363	394 355	8 430	4 590	2 421
建筑装饰业	3 318 907	2 977 092	96 545	229 515	13 989	95 818	25 099	100 935	157 038	4 389	4 856	5 299
其他建筑业	423 459	354 277	10 264	54 205	4 371	23 420	4 263	11 059	34 476	795	1 484	1 411
五、按新资质标准分												
#施工总承包	41 480 884	38 061 650	1 149 524	2 198 915	91 912	1 286 285	261 356	1 174 181	1 224 167	24 657	124 581	126 052
专业承包	7 326 666	6 344 105	201 114	706 268	52 515	316 435	73 373	212 495	449 198	11 381	15 929	10 635

5-6 本市总承包和专业承包建筑企业按地区分基本情况
(2010)

地　区	企业个数(个)	建筑业总产值(万元)	竣工产值(万元)	房屋建筑施工面积(万平方米)	#本年新开工(万平方米)	竣工面积(万平方米)	#住　宅(万平方米)	期末从业人数(人)	计算劳动生产率的平均人数(人)	按建筑业总产值计算的劳动生产率(元/人)
总　计	3 094	43 001 906	26 727 350	22 996.81	9 072.88	6 217.15	2 735.90	960 939	1 247 444	344 720
黄浦区	133	2 009 308	1 221 430	1 145.33	330.39	282.80	219.64	45 557	57 214	351 192
卢湾区	72	446 422	174 513	45.33	6.58	11.63	8.85	13 034	16 764	266 298
徐汇区	217	4 295 263	1 747 325	1 105.37	484.13	302.49	151.77	62 746	80 105	536 204
长宁区	179	2 006 192	1 254 074	1 943.64	844.32	456.36	174.51	43 004	64 085	313 052
静安区	92	674 876	686 044	142.26	19.58	29.59	13.38	8 607	25 094	268 939
普陀区	212	2 931 767	1 914 705	1 722.16	640.14	468.94	283.70	75 166	93 050	315 074
闸北区	91	3 466 693	1 707 924	292.02	177.96	82.08	44.94	36 858	46 335	748 180
虹口区	192	3 477 840	2 905 959	2 227.49	791.50	504.44	236.59	78 537	109 448	317 762
杨浦区	247	2 169 861	1 078 557	598.47	233.07	241.09	90.82	49 617	58 015	374 017
闵行区	146	1 869 957	1 461 790	1 433.01	591.59	477.55	168.84	75 130	86 108	217 164
宝山区	197	5 148 872	2 706 886	2 593.75	1 106.86	516.05	169.58	78 988	103 750	496 277
嘉定区	147	928 912	688 299	883.71	360.83	281.05	156.50	37 080	42 901	216 524
浦东新区	608	9 409 356	6 658 552	6 468.08	2 323.97	1 554.24	654.44	211 345	306 887	306 607
金山区	107	696 222	465 104	235.76	111.98	123.33	21.79	27 429	29 214	238 318
松江区	124	1 288 123	902 092	1 009.95	451.94	517.69	207.56	40 506	50 379	255 686
青浦区	89	649 974	430 685	351.00	148.33	175.74	56.30	23 883	25 996	250 028
奉贤区	196	1 146 422	435 500	602.30	321.17	141.17	60.88	39 044	37 172	308 410
崇明县	45	385 848	287 913	197.17	128.55	50.91	15.80	14 408	14 927	258 490

5-7 本市总承包和专业承包建筑企业按地区分资产利税情况
(2010)

单位:万元

地　区	资产总计	所有者权益合计	工程结算收入	工程结算成本	工程结算税金及附加	工程结算利润	其他业务利润	利润总额	税金总额	工资总额
总　计	48 867 466	12 179 031	48 807 550	44 405 755	1 350 638	2 905 182	144 427	1 602 720	1 386 676	2 539 530
黄浦区	2 308 747	988 730	2 078 658	1 877 884	48 806	138 912	14 110	182 262	50 552	106 909
卢湾区	698 820	183 840	471 925	409 689	12 041	43 756	7 831	20 494	12 407	28 926
徐汇区	4 395 285	1 174 346	4 609 538	4 143 521	136 423	321 659	22 043	157 401	140 519	254 040
长宁区	1 865 142	466 282	2 373 156	2 171 118	66 903	125 580	3 552	47 478	68 650	145 447
静安区	624 988	173 263	801 062	727 435	24 500	44 535	2 621	27 805	25 450	36 845
普陀区	4 068 377	654 554	3 286 320	3 033 692	98 714	146 960	7 441	62 697	101 253	140 345
闸北区	3 138 032	592 928	3 703 254	3 368 347	111 501	214 645	3 491	88 946	113 641	159 591
虹口区	2 638 750	619 880	4 096 191	3 825 813	123 220	137 184	6 936	58 347	125 674	159 273

（续表）

杨浦区	2 944 642	967 529	2 324 783	2 104 936	67 650	144 432	6 282	114 295	68 806	114 555
闵行区	1 617 621	390 625	2 696 059	2 518 298	76 023	96 551	4 026	43 099	77 420	129 032
宝山区	5 734 332	1 150 479	5 740 603	5 209 083	143 321	362 104	19 128	208 860	147 856	293 578
嘉定区	1 279 559	314 734	1 057 333	964 101	31 930	57 567	8 843	26 773	33 398	77 045
浦东新区	11 929 983	3 164 175	11 116 853	9 998 232	276 540	821 162	28 752	445 294	282 610	587 435
金山区	759 503	252 500	745 024	675 433	21 159	44 763	－1 808	9 696	22 443	62 412
松江区	1 875 947	268 222	1 485 642	1 390 435	46 167	46 357	3 687	17 980	47 131	92 922
青浦区	820 210	228 143	725 826	657 316	21 545	44 123	1 619	16 922	22 937	44 136
奉贤区	1 742 046	432 261	1 141 644	1 020 252	32 960	84 982	5 819	53 893	34 320	79 734
崇明县	425 482	156 541	353 679	310 170	11 237	29 909	56	20 478	11 611	27 305

5-8 本市总承包和专业承包建筑企业技术装备情况
(2010)

指标	自有机械设备年末总台数（台）	自有机械设备净值（万元）	自有机械设备年末总功率（千瓦）	技术装备率（元/人）	动力装备率（千瓦/人）
总计	**173 183**	**1 445 447**	**3 628 239**	**15 042**	**3.8**
一、按经济类型分					
#国有经济	16 642	652 012	1 120 362	95 108	16.3
集体经济	5 238	11 379	95 970	3 968	3.3
股份制经济	64 021	514 043	1 392 547	14 748	4.0
私营经济	81 610	255 585	966 842	5 188	2.0
外商投资经济	3 162	8 577	32 801	8 167	3.1
港澳台投资经济	1 759	3 707	10 715	3 607	1.0
二、按隶属关系分					
#中央属	37 616	843 714	1 570 561	49 149	9.1
市(局)属	13 375	214 457	444 429	28 069	5.8
区、县属	10 852	46 061	215 036	9 730	4.5
三、按资质等级分					
#特级	20 349	419 192	841 160	29 765	6.0
一级	66 191	739 941	1 548 956	19 755	4.1
二级	56 312	178 733	848 584	6 181	2.9
三级	29 792	104 458	384 229	6 802	2.5
四、按新行业类别分					
房屋和土木工程建筑业	119 089	1 314 930	3 151 669	17 423	4.2
建筑安装业	32 848	86 842	327 710	7 205	2.7
建筑装饰业	16 820	23 357	96 756	3 162	1.3
其他建筑业	4 426	20 318	52 104	17 176	4.4
五、按新资质标准分					
#施工总承包	132 061	1 316 949	3 178 674	16 617	4.0
专业承包	41 122	128 497	449 565	7 629	2.7

5-9 本市总承包和专业承包建筑企业按地区分技术装备情况

(2010)

地 区	自有机械设备年末总台数（台）	自有机械设备净值（万元）	自有机械设备年末总功率（千瓦）	技术装备率（元/人）	动力装备率（千瓦/人）
总 计	**173 183**	**1 445 447**	**3 628 239**	**15 042**	**3.8**
黄浦区	4 831	290 694	160 652	35 264	6.4
卢湾区	1 843	42 313	10 779	8 270	3.2
徐汇区	11 078	400 991	174 428	27 799	6.4
长宁区	4 055	64 566	10 509	2 444	1.5
静安区	3 988	79 294	27 266	31 678	9.2
普陀区	7 968	135 983	44 549	5 927	1.8
闸北区	9 783	319 611	166 095	45 063	8.7
虹口区	12 191	157 018	44 542	5 671	2.0
杨浦区	10 449	268 575	123 719	24 935	5.4
闵行区	8 095	56 192	16 152	2 150	0.7
宝山区	27 307	467 901	122 434	15 500	5.9
嘉定区	4 915	103 046	20 444	5 513	2.8
浦东新区	33 085	839 846	434 030	20 537	4.0
金山区	10 081	138 450	33 396	12 175	5.0
松江区	5 107	62 734	15 367	3 794	1.5
青浦区	5 711	77 975	11 844	4 959	3.3
奉贤区	9 091	89 576	21 573	5 525	2.3
崇明县	3 605	33 474	7 670	5 323	2.3

5-10 本市总承包和专业承包建筑企业签订合同情况

(2010)

单位：万元

指 标	签订的合同额	上年结转合同额	本年新签合同额
总计	**87 917 250**	**35 640 960**	**52 276 290**
一、按经济类型分			
#国有经济	14 804 755	5 834 769	8 969 986
集体经济	1 142 980	526 260	616 720
股份制经济	48 895 999	20 084 085	28 811 914
私营经济	19 209 337	7 117 273	12 092 065
外商投资经济	1 798 905	769 530	1 029 375
港澳台投资经济	1 982 623	1 304 495	678 128

(续表)

二、按隶属关系分			
#中央属	31 387 182	11 698 347	19 688 835
市(局)属	20 349 783	9 470 575	10 879 208
区、县属	4 695 471	2 207 909	2 487 562
三、按资质等级分			
#特级	36 514 544	14 798 533	21 716 011
一级	33 212 162	14 105 456	19 106 706
二级	12 748 645	4 902 703	7 845 943
三级	5 217 845	1 737 293	3 480 552
四、按行业类别分			
房屋和土木工程建筑业	75 218 049	31 297 846	43 920 204
建筑安装业	7 987 625	3 000 537	4 987 088
建筑装饰业	4 284 948	1 240 025	3 044 923
其他建筑业	426 628	102 553	324 075
五、按资质标准分			
施工总承包	78 643 565	32 699 613	45 943 953
专业承包	9 273 685	2 941 347	6 332 338

5-11 本市总承包和专业承包建筑企业承包工程完成情况 (2010)

单位：万元

指 标	直接从建设单位承揽工程完成的产值			从建设单位以外承揽工程完成的产值
		自行完成施工产值	分包出去工程的产值	
总计	**43 601 048**	**38 585 976**	**5 015 072**	**4 415 930**
一、按经济类型分				
#国有经济	7 183 279	6 348 538	834 741	549 442
集体经济	779 998	768 289	11 710	28 909
股份制经济	21 723 177	18 185 888	3 537 289	2 433 838
私营经济	11 656 491	11 308 594	347 897	1 125 688
外商投资经济	971 328	841 625	129 703	142 626
港澳台投资经济	1 236 865	1 083 131	153 733	122 198
二、按隶属关系分				
#中央属	13 753 834	12 897 469	856 366	652 743
市(局)属	7 804 637	4 580 212	3 224 424	1 951 434
区、县属	2 512 521	2 400 286	112 235	253 506
三、按资质等级分				
#特级	14 532 931	11 699 308	2 833 622	809 168
一级	16 832 321	15 217 744	1 614 578	2 368 531
二级	8 127 143	7 699 785	427 359	875 283
三级	3 998 789	3 866 622	132 167	356 460

(续表)

四、按行业类别分				
房屋和土木工程建筑业	35 939 727	31 369 489	4 570 238	2 908 186
建筑安装业	4 500 115	4 122 201	377 915	1 076 497
建筑装饰业	2 798 553	2 740 498	58 055	401 562
其他建筑业	362 653	353 788	8 865	29 686
五、按资质标准分				
施工总承包	37 624 388	32 925 171	4 699 217	3 430 369
专业承包	5 976 660	5 660 805	315 855	985 561

5-12 本市劳务分包建筑企业主要经济指标

	单 位	2009	2010
企业个数	个	286	300
建筑业总产值	亿元	49.76	57.08
#装修装饰产值	亿元	8.55	7.64
年末从业人员	人	40 509	54 742
#工程技术人员	人	2 577	3 250
按建筑业总产值计算的全员劳动生产率	元/人	99 648	78 614
资产总计	亿元	25.27	27.85
实收资本合计	亿元	7.02	7.38
负债合计	亿元	13.81	17.56
工程结算收入	亿元	50.60	57.58
工程结算成本	亿元	46.19	52.29
营业利润	亿元	0.80	1.02
利润总额	亿元	0.73	0.96

图书在版编目（CIP）数据

上海建设年鉴．2011 ／ 中共上海市城乡建设和交通工作委员会，上海市城乡建设和交通委员会编．-- 上海 ：文汇出版社，2014.12

ISBN 978-7-5496-1328-1

Ⅰ．①上… Ⅱ．①中… ②上… Ⅲ．①城市建设－上海市－2011－年鉴 Ⅳ．①F299.275.1-54

中国版本图书馆CIP数据核字(2014)第269347号

上海建设年鉴（2011）

编　　著 ／ 中共上海市城乡建设和交通工作委员会
上海市城乡建设和交通委员会
责任编辑 ／ 乐渭琦
特约编辑 ／ 孙　健
美术编辑 ／ 胡　鹰

出 版 人 ／ 桂国强

出版发行 ／ 文匯出版社
上海市威海路755号
(邮政编码 200041)
经　　销 ／ 全国新华书店
照　　排 ／ 上海未寅文化传播有限公司
印刷装订 ／ 江苏省启东市人民印刷有限公司
版　　次 ／ 2014年12月第1版
印　　次 ／ 2014年12月第1次印刷
开　　本 ／ 889×1240　1/16
字　　数 ／ 680千字
印　　张 ／ 44.75（插页18）

书　　号 ／ ISBN 978-7-5496-1328-1
定　　价 ／ 258.00元